北京大學《儒藏》編纂與研究中心 編

《儒藏》精華編選刊

尚書集注音疏（上）

〔清〕江聲 撰

曲文 徐陽 校點

北京大學出版社
PEKING UNIVERSITY PRESS

圖書在版編目(CIP)數據

尚書集注音疏：全二册 /（清）江聲撰；北京大學《儒藏》編纂與研究中心編. —北京：北京大學出版社，2023.9

（《儒藏》精華編選刊）

ISBN 978-7-301-33924-4

Ⅰ. ①尚… Ⅱ. ①江…②北… Ⅲ. ①《尚書》－注釋 Ⅳ. ①K221.04

中國國家版本館CIP數據核字（2023）第062900號

書　　名	尚書集注音疏 SHANGSHU JIZHU YINSHU
著作責任者	〔清〕江聲 撰 曲文　徐陽 校點 北京大學《儒藏》編纂與研究中心 編
策劃統籌	馬辛民
責任編輯	王　琳
標準書號	ISBN 978-7-301-33924-4
出版發行	北京大學出版社
地　　址	北京市海淀區成府路205號　100871
網　　址	http://www.pup.cn　新浪微博: @ 北京大學出版社
電子郵箱	編輯部 dj@pup.cn　總編室 zpup@pup.cn
電　　話	郵購部 010-62752015　發行部 010-62750672 編輯部 010-62756449
印 刷 者	三河市北燕印裝有限公司
經 銷 者	新華書店
	650毫米×980毫米　16開本　55印張　778千字
	2023年9月第1版　2023年9月第1次印刷
定　　價	190.00元（全二册）

目録

上册

校點説明

《尚書集注音疏》，清儒江聲著。江聲（一七二一——一七九九），經學家、考據學家、語言學家。本字鱷濤，後改叔澐，江蘇吴縣人。晚年因性不諧俗，遂取《周易》「艮背」之義而自號艮庭，學者稱艮庭先生，「艮庭學派」亦因其號而得名。江聲性耿介不妄取，不慕榮利，其友人如王鳴盛、王昶、畢沅、段玉裁等皆重其品藻，而聲未嘗以私事干之。又其平生不爲行楷，凡與人筆劄皆依《説文》作古篆，嘗舉經子古書，俱繩以《説文》字例去其俗字，命曰「經史子字準繩」。至寫《尚書》「瀍」依《淮南子》作「廛」，「蕿」依《爾雅》義作「盂」，時人初目爲迂僻，後服其非臆説。嘉慶元年（一七九六），詔開孝廉方正科，江聲由江蘇巡撫費淳首舉，賜六品頂戴。今傳江聲所著除《尚書集注音疏》及《六書説》外，有《論語竢質》三卷，《釋名疏證》八卷，《恒星説》一卷，《艮庭詞》三卷，《艮庭小慧》一卷。江聲家學爲其孫江沅承傳，畢生所授弟子數十人，顧廣圻、江藩、徐頲尤爲知名。

《尚書集注音疏》是江聲歷盡十三年光陰，四易其稿，匯聚經學、小學功力而成的一部著作。全書正文共十二卷，另有「卷末」及「外編」。「卷末」有《尚書補誼》九條并《附識譌字》一條、《尚書集注音疏述》與《後述》，多數印本又有《尚書續補誼》五條；「外編」爲《尚書經師系表》。江聲少讀《尚書》，常怪古文與今文不類，後師事同郡惠棟，得讀惠氏所著《古文尚書考》及閻若璩《尚書古文疏證》，因益專力於《尚書》。年四十一始撰《尚書集注音疏》，注釋《尚書》全文，經文存今文二十九篇，以別梅賾所上二十八篇之僞造，且取《書》傳所引《湯誓》、《泰誓》諸篇逸文，按《書序》録入。江聲精於小學，本書最初以篆書寫成，書中文字凡有《説文》古字字例，則必依《説文》改之，如「雅」作「疋」、「集」作「亼」等。《説文》所無之字，則必求假借之字以代之，並予説明。又採《説文解字》、經、子所引《書》古文本字，更正秦人隸書及開元中改易古字之謬。江聲學宗漢儒，本書注文即以輯鄭玄注并漢儒逸説爲主，漢注不備，則旁搜博引，參考他書，然後參以己見而爲疏，以明其説之有本。本書還對難讀、破音字加以注音，因名之爲《集注音疏》。江聲對《尚書》鄭玄注尤爲推崇，奉爲圭臬，注疏中或有己意與鄭注相違之處，必先疏通回護鄭注，而後申明己意。相反，江氏對《尚書》僞孔傳及王肅注常不苟同，認爲二者「語多乖謬」、「惑亂經義」、「於《尚書》有大辠焉」，類似之語屢屢可見。江聲對《尚書》二十九篇及逸文文義多有獨到見解，對《泰誓》一篇的研究尤爲精到，論證《泰誓》是伏生所傳，所言多爲閻、惠所不及。江藩贊爲「伏、孔、馬、鄭之功臣」，《清史稿》本傳亦稱：「若刊正經文，疏明古注，則（閻、惠二書）皆未之及也，及聲出而集大成焉。」

《尚書集注音疏》最早的版本爲清乾隆五十八年（一七九三）近市居家刻本，「近市居」是江聲書齋名，全書用篆體寫就。該書道光間收入學海堂《清經解》，以楷體重刻；後於咸豐間經重校、補刻，是爲《清經解》「庚申補刊本」。相較而言，近市居本刻工精美，校勘頗爲仔細，文字幾乎没有衍奪譌誤，然惜篆書識讀不便，不易通行；《清經解》道光本所收以通行楷體刊刻，方便識讀，大有益於推廣流傳，惜校對不甚嚴謹，文字多有譌誤、缺漏乃至語句竄亂，且隸定原書古字不加詳辨而通改，致使原著論及古今字形、音、義異同之處，本爲江氏所學精要，依道光本讀來則不明所以；庚申補刊本在道光本基礎上重校補刻，文字校勘已有改善，但仍有未盡。此外，近市居本於全書目録之前有江聲自纂《募刊尚書小引》一篇，略述募款刊刻經過，而《清經解》兩本則均不録，是爲可憾。

考慮上述版本差别，此次校點整理，以《清經解》庚申補刊本爲底本，以北京大學圖書館藏近市居刻本爲校本，簡稱「近市居本」。取近市居本《募刊尚書小引》冠首。爲求保持江聲原書用字嗜古的特點與方便今人識讀二者的統一，校點對原書大量使用的古篆字，凡於江氏有論述用字原委處予以保留，餘則適當通改爲今通行字。卷端卷末題名從近市居本，特此説明。

校點者　曲　文　徐　陽

募刊尚書小引

竊惟典、謨、訓、誥，帝王垂萬世之經；删、定、贊、修，文宣建千秋之業。乃自暴秦肆罰，載籍隨煙焰而銷；洎乎炎漢旁求，遺文破宫牆而出。伏生初得，止二十九篇，孔氏滋多，有五十八册。或寫以漢字，或仍其舊文，遂有今古殊偁，實則源流共貫。今文列于國學，歐陽、大小夏侯分列三家；古文軼在民間，庸、胡、徐、王、涂、桑，僅延一綫。劉歆欲立古文之學，博士謂改先帝之規，群起而攻，卒不果立。是以遺編殘闕，師説絶無。猶幸孔《書》之篇目尚存，鄭君之注解具在，斯則碩果之不食、餼羊之猶襲也。逮晉永嘉，以鄭聲而亂雅樂；至唐貞觀，棄周鼎而寶康瓠。先儒之大誼胥亡，群瞽之謬説斯偁。繇來已逾千載，妄作奚啻百家，皆苗莠之不分，豈誼理之能闡？才老能疑其僞，不得要領以洞徹根萼；晦翁既識非真，乃其著述仍奉爲圭臬。致使續貂之僞籍卒歷久而横行，附驥之庸流且代興而益熾。簧鼓于昔，誤詒于今矣。若夫元之草廬吴公、明之京山郝氏，皆知二十五篇之僞作，亦知二十八字之後加。乃吴并瘠夫二十四篇，而郝致疑于六十七敘，是其品騭仍有紕繆，至其解説究無發明。

聖朝右文，賢才應運，則有太邍閻氏、先師惠君，各閉户而著書，閻若璩著《尚書古文疏證》，惠先生纂《古文尚書考》。如造車之合轍，皆能據逸篇之目，顯僞纂之菲韋；采往籍之文，抉剽竊之穴窟。至若白魚入舟之瑞、赤烏銜穀之祥，閻氏尚猶過疑，先師獨標真見。聲淵源惠氏，津逮閻書，故能㕣彼薰蕕，因而自忘愚魯，叶古書所偁引，刊正經文；酌故訓于文辭，用袪俗解。文改則恐迂儒目眙，必標所本，以識繇來；解異則虞初學心疑，必詳於疏，以申指趣。書成一十二卷，文約四十萬言，題曰《尚書集注音疏》。豈敢曰有功，庶可告無辠爾。今將登諸梨棗，必先謀厥資財。已蒙先達慨賜肇其耑，猶冀同人協贊集厥事，黨能酟金相助，俾得鏤版以傳，上紹前賢，下開來學。功叀衆舉，事藉人爲，敢不備列芳名，式昭盛德。乾隆四十有九年，歲在焉逢執徐，則余月癸巳，江聲篹。

拙製蒙少司寇王述闇先生見賞，謂宜刊布，爰始解囊。既而畢制府弇山先生聞之，亦捐資相助。覈計所賜，得三分之一。于是勼工興事，而更求將伯，乃篹《募刊小引》，以廣匄同人。遂有言高雲朝標、湯士超信煇、楊二樹恭基、彭尺木紹升、汪宇春爲仁、段茂堂玉裁、徐復堂應階、徐謝山承慶、蔣霽光寅、李槐江大夏、程念鞠世銓、汪竹香元諒、嚴豹人蔚、王揚孫煦、鈕匪石樹玉、李鐵珊元德、黃蕘圃丕烈。遠者有閩粵徐質甫顯瑋，及門有楊生偕時安行、謝生大千枏。後先相助，計六分有其五。自興工以來，九年于茲矣。九年之中，資或不繼，輒竭己力以補續者約有六之一焉。凡用銀四百五十兩，然後得成此刻。不敢忘諸君子樂成人美之德，故詳識之。乾隆五十八年，歲在昭陽赤奮若，畢陬月丁酉朏，江聲記，時年七十有三。

尚書總目

尚書集注音疏卷一

吴江徵君聲著❶

堯典弟弌弌，古文「一」。【疏】堯，帝嚳之子，帝摯之弟也。帝嚳崩，帝摯立；摯崩，帝堯立。典，經也，常也，法也。言經常之道，可爲天下後世之常法也。《説文解字》云：「典，从册在丌上。尊閣之也。一曰：典，大册也。莊都説。」弟，次弟也，字不从竹，俗書加「竹」于上，非也。云「弟一」者，百篇之次，此篇于百篇爲弟一也。

虞夏書弌【疏】虞者，舜有天下之號；夏者，禹有天下之號也。今合言「虞夏書」者，孔穎達《書》正義云「馬、鄭、王本及《别録》皆題曰『《虞夏書》』」，兹从其例。「虞夏書」者，《堯典》至《胤征》二十篇之大名。❷「《堯典》」者，當篇之小號。今退大名在小號之下者，小號各目其篇，當題于上；大名則識其篇之時代，應退于下。古書體例皆然，❸《義禮》則「《士冠禮》」在上、「《義禮》」在下，《毛詩》則「《周南·關雎》」在上，「《毛詩·國風》」在

---

❶ 此行上，原有「皇清經解卷三百九十　學海堂」一行，今據近市居本删。餘卷仿此，不一一出校。

❷ 「胤」，原作「允」，避雍正帝諱，今回改。以下逕改，不一一出校。

❸ 「書」，原作「者」，今據近市居本改。

下。《詩》正義云：「鄭注三《禮》、《周易》、《中候》、《尚書》皆大名在下。孔安國、馬季長、盧植、王肅之徒，其所注者莫不盡然。」聲案：《史》、《漢》、《三國》等書亦皆如是，自宋人注書，必大名在上，小號在下，非古也。**唐書**【疏】《説文·禾部》引《唐書》曰「稘三百有六旬」，《心部》引《唐書》曰「五品不愻」，則古者目《堯典》爲《唐書》。唐者，堯有天下之號，故《堯典》謂之《唐書》。上既題「虞夏書」，此復題「唐書」者，遵伏生《尚書大傳》之體也。《大傳·堯典》之前題曰「《虞夏傳·唐傳》」，後題曰「《虞夏傳·虞傳》」，《禹貢》之前題曰「《虞夏傳·夏傳》」。案：《史記·儒林列傳》云：「伏生，故爲秦博士。秦時焚書，伏生壁藏之。」然則伏生之《尚書》，秦灰以前之書，七十子以來遞有師承者，其《大傳》標題必是古《尚書》之體，故从之。**尚書弌**【注】鄭康成曰：「孔子尊而命之曰《尚書》。尚者，上也。尊而重之若天書然，故曰《尚書》。」【疏】「《尚書》」者，一部之大名，故又退在下。注「鄭康成曰」云云，《書贊》文也，見孔穎達正義，茲采以爲注。稱「康成」者，諱其名而字之也。《後漢書》列其傳輒名之，史家之體然也；今節録其傳，姑以「某」代其名云。傳曰：鄭某字康成，北海高密人。少爲鄉嗇夫，不樂爲吏，遂造太學受業，師事京兆弟五元，❶通《京氏易》、《公羊春秋》、《三統曆》、❷《九章算術》，又從東郡張恭祖受《周官》、《禮記》、《左氏春秋》、《韓詩》、古文《尚書》。又西入關，因涿郡盧植事扶風馬融，後辭歸。融喟然謂門人曰：「鄭生今去，吾道東矣。」及攩事起，被禁錮，遂隱修經業，杜門不出。靈帝

❶ 「弟五元」，《後漢書》本傳作「第五元先」。

❷ 「曆」，原作「秝」，避乾隆帝諱，今回改。以下「秝」、「厤」字皆逕改，不一一出校。

末，攩禁解，大將軍何進辟之，爲設几杖，禮待甚優。某不受朝服，以幅巾見，一宿逃去，時年六十，弟子河內趙商等自遠方至者數千。後將軍袁隗表爲侍中，以父喪不行。袁紹舉某茂才，表爲左中郎將，皆不就。公車徵爲大司農，辭以病。後夢孔子告之曰：「起，起，今年歲在辰，來年歲在巳。」既寤，以讖合之，知命當終。未幾，寢疾。爲袁紹子覃所偪，❶載病至元成縣卒，年七十有四。門生相與纂某荅諸弟子問五經，作《鄭志》八篇。凡某所注：《周易》、《尚書》、《毛詩》、《義禮》、《禮記》、《論語》、《孝經》、《尚書大傳》、《中候》、《乾象曆》。又箸《天文七政論》、《魯禮禘祫議》、《六執論》、《毛詩表》、❷《駁許慎五經異誼》、《荅臨孝存周禮難》、《發公羊墨守》、《箴左氏膏肓》、《起穀梁廢疾》以難何休。凡百餘萬言。案：鄭君所注書不聞有《孝經》，而傳稱之；注《周禮》見存，傳何故遺之？鄭又注《易緯乾鑿度》、《叶覽圖》、《通卦驗》、《是類謀》、《書緯考靈燿》諸書，傳皆不具，何也？又案：梁劉峻注《世說新語》引《鄭君別傳》，言鄭爲何進所辟，「多所匡正，不用而退」，斯爲近情，必不如《後漢書》言「一宿逃去」。又《世說新語》稱鄭君「欲注《春秋傳》，尚未成，時行，與服子慎遇，宿客舍。先未相識，服在外車上與人說己注傳意，鄭聽之良久，多與己同，乃就車與語曰：『吾久欲注，尚未了。聽君向言，多與吾同，今當盡以所注與君。』遂爲服氏注」。《書緯旋機鈐》云「因而謂之『書』，加『尚』以尊之」，又云「《書》務以天言之」，故鄭云「孔子尊而命之曰《尚書》」，「尊重之若天書然」。僞《孔氏敘》云「伏生以其上古之書，謂之《尚書》」。案：《墨子·明鬼篇》云「《尚書》夏書，其次商周之書」，則《尚書》之名舊矣，安得云伏生謂

❶ 「覃」，原作「𪉷」，今據《後漢書·鄭玄傳》改。

❷ 「表」，《後漢書》本傳作「譜」。

之？自是孔子命是名也，鄭説信然，僞孔非是。

尚書亼注音疏卷一【疏】亼，三合也，讀若「集」。注者，箸也。亼合先儒之解并己之意，並注于經下，所以箸明經誼，故曰「亼注」。字有數誼則彼此異音，初學難辨，爲之反切以發明之；解有微指而證據不詳，後學莫信，爲之引申以疏通之，故曰「音疏」。江聲學【疏】江聲，字尗澐，江南蘇州府吴縣人也。數奇不偶，❶動與時韋，因取《周易》艮背之誼，自號艮庭。少讀《尚書》，怪其古文與今文不類，又怪孔傳庸劣且甚支離，謂安國所爲不應若此。年三十五師事同郡惠松崖先生，見先生所箸《古文尚書考》，始知古文及孔傳皆晉時妄人僞作。于是搜集漢儒之説，以注二十九篇。漢注不備，則旁考它書，精研故訓，以足成之。并爲之音且爲之疏。非敢云籑述也，學焉而已，故曰「學」，仿何劭公注《公羊》偁「何休學」也。

粵若稽古帝堯，曰放勳，粵，爰伐反，正義本作「曰」，兹从薛季宣《書古文訓》本。放，弗往反。勳，許云反。

【注】鄭康成曰：「稽，同。古，天也。言能順天而行之，與之同功。」馬融曰：「堯，謚也。翼善傳聖曰堯。放勳，堯名。」聲謂：堯，名也。放勳，堯氏。若黄帝偁軒轅，顓頊偁高陽之類是。【疏】鄭注見正義。先鄭司農注《周禮·小宰》職云「稽，猶計也、合也」，《説文·冃部》云「同，合會也」，則「稽」、「同」皆有「合」誼，故云「稽，同」。「稽」又與「禾」通，禾者，木之曲頭，止不能上也，是極上而止，則亦上同之誼也。《逸周書·周祝解》曰「天爲古」，又《詩·商頌》云「古帝命武湯」，「古帝」謂天帝也，故云「古，天也」。《三國·魏志·三少帝

❶「奇」，原脱，今據近市居本補。

紀》曰：帝幸太學，命博士講《易》畢，復命講《尚書》。帝問曰：「鄭某曰『稽古同天，言堯同于天也』，王肅云『堯順考古道而行之』，二誼不同，何者爲是？」博士庾峻對曰：「先儒所執，各有乖異，臣不足以定之。然《鴻範》偁『三人占，从二人之言』，賈、馬及肅皆以爲『順考古道』，以《鴻範》言之，肅誼爲長。」帝曰：「仲尼言『惟天爲大，惟堯則之』。堯之大美在乎則天，『順考古道』非其至也。今發篇開誼以明聖德，而舍其大更偁其細，豈作者之意邪？」案：此説甚善，頗能申鄭恉。「帝」即高貴鄉公也，好學博古，兼通五經，與博士問難，皆詞窮无以荅。馬注見陸德明《釋文》。案：《後漢書·列傳》：馬融字季長，扶風茂陵人，從京兆摯恂游學，博通經籍。永初二年，大將軍鄧騭召爲舍人，初不應，後悔之，乃往。四年拜爲校書郎中。後上《廣成頌》，啎鄧氏，久不得調，因自劾歸。太后怒，令禁錮之。太后崩，安帝召還郎署，又出爲河間王廐長史，尋召拜郎中。後移病去，爲郡功曹。陽嘉三年，以岑起薦舉，徵詣公車對策，拜議郎。大將軍梁商表爲從事中郎，轉武都太守。桓帝時，爲南郡太守。梁冀諷有司奏免，髡徙朔方。後赦還，復拜議郎。融才高博洽，爲世通儒，善鼓琴，好龠笛，達生任性，不拘儒者之節。注《孝經》、《論語》、《詩》、《易》、三《禮》、《尚書》、《列女傳》、《老子》、《淮南子》、《離騷》，所箸諸體文凡二十一篇。融懲于鄧氏，不敢復違啎埶家，遂爲梁冀艸奏李固，又作大將軍《西第頌》，❶以此頗爲正直所羞。年八十八，卒于家。「馬融」偁名者，于先聖之經，書先儒名，正也。然則「康成」何以不名？《春秋》之誼「名不若字」，康成學行兼優，聖人之流亞也，尊異之，故字之，若《春秋》書「邾婁儀父」是也。云「翼善傳聖曰堯」者，《白虎通》引《禮記·謚法》云然，《逸周書·謚法解》則无是語，今大小戴《禮記》亦皆无《謚法》篇，豈大戴所刪與？案：《大戴

❶「第」，原作「夷」，今據近市居本及《後漢書》本傳改。

禮・五帝德》篇：「宰我曰：『請問帝堯。』孔子曰：『高辛之子也，曰放勳。』」不言「名曰放勳」。而馬云「放勳，堯名」者，《史記・五帝本紀》云「帝堯者，放勳」，又云「帝舜者，名曰重華」。堯稱「放勳」猶舜之偁「重華」，既「重華」是名，故遂以「放勳」爲堯名也。云「聲謂」者，陳己説于先儒之注下，必自名以識別之，不敢混殽先儒之誼，取法鄭君注《周禮》，輒偁「某謂」也。云「堯，名也」，不从馬説以爲謚者，《戰國策》周訢謂魏王曰：「宋人有學者，三年反而名其母。其母曰：『子學三年，反而名我者，何也？』其子曰：『吾所賢者，无過堯、舜，堯、舜，名；吾所大者，无大天、地，天、地，名。今母賢不過堯、舜，母大不過天、地，是以名母也。』」此雖悝諧，非必有實事，然即此可見古者以「堯」、「舜」爲二帝名也。故下文「有鰥在下曰虞舜」，鄭注云「虞，氏。舜，名」，然則鄭亦以「堯」爲名也。《逸周書・謚法解》云：「維周公旦、太公望開嗣王業，攻于坶野之中。終葬，乃制謚敘法。」《禮記・檀弓》云「死謚，周道也」，則謚始于周也。周人諱名，故生則有字，死則有謚，❶皆以代其名也。《檀弓》曰：「公叔文子卒，其子戍請謚于君，❷曰：『日月有時，將葬矣，請所以易其名者。』」是謚爲諱名而以易之也。殷以前皆不諱，《商頌》云「武丁孫子」，是殷不諱名也。不諱名則无謚，若偰稱「玄王」，❸湯偁「武王」以及「三宗」之偁，皆非謚也。鄭君箋《長發》詩云「承黑帝而立子，故謂偰爲『玄王』」，則「玄王」非謚也。《史記・殷本紀》云「湯曰：『吾甚武。』號曰武王」，則生時有是偁，亦非謚矣。若夫「太宗」、「中宗」、「高宗」，則皆子孫宗其功德而偁之，亦非謚。若謚，則當

---

❶「則」，原脱，今據近市居本補。

❷「戍」，原作「戌」，今據近市居本改。

❸「玄」，原作「元」，避康熙帝諱，今回改。以下逕改，不一一出校。

世世有之，不獨「三宗」矣。然則《白虎通》所引「翼善傳聖謚曰堯，仁聖盛明謚曰舜」者，何以云焉？曰：此非周公所制之謚也。《謚法解》无是語也，蓋好事之徒因周公創爲謚法，遂取古帝王之名傅會其事實以爲謚，不獨堯、舜然也，禹、湯、桀、紂皆以爲謚矣，孔穎達正義所云「因上世之生號，陳之爲死謚」是也。唐虞之時，何嘗有是法制乎？馬以「堯」爲謚，非也，故不从之。云「放勳，堯氏。若黄帝稱軒轅，顓頊偁高陽之類是」者，《大戴禮·帝系篇》云「少典産軒轅，是爲黄帝」，又云「昌意産高陽，是爲帝顓頊」，又云「蟜極産高辛，是爲帝嚳。帝嚳産放勳，是爲帝堯」，是「放勳」與「軒轅」、「高陽」等同偁也。《漢書·古今人表》云「黄帝軒轅氏」、「帝顓頊高陽氏」，《左傳》亦偁「高陽氏」、「高辛氏」，「軒轅」、「高陽」等既皆是氏，則「放勳」當同，故云「堯氏」。**欽明文思安安**，文，巫云反。安，乙雁反。【注】馬融曰：「威義表備謂之欽，照臨四匚謂之明，經緯天地謂之文，道德純備謂之思。」聲謂：思，或爲「寋」。安安，讀當爲「晏晏」。鄭康成曰：「道德純備謂之寋，寬容覆載謂之晏。」義，牛奇反，今通作「儀」。鄭仲師注《周禮》云「古者書『儀』但爲『義』」，則古「威義」字不从人也。《説文》亦以「義」爲「威儀」字。匚，今通作「方」。寋，所則反，或作「塞」，則字别矣。【疏】馬注見《釋文》。《逸周書·謚法解》云「威義悉備曰欽，照臨四匚曰明，經緯天地曰文，道德純一曰思」，又昭二十八年《左傳》云「照臨四匚曰明，經緯天地曰文」，馬依此爲説也。正義引鄭注云「敬事節用謂之欽，慮事通敏謂之思」，其解「明」字、「文」字與馬同，此「欽」字、「思」字誼似不如馬，且馬誼悉同《逸周書》，故舍鄭取馬。《後漢書·馮衍列傳》衍《顯志賦》曰「思唐虞之晏晏兮」，唐章懷太子賢注引《尚書考靈燿》曰「放勳欽明文思晏晏」，又《弟五倫列傳》注引《考靈燿》曰「堯文寋晏晏」，又《陳寵列傳》注引《考靈燿》曰「堯聰明文寋晏晏」。《考靈燿》是《尚書》緯，其文即《尚書》文，故云

「思」,或爲『寋』。安安,讀當爲『晏晏』」,當从彼文「晏晏」誼也。《左傳》「安孺子」,《漢書·古今人表》作「晏孺子」,古「安」、「晏」字同,此文「安安」誼實爲「晏晏」也。此「鄭注」云云,實《考靈燿》注也,見《後漢書·郅惲子壽附傳》注。以《考靈燿》文出于此,故取彼注以注此。云「道德純備謂之寋」,與馬解「思」字誼同,字雖異而誼不易也。《説文·日部》云「晏,天清也」,《釋訓》云「晏晏,温温,柔也」,天地惟清晏和柔故能覆載萬物,故「寬容覆載謂之晏」,言堯德之大與天地同也。**允龏克攘。** 龏,正義本作「恭」,「龏」、「恭」,古今字也。《周㝅敦》「恭伯」作「龏白」,見王俅《嘯堂集古録》。《盄和鐘》「嚴恭」作「嚴龏」,❶見薛尚功《鐘鼎款識》。蓋「龏」字从𠬞,「龏」字从𠬞省,皆从龍省聲。依《説文》當作「龏」,从𠬞龍聲,不省也。克,可得反,今作「克」,諂也。攘,如向反,相推也,今作「讓」。讓,訓「責」,非其誼矣。【注】鄭康成曰:「不解于位曰龏,推㕙尚善曰攘。」解,佳賣反。推,湯回反。㕙,古文「賢」字。【疏】注見正義。《詩·韓奕》云「夙夜匪解,虔共尒位」,「共」讀爲「龏」也,故曰「不解于位曰龏」。《國語·晉語》文公曰「攘,推賢也」。推賢是崇尚其善也,故云「推賢尚善曰攘」。**光被三表,假于丄丅。** 被,苾寄反。❷三,籒文「四」字。假,工百反,正義本作「格」,茲从《説文》所引。丄,古文「上」。丅,古文「下」。【注】光,充。假,至也。言堯德充被四海之外,至于天地。鄭康成曰:「言堯德光燿及四海之外,至于天地。所謂『大人與天地合其德,與日月齊其明』。」【疏】《釋言》云「桄,充也」,陸德明謂孫

---

❶「盄」,原作「盠」,今據近市居本改。

❷「苾」,原作「茂」,今據近市居本改。

炎本「桄」作「光」，則「光」之爲「充」，古訓也。「假，至」，《説文・人部》文。「表」與「裏」對，是「表」爲外，故以「四表」爲「四海之外」。「充被四表」橫言之，「至于天地」縱言之也。《孝經援神契》云「德及于天，斗極明，日月光，甘露降。德及于地，嘉禾生，蓂莢起，秬鬯出」，是至于天地之事也。鄭注見《詩・意僖》正義。鄭以「光」爲「光燿」，亦得爲一誼，故以備異説。「所謂大人」云云者，所謂《易・文言》也。《文言》曰「夫大人者，與天地合其德，與日月合其明」，是謂乾五之「大人」，聖人而爲天子者。《乾鑿度》偁孔子之言曰「大人者，聖明德備也」，是則《文言》所偁「大人」正謂若堯、舜之君，故引以爲説。「天地合德」解「假于上下」，❶「日月齊明」解「光被四表」。❷ **克明俊德，**【注】克，能也。明，猶尊也。鄭康成曰：「俊德，臤才兼人者。」【疏】「克，能」，《釋言》文。《禮記・禮運》曰「君者所明也，非明人者也」，鄭彼注云「明，猶尊也」，茲用其誼。鄭注見正義。《逸禮・辨名記》云「十人曰選，倍選曰俊」，《淮南子・泰族訓》云「千人者謂之俊」，《説文・人部》云「俊，材千人也」，所説「俊」誼雖有不同，然總是兼人之號，故云「俊德，賢才兼人者」。案：《禮記・大學》引此經而説之曰「皆自明也」，則此似謂堯自明其大德，故鄭注彼云：「皆自明明德也。」茲以「俊德」爲「賢才兼人」，不謂堯自明其德者，蓋《大學》斷章取誼，❸不必依《尚書》本誼。且堯之大德，上文已備言之，此无庸更言明大德矣。**以親九族，九族无睦。**无，吉氣反，今通作「既」。【注】古文家説「九族」者，從高祖至玄孫凡九，皆同姓。无，盡也。睦，敬穌也。穌，合

❶「假」，原作「格」，今據近市居本改。
❷「齊」，原作「合」，今據近市居本改。
❸「大」，原涉上誤作「蓋」，今據近市居本改。

戈反。【疏】古文家者，傳古文《尚書》者也。《尚書》有今文、古文。今文出自伏生，授張生、歐陽生，歐陽生授兒寬，寬又授歐陽生之子，歐陽氏世世相傳，繇是《尚書》有歐陽氏學。張生授夏侯都尉，都尉傳族子始昌，始昌傳族子勝，勝爲大夏侯；勝傳從兄子建，建爲小夏侯，繇是《尚書》有大、小夏侯之學。此凡三家，皆今文家也。古文者，孔氏壁中書也。魯共王壞孔子宅，而得《尚書》于壁中，以皆古字故謂之古文，篇數多于今文。孔安國得其書，以今文字讀之，皆起以授都尉朝，朝授庸生，庸生授胡常，常授徐敖，敖授王璜、涂惲，惲授桑欽，是爲古文家也。「九族」之説，今文古文家各異，並出許慎《五經異誼》，見《左傳》桓六年正義。《異誼》云：「今《禮》戴、《尚書》歐陽説，九族乃異姓有屬者。父族四：五屬之内爲一族，父女昆弟適人者與其子爲一族，己女昆弟適人者與其子爲一族，己之女子子適人者與其子爲一族。母族三：母之父姓爲一族，母之母姓爲一族，母女昆弟適人者與其子爲一族。妻族二：妻之父姓爲一族，妻之母姓爲一族。古《尚書》説九族者，從高祖至玄孫凡九，皆同姓。許君謹案：《禮》緦麻三月以上，恩之所及。禮，爲妻父母有服，明在九族中，九族不得但施于同姓。」❶是許君從今文家説。鄭駁之云：「某之聞也，婦人歸宗。女子雖適人，字猶繫姓，明不得與父兄爲異族，其子則然。《昏禮》請期詞曰『唯是三族之不虞』，欲及今三族未有不億度之事，而迎婦也。❷如此所云，三族不當有異姓。異姓其服皆緦，《禮·雜記下》緦麻之服不禁嫁女取婦，是爲異姓不在族中明矣。《周禮·小宗伯》『掌三族之別名』，《喪服小記》説『服』之誼曰『親親，以三爲五，以五爲九』，以此言之，知高祖至玄孫昭然察矣。」鄭君此説精寉名通，足申

❶「但」，原作「伹」，今據近市居本改。

❷「迎」，原作「從」，今據近市居本改。

古文家説之是。《春秋》桓三年「秋七月壬辰朔，日有食之，既」，《公羊傳》云「既者何？盡也」，《穀梁傳》云「既者，盡也」。「旡」、「既」古今字，故云「旡❶，盡也」，言盡睦則无不睦矣。云「睦，敬龢也」者，《説文・目部》文。**釆章百姓，百姓昭明。** 釆，皮莧反，古「辨」字也。僞孔本作「釆」，其傳解爲「平」，而《説文》「平」字古文作「𠀤」，「釆」、「𠀤」相似，❷後學遂誤切「釆」爲古文「平」。唐明皇帝改僞孔之隸古从俗文，遂作「平」字，繇是承謁襲謬久矣。今知當爲「釆」者，《説文・釆部》云「釆，辨别也，讀若辨」，則「釆」、「辨」音誼皆同，實一字也。又《宀部》「宷」字説云「釆，古文辨字」，此據鄭注云「辨，别」，則鄭本作「辨」矣。《史記》作「便」者，音同叚借爾。《史記索隱》曰「今文作『辨章』」，然則漢時《尚書》皆作「辨」，繇是即可知古文之爲「釆」矣。又下文「釆秩」、「釆在」諸文，伏生《大傳》及鄭注《周禮・馮相氏》所引皆作「辨」，而僞孔本亦皆作「𠀤」，唐本亦皆改作「平」，其謁誤之由，足相參證也。【注】釆，讀若「辨」，今文爲「辨」。鄭康成曰：「辨，八。章，明也。」百姓，群臣之父子兄弟。傳曰「昭亦明也」。八，邠列反。【疏】「釆，讀若『辨』」者，《説文・釆部》文。云「今文爲『辨』」者，據司馬貞《史記索隱》卷一云然也。鄭注見《後漢書・劉般子愷附傳》注及《史記・五帝本紀》裴駰集注。古文「辨」作「釆」。《説文・釆部》云「釆，辨八也，象獸指爪分八也」，故云「辨，八」。《史記・伯夷列傳》云「此其尤大章明較箸者也」，故云「章，明也」。《國語・楚語》子期對昭王曰：「民之徹官百。王公之子弟之質，能言能聽徹其官者，而物賜之姓

❶「旡」，原作「既」，今據近市居本及注文改。

❷「釆」、「𠀤」，原倒乙，今據近市居本乙正。

以監其官，是爲百姓。」故云「百姓，群臣之父子兄弟」。僞「傳曰」者，僞孔氏傳也。僞孔氏傳乃亂經者之所爲，説多乖謬，然其訓誼亦閒有是者，亦時或取焉。以其匿名而託于孔氏，不知實是誰人，故但稱「傳曰」，後凡僞「傳曰」皆同此。《説文・日部》云「昭，日明也」，是「昭」本訓「明」，以經「昭明」聯文，故云「昭亦明也」。**叶龢萬邦，**叶，古文「協」。【注】言堯之德大，所化者衆，中夏、蠻貉莫不雝龢，故曰萬國。夏，行叚反，除「春夏」之「夏」，皆同此，後不重出音。貉，門白反。【疏】此注用王充《論衡・埶增篇》文，而稍易其字也。充字仲任，會稽上虞人，箸《論衡》八十五篇，二十餘萬言，❶《後漢書》有傳。充以「萬」爲盈數，「萬國」言其多，不必準一萬國。案：鄭君《咎繇暮》注「計九州之内，實有萬國」，兹不用鄭君彼注誼者，上文「光被四表」是言堯德及四海之外，若以「九州」計「萬國」實數，則不出「中夏」，反狹小矣。王充所説該廣，故用充誼。**黎𢀓於變旹雝。**黎，力兮反。❷𢀓，古文「民」。於，古文「烏」。旹，古文「時」。【注】黎，衆也。於，語聲。時，是。雝，和也。言衆民从化而變，用是大和。从，才容反，與「從」異，今通用「從」，非。【疏】《漢書・成帝紀》陽朔二年詔引《書》云「黎民於蕃時雝」，應劭注云：「黎，衆也。時，是也。雝，和也。言衆民于是變化，用是大和也。」案：此注似解「於」爲「于」，恐非是，故取而略改之。劭字仲遠，汝南南頓人，所箸有《風俗通》，又集解《漢書》。「黎，衆」，《釋詁》文。《説文・烏部》引孔子曰「烏，盱呼也」，取其助气，故以爲「烏呼」；又以「於」爲古文「烏」，故云「於，語聲

❶「餘」上，原衍「萬」字，今據近市居本删。
❷「力」，原作「中」，今據近市居本改。

也」。「時，是」亦《釋詁》文。「雝，和」，《毛詩・何彼襛矣》傳誼也。**乃命羲、和**，羲，古「義」字，喜宜反。和，合戈反。【注】馬融曰：「羲氏掌天官，和氏掌地官，四子掌四時。」鄭康成曰：「高辛氏之世，命重爲南正司天，黎爲火正司地。堯育重、黎之後羲氏、和氏之賢者，使掌舊職天地之官，亦紀于近，命以民事。其時官名蓋曰稷、司徒。」重，直容反。【疏】馬注見《釋文》。云「羲氏掌天官，和氏掌地官」者，《國語・楚語》云「顓頊受之，乃命南正重司天以屬神，命火正黎司地以屬民」，揚子《法言》云「羲近重，和近黎」，是羲承重司天之職，和承黎司地之職也。云「四子掌四時」者，即下文羲仲、羲叔、和仲、和叔，各主一時是也。鄭注見賈公彦《周禮疏・敘》。云「高辛氏之世，命重爲南正司天，黎爲火正司地」者，即據《楚語》文。但《楚語》言「顓頊」，鄭云「高辛」者，鄭兼據《鄭語》「黎爲高辛氏火正」之文也。賈公彦云：「高辛與顓頊无隔，故重、黎事顓頊，又事高辛，若稷、契與禹事堯，又事舜。」容當然也。云「堯育重、黎之後」者，亦《楚語》文。彼文云「堯復育重、黎之後，不忘舊者，使復典之」，未言羲、和。鄭以「羲氏」、「和氏」當之者，以羲、和實是重、黎之後，言堯「使復典之」，則是使復爲天地之官，即此命羲、和之事矣，故韋昭注《楚語》亦以「重、黎之後」爲羲、和，與鄭同也。云「亦紀于近，命以民事」者，昭十七年《左傳》云：「自顓頊以來，不能紀遠，乃紀于近。爲民師，而命以民事。」謂少昊以前，以雲、火、龍、鳥等紀官，是紀于遠；顓頊以來，以民事命官，是紀于近，若「稷」與「司徒」是以民事命官，故云「亦紀于近」。「亦」者，亦「顓頊以來」也。云「其時官名蓋曰稷、司徒」者，鄭雖云「蓋」以致疑，而于下文注云「堯初，天官爲稷」，則直而不疑，自當有據也。其以地官爲司徒者，以司徒敬敷五教，與《周禮・地官・司徒》「掌邦教」同，因據周以推堯時之地官，當亦名「司徒」也。案：鄭于下文「旁逑僝功」注云「堯末時，羲、和之子皆死」，又于「稷卨」暨「咎繇」注云「堯初天官爲稷，舜登用之年，舉棄爲之」，又以棄爲后稷、离作司徒是堯時事，❶然則堯初羲、和爲天、地官，名「稷」、「司徒」，逮後棄爲稷、离爲司徒，其仍領天地之職否乎？抑天、地之官別自有人，又別命名與？鄭說不得詳聞矣。賈公彥《周禮疏・敘》云：「堯初，天官爲稷。至堯試舜天官之任，謂之『百揆』。舜即真之後，命禹爲之，即天官也。」此說未知是否。**欽若昊天**，昊，何老反。【注】欽，敬。若，順也。古文家說元气廣大謂之昊天。气，頃既反，俗輒作「氣」，音誼皆非。【疏】「欽，敬」，《釋詁》文。「若，順」，《釋言》文。「古文家說」出《五經異誼》，見《詩・黍離》正義。《異誼》云：「今《尚書》歐陽說，春曰昊天，夏曰蒼天，秋曰旻天，冬曰上天。《爾雅》亦云。古《尚書》說，天有五號，各用所宜偁之：尊而君之則曰皇天，元气廣大則偁昊天，❷仁覆閔下則偁旻天，自上監下則偁上天，據遠視之蒼蒼然則偁蒼天。許君謹案：《尚書》『堯命羲、和，欽若昊天』，總敕四時，故知『昊天』不獨春也。《左傳》夏四月己丑，孔某卒，稱曰『昊天不弔』，非秋也。」鄭駁之云：「某之聞也，《爾雅》者，孔子門人所作，以釋六經之言，蓋不誤也。春气博施，故以『廣大』言之；夏气高明，故以『遠大』言之；秋气或生或殺，故以『閔下』言之；冬气閉藏而清察，故以『監下』言之。『皇天』者，至尊之號也。六執之中諸偁『天』者，以己情所求言之，非必于其時偁之。『浩浩昊天』，求天之博施；『蒼天蒼天』，求天之高明；『旻天不弔』，求天之生殺當得其宜；『上天同雲』，求天之所爲當順其時也。此之求天猶人之說事，各從其主爾。若察于是，則『堯命羲、

❶「离」，原作「禹」，今據近市居本改。下一「离」字同。

❷「偁」，原作「曰」，今據近市居本改。

和，欽若昊天』，孔某卒偁『旻天不弔』，无可怪爾。」此鄭君和合此兩説，❶皆有怡趣，可謂名通。案：許君《異誼》雖不从今文家説，而其所簒《説文》解「昊」字云「春爲昊天，元气昊昊」，解「旻」字云「秋天也。《虞書》曰『仁覆閔下謂之旻天』」，則又兼采今文、古文兩説，則亦不以今文説爲非也。兹不用今文説者，以此經不得專言春也。云「元气廣大」者，言其混元之气昊昊廣大也。**曆象日月曐辰，敬授民旹。**曐，古文「星」。辰，食身反。民，古文「民」也，今本作「人」。《尚書大傳》、《考靈燿》、《史記》及《漢書》所引皆作「民」，凡兩漢諸人引此經无作「人」者，自唐時避太宗諱改作「人」，沿誤至今，兹特更正。【注】曆，讀爲「曆日月而迎送之」之「曆」。象，讀爲「聖人象之」之「象」。日，一日行一度；月，一日行十三度十九分度之七。星，二十八宿環列于天，四時迭中者也。日月之會曰「辰」，分二十八宿之度爲十二次，是爲「十二辰」，若所謂星紀、玄枵、諏訾、降婁、大梁、實沈、鶉首、鶉火、鶉尾、壽星、大火、析木之津是也。曆象其分節，以審知時候，以授民也。《考靈燿》曰：「主春者，鳥星，昏中可以穜稷。主夏者，心星，昏中可以穜黍。主秋者，虚星，昏中可以穜麥。主冬者，昴星，昏中則入山，可以斬伐具器械。王者南面而坐，視四星之中者而知民之緩急，急則不賦力役，故『敬授民時』。」宿，息救反。枵，許奢反。諏，子俞反。訾，子斯反。降，下江反。鶉，常倫反。津，即鄰反。穜，之用反，俗作「種」，非。械，亦戒反。【疏】《大戴禮·五帝德》篇孔子偁帝嚳「曆日月而迎送之」，謂推步日月之行度，迎其將來，送其當往，以審知曆數也。《易·繫詞》云「天垂象見

❶「和」，原作「説」，今據近市居本改。

吉凶，聖人象之」，謂聖人象法乎天也。此經「曆象」亦謂推步、象法，故讀从彼二文。凡云「讀爲某」者，非但音如之，直是誼从之也。云「日，一日行一度；月，一日行十三度十九分度之七」者，《洛書甄燿度》文，見《後漢書・王符列傳》注。蓋日行三百六十五日四分日之一而一匊天，即以匊天之數分爲三百六十五度四分度之一，故云「日，一日行一度」也。月行二十九日九百四十分日之四百九十九而與日一會，以此二十九日日行之度相減除之，推得月行二十七日九百四十分日之三百二彊而一匊天。以此二十七日九百四十分日之三百二彊爲則，而以匊天三百六十五度四分度之一析計之，即知月「一日行十三度十九分度之七」矣。案：《禮記・月令》正義引曆家之説云：「月一日至于四日最疾，日行十四度餘。自五日至八日次疾，日行十三度餘。自九日至十九日則遲，日行十二度餘。自二十日至二十三日又小疾，日行十三度餘。自二十四日至晦又最疾，日行十四度餘。此月行之大率也。」茲言月行每日「十三度十九分度之七」，與曆家説異者，蓋細覈之，月行實有遲疾，通其遲疾而大判言之，則每日行十三度十九分度之七也。云「星，二十八宿環列于天」者，謂角、亢、氐、房、心、尾、箕、斗、牛、女、虚、危、室、壁、奎、婁、胃、昴、畢、觜、參、井、鬼、柳、星、張、翼、軫，自東而北，而西，而南，北下而南上，斜繞乎天中者也。但星有經有緯，❶二十八宿爲經，土、木、火、金、水五星爲緯。此惟言「二十八宿」者，以五星時進時退順逆无常，❷不可準以定時，此經所不數也。云「四時迭中」者，謂昏中于南方，若下文「星鳥」、「星火」、「星虚」、「星昴」之屬是也。云「日月之會曰辰」者，昭七年《左傳》文。云「分二十八宿之度爲十二次，是爲『十二辰』」者，《漢

❶「但」，原作「伹」，今據近市居本改。
❷「无」，原作「旡」，今據近市居本改。

書・律曆志》紀二十八宿之度：角十二，亢九，氐十五，房五，心五，尾十八，箕十一，東方宿七十五度；斗二十六，牛八，女十二，虚十，危十七，室十六，壁九，北方宿九十八度；奎十六，婁十二，胃十四，昴十一，畢十六，觜二，參九，西方宿八十度；井三十三，鬼四，柳十五，星七，張十八，翼十八，軫十七，南方宿百十二度。星紀，初斗十二度，終于婺女七度。玄枵，初婺女八度，終于危十五度。諏訾，初危十六度，終于奎四度。降婁，初奎五度，終于胃六度。大梁，初胃七度，終于畢十一度。實沈，初畢十二度，終于井十五度。鶉首，初井十六度，終于柳八度。鶉火，初柳九度，終于張十七度。鶉尾，初張十八度，終于軫十一度。壽星，初軫十二度，終于氐四度。大火，初氐五度，終于尾九度。析木，初尾十度，終于斗十一度。此度數本諸劉歆《三統曆》，依《明堂月令》十二月之日躔而約略紀之，未及覈實細數，故无四分一之奇數。其十二次之所曆或三十度或三十一度，蓋其起訖進退之數无由細推故爾。若細分之，每次應三十度十六分度之七也。司馬彪《續漢書・律曆志》所紀宿度并紀其進退之數，比《三統曆》爲詳，然計之則多出于三百六十五度四分度一之外，是不可馮準，故不録取。又蔡邕《月令章句》所紀十二次，校《三統曆》退六度，則又在後矣，故亦不用。今以此下文四仲之中星覈之，則《三統曆》所紀以退二十餘度，以其退度按其年代，蓋周秦閒之曆也。兹録之者，以十二次之紀无前之者故也。其十二次之名，惟「大火」見于《夏小正》，而《夏小正》傳曰「大火者，心也」，則未以爲次名也。其餘次名惟見于《左傳》、《國語》、《爾雅》諸書，是實始于周爾。何以知之？昭元年《左傳》云：「高辛氏有二子，伯曰閼伯，季曰實沈，居于曠林，不相能也，日尋干戈以相征討。后帝不臧，遷閼伯于商丘，❶主辰；遷實沈于大夏，主參。」而襄九年《左傳》云「陶唐氏之火

❶「丘」，原作「邱」，清雍正朝避孔子諱，今回改。以下逕改，不一一出校。

正闕伯，居商丘」，然則遷闕伯、實沈者，帝堯也，則名參次爲「實沈」者，後世則然，其在堯時「實沈」猶是人爾，豈以爲宿次乎？　又諏訾之次一名「豕韋」。襄二十四年《左傳》云「在商爲豕韋氏」，《外傳·鄭語》云「大彭、豕韋爲商伯矣」，然則商時當亦未有此十二次名也，故知始于周也。夫既是周時次名，而以説《唐書》者，以前此別有十二次名與否无文可知，姑借周時之名言之，故云「若所謂」，言若《左傳》所謂「心爲大火」及「歲在星紀、降婁」之等，《國語》所謂「歲在鶉火，日在析木之津」，《爾雅》所謂「壽星，角、亢也」云云也。其于十二支，則星紀，丑也；玄枵，子也；諏訾，亥也；降婁，戌也；大梁，酉也；實沈，申也；鶉首，未也；鶉火，午也；鶉尾，巳也；壽星，辰也；大火，卯也；析木之津，寅也。云「曆象其分節以審知時候」者，「分」謂分二十八宿之度，❶以中星詧日躔所在。節者，分至啓閉爲八節，三分之爲二十四气也。推步象法之，可以審知時候也。所引《考靈燿》文見《禮記·月令》正義，伏生《大傳》亦有此文，但少異爾。**分命戲中**，中，古「仲」字，直衆反。下文「中春」、「中夏」、「和中」、❷「中秋」、「中冬」皆同。【注】鄭康成曰：「仲、尗亦羲、和之子。堯既分陰陽四時，又命四子爲之官。蓋春爲秩宗，夏爲司馬，秋爲士，冬爲共工，通稷與司徒是六官之名見也。」「掌四時者字曰仲、尗，則掌天地者其曰伯乎？」尗，小豆也，借爲「尗季」字，取「幼小」之誼也，俗輒作「叔」。《説文》「叔」訓「拾」也，非其誼也。共，居容反。見，亦甸反。【疏】注見《周禮疏·敘》。云「分陰陽四時」者，鄭意謂分天地四時之六職，

---

❶ 「之」，原作「也」，今據近市居本改。

❷ 「和」，原作「中秋」二字，今據近市居本改。

「陰陽」猶言「天地」也。觀其下即備舉六官之名，可知鄭意如此。賈公彦乃云「分陰陽爲四時」謂分高辛時重、黎之天、地官，使兼主四時，是誤解鄭意矣。下經伯夷爲秩宗，主禮；咎繇作士，主刑；垂作共工，共工即「司空」之職。以《周禮》況之，春官掌禮，秋官掌刑，冬官爲司空，故云「春爲秩宗」，「秋爲士，冬爲共工」。其言「夏爲司馬」，則于唐虞之文未有見焉。賈公彦云：「《夏傳》云『司馬在前』，又後代況之，則羲叔爲夏官，是司馬也。」案：所引《夏傳》乃伏生《尚書大傳》也，今《大傳》无「司馬在前」之文，蓋有亡逸矣，无由知其上下文云何，不得其指意。公彦及見其文而引以證鄭注，則所偁者蓋正謂唐虞時之司馬矣。但四子之官名，經未有明文，鄭就堯末時之官分配四時，而約略言之，故云「蓋」以疑之。云「掌天地者其曰伯乎」者，亦无正文，特以仲、尗推之而知當然爾，故亦爲疑詞。**宅堣夷，曰暘谷。** 堣，元于反，正義本作「嵎」，乃吴楚閒封嵎山名，非此也。暘，亦章反。

【注】舊解「宅」爲「凥」，今文「宅」皆爲「度」。宅、度字同，讀當从度。許叔重《説文解字》云：「堣夷，在冀州陽谷。立春日，日直之而出。」聲以爲：「冀」字蓋誤也，當爲青州。《禹貢》云「堣夷既略」，青州分也。今文「堣夷」爲「禺鐵」，亦爲「禺銕」，鐵、銕讀皆同「夷」。暘谷，或爲「暘谷」，暘，日出也；或爲「湯谷」，《淮南子》曰「日出于湯谷」。凥，君魚反，俗作「居」，音誼皆非矣。度，代洛反。許，褏與反。❶ 分，巫奮反。禺，元于反。【疏】云「舊解『宅』爲『凥』」者，《史記》作「凥郁夷」，僞孔傳亦訓「宅」爲「凥」也。云「今文『宅』皆爲『度』」者，蔡邕《石經》本作「度」，蔡《石經》是今文也。又鄭注《周禮·縫人》引此下經「度

❶「與」，近市居本作「与」。

西，曰柳穀」，賈公彦疏以爲伏生《大傳》文，是則伏生本作「度」也。由此以推，則下文「宅南交」、「宅朔方」，今文亦皆作「度」也。云「宅、度字同」者，《禹貢》「降丘宅土」，《風俗通》引作「降丘度土」，「三危既宅」，《史記》作「三危既度」，又《詩》「宅是鎬京」，《禮記·坊記》引作「度是鎬京」，是宅、度同字也。云「讀當从度」者，不从舊解「宅，尻」之訓也。蓋四子掌四時，是佐天地之官治曆明時者，當在京師，不宜遠處四方若投四裔者然，故不可以「宅」爲「尻」也。僞孔氏亦知其不可，而迂回其説云「尻治東方之官」。案：經「宅」字與「堣夷」、「南交」等聯文，是就處所言之，安見是尻官乎？其解非是，不如轉「宅」爲「度」，解爲「測度」，于誼允協也。《後漢書·儒林列傳》云：許慎字叔重，汝南召陵人。少博學經籍，時人爲之語曰「五經无雙許叔重」。慎以五經傳説臧否不同，于是簒爲《五經異誼》，❶又作《説文解字》十四篇，皆傳于世。許沖上書安帝曰「臣父故太尉南閣祭酒慎，本從賈逵受古學」，又曰「慎博問通人，考之于逵，作《説文解字》」，又曰「慎又學《孝經》孔氏古文説，謹簒具一篇并上」。案：《孝經》古文説今不傳，《後漢書》亦不言，豈上而未頒行與？兹引《説文解字》者，《土部》文也。陽谷是日出之所，當在東方，冀州則在北方。言「堣夷，在冀州陽谷」，故聲疑「冀」字誤也。案：今之《説文解字》爲妄人竄改增損者多矣，❷此「冀州」蓋寫書者之誤，非謂許君誤也。云「當爲青州」者，以青州在東方，近日出之所也。引《禹貢》者，證堣夷之在青州也。《禹貢》云「海岱維青州，堣夷既略」，是堣夷在青州畛分也。云「今文『堣夷』爲『禺鐵』」者，據《夏本紀》索隱云然。云「亦爲『禺銕』」者，據《釋文》也。云「鐵、銕讀皆同『夷』」者，鐵本是黑金，「銕」即古文

---

❶「簒」，原作「纂」，今據近市居本改。

❷「增」上，原衍「增改」二字，今據近市居本删。

「鐵」，二文實一字，其音天結反。但古字輒有叚借用者，以「銕」从夷，即借以爲「夷」，「鐵」與「銕」同字，因亦借之，故此經「夷」字有作「鐵」若「銕」者。顧字雖或異，而其音爲「夷」不可變也，恐學者因字異而遂易其音，故正其音云「讀皆同『夷』」也。云「暘谷，或爲『暘谷』，暘，日出也」者，《説文·日部》云「暘，日出也」，即引「《商書》曰暘谷」，其「商」字蓋誤，且少一「曰」字，當云「《唐書》曰『曰暘谷』」，正引此文也。云「或爲『湯谷』」者，《五帝本紀》索隱云「《史記》舊本作『湯谷』」，案《史記》故是録此篇也。引《淮南子》者，《天文訓》文，以「日出于湯谷」證作「湯谷」者亦是也。《淮南子》者，漢高帝之孫淮南王安所箸，名曰《鴻烈解》，凡二十一篇。但今本《淮南子》作「日出于暘谷」，蓋後人習見《尚書》之「暘谷」而改其文，據《索隱》所引，知其本作「湯谷」也。《説文·叒部》云「叒，日初出東方湯谷所登榑桑，叒木」，則「湯谷」實日出之所，故《淮南》云「日出于湯谷」。**夤賓出日**，夤，弋真反，今本作「寅」。丁度《集韻》引此下經「夤淺内日」，「夤」字从夕，以彼況此，知此亦當作「夤」也。賓，必刃反。【注】夤，敬也。賓，讀曰「儐」，導也。鄭康成曰：「夤賓出日，謂春分朝日。」朝，直佋反。【疏】《説文·夕部》云「夤，敬惕也」，故云「夤，敬也」。《釋詁》云「寅，敬也」，蓋後學罕見「夤」字而誤爲「寅」，古本《爾雅》當亦作「夤，敬也」。云「賓，讀曰『儐』」者，古「儐」字輒通用「賓」，若《周禮·司儀》職「賓亦如之」，賓之「如初之儀」，鄭注皆云「賓，當爲儐」。又此經下文「賓于四門」，鄭注亦以「賓」爲「儐」，此經「賓」字誼亦然也。「儐，導」，《説文·人部》文。《史記》録《尚書》輒以故訓代經文，于此文云「敬道出日」，是「夤賓」當訓「敬導」也。鄭注見正義。案：馬融注《周官》、韋昭注《國語》皆云「天子以春分朝日」，朝之言朝，言出日，則是朝矣。下言「日中」，則是春分，故鄭云「謂春分朝日」。**采豑東作。**此以下四「采」字，正義本皆誤作「平」，辯已詳于上。豑，古「[illegible]」字，正義本作「秩」，以下皆然，兹从《説文》所引。《書古文訓》亦作「釆辧」，則僞孔本猶存古字，正義之本乃開元皇帝所改爾。【注】釆，讀爲「辨其敘事」之「辨」，今文皆爲「辨」。辧，敘也。鄭康成曰：「作，生也。」聲謂：春時政令當助天生，春官辨敘之也。物生于東，故曰「東作」。《周禮・馮相氏》「辨四時之敘」，此則四時官各辨敘一時也。馮，皮冰反。相，息匠反。【疏】云「釆，讀爲『辨其敘事』之『辨』」者，《周禮・馮相氏》「掌十有二歲，十有二月，十有二辰，十日，二十有八星之位。辨其敘事，以會天位」，彼鄭注引此經「釆秩」、「釆在」四句以説，而字皆作「辨」，則「釆」、「辨」古今字，故此讀从彼文「辨」也。案鄭引作「辨」者，从伏生今文本也。伏生《大傳》實作「辨」，故云今文「釆」皆作「辨」。言「皆」者，包下三時總言之也。《説文・豊部》云「辧，爵之次弟也」，《攴部》云「敘，次弟也」，是「辧」、「敘」同誼，故云「辧，敘也」。鄭注見正義。《詩・采薇》云「薇亦作止」，毛傳云「作，生也」，鄭云「作，生」同彼毛誼也。案：鄭君此注必不止此「作，生」一訓，今不得詳聞，故聲據所聞以足成其誼。《大傳・五行傳》曰：「自冬日至數四十六日，迎春于東堂，旂旐尚青，田車載矛，號曰『助天生』。」是王者春時出政，當順天施生之意。《禮記・月令》仲春之月「安萌芽，養幼少，存諸孤」，彼鄭注云「助生气也」，故云「春時政令當助天生，春官辨敘之也」。云「物生于東，故曰『東作』」者，《易・説卦傳》曰「萬物出乎震。震，東方也」，是物生于東也。東方生物，因以此助天生之政令爲「東作」也。舊解「東作」專指農事，其誼偏矣，故不用之。云「《周禮・馮相氏》『辨四時之敘』」者，以此「辨秩」即馮相氏「辨其敘事」之職也。案：《周禮》敘官「馮相氏中士二人，下士四人」，其職云「冬夏致日，春秋致月，以辨四時之敘」，是官雖有六人，而四時之職未嘗分也。此則東作、南譌、西成、朔易四子各主一時，與《周禮》異，故引《周禮》以説，正以明其職之同也。

日中，星鳥，以殷中春。【注】馬融曰：

「古制，刻漏，晝夜百刻。日中，晝漏五十刻，夜亦五十刻。春分之昏，七星中。殷，中也。」【疏】注見正義及《釋文》。《詩・東方未明》正義引鄭注云「日中者，日見之漏與不見者齊」，意與馬同，其解「星鳥」及「殷」字誼亦皆同馬，以鄭嘗師事馬，故取馬注焉。偁「古制」者，以其時東漢之曆法不然也。案：司馬彪《續漢書・律曆志》是東漢之曆法也，其所紀刻漏：冬至，晝四十五刻，夜五十五刻；春分，晝五十五刻八分，夜四十四刻二分；夏至，晝六十五刻，夜三十五刻；秋分，晝五十五刻二分，夜四十四刻八分。輒減夜漏五刻餘以裨晝。其每气之間，增減刻數多少不齊，不可通而率，是東漢之曆法與古制仲春、仲秋日夜分不同也。孔穎達正義云：「天之晝夜以日出入爲分，人之晝夜以昏明爲限。日未出前二刻半爲明，日入後二刻半爲昏。損夜五刻以裨晝，則晝多于夜校五刻，此不易之法也。」案：于文日出一上爲「旦」，「一」者，地也。昏，从日从氐省。氐，下也，言日氐下也。然則日出乃爲明，日没即爲昏，晝夜當以日之見没分，其于未出、既没各取二刻半以益晝，非也。且此經言「日中」，下經言「宵中」，互文以見春分之晝同于夜，秋分之夜同于晝，无有修短，《月令》所謂「日夜分」是也，安有損夜益晝之法乎？故馬云「晝漏五十刻，夜亦五十刻」也。經言「星鳥」，馬云「七星中」者，「鳥」者，南方七宿東井、鬼、柳、七星、張、翼、軫，總名「咮鳥」，七星則其正中之一宿。計七宿百一十二度，形體廣大，中星當據南方正中者而言，故馬云「七星中」也。案：《禮記・月令》季春之月「昏，七星中」，此言「春分之昏，七星中」者，蓋恒星又行于天六十九年彊半而移一度，則日躔于恒星，亦六十九年彊半而差一度。《月令》，周公所作，又爲秦相呂不韋竄改，距堯時千九百餘年，❶則恒星移二十餘度，故遲二十餘日至季春而「昏，七星中」，此當堯時則「春分之昏，

❶ 「時」，原作「舜」，今據近市居本改。

七星中」矣。「殷，中」，《釋言》文。**氒民析**，氒，今作「厥」，非。析，心曆反。【注】氒，讀若「厥」，其也。析，散也。將治農事，散布在野。【疏】「氒，讀若『厥』」者，《説文·氏部》文。《釋言》云「厥，其也」，彼「厥」亦當作「氒」，「厥」則別爲一字。析者，分析，故訓爲「散」。《吕氏春秋·仲春紀》云「耕者少舍」，高誘注云：「少舍，皆耕在野者，少有在都邑者也。《尚書》曰『氒民析』，散布在野。」茲用其誼，故云「將治農事，散布在野」。**鳥獸孳尾**。孳，疾置反。【注】孳，讀曰「字」；字，乳也。尾，敚也。言方字乳而尚敚也。敚，巫非反，今通作「微」。【疏】「孳尾」，《史記》作「字敚」，《説文敘》云「字者，言孳乳而濅多也」，是「孳」與「字」通，故讀「孳」爲「字」。《戰國策》云「信如尾生高」，《論語》作「敚生高」，又《漢書·古今人表》有「尾生高」、「尾生畮」，顔師古以爲即「敚生高」、「敚生畝」，是「尾」與「敚」亦通也。「字，乳」，「尾，敚」，《説文·子部》及《尾部》文。《國語·魯語》云「鳥獸孕」，韋昭注云「謂春時」；又云「鳥獸成」，韋云「謂立夏，鳥獸以成」，是則春時鳥獸「方字乳而尚敚也」。**申命戲尗，宅南交**，【注】申，重也。宅，亦讀爲「度」。火交于土，故曰「南交」。鄭康成曰：「夏不言『曰明都』三字，摩滅也。」重，直容反。度，代洛反。【疏】「申，重」，《釋詁》文。云「火交于土」者，土雖寄王于四季，其位則在南方之西，未坤之地。五行相生迭王，如父子相代。土爲火子，故《月令》「中央土」傅季夏之月，是「火交于土」也。夏官主南方，兼火土二行，火土相交，故曰「南交」。僞孔氏言「夏與春交」，非也。鄭注見正義。據春「曰暘谷」，秋「曰柳谷」，冬「曰幽都」，則夏當云「曰明都」，茲未有是語，故云三字「摩滅也」。釆豑南譌，敬致。譌，兀禾反。【注】譌，化也。夏气任養，化成萬物，故曰「南譌」。謂助天養之政令，夏官辨敘之也。鄭康成曰：「司馬之職，治南嶽之事，得則夏气和。」聲謂：致，致日也，謂立八尺之表視其晷景。夏至之景，尺有五寸，爲短之極。短極則气至，无伏陰之患，是爲「夏气和」也。《周禮・馮相氏》「冬夏致日，春秋致月」，此獨于夏言之，舉一隅以見也。晷，君洧反。馮，苾冰反。相，息匠反。見，弋甸反。【疏】「譌，化」，《釋言》文。云「夏气任養，化成萬物」者，《白虎通》云「夏火王，長養萬物」，又云「南方者，任養之方」。《大戴禮・曾子天圓》云「陽施而陰化」，蓋春陽施生，夏承春而任長養之功，五月陰生而萬物化成矣。故《易・説卦》云「坤也者，地也，萬物皆致養焉」，《繫詞》曰「坤化成物」也。云「助天養之政令」者，《大傳・五行傳》曰「自春分數四十六日迎夏于南堂，旂旐尚赤，田車載弓，號曰『助天養』」，是夏時政令助天養也。若《月令》仲夏「令民毋刈藍」及「游牝別群」之屬，又如《五行傳》仲夏朔令曰「振貧窮，惠孤寡」之等，皆是助天長養之政也。鄭注見《詩・七月》正義。云「得則夏气和」者，是説「敬致」之誼。惜引之者太略，其誼未明，故聲下已説以申明之。云「立八尺之表視其晷景」者，《易緯通卦驗》云：「冬至日，置八神，亘八尺之表，日中視其景。如度者歲美人和，晷不如度者，歲惡人僞。」「神」讀如「引」，謂置杙于地之四維四中，引繩以正表，故謂之「八引」。彼文雖止言「冬至」，然夏至亦致日，則亦立表視景矣。云「夏至之景，尺有五寸，爲短之極」者，《周禮・馮相氏》「冬夏致日，春秋致月」，鄭注云：「冬至，日在牽牛，景丈三尺；❶夏至，日在東井，景尺五寸。此長短之極。極則气至，冬无僭陽，夏无伏陰。春分日在婁，秋分日在角，而月弦于牽牛、東井，亦以其景知气至否。春秋冬夏气皆至，則是四時之敘正矣。」茲取彼注之意以申此「夏气和」之誼，故云「短極則气至，无伏陰之患，是爲『夏气和』也」。「伏陰」者，寒

❶「丈」，原作「支」，今據近市居本改。

爲害也。《漢書・天文志》云「夏至日北極，晷短。北不極，則寒爲害」是也。據《周禮・馮相氏》「冬夏致日，春秋致月」，此亦當然。茲則春言「夤賓」、秋言「夤淺」，皆于「采豑」上言之，❶不與此「敬致」同；次且「出日」是平旦，❷「内日」未至于昏明，非致月矣，冬則并无文，獨于夏言「敬致」，蓋舉一以例三時也，故云「舉一隅以見」。「一隅」者，可推以反三者也。**日永，星火，以正中夏。**【注】永，長也。馬融曰：「日長，晝漏六十刻，夜四十刻。仲夏之昏，心星中。」【疏】「永，長」，《釋詁》文。馬注見正義。案鄭注《考靈耀》云「九日增減一刻」，計春分至夏至九十二日，當增十刻。春分晝漏五十刻，則夏至之晝六十刻矣。鄭君注此云「日長者，日見之漏五十五刻」，❸則非也，故不用。經言「星火」馬云「心星中」者，《夏小正》曰「五月初昏，大火中」，傳曰「大火者，心也」。案：夏去堯時尚近，故「火中」猶在五月，而《月令》季夏「昏火中」者，年代久遠故也。王肅不知恒星之右旋，而誤認中星終古不變，遂據《月令》中星以説《尚書》，謂此「星鳥」、「星火」等皆説季月，仲月則猶未中。肅未見《夏小正》乎？不知天文，又不能考古，而妄造臆説，何異「蟪蛄不知春秋」乎？**氒民因，**【注】因，就也；就之言就高也。《月令》仲夏之月「可以尻高明」。尻，君魚反，俗作「居」，非。【疏】「因，就」，《説文・口部》文。云「就之言就高也」者，《説文・京部》云「就，就高也。从尤、京。尤，異于凡也」，「京，人所爲絶高丘也」，是「就高」之誼也。「《月令》」者，《明堂月令》也，篇在《禮記》。彼「仲夏」文云「可以尻高明，可以遠眺望，可以升山陵，

---

❶「采豑」，原作「采秩」，今據近市居本及經文改。

❷「次」，原作「況」，今據近市居本改。

❸「刻」，原作「則」，今據近市居本改。

可以處臺榭」，鄭注云：「順陽在上也。」引之者，證「因」之誼爲「就高」也。**鳥獸稀革。**【注】稀，疏也。皮去毛曰「革」。鄭康成曰：「夏時鳥獸毛疏皮見。」去，羌許反。見，亦甸反。【疏】「稀，疏」，《説文・禾部》文。《説文・革部》云「革，獸皮治去其毛，革，更之」，故云「皮去毛曰『革』」。鄭注見《詩・斯干》正義。蓋夏時暑熱，鳥獸之毛皆退落而稀少，故云「毛疏皮見」。**分命咊中，宅西，**【注】分，或爲「申」。宅，讀亦當爲「度」。鄭康成曰：「西者，隴西之西，今人謂之兑山。」【疏】《五帝本紀》云「申命和仲」，故云「分，或爲『申』」。鄭注見《五帝本紀》注。云「隴西之西」者，《漢書・地理志》隴西郡有「西縣」是也。案：後漢時，西縣屬漢陽郡，故鄭君注《禹貢》云「嶓冢山，在漢陽西」。此言「隴西之西」者，本其初言之爾，兩注互相備也。云「今人謂之兑山」者，蓋當時有是名也。于《易》卦，兑在正西，此山在西方，故謂之「兑山」。劉昭注《補後漢書・郡國志》引此鄭注云：「西，在隴西西，今謂之八充山。」「八充」二字，蓋誤析「兑」字而又譌也。**曰柳谷。**柳，僞孔氏改爲「昧」，伏生《大傳》及鄭注《周禮》所引皆作「柳」，《史記》舊本亦作「柳」，徐廣《音義》可證，兹故从「柳」。【注】柳者，諸色所聚。日將没，其色赤，兼有餘色，故曰柳谷。一説：「古大篆『丣』字，讀當爲『柳』，古『柳』、『丣』同字。」谷，或爲「穀」。丣，古文「酉」。【疏】伏生《大傳》云「秋祀柳穀」，鄭注云：「柳，聚也。」鄭又注《周禮・縫人》云：「柳之言聚，諸飾之所聚。《書》曰『分命和仲，度西，曰柳穀』。」賈公彦疏云：「柳者，諸色所聚。日將没，其色赤，兼有餘色，故曰柳穀。」公彦雖未偁鄭注，然鄭引此以證彼「柳之爲聚」，而公彦申説「柳穀」之誼如此，自是用鄭誼矣，故采用之。「一説」者，虞翻説也，見陳壽《三國・吴志・虞翻傳》裴松之注。翻字仲翔，會稽餘姚人，好詆鄭君，其人小人也。顧其説有可采，不必以其人廢其言也。云「古大篆」者，《説文敘》云「周宣王太史籀箸《大篆》十五篇，❶與古文或異」是也。據《説文》，「丣」是古文「酉」，而云「大篆『丣』字」者，蓋古文亦可通稱「大篆」也。柳，以丣得聲，❷故「丣」讀當如「柳」，聲同則可通用，故「柳」、「丣」同字。言此者，欲見谷在正西方，位直西，故名「丣谷」，特借「柳」字爲「丣」爾。是説雖異于鄭意，亦得備一誼，故兼存之。云「谷，或爲『穀』」者，據《大傳》及鄭注《周禮》所引也。**夤淺內日**，僞古文作「壆淺」，正義本作「寅餞」，❸丁度《集韻》引作「夤淺內日」，且偁馬融讀，則是馬本如此。茲从馬从古也。淺，夕衍反。內，奴眾反。【注】淺，讀當爲「餞」，傳曰「餞，送也」。鄭康成曰：「夤淺內日，謂秋分夕月。」餞，夕衍反。【疏】《釋文》引馬融注云：「淺，滅也。滅猶没也。」蓋馬意以「淺滅」之誼施之于此未安，故又轉一誼爲「没」。然「没」猶「內」也，「內日」上不須言「没」，故不用其注。案：鄭注《成王政敘》訓「踐」爲「滅」，馬云「淺滅」，是以「淺」爲「踐」，「淺」、「踐」字通矣。又案：鄭注《義禮·士虞禮》云「古文『餞』爲『踐』」，是「踐」、「餞」同字，則「淺」又通「餞」矣。此文僞孔本字作「淺」，而其傳訓爲「送」，則是以「淺」爲「餞」，故讀「淺」爲「餞」而采用僞孔傳也。鄭箋《韓奕》詩云「餞送之」，又注《士虞禮》云「餞，送行者之酒」，傳云「餞，送」，誼可取也。鄭注見正義。《國語·魯語》云「少采夕月」，韋昭注云「夕月以秋分」，此下言「宵中」則是秋分，茲言「內日」則是夕時，當秋分之夕，故云「謂秋分夕月」。**采豒西成**。【注】西爲陰中，萬物之所成，故曰「西成」。秋官辨敘其助成物之政，謂助天收也。【疏】云「西爲陰中，萬物之所成」者，《義禮·大射》篇

❶「箸」，原作「者」，今據近市居本改。

❷「以」，原作「从」，今據近市居本改。

❸「正義」二字，原漫漶不清，今據近市居本補。

鄭注之言也。云「助天收」者,《五行傳》曰「自夏至數四十六日,迎秋于西堂,旌旄尚白,田車載兵,號曰『助天收』」是也。經言「西成」而注云「助天收」者,《逸周書·大開武》云「既秋而不穫,維禽其饗之」,是不收則廢其成功,此「助天收」所以爲「西成」也。伏生《大傳》引古傳説「西成」之誼云:「趨收斂,以順天道。」**宵中,星虚,以殷中𥤚。**𥤚,籀文「秌」,从禾𪛁聲。❶【注】春陽故言日,秋陰故言宵。宵,夜也。鄭康成曰:「夜中者,日不見之漏與見者齊。虚,玄武中虚宿也。」馬融曰:「秋分之昏,虚星中。」見,亦旬反。宿,心柚反。【疏】宵中則日亦中,上經春言「日中」而此變文言「宵中」者,以日陽而夜陰,春爲陽,故言「日」;秋爲陰,故言「宵」,互相備也。「宵,夜」,《釋言》文,彼舍人注云:「宵,陽氣消也。」鄭注見《周禮·挈壺氏》賈公彦疏及《詩·七月》正義。以經言「宵」,故以「日不見」爲言也。云「與見者齊」者,謂晝夜刻漏均齊,皆五十刻矣。「玄武」者,北方七宿總名。七宿,斗、牛、女、虚、危、室、壁也。虚當其中,故云「虚,玄武中虚宿」。馬注見正義。云「虚星中」者,謂正南方之中也。**氒民夷,**【注】夷,平也。仲夏尻高明,順陽在上也;仲秋盲風至,當去高尻平地。盲,每庚反。【疏】《釋詁》「夷」、「平」同訓「易」,故云「夷,平」。《國語·周語》云「夷則,所以詠歌九則,平民无貳」,韋昭注云:「夷,平也。」「仲夏尻高明」,《月令》文也。云「順陽在上也」者,鄭注《月令》説「尻高明」之意也。云「仲秋盲風至」者,亦《月令》文,鄭注云:「盲風,疾風也。」高處風多,故當去高尻平地。冬言「奥」,春言「析」,以出入言,是謂民之尻處;則夏言「因」,秋言「夷」,亦當以尻處言。「因」是就高,「夷」之言平,承上「因」而言「夷」,

---

❶ 「𪛁」,原作「龜」,今據近市居本改。

則是謂「去高尻平地」也。**鳥獸毛毨。**毨，息汍反。【注】毨，讀若「選」。仲秋鳥獸毛盛，可選取以爲器用。【疏】此用《説文・毛部》誼也。「毨」之爲言，誼取「毛盛可選取」，故讀若「選」，謂音、誼皆同「選」也。**申命咊尗，宅朔匚，曰幽都。**【注】宅，讀亦當爲「度」。朔匚，北匚也。❶ 匚，讀若「方」。《山海經》曰「北海之内有山，名曰幽都之山」，蓋是與？幽，闇。都，聚也。【疏】云「朔匚，北匚也」者，《釋訓》云「朔，北匚也」，舍人注云：「朔，盡也。北匚萬物盡，故云朔也。」《大傳》云：「朔，始也。北匚，物之終始，故言朔也。」云「匚讀若『方』」者，《説文・匚部》文。「匚」者，匚正，象形字也；「方」則併船，誼有别而音則同。世人輒用「方」代「匚」，幾不知有「匚」字，故許君以「方」箸明「匚」字之音，以曉後學也。引《山海經》者，❷《海内經》文。言「北海之内」、「幽都之山」，似即此「朔匚」之「幽都」，故引以説。不敢質言，故言「蓋」言「與」也。《淮南・地形訓》曰「西北匚曰不周之山，曰幽都之門」，高誘注云：「幽，闇。都，聚也。玄冥將始用事，順陰而聚，故曰幽都之門。」此「幽都」誼當同彼，故用彼訓。**采在朔易。**【注】在，督也。肅曰：「『易』者，謹約蓋臧，循行積聚。」聲謂：冬時政令助天地閉臧，冬官辨督之也。言「易」者，臧則内故更新，有「革易」之誼也。朔易，或爲「伏物」。督，初八反，今通作「察」。臧，才郎反，俗書加「艸」于上，非也。行，下孟反。積，子賜反，又如字。内，奴眔反。更，工行反。【疏】「在，督」，《釋詁》文。「肅曰」者，王肅注也，見正義。去其氏者，貶也。《春秋》書「翬

---

❶「朔」下、「北」下兩「匚」字，原皆作「方」，今據近市居本及疏文改。

❷「者」，原脱，今據近市居本補。

帥師」，不偁「公子」，以翬弒隱公，故終隱之篇輒去族以示貶。肅于《尚書》有大辠焉，故倣《春秋》之例以貶之。肅字子雝，東海蘭陵人，王朗之子也，附見《三國・魏志・王朗傳》。陳壽《三國志》平引劉寔之言，謂肅「方于事上而好下佞己，此一反也。性者榮貴而不求苟合，此二反也。吝惜財物而治身不穢，此三反也」。即此三反以觀，則其詐僞矯飾之情狀可見矣。孔穎達、陸德明皆言肅注《尚書》頗類孔氏，疑其竊見孔傳而祕之。案：肅僞造《孔子家語》及《孔叢子》，輒與僞孔《書》應合，則僞孔《書》直是肅所爲爾，故曰「肅于《尚書》有大辠焉」也。肅又作《聖證論》與鄭君爲難，語多乖謬；又注《易》、《詩》、《禮》、《論語》諸書，今皆不傳，不足惜也。云「謹約蓋臧，循行積聚」者，文出《月令》而多一「約」字爾。伏生《大傳》引舊傳以說「朔易」之誼曰：「天子以冬命三公，謹蓋臧，閉門閭，固封竟，入山澤田獵，以順天道，以左冬固臧也。」肅注此二語與《大傳》誼合，故節取之。《月令》仲冬云「涂闕廷門閭，築囹圄，此所以助天地之閉臧也」，故云「冬時政令助天地閉臧」也；又孟冬云「命有司曰：土事毋作，慎毋發蓋，毋發室屋」，又云「命奄尹申宮令，審門閭，謹房室，必重閉」，皆是「助天地閉臧之令」也。云「朔易，或爲『伏物』」者，《史記》云「便在伏物」，《索隱》謂《大傳》云「便在伏物」，太史公據之而書，然則今《大傳》作「朔易」者，乃後人所改，伏本實作「伏物」。推之《尚書》，當亦作「伏物」矣。案：《大傳》云「北方，伏方也，萬物之方伏」，是「伏物」之誼也。**日短，星昴，以正中冬。**或以昴是西方宿，且一名「留」。《小星》詩又與「裯」、「猶」叶，遂疑「昴」當从「丣」。段玉裁曰：「《詩・十月之交》『卯』與『醜』叶，其去聲則爲『貿』，上聲則爲『昴』，故『昴』、『貿』皆得『卯』聲。『昴』非會意字，不必从『丣』。」予以段君通古音，當从之。【注】馬融曰：「日短，晝漏四十刻，夜六十刻。冬至之昬，昴星中。」鄭康成曰：「昴，白虎中宿也。」宿，心柚反。【疏】馬注見正義。云「昴星中」

者，亦謂南方之正中也。鄭注見《詩・七月》正義。「白虎」者，西方宿總名。西方七宿：奎、婁、胃、昴、畢、觜、參也。昴當其中，故云「昴，白虎中宿」也。**氒民奧**，奥，安到反。【注】鄭康成曰：「奧，内也。」聲謂：民避寒而入室内也。《詩》云：「嗟我婦子，曰爲改歲，入此室處。」爲，爰僞反。【疏】鄭注見《文選・赭白馬賦》李善注。《釋宫》云室「西南隅謂之奧」，謂室中深奧之處，故云「奧，内也」。《論語・八佾》云「與其媚于奧」，孔安國亦訓「奧」爲「内」也。「聲謂」以下增成鄭君「内」字之誼，謂「入室内」也。引《詩》者，《豳風・七月》文，取其改歲入室之言，證此冬時民尻内之事。**鳥獸𣯅毛**。𣯅，如勇反。【注】𣯅，毛盛也。𣯅，或爲「𧜁」。毛，或爲「髦」。𧜁，如勇反。髦，門豪反。【疏】「𣯅，毛盛也」者，《說文・毛部》文。《說文・毳部》引云「鳥獸𧜁毛」，《毛部》引云「鳥獸𣯅髦」，故云「𣯅，或爲『𧜁』。毛，或爲『髦』」。**帝曰：「咨，女戲臮咊**，女，仁渚反，後不重出音者皆同此。臮，其器反，今通作「暨」。【注】咨，䛐。臮，與也。【疏】「咨，䛐」、「臮，與」，並《釋詁》文。今《爾雅》「䛐」字譌，而「臮」改作「暨」矣。**稘弍百有六旬有六日**，稘，吉其反，僞古文作「𣅀」，兹从《說文》所引。弍，古文「二」。有，弋宊反。【注】稘，復其時也。十日爲旬。肅曰：「四分日之一又入六日之内，舉全數言之，故云三百六十六日也。」【疏】云「稘，復其時也」者，《說文・禾部》文，謂二十四气一匊復其始之時也。「稘」則禾一孰，故字从禾，與「年」同意。「十日爲旬」，《說文・勹部》文也。肅注見正義。一歲二十四气，爲日三百六十五又四分日之一，經言「有六日」是以四分日之一作全日，并五日爲六日，故云「四分日之一又入六日之内，舉全數言之」。**以閏月正三旹成歲**。正，字从《史記》，僞孔本作「𤴓」。「𤴓」，古文「正」也，開元本改作「定」，誤矣。【注】閏，餘分之月。鄭康成曰：「以閏月推四時，使分、至、启、閉不失其常，箸之用成歲曆，將以授民時且記時事。」启，今作「啓」，别字也。箸，中句反，字从竹，俗从艸，非。【疏】云「閏，餘分之月」者，《説文·王部》文也。《洛書甄燿度》曰：「凡周天三百六十五度四分度之一，日一日行一度，月一日行十三度十九分度之七。」案：日一日行一度，則三百六十五日四分日之一而周天，故三百六十五日四分日之一爲一歲。月一日行十三度十九分度之七，則二十七日九百四十分日之三百三弱而周天矣。❶其不以是爲一月何也？以未周乎晦、朔、弦、望也。如合朔之後，越二十七日九百四十分日之三百二有奇，月一周而復乎其所，日則離乎其所二十七度餘矣。必更越二日餘而月及日于前辰，而復合朔也。故《考靈燿》曰：「九百四十分爲一日，二十九日四百九十九分爲月。」其必分一日爲九百四十分者，欲于其中取四百九十九分以配二十九日而成月也。兩月則五十九日九百四十分日之五十八，故月有大有小，十二月爲年，其率大者六月小者六月，爲日三百五十四餘分三百四十八也。朔數謂之「年」，中數謂之「歲」，「歲」即「稘」也。以日之周天爲率，必帀二十四气而成，凡三百六十五日九百四十分日之二百三十五也。以二十四气分稘之日，每气得十五日九百四十分日之二百五又奇不盈分者八之五也。二气則三十日九百四十分日之四百一十一又奇不盈分者四之一。年有十二月，歲則二十四气，合以二气當一月。以二气當一月，則气餘八百五十二分又奇不盈分者四之一矣。四月則餘三千四百九分，設以八乘之，三八二萬四千，四八三千二百，八九七十二，凡二萬七千二百七十二分，是三十二月之餘分也。如法九百四十分爲一日，以二十乘九百則一萬八千，以二十乘四十則八百，計萬八千八百分以爲二十日。又以九乘九百則八千一百，又以九乘四十則三百六十，又得八千四百六十分以爲九日，其餘一十二分。然則三十二月餘二十

❶「三百三弱」四字，原漫漶不清，今據近市居本補。

九日一十二分也，乃叚後日九百四十分之四百八十七而置一閏焉。又積三十三月餘二萬八千一百二十四分奇不盈分者四之一，除去前所叚之四百八十七分，計二萬七千六百三十七分奇四之一，以其二萬七千二百六十分爲二十九日，惟餘三百七十七分奇四之一，復借後日百二十一分，又別取其一分，而畫其四之三以益之以爲一閏。又三十月餘二萬八千一百二十四分奇不盈分者四之一，除前所借百二十一分奇四之三，計二萬八千二分半，以其二萬七千二百六十分當二十九日，并四百九十九分作一閏，猶餘二百四十三分半。又三十二月餘二萬七千二百七十二分，加前所餘二百四十三分半，凡二萬七千五百一十五分半。以二萬七千二百六十分作二十九日，惟餘二百五十五分半，更借後日二百四十三分半而置一閏焉。又三十三月餘二萬八千一百二十四分奇不盈分者四之一，除前所借二百四十三分半，計二萬七千八百八十分奇四之三，除二十九日四百九十九分，爲數二萬七千七百五十九分。以爲一閏，猶餘百二十一分奇四之三。又三十三月餘二萬八千一百二十四分奇不盈分者四之一，加前所餘百二十一分奇四之三，凡二萬八千二百四十六分，以二萬七千七百五十九分作一閏，猶餘四百八十七分。又三十二月餘二萬七千二百七十二分，加前所餘四百八十七分，凡二萬七千七百五十九分，適符二十九日四百九十九分之數，以爲一閏。凡十九歲七閏，則气與月齊，无贏不足矣。是爲一章，是閏爲「餘分之月」也。雖然，此通率計之爾，若覈其實則气與月皆有修短不齊。是何也？以日行夏遲而冬疾故也。日行遲，則气長而朔短。其長之極，則十五日九百四十分日之六百九十一，夏至之气然也。而月之會日則早，越二十九日不及四百九十九分而合朔矣。故夏月有瀕小者。日行疾，則气短而朔長。其短之極，則十四日九百四十分日之六百六十五，冬至气然也。而月之會日則晚，有二十九日七百五十五分而始合朔者。故冬月有瀕三大也。因而置閏恒有推移，必視前月之中气在朔前，後月之中气在朔後者以爲閏月，則後月之節气當是月之適中，則是月分屬兩月而无偏頗,《逸周書》所謂「閏无中气」,《左傳》所謂「舉正于中」也。鄭注見《公羊》隱元年傳疏。「分至启閉」者,「分」謂春分、秋分,「至」謂夏至、冬至,「启」謂立春、立夏,「閉」謂立秋、立冬,是爲八節。推四時以置閏,使分、至、启、閉皆當其節不失其正,則歲曆成,亦所謂「舉正于中」也。**允釐百工,庶績咸熙。」**釐,力之反。【注】允,信。釐,飭。工,官。庶,衆。績,功。咸,皆。熙,興也。飭,丑力反。【疏】《史記》録《尚書》輒以詁訓代經文,于此文云「信飭百官,衆功皆興」,兹本其文以爲訓。「允,信」,《釋詁》文。鄭注《易·噬嗑》象傳云「飭,猶理也」,箋《詩·頌·臣工》云「釐,理也」,則「釐」、「飭」同誼。又下文「釐降二女」,《史記》作「飭下二女」,亦以「釐」爲「飭」也。「工,官」,《毛詩·臣工》傳誼也。「庶,衆」、「績,功」、「咸,皆」、「熙,興」,並亦《釋詁》文。**帝曰:「疇,咨若旹登𩫖?」**疇,直攸反。𩫖,余封反。【注】疇,詞。咨,謀。登,升。𩫖,用也。𩫖,讀若「庸」。❶馬融曰:「羲、咊爲卿官,堯之末年皆以老死,庶績多闕,故求臤順四時之職,欲用以代羲、咊。」【疏】「疇,詞」者,「詞」謂語詞也。《説文·白部》云「疇,詞也」,即引此「帝曰疇咨」之文,兹故用其誼。「咨,謀」,「登,升」,並《釋詁》文。「𩫖,用也,讀若『庸』」者,《説文·亯部》文。《説文》「庸」字在《用部》,亦訓「用」也,則「𩫖」、「庸」音誼皆同,異文同字也。馬注見正義。案:下文鄭注云「堯末時,羲、咊之子皆死,庶績多闕而官廢」,與此馬注説同,蓋當時經師相傳舊説如此,馬君必本諸衛、賈諸君子也。**放齊曰:「胤子絑启明。」**放,孚往反。絑,正義本作「朱」。《説文·糸部》「絑」字説云「絑,純赤也。《虞書》丹絑字如此」,則此當作「絑」。【注】

❶「若」,原作「爲」,今據近市居本及疏文改。

馬融曰：「胤，嗣也。」鄭康成曰：「帝堯胤嗣之子，名曰丹朱。」聲謂：启，開也。【疏】馬注見《釋文》。《釋詁》「胤」、「嗣」同訓「繼」，故云「胤，嗣也」。鄭注見《五帝本紀》張守節正義。《史記》云「放齊曰嗣子丹朱開明」，故知「絑」是丹絑也。「启，開」，《説文·口部》文。**帝曰：「吁！嚚，𩫖可乎？」**吁，兄于反。嚚，牛巾反。𩫖，僞孔本作「訟」，《釋文》云馬本作「庸」。案：作「庸」則與上「登庸」應，當从「庸」，「𩫖」則古「庸」字。【注】吁，驚異之詞。口不道忠信之言爲嚚，讀當「嚚」字絶之。庸可乎，言不可用。【疏】《説文·口部》云「吁，驚也」，故云「吁，驚異之詞」。云「口不道忠信之言爲嚚」者，僖二十四年《左傳》文。云「讀當『嚚』字絶之」者，謂「吁」字、「嚚」字皆一字爲句，「𩫖」字屬下「可乎」爲句也。「𩫖可乎」是反詞，以決其不可，故云「言不可用」。**帝曰：「嚋咨若予采？」**【注】馬融曰：「采，官也。」【疏】注見《釋文》。「采，官」，《釋詁》文。**讙吺曰：「都！共工旁逑僝功。」**讙，呼官反。吺，多侯反。正義本作「驩兜」，僞古文作「鵙吺」。案：《説文》有「吺」无「鵙」，則「吺」可从而「鵙」不可用。《史記》及《漢書·古今人表》皆作「讙兜」。據《説文》「讙，譁也」，「吺，讘吺，多言也」，二字誼訓相近，以類推求，當作「讙吺」。共，君容反。旁，鋪光反。逑，其尤反，正義本作「方鳩」，兹从《説文》所引。僝，士簡反，又士綫反。【注】都，於也。鄭康成曰：「共工，水官名，其人名氏未聞。先祖凥此官，故以官氏。堯末時，羲、咊之子皆死，庶績多闕而官廢。當此之時，讙吺、共工更相薦舉。」聲謂：旁，廣也。逑，斂聚也。僝，具也。言廣斂聚諸官職而具功事也。逑，或爲「救」。於，温都反。更，宫行反。救，其尤反。【疏】「都，於」，《釋詁》文。案：《毛詩·文王》傳云「於，歎詞」，然則「都」亦歎詞也。鄭注見《五帝本紀》注，及正義，及《周禮疏·敘》。云「共工，水官名」者，昭十七年《左傳》云「共工氏以水紀，故爲水師而水名」，則「共工」是水德之君之號，以「共工」名官必是水官矣。云「先祖凥此官，故以官氏」，知非其人身爲此官者，下文帝咨治水之人而四嶽舉鯀，則共工于時不爲水官明甚，自是先世嘗爲此官，因以爲氏，而讙吺偁其氏也。顧其先祖爲共工官者，不審何人。若彼以水紀之共工則是水德之君，不是官號，非此共工之先祖也。《國語》言共工「欲壅防百川」，賈侍中以爲炎帝之後，姜姓也，則亦非此共工之先祖。知者，此共工是四凶之一，《左傳》所謂「窮奇」，乃少皞氏之不才子。少皞氏，己姓也。案：昭二十九年《左傳》少皞氏有四尗，修及熙爲玄冥。玄冥，水官也。豈玄冥一名「共工」，若修若熙或爲此共工之先祖與？疑不能決也。云「堯末時，羲、咊之子皆死，庶績多闕而官廢」者，蓋本諸賈、馬諸君説也。「聲謂旁，廣也」者，《逸周書·世俘解》云「旁生霸」，孔鼂注云：「旁，廣也。」云「逑，斂聚也。僝，具也」者，《説文·辵部》及《人部》文。云「逑，或爲『救』」者，《説文·辵部》既引此矣，《人部》又引作「旁救僝功」，「救」、「逑」皆「求」聲，聲同則字通也。**帝曰：「吁！静言，𩫏韋，象龔滔天。」**《説文》云「韋，相背也」，然則「韋背」字不从辵，今通作「違」，非也。滔，土刀反。【注】静言，巧言也。韋，衺辟也。**象龔，令色也。**滔，慢也。❶言共工善言，其用辟似龔慢天。衺，夕牙反，俗通作「邪」，則音誼皆别矣。辟，粤亦反。❷慢，莫訕反。【疏】《公羊》文十二年傳云「惟諓諓善竫言」，是述《秦誓》之詞也。《説文·戈部》引《周書》曰「戔戔巧言」，亦即《秦誓》文，所傳之本異尒。則「竫言」即「巧言」，古字「竫」、「静」通，故云「静言，巧言」也。文十八年《左傳》云「靖譖庸回」是謂共工，則「靖譖庸回」即此「静言庸韋」，則「韋」、「回」字通。《文

❶「慢」，原作「漫」，今據近市居本改。
❷「粤」，原作「由」，今據近市居本改。

選・西征賦》注引《韓詩》「謀猶回穴」，薛君章句曰「回，衺辟也」，故云「韋，衺辟也」。「象龏」則皃似龏順，故云「令色也」。《咎繇暮》云「巧言令色孔壬」，亦謂共工，「巧言」即「静言」，「令色」即「象龏」也。昭二十六年《左傳》云「官不滔」，注訓「滔」爲「慢」，故云「滔，慢也」。云「共工善言，其用辟似龏慢天」者，《史記》文。《公羊傳》云「諓諓善竫言」，則「善言」即「静言」也。「慢」字从心不从水，从水者俗字，今《史記》作「漫」，俗所改也。**帝曰：「咨！四嶽：**【注】鄭康成曰：「四嶽，四時之官，主四嶽之事。始羲、咊之時，主四嶽者謂之四伯，至其死，分嶽事，置八伯，皆王官。其八伯惟讙吺、共工、放齊、鯀四人而已，其餘四人无文可知。」鯀，古本反。【疏】注見《周禮疏・敘》。云「四嶽，四時之官，主四嶽之事」者，鄭以上文羲、咊四子分主四時，即是四嶽之職分掌四方嶽事者，故又云「始羲、咊之時，主四嶽者謂之四伯」也。云「至其死，❶分嶽事，置八伯」者，據伏生《大傳》「維元祀，巡守四嶽八伯」，泰山、霍山、華山、弘山各有兩伯焉。❷鄭注以「元祀」爲舜假于文祖之年，則是舜始即真之時也。維時四嶽已有八伯，則八伯不于是始置，當在其前矣，自是以羲、咊氏子死而分置也。案：《大傳》「八伯」者，陽伯、儀伯、夏伯、羲伯、秋伯、咊伯、冬伯，其一文闕焉。鄭注以陽伯爲伯夷掌之，夏伯棄掌之，秋伯咎繇掌之，冬伯垂掌之，餘則羲、咊仲、尗之後。此言「讙吺、共工、放齊、鯀四人，其餘四人无文可知」者，鄭以《大傳》所言在舜即真之年，此在堯時，當別自有人。而見于經者唯讙吺、共工、放齊、鯀四人，它則一无所

---

❶「至」，原脱，今據近市居本及注文補。

❷「弘」，原作「宏」，避乾隆帝諱，今回改。以下逕改，不一一出校。

見，❶故舉四人言之，非謂此四人必在八伯之中也。且是時四嶽方舉鯀，鄭必不以鯀當四嶽之一也。顧經言「四嶽」，而鄭偁「八伯」似與經韋，實不韋也。蓋八伯分主四嶽之事，帝咨四嶽之官，何見非總咨八伯？不必四嶽覈定四人也。案：《國語·周語》云「共之從孫四嶽左之」，又云「胙四嶽國，命爲侯伯。賜姓曰姜，氏曰有吕」，則「四嶽」傳有明文。鄭不據之爲説而爲此推測之詞者，蓋彼文「四嶽」是左禹治水者，❷此時方薦用鯀，豈是左禹之「四嶽」乎？故鄭不用《國語》文。**湯湯鴻水方割，潒潒褱山襄陵，浩浩滔天。**湯，式陽反。鴻，今通作「洪」，兹从古。潒，徒朖反，今通作「蕩」。褱，俗混作「懷」，音同誼別。【注】湯湯，水盛皃。鴻，大也。方，讀當爲「旁」；旁割，言廣爲剥害。潒，讀若「蕩」；潒潒，水潒瀁也。褱，俠。襄，駕也。大阜曰陵。浩浩，廣大皃。滔，水大皃。瀁，弋諒反。俠，侯夾反。阜，房九反。【疏】「湯湯，水盛皃」者，《毛詩·氓》傳誼也。《釋詁》云「洪，大也」，「鴻」、「洪」字通，故云「鴻，大」也。云「方，讀當爲『旁』」者，鄭注《義禮·士喪禮》云「今文『旁』爲『方』」，則「旁」、「方」古今字。此經《咎繇暮》「旁施象刑」，《吕刑》「旁告无辜」，正義本皆改作「方」矣。此文「方」字若作「旁」，誼乃爲允協。但「旁」、「方」字通，无煩遽改作「旁」，弟正其音讀从「旁」尒。云「旁割，言廣爲剥害」者，❸「旁」之言「廣」，「割」之言「剥」也。云「潒，讀若『蕩』」，❹潒潒，水潒瀁也」者，《説文·水部》誼也。

❶「它」，原作「也」，今據近市居本改。
❷「者」，原作「也」，今據近市居本改。
❸「剥」，原作「割」，今據近市居本及注文改。
❹「蕩」，原作「湯」，今據近市居本及注文改。

「裒，俠」，《說文·衣部》文。「襄，駕」，《釋言》文。「大阜曰陵」，《釋地》文。《淮南·俶真訓》曰「浩浩瀚瀚」，高誘注云「廣大皃」，故云「浩浩，廣大皃」。《毛詩·四月》傳云「滔滔，大水皃」，故云「滔，水大皃」。**下民其咨，有耐俾⿱辟乂？**」耐，奴登反，古「能」字也。「能」則古之「耐」字，音奴代反，又以爲三台字，音土來反，二字相亂久矣，茲于經文从古，注疏中姑从今。⿱辟乂，牛廢反，正義本作「乂」，茲从《說文》所引。【注】耐，古「能」字。俾，使。⿱辟乂，治也。言下民咨嗟苦于鴻水，有能使治之者乎？【疏】云「耐，古『能』字」者，鄭注《禮記·禮運》、《樂記》二篇皆云然。《樂記》注且云「古以『能』爲三台字」，然則古不以「能」爲「才能」字也。「俾，使」，《釋詁》文。「⿱辟乂，治」，《說文·辟部》文。❶**僉曰：「於，鯀哉！」**僉，士銛反。【注】僉，皆也。於，歎詞。馬融曰：「鯀，臣名，禹父。」【疏】「僉，皆」，《釋詁》文。云「於，歎詞」者，《毛詩·文王》傳誼也。馬注見《五帝本紀》注。《大戴禮·五帝德》云：「宰我問禹，孔子曰：『高陽之孫，鯀之子也。』」又《帝系》云「鯀產文命，是爲禹」，故知鯀是禹父也。**帝曰：「吁，咈哉！方命圮族。」**咈，文弗反。方，乎望反。圮，平鄙反。【注】咈，韋也。鄭康成曰：「方，讀爲『放』，謂放棄教命。」聲謂：圮，毀。族，類也。言敗其族類。【疏】「咈，韋」，《說文·口部》文。鄭注見正義。云「方，讀爲『放』」者，《漢書·傅喜傳》傅太后詔曰「放命圮族」，又《朱博傳》曰「今傅晏放命圮族」，是皆采用此經語，是漢人讀此爲「放命」也。《郇子·子道篇》云「不放月，不避風，不可以涉江」，楊倞注云「放，讀爲『方』」，則古字「放」與「方」通也。《釋文》引馬注云「方，放也」，誼亦同鄭也。「圮，毀」，《釋詁》文。成四年《左

❶「辟」，原作「⿱辟乂」，今據近市居本改。

傳》云「非我族類」，是「族」、「類」同誼。云「敗其族類」者，《漢書·敘傳》孟康注引此經而説之云：「言鯀之惡，敗其族類。」**嶽曰：「异哉，試可乃以。」**异，羊吏反。【注】异，舉也。試、以，皆用也。言用之可，乃用介。【疏】「异，舉」，《説文·廾部》文。《釋言》云「試，用也」，《説文·言部》亦云「試，用也」，其《巳部》云「以，用也」，故云「試、以，皆用也」。**帝曰：「往，欽哉。」**【注】馬融曰：「堯以大聖，知時運當然，人力所不能治。下民其咨，亦思㥶勞，詘己之是，从人之非，遂用于鯀。」㥶，衣求反，俗混作「憂」，音同誼别。詘，區勿反，俗作「尸」下「出」，譌字也。【疏】注見正義。云「時運當然」者，謂无妄之气也。王充《論衡·寒温篇》云：「《易》无妄之應，水旱之至，自有期節。」劉逵注《吴都賦》引《易·无妄》曰：「災气有九。陽戹五，陰戹四，合爲九。一元之中，四千六百一十七歲，各以數至。」《漢書·律曆志》云：「《易》九戹曰：初入元，百六，陽九。次三百七十四，陰九。次四百八十，陽九。次七百二十，陰七。次七百二十，陽七。次六百，陰五。次六百，陽五。次四百八十，陰三。次四百八十，陽三。凡四千六百一十七歲，與一元終。經歲四千五百六十，災歲五十七。」案：「《易》九戹」者，孟康注以爲《易傳》，蓋即《易·无妄》也。「陽九」謂旱九年，「陰九」謂水九年，其「七」、「五」、「三」亦皆以水旱年數也。計一元四千五百六十歲，加災歲五十七，凡四千六百一十七歲。堯時鴻水是「陰九」之戹，故云「時運當然，人力所不能治」。云「詘己之是，从人之非」者，《後漢書·鄭興傳》興上疏曰「堯知鯀不可用而用之者，詘己之明，因人之心也」，則馬説固有本也。又正義引李顒注云：「堯雖獨明于上，衆多不達于下，故不得不副到縣之望，以龏一切之求。」此説亦同馬誼。**九埶，績用弗成。**埶，作代反，今通作「載」。【注】埶，讀若「載」；載，年也。鯀治水九年，功用不成。【疏】「𩰲，讀若『載』」者，《説文・丮部》文。❶《釋天》云「夏曰歲，商曰祀，周曰年，唐虞曰載」，故云「載，年也」。云「功用不成」者，《史記》文。帝曰：「咨！三嶽：朕在位七十𩰲，女耐𩫖命，顨朕位？」顨，色困反，今通作「巽」。【注】馬融曰：「朕，我也。」鄭康成曰：「言女諸侯之中有能順事用天命者，入處我位，統治天子之事者乎？」聲謂：顨，入也。【疏】馬注見《釋文》。「朕，我」，《釋詁》文。鄭注見《五帝本紀》注。言「女諸侯之中」云云者，蓋四嶽統率四方諸侯，此咨四嶽是欲其舉薦可以禪代者，非禪四嶽也，與下文「女陟帝位」語意不同，故鄭云然。若如僞孔説，欲使四嶽順行帝位之事，豈天子之位可禪四人者乎？无是理也。「顨，入也」者，《易・説卦》文。嶽曰：「否德忝帝位。」否，必美反。忝，帖點反。【注】否，讀爲「啚𠥓」之「啚」。忝，辱也。啚，必美反。𠥓，洛候反。【疏】「啚」者，啚𠥓，加邑傍則爲「都鄙」，今則廢「啚」字通作「鄙」矣。《史記》云「鄙德忝帝位」，依字當爲「啚」，故云「否，讀爲『啚𠥓』之『啚』」。「否」、「啚」音同字通也。《論語・雝也》「予所否者」，《論衡・問孔篇》引作「予所鄙者」，解爲「啚𠥓」，是「否」、「啚」通也。「忝，辱」，《釋言》文。曰：「明明揚仄𠥓。」仄𠥓，正義本作「側陋」，茲从《書古文訓》本。【注】揚，舉也。言悉舉貴戚及疏遠隱匿者。【疏】《禮記・檀弓下》篇杜蕢揚觶，後輒效之，謂之「杜舉」，是「揚」之誼爲「舉」也。云「悉舉貴戚及疏遠隱匿者」者，《史記》文。「明明」，謂舉貴戚，「揚仄𠥓」謂舉疏遠隱匿者。以四嶽言諸侯皆否德不足以辱帝位，故令悉舉貴戚及疏賤。師錫帝曰：「有矜在下，曰虞舜。」矜，古頑反。【注】師，衆。錫，

❶「丮」，原作「丸」，今據近市居本改。

予也。矜，讀曰「鰥」；无妻曰鰥。孔子曰「男子三十而娶」，舜父頑、母嚚，不見室家之耑，故謂之矜。鄭康成曰：「虞，氏。舜，名。」耑，多安反，今通作「端」，音同誼别。【疏】「師，衆」，《釋詁》文。鄭以「師」爲諸侯之師，不得詳聞其説，故不用。據《史記》云「衆皆于堯曰」，則「師」當訓「衆」也。《釋詁》「錫」、「予」同訓「賜」，故云「錫，予」也。《詩·小雅》末篇云「何人不矜」，鄭箋云「无妻曰鰥」，是古字以「矜」爲「鰥」也，故云「矜，讀曰『鰥』；无妻曰鰥」。引「孔子曰」者，伏生《大傳》文。彼文「男子三十而娶」之下，尚有「女子二十而嫁」云云，以无當于此經，故節之。云「不見室家之耑，故謂之矜」者，《禮記·王制》云「老而无妻者謂之鰥」，舜年未老而謂之「矜」，故説其誼如此。男子三十而娶正也，舜年三十當正娶之期，以遇頑嚚之父母而未見室家之耑兆，執將終不得有妻，故謂之「矜」也。鄭注見篇首正義。**帝曰：「俞，予聞，如何？」**【注】俞，然。予，我也。【疏】「俞，然」，《釋言》文。「予，我」，《釋詁》文。**嶽曰：「瞽子。父頑、母嚚、象奡。克諧以孝，烝烝艾不假悬。」**奡，吾到反。艾，僞孔本作「乂」，惠松崖先生曰「《楊孟文石門頌》曰『烝烝艾』，是本諸《尚書》」，則古《尚書》作「艾」也。艾，俄蓋反，一音牛廢反。假，工白反是其本音，後不復音者皆同此。正義本凡「假」字皆作「格」，皆唐衛包奉敕改也，今悉刊正之。悬，古文「姦」。【注】瞽，瞽瞍也。《帝系》曰：「瞽瞍生帝舜。」心不則德誼之經爲頑。象，舜異母弟也。奡，嫚也，讀若「傲」。諧，龢也。善父母爲孝。烝烝，早也。艾，養。假，至也。悬，古文「姦」。言舜能龢于弟，孝于親，早以奉養，❶使不至于姦惡。一説：艾，讀爲

❶「以」，原作「于」，今據近市居本改。

「𡰪」，治也。𣆪以自治，感化其親，使不至于姦惡。瞍，色后反。嫚，門患反。𣆪，俗作「厚」，音同誼別。

【疏】「《帝系》」者，《大戴禮》篇名，引之以證「瞽子」謂瞽瞍之子也。云「心不則德誼之經爲頑」者，僖二十四年《左傳》文。彼文更有「口不道忠信之言爲嚚」之語，兹不兼采者，以具于前文注矣。云「象，舜異母弟也」者，趙岐注《孟子·萬章》篇云然。云「奡，嫚也，讀若『傲』」者，《説文·夰部》文。「龤，龢」，《釋詁》文，今《爾雅》作「諧，和」，音同而誼則非矣，乃俗人所改也。「善父母爲孝」，《釋訓》文。云「烝烝，𣆪也」者，《毛詩·泮水》傳誼也。「艾，養」，《釋詁》文。「假，至」，《説文·人部》文。「𢙐，古文『姦』」，《説文·女部》文也。僞孔氏本「艾」爲「乂」，訓爲「治」，正義云：「上歷言三惡，此美舜能養之。」蓋穎達必見漢注有訓「艾」爲「養」者，故爲此言。由此知「艾」當訓「養」也。然《史記》云「烝烝治不至姦」，則舊説亦有訓「艾」爲「治」者，若依「治」訓則言「𣆪以自治，❶感化其親」，亦爲近理，姑備一説。案：《孟子·萬章》篇象言「二嫂使治朕棲」，則堯妻舜之後，父母猶欲殺舜，是時焉能感化？則訓「艾」爲「治」終非正解。或曰：既未能感化，而言「不假姦」何也？蓋父母與弟雖俱惡，舜調處其閒，使不終成其惡，故曰「不假姦」，此舜所以爲烝烝善養也。**帝曰：「我其試哉。」**正義曰：「馬、鄭、王本説此經皆无『帝曰』，當時庸生之徒漏之也。」案：《史記》云「堯曰：『吾其試哉』」，則此實本有「帝曰」，其无者，洵是漏落也。

【注】鄭康成曰：「試以爲臣之事。」【疏】注見正義。云「試以爲臣之事」者，謂歷試舜，即下文「慎徽五典」云云是也。王肅注云「試之以官」，《論衡·正説篇》説此經云「試之于職」，皆同鄭誼。**女于旹，觀氒型于弍女。**

---

❶ 「𣆪」，原作「厚」，今據近市居本及注文改。

女于，奴慮反，注「曰女」同。弍，古文「二」。弍女，奴呂反，注「以女」、「二女」、「女英」並同。【注】以女妻人曰女。時，是。型，濾也。二女，長曰娥皇，次曰女英。堯于是妻之以二女，觀其以禮濾接待二女。妻，並七計反。長，中丈反。【疏】「以女妻人曰女」者，桓十一年《左傳》杜豫注云然也。❶「時，是」，《釋詁》文。《說文·土部》云「型，鑄器之法也」，故云「型，法」也。云「二女，長曰娥皇，次曰女英」者，劉向《列女傳》文。《思齊》詩云「型于寡妻」，鄭箋云：「文王以禮法接待其妻。」此「型于」與《詩》言「型于」誼同，故仿《詩》箋誼而云「觀其以禮法接待二女」。蓋夫婦之際，人道之大倫，故堯欲以此觀舜。《論衡·正說篇》云「妻以二女，觀其夫婦之法」是也。**釐降弍女于嬀汭，嬪于虞。**女，奴呂反，注並同。嬀，居危反。汭，如銳反。嬪，皮民反。❷【注】降，下也。嬀汭，舜所居處。嬪，婦也。舜飭下二女于嬀汭，如婦禮。一說：言雖帝堯之女下嫁于虞，猶詘體降下，勤修婦道。處，敕茹反。詘，區勿反。【疏】「降，下」，《釋詁》文。《說文·女部》云「虞舜尻嬀汭，因以爲氏」，故云「嬀汭，舜所尻處」。「嬪，婦」，《釋親》文。云「舜飭下二女于嬀汭，如婦禮」者，《史記》文。「一說」者，郇爽說也。爽一名諝，字慈明，潁川潁陰人。桓帝延熹九年，太常趙典舉爽至孝，拜郎中，對策陳便宜，此說即其對策文也，附見《後漢書·郇淑列傳》。云「詘體降下」，則是謂二女自詘下，與言「舜飭下二女」不同。經言「釐降」，自當以「飭下」爲正解，然郇說亦平正合理，故附備一說。**帝曰：「欽哉！」**【注】將試舜而飭，使敬

---

❶「豫」，原作「預」，今據近市居本改。

❷「皮」，原作「叚」，今據近市居本改。

其職也。【疏】以下即言歷試舜之事，故知此是飭舜之詞。僞孔氏分此以上爲《堯典》，以「慎徽五典」以下爲《舜典》；姚方興又增益「曰若稽古」云云，亂經欺世，皆《尚書》之辠人也。**昚徽五典，五典克从。** 昚，古文「慎」。【注】徽，咊也。鄭康成曰：「五典，五教也。蓋試以司徒之職。」聲謂：克从，言无韋教。【疏】《釋文》引馬注云「徽，善也」，又引肅注云「美也」，玆皆不用而云「徽，和也」者，據《史記》云「慎和五典」，則此「徽」當訓「咊」。《文選・文賦》注引許叔重《淮南》注云「鼓琴循弦謂之徽」，則「徽」故有「調咊」之誼也。鄭注見《五帝本紀》注。云「五典，五教也」者，謂五常之教，下文所云「敬甹五教」是也。「甹五教」是司徒之事，故云「蓋試以司徒之職」。云「克从，言无韋教」者，文十八年《左傳》引此經而説云「无韋教也」，玆用其説。**内于百揆，百揆旹敘。** 内，奴罘反。揆，巨癸反。【注】内，入也。百揆，揆度百官之事也。時敘，言无廢事。度，代洛反。【疏】「内，入」，《説文・入部》文。《釋言》云「揆，度也」，文十八年《左傳》云「以揆百事，莫不時敘」，雖主謂禹之「宅百揆」，而「百揆」之誼則同，《史記》云「徧入百官，百官時敘」，故云「百揆，揆度百官之事」。《左傳》又云「内于百揆，百揆時敘，无廢事也」，故云「時敘，言无廢事」。**賓于四門，四門穆穆。** 賓，必刃反。【注】鄭康成曰：「賓，讀爲『儐』，舜爲上儐以迎諸侯。」馬融曰：「四門，四方之門。」聲謂：四門，明堂四門。穆穆，敬也，言賓客皆敬。【疏】鄭注見《正義》。古「儐」字通作「賓」，説詳上「寅賓出日」疏。此「賓于四門」謂舜儐導諸侯于四門，故鄭讀「賓」爲「儐」。云「舜爲上儐」者，《義禮・娉禮》云「卿爲上儐，大夫爲承儐，士爲紹儐」，鄭彼注云「儐爲主國君所使，出接賓者也」，于時舜位在諸臣之上，故知爲「上儐」也。馬注見《五帝本紀》注。四方諸侯來朝，各從其方之門而入，故以「四門」爲「四方之門」。但未詳言「四門」所在，故聲增成之云「明堂四門」。《逸周書・明堂解》及《禮記・明堂位》皆云「九夷之國，東門之外」，「八蠻之國，南門之外」，「六戎之國，西門之外」，「五狄之國，北門之外」，此明堂四門也；又云「九采之國，應門之外」，則應門在四門之内也。而《周書・明堂》又有闕文，引見于《御覽》五百三十二卷者云「東，應門。南，庫門。西，皋門。北，雉門」，應門當在南，蓋引者錯誤「東」、「南」二字也。然則應、庫、皋、雉在東門、南門、西門、北門之内，亦明堂之四門，明堂蓋有重門矣。諸侯朝于明堂，故賓于四門，蓋迎于外四門而導以入内四門也。此説本諸先師《明堂大道録》。先師惠先生名棟，字定宇，號松崖，博極群書，箸述等身，其最鉅者則《周易述》及《明堂大道録》及《禘説》也。案：《釋詁》云「穆穆，美也」，故馬注又有云「諸侯群臣朝者，皆有美德」，其誼當是。乃不用之而易訓「敬」者，《史記》云「四門穆穆，諸侯遠方賓客皆敬」，則此「穆穆」當訓「敬」也。「穆穆，敬也」者，《釋訓》文。**内于大麓，烈風雷雨不迷。** 内，奴罙反。不，僞孔本作「弗」，玆从伏生《大傳》。**【注】**鄭康成曰：「山足曰麓。麓者，録也。古者天子命大事、命諸侯則爲壇國之外。堯聚諸侯，命舜陟位尻攝，致天下之事，使大録之。」聲謂：迷，惑也。使舜入大麓之野，逢暴風雷雨，舜行不迷惑。**【疏】**此鄭注是《大傳》注也。《大傳》云「内之大麓之野」即此經之文，故采用彼注。云「山足曰麓」者，《毛詩・旱麓》傳云「麓，山足也」。云「麓者，録也」者，古文「麓」作「禁」，「禁」、「録」皆得「录」聲，同聲者輒同誼，詁訓多通于音也。云「古者天子命大事、命諸侯則爲壇國之外」者，《周禮・司義》云「將合諸侯，則令爲壇三成」，鄭彼注云：「合諸侯，謂有事而會也。爲壇于國外以命事。」又《義禮・覲禮》云「諸侯覲于天子，爲宫，方三百步，四門，壇十有二尋，深四尺」，鄭注亦云「爲宫者于國外」，是命大事、命諸侯必爲壇之事也。《大傳》云「堯推尊舜而尚之，屬諸侯焉，内之大麓之野」，故鄭云「堯聚諸侯，命舜陟位尻攝，致天下之事，使大録之」。「迷，惑」，《釋言》文。云「逢暴風雷雨，舜行不迷惑」者，《史記》云「堯使舜入山林川澤，暴風雷雨，舜行不迷」，王充《論衡・吉驗篇》云「使入大麓之野，虎狼不搏，蝮它不噬，逢烈風疾雨，行不迷惑」，是漢人舊説皆然也。僞孔傳乃云「内舜使大録萬機之政，陰陽咊，風雨時，各以其節，不有迷錯愆伏」，又造爲《孔叢子》，託諸孔鮒述孔子之言，亦爲是説。如其説則云「風雨弗迷」可矣，何必言「烈風雷雨」乎？且孔鮒爲陳涉博士，其書流傳于晉，經歷漢魏，何以兩漢諸儒都未有見？《漢書・埶文志》亦不登其書，明是僞孔氏叚託聖人之言，而又託諸聖孫所述，❶意謂如是乃足信服乎人，乃能援助其私説而奪先儒舊説矣，不可以其説滑亂經誼。**帝曰：「假女舜，恂事考言，乃言厎可績，弎𡔈，女陟帝位。」**恂，西俞反，从心旬聲，俗誤作「言」傍箸「旬」，《説文》所无也。厎，竹雉反。陟，竹力反。【注】假，來。恂，謀。乃，女。厎，致。陟，登也。堯召舜曰：「女謀事至，而言可績，三年矣。女登帝位。」鄭康成曰：「三年者，賓四門之後三年也。」【疏】「假，來」，《釋言》文。今《爾雅》「假」作「格」，俗所改也。「恂，謀」，《釋詁》文。《咎繇暮》云「乃言厎可績」，《史記》作「女言致可績行」，是「乃」爲「女」、「厎」爲「致」。鄭注《周禮・小宰》職云：「乃猶女也。」「厎，致」，《釋言》文。《釋詁》「陟」、「登」同訓「升」，故云「陟，登」也。「堯召舜曰」以下，《史記》文也。鄭注見《五帝本紀》注。云「三年者，賓四門之後三年也」者，堯試舜凡二十年，自「慎徽五典」至「内于大麓」爲四節。鄭以内大麓、命陟位爲一時事，賓四門在内大麓之先，故知此「三年」是賓四門後之三年也。**舜攘于德不台。**台，弋之反。不台，僞古文作「𡿪孠」，開元本作「弗

❶ 「述」，原作「録」，今據近市居本改。

嗣」。案：《史記·自敘》曰「唐堯孫位，虞舜不台」，班固《典引》曰「有于德不台，淵穆之攘」，皆據此經也，李善于《文選》注《典引》篇引《尚書》曰「舜攘于德不台」，然則古《尚書》實作「不台」，其作「弗嗣」者，亂經者也。【注】台，説繹也。辝德不足説服人心也。説，爰中反。繹，羊益反，从糸睪聲，俗从心傍，非。【疏】《釋詁》「台」、「説」、「繹」同訓「樂」也，則台、説、繹三字同誼。此文「不台」據《史記》作「不繹」，則「台」爲「説繹」之意，故云「台，説繹」也。《釋詁》「説」、「繹」又俱訓「服」，則「不繹」謂「不説服」，故云「辝德不足説服人心也」。**正月上日，受𠔀于文祖。**𠔀，古文「終」。【注】《大傳》曰：「上日，元日。受，謂舜也。」鄭康成曰：「帝王易代，莫不改正建朔。堯正建丑，舜正建子，此時未改堯正，故云『正月上日』；即位乃改堯正，故云『月正元日』。文祖者，五府之大名，猶周之明堂。」【疏】「《大傳》」者，伏生《尚書大傳》也，後凡言「《大傳》曰」皆同。云「上日，元日」者，「元」之言始，言月之始日，謂朔日也，故馬融注云「上日，朔日」。此不言「朔」而言「元」者，見與下文「月正元日」同也。云「受，謂舜也」者，解經「受終」謂舜受堯之終也。鄭注見正義及《五帝本紀》張守節正義。云「帝王易代，莫不改正建朔」者，《白虎通》云：「王者受命必改朔何？明易姓，示不相襲也；明受之于天，不受之于人。所以變易民心，革其耳目，以助化也。」知「堯正建丑，舜正建子」者，以後代推之。周建子，商建丑，夏建寅，逆而溯之，知舜當建子，堯當建丑也。案《三國·魏志·辛毗傳》云：「時議改正朔，毗以魏氏遵舜、禹之統，應天順民。至于湯、武，以戰伐定天下，乃改正朔。」如其説則舜、禹皆未改朔，自唐至夏皆建寅者。蓋篡逆之世，經術道消，衺説競偏，故有是説。《禮記·郊特牲》云：「天子存二代之後，猶尊賢也。尊賢不過二代。」《白虎通》云：「王者存二王之後，所以尊先王，通天下之三統也。」若舜、禹皆未改正，則一統相襲，當夏之世何以通三統乎？必不然矣。《漢書·董仲舒傳》仲舒對策曰：「孔子曰：『无爲而治者，其舜乎？』改正朔，易服色，以順天命而已，其餘盡循堯道，何更爲哉？」《白虎通》云：「舜、禹雖繼太平，猶宜改以應天。」是皆謂舜改堯正，則鄭君之説信而有徵矣。且此言「正月」，而下經特變文言「月正」。「正月」者，猶是「正月」也；「月正」者，改月之正也，不然曷爲異其文哉？是知鄭説精確不可易也。云「文祖者，五府之大名，猶周之明堂」者，《尚書帝命驗》云：「帝者，承天立五府，以尊天重象也。五府者，五帝之廟：蒼曰靈府，赤曰文祖，黄曰神斗，❶白曰顯紀，黑曰玄矩。」注云：「唐、虞謂之天府，夏謂之世室，殷謂之重屋，周謂之明堂，皆祀五帝之所也。文祖者，赤帝熛怒之府，名曰文祖。火精光明，文章之祖，故謂之文祖，周曰明堂。神斗者，黄帝含樞紐之府，名曰神斗。斗，主也。土精澂静，❷四行之主，故謂之神斗，周曰太室。顯紀者，白帝招拒之府，名曰顯紀。紀，法也。金精斷割萬物，故謂之顯紀，周曰總章。玄矩者，黑帝叶光紀之府，名曰玄矩。矩，法也。水精玄昧，能權輕重，故謂之玄矩，周曰玄堂。靈府者，蒼帝靈威卬之府，名曰靈府，周曰青陽。」案：周之五室，其南堂曰「明堂」，總名亦偁明堂。蓋王者南面而聽天下，向明而治，故以南堂爲五室之大名。唐之五府，文祖，其南方之府也。經獨言「文祖」，則是以南方之府爲五府之大名，是猶周之「明堂」矣。蓋禪位大事，必告于天，五帝即天也。帝堯，火德，赤帝之所感生，「受終于文祖」，告感生之帝也，即是告天也。《釋文》引馬注云「文祖，天也」，雖亦不謬，不如鄭注之精詳也。**在旋機王衡，以齊七政。** 旋機，僞孔本作「璿璣」。惠先生曰：「《周公禮殿記》云『旋機離常』，《孟郁修堯廟碑》云

❶「斗」，原作「升」，今據近市居本改。下四「斗」字同。

❷「土」，原作「士」，今據近市居本改。

『據旋機之政』，則此當作『旋機』。」聲案：依伏生《大傳》亦當作「旋機」。王，月欲反，从三畫勻之。【注】在，詧也。《大傳》曰：「旋者，還也。❶機者，幾也、散也。其變幾散，而所動者大，謂之旋機，是故旋機謂之北極。」《運斗樞》云：「斗，弟一天樞，弟二旋，弟三機，弟四權，弟五衡，弟六開陽，弟七瑶光。弟一至弟四爲魁，弟五至弟七爲杓。」《文燿鉤》云：「斗者，天之喉舌。玉衡屬杓、魁，爲旋機。」《天官書》云：「北斗七星，所謂『旋機玉衡，以齊七政』。」然則北極與斗魁皆爲旋機，斗柄爲玉衡也。鄭康成曰：「七政，謂春、秋、冬、夏、天文、地理、人道，所以爲七政也。人道盡而萬事順成。」還，❷夕沿反。幾，吉衣反。杓，甫摇反。【疏】「在，詧」，《釋詁》文。云「旋機謂之北極」者，《釋天》云「北極謂之北辰」，《論語・爲政》篇云「譬如北辰，尻其所」，是天體運轉而北辰乃其運轉之中央，常尻其處，運而不移者，故謂之「極」，故謂之「旋機」，故曰「其變幾散而所動者大」也。《運斗樞》及《文燿鉤》者，皆《春秋緯》，並見《史記・天官書》索隱。「《天官書》」者，《史記》八書之弟五篇也。諸説皆以「旋機玉衡」爲北斗，雖與《大傳》不同，其誼實皆是，故備列諸説而折衷之，故云「然則北極與斗魁皆爲旋機，斗柄爲玉衡也」。蓋「北極」者，天體左旋之機；「斗」之言主，「北斗」爲恒星之主，恒星隨之而運，二萬五千四百一十一年有餘而右旋一周天者也，❸則斗魁爲恒星右旋之機，

❶「還」，原作「環」，今據近市居本改。

❷「還」，原作「環」，今據近市居本改。

❸「天」，原脱，今據近市居本補。

故北極、斗魁皆爲旋機也。斗柄則回轉于天，如偁之衡，故謂之「玉衡」。言「玉」者，蓋取其色白而晶瑩也。斗柄所建可以審時，王者順天時以出政，必督視之，故曰「在旋機玉衡，以齊七政」。經文甚明，无庸支說。乃俗儒謬解以「旋機」爲渾天儀，以「玉衡」爲其中横管，所以闚儀者。夫天垂象以示人，昭然易見，豈以聖人之明睿猶不能審，而必叚機械之器以爲智乎？甚者改「旋機」爲「璿璣」，謂機、衡皆以美玉爲之，豈所謂「虞夏之文，不勝其質」者乎？乃馬季長亦爲是説，吁可怪也。鄭注「七政」云云，《大傳》注也。《大傳》引此文，故采用彼注。《孟子·離婁下》篇云「周公思兼三王，以施四事」，《大傳》則云「周公兼思三王之道，以施于春秋冬夏」，據此則《孟子》所言「三王」謂天、地、人三統，「四事」謂四時之事，是則帝王出政必參乎三才、合乎四時，故鄭云「春、秋、冬、夏、天文、地理、人道，所以爲七政也」。乃裴駰注《史記》引鄭注云「璿璣玉衡，渾天儀也。七政，日月五星也」，與《大傳》及鄭君《大傳》注各乖異，蓋彼誤以馬注爲鄭注爾，必非鄭注，不可不辯。**𢑱禷于上帝**，𢑱，息利反。禷，力遂反。正義本作「肆類」，玆从《説文》。【注】𢑱，遂也。禷，以事類祭天也。馬融曰：「上帝，太一神，在紫微宫，天之最尊者。」鄭康成曰：「禮，祭上帝于圜丘。」圜，于然反。【疏】《國語》曰「《肆夏》、《繁遏》、《渠》」，《周禮·鐘師》職杜子春注引吕叔玉《國語》注云：「肆，遂也。夏，大也。言遂于大位。」是「肆」有「遂」誼。「𢑱」與「肆」古今字也，據《史記》云「遂類于上帝」，則此「𢑱」當訓「遂」也。云「禷，以事類祭天也」者，《説文·示部》文。案：《詩·皇矣》正義引《尚書》夏侯、歐陽説：「以事類祭之，在南方，就南郊祭之。」《禮記·王制》正義引《五經異誼》：「夏侯、歐陽説：『以類祭天者，以事類祭之。』古《尚書》説：『非時祭天謂之禷。』許君謹案：『《周禮》郊天无言「禷」者，知「禷」非常祭。』」是从古《尚書》説，而《説文》仍云「以事類祭天」者，蓋許君但不从夏侯、歐陽

「就南郊」之説爾，若以事類祭即是非常祭，其説本通，未爲非也。馬注見《釋文》。云「上帝，太一神，在紫微宮」者，《淮南子・天文訓》云「太微者，太一之庭也；紫宮者，太一之尻也」，《春秋合誠圖》云「紫宮，大帝室也」，則「紫微宮」是太微紫宮，太一神之所在。大帝即上帝，即太一也。云「天神之最尊者」者，《禮記・禮運》云「夫禮，必本于太一，分而爲天地」，是「太一」爲天神之最尊者也。鄭注見《五帝本紀》注。《禮記・祭法》云「有虞氏禘黄帝而郊嚳，祖顓頊而宗堯」，鄭注云：「禘、郊、祖、宗，謂祭祀以配食。此『禘』謂祭昊天于圜丘也。」又鄭注《周禮・小宗伯》云「類者，依其正禮而爲之」，然則此云「禮，祭上帝于圜丘」是比類禘祭而爲之矣。案：《周禮・大司樂》云「冬日至，于地上之圜丘奏之」，推之，堯時圜丘之正祭當亦在冬日至，此于建丑之月以攝位事類告祭，比類其正祭之禮行之，故曰「類」。

禋于六宗，禋，衣真反。【注】肅曰：「禋，絜祀也。」馬融曰：「禋，精意以亯也。❶萬物非天不覆，非地不載，非春不生，非夏不長，非秋不收，非冬不藏，此其謂『六』也。」歐陽及大小夏侯説：「六宗」者，上不謂天，下不謂地，傍不謂四方。在六者之閒，助陰陽變匕，實一而名六。聲聞之師曰：「六宗，明堂六帝也。」絜，九頡反，俗加水傍，非。亯，許兩反。長，中賞反。藏，才郎反。匕，呼訝反，俗作「化」，别字。【疏】肅注見《釋文》。馬注見《釋文》及正義。《説文・示部》云「禋，絜祀也。一曰精意以亯也」，則馬、王誼皆本《説文》，皆是也。伏生《大傳》云：「萬物非天不生，非地不載，非春不動，非夏不長，非秋不收，非冬不藏，『禋于六宗』，此之謂也。」馬説「六宗」之誼本諸伏生，不可易也。故高誘注《呂氏春秋・

---

❶「以」，原作「之」，今據近市居本改。

孟冬紀》引此「六宗」以解「天宗」，亦謂「天地四時」，説與此同。歐陽及大小夏侯説出《五經異誼》，見正義。云「在六者之閒，助陰陽變七，實一而名六」者，似與馬説不同，而意實相符合。蓋「六者之閒」謂上下四方，即天地四時也，「陰陽變七」即天覆、地載、春生、夏長、秋收、冬臧也。其所以覆載、生長、收臧，實有主宰乎其閒者，總而言之，一天之爲也；分而言之，其功用實各不同，故曰「實一而名六」。蓋歐陽及大小夏侯三家之學皆出于伏生，故其「六宗」之説與《大傳》合。據其説則「六宗」是明堂六帝，但未明言「六帝」，故聲述師説以增成其誼。「聞之師」者，聞之惠先生也。説詳先生所箸《明堂大道録》。「六帝」者，蒼帝靈威卬，赤帝赤熛怒，黄帝含樞紐，白帝白招拒，黑帝叶光紀，并北辰燿魄寶也。其祀之皆于明堂，故曰「明堂六帝」。「帝」即天也，亦偁「六天」。天實一也，故今文家言「實一而名六」也。其餘諸儒説「六宗」者，紛紛不一，皆不得實，故皆不取。其最足惑人者，王肅以《禮記·祭法》泰昭、坎壇等六者爲「六宗」，且造僞孔傳以陰爲之援，又僞造《家語》及《孔叢子》二書皆爲是説，且以託諸孔子之言。苟非卓識，安得不爲所惑？❶是不可不辯。**望于山川，**【注】望者，祭山川之名。【疏】《穀梁》僖三十一年范甯注引鄭君曰「望者，祭山川之名」，未知所引是《尚書》注否，故用其誼而不偁鄭也。《公羊》僖三十一年傳曰：「三望者何？望祭也。然則曷祭？祭泰山、河、海。」是「望」爲祭山川之名。**辯于群神。**【注】辯，古「偏」字。一説：辯，讀爲「班」；班，布也。布祀禮于群神。鄭康成曰：「群神，若丘陵、墳衍。」【疏】《義禮》及《禮記》「偏」字輒作「辯」，鄭注《鄉飲酒禮》及《燕

❶「所」，原作「其」，今據近市居本改。

禮》並云「今文『辯』皆作『偏』」，是「辯」爲古字，「偏」乃今字，故云：「辯，古『偏』字。」云「一說：辯，讀爲『班』」者，《史記》「辯于群神」，徐廣《音義》云「辯，音『班』」。惠先生云：「後漢《建武刻石》文及《黄圖》元始儀皆云『班于群神』，又《樊毅修西嶽廟記》云『辯于群神』，『辯』亦音『班』也。」聲案：鄭注《義禮・士虞記》云：「古文『班』或爲『辨』。」「辨」、「辯」同字，然則古或以「辯」爲「偏」，或以「辯」爲「班」，于此經則二誼皆通。末學闚測聖經，恐不得實，姑備存二誼，必有一是矣。《釋言》云「班，賦也」，孫炎注云「謂布與也」，故云「班，布也」。鄭注見《五帝本紀》注。云「群神，若丘陵、墳衍」者，《周禮・大司樂》云「凡六樂者，一變而致川澤之示，再變而致山林之示，三變而致丘陵之示，四變而致墳衍之示」，是丘陵、墳衍與山林、川澤俱祭。上既言「山川」，則此「群神」是謂「丘陵」、「墳衍」矣。但丘陵、墳衍皆是地示，鄭君以當此「群神」者，蓋對文則天曰神、地曰示，散文則「示」可通謂之「神」也。

揖五瑞，旡月乃日，覲亖嶽群牧，班瑞于群后。揖，旋入反，正義本作「輯」。惠先生曰：「《史記》作『揖五瑞』，魏《修孔子廟碑》亦云『揖五瑞』，蓋古字皆以『揖』爲『輯』。」聲案：《漢書・郊祀志》亦引作「揖五瑞」，師古曰「『揖』與『輯』同」，玆从古作「揖」。【注】馬融曰：「揖，斂也。五瑞，公、侯、伯、子、男所執，以爲瑞信也。」聲謂：覲，見也。群后，即四嶽群牧。堯命斂其瑞，既，乃擇月日，使舜見之，而還反其瑞焉。見，弋甸反。還，似宣反。【疏】馬注見《五帝本紀》注。《釋詁》「斂」、「戢」同訓「聚也」，「揖」與「戢」通，故云「揖，斂也」。云「五瑞，公、侯、伯、子、男所執，以爲瑞信也」者，《周禮・大宗伯》云「以玉作六瑞，以等邦國。王執鎮圭，公執桓圭，侯執信圭，伯執躬圭，子執穀璧，男執蒲璧」，是天子、諸侯所執之玉爲瑞也。彼文兼王之鎮圭而言「六瑞」，則此「五瑞」是公、侯、伯、子、男所執矣。馬君此注下又有云「堯將禪舜，使群牧斂之，使舜親往班之」，今節去之者，以其止言「群牧」而不言「四嶽」，且不言嶽、牧即「群后」，則似使「群牧」斂「群后」之瑞；又言「使舜親往班之」，似謂往就其國班之，于誼未安；又不解「旡月乃日」之誼，故聲削之而別爲之解焉。「覲，見」，《釋詁》文。此經載于《史記・本紀》，又引見《封禪書》及《漢書・郊祀志》，皆云「揖五瑞，擇吉月日，見四嶽諸牧，班瑞」。不言「群后」，則是班瑞于嶽、牧也，故云「群后，即四嶽群牧。堯命斂其瑞，既，乃擇月日，使舜見之而還反其瑞焉」。經言「班瑞」而注言「還反其瑞」者，經欲見堯禪位之意，使若舜特班之者，故言「班」；注欲見所班即所揖，非別易瑞，故云「還反」焉。

歲弍月，東巡守，巡，夕匀反。守，式又反。【注】馬融曰：「舜受終後五年之二月。」**鄭康成曰：**「歲二月者，正歲建卯之月也。巡守者，行視所守也。天子以天下爲守。」行，下孟反。【疏】馬注見《五帝本紀》注。下云「五載一巡守」，則此「巡守」當在攝位之弟五年。馬云「受終後五年」者，蓋以建卯之月爲二月。則是「巡守」用寅正而「受終」在建丑之月，遂以屬之前年，而云「後五年之二月」，則故是攝位之弟五年，非弟六年也。鄭注「歲二月」至「所守也」，見《公羊》隱八年傳疏。云「正歲建卯之月」者，「正歲」謂建寅正也。鄭注《周禮・小宰》職云：「正歲，謂夏之正月，得四時之正，以出教令者審也。」鄭以「巡守」必以寅正之仲月，則二月自是建卯之月。但堯正建丑，則建卯當弟三月，經于「二月」上特加「歲」文，明其爲正歲之二月，故是建卯月也。云「巡守者，行視所守也」者，《公羊》隱八年傳何休注云：「天下雖平，自不親見，猶恐遠方獨有不得其所，故三年一使三公絀陟，五年親自巡守也。」云「天子以天下爲守」者，鄭君《尚書大傳》之注也，以是申說所守之誼，故采以足成其意。昭二十三年《左傳》云「古者，天子守在四夷」，是天子以天下爲守也。鄭注《周禮・土訓》云「天子以四海爲守」，❶正與此

❶「土」，原作「士」，今據近市居本改。

同。至于岱宗，祡，岱，徒賚反。祡，士佳反，正義本改作「柴」，非矣，兹从《説文》所引。【注】鄭康成曰：「岱宗，東嶽名也。祡者，考績燎也。」馬融曰：「祡者，祭時積柴，加牲其上而燔之。」燎，力召反。燔，符袁反。【疏】鄭注亦見《公羊》隱八年傳疏。《毛詩·嵩高》傳云「東嶽岱」，故云「岱宗，東嶽名也」。鄭以下文言「南嶽」、「西嶽」、「北嶽」，而此不言「東嶽」，故特明之。云「祡者，考績燎也」者，鄭注《禮器》引《孝經説》曰：「封于太山，考績燔燎。」「考績」，謂考諸侯功績；「燔燎」，謂燔柴燎牲以告天也。《説文·示部》云「祡，燒柴㷡燎以祭天神」，❶又《火部》云「燎，祡祭天也」，故解「祡」爲「燎」。馬注見《釋文》，誼校詳盡，故兼録之。望豑于山川，【注】鄭康成曰：「豑，次也。徧以尊卑次豑祭之。五嶽視三公，四瀆視諸侯，其餘小者或視卿大夫，或視伯子男矣。」【疏】注亦見《公羊傳》疏。《説文·豊部》云「豑，爵之次弟也」，故云「豑，次也」。《禮記·王制》云「天子祭天下名山大川。五嶽視三公，四瀆視諸侯」，伏生《大傳》云「五嶽視三公，四瀆視諸侯，其餘山川視伯，小者視子男」，比《王制》差詳，鄭君用《大傳》之文而小異尒。云「視」者，鄭君注《大傳》云「謂視其牲幣、粢盛、籩豆、爵獻之數」是也。𨲠覲東后。𨲠，正義本亦改作「肆」，兹从古文。【注】鄭康成曰：「東后，東方之諸侯。」【疏】注亦見《公羊》疏。《史記》云「遂見東方君長」，則「東后」是東方諸侯也。叶時月正日，同、律、度、量、衡，叶，古文「協」。【注】鄭康成曰：「叶正四時之月數及日名，備有失誤者。同，陰吕。律，陽

❶「㷡」，原脱，今據近市居本補。

律。度，丈、尺。❶量，斗、斛。衡，斤、兩，稱上曰衡。」丈，直兩反，十尺也，从又持十。稱，尺證反。【疏】注見《公羊》疏及《釋文》，及李善《文選・六代論》注。云「叶正四時之月數及日名」者，「月數」指謂以閏月正四時，「日名」謂甲、乙之類也。云「備有失誤者」者，備其或失閏而致四時乖誤也。云「同，陰呂。律，陽律」者，《周禮》「大師掌六律、六同，以合陰陽之聲。陽聲：黄鐘、太簇、姑洗、甤賓、夷則、无䠶；陰聲：大呂、應鐘、南呂、函鐘、小呂、夾鐘」，又「典同掌六律、六同之和，以辨天地四方陰陽之聲」，故書「同」作「銅」，鄭仲師注云：「陽律以竹爲管，陰律以銅爲管。竹，陽也；銅，陰也。各順其性。」康成注云：「律，述气者也。同，助陽宣气與之同，皆以銅爲之。」是「律」爲陽，「同」爲陰也。《漢書・律曆志》云：❷「律十有二。陽六爲律，陰六爲呂。」是「六同」又名「六呂」，故云「同，陰呂；律，陽律」。云「稱上曰衡」者，稱錘爲權，在下，衡則其上横者，故云「稱上」。「衡」之言横也、平也，稱取其平，故名「衡」也。《釋文》引王肅注云「同，齊也」，則是謂齊同此律、度、量、衡。案：《禮記・王制》説巡守之事與此略同，彼文云「命典禮考時月定日，同，律、禮、樂、制、度、衣、服正之」，是謂正此同、律之等，不得以「同」爲「齊同」矣。蓋彼文上言「考」言「定」，故下別出「正之」之文，此則上既言「叶」言「正」，則不必更言「正之」。而同、律之等故是蒙上「叶」、「正」之文矣，不得訓「同」爲「齊」也，肅誼非是，故庰之。**修五禮、五玉、弎帛、弍生、弌死，摯，如五器，**摯，中利反，从手从執，正義本作「執」下箸「貝」，非也。如，依鄭，乃箇反。【注】鄭康成

❶「丈」，原作「支」，今據近市居本改。下「丈，直兩反」同。

❷「律」，原脱，今據近市居本補。

曰：「五禮，公、侯、伯、子、男朝聘之禮。五玉，瑞卩。執之曰瑞，敶列曰玉也。三帛，所以薦玉也，受瑞玉者以帛薦之。帛必三者，高陽氏之後用赤繒，高辛氏之後用黑繒，其餘諸侯皆用白繒。周禮改之爲繅也。二生，羔、鴈也，卿大夫所執。一死，雉也，士所執。摯之言至，所執以自致也。如者，以物相授与之。言授摯之器有五：卿、大夫、上士、中士、下士也。器各異飾，飾未聞所用也。周禮改之，飾羔、鴈，飾雉，執之而已，❶皆去器。」聲謂：鄭君蓋讀「如」爲「笯」也。笯者，鳥籠，以盛摯相授。朝，直佋反。卩，今通用「節」；敶，通省作「陳」，皆音同而字別。繒，疾陵反。繅，作艸反。与，今通用「與」，亦音同字別。去，羌筥反。笯，乃箇反。【疏】鄭注見《公羊》疏及《五帝本紀》正義。俗儒説此經輒據周制，是猶郢書而鄴説也，鄭君則不然，斯爲精卓矣。唐、虞之「秩宗」猶周之「宗伯」，主禮者也。《周禮·大宗伯》職備言吉、凶、賓、軍、嘉之五禮，而此篇下文命伯夷爲秩宗，止言三禮，謂天、地、人之禮，則止是周禮事鬼神示之吉禮而已，則唐、虞未有吉、凶、賓、軍、嘉五禮之名目。馬融同俗説，亦以爲吉、凶、賓、軍、嘉，非也。故鄭不从之，而云「公、侯、伯、子、男朝聘之禮」，蓋諸侯名位不同，禮亦異數，五等諸侯，朝聘之禮固當有五等也。云「五玉，瑞卩。執之曰瑞，敶列曰玉」者，❷鄭以「五玉」即五瑞也。《禮記·曲禮》云「凡摯，天子鬯，諸侯圭」，圭即桓、信、躬也。彼不言「璧」，略可知爾。此以「五玉」爲摯，則是「五瑞」矣。云「三帛，所以薦玉」，并言「高陽氏之後用赤繒，

❶「已」，原作「以」，今據疏文改。

❷「敶」，原作「陳」，今據近市居本及注文改。

高辛氏之後用黑繒，其餘諸侯皆用白繒」者，《禮緯含文嘉》云「天子、三公、諸侯皆用三帛以薦玉」，宋均注云：「其殷禮，三帛，謂絑、白、蒼，象三正。其五帝之禮，薦玉用一色之帛。」鄭言「赤繒」、「黑繒」、「白繒」皆謂純色帛，即宋均所云「一色」之帛也。《白虎通》云：「十一月之時，陽气始養根株，黄泉之下，萬物皆赤，故周爲天正，色尚赤。十二月之時，萬物始芽而白，故殷爲地正，色尚白。十三月之時，萬物始達，孚甲而出，皆黑，故夏爲人正，色尚黑。」是則所尚之色視其正朔。堯建丑，則色尚白。卻而推之，則高辛建寅，色尚黑，高陽建子，色尚赤，故高陽後用赤繒，高辛後用黑繒也。其餘諸侯奉堯正朔，則从堯正色，故皆用白繒矣。云「周禮改之爲繅也」者，《周禮・典瑞》云「王晉大圭，執鎮圭，繅籍五采五就。公執桓圭，侯執信圭，伯執躬圭，繅皆三采三就。子執穀璧，男執蒲璧，繅皆二采再就」，鄭彼注云：「繅有五采文，所以薦玉。木爲中幹，用韋衣而畫之。三采，絑、白、蒼。二采，絑、緑也。就，成也，一帀爲一就。」是周禮薦玉不用帛，改用繅也。云「二生，羔、鴈也，卿大夫所執。一死，雉也，士所執」者，《曲禮下》篇説尊卑之摯云：「卿羔，大夫鴈，士雉。」又《周禮・大宗伯》職「以禽作六摯」，「卿執羔，大夫執鴈，士執雉」，鄭彼注云「羔，取其群而不失其類。鴈，取其候時而行。雉，取其守介而死，不失其卩」是也。云「摯之言至，所執以自致」者，鄭注《大宗伯》職亦有是言。蓋「摯」字从手从執，執以自致之誼也。云「如者，以物相授与之。言授摯之器有五：卿、大夫、上士、中士、下士也」者，謂以器盛摯相授与也。蓋上言「五玉」即聯言「薦玉之帛」，此于「二生、一死，摯」下言「如五器」，自是授摯之器矣。但「二生、一死」，禽止三種，❶而器有五，故又云「器各異飾」。蓋士有三等，其盛雉之器分别上、中、下三等之飾，并羔、鴈之器爲五也。云「飾未聞所用也」

❶「止」，原作「之」，今據近市居本改。

者，以无文可考，不得而知矣。云「周禮改之，飾羔、鴈，飾雉。執之而已，皆去器」者，《義禮·士相見禮》云「摯，冬用雉，夏用腒，左頭奉之」，「下大夫相見以鴈，飾之以布，維之以索，如執雉。上大夫相見以羔，飾之以布，四維之結于面，左頭如麛執之」，是皆執之而已，不用器也。但《義禮》雉不言飾，鄭兼言「飾雉」者，以羔、鴈皆有布以飾之，則雉自當亦有飾矣。「聲謂鄭君蓋讀『如』爲『筊』也」者，「筊」音乃箇反，鳥籠也，可盛禽鳥以相授。鄭解「如」爲「以物相授与」，以「器」爲「授摯之器」；據丁度《集韻》音，此經「如」字爲乃箇反，且云「鄭康成讀」。以《集韻》所偁，合諸此鄭注之誼，則「如」實爲「筊」字也。意鄭君此注必有「如，讀當爲『筊』」一語，《公羊》疏引之不具爾。茲以意補之，姑云「蓋」以疑之。**卒，乃复。**复，房六反，今通作「復」。【注】鄭康成曰：「卒，已也。复，歸也。巡守禮畢，乃返歸矣。」【疏】注亦見《公羊》疏。「卒」謂終已，故云「卒，已也」。《説文·夊部》云「复，行故道也」，是謂复其故處，故云「复，歸也」。案：下有歸假執祖之文，鄭于此解「复」爲「歸」，則下文所云不爲贅乎？曰：不然。蓋此之言「复」，止記自岱宗歸，不暇敘歸至之禮，故下文申敘用特告至之事，記事之法固有然者。故鄭于下文注云「每歸用特牛，告于文祖」矣，與此注以「复」爲「歸」固不相妨，不得據下文以相難也。**五月南巡守，至于南嶽，如岱禮。八月西巡守，至于西嶽，如初。十有一月朔巡守，至于北嶽，如初。**僞孔本「北嶽」下作「如西禮」，據鄭注則鄭本作「如初」，吾从鄭。何休注《公羊》引此經此下有「還至崇，如初禮」六字，不知誰何妄人所增也。蓋名太室山爲「崇高山」，始于漢武，周時猶未以「崇高」名山，❶況唐虞乎？【注】南

❶「崇」，原作「嵩」，今據近市居本改。

嶽，衡山。西嶽，崋山。北嶽，恒山也。鄭康成曰：「五月不言『初』者，以其文相近。八月、十一月言『初』者，文相遠故也。」崋，户化反，若作「華」則别是一字。【疏】《爾雅・釋山》首偁「河南崋，河西嶽，河東岱，河北恒，江南衡」，此《周禮・職方氏》所紀九州「山鎮」之五，蓋周初之五嶽也。故鄭注《周禮・大司樂》云「五嶽，岱在沇州，衡在荆州，崋在豫州，嶽在雝州，恒在并州」是也。乃《釋山》又有云「泰山爲東嶽，崋山爲西嶽，霍山爲南嶽，恒山爲北嶽，崇高爲中嶽」者，蓋漢武帝以衡山太遠，而迻其神于天柱山，登禮之以爲南嶽。以衡山一名「霍」，因名天柱爲霍山。又封太室山爲中嶽，名曰「崇高山」，故《釋山》重出五嶽之文，蓋漢儒所附益也。由前所偁，則崋山非西嶽，西嶽乃吴嶽也；由後所紀，則南嶽非衡山。兹云「南嶽，衡山。西嶽，崋山。北嶽，恒山也」，與《釋山》前後兩文皆有互異者，《史記・封禪書》及應劭《風俗通・山澤篇》皆具引此經，皆云「南嶽，衡山也。西嶽，崋山也。北嶽，恒山也」，兹皆依以爲説。伏生《大傳》説舜元年巡守四嶽八伯之事云「元祀代泰山，貢兩伯之樂焉」，「中祀大交霍山，貢兩伯之樂焉」，「秋祀柳穀崋山，貢兩伯之樂焉」，「幽都弘山祀，貢兩伯之樂焉」，鄭注云「弘山，恒山也」是矣。獨于南方偁「霍山」，似不同者，案：《風俗通・山澤篇》云：「南方衡山，一名霍。霍者，萬物盛長，垂枝布葉，霍然而大。」然則《大傳》所云「霍山」即謂「衡山」，无異説也。鄭注亦見《公羊》疏。云「五月不言『初』者，以其文相近」者，上備言岱宗之禮，五月文承其下，是文相近，故言「如岱禮」不言「如初」。云「八月、十一月言『初』者，文相遠故也」者，謂遠「岱宗」之文也。遠，故皆言「如初」也。案：僞孔本「十一月」之下言「如西禮」，《釋文》云馬本作「如初」，據注云云，則鄭本與馬同也。**歸，假于埶祖，用特。**埶，業裔反，俗于上加「艸」，下著「云」，大謬。【注】鄭康成曰：「埶祖，文祖也。每歸，用特牛告于文祖矣。」【疏】《詩・我將》正義偁鄭注此經以「執祖」爲「文祖」，猶周之「明堂」。案：此是合前文「受終于文祖」之鄭注而述其意如此。鄭君于前文已言「猶周之明堂」，于此當不復言，故節録之，止云「執祖，文祖也」。前時受終于文祖，及後即位，亦假于文祖，是每有大典禮必假文祖矣。巡守，大典；事畢而歸，必假文祖。經言「假于執祖」，故知「執祖」即「文祖」，「執」、「文」同誼也。「每歸」以下見《公羊》疏。云「每歸」者，鄭以上言「卒，乃復」謂岱宗禮畢而歸，則每方巡守畢輒歸矣。此于末後總記每方歸時，用牲告至之禮，故言「每」也。**五載弌巡守，群后亖朝。**朝，直佋反，注同。

【注】必五年者，爲太煩也；過五年，爲太疏也。鄭康成曰：「巡守之年，諸侯朝于方嶽之下。其閒四年，四方諸侯分來朝于京師，歲徧。」爲，于僞反。【疏】《白虎通·巡守篇》云：「所以五歲巡守何？爲太煩也。過五年，爲太疏也。三歲一閏，天道小備；五歲再閏，天道大備。故五歲一巡守。」茲用其誼。云「爲太煩」者，言不及五年則太煩。煩者，數也。《白虎通》者，班固所作也。章帝時，詔諸儒會白虎觀講論五經，命固纂集其事，固作《白虎通德論》二卷，然則《白虎通》皆漢經師之説也。鄭注見《禮記·王制》正義。云「巡守之年，諸侯朝于方嶽之下」者，即上文「𤰇覲」之事也。云「其閒四年，四方諸侯分來朝于京師，歲徧」者，謂四方諸侯分爲四部，東方朝春，南方朝夏，西方朝秋，北方朝冬，順乎四時。終歲而徧，明年復然，四年故「四朝」也。故鄭君注《王制》云「虞夏之制，諸侯歲朝」，據此文也。《釋文》引馬、王之解「四朝」，皆云「四面朝于方嶽之下」。案：「朝于方嶽」即是「𤰇覲」之事，上既有其文，此不應重見其説，非也。**敷奏以言，明試以功，車服以庸。**奏，則候反。

【注】奏，進。試，用。庸，勞也。敷奏以言，考績也。明試以功，車服以庸，加地進律也。勞，力到反。【疏】「奏，進」，《説文·夲部》文。奏，从夲，从𠬞，从屮。夲、屮皆「進」也；𠬞則「奉而進之」，故「奏」爲「進」，

此于「六書」爲「會意」也。「試，用」，《釋言》文。《說文·言部》引此文亦云「試，用也」。「庸，勞」，《釋詁》文。「敷奏以言」者，謂偏使諸侯進陳其平時之政教，以觀其治否而定其功辠，故曰「考績」也。伏生《大傳》云：「山川神祇有不舉者爲不敬，不敬者，削以地。宗廟有不順者爲不孝，不孝者，黜以爵。變禮易樂爲不从，不从者，君流。改制度衣服爲畔，畔者，君討。有功者，賞之。《書》曰『明試以功，車服以庸』。」據《大傳》所引，則「明試以功，車服以庸」是謂賞功之典，故曰「加地進律」也。「加地進律」，《禮記·王制》文。「進律」謂增其服命，升其爵秩也。

肁十有弍州，肁，治小反，或作「肇」，音同字別。【注】肁，當爲「垗」，叚唶字也。垗，域也，爲營域，以祭十二州之分星也。十二州者，冀、沇、青、徐、揚、荊、豫、梁、雝、并、幽、營也。十二州上繫十二次，于星各有分焉，《周官》所謂「星土」也，今不得聞矣。垗，治小反，或省作「兆」，音同字別。叚，今下反。唶，子昔反，一音子夜反，俗作「借」，非。分，房奮反。沇，以吮反。雝，㞯用反。【疏】云「肁，當爲『垗』」者，伏生《大傳》說舜巡守之事云「封十有二山，兆十有二州」，此亦說巡守事，自當同彼。雖《大傳》所言謂舜即位元年時事，與此異時，然巡守之事則同，故據彼文爲說。但《大傳》作「兆」而此云「當爲『垗』」者，《說文·土部》云：「垗，畔也。爲四時，❶畍祭其中。《周禮》曰『垗五帝于四郊』。」今《周禮》作「兆五帝」，蓋古今字多變易，古之「垗」字，後世通省作「兆」矣。然則《大傳》「兆」字安知非後人所改乎？今誼則據《大傳》，字則必从《說文》，故當爲「垗」。云「叚借字也」者，《釋文·條例》引鄭康成云：「始書之也，倉卒无字，或以音類比方叚借爲之，趣于近之而已。」此

❶「時」，原作「時」，今據近市居本改。

經誼實爲「垗」，《書》作「庳」者，以其音同，故借「庳」爲「垗」。《詩・商頌》云「庳域彼四海」，鄭箋云「庳，當作『垗』」，是亦叚借字也。云「垗，域也，爲營域，以祭十二州之分星也」者，即采用《大傳》之鄭注也。❶ 云「十二州者，冀、沇、青、徐、揚、荆、豫、梁、雝、并、幽、營也」者，《禹貢》及《爾雅・釋地》、《周禮・職方氏》皆有九州，而名各互異。《禹貢》之九州：冀、沇、青、徐、揚、荆、豫、梁、雝也。《爾雅》則有幽、營，无青、梁。《周禮》則有幽、并，无徐、梁。《禹貢》，夏書也；《周禮》，周制也；《爾雅》九州，先儒皆以爲殷制。三代之制，故各不同，總其異名凡十有二，其各州之命名必皆因乎前代，故知此「十二州」蓋兼彼三書之異名矣。《禹貢》惟冀州不志疆域，其八州皆詳志之，兹无庸録。《周禮》云「河内曰冀州，正北曰并州，東北曰幽州」，則并在冀北，幽在并東矣。《爾雅》云：「齊曰營州。」齊，青州地也，然則青之中以北爲營也。《五帝本紀》注引馬注云：「禹平水土，置九州。舜以冀州北廣大，分置并州。鄰、齊遼遠，分鄰置幽州，分齊爲營州，于是爲十二州。」《爾雅》釋文引鄭注云：「舜以青州越海，而分齊爲營州。冀州南北太遠，分衛爲并州。鄰以北爲幽州。新置三州，并舊爲十二州也。」今皆不取者，于時堯尚在，舜但攝位，未即真也，豈遽紛更而分九州爲十二乎？必不然矣。先儒以「庳」之言「始」，解爲「始分十二州」，殊未安也。聲竊謂：十二州蓋自古有之。此當如《大傳》作「垗十有二州」，謂爲垗域以祭分星，于誼允愿，故不用馬、鄭注也。云「十二州上繫十二次」者，天有十二次，實爲十二州之分野。天象見于某次，則災祥應于某州，是相繫屬者也。云「于星各有分焉」者，既州繫于次，則天之衆星，每州各有分矣。《周禮・保章氏》云「以星土辨九州之地，所封封域皆有分星，以觀祆祥」，鄭君注云：「大畍則曰九州。州中諸國中之封域，于星亦有分

❶「即」，原作「則」，今據近市居本改。

焉，其書亡矣。堪輿雖有郡國所入度，非古數也。今其存可言者，十二次之分也。星紀，吴越也；玄枵，齊也；諏訾，衛也；降婁，魯也；大梁，趙也；實沈，晉也；鶉首，秦也；鶉火，周也；鶉尾，楚也；壽星，鄭也；大火，宋也；析木，鄴也。」又《星經》云「歲星主太山、徐州、青州、沇州。熒惑主霍山、揚州、荆州、交州。鎮星主崇高山、豫州。太白主崋山、涼州、雝州、益州。辰星主恒山、冀州、幽州、并州」，又云「斗，弟一星主徐州，弟二星主益州，弟三星主冀州，弟四星主荆州，弟五星主沇州，弟六星主揚州，弟七星主豫州，弟八星主幽州，弟九星主并州」。案：《周禮》注據周時之次名、國名，《星經》所云是漢代州名，皆不可以説唐虞之星土。然由此推之，則唐虞十二州于星亦各有分矣。云「《周官》所謂『星土』也」者，即謂《周禮·保章氏》所云也。云「今不得聞矣」者，蓋星紀等十二次名堯時雖未有，若子、丑等十二辰則固有之，其必分日、月所會爲十二次，以分十二州之野矣。但其十二次名目之有无，畍分之進退，與夫某次分某州皆无文可考，故不得聞矣。

𡉚十有弍山，【注】𡉚，籀文「封」字；封，封土爲壇也。祭必封者，因高增高也。十有二山，十有二州之鎮也。此文疑到，據《大傳》，「封十有二山」在「兆十有二州」之上。籀，直又反。到，多老反，俗加「人」傍，非。【疏】云「𡉚，籀文『封』字」者，出《説文·土部》。「籀文」者，《説文敘》云「周宣王太史籀箸《大篆》十五篇，與古文或同或異」是也。《尚書大傳》云：「維元祀巡守四嶽八伯，壇四奥，沈四海，封十有二山，兆十有二州，濬川。」鄭注云：「祭者必封，封亦壇也。十有二山，十有二州之鎮也。壇、沈、封、兆皆因所宜爲之。」《白虎通》云「因高告高，順其類也。故升封者，增高也」。故云「封，封土爲壇也。祭必封者，因高增高也」，謂因山之高而增其高也。云「十有二山，十有二州之鎮也」者，即用《大傳》之鄭注也。案：《周禮·職方氏》九州皆有山鎮：揚州，會稽；荆州，衡山；豫州，崋山；青州，沂山；沇州，岱山；雝州，嶽山；幽州，醫无閭；冀州，霍山；并州，昭餘祁。凡九山。蓋周時九州故山鎮凡九。唐虞十有二州則山鎮當十有二，知此「十二山」是十二州之鎮也，其九山或與《周禮》同，餘三山則无文以説矣。云「此文疑到」者，以「封十有二山」在「肁十有二州」之下，與《大傳》韋，故疑之也。必信《大傳》而疑此經者，蓋《大傳》者，伏生所作以説《尚書》者也，必與伏生《尚書》同，伏生《尚書》是秦火以前之舊文，自无可議者；此經若出于孔安國，亦自无可疑，今則出于僞冒安國者之手，時有改竄，安可深信？故寧从《大傳》爲正，特不敢質言此文之到，故云「疑到」。**睿川。**睿，息俊反。【注】睿，深通川也，古文作「濬」。鄭康成曰：「更爲之定畎，濬水害。」濬，息俊反。爲，于僞反。畎，吉[illegible]反。【疏】云「睿，深通川也，古文作『濬』」者，《説文・谷部》文。《釋言》云「濬，深也」，《咎繇暮》云「睿畎澮距川」，則睿是深之使通也。鄭注見《五帝本紀》注。**象以典刑，**【注】典，常也。刑，罰辠也，从井从刀。《易》曰：「井，灋也。」馬融曰：「言咎繇制五常之刑，无犯之者，但有其象，无其人也。」辠，徂賄反。秦始皇帝以「辠」似「皇」字，改用「罪」字，音同誼異矣，後世从之，非也。咎，格豪反。繇，夷招反。後凡「咎繇」聯文皆同此，不復音。【疏】「典，常」，《釋詁》文。「刑，罰辠」至「法也」，《説文・井部》文。❶引《易》者，申説「刑」字所以从井之誼，今《周易》无此語，疑《序卦傳》之逸文也。馬注見《五帝本紀》注。《孝經説》云：「孔子曰：『三皇設言，民不韋；五帝畫象，世順機。』」伏生《大傳》云：「唐虞象刑，而民不敢犯；苗民用刑，而民興犯漸。唐虞之象刑，上刑赭衣不純，中刑雜屨，下刑墨幪。以居州里而民恥之，而反于

❶「井」，原作「刑」，今據近市居本改。

禮。」故云「咎繇制五常之刑，无犯之者，但有其象，无其人也」。**𣶒宥五刑**：𣶒，與「流」同。宥，夷救反。【注】馬融曰：「流，放也。宥，三宥也。五刑，墨、劓、剕、宫、大辟。」鄭康成曰：「三宥：一曰弗識，二曰過失，三曰遺忘。正刑五，加之流宥、鞭、攴、贖刑，此之謂九刑。」剕，方尾反。辟，貧亦反。忘，巫放反。攴，匹卜反，俗作「手」傍「卜」，非。【疏】馬注見《五帝本紀》注及《釋文》。《禮記・大學》云「放流之，屏諸四夷」，是「放」、「流」同誼，故云「流，放也」。云「宥，三宥也」者，《周禮・司刺》「掌三刺、三宥、三赦之灋」是也。馬注此下申説「三宥」有云：「一曰幼少，二曰老旄，三曰惷愚。」案《司刺》職云「一宥曰不識，再宥曰過失，三宥曰遺忘。一赦曰幼弱，再赦曰老旄，三赦曰惷愚」，馬君所云乃是「三赦」，非「三宥」也，故節去之而别用鄭君誼云。《周書・甫刑》云：「墨罰之屬千，劓罰之屬千，剕罰之屬五百，宫罰之屬三百，大辟之罰其屬二百，五刑之屬三千。」故云「五刑，墨、劓、剕、宫、大辟」。鄭注見《五帝本紀》正義及《周禮・司刑》疏。云「三宥：一曰弗職，二曰過失，三曰遺忘」者，即《司刺》職所言「三宥」之法也，已具于上。云「正刑五，加之流宥、鞭、攴、贖刑，此之謂九刑」者，鄭以「流宥」爲一也。昭元年《左傳》云「余不女忍殺，宥女以遠」，是「流」即「宥」，故「流宥」爲一，與鞭、攴、贖刑而四，并五刑而爲九也。「九刑」者，文十八年《左傳》云「在九刑不忘」是也。但彼文「九刑」是謂周公所作，而以説此經者，欲見周公所作實本于此，與昭六年《左傳》所云「周有亂政，而作九刑」異也。**鞭作官刑**，【注】馬融曰：「爲辨治官事者爲刑。」上「爲」字，于僞反。❶辨，蒲盼反，字从辡，中箸刀，俗作辡中力，非。【疏】注見《五

❶「于」，原作「干」，今據近市居本改。

帝本紀》注。云「辨治」者，「辨」是「辨具」之誼，與「辨別」之「辨」誼雖異，而字畫則同。**攴作教刑，**【注】鄭康成曰：「攴，檟、楚也。攴爲教官爲刑者。」檟，今下反。【疏】注見《五帝本紀》注。云「攴，檟、楚也」者，古「檟」字通用「夏」。《禮記・學記》云「夏、楚二物，收其威也」，鄭彼注云：「夏，槄也；楚，荆也。❶二者所以撻犯禮者。收，謂收斂整齊之。威，威義也。」盧侍中注《學記》且引此經以説，是「攴」即檟、楚，所以撻不率教者，故云「爲教官爲刑者」。**金作贖刑，**贖，如欲反，又常句反。❷【注】馬融曰：「金，黄金也。意善功惡，使出金贖辠，亟不戒昚者。」聲謂：蓋赤金也。【疏】馬注見《五帝本紀》注。《史記・平準書》云「虞夏之幣，金爲三品：或黄，或白，或赤。」《説文・金部》云「金，五色金也，黄爲之長」。馬于此以「金」爲「黄金」，豈數可減少而品必取上與？案：鄭君《駁五經異誼》云：「贖死辠千鍰；鍰，六兩太半兩。爲四百一十六斤十兩太半兩銅，與今贖死辠金三斤爲賈相依附。」然則以黄金贖辠乃是漢法，周則用銅也，況其前代乎？馬本漢法以説唐書，恐未合，故聲附注己意于下焉。云「意善功惡」者，「功」謂「事」也，謂意本无惡，而所爲之事或不戒慎而有傷害，縱之則无所懲，刑之則恐枉濫，姑使出金贖之，故云「亟不戒慎者」。聲謂金「蓋赤金也」者，《周禮・職金》「掌受士之金罰、貨罰，入于司兵」，夫金之用以鑄兵者，則是赤金，非黄金矣，然則周初贖辠用銅也。其後穆王省刑而作《吕刑》，必不改輕从重，則《吕刑》所云「百鍰」、「千鍰」皆謂銅矣。其《敘》云「訓夏贖刑，作《吕刑》」，然則用銅贖

❶「荆」，原作「荆」，今據近市居本改。

❷「反」，原作「云」，今據近市居本改。

辠本是夏法，繇夏以推唐虞，當皆然矣，故以「金」爲「赤金」。誼不疑而云「蓋」者，以易馬誼，姑毋質言。**眚裁肆赦**，眚，所景反。【注】眚，過。裁，害。肆，佚也。鄭康成曰：「過失雖有害，則赦之。」【疏】《周易》釋文引《易·訟》九二鄭注云「眚，過也」，兹申其誼；又引《復》上六子夏傳云「傷害曰裁」，鄭注云「害物曰裁」，故云「裁，害」。莊二十二年《公羊春秋》云「肆大省」，《釋文》云「肆，本或作『佚』」。《穀梁》「肆大眚」，傳云「肆，失也」。案：古「佚」字通作「失」，則「失」乃古「佚」字，故云「肆，佚也」。鄭注見《五帝本紀》注，其上尚有「眚裁，爲人作患害者也」九字，如其説則似怙終不可赦者，聲以爲未安，故刪節之。**怙終賊刑**。怙，完古反。【注】鄭康成曰：「怙其姦衺，終身以爲殘賊，則刑之。」衺，夕牙反，俗作「邪」，音誼皆別。【疏】注見《五帝本紀》注。**欽哉，欽哉，惟刑之謐哉！**謐，民必反，正義本作「恤」，徐廣《史記音義》曰「今文作『謐』」，兹从今文。【注】謐，静也。謐，或爲「卹」。卹，心律反。【疏】「謐，静」，《釋詁》文。云「謐，或爲『卹』」者，僞孔本作「卹」也。不从之者，《史記》云「惟刑之静哉」，徐廣曰「今文云『惟刑之謐哉』」，《史記》輒以詁訓代經字，據「静」字知《尚書》實作「謐」。案：《漢書·儒林傳》偁子長從安國問故，其書載《尚書》諸篇多古文説，然則《史記》所从者乃古文誼，此經作「謐」實是古文。徐廣惑于僞古文，反以正古文爲今文，是其誤也，然則作「卹」者非古文矣。而猶存其字于注者，以流傳既久，故不敢没其文。**𣻌共工于幽州，放讙吺于崇山，𡨄弎苗于弎危，殛鯀于羽山，四辠而天下咸犕。**共，居容反，後「共工」皆同。𡨄，楚最反，《説文》所引如此，正義本作「竄」，乃衛包奉敕改介，僞孔本與《説文》同。殛，几力反。犕，房六反。【注】幽州，北裔也。崇山，南裔也。𡨄，寘也。三苗，國名。三危，西裔也。殛，誅也。羽山，東裔也。犕，古「服」字。鄭康成曰：「《春秋傳》曰：『帝鴻氏有不才子，掩誼隱賊，玫行凶德，醜類惡物，頑嚚不友，是與比周，天下之民謂之渾敦。少皞氏有不才子，毁信廢忠，崇飾惡言，靖譖庸回，服讒蒐忒，以誣盛德，天下之民謂之窮奇。顓頊氏有不才子，不可教訓，不知話言，告之則頑，舍之則嚚，傲很明德，以亂天常，天下之民謂之檮杌。縉雲氏有不才子，貪于飲食，冒于貨賄，侵欲崇侈，不可盈猒，聚斂積實，不知紀極，不分孤寡，不恤窮匱，天下之民以比三凶，謂之饕餮。舜臣堯，流四凶族，渾敦、窮奇、檮杌、饕餮，投諸四裔以禦离魅。』讙吺舉共工，則讙吺爲渾敦也，共工爲窮奇也，鯀爲檮杌也，而三苗爲饕餮亦可知。舜不刑此四人者，以爲堯臣，不忍刑之。」裔，尹制反。寔，所則反，俗輒作「塞」，音誼皆别。玫，火到反。比周，貧至反。渾，户本反。敦，徒本反。少，式照反。蒐，所留反。忒，土得反。話，户快反。舍，式夜反。很，河狠反。檮，徒刀反。杌，奴滑反。縉，即刃反。飲，乙錦反，俗作「食」傍箸「欠」，非。賄，呼罪反。猒，乙豔反，俗作「厭」，音誼皆别。斂，力驗反。饕，土刀反。餮，天結反。离，丑知反。魅，明備反。【疏】文十八年《左傳》云「流四凶族，投諸四裔」，《史記》云「請流共工于幽陵，以變北狄。放讙吺于崇山，以變南蠻。遷三苗于三危，以變西戎。殛鯀于羽山，以變東夷」，故知幽州是北裔，崇山是南裔，三危是西裔，羽山是東裔也。云「竄，寔也」者，謂塞之使不得通中國。《周禮·大司馬》職云「犯令陵政，則杜之」，鄭注云「杜之者，杜寔使不得與鄰國交通」，亦此誼也。云「三苗，國名」者，昭元年《左傳》云「虞有三苗」，與夏「觀扈」、商「姺邳」、周「徐鄶」並舉，「觀扈」等皆國名，則「三苗」是國名可知。「殛，誅」，《釋言》文，「誅」謂責遣之，非殺也。《鄭志》答趙商云：「鯀非誅死，鯀放尻東裔，至死不得反于朝。禹乃其子也，以有聖功，故堯興之。若以爲殺人父用其子，舜、禹何以忍乎？而《尚書》云『鯀則殛死，禹乃嗣興』者，箕子見武王誅紂，今與己言，懼其意有慚德，爲説父不肖則辠，子賢則舉之，以滿武王意也。」是「殛」實非「死」。而《國語・魯語》及《禮記・祭法》皆言「鯀障鴻水而殛死」者，蓋因《鴻範》之文，以實其以死勤事之祀尒。又《孟子・萬章》篇備引此經而總結之云「誅不仁也」，是放、流等皆可言「誅」，益足見訓「殛」爲「誅」非必謂「死」矣。以上之注唯「竄，寘也」三字《説文・宀部》文，餘皆馬注也，見《五帝本紀》注。順經文爲解，以《説文》誼厠馬注之閒，不便識別，故不偁「馬融曰」。後凡用先儒注而中雜厠它誼者，輒不偁先儒，止于疏中表明之而已，同此例也。云「犕，古『服』字」者，《説文・牛部》引《易》曰「犕牛乘馬」，今《周易》作「服牛」。又《後漢書・皇甫松傳》董卓謂松曰：「義真犕未乎？」章懷太子注云：「犕，即古『服』字。」鄭注見正義。引《春秋傳》者，文十八年《左傳》文。正義謂鄭具引《左傳》之文，故備録傳文以入鄭注。「讙吺舉共工」事見前文，「舉共工」則是與共工比周，故云「則讙吺爲渾敦也」。賈侍中注《左傳》云「帝鴻，黄帝也。不才子，其苗裔讙吺也」，是亦以「渾敦」爲「讙吺」也。堯言共工「静言庸韋」，即所謂「靖譖庸回」，故知共工爲窮奇，服虔注《左傳》亦云「謂共工也，其行窮而玫奇」。堯言鯀「方命圮族」，「方命」是「不可教訓」；「圮族」即「孱很明德，以亂天常」，故云「鯀爲檮柮也」，賈侍中注《左傳》亦云「謂鯀也，檮柮，頑凶无儔匹之皃。」「柮」，今《左傳》作「杌」。《説文・木部》引《春秋傳》曰「檮柮」，蓋即其文，兹从《説文》之字。三苗之惡，《堯典》无文，然以三凶推之，則饕餮自是三苗矣，故云「三苗爲饕餮亦可知」。云「以爲堯臣，不忍刑之」者，爲其初時爲堯臣，堯未庰逐，今遠之而已，❶不忍盡法治之也。**弎十有八載，放勳乃殂落。百姓如**

---

❶「之」，原脱，今據近市居本補。

喪考妣弎年，四海遏密八音。「放勳」，僞孔本作一「帝」字，是妄改尒。《孟子》及《春秋繁露》及《説文》皆引作「放勳」，❶吾从之。年，僞孔本作「埶」，正義本改作「載」。案：《孟子》所引上言「二十有八載」，下云「三年」，則《堯典》之文可「載」、「年」皆有。僞孔氏因《爾雅》「唐虞曰載」之文，必改「年」爲「埶」，以遂其亂經欺世之私意，殊可惡也。且「三年」是喪考妣之期，當屬上爲句，不可改作「載」而下屬也。遏，安葛反。【注】堯立七十年得舜，二十年而老，令舜攝行天子之政，薦之于天，堯辟位，凡二十八年而崩。殂落，死也。百姓，群臣也。喪考妣三年，群臣喪堯如其喪考妣。資于事父以事君，而敬同，故爲君方喪三年。是百王之所同，古今之所一也。遏，止也。密，无聲也。八音不作，哀思甚也。令，力呈反。辟，平寄反。爲，于僞反。【疏】「堯立」至「而崩」，並《史記》文。「殂落，死也」，《釋詁》文。云「百姓，群臣也」者，前文「釆章百姓」，鄭注云「百姓，群臣之父子兄弟」。蓋彼文下別言「黎民」，故以「百姓」爲群臣之支庶；此經下文別言「四海」乃謂民閒，則「百姓」自是群臣矣。蓋爲君服三年喪，唯臣然。《爾雅·釋親》云「父爲考，母爲妣」。禮，喪父，斬衰三年；喪母，齊衰三年」，故云「喪考妣三年」。云「資于事父以事君，而敬同」者，《孝經·士章》及《禮記·喪服四制》皆有其文。臣之喪君如喪考妣，斯資父事君之誼也。案：《喪服四制》云：「資于事父以事君，而敬同。貴貴尊尊，誼之大者也。故爲君亦斬衰三年，以誼制者也。」此言「方喪三年」不云「斬衰」者，周制喪考斬衰，喪妣齊衰，唐虞衰制則无文可考，此言「如喪考妣三年」，止言其哀思之久，以見堯德之入人深，不必詳其衰制，故云「方喪三

❶「引」，原漫漶不清，今據近市居本補。

年」。「方喪三年」，《禮記・檀弓》文也。「方」者，比方于父，即所謂「資于事父以事君」也。云「是百王之所同，古今之所一也」者，《禮記・三年問》文。彼文主謂三年之喪不始于周，所由來久，斯其誼正可取以説《唐書》也。且可以見「資父事君」及「方喪三年」之文，雖出于周時傳記，實爲古今通誼，于以見此經「三年」實爲喪考妣之期，當屬「喪考妣」爲誼，不可从僞孔氏誼也。「遏，止」以下皆趙岐《孟子》注也。「遏，止」，《釋詁》文。云「密，无聲也」者，《説文・言部》云「謐，静語也，一曰无聲也」，「密」與「謐」古字通也。**月正元日，**【注】月正者，月于是改正也。時改用天統，以建子月爲正。元，始也。始日，朔日。【疏】前文「正月上日」，鄭注云：「堯正建丑，舜正建子，時未改堯正，故云正月。即位乃改堯正，故云月正。」兹从其誼，故云「月于是改正」，「以建子月爲正」也。云「天統」者，劉歆《三統曆》云：「天統之正，始生于子半，日萌色赤。地統受之于丑初，日肁化而黄，至丑半，日牙化而白。人統受之于寅初，日蘖成而黑，至寅半，日生成而青。」是子爲天統，丑爲地統，寅爲人統，建子是用天統也。「元，始」，《釋詁》文。「朔」亦「始」也，故云「始日，朔日」。**舜假于文祖，**【注】即位于明堂也。【疏】桓君山《新論》云「明堂，堯謂之五府」，《尚書帝命驗》云「帝者承天，立五府。五府者，五帝之廟。赤曰文祖」，注云「文祖者，赤帝熛怒之府。火精光明，文章之祖，故謂之文祖，周曰明堂」。前文「受終于文祖」，鄭注云「文祖，五府之大名，猶周之明堂」，是「文祖」與「明堂」異名同實。王者頒政令必于明堂，下文「命官授職」是明堂之事，則此「假于文祖」是即位于明堂也。**恂于四嶽，闢四門，明四目，達四聰。**闢，古「闢」字，皮益反，正義本作「闢」，兹从《説文》所引。【注】恂，謀也。《國語》曰「胙四嶽國，命爲侯伯，賜姓曰姜，氏曰有吕」，蓋此「四嶽」也。闢，開。達，通也。開明堂之四門，以出政教于天下，以明通四方之耳目。四嶽分主四方諸侯，故謀于四嶽。胙，才故反。【疏】「恂，謀」，《釋詁》文。引《國語》者，《周語》太子晉之言也。「四嶽」見于前文數矣，于此引《國語》文而云「蓋此『四嶽』也」者，據《國語》所偁，「四嶽」是炎帝之後，共工之從孫昆弟四人，左禹治水有功，故堯胙之土、錫之姓、命之氏者。若前文之「四嶽」，方且舉鲧治水，豈是左禹之「四嶽」乎？若舜班瑞時所覲者，其是否初時之「四嶽」，猶未可知。此經之「四嶽」則當是左禹治水者矣，故于此引《國語》以說。言「蓋」者，以出于意度，不敢質言也。「闢，開」，《說文·門部》文。闢，从𠬞在門中，象推門之形，故其誼爲「開」，此于「六書」爲指事也。《說文·辵部》云「通，達也」，茲云「達，通」，誼同可轉訓也。「明堂四門」，說詳前文疏。惠先生《明堂大道録》云：「明堂有四門，四方諸侯朝覲所入。唐虞建官，四嶽主之。《堯典》『恂于四嶽，闢四門』是也。」遵用師說，故云「開明堂之四門」。案：《詩·緇衣》正義偁鄭君注此云：「卿士之職，使爲己出政教于天下。言『四門』者，亦因卿士之私朝在國門。魯有東門襄仲，宋有桐門右師，是後之取法于前也。」此解「四門」似未允當，茲止節取其「出政教于天下」一語而已。❶ 云「明通四方耳目」者，《史記》文。**咨十有式牧，曰：「食哉惟時，柔遠能爾。惇德允元，而難任人，蠻夷𨓆犕。」**能，奴代反。惇，都昆反。難，奴旦反。任，如林反。𨓆，所律反，俗通作「率」。【注】咨，亦「謀」也。十有二牧，十有二州之伯也。柔，安。能，恣。爾，近也。安遠方之國，恣順其近者。惇，厚。允，信。元，善也。難，猶「遠」也。任，佞也。此皆美堯德也。食哉惟時，敬授民時也。柔遠能爾，協和萬邦，黎民於變時雝也。惇德允元，克明俊德也。

---

❶「止」，原作「之」，今據近市居本改。

難任人，放四凶也。孔子説堯之德曰「四海之内，舟輿所至，莫不説夷」，此之謂蠻夷逵犕。恣，即四反。猶遠，于愿反。説夷，爰戚反。【疏】《釋詁》「恂」、「咨」同訓「謀」，此經上文注既云「恂，謀也」，故此云「咨，亦『謀』也」。《禮記·王制》云「州有伯」，鄭彼注云：「殷之州長曰伯，虞夏及周皆曰牧。」是「牧」即州伯，故云「十有二牧，十有二州之伯也」。「柔，安」，《釋詁》文。「能，恣」，鄭君誼也。案：《詩·民勞》云「柔遠能爾」，鄭箋云：「能，猶伽也。安遠方之國，順伽其近者。」《詩》釋文云：「鄭注《尚書》云『能，恣也』。」《詩》正義云：「《尚書》云『柔遠能爾』，注以『能』爲『恣』，則此云『伽』者，與『恣』同，謂順適其意也。」兹仿《詩》箋之意以申「能，恣」之誼，故云「安遠方之國，恣順其近者」。「爾，近」，「惇，厚」，「允，信」，並《釋詁》文。《易·文言》曰「元者，善之長也」，故云「元，善也」。「難任人」，《史記》作「遠佞人」。拒難，猶庰遠也，故云「難，猶『遠』也」。「任，佞」，亦《釋詁》文。云「此皆美堯德也」者，《史記》云「命十二牧，論帝德，行厚德，遠佞人，則蠻夷率服」，據此則此經是美堯之德，故歷舉堯事「敬授民時」之等以實之。云「孔子説堯之德曰『四海之内，舟輿所至，莫不説夷』」者，《大戴禮·五帝德》篇文。彼文宰我問帝堯，孔子荅之有是云云，引之以證此「蠻夷率犕」。

舜曰：「咨，四岳，有耐奮庸熙帝之載，使宅百揆，諒采惠壽。」諒，力尚反。采，七在反。壽，直油反。【注】奮，明。庸，功。熙，光。載，行。宅，凥。諒，相。采，事。惠，順。壽，類也。言有能明其功，光美帝堯之行者，使凥百揆之官以相事，而順其壽類。行，下孟反。相，息匠反。【疏】「奮，明」，「庸，功」，馬注也，見《五帝本紀》注。「熙，光」，《釋詁》文。「載，行」，鄭注也，見正義。「宅，凥」，《釋言》文。《大明》詩云「諒彼武王」，《釋文》引《韓詩》注云：「諒，相也。」此經「諒采」，《史記》作「相事」，則「諒」誼爲「相」，❶「采」當訓「事」也，「采，事」，《釋詁》文。「惠，順」，《釋言》文。「壽，類也」者，《易·否》九四「壽離祉」，九家注云：「壽者，類也。」**僉曰：「伯禹作司空。」**【注】鄭康成曰：「初，堯冬官爲共工。舜舉禹治水，堯知其有聖德，必成功，故改命司空，以官名寵異之，非常官也。至禹登百揆之任，舍司空之職，爲共工與虞，故𠂹作共工，益作朕虞。」舍，式者反。𠂹，氏爲反，今通作「埀」。【疏】注見《周禮疏·敘》。云「初，堯冬官爲共工」者，《周禮》冬官爲司空，司空之名蓋因乎此。又此「司空」主平水土，與周之司空執度度地職同，知此「司空」是冬官矣。但「司空」之名始見于此，前文惟有「共工」未有「司空」，故知初時冬官爲共工也。故鄭于前文注云「共工，水官名」，蓋水王于冬，水官即冬官，一也。云「舜舉禹治水」者，文十八年《左傳》云「舜臣堯，舉八愷，使主后土」，言「主后土」即是平水土，故知禹在八愷之中，舜所舉也，故服虔注《左傳》亦以「八愷」爲禹、❷垂之屬也。云「改命司空，以官名寵異之，非常官也」者，初時冬官爲共工，而下文「垂作共工」，則後此官名仍爲共工，惟禹治水有「司空」之號，自是欲寵異禹特改是官名，非常時之官也。云「舍司空之職，爲共工與虞」者，案：《周禮》司空主事，故百工屬司空，若山虞、澤虞皆屬司徒，非司空之屬。鄭並言「共工與虞」者，禹初時隨山刊木，暨，益奏庶鮮食，則禹實兼虞，益但左禹而已。❸禹既宅百揆，舍其舊職，自然虞與共工皆舍，故更命垂、益分任其職，不得以《周禮》爲難。**帝曰：「俞，咨，禹，女平水土，**

❶「誼」，原作「宜」，今據近市居本改。
❷「以」，原作「云」，今據近市居本改。
❸「已」，原作「以」，今據近市居本改。

維旹𢘓哉。」𢘓，門候反。【注】傳曰：「然其所舉，俾禹前功以命之。」馬融曰：「𢘓，美也。」肅曰：「𢘓，勉也。」【疏】禹平水土是堯時事，故云「俾禹前功」。僞孔傳雖多謬説，此言則是，故采之。馬注、肅注並見《釋文》。「𢘓」與「茂」同，「茂」有美誼，故「𢘓」爲「美」也。「𢘓，勉」，《釋詁》文。上文「熙帝之載」，《史記》作「美堯之事」，馬訓「𢘓」爲「美」，正與「美堯之事」相應，其誼良是。然《史記》此文作「維是勉哉」，則訓「𢘓」爲「勉」亦未爲非，故並采之。**禹捧䭫首，攘于稷、卨臮咎繇。**捧，即「拜」字。䭫，欽禮反，俗作「稽」，音誼皆非。攘，如羕反，後並同。卨，辛列反。「臮咎繇」，正義本作「暨臯陶」，茲从《説文》所引。【注】既拜而䭫首也。䭫首，下首至地也。攘，推也。鄭康成曰：「稷，棄也。堯初，天官爲稷，舜登用之年，舉棄爲之。時天下賴后稷之功，故以官名通偁。」聲謂：卨，古文「偰」。臮，衆詞，與也。推，土回反。偰，辛列反，俗作「契」，非。【疏】《禮記·檀弓》云：「拜而后䭫顙，頽乎其順也。」《周禮·太祝》「辨九拜」，「五曰吉拜」，鄭注云：「吉拜，拜而後䭫顙，謂齊衰不杖以下者。言吉者，此殷之凶拜，周以其拜與頓首相近，故謂之吉拜。」然則「吉拜」必先拜而後䭫顙。顙，即「首」也。喪中言䭫顙，平時則云䭫首，故云「既拜而䭫首也」。《説文·首部》云「䭫，下首也」，鄭注《太祝》云「䭫首，拜頭至地也」，故云「䭫首，下首至地也」。云「攘，推也」者，《説文·手部》文。鄭注見《周禮疏·敘》及《詩·生民》正義及正義。下文呼棄而謂之曰「女后稷」，故知稷是棄也。鄭注前文「乃命羲和」以天、地官爲稷、司徒，故于此云「堯初，天官爲稷」。鄭言此者，蓋據《國語·周語》「是故稷爲天官」之文，知古有是官號，而以民事紀官則在顓頊之後，故推以爲「堯初」與？抑或別有據也。文十八年《左傳》云「高辛氏有才子八人，天下之民謂之八元」，又云「舜臣堯，舉八元」。棄是高辛氏子，在八元之中，故知「舜舉棄」也。「卨」、「咎繇」

皆偁名，「稷」則是官非名，故説其偁官之意云「時天下賴后稷之功，故以官名通偁」。蓋稷播穀以振民，故天下賴其功也。云「卨，古文『偰』」者，據《説文・米部》。云「臮，衆詞，與也」者，《説文・乑部》文也。《國語・周語》云「人三爲衆」，臮从三人，故云「衆詞」。《釋詁》云：「暨，與也。」案：「暨」乃世俗通用之字，依字當作「臮」。**帝曰：「俞，女往哉。」**【注】鄭康成曰：「然其舉得其人。女往尻此官，不聽其所攘。」【疏】注見《五帝本紀》注。**帝曰：「棄，黎民祖飢，女后稷播時百穀。」**時，仁吏反。【注】鄭康成曰：「祖，讀曰『阻』；阻，戹也。時，讀曰『蒔』。始者鴻水時，衆民戹于飢，女尻稷官，穜蒔五穀以救活之。」戹，安革反。蒔，仁吏反。穜，之用反，从禾童聲；其「禾」傍箸「重」者，乃「種稑」字，音直容反，俗輒互易用之，非。【疏】注見《詩・思文》正義。《釋詁》云「祖，始也」，故《史記》云「黎民始飢」，謂衆民始時飢乏，誼甚允當。乃鄭不从「始」誼而讀「祖」爲「阻」者，古字「祖」、「阻」皆與「且」通，如商之《祖庚卣》、《祖乙卣》，周之《盄和鐘》、《寶和鐘》，凡「祖」字皆作「且」。《義禮・大䠶義》云「且左還」，鄭注云「古文『且』爲『阻』」，是古文「祖」、「且」、「阻」三字皆同，讀「祖」爲「阻」，言「阻戹于飢」，亦得爲一誼也。《釋詁》云「阻，難也」，「難」是戹難，故云「阻，❶戹也」。云「時，讀曰『蒔』」者，凡穜穀必先播其穜，竢其出乃後拔取更蒔之，《説文》云「蒔，更別穜」是也。此文「時」在「播」下，則是既播而更蒔之，故「時」讀當爲「蒔」。**帝曰：「卨，百姓不親，五品不愻，女作司徒，敬尃五教，在寬。」**卨，辛列

❶「阻」，原作「祖」，今據近市居本改。

反。愻，色困反，正義本作「遜」，❶非其誼矣，玆从《説文》所引。尃，方巫反，今通作「敷」。【注】禼，亦古文「偰」。鄭康成曰：「五品，父、母、兄、弟、子也。《春秋傳》曰『舉八元使布五教』，偰在八元中。」聲謂：愻，順。尃，布也。五教，父誼、母慈、兄友、弟龔、子孝也。一説：五品，五倫也。《孟子》偁：「偰之爲司徒也，教以人倫。父子有親，君臣有誼，夫婦有𠔁，長幼有敘，朋友有信，此之謂五教。」又述放勳之言曰：「勞之來之，匡之直之，輔之翼之，使自得之，又從而振德之。」此之謂寬也。𠔁，彼列反，俗混作「别」，非。長，中兩反。勞，力到反。來，力代反。【疏】《説文·内部》云「卨，讀若『偰』」。禼，古文『卨』」，《漢書·百官公卿表敘》云「卨作司徒，尃五教」，則「卨」、「偰」同字。「禼」是古文「卨」，則即古文「偰」矣。因上文注云「卨，古文『偰』」，故此亦之也。❷鄭注見《五帝本紀》注及《詩·生民》正義。文十八年《左傳》云「舉八元，使布五教于四方。父誼、母慈、兄友、弟龔、子孝，内平外成」，故云「五品，父、母、兄、弟、子也」，據《左傳》爲説也。引《春秋傳》者，即文十八年《左傳》也。引傳文而言「偰在八元中」者，欲見傳所云「布五教」即此「尃五教」也。傳偁「高辛氏才子八人，天下謂之八元」，《説文·人部》云「偰，高辛氏之子，爲堯司徒」，故知偰在八元中也。「愻，順」，「尃，布」，《説文·心部》及《寸部》文。云「五教，父誼、母慈、兄友、弟龔、子孝也」者，《漢書·百官公卿表敘》節引此經，而應劭注彼云然。是亦據《左傳》爲説，與鄭解「五品」誼合，故采取之。「一説：五

---

❶「遜」，原作「通」，今據近市居本改。

❷「之」，原作「云」，今據近市居本改。

品，五倫也」者，據《孟子》誼也。引《孟子》者，《滕文公上》篇文。前説據《左傳》誼既精確矣，又引《孟子》者，《孟子》亦正説偰作司徒之事，又述放勳命偰之言，且以「五教」配「五倫」爲説，誼尤該備也。云「此之謂寬也」者，蓋勞、來、匡、直且輔翼之，使其自得，又從而振德之，其教需而不迫，使民瀸濡于五教之中，徐以自化，日遷善而不自知，是寬舒之至也。**帝曰：「咎繇，蠻夷滑夏，寇賊姦宄，**滑，户八反，隸古定本如此，正義本改从「犬」傍，非。宄，居洧反。【注】鄭康成曰：「滑夏，侵亂中國也。彊聚爲寇，殺人爲賊，由外爲姦，起内爲宄。」【疏】注見《五帝本紀》注及《周禮・司刑》疏。《説文・夊部》云「夏，中國之人也」，故云「滑夏，侵亂中國也」。「滑」之言「亂」也。寇必多聚徒衆，故云「彊聚爲寇」。《周禮・大司馬》云「賊殺其親」，故云「殺人爲賊」。《左傳》成十六年長魚矯曰「臣聞：亂在外爲姦，在内爲軌」，古「軌」、「宄」字通，故云「由外爲姦，起内爲宄」。乃《周禮》疏引此作「由内爲姦，起外爲宄」，蓋賈公彦所見之本誤也，乃又爲之説曰：「鄭欲見在外亦得爲宄，在内亦得爲姦，故反覆見之。或後人轉寫誤爾。」予謂：自是寫者之誤，鄭必無此誤也，今更正之以復其原。**女作士。**【注】馬融曰：「士，獄官之長。」鄭康成曰：「士，察也，主察獄訟之事。」長，中丈反。❶【疏】馬注見《五帝本紀》注。案：《周禮》「士師」在「小司寇」之下，而云「士，獄官之長」者，蓋唐虞无「司寇」之名，其刑官名「士」，其職當周之大司寇，故云「獄官之長」。此偁鄭注者，《周禮・秋官》敘官注也，是説獄官所以偁「士」之意，故取以注此。「士，察」，《釋詁》文。**五刑有𠬝，五𠬝三就。**𠬝，房六反，今通作「服」。【注】𠬝，治。就，次也。《國語》曰

❶「丈」，原作「兩」，今據近市居本改。

「大刑用甲兵，其次用斧戉。中刑用刀鋸，其次用鑽笮。薄刑用鞭攴，以威民也。故大者陳之遼野，小者致之市朝。五刑三次，是无隱也」，此之謂也。戉，爰伐反，俗作「鉞」，音誼皆別。鋸，君御反。鑽，作官反。笮，作格反。遼，月爰反，俗作「原」，音同誼別。市，上止反。❶朝，直佋反。【疏】《五帝本紀》注引馬融注云：「五刑，墨、劓、剕、宫、大辟。三就，謂大辠陳諸遼野，次辠于市朝，同族適甸師氏。既𠬝五刑，當就三處。」案：此「五刑」實不同前文「五刑」。馬于前文既爲是解，于此處又云然，則口費而煩，且非也。其解「三就」偁遼野、市朝，是本《國語》。據《國語》言「五刑三次，是无隱也」，馬君乃合市、朝爲一，而益以甸師氏爲三，則是所謂刑于隱者，與《國語》韋。且「適甸師氏」文出《周禮》，自是周灋，蓋周尚親親，故私于同族而有是灋。唐虞大道爲公，當不有此，馬據周制以説《唐書》，恐未當也，故不用。「𠬝，治」，《説文·又部》文。「三就」，謂行刑就三處，即《國語》所云「三次」，故云「就，次也」。引《國語》者，《魯語》臧文仲之言也。云「大刑用甲兵」者，賈侍中云「謂諸侯不式王命，則以六師迻之」。云「其次用斧戉」者，韋昭注云「軍戮也」。其「中刑」以下，韋注云「割劓用刀，斷截用鋸，亦有大辟」，「鑽，臏刑。笮，黥刑也」，「鞭，官刑。攴，教刑也」。云「大者陳之遼野」者，韋注云「謂甲兵斧戉也」。云「小者致之市朝」者，賈注云「大夫以上于朝，士以下于市」。云「五刑三次，是无隱也」者，「三次」謂野、朝、市，就此三處而刑之，无所隱諱，是即此經所云「五刑三就」，故云「此之謂」也。或曰：《孝經説》引孔子之言曰「五帝畫象，世順機。三王肉刑，揆漸加」。伏生《大傳》云：「唐虞之象刑，上刑赭衣不純，中刑雜屨，

---

❶「止」，原作「之」，今據近市居本改。

下刑墨幪。以尻州里，而民恥之，而反于禮。」然則唐虞之世无肉刑。今以《國語》文說《唐書》，毋乃乖錯乎？應之曰：夫「蠻夷滑夏，寇賊姦宄」，豈象刑足以威之乎？則「五刑」自當有甲兵、斧戉矣。❶至于刀、鋸、鑽、笮，據韋昭注則是墨、劓、剕、宮、大辟也。象刑，則墨、劓、剕、宮、大辟之象也，蓋制是刑而復設是象，有犯者則用象刑乃可，无用肉刑也。然其時之民重恥，其畏象刑尤甚于畏肉刑，罕有犯者，則雖有象刑而用之蓋尟，況肉刑乎？然刑制固不可廢也。時咎繇見爲刑官，安得謂唐虞无刑制哉？**五㳅有宅，五宅弎尻，**宅，陟嫁反。【注】鄭康成曰：「宅，讀曰『吒』，懲㣻之器。謂五刑之流皆有器懲㣻。五吒者，是五穜之器，謂桎一、梏二、拲三。❷三尻者，自九州之外至于四海，三分其地以爲遠近，若周之夷、鎮、蕃也。」吒，陟嫁反，《禮記》正義引作「咤」，譌字也，依《說文》當作「吒」。㣻，牛廢反。穜，章勇反。桎，之日反。梏，工酷反。拲，君甬反。

【疏】注見《禮記·王制》正義及正義。云「宅，讀曰『吒』」者，「宅」本訓「尻」，既言「三尻」，則「五宅」不得解爲「五尻」，故破「宅」爲「吒」。蓋古人書字輒有以聲類叚借用者，「宅」、「吒」皆以「乇」爲聲，聲同則可通借，此經誼實爲「吒」而字作「宅」，故鄭正其音讀爲「吒」。《說文·口部》云「吒，叱怒也」，則「吒」有懲創之意，故云「懲㣻之器」。「㣻」即「懲」也，唯是云「五穜之器」而以「桎一」、「梏二」、「拲三」當之，爲數不符，竊有疑焉。案：《周禮·掌囚》云：「上辠，梏拲而桎。中辠，桎梏。下辠，梏。王之同族拲，有爵者桎。」蓋梏拲而桎，一也；桎梏，二也；梏，三

❶「戉」，原作「鉞」，今據近市居本及注文改。

❷「二」，原作「一」，今據近市居本及疏文改。

也；拲，四也；桎，五也。鄭言「五穜」，其此之謂與？云「自九州之外至于四海，三分其地以爲遠近，若周之夷、鎮、蕃也」者，《周禮·職方氏》云：「乃辨九服之邦國，方千里曰王畿，其外方五百里曰侯服，又其外方五百里曰甸服，又其外方五百里曰男服，又其外方五百里曰采服，又其外方五百里曰衛服，又其外方五百里曰蠻服，又其外方五百里曰夷服，又其外方五百里曰鎮服，又其外方五百里曰蕃服。」則「夷」、「鎮」、「蕃」是九服之外三服也。「蠻服」，又謂之「要服」，《大行人》職歷敘侯、甸、男、采、衛、要六服，而下云「九州之外謂之蕃國」，是要服以内爲九州，夷、鎮、蕃三服在九州之外也，故鄭注《大行人》職亦云九州之外夷服、鎮服、蕃服也。案：周之九服，在唐虞爲五服，「夷服」當唐虞「要服之卬」，「鎮服」當其「荒服」，「蕃服」當其「荒服之卬」。鄭欲三分其遠近以解「三厇」，叚周以況則易明了，故云「若」也。鄭説「三厇」必若是之遠者，《王制》云「屏之遠方，唯其所之，不及以政，示弗故生也」，鄭注彼文引此經爲説，則鄭以此「三厇」若《王制》所云「不及以政」者，是必在九州之外，故以最遠之三服言之也。《五帝本紀》注引馬融注云：「謂在八議，君不忍刑宥之，以遠五等之差，亦有三等之厇。大辠投四裔，次九州之外，次中國之外。」案：「八議」出于《周禮·小司寇》職，所謂議親、議故、議賢、議能、議功、議貴、議勤、議賓之八辟。周有是法，唐虞未必有此。又案：九州以内爲中國，九州之外即中國之外，馬君分之以當「三厇」之二，亦非也，故不用。**維明克允。」**【注】維女明察，故能信服人也。《春秋傳》曰：「明允管誠。」鄭康成曰：「此三官是堯時事，舜因禹攘，述其前功。」管，多毒反，俗作「篤」，音同誼别。【疏】此美咎繇也。「明」、「允」當就咎繇言，故云「維女明察，故能信服人也」。「察」亦「明」也，馬注云「當明其辠，使能信服之」，恐未是，故不用。引《春秋傳》者，文十八年《左傳》云：「昔高陽氏有才子八人，蒼舒、隤敳、檮戭、大臨、尨降、庭堅、仲容、叔達，齊聖廣淵，明允管誠，天下之民謂之八愷。」説者以「庭堅」爲「咎繇」，故引以證此經「明」、「允」是偁美咎繇也。鄭注見《周禮疏·敘》。云「三官」者，謂棄爲后稷，偰作司徒及此咎繇爲士也。知是「堯時事」者，《左傳》言舜臣堯，舉八愷，舉八元，則此三人皆堯時舉用者。又《孟子》偁偰爲司徒，放勳有命，稷教稼穡又在其先。刑以輔教，咎繇作士當亦同時，是皆堯時事也。**帝曰：「壽若予工？」**壽，直油反。前文「壽咨」及此文「壽」字，《史記》皆以「誰」字代之，則兩文當同字。前文既从《説文》所引作「𢑥」，訓爲「詞」矣；此作「壽」者，蓋古字聲同則通用，異其文則多收一字，此經之「壽」必用《史記》「誰」字爲訓乃爲允愜。依「誰」訓以求《説文》之字，則當作「壽」也。【注】壽，誰也。馬融曰：「謂主百工之官。」【疏】「壽，誰」，《説文·口部》文，《釋詁》誼亦同，但俗本字異爾。馬注見《五帝本紀》注。**僉曰：「垂哉！」帝曰：「俞，咨，垂，女共工。」**垂，是爲反，徐藐音「是僞反」。共，居容反，依字當作「龔」，古通用「共」爾。【注】馬融曰：「爲司空，共理百工之事。」【疏】注見《五帝本紀》注。**垂拜䭬首，攘于殳斨臮伯與。**殳，常朱反。斨，七羊反。與，爰諸反。【注】殳斨、伯與，二臣名。殳，或爲朱。伯與，或爲柏譽。譽，曰諸反。【疏】《漢書·古今人表》以朱斨、柏譽爲二人，❶列于垂與柏益之間，注據之以爲説。**帝曰：「俞，往哉，女諧。」帝曰：「壽若予上下艸木鳥獸？」**【注】馬融曰：「上謂邍，下謂隰。」聲謂：上謂山陵，下謂邍隰藪澤。隰，祥十反。藪，色后反。【疏】馬注見《五帝本紀》注。《釋地》云「下溼曰隰」，又云「下者曰隰」，故云「下謂隰」。《釋地》又云「廣平曰邍」，又別言「高平曰陸」，則「邍」未爲高。而馬云「上謂邍」者，《公羊》昭元年傳云：「上平曰邍，下平曰隰。」蓋對「隰」言之，則「邍」爲上也。聲以爲

---

❶「柏」，原作「伯」，今據近市居本改。

山陵藪澤皆有艸木鳥獸，馬之言「邍」、「隰」于誼未備，故下己說以廣之。馬以「邍」爲上而聲以「邍隰」皆爲下者，蓋對「隰」言之，則「邍」爲上；對「山陵」而言，則「邍」猶爲下也。**禹曰：「𦤎哉。」帝曰：「俞，咨，𦤎，女作朕虞。」**「禹曰」，僞孔本作「僉曰」，正義謂馬、鄭、王本皆爲「禹曰益哉」。案：揚雄《羽獵賦》云「昔者，禹任益虞而上下咊，艸木茂實」，本此經則古本皆作「禹曰」。《咎繇暮》曰「㠯益奏庶鱻食」，蓋禹治水與益同事，故知益能而特舉之，僞孔氏改作「僉曰」，非也。【注】𦤎，古「益」字。馬融曰：「虞，掌山澤之官名。」鄭康成曰：「言朕虞，重鳥獸艸木。」【疏】《說文·口部》云：「𦤎，籀文『嗌』字，上象口，下象頸，脈理也。」茲乃云「𦤎，古『益』字」者，《漢書·百官公卿表敘》云：「𦤎作朕虞，育艸木鳥獸。」應劭注云：「𦤎，古『益』字。」蓋古者字少，輒叚借用之，「𦤎」本是「嗌」字，又借以爲「益」也。馬注見《五帝本紀》注。《周禮·地官》有「山虞」、「澤虞」，故云「虞，掌山澤之官名」。鄭注見正義。云「言朕虞，重鳥獸草木」者，謂官名不直偁「虞」必偁「朕虞」，爲重鳥獸草木故也。《史記》云「于是以益爲朕虞」，是官名「朕虞」也。《漢書·百官公卿表》云「王莽改水衡都尉曰『予虞』」，是竊取此「朕虞」之名而效之，則漢人皆謂此「朕虞」以兩字名官也。**𦤎拜䭫百，攘于朱、虎、熊、羆。**百，式九反，古文作「首」，《說文·頁部》云：「百者，䭫首字也。」羆，古文「[illegible]」，彼爲反。【注】朱、虎、熊、羆，蓋四臣名也。高辛是之子有伯虎、仲熊。「是」、「氏」同，古通用。【疏】文十八年《左傳》云「高辛氏有才子八人，伯奮、仲堪、尗獻、季仲、伯虎、仲熊、尗豹、季貍」，此經「虎」、「熊」當即彼「伯虎」、「仲熊」也。虎、熊二人合「朱」與「羆」爲四人，故以爲四臣，而偁伯虎、仲熊爲說。**帝曰：「俞，往哉，女龤。」帝曰：「咨，四嶽，有耐典朕三禮？」**【注】典，當爲「敟」；敟，主也。馬融曰：「三禮，天神、地祇、人鬼之禮。」鄭康成曰：「天事、地事、人事之禮。」敷，多殄反。【疏】《周官》有「典婦功」，鄭注云「典，主也」，是謂典主其事；此「典朕三禮」謂主三禮之事，依「主」詁以求《説文》之字，則實是「敷」字，時俗相承省作「典」爾，故云「當爲『敷』」。「敷，主」，《説文・攴部》文。馬、鄭注並見《五帝本紀》注。《周禮・大宗伯》之職：「掌建邦之天神、人鬼、地祇之禮，以左王建，保邦國。」唐虞之「秩宗」猶周之「大宗伯」，故馬云「三禮，天神、地祇、人鬼之禮」。但天神、地祇、人鬼之禮皆是祭禮，❶于周禮止是一吉禮爾，馬云然者，以唐虞未有吉、凶、賓、軍、嘉之五禮，而禮之重者莫重于祭，此特咨其重者爾。鄭云「天事、地事、人事之禮」，意與馬略同，而比馬爲該備。**僉曰：「伯夷。」帝曰：「俞，咨，伯，女作秩宗，**【注】鄭康成曰：「主次秩尊卑。」【疏】注見《五帝本紀》注。「秩」之言「次」，故云「主次秩尊卑」。《國語・楚語》觀䠶父曰：「使名姓之後，能知四時之生、犧牲之物、玉帛之類、采服之宜、彝器之量、次主之度、屏攝之位、壇場之所、上下之神祇、氏姓之所出，而心率舊典者爲之宗。」是宗官次秩鬼神之尊卑，而爲之等禮者也。「秩宗」所次秩，當不但鬼神之尊卑，而鬼神亦其一隅也。**夙夜維寅，直哉維清。」**夙，息逐反。【注】夙，早也。寅，當爲「夤」，字之誤；夤，敬也。清，静絜也。早，子晧反，字从日在「甲」上。絜，紀屑反，俗加水傍，非。【疏】「夙，早」，《釋詁》文。云「寅，當爲『夤』，字之誤；夤，敬也」者，《説文・夕部》云「夤，敬惕也。《易》曰『夕惕若夤』」，是「夤」爲「敬」。此文據《史記》云「夙夜維敬直哉」，則詁爲「敬」。依「敬」之詁以求其字，則當爲「夤」。今作「寅」者，由「夤」上脱去「夕」文而誤，故云「字之誤」。《釋詁》有云「寅，敬也」，蓋亦誤也。云「清，静絜也」者，《詩・清

❶「但」，原作「伹」，今據近市居本改。

廟》正義引賈逵《左傳》注云：「肅然清静謂之清廟。」是「清」有「静」誼。劉熙《釋名》云「清，青也。去濁遠濊，色如青也」，則「清」又有「絜」誼。此文據《史記》云「維静絜」，則「清」當訓「静絜」也。**伯捧䭬百，攘于夔、龍。帝曰：「俞，往欽哉。」帝曰：「夔，命汝典樂教育子，**育，正義本作「冑」，乃衛包所改也。《説文》引作「育」，《書古文訓》即僞孔本也，亦作「育」。據馬注，則馬本亦作「育」也。當从「育」。【注】馬融曰：「育，長也。教長天下之子弟。」聲謂：育，養子使作善也。教育子，樂正之職，故以命夔。《周禮·大司樂》「掌成均之法，以治建國之學政，而合國之子弟焉。」長，知丈反。【疏】馬注見《釋文》。「育，長」，《釋詁》文。云「教長天下之子弟」，是申説「育，長」之誼，則馬注不云「冑，長」可知。乃《釋文》引馬云「冑，長也」者，蓋宋時所改也。《崇文總目》云：「開寶中，詔以陸德明所釋《尚書》乃古文，與唐明皇所定今文駁異，令陳鄂刪定其文，改从穎達書。」然則今之《尚書釋文》非陸氏之舊，陳鄂改以合唐本，故改馬注之「育」爲「冑」也。云「育，養子使作善也」者，《説文·𠫓部》文。「育」字从𠫓，「𠫓」者，到子，不順子也。養之使順，故云「養子使作善」。《釋詁》亦有「養，育」之訓也。云「教育子，樂正之職」者，《禮記·王制》云「樂正崇四術，立四教，順先王《詩》、《書》、《禮》、《樂》以造士。王太子、王子，群后之太子，卿大夫、元士之適子，國之俊選皆造焉」，鄭注彼文引此經以説，則其事同也。引《周禮》者，以證樂正教國子之事。「大司樂」即樂正之官；「成均」者，五帝之學。大司樂掌成均之法，蓋取法乎此也。**直而温，**【注】馬融曰：「正直而色温和。」【疏】注見《五帝本紀》注。**寬而𣡕，**𣡕，古文「㮚」。【注】馬融曰：「寬大而敬謹戰㮚也。」【疏】注亦見《五帝本紀》注。**剛而无虐，**虐，牛約反。【注】馬融曰：「剛毅而不害虐也。」**簡而无奡。**【注】馬融曰：「簡約而无奡嫚也。」【疏】以上二條馬注，惠先生手録于《尚書》疏，聲尟見寡聞，未詳先生何自采取。**詩言志，歌永言，聲依永，律龢聲。**【注】鄭康成曰：「詩所以言人之志意也。永，長也。歌又所以長言詩之意。聲之曲折，又依長言而爲之。聲中律乃爲龢也。」聲謂：龢，調也。律、呂所以調龢其聲也。曲，羌欲反。中，陟仲反。調，笛聊反。【疏】鄭注見《詩譜敘》正義及《五帝本紀》注。《詩敘》云「詩者，志之所出也。在心爲志，發言爲詩」，故云「詩所以言人之志意」也。「永，長」，《釋詁》文。《禮記・樂記》云「歌之爲言也，長言之也。說之故言之，言之不足，故長言之」，故云「歌又所以長言詩之意」。云「聲之曲折，又依長言而爲之」者，謂聲之高下、疾徐、委曲、赴節依長言而爲之。《樂記》所謂「上如抗，下如隊，曲如折，止如槀木，倨中巨，句中鉤，纍纍乎耑如貫珠」者也。「龢，調」，《說文・龠部》文。云「律、呂所以調龢其聲」者，增成鄭誼也。經止言「律」，注云「律、呂」者，蓋陽聲六爲律，陰聲六爲呂。陽可以統陰，故止言「律」而以勹呂矣。《孟子・離婁》云「不以六律，不能正五音」，是律所以調龢聲也。**八音克龤，无相奪侖，**奪，徒活反。侖，力純反，今通作「倫」。【注】音者，歙也。言其剛柔清濁，和而相歙也。《樂記》曰：「土曰壎，竹曰管，皮曰鼓，匏曰笙，絲曰弦，石曰磬，金曰鐘，木曰柷敔。此謂八音也。」龤，樂龢龤也。侖，理也。歙，衣錦反。壎，兄袁反。柷，昌六反。敔，元巨反。【疏】「音者」至「八音也」並《白虎通・禮樂篇》文。所引《樂記》，今《禮記》中之《樂記》无其文，豈其有亡逸與？抑或是《樂緯》與？不可知矣。《周禮・太師》職「掌六律六同，以合陰陽之聲。皆播之以八音：金、石、土、革、絲、木、匏、竹」，鄭注云：「金，鐘鎛也。石，磬也。土，壎也。革，鼓鼗也。絲，琴瑟也。木，柷敔也。匏，笙也。竹，管簫也。」似與此所引《樂記》有異，實則同也。云「龤，樂龢龤也。侖，理也」者，並《說文・龠部》文。《樂記》云「樂者，通侖理者也」，是「侖」爲「理」也。

神人以咊。【注】鄭康成曰：「祖考來假，群后德攘，其一隅也。」【疏】注見《五帝本紀》注。「祖考來假」，神也；「群后德攘」，人也，二語皆《咎繇暮》文。「神」則天神、地祇皆可以感，不獨「祖考」；「人」亦不獨「群后」，故鄭云「其一隅也」。**夔曰：「於，予擊石拊石，百獸逵舞。」**於，古文「烏」。陸德明反謂「音烏而絶句者，非」，陸氏謬也。拊，方侮反。逵，今通作「率」。【注】石，磬也。拊，揗也。鄭康成曰：「百獸，服不氏所養者。逵舞，言音龢也。謂音聲之道與政通焉。」揗，食尹反。【疏】《説文·石部》云「磬，樂石也」，故云「石，磬也」。「拊，揗」，《説文·手部》文。《説文》又云「揗，摩也」，則「拊」是撫摩輕擊之意，故《周禮·太師》職云「令奏擊拊」，先鄭注云：「樂，或當擊或當拊。」鄭注見《五帝本紀》注及《公羊》哀十四年疏。云「百獸，服不氏所養者」者，《周禮·夏官》有服不氏，「掌養猛獸而教擾之」，鄭彼注云：「服不，服不服之獸者。猛獸，虎、豹、熊、羆之屬。」鄭于此言之者，欲見難服之獸猶且逵舞，則物无不和者矣。云「音聲之道與政通」者，《樂記》文。音能感物，則必能使群生咸遂，故與政通。**帝曰：「龍，朕堲讒説殄行，震驚朕師，**堲，子力反，又在力反。讒，士咸反。殄，徒典反。行，下孟反，注同。【注】堲，疾惡也。讒，譖也。馬融曰：「殄，絶也。絶君子之行。」鄭康成曰：「所謂色取仁而行韋，是驚動我之衆臣，使之疑惑。」【疏】云「堲，疾惡也。讒，譖也」者，《説文·土部》、《言部》文。馬注見《三國志·吴主傳》裴松之注。「殄，絶」，《釋詁》文。讒説顛到是非，是爲「絶君子之行」。鄭注見《五帝本紀》注。云「所謂色取仁而行韋」者，所謂《論語·顏淵》篇文，彼馬融注云：「言佞人叚仁者之色，行之則韋。」**命女作内言，夙夜出内朕命，惟允。」**内，奴罘反。【注】内言，官名，所謂王之喉舌也。出命，承上言而敂之于下。内命，時之所宜，復于上也。允，信也。敂，式支反，俗作「施」，音同誼異。【疏】《漢書·百官公卿表敘》云「龍作内言，出入帝命」，應劭注云：「内言，如今尚書，管王之喉舌。」故云「内言，官名，所謂王之喉舌」也。「王之喉舌」者，《詩·烝民》云「出内王命，王之喉舌」，彼鄭箋云：「出王命者，王口所自言，承而敂之也。内王命者，時之所宜，復于王也。其行之也，皆奉順其意，如王口喉舌親所言也。」故此注云「出命，承上言而敂之于下。内命，時之所宜，復于上也」，用鄭《詩》箋誼也。「内」者，自外來入，故爲時之所宜。「復于上」，復，白也。「允，信」，《釋詁》文。**帝曰：「咨，女弍十有弍人，欽哉，惟旹諒天功。」**【注】馬融曰：「稷、偰、咎繇皆尻官久，有成功，但述而美之，❶无所復敕。禹及垂以下皆初命，凡六人，與上十二牧四嶽凡二十二人。」鄭康成曰：「皆『月正元日，假于文祖』時所敕命也。」聲謂：諒，相。功，事也。敕命二十二人皆在明堂。明堂，天法，故曰天事。復，房救反。相，息匠反。【疏】馬注見《五帝本紀》注。云「稷、偰、咎繇皆尻官久」者，棄爲后稷，偰作司徒；咎繇作士，皆在堯時，是時猶仍舊職，故云「尻官久」。上文鄭注亦云此三官是堯時事也。云「无所復敕」者，謂此「欽哉，諒天功」之教不敕及三臣。知然者，以經言二十二人，若兼稷、偰、咎繇則二十五人矣，故知不數之也。鄭注見正義。據正義所引，鄭此注上猶有「自咨十有二牧至帝曰龍」十字，以其不數四嶽，似非，故節去之。云「皆『月正元日，假于文祖』時所敕命也」者，新天子即位，朝群臣，必皆有

❶「但」，原作「伹」，今據近市居本改。

所申敕，上文「假于文祖」之下即云「恂于四嶽，咨十有二牧」，并歷命官職而總敕二十二人，明是一時之事。孔穎達乃云「未必一日之内即得行此諸事」，不知何見而云然，殊可怪也。「諒天功」，《史記》作「相天事」，故云「諒，相。功，事也」。云「敕命二十二人皆在明堂」者，此以上皆「假于文祖」時事，文祖即明堂。「天法」者，《大戴禮・盛德篇》文。劉歆《七略》曰「王者師天地，體天而行。是以明堂之制，内有太室，象紫微宫。南出明堂，象太微」，故云「明堂，天法」。《盛德篇》云：「明堂，天法也。禮度，德法也。所以御民之耆欲好惡，以慎天法，以成德法也。」明堂政令必慎天法，故以「天功」爲言，此説本諸惠先生《明堂大道録》。**弎載考績，弎考黜陟幽明**，黜，丑律反。【注】黜，𡭊下也。《大傳》曰：「其訓曰：三歲而小考者，正職而行事也。九歲而大考者，絀无職而賞有功也。一之三以至九年，天數窮矣，陽德終矣。積不善至于幽，六極以類降，故黜之；積善至于明，五福以類相升，故陟之。」皆所自取，聖無容心也。𡭊，古「貶」字。下，行嫁反。絀，丑律反，與「黜」通。【疏】《説文・黑部》云「黜，貶下也」，「𡭊」與「貶」古今字也。《大傳》偁「其訓曰」，則是伏生述舊訓也，斯其説尚矣。云「一之三以至九年，天數窮矣，陽德終矣」者，天數一、三、五、七、九，故九爲天數之窮。九者，老陽之數，《易乾鑿度》曰「九者，气變之究也」，《説文》亦云「九，陽之變也，象其詘曲究盡之形」，是「九」爲陽德之終也。《易・文言》曰：「積善之家，必有餘慶。積不善之家，必有餘殃。」《鴻範》曰：「鄉用五福，畏用六極。」然則積善者，天鄉樂之以五福；積不善者，天畏懼之以六極。福、極各從其類，故曰「以類降」、「以類相升」也。一之三以至九年，善不善皆積矣，幽、明分矣。聖人法天以爲黜、陟，幽、明各以類從，非有成心以爲黜、陟，故曰「皆所自取，聖无容心也」。**庶績咸熙。**【注】考績法明，故衆功皆興。【疏】以文承「考績」之下，故注云然。**分𠔁弎苗。**𠔁，彼列反，僞孔本作「北」，非。【注】𠔁，亦「分」也，字从重八。鄭康成曰：「流四凶者，卿爲伯、子，大夫爲男，降其位爾，猶爲國君。所竄三苗爲西裔諸侯者，猶爲惡，乃復分析流之。」重，直容反。復，房救反。【疏】《説文・八部》云「𠔁，分也，从重八」，此經「分𠔁」聯文，故云「𠔁，亦『分』也」。「𠔁」字與「北」相似，而古今字輒變易，凡「𠔁」字今皆改作「别」。經傳中不復有「𠔁」字，學者遂不知有「𠔁」字，故見此經之「𠔁」誤仞爲「北」，遂作「北」字，兹故特正之。曰「字从重八」，明其字之非「北」也。鄭注見正義及《五帝本紀》注。《孟子・萬章》篇云「天子之卿受地視侯，大夫受地視伯」，故「卿爲伯、子，大夫爲男」，斯爲「降其位」也。伯、子、男皆君也，故云「猶爲國君」。鄭知然者，以「三苗」是國名，上言「竄三苗」止是杜寘之使不得通中國爾，未嘗滅其國，則仍爲國君，推之彼三凶當亦然也。云「分析流之」者，蓋三苗爲西裔諸侯，其君雖止一人，而其族類當復不少，其在西裔猶相聚爲惡，故復分析流之。《三國・吴志・虞翻傳》注引翻奏曰：「《尚書》『分𠔁三苗』，𠔁，古『别』字，鄭注訓『北』，言『北猶别也』。」案：「𠔁」與「别」實不同，无如世俗輒用「别」代「𠔁」而不知有「𠔁」字。鄭君以時俗習用之字發明古字，則人易曉，故云「𠔁，猶『别』」，言此「𠔁」字猶時俗所習用之「别」字，然則鄭君不訓爲「北」也。且鄭言「分析流之」，❶「分析」猶「分𠔁」也，鄭君何嘗以「𠔁」爲「北」乎？虞翻誣鄭，不可聽也。**舜生**

❶「言」，原作「君」，今據近市居本改。

弎十，登庸弍十，在位五十埶，陟方乃死。僞孔本「登」作「徵」，「二十」作「三十」，茲从鄭。【注】鄭康成曰：「生三十，謂生年三十也。登庸二十，歷試二十年也。在位五十埶，謂攝位至死五十年。舜年一百歲。」聲謂：陟方，巡守也。《史記》曰：「三十九年，南巡守，崩于蒼梧之野，葬于江南九嶷。」守，舒紂反。嶷，牛其反。【疏】鄭注見正義。案：《史記》云「舜年二十以孝聞，年三十堯舉之，年五十攝行天子事，年五十八堯崩，年六十一代堯踐帝位。踐帝位三十九年，南巡守，崩于蒼梧之野。」三十而舉，五十而攝位，是歷試二十年也。若年六十一踐帝位，三十九年而崩，則年九十九，而鄭云「一百歲」者，蓋舜年六十一終堯之喪。據《孟子·萬章》篇，舜終堯喪，避于南河之南，比及朝覲、訟獄之歸心，而始踐帝位，則必在歲莫矣。且堯正建丑，舜正建子，其改正朔必在其年十二月建子之月，而以爲元年正月，然則舜雖年六十一踐位，而其改元則年六十二矣，故三十九年則百歲也。五十攝位，百歲而崩，故曰「攝位至死五十年」。鄭注與《史記》合。又王充《論衡·气壽篇》引此經而統計之曰：「適百歲矣。」言「適百歲」，則滿百歲而無贏餘，然則充亦以爲「登庸二十」，與鄭同矣。此皆古《尚書》本也。惟僞孔氏改「二十」爲「三十」，且造異説，亂經之尤者也。後世信而从之，且據之以改《論衡》之「二十」爲「三十」，是可嘅也。云「陟方，巡守也」者，《禮記·檀弓》云「舜葬于蒼梧之野」，彼鄭注以爲征有苗而死，因留葬焉，且引此經以證。《史記》以爲南巡守，崩于蒼梧，則此經與《檀弓》、《史記》所言一事也，故以「陟方」爲「巡守」，而即引《史記》以證之。所引《史記》，《五帝本紀》文也。《漢書·地理志》「蒼梧」爲郡名，屬交州；又零陵郡「營道，九嶷山在南」，《説文·山部》云：「九嶷山，舜所葬，在零陵營道。」

《堯典》標題十三名，注二十九字，音四言，疏千一百九十七字。隸書標題及署名并疏皆不數。《堯典》經文千一百八十四名，重文十九，凡千二百三言，注五千八百六十五字。釋音辯字四千五十言，疏三萬六千五百八十一字。❶

❶「堯典標題十三名」至「疏三萬六千五百八十一字」，原無，今據近市居本補。餘卷仿此，不復出校。

尚書集注音疏卷二

吴江徵君聲著

舜典弟二【注】孔氏逸《書》一，今亡。【疏】孔氏《書》五十八篇，《堯典》亦在其中。而以此篇爲「孔氏逸《書》一」者，蓋《堯典》今文所有，當時立于學官，至今見存，不目之爲「逸《書》」。兹紀孔氏所有而今亡者，凡二十四篇，故以此爲一也。其三十四篇今文所有者，皆不在此數。

虞夏書二　虞書一

尚書集注音疏卷二　江聲學❶

汩作弟三❷汩，于罤反，俗譌作「汨」，音謚皆非。【注】孔氏逸《書》二，今亡。

虞夏書三　虞書二

九共一弟四共，居勇反。【注】孔氏逸《書》三，今亡。

---

❶「尚書」至「江聲學」，原無此十一字，今據近市居本補。餘卷同此例者逕補，不一一出校。

❷「汩」，原作「汨」，今據近市居本改。下「汩」字同。

虞夏書四　虞書三

九共二弟五【注】孔氏逸《書》四，今亡。

虞夏書五　虞書四

九共三弟六【注】孔氏逸《書》五，今亡。

虞夏書六　虞書五

九共四弟七【注】孔氏逸《書》六，今亡。

虞夏書七　虞書六

九共五弟八【注】孔氏逸《書》七，今亡。

虞夏書八　虞書七

九共六弟九【注】孔氏逸《書》八，今亡。

虞夏書九　虞書八

九共七弟十【注】孔氏逸《書》九，今亡。

虞夏書十　虞書九

九共八弟十一【注】孔氏逸《書》十，今亡。

虞夏書十一　虞書十

九共九弟十二【注】孔氏逸《書》十一，今亡。

虞夏書十二　虞書十一

予辯下土，使民平平，使民无敎。 敎，吾到反。【疏】此《九共》逸文也，見伏生《尚書大傳》。薛季宣《書古文訓》云「伏生偁：《九共》以諸侯來朝，各述其土地所生美惡、人民好惡，爲之貢賦政教，略能記其語曰」云云，即此文也。顧《九共》有九篇，此文實爲第幾篇之文，則末由考知，姑具列其目而傳其文于後云。【注】辯，治也。平，當爲「釆」字之誤。釆釆，辨治也。【疏】「辯，治」，《說文·辡部》文。云「平，當爲『釆』字之誤」者，古文「平」作「𠂞」，學者罕見「釆」字，輒誤仞「釆」爲古文「平」，故《堯典》「釆章」、「釆𥝢」、「釆在」，《鴻範》「王道釆釆」，隸古定本皆作「𠂞」，唐時悉改爲「平」矣。以此推之，此文「平」字亦是誤改，其實是「釆」字也。《毛詩·采尗》傳云「平平，辨治也」，《詩》釋文云「平平，韓詩作『便便』」，然則與《堯典》諸「釆」字《史記》皆作「便」同，則《毛詩》「平」字誤也，實當爲「釆釆」，故云「釆釆，辨治也」，用毛傳誼而訂正其誤字。

稾飫弟十三稾，可到反。飫，乙召反。【注】篇亡，孔氏《書》亦未有。

虞夏書十三　虞書十二

大禹暮弟十四暮，古文「謨」。【注】孔氏逸《書》十二，今亡。

虞夏書十四　虞書十三

咎繇暮弟十五

虞夏書十五　虞書十四　尚書二【疏】此但紀于今見存之伏生所傳二十八篇，此篇承《堯典》之後，故云

「《尚書》二」。

粵若稽古。咎繇曰：「允迪氒德，暮明弼諧。」【注】說者以爲咎繇聖人，故目篇「粵若稽古咎繇」，予以爲未然。鄭康成讀「古」絕之，是矣。蓋古書或以「粵若稽古」發篇，《逸周書·武穆解》然也，斯則解爲「順考古道」可也，不必泥于「同天」之誼，說經固不可執一也。允，信。迪，道。氒，其。暮，謀。弼，俌。諧，和也。泥，奴戾反。俌，房雨反。【疏】班固《白虎通·聖人篇》云「何以言咎繇聖人？以目篇『粵若稽古咎繇』」，故云「說者以爲咎繇聖人，故目篇『粵若稽古咎繇』」。「目篇」謂題目其篇也。案：「稽古」之誼爲「同天」，惟天子得有是目。咎繇雖聖，不可以「同天」目之，故以其說爲未然，不當以「稽古」字屬「咎繇」也。正義云「鄭以『咎繇』下屬爲句」，故云「鄭康成讀『古』絕之，是矣」。云「蓋古書或以『粵若稽古』發篇，《逸周書·武穆解》然也。斯則解爲『順考古道』可也，不必泥於『同天』之誼」者，《三國·魏志·三少帝紀》：帝問《堯典》「粵若稽古」之誼，博士庾峻偁賈、馬皆以爲「順考古道」。案：《堯典》之「稽古」當如鄭君之說以爲「同天」，此經則不可以「同天」爲說，自當別易一解，賈、馬「順考古道」之誼于此乃爲允當也。❶《逸周書·武穆解》云「粵若稽古。曰昭天之道，熙帝之載」云云，是亦止可作「順考古道」解，故引以況此。然則此文「粵若稽古」雖與《堯典》同，解說不必盡同，鄭君此文之注雖不可見，亦必不與《堯典》注同。何以知之？據其于「古」字絕句，則固與《堯典》文異讀矣。蓋解經當望文爲誼，不可泥于一說也。「允，信」，「迪，道」，「暮，謀」，「弼，俌」，「諧，和」，並《釋詁》文。

❶「允」，原作「克」，今據近市居本改。

「氒，其」，《釋言》文也。《史記・夏本紀》録此篇文云「咎繇述其謀曰：『信其道德，謀明輔和』」，茲依仿以爲訓。

禹曰：「俞，如何？」咎繇曰：「都，慎氒身修，思永，惇敘九族，庶明厲翼，爾可遠在茲。」【注】永，長。惇，厚也。慎其身修則信道其德，長其思慮則謀明，庶明厲翼則俌和矣。鄭康成曰：「庶，衆。厲，作也。厚敘九族而親之，以衆賢明作輔翼之臣，此政由近可以及遠也。」聲謂：爾，近。茲，此也。【疏】「永，長」，「惇，厚」，並《釋詁》文。云「慎其身修則信道其德，長其思慮則謀明，庶明厲翼則俌和」者，此經是咎繇因禹問而申説上文之意，故以「慎厥身修」云云分配上文也。鄭注見《三國・蜀志・先主紀》注及《史記・夏本紀》注，又見正義。「庶，衆」，「厲，作」，「爾，近」，「茲，此」，亦並《釋詁》文。

禹拜昌言，曰：「俞。」【注】昌，美言也。【疏】「昌，美言也」者，《説文・日部》文。《史記》云「禹拜美言」，是亦以「昌」爲「美」也。

咎繇曰：「都，在知人，在安民。」【注】言親親任賢，使政可由近及遠者，在乎知人，在乎安民。【疏】經文兩「在」字承上文而來，故注云「親親任賢，使政可由近及遠」，本上文爲言也。

禹曰：「吁，咸若時，惟帝其難之。【注】咸，皆。時，是也。言皆若是，惟帝其猶難之。帝，謂舜也。其者，不決之詞。知人安民實非舜所難，而言「帝其難之」者，蓋聖心沖虚，禹推舜心，當未敢以爲易，若《論語》曰「堯舜其猶病諸」。易，羊豉反。【疏】「咸，皆」，「時，是」，並《釋詁》文。僞孔氏以「帝」爲堯，茲不从之者，蓋堯既崩，臣子不應平議其短，僞孔非是，故易之云「帝，謂舜也」。「其」是語詞，若「其諸」、「其然」之「其」，故云「不決之詞」。❶文

❶「故」，原漫漶不清，今據近市居本補。

十八年《左傳》偁舜「去四凶，舉十六族」，《禮記・表記》偁虞帝「子民如父母，有憯怛之愛，有忠利之教」，故云「知人安民實非舜所難」。云「蓋聖心沖虚」者，聖人求賢若渴，視民如傷，雖人无不知，民无不安，而心常歉然不自滿止，惟恐有不知、有不安者，不敢以「知人安民」爲易。禹推舜心，當亦如是，故云「帝其難之」也。引《論語》「堯舜其猶病諸」者，《雝也》、《憲問》二篇皆有是言。「其猶」云者，縣擬不決之詞，與此經「其」字正同，故引以況。**知人則哲，耐官人；**❶**安民則惠，黎民懷之。**【注】哲，智。惠，仁。懷，安也。一曰：懷，思也。智，中豉反，今省「于」作。【疏】「哲，智」，《釋言》文。「惠，仁」，《説文・叀部》文。《毛詩・揚之水》傳云「懷，安也」，《釋詁》云「懷，思也」，此經「懷」字訓爲「安」則爲安上之政教，訓爲「思」則爲思上之仁恩，二誼皆通，故備兩訓。**耐哲而惠，何慐乎讙兜？何拪乎有苗？何畏乎巧言令色孔壬？**」慐，乙求反，俗輒作「憂」，非其誼矣。拪，七延反。【注】而，當爲「耐」，字之誤也。拪，古文「遷」。巧言，好其言語；令色，善其顔色。孔壬，甚佞也，謂共工也。能哲能惠，則舉直錯枉，使枉者直，故无患乎凶人。馬融曰：「禹爲父隱，故不言鯀。」爲，于睡反。❷【疏】云「而，當爲『耐』」者，「耐」是古「能」字。據《史記》作「能哲能惠」，則此「而」寔是「能」字，依古文當爲「耐」也。鄭注《禮運》云「耐，古『能』字。傳書世異，古字時有存者，則亦有今誤矣」，彼正義云：「『亦有今誤矣』者，今書雖存古字爲『耐』，亦有誤不安『寸』直作『而』字，《易・屯》彖云『利建侯，而不寧』及

❶「耐」，原作「能」，今據近市居本改。下「耐哲而惠」之「耐」同。

❷「于」，原漫漶不清，今據近市居本補。

劉向《説苑》『能』字，皆爲『而』也，是『亦有今誤矣』。」案此，則書多有「耐」誤爲「而」者，此經亦然，故云「字之誤也」。云「拪，古文『遷』」者，《説文・辵部》文。云「巧言，好其言語；令色，善其顔色」者，包咸注《論語・學而》篇誼也。《釋言》云「孔，甚也」，《釋詁》云「壬，佞也」，故云「孔壬，甚佞也」。《公羊》莊十七年傳云「書甚佞也」，「甚佞」謂佞人之尤甚者也。云「謂共工也」者，《堯典》説共工之惡云「静言庸韋，象龔滔天」，「巧言」則「静言」，「令色」即「象龔」也。且「四凶」之中，讙兜、有苗既言之矣，鯀則禹所諱言，則「巧言令色孔壬」自是謂共工矣。《論語・顔淵》篇：樊遲問仁，子曰「愛人」；問知，子曰「知人」。樊遲未達，子曰：「舉直措諸枉，能使枉者直。」樊遲復見子夏曰：「鄉也，吾見于夫子而問知，子曰『舉直措諸枉，能使枉者直』，何謂也？」子夏曰：「富哉言乎！舜有天下，選于衆，舉咎繇，不仁者遠矣。湯有天下，選于衆，舉伊尹，不仁者遠矣。」據子夏解孔子之言，則「舉直措枉，使枉者直」是仁、知兼備之事也。哲，知也；惠，仁也，故云「能哲能惠，則舉直措枉，使枉者直，故无患乎凶人」。馬注見正義。**咎繇曰：「都，亦行有九德，亦言其有德，乃言曰：『載采采。』」**行，下孟反，注同。俗本作「亦言其人有德」，《史記》无「人」字。惠先生曰：「唐石經初刻有『人』字，❶後删去。」聲案：唐石經《尚書》即僞孔本也。有而後删，明有者誤矣，是知古本无「人」字，僞孔本亦然。【注】亦，❷古「掖」字，扶持也。載，始。采，事也。言人掖扶其行有九德，則亦偁道其有德，乃言其始時某事某事以爲驗。道，徒報反。

【疏】云「亦，古『掖』字，扶持也」者，《説文・亦部》云「亦，人之臂亦也，从大，象兩亦之形」，又《手部》解「掖」字云

❶ 「唐」，原漫漶不清，今據近市居本補。
❷ 「亦」，原漫漶不清，今據近市居本補。

「一曰人臂下也」，則「亦」、「掖」古今字。《詩・衡門》敘云「作是詩以誘掖其君」，鄭君箋云：「掖，扶持也。」據石經，則作「誘亦其君」，是「亦」爲古「掖」字也。「載采采」，《史記》作「始事事」，故云「載，始。采，事也」。《詩》敘云《載見》，諸侯始見乎武王廟也」，是「載」爲「始」；其詩曰「載見辟王」，毛傳云「載，始也」；此下文「乃賡載歌」，鄭注亦云「載，始也」。「采，事」，《釋詁》文。云「言人掖扶其行有九德」者，顧野王《玉篇》説也，此解甚精，蓋本諸漢經師舊説與？云「則亦偁道其有德」者，以「扶掖」之誼可以解「亦行」之「亦」，而不可通于「亦言」之「亦」，故兩「亦」字解作兩誼，望文爲之説，求其可通而已。**禹曰：「何？」**【注】問「九德」云何也。**咎繇曰：「寬而栗，柔而立，**【注】和柔而能自立。【疏】人性柔者，必温和，故曰「和柔」。柔則易失之委靡，能卓然自立乃爲成德，故云「和柔而能自立」。《禮記・儒行》云：「儒有忠信以爲甲胄，禮誼以爲干櫓，戴仁而行，褱誼而處。雖有暴政，不更其所。其自立有如此者。」**愿而龔，**愿，月怨反。【注】愿，謹。龔，肅也。【疏】「愿，謹」，《説文・心部》文。《鴻範》云「皃曰龔」，「龔作肅」，故云「龔，肅也」。謹愿之人威義簡質，罕能龔肅，故「愿而龔」乃爲德也。**亂而敬，**【注】亂，治也。有治才而能敬事。【疏】「亂，治」，《釋詁》文。案：《説文》「亂，从𤔔从乙。𤔔，治也；乙，治之也」，故「亂」爲「治」。有治才者臨事易忽，能敬其事乃爲德也，故云「有治才而能敬事」。**擾而毅，**擾，如手反，此古音也，俗音如小反。毅，牛氣反。【注】鄭康成曰：「擾，馴也。」致果曰毅。【疏】注見《三國・蜀志・黄權》等傳平注。云「擾，馴也」者，《周禮・服不氏》「掌養猛獸而教擾之」，鄭注彼文亦云：「擾，馴也。教習使之馴服。」云「致果曰毅」者，宣三年《左傳》文。**直而温，簡而廉，**【注】簡約而有廉隅。【疏】《堯典》「簡而无奡」，馬融解爲「簡約」，此文之「簡」當同彼文，故亦解爲「簡約」。鄭注《樂記》云「廉，廉隅也」，故解「廉」

爲「有廉隅」。廉，稜也；隅，邊也，「有廉隅」謂邊棱陵陗不夌僻，以言其行之方正也。**剛而塞**，塞，先則反，僞孔本作「塞」，非也，兹从《説文》所引。【注】塞，實也。【疏】「塞，實」，《説文·心部》文。《定之方中》詩云「秉心塞淵」，鄭箋云「塞，充實也」，誼與此同。**彊而誼**，誼，俗作「義」。鄭仲師注《周禮·肆師》云：「古者書『儀』但爲『義』，今時所謂『義』爲『誼』。」然則「義」字从古當爲「誼」。【注】《娉誼》曰「所貴乎勇敢者，貴其敢行禮誼也」，又曰「勇敢彊有力者」，「用之于禮誼則順治」，故彊而誼乃爲成德。鄭康成曰：「凡人之性有異，有其上者不必有下，有其下者不必有上。上下相叶，乃成其德。」【疏】《娉誼》者，説娉禮之誼，是以名篇，今在《禮記》。引之以證彊必合誼乃爲德也。案：彼文云「有誼之謂勇敢，故所貴乎勇敢者，貴其能以立誼也」，又云「故所貴乎勇敢者，貴其敢行禮誼也。故勇敢彊有力者，天下无事則用之于禮誼，天下有事則用之于戰勝；用之于戰勝則无敵，用之于禮誼則順治。外无敵，内順治，此之謂盛德」，故云「故彊而誼乃爲成德」。但彼文「盛德」兼「戰勝」言之，兹節其文不具引者，兹无取乎「戰勝」之誼也。鄭注見正義。云「有其上者不必有下，有其下者不必有上」者，總説「寬而栗」以下九句也。「上」謂寬、柔、愿、亂、擾、直、簡、剛、彊也；「下」謂栗、立、龏、敬、毅、温、廉、塞、誼也。叚如寬者或不栗，栗者又不能寬，皆未可爲德，必合是二者乃爲德也。其下八句皆仿此，故云「上下相叶乃成其德」，「叶」之言「合」也。**章厥有常，吉哉！**」【注】章，明。吉，善也。鄭康成曰：「人能明其德，所行使有常，則成善人矣。」【疏】「章，明」，説具《堯典》「采章」疏。「吉，善」，《説文·口部》文，《戰國策》曰「吉祥善事」。鄭注見正義。云「所行使有常」者，謂行此德有常也。《論語·述而》篇云：「子曰：『善人，吾不得而見之矣。得見有恒者，斯可矣。』」是有恒可以進于善人，「恒」之言「常」，「有常」即「有恒」，故云「所行使有常，則成善人矣」。**日宣三德，夙夜浚明有家；日嚴祗敬六德，諒采有邦。翕受敷𢼊，**❶**九德咸事，俊乂在官。**浚，息俊反。嚴，宜广反。翕，喜及反。𢼊，式离反，俗輒作「施」，非其誼矣。【注】宣，顯也。馬融曰：「浚，大也。嚴，讀曰『儼』。諒，信。采，事也。」聲謂：浚，或爲「翊」。翊，叚唶字也，當爲「翼」；翼，敬也。祗，亦敬也。諒，相。翕，合也。日顯著其三德，早夜敬明其德于家者，謂未仕者也；日益儼然敬行六德，以相事于國者，謂已仕者也。合受而用之以敷𢼊政教，使九德之人皆任事，則在官者皆俊乂之士矣。祗，或爲「振」。鄭康成曰：「才德過千人爲俊，百人爲乂。」相，息匠反。

【疏】「宣，顯」，《韓詩·淇奧》傳誼也。《毛詩》云「赫兮咺兮」，《釋文》云：「咺，《韓詩》作『宣』。宣，顯也。」馬注見《釋文》及《夏本紀》注。《釋詁》云「駿，大也」，馬云「浚，大也」者，「浚」、「駿」音誼通也。《釋文》云「嚴，馬、徐魚檢反」，是馬讀「嚴」爲「儼」也。「諒，信」，「采，事」，並《釋詁》文。云「浚，或爲『翊』」者，據《史記》云「蚤夜翊明有家」。云「翊，叚唶字也，當爲『翼』」者，《釋文·條例》偁「鄭康成曰：❷『其始書之也，倉卒无其字，或以音類比方、叚唶爲之，趣于近之而已』」，是古人書字有叚唶用者。《釋言》云「翊，明也」，郭注引《書》曰「翊日乃瘳」，而《尚書》作「翼日」，是「翼」乃正字，「翊」則其叚唶字也。「翼，敬」，《釋詁》文。「翼明」之爲「敬明」，俞于「浚明」之誼，故云「當爲『翼』」。《釋詁》「祗」、「翼」同訓「敬」，兹承「翼，敬」之訓，故云「祗，亦敬」也。「諒，相」，說其《堯典》疏。

---

❶「𢼊」，原作「施」，今據近市居本及疏文改。下「𢼊，式离反」、「敷𢼊政教」之「𢼊」與此同。

❷「例」，原作「列」，今據近市居本改。

此經「諒采」當與《堯典》「諒采惠疇」同誼，故訓同彼注。馬云「諒，信」，恐非也。「翕，合」，《釋詁》文。「夙夜翼明有家」謂修行于家者，故云「早夜敬明其德于家者，謂未仕者也」。「諒采有邦」則是「相事于國」，故云「謂已仕者」。如此解說，誼甚明順。僞孔氏説「有家」云以爲「卿大夫」，説「有邦」云以爲「諸侯」，曲説支離，殊謬也。鄭注見正義，正義并稱馬、王亦云然。案：《辨名記》云：「倍人曰茂；十人曰選，倍選曰俊；千人曰英，倍英曰賢；萬人曰傑，倍傑曰聖。」是則「俊」非千人，千人乃「英」也。鄭云「千人爲俊」者，蓋本諸《淮南子·泰族訓》云「千人者謂之俊」，《説文》亦云「俊，材過千人也」。其百人之名，則《辨名記》未有見，《泰族訓》則云「百人者謂之豪」，又與「百人爲乂」不合，蓋此等名偁原无一定，各以意説，故有異也。正義謂「鄭以『三德』、『六德』皆『亂而敬』以下」，其意不可曉，故不用。**百僚師師，**【注】僚，官也。師師，相師法也。【疏】「僚，官」，《釋詁》文。《微子》云「卿士師師，非度」，馬融注云「卿士以下轉相師效，爲非法度」，是言相師爲惡，雖與此相師爲善不同，而「相師」之誼則同，故云「師師，相師法也」。**百工惟時，撫于五辰，庶績其冰。**冰，宜夌反，俗作「凝」。【注】工，亦「官」也。撫，循也。辰，亦「時」也。播五行于四時，故謂四時爲五辰也。百官奉順天時，循五時以行政，則衆功皆成矣。鄭康成曰：「冰，成也。」【疏】《毛詩·臣工》傳云「工，官也」，此文承上「僚，官」之訓，故云「工，亦『官』也」。《釋訓》云「不辰，不時也」，《毛詩·東方未明》及《小弁》傳皆云「辰，時」，此經承上「百工惟時」之「時」，故云「辰，亦『時』也」。云「播五行于四時」者，《禮記·禮運》文。五行，木王于春，火王于夏，金王于秋，水王于冬。均其日數，應各王七十三日奇。土則寄王于四季各十八日奇，總之亦七十三日奇。而夏氣舒展，冬氣短促，率水王七十日，木王七十三日，火王七十五日，金王七十四日弱，土分王四季，總計之凡七十三日有奇，故云「播五行于四時」也。以五行分四時，則爲五行之時，故謂「四時」爲「五辰」也。云「百官奉順天時，循五時以行政」者，若《堯典》命羲、和仲、叔采敘四時及《明堂月令》十二月之政令是也。❶《漢書·魏相傳》相采《易陰陽》及《明堂月令》奏之曰：「臣聞《易》曰：『天地以順動，故日月不過，四時不貸；聖王以順動，故刑罰清而民服。』天地變化必繇陰陽，陰陽之分以日爲紀。日冬夏至則八風之敘立，萬物之性成，各有常職，不得相干。東方之神太昊，乘《震》執規，司春；南方之神炎帝，乘《離》執衡，司夏；西方之神少昊，乘《兑》執巨，司秋；北方之神顓頊，乘《坎》執權，司冬；中央之神黄帝，乘《坤》、《艮》執繩，司下土。兹五帝所司，各有時也。東方之卦不可以治西方，南方之卦不可以治北方。春興《兑》治則饑，秋興《震》治則華，冬興《離》治則泄，夏興《坎》治則雹。明王謹于尊天，慎于養人，故立羲、和之官以乘四時，節授民事。君動静以道，奉順陰陽，則日月光明，風雨時節，寒暑調和。三者得敘，則災害不生，五穀孰，絲麻遂，草木茂，鳥獸蕃，民不夭疾，衣食有餘。若是，則君尊民説，上下亡怨，政教不韋，禮讓可興。」是「順循五時以行政，則衆功皆成矣」。鄭注見正義。《禮記·鄉飲酒誼》云：「天地嚴冰之氣，始于西南而盛于西北。」案：西方，成物之方，然則「嚴冰」之氣所以成物，❷故云「冰，成也」。鄭注《易·鼎》象「正位冰命」亦云「冰，成也」。**毋教佚欲，有邦，**佚，夷質反，今通作「逸」。【注】教者，上所施下所效也。言毋佚欲，爲有國者所效。毋教，或爲「亡敖」。欲，或爲「游」。邦，或爲「國」。敖，吾到反。【疏】云「教者，上所施下所效也」者，《説文·教部》誼也。云「毋教，或爲『亡敖』。邦，或爲『國』」者，《漢書·

❶「采」，原作「平」，今據近市居本及《堯典》音疏改。
❷「冰」，原作「凝」，今據近市居本及疏文改。下「冰成」之「冰」同。

王嘉傳》嘉上封事曰：「臣聞咎繇戒帝舜曰『亡敖佚欲有國』」云云。云「欲，或爲『游』」者，《後漢書・陳蕃列傳》蕃上疏諫獵，引咎繇戒舜「無教逸游」。**競競業業，一日二日萬機。**競，吉変反。機，僞孔本作「幾」，兹从《漢書・王嘉》封事所引。【注】競競，戒也。業業，危也。馬融曰：「一日二日，猶日日也。」聲謂：機，發動所由也。一日二日之暫，萬事之機所出。言當戒懼也。【疏】「競競，戒也」，「業業，危也」，並《釋訓》文。馬注見正義。云「機，發動所由也」者，鄭注《禮記・大學》誼也。**毋曠庶官，**【注】曠，空也。置非其人，與空无異，故言「空」也。【疏】此注皆王充《論衡・執增篇》文。《孟子》曰「曠安宅而不居」，以其不居于仁爲空此安宅，是「曠」爲「空」也。置官非其人，則其職不治，與无官同，故云「與空无異」。**天工，人其代之。**【注】人，謂君也。言君代天官人，不可不得其人也。【疏】《後漢書・馬援列傳》援兄子嚴上封事云：「《書》曰『毋曠庶官，天工，人其代之』，言王者代天官人也。」是解此經「人」字爲「王者」，故云「人，謂君也」。正義引王肅注云「天不自下治之，故人代天居之，不可不得其人也」，正與馬嚴意合，故合是二説以爲注。**天敘五典，飭我五典五惇哉。**僞孔本作「天敘有典」，《釋文》云「有典」，馬本作「五典」，兹从馬。飭，丑力反，與「敕」同。【注】敘，次弟也。典，常也。飭，讀曰「敕」；敕，正也。惇，厚也。天次敘人五常之性，當敕正我五常之教，使人厚于五倫哉。【疏】「敘，次第也」者，《説文・攴部》文。「典，常」，《釋詁》文也。《説文・力部》云「飭，讀若『敕』」，則「飭」與「敕」古今字也。《吕氏春秋・仲秋紀》云「乃命司服，具飭衣常」，高誘注云「將飭正之，乃命之也」，是「飭」之言「正」，故云「飭，讀曰『敕』；敕，正也」。「惇，厚」，亦《釋詁》文。《白虎通・情性篇》云：「五常者何？謂仁、誼、禮、智、信也。」《禮記・中庸》云「天命之謂性」，鄭注云：「天命，謂天所命生人者也，是謂性命。

木神則仁，金神則誼，火神則禮，水神則信，土神則知。」是「五常」即「五性」，天所命生人者，故云「天次敘人五常之性」。既有「五常之性」，人君因其性而立之教，則有「五常之教」：父子有親，仁也；君臣有誼，誼也；夫婦有別，智也；長幼有敘，禮也；朋友有信，信也。《中庸》曰：「君臣也，父子也，夫婦也，昆弟也，朋友之交也。五者，天下之達道也。」鄭注云：「達者，常行，百王所不變也。」是「五倫」亦爲「五常」，故云「當敕正我五常之教，使人惇于五倫哉」。

天豑有禮，自我五禮五𩫖哉。 五𩫖，僞孔本作「有𩫖」，《釋文》云馬本作「五𩫖」，玆从馬。【注】豑，爵之次弟也，字从豊、弟；豊，讀與「禮」同。以禮次弟爵之尊卑，故曰天豑有禮。自，由也。五禮，五等，諸侯爲三，卿大夫四，士五也。𩫖，讀若「庸」，用也。言由我五禮，用以接群臣諸侯。用五禮，故曰五庸。 爵，即削反。【疏】云「豑，爵之次弟也，从豊、弟」，又云「豊，讀與『禮』同」者，並《說文·豊部》文。云「以禮次弟爵之尊卑，故曰天豑有禮」者，豊配弟爲「豑」，即其字，恉可見，次豑尊卑必由乎禮，正此經「天豑有禮」之誼也。《釋詁》云「由，自也」，誼同可轉訓，故云「自，由也」。正義引鄭注云「五禮，天子也，諸侯也，卿大夫也，士也，庶民也」。聲案：禮自天子出，天子所以待臣下，不應天子在「五禮」之中。又案：《曲禮》云「禮不下庶人」，蓋庶人通用士禮，不別爲庶人制禮。鄭君說「五禮」兼數天子、庶民，竊以爲未然，故改其說。云「五禮，五等諸侯爲三」者，後世之制多因前代，據鄭君《王制》注，殷制合伯、子、男爲一，則殷之諸侯爵三等。《周禮·典命》云「上公九命，其國家、宮室、車旗、衣服、禮義皆以九爲節；侯、伯七命，其國家、宮室、車旗、衣服、禮義皆以七爲節；子、男五命，其國家、宮室、車旗、衣服、禮義皆以五爲節」，然則周之諸侯爵雖五等，而禮止三等。唐虞諸侯无文可考，或同于殷，或同于周，總之是三等之禮矣。 又鄭注下文「作服」云「公自山、龍而下，侯、伯自華蟲而下，子、男自璪、火而下」，則虞之諸侯，伯同于侯，男同于子，與周制相仿，是「五等諸侯爲三」也。云「卿大夫四，士五也」者，蓋臣下皆當以禮相接，不當舍朝臣而專舉諸侯，❶必兼言卿大夫、士，理乃完足，故數諸侯、卿大夫、士爲五也。若然，《堯典》「修五禮」注从鄭誼，以爲公、侯、伯、子、男朝聘之禮，與此異者，彼文承「肆覲東后」之文，則是朝諸侯之禮，故「五禮」專就五等諸侯言，❷此文則不可同于彼也。云「膏，讀若『庸』，用也」者，《説文・亯部》文。而《説文・用部》解「庸」字亦云「用也」，則「膏」、「庸」音誼同也。**同寅叶龏和衷哉。**【注】寅，進也。叶，古文「協」；協，亦「和」也。以典、禮正群臣諸侯，則同進在朝者，皆叶龔而和衷。龏在皃，衷謂心，言外内叶和也。朝，直佋反。【疏】「寅，進」，《釋詁》文。云「叶，古文『協』；協，亦『和』也」者，鄭注《周禮・太史》職云「故書『協』作『叶』」，又注《大行人》職云「故書『協辭命』作『叶詞命』」。《説文・劦部》云「協，衆之同和，从劦十聲。叶，古文『協』，从口、十」，是則「叶」之誼爲「和」。以經「叶」、「和」並見，故云「叶，亦『和』也」。上文「典」、「禮」並舉，則此當兼承「典」、「禮」。僞孔傳云「以五禮正諸侯」，單承「五禮」，于誼未備，非也。正義云鄭以爲并上「典」、「禮」共有此事，兹故云「以典、禮正群臣諸侯，則同進在朝者，皆叶龏而和衷」，从鄭誼也。云「龏在皃」者，《論語・季氏》篇云「皃思龏」，《鴻範》云「皃曰龏」，是「龏」多就「皃」言也。云「衷謂心」者，閔二年《左傳》云「佩衷之旗也」，又云「用其衷則佩之度」，又《蒼頡篇》云「衷，别外之詞也」，則「衷」之言内，是則「衷」謂中心

❶「侯」，原作「侯」，今據近市居本改。

❷「專」，原漫漶不清，今據近市居本補。

也。皃在外，心在内，「叶龔和衷」則「内外叶和」矣。**天命有德，五服五章哉。**【注】鄭康成曰：「五服：十二也，九也，七也，五也，三也。」聲謂：「章」之言「明」。五等之服有五等之章，所以章明其德。【疏】鄭注見《周禮・小宗伯》疏。下經云「日、月、星辰、山、龍、華蟲作會，宗彝、璪、火、黺絉、黼、黻絺繡」，鄭君注云：「此十二章爲五服。天子備有，公自山、龍而下，侯、伯自華蟲而下，子、男自璪、火而下，卿大夫自黺絉而下。」然則此「十二」者謂天子之服，日一、月二、星辰三、山四、龍五、華蟲六、宗彝七、璪八、火九、黺絉十、黼十一、黻十二也；「九」則自山、龍而下，上公之服；「七」則自華蟲而下，侯伯之服；「五」則自璪、火而下，子、男之服；「三」則自黺絉而下，卿大夫之服，凡五等也。上文「五禮」數士，此「五服」中无士者，古者士无爵，无爵則卑，故禮則不遺，服則不及。或士攝盛，可通用大夫服也。云「所以章明其德」者，《白虎通・考黜篇》云「言成章，行成規，卷龍之衣服表顯其德」，是服以章德也。**天討有罪，五刑五用哉。**【注】唐虞象刑，以冢巾當墨，以艸纓當劓，以履扉當跀，以艾韠當宫，布衣无領當大辟，此之謂「五用」與？冢，莫紅反。扉，房沸反。跀，元厥反。與，爰如反。【疏】今本《白虎通》有闕文，其引見于徐堅《初學記》二十卷者，有云「犯墨者，冢巾；犯劓者，赭其衣；犯臏者，以墨冢其臏處而畫之；犯宫者，履扉；犯大辟者，布衣无領」。伏生《大傳》説「唐虞象刑」惟不見犯宫者之象，其四象悉與《白虎通》逸文同。虞世南《北堂書鈔》卌四卷引《慎子》曰「以畫跪當黥，以草纓當劓，以履扉當跀，以艾韠當宫」，此説象刑之制不及大辟，其四刑之象與《白虎通》所説不同。今互擇其近是者以當此經「五用」，故云「此之謂『五用』與」。《公羊》襄廿九年何休注引孔子曰「三皇設言，民不章；五帝畫象，世順機」，《大傳》云「唐虞象刑，而民不敢犯」，然則唐虞之世无事刀鋸刑殺，則此「五用」當止謂用五刑之象，故以象刑爲説。

誼雖不疑，以出于己見，不敢質言，故云「與」也。**政事懋哉懋哉。**【注】懋，勉。【疏】「懋，勉」，《釋詁》文。**天聰明，自我民聰明；天明威，自我民明威。**威，僞孔本皆作「畏」，唐開元時改其下「畏」爲「威」。《釋文》云：「畏，馬本作『威』。」聲案：鄭注《周禮·卿大夫》職引此亦皆作「威」，兹从馬、鄭。【注】天之所謂聰明有德者，由民也；天之所謂有罪而加以明威者，亦由民也。言天所善惡與民同。善，人戰反。❶惡，昷路反。【疏】《詩·烝民》正義引此經注云「天之所謂聰明有德者，由民也。言天所善惡與民同」，蓋鄭注也。言「聰明」而不言「明威」者，以鄭箋《烝民》詩止引此「聰明」句，故彼正義不及引「明威」句注尒。但以上句注迵推，則下句誼亦可見。且云「言天所善惡與民同」，所善謂「聰明」，所惡當謂「明威」，是總解此二句，則「明威」句注益可推矣，故云「天之所謂有罪而加以明威者，亦由民也」，仿「聰明」句注而足成之也。**達于上下，敬哉有土。」**【注】達，通。上，天。下，民也。天之賞罰皆由民，是上下通也。有土之君，其敬之哉。【疏】《説文·辵部》云「通，達也」，同誼轉訓，故云「達，通」。云「上，天。下，民」者，承上文天自我民而言，則「達」謂天、民相通，故知「上」謂天，「下」謂民也。**咎繇曰：「朕言惠？可厎行？」**【注】惠，順。厎，致也。言我言順乎？可致之于行乎？【疏】「惠，順」，「厎，致」，並《釋言》文。下文咎繇謙言「予未有知」，則此必非自矜詡之語，故注作問詞解之。《史記》述此經云「吾言底可行乎」，則足證此是問詞矣。**禹曰：「俞，乃言厎可績。」咎繇曰：「予未有知，思曰贊贊襄哉。」**【注】鄭康成曰：「贊，明也。襄之言『揚』。言我未有所知，思贊明帝德，

---

❶「人」，原作「力」，今據近市居本改。

揚我忠言而已。謙也。」【疏】注見正義。「襄之言『揚』」，正義作「襄之言『暘』」，而「揚我忠言」則仍作「揚」。案：从「暘」則當皆爲「暘」，从「揚」則當皆爲「揚」，雖「暘」、「揚」誼皆可通，然必有一誤，今定从「揚」可也。僞孔氏于此下分篇，名之爲《益稷》，變亂舊章，誕妄之甚也。**帝曰：「來，禹，女亦昌言。」禹拜曰：「都，帝，予何言？予思日孜孜。」**【注】肅曰：「禹言帝在上，咎繇陳暮于下已備矣，我復何所言乎？」聲謂：孜孜，汲汲也。復，伏秀反。【疏】肅注見正義。「禹言」二字肅注本无，予以意增之。《太誓》云「孜孜无怠」，則「孜孜」是勤敏之意，故爲「汲汲」。《說文・攴部》云「孜，汲汲也」，重言「孜孜」誼亦同也。**咎繇曰：「吁，如何？」禹曰：「鴻水滔天，浩浩懷山襄陵，下民昏墊。**墊，氏念反。【注】鄭康成曰：「昏，没。墊，陷也。禹言鴻水之時，民有没陷之害。」【疏】注見正義。日没爲昏，故云「昏，没」。《說文・土部》云「墊，下也」，《春秋傳》曰「墊隘」，則「墊」有下陷之意，故云「墊，陷也」。**予乘四載，**【注】水行乘舟，陸行乘車，山行乘欙，澤行乘䡅，是之謂四載。欙，力追反。䡅，敕享反。【疏】《說文・木部》解「欙」字云「山行所乘者」，遂即引此經，并舉水行、陸行、山行、澤行所乘，以說「四載」之誼。案：叔重自敘《說文解字》言《書》偁孔氏古文，則其《木部》所說「水行乘舟」云云乃孔氏古文說也。云「澤行乘䡅」者，《說文・車部》云「䡅，車約䡅也」，蓋是車之轂有約者，可以行涂泥中，故澤行乘之也。案：「四載」之說，水陸舟車无異說，山行、澤行說多不同。《史記・夏本紀》兩言「泥行乘橇，山行乘輂」，徐廣云：「橇，它書或作『蕝』。輂，直轅車也，音几足反」，張守節云「橇，形如船而小，兩頭敳起。人曲一脚，泥上擿進，用拾泥上之物。今杭州、温州海邊有之。輂者，上山前齒短後齒長，下山前齒長後齒短也。」《河渠書》云「泥行蹈毳，山行即橋」，徐廣云「橋音卹揺反」。《漢書・溝洫志》云「泥行乘毳，山行則梮」，服虔、孟康皆云「毳形如箕，擿行泥上」，如淳云「毳音『茅蕝』之『蕝』，謂以板置泥上，以通行路也。梮，謂以鐵如錐，頭長半寸，施之履下，以上山不蹉跌也」。應劭云：「梮，或作『欙』，爲人所牽引也。」韋昭云：「梮，木器也，如今舁牀，人舁以行也。」諸家之説紛紛各異，今定从《説文》者，徐廣《史記音誼》引《尸子》曰「山行乘欙」；❶又引曰「行涂以楯」，「涂」即「泥」也，「行涂」即「泥行」，亦即「澤行也」。「楯」則「輴」之叚唶字也，則《説文》與《尸子》合矣。論諸書時代，《尸子》最先，則其誼爲最古，《説文》之説既本孔氏，又合《尸子》，斯精確矣，故从之。**隨山琹木。**琹，可安反，正義本作「刊」，開元時所改也，兹从《説文》所引。【注】隨山，行山也。琹，槎識也，讀若「刊」；字又作「栞」。行，下孟反。槎，助瓦反。識，中試反。栞，可安反。【疏】《史記·夏本紀》録此文云「行山琹木」，又録《禹貢》「隨山琹木」作「行山表木」，是欲以「行山」發明「隨山」之誼以曉後學，故依其誼云「隨山，行山也」，謂巡行九州之山也。云「琹，槎識也，讀若『刊』」者，《説文·木部》文。《國語·魯語》云「山不槎蘖」，賈逵注云「槎，衺斫也」，《説文·木部》亦云「槎，衺斫也」，然則「槎識」謂衺斫其木以爲表識也。❷云「讀若『刊』」者，蓋「琹」是古字，俗閒多以「刊」字代「琹」而廢「琹」字不用，遂幾不識「琹」字。叔重以俗所用之「刊」發「琹」字之音，欲使「琹」之誼亦因俗所知者而明之也，《説文》凡言「讀若某」者，迥皆如此，然則「琹」之與「刊」音雖同而誼則微異，唐衛包奏敕改「琹」爲「刊」，音是而誼非矣，吾从《説文》可也。云「字又作『栞』」者，《説文》「栞」字

---

❶「徐」，原作「除」，今據近市居本改。

❷「斫」，原作「所」，今據近市居本改。

重文作「琹」，云「篆文从幵」。「琹」是篆文，則「栞」乃古文矣。**暨益奏庶鱻食。**鱻，西然反，正義本作「鮮」，開元時所改，非其誼矣。【注】奏，進也。與益進衆民于鱻食。馬融曰：「鱻，生也。」鄭康成曰：「鱻食，謂魚、鼈也。」聲謂：鱻食，鳥、獸、魚、鼈皆是。【疏】「奏，進」，《説文・本部》文。云「與益進衆民鱻食」者，謂使民得鱻食以給，若登進之于此者然也。馬注見《釋文》。《周禮・庖人》云「凡其死，上鱻、薨之物」，鄭仲師注云「鱻，謂生肉。薨，謂乾肉」，故馬云「鱻，生也」。鄭注見《詩・思文》正義。鄭以「鱻食」爲「魚、鼈」者，魚種類既繁，生子且多，加以九年之水必益不可勝食，故以「魚、鼈」言之。但上言「隨山栞木」，山林之閒鳥獸必多，必亦取以左民食，不當專以「魚、鼈」爲言，故聲增成鄭誼，言「鳥、獸、魚、鼈皆是」。**予決九川，距四海，濬く、巜距川。**く，君犬反。巜，古外反。【注】決，行流也。九川，九州之川。距，猶致也。く、巜皆古字，今《書》爲「畎」、「澮」。鄭康成曰：「く、巜，田閒溝也。巜，所以通水于川也。」聲謂：く，水小流也。《周禮・匠人》：「爲溝洫，梠廣五寸，二梠爲耦。一耦之伐，廣尺、深尺謂之く。」倍く謂之遂，倍遂曰溝，倍溝曰洫，倍洫曰巜。巜，水流澮澮也。方百里爲巜，廣二尋，深二仞。治水必先事于委，故先決九川以致于海，乃後通く、巜以致于川也。畎，居犬反。澮，古外反。洫，呼穴反。梠，詳里反。廣，古益反。深，式沁反。【疏】云「決，行流也」者，《説文・水部》文。《孟子・告子》曰「性猶湍水也，決之東方則東流，決之西方則西流」，是「決」爲「行流也」。《禹貢》記道水有溺水、黑水、河、瀁、江、沇、淮、渭、洛凡九，似可當此「九川」，茲不據以爲説而云「九州之川」者，以水之通流者皆謂之川，不止于九，《禹貢》特紀其大者尒，如濰、淄、沱、❶潛，經皆云「道」，則禹之所決實不止此九水，故以「九川」爲「九州之川」，❷《禹貢》云「九川滌原」，亦謂「九州之川」也。云「岠，猶致也」者，此文「岠四海」、「岠川」，《史記》作「致四海」、「致之川」，是「岠」猶「致」之意也。云「く、巜，皆古字，今《書》爲『畎』、『澮』」者，僞孔氏隸古定本作「く巜」，唐開元時詔改正義本作「畎澮」，遂相承作「畎澮」矣。《說文・川部》引此作「く巜」，《說文》所據是孔氏古文，則「く」、「巜」皆古字矣。鄭注見《夏本紀》注及《文選・長笛賦》注。案：く小于溝，溝小于巜，而云「く、巜，田閒溝」者，蓋對文則異，散文則通，凡水道皆可通言「溝」也。云「巜，所以通水于川」者，く、遂、溝、洫遞相灌注，以注于巜，由巜而注于川，是巜所以通く、遂、溝、洫之水于川也。自「く，水小流也」至「深二仞」，聲采《說文・く部》、《巜部》文爲說也。引《周禮》者，《說文》引《考工記》文也。云「相廣五寸，二相爲耦」者，鄭注《考工》云「古者相一金，兩人併發之」，則耦是兩人各一相也。云「一耦之伐，廣尺、深尺謂之く」者，《考工記》「く」作「甽」，鄭注云「其壟中曰甽，甽上曰伐，伐之言『發』也」，然則「伐」謂所發之土，其所發土之處，廣、深各尺者爲甽。《說文》「く」字重文作「甽」，云「古文く，从田、巛」，則「く」、「甽」同字也。相廣五寸，二相所發故廣尺，準乎廣以爲深，故深亦尺也。「倍く謂之遂」云云，約《考工記》而言也。《記》云「廣尺、深尺謂之甽，田首倍之。廣二尺、深二尺謂之遂」，是「倍く爲遂」也。《記》又云「九夫爲井，井閒廣四尺、深四尺謂之溝」，故云「倍遂曰溝」。《記》又云「方十里爲成，成閒廣八尺、深八尺謂之洫」，故云「倍溝曰洫」。言「倍」者，皆謂廣、深俱倍計，其寬隘之數相差各四之矣。云「巜，水流澮澮也」者，「く」、「巜」之文皆

❶ 「沱」，原作「沁」，今據近市居本改。
❷ 下「川」字，原作「水」，今據近市居本及注文改。

取象水流之形。「𡿨」是細流，故云「水小流也」；「巜」併二「𡿨」爲文，字畫開廣，象寬流之形，則「澮澮」是寬流皃也。云「方百里爲巜，廣二尋，深二仞」者，亦約《考工記》文。《記》云「方百里爲同，同閒廣二尋、深二仞謂之澮」，「巜」與「澮」古今字也。案：「方百里爲同」當十冬之地，閒一冬爲一巜，故云「方百里爲巜」也。計尋八尺、仞七尺，二尋二仞，則廣倍洫而深不及倍，通其廣、深計，寬于洫三倍半尒。云「治水必先事于委」者，「委」謂下流，下流有所洩，乃可以承受上流之水也。**暨稷播奏庶艱食。**【注】鄭康成曰：「禹復與稷教民種澤物、菜疏艱戹之食。」聲謂：艱，或爲「根」。馬融曰：「根生之食謂百穀。」復，伏秀反。種，之用反。【疏】鄭注見《詩·思文》正義。云「禹復與稷教民種澤物、菜疏艱戹之食」者，此言「暨稷」冡上「暨益」之文，故云「復」也。鄭注《堯典》云「始者，鴻水時，衆民戹于飢」，此言「艱戹之食」，謂「澤物」、「菜疏」可以濟艱戹者也。「聲謂艱，或爲『根』」者，據《釋文》云「艱，馬本作『根』」，馬注云云亦即從《釋文》采也。《堯典》云「女后稷播時百穀」，此言「暨稷播」，故知「根食」謂「百穀」也。案：劉熙《釋名》云「艱，根也，如物根也」，則「艱」有「根」誼，又《說文》「艱」、「根」皆「艮」聲，則同聲也。既音、誼皆同，則字可通，故鄭本作「艱」、馬本作「根」，各如其字爲說。但馬、鄭皆傳古文，而字有異，蓋古文有二本也。說雖不同，不可偏替，故並存之。**尟食，貿拪有无化凥。**尟，息淺反。尟、尠、鮮三字誼各不同，今俗混用一「鮮」字，非也。此文據《史記》云「食少」，依「少」誼則字當作「尟」。貿，麥竇反，《漢書·食貨志》作「楙」，僞孔本同正義本「楙」下加「心」，皆非本字也。《文選·永明九年策秀才文》李善注引《尚書》曰「貿遷有无化凥」，又宋王天與《尚書纂傳》、元吴澂《尚書纂言》皆云伏生《大傳》作「貿遷」，今《大傳》未見引此經，蓋明闕逸矣，宋、元人及見其全，故得偁之，正與李善《文選》注合，是可據矣，且與經誼允合，故定从「貿」字。化，罕卧反。【注】尟，少。貿，易。㮰，徙也。化，古「貨」字。播種方始，民食尚少，使民貿易其有无，㮰徙其凥積之貨。《史記》曰「食少，調有餘補不足，徙凥」，此之謂也。【疏】《説文·是部》云「尟，是少也」，故云「尟，少」。《文選·張平子西京賦》云「慘則尟于驩」，李善注亦云：「尟，少也。」《説文·貝部》云「貿，易財也」，故云「貿，易」。「㮰，徙」，《釋詁》文。云「化，古『貨』字」者，嘗見古泉，形如貨布，而大文曰「齊夻化」，又有如刀形者，文亦同。蓋周時齊國之物，其文爲「齊吉貨」三字，泉、刀皆貨也，是古字以「化」爲「貨」之明證也。「貨」字从貝化聲，古文省「貝」尒。云「貿易其有无」，即是「㮰徙」，「㮰徙其凥積之貨」即是「貿易」，「貿」、「㮰」二字經總言之，注互言之也。引《史記》者，《夏本紀》文。云「食少」，即此經「尟食」；云「調有餘補不足」，即「貿㮰有无」；「徙凥」即貿㮰「化凥」，故云「此之謂」也。**烝民乃粒，萬邦作艾。**艾，吾蓋反，僞孔本作「乂」，兹从鄭。【注】鄭康成曰：「粒，米也。艾，養也。衆民乃復粒食，萬國作相養之禮。」復，伏秀反。【疏】注見《詩·思文》正義。《説文·米部》云「粒，糂也」，「糂」即俗所呼「米糂」是，故云「粒，米也」。「艾，養」，《釋詁》文。云「衆民乃復粒食」者，先時民本粒食，經九年之水，不可耕種米粟，將渴，上文言「鱻食」、「艱食」，則幾不粒食矣，至是稷播百穀，民乃復得粒食，故云「復」也。**咎繇曰：「俞，師女昌言。」**【注】《史記》曰「咎繇曰：『然，此而美也』」，然則「師」當爲「斯」聲之誤與？ 與，云諸反。【疏】引《史記》者，《夏本紀》文。《史記》録《尚書》輒以詁訓代經文，據其文即可以究經誼。兹言「然，此而美也」，「然」即「俞」、「而」即「女」、「美」即「昌」，皆誼、訓同也，「師」與「此」絶不類，「斯」則聲近「師」而誼爲此。據《史記》「此」字推《尚書》當爲「斯」，由聲近「師」而誤爲「師」，故云「然則『師』當爲『斯』聲之誤與」。言「與」者，以不復有他證，故不敢質言也。**禹曰：「都，帝，慎乃在**

位。」帝曰：「俞。」禹曰：「安女止。【注】鄭康成曰：「安女之所止，毋妄動，動則擾民。」擾，如手反。【疏】注見《夏本紀》注。**惟幾惟康，其弼直，**《説文》无「康」字，蓋通用「穅」也。案：《齊侯鎛鍾》銘云「乃民康能」，秦《繹山石刻》云「黔首康定」，❶然則「康」字自古有之，可用也。【注】惟，思。幾，殆。康，安。弼，輔也。直，當爲「悳」，❷壞字也。言思其危殆，思所以保其安，其必以有德者爲輔。【疏】「惟，思」，《釋詁》文。「幾，殆」，《説文·丝部》文。案：《説文》解「幾」字云：「幾，微也，殆也，从丝、戍。戍，兵守也。丝而兵守者，危也。」此申説「幾，殆」之誼也。「康，安」亦《釋詁》文。「弼，輔」，《説文·弜部》文。云「直當爲『悳』，壞字也」者，據《史記》作「輔悳」，❸推此文當爲「其弼悳」，而「悳」字从直下心，容或「心」字靡滅不見而爲「直」字，故云「壞字」，猶鄭注《檀弓》云「衣，當爲『齋』，壞字也」。**惟動丕應，徯志以昭受上帝，**徯，亦蠡反。《説文》「志」字乃徐鉉所增，其原書无有，蓋通用「識」也。然《説文敘》云「演贊其志」，又《心部》「意」字解云「志也」，則似《説文》本有「志」字，或寫書者誤脱與？《詩敘》云「詩者，志之所之也，在心爲志」，然則「志」字从心、之，之亦聲，于「六書」不謬，可用也。【注】丕，大。徯，待也。動則天下大應之，待志于下，于是可以明受上帝之命。言當乎民心，乃能受天休也。當，多盎反。【疏】「丕，大」，「徯，待」，並《釋詁》文。云「待志于下」者，謂民安其志意

❶「繹」，原作「釋」，今據近市居本改。
❷「悳」，原作「德」，今據近市居本及疏文改。
❸「悳」，原作「德」，今據近市居本及疏文改。下「其弼悳」之「悳」與此同，不重出校。

以待于下也。案：《史記》云「天下大應，清意以昭，待上帝命」，若依《史記》以説此經，當云「動則天下大應之，清其志意以待受上帝命」，但如此説則與經「徯志」二字文到，兹順經文爲説，故不據《史記》。天其申命用休。」【注】申，重。休，美也。鄭康成曰：「天將重命女以美應。謂符瑞也。」重，直容反。【疏】「申，重」，「休，美」，並《釋詁》文。鄭注見《夏本紀》注。云「符瑞」者，「符」若河圖、洛書；「瑞」若景星、慶雲、嘉禾、蓂莢及四靈之屬皆是。帝曰：「吁，臣哉，鄰哉。鄰哉，臣哉。」【注】鄭康成曰：「臣哉，女當爲我鄰哉；鄰哉，女當爲我臣哉。反覆言此，欲其志心入禹。」傳曰：「鄰，近也。言君臣道近，相須而成。」【疏】鄭注見正義。云「志心入禹」者，猶言推心置腹，欲禹與己一心一德也。《正月》詩云「洽比其鄰」，毛傳云：「鄰，近」，此傳云「鄰，近也」，良是。下文云「臣作朕股肱耳目」，則云「相須而成」，亦是，故采用之。禹曰：「俞。」帝曰：「臣作朕股厷耳目。❶厷，古恒反，同「肱」。【注】鄭康成曰：「動作視聽皆由臣。」【疏】注見正義。予欲左右有民，女翼。左，則坐反，注同。右，亦灸反，注同。【注】左右，助也。馬融曰：「我欲左右助民，女當翼成我也。」【疏】《説文·左部》云「左，手相左助也」，《又部》云「右，手口相助也」，故云「左右，助也」。馬注見《夏本紀》注。予欲宣力四方，女爲。【注】治功曰力。言我欲宣播治功于四方，女其爲之。【疏】「治功曰力」，《周禮·司勳》文。予欲觀古人之象，日、月、星辰、山、龍、華蟲作會，宗彝、璪、火、黺䋛、黼、黻絺繡。以五采章施于五色作服，女明。璪，子鎬反。黺，方蚡反。䋛，民豊反。此三字並从《説文》所引，故不與

❶「厷」，原作「肱」，今據近市居本改。

正義本同。黼，方武反。黻，分勿反。❶絺，中雉反。繡，息究反。【注】師説云：「衣、常取諸乾、坤，故云古人之象。」易者，象也。聲謂：《易》曰「黄帝、堯、舜垂衣常而天下治」，然則「古人」謂「黄帝」也。華蟲，五色之蟲。《考工・繢人》云「鳥、獸、它，❷雜四時、五色以章之」謂是也。會，讀曰「繪」。宗彝，謂宗廟之鬱鬯尊也。虞夏以上，蓋取虎彝、蜼彝而已。璪，如水藻之文。黺絑，繡文如聚細米也。黼，白與黑相次文。黻，黑與青相次文。絺，讀爲「黹」；黹，紩也。自日、月至黼、黻凡十二章，天子以飾祭服。凡畫者爲繪，刺者爲繡，此繡與繪各有六。衣用繪，常用繡。至周而變之，以三辰爲旂旗，謂龍爲衮，宗彝爲毳，或損益上下，更其等差。性曰采，施曰色，以本性施于繒帛，故曰「以五采章施于五色」也。「作服」者，此十二章爲五服，天子備有焉，公自山、龍而下，侯、伯自華蟲而下，子、男自璪、火而下，卿、大夫自黺絑而下。明，謂明是服章之等級也。常，同「裳」。繢，胡對反。繪，黄外反。鬱，冤勿反。❸蜼，力癸反，又以水反。黹，中雉反。紩，治質反。刺，千益反。衮，古苑反，从衣公聲。毳，此汭反。更，公行反。差，初宜反。【疏】「師説」者，先師惠先生説也，詳先生所箸《周易述》第十七卷。《易・下繫》云「黄帝、堯、舜垂衣常而天下治，蓋取諸乾、坤」，《九家説卦》云「乾爲衣，坤爲常」，故云「衣、常

---

❶「黻分」二字，原無，今據近市居本補。
❷「它」，原作「他」，今據近市居本及《周禮》原文改。下疏文同此處逕改，不重出校。
❸「冤」，原作「冕」，今據近市居本改。

取諸乾、坤」。乾、坤各六爻，此十二章衣、常各六，是取象乾、坤之事。言此者，解經「象」字謂「乾坤」也。云「易者，象也」者，《易下繫》文。「易」即「乾坤」也，以證「象」之謂「乾坤」也。就先師此説而覆案《易》以推，則此「古人」當謂「黄帝」，故聲引《易下繫》文而云「然則『古人』謂『黄帝』也」。《世本·作》曰「伯余作衣、常」，宋衷注以爲黄帝臣，則衣、常始于黄帝之時。臣无專制之誼，功當歸君，故以「古人」爲「黄帝」也。鄭注《周禮·司服》職引此經而説之云：「華蟲，五色之蟲。《繢人》職曰『鳥、獸、它，雜四時、五色以章之』謂是也。」此正解此經「華蟲」，故采以注此。《周禮》注引《繢人》文不偁「考工」者，以《考工》傅《周禮》後，合爲一書故也。此經與《考工》非異，故云「《考工·繢人》」焉。鄭注《繢人》云「所謂華蟲也，在衣，蟲之毛鱗有文采者」，亦據此經爲説。鄭又注《書大傳》云「華蟲，五色之蟲」，則于此經當亦云然矣。案：鄭注《司服》云「鷩，畫以雉，謂華蟲也」，兹不以「華蟲」爲「雉」者，尋《繢人》注言「蟲之毛鱗有文采者」，則鄭以「華蟲」有毛有鱗，形似鷩雉，而非即「雉」也。《司服》注言「雉」者，以彼文言「鷩冕」，「鷩」實是雉名，故以「雉」言之，又言「謂華蟲」者，蓋舉以相況，非必以「華蟲」與「雉」爲一物也。「會，讀曰『繪』」至「蜼彝而已」，皆鄭注也，見正義。《説文·糸部》引此云「山、龍、華蟲作繪」，蓋當時之本字有互異，或作「會」，或作「繪」。此日、月等是畫文，當以「繪」爲正，故云「會，讀曰『繪』」。云「宗彝，宗廟之鬱鬯尊也」者，《周禮·鬱人》云：「和鬱鬯以實，彝而敶之。」又《司尊彝》云「祼用雞彝、鳥彝」，又云「祼用斝彝、黄彝」，又云「祼用虎彝、蜼彝」，則六彝皆祼所用。而《禮記·郊特牲》云「灌用鬯臭，鬱合鬯」，「灌」即「祼」也，是彝所以盛鬱鬯也，故鄭注《司尊彝》敘官云：「鬱鬯曰彝。彝，灋也，言爲尊之灋也。」云「虞夏以上，蓋取虎彝、蜼彝而已」者，《周禮·司服》有「毳冕」，鄭注云：「毳，畫虎、蜼，謂宗彝也。」案：「毳」是獸細毛，而六彝之中惟虎、蜼是毛物，故以「宗彝」爲虎、蜼。又《禮記·明堂位》云「灌尊，夏后氏以雞彝，殷以斝，周以黄目」，此舉三代之彝不及鳥與虎、蜼，而「鳥」與「雞」類也，據《司尊彝》職「雞彝」、「鳥彝」同用，則或俱是夏物，故推虎、蜼爲虞之宗彝也。然則言「虞以上」可尒，云「虞夏」者，以此是《虞夏書》，故連言「夏」，其意實主于「虞」也。但虞之虎、蜼，《書》无明文，故云「蓋」以疑之。《説文・玉部》云「璪，玉飾，如水藻之文，从玉喿聲。《虞書》曰『璪、火、黺絲』」，然則「璪」是玉文刻爲水藻以爲飾，故字从玉。此繡文名「璪」，字亦从玉，明與玉飾水藻之文同，故云「璪，如水藻之文」。《説文・黹部》云「黺，畫粉也。衛宏説」，《糸部》云「絲，繡文如聚細米也」，兹合言「黺絲，繡文如聚細米也」者，蓋繡必先畫以粉，畫爲聚米之形，乃後依其畫粉而刺之，故謂之「黺絲」。衛宏以「黺」爲「畫粉」，其説原不誤，但「黺絲」實爲一章，若用「畫粉」之解似分「黺絲」爲二，故不别解「黺」誼而合言「黺絲」也。然則繡皆先用粉畫之，獨于「絲」言「黺」者，舉一以見迻也。云「黼，白與黑相次文。黻，黑與青相次文」者，《説文・黹部》文。《考工記・繢人》云：「白與黑，謂之黼；黑與青，謂之黻。」黼者，刺爲斧形，以素絲刺其前，以黑絲刺其背，是「白與黑相次」也。黻者，兩已相背，以青、黑二色綫比而刺之，作兩已相背之形，故云「黑與青相次文」。自「絺，讀爲『黹』」至「黺絲而下」，亦皆鄭注也，皆見正義。經言「絺繡」，是刺繡也。絺乃細葛，于誼无取，蓋古字叚借，以「絺」爲「黹」尒，當以「黹」爲正，故讀爲「黹」。鄭注《周禮・司服》云：「希，讀爲『絺』，或作『黹』，字之誤也。」謂彼「希冕」之「希」當讀从此經之「絺」，古或以「絺」作「黹」字，亦即據此經爲説，其作「希」者乃「絺」字之誤也。賈公彦不識字，其疏釋誤會鄭意，故于此具説之。「黹，紩」，《釋言》文。《説文》云「黹，箴縷所紩衣也」，誼同也。云「此繡與繪各有六，衣用繪，常用繡」者，謂日也，月也，星辰也，山也，龍也，華蟲也，六者繪于衣；宗彝也，璪也，火也，黺絲也，黼也，黻也，六者繡于常也。《考工記》畫繢之事以對方爲次，繡以比方爲次。鄭注《周禮・屨人》云：「凡舄之飾如繪次，屨之飾如繡次。士爵弁、纁屨，黑絇繶純，尊祭服之屨，飾从繪也。」是則「繪」尊于「繡」，故知「衣用繪，常用繡」

也。云「至周而變之，以三辰爲旂旗」者，桓二年《左傳》云「三辰，旂旗昭其明也」，鄭注《司服》亦云「王者相變，至周而以日、月、星辰畫于旌旗，所謂『三辰旂旗，昭其明也。』」云「謂龍爲衮，宗彝爲毳」者，《司服》職王之吉服有衮冕、毳冕，鄭仲師注云「衮，卷龍衣也」，康成注云「毳，畫虎、蜼，謂宗彝也」是也。云「或損益上下，更其等差」者，《司服》注云「冕服九章，登龍于山，登火于宗彝，尊其神明也」是也。鄭注《明堂月令》云「采五色」，似「采」與「色」同，此言「性曰采，施曰色」，分言之者，散文則通，對文則異也。云「此十二章爲五服」者，前文言「五服五章哉」，故知爲「五服」也。「五服」者，十二章、九章、七章、五章、三章，五等之服是也。云「天子備有焉」者，謂備有此五等之服，非謂備有十二章也。知者，據周制，衮冕服九章，鷩冕服七章，毳冕服五章，希冕服三章，玄冕服一章。而《司服》職王之吉服自「大裘而冕」之外，兼有此五冕之服，推之虞帝，當備有五等之章服，周制所取則焉者也。云「公自山、龍而下」，則九章也；「侯、伯自華蟲而下」，則七章；「子、男自藻、火而下」，則五章；「卿、大夫自黺絲而下」，則三章也。案：鄭注《司服》云：「衮之衣五章，常四章，凡九也。鷩，畫以雉，謂華蟲也。其衣三章，常四章，凡七也。毳，畫虎、蜼，謂宗彝也。其衣三章，常二章，凡五也。希，刺黺絲，无畫也。其衣一章，常二章，凡三也。玄者，衣无文，常刺黻而已，是以謂玄焉。」鄭君之意，以衣象陽，章數奇；常象陰，章數偶，故云然也。準彼注以相況，則此「山、龍而下」者，當亦衣五常四，爲九；「華蟲而下」者，衣三常四，爲七；「藻、火而下」者，衣三常二，爲五；「黺絲而下」者，衣一常二，爲三也。但周之玄冕服一章，衣无文，常刺黻而已，此无「一章」之服者，帝王異制，不必盡同。周五冕之服并「大裘而冕」爲六服，是「五服」之外更有无章之服，所謂「至敬无文」也；虞則止有「五服」，是制不必同也。周无十二章之服，故九、七、五、三、一爲「五服」，虞則九、七、五、三并十二爲五等，故无一章之服也。經「女明」之文承「作服」之下，故云「明，謂明是服章之等級也」。**予欲聞六律、五聲、八音、七**

始，詠以出内五言，女聽。七始詠，正義本作「在治忽」，玆从《漢書・律曆志》所引。内，奴還反。【注】六律爲陽，六呂爲陰，凡十有二。惟言「六律」者，舉陽，陰從可知也。言以律、呂龢五聲，施之八音，合之成樂。七始者，天、地、四時、人之始也。順以歌詠五常之言，聽之則順乎天地，敘乎四時，應人倫，本陰陽，原情性。風之以德，感之以樂，莫不同乎一。唯聖人爲能同天下之意，故帝欲聞之也。女聽者，女爲我審聽之也。七始詠，古文爲「在治曶」，今文或爲「采政忽」。爲我，于睡反。曶，呼骨反。【疏】云「六律爲陽，六呂爲陰，凡十有二」者，《漢書・律曆志》述劉歆《三統曆》云「律十有二，陽六爲律，陰六爲呂。律以統氣類物，一曰黄鐘，二曰太蔟，三曰姑洗，四曰蕤賓，五曰夷則，六曰无射。呂以旅陽宣氣，一曰林鍾，二曰南呂，三曰應鍾，四曰大呂，五曰夾鍾，六曰中呂」，是其誼也。陽可以統陰，言「六律」則「六呂」亦該包之矣，故云「舉陽，陰從可知也」。「舉陽，陰從可知也」，鄭注也，見正義。「言以律、呂」以下至「欲聞之也」，並《三統曆》説此經之誼，具載《律曆志》。云「以律、呂龢五聲，施之八音」者，《堯典》云「律龢聲」，《周禮・太師》云「掌六律、六同以合陰陽之聲。陽聲：黄鍾、太蔟、姑洗、蕤賓、夷則、无射；陰聲：大呂、應鍾、南呂、函鍾、小呂、夾鍾。皆文以五聲：宫、商、角、徵、霸；皆播之以八音：金、石、土、革、絲、木、匏、竹」；《國語・周語》泠州鳩曰「聲以龢樂，律以平聲。金、石以動之，絲、竹以行之，詩以道之，歌以詠之，匏以宣之，瓦以贊之，革、木以節之」，皆其誼也。云「合之成樂」者，言合此六律、五聲、八音乃成樂。《禮記・樂記》曰：「正六律，龢五聲，弦歌詩頌，此之謂德音。德音之謂樂。」云「七始者，天、地、四時、人之始也」者，惠先生曰：「虙羲衍天地之數而作八卦，三才、五行備焉。三、五相包，播五行于四時，故爲七始。治曆、建官、❶行

❶「建」，原作「律」，今據近市居本改。

政皆從此出。《孟子》曰『周公思兼三王，以施四事』，三王，天、地、人三統也；四事，四時所行之政也。《尚書大傳》曰『周公兼思三王之道，以施于春秋冬夏』是也。」聲案：《尚書大傳》曰『定以六律、五聲、八音、七始，箸其素』，鄭注云：「七始，黄鍾、太蔟、大吕、南吕、姑洗、應鍾、蕤賓也。」説似有異，實則不也。蓋黄鍾，子之氣，天統也；太蔟，寅之氣，人統也；大吕，丑之氣，地統也；南吕，酉之氣，秋也；姑洗，辰之氣，春也；應鍾，亥之氣，冬也；蕤賓，午之氣，夏也。春用季月，冬用孟月者，春陽宜陽律，孟則人統，仲則陰律，冬陰宜陰律，仲則陽律且天統也，季則地統也故也。則是七者亦爲三才、四時，説似異而誼實同也。云「順以歌詠五常之言」者，「五常」謂仁、誼、禮、智、信，五者，人之常性也。「聽之則順乎天地」云云至「莫不同乎一」者，《易緯通卦驗》注云「凡黄鍾六律之聲，五音之動，與神靈之氣通。人君聽之，可以察己之得失，而知群臣賢否」，故此言其效有如此也。云「女聽，女爲我審聽之也」者，謂審其「六律」、「五聲」、「八音」順乎「七始」與否。臣爲君股肱，爲君耳目，故云「女爲我審聽之」。上言「女翼」、「女爲」、「女明」，皆猶是也。《夏本紀》注引鄭注云「曶者，臣見君所秉，書思對命者也。君亦有焉，以出内政教于五官」，《索隱》云「古文作『在治忽』，今文作『采政忽』」。案：鄭君傳古文，據鄭注則古文作「在治曶」，非「忽」也。兹不从古文者，以「七始詠」之誼實精于「在治曶」，吾擇善而从焉。據《書大傳》有「六律」、「五聲」、「八音」、「七始」之文，則「七始詠」之本乃當時博士所傳其原出于伏生者，實是今文矣。而《索隱》乃云「今文作『采政忽』」，蓋當時今文家有三，其本容有互異，「采政忽」乃誤字也。因欲備存異文，故云「七始詠，古文爲『在治曶』，今文或爲『采政忽』」，「或」之言「有」也。**予韋，女弼。女毋面从，❶復有後**

❶「从」，原作「從」，今據近市居本及注文改。

言。復，❶土内反，古文作「退」。【注】韋，衺辟也。弼，盭。从，聽也。後言，謗也。辟，粤益反。盭，力詣反。【疏】云「韋，邪辟也」者，誼具《堯典》疏。《説文・弦部》云「盭，弼戾也，从弦省，从盩。盭，引戾之也，讀若『戾』」，故云「弼，盭」。《史記》述此文云「予即辟，女匡拂予」，言我即于邪辟，則女匡正拂戾我，故訓「韋」爲「邪辟」、「弼」爲「盭」也。❷《説文・从部》云「从，二人相聽也」，故云「从，聽也」，謂順从也。「復有後言」，《史記》作「復而謗予」，故云「後言，謗也」。**欽四鄰。**【注】敬女四鄰之職，以效股肱耳目之用。鄭康成曰：「四鄰，左輔、右弼、前疑、後承。」【疏】此承上「臣作朕股肱耳目」云云而言，故云「敬女四鄰之職，以效股肱耳目之用」。鄭注見正義。伏生《大傳》云：「古者天子必有四鄰，前曰疑，後曰承，左曰輔，右曰弼。天子有問无以對，責之疑；可志而不志，責之承；可正而不正，責之輔；可揚而不揚，責之弼。其爵視其卿，其禄視次國之君。」鄭君注説本諸此。**庶頑讒説，若不在時，侯以明之，**【注】此以下言教國子之事，因上歷論用人而及之。在，察。時，是也。衆頑讒説之人，女若不察于是，當以射侯之禮明之。「射」之爲言「繹」也；繹者，各繹己之志，故可以明之。下，行嫁反。【疏】云「此以下言教國子之事」者，鄭注《周禮・師氏》云：「國子，公卿大夫之子弟。」惠先生《明堂大道録》云「『庶頑讒説，若不在時』，大司徒、大樂正之簡不率教也。『侯以明之』，辟廱之大射也。『撻以記之』，大學之夏楚也。『工以内言』，大司樂之以樂語教國子也。『假則承之庸之』，

---

❶「復」，原作「很」，今據近市居本及經文改。疏文「復有後言」、「復而謗予」與此同，不重出校。

❷「盭」，原作「盩」，今據近市居本及注文改。

大樂正之造士也。『否則威之』，遠方之寄棘也」，則皆是教國子之事也。云「因上歷論用人而及之」者，上文咎繇偁九德咸事，禹言其弼德，帝言臣鄰，皆言用人也。賢才出于學校，故因論用人而及教國子之事也。「在，察」，「時，是」，並《釋詁》文。云「『射』之爲言『繹』也；繹者，各繹己之志」者，《禮記・射誼》文也。射者各繹陳其志，則其人之賢否可因射以見焉，是足以證「侯以明之」之誼，故引之云。**虘以記之，書用識哉**，虘，土達反。識，中吏反。【注】虘，古文「撻」；撻，抶也，抶以荆攴。《鄉射記》曰：「射者有過，則撻之。」記，謂懲忩之俾不忘也。書，箸也。箸以竹帛以識其過。撻，土達反。抶，丑乙反。忩，牛廢反。【疏】《說文・手部》云「虘，古文『撻』。《虞書》曰『虘以記之』。」案：《說文》所引乃孔氏古文本也，故从之。云「撻，抶也；抶以荆攴」者，《周禮・小胥》云「達其怠慢者」，鄭注云：「撻，猶『抶』也，抶以荆攴。」文十八年《左傳》云「歜以攴抶職」，是抶用攴也。言「荆攴」者，《鄉射記》曰「楚攴長如笴，❶刊本尺」，鄭注《禮記・學記》云「楚，荆也」，則「荆攴」即「楚攴」，楚木一名「荆」，所以爲攴者。《鄉射記》者，《義禮・鄉射》篇文，引以證射禮有撻罰之事也。《說文・心部》云「忘，不識也」，是謂不記識也，則「記」是「不忘」矣。人受懲忩，庶能悔過不忘于心，故云「記，謂懲忩之俾不忘也」。「懲忩」，謂「虘」也。「書，箸也」，《說文・聿部》文。《說文・敘》云「箸于竹帛謂之書」，蓋古人作書惟竹與帛而已，故云「箸于竹帛以識其過」。**欲並生哉**。【注】生，進也，謂進于善也。記識其過，欲使改悔，與並進于善。【疏】「生，進也」，《說文・生部》文。「生」字象屮木出土上而上進，故爲「進」也。下云「否則威之」非必謂殺之，則

---

❶「笴」，原作「苛」，今據近市居本改。

此「並生」不當作「生存」解，故解爲「進于善」。**工以内言，時而颺之。**内，奴還反。【注】工，樂官也。内言，合語也。合語之禮，大樂正授數，小樂正詔之。颺，謂道颺其誼，若《周禮・大司樂》「以樂語教國子，興、道、諷、誦、言、語」是也。道，徒報反。興，喜併反。❶【疏】云「工，樂官也」者，《禮記・樂記》師乙曰「乙賤工也」，是樂官爲工。《義禮・燕禮》、《大射義》皆云「席工于西階上」，襄四年《左傳》「工歌《文王》之三」，皆謂樂官爲工也。云「内言，合語也。合語之禮，大樂正授數，小樂正詔之」者，《禮記・文王世子》云「凡祭與養老，乞言、合語之禮，皆小樂正詔之于東序」，又云「語説命乞言，皆大樂正授數」。《文王世子》雖是周時之書，其所言多有周因前代之禮，據其下文偁「虞夏商周」可見。又其上文「學，世子及學士」皆以樂官，亦猶舜之命夔教育子也，❷知「合語」之禮虞時已有之，此文「工以内言」即其事也，故取《文王世子》文以爲説。《鄉射記》曰「古者于旅也語」，言「古者」，則射有「合語」之禮不始于周，其來尚矣，是又一證也。云「颺，謂道颺其誼，若《周禮・大司樂》『以樂語教國子，興、道、諷、誦、言、語』是也」者，謂𠧪説其所内之言之誼，蘊若《周禮》所云「興」、「道」是。并言「諷、誦、言、語」者，以《周禮》成文聯引之尒。鄭注《大司樂》云：「興者，以善物諭善事。道，讀曰導。導者，言古以剴今也。倍文曰諷，以聲節之曰誦，發耑曰言，答述曰語。」是「興」、「道」之誼與此「颺之」之誼同。以是異代之制引以相況，故云「若」也。**假則承之、庸之，否則威之。」**【注】假，至也。其至于善，則承用之，若

---

❶「併」，原作「佚」，今據近市居本改。

❷「育」，原作「胄」，今據近市居本及本書前文改。

《王制》所謂「大樂正論造士之秀者，而升之」是也。否則罰以威之，若所謂「屏之遠方」「終身不齒」是。造，七報反。屏，必政反。【疏】「假，至」，《説文・人部》文。「《王制》」者，《禮記》篇名。其文云「將出學，小胥、大胥、小樂正簡不帥教者，以告于大樂正，大樂正以告于王，王命三公、九卿、大夫、元士皆入學。不變，王親視學。不變，王三日不舉，屏之遠方。西方曰棘，東方曰寄，終身不齒。大樂正論造士之秀者」，「而升之司馬，曰進士」。此經「承之、庸之」，猶彼文之「論造士」「而升之」也；此經「威之」非謂「殺之」，蓋亦猶遠方之屏也，故引彼文以況。**禹曰：「俞哉，帝，光天之下，至于海隅蒼生。萬邦黎獻，共惟帝臣，惟帝時舉。**「帝」一字作一句，不屬「光天之下」讀。【注】光，充也。蒼生，未聞，傳以爲「蒼蒼然生艸木」，姑如其説。禹然帝語，遂呼帝而言曰。充天之下，至于四海之隅，艸木所生之地。言其廣也。黎，衆。獻，賢也。萬國衆賢皆帝之臣，惟帝是舉用之尒。【疏】《釋言》云「桄，充也」，《釋文》云「桄，孫作光」，故云「光，充也」，謂充廓无所不至也。《晉書》山巨原謂王衍「誤天下蒼生」，《世説》云「安石不肎出，將如蒼生何」，此皆晉人之言，晉人輒謂「民」爲「蒼生」。漢以前无是語，不可以説此經，且此經「蒼生」實非謂「民」也，漢注又无聞，故云「蒼生，未聞」。《説文・艸部》云「蒼，艸色也」，則僞孔傳言「蒼蒼然生艸木」誼似可通，姑如其説，以作「艸木所生之處」解可也。經云「禹曰『俞哉，帝』」，猶前文「禹曰『都，帝』」之言，「帝」字作一句，不聯下讀也，故云「禹然帝語，遂呼帝而言曰」。《釋言》云：「俞，然也。」「黎，衆」，《釋詁》文。《論語・八溢》篇云「文獻不足故也」，鄭注云「獻猶賢也」，故云「獻，賢也」。**賦内以言，明試以功，車服以庸。**僞孔本「賦」作「傅」，「試」作「庶」，茲从《左傳》趙衰所引。王符《潛夫論・考績篇》引此與《左傳》同，則是《尚書》元文矣。内，奴遝反。【注】賦，猶「取」也。取内以言，觀其志也。明試以功，考其事也。車服以庸，報其勞也。庸，勞也。庸勞，力到反。【疏】「賦，猶『取』也」至「報其勞也」，《左傳》僖二十七年杜豫注也。既从《左傳》刊正經文，因遂用彼傳之注。云「賦，猶『取』也」者，「賦」是上取下之名，《莊子·齊物論》「狙公賦芧，朝三莫四，衆狙皆怒」，是「賦」有「取」誼。「庸，勞」，《釋詁》文。「勞」謂勞之車服，以報其勞所以勞之也。**誰敢不讓？敢不敬應？**【注】考績之灋明，則下孰敢不推讓賢善？孰敢不敬應上命乎？【疏】云「考績之灋明」者，上文「賦内」云云，是「考績之灋」也。《釋詁》云「孰，誰也」，經言「誰」，故注言「孰」。經止一「誰」字，而注兩言「孰」者，據《潛夫論·考績》篇引云「誰能不讓？誰能不敬應」，則似此經本有兩「誰」字。又念此經「敢」字，彼引作「能」，則所引不必依原文矣。而其誼實爲允當，故于經文不敢據之以增「誰」字，姑于注兩言「孰」以見其誼云尒。**帝不時，尃同，❶日奏罔功。」**尃，方巫反。罔，巫紡反。【注】尃，布。罔，无也。帝不如是，則布同善惡，雖日奏事而无功也。【疏】「尃，布」，《說文·寸部》文。「罔，无」，《釋言》文。《史記》云：「帝即不時，布同善惡，則无功。」「時」之言「是」也，故云「帝不如是，則布同善惡，雖日奏事而无功」也。**帝曰：「毋若丹絑奡，**此「帝曰」及下「禹曰」，僞孔本皆无之，《史記》録此文則有「帝曰」，下文亦有「禹曰」。《漢書·楚元王傳》劉向上奏曰「臣聞：帝舜戒伯禹『毋若丹絑敖』」，又王充《論衡·問孔篇》引此文而說之云「帝舜敕禹毋子不肖子也」，下又引「禹曰『予娶嵞山』」云云，又《譴告篇》云「舜戒禹曰『毋若丹絑敖』」，此三引皆與《史記》合，然則漢人所傳《尚書》皆有此「帝曰」及下「禹曰」字。乃孔氏古

❶「尃」，原作「専」，今據近市居本改。以下逕改，不一一出校。

文如此，僞孔氏削去之，而以此文爲禹戒帝之言，亂經之尤者也。絑，章殳反。《説文・糸部》云「絑，純赤也。《虞書》『丹絑』如此」，玆从之。奡字亦从《説文》所引。奡，吾導反。正義本改「絑」爲「朱」，改「奡」作「傲」，非也。【注】奡，嫚也。**戒禹毋效丹絑也。**【疏】「奡，嫚」，《説文・夰部》文。《論衡・問孔篇》説此經云：「帝舜敕禹毋子不肖子也。重天命，恐禹私其子，故引丹絑以敕戒之。」案：此説非經意，故置不用。**惟嫚游是玫，奡虐是作，**玫，火靠反。【注】嫚游，佚游无度也。虐，殘也。【疏】云「嫚游，佚游无度也」者，下言「罔晝夜頟頟，罔水行舟」，是嫚游无節度也。「虐，殘」，《説文・虍部》文。**罔晝夜頟頟，罔水行舟，**頟，吾格反。【注】**鄭康成曰：「丹絑見鴻水時人乘舟，今水已治，猶居舟中。頟頟，使人推行之。」**治，直吏反。推，土回反。【疏】鄭注見正義。**堋淫于家，**堋，正義本作「朋」，《説文》引作「堋」，隸古定本同。堋，本音百亘反，依注讀爲「朋」，步瞢反。【注】堋，讀當爲「朋」，叚唶字也。鄭康成曰：「朋淫，淫門内。」【疏】《説文・土部》云：「堋，喪葬下土也，从土朋聲。《春秋傳》曰『朝而堋』，《禮》謂之『封』，《周官》謂之『窆』，《虞書》曰『堋淫于家』亦如是。」段氏玉裁曰：「云『亦如是』者，謂《虞書》『堋淫』字亦如是作，誼則不如是也。叚若其誼亦爲『喪葬下土』，則當于『从土朋聲』之下先引《虞書》而後引《春秋傳》。乃許君先引《春秋傳》，并及《禮》、《周官》同誼異文之『封』、『窆』，而後引其文，且云『亦如是』，明是唶『堋』爲『朋』，不取『堋』誼。」聲案：《史記》作「朋淫」，鄭注亦云「朋淫」，則當从段説，故云「堋，讀當爲『朋』，叚唶字也」。鄭注見《夏本紀》注。云「淫門内」者，謂淫于一家之内。**用殄氒世，予創若時。」**殄，笛典反。創，七羊反。【注】殄，絶。創，傷也。丹絑用是殄絶其世，我痛傷其如是。【疏】

「殄，絶」，《釋詁》文。《説文・刃部》「刅」字重文作「創」，❶云「刅，傷也」。「刅」或从刀倉聲，故云「創，傷也」。《禮記・三年問》云「創鉅者其日久，痛甚者其瘉遲」，是「創」兼有「痛」意，故云「痛傷其如是」。**禹曰：「予娶嵞山，辛、壬、癸、甲，**僞孔本删去「禹曰」字，則「予創若時」下即接「予娶」之文，嫌「予」字重疊乃遂改爲「娶于嵞山」，意謂後人可盡欺也。賴有《説文》所引，猶存其真，兹特據以刊正。嵞，同都反，正義本作「涂」下箸「土」，兹亦从《説文》所引。癸，居水反，籀文作「𤼽」。【注】嵞，會稽山，一曰九江當嵞也。民以辛、壬、癸、甲之日嫁娶。**鄭康成曰：「登用之年始娶于嵞山氏，三宿，而爲帝所命治水。」**會，古外反。【疏】「嵞會」至「嫁娶」，《説文・屾部》文。云「嵞，會稽山」者，哀七年《左傳》云「禹合諸侯于嵞山」；《國語・魯語》云「禹致群神于會稽之山」，韋昭注云「群神，謂主山川之君，爲群神之主，故謂之神」，然則「群神」即謂諸侯矣。又鄭注下文「叩成五服」合兩傳爲一而引之，則《左傳》、《國語》所言實爲一事，然則「嵞山」即會稽之山矣。《漢書・地理志》會稽山在會稽郡山陰縣南，上有禹冢、禹井，則嵞山即會稽山，又一證矣。云「一曰九江當嵞也」者，廣備一説也。案：《地理志》九江郡當嵞侯國，應劭注云「禹所娶嵞山侯國也。有禹虚」，則亦有明證矣。且縣名「當嵞」由嵞山得名，其説當亦是。時代久遠，傳聞異説，不能定其孰是，故許君備存兩説。云「民以辛、壬、癸、甲之日嫁娶」者，説本《吕氏春秋》。《水經》淮水注引《吕氏春秋》曰：「禹娶嵞山氏女，不以私害公，自辛、壬、癸、甲四日復往治水。故江淮之俗，以辛、壬、癸、甲爲嫁娶日也。」今《吕氏春秋》无此文，其書缺有閒矣。鄭注見正義。云「三宿，而爲帝所命治

❶「刃」，原作「刅」，今據近市居本及《説文解字》改。

水」者，禹以辛日娶，以甲日被帝命，經歷四日，則凡越三宿也。**启呱呱而泣，予弗子，惟荒度土功。**启，轉豊反，正義本作「啓」，茲从隸古定本。呱，古吴反。子，將吏反。度，代洛反。【注】启，禹子也。呱呱，小兒嗁聲，《詩》曰「后稷呱矣」。子，猶㤅也。言己㤂于治水，子生不顧，過門不入。述往事以推來，明不敢效丹絑也。鄭康成曰：「荒，奄也。奄大九州四海之土。」嗁，田兮反。㤅，安逮反，俗輒作「愛」，音同誼別。【疏】云「启，禹子也」者，《大戴禮·帝系》云「禹娶于嵞山氏，嵞山氏之子謂之女趫氏，産启」，是启爲禹子也。《說文·口部》云：「呱，小兒嗁聲，从口，瓜聲。《詩》曰『后稷呱矣』。」此文重言「呱呱」與單言「呱」不異也，故用《說文》之誼，且亦引《詩》以證焉。所引《詩》，《生民》篇文也。《禮記·中庸》云「子庶民也」，鄭注云「子，猶㤅也」，茲取以爲訓。鄭又注《金縢》云「㤅子孫曰子」，誼亦同也。《孟子·滕文公上》云：「禹八年于外，三過其門而不入。」竊意禹聞呱呱之聲必當過門之時，以急于治水，故不皇入省，故云「㤂于治水，子生不顧，過門不入」。上文帝引丹絑以相戒，則此言不子其子荒度是勤，是述往事以推來，明不敢效丹絑也。《論衡·問孔篇》說此經「弗子」之意云「嗽己行事，以見卜隱。以往推來，效己不敢私不肖子也」，恐非此經之恉，故不用。鄭注見《詩·殷武》正義。「荒，奄」，《釋言》文。云「奄大九州四海之土」者，下文所謂「𠬝成五服，至于五千」是。**𠬝成五服，至于五千，**𠬝，平肙反。正義本作「弼」，茲从《說文》所引，隸古定本同。【注】𠬝，輔信也。鄭康成曰：「禹治水敷土既畢，廣輔五服而成之，至于面各五千里。去王城五百里曰甸服，于周爲王畿；其𠬝當侯服，去王城千里。其外五百里爲侯服，當甸服，去王城千五百里；其𠬝當男服，去王城二千里。又其外五百里爲綏服，當采服，去王城二千五百里；其𠬝當衛服，去王城三千里。又其外五百里爲要服，與周要服相當，去王城三千五百里，四面相距爲方七千里，是九州之内也。要服之卬當其夷服，去王城四千里。又其外五百里曰荒服，當鎮服；其卬當蕃服，去王城五千里，四面相距爲方萬里也。堯初制五服，服各五百里。要服之内方四千里，爲九州；其外荒服，爲四海，此禹所受《地記書》曰『昆侖山東南，地方五千里，名曰神州』者。禹卬五服之殘數，亦每服者合五百里，故有萬里之畛，萬國之封焉。猶用要服之内爲九州，爲方七千里。七七四十九，得方千里者四十九，其一以爲畿内，餘四十八，八州分而各有六。《春秋傳》曰：『禹朝群臣于會稽，執玉帛者萬國。』言『執玉帛』，則九州之内諸侯也。其制特置牧，以諸侯賢者爲之師。蓋百國一師，州十有二師，則州千二百國也。計一州，方百里之國二百，方七十里之國四百，方五十里之國八百，計有一千四百國。以二百國爲名山大川不封之地，餘有一千二百國，八州凡九千六百國，其餘四百國在畿内與？以《王制》之法準之八州，通率封公、侯百里之國者一，伯七十里之國二，子、男五十里之國四。方百里者三，封國七，有奇。至于畿内，則子、男而已。」聲謂：四百子、男之國，適盡方千里之地，不得在畿内。蓋方七千里之地分爲九州，均之，則每州應各得方二千三百三十三里少半里。準《王制》之法，應封方百里者百七十一國，方七十里者三百四十三國，方五十里者六百八十六國，凡千二百國。猶餘方百里者九，方七十里者十八，方五十里者三十四，及不成國之地不勝計也。若除名山大澤不以封，而或不足，則取諸中州外畔可也。蓋中州之大小當同外州，以其中方千里爲王畿，環畿之外，四面各餘六百六十六里太半里，以封四百子、男之國，不及四之一。四海一家，不妨取中州之外畔以埤外州，則八州各除名山大澤不封之地，猶皆得容千二百國，是九州之內實足容萬國也。要，一遥反。昆，户損反。朝，直佋反。會，古外反。内與，曰居反。率，吕戌反。奇，吉宜反。少半，式邵反。勝，式夌反。埤，頻支反。【疏】云「卲，輔信也」者，《説文・卪部》文。❶ 鄭注見正義及《禮記・王制》正義，又見《詩・蓼蕭》及《殷武》正義，兹會合而緝之。云「廣輔五服而成之，至于面各五千里」者，鄭注《禹貢》云「堯之五服，服五百里尒。禹平水土之後，每服更以五百里輔之，是五服服别千里，故一面而爲差至于五百里。」云「去王城五百里曰甸服」者，王城在甸服之中央，甸服之外畔四面，各歫其中王城之中五百里，故云「五百里甸服」。下凡言「去王城」若干里，皆據其服之外畔爲言也。四面各五百里，則實當方千里王畿之地，故云「于周爲王畿」。必以周言之者，以有《周禮》明文可據也。《周禮・職方氏》云：「乃辨九服之邦國。方千里曰王畿，其外方五百里曰侯服，又其外方五百里曰甸服，又其外方五百里曰男服，又其外方五百里曰采服，又其外方五百里曰衛服，又其外方五百里曰蠻服，又其外方五百里曰夷服，又其外方五百里曰鎮服，又其外方五百里曰藩服。」是周之「九服」爲方萬里之地，其中方千里爲王畿。堯之「五服」：甸、侯、綏、要、荒，各五百里，爲方五千里。禹輔成之，至于面各五千里，則亦爲方萬里。而其中方千里爲甸服，是甸服當周之王畿，甸服之卲當周之侯服。由是以推，則侯服當周之甸服，其卲當其男服；綏服當其采服，其卲當其衛服也。要服于周爲蠻服，鄭言「與周要服相

❶「卪」，原作「卩」，今據近市居本及《説文解字》改。

當」者，《周禮・大行人》職于「衛服」之下言「又其外方五百里，謂之要服」，鄭彼注云：「要服，蠻服也。」是周之「蠻服」亦爲「要服」也。云「是九州之内也」者，《大行人》職云「又其外方五百里，謂之要服，六歲一見，其貢貨物。九州之外，謂之蕃國，世一見」，于「要服」下特言「九州之外」，明「要服」在「九州之内」矣。《周禮》蠻服之外爲夷、鎮、藩三服，故云「要服之叩當其夷服」，荒服「當鎮服；其叩當藩服」也。「蕃」與「藩」同，《周禮・大司馬》職「藩服」作「蕃畿」也。《周書・立政》云「其克詰爾戎兵，以陟禹之迹，旁行天下，至于海表，罔有不犕」，是周之幅隕與禹「叩成之五服」同，彼文「至于海表」即此下所謂「外薄四海」，故鄭君必舉周之「九服」以相況也。云「堯初制五服，服各五百里。要服之内方四千里，爲九州；其外荒服，爲四海」者，甸、侯、綏、要四服各五百里，四五得二千，則面有二千里，四面則方四千里矣。其外四周益以荒服五百里，則爲方五千里而至于四海矣。云「此禹所受《地記書》曰『昆侖山東南，地方五千里，名曰神州』」者，謂此堯之「五服」方五千里，即《地記書》所云「神州」者是。案：「神州」者，《史記・孟子列傳》引騶衍之説云：「中國名曰赤縣神州。赤縣神州内，自有九州，禹之序九州是也。」「《地記書》」者，蓋《河圖括地象》也。《周禮・職方氏》疏及《禮記・曲禮》正義皆引《括地象》文，正與此所引同。兹引之者，以證堯之「五服」爲方五千里也。但禹受《地記書》之事未詳何出，或即見于《地記書》與？抑或别有所見，鄭君自有據也。劉淵林《吴都賦》注亦云「禹所受《地説書》曰『昆侖東南，方五千里，名曰神州，帝王居之』」，是則古書寔有明文，當時人皆見之，今不可考尒。云「禹叩五服之殘數，亦每服者合五百里，故有萬里之畍、萬國之封焉」者，初時五服方五千里，則面有二千五百里。禹叩成五服，則四面各增廣二千五百里，則面有五千里，故四面相距有萬里之畍，能容萬國之封也。案：《堯典》云「叶和萬邦」，則堯之幅隕廣矣。故《五經異誼》引古《春秋左氏》説「禹會諸侯于盇山，執玉帛者萬國。唐虞之地萬里，容百里地萬國。其侯、伯七十里，子、男五十里」，餘爲天子閒田」，然則堯時本有萬里之畍。鄭言堯之五服方五千里，禹卯成之乃有「萬里之畍」者，蓋初時地雖廣大，鴻水爲害，沈没者過半，故減削也。禹平水土而卯成之，乃能復其故域，故鄭云然也。又案：《異誼》「今《尚書》歐陽、夏侯説中國方五千里。古《尚書》説五服傍五千里，相距萬里。許君謹案：以今漢地考之，自黑水至于東海，衡山之陽至于朔方，經略萬里，从古《尚書》説。」鄭无駁，與許同，是則「方萬里」之説實有明驗矣。乃王肅執「方五千里」之説以相難，韋事失實，非也。云「猶用要服之内爲九州，爲方七千里」者，周之「九服」與禹「卯成之五服」相等，其九州大小當亦略同，故以《周禮》推之，知以「要服之内」爲「九州」也。初時用要服以内爲九州，既卯成五服，仍以要服之内爲九州，故云「猶」也。上言「要服去王城三千五百里」，四面相距則爲方七千里矣。方七千里，則自東至西、自南至北皆有方千里者七。以七乘七則四十九，故云「七七四十九，得方千里者四十九」。云「其一以爲畿内」者，王畿方千里，故以其方千里者一爲畿内也。云「餘四十八，八州分而各有六」者，六八四十八，故八分之而各有六也。然此特大判言之，未核實細數也。何者？九州大小雖不必適等，然不應外州之大六倍于中州，故以爲未核實也。引《春秋傳》者，哀七年《左傳》文。但彼傳言「禹會諸侯于盇山」，與鄭所引不同，故張逸疑而問云：「案《左傳》『禹會諸侯于盇山，執玉帛者萬國』，《外傳》云『禹朝群臣于會稽，防風氏後至』，不與注相應，何？」鄭答云：「欲明諸侯守土之祀，故兼用《外傳》、《内傳》語。」然則此注合《左傳》、《國語》兩文而引之，以《國語》爲《春秋外傳》，故總云「《春秋傳》」也。云「言『執玉帛』，則九州之内諸侯也」者，《大行人》職云「九州之外，謂之蕃國，世一見，各以其所貴寶爲摯」，是九州之外諸侯不執玉帛，唯在九州之内者，以帛薦玉尒。鄭引《春秋傳》而言此者，欲見「萬國」皆在九州之内，九州有方七千里，乃能容之，以證「要服之内，爲方七千里」也。云「其制特置牧」者，鄭注《禮記·王制》云：「殷之州長曰伯，虞夏及周皆曰牧。」蓋據《堯典》有「十二州」，又云「咨十有二牧」，是州長曰牧也。云「以諸侯賢者爲之師」者，「師」之言「長」，爲諸侯之長，以左牧者也。云「蓋百國一師」者，每師所統之國，當以準數爲率，故以爲「百國一師」，以出于意度，故云「蓋」也。云「計一州，方百里之國二百，方七十里之國四百，方五十里之國八百，計有一千四百國」者，鄭意以一州有方千里者六，封三等之國，各以方千里者二。計方千里爲方百里者百，千里之方二，則封方百里之國二百也。計方百里爲方十里者百，以封方七十里之國，七七四十九，得方十里者四十九，兩之則九十八，是方百里者截長補短，可封方七十里者二國，猶餘十里之方二也。故方千里者二，以封方七十里之國，可四百有奇，止言「四百」者，約舉其準數尒。計方五十里者四，當百里之方一，故方千里者二，可封方五十里之國八百也。總此三等，凡有一千四百國。云「以二百國爲名山大川不封之地，餘有一千二百國」者，《王制》云「名山大澤不以封」，此據州十有二師，則當千二百國，故計以二百國爲名山大川不封之地也。州有千二百國，以八乘千則八千，以八乘二百則千有六百，故八州凡九千六百國，計滿「萬國」之數當更益以四百國，故云「其餘四百國在畿内與」。以无正文，故言「與」以疑之。案：鄭以畿内諸侯皆子、男，即如其説，四百子、男之國適盡方千里之地，若在畿内，則无餘地以處天子，故趙商疑而致問。《鄭志》趙商問云：「以《王制》論之，畿内之國有百里，有七十里，有五十里。今率以下等計之，又有王城、關遂、郊郭、卿大夫之采地，數不在中，今就四百，似頗不合。」鄭答之云：「三代異物。《王制》之法，唐虞或不盡然。堯舜之德，守在四畺，鄉遂有无无以言也。公卿大夫有田禄者，其四百國非采地爲何？王城之大，郊關之處幾何？而子責急也。」據鄭此説，則畿内四百國即公卿大夫之采地，皆不及方五十里，其審然與？蓋鄭君欲言九州之内足容萬國，故如此計尒。聲以爲，九州之内實可容萬國，但不必如鄭君所計，聲竊别具計于後焉。案：《王制》云「凡四海之内九州，州方千里」，則爲方三千里。《王制》又云「凡九州，千七百七十三國」，此言九州方七千里封國有萬者，鄭注《王制》引《春秋傳》「執玉帛者萬國」，謂禹承堯舜而然。夏末既衰，夷狄内侵，諸侯相并，土地減，國數少。殷湯承之，更制中國，方三千里之畍亦分爲九州，而建此千七百七十三國焉。然則《王制》所言是殷制，故與此異也。云「以《王制》之法準之八州，通率封公、侯百里之國者一，伯七十里之國二，子、男五十里之國四」者，《王制》云「州建百里之國三十，七十里之國六十，五十里之國百有二十」，是百里之國居一分，七十里之國倍之，五十里之國又倍之，七十里者倍之爲二，五十里者又倍之爲四也。所以然者，以方百里之國一，當方七十里者二國有奇，當方五十里者四國故也。故鄭又云「方百里者三，封國七，有奇」，謂封方百里者一，方七十里者二國有奇，方五十里者四，凡七國有奇也。「聲謂」以下，就鄭君「九州容萬國」之説而别爲之計算也。方千里者，爲方百里者百。子、男之國四，當百里之方一，四百國則當百里之方百，適盡方千里之地矣，故云「不得在畿内」。云「方七千里之地，分爲九州，均之，則每州應各得方二千三百三十三里少半里」者，蓋九分分之，則每分皆縱横各截取三分之一。于七千里之區，先以六千截取二千，餘一千里；又截取三百三十三里，尚餘一里；又截取少半里。「少半」者，三分之一也。縱横皆然，則得方二千三百三十三里少半里矣。言「均之」者，以地形實不方平如圖，且九州大小不必正等，特據大判而叚設言之，謂分地均則然也。云「準《王制》之法」者，如鄭君所云「通率封公、侯百里之國者一，伯七十里之國二，子、男五十里之國四」是也。若然，準百七十一之數倍之爲三百四十二，又倍之則六百八十四。兹云「應封方百里者百七十一國，方七十里者三百四十三國，方五十里者六百八十六國」，倍加之而差多者，以不如是則不能符千二百國之數也。云「猶餘方百里者九，方七十里者十八，方五十里者三十四，及不成國之地不勝計也」者，聲竊具圖附于篇末，學者視圖乃可曉也。蓋方二千三百三十三里少半里之地，縱横各除一偏之千里，猶有千三百三十三里少半里之方在。止取千三百三十里之方，以封方七十里之國，縱横皆得十九，可三百六十一國，其三隅各有方千里者一。以其一隅之方千里，封方百里之國百；又取一隅之方千里，封方五十里之國四百；又取一隅之方千里，以其十之八封方百里之國八十，以其十之二封方五十里之國亦八十。其閒猶有衺千里，而廣三百三十里者二焉，共計有方五十里者二百四十，方十里者六百。是則方百里者，可封百有八十；方五十里者，可封七百二十而有餘。其外又有廣三里少半里，而亘二千三百三十里有奇者，縱横各一焉。兹言封方百里者百七十一國，則餘九也。封方七十里者三百四十三國，則餘十八。封方五十里者六百八十六國，則餘三十四。其外猶有不成國之地，不勝計也。云「若餘名山大澤不以封，而或不足，則取諸中州外畔可也」者，八州皆有名山大澤不以封國之地，或其山澤綿延廣大，不止此所餘之數，遂不足以封千二百國，則唶取中州外畔附近其州之地可也。云「蓋中州之大小當同外州」者，九州分畛不應大小縣殊，始叚設爲均同之數。云「以其中方千里爲王畿，環畿之外，四面各餘六百六十六里太半里，以封四百子、男之國，不及四之一」者，聲亦具圖附于篇末，視圖乃了然也。叚如中州亦爲二千三百三十三里少半里之方，則除方千里之外，縱横各有千三百三十三里少半里在，以此所有之數環王畿之四周，則分半之，故「環畿之外，四面各餘六百六十六里大半里」。「大半」者，三分之二也。計此四面所餘之數，其爲方百里者三百八十四，其外四周又爲方五十里者一百八十，其外猶有廣十六里大半里者帀其四面焉。若率以子、男之國計之，則有千七百一十六國，而其四周緣邊之廣十六里大半里者，猶不在數也，故「四百子男之國，不及四之一」也。叚如外州建國，或不能足千二百國之數，則可封之于此，以取足其數，而使外州之牧伯統領之。王者无外，宇内莫非王土，九州壤地不妨交錯也，故云「四海一家，不妨取中州之外畔以埤外州，則八州各除名山大澤不封之地，猶皆得容千二百國」。言此者，欲見九州實容萬國，以增成鄭君之誼。**州十有二師，外薄四海，咸建五**

長，各迪有功。長，中賞反。【注】鄭康成曰：「九州，州立十二人爲諸侯師，以左其牧。外，則五國立長，使各守其職。」聲謂：迪，道也。各道其所領諸侯就功。道，徒冒反。【疏】鄭注見《詩·蓼蕭》正義。云「九州，州立十二人爲諸侯師，以左其牧」者，鄭注《王制》云「殷之州長曰伯，虞夏及周皆曰牧」，然則鄭以「牧」爲州長，每州一人；師則州有十二，故以爲左牧者。案：鄭箋《詩·旄丘》敍云：「周之制，使伯左牧。《春秋傳》曰『五侯九伯』，侯爲牧也。」又案：《鄭志》鄭答張逸云：「五侯爲州牧，九伯爲州伯。一州一牧，二伯左之。太公爲王官之伯，二人共分陝而治。自陝以東當四侯半，一侯不可分，故言五侯。九伯則九人。」然則「十二師」若周之牧下二伯也。顧周之伯每州二人，而此師則州十二人者，案：《王制》「八州，州二百一十國，天子之縣内九十三國，凡九州千七百七十三國」，鄭注云：「殷湯承夏之衰，更制中國，方三千里之畍亦分爲九州，而建此千七百七十三國焉。周公復唐虞之舊域，分其五服爲九，其要服之内亦方七千里，而因殷諸侯之數，廣其土，增其爵尒。」然則周之諸侯亦州二百一十國，故一州二伯，一伯所領止百五國，此一師領百國，制略相仿也。云「外，則五國立長」者，謂九州之外，則于五國之中立一國以爲之長，一長所領，率五國也。「迪，道」，《釋詁》文。云「各道其所領諸侯就功」者，十二師、五長各有所領之諸侯，言「迪有功」，則是逶道諸侯就功也。**苗頑弗即功，帝其念哉。」**【注】苗，西裔諸侯。即，就也。弗就功，猶言「不受功」也。【疏】鄭注《堯典》云「流四凶者，降其位尒，猶爲國君。所竄三苗，爲西裔諸侯者，猶爲惡，乃復分析流之」，故云「苗，西裔諸侯」。「即，就」，《毛詩·東門之墠》傳誼也。鄭箋《詩·東方之日》亦云：「即，就也。」云「弗就功，猶言『不受功』也」者，《左傳》定元年春王正月，晉槐舒合諸侯之大夫于狄泉，將以城成周，「宋仲幾不受功」，是其文也。上言「五長各迪有功」，則此「頑弗即功」謂不肯就五長之所迪，是猶《左傳》所謂「不受功」也。**帝曰：「迪朕德，時乃功惟敘，咎繇方祗氒敘，旁施象荆，維明。」**正義本「旁」作「方」，「維」作「惟」，兹从《白虎通·聖人》篇所引。旁，鋪方反。【注】方，並。祗，敬。旁，溥也。言道吾德，乃女功敘之也。咎繇並敬其敘，溥施五荆之象，甚明著矣。鄭康成曰：「歸美于二臣。」箸，竹慮反。【疏】《義禮·鄉射禮》「左足履物，不方足」，鄭注云「方，猶『併』也」，其下又云「上射揖並行」，鄭注云「並，併也」。鄭又注《娉禮》云：「今文『並』皆爲『併』。」然則「並」、「併」同誼，「方」訓爲「併」，則亦可訓「並」，故云「方，並」。「祗，敬」，《釋詁》文。「旁，溥」，《説文·丄部》文。❶云「言道吾德，乃女功敘之也」者，節取《史記》文也。《史記·夏本紀》云：「帝曰：『道吾德，乃女功敘之也。』咎繇于是敬禹之德，令民皆則禹，不如言，荆從之。舜德大明。」據此，則似「咎繇」云云乃史臣所記，非帝語矣。案：禹之治水，咎繇之明荆，皆堯時事。此時並在帝前，帝稱美其前事，故鄭君以爲「歸美于二臣」。若謂「咎繇于是」云云，則「祗氒敘」、「施象荆」皆此後之事，恐非是也。且云「不如言，荆從之」，則似劓割之荆，非所謂「象荆」矣，故節取其一二語，而不用其餘文也。云「咎繇並敬其敘」者，咎繇與禹同僚異職，經言「祗氒敘」雖承「乃功惟敘」之文，當非謂咎繇敬禹之所敘，自是各敬敘其職也，故云「並敬其敘」。鄭注見正義。**夔曰：「戞擊鳴球、搏拊、琴、瑟以詠。」**戞，紀力反。搏，百各反。拊，方侮反。【注】鄭康成曰：「戞，擽也。戞擊鳴球以下數器。鳴球，玉磬也。磬，縣也，而以合堂上之樂。玉磬和，尊之也。搏拊，以韋爲之，裝之以糠，形如小鼓，所以㔾樂。以詠，謂歌

❶「丄」，原作「上」，今據近市居本及《説文解字》改。

詩也。」擽，郎翟反。縣，于然反。穅，可罔反。卩，子結反，今通作「節」。【疏】注見正義及《周禮・大司樂》疏。云「戛，擽也」者，《釋文》引馬注亦云然，然則鄭君从馬誼也。案：《廣雅》云「擽，擊也」，然則「戛」亦是「擊」也。云「戛擊鳴球以下數器」者，「鳴球以下數器」謂搏拊也、琴也、瑟也。上言「戛擊」，下備目此數者，則是總冡「戛擊」之文也。案：《禮記・明堂位》云「揩擊大琴、大瑟」，「揩」與「戛」同字，鄭注彼云：「揩擊，謂柷敔。」此不以「戛擊」爲「柷敔」者，彼文云「拊搏玉磬，揩擊大琴、大瑟、中琴、小瑟。四代之樂器也」，則此數者皆是樂器，故以「揩擊」爲「柷敔」。此則下文別言「柷敔」，則「戛擊」明非「柷敔」，故解有異也。云「鳴球，❶玉磬也」者，《說文・玉部》云「球，玉也」，玆云「鳴球」，則是以爲樂器而有聲者，以玉爲樂器，則爲「磬」也。云「磬，縣也，而以合堂上之樂。玉磬和，尊之也」者，《周禮・小胥》云「凡縣鐘磬」，則磬是縣者。《義禮・鄉飲酒記》云「磬階閒縮霤」，《大射義》云「樂人宿縣于阼階東」，是縣本在堂下。《周禮・太師》云「帥瞽登歌，令奏擊拊」，《小師》云「登歌擊拊」，《鄉飲酒》、《鄉射禮》皆「工四人，二瑟，瑟先」，「升自西階，北面坐」，是搏拊、琴、瑟與歌者皆在堂上，玆以鳴球與搏拊及琴、瑟俱合以詠，是以合堂上之樂也。《禮記・郊特牲》云「歌者在上，❷匏竹在下，貴人聲也」，是堂上爲尊也。磬本縣堂下，以玉磬聲和，尊異之，故進之堂上也。云「搏拊，以韋爲之，裝之以穅，形如小鼓，所以節樂」者，鄭君注《周禮・太師》及《禮記・明堂位》皆爲此說。案：《書大傳》云「以韋爲鼓，謂之搏拊」，是則鄭君所本也，但未見「裝之以穅」之云。賈公彥《周禮疏》云：《白虎通》引《尚書大傳》云「拊，革裝之以穅」，今《書傳》无者，在亡逸中。

---

❶「球」，原作「⿰口求」，今據近市居本改。字書無「⿰口求」字。

❷「特」，原作「牲」，今據近市居本改。

然則所云「裝之以穅」，亦本之《書大傳》也。公彥謂《書傳》无此文，今則并《白虎通》亦不見有是引，則亦有亡逸矣。《説文·言部》云「詠，歌也」，故云「以詠，謂歌詩也」。**祖考來假，**【注】鄭康成曰：「謂祖考之神來至也。」【疏】注見《大司樂》疏。「假」之言「至」，故云「謂祖考之神來至」也。**虞賓在位，**【注】鄭康成曰：「謂舜以爲賓，即二王後，丹朱也。」【疏】注亦見《大司樂》疏。《白虎通》云「《尚書》曰『虞賓在位』，不臣丹朱也」，則「虞賓」是丹朱。鄭兼言「二王後」者，《禮記·郊特牲》云「天子存二代之後，猶尊賢也」，是則「二王後」者，天子所不臣。則「虞賓」不獨丹朱，當更有高辛氏後，弟高辛氏後不詳其人，故直言「二王後」而已。所以不臣二王後者，《白虎通》云「尊先王，通天下之三統也」。**群后德攘。**❶ 攘，如恙反。【注】鄭康成曰：「謂諸侯助祭者以德攘。以上皆宗廟堂上之樂所感也。」以上，時掌反。【疏】注亦見《大司樂》疏。《孝經·孝治章》云「得萬國之懽心，以事其先王」，是天子宗廟有諸侯助祭。經言「群后」，則是「諸侯助祭者」矣。云「以上皆宗廟堂上之樂所感也」者，「以上」謂上文「祖考」、「虞賓」及此「群后」也。《白虎通》云「降神之樂在上何？爲鬼神舉」，又云「所以用鳴球、搏拊者何？鬼神清虛，貴静，賤戲將也」，然則「堂上之樂」專爲降神，故以「祖考來假」爲「堂上之樂所感」。鬼神猶感，而況人乎？「虞賓」、「群后」與「祖考」聯文，明亦同之矣，《堯典》所謂「神人以和」也。**下管、鞀、鼓，**鞀，徒刀反，字或作「鼗」，亦作「鞉」，籀文作「磬」。【注】鄭康成曰：「以下言舜廟堂下之樂，故言下。」聲謂：管，如篪，六孔，字亦作「琯」。古者以玉爲琯，故或从玉作。《大傳》曰：「舜時，西王母

❶「攘」，原作「讓」，今據近市居本改。以下注文逕改。

來獻白玉琯。」鞀，如鼓而小，持其柄搖之，傍耳還自擊。以下，行嫁反。篪，直支反。琯，古緩反。【疏】鄭注亦見《大司樂》疏。鄭仲師注《周禮·太師》云「下管，吹管者在堂下」，是「下管」謂在堂下。但此經言「下」不但謂管、鞀、鼓，并下文柷敔、笙、鏞皆在堂下，故云「以下言舜廟堂下之樂，故言下」。云「管，如篪，六孔」者，《説文·竹部》文，鄭仲師注《周禮·小師》亦云然。而康成注《小師》職云「管，如笛而小，併兩而吹之，今太予樂官有焉」，又《廣雅》云「管，象簫，長尺，口寸，八孔，无底」，説各不同。兹定从「如篪，六孔」之説者，《風俗通》引《禮·樂記》云：「管，桼竹，長一尺，六孔，十二月之音也。物貫地而芽，故謂之管。」案所引《禮·樂記》，其即《戴禮》中《樂記》之逸文與？抑或是緯書與？總之是古書可信者，言管「六孔」當不謬也。且《風俗通》又引《尚書大傳》「舜之時，西王母來獻其白玉琯」，又言「昔章帝時，零陵文學奚景于泠道舜祠下得笙、白玉琯」，然則言管「六孔」者，當知之審。案：《風俗通》又云「篪，管樂，十孔，長尺一寸」，然則篪亦管類，長于管才一寸，形制相似，惟孔不同，故云「管，如篪，六孔」。見所不如者，惟孔少尒，形制則如之也。云「字亦作『琯』。古者以玉爲琯，故或从玉作」者，《説文·竹部》「管」字重文作「琯」，説云：「古者玉琯以玉。舜之時，西王母來獻其白琯。前零陵文學姓奚于泠道舜祠下得笙、玉琯。夫以玉作音，故神、人以和，鳳、皇來儀也。从玉官聲。」據此，則此經之「管」當是玉琯，故即引《大傳》以説。所引《大傳》之文今已闕逸，兹據《風俗通》所引也。云「鞀，如鼓而小，持其柄搖之，傍耳還自擊」者，康成注《周禮·小師》職云然也。**合止柷、敔，**柷，昌六反。敔，魚呂反。【注】鄭康成曰：**「合樂用柷。柷，狀如桼桶，中有椎。合之者，投椎于其中而撞之，所以節樂。敔，狀如伏虎，背有刻，以物擽之，所以止樂。」**桼，千吉反，俗輒作「漆」，音同字别。桶，徒孔反，又土孔反。椎，直追反。撞，直江反。

【疏】注見《大司樂》疏及《詩・有瞽》正義。云「合樂用柷」者，鄭注《義禮・鄉飲酒禮》云：「合樂，謂歌樂與衆聲俱作。」經言「合止柷敔」，「敔」之誼爲「止」也，「止」帖「敔」言，則「合」帖「柷」言矣。云「柷，狀如桼桶，中有椎。合之者，投椎于其中而撞之，所以節樂」者，《風俗通》引《禮・樂記》云：「柷，桼桶，方畫木，方三尺五寸，高尺五寸，中有椎，止。用柷止音爲節。」《釋樂》云：「所以鼓柷謂之止。」然則鄭所云「椎」，其名爲「止」，故《禮・樂記》言「中有椎，止。用柷止音爲節」也。云「敔，狀如伏虎」者，《説文・攴部》云：「敔，禁也。一曰樂器，椌楬也，形如木虎。」云「背有刻，以物擽之，所以止樂」者，《釋樂》云「所以鼓敔謂之甄」，郭景純注云「敔，如伏虎，背上有二十七鉏鋙，刻以木。長尺擽之，甄者，其名。」聲案：樂將終，則以甄于敔背鉏鋙上擽之，而樂闋，故云「所以止樂」。今吾鄉蘇州府學中猶有柷、敔，予曾見之，其形制俱如鄭君所説。

笙、庸以閒，庸，隸古定本作「庸」，唐本改作「鏞」，玆从鄭。閒，古莧反。【注】鄭康成曰：「東方之樂謂之笙；笙，生也。東方生長之方，故名樂爲笙也。西方之樂謂之庸；庸，功也。西方物孰有成功，亦謂之頌，頌亦是頌其成也。」以閒者，堂上、堂下閒代而作。長，中賞反。頌，余封反。【疏】注亦見《大司樂》疏。云「東方之樂謂之笙；笙，生也。東方生長之方，故名樂爲笙也」者，《義禮・大射義》云「樂人宿縣于阼階東，笙、磬西面，其南笙、鐘」，鄭彼注云：「笙，猶『生』也。東爲陽中，萬物以生。《春秋傳》曰『太簇所以金奏，贊陽出滯。姑洗所以修絜百物，考神内賓』，是以東方鐘磬謂之笙。」云「西方之樂謂之庸；庸，功也。西方物孰有成功，亦謂之頌」者，《大射義》云「西階之西，頌磬，其南鐘」，鄭注云：「言成功曰頌。西爲陰中，萬物之所成。《春秋傳》曰『夷則，所以詠歌九則，平民无忒。无射，所以宣布哲人之令德，示民軌義』。是以西方鐘、磬謂之頌。鐘不言頌，誼同省文也。古文『頌』爲『庸』。」是則「庸」、「頌」

同字，此所謂「庸」，即彼西階西之頌磬、頌鐘，故云「亦謂之頌」。又《周禮・眡瞭》職云「擊頌磬、笙磬」，鄭注云「磬，在東方曰笙；笙，生也。在西方曰頌；頌，或作庸；庸，功也」，説與此注同也。云「頌亦是頌其成也」者，「頌」本「頌皃」字，唶爲「疋頌」，即取「形頌」之誼。故《詩敘》云「頌者，美盛德之形。頌以其成功，告于神明者也」，則「頌」是形頌其成功也。云「以閒者，堂上、堂下閒代而作」者，《釋詁》云「閒，代也」；《義禮・鄉飲酒禮》及《燕禮》皆有「閒歌」，鄭注云「閒，代也，謂一歌則一吹」，則是堂上之歌與堂下之笙相閒代也。此所謂「笙」乃是鐘、磬，雖非《義禮》之所謂「笙」，而「閒」字之誼則與「閒歌」同，亦謂「堂上、堂下相閒代」也。然則以「閒」云者，其專謂鐘、磬與堂上樂相閒與？抑總管、鞀、鼓以下，皆閒代而作與？ **鳥獸牄牄**，牄，七羊反，正義本作「蹌」，隸古定本作「牄」。案：《説文》及鄭注《周禮》皆引作「牄」，當从「牄」。【注】鄭康成曰：「謂飛鳥走獸牄牄然而舞也。」【疏】注亦見《大司樂》疏。《説文・倉部》云：「牄，鳥獸來食聲也，从倉爿聲。《虞書》曰『鳥獸牄牄』。」兹不用其誼者，蓋《説文》解「牄」字之本誼，牄从倉，倉从食省，故云「鳥獸來食聲」。是其本誼如此，以注此經則不如鄭誼爲安也。 **箾韶九成，〓𦏺來儀。** 箾，息堯反，正義本作「簫」，隸古定本作「箾」。案：襄二十九年《左傳》云「見舞韶箾者」，《説文・竹部》云「虞舜樂曰箾韶」，然則當从「箾」。【注】〓，古文「鳳」。𦏺，讀若「皇」。鄭康成曰：「箾韶，舜所制樂。」樂備作謂之成。箾韶作九備，而鳳皇乃來儀。儀，匹也。謂致得雄曰鳳、雌曰皇，來止巢而乘匹。【疏】云「〓，古文『鳳』」者，《説文・鳥部》文。云「𦏺，讀若『皇』」者，《説文・羽部》云：「𦏺，樂舞，以羽翿自翳其首，以祀星辰也。从羽王聲，讀若『皇』。」案：《周禮・樂師》職「有皇舞」，故書「皇」作「𦏺」，鄭仲師云：「𦏺，讀爲『皇』，書亦或爲『皇』。」康成謂皇「雜五采羽，如鳳皇色，持以舞」，然則古「鳳皇」

字本作「翌」，《周禮》故書可證也。漢人以相承通用「皇」字，而「翌」字幾廢，賴鄭注《周禮》猶存故書之字，足以爲《説文》左證。《説文》「翌」讀若「皇」者，叔重取人人共識之「皇」字以發明「翌」字之音、誼，欲以曉後學尒。聲以此采用之，亦斯意也。鄭注見《公羊》哀十四年疏及《大司樂》疏。云「箾韶，舜所制樂」，《公羊》疏引之實作「簫韶」。茲則據《説文·竹部》云「虞舜樂曰箾韶」，遂于經文定从「箾」字，故于鄭注改爲「箾韶」也。案：《白虎通》引《禮記》曰「舜樂曰簫韶」，又宋均注《樂説》云「簫之言肅。舜時，民樂其肅敬而繼堯道，故謂之簫韶」，又鄭注《周禮》引此經作「簫韶」，據此諸文，則「簫」字未可云非。茲定从「箾」者，蓋「箾」與「簫」古今字，从古則作「箾」也。云「樂備作謂之成」者，《周禮·樂師》職云「凡樂成則告備」，是「備作」爲「成」也。「儀，匹」，《釋詁》文。云「謂致得雄曰鳳，雌曰翌」者，《釋鳥》云「鶠鳳，其雌翌」，又《史記·司馬相如列傳》相如飲于卓氏，卓氏女文君玫音，相如以琴心誂之，《索隱》録其詩曰「鳳兮鳳兮歸故鄉，游敖四海求其翌」云云，則「鳳」是雄者，「翌」乃其雌也。**夔曰：「於，予擊石拊石，百獸率舞，庶尹允龤。」**【注】鄭康成曰：「磬有大小。夔語舜曰：予擊大石磬，拊小石磬，則感百獸相𨓈而舞。」庶，衆。尹，正。允，信也。言樂之所感，使衆正之官信得其龤龢。【疏】注亦見《大司樂》疏。云「磬有大小」者，《釋樂》云「大磬謂之毊」，是磬有大有小也。云「予擊大石磬，拊小石磬」者，《周禮·太師》職云「令奏擊拊」，先鄭司農注云：「樂或當擊，或當拊。」然則「拊」與「擊」俱是作動之之謂，蓋考擊之有異尒。今同是石而擊、拊異言之，自是以石大小之異而異其言也。案：康成注《太師》職不从先鄭誼，而别爲解云「拊，形如鼓，以韋爲之，箸之以穅」，注此經上文「搏拊」亦爲是説，而于此言「拊小石磬」者，蓋此「拊」若亦是所擊之物而總冢「擊」文，不當厠于兩石之閒言之，自是以「拊」與「擊」對舉而著其考擊之異，故解有不同，鄭君望文爲誼也。「庶，衆」、「允，信」，並《釋詁》文。「尹，正」，《釋言》文。**帝𩫖作歌曰：「陟天之命，維時維幾。」**僞孔本「陟」作「敕」，「維」作「惟」，兹从《史記》所述。【注】陟帝位，膺天命，故曰「陟天之命」。當其可之謂時，幾則能成天下之務。【疏】僞孔氏改「陟」爲「敕」，夫天命不可戒敕也，言「敕天之命」殊不詞。傳訓「敕」爲「正」，「正天之命」亦不詞，因又申之曰「奉正天命以臨民」，言「奉天命」可也。顧「奉」非「敕」字之訓，是沾出之誼，則「敕」字不可通矣。《史記》述此經云「陟天之命」，斯爲允當，必古《尚書》原文也。云「陟帝位，膺天命，故曰『陟天之命』」者，「帝位」者，天命所在也；「陟帝位」則膺受天命，是爲「陟天之命」也。云「當其可之謂時」者，《禮記・學記》文。云「幾則能成天下之務」者，《易・繫上》云「惟幾也，故能成天下之務」，是其誼也。**乃歌曰：「股肱歖哉，元首起哉，百工熙哉！」**歖，昕其反，正義本作「喜」，兹从隸古定本。【注】股肱，臣也。歖，讀如《詩・頌・意僖》之「僖」；僖，和也。元首，君也。先言股肱，重任于臣也。工，讀爲「功」；功，事也。熙，興也。群臣叶和以輔其君，則君能振起，而百事皆興矣。意，因其反。【疏】云「股肱，臣也」，「元首，君也」者，伏生《大傳》文，郇説《申監》亦云：「君爲元首，臣爲股肱。」據前經言「臣作朕股肱耳目」，是「股肱」謂臣，則「元首」謂君矣。云「歖，讀如《詩・頌・意僖》之『僖』；僖，和也」者，《意僖》，《詩・周頌》篇名也。其詩曰「意僖成王」，毛傳云：「僖，和也。」「歖」與「僖」皆得「喜」聲，聲同則字可通，故讀从之也。僞孔傳以「歖」爲「喜樂盡忠」，夫「喜樂」非人臣立朝之範，「盡忠」則經外附益之誼，殊爲不合，不如讀爲「僖」，訓爲「和」，則「叶龔和衷」之誼也，于誼爲安也。但今《毛詩・意僖》之「僖」不从「人」傍而从「口」傍。案：《説文》无「口」傍箸「喜」之字，則从口者乃世俗之譌字，不可用也。《説文・人部》云「僖，樂也」，與毛傳「和也」之訓近，則知《毛詩》實作

「僖」也。正義言鄭以帝作歌，爲戒臣，故云「先言股肱重任于臣也」，用鄭誼也。《周禮·肆師》云「凡師不功」，康成注云：「故書『功』爲『工』。鄭司農讀『工』爲『功』，古者『工』與『功』同字。」故云：「工，讀爲『功』。」《堯典》「維時諒天功」，《史記》作「維時相天事」，故云「功，事也」。「熙，興」，《釋詁》文。**咎繇拜手稽首，颺言曰：「念哉，**颺，亦央反。【注】拜手，拜頭至手，所謂「空首」也。颺，大聲也。鄭康成曰：「使群臣念帝之戒。」【疏】云「拜手，拜頭至手，所謂『空首』也」者，《周禮·大祝》職辨九拜，「三曰空首」，鄭注云：「空首，拜頭至手，所謂拜手也。」是則「拜手」即《周禮》之所謂「空首」，故依仿《周禮》鄭注而爲解焉。《泮水》詩云「不吴不揚」，鄭箋以爲「不讙譁，不大聲」，是則「揚」爲大聲。「颺」與「揚」同，故云「颺，大聲也」。鄭注見《夏本紀》注。云「使群臣念帝之戒」者，上之帝歌先言「股肱」，意主于戒臣；咎繇承帝歌而言「念哉」，是使群臣念帝之戒。**遾作興事，慎乃憲，欽哉！屢省乃成，欽哉。」**屢，力寓反，隸古定本如此，正義本于上加「尸」，俗字也。省，悉井反。【注】遾，先道也。興，起。憲，法。屢，數。省，察也。戒群臣相遾作起事功，當慎守女之法度，又數數省察，乃能有成。再言「欽哉」，丁寧之也。先，悉茜反。道，大報反。數，色斲反。【疏】云「遾，先道也」者，《說文·辵部》文。「興，起」，《釋言》文。「憲，法」，《釋詁》文。「屢，數」，《巧言》詩鄭箋誼也。《釋言》云「屢，亟也」，「亟」之言亦「數」也。「省，察」，亦《釋詁》文。**乃賡𩟂歌曰：「元首明哉，股肱良哉，庶事康哉。」**【注】賡，古文「續」。𩟂，讀若「載」。鄭康成曰：「載，始也。」聲謂：良，能也。一說：良，量也，量力而動，不敢越限也。康，安也。咎繇先言「元首」，「責難于君」之誼也。【疏】云「賡，古文『續』」者，《說文·糸部》文。《大東》詩云「西有長庚」，毛傳云：「庚，續也。」「賡」字从庚，故爲古文「續」。案：《說文》「賡」

从庚、貝，不言庚聲，則今人讀作公行反，失之矣。云「𦔧，讀若『載』」者，《説文・丮部》文。今經典輒以「載」代「𦔧」，不復有「𦔧」字矣。惟隸古定《書》有之，玆从之也。鄭注見正義。「載」之爲「始」，説詳前文「載采采」疏。「聲謂良，能也」者，昭十八年《左傳》云「弗良及也」，服虔解誼云：「良，能也。」云「一説」者，劉熙説也。劉熙《釋名・釋言語》云「良，量也，量力而動，不敢越限也」，是其説也。此説于此經允合，故采之以備一誼。「康，安」，《釋詁》文。云「責難于君之誼也」者，《孟子・離婁上》云「責難于君謂之共」，此及下歌皆先言「元首」，咎繇欲言治亂之機皆由君上，是「責難于君」之誼也。**又歌曰：「元首叢脞哉，股肱惰哉，萬事隓哉！」**叢，才矦反。脞，倉果反。惰，徒果反，又徒卧反。隓，徒果反。【注】馬融曰：「叢，總。脞，小也。」鄭康成曰：「叢脞，總聚小小之事，以亂大政。」聲謂：惰，解弛也。隓，壞也。解，今賣反。弛，式侈反。【疏】馬注見《釋文》，鄭注見正義。「叢」是叢集，故馬訓「總」，鄭言「總聚」。《説文・目部》云「脞，目小也」，是「脞」有「小」誼，故馬、鄭皆解爲「小」。《禮記・娉誼》云「齊莊正齊，而不敢解惰」，是「惰」與「解」同誼。解怠則廢弛，故云「惰，解弛也」。《説文・自部》云「敗城自曰隓」，又《土部》云「壞，敗也」，故云「隓，壞也」。**帝拜曰：「俞，往欽哉。」**【注】拜者，荅咎繇也。受其戒，故荅拜之，明上之不虚取于下也。往欽哉者，戒群臣各往敬其職也。

【疏】「俞」之言「然」，是受咎繇戒也，故云「受其戒，故荅拜之」。荅其拜，受其言，是不虚取，故云「明上之不虚取于下也」。「上之不虚取于下也」者，《禮記・燕誼》云：「禮无不荅，言上之不虚取于下也。」云「往欽哉者，戒群臣各往敬其職也」者，上文「颺言曰念哉」，鄭注謂「使群臣念帝之戒」，然則是時群臣咸在，則帝承咎繇之戒而言「往欽哉」，明不獨戒咎繇，自是戒群臣也。

棄稷弟十六僞孔氏因《咎繇暮》有「暨益」、「暨稷」之文，遂斷自「帝曰來禹」而下分之别爲一篇，名之曰《益稷》。正義云馬、鄭、王所據《書敘》此篇名爲《棄稷》，然則本无《益稷》篇目。蓋僞孔氏作僞心勞，思欲省作一篇，遂啃經字以傅會篇名，❶故變名《益稷》，❷是不可不辨。【注】孔氏逸《書》十三，今亡。

虞夏書十六　虞書十五

❶「篇」，原脱，今據近市居本補。
❷「變」，原誤重，今據近市居本删。

⿰比卩城五服圖

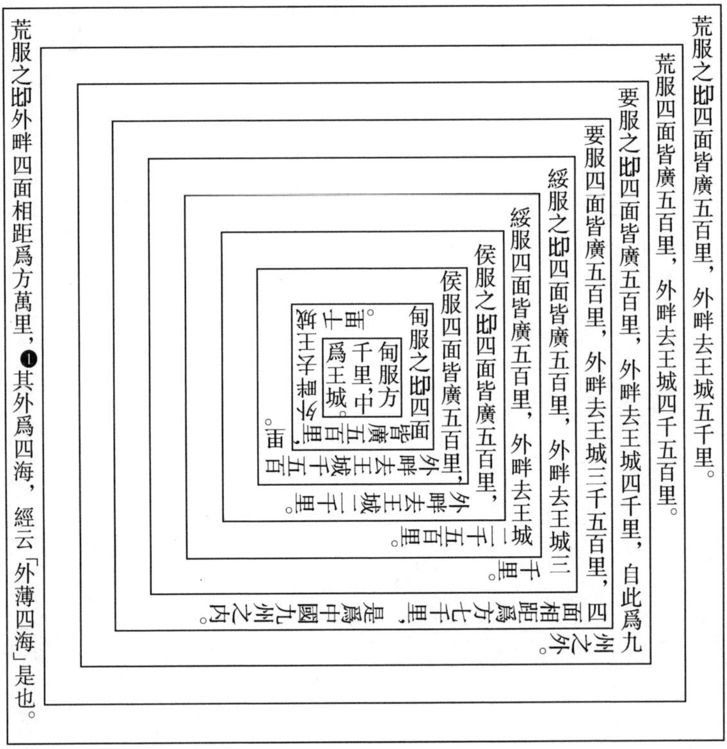
荒服之⿰比卩四面皆廣五百里，外畔去王城五千里。
荒服四面皆廣五百里，外畔去王城四千五百里。
要服之⿰比卩四面皆廣五百里，外畔去王城四千里，自此爲九州之外。
要服四面皆廣五百里，外畔去王城三千五百里，四面相距爲方七千里，是爲中國九州之內。
綏服之⿰比卩四面皆廣五百里，外畔去王城三千里。
綏服四面皆廣五百里，外畔去王城二千五百里。
侯服之⿰比卩四面皆廣五百里，外畔去王城二千里。
侯服四面皆廣五百里，外畔去王城千五百里。
甸服之⿰比卩四面皆廣五百里，外畔去王城千里。
甸服四面皆廣五百里，外畔去王城五百里。
甸服方千里，中爲王城。
荒服之⿰比卩外畔四面相距爲方萬里，❶其外爲四海，經云「外薄四海」是也。

中方千里爲甸服，《國語》曰「昔先王之有天下也，規方千里以爲甸服」是也。甸服中爲王城，據《周禮·考工記》「周之王城，方九里」，虞夏雖无文以説，或亦如周制與？然則王城在甸之中，四面各四里半。自王城之中央至甸服外畔，四面各五百里，《禹貢》所謂「五百里甸服」也。其外每服言「外畔去王城」若干里者，皆據王城之中央而推之也。

❶「四」，原作「去」，今據近市居本改。

經云「弼成五服，至于五千」，鄭康成曰：「禹治水敷土既畢，廣輔五服而成之，至于面各五千里。去王城五百里曰甸服，于周爲王畿，其弼當侯服；其外五百里爲侯服，當甸服；其弼當男服；又其外五百里爲綏服，當采服，其弼當衛服；又其外五百里爲要服，與周要服相當，要服之弼當其夷服；又其外五百里爲荒服，當鎮服，其弼當蕃服，去王城五千里，四面相距爲方萬里。」今依鄭説而爲此圖，畫爲方格十重，❶每格五百里，面有五千里，四面爲方萬里焉。案：《周禮·職方氏》云：「方千里曰王畿，其外方五百里曰侯服，又其外方五百里曰甸服，又其外方五百里曰男服，又其外方五百里曰采服，又其外方五百里曰衛服，又其外方五百里曰蠻服，又其外方五百里曰夷服，又其外方五百里曰鎮服，又其外方五百里曰藩服，此之謂九服。」「蠻服」即「要服」，《大行人》職「衛服外方五百里謂之要服」是也。蓋《禹貢》五服，服五百里既有明文，而于五服又各言百里、二百里、三百里之等，謂是禹「弼成」之數，則文未甚明。《周禮》王畿方千里，外有九服各五百里，則是方萬里之明文也。《立政》云「詰尒戎兵，以陟禹之迹」，則周之幅隕同禹之畺域，鄭故據《周禮》爲説，足以證「弼成五服」爲方萬里矣。玆并附《周禮九服圖》于左方云。

---

❶「畫」，原作「書」，今據近市居本改。

附周禮九服圖

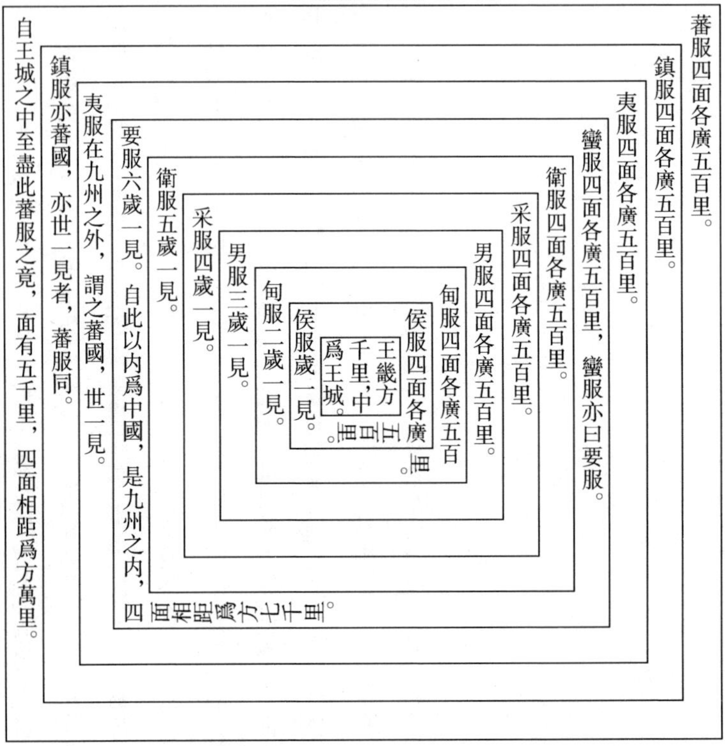
蕃服四面各廣五百里。
鎮服四面各廣五百里。
夷服四面各廣五百里。
蠻服四面各廣五百里，蠻服亦曰要服。
衛服四面各廣五百里。
采服四面各廣五百里。
男服四面各廣五百里。
甸服四面各廣五百里。
侯服四面各廣五百里。
王畿方千里，中五百里爲王城。
侯服歲一見。
甸服二歲一見。
男服三歲一見。
采服四歲一見。
衛服五歲一見。
要服六歲一見。自此以內爲中國，是九州之內，四面相距爲方七千里。
夷服在九州之外，謂之蕃國，世一見。
鎮服亦蕃國，亦世一見者，蕃服同。
自王城之中至盡此蕃服之竟，面有五千里，四面相距爲方萬里。

鄭君説「卬成五服」輒舉《周禮》「九服」以況，故畫此《九服圖》以附于《卬成五服圖》後云。

鄭康成曰：「要服之内爲九州，爲方七千里。七七四十九，得方千里者四十九，其一以爲畿内，餘四十八八州分而各有六。《春秋傳》曰『禹朝群臣于會稽，執玉帛者萬國』，言『執玉帛』，則九州之内諸侯也。計一州方百里之國二百，方七十里之國四百，方五十里之國八百，計有一千四百國。以二百國爲名山大川不封之地，餘有一千二百國，八州凡九千六百國，其餘四百國在畿内與？」此鄭君計九州容萬國之數也，是必要服之内方七千里乃能容之。鄭欲以此見「𠚣成五服」爲方萬里，以破俗儒「五服方五千里」之説也。聲案：方七千里之地實足容萬國，弟如鄭計則外州之大六倍于中州，非制也。且謂四百國在畿内，恐不足以容，似韋事失實，亦非也。聲以爲九州之畍雖不必大小適等，然欲計每州建國之數，必先等畫其畍，使大小齊均，乃可計尒。蓋畫九州之畍，必縱横皆三分之，則三三而九矣。方七千里之地，先取六千里三分之，每分得二千里；餘一千里又三分之，又得三百三十三里少半里。縱横皆然，則每州得方二千三百三十三里少半里焉，以封三等之國，可容千二百國而有餘，八州凡九千六百國矣。應尚有四百國，則中州畿外地頗寬大，可封之也。謹列二圖于左，則形制了然矣。

每州方二千三百三十三里少半里建三等國之圖

廣三里少半里，亘二千三百三十里有奇。

設此爲千里之方，可封方百里之國百。

縱三百三十里，橫千里，可封方五十里之國百二十，猶餘方十里者三百。

又設爲千里之方，以其什八封方百里之國八十，以其什二封方五十里之國亦八十。

設此爲千三百三十里之方，以封方七十里之國，縱橫皆得十九，可三百六十一國。

州中三等之國自當大小間錯，豈必大國次國小國分異各聚一處？爲此圖者，便計算尒。

縱千里，橫三百三十里，又可封方五十里之國百二十，亦餘方十里者三百。

又設爲千里之方，可封方五十里之國四百。

廣三里少半里，亘二千三百三十里有奇。

如圖式，可封方百里之國百八十，方七十里之國三百六十一，方五十里之國七百二十，凡千二百六十一國，其餘方十里者六百。又廣三里少半里而直二千三百三十有奇者，縱横各一。如鄭説，一州千二百國；又《王制》「建國之法，方百里者當一分，方七十里者倍之，方五十里者四之」，然則當建方百里之國百七十一，方七十里之國三百四十三，方五十里之國六百八十六，凡千有二百國。其餘六十一國及其不成國之餘地，則皆以當名山大澤不以封之地也。

九州中州之圖

設此爲九州之中州，亦爲方二千三百三十三里少半里。其中方千里爲王畿，王畿之四傍皆衺延千里，而廣六百六十六里大半里，各有方百里者六十，方五十里者二十，而猶餘廣十六里大半里之邊也。其四隅皆爲方六百六十六里大半里，各有方百里者三十六，方五十里者二十五，而猶餘外句廣十六里大半里焉。總而計之，凡爲方百里者三百八十四，方五十里者百八十，其外猶有廣十六里大半里者匌帀其四面焉。分其外畔以畀外州，而于其中建四百國，猶寬然有餘也。

設此千里之方爲王畿，《禹貢》所謂「甸服」也。

前圖計外州建千二百國，八州則九千六百國。但每州皆有名山大澤不封之地，使其州中名山大澤多而或不足容千二百國，則必取足于中州。故又爲此中州之圖以著其畺域廣大，可以其附近外州之處建諸侯，而使外州之牧與師統領之，而其中之地猶寬大，猶可封四百國而有餘，是九州之内各餘名山大澤不以封而足容萬國，誠如鄭君所説也。第九州畺域豈必大小適等，其形勢亦豈能方平正直，爲此圖者，設法以便計尒。

《堯典》至《棄稷》標題凡百九十六名。注百二字。釋音辯字百一十九言。疏百一十一字。隸書標題及署名皆不數，後諸卷皆然。

《九共》逸文十一名，重文一，凡十二言。音四言。注十五字。疏二百四十一字。

《咎繇暮》經文九百五十八名，重文十四，凡九百七十二言。注四千二百七十四字。釋音辯字千八百五十九言。疏二萬二千五百一十八字。

附圖四。署圖凡三十二字。圖凡八百五十二字。説凡千三百四十六字。

尚書集注音疏卷三

吴江徵君聲著

尚書集注音疏卷三　江聲學

虞夏書十七　夏書一　尚書三

禹貢弟十七

禹傅土，傅，方巫反，正義本作「敷」，茲从《史記》。【注】馬融曰：「傅，分也。」【疏】注見《釋文》，又見《夏本紀》注。**隨山栞木，**栞，可安反，正義本作「刊」，茲从《説文》所引。《漢書》作「栞」，隸古定本亦作「栞」，「栞」即「栞」之篆文。【注】鄭康成曰：「必隨州中之山而登之，除木爲道以望，觀所當治者則規其形而度其功焉。」聲謂：栞，槎識也。謂槎其木爲表識，以表其道也。《史記》曰「行山表木」。度，代雒反。識，中試反。行，下孟反。【疏】鄭注見正義。《孟子》曰「鴻水横流，氾濫于天下，艸木蕭茂」，然則治水者必先除其翳塞，乃後可規形而度功。此於篇首紀禹治水施功之始，故鄭君云「除木爲道以望」，解「栞木」爲「除木」也。但以「栞」爲「除」，於誼未盡，故聲增成其誼。云「栞，槎識也」者，《説文·木部》文。槎，斫也；「識」與「志」同。木新斫處色白，遠望見之能知其處，是可記志，故云「謂槎其木爲表識，以表其道也」。引《史記》者，《夏本紀》文。《夏本紀》全載此篇，所云「行山表木」實即此文，故引以證「栞木」爲「表識」之誼。**奠高山大川。**奠，依注田佞反。【注】奠，讀當爲「定」。馬融曰：「定其差𪉩，祀禮所視也。」聲謂：高山大川，五嶽四瀆之屬。差，初宜反。【疏】《周禮·大司徒》云「奠地守」，鄭注云「定地守」；又《司市》云「平肆展成奠賈」，注云「奠，讀爲定。杜子春云『奠當爲定』」；又《瞽矇》云「世奠繫」，注云「故書『奠』或爲『帝』。杜子春云『帝，讀爲定，其字爲奠』，書亦或爲奠」，是古者「定」字輒有作「奠」者。此經據馬注則亦以「奠」爲「定」也，故云「奠，讀當爲『定』」。馬注見《夏本紀》注。云「定其差𪉩，祀禮所視也」者，若《尚書大傳》云「五嶽視三公，四瀆視諸侯，其餘山川視伯，小者視子、男」是也。云「高山大川，五嶽四瀆之屬」者，《夏本紀》注引《尚書大傳》云然，今《大傳》無此文，蓋在亡逸中矣。「五嶽」者，《釋山》云「河南華，河西嶽，河東岱，河北恒，江南衡」，鄭注《周禮·大司樂》云「五嶽：岱在沇州，衡在荆州，華在豫州，嶽在雝州，恒在并州」是也。乃《釋山》又有云「泰山爲東嶽，華山爲西嶽，霍山爲南嶽，恒山爲北嶽，崇高爲中嶽」者，是漢時之「五嶽」蓋後人所附益，非《爾雅》原文也，説詳《堯典》疏。「四瀆」者，《釋水》云「江、河、淮、海爲四瀆。四瀆者，發源注海者也」是也。云「之屬」者，據《周禮·職方氏》「九州皆有山鎮名川」，則「高山大川」不止五嶽四瀆，則當皆定其祀禮，故言「之屬」以包之也。**冀州既載，**冀，吉器反。【注】鄭康成曰：「兩河間曰冀州。不書其畍者，時帝都之，使若廣大然。『載』之言『事』；事，謂作徒役也。禹知所當治水，又知用徒之數，則書之於册，以告帝徵役而治之。」【疏】注見《公羊》莊十年傳疏及正義。云「兩河間曰冀州」者，《釋地》文。郭注以爲「自東河至西河」是也。李巡注云「兩河間其氣清，厥性相近，故曰冀。冀，近也」，此解冀州之名誼未知審然否，姑存其説，餘州仿此。云「不書其畛者，時帝都之，使若廣大然」者，它州如沇曰泲、河，❶青曰海、岱，以及徐、揚、荆、豫、梁、雝，皆書其境畛所至，此冀州獨否，故決之。知帝都冀州者，哀六年《左傳》引《夏書》曰「惟彼陶唐，帥彼天常，有此冀方」，是堯都冀州也。以是帝都，欲見其統率四海，故不書其畛域，使若廣大無有止竟然也。《逸周書·謚法解》云「載，事也」，故云「『載』之言『事』」。鄭又注《周禮·載師》敘官亦云「載之言事」，且引此經以證。**壺口治梁及嶅。** 壺，黄吾反。嶅，古文「岐」。【注】馬融曰：「壺口，山名。」鄭康成曰：「《地理志》壺口在河東北屈，梁山在左馮翊夏陽，岐山在右扶風美陽。於此言『治梁及岐』者，蓋治水從下起，以襄水害易也。」屈，渠勿反，从尾出聲，俗从尸、出作，譌也。馮，皮陵反。易，弋鼓反。【疏】馬注見《釋文》，鄭注見《夏本紀》注及正義。引《地理志》者，案：班固《漢書》有十《志》，《地理志》其第八，而鄭君所引非是志也。知者，以鄭君注此篇輒引《地理志》，而與班史《志》時有不合，覈諸《後漢書·郡國志》則無不合。夫《郡國志》本晉司馬彪《續漢書》之志，梁劉昭取以補宋范蔚宗《後漢書》，是書鄭君所不及見，而注輒與之合者，蓋所據之書同也。宋余靖敘《後漢書》云「明帝詔班固、陳宗、尹敏、孟冀作《世祖本紀》及建武時功臣列傳，後有劉珍、李充雜作建武以後至永初間紀傳，又命伏無忌、黄景作諸王、王子、恩澤侯并單于、西羌、《地理志》，又邊韶、崔寔、朱穆、曹壽作《皇后外戚傳》、《百官表》及順帝功臣傳，成一百一十四篇，號曰《漢紀》」，劉昭注《補後漢書志敘》云「推檢舊記，先有《地理》」，是則東漢別有《地理志》矣。鄭君當東漢之末，據其當代之書，故不盡同班史之《志》；司馬彪撰

❶「它」，原作「也」，今據近市居本改。

東漢之史，其郡縣必从東漢之志，故《郡國志》郡縣之名悉與鄭注所引《地理志》合也。鄭君所引之《地理志》今不可見，茲疏鄭注，姑兩據班史《地理志》及《郡國志》以說。案：班史《志》河東郡北屈，壺口山在東南，左馮翊夏陽，梁山在西北，右扶風美陽，岐山在其西北中水鄉；《郡國志》河東郡北屈有壺口山，左馮翊夏陽有梁山，右扶風美陽有岐山，皆與鄭君說合也。云「於此言『治梁及岐』者，蓋治水從下起，以襄水害易也」者，鄭以梁、岐皆在雝州而於此冀州言之，故申其意云。治水從下起，易爲功也。河自雝州經梁、岐閒而流於冀，今從壺口而梁而岐，則自下流上溯，故曰「從下起」，蓋疏其下流乃能承受上流之水，故水害易除，「襄」之言「除」也。案：禹之治水，冀州之後次及沇州，雝州則在末後，鄭以經文承「壺口」而言梁、岐，故言「治水從下起」，非謂治冀之後遂治雝也。**既修大邍，至于岳陽。覃懷厎績，至于衡漳。**邍，愚袁反，正義本作「原」。案：《說文》「原」乃「厵」之省文；厵，水泉本也，其誼別矣；邍，高平之野，人所登。據誼當作「邍」。岳，古文「嶽」。覃，大含反。衡，古横字。❶

【注】鄭康成曰：「岳陽，大岳之南。衡漳，漳水横流入河。《地理志》大邍今爲郡名；大岳在河東彘縣東，名霍大山；覃懷爲縣名，屬河内；漳水出上黨沾大要谷，東北至安平阜城入河，行千六百八十里。」聲謂：修，亦「治」也。厎，致。績，功也。沾，帖廉反。要，一䍃反。阜，房九反。【疏】鄭注見《周禮·職方氏》疏。云「岳陽，大岳之南」者，「大岳」即後「道山」所云「壺口、雷首，至于大岳」是也。山南曰陽，言「岳陽」，故云「大岳之南」也。云「衡漳，漳水横流入河」者，「衡」與「横」通，以其横流故得「衡漳」之名，此解其名

❶「字」，原作「反」，今據近市居本改。

誼也。經文「岳陽」在「大邃」之下，「衡漳」在「覃懷」之下，鄭君先解之者，以岳陽之地名、衡漳「衡」字之誼《地理志》不具，故先解之，乃後據志文以説。云「大邃今爲郡名」者，班史《志》及《郡國志》皆有「大邃郡」，屬并州。漢因於周而有并州，夏無并州，實爲冀州地也。云「大岳在河東彘縣東，名霍大山」者，班史《志》河東郡有彘縣，「霍大山在東」；《郡國志》則云「河東郡永安，故彘，陽嘉三年更名。有霍大山」，然則鄭君時彘縣已改名「永安」矣。而猶舉其舊名，或鄭君據陽嘉以前之志與？云「覃懷爲縣名，屬河内」者，班史《志》河内郡有懷縣，《郡國志》同。云「漳水出上黨沾大要谷」者，《周禮》疏引作「大黽谷」，《漢書·志》亦作「大黽谷」，《説文·水部》云「清漳出沾山大要谷」。必知「要」是「黽」非者，「要」字或作「𦥔」，與「黽」相似，魏晉以後俗字盛行，「要」字皆作「要」，不復知有「𦥔」字。《漢書》多古字，必本作「大𦥔谷」，傳寫者不識「𦥔」，認爲「黽」，故誤爾；北地郡有「大𦥔縣」，師古曰「𦥔，即古要字」，是其證也。賈公彦不知《漢志》「黽」字之譌，反據以改鄭注之「要」爲「黽」，謬甚矣。案：《郡國志》上黨郡沾縣不言「漳水所出」，《漢書·志》云上黨郡「長子」，「鹿谷山，濁漳水所出，東至鄴入清漳」，「沾，大要谷，清漳水所出，東北至邑成入大河，過郡五，行千六百八十里」，然則漳有二源，鄭云「出沾大要谷」則是「清漳」矣。云「安平阜城」，則與《漢志》不合，《郡國志》云「安平國，故信都。阜城，故昌成」，而《漢書·志》信都國有「昌成」縣，然則云「邑成」者誤也，當是「昌成」，鄭云「安平阜城」則據後漢郡縣名也。《淮南·修務訓》云「修彭蠡之防」，高誘注云「修，治」。此經冡上「治梁及岐」之「治」，故云「修，亦『治』也」。「厎，致」，《釋言》文。「績，功」，《釋詁》文。《史記》云「覃懷致功」，兹依據以爲訓。**氒土維白壤**，壤，如賞反。【注】馬融曰：「壤，天性和美也。」【疏】注見《釋文》。《説文》云「壤，柔土也」，鄭注《周禮·大司徒》云「壤，和緩之皃」。「壤」爲和柔之土，故云「天性和美」。**氒賦維上上錯**，錯，七各反。【注】鄭康成曰：「賦之差，一井，上上出九夫税，上中出八夫税，上下出七夫税，中上出六夫税，中中出五夫税，中下出四夫税，下上出三夫税，下中出二夫税，下下出一夫税。通率九州，一井税五夫。此州入穀不貢。」傳曰：「錯，雜也，雜出第二之賦。」差，初宜反。率，吕卹反。【疏】鄭注見正義及《禮記·王制》正義。案：《孟子》云「夏后氏五十而貢，殷人七十而耡，周人百畝而徹，其實皆什一也」，又云「井九百畝，其中爲公田」，又云「惟耡爲有公田」，是則夏制什一税夫，田不畫井。鄭注《周禮·匠人》葡引《孟子》文而云「周制，畿内用夏之貢法，税夫無公田」，是鄭君亦謂夏時無井田也。此以「井」計者，以九夫爲井差爲九等甚便，故假以言之爾，《王制》正義云「以《禹貢》九州有上中下九等，故以井田計之」是也。云「一井，上上出九夫税」者，一井之中，九夫各以所收之什一爲税；「上中出八夫税」者，謂通九夫共出八夫所收之什一爲税；以下至「出一夫税」皆謂九夫通出其什一也。《詩·甫田》正義節引此注而以爲鄭欲品其多少，無所比況，遂以九井擬之以示税之多少，非其實税之也。是以其賦之輕重縣殊，而疑其非實税。案：襄二十五年《左傳》云「度山林，鳩藪澤，辨京陵，表淳鹵，數疆潦，規偃豬，町遼防，牧隰皋，井衍沃」，賈逵注云：「山林之地，九夫爲度，九度而當一井；藪澤之地，九夫爲鳩，八鳩而當一井；京陵之地，九夫爲辨，七辨而當一井；淳鹵之地，九夫爲表，六表而當一井；疆潦之地，九夫爲數，五數而當一井；偃豬之地，九夫爲規，四規而當一井；遼防之地，九夫爲町，三町而當一井；隰皋之地，九夫爲牧，二牧而當一井；衍沃之地，畝百爲夫，九夫爲井。」夫曰「九度而當一井」，非即一井出一夫税乎？❶其九等之差正與此九等之税同，何見而疑此非實税耶？雖此是田賦，與《左傳》通計山林等九者不同，然《周禮》授民田有「不易」、「一易」、「再易」，則田之肥磽固有

---

❶「夫」，原作「井」，今據近市居本改。

相縣數倍者。且如《左傳》所云九等之地九州皆有，苟是州衍沃之地多，則統一州而計，通率一井可得八九夫税；設是州山林藪澤之地多，則統一州而計，通率一井出一二夫税；況其田有「不易」、「一易」、「再易」之殊，則九夫、一夫之差理勢固然，不足怪也。云「通率九州，一井税五夫」者，有九夫税，有一夫税，合之共十夫，均分之則各五夫。其八夫通二夫，七夫通三夫，六夫通四夫，均之則皆然，是率一井税五夫也。《周禮》授民田不易者百畝，一易者倍之，再易者三之，通率三家而受六夫，其野則六家而受十三夫，其賦則惟計見耕之田而税之。通而計之，則一夫之地惟税五十畝，故《管子·幼官》篇云「田租百取五」即此制也。地力肥墽，古今如一，推之夏制田賦之法，當亦一夫惟税五十畝，故《孟子》曰「夏后氏五十而貢」，「其實什一也」，熊安生《禮》疏云「夏政寬簡，一夫之地惟税五十畝」是也。云「此州入穀不貢」者，《鄭志》説「貢篚」之制云「凡所貢篚之物，皆以税物市之，隨時物賈以當邦賦」，然則餘州雖有「厥賦」之文，不入穀，準其賦之額買地物以貢，故皆有「厥貢」之文；此州不言「厥貢」，以天子之都，凡土地所生、天子所需者，令官買辦之，不煩諸侯貢篚，故「入穀不貢」也。下文梁州「厥賦下中三錯」，鄭注云「三錯者，此州之地有當出下下之賦者，少爾。又有當出下上、中下者，差復益少」，然則鄭君以「錯」爲雜出他等，傳言「錯，雜也，雜出第二之賦」，與鄭意合，故用之。云「第二」者，上上既是第一，則雜出自然第二矣。**厥田維中中。**【注】馬融曰：「土地有高下。」鄭康成曰：「地當陰陽之中，能吐生萬物者曰土。據人功作力競得而田之，則謂之田。田箸高下之等者，當爲水害備也。」競，其慶反。而田之，迪眄反。【疏】馬注見《釋文》。云「土地有高下」者，總九州之田上上至下下九等而通解之，此言「中中」，則是高下之中也。鄭注見正義。云「地當陰陽之中，能吐生萬物者曰土」者，五行木、火爲陽，王於春、夏；金、水爲陰，王於秋、冬；土位乎中央，代王於四者之間，是「當陰陽之中」也。《説文》云「土，地之吐生萬物者也。二，象地之下，地之中；—，物出形也」，又《白虎通》云土「主吐含萬物，❶土之爲言吐也」是也。云「據人功作力競得而田之，則謂之田」者，《説文》云「田，陳也。樹穀曰田。象四囗。囗十，仟伯之制也」，劉熙《釋名》云「以耕者曰田」，是「田之」則謂之「田」也。《周書・多方》云「畋爾田」，「畋」謂「田之」也。云「田箸高下之等者，當爲水害備也」者，从馬誼而更申其意也。馬、鄭知上、中、下之等是據地形高下爲言者，昆侖山高萬一千里，天下之最高頂也，九州在昆侖之東南，故西北高東南下；雝州在西北，其田上上，揚州在東南，其田下下，明以高爲上卑爲下也。荆在揚西，高一等，梁在荆西，又高一等，江南之地卑於江北，故三州當下三等。鴻水之害，沇州尤甚，明地卑也，其田中下，冀則中中，豫中上，青上下，徐上中，禹道河經冀、豫之間，至大邳則折而北行，緜冀、沇之間而入海，明青、徐地高，不可更東，沇尤下於冀，故順其就下之性而道之北行也，是九州上、中、下之等據高下差之也。王肅注云「言其土地各有肥膌」，案：賦出於田，賦之輕重當視田之肥膌爲差，不應中中之田出上上之賦。雝州田上上反出中下之賦，且揚州土茨，不得爲下下；雝州多山少水，何以反爲上上乎？肅説非是。**恒、衛既從，大陸既作。**【注】**鄭康成曰**：「《地理志》恒水出恒山，衛水在靈壽，大陸澤在鉅鹿。」❷聲謂：從，從其道也。作，爲也。【疏】鄭注見《夏本紀》注。案：《漢書・志》：常山郡有上曲陽縣、靈壽縣。恒山在上曲陽西北，恒水所出，東入滱；衛水出靈壽東北，東入虖沱；鉅鹿郡有鉅鹿縣，大陸澤在北。皆與鄭君此注合。《郡國志》則上曲陽屬中山國，云「故屬常山」，恒山在西北；常山國靈壽，衛水出；鉅鹿郡鉅鹿，故大陸，有大陸澤。亦不韋此鄭注，但

---

❶「主」，原作「生」，今據近市居本及《白虎通》改。

❷「大」，原作「在」，今據近市居本改。

未言恒水所出爾。「聲謂從，從其道也」者，此經紀治水之成功，則「既從」謂既順其水道而安流，與下沇州紀「九河既道」之意略同，故云「從其道」。「作，爲」，《釋言》文，《史記》云「大陸既爲」，故云「作，爲也」。**鳥夷皮服。**鳥，僞孔本作「島」，《史記》、《漢書》皆作「鳥」，據鄭注則作「鳥」爲是。【注】鄭康成曰：「鳥夷，東北之民，搏食鳥獸者。」聲謂：鳥夷衣皮，故貢皮服。青之萊夷、徐之淮夷、揚之鳥夷皆傅於「厥貢」之末，此州無貢、匪之文，故記于此。不言「貢」者，夷民本非州內，不制其貢，來則受之，不來亦不徵，它州之夷當亦然也。衣，一既反。傅，房付反。匪，方尾反。它，❶土蝸反。【疏】鄭注見正義，又見《夏本紀》注。「東北」，正義作「東方」；「搏食」，《夏本紀》注作「賦食」；兹各从其是者。云「東北之民」者，《禮記·王制》云「東方曰夷」，此紀於冀州則必近北，故以爲「東北之民」。云「鳥夷衣皮，故貢皮服」者，鄭注揚州「鳥夷卉服」云「貢其服者，以給天子之官」，準彼「卉服」是所貢，則此「皮服」亦是所貢矣。云「此州無貢、匪之文，故記於此」者，此州雖無貢、匪，而文之次弟，此當它州「厥貢」、「厥匪」之次，故記「鳥夷」於此，亦如青、徐、揚之夷皆記於貢、匪間也。它州之夷皆附「厥貢」之末，是貢可知，此無貢文，而「皮服」既是貢物，當特言「貢」以著明之，而經不云「貢」，故釋其意云「不言『貢』者，夷民本非州內，不制其貢，來則受之，不來亦不徵」也。九州之外爲四夷，故知夷民非州內，《尚書大傳·歸禾傳》云「政令不施焉則君不臣其人」，是則不制夷民之貢矣。云「它州之夷當亦然也」者，以此鳥夷例之，則青之萊夷、徐之淮夷、揚之鳥夷雖在「厥貢」之末，當亦不徵其必貢也。**夾右碣石，入于河。**碣，其列

❶ 「它」，原作「他」，今據近市居本及注文改。下疏文「他州之夷」之「他」與此同。

反，韋昭音其逝反。【注】鄭康成曰：「《戰國策》碣石在九門縣，今屬常山郡，蓋別有碣石與此名同，今驗九門無此山也。禹繇碣石山西北行盡冀州之竟，還從山東南行入河。❶治水既畢，更復行之，觀地肥膌定貢賦上下。」聲謂：《地理志》碣石在右北平驪城西南，《水經》云「在遼西臨渝縣南水中」，不審孰是。河，或爲「海」。繇，亦周反。復行，房救、下孟二反。膌，子益反。【疏】鄭注見正義。云「《戰國策》碣石在九門縣，今屬常山郡」者，《郡國志》常山國有九門縣，劉昭注引《史記》趙武靈王「出九門，如野臺，以望齊中山之竟」，又偁「碣石山」而引《戰國策》云「在縣畍」，蓋以補志之不備，而所引正合鄭注。檢今《戰國策》無「碣石在九門」之文，蓋闕佚矣。云「蓋別有碣石與此名同，❷今驗九門無此山也」者，鄭據當時九門無碣石，不可據《戰國策》爲必是，故云然也。案：《漢書·志》右北平郡驪城縣，「大碣石山在縣西南」，鄭君不引，鄭據後漢之《地理志》蓋無此文也。云「禹繇碣石山西北行盡冀州之竟，還從山東南行入河」者，正義申其意云「鄭以北行則東爲右，南行則西爲右，故夾山兩旁，山常居右」是也。云「治水既畢，更復行之，觀地肥膌定貢賦上下」者，貢賦之輕重各視其土産之厚薄，故必觀地肥膌而後可定，水土未平無繇審地力之肥膌，故治水畢而更行視也。此文記於冀州之末，故知是紀禹按行之道，以後每州之末皆言「浮于」云云，皆仿此可知也。聲引《地理志》者，《漢書》之志也。《水經》者，或以爲桑欽所作，非也；其書改「漢寧」爲「魏寧」、「廣漢」爲「廣魏」，安得云欽作？

---

❶「還」，原作「遠」，今據近市居本改。下疏文同此者逕改，不一一出校。

❷「名同」，原作「同名」，今據近市居本及注文改。

自是魏人所作，但不知誰爾。既引《地理志》又引《水經》者，碣石所在二書不同，未能定其孰是，故備引之。鄭君注山、水所在皆據東漢之郡縣，予補鄭注之闕佚自當據鄭所據以説，而鄭君所引《地理志》不可得見，故據兩漢之志以補之，志或不具，則引《水經》。《水經》雖出於魏人，其郡縣之名未變乎漢者什之八九，擇而用之可也。云「河，或爲『海』」者，《史記》文作「入于海」。**沸、河維沇州。**沸，即豊反，正義作「濟」，隸古定本作「沸」。案：《説文·水部》云「沸，沇也」，又云「濟水出常山房子贊皇山，東入泜」，然則濟非沇州之水，此篇所無，篇内皆當作「沸」。沇，以吮反，正義本改譌，不可从。【注】鄭康成曰：「言沇州之畍在此兩水之間。」聲謂：沇，古文**或爲「㕣」；㕣，山間陷泥地。**沇州，九州之渥地也，故以「沇」名焉。㕣，以吮反。【疏】鄭注見《公羊》莊十年傳疏及《夏本紀》注。《釋地》云「沸、河間曰沇州」，故云「在此兩水之間」，謂在東河之東、沸水之西也。云「沇，古文或爲『㕣』；㕣，山間陷泥地」者，《説文·水部》古文「沇」作「沿」，又《口部》云「㕣，山間陷泥地，从口从水敗皃，讀若『沇州』之『沇』」，是「㕣」亦古文「沇」矣。㕣从水敗皃，故爲陷泥地，謂其地爲水所敗而泥濘也。「九州之渥地」以下，亦《説文·口部》文。渥，厚漬也。沇州水害最甚，久漬於水故爲渥地，因而得「沇」名，此説沇州之名誼也。《釋名》以爲取沇水爲名，李巡注《爾雅》云「沸河間，其氣專質，皁性信謹，故曰沇。沇，信也」，此二説皆不如《説文》精確。**九河既道，**【注】鄭康成曰：「河水自上至此流盛，而地平無岸，故能分爲九以衰其埶。壅塞，故通利之也。九河之名：徒駭、太史、馬頰、覆鬴、胡蘇、簡挈、鉤般、鬲津。周時齊桓公塞之，同爲一，今河間弓高以東至平原鬲般，往往有其遺處焉。」衰，色介反。埶，式制反。塞，所則反。鬴，同「釜」，方武反。絜，今旹反。般，步干反。鬲，戈戹反。【疏】注見《詩·般》正義。云「河水自上至此流盛，而地平無岸，故能分爲九以衰其勢」者，《漢書·溝洫志》云「禹以爲，河所從來者高，水湍悍難以行平地，數爲敗，乃釃爲二渠以引其河，北載之高地，過洚水，播爲九河」是也。云「九河之名：徒駭、太史、馬頰、覆鬴、胡蘇、簡絜、鉤般、鬲津」者，《釋水》文也。云「周時齊桓公塞之，同爲一」者，《春秋緯寶乾圖》云「逡河爲畍，在齊吕，填閼八流以自廣」，鄭蓋據此文也。云「今河間弓高以東至平原鬲般，往往有其遺處焉」者，《漢書·志》郣海郡成平縣有虖池河，民曰「徒駭河」；河間國弓高縣有虖池别河，首受虖池河；平原郡有鬲縣、般縣，平當以「鬲」爲鬲津，則「般」當即鉤般矣。又《溝洫志》云「許商以爲古説九河之名，有徒駭、胡蘇、鬲津，今見在成平東光鬲畍中，自鬲以北至徒駭間，相去二百餘里，今河雖數逡徙，不離此域」，是九河故迹漢時尚可尋，故云「有其遺處」。《鄭志》趙商問曰：「《禹貢》道河至於大陸，又北播爲九河，然則大陸以南固未播也，在于沇州安得有九？至於何時復得合爲一，然後從大陸以北復播爲九也？」鄭君荅曰：「沇州以泲、河爲畍，河流分沇州畍，文自明矣。復合爲一，乃在下頭。子走南北，何所求乎？觀子所云，似徒見今沇州之畍不及九河而青、冀分之，故疑之爾。既知今，亦當知古。」案《郡國志》，則東漢時河間、郣海皆屬冀州，平原屬青州，故鄭以爲「青、冀分之」，其初本沇州之域，故云「亦當知古」，是則九河之故迹實有可據者。《溝洫志》述司空掾王横言「往者，天嘗連雨，東北風，海水溢西南出，寖數百里，九河之地以爲海所漸矣」，案：郣海在九河之下流，九河且淪没，郣海之地豈得尚存？後漢時安得猶有郣海郡乎？王横之言謬甚。

雷夏既澤，雝、沮會同，【注】鄭康成曰：「《地理志》雷澤在濟陰成陽，雝水、沮水相觸而合入此澤中。」【疏】注見《夏本紀》注。引《地理志》者，案：《漢書·志》泲陰郡有成陽縣，雷澤在其西北；《郡國志》亦云泲陰郡成陽有雷澤。知雝、沮合入雷澤者，中國之水恒東南流，《括地志》云「雝、沮二水在雷澤西北」，經於「雷夏既澤」下言「雝、沮會同」，明會合而入雷澤也。鄭君北海人，去沇州不遠，其水道或素知之，非專據書也。**桑土既蠶**，蠶，徂含反。【注】鄭康成曰：「其地尤宜蠶桑，因以名之。今濮水之上，地有桑間者。」濮，必木反。【疏】注見《詩·邶鄘衛譜》正義。❶ 云「今濮水之上，地有桑間者」者，《禮記·樂記》云「桑間濮上之音」，鄭注云「桑間，在濮陽南」，「濮陽南」即「濮水之上」矣。案：《郡國志》濮陽屬東郡，劉昭注引《博物記》曰「桑中在其中」，「桑中」即「桑間」也。**是降丘宅土**。【注】鄭康成曰：「此州寡於山，而夾川兩大流之間，遭鴻水，其民尤困。水害既除，於是下丘居土，以其免於厄，尤喜，故記之。」聲謂：宅，或爲「度」。或說，民乃下丘營度爽塏之場，而邑落之。度，大洛反。塏，可虫反。【疏】鄭注見正義。云「夾川兩大流之間」者，即謂泲、河之間也。云「以其免於厄，尤喜，故記之」者，「降丘宅土」九州皆然，兹獨於沇州言之，明是被害尤甚，則免厄尤喜，故記於此也。云「宅，或爲『度』」且偁「或說」者，《風俗通·山澤篇》引作「度」，且說云「堯遭鴻水，萬民皆山西巢居以避其害。禹決江疏河，民乃下丘營度爽塏之場，而邑落之」，是其文也。古「宅」、「度」同字，故「宅」或作「度」而解爲「營度」，亦得爲一誼，故備存其說。云「爽塏」者，昭三年《左傳》云「請更諸爽塏者」，爽，明也；塏，燥也；謂明燥之處。**厥土黑墳**，墳，亡粉反。【注】馬融曰：「墳，有膏肥也。」【疏】注見《釋文》。鄭注《周禮·艸人》云「墳壤，潤解」，然則墳是土之潤澤者，故云「有膏肥也」。**厥艸維蘨，厥木維條**。蘨，弋枵反，僞孔本作「繇」，兹从《說文》所引。【注】蘨，艸盛皃。條，長也。長，中丈反。【疏】云「蘨，艸盛皃」者，《說文·艸部》文。「條，長也」者，《毛詩·椒聊》傳誼也。**厥田維中下，厥賦貞作，十有三年乃同**。

---

❶ 「邶」，原作「⿰比阝」，今據近市居本改。

年，僞孔本作「載」，《釋文》云馬、鄭本作「年」，玆从馬、鄭。【注】鄭康成曰：「貞，正也。治此州正作不休，十三年乃有賦，與八州同，言功難也。其賦下下。」【疏】注見《夏本紀》注。訓「貞」爲「正」，子夏《易傳》誼也。云「其賦下下」者，餘州皆言「厥賦」上、中、下之等者，此州之賦獨不言其等，故鄭言之。知「下下」者，九州之賦當有九等，參彼八州八等獨無下下，故知此州當下下也，且此州十三年乃有賦，明其賦獨艱，不能及他州也。

氒貢桼絲，氒匪織彣。 桼，千吉反，俗作「漆」，別字也。織，中吏反，注「織彣」同。彣，无分反，今通作「文」。

【注】桼，木汁，可以髤物。匪，竹器，所以盛幣。織彣，染絲織之，若錦綺之屬，此州出者良，以充天子郊廟之服。鄭康成曰：「貢者，百物之府受而藏之；其實於匪者，入於女功；故以貢、匪𠔁之。凡所貢、匪之物皆以稅物𠂔之，隨時物賈以當邦賦。」汁，中十反。髤，昕尤反。盛，氏征反。藏，才郎反。𠔁，比列反，通作「別」，非。𠂔，十止反，俗作「市」，非。賈，吉訝反。【疏】云「桼，木汁，可以髤物」者，《說文・桼部》文。「桼」字从木，數點象汁從木出之形，此於「六書」屬指事也。《說文・匚部》云「匪，器似竹篋，从匚非聲。《逸周書》曰『實玄黃于匪』」，故云「匪，竹器，所以盛幣也」。云「織彣，❶染絲織之」者，織彣是五色相錯有彣采者，若織而後染，則染成一色矣，知必先染數色之絲，間錯而織成彣也。《禮記・玉藻》云「士不衣織皮」，鄭注亦云「織，染絲織之也」。云「若錦綺之屬」者，《說文・帛部》云「錦，襄邑織彣」，其《糸部》云「綺，彣繒也」，是綺亦織彣也。云「此州出者良，以充天子郊廟之服」者，據《漢書・地理志》，陳留郡屬沇州，襄邑，其屬縣也，司馬彪《郡

---

❶「彣」，原作「文」，今據近市居本及注文改。

國志》同。《水經・淮水》注云「渙水，東徑襄邑縣故城南，故宋之承匡、襄牛之地。秦始皇以承匡卑濕，徙縣於襄陵，更爲襄邑」，《陳留風俗傳》曰「縣南有渙水，故傳曰睢、渙之間出文章，天子郊廟御服出焉」，《尚書》所謂『厥篚織彣』者也」。鄭注「貢者」至「艸之」見正義。案：《周禮》貨賄入於大府、玉府、内府之等，嬪婦之功入典婦功、典絲、典枲之等，夏官雖少於周，當亦物各有司，所入異處，故云「貢者，百物之府受而藏之；其實於篚者，入於女功也」。鄭以篚之所盛亦是貢物，而經輒別言之，故言此以解別言「貢」、「篚」之意，而即云「故以貢、篚別之」也。「凡所貢篚」以下，《鄭志》文也。《鄭志》者，康成門人所述師説也。《後漢書・鄭玄傳》云「門生相與譔玄答諸弟子問五經，依《論語》作《鄭志》八篇」是也，其書今亡，此條引見《詩・甫田》正義，以是鄭君説貢、篚之誼，故采以入注。云「凡所貢、篚之物皆以税物市之，隨時物賈以當邦賦」者，税物即賦也，《周禮》角人徵齒、角及骨物於山澤之農；羽人徵羽、翮於山澤之農；掌葛徵絺、綌之材於山農，徵艸貢之材於澤農；皆以當邦賦之政令，是周之貢物當邦賦者。鄭必知夏亦然者，以下文甸服之卯内總、銍、粟、米之等，侯服之卯言「百里采」，是千里之内入穀，❶侯服以外采取美物以當邦賦，夏制亦以賦爲貢，不貢外別有賦也，故鄭注冀州特言「此州入穀不貢」，明餘州有貢皆無穀税也。**浮于濟、漯，達于河。**漯，土合反，俗譌爲「濕」。【注】浮，汜也。桑欽云：「漯水出平原高唐。」鄭康成曰：「《地理志》云漯水出東郡東武陽。」傳曰：「因水入水曰達。」汜，孚梵反。

【疏】「浮，汜」，《説文・水部》文。桑欽者，字君長，河南人，傳古文《尚書》，孔安國六傳弟子也。桑欽云「漯水出

❶ 「千」，原作「干」，今據近市居本改。

平原高唐」者，見《説文・水部》，《漢書・地理志》平原郡高唐縣亦引桑欽言漯水所出，《後漢・郡國志》亦云「平原郡高唐，漯水出」。鄭注見《夏本紀》注。引《地理志》「漯水出東郡東武陽」者，案：《漢書・志》東郡東武陽有漯水，東北至千乘入海，《郡國志》亦云「東郡東武陽，漯水出」，《説文》亦云「漯水出東郡東武陽入海」。案：鄭説與桑欽不同，《地理志》、《郡國志》及《説文》皆持兩説，據《地理志》，漯水東北流，而東郡在平原之南，意者漯水出東武陽而經高唐與？抑或有二原與？未知其審，故並存兩説。**海、岱維青州。**【注】鄭康成曰：「青州畍，東自海，西至岱。東嶽曰岱山。」【疏】注見《公羊》莊十年疏及《夏本紀》注。云「青州界，東自海，西至岱」者，青州於《爾雅》爲營州，孫炎注《爾雅》「齊曰營州」云「自岱東至海」，與此注合。云「東嶽曰岱山」者，《史記・封禪書》云「岱宗，太山也」，《釋山》云「太山爲東嶽」是也。**嵎夷既略，**【注】馬融曰：「嵎夷，地名。用功少曰略。」聲謂：嵎夷，今文爲「禺鐵」。鐵，弋脂反。【疏】馬注見《夏本紀》注。「略」是簡略，故云「用功少曰略」也。云「嵎夷，今文爲『禺鐵』」者，據《夏本紀》索隱云然也。**濰、甾其道。**甾，側詞反，僞孔本作「淄」，《周禮》作「菑」，《漢書》作「甾」。案：《説文・水部》無「淄」字，而《艸部》「菑」字或省作「甾」，然則「淄」乃俗字而「菑」、「甾」字同，皆可用也。【注】鄭康成曰：「濰、甾，兩水名。《地理志》云濰水出今琅邪箕屋山，甾水出泰山萊蕪縣原山。」聲謂：其，讀爲「既」，古字「其」、「既」通。【疏】鄭注見《齊詩譜》正義。引《地理志》者，案：《漢書・志》「琅邪郡箕縣有濰水，北至昌都入海」；泰山郡萊蕪縣有原山，「甾水所出，東至博昌入泲」是也。但不見「屋山」之文。案：《説文》亦云「濰水出琅邪箕屋山」，則屋山自在箕縣，班固《志》不具爾。云「其，讀爲『既』」者，《史記》云「濰、甾既道」；必知「既」爲是者，此經記禹之成功，故篇内「既從」、「既作」、「既澤」、「既豬」之等皆爲已然之詞，此文言「道」，當與上「九河」下「沱潛」同文，故知「既」字爲是，當讀从之也。而經作「其」字者，以古時字通爾。知古字「其」、「既」通者，《京氏易・中孚》六四「月近望」，荀爽本作「既望」，是「近」與「既」通；《嵩高》詩云「往近王舅」，毛傳云「近，已也」，則「近」實是古「既」字；鄭箋云「聲如『彼記之子』之記」，而今《詩》作「彼其之子」，然則「近」、「既」、「記」、「其」四字皆通，故云「其」、「既」通也。**氒土白墳，海瀕廣㡿。** 瀕，皮人反，俗作水傍賓，不成字。㡿，昌石反，俗譌爲「斥」。【注】瀕，水厓。鄭康成曰：「㡿，謂地鹹鹵。」厓，五佳反。鹹，夷咠反。鹵，龍古反。【疏】「瀕，水厓」者，《説文・瀕部》文。鄭注見《釋文》及《夏本紀》注。《説文・鹵部》云「東方謂之㡿，西方謂之鹵」，是㡿、鹵異名；而鄭云「㡿，謂地鹹鹵」者，對文則異，散文則通，《史記》云「海瀕廣潟，厥田㡿鹵」，是㡿、鹵可通言也。**氒田維上下，氒賦中上，氒貢鹽、絺。** 鹽，夷拈反。絺，敕之反。【注】鹽，煮海爲之。古者，宿沙初作，煮海爲鹽。絺，細葛也。煮，之與反。【疏】云「宿沙初作，煮海爲鹽」者，《説文・鹽部》文。案：《世本》有《作篇》，記古者造作器用之事，《説文》所云蓋本諸《世本》也。《魯連子》曰「宿沙瞿子善煮鹽，使煮潰沙，雖十宿沙不能得也」，是宿沙煮鹽之明證也。劉向《説苑》云「夙沙之民自攻其主而歸神農氏」，然則宿沙在神農前矣。云「絺，細葛也」者，《葛覃》詩云「爲絺爲綌」，毛傳云「精曰絺，麤曰綌」是也。**海物維錯，**【注】鄭康成曰：「海物，海魚也。魚穜類尤雜。」穜，之勇反，俗誤作「種」。【疏】注見《夏本紀》注。「錯」之言「雜」，經言「維錯」，故云「穜類尤雜」。**岱く絲、枲、鉛、松、怪石，** 枲，先里反。鉛，夷專反。【注】く，古文「畎」字。岱畎，岱山之谷。枲，麻也。鉛，青金也。【疏】云「く，古文『畎』字」者，據《説文》篆文「く」作「畎」，則「く」爲古文「畎」也。云「岱畎，岱山之谷」者，畎是小溝，《管子・度地》篇云「山之溝，一有水一毋水者，命曰谷水」，是山間之畎爲谷，又「徐州羽畎」，鄭注以爲「羽山之谷」，則此「岱畎」是岱山之谷矣。「枲，麻也」、「鉛，青金也」者，《説文・木部》、《金部》文也。**萊夷作牧，**【注】**《地理志》東萊黄縣有萊山。萊夷，萊山之夷也。作牧，以畜牧爲業，貢鳥獸者。《周禮》曰：「任牧以畜，事貢鳥獸。」**【疏】引《地理志》者，《漢書》之志也。案：《志》東萊郡屬青州，則是即此「萊」矣。《春秋》宣九年齊侯伐萊，服虔以爲東萊黄縣是。定十年《左傳》齊使萊人以兵劫魯侯，孔子稱「夷不亂華」，杜預以「萊人」即齊所滅萊，然則黄縣是夷民也，故以「萊夷」爲「萊山之夷」，猶徐州「淮夷」是淮水之上夷民也。云「作牧，以畜牧爲業，貢鳥獸」者，《周禮・太宰》職以九職任萬民，「四曰藪牧，養蕃鳥獸」，是「牧」以畜牧鳥獸爲業也。知以鳥獸爲貢者，以其附「厥貢」之末，且徐州言「淮夷玭珠暨魚」，鄭注以爲獻珠與魚，此文與彼同，當亦是貢矣。引《周禮》者，《閭師》職文，以證牧者當貢鳥獸也。**氒匪檿絲。**檿，衣琰反。【注】**檿，山桑也。檿絲，食檿之蠶所吐絲也。檿，或爲「畬」。**畬，衣琰反。【疏】「檿，山桑也」者，《説文・木部》文。《釋木》云「檿桑，山桑」是也。云「檿，或爲『畬』」者，《史記》云「其匪畬絲」是也。「檿」、「畬」聲相近，叚啱字也。**浮于汶，達于濟。**汶，房運反。【注】**鄭康成曰：「《地理志》汶水出泰山萊蕪縣原山西南，入泲。」**【疏】注見《夏本紀》注。引《地理志》者，案《漢書・志》泰山郡萊蕪有原山，「《禹貢》『汶水』出西南，入泲，桑欽所言」，《説文・水部》亦引桑欽説云然，是矣。而《漢書・志》又云琅邪郡朱虚東泰山，「汶水所出，東至安丘入濰」，《説文》亦云「汶水出琅邪朱虚東泰山，東入濰」，蓋别是一水也，據經言「達于泲」，下經道沇水「東北會于汶」，則此汶水是出原山入泲者，故不用彼説。**海、岱及淮維徐州。**【注】**鄭康成曰：「徐州畔又南至淮水。」**【疏】注見《公羊》莊十年傳疏。云「又南至淮水」不言「海岱」者，徐州直當青州之南，上文「海、岱維青州」，注已云「東自海，西至岱」，此言「海、岱及淮」明亦東海西岱，與青齊等可知，故不言東、西，但言「南至淮水」。冡上青州之注，故言「又」也。《釋地》云「泲東曰徐州」，李巡注云：「泲東其氣寬舒，稟性安徐。徐，舒也。」**淮、沂其𡰥**，𡰥，僞孔本作「又」。案：訓爲「治」，字當作「𡰥」。【注】鄭康成曰：「淮、沂，二水名。《地理志》沂水出泰山蓋縣。」聲謂：其，讀爲「既」。𡰥，治也。【疏】鄭注見《周禮·職方氏》疏及《夏本紀》注。引《地理志》者，案：《漢書·志》泰山郡蓋縣有沂水，「南至下邳入泗，過郡五，行六百里」是也。乃《說文》沂水有二說，一說與鄭同，一說出東海費東，西入泗。案《志》東海郡費縣不言沂水，未審叔重何所本也。又案：酈元《水經注》二十五卷引鄭此注云「出沂山」，而鄭注《周禮·職方》云「沂山，沂水所出也，在蓋」，是則蓋縣有沂山，此鄭注「蓋縣」之下當有「沂山」二字，《周禮》疏及《史記》注皆不具引尒。云「其，讀爲『既』」者，與上「濰、淄其道」同，說具上疏。「𡰥，治」，《說文·辟部》文。**蒙、羽其埶**。埶，宜祭反，俗書上加艸下加云，不成字。【注】鄭康成曰：「蒙、羽，二山名。」聲謂：《地理志》蒙山在泰山蒙陰西南，羽山在東海祝其南。其，亦讀爲「既」。埶，穜也，言已可穜埶。穜，之用反。【疏】鄭注見《夏本紀》注，解「蒙羽」爲二山名而未言二山所在。案：鄭注此經山、水輒引《地理志》以著其所在，此條或亦然，《史記》注不具引尒，故聲據《漢書·地理志》以補之。《志》云「泰山郡蒙陰，《禹貢》『蒙山』在西南」，「東海郡祝其，《禹貢》『羽山』在南」是也。云「其，亦讀爲『既』」者，與上「其𡰥」之「其」同，冡上注故云「亦」也。僞孔傳云「二水已治，二山已可穜埶」，是亦解「其」爲「既」。案：僞孔傳頗竊取漢儒之誼，據此則可知漢儒固讀「其」爲「既」也。「埶，穜」，《說文·丮部》文。埶，从坴从丮；丮，持也。土塊坴坴，丮持而穜之，是「穜」之誼也。**大壄既豬**，豬，中魚反。【注】壄，古文「野」。鄭康成曰：「大野在山陽鉅野北，名鉅野澤。」馬融曰：「水所亭止深者曰豬。」聲謂：豬，都也，字亦或爲「都」。亭，題寧反，俗作「停」，非。【疏】云「壄，古文『野』」者，❶《説文・里部》文。鄭注見《夏本紀》注。云「大野在山陽鉅野北」者，《漢書・地理志》云「山陽郡鉅壄，大壄澤在北」，《郡國志》亦云「山陽郡鉅野，有大野澤」是也。云「名鉅野澤」者，「鉅」亦「大」也，縣名鉅野取名於澤，是漢時名「大野」爲「鉅野澤」也。馬注見《釋文》。《周禮・稻人》云「已豬畜水」，水畜則亭止且深，故云「水所亭止深者曰豬」，「亭」，定息也。云「豬，都也」者，取諸鄭君《檀弓》注也。彼注且云「南方謂『都』爲『豬』」，然則「都」與「豬」特方言之異，其誼則一也。云「字亦或爲『都』」者，此經「豬」字不但誼訓爲「都」，字亦有作「都」者，《史記》云「大野既都」是也。**東邍底平。**【注】鄭康成曰：「東邍，地名，今東平郡即東邍。」【疏】注見《夏本紀》注。云「今東平郡即東邍」者，《漢書・地理志》云「東平國，故梁國，景帝中六年别爲泲東國，武帝元鼎元年爲大河郡，宣帝甘露二年爲東平國」，然則東平稱國；而鄭言「郡」者，漢時郡、國一也，以封諸侯則稱國，國除或復爲郡，東平是宣帝以封子思王宇者，故稱國，東漢不封諸侯，東平雖仍稱國，其實是郡，故鄭言郡也。知「東平即東邍」者，《地理志》言東平在泲東，《爾雅》云「泲東曰徐州」，則東平固在徐州矣；《爾雅》云「廣平曰邍」，又楚大夫屈平字邍，則「邍」以「平」爲誼，故云「東平即東邍」。**厥土赤戠墳**，戠，僞孔本作「埴」，《釋文》云鄭作「戠」，兹从鄭本。【注】鄭康成曰：「戠，讀爲『熾』；熾，赤也。」聲謂：戠，黏也，讀如「脂膏敗殖」之「殖」；殖，亦黏也。戠，依鄭昌志反，予音之直反。黏，奴廉反。殖，

❶「云」，原作「大」，近市居本此字漫漶不清，今據本書語例改。

之直反。【疏】鄭注見《釋文》及《文選・蜀都賦》注。云「熾，赤也」者，「熾」是火盛皃，火色赤，故「熾」爲「赤」也。鄭欲解「戠」爲「赤」，而「戠」無「赤」誼，故讀爲「熾」，以「熾」字从戠聲故也。聲不从之者，以「赤戠」連文，若「戠」亦爲「赤」，於誼重繁，且「赤」已言色，「戠」當言其性，故訓爲「黏」也。《周禮・考工記》「用土爲瓦謂之摶埴之工」，彼鄭注云「埴，黏土也」，此經「戠」或爲「埴」，則「戠」、「埴」字同，是「戠」得爲「黏」也。《易・豫》九四云「朋盍戠」，虞注云「戠，叢合也」，松厓先生云「以土合水爲培，謂之摶埴。《豫》坤爲土，坎爲水，一陽倡而衆陰應，若水土之相黏著，故云朋盍戠」，是以「戠」爲「黏」也。云「讀如『脂膏敗殖』之『殖』；殖，亦『黏』也」者，以鄭讀爲「熾」則非「戠」本音，故特正其音讀。《考工記・弓人》云「凡昵之類不能方」，故書「昵」作「樴」，康成謂「樴，脂膏敗殖之殖，殖亦黏也」，「殖」與「戠」音、誼同，故用彼注以正也。「脂膏敗殖」者，脂膏久則敗，敗則黏合不解謂之殖，《説文・歺部》云「脂膏久殖」是也，今人謂頭髮纏結不通亦爲「殖」也。**艸木蔪苞。**蔪苞，僞孔本作「漸包」，茲从《説文》所引。蔪，慈染反。【注】馬融曰：「蔪苞，相包裹也。」【疏】注見《釋文》。云「相包裹」者，《説文・艸部》云「蔪，艸相蔪苞也」，亦「相包裹」之誼。**氒田維上中，氒賦中中，氒貢維土五色。**【注】鄭康成曰：「土五色者，所以爲太社之封。」【疏】注見《夏本紀》注。云「太社」者，《禮記・祭法》云「王爲群姓立社曰太社」是也。知「土五色以爲太社之封」者，《逸周書・作洛解》云「諸侯受命於周，乃建太社於國中，其壝東青土，南赤土，西白土，北驪土，中央疊以黄土。將建諸侯，鑿取其方一面之土，包以黄土，苴以白茅，以爲土封，故曰『受則土於周室』」，是太社之封用五色土，此貢土五色當以爲是用也。**羽く夏翟，**夏，行賈反。翟，大歷反。【注】鄭康成曰：「羽畎，羽山之谷。」聲謂：翟，山雉長尾者，其類有六：曰翬，曰摇，曰壽，曰甾，曰稀，曰蹲。其毛羽五色皆備成章，夏翟是其總名也。翬，許韋反。壽，直留反，又直又反。蹲，徂尊反，又祖存反，又在損反。【疏】鄭注見《詩·節南山》正義。解「畎」爲「谷」，誼具上「岱畎」疏。云「翟，山雉長尾者」者，《説文·羽部》文。《釋鳥》云「翟，山雉」，彼郭注亦云「長尾者」是也。「其類有六」以下取諸《周禮·染人》注也，彼注引此文而説之如此，則是鄭君正解此經，故采其説。其説實本諸《爾雅》，案《釋鳥》云「伊洛而南，素質，五采皆備成章，曰翬；江淮而南，青質，五采皆備成章，曰搖；南方曰壽；東方曰甾；北方曰稀；西方曰蹲」是也。但《爾雅》惟翬、搖言「五采皆備成章」，而此總六者而言「五采皆備成章」，以其翬、搖之下即順舉四者，明四者皆然，但以方所而異名爾，且總名「夏翟」，種類當相似也。知「夏翟」是總名者，以直云「夏翟」，不別言雉名，故知是總名也。**嶧陽孤桐**，嶧，夷益反，从山旁，與鄒繹山之「繹」从糸旁者異。【注】鄭康成曰：「《地理志》嶧山在下邳。」聲謂：桐，榮木也。孤桐，桐特生者。邳，貧悲反。【疏】鄭注見《夏本紀》注。引《地理志》者，案《漢書·志》下邳屬東海郡，「葛嶧山在其西，古文以爲嶧陽」，是此山也。鄭不言「東海」者，《郡國志》云下邳國「下邳本屬東海，葛嶧山本嶧陽山」，然則東漢別置下邳國，下邳縣屬焉，故鄭總言「下邳」也。《釋木》云「桐，榮木」，《説文·木部》云「桐，榮也」，故云「桐，榮木也」。《周禮·大司樂》云「孤竹之管」，鄭注云「孤竹，竹特生者」，此經「孤桐」之「孤」與彼「孤竹」誼同，故云「孤桐，桐特生者」。「特生」謂本幹挺拔，若枚乘《七發》所謂「龍門之桐，高百尺而無枝」也。**泗𩔗浮殸**，【注】鄭康成曰：「泗水出濟陰乘氏。」聲謂：殸，籀文「磬」；磬，樂石也，泗水之厓産此石。【疏】鄭注見《夏本紀》注。云「泗水出濟陰乘氏」者，案：《漢書·志》濟陰郡乘氏，「泗水東南至睢陵入淮，過郡六，行千一百一十里」，《郡國志》亦云濟陰郡乘氏「侯國」，「有泗水」是也。云「殸，籀文『磬』；磬，樂石也」者，

《説文・石部》文。❶樂有八音，石其一也。《樂記》曰「石聲磬」，以其聲名其石，故磬爲樂石。云「泗水之厓産此石」者，《括地志》云「泗水至彭城吕梁，出石磬」。**淮夷蠙珠臮魚**，蠙，佖因反，又佖賢反。【注】蠙，或爲「玭」。宋弘云：❷「淮水中出玭珠。玭，蚌之有聲者。」鄭康成曰：「淮水之上夷民獻此珠與魚也。」玭，步迷反，又佖因反，又佖賢反。蚌，步項反。【疏】《説文・玉部》解「玭」字引宋弘云云，其下重一「蠙」字，云「《夏書》『玭』，从虫賓」，故此經文用「蠙」字而於注出「玭」字，且引宋弘説也。宋弘者，字仲子，京兆長安人，哀平間爲侍中，光武即位拜太中大夫，建武二年代王梁爲大司空，封栒邑侯。立朝剛正，樂進賢才，事詳《後漢書》列傳。云「玭，蚌之有聲」者，《説文》徐鉉本作「玭珠之有聲」五字，徐鍇繫傳本作「玭珠珠之有聲者」七字，段氏玉裁曰「當作『玭蚌之有聲者』六字」。《釋文》引韋昭云「玭，薄迷反，蚌也」，《廣韵》曰「蠙，珠母也」，郭景純《江賦》云「文魮磬鳴以孕璆」，注引《山海經》曰「文魮之魚，其狀如覆銚，鳥首而翼，魚尾，音如磬石之聲，是生珠玉」，郭注《山海經》曰「魮，音毗，珠母，蚌類」。蓋「魮」即「玭」字，玭是蚌類而能鳴，故云「蚌之有聲者」。聲案：魮有魚名，故俗書變从魚旁，依字正當作「玭」，「玭珠暨魚」蓋謂玭珠及其母玭魚也。鄭注見正義。《粊誓》云「淮夷徐戎」，則徐州實有夷民居淮水之上，淮水中實出玭珠，則亦有玭魚，❸故云「淮水之上夷民獻此珠與魚」也。云「獻」者，以傅「厥貢」之末，則是貢物，「獻」即「貢」也。馬謂「淮」、「夷」二水名，非也。**氒匪玄纖縞**。纖，息廉反。縞，工澡

❶ 下「文」字，原作「云」，今據近市居本改。
❷ 「弘」，原作「守」，近市居本作「宏」，屬避諱字，不重出校。
❸ 「有」，原脱，今據近市居本補。

反。【注】黑而有赤色者爲玄。鄭康成曰：「纖，細也。祭服之縞尚細。」聲謂：縞，繒也。繒，夕綾反。【疏】「黑而有赤色者爲玄」，《説文・玄部》文也。鄭注見《夏本紀》注。「纖，細」，《説文・糸部》誼，訓同常訓也。司馬相如《子虛賦》曰「揄紵縞」，司馬彪注云「縞，細繒也」，玆云「縞，繒也」不言「細」者，經言「纖縞」，「細」誼已具矣。**浮于淮、泗，達于菏。**菏，工河反，正義本作「河」，衛包所改也，《説文・水部》引作「菏」，隸古定本同。【注】泗受泲水，東入淮。菏澤水在山陽胡陵南，東入泗。【疏】云「泗受泲水，東入淮。菏澤水在山陽胡陵南」者，《説文・水部》文。《水經》紀泲水云「東過方與縣北，爲菏水。菏水東過胡陸縣南，東入於泗水」，故云「泗受泲水」。「胡陸」即「胡陵」也。「東入淮」者，《地理志》云「泗水東南至睢陵，入淮」，《志》又云「山陽郡胡陵，《禹貢》『浮于淮泗，通于菏水』在南」，與《説文》合。酈元注《水經》於「菏水過胡陸入泗」之下亦引此經，必亦作「達于菏」。不解唐開元時何所據而改僞孔本之「菏」爲「河」，後人因之遂改《地理志》及《水經注》皆爲「河」，是可怪也。賴有《説文》所引可證，是古文之未盡亡者，吾謹从之可也。云「東入泗」者，即據《水經》文，已具上。

淮、海維楊州。《曹全碑》云「沇豫荆楊」，郭忠恕《佩觿》云「楊，柳也，亦州名」，據此「楊」當从木。【注】鄭康成曰：「楊州畍，自淮而南至海以東。」【疏】注見《公羊》莊十年傳疏。言「自淮而南至海」可矣，必又言「以東」者，欲見楊州盡有東南之地也。《釋地》云「江南曰楊州」，李巡注云「江南其氣燥勁，厥性輕揚，故曰楊州」，案：「楊」者，揚也。**彭蠡既豬，陽鳥逌居。**蠡，力徯反，从蚰彖聲，俗書「蚰」上箸「彖」，先其聲矣。逌，以休反，本或作「攸」，玆从《漢書》。【注】鄭康成曰：「《地理志》彭蠡澤在豫章彭澤西。陽鳥，鴻雁之屬，隨陽氣南北。」聲謂：逌，讀若「攸」，所也。彭蠡豬而爲湖，則陽鳥得安所居矣。豬，或爲「都」。【疏】鄭注見

《夏本紀》注及《詩・匏有苦葉》正義。引《地理志》者，案《漢書・志》及《郡國志》皆云豫章郡彭澤，「彭蠡澤在西」是也。云「陽鳥，鴻雁之屬，隨陽氣南北」者，日行夏北而冬南，鴻雁則正月北鄉，至秋而來南，是「隨陽氣南北」，故鄭君箋《匏有苦葉》詩亦云「雁者，隨陽而處」。云「卣，讀若『攸』」者，《説文・乃部》文。《釋言》云「攸，所也」，「卣」同「攸」，故云「所也」。《吕氏春秋・孟春紀》云「候雁北」，高誘注云「候時之雁，從彭蠡來，北過至北極之沙漠」；《仲秋紀》云「候雁來」，注云「從北漠中來，南過周洛之彭蠡」；《季秋紀》注亦云「從北方來，南之彭蠡」；《季冬紀》云「雁北鄉」，注云「雁在彭蠡之澤，是月皆北鄉，將來至北漠也」。是則彭蠡爲鴻雁之所常居處，故云「彭蠡豬而爲湖，則陽鳥得安所居矣」。云「豬，或爲『都』」者，《史記》作「都」也。**三江既入，**【注】鄭康成曰：「江自彭蠡分爲三，左合漢爲北江，會彭蠡爲南江，岷江在其中則爲中江。既入者，入海也。」岷，彌巾反。

【疏】鄭注見《初學記》六卷及《兼明書》二卷。下經「道漾，東流爲漢」，「至于大別，南入于江，東匯澤爲彭蠡，東爲北江」，故云「左合漢爲北江」，從西向東，故以北爲左也。彭蠡繇漢入江而匯爲澤，其澤則匯於江之南，故云「會彭蠡爲南江」。下「道江」云「東迆北會于匯」，鄭注以「東迆」者爲南江也。漢在北，彭蠡在南，則江在中矣，故云「岷江在其中則爲中江」，下「道江」云「東爲中江，入于海」是也。云「既入者，入海也」者，據下經北江、中江皆言「入于海」，而南江則未見於經，《漢書・地理志》云「南江在會稽吴南，東入海」，是亦一證也，則三江皆入海也，互詳「道江」疏。**震澤底定。**【注】《地理志》震澤在會稽吴西，名具區。會，古外反。【疏】引《地理志》者，《漢書・志》云「會稽郡，吴故國，周太伯所邑。具區澤在西，古文以爲『震澤』」，是其文也。鄭注《周禮・職方氏》言具區在「吴南」，不云「會稽」，蓋東漢分置吴郡，吴屬吴郡也。鄭言「吴南」，《志》云「吴西」者，蓋具區廣衺八百里，在吴西而又經其南也。**篠簜既尃，氒艸維夭，氒木維喬。** 篠，先鳥反。簜，徒黨反。夭，因喬反。【注】篠，箭屬，小竹也。簜，大竹。尃，布也。夭，少壯也。喬，上竦也。箭，即賤反。少，式召反。竦，色涌反。【疏】「篠箭」至「大竹」，《説文·竹部》文。《釋艸》云「篠，竹箭」，故云「篠，箭屬，小竹也」。《釋艸》又云「簜，竹」，李巡注云「竹節相去一丈曰簜」，孫炎注云「竹闊節者曰簜」，故云「簜，大竹」。「尃，❶布」，《説文·寸部》文。《史記》云「竹箭既布」，則此「尃」當訓「布」也。《詩·桃夭》傳云「夭夭，其少壯也」，故云「夭，少壯也」。云「喬，上竦也」者，《詩·漢廣》傳誼也。**氒土維涂泥。** 涂，同都反，或涂下著土，非。泥，乃氏反。【注】馬融曰：「涂泥，漸⿰氵挐也。」漸，子廉反。⿰氵挐，汝庶反。【疏】注見《夏本紀》注。《易·睽》上九云「見豕負涂」，虞翻注云「坎爲豕爲雨，四變時，坤爲土，土得雨爲泥，涂則涂泥，爲溼土」，故云「漸⿰氵挐」也。《説文》云「⿰氵挐，漸溼也」，《漢書·東方朔傳》朔對郭舍人隱語云「涂者，漸洳徑也」，「洳」即「⿰氵挐」之省文。**氒田維下下，氒賦下上，上錯。**【注】上錯，謂雜出上等，蓋時或出中下之賦也。【疏】九等之賦，下上爲弟七，中下爲弟六，下上之賦雜出上等，故知「或出中下之賦」。**氒貢維金三品，**【注】鄭康成曰：「金三品者，銅三色也。」【疏】注見正義，又見《詩·泮水》正義。云「銅三色」者，《詩》正義云「梁州貢鏐、鐵、銀、鏤」，《釋器》云「黄金之美者謂之鏐，白金謂之銀」。貢金、銀者既以鏐、銀爲名，則知「金三品」者其中不得有金、銀也；又檢《禹貢》之文，厥貢鏐、鐵、錫、鉛、銀，獨無銅，故知「金」即銅也。僖十八年《左傳》曰「鄭伯始朝于楚，楚子賜之金。既而悔之，與之盟曰『無以鑄兵』，故以鑄三

❶「尃」，原作「専」，今據近市居本改。下文同此者逕改，不一一出校。

鐘」，《考工記》云「六分其金而錫居一，謂之鐘鼎之齊」，是謂銅爲「金」也。「三色」者，蓋青、白、赤也。此説證「金」爲銅以申鄭指甚善，但荆州之銅則《左傳》所云是矣，楊州之銅猶未有證。案：《漢書·吴王濞傳》云「吴有豫章郡銅山」，韋昭注云「此有『豫』字誤也，但當言章郡，即今故章也」；又案：《漢書·地理志》云「丹陽郡，故鄣郡，武帝元封二年更名丹陽，屬楊州，有故鄣縣」；又《史記·貨殖列傳》言「吴有章山之銅」，蓋即章郡銅山所産；然則楊州有銅山矣，則「金三品」實是「銅三色」，王肅以爲金、銀、銅，非也。**瑶、琨、篠、簜，**瑶，夷招反。琨，古魂反。【注】瑶，玉之美者。琨，石之美者。篠可爲矢，簜可爲幹。琨，或爲「瑻」。幹，果案反。瑻，古魂反，韋昭音古玩反。【疏】此注采取《説文·玉部》、《竹部》文也。《毛詩·木瓜》傳云「瓊瑶，美玉」，是瑶爲玉之美者也。云「琨，石之美者」，則是次於玉者，王肅不分瑶、琨總言「美石次玉」者，非也。云「篠可爲矢」者，先鄭注《周禮·稾人》敘官云「箭幹謂之稾。此官主弓弩箭矢，故謂之稾人」，是矢用箭竹爲之，故亦名爲箭，篠即箭竹也。云「簜可爲幹」者，「幹」謂弓體，《考工記·弓人》云「取幹之道七，竹爲下」，是幹有用竹者，簜是大竹也。云「琨，或爲『瑻』」者，據《漢書》作「瑻」，又《釋文》云馬本作「瑻」，案《説文》「琨」字重文作「瑻」，則「琨」、「瑻」實一字。**齒、革、羽、毛，惟木，**【注】齒，象齒，所以爲弭。革，犀、兕也，所以爲甲冑。羽，鳥羽，所以爲旌。毛，犛牛尾，所以注干首。「惟木」二字衍文。犀，先兮反。犛，莫交反，俗通作「旄」。【疏】「齒，象齒」至「注干首」，采用韋昭《國語》注也。襄二十四年《左傳》云「象有齒，以焚其身賄也」，《泮水》詩云「元龜象齒」，故知「齒」是象齒也。云「所以爲弭」者，《采薇》詩云「象弭魚服」，箋云「弭，弓反末彆者，以象骨爲之」是也。云「革，犀兕也，所以爲甲冑」者，《考工記·函人》云「犀甲七屬，兕甲六屬」，是甲必用犀、兕爲之，故知「革」是犀、兕也。

《司馬法》「胄」字作「韗」，从革，是胄亦以革爲之也。案：《易・革》初九云「鞏用黄牛之革」，宣二年《左傳》云「牛則有皮，犀、兕尚多，棄甲則那」，則牛亦有革，亦可爲甲，而惟言「犀、兕」者，以牛則處處皆有，不需荆，揚貢之，此荆、揚所貢自是犀、兕也。云「羽，鳥羽」者，《逸周書・王會解》有「鸞陽之翟，倉吾翡翠」，是其物也，彼孔鼂注以「鸞陽」爲揚州之鸞，「倉吾」亦鸞也。云「所以爲旌」者，《周禮・司常》云「全羽爲旞，析羽爲旌」，則旞、旌皆用羽，惟言「旌」者，舉一可推也。《説文》云「犛，西南夷長髦牛也」，揚州在東南而知所貢之「毛」是「犛牛尾」者，以毛之可飾器用者，惟犛牛尾，且經文與荆州同，明是同物，當必揚州亦有犛牛尾而以爲貢也。云「所以注干首」者，《詩》云「孑孑干旄」，毛傳云「注旄於干首」，鄭箋云「周禮，孤卿建旜，大夫建旃，首皆注旄焉」是也。云「『惟木』二字衍文」者，《史記》、《漢書》皆全載此篇，皆無此「惟木」字，可知漢時《尚書》本無此二字，僞孔氏妄增之。本應削去，以相傳既久不敢擅削，姑存之而目爲衍文可也。**鳥夷卉服**，僞孔本作「島夷」，《漢書》作「鳥夷」，顔師古注云「東南之夷，善捕鳥者」，可知《漢書》原本作「鳥」，非由字誤也，故从之。《史記》作「島」者，必是裴駰據僞孔書以改之，其實亦作「鳥」也。卉，許偉反，又許貴反。【注】卉，艸之總名也。鄭康成曰：「此州下溼，故衣艸服，貢其服者，以給天子之官。」衣，乙既反。【疏】云「卉，艸之總名也」者，《説文・艸部》文。《釋艸》云「卉，艸」，舍人注云「凡百艸一名卉」，是「卉」爲總名也。鄭注見正義。云「貢其服者，以給天子之官」者，《禮記・郊特牲》云「大羅氏，天子之掌鳥獸者也，諸侯貢屬焉，艸笠而至，尊野服也」，是天子之官有服艸服者也。**氒匪織貝**，織，中吏反。【注】鄭康成曰：「貝，錦名，《詩》云『萋兮斐兮，成是貝錦』。凡爲織者，先染其絲乃織之，則文成矣。《禮記》曰『士不衣織』。」萋，七兮反。斐，方尾反。爲織、衣織，並中吏反，織之如字。衣，乙既反。【疏】注見正義。云「貝，錦名」者，以是匪實，且與「織」聯文，知非水貝，自是錦名，故即引《詩》以證。引《詩》者，《巷伯》篇文也，彼傳云「貝錦，錦文也」，箋云「錦文者，文如餘泉、餘蚳之貝文也」，是錦有名「貝」者也。云「凡爲織者，先染其絲乃織之，則文成矣」者，織非一色，故必先染絲爲數采，乃後雜以織之，則間錯成文也。言「凡」則沇州織文亦該之矣。引《禮記》者，《玉藻》文，鄭彼注亦云「織，染絲織之」，與此同。**氒勹橘、柚**，勹，必交反，今通作「包」。橘，居聿反。柚，夷究反。【注】勹，裹也。橘，似橙而色赤，味甘。柚，條也，似橙而大，味微酢而美。皆江南果。裹，工可反。橙，直庚反。酢，七故反。【疏】「勹，裹」，《説文·勹部》文。橘形似橙而色、味則異。橙孰則皮色黄，橘孰則赤；橙味酢而橘味甘；故云「似橙而色赤、味甘」也。「柚，條」，《釋木》文。柚色似橙而形實甚大，味雖稍酸而甚甘美，遠勝於橙，故云「似橙而大，味微酢而美」。「酢」，酸也。《説文·木部》云「橘果出江南」，郭璞注《爾雅》「柚，條」云「生江南」，故云「皆江南果」。**錫貢**。【注】鄭康成曰：「此州有錫則貢之，或時乏則不貢。錫所以柔金也，《周禮·考工記》攻金之工掌執金錫之齊。」乏，房法反，从反正，俗作「乏」。齊，才細反。【疏】注見正義。此既是「貢」而不於「厥匪」之上言之，退之在下别出「貢」文，故知非常貢，有則貢之，或時乏則不貢也。今吾吴西北百里有無錫縣，即《漢書·地理志》之「會稽郡無錫」也。縣有錫山，秦始皇時曾産錫，相傳世亂則有錫，治則無之，故縣以「無錫」名，是錫有時乏也。云「錫所以柔金也」者，《吕氏春秋·别類篇》云「金柔，錫柔，合兩柔則爲剛」，是錫所以柔金也。引《考工記》者，證錫之所以柔金也。案：《考工記》云「攻金之工，築氏執下齊，冶氏執上齊」，又云「金有六齊：六分其金而錫居一，謂之鐘鼎之齊；五分其金而錫居一，謂之斧斤之齊；四分其金而錫居一，謂之戈戟之齊；參分其金而錫居一，謂之大刃之齊；五分其金而錫居二，謂之削、殺矢之齊；金、錫半，謂之鑑鐩之齊」，是金、錫之齊也。王肅以「錫貢」屬上讀，謂橘、柚、錫命而後貢。案：《説文·木部》引「厥包橘、柚」之文不聯引「錫貢」，則「錫貢」自是别爲一句；且金、銀、銅、鐵、鉛皆入貢，錫亦器用所需，不應獨缺，而他州無文，惟見於此；又《周禮·職方氏》「揚州其利金、錫」，則揚州實産錫，不應不貢；足證鄭誼精確，肅誼非也。**松江、❶海，達于淮、泗。**僞孔本作「沿于江、海」，《釋文》云「沿，鄭本作『松』」，案《史記》、《漢書》「江海」上皆無「于」字。【注】鄭康成曰：「**松，當爲『沿』，字之誤。沿，順水行也。**」沿，夷專反。【疏】注見《釋文》及《夏本紀》注。云「松，當爲『沿』，字之誤」者，篆文「沿」作「㳂」、「松」作「柗」，二字近似易相涉，此文作「松」則不詞，作「沿」則於誼允協，故知當爲「沿」，由字相似而誤也。案：《史記》、《漢書》及馬融本皆作「均江海」，馬訓「均」爲「平」，鄭不从「均」誼者，以此是記禹之巡行州竟，非言其治水，「均平」之誼未妥協，不若「沿」誼長也。云「沿，順水行也」者，《説文·水部》云「沿，緣水而下也」，是順水行也。**荆及衡陽維荆州。**【注】鄭康成曰：「荆州畍自荆山南至衡山之南。」【疏】注見《公羊》莊十年傳疏。山南曰陽，經言「衡陽」，故注云「衡山之南」。案：《釋名》云「荆州者，取荆山之名是也」，李巡注《爾雅》云「漢南，其氣慘剛，稟性强梁，故曰荆。荆，强也」，然與？**江、漢朝宗于海。**朝，直摇反，注同。【注】朝宗，諸侯見天子之名也，《周禮》曰：「春見曰朝，夏見曰宗。」鄭康成曰：「江水、漢水其流遄疾，又合爲一，共赴海也，猶諸侯之同心尊天子而朝事之。荆楚之域，國有道則後服，國無道則先彊，故記其水之誼以

❶「松」，原作「沿」，今據近市居本改。

著人臣之禮。」見，夷甸反。遄，上專反。著，中句反。【疏】引《周禮》者，《大宗伯》文，以證「朝宗」是諸侯見天子之名也。鄭注見正義。下文「道漾」云「南入于江」，又云「東爲北江，入于海」，「道江」云「東爲中江，入于海」，是江、漢合一，共赴海也。云「荆楚之域，國有道則後服，國無道則先彊」者，《公羊》僖四年傳云「楚有王者則後服，楚無王者則先叛」是也。鄭以江、漢入海在揚州東畔，去荆州甚遠，而經於荆州言之，因説其所以記於荆州之意，以其易叛難服，故記其水之誼以著人臣之禮。**九江孔殷，**【注】鄭康成曰：「殷，猶『多』也。九江從山谿所出，其孔衆多。言治之難也。《地理志》九江在今廬江尋陽縣南，皆東合爲大江。」聲謂：孔，甚。殷，中也。甚中，猶言水由地中行也。」【疏】鄭注見正義。《毛詩·溱洧》傳云「殷，衆也」，衆、多同誼，故云「殷，猶『多』也」。云「九江從山谿所出，其孔衆多」者，蓋以「九江」爲名則水有九道，故云出水之孔竅衆多也。引《地理志》者，案：《漢書·志》廬江郡尋陽，「《禹貢》『九江』在南，皆東合爲大江」，《郡國志》亦云廬江郡尋陽南「有九江，東合爲大江」是也。據兩志，廬江郡皆屬揚州，又別九江郡亦屬揚州，經於荆州記「九江」者，蓋九江至尋陽東而合，九江郡與尋陽相近，當九江始合之處，故郡取名爾。其未合于江之時，則在尋陽之上，固是荆州地也，故經於此言之。乃應劭注《地理志》謂「江自廬江尋陽分爲九」，如其説則九江不在荆州矣，恐非是，當从鄭説爲正。「孔，甚」、「殷，中」並《釋言》文，不从鄭君「其孔衆多」之誼者，以《史記》云「九江甚中」，其誼長也。云「水由地中行」者，《孟子·滕文公下》云「禹掘地而注之海，敺蛇龍而放之菹水，由地中行」，是其文也。**沱、潛既道，**沱，大河反。潛，夕廉反。【注】鄭康成曰：「《爾雅》云『水出江爲沱，漢爲潛』，今南郡枝江有沱水，其尾入江爾，首不于江出也；華容有夏水，首出江，尾入沔，蓋此所謂沱也。潛水則未聞象類。」聲謂：潛，或爲「灊」，或爲「涔」。灊，夕廉反。涔，徂森反。【疏】鄭注見正義。引《爾雅》者，《釋水》文。云「今南郡枝江有沱水，其尾入江爾，首不于江出也」者，《漢書・地理志》南郡枝江，「江沱出其西，東入江」是也。鄭以枝江之江沱不出於江，不與《爾雅》相應，故云然也。云「華容有夏水，首出江，尾入沔」者，《地理志》華容亦屬南郡，「有夏水，首受江，東入沔，行五百里」是也。云「蓋此所謂沱也」者，鄭以夏水首出于江，當即《爾雅》所謂「水出江爲沱」者，然夏水未有沱名，故云「蓋」以疑之。云「潛水則未聞象類」者，蓋以《地理志》於荆州之域不見有「潛水」，故云「未聞」也。云「潛，或爲『灊』」者，《漢書・志》文；「或爲『涔』」者，《史記》文也。**雲瞢土作⿱辟乂。**❶瞢，没空反，又没貢反，或作「夢」，同。俗本「夢」在「土」下，據《史記》、《漢書》皆「土」在「夢」下。惠先生曰：「鼂公武據蜀石經云『夢土作乂』。」❷聲謂：據僞孔傳，似僞孔本亦「土」在「夢」下。【注】雲瞢，澤名，《地理志》雲瞢在南郡華容南。作，爲。⿱辟乂，治也。【疏】引《地理志》者，《漢書・志》云「南郡華容，雲瞢澤在南，荆州藪」是也。鄭注《周禮・職方氏》云「雲瞢在華容」，此引《地理志》正合鄭意。《史記》云「雲瞢土爲治」，故云「作，爲。⿱辟乂，治」也。**氒土維涂泥。氒田維下中，氒賦上下。氒貢羽、毛、齒、革。**【注】《國語》晉公子謂楚成王曰：「羽、旄、齒、革，則君地生焉。」楚，故荆也。毛，或爲「旄」。【疏】引《國語》者，《晉語》文，欲以證羽、毛、齒、革之産於荆也。云「楚，故荆也」者，莊十年《左傳》「楚敗蔡師于莘」，經書「荆敗蔡師于莘」，是楚本是荆

---

❶「瞢」，原作「夢」，今據近市居本改。下同此者逕改，不一一出校。

❷「乂」，原作「又」，今據近市居本改。

也。云「毛，或爲『旄』」者，據《史記》、《漢書》皆作「旄」，蓋古字通。**維金三品，**【注】亦謂銅三色也。【疏】經文與「揚州」同，則其誼亦同，故云「亦謂銅三色」。「亦」者，亦「揚州」之文也，荆州産銅，説具「揚州」疏。**杶、榦、栝、柏，**杶，敕倫反。栝，古活反。【注】鄭康成曰：「杶、榦、栝、柏，四木名。榦，柘榦。柏葉松身曰栝。」柘，之夜反。【疏】注見《周禮・考工記》疏及《詩・竹竿》正義。云「榦，柘榦」者，《考工》言「荆之榦」「材之美者」，是即此文之「榦」也。而《弓人》云「取榦之道七，柘爲上」，故知「榦」是「柘榦」，故鄭注《考工》「荆之榦」亦云「荆，荆州也。榦，柘也，可以爲弓弩之榦」是也。云「柏葉松身曰栝」者，《釋木》云「檜，柏葉松身」，「檜」亦有「栝」音，古字同也。**厲厎砮丹，**厎，亦作「砥」，同，之氏反。砮，奴古反，韋昭音乃固反。【注】鄭康成曰：「厲，摩刀刃石也；精者爲厎。」聲謂：砮，石可爲矢鏃者。丹，巴、越之赤石也。肅曰：「丹可以爲采。」鏃，子木反，又七木反。【疏】鄭注見正義。《左傳》昭十二年子革曰「摩厲以須」，《説文・厂部》云「厲，旱石也」，是「厲」爲摩刀刃石也。云「精者爲厎」者，「精」謂細也，厲、厎對言，厲以麤厲爲稱，厎以密致爲言，是細者爲厎也。云「砮，石可爲矢鏃者」者，《魯語》云「有隼集於陳侯之庭而死，楛矢貫之石砮」，賈逵注云「砮，矢鏃之石也」，《説文・石部》云「砮，石可以爲矢鏃」是也。云「丹，巴、越之赤石也」者，《説文・丹部》文。巴、越皆南方地名也，産丹沙。肅注亦見正義。**維箘簬、枯，三邦厎貢，**箘，渠允反。簬，洛鼓反。枯，吴古反，僞孔本作「楛」，茲从《説文・木部》所引。【注】古文「簬」爲「簵」。鄭康成曰：「箘簵，聆風也。枯，木類。周之始，肅慎氏貢枯矢、石砮。此州中生聆風與枯者衆多，三國致之。」聆，力形反。【疏】《史記》、《漢書》「簬」皆作「簵」，《説文・竹部》引此作「簬」，又重出「簵」字，注云「古文『簬』从『輅』」，故云「古文『簬』爲『簵』」。鄭注見《夏本紀》注及《周禮・考工》疏。云「箘簬，聆風也」者，韋昭云「箘簬，一名聆風」，然則「聆風」是竹之別名也。云「枯，木類」者，以經與「箘簬」聯文，嫌其似竹，故辨之，言是木之類也。馬融云「枯，木名，可以爲箭」，《說文・木部》引此文亦以「枯」爲木名也。鄭注《考工記》引此經，陸氏釋之云「枯，音户」，賈公彦疏引此鄭注乃改「枯」爲「楛」，謬甚矣。云「周之始，肅慎氏貢枯矢、石砮」者，《國語・魯語》云「武王克商，通道于九夷百蠻，使各以其方賄來貢，使無忘職業。於是肅慎氏貢枯矢、石砮，其長尺有咫」是也。言此者，欲明「枯」之所用也。云「三國致之」者，經言「三邦底貢」。「底」之言「致」也，「三國」則未聞。**氒名包匭菁茅**，匭，居洧反。菁，子盈反。【注】言「氒名」者，貴菁茅也。鄭康成曰：「匭，猶纏結也。菁茅，茅有毛束者，給宗廟縮酒。重之，故既包裹而又纏結也。」束，七賜反，俗通作「刺」。縮，所六反。【疏】云「言『氒名』者，❶貴菁茅也」者，《禮記・雜記》云「凡宗廟之器，其名者成則釁之以豭豚」，是物之貴重者特稱名也。以上歷數貢物，茲特以「氒名」表異之，自是以菁茅爲宗廟所用而貴重之也。《夏本紀》注引馬融曰「言箘簬、枯三國所致貢，其名善也」，則馬以「氒名」上屬爲句也。正義言鄭以「氒名」下屬「包匭菁茅」，茲不从馬而从鄭者，以「氒名」之言猶《雜記》所謂「其名」者，言其名者爲菁茅，誼實允愜。且「氒名」之文與「氒包」、「氒匪」一迾是領句之詞，當在句首，鄭讀是也。鄭注見正義，又見《夏本紀》注。云「匭，猶纏結也」者，鄭讀「匭」爲「給」也。蓋「匭」得軌聲，「軌」得九聲，則「匭」音同給，❷

❶「氒」，原作「厥」，今據近市居本及經、注文改。下同此者逕改，不一一出校。
❷「給」，原無，今據近市居本補。

鄭君於其同音字得其誼也。云「菁茅，茅有毛束者」者，❶《管子》謂齊桓公曰「江淮之間一茅三脊，名曰菁茅」，「脊」即毛束也，故云「有毛束者」。「給宗廟縮酒」者，《説文·酉部》云「禮，祭束茅加於裸圭，而灌鬯酒，是爲莤，象神歆之也。《春秋傳》曰『爾貢包茅不入，王祭不供，無以莤酒』」。「莤」與「縮」同，古今字也。《周禮·甸師》「祭祀共蕭茅」，鄭大夫云「蕭字或爲莤，莤讀爲縮。束茅立之祭前，沃酒其上，酒滲下去，若神歆之，故謂之縮。縮，浚也」，康成則云「縮酒，泲酒也」，又注《司尊彝》「醴齊縮酌」云：「醴齊尤濁，和以明酌，泲之以茅，縮去滓也。」康成之説雖不與許君、鄭大夫同，要皆謂縮酒用茅也。云「重之，故既包裹而又纏結也」者，《吴都賦》云「職貢內其包匭」，劉逵注曰：「匭，猶纏結也。《尚書·禹貢》曰『包匭菁茅』，茅生桂陽，可以縮酒，給宗廟，異物也。重之，是故既包裹而又纏結之。」案：此注全本康成，蓋惟誼實精確，故淵林依用之也。**氒匪玄纁、璣組，**纁，許云反。璣，吉衣反。組，則古反。【注】**纁，淺絳也。染玄纁者，暑熱則良；荆州地熯，故匪玄纁。組以貫璣謂之璣組，璣非匪實，匪實止是組尒。**絳，君巷反。熯，乃卵反。貫，古玩反。【疏】云「纁，淺絳也」者，《説文·糸部》文。云「染玄纁者，暑熱則良」者，《周禮·染人》職云「夏纁玄」，鄭注云「石染，當及盛暑熱潤始湛，研之三月而後可用」，是玄纁必及暑熱而染，知「暑熱則良」也。云「荆州地熯」者，荆州於中國爲正南，當火位，故熯也。《禮·玉藻》「天子佩白玉而玄組綬」云云，鄭注云「綬，所以貫玉相承受者」，則「綬」是組之下耑爲結以罥之玉者，其上貫玉中者則是「組」矣。《韓詩》傳曰「佩玉，上有蔥珩，下有雙璜，衝牙、蠙珠以內其間」，是「佩」必有珠，亦必

❶ 「束」，原作「刺」，今據近市居本及注文改。下同此者逕改，不一一出校。

以「組」貫矣。❶ 鄭以沇州注云「貢者，百物之府受而藏之；其實於匪者，入於女功」，據《周禮》，珠入於玉府不入女功，此經徐州「蠙珠」、雝州「琅玕」皆不入匪，珠不圜者爲璣，亦必不入匪矣，則此言「璣組」自是貫璣之組，非別有璣也，故云「組以貫璣謂之璣組，璣非匪實，匪實止是組尒」。**九江内錫大龜。** 内，奴罘反。【注】馬融曰：「内，入也。」聲謂：錫，賜也。言入賜者，尊大龜也。大龜，尺二寸者。《禮三正記》曰「天子龜長尺二寸」。長，直尚反。【疏】馬注見《釋文》。「内，入」，《説文·入部》文。「錫，賜」，《釋詁》文。《史記》云「九江入賜大龜」，誼訓正合也。「貢」者，下獻於上之言，玆言「内錫」以「入賜」爲誼，蓋以龜爲神物，尊之使若天所賜然，故云「言入賜者，尊大龜也」。《毛詩·泮水》傳云「元龜尺二寸」，「元」猶「大」也，故云「大龜尺二寸者」。「《禮三正記》」云云，見《白虎通·蓍龜篇》，引以證「大龜，長尺二寸」也。**浮于江、沱、潛、漢，逾于雒，至于南河。** 雒，諸本皆作「洛」，蓋惑於魏丕之詔也，《三國·魏志》黄初元年幸洛陽，裴注引《魏略》曰：「詔以漢火行忌水，故『洛』去『水』而加『隹』。魏於行次爲土，土，水之牡也，水得土而流，土得水而柔，故除『隹』加『水』」。段氏玉裁曰：「魏丕欲改『雒』爲『洛』，詭言漢火行忌水而去『水』，此不根之談也。《周禮·職方氏》雝州『其浸渭洛』，豫州『其川熒雒』，《逸周書·職方解》同。是豫州之『雒』本不从『水』，故《説文》『洛』字下止説出歸德之水，不有一曰出上雒之文，惟不从水，故不得具説於《水部》也。」聲案：「漢」字亦从「水」，不聞忌水而易其偏傍，何獨忌於「洛」水耶？予初時亦惑於漢忌水改雒之説，故是書「雒」皆作「洛」，聞段君之言重書《禹貢》，悉作「雒」字。他如《康

---

❶「貫」，原作「毌」，今據近市居本及注文改。

誥》、《召誥》、《雒誥》、《多士》、《多方》諸篇皆有「雒」字，當盡同此，但既刊刻，改之不勝改，姑置之云。【注】逾，越也。**逾雒至南河，將治豫州也。禹施功之敘於此見一隅。**越，于伐反。見，亦宴反。【疏】《說文・辵部》云「逾，越進也」，故云「逾，越也」。云「逾雒至南河，將治豫州也」者，鄭於冀州之末注云「治水既畢，更復行之，觀地肥瘠定貢賦上下」，然則每州之末「浮于」云云，皆是巡行州竟。此言「浮于江、沱、潛、漢」是荆州之竟，雒與南河則豫州之竟，非荆州地矣。經於荆州之下即記豫州，明禹治荆州畢即治豫州，則此「逾雒至南河」是將治豫州也。云「禹施功之敘於此見一隅」者，蓋此經九州先後之次，是禹施功之次第也。知者，鴻水之害，大河尤甚，禹治水先治河。而河所經之地冀、沇最下，沇既淪没，冀爲帝都，故先治冀而次及沇。次則繇青而徐而楊，東方三州皆頻於海水之委也，故亦早治之。楊則跨大江而南盡東南之地矣，循楊而上故及荆州。梁州之地於江南爲最高，雖卑於江北而江北之水不能及焉，其功可緩，故荆州既治，次及豫州，乃後治梁也。雝州田上上，故治之最後，經亦記之於末，是經所記九州依禹施功之先後而敘之者也。兹於荆州之後折旋越江而北，特言「逾雒至南河」，以見治荆之次治豫，則九州之施功皆如此經之先後可知，故曰「於此見一隅」。《論語》曰「舉一隅，不以三隅反，則不復也」，「一隅」者，可舉以反三者也。**荆、河維豫州。**【注】鄭康成曰：「豫州畍，自荆山而北至于河。」【疏】注見《公羊》莊十年傳疏。《周禮》、《爾雅》皆云「河南曰豫州」，是則豫州之北畍至于河矣。《春秋元命包》云：「豫之言序也，言陽氣分布各得其處，故其氣平静多序也。」李巡《爾雅注》云：「河南其氣著密，厥性安舒，故曰豫。豫，舒也。」**伊、雒、廛、澗既入于河，**廛，直然反，俗加「水」傍，非。《說文・水部》無有，《淮南・本經訓》云「導廛澗」，則「廛水」之廛不从水。澗，吉晏反。【注】《地理志》雒水出弘農上雒冢領山，東北至鞏入河；伊水出弘農盧氏熊耳山；瀍水出河南穀成暨亭北；澗水在弘農新安東；皆入于雒。經總言「入于河」者，下經「道雒」言「會于澗、瀍」、「會于伊」，則三水入雒自明，此省文互見也。暨，夕戟反。省，色景反。見，亦宴反。【疏】引《地理志》者，《漢書・志》云「弘農郡上雒，《禹貢》『雒水』，出冢領山，東北至鞏入河，過郡二，行千七十里」，又「盧氏縣，熊耳山在其東，伊水出焉，東北入雒，過郡一，行四百五十里」，又「新安縣，《禹貢》『澗水』在東，南入雒」，又「河南郡穀成縣，《禹貢》『瀍水』出暨亭北，東南入雒」，是雒水入河，三水皆入雒。經不區分而總言「既入于河」，蓋雒既入河則入雒者亦得言入河；且下經云「道雒自熊耳，東北會于澗、瀍，又東會于伊，又東北入于河」，則雒入河而三水入雒於彼文自見，於此不復詳言，故云「省文互見」。**熒、潘既都**，熒潘，正義本作「滎波」，蓋衛包所改也。段氏玉裁曰：「滎，《說文》以爲『絶小水』，則非沇水泆出之澤矣。此經『熒』當从『火』，《周禮・職方氏》『熒雒』，《左傳》閔二年、宣十二年及後敘諸文『熒澤』字皆从『火』，陸氏《釋文》可證。隱元年《釋文》且云『熒陽，或作滎，非』。《玉篇》『熒』字下云『亦熒陽縣』。漢《韓勑後碑》『河南熒陽』、《劉寬碑陰》『河南熒陽』、《鄭烈碑》『熒陽將封人』、唐盧藏用僎書《紀信碑》『困高祖于熒陽』，『熒』字無不从『火』，皆明證也。」聲案：後經「道沇」下「泆爲熒」同此矣。潘，百禾反，《史記》及馬、鄭本皆作「播」，據《說文》當作「潘」。【注】鄭康成曰：「熒，沇水泆出所爲澤也，今塞爲平地，熒陽民猶謂其處爲熒澤，在其縣東。《春秋傳》旅閔公二年『衛侯及狄人戰于熒澤』，此其地也。」聲謂：潘，水名，在河南熒陽。都，或爲「豬」。傳，直扇反。旅，古文「魯」。【疏】鄭注見《詩・定之方中》正義及《鄭譜》正義。云「熒，沇水泆出所爲澤也」者，下經云「道沇水，東流爲泲，入于河，泆爲熒」是也。云「今塞爲平地，熒陽民猶謂其處爲熒澤，在其縣東」者，鄭據所聞見而言，當得其實，「其縣東」即謂熒陽縣之東也。《漢書・地理志》及《後漢・郡國志》皆不言熒陽有熒澤，良由以塞故也。引《春秋傳》者，《左傳》文。案：衛之封域在冀州，及狄人戰當在河北，此熒澤在豫州則是河南，鄭君乃云「此其地」，竊所不解。《詩》正義云：「沇水發原河北，入于河，乃泆爲熒，則沇水所泆被河南北，故河北亦有熒澤，但在河南多爾。指其豬水大處，則在豫州，『戰于熒』則在其北畔，相連猶一物，故云此其地也。」案：此説甚紆曲。沇水泆于河南，安得被于河北？既隔大河，安得相連？「戰于熒」者，蓋在熒澤直北對岸之處爾。云「此其地」終覺未安，存疑可也。云「潘，水名，在河南熒陽」者，《説文・水部》文。言在熒陽則與熒澤同處，自是此「熒潘」之潘，故不从馬、鄭作「熒播」也。云「都，或爲『豬』」者，《史記》作「都」，《漢書》作「豬」，兩字皆可从。據鄭注《周禮・職方氏》引此作「都」，故此經从「都」字而注别出「豬」文。**道菏澤，被明都。**道，徒好反，篇内皆同。

【注】菏澤，菏水所鍾也，在泲陰定陶東，水盛則被及明都矣。明都在梁國睢陽東北。明都，或爲「盟豬」，或爲「孟豬」。睢，思雖反。【疏】《國語・周語》云「澤，水之鍾也」，故云「菏澤，菏水所鍾也」。云「在泲陰定陶東」者，《漢書・地理志》於泲陰郡下云「《禹貢》『菏澤』在定陶東」；《水經》末卷亦云「菏澤在定陶縣東」，茲據以言焉。案：《漢書・志》於山陽湖陵言「《禹貢》『浮于淮泗』，通于菏水，在南」，《水經》亦云「菏水在山陽湖陸縣南」，「湖陸」即湖陵也。聲注前經徐州既从其説，謂菏在湖陵南矣，此又云在「定陶東」者，蓋菏水流行至定陶東而鍾聚，故於是得澤名。其去湖陵蓋不甚遠，據《漢書・志》山陽、泲陰皆故梁，景帝中六年别爲山陽、泲陰國，則湖陵、定陶地相近矣。云「水盛則被及明都矣」者，《水經注》八卷引此經，又引闞駰《十三州記》曰「不言『入』而言『被』者，明不常入也，水盛方乃覆被矣」，茲用其説。云「明都在梁國睢陽東北」者，《漢書・志》梁國睢

陽，《禹貢》盟諸澤在東北」，「盟諸」即「明都」也。云「明都，或爲『盟豬』」者，此「明都」字从《史記》本，《漢書》則作「盟豬」。云「或爲『孟諸』」者，《爾雅》云「宋有孟諸」，即此「明都」也。**厥土維壤，下土墳壚。**【注】馬融曰：「豫州地有三等，下者，墳壚也。」鄭康成曰：「壚，疏也。」【疏】馬注見《夏本紀》注，鄭注見陳祥道《禮書》三十四卷。云「壚，疏也」者，《説文·土部》云「壚，黑剛土也」，剛則不黏矣。《釋名》云「土黑曰壚，盧然解散也」。「解散」則其性疏可知。鄭注《周禮·草人》云「埴壚，黏疏者」，以「黏」訓「埴」，則亦以「疏」訓「壚」矣。**厥田維中上，厥賦錯上中。**【注】「錯」文在上者，雜出上等之賦也。【疏】冀州賦「上上錯」是上上雜出上中之賦，爲下一等，故「錯」文在下；此則「錯」文在「上中」之上，則是雜出上等之賦可知，上中之上惟有上上，謂雜出上上之賦也。**厥貢桼、絲、絺、紵，**絲，僞孔本作「枲」，《史記》作「絲」。案：《周禮·職方氏》「豫州其利林、桼、絲、枲」，則豫州之貢當絲、枲皆有，枲與紵同類，言紵則枲該其中矣，絲則缺焉，當从《史記》作「絲」。紵，直吕反。【注】紵，檾屬。檾，起穎反。【疏】云「紵，檾屬」者，《説文·糸部》文。案：《説文·林部》云「檾，枲屬」，然則紵是枲類矣。**厥匪纖纊，**纊，苦況反。【注】纊，新綿也。綿，糸延反。【疏】云「纊，新綿也」者，《禮記·玉藻》云「纊爲繭，緼爲袍」，又《喪大記》云「屬纊以俟絶氣」，鄭君注彼兩文皆云「纊，今之新綿」，則纊與綿古今異名，實一物也。言「新」者，對緼是舊絮爲言也。**錫貢磬錯。**【注】錫貢，錫命而後貢也。磬錯，説者以爲治磬之錯。然則「錯」當爲「厝」；厝，厲石也，《詩》曰：「他山之石，可以爲厝。」厝，七各反。【疏】楊州「錫貢」，王肅注以爲「錫命而後貢」，以迾此經，當同斯意。聲於楊州不用肅注，於此仿其意爲注者，蓋楊州實是貢其土産之錫，故用鄭注而不从肅；豫州則不産錫，安所得錫而貢？且楊州「錫貢」之下無文，此言「錫貢磬錯」，則所貢者

「殽錯」，非貢錫矣，故解爲「錫命而後貢」。蓋殽錯非常用之物，不入正貢，至需用時乃下令征之，是爲「錫命而後貢」。云「殽錯，説者以爲治殽之錯」者，僞孔氏説云爾也。以漢注無聞，姑如僞孔説云爾。云「然則『錯』當爲『厝』」者，如僞孔説則「錯」是攻錯，攻錯則字當爲「厝」，厝是摩厲之石也。云「厝，厲石也」以下，《説文·厂部》文。引《詩》者，《鶴鳴》篇文，以證厝之爲厲石也，今《詩》作「錯」，《説文》引之作「厝」，「錯」、「厝」皆「昔」聲，聲同則字通矣。**浮于雒，達于河。崋陽、黑水維梁州。**崋，吴罵反，从山，本輒作「華」，誼別。【注】鄭康成曰：「梁州畍，自崋山之南至于黑水。」【疏】注見《公羊》莊十年傳疏。**㟩、番既蓺**，㟩，迷巾反。番，百禾反。【注】鄭康成曰：「《地理志》岷山在蜀郡湔氐道，番冢山在漢陽西。」湔，即先反。氐，的黎反。❶【疏】注見《夏本紀》注。云「《地理志》岷山在蜀郡湔氐道」者，案：《漢書·志》云：蜀郡湔氐道，「《禹貢》『岷山』在西徼外，江水所出」，《郡國志》亦云：蜀郡湔氐道，「岷山在西徼外」是也。云「番冢山在漢陽西」者，案：《漢書·志》「漢陽」爲縣名，屬楗爲，不言有番冢，西縣屬隴西，有番冢山，西漢所出。乃云「漢陽西」者，《志》又云「天水郡，明帝改曰漢陽」，《郡國志》云「漢陽郡，武帝置爲天水郡，永平十七年更名」。郡有西縣，故屬隴西，有番冢山、西漢水」，是郡縣時有更革，鄭據後漢之《地理志》，固不與班史《志》同。**沱、潛既道**，【注】鄭康成曰：「二水亦謂自江、漢出者。《地理志》在今蜀郡郫縣、汶江及漢中安陽，皆有沱水、潛水，其尾入江、漢尒，首不于此出。江原有𨞙江，首出江，南至楗爲武陽又入江，豈沱之類與？潛，蓋漢，西出番冢，東南至

❶「的」，原作「明」，今據近市居本改。

巴郡江州入江，行二千七百六十里。漢別爲潛，其穴本小，水積成澤，流與漢合，大禹自廣漢疏通，即爲西漢水也。故曰沱、潛既道。」聲謂：潛，或爲「灊」，或爲「涔」。郫，平支反。鄗，直狩反。楗，其焉反。【疏】鄭注見「荆州」正義及《水經注》二十九卷。「二水亦謂自江、漢出者」者，亦荆州沱、潛也。鄭注荆州引《爾雅》「水出江爲沱」、「漢爲潛」，此亦名沱、潛，則亦是自江、漢出者矣。引《地理志》者，案：《漢書・志》郫與汶江二縣皆屬蜀郡，郫縣「江沱在西，東入大江」，汶江「江沱在西南，東入江」，漢中郡安陽縣「灊谷水出其西南，北入漢」，故云「蜀郡郫縣、汶江及漢中安陽，皆有沱水、潛水，其尾入江、漢尒，首不于此出」，是則與《爾雅》所云水出江、漢者不合，故又援引鄗江及西漢水以推求也。案：《志》江原亦屬蜀郡，有鄗水，「首受江，南至武陽入江」，又隴西郡西縣嶓冢山「西漢所出，南入廣漢白水，東南至江州入江，過郡四，行二千七百六十里」。鄭以鄗水首出於江，故以當沱；西漢與武都之漢分支別流，故以當潛。但時俗不目此二水爲沱、潛，故言「豈」、言「與」、言「蓋」以疑之也。蓋西漢雖出嶓冢，既流與漢合而又別爲西漢水，即可以當自漢出之潛矣，故鄭君又云「水積成澤，流與漢合，大禹自廣漢疏通，即爲西漢水也」。云「潛，或爲『灊』，或爲『涔』」者，《漢書》作「灊」，《史記》作「涔」也。案：《説文・水部》云「灊水出巴郡宕渠西南，入江」，其即此經之「潛水」與？**蔡蒙⿱山火平，**【注】鄭康成曰：「《地理志》蔡蒙在漢嘉縣。」聲謂：⿱山火，古文「旅」，讀當爲「鴻臚」之「臚」；臚，敶敘也，言可敶敘其平成之功也。旅，力居反。臚，力魚反。【疏】鄭注見《夏本紀》注。引《地理志》「蔡蒙在漢嘉」者，案：《漢書・志》蜀郡青衣縣「《禹貢》蒙山谿，大渡水東南至南安入海」，應劭注云：「順帝更名漢嘉也。」《郡國志》亦云：「漢嘉，故青衣。陽嘉二年改，有蒙山。」鄭以「蔡蒙」即「蒙山」，是一山也。云「⿱山火，古文『旅』」者，《説文・㫃部》文。云旅

「讀當爲『鴻臚』之『臚』」者，《周禮・司儀》云「皆旅擯」，康成注云：「旅，讀爲『鴻臚』之『臚』。」此經「旅」字，《釋文》言韋昭音「盧」，如韋音則从《周禮》鄭讀矣。《司儀》注云「臚，陳之也」，《釋言》云「臚，敘也」，故云「臚，陳敘也」。

和夷底績。【注】鄭康成曰：「和上夷所居之地也。和，讀曰桓。《地志》曰桓水出蜀郡蜀山西南，行羌中。」羌，去羊反。【疏】注見《水經注》三十六卷。案：《水經注》云《晉地道記》曰「梁州，南至桓水，西抵黑水，東限扞關。自桓水以南爲夷，《書》所謂『和夷底績』也」，是則「和夷」即桓水之夷，故鄭君云「和夷」「和上夷所居之地」，且云「和，讀曰桓」也。惠先生曰：「《漢書・酷吏傳》云『瘞寺門桓東』，❶如淳曰『陳留之俗言「桓」聲如「和」』，故『桓表』或謂之『和表』。《東京賦》云『敘和樹表』，是『和』與『桓』通也。」引《地志》者，案：《漢書・志》蜀郡之下言「《禹貢》『桓水』出蜀山西南，行羌中」，鄭君所引雖非此《志》，其説正符同也。**氒土青黎。**【注】馬融曰：「黎，小疏也。」【疏】注見《釋文》。「青黎」，《史記》作「青驪」，則「黎」似當解爲黑色焉。不以爲黑者，蓋此篇記九州之土先言其色，次言其質，亦有不言其色如楊州「涂泥」，無有不言其質者。此言「青黎」，「青」是色，則「黎」當以質言，故云「小疏」也。王肅注亦云「黎，小疏也」，是肅襲馬誼。**氒田維下上，氒賦下中三錯。**【注】鄭康成曰：「此州之賦有當出下下之賦者，少尒，又有當出下上、中下者，差復益少。」差，叉宜反。復，房戊反。【疏】注見正義。經言「三錯」，是正賦之外雜出三等。而正賦下中之下止有下下一等，故知并其上

---

❶「瘞」，原作「座」，今據近市居本及《漢書》本傳改。

二等爲「三錯」也。僞孔傳乃謂賦「弟八等，❶雜出弟七、弟九」，則是雜出二等，并正賦爲三等。鄭不然者，以他州言「錯」者皆是正賦之外別出一等，此言「三錯」明是正賦之外別爲三等也。若并正賦爲三等，則當言「再錯」，必不言「三錯」矣，僞孔説非也。云「差復益少」者，正賦下中，間有出下下者，但少尒；又或有出下上者，亦少差；而上之又有出中下者，復益少也。「益少」，正義引作「益小」，蓋誤也，以意改之。**𠂔貢璆、鐵、銀、鏤、砮、磬，**璆，力攸反。鐵，天結反。鏤，落候反。【注】鄭康成曰：「黄金之美者謂之璆。鏤，剛鐵，可以刻鏤。」【疏】注見《夏本紀》注。《釋器》云「黄金謂之璗，其美者謂之鏐」，《説文·金部》亦云「鏐，黄金之美者」，故鄭君云「黄金之美者謂之鏐」。僞孔氏改「鏐」爲「璆」，「璆」乃「球」之或字，雝州所貢，非梁州物産，改亂經字，辠莫大焉。云「鏤，剛鐵，可以刻鏤」者，《説文·金部》亦云然，蓋孔氏古文説也。案：《金部》云「鐵，黑金也」，「銀，白金也」，鄭君不解「鐵」、「銀」者，以人所共知也。**熊、羆、狐、貍，**貍，力之反。【注】熊、羆以爲射侯，狐、貍以爲裘。【疏】《周禮·司裘》職有「熊侯」，❷注以爲示服猛。羆亦猛獸，熊類也，故并言「熊、羆以爲射侯」。《禮》有「狐青裘」、「狐白裘」，《詩·七月》云「取彼狐貍，爲公子裘」，狐、貍皆縟毛温煗，皆宜爲裘，故云「狐、貍以爲裘」。此皆言其皮之用爾。《周禮·獸人》職云「春秋獻獸物」，又云「凡獸入于腊人，皮毛筋角入于玉府」，又《冥氏》職云「若得其獸，則獻其皮革齒須備」，則四獸之爲用正多，不言者可知也。**織皮、西頃，因桓是來，**頃，起盈反。【注】

❶ 「弟」，原作「第」，今據近市居本改。

❷ 「侯」，原作「侯」，今據近市居本改。

鄭康成曰：「織皮，謂西戎之國也。西頃，雝州之山也，《地理志》西頃山在隴西臨洮。雝、戎二野之間人有事於京師者，道當由此州而來。桓是，隴阪名，其道般桓旋曲而上，故名曰桓是。今其下民謂阪爲是、曲爲桓也。」聲謂：雝、戎之人來此州者，道由桓是而來。古「是」、「氏」同字，巴、蜀名山岸脅之崖旁著欲落墒者曰氏，楊雄賦云「響若氏隤」。雝，淵用反，「雝州」同。洮，土高反。❶般，步干反。上，時賞反。脅，昕叶反。崖，多回反。著，直若反。墒，大果反。隤，究回反。【疏】鄭注見《水經注》三十六卷及《夏本紀》注。據下經言「織皮、昆侖，析支、渠搜，西戎即敘」，則「織皮」謂西戎之國矣。云「西頃，雝州之山」且引《地理志》者，案：《漢書·志》隴西郡臨洮縣下言「《禹貢》西頃山在縣西南」，又案：《郡國志》隴西屬涼州，漢之涼州，古雝州之地也，西頃山在焉，是雝州之山矣。云「桓是，隴阪名，其道般桓旋曲而上，故名曰桓是」者，隴阪本名「是」，以其道般桓旋曲故名之爲「桓是」也。云「今其下民謂阪爲是、曲爲桓也」者，引時俗之偁以證阪名「是」、曲偁「桓」也。《水經注》引此作「今其下民謂是阪曲爲般也」，似有舛誤，以意改之。「聲謂雝、戎之人來此州者，道由桓是而來」者，以鄭君言「有事京師，道由此州」爲未然，故易其說。當時京師在冀州，冀州在北方，雝州在西北，當冀州之西，西戎又在雝州之西，梁州則在雝州之南，雝、戎之人有事京師，但東向徑直而行，不必迂道南折而由梁也。且經於梁州言「來」，明是來於梁州，非往京師矣，故云「來此州者，道由桓是而來」也。《說文·自部》云「隴，天水大阪也」，《郡國志》漢陽郡隴州有大阪，名「隴阺」，漢陽，故天水郡，則「桓是」即天水之「隴

❶「土」，原作「上」，今據近市居本改。

阪」矣。西頃山在隴西郡，郡名「隴西」，是在隴阪之西，而梁州在隴阪南，則自西頃而來梁州道由桓是也；西戎而來梁必由雝州，則亦必由桓是矣。云「古『是』、『氏』同字」者，《儀禮·覲禮》曰「太史是右」，鄭注云「古文『是』爲『氏』」，《禮記·曲禮》云「五官之長曰伯，是職方」，鄭注云「是，或爲氏」，則古者「是」與「氏」互通，故云「同字」。云「巴、蜀名山岸脅之崖旁著欲落墒者曰氏」者，《説文·氏部》文。山岸脅之崖即阪也，此與鄭云「其下民謂阪爲是」正合，相證益確矣。「楊雄賦」云云，《解嘲》文也，《説文》引以證「山岸脅之崖欲落墒者名氏」也。「響若氏隤」之「氏」，《漢書·楊雄傳》作「阺」，應劭曰「天水有大阪名曰隴阺」，韋昭曰「阺，音若『是理』之『是』」，然則「阺」即隴阪，即此經之「桓是」矣，故亦引楊雄賦以證。**浮于潛，踰于沔，入于渭，亂于河。**沔，迷扁反。【注】鄭康成曰：「或謂漢爲沔。」聲謂：《地理志》沮水出武都沮縣東狼谷，南入江，或以爲沔水。正絶流曰亂，《詩》云「涉渭爲亂」。入渭亂河，之雝州也。【疏】鄭注見《夏本紀》注。云「或謂漢爲沔」者，《漢書·地理志》漢中郡有沔陽縣，如淳注云「北方人謂漢水爲沔水」；《志》又云「東漢水受氐道水，一名沔」，是東漢實爲沔也。既用鄭注又引《地理志》沮水者，備異説也。案：《漢書·志》武都郡沮縣，「沮水出東狼谷南，至沙羨南入江，過郡五，行四千里」。《説文·水部》云「沔水出武都沮縣東狼谷東南入江」，似即《漢志》所偁沮水矣。《水經》亦云「沔水出武都沮縣東狼谷中」，酈元注云「沔水，一名沮水」，闞駰曰「以其初出沮洳然，故曰沮水，縣亦受名焉」，是或以沮水爲沔水也。沔水有此二條，故於鄭注之外別參一説焉。云「正絶流曰亂」者，《釋水》文，孫炎注云「橫渡也」是也。引《詩》者，《公劉》篇文，毛傳亦云「正絶流曰亂」，故引其《詩》以證焉。云「入渭亂河，之雝州也」者，禹既治梁州，次及雝州，而渭與河皆在雝州竟，則「入渭亂河」是爲治雝州而往也。**黑水、西河維雝州。**【注】

鄭康成曰：「雝州畍，自黑水而東至于西河。」【疏】注見《公羊》莊十年傳疏，又見《詩・韓奕》正義。《爾雅》云「河西曰雝州」，故云「東至于西河」。李巡注《爾雅》云：「河西其氣蔽壅，厥性急凶，故曰雝。雝，壅也。」**溺水既西**，溺，如灼反，僞孔本作「弱」，別也；兹从《説文》。【注】桑欽説：溺水自張掖刪丹西至酒泉合黎，餘波入于流沙。鄭康成曰：「衆水皆東，此水獨西，故記其西下也。」下，行嫁反。【疏】「桑欽説」見《説文・水部》。案：《漢書・志》張掖郡刪丹縣下偁「桑欽以爲道溺水自此，西至酒泉合黎」，然則欽説謂禹道溺水自刪丹，非謂溺水出刪丹也。云「西至酒泉合黎，餘波入于流沙」者，據此經下文道水文也。鄭注見正義。**涇屬渭汭**，屬，之欲反。汭，如鋭反。【注】鄭康成曰：「涇水、渭水發原皆幾二千里，然而涇小渭大，屬于渭而入于河。《地理志》涇水出今安定涇陽西幵頭山，東南至京兆陽陵，行千六百里入渭。」聲謂：屬，注也。「汭」之言「内」也。幵，起賢反。【疏】鄭注見《詩・谷風》正義。云「涇水、渭水發原皆幾二千里」者，謂初出處至歸宿處流行幾二千里也。據《地理志》，涇水行千六百里入渭，渭水行千八百七十里入河，是皆「幾二千里」也。涇入于渭，故曰「涇小渭大，屬于渭而入于河」。引《地理志》者，《漢書・志》安定郡涇陽下云「幵頭山在西，《禹貢》『涇水』所出，東南至陽陵入渭，過郡三，行千六百里」是也。案《志》陽陵屬左馮翊，鄭君言「京兆陽陵」者，東漢時改屬京兆，《郡國志》可考也。云「屬，注也」者，《儀禮・士昏記》云「酌玄酒，三屬于尊」，❶鄭注云「屬，注也」，兹涇水入渭亦有「注」誼，猶《詩》云「豐水東注」之「注」也。《詩・公劉》云「芮鞫之即」，鄭箋云「芮之言内

❶「尊」，原作「糞」，今據近市居本及《儀禮》改。

也」，鄭注《周禮・職方》引《詩》作「汭垸之即」，則「芮」、「汭」字通，故云「『汭』之言『内』也」，用《詩》箋之訓也。案《周禮・職方》雝州「其川涇汭」，此經亦記雝州之水也，不以「汭」爲水名者，賈公彦《周禮疏》云：「《詩》箋云『芮之言内』，今爲水名者，蓋周公制禮之時以『汭』爲水名，當即皇澗名曰『汭』爾。」然則目水爲「汭」始于周公，當公劉時猶未有「汭水」之名，此經尤在前，則「汭」非水名矣。**漆沮既從，**【注】傳以「漆沮」爲洛水，然則「漆沮」一水也。《地理志》洛水出北地歸德北蠻夷中，至左馮翊懷德，東南入渭。「既從」者，從渭而入于河。馮，皮仌反。【疏】云「傳以『漆沮』爲洛水」者，僞孔傳于下經渭水「東過漆沮」之文解云：「漆、沮，二水名，亦曰洛水。」案：若以漆、沮爲二水，則「亦曰洛水」者謂漆與？謂沮與？語無分曉。蓋傳必云「一水名」，「二」字乃誤也，故承之曰「然則『漆沮』一水也」。案：《漢書・地理志》漆水在右扶風漆縣西，沮水出北地直路縣東，西入洛。《水經》云漆水出扶風杜陽縣俞山，東北入于渭；沮水出北地直路縣東，過馮翊祋栩縣北，東入于洛，然則雝州實有漆、沮二水。乃于此經不稱是二水以説，反从僞孔以爲「洛水」者，據下經「道渭」先會于涇，乃後「東過漆沮」，則漆沮在涇水東矣，扶風之漆水則在涇西，非其處所，沮水則入洛，非渭所經也，且漆與沮實不同處，不得二水並舉，則此「漆沮」非彼二水矣。《水經・渭水篇》云「又東過華陰縣北」，酈元注云：「洛水入焉，闞駰以爲漆沮之水也。」案：駰北魏人，於時僞孔書初出，止行于南，未至朔方，駰當未之見，則其以洛水爲漆沮蓋舊有是説，僞孔氏因之爾，非始于僞孔也，故依用之。引《地理志》者，《漢書・志》北地郡歸德下云「洛水出北蠻夷中，入河」，「河」字誤也，當爲「渭」，左馮翊懷德下云「洛水東南入渭」是也。云「『既從』者，從渭而入于河」者，下經「道渭」聯言「東過漆沮入于河」，「漆沮」之下不復有「又東」之文，明漆沮入渭而渭即入河，是漆沮從渭而入于河矣。**酆水逌**

同。鄷，方紅反，俗書去「阝」而加「水」于左，❶非也，兹从《漢書》。【注】《地理志》鄷水出右扶風鄠縣東南，「北過上林苑入渭」。同，合會也，言合會于渭也。鄠，胡古反。苑，淵阮反。【疏】引《地理志》者，《漢書·志》云「右扶風鄠，古國，有扈谷亭。扈，夏啓所伐。鄷水出東南，又有潏水，皆北過上林苑入渭」是也。云「同，合會也」者，《説文·冃部》文。**荆、岐既旅，**【注】《地理志》荆山在左馮翊懷德南。旅，讀亦爲「臚」，❷臚敘也，言功以臚敘也。馮，皮仌反。【疏】引《地理志》者，《漢書·志》云左馮翊懷德「《禹貢》北條荆山在南」是也。言「北條」者，以南郡臨沮别有荆山，故以南、北分之也。云「旅，讀亦爲『臚』」者，上文「蔡蒙旅平」之「旅」讀爲「臚」，此「旅」字音、誼與彼文同也。**終南、惇物，至于鳥鼠。**【注】《地理志》終南名太一山，惇物名垂山，皆在右扶風武功；鳥鼠在隴西首陽。【疏】《夏本紀》注引鄭注云「《地理志》終南、惇物皆在右扶風武功」，不及「鳥鼠」，兹據《漢書·志》以足成之。《志》云右扶風武功「太一山，古文以爲終南；垂山，古文以爲惇物；皆在縣東」，又云隴西郡首陽「《禹貢》『鳥鼠同穴』山在西南」是也。**原隰厎績，至于都壄。**【注】鄭康成曰：「原隰在豳，《詩》云『度其隰原』是也。《地理志》都野在武威，名曰休屠澤。」聲謂：都，或爲「豬」。度，大洛反。【疏】鄭注見正義及《夏本紀》注。云「原隰在豳」者，《詩·公劉》篇言公劉栖豳之事而云「度其隰原」，則隰原在豳地，「原隰」即「隰原」也，故即引《公劉》詩以證也。引《地理志》者，案：《漢書·志》武威郡武

❶「左」，原作「右」，今據近市居本改。

❷「亦」，原脱，今據近市居本及疏文補。

威縣，「休屠澤在東北，古文以爲豬野澤」，即此「都野」也。云「都，或爲『豬』」者，兹从《史記》作「都」，《漢書》則作「豬」。**三危既度，三苗丕敘。**度，代洛反。【注】鄭康成曰：「《河圖》及《地説》云三危山在鳥鼠西，南與岐山相連。」聲謂：度，讀如「荒度土功」之「度」。丕，大。敘，順也。三危山既已經度，三苗于是大順敘，言不𢧐屰也。度，或爲「宅」。𢧐，籀文「悖」，步内反。屰，俗通作「逆」，音同誼分。【疏】鄭注見《夏本紀》索隱。案：鄭注此經或偁「《地説》」或偁「《地記》」，疑是一書，謂即《河圖括地象》，此云「《河圖》及《地説》」，則《地説》與《河圖》實是二書。或《地記》是《括地象》，但其書已亡不知，蓋闕可也。案：《水經》云「三危山在敦煌縣南」，❶《漢書·地理志》及《續漢書·郡國志》於敦煌郡敦煌縣下皆不言有三危山，文不具也。鄭所據之《地理志》悉與《郡國志》同，蓋亦不見三危山所在，故鄭據《河圖》及《地説》以説也。云「三危山在鳥鼠西」者，鳥鼠在隴西，三危在敦煌，《郡國志》隴西在雒陽西二千二百二十里，敦煌在雒陽西五千里，是三危在鳥鼠之西矣。《太平御覽》弟五十卷《地部》十五引《河圖括地象》曰「三危山在鳥鼠之西，南與汶山相接」，「汶」乃「岷」之叚借字，❷此篇「岷番既埶」、「岷山之陽」、「岷山道江」，《夏本紀》「岷」皆作「汶」，是叚借也。鄭注下文「道水」引《地記》曰「三危山在鳥鼠之西，而南當岷山」，正合「南與汶山相接」之言，則兹云「南與岐山相連」者，良由「岷」寫作「汶」；而「汶」與「岐」偏傍相似，故誤作「岐」，當云「南與岷山相連」乃合也。云「度，讀如『荒度土功』之『度』」者，「荒度土功」，《咎繇暮》文。《史記》云「三危既度」，《索隱》云「度，劉伯莊音田各反」，如劉音則讀如「荒度」矣。「丕，大」，

❶「煌」，原作「皇」，今據近市居本改。下三「煌」字同。
❷「之」，原作「山」，今據近市居本改。

《釋詁》文。《釋詁》云「順，敘也」，轉訓則云「敘，順也」。案：古「丕」、「不」字通，據《咎繇謨》言「苗頑弗即功」在「水土既平」之後，則此「丕敘」似當解爲「不敘」。兹不爾者，以此經主紀禹功，若是不敘，不記于此矣；且三苗反覆無常，或此時从順後復叛逆，亦未可知；又或「頑弗即功」者是其君長，此言「丕敘」謂其民从化，兩文固不相妨；故解云「三苗于是大順敘，言不悖逆也」。云「度，或爲『宅』」者，據《漢書》作「宅」也。**厥土維黄壤，厥田維上上，厥賦中下，厥貢維球、玪、琅玕。**球，其猶反。玪，之壬反，一音吉咸反，正義本作「琳」，蓋衛包因《爾雅》「有昆侖虚之璆琳琅玕」之文而改也，據《詩・韓奕》釋文則鄭本及僞孔本皆作「玪」，薛季宣《書古文訓》即隸古定本也，亦作「玪」，故从「玪」。琅，鹵當反。玕，果安反。【注】鄭康成曰：「球，美玉。玪，美石。琅玕，珠也。」【疏】注見《詩・韓奕》釋文。云「球，美玉」者，《釋器》云「璆，美玉也」，「璆」即「球」之或字也。今本《爾雅》作「璆琳，玉也」，蓋誤也；若是「琳」字，釋文當即發音，不應於後文《釋地》始音「琳」爲「林」矣，故知誤也。云「玪，美石」者，《説文・玉部》云「玪塾，石之次玉者」，「玪」即「玪塾」也，「次玉之石」則「美石」矣。云「琅玕，珠也」者，《説文・玉部》云「琅玕，似珠者」。**浮于積石，至于龍門西河，會于渭汭。**【注】《地理志》積石山在金城河關西南，龍門山在左馮翊夏陽北。龍門，水門也，魚游其中得過者便爲龍，故曰龍門。汭，水相入也。渭汭，渭入河處也。馮，皮仌反。【疏】引《地理志》者，《漢書・志》金城郡河關「積石山在西南羌中」，左馮翊夏陽「龍門山在北」是也，僞孔傳亦云「積石山在金城西南」。案：《漢書・昭帝紀》始元六年，「取天水、隴西、張掖郡各二縣，置金城郡」，《地理志》亦云金城郡「昭帝始元六年置」，然則武帝時未有金城郡也。據《史記・孔子世家》云「安國爲今皇帝博士，至臨淮太守，蚤卒」，然則安國歿于武帝之世，安知所謂金城郡？而傳乃言「金城」，其爲僞託昭然明矣，乃千餘年來尠有知其非孔氏書者，不亦異乎？ 云「龍門，水門也，魚游其中得過者便爲龍，故曰龍門」者，高誘注《淮南・修務訓》云然也。 云「汭，水相入也」者，《説文・水部》文。 上文「涇屬渭汭」，注云「汭之言内」，此言「水相入」不同者，上文既言「屬」，則「汭」不可更解爲「入」，故訓爲「内」，此言「會于渭汭」當就處所爲言，故以「汭」爲「入」，謂渭入河處，望文爲誼也。《漢書・志》渭入河在「京兆船司空」，「渭汭」即其處所也。

織皮昆侖、析支、渠叜，西戎即敘。 昆，户本反。侖，扐門反。析，先覿反。叜，色求反，《史記》作「搜」，正義本同，茲从《漢書》。【注】鄭康成曰：「衣皮之民居此昆侖、析支、渠叜三山之野者，皆西戎也。 西戎別有昆侖山，非河所出者也。」聲謂：即，就。敘，順也。 衣，乙既反。【疏】鄭注見正義。 云「衣皮之民居此昆侖、析支、渠叜三山之野者，皆西戎也」者，《逸周書・王會解》云「正西昆侖、狗國、鬼親、枳已、翕耳、貫匈、❶雕題、離止、桼齒」，孔鼂注云「九者，西戎之別名」，是西戎有「昆侖」也。《史記・五帝本紀》云「西戎，析支、渠廋、氐羌」，「廋」乃「叜」之叚借字，是「析支」、「渠叜」亦西戎也，故云「皆西戎也」。 云「西戎別有昆侖山，非河所出者也」者，據《王會解》云「正西昆侖」，若河所出之昆侖則在中國之西北，不在正西，故知別有昆侖山也。《山海經》云「海内，昆侖之虚在西北」，郭璞注云：「言海内者，明海外復有昆侖山也。」「即，就」，《詩・東方之日》篇鄭箋誼也。「敘，順」已具上疏。

道汧及岐，至于荆山。 汧，氣堅反，字从「水」不从「山」，僞孔本改从「山」，《説文》所無，俗所作也。《史記》、《漢書》皆作「汧」从「水」，吾从之。【注】馬融曰：「汧爲北條，西頃爲

❶ 「貫匈」，原作「冄甸」，今據近市居本及《逸周書》改。

中條，番冢爲南條。」鄭康成曰：「道汧爲陰列，西頃次陰列，番冢次陽列，岷山爲正陽列。《地理志》汧在右扶風。」頃，起盈反，下同。【疏】馬注見《夏本紀》索隱，鄭注見正義及《夏本紀》注。案：《漢書·志》有「北條荆山」、「南條荆山」，則馬氏「三條」之説有自來矣。鄭不从之而别分爲四列者，以番冢爲漢原，岷山爲江原，不應并爲一條也。索隱引此鄭注以番冢爲陽列，岷山爲次陽，與正義所引不同。案：山以南爲陽北爲陰，岷山最在南，當爲正陽，番冢在岷山之北，當爲次陽，索隱誤也，當从正義。引《地理志》者，案：《漢書·志》右扶風汧縣，「吴山在西，古文以爲汧山」是也。**逾于河，壺口、雷首，至于太岳。**【注】《地理志》雷首山在河東蒲反南。「反」與「阪」通。【疏】引《地理志》者，《漢書·志》河東郡蒲反「雷首山在南」是也。《志》又云「故曰蒲，秦更名」，應劭注云「秦始皇東巡，見長阪，故加『反』」，然則「反」即「阪」字，古通用也。《續漢書·郡國志》云河東郡「蒲阪有雷首山」。案：《地理志》壺口山在北屈東南，霍太山即太岳，在彘縣東，皆屬河東郡，注不言者，于冀州已具言之矣。**底柱、析城，至于王屋。**【注】《水經》云：「底柱，在河東大陽縣東河中。」《地理志》析城山在河東濩澤西南，王屋山在河東垣縣東北。【疏】「底柱」《地理志》無文，故用《水經》也。案：「河東」，西河之東也；「大陽」，應劭以爲在大河之陽，水北曰陽，則是南河之北也。底柱在南河中，其直北正當大陽之東偏，故云「在大陽縣東河中」，謂在縣東之南河中，非謂東河也。引《地理志》者，《漢書·志》河東郡濩澤，「《禹貢》析城山在西南」，又垣縣，「《禹貢》王屋山在東北」。**太行、恒山，至于碣石，入于海。**行，何岡反。【注】《地理志》太行山在河内壄王西北，恒山在常山上曲陽西北。【疏】云「《地理志》太行山在河内壄王西北」者，案：《漢書·志》河内郡山陽東「太行山在西北」，壄王「太行山在西北」，然則「太行」似有兩山。必知此經「太行」

是在壄王者，以《水經》末後一卷備記《禹貢》山澤所在，亦云「太行在壄王」，此兼據彼文，故不用山陽東太行爲説，止言壄王也。云「恒山在常山上曲陽西北」者，《漢書·志》云常山郡上曲陽「恒山北谷在西北」。案：「常山」即「恒山」，文帝諱「恒」故改曰「常」，然則郡以山名也。「上曲陽」者，對鉅鹿有「下曲陽」故云「上」。**西頃、朱圉、鳥鼠，至于太崋。**圉，月与反。【注】鄭康成曰：「《地理志》朱圉在漢陽南，太崋山在弘農崋陰南。」【疏】注見《夏本紀》注。《漢書·志》漢陽爲縣名，屬楗爲，是益州部，非其地也。天水郡冀縣則云「《禹貢》朱圄山在縣南梧中聚」，「圄」即「圉」字，同也。又崋陰屬京兆，太崋山在南。鄭引《志》言「朱圉在漢陽南，太崋山在弘農崋陰南」者，案：《志》又云天水郡明帝改曰「漢陽」，《後漢·郡國志》亦云漢陽郡「武帝置爲天水，永平十七年更名，有冀縣，有朱圉山」。《郡國志》又云弘農郡崋陰「故屬京兆，有太崋山」，然則鄭君所據乃東漢之地志，故與班史《志》有異也，説具冀州疏。**熊耳、外方、桐柏，至于倍尾。**倍，步回反，《史記》作「負」，兹从《漢書》。【注】鄭康成曰：「《地理志》熊耳在盧氏東；外方在潁川崇高，崇高山也；桐柏山在南陽平氏東南；倍尾在江夏安陸東北，若横尾者。」【疏】注見《夏本紀》注。鄭注引《地理志》輒與《續漢書·郡國志》同而與《漢書·志》或不合，惟此條注所引不然。案：《漢書·志》云弘農郡盧氏「熊耳山在東」，又潁川郡「崇高，武帝置以奉太室山，是爲中嶽，有太室、少室山廟。古文以崇高爲外方山也」，又南陽郡平氏「《禹貢》桐柏大復山在東南」，又江夏郡安陸「横尾山在東北，古文以爲倍尾山」，是皆與鄭君此注合。而《郡國志》惟盧氏有熊耳山及平氏桐柏大復山與此注合，潁川郡陽城有崇高山，未有崇高縣；江夏郡有安陸縣，不言有倍尾山；此則與鄭所據之《地理志》不同矣。**道番冢，至于荆山。**冢，之甬反。【注】鄭康成曰：「《地理志》荆山在南郡臨沮。」【疏】注見《夏本紀》注。引《地理志》者，案：《漢書・志》南郡臨沮下云「《禹貢》南條荊山在東北」，《郡國志》南郡臨沮下亦言有荊山。**内方，至于大別。**【注】鄭康成曰：「《地理志》内方在竟陵，名立章山；大別在廬江安豐。」【疏】注見《夏本紀》注。案：《漢書・志》江夏郡竟陵「章山在東北，古文以爲内方山」，是内方止名章山；又六安國安豐「《禹貢》大別山在西南」，則安豐不屬廬江。鄭引《地理志》言内方名立章山及廬江安豐，皆與《漢志》異者，案：《續漢書・郡國志》云「江夏郡竟陵有立章山，本内方」，廬江郡安豐「有大別山」，注云「建武十年渻六安國，以其縣屬廬江郡」，然則鄭君所據乃東漢之地志也。**崏山之陽，至于衡山。**【注】《地理志》衡山在長沙湘南。【疏】引《地理志》者，《漢書・志》長沙國湘南「《禹貢》『衡山』在東南」。案：鄭注《周禮・職方》云「衡山在湘南」，則于此注當亦云然，兹引《地理志》爲説，正與鄭意合。**過九江，至于敷淺厵。**厵，水泉本也，从「灥」出「厂」下，于「六書」爲指事也；篆文媘作「原」，時俗用之。【注】《水經》云：「九江地在長沙下雋縣西北，敷淺原地在豫章歷陵縣西南。」雋，徂沇反。【疏】前文荊州云「九江孔殷」，指謂其川流也；此引《水經》云「九江地」者，欲分異于前文之九江，明此是謂九江川流之上地也。云「長沙下雋縣」者，《漢書・志》爲「長沙國」，《郡國志》爲「長沙郡」，皆屬荊州，有下雋縣，皆不言「九江地」，文不具爾。云「敷淺原地在豫章歷陵縣西南」者，案：《漢書・志》豫章郡歷陵「傅昜山、傅昜川在南，古文以爲傅淺原」，「敷」、「傅」古通用，則「敷淺原」即「傅昜川」也。蓋傅昜川發原于傅昜山，故即以山名名其川，據其流言則曰「傅昜川」，推本其始則謂之「敷淺原」也。《水經》言「敷淺原地」者，亦謂傅昜川上之地也。**道溺水，至于合黎，**【注】鄭康成曰：「合黎，山名。《地説》云：『合黎山在酒泉會水東北。』自此以下言『過』言『會』者，皆是水名；言『至于』者，或山或澤。」【疏】注見正義及《夏本紀》索隱。引《地說》者，疑《括地象》文。案：《漢書・志》及《郡國志》酒泉郡會水皆不言合黎山，❶文不具爾。《水經》云「合黎山，在酒泉會水縣東北」，與《地說》同，則合黎自是山名矣，馬、王皆以爲地名，非也。云「自此以下」者，謂自此「道溺水」以下至「道雒」也。云「言『過』言『會』皆是水名；言『至于』者，或山或澤」者，經文自見，鄭君言此以見「合黎」言「至于」是山名矣。唯是大邳、東陵皆是地名，皆言「至于」，何也？蓋鄭君大判言之，不必執泥也。鄭注又云「凡言『道』者，發原于上，未成流；凡言『自』者，亦發原于上，未成流」，既欲分別言「道」言「自」，而詞意无異，殊无分曉，故刪節之。**餘波入于流⿰氵尐。**《說文》「沙」字重文作「⿰氵尐」，❷引譚長說：❸「沙，或从尐。」❹【注】鄭康成曰：「《地理志》流沙在居延西北，名居延澤。《地記》曰：『溺水西流入合黎山腹，餘波入于流沙，通于南海。』」【疏】注見《夏本紀》注。引《地理志》者，案《漢書・志》張掖郡居延「居延澤在東北，古文以爲流沙」，《郡國志》亦云「居延有居延澤，古流沙」。據漢《志》言東北，鄭君言西北，未審孰是也。引《地記》者，疑亦《括地象》也。云「通于南海」者，《淮南・地形訓》云「赤水之東，溺水出自窮石，至于合黎，餘波入于流沙，絕流沙，南至南海」，是溺水通南海也。案：《山海經・海內西經》云「流沙出鐘山，西行，又南行昆侖之虛，西南入海」，則流沙本入南海，溺水由是通南海也。**道黑水，至于三危，入于南海。**【注】鄭康成

❶ 上「志」字，原作「紀」，今據近市居本改。
❷ 「沙」、「⿰氵尐」，原倒，今據近市居本改。
❸ 「譚」，原作「郭」，今據《說文解字》改。
❹ 「尐」，原作「少」，今據近市居本及《說文解字》改。

曰：「《地理志》益州滇池有黑水祠，而不記此山、水所在，今中國无之矣。《地記》曰『三危山在鳥鼠之西，而南當岷山』，又『在積石之西，南當黑水祠，黑水出其南脅』。」滇，徒年反，又氏年反。池，直支反。【疏】注見《夏本紀》注及杜右《通典》百七十五卷。云「《地理志》益州滇池有黑水祠，而不記此山、水所在」者，「山」謂三危，「水」謂黑水也。案：《漢書・志》及《郡國志》于益州郡滇池皆云「北有黑水祠」，皆不言黑水所出、三危所在，鄭君所據之《志》必亦然也。云「今中國无之矣」者，三危是「竄三苗」之所，則是西裔，非中國矣；黑水爲雝、梁二州之西畍，則在九州之外，不經由中國，故中國无之。鄭云「今」者，據其時中國之域不有此山、水也。引《地記》者，《河圖括地象》文。以《地理志》不言黑水、三危，故引《地記》爲説。案：《太平御覽》弟五十卷《地部》十五引《河圖括地象》曰「三危山在鳥鼠之西，南與汶山相接，上爲天苑星，黑水出其南」，與此注所引不同，蓋引者取節異尒，實一書也。又案：《山海經・海内西經》云「黑水出崑崙西北隅」，則其原在極北之處；據此經文，亦黑水在三危之北。而《地記》言「黑水出其南脅」者，謂經于三危道出于其南脅，非謂發原于此也。**道河積石，**【注】河水出昆侖東北隅，南流入于郣海。重原潛發，異出合流，東注蒲昌海。潛行而南出積石山下，冒石門以西南流。蒲昌以上无患害，積石以上多伏流，故道河積石。郣，蒲没反，❶俗作「勃」，非。重，直容反。【疏】《山海經・海内西經》云「海内，昆侖之虚在西北，河水出東北隅以行其北，西南又入郣海；又出海外，即西而北入禹所道積石山」，又《西山經》云「積石之山，其下有石門，河水冒以西流」，《水經》云

❶「没」，原作「役」，今據近市居本改。

「昆侖虛在西北，去崇高五萬里，地之中也。河水出其東北陬詘，從其東南流入于郣海；又出海外，南至積石山，下有石門，河水冒以西南流；又南出蔥領山，其一原出于闐國南山，北流與蔥領河合，東注蒲昌海」。案：「積石」當河始入中國之處；蔥領、于闐、蒲昌皆在荒裔，乃其上流。《山海經》不言蔥領、于闐、蒲昌，略也。《水經》「又南出蔥領」云云當承「南流入于郣海」之下，「又出海外」云云當承「東注蒲昌海」之下，乃先言「積石」後言「蒲昌」，文誤倒矣；故酈元注《水經》據釋氏《西域傳》云「河自蒲昌潛行地下，南出積石。經文似如不比，『積石』宜在『蒲昌海』下矣」，此駁是也。《漢書・西域傳》云「河有兩原，一出蔥領山，一出于闐。于闐在南山下，其河北流與蔥領河合，東注蒲昌海。蒲昌海，一名鹽澤者也，去玉門陽關三百餘里，廣袤三百里，其水亭居，冬夏不增減，皆以爲潛行地下，南出于積石，爲中國河」，是亦謂「積石」在「蒲昌海」下也，故注先言出昆侖入郣海，次言重原異出，合入蒲昌，乃後言南出積石石門也。「重原潛發，異出合流」即謂蔥領、于闐之兩原也。河自昆侖至蒲昌，出没見伏皆安流無橫決，故云「蒲昌以上无患害」；據《西域傳》云河自蒲昌潛行地下，南出積石，故云「積石以上多伏流」；「无患害」則不必施功，「多伏流」則无可致力，故「道河」施功所及止于積石。**至于龍門，**【注】龍門山在河中阨流，禹鑿之以通河。阨，安革反。【疏】《淮南・地形訓》云「龍門在河淵」，《吕氏春秋・愛類》篇云「昔上古龍門未開，吕梁未發，河出孟門，大溢逆流」，是龍門「在河中阨流」者。云「禹鑿之以通河」者，《淮南・修務訓》云「禹沐浴淫雨，櫛扶風，決江疏河，鑿龍門」，高誘注云：「龍門，水門。禹闢而大之，故言鑿。」**南至于崋陰，**【注】崋陰，崋山之北。《地理志》弘農有崋陰縣。【疏】山北曰陰，故云「崋陰，崋山之北」。《漢書・地理志》崋陰屬京兆尹，不屬弘農。云「《地理志》弘農有崋陰縣」者，據《郡國》則東漢時崋陰改隸弘農，故鄭注前文「道山」云

「《地理志》太嶭在弘農嶭陰南」，是鄭所據之《地理志》嶭陰寔隸弘農，茲補鄭注之亡逸，當與鄭合一，故云然。**東至于底柱，**【注】底柱仡立河中若柱然，故名。《地説》曰：「河水東流毌底柱。」《東京賦》曰：「底柱輟流。」仡，垠汔反。毌，古玩反，今通用「貫」。輟，止劣反。【疏】云「底柱仡立河中若柱然」者，薛綜注《東京賦》云：「底柱，山名也，居河中猶柱然也。」《地説》云云本諸鄭注所引；《東京賦》者，張衡所作也。「輟流」謂止輟河流，薛綜注云「輟，止也」是也。引此兩文者，皆以證明底柱在河中也。《水經注》四卷引鄭注云：「案《地説》『河水東流貫底柱，觸閼流』，今世所謂『底柱』蓋乃『閼流』也，底柱當在西河，未詳也。」聲謂據《地説》則閼流在底柱之下，相近而非一處。據經言「東至于底柱」，則河既南至而東折，底柱在南河審矣。故《地説》言「東流貫底柱」與經文符合，鄭君言「底柱當在西河」韋異經文，故不用其注。**又東至于盟津，**津，即辛反。【注】盟津，地名，在雒北，都道所湊，古今以爲津。盟，或爲「孟」。湊，倉腠反。【疏】云「盟津，地名，在雒北，都道所湊，古今以爲津」者，薛綜注《東京賦》云然也。武王伐紂，八百諸侯咸會于盟津，是「都道所湊」也。云「盟，或爲『孟』」者，正義本作「孟」也。**東過雒汭，至于大邳，**邳，符媒反，正義本作「伾」，别也，茲从《史記》。【注】雒汭，雒入河處，在鞏縣。大邳，地名，在河南成皋北。鄭康成曰：「大邳，地喉也，沇出邳際矣。」【疏】《説文·水部》云「汭，水相入也」，故云「雒汭，雒入河處」。云「在鞏縣」者，《漢書·志》鞏屬河南郡，雒水至鞏入河，則雒汭在鞏矣。云「大邳，地名，在河南成皋北」者，《水經》云「大邳地在河南成皋縣北」是也。「邳」字或誤作「伾」，《漢書·溝洫志》注鄭氏曰：「山一成爲伾，在修武武德畍」，張晏曰「成皋縣山是也」，臣瓚以爲「今修武武德无此山，成皋縣山又不一成，黎陽山臨河，豈是乎」，蓋諸家皆不知「伾」字誤而執「山一成伾」爲説，故皆不得其實。「大邳」實是地名，非山也，其字从阝，《水經》與《史記》同也。鄭注見《水經注》五卷。云「大邳，地喉也」者，説似出于《地説》，是亦足證「大邳」爲地名矣。云「沇出邳際矣」者，沇水至河内武德入河，泆出于河南爲滎澤，大邳蓋近其泆出之處，故曰「沇出邳際」。**北過降水，至于大陸。**降，下江反。【注】鄭康成曰：「《地説》云『大河東北流，過降水千里至大陸爲地腹』。如《志》之言，大陸在鉅鹿。《地理志》曰絳水在安平信都，鉅鹿與信都相去不容此數也。水土之名變易，世失其處，見『降水』則以爲『絳水』，故依而廢讀，或作絳字，非也。今河内共北山淇水、共水出焉，東至魏郡黎陽入河，近所謂降水也。降，讀當如『郕夅于齊師』之『夅』。蓋周時國于此地者惡言夅，故改謂之共尒。又今河所從，去大陸遠矣，館陶北屯氏河，其故道與？」降，下江反。絳，居巷反。共，居容反。夅，下江反。惡，昷故反。屯，徒侖反。道與，云虚反。

【疏】注見《水經注》十卷。鄭據《地説》以爲降水至大陸千里，而《地理志》既言大陸在鉅鹿，又云絳水在信都，其間相去不及千里，故云「不容此數也」。案：《漢書·志》信都屬信都國，鄭云「安平信都」者，《郡國志》云安平國「故信都，延光元年改信都屬焉，有絳水」，鄭據東漢之《地理志》，故云「安平」也。云「水土之名變易」者，即如所謂「惡夅言共」也。云「世失其處」者，既改降爲共，則後世不知其處爲降水，是失其故處也。云「見『降水』則以爲『絳水』，故依而廢讀」者，既不知降水之處，所見此經之「降水」謂即是信都之「絳水」，故依彼「絳」字居巷反之音，而廢此「降」字下江反之音矣。❶ 云「或作絳字」者，言不但廢讀，且有改其字从「糸」作「絳」者。云「非也」者，謂

---

❶「降」，原作「絳」，今據近市居本改。

廢讀及改字皆非也。云「今河内共北山淇水、共水出焉，東至魏郡黎陽入河」者，共北山，引者作「北共山」，據《漢書・志》河内郡共縣「北山，淇水所出，東至黎陽入河」，然則北、共字誤到，今更正之。《漢志》不言共水者，文不具，鄭蓋據東漢之《地志》有是共水也。云「近所謂降水也」者，言河内之共水近似此經所謂降水。云「降，讀如『郕夅于齊師』之『夅』」者，「郕夅于齊師」，《春秋》莊八年文。夅，下江反；引以證此降水之降亦當讀下江反也。云「蓋周時國于此地者惡言夅，故改謂之共爾」者，當時諸侯恥夅下于人，故惡言夅。「降」音如「夅」，「夅」之古音則如「洪」，循「洪」之聲變，故爲「共」也。鄭既以共水當降水，因推其所以變名之由，故云尒也。以无明據，故云「蓋」以疑之。云「又今河所從，去大陸遠矣」者，「降」改爲「共」既有因由，又共水見當河所從過，比信都之去大陸頗遠，益足見降水即共水而非絳水矣。云「館陶北屯氏河，其故道與」者，《漢書・志》魏郡館陶「河水别出爲屯氏河」，鄭蓋據當時河道，黎陽去大陸雖遠，猶未足千里之數，未合《地説》之文，若從屯氏河則道益迂遠，去大陸實有千里，故鄭據《地説》「千里」之文而以屯氏河爲共水入河之故道，亦以无明據，故云「與」，不敢質也。**又北播爲九河，同爲逆河，入于海。**【注】鄭康成曰：「播，猶散也。同，合也。下尾合爲逆河，言相迎受也。」【疏】注見《詩・般》正義。「播」是分播，故云「播，猶散也」。《説文・冃部》云「同，合會也」，故云「同，合也」。「逆」之言「迎」，故云「言相迎受」。

番冢道瀁，東流爲漢，又東爲滄浪之水，瀁，亦向反。浪，侖堂反。【注】瀁，古文「漾」。鄭康成曰：「《地理志》瀁水出隴西氐道，至武都爲漢，至江夏謂之夏水。滄浪，漢之别流也，今謂之夏水。來同，故世變名焉。」漾，亦向反。【疏】云「瀁，古文『漾』」者，《説文・水部》文。鄭注見《夏本紀》注及索隱，及《水經注》三十二卷。引《地理志》者，案：《漢書・志》云隴西郡氐道「《禹貢》『瀁水』

所出，至武都爲漢」，又云武都郡武都東「漢水受氐道水，一名沔，過江夏，謂之夏水，入江」是也。又案：《山海經》云「洋水出昆侖西北隅」，《水經注》引之作「漾水」，闞駰云：「漾水出昆侖西北隅，至氐道，重原顯發而爲漾水。」《山海經》又云「番冢之山，漢水出焉」。諸家亦並言漢有二原，東原出氐道爲漾水，西原出番冢爲西漢水。若然，經當云「番冢道漢」，不當言「番冢道瀁」矣。❶唯《水經》云「漾水出隴西氐道縣番冢山」與此經合，蓋氐道與西縣接壤，番冢緜亘而干此二縣，《地理志》以番冢山志于西縣，故于氐道不復言之。鄭所據東漢之《地理志》當亦然也，故亦不言番冢，實則氐道之瀁水雖與西漢異原，要亦出于番冢。《山海經》言「番冢之山，漢水出焉」者，其或即謂瀁爲漢爾，其言「洋水出昆侖西北隅」者，或是瀁水之上原，或别是一水，未可知也。云「滄浪，漢之别流也，今謂之夏水」者，鄭據當時流俗有是目，以證《地理志》「謂之夏水」之言也。劉澂之《永初山川記》云「夏水，古文以爲滄浪」，是當時目滄浪爲夏水也。案：《地理志》南郡華容「有夏水，首受江，東入沔」，《水經》亦言「夏水出江東，至江夏雲杜入沔」，故鄭注荆州以是夏水當江、沱，然則與此由漢入江之滄浪自是二水矣。今以滄浪爲夏水者，《水經注》云「原夫夏之爲名，始于分江，冬竭夏流，故内厥偁。既有中夏之目，亦包大夏之名矣。當其决水之所出，謂之賭口焉。自賭口下汭水，通兼夏目而會于江，謂之夏汭也。故《春秋左傳》偁『吴伐楚，沈尹射奔命于夏汭』，杜豫曰『漢水曲入江』，即夏口矣。」然則滄浪因來于江夏而冢「夏水」之偁，固非華容之夏水也，故鄭云「來同，故世變名焉」。**過三澨**，澨，上世反。【注】澨，埤增水邊土，人所止者。鄭康成曰：「三澨，水名，在

---

❶「冢」，原作「冢」，今據近市居本及注文改。

江夏竟陵之畍。」埤，符支反。【疏】云「澨，埤增水邊土，人所止者」者，《説文・水部》云然，且引此經以證。案：《左傳》文十六年楚伐庸，「次于句澨」，又宣四年令尹子越攻王師于「漳澨」，又昭二十三年司馬薳越「縊于薳澨」，又定四年左司馬戌敗吴師于「雝澨」，據此諸文則「澨」是水邊可止之地，《説文》誼是也。鄭注見《夏本紀》索隱及注。劉澂之亦言「三澨在竟陵縣畍」，與鄭同符，是實驗其處有是水也。《漢書・志》江夏郡竟陵不言「三澨」者，文不具尒。索隱云「今竟陵有三參水，俗云是三澨水」，是又一證也。鄭説雖與《説文》不同，皆有明證，並存可也。**至于大別，南入于江，東匯澤爲彭蠡，**匯，胡賄反。【注】鄭康成曰：「匯，回也。漢與江鬭，轉東成其澤矣。」【疏】注見《水經注》二十八卷。僞孔傳亦云「匯，回也」，僞孔好與鄭牾而不能立異也。云「漢與江鬭」者，「鬭」之言「遇」也。**東爲北江，入于海。**【注】《地理志》北江在會稽毗陵北，東入海。會，古外反。毗，貧夷反。【疏】引《地理志》者，《漢書・志》云會稽郡毗陵「季札所居，北江在北，東入海，揚州川是也」。《水經》亦云「北江在毗陵北畍，東入海」。**㟩山道江，**【注】《地理志》江水出蜀郡湔氐道西徼外㟩山。徼，吉料反。【疏】引《地理志》者，《漢書・志》云蜀郡湔氐道「《禹貢》『㟩山』在西徼外，江水所出」是也。近代有徐弘祖者曾至昆侖山，歸作《溯江紀原》一書，言「《禹貢》『㟩山道江』特汜濫中國之始。按其發原，河自昆侖之北，江亦自昆侖之南，其龍脉與金沙江相並，南下環滇、沱以達五領，江之所以大于河也。」彼親履其地目驗而言，誠非虚語。顧窮荒之外，聖人所略，故河自積石，瀁自番冢，江自㟩山皆紀其入中國之始，其上原不必言也。且《山海經・中山經》云「㟩山，江水出焉」，《荀子・子道篇》孔子曰「江出于㟩山，其始出也，其原可以濫觴」，然則即以㟩山爲江原可也，不必窮溯及荒遠，故止據《地理志》爲説。**東別爲沱，又東至于醴，**醴，力啓反，僞孔本作「澧」，

《史記》、《漢書》皆作「醴」，據鄭注則作「醴」者是。【注】鄭康成曰：「醴，陵名也，大阜曰陵。今長沙有醴陵縣，其以陵名爲縣乎？」阜，房九反。【疏】注見《夏本紀》注及正義。云「大阜曰陵」者，《釋地》文。云「今長沙有醴陵縣，其以陵名爲縣乎」者，案：《郡國志》長沙郡十三城有醴陵縣，蓋其縣內有醴陵，❶故縣取名焉也。言此者，以證「醴」是陵名非水名也。**過九江，至于東陵，**【注】東陵，地名，《地理志》廬江金蘭西北有「東陵鄉」是也。【疏】引《地理志》者，《漢書・志》也。知金蘭之「東陵鄉」即此「東陵」者，《水經》末一卷歷記《禹貢》山、澤地名所在，而言「東陵地在盧江金蘭縣西北」，故知即此「東陵」也。案：《漢書・志》盧江郡十二縣，金蘭不與焉，據《郡國志》則後漢時廬江郡十四城亦无金蘭縣，則金蘭是地名非縣也，《水經》言「金蘭縣」者，《水經》魏人所僎，蓋魏時置爲縣也。**東迆，北會于匯，東爲中江，入于海。**迆，弋氏反。【注】迆，衺行也。漢入江而匯爲彭蠡，遂東爲北江矣。江則自東陵而東迆，北會漢于彭蠡，遂東出而別爲中江、南江焉。鄭康成曰：「東迆者爲南江。」聲謂：《地理志》分江水首受江于丹楊石城，東至餘姚入海，此所謂南江也；《志》又云南江在會稽吳南，東入海；又云中江出丹陽無湖西南，東至會稽陽羨入海。會稽，古外反。無，文甫反。【疏】云「迆，衺行也」者，《說文・辵部》文。《釋文》引馬融注云「迆，靡也」，誼不明曉，兹不用也。云「漢入江而匯爲彭蠡，遂東爲北江矣」者，據上「道瀁」之文也。云「江則自東陵而東迆，北會漢于彭蠡」者，鄭于上文「匯澤爲彭蠡」注云「漢與江鬭，轉東成其澤矣」，是漢與江俱至彭蠡者。漢在北，江在南，于「道江」言

❶「其」上，原衍「即」字，今據近市居本刪。

「北會」，則是會漢矣。云「遂東出而別爲中江、南江焉」者，即鄭君注楊州三江所云「江自彭蠡分爲三」是也。鄭注見正義。據經文「東迆」在「北會于匯」之上，南江則出于匯下，則東迆時未別爲南江也。鄭云「東迆」者爲南江者，蓋江之爲三于楊州，既有明文而南江不見于經，鄭君欲箸明南江，故舉經「東迆」字以標明南江上原之所自來，亦不韋南江出于匯下之實也。《漢書·地理志》丹陽郡石城「分江水首受江，東至餘姚入海」，又會稽郡吴縣「南江在南，東入海，楊州川」，二文各不相謀。兹以「分江水」爲南江，引《志》二文以説者，酈元《水經注》云：江水自石城東出爲南江，又東徑宣城之臨城縣南，又東徑安吴縣，又東徑寧國縣南，又東徑故彰縣南，安吉縣北，又東北爲長瀆，歷湖口。又歷烏程縣，南通餘杭縣，則與浙江合。又東徑餘姚故城南，又東注于海。據言自石城東出爲南江，至餘姚故城南而東注海，則與《地理志》所記「分江水」原委同矣。烏程在吴縣之南，南江歷烏程，故《志》以爲在「吴南」也。《志》于石城詳南江之原委，故于吴縣略之，互文以見也。又引《志》文者，《地理志》于丹楊無湖云「中江出西南，❶東至陽羨入海，楊州川」是也。❷此南江、中江之原皆有明文可據者，金狀元榜據以箸《三江考》，聲即據金氏《考》以爲説。**道沇水，東流爲泲，入于河，泆爲熒，**泆，正義本作「溢」，《史記》作「泆」，隸古定本同，兹从之。「熒」雖水名，字不从「水」，説詳豫州。【注】鄭康成曰：「《地理志》沇水出河東垣王屋山，東至河内武德入河，泆爲熒。」聲謂：沇水東至河内温爲泲。泆，水蕩泆也。【疏】鄭注見《夏本紀》注。案：《漢書·地理志》河東郡垣縣「王屋山在東北，沇水所出，東南至武德入河，軼出熒陽北地中，又東至琅槐

❶「出」，原作「之」，今據近市居本及《漢書·地理志》改。

❷「川」，原作「水」，今據近市居本及《漢書·地理志》改。

入海。過郡九，行千八百四十里」。鄭所據《地理志》雖非此《志》，而未有韋異。「聲謂沇水東至河内温爲泲」者，《水經》卷之七云「漢水出河東垣縣王屋山爲沇水，❶東至温縣西北爲泲水」。據《漢志》温屬河内也，鄭注不言「至温爲泲」者，《漢書・志》及《郡國志》皆无「至温爲泲」之文，意鄭君所據《地理志》蓋亦无文，故不言也，聲據《水經》以增成鄭誼焉。云「泆，水蕩泆也」者，謂動蕩而泆出，❷《説文・水部》云「泆，水所蕩泆」也。**東出于陶丘北，**【注】丘再成爲陶丘。鄭康成曰：「《地理志》陶丘在濟陰定陶西北。」【疏】云「丘再成爲陶丘」者，《釋丘》文也，孫炎注云「形如絫兩盂」，李巡云「再成，其形再重也」。鄭注見《夏本紀》注。引《地理志》者，案：《漢書・志》云泲陰郡「定陶，《禹貢》『陶丘』在西南」，「南」字蓋誤也。曷言之？經言「出于陶丘北」，則陶丘頻于泲者，定陶在泲南，則陶丘必不在其南。故鄭云「西北」，意鄭所據之《地理志》必言「西北」也。**又東至于菏，**【注】菏，菏澤也。【疏】徐州云「浮于淮、泗，達于菏」，是山陽胡陵之菏水。豫州云「道菏澤」，是定陶東之菏澤。陶丘在定陶西北，「又東」則在定陶東矣，故云「菏，菏澤也」。且鄭注前文言「至」者或山或澤，此言「至于菏」則自是菏澤，非胡陵之菏水矣。**又東北會于汶，**【注】泲水至東平壽張汶水入焉。【疏】云「泲水至東平壽張汶水入焉」者，《水經・濟水篇》云「又東北至壽張縣西界安民亭南，汶水從東北來注之」。《續漢書・郡國志》壽張屬東平國。**又北東入于海。**【注】《地理志》沇水至千乘琅槐入海。北東，或爲「東北」。乘，食倴反。【疏】

❶「王」，原漫漶不清，今據近市居本補。
❷「出」，原作「之」，今據近市居本改。

經言「沇水東流爲泲」，則自是以下皆爲泲水。玆于「入海」猶言「沇水」者，《漢書・地理志》于河東垣縣下，歷志沇水「所出」、「所入」以至「入海」，不見「泲水」之名，玆引《志》文，故據之而云「沇水」，實則是沇水之下流名「泲」也。云「千乘琅槐」者，《漢書・志》琅槐屬千乘郡也。云「北東，或爲『東北』」者，《史記》作「東北」也。僞孔《書》不可信，欲从《史記》，苦无它證，不敢據《史記》改，姑識之于注。**道淮自桐柏，**【注】《地理志》淮水出桐柏山。【疏】引《地理志》者，《漢書・志》南陽郡平氏「《禹貢》桐柏大復山在東南，淮水所出，東南至淮陵入海。過郡四，行三千二百四十里。青州川」是也。❶ 案：《水經》云「淮水出南陽平氏縣胎先山，東北過桐柏山」；又《山海經》以爲出餘山，餘山在朝陽東義鄉西；所説各異。據經言「道淮自桐柏」，《地理志》説正合經文，故依用之。**東會于泗、沂，**【注】泗會沂于下邳，淮會泗于睢陵。相近，故合言會泗、沂。睢，色隹反。【疏】《漢書・志》云沂水「南至下邳入泗」，故云「泗會沂于下邳」。《志》又云泗水「東南至睢陵入淮」，故云「淮會泗于睢陵」。云「相近」者，《水經》言泗水東南過下邳縣西，又東南入于淮，是則泗水入淮之處去下邳不遠也。**東入于海。**【注】《地理志》淮水至臨淮淮陵入海。【疏】引《地理志》者，已具上疏。案：《志》淮陵屬臨淮郡。**道渭自鳥鼠同穴，**【注】《説文解字》云「渭水出隴西首陽渭首亭南谷」，「杜林説出鳥鼠山」。《地説》云：「鳥鼠山，同穴之枝幹也。渭水出其中，東北過同穴枝間。」鄭康成曰：「鳥鼠之山有鳥焉，與鼠飛行而處，又有止而同穴之山焉，是二山也。鳥名爲涂，似鵽而黃黑色，鼠如家鼠而短尾。穿地而共

❶「川」，原作「水」，今據近市居本及《漢書・地理志》改。

處，鼠内而鳥外。」聲謂：其鼠名爲突。涂，同都反。鵌，當活反。突，徒忽反。郭本《爾雅》「涂」从「鳥」傍，「突」加「鳥」傍，皆俗字也，《説文》所无，姑依陸氏《釋文》之音而叚唶涂、突二字爲之，所謂「依聲託事」，「六書」叚唶之法也。**【疏】**引《説文解字》者，《水部》文也。「杜林」者，字伯山，扶風茂陵人，詳見《集注音疏述》疏。《説文》偁「杜林説《夏書》以爲出鳥鼠山」，則林説正是此經之訓矣。《説文》既言「渭水出渭首亭南谷」，又引杜説出鳥鼠山，二説似不同。案：《水經》云「渭水出隴西首陽縣渭首亭南鳥鼠山」，然則鳥鼠山與渭首亭同處，二説似異而實同也，❶故備録之。《山海經》及《漢書・志》亦皆言渭水出鳥鼠同穴山，无異説也。《地説》云云見《水經注》十七卷。《太平御覽》弟四十卷《地部・五》引《河圖括地象》曰「鳥鼠同穴山，地之幹也。上爲掩畢星，渭水出其中」，此文與《地説》大同小異且互有詳略，不審是一是二，姑闕疑焉。鄭注見《水經注》四十卷。鄭以鳥鼠、同穴爲二山，與《地説》合。云「鳥名爲涂」者，《釋鳥》云「鳥、鼠同穴，其鳥爲涂，其鼠爲突」，李巡注云：「涂、突，鳥、鼠之名。共處一穴，天性然也。」案：鄭君既説鳥名不應不説鼠名，蓋引者漏之也。郭璞注《爾雅》云：❷「突如人家鼠而短尾；涂似鵽而小，黄黑色。穴入地三四尺，鼠在内，鳥在外」，又注《山海經》亦云然，並同鄭説。是説必出于古書，鄭君本之，郭氏亦本之，今則不可得見矣。「聲謂其鼠名爲突」者，據《爾雅》以補鄭注誼也。**東會于酆，又東北至于涇，****【注】**或无「北」字。至，或爲「會」。**【疏】**云「或无『北』字」者，此言「又東北至于涇」，依《史記》文也，《漢書・志》則云「又東至于涇」，无「北」字。云「至，或爲『會』」者，僞孔本作「又東會於涇也」。案：鄭君於溺水注

❶「二」，原作「一」，近市居本亦作「一」，今據上下文意改。

❷「璞」，原作「樸」，今改正。下同此者，逕改不出校。

云：「言『過』言『會』者，皆是水名。言『至於』者，或山或澤。」涇是水名，依鄭君誼，則作「會」良是。但《史記》、《漢書》皆作「至」，唯僞孔本作「會」。❶毋寧从其多者，且《史》、《漢》皆可信，故經文从作「至」，而亦不没「會」文，存之于注可也。**又東過漆、沮入于河。**【注】《地理志》渭水東至京兆船司空入河。【疏】引《地理志》者，《漢書·志》云隴西郡「首陽，《禹貢》鳥鼠同穴山在西南，渭水所出，東至船司空入河。過郡四，行千八百七十里」是也。「船司空」者，本主船之官，遂以爲縣名，屬京兆尹。**道雒自熊耳，**【注】《地説》曰：「熊耳之山，地門也，雒水出其間。」【疏】所引《地説》出《水經注》十五卷。《太平御覽》弟四十二卷《地部七》引《河圖括地象》曰「熊耳山，地門也，其精上爲壁附耳星」，不言「雒水出其間」，蓋《御覽》引之不備爾。《漢書·地理志》雒水出弘農上雒冢領山，《山海經·海内東經》云「雒水出上雒西山」，又《中山經》云「讙舉之山，雒水出焉」，《水經》亦云「雒水出京兆上雒縣讙舉山」，此諸説雖似不同，總之不離乎上雒。説者或謂「冢領」即「讙舉」，竊疑「上雒西山」亦即指「冢領」也，故于豫州从《地理志》謂雒出冢領。此又用《地説》以爲雒出熊耳閒者，《地理志》熊耳山在盧氏之東，上雒之東北，雒水發原冢領，東北流而出熊耳之間也。以經言「道雒自熊耳」，故用《地説》「雒出熊耳」之説。**東北會于澗、瀍，**【注】會澗、瀍于河南縣南。【疏】《雒誥》曰「我乃卜澗水東、瀍水西」，鄭注以爲今河南縣是也。然則澗水行于河南之西，瀍水行於河南之東，而雒水經河南之南，二水皆南注于雒，則雒水會二水于河南縣南也。**又東會于伊，**【注】會伊水于雒陽南。【疏】《水經》云雒水「又東過雒陽縣南，伊水從西來注之」，又云

❶「僞孔本作又東」至「皆作至唯」五十七字，原脱，今據近市居本補。

伊水「又東北至雒陽縣南，北入于雒」，是雒水會伊水于雒陽縣南也。**又東北入于河。**【注】《地理志》雒水東北至河南鞏縣入河。【疏】引《地理志》者，《漢書·志》鞏縣屬河南郡，「雒水出冢領山，東北至鞏入河」。**九州鹵同，**【注】同，猶和也、平也。【疏】《禮記·禮運》曰「是謂大同」，鄭注云「同，猶和也、平也」，兹用其誼。**四墺既宅，**墺，冤六反，又阿部反；隸古定本作「㘩」，古文「墺」也，衛包改作「隩」，則誼別矣。❶【注】墺，四方之土可定尻者也。宅，尻也。【疏】云「墺，四方之土可定尻者也」者，《説文·土部》文，从《文選·西都賦》注所引。今本《説文》作「四方土可尻也」，誤挩三字。「宅，尻」，《釋言》文。**九山栞旅，**【注】旅，讀亦爲「臚」，敘也。九州之山槎識其木，表其高大者以爲鎮而次敘其祀禮。識，中試反。【疏】「栞」訓「槎識」，「旅」有「敘」誼。此經篇首言「隨山栞木，奠高山大川」，《史記》「栞木」作「表木」，馬融以「奠」爲「定其差𨍏祀禮所視」，則此「栞」是槎識其木以表山，「旅」是次敘其祀禮也。云「以爲鎮」者，若《周禮·職方氏》所記「九州皆有山鎮」是也。**九川滌灥，**【注】灥，水泉本也。九州之川皆蕩滌其灥，使流通无壅寒。泉，夕沿反。【疏】云「灥，水泉本也」者，《説文·灥部》文。「灥」字从「灥」出「厂」下；灥，三泉也；厂，崖也；❷三泉出崖下，其爲水原可知，此于「六書」屬「指事」也。**九澤既陂，**陂，百爲反。【注】水鍾曰澤。陂，澤障也。九州之澤皆已爲之陂障。障，之尚反。【疏】《國語·周語》太子晉曰「澤，水之鍾也」，故云「水鍾曰澤」。云「陂，澤障也」者，《毛

---

❶「別」，原作「絶」，今據近市居本改。
❷「也」，原脱，今據近市居本補。

詩・澤陂》傳誼也，彼正義云：「澤障，謂澤畔障水之岸。」**四海會同，**【注】言水土既治，四海之内皆會合而和同。治，直吏反。【疏】鴻水之時，道路多有阻絶，此承「四墺既宅」云云之下而言「四海會同」，明「會同」由于水土既治故也，❶故云「言水土既治，四海之内皆會合而和同」。上言「九州」此言「四海」者，「九州」指謂中國，「四海」則兼四夷言之，尤廣大矣。**六府孔修，**【注】《春秋傳》曰：「水、火、金、木、土、穀謂之六府。」孔，甚。修，治也。治，直吏反。【疏】引《春秋傳》者，文七年《左傳》文。「孔，甚」，《釋言》文。「修，治」，高誘注《淮南》有是訓，已具于「既修大邍」疏矣。**庶土交正，厎眘財賦，咸則三壤成賦。**【注】則，法也。鄭康成曰：「衆土美惡及高下得其正矣，亦致其貢、篚，眘奉其財物之税，皆法定制而入之也。三壤，上、中、下各三等也。」【疏】「則，法」，《釋詁》文。鄭注見《夏本紀》注。此經記九州之田有「上上」以至「下下」九等，馬融皆以爲「高下之等」，不謂「美惡」。此言「美惡及高下得其正」者，鄭君于冀州之末注云「觀地肥瘠定貢賦上下」，則賦之輕重視田之美惡爲差，九州賦有九等，則田之美惡亦既品定，其等即于皋賦九等之中見之。故九州田賦分言「田」，止論其高下；此言「庶土交正」，則「正」者非一，自是謂「美惡及高下」交得正也。**中邦錫土、姓，「祗台德先，不距朕行」。**【注】鄭康成曰：「中邦，九州也。天子建其國，諸侯胙之土，賜之姓，命之氏。其敬説天子之德既先，又不距韋我天子政教所行。」胙，昨誤反，从月乍聲，俗从示，非。説，云拙反。【疏】注見《夏本紀》注。云「中邦，九州也」者，《周禮・大行人》職云「九州之外謂之蕃國」，則中國是

❶「土」，原作「之」，今據近市居本改。

九州之内矣。云「天子建其國諸侯，胙之土，賜之姓，命之氏」者，謂中國之地，天子以建諸侯，予之以土，賜姓曰某，命之氏某，若《國語》云「胙四嶽國，命爲侯伯，賜姓曰姜，氏曰有吕」，又若隱八年《左傳》云「天子建德，因生以賜姓，胙之土而命之氏」是也。云「其敬説天子之德既先」者，解「祗台」爲「敬説」也，《釋詁》云「祗，敬也」，《説文・口部》云「台，説也」。**五百里甸服：百里賦内總，二百里内銍，三百里内秸服，四百里粟，五百里米。**甸，廷練反。内，奴還反。總，作孔反。銍，之室反。秸，几八反，正義本作「禾」傍箸「吉」，《釋文》云「本或作稭」。案：《説文》云「稭，禾稾去其皮」，依《説文》字當作「稭」。【注】甸，治田也。服，服事天子也。鄭康成曰「甸服者，堯制，賦其田使入穀。禹卯其外，百里者賦入總，謂入所刈禾也。二百里銍，銍謂刈禾斷去稾也。三百里稭，稭又去穎也。四百里入粟，五百里入米者，遠彌輕也。甸服之制本自内總，禹爲之差，使百里从之尔」。「堯之五服，服五百里，禹平水土之後，每服更以五百里輔之，是五服服別千里。故一面而爲差至于五千里，相距爲方萬里也。每言五百里一服者，是堯舊服；每服之外更言『三百里』、『二百里』者，是禹所卯之殘數也」，「甸服比周爲王畿，其卯當侯服，在千里之内」。刈，牛吠反。斷，多管反。去，曲許反。稾，果考反。差，初宜反。【疏】《毛詩・信南山》傳云「甸，治也」，《禮記・王制》云「千里之内曰甸」，鄭注云：「服治田出穀税，故云甸，治田也。」云「服，服事天子也」者，《周禮・職方氏》葡舉「九服」，鄭注云：「服，服事天子也。」此「五服」之誼與彼「九服」同，故仿彼注以説。此鄭注「甸服」至「从之尔」見《詩・甫田》正義，「堯之五服」至「數也」見正義及《詩・殷武》正義，「甸服比周」以下見《詩・齊譜》正義。云「甸服者，堯制，賦其田使入穀」者，以偁「甸服」則是治田出穀税者矣。鄭又云「甸服之制本自内總」，然則云「使入穀」即是「内總」也。云「禹卬其外，百里者賦入總，謂入所刈禾也」者，鄭君以經言「百里」、「二百里」之等皆謂甸服之卬，「百里」是甸服五百里外之百里，去王城六百里以内也，其賦入總。《説文》云「總，聚束也」，則「内總」是聚禾而束之，總其采、稾俱内，故云「謂入所刈禾也」。云「二百里銍，銍謂刈禾斷去稾也」者，「二百里」謂去王城七百里以内也，稾者，禾莖也，斷去其莖唯留穎于采而内之，比「内總」爲輕便矣。云「三百里稭，稭又去穎也」者，「三百里」謂去王城八百里之内也，《説文·禾部》云「穎，禾末也」，《毛詩·生民》傳云「穎，垂穎也」，《詩》正義引此注「稭又去穎」而云「則穎是禾采之挺」，又申毛傳「垂穎」之誼云「言其采重而穎垂也」，則穎非即采，乃是禾末近采之細莖爾，「稭又去穎」唯内其采，則又輕于「内銍」矣。銍者，刈禾之器，用銍斷稾而内之，即謂所内爲銍；稭是禾稾去皮者，去穎而内之則盡去其稭，反謂所内爲稭也。云「四百里入粟，五百里入米者，遠彌輕也」者，謂去王城九百里及千里之内也，所内尤精則尤少，故云「彌輕」也。云「甸服之制本自内總」者，謂初時堯之制也。鄭知然者，以甸服之卬在五百里之外，猶使其内百里「内總」，況正甸服不出五百里，自然皆内總矣。云「禹爲之差，使百里从之爾」者，以禹卬成五服，故云「禹爲之差」也。云「堯之五服」至「相距爲方萬里也」者，《咎繇暮》云「卬成五服，至于五千」。言「卬成」則是禹更輔以五服也；云「卬成而至于五千」，則非仍始時方五千里，四面相距爲方萬里也，説互詳《咎繇暮》疏。云「每服之外更言『三百里』、『二百里』者，是禹所卬之殘數也」者，指謂此「百里」以至「五百里」與下四服所云「百里」、「二百里」、「三百里」之等皆是。以綏服、要服、荒服下皆止言「二百里」、「三百里」，故鄭唯舉「三百里」、「二百里」爲説也。云「甸服比周爲王畿，其卬當侯服」者，《周禮·職方氏》云「方千里曰王畿，其外方五百里曰侯服」，此言「五百里甸服」是自中至外就一偏言之，若合四面則亦方千里，是比周之王畿也；其卬環周，其外亦面各五百里，是當周之侯服也。云「在千里之内」者，自甸服之中至所卬甸服之外畔四面，面各千里，是在王城千里之内，《咎繇謨》注云「去王城千里」是也。**五百里侯服：百里采，二百里男邦，三百里諸侯。**采，七在反。❶【注】「侯」之言「候」，候屰順兼司候王命。采者，采取美物以當穀税。男，任也，謂任王事。周之男服誼取諸此。鄭康成曰：「侯服于周爲甸服，其卯當男服，在二千里之内。」❷司，相吏反，俗加「人」傍，非。任，如鴆反。【疏】云「『侯』之言『候』，候屰順兼司候王命」者，《春秋緯》文，見《公羊》隱元年疏，《白虎通·爵篇》亦云：「侯者，候也。候屰順也。」「候屰順」謂備禦有屰王命者，「司候王命」謂聽命于王也。云「采者，采取美物以當穀税」者，《禮記·王制》云「千里之外曰采」，鄭注云「九州之内，地取其美物以當穀税」，此經「采」誼當與彼同，故依彼注爲解，《周禮》「采服」之誼蓋亦如此。《夏本紀》注引馬融注云「采，事也，各受王事者」，是則與男邦「任事」之誼无别，恐未然也。云「男，任也，謂任王事」者，《公羊》隱元年疏引《春秋説》「男者，任功立業」，又《白虎通·爵篇》云「男者，任也」，又《釋名》云「男，任也，典任事也」，皆説「男」爲「任」也。云「周之男服誼取諸此」者，此侯服之卯其遠近之數與周之男服同，周之取名「男服」誼蓋本于此也。鄭注見《詩·齊譜》正義。云「侯服于周爲甸服，❸其卯當男服」者，《周禮》侯服外「方五百里曰甸服」，又其外「方五百里曰男服」，上甸服之卯當周之侯服，則此侯服當周之甸服，其卯當其男服也。云「在二千里之内」者，自

---

❶「七」，原作「方」，今據近市居本改。
❷「二」，原作「三」，今據近市居本及疏文改。
❸「甸」，原作「六」，今據近市居本及注文改。

甸服之中央至侯服之卭之外畔四面，❶面各二千里，是在王城二千里之內，《咎繇暮》注云「去王城二千里」是也。

五百里綏服：三百里揆文教，二百里奮武衛。【注】綏，安。揆，度也。衛，衛京師也。周之衛服誼取諸此。鄭康成曰：「綏服于周爲采服，其卭當衛服，在三千里之內。」度，代洛反。【疏】「綏，安」，《釋詁》文。「揆，度」，《釋言》文。諸侯所以藩衛天子，故云「衛，衛京師也」。云「周之衛服誼取諸此」者，此綏服之卭去王城遠近之數適同周之衛服，周衛服之名蓋取誼于此也。鄭注見《詩·齊譜》正義。云「綏服于周爲采服，其卭當衛服」者，《周禮》男服外「方五百里曰采服」，又其外「方五百里曰衛服」，上侯服之卭當周之男服，則此綏服當其采服，其卭當其衛服矣。云「在三千里之內」者，自甸服之中央至禹所卭綏服之外畔四面，面各三千里，是在王城三千里內，《咎繇暮》注云「去王城三千里」是也。

五百里要服：三百里夷，二百里蔡。要，古文「[illegible]」，一䍃反。【注】要者，要結好信而服从之。夷，四夷也。要服以內爲中國，其卭在九州之外爲四夷，《周禮》所謂「夷服」也。馬融曰：「蔡，法也，受王者刑法而已。」鄭康成曰：「蔡之言殺，減殺其賦。要服于周爲蠻服，其卭當夷服，在四千里之內。」好，火部反。殺，色丯反。【疏】云「要者，要結好信而服从之」者，韋昭解《國語》「蠻夷要服」之誼也。云「夷，四夷也」者，謂夷、蠻、戎、狄四方之夷也。云「要服以內爲中國，其卭在九州之外爲四夷，《周禮》所謂『夷服』也」者，《周禮·大行人》職于「要服」之下云「九州之外謂之蕃國」，明要服在九州之內，猶是中國，其卭則在九州之外，是四夷矣。《周禮》「九服」有夷服，其地適與此要服之卭相當，故引

❶「自」，原作「在」，今據近市居本改。

以證此經之「夷」爲四夷也。馬注見《夏本紀》注，鄭注見正義及《詩・齊譜》正義。「蔡」字之誼馬訓爲「法」，鄭訓爲「殺」，各以意説，姑並存之。馬云「受王者刑法而已」者，以在中國之外，但遵奉天子之法，不襲其政役也。鄭云「減殺其賦」者，先王之制千里之内有賦无貢，千里之外以貢當賦。《周禮・大行人》職「侯服」以至「要服」各有朝貢之歲、所貢之物；九州之外則世一見，以所貴寶爲摯而已，无朝貢之歲；是夷服之貢減殺于中國，貢所以當賦也，故云「減殺其賦」。云「要服于周爲蠻服，其卬當夷服」者，《周禮》衛服外「方五百里曰蠻服」，又其外「方五百里曰夷服」，上綏服之卬當周之衛服，則此要服當周蠻服，其卬當其夷服矣。周之蠻服亦名要服，故鄭君注《咎繇暮》言「與周要服相當」也。云「在四千里之内」者，自甸服之中央至禹所卬要服之外畔四面，面各四千里，是在王城四千里之内，《咎繇暮》注云「去王城四千里」是也。**五百里荒服：三百里蠻，二百里流。**【注】馬融曰：「荒者，政教荒忽，因其故俗而治之。蠻，慢也，禮簡怠慢，來不拒，去不禁。流者，流行无城亭常凥。」鄭康成曰：「蠻者，聽从其俗，羈縻其人爾，故云蠻。蠻之言緡也。荒服于周爲鎮服，其卬當藩服，在五千里之内。」亭，古穫反，音同「鄿」而誼則不同。羈，吉宜反。縻，民皮反。緡，迷巾反。【疏】馬注見《夏本紀》注。云「政教荒忽」者，韋昭解《國語》「戎翟荒服」云「荒者，荒忽无常之言」，誼與馬意同也。「蠻」聲近「慢」，故訓爲「慢」，古人訓詁往往通于音也。云「流者，流行无城亭常凥」者，荒裔之夷逐水艸而凥，无定箸也。《王制》云「千里之外曰采曰流」，鄭君解「流」爲「夷狄流迻」，且引此經以證，則此云「流」謂流行无定矣。鄭注見正義及《詩・齊譜》正義。云「蠻之言緡也」者，《漢書・地理志》河南郡「新成有蠻中」，《續漢書・郡國志》新成「有鄤聚，古鄤氏，今名蠻中」，《説文・日部》説「㬚」字「讀若新城䜌中」，則「蠻」與「䜌」通；《説文・言部》云

「𢇁,不絕也」,鄭君蓋讀「蠻」爲「𢇁」,故訓爲「緍」,「緍」亦「不絕」之誼也。云「荒服于周爲鎮服,其卬當藩服」者,《周禮》夷服外「方五百里曰鎮服」,又其外「方五百里曰藩服」,上要服之卬當周之夷服,則此荒服當周鎮服,其卬當周藩服矣。云「在五千里之内」者,自甸服之中央至禹所卬荒服之外畔四面,面皆五千里,❶是在王城五千里之内,《咎繇暮》注云「去王城五千里,四面相距爲方萬里」是也。**東漸于海,西被于流沙,朔、南暨聲教,訖于四海。**漸,子銛反。暨,及器反。訖,依注宜汔反。【注】鄭康成曰:「朔,北方也。南、北不言所至,容踰之。」聲謂:暨,日頗見也。言日所照臨之處皆聲教之所及,猶《中庸》言「日月所照」也。東、西,日所還繞,故以地言之;南、北當兩極之下,日或不及,故以日見爲言也。訖,讀爲「𧺆」;𧺆,直行也。《爾雅》曰「九夷、八狄、七戎、六蠻,謂之四海。」見,夷宴反。𧺆,宜汽反。疋,衣賈反,今相承作「雅」,誼别矣。【疏】鄭注見《夏本紀》注及正義。云「朔,北方也」者,《釋訓》文也。東言「海」,西言「流沙」,皆言所至之處;朔、南未言處所,是見其无限量,故云「南、北不言所至,容踰之」。云「暨,日頗見也」者,《説文・旦部》文,依此解則「暨」之爲言亦有限極,聲别参一説,與鄭意小異也。云「猶《中庸》言『日月所照』也」者,《中庸》者,子思所作書篇名,在《禮記》。彼文言至聖之聲名「洋溢乎中國,訑及蠻貊」,「日月所照」之處莫不尊親之,猶此言日見之處皆聲教之所及,故引以況,以證此文之「暨」爲「日見」之誼也。云「東、西,日所還繞,故以地言之」者,日還繞乎地之上下兩旁,東、西則所照无止訖之處,故不可言「暨」而舉「海」與「流沙」爲言也。云「南、北當兩極之下,日或不

❶「面」,原脱,今據近市居本補。

及，故以日見爲言也」者，天文家有「周髀之説」，以爲天似覆盆，斗極尻中，中高而四邊下，日、月傍行繞之。日近而見之爲晝，日遠而不見爲夜，是據南、北極之所見言也。秋分以後、春分以前，日在南、北極之下，不見日，皆半歲爲晝，半歲爲夜，是南、北兩極之下，日有不及照之時，故經云「暨」就日所常見處言之，其聲教所及固已廣矣。云「訖，讀爲『迄』」者，「訖」、「迄」皆从气聲，聲同則字可通。「訖」之言「止」，「止于四海」不若「行于四海」誼爲尤當，故讀「訖」爲「迄」。「迄，直行也」者，《説文・辵部》文。引《爾雅》者，《釋地》文也，李巡注云「九夷在東方，八狄在北方，七戎在西方，六蠻在南方」，孫炎注云「海之言晦。晦，闇于禮儀也」。案：鄭注《周禮・職方氏》及《布憲》皆引《爾雅》曰「九夷、八蠻、六戎、五狄，謂之四海」，與此不同，惟箋《詩・蓼蕭》敘云「九夷、八狄、七戎、六蠻，謂之四海」，正與此同而不偁《爾雅》。《詩》正義云：「《雒師謀》、《我應》注皆與此同，《職方氏》及《布憲》注引《爾雅》云『九夷、八蠻、六戎、五狄，謂之四海』。數既不同，而俱云《爾雅》，則《爾雅》本有兩文。」據此説則兩文皆可用，姑从今之《爾雅》「九夷、八狄、七戎、六蠻」之文焉。**禹錫玄圭，告厥成功。**【注】于是上帝錫禹玄圭，告成功于天下。【疏】《夏本紀》云「于是帝錫禹玄圭以告成功于天下」，茲云「上帝錫禹玄圭」者，蓋單偁「帝」嫌謂「帝堯」未見其爲「天帝」，言「上帝」則是「天帝」矣。必知「玄圭」錫自天者，同宗子藩謂余曰：「漢武梁祠堂石刻畫像《祥瑞圖》云『玄圭水泉，疏通四海，會同則至』，則玄圭乃治水功成之瑞應，天所以寵錫禹者。」又徐孝廉承慶曰：「《太平御覽》八十二卷《皇王部》引《尚書旋機鈐》曰『禹開龍門，❶導積石山，玄圭出，刻曰「延喜王受德，天錫

---

❶「王」，原作「天」，今據近市居本改。

佩」』，是則玄圭乃錫自天，非堯錫也。」聲謂：據此二文，則《史記》言「帝錫禹玄圭」亦謂天帝，不謂堯矣。又案：《周書·鴻範》曰「天乃錫禹鴻範九疇」，天人相感，理有固然，以相比況，則謂天錫禹玄圭誼實精碻，不必疑也。

甘誓弟十八

虞夏書十八　夏書二　尚書四

大戰于甘，【注】鄭康成曰：「天子之兵故曰大。」馬融曰：「甘，有扈南郊地名。」扈，魂古反。【疏】鄭注見正義，馬注見《夏本紀》注。云「甘，有扈南郊地名」者，案：《漢書·地理志》扈國在又扶風鄠縣，馬君扶風人，當審知其處。**乃召六卿。**【注】鄭康成曰：「六卿者，六軍之將。《周禮》六軍皆命卿，則三代同矣。」將，子匠反。【疏】注見《詩·棫樸》正義及《禮記·曲禮》正義。云「六卿者，六軍之將」者，以大戰而召，故知「六卿」是軍將也。引《周禮》者，《夏官》敘官文。彼文云「王六軍，軍將皆命卿」，引之以見周之軍將皆命卿爲之，明此「召六卿」亦是軍將，與周制同矣。繇夏周以推，則殷可知，故云「三代同矣」。**王曰：「嗟，六事之人，**【注】鄭康成曰：「變六卿言六事之人者，容軍吏下及士卒也。」【疏】注見正義。言「六卿」則止謂軍將，言「六事之人」則凡六軍之執事者皆包之矣，故云「變六卿言六事之人，容軍吏下及士卒也」。**予誓告女：有扈氏威侮五行，怠棄三正，**【注】馬融曰：「有扈氏，似姓之國，爲无道者。」鄭康成曰：「五行，四時盛德所行之政也。威侮，暴逆之。三正，天、地、人之正道。」似，詳吏反，俗作「女」傍箸「以」，《說文·女部》所无，當通用「似」。暴，蒲報反。❶【疏】馬注見《釋文》。云「有扈氏，似姓之國」者，《說文·邑部》云「扈，夏后同姓所封，戰于

❶「反」，原作「文」，今據近市居本改。

甘者。在鄠有扈谷、甘亭」，夏，似姓，扈與夏同姓，是似姓之國矣。鄭注見《夏本紀》注。云「五行，四時盛德所行之政也」者，《禮運》云「播五行于四時」，《明堂月令》云「立春，盛德在木；立夏，盛德在火；立秋，盛德在金；立冬，盛德在水」是也，《明堂月令》四時之政皆順五行之德，故云「盛德所行之政」。云「威侮，暴屰之」者，若《月令》孟春行夏令、行秋令之屬，皆是暴屰也。但政令繇王者出，有扈是諸侯而云「威侮五行」者，王者順時出政，諸侯不奉順之，即是「威侮五行」也。云「三正，天、地、人之正道」者，民受天、地之中以生，故人配天、地而爲三才。《易・説卦》曰「立天之道曰陰與陽，立地之道曰柔與剛，立人之道曰仁與誼」，是天、地、人之正道也。三才、四時是爲七政，「威侮五行，怠棄三正」則其政荒矣。《釋文》引馬融注以「三正」爲建子、建丑、建寅，鄭不从之者，蓋「通三統」是王者之事，非所以責有扈氏也。**天用剿絶其命。**剿，子小反，僞孔本作「勦」，馬本作「巢」，兹从《説文》所引。【注】剿，亦「絶」也。【疏】《説文・刀部》云「剿，絶也」，兹剿、絶聯文，故云「剿，亦『絶』」。**今予維龏行天之罰。左不攻于左，女不龏命；右不攻于右，女不龏命；御非其馬之政，女不龏命。**【注】鄭康成曰：「左，車左。右，車右。聲謂：攻，猶『治』也。御，使馬也。政，正也。左右不治其職，御者非馬之是正，皆是不敬龏上命也。【疏】鄭注見《夏本紀》注。《左傳》成二年鞌之戰，❶韓厥㝱子輿謂之曰「旦辟左右」，故中御而从齊侯，邴夏䠶其左越于車下，䠶其右斃于車中。是一車三人共乘，御凥中，其左爲車左，右爲車右。此文「左」、「右」與「御」並言，則「左」謂車左、「右」謂車右矣。云「攻，猶『治』也」者，《周禮・考工記》

❶ 「鞌」，原作「案」，今據近市居本及《左傳》改。

有「攻木之工」、「攻金之工」、「攻皮之工」，鄭注云「攻，猶治也」。云「御，使馬也。政，正也」者，《説文・彳部》、《攴部》文。**用命，賞于祖。不用命，戮于𥙊。**不，僞孔本作「弗」，兹从《周禮》鄭注所引。戮，力竹反。𥙊，古文「社」。【注】王出軍必先有事于社及䙴廟，而以其主行。社主曰軍社，䙴主曰祖。《春秋傳》曰：「君以軍行，祓社釁鼓，祝奉以從。」《曾子問》曰「天子巡守，以䙴廟主行，載于齊車，言『必有尊』也。」賞于祖，❶告分之均也；戮于社，告聽之中也。䙴，七然反，亦作「遷」。祓，方勿反。釁，吸垐反。從，才用反。守，式胄反。❷齊，仄皆反。【疏】「王出軍」以下至「言必有尊也」，用《周禮・小宗伯》職鄭注誼也。云「王出軍必先有事于社及䙴廟」者，《禮記・王制》云「天子將出征，類乎上帝，宜乎社」，《周禮・大祝》職云「大師宜于社，造于祖」是也。知「以其主行」者，即據所引《春秋傳》及《曾子問》之文也。云「社主曰軍社」者，《小宗伯》職云「帥有司而立軍社」，《大祝》職云「設軍社」是也。云「䙴主曰祖」者，此經是也。引《春秋傳》者，定四年《左傳》文，衛祝鮀之言也，以證軍行必以社主行也。《曾子問》者，《禮記》篇名。彼文曾子問曰：「古者，師行必以䙴廟主行乎？」孔子曰：「天子巡守，以䙴廟主行，載于齊車，言『必有尊』也。」以證師行必以䙴主行也。然則此所引者是孔子之言，而云「曾子問曰」者，偁其書篇名也。云「賞于祖，告分之均也；戮于社，告聽之中也」者，《墨子・明鬼》篇文。「分之均」謂頒賞平均，「聽之中」謂斷辠允當也。案：《墨子》云「《夏書・禹誓》曰：『大戰于甘，

❶「祖」，原作「社」，今據近市居本及經文改。
❷「式」，原作「昔」，今據近市居本改。

王乃命左右六人下，聽誓于中軍，曰：「有扈氏威侮五行，怠棄三正，天用剿絶其命。」有曰：「日中，今予與有扈氏爭一日之命。且尒卿大夫、庶人，予非尒田野葆士之欲也，予共行天之罰也。左不攻于左，右不攻于右，若不共命；御非尒馬之政，若不共命。」』是以賞于祖而戮于社。賞于祖者何也？言分命之均也。戮于社者何也？告聽之中也」是其文也。其地名、國名正與此經同，似即此篇文，而文多于此且又偁「禹誓」，所不解也。**予則帑戮女。**」帑，納盧反，从巾奴聲，正義本作「奴」下从「子」，衛包所改，兹从《史記》。【注】帑，或爲「奴」，當从「奴」，謂有辠而没爲奴也。或奴或戮視其所犯。【疏】云「帑，或爲『奴』」者，鄭仲師注《周禮·司厲職》引此作「奴」也。云「當从『奴』」者，以「帑」是子孫之偁，先王惡惡止其身，當止奴其有辠者，必不子孫從坐，故破「帑」从「奴」，謂有辠而没爲奴也。案：《湯誓》正義引鄭注《湯誓》「帑戮」云「大辠不止其身，又帑戮其子孫」，然則鄭説此經當亦謂然。今不从之者，《左傳》引《康誥》曰「父子兄弟，辠不相及」，虞夏政尚寬簡，豈反子孫從坐？其説非是。《周禮·司厲》云「其奴，男子入于辠隸，女子入于舂、稾」，仲師注云「謂坐爲盜賊而爲奴者，輸于辠隸、舂人、稾人之官也。繇是觀之，今之奴婢，古之辠人也」，即引此經及《論語》「箕子爲之奴」以證，然則仲師以此經之「奴」正是罰其人爲奴，非戮及子孫也。此説似勝康成，故依用之。

五子之歌弟十九【注】孔氏逸《書》十四，今亡。

虞夏書十九　夏書三

启乃淫溢康樂，野于歓食，將將名莧磬以力，湛濁于酒，渝食于野。萬舞翼翼，章聞于大，天用弗式。樂，扐各反。將，千羊反。名，《墨子》引作「銘」，《説文》无「銘」字，古通用「名」。莧，《墨子》引作「莧」，「莧」

字不可解，當爲「莧」。莧，喜説也，胡官反。湛，多含反。【注】「启乃」當爲「启子」，字之誤也。启子，五觀也，太康羣弟。溢，讀爲「泆」。莧，説也。湛濁，沈湎也，言飲酒无度。渝，讀當爲「輸」，轉輸饋食于野，言游田无度也。萬舞，干舞也。❶「大」當爲「天」，字之誤。觀，古奂反。説，于旻反。【疏】《墨子·非樂篇》引此文偁「于武觀曰」云云，惠先生曰「此逸《書》，敘武觀之事，即《書敘》之『五子』也。《周書·嘗麥》曰：『其在夏之五子，忘伯禹之命，假國无正，用胥興作亂，遂凶厥國。皇天哀禹，賜以彭壽，思正夏略。』五子者，武觀也。彭壽者，彭伯也。汲郡古文云『帝启十一年，放王季子武觀于西河。十五年，武觀以西河叛，彭伯壽帥師征西河，武觀來歸』，注云『武觀即五觀』也。《楚語》士娓曰『启有五觀』，《春秋傳》曰『夏有觀扈』。《五子之歌》，《墨子》引其遺文，《周書》録其逸事，與內、外傳所偁无殊。且孔氏逸《書》本有是篇，漢儒習聞其事，故韋昭注《國語》、王符籑《潛夫論》皆依以爲説。安有淫泆作亂之人述戒作歌，以垂後世者乎？梅氏之誣不待辯而明矣。」案：汲郡古文雖僞書，此條則有徵可信，故惠先生采用其文。注云「『启乃』當爲『启子』，字之誤也」者，亦惠先生説也。启是賢王，何至淫溢？據《楚語》士娓比五觀于絑、均、管、蔡，則五觀是淫亂之人，故知此文當爲「启子」，「乃」字誤也。云「启子，五觀也，太康羣弟」者，韋昭注《楚語》云「五觀，启子，太康羣弟也」。云「溢，讀爲『泆』」者，「溢」、「泆」同音可叚唶用，兹「淫」、「泆」聯文，則是唶「溢」爲「泆」，讀當从「泆」。「莧，説」，虞幡注《易·夬五》誼也。湛者沈休，濁者昏亂，故云「湛濁，沈湎也」。云「渝，讀當爲『輸』」者，❷《春秋》隱六年春「鄭人來輸

---

❶「干」，原作「午」，今據近市居本改。

❷「讀」，原脱，今據近市居本及注文補。

平」，《左傳》作「渝平」，《公羊》、《穀梁》皆作「輸平」，則「渝」、「輸」同字；此言「渝食」誼不甚明，「輸食」則爲轉輸饋食，誼實允帖也。《公羊》宣八年傳云「萬者何？干舞也」，故云「萬舞，干舞也」，鄭君箋《簡兮》詩亦云「萬舞，干舞也」。云「『大』當爲『天』，字之誤」者，據文當云「章聞于天」，今作「章聞于大」則不詞，「大」字乃「天」字之誤尒。

胤征弟二十【注】孔氏逸《書》十五，今亡。❶

虞夏書二十　夏書四

《禹貢》至《胤征》標題凡六十名，注十六字。

《禹貢》經文千一百八十八名，重文六，凡千一百九十四言。注五千九百三十六字，釋音辯字二千八百九十八言，疏三萬二千一百二十三字。

《甘誓》經文八十八名，注二百五十八字，釋音辯字百二十四言，疏千三百六十九字。

《五子之歌》逸文三十五名，重文二，凡三十七言。注六十五字，釋音辯字五十六言，疏五百二十三字。

❶「今亡」，原漫漶不清，今據近市居本補。

尚書集注音疏卷四

吴江徵君聲著

帝告弟二十一❶【注】篇亡，孔氏《書》亦未有。

商書一

尚書集注音疏卷四　江聲學

施章乃服明上下【疏】《尚書大傳》引《帝告》文如此。

釐沃弟二十二【注】篇亡，孔氏《書》亦未有。

商書二

湯征弟二十三【注】篇亡，孔氏《書》亦未有。

商書三

葛伯仇餉。仇，其攸反。餉，式尚反。【注】趙岐曰：「葛，夏諸侯，嬴姓之國。」聲謂：仇餉，謂葛伯殺

---

❶「一」，原作「二」，今據近市居本改。

餉者，是仇此餉者矣。【疏】此引見《孟子·滕文公》篇。雖未偁《書》篇名，然尋覈《孟子》上下文與《湯征敘》相應，則所引自是《湯征》文明矣，故録之于此，下二條仿此。注偁「趙岐曰」者，即《孟子》注也。云「葛，夏諸侯，嬴姓之國」者，《説文·女部》云「嬴，帝少昊之姓」，然則葛乃少昊之後也。云「仇餉，謂葛伯殺餉者」者，《孟子》言：湯居亳，與葛爲鄰。葛伯放而不祀，湯使人問之曰：「何爲不祀？」曰：「无以龔犧牲。」湯使遺之牛羊，葛伯食之，猶不祀。湯又使人問之，曰：「无以龔齍盛。」湯使亳衆往爲之耕，老弱饋食。葛伯率其民要而奪之，不授者殺之。有僮子以黍肉餉，殺而奪之。《書》曰「葛伯仇餉」，此之謂也。據此，則「仇餉」是謂「殺餉者」也。**湯一征，自葛始。**【疏】此引見《孟子·梁惠王》篇。彼文于引此文之下云：「天下信之。東面而征，西夷怨；南面而征，北狄怨。曰『奚爲後我』？」案：「天下信之」之言不似《尚書》之文，故止節取此二語，不敢濫采也。又《滕文公》篇云「湯始征，自葛載，十一征而无敵于天下。東面而征」云云，云「湯始征，自葛載」，與《梁惠王》篇所引小異，而《梁惠王》篇明偁「《書》曰」，《滕文公》篇則否，故此用《梁惠王》文。至言「十一征而无敵于天下」與「天下信之」之文絶殊，信乎皆非《尚書》之文也。　**徯我后，后來其蘇。**徯，亦蠡反。【注】趙岐曰：「徯，待也。后，君也。待我后來，則我蘇息已。」【疏】此亦引見《孟子·梁惠王》篇。又《滕文公》篇引云「《書》曰『徯我后，后來其无罰』」，雖與此小異，實非二文，不兩采也。注「趙岐曰」者，《梁惠王》篇注也。「徯，待」、「后，君」，並《釋詁》文。　**湯曰：「予有言：人視水見形，視民知治不。」伊尹曰：「明哉！言耐聽，道乃維。君國子民，爲善者皆在王官。勉哉！勉哉！」湯曰：「女不耐敬命，予大罰殛之，无有攸赦。」**耐，古「能」字。【疏】《史記·殷本紀》云湯征諸侯，葛伯不祀，湯始伐之，湯曰「予有言」云云，「无有攸赦」，作《湯征》。

據此，先言「湯征諸侯」云云，是采《湯征敘》文也；末後明言「作《湯征》」，則「湯曰」至「无有攸赦」自是《湯征》逸文矣。且其詞氣不似《史記》之文，其爲《尚書》无疑也。案：《史記》所采《尚書》多本之于孔氏古文，此《湯征》篇則孔氏逸《書》所无，不審司馬子長何自采取。蓋必引見于周秦諸子之書，子長博洽多聞，故得采之也。云「視民知治不」者，「不」謂「不治」，「治不」猶治亂也。「勉哉」當爲「茂哉」，《史記》以訓詁代經文，故作「勉」爾，《尚書》古文必實作「茂」。兹采自《史記》，不敢改《史記》之文，故从「勉」。

女鳩弟二十四【注】篇亡，孔氏《書》亦未有。

商書四

女房弟二十五【注】篇亡，孔氏《書》亦未有。

商書五

夏社弟二十六【注】篇亡，孔氏《書》亦未有。

商書六

疑至弟二十七【注】篇亡，孔氏《書》亦未有。

商書七

臣扈弟二十八【注】篇亡，孔氏《書》亦未有。

商書八

湯誓弟二十九

商書九　尚書五

王曰：「假爾衆庶，悉聽朕言。【注】假，來。悉，盡也。【疏】「假，來」，《釋言》文，今《爾雅》「假」作「格」。「悉，盡」，《釋詁》文。**非台小子敢行爯亂，**台，弋之反。爯，尺仍反。【注】馬融曰：「台，我也。」聲謂：爯，舉也。【疏】馬注見《史記·殷本紀》注。「台，我」，《釋詁》文。《説文·冓部》云「爯，并舉也」，故云「爯，舉也」。《釋言》云「偁，舉也」，「爯」、「偁」字通。**有夏多辠，天命殛之。**殛，几力反。【注】殛，誅。【疏】「殛，誅」，《釋言》文。**今爾有衆，女曰：『我后不恤我衆，舍我嗇事而割政夏。』**舍，式者反。政，僞孔本作「正」，兹从《史記》。【注】我后，謂桀也。恤，𢚧也。嗇事，農事也。割，剥也。民苦桀之虐政而興怨言，曰：「我后不𢚧恤我衆民，舍我農事而爲割剥之虐政。」夏，衍字也。【疏】言「不恤我衆」則是暴君，故云「我后，謂桀也」。「恤，𢚧」，《釋詁》文。《説文·嗇部》云「嗇，愛濇也，从來、㐭。來者㐭而臧之，故田夫謂之嗇夫」，故云「嗇事，農事也」。唐衛包改「嗇」爲「穡」，非也，兹从《史記》作「嗇」是正之。「割，剥」，《説文·刀部》文。云「夏，衍字也」者，據《史記》所録无「夏」字；僞孔本雖作「割正夏」，其傳云「正，政也，言奪民農功而爲割剥之政」，是並不解「夏」字，則似僞孔本實亦无「夏」字，後人誤增之者。但流傳既久，不敢據《史記》削去，姑存之而目爲衍字可也。乃後人不加詳考，據俗本「割正夏」之文以作「伐夏」解，因以「我后」爲亳衆稱湯，謬甚矣。**予維聞女衆言，夏氏有辠，予畏上帝，不敢不正。**【注】氏曰有夏，故曰夏氏。上帝，天也。言畏天命，不敢不正夏之辠。【疏】夏者，禹有天下之號，今曰「夏氏」，故釋其意云「氏曰有夏，故曰夏氏」。案：《國語·周語》偁禹有平水土之功，「皇天嘉之，胙以天下，賜姓曰似，氏曰有夏」，是則「夏」雖是有天下之號，實即氏也，故世輒偁「夏后氏」。**今女其曰：『夏辠其如台？』**台，弋之反。【注】如台，猶「奈何」也。夏辠其奈何哉？號呼无告之甚也。號，河刀反。【疏】「如台」，《史記》作「奈何」，又《高宗融日》「乃曰其如台」、《西伯𢦏黎》「今王其如台」，《史記》亦皆作「其奈何」，故云「如台，猶『奈何』也」。「奈何」是无可如何之詞，故云「號呼无告之甚也」。**夏王率遏衆力，率割夏邑。**率，吕戌反。【注】馬融曰：「遏，止也。」聲謂：言桀所爲率皆遏止衆力，率皆割剥夏邑之事，即上所云「舍我嗇事而割政」也。【疏】馬注見《釋文》。「遏，止」，《釋詁》文。云「即上所云『舍我嗇事而割政』也」者，「遏衆力」言奪民農功，所謂「舍我嗇事」也；「割夏邑」則是「割剥之虐政」也。**有衆率怠弗叶，**【注】馬融曰：「衆民相率怠惰，不和同。」惰，徒果反，又徒卧反。【疏】注見《殷本紀》注。《説文・劦部》云「協，衆之同和也，从劦，❶十聲。叶，古文協，从口十」，故馬君解「弗叶」爲「不和同」。**曰：『時日害喪？予及女皆亡！』**害，何葛反。喪，息盎反。【注】害，讀爲「曷」，何也。鄭康成曰：「桀見民欲叛，乃自比于日曰：『是日何嘗喪乎？日若喪亡，我與女亦皆喪亡。』引不亡之徵以脅恐下民也。」聲謂：此是民之詞也。桀自比于日，民即假日以諭桀，言「是日何時喪乎？我寧與女皆亡！」甚欲桀之亡也。予者，民自予也。及，與也。女，女日也。假，吉下反。【疏】云「害，讀爲『曷』，何也」者，古字多假借，或以「害」爲「曷」。《葛覃》詩云「害澣害否」，毛傳云「曷，何也」，是讀「害」爲「曷」，訓爲「何」，此經「害」

❶「劦」，原作「協」，今據近市居本改。

字誼亦然也。鄭注見正義。伏生《書大傳》云「伊尹入告于王，曰：『大命之去有日矣。』王倜然歎，啞然笑，曰：『天之有日，猶吾之有民也。日亡，則吾亦亡矣。』」故鄭以爲桀自比于日，引不亡之徵以脅恐下民也。聲不从鄭誼而以此文爲「民之詞」者，《孟子・梁惠王》篇引此文而申說之曰：「民欲與之偕亡。」詳《孟子》之意，以此爲民之言矣。且于「有衆率怠弗協」之下即接「曰」字，則以爲民言于文尤順，于誼尤塙，故易鄭君誼也。云「甚欲桀之亡也」者，亡者人之大患，冀桀之亡，雖與皆亡而亦願，是甚欲其亡也。「及，與」，《釋詁》文。云「女，女日也」者，文似「女日」尒，假日以論桀，實則「女桀」也。**夏德若茲，今朕必往。**【注】茲，此也。夏凶德若此，今我必往征之。【疏】「茲，此」，《釋詁》文。**爾尚輔予一人致天之罰，予其大賚女。**賚，力代反。【注】尚，庶幾也。鄭康成曰：「賚，賜也。」【疏】《釋言》云「庶幾，尚也」，茲云「尚，庶幾也」，轉相訓也。鄭注見《殷本紀》注。「賚，賜」，《釋詁》文。**爾毋不信，朕不食言。**【注】食，僞也。【疏】「食，僞」，《釋詁》文，孫注云「食言之僞也」，郭注引此經以證。**爾不从誓言，予則帑戮女，無有攸赦。**無，僞孔本作「罔」，茲从《史記》。【注】鄭康成曰：「大辠不止其身，又帑戮其子孫。《周禮》云『其奴，男子入于辠隸，女子入于舂、稾』。」聲謂：此「帑」亦當爲「奴」，亦謂當身有辠而没爲奴，非子孫從坐也。隸，力帒反。舂，式容反。稾，可到反。【疏】鄭注見正義。云「大辠不止其身，又帑戮其子孫」者，鄭以「帑」爲子孫，故云然也。引《周禮》者，《秋官・司厲》職文。鄭注彼文云「奴，從坐而没入縣官者，男女同名」，是亦以「奴」爲子孫，故引以證此。聲以爲子孫從坐實爲濫刑，殷雖先罰後賞，未必若是之苛，故不从鄭君誼而別爲解。鄭仲師注《司厲》職云「謂坐爲盜賊而爲奴」者，則「奴」即謂犯辠之人，非從坐也，說互詳《甘誓》疏。茲从鄭仲師誼，故云「此『帑』亦當爲『奴』」，亦謂當身有辠而没爲奴」，「亦」者，亦《甘誓》「帑戮」之文也。**予小子履敢用玄牡，敢昭告于皇皇后帝：**牡，芒缶反。【注】孔安國曰：「履，殷湯名。此伐桀告天之文。殷牲尚白，未變夏禮，故用玄牡。皇，大；后，君也。大大君帝，謂天帝也。《墨子》引《湯誓》其詞若此。」聲謂：皇皇后帝，或作「上天后」。【疏】自此以下至「辠在朕躬」並見《論語·堯曰》篇，又引見《墨子·兼愛》篇。注偁「孔安國曰」者，《論語》注也，其注今亡，此條采自何晏《論語集解》。云「履，殷湯名」者，「履」與「小子」聯文，故知是名也。云「此伐桀告天之文」者，在《湯誓》而云「敢昭告于皇皇后帝」，自是爲伐桀而告天矣。云「殷牲尚白，未變夏禮，故用玄牡」者，《禮記·檀弓》云「夏后氏尚黑，牲用玄。殷人尚白，牲用白」，兹不用白牡而用玄牡，是以未變夏禮故也。「皇，大」，《毛詩·皇矣》傳有是訓也。「后，君」，《釋詁》文。云「《墨子》引《湯誓》其詞若此」者，《墨子·兼愛》篇引此偁「《湯説》」，孔君云「《墨子》引《湯誓》」者，蓋後人習見僞孔書之《湯誥》有此文，反疑《墨子》偁「湯誓」爲誤，因改爲「湯説」，孔君所據《墨子》實爲「湯誓」也。《國語》内史過引《湯誓》「余一人有辠」云云，即此下文「朕躬有辠」云云也，則此信是《湯誓》文矣。但三復《湯誓》，始則戒衆聽誓，終則要之以剕，似首尾完具，宜无闕逸。而猶有此逸文者，蓋王者出師必先告祭于天而後誓衆，如《太誓》武王先上祭于畢，乃後誓師焉。又《司馬法》曰「將用師，乃告于皇天上帝、日月星曆，以禱于后土、四海神祇、山川冢社，乃造于先王。然後冢宰徵師于諸侯，曰『某國爲不道，征之，以某年某月某日師至某國』」，是伐國必告天之明證，湯之伐桀亦然也。史臣録其告天之文與誓衆之詞以爲《湯誓》，經秦火之餘，遺文散佚，伏生所傳、孔壁所出，其中《湯誓》皆止存誓衆之詞，亡其告天之文矣，故孔君注《論語》不敢質言「《湯誓》」，必據《墨子》以爲《湯誓》。據此，則今之所謂孔氏《尚書》以此文入于《湯誥》者，其非孔氏《書》矣。

非孔氏《書》而託諸孔氏，其爲僞也明甚。乃自宋以前讀《論語》者，悉讀何晏《集解》，則此條孔注无有不讀矣，猶不知二十五篇非孔氏古文，何昏昧之至于此邪？云「皇皇后帝，或爲『上天后』」者，《墨子》引云「敢昭告于上天后」是其文也。**有辠不敢赦。**【注】包咸曰：「順天奉法，有辠者不敢擅赦。」【疏】《墨子》所引此句上有「曰今天大旱，即當朕身，履未知得辠于上下」十七字，似禱于桑林之詞，不似爲伐桀而告天者，《論語》无是語，兹故不録也。注偁「包咸曰」者，亦《論語》注也，其注今亦亡，此條亦采自何晏《集解》。包咸，字子良，會稽曲阿人。少爲諸生，習《魯詩》、《論語》，舉孝廉，除郎中，建武中人。授皇太子《論語》，箸《論語章句》。事詳《後漢書·儒林列傳》。**帝臣不蔽，**【注】或作「有善不敢蔽」，在「有辠不敢赦」之上。【疏】《墨子》引云「有善不敢蔽，有辠不敢赦」，注據其文爲説。**簡在帝心。**【注】簡，閲也。鄭康成曰：「簡閲在天心。言天簡閲其善惡也。」【疏】「簡，閲」，《廣雅》文也。桓六年《左傳》云「大閲，簡車馬也」，是「簡」、「閲」同誼也。注偁「鄭康成曰」，亦《論語》注也，今其注亦亡，何晏《集解》閒亦采之，此條則見僞《湯誥》正義。云「天簡閲其善惡」者，「善」謂「帝臣」，「惡」謂「有辠」，此句總承上二句也。**朕躳有辠，無以萬方；萬方有辠，在朕躳。**」今本《論語》「萬方有辠」下重出「辠」字，漢石經本不重，兹从漢石經。【注】孔安國曰：「無以萬方，萬方不與也。萬方有辠，我身之過。」聲謂：「朕躳」或爲「余一人」，「方」或爲「夫」。與，云茹反。【疏】注「孔安國曰」，亦《論語》注也。「聲謂『朕躳』或爲『余一人』，『方』或爲『夫』」者，《國語》周内史過引《湯誓》曰「余一人有辠，无以萬夫；萬夫有辠，在余一人」是也。案：《吕氏春秋·順民》篇云「昔者湯克夏而正天下。天大旱，五年不收，湯乃以身禱于桑林曰『余一人有辠，无及萬夫；萬夫有辠，在余一人。无以一人之不敏，使上帝鬼神傷民之命』」，然則此文又是禱于桑林之詞，與《墨子》曰「今天大旱」云云正合，而内史過引偁《湯誓》，似有可疑。蓋伐桀與旱禱皆必告于天，告天則必皆有自責之詞，其詞不妨適同，无足怪也。且《周禮》外史掌三皇五帝之書，則《湯誓》當亦具在，❶過爲内史，固習見之，其所偁引大可信矣。

聿求元聖，與之勠力同心，以治天下。 凡所采逸文，采非一處，其文或不相聯屬，皆空一格寫。【注】勠力，并力也。【疏】《墨子·尚賢》篇引此偁「《湯誓》」，僞作者節取此文以入《湯誥》，謬矣。注云「勠力，并力也」者，《説文·力部》文。

中蘬之誥弟三十 中，道衆反。蘬，吁鬼反，假借字也，今作「虺」。【注】篇亡，孔氏《書》亦未有。

商書十

我聞有夏人矯天命，布命于下，帝式是增，用爽厥師。矯，九夭反。【注】用无爲有謂之「矯」。或挩「布命」二字，非也。式，用也。增，讀當爲「憎」；憎，惡也。帝式是增，或作「帝式是惡」，或作「帝伐之惡」，「伐之」字誤，當从「式是」。用爽厥師，或作「龏喪厥師」，或作「用闕師」。爽，當爲「喪」，聲之誤也。師，衆也。言桀執有命，天用是憎惡之，用喪其衆。惡，窊路反。喪，色宕反。【疏】《墨子·非命》篇凡三引《仲虺之告》而字或互異，兹擇取其誼長者録之，而存其異文于注。《墨子》説此經云「彼用无爲有，故謂之『矯』。若有而爲有，夫豈謂『矯』哉」，故注云「用无爲有謂之『矯』」。云「或挩『布命』二字，非也」者，

❶「則」，原重文，今據近市居本删。

《墨子》引此文凡三引，其一引无「布命」二字，據文誼當有之，故謂无者挩落，挩落者非也。但此未必是《墨子》之誤，自是後人寫《墨子》者誤挩之爾。「式，用」，《釋言》文。云「增，讀當爲『憎』」者，《孟子·盡心下》篇云「士憎茲多口」，趙岐注云「爲士者益多爲衆口所訕」，是解「憎」爲增多之「增」，則「增」、「憎」字通矣。此文據《墨子》所引或作「增」或作「惡」，則「增」當爲「憎惡」之誼，故讀从「憎」也。「憎，惡」，《說文·心部》文。云「帝式是增，或作『帝式是惡』，或作『帝伐之惡』」者，據《墨子》所引之異也。「帝伐之惡」似不詞，故云「『伐之』字誤，當从『式是』」。云「用爽厥師，或作『龔喪厥師』，或作『用闕師』」者，亦《墨子》所引有異也。云「爽，當爲『喪』，聲之誤也」者，「爽」、「喪」聲相近，古者或以「爽」爲「喪」，若《國語·周語》云「晉侯爽二」，韋昭注云：「爽，當爲喪。」此文據《墨子》一引作「爽」，一引作「喪」，「喪師」言失衆，若《文王》之詩所云「殷之未喪師」之誼也。「師，衆」，《釋詁》文。

諸侯自爲㝵師者王，㝵友者霸，㝵疑者存，自爲謀而莫己若者亡。 王，于況反，又如字。霸，百罵反。

【注】㝵，取也。或曰「諸侯之德能自爲取師者王，能自取友者存，其所擇而莫如己者亡」。【疏】《荀子·堯問篇》吴起諫魏文侯，述楚莊王之言曰「其在中蘬之言也，曰『諸侯自爲得師者王』」云云，「中蘬」即「仲虺」，古叚借字也，然則所偁「中蘬之言」是此《仲虺之誥》文矣。注云「㝵，取也」者，《說文·見部》文，「㝵」字今通作「得」。案：《說文·彳部》「得」字重文作「㝵」，而《見部》别有「㝵」字，訓爲「取」，此經之言實爲「取師」、「取友」之誼，故字作「㝵」也。偁「或曰」者，《吕氏春秋·驕恣》篇偁李悝諫魏文侯，述楚莊王言曰「仲虺有言，不穀說之。曰『諸侯之德能自爲取師者王』」云云。《荀子》偁「吴起」，《吕氏》言「李悝」，傳聞異爾，實非兩事，所偁仲虺之言大同小異，姑録《荀子》文爲經而存《吕氏》所偁于注。

亂者取之，亡者侮之。【疏】《左傳》襄十四年中行獻子曰「仲虺有言曰：亂者取之，亡者侮之。推亡固存，國之道也」，又襄三十年鄭子皮引《仲虺之志》云「亂者取之，亡者侮之。推亡固存，國之利也」，兩引仲虺之言，惟「道」字「利」字爲異，餘悉同，則似所引皆《仲虺之誥》文也。尋繹其詞指，「國之道」謂謀國之道，「國之利」謂國家之利，意若不同，然則「推亡」、「固存」二語又似申説之意，非《仲虺之誥》文，惟「亂者取之，亡者侮之」乃是誥文與？疑不能決，寧節取不備，勿務多而濫入也。又《左傳》宣十二年隨武子曰「仲虺有言曰『取亂侮亡』」，蓋隱括斯語，非異文也，茲不重録。

湯誥弟三十一【注】孔氏逸《書》十六，今在《史記》。

商書十一

維三月，王自至于東郊。告諸侯群后：「毋不有功于民，勤力乃事。予乃大罰殛女，毋予怨。」曰：「古禹、咎繇久勞于外，其有功于民，民乃有安。東爲江，北爲漢，西爲河，南爲淮。四瀆以修，萬民乃有居。后稷降播，農殖百穀。三公咸有功于民，故后有立。昔蚩尤與其大夫作亂百姓，帝乃弗予，有狀。先王言不可不勉。」曰：「不道，毋之在國，女毋我怨。」蚩，赤之反。【注】殖，長也。后有立，謂後世子孫有立國也。后，讀與「後」同。立，或爲「土」。予，賜也。有狀，言蚩尤辠有狀也。勉，當爲「勗」。長，中賞反。勗，許六反。【疏】《史記·殷本紀》載此文，其前言「既絀夏命，還亳，作《湯誥》」，其後言「以令諸侯」，則此文是《湯誥》之文无疑矣。《漢書·儒林傳》云「孔氏有古文《尚書》」，「司馬遷從安國問故，遷書載《堯典》、《禹貢》、《微子》、《鴻範》、《金縢》諸篇多古文説」。案：孔氏古文本有《湯誥》篇，《史記》此文亦是从安國問得而采入者，茲取以補其亡逸焉。注云「殖，長也」者，《國語·鄭語》云「周棄能播殖百穀疏」，韋昭注云：「殖，長也。」云「后，讀與『後』同」者，《禮記・大學》篇「知止而后有定」云云，又「物格而后知至」云云，諸「后」字皆作「後」解，是古者或以「后」爲「後」，此文「后有立」誼亦然也。云「立，或爲『土』」者，據徐廣《史記音義》云「一作土」。「予，賜」，《釋詁》文。云「勉，當爲『勗』」者，「勗」之言「勉」也，《史記》輒以詁訓代經文，故作「勉」字，在《尚書》必實爲「勗」。知者，以《周本紀》録《坶誓》文凡「勗」字皆作「勉」，推之可知也。

咸有壹德弟三十二【注】孔氏逸《書》十七，今亡。

商書十二

惟尹躬及湯，咸有壹德。【注】鄭康成曰：「咸，皆也。君臣皆有壹德。」【疏】此文引見《禮記・緇衣》篇，偁「尹吉曰」，鄭君注云：「吉，當爲告。告，古文誥，字之誤也。尹告，伊尹之誥也，《書敘》以爲《咸有壹德》，今亡。」案：鄭君言「今亡」，則鄭君不及見此篇矣。知所偁《尹吉》即是《咸有壹德》者，以《尚書》篇目无《尹吉》而有《咸有壹德》，又此文有「咸有壹德」之語，乃其篇名所取誼也，則是《咸有壹德》文矣。注偁「鄭康成曰」者，即采《禮記・緇衣》注也。「咸，皆」，《釋詁》文。　**惟尹躬天見于西邑夏，自周有終，相亦惟終。**相，息羕反。【注】鄭康成曰：「天，當爲『先』字之誤。忠信爲周。相，助也，謂臣也。伊尹言尹之先祖見夏之先，君臣皆忠信以自終，今天絶桀者，以其自作孽。伊尹始仕于夏，此時就湯矣。夏之邑在亳西。」孽，牛列反。【疏】此經亦引見《禮記・緇衣》，亦偁「尹吉曰」，鄭注云「尹吉，亦『尹誥』也」，然則此條與上條同篇，亦是《咸有壹德》文矣，故録于此。乃僞孔氏以上條入《咸有壹德》，此條入《太甲》篇，顯與《禮記》違倍。且《禮記》先引「《太甲》曰『天作孽』」云云，下即别偁「尹吉曰『惟尹躬天見』」云云，則此文非《太甲》文明甚，而唐、宋諸人猶不知僞作者之謬，異哉！　注偁「鄭康成曰」，亦《緇衣》篇注也。「忠信爲周」，《國語・魯語》文。《釋詁》云「相、助，勴也」，則「相」、「助」同誼；臣所以輔助君者，故云「相，助也，謂臣也」。據經言「尹躬先見于西邑夏」，似謂伊尹先時仕夏，鄭必云「尹之先祖見夏之先」者，據《孟子》言伊尹「五就湯」、「五就桀」，則伊尹仕夏之初已在桀時。❶桀以无道亡國，不得云「自周有終」，經言「自周有終」，自是謂夏之先世，伊尹所不及見，故以爲「尹之先祖」也。云「今天絶桀者，以其自作孽」者，《禮記》引此文承所引《太甲》「天作孽」云云之下，鄭君冢所引《太甲》文而爲言，故云然爾。其在《尚書》則此文上下云何既不可知，不必如所云也。云「伊尹始仕于夏，此時就湯矣」者，伊尹五就湯、五就桀，此在放桀之後，自然就湯矣。惠先生曰：「鄭以《尹誥》爲《咸有壹德》，孔氏逸《書》十六篇之一。漢時《書敘》，《咸有壹德》次于《湯誥》，故鄭以《尹誥》爲伊尹告湯，故云『伊尹始仕于夏，此時就湯矣』。孔穎達用僞古文以滑之，非是。」云「夏之邑在亳西」者，亳是湯所都處，言「夏邑在亳西」，解經所以偁「西邑夏」也。《禮記》正義云：「《世本》及汲冢古文並云禹都咸陽，正當亳西也。及後乃徙安邑，鄭以湯都偃師爲亳邑，則是安邑亦在亳西也。」

典寶弟三十三【注】孔氏逸《書》十八，今亡。

商書十三

明尻弟三十四【注】篇亡，孔氏《書》亦未有。

❶「夏」，原作「桀」，今據近市居本改。

商書十四

伊訓弟三十五【注】孔氏逸《書》十九，今亡。

商書十五

維太甲元年，十有二月乙丑朔，伊尹祀于先王，誕資有牧方明。【注】太甲，太丁之子，湯之適孫也。元年者，喪畢之元年。十有二月者，除喪之後月。誕，大也。資，讀當爲「咨十有二牧」之「咨」。牧，諸侯也。方明者，上下四方神明之象。《覲禮》曰「方明者，木也，方四尺。❶設六色：東方青，南方赤，西方白，北方黑，上玄下黃。設六玉：上圭下璧，南方璋，西方琥，北方璜，東方圭」，然則「方明」即《明堂》「六天」、《堯典》所謂「六宗」也。太甲除喪即位，以月朔行吉禘之禮，宗祀成湯于明堂，以配上帝，太丁、外丙、仲壬亦從而與享焉。❷祀畢，乃見諸侯，遂𨓆之以祀方明也。適，氏歷反。與，爰茹反。見，夷宴反。𨓆，所律反，俗通作「率」。【疏】劉歆《三統曆》引《伊訓》文如此而爲之説曰：「言雖有成湯、太丁、外丙、仲壬之服，以冬至越茀祀先王于方明，以配上帝，是朔旦冬至之歲也。」並見《漢書·律曆志》。歆字子駿，劉向少子也。歆《迻太常書》云：❸「逸《書》十六篇，天漢之後孔安國家獻之。遭巫蠱倉卒之難，

---

❶「尺」，原作「尼」，今據近市居本改。

❷「壬」，原作「王」，今據近市居本改。

❸「迻」，原作「趍」，今據近市居本改。

未及施行，臧于祕府。」《漢書・歆傳》云「河平中，受詔與父向領校祕書」，又云「歆親近，欲建立《左氏春秋》及《毛詩》、逸《禮》、古文《尚書》，皆列于學官」，是則歆親見孔氏古文，孔氏古文實有《伊訓》篇，歆引其文實可據信，而其解説則大謬也。《孟子・萬章》篇云「湯崩，太丁未立，外丙二年，仲壬四年，太甲顛覆湯之典刑」，然則太甲元年，湯與外丙之服皆除之久矣，況太丁之殁又在其前乎？歆言「有成湯、太丁、外丙之服」，誕妄甚矣。歆欲傅會此文「乙丑朔」爲冬至，因據《周禮》有「冬至祭于圜丘」之文、《禮記》有「天地社稷越紼行事」之文，遂牽合于此以爲喪中越紼之祭，率意直言，不計及「喪服无過三年」者，并不計商制除喪即位，「元年」已非喪中矣，歆説盡非。則以「乙丑朔」爲冬至，又惡可信乎？蓋商正建丑，則十二月建子，冬至誠在是月，要不必在朔月也。故聲不用歆説而自爲之注。云「太甲，太丁之子，湯之適孫也」者，《史記・殷本紀》云「帝仲壬即位四年崩，伊尹乃立太丁之子太甲。太甲，成湯適長孫也」，《論語・憲問》篇子張引《書》「高宗諒陰，三年不言」以問，子曰：「何必高宗？古之人皆然。君薨，百官總己以聽于冢宰三年」，又《孟子・萬章》篇言「舜避堯之子」、「禹避舜之子」皆在喪畢之後，然則踰年即位改元乃周制爾，殷以前則竢喪終而即位改元也，故云「元年者，喪畢之元年」。鄭箋《商頌・玄鳥・敘》云「古者，❶君喪三年，既畢而禘于其廟」，是則喪終乃吉禘也。《春秋》閔二年「夏五月乙酉，吉禘于莊公」，蓋莊公以八月薨，于時未再期也，故《左氏》云「速也」，❷《公羊》云「譏始不三年也」，《穀梁》云「喪事未畢而舉吉祭，故非之也」，是吉祭必于喪終之後。此十二月朔祀于先王，則太甲必以十一月除喪矣，故云「十二月者，

❶「古」，原作「占」，今據近市居本改。
❷「速」，原作「踈」，今據近市居本改。

除喪之後月」。「誕，大」，《釋詁》文。云「資，讀當爲『咨十有二牧』之『咨』」者，「咨十有二牧」，《堯典》文也。「六書」假借之法，依聲託事，「資」、「咨」皆以「次」爲聲，聲同則可假借也，《堯典》舜即真而咨悔岳、牧，此太甲即位而「資有牧」，其事正同，故讀「資」从彼文「咨」也。云「牧，諸侯也」者，《禮記・曲禮》云「九州之長入天子之國曰牧」，是諸侯謂之牧也。云「方明者，上下四方神明之象」者，鄭君注《覲禮》云然也。《覲禮》者，諸侯秋見天子之禮，《義禮》十七篇之弟十篇也。其文云「諸侯覲于天子，爲宫方三百步，四門壇十有二尋，深四尺，加方明于其上。方明者，木也，方四尺」云云，鄭注云：「方明者，上下四方神明之象也。有象者，猶宗廟之有主乎？六色象其神，六玉以禮之。」據此則「方明」者即今文家所説《堯典》「六宗」，所謂「上不謂天，下不謂地，傍不謂四方，在六者之間，助陰陽變化，實一而名六」者，故云「然則『方明』即《明堂》『六天』、《堯典》所謂『六宗』也」。云「太甲除喪即位，以月朔行吉禘之禮」者，鄭君箋《詩敘》云「古者，君喪三年，既畢而禘于其廟」，此「太甲元年」是除喪即位之年，則「祀于先王」是吉禘矣。云「宗祀成湯于明堂，以配上帝」者，《孝經・聖治章》云「周公宗祀文王于明堂，以配上帝」，《禮記・祭法》云「殷人祖偰而宗湯」，商家宗祀成湯之禮當與周家宗祀文王之禮同也。云「太丁、外丙、仲壬亦從而與享焉」者，惠先生《明堂大道録》云：「配天之祭，百王與食。《多士》偁『自成湯至于帝乙』，『罔不配天其澤』，是其證也。」據此，則外丙、仲壬皆爲王，自然與食；太丁則太甲之父、湯之冢適元子，雖未爲王，不應獨遺，故知亦從而舉享也。云「祀畢乃見諸侯」者，蓋嗣王即位，諸侯盡朝，《國語》所謂「終王」也。于時群牧爲朝嗣王而來，因而助祭于明堂，祭畢乃見之也。云「遂遳之以祀方明」者，《覲禮》云「公、侯、伯、子、男皆就其旂而立，四傳擯」，乃後云天子「出拜日于東門之外，反祀方明」，則是既朝覲而遳諸侯以祀方明也。案：《堯典》舜受終而類于上帝，又禋于六宗，兹太甲既位而祀成湯以配上帝，又祀方明，方明即六宗，則此祀禮同于《堯典》。劉歆言

「祀先王于方明，以配上帝」，則合上帝、方明爲一祭，據《堯典》知其非矣。**天誅造攻自牧宫，朕載自亳。**

亳，步各反。【注】趙岐曰：「牧宫，桀宫。朕，我也，謂湯也。載，始也。亳，殷都也。」聲謂：朕，伊尹自謂也。言天誅罸桀，造作攻伐者從牧宫起，繇桀自取之，我始與先王謀之于亳，遂順天而誅之。

【疏】《孟子・萬章》篇引此文偁《伊訓》曰」，趙岐注云「《伊訓》，《尚書》逸篇名」，兹并節取趙氏《孟子注》而録之。云「牧宫，桀宫」者，言天誅之所自，則自是桀宫，下又别言「自亳」，亳是殷都，則「牧宫」是桀宫矣。「朕，我」，《釋詁》文，云「謂湯也」則未然也。《詩・周頌・敘》云「《載見》，諸侯始見乎武王廟也」，故云「載，始也」。《書敘》云「湯始居亳，從先王居」，故云「亳，殷都也」。趙氏注不止于此，又有云：「言意欲誅伐桀造作可攻討之辠者，從牧宫桀起自取之也。湯曰：『我始與伊尹謀之于亳，遂順天而誅之也。』」案：此篇是伊尹訓太甲之文，「朕載自亳」之語，无以見是述湯言也。古人「朕」字上下通偁，安見伊尹不偁朕乎？故「聲謂朕，伊尹自謂也」，以下遂不用趙氏注而以己意説之。**征是三朡，**朡，子公反。【注】三朡，蓋國名也。朡，或爲「㚇」。㚇，子公反。

【疏】《堯典》正義云鄭注《典寶》引《伊訓》云「載孚在亳」，又云「征是三朡」，蓋孔氏古文《伊訓》鄭君猶及見之，故得引其文，是可信者，兹據以采入。案：《典寶敘》云「湯遂伐三朡」，故鄭君引此文以證也。注云「三朡，蓋國名也」者，據《典寶敘》言「伐」，此言「征」，則「三朡」自是國名矣。但鄭注无聞，僞孔傳又未敢信，姑云「蓋」以疑之。云「朡，或爲『㚇』」者，《史記》録《尚書敘》作「湯遂伐三㚇」。**載孚在亳。**【注】孚，當爲「俘」，古字省文爾。

【疏】此文亦鄭注《典寶敘》所引也。案：《典寶敘》云「俘厥寶玉」，鄭君必以此「載孚在亳」謂即所俘之寶玉，故引此文以説，故注云「孚，當爲『俘』，古字省文爾」。

肆命弟三十六【注】孔氏逸《書》二十，今亡。

商書十六

徂后弟三十七【注】篇亡，孔氏《書》亦未有。

商書十七

太甲上弟三十八【注】篇亡，孔氏《書》亦未有。

商書十八

太甲中弟三十九【注】篇亡，孔氏《書》亦未有。

商書十九

太甲下弟四十【注】篇亡，孔氏《書》亦未有。

商書二十

民非后，无耐胥以寧；后非民，无以辟四方。辟，冰亦反。【注】鄭康成曰：「胥，相也。民非君不能以相安。」聲謂：辟，君也。【疏】《禮記·表記》篇引《太甲》文如此，注偁鄭君曰者即《禮記》注也。「胥，相」、「辟，君」，並《釋詁》文。「辟四方」謂君臨四方，鄭注未解，故補訓之。**毋越厥命，以自覆也。若虞機張，往省括于厥度，則釋。**覆，方目反。括，古活反。【注】鄭康成曰：「越之言蹷也。厥，其也。覆，敗也。言女自趨蹷女之政教，以自毀敗。虞，主田獵之地者也。機，弩牙也。度，謂所擬躲也。虞人之躲禽，弩已張，從機閒視括與所䠶，參相得乃後釋弦發矢，爲政亦當以己心參于群臣及萬民，可，乃後施也。 蹷，其厥反，又居衛反，又居月反。蹎，氏年反，俗通作「顛」。䠶，辰亦反。【疏】《禮記・緇衣》篇引《太甲》文如此，注偁鄭君者亦即《禮記》注也。「越」者隕越，故云「越之言蹷也」。「厥，其」，《釋言》文。「覆」者頃覆，故訓「敗」也。虞是掌山澤之官，《周禮・山虞》云「若大田獵，則萊山田之野」，《澤虞》云「若大田獵，則萊澤野」，故云「虞，主田獵之地者也」。機者，發動所繇，故以爲「弩牙」，《周易・屯》六三云「君子機不如舍」，鄭君注彼文亦云「機，弩牙也」。

天作蠥，猶可違；自作蠥，不可活。 蠥，牛列反，或作「孽」，音同字別。【注】趙岐曰：「言天之䄏蠥尚可違避，譬若高宗雊雉、宋景守心之變，皆可以德消去也。自己作蠥者，若帝乙慢神震死，是爲不可活。」聲謂：活，或爲「逭」。鄭康成曰：「逭，逃也。」䄏，乙謡反。雊，工豆反。逭，乎奂反。【疏】《孟子・公孫丑》及《離婁》兩引《太甲》文皆如此，注偁「趙岐曰」者，《公孫丑》篇注也。云「高宗雊雉」者，經云「高宗融日，越有雊雉」，《敘》云「高宗祭成湯，有飛雉升鼎耳而雊」，《史記》云「武丁祭成湯，明日，有飛雉登鼎耳而雊。武丁懼，祖己曰：『王勿憂，先修政事。』武丁修政行德，天下咸驩，殷道復興」，是其事。云「宋景守心」者，《吕氏春秋・制樂篇》云「宋景公之時，熒惑在心。公懼，召子韋而問焉。子韋曰：『熒惑者，天罰也；心者，宋之分野也。禍當于君。雖然，可迻于宰相。』公曰：『宰相，所與治國家也，而迻死焉，不祥。』子韋曰：『可迻于民。』公曰：『民死，寡人將誰爲君乎？寧獨死。』子韋曰：『可迻于歲。』公曰：『歲害則民飢，民飢必死。爲人君而殺其民以自活，其誰以我爲君乎？是寡人之命固盡矣，子毋復言矣。』子韋還走，北面再拜曰：『臣敢賀君。天處高而聽卑，君有至德之言三，天必三賞君。今夕熒惑其徙三舍，君延年二十一歲。』公曰：『子何以知之？』對曰：『有三善言，必有三賞。熒惑三徙舍，舍行七星，星一徙當一年，三七二十一，臣故曰君延年二十一歲。臣請伏于陛下以伺候之，熒惑不徙，臣請死。』公曰：『可。』是夕熒惑果徙三舍」，是其事也。高宗、宋景皆以德弭災，故云「皆可以德消去也」。云「帝乙慢神震死」者，《史記》云「帝武乙无道，爲偶人謂之天神。與之簙，令人爲行，天神不勝，乃僇辱之，爲革囊盛血，仰而射之，命曰『射天』。武乙獵于河渭之閒，暴雷，武乙震死」，是其事也，故云「是爲不可活」。「聲謂活，或爲『逭』」者，《禮記·緇衣》引《太甲》曰「天作孽，可違也；自作孽，不可以逭」，與《孟子》所引字雖有異而大恉无殊，惟「逭」之與「活」誼訓不同，故特標出之于注。偁「鄭康成曰」者，即《緇衣》注也。「逭，逃」，《釋言》文。**顧提天之明命。**提，上只反。【注】鄭康成曰：「顧，念也。提，猶正也。」【疏】《禮記·太學》篇引《太甲》文如此，鄭注即《太學》注也。「顧」有眷念之意，故云「顧，念也」。《說文·言部》云「提，理也」，理則必正，故云「提，猶正也」。言顧念奉正天之明命。

渼丁弟四十一【注】篇亡，孔氏《書》亦未有。

商書二十一

咸㱃一弟四十二【注】篇亡，孔氏《書》亦未有。

商書二十二

咸㱃二弟四十三【注】篇亡，孔氏《書》亦未有。

商書二十三

咸㱃三弟四十四【注】篇亡，孔氏《書》亦未有。

商書二十四

咸𡿉四弟四十五【注】篇亡，孔氏《書》亦未有。

商書二十五

伊陟弟四十六【注】篇亡，孔氏《書》亦未有。【疏】據《史記·殷本紀》，此篇當爲《太戊》，實未有《伊陟》篇目，辯詳《敘》疏。

商書二十六

原命弟四十七【注】孔氏逸《書》二十一，今亡。

商書二十七

中丁弟四十八中，直衆反。【注】篇亡，孔氏《書》亦未有。

商書二十八

河亶甲弟四十九【注】篇亡，孔氏《書》亦未有。

商書二十九

祖乙弟五十【注】篇亡，孔氏《書》亦未有。

商書三十

般庚上弟五十一般，步干反。【注】鄭康成曰：「上篇是般庚爲臣時事。」【疏】注見正義。案：上篇《經》云「曰『無或敢伏小人之攸箴』」，是般庚之言也，其下云「王命衆悉至于廷」，則是般庚傳王命，其下「王若曰」云云，並是般庚述王言也，故鄭君以此篇爲「般庚爲臣時事」也。故鄭君于此篇《敘》注云：「陽甲立，般庚爲之臣，乃謀徙居湯舊都。」

商書三十一　尚書六

般庚栖于殷，【注】鄭康成曰：「般庚，湯十世孫，祖乙之曾孫。」聲謂：栖，徙也。【疏】鄭注見正義。云「般庚，湯十世孫，祖乙之曾孫」者，案：《史記·三代世表》殷自湯至般庚凡十九王，其閒兄弟相及者多，若除去傍支不數，止數父子嫡派世系，則湯至般庚凡十世也。湯一世，太丁二世，太甲三世，太康四世，太戊五世，河亶甲六世，祖乙七世，祖辛八世，祖丁九世，般庚十世矣。祖乙之子祖辛，孫祖丁，則般庚乃其曾孫矣。必冢祖乙言之者，承前《祖乙》篇目而下也。栖，古文「遷」字，从手、西。「栖，徙」，《釋詁》文。**民不適有居。**【注】適，往也。「居」謂「殷」。【疏】「適，往」，《釋詁》文。《敘》言「將治亳，殷民咨胥怨」，則民所不欲適者殷也，故云「『居』謂『殷』」。**率籲衆戚，出矢言，**籲，羊灼反。戚，僞孔本作「慼」，茲从《說文》所引。【注】籲，呼；戚，近；矢，誓也。或曰：矢，古「誓」字。民不樂徙，由群臣胥動浮言之故，故呼衆近習之人，出誓言以曉之。樂，扐各反。【疏】「籲，呼」，《說文·頁部》文。《行葦》詩云「戚戚兄弟」，毛傳云「戚戚，内相親也」，則「戚」之誼爲親近，故云「戚，近」。「矢，誓」，《釋言》文。云「或曰：矢，古『誓』字」者，《周易·晉》六五云「矢得勿恤」，虞翻注云：「矢，古誓字。」云「民不樂徙，由群臣胥動浮言之故」者，下文云「胥動以浮言，恐沈于衆」，是群臣以浮言恐猲下民也，民之不欲徙由是故爾。**曰：「我王來，无爰宅于茲。重我民，无盡鎦。**鎦，力求反，僞孔本作「劉」，《說文·金部》有「鎦」无「劉」，「鎦」訓「殺」也，然則字當作「鎦」。【注】我王，祖乙也。爰，于。宅，尻也。茲，此也，謂耿也。重，厚。鐳，殺也。言我王來居于此，有善政以厚民生，雖有水患，不害于民，无盡殺也。【疏】般庚自耿遷殷，于時未遷，則猶在耿，而言「爰宅于茲」，則是謂祖乙去相居耿，故云「我王，祖乙也」。「爰，于」，《釋詁》文；「宅，居」，《釋言》文；「茲，此」，亦《釋詁》文。「重，厚」，《説文・重部》文；「鐳，殺」，《金部》文也。《敘》云「祖乙圮于耿」，鄭注云「祖乙又去相居耿，而國爲水所毀，于是修德以禦之，不復徙也」，然則祖乙賢君，國圮于水而能不徙，必有以爲民禦災敉患不至爲水所害，故云「有善政以厚民生，雖有水患，不害于民，无盡殺也」。**不耐胥匡以生，卜卟曰：其如台？** 匡，去王反。卟，今繄反。台，亦之反。【注】胥，相。匡，救也。卟，❶卜以問疑也。言今民蕩析離居，不能相救以生，執不可不拪矣。于是卟之于卜曰：其奈何哉？「如台」猶「奈何」，蓋問龜詞也。《周禮》「國大拪則貞龜」。執，式制反。【疏】「胥，相」，《釋詁》文。僖二十六年《左傳》云「匡救其災」，《孝經・事君章》云「匡救其惡」，故云「匡，救也」。云「卟，卜以問疑也」者，《説文・卜部》文。云「蕩析離居」者，下篇文也。《湯誓》云「夏辠其如台」，《高宗融日》云「乃曰其如台」，《西伯戡黎》云「今王其如台」，《史記》録是三篇皆作「其奈何」，故云「『如台』猶『奈何』」。「奈何」則是商問之詞，故云「蓋問龜詞也」。引《周禮》者，《春官・大卜》職文。言「貞龜」者，問正曰「貞」，先正龜于卜位，乃從問焉，《説文・卜部》云「貞，卜問也」是也，引之以證拪國必正龜而問也。**先王有服，恪謹天命，茲猶不常寍，不常厥邑，**

❶「卟」，原作「稽」，今據近市居本及經、疏文改。

于今五邦。愙，去各反。寍，奴靈反，俗輒作「寧」，音同誼別。【注】服，事。愙，敬。寍，❶安也。邑、邦，皆國也。馬融曰：「五邦，謂商丘、亳、囂、相、耿也。」囂，兀刀反，與「敖」通。【疏】「服，事」、「愙，敬」、「寍，安」，並《釋詁》文。《説文·邑部》云「邑，國也」，又云「邦，國也」，故云「邑、邦，皆國也」。馬注見《釋文》。云「五邦，謂商丘、亳、囂、相、耿也」者，「五邦」與「五栖」不同：「五栖」謂五次栖都，成湯、仲丁、河亶甲、祖乙各一栖，并般庚爲五，故《敘》言「般庚五栖」；「五邦」則謂建邦有五所，湯自商丘栖亳，一栖即有兩邦，後又三徙，有囂、相、耿三處，通商丘、亳爲五，故云「五邦，謂商丘、亳、囂、相、耿」。「五邦」實止四栖，不數栖殷也，正義謂鄭、王皆數商、亳、囂、相、耿爲五，是並與馬同无異説。僞孔解「五邦」爲「五徙國都」，除去商丘而數栖殷爲五，案：經言「五邦」，安得以《敘》之「五栖」相蒙混？且曰「于今五邦」是據今以前也，時未栖殷，安得數殷爲五？謬説滑經，不可从也。**今不承于古，罔知天之斷命，矧曰其克從先王之烈？**斷，多管反，从斤、𢇍；𢇍，古文「絶」字。矧，式忍反。【注】古，謂先王也。罔，无；矧，況；克，能；烈，業也。先王愙謹天命，猶不常寧。今不承先王之事，是不知天之斷絶我命，況曰其能從先王之業乎？【疏】上言先王「愙謹天命」，此承上而言「今不承于古」，則是謂不承先王之事，故云「古，謂先王也」。「罔，无」、「矧，況」、「克，能」，並《釋言》文。「烈，業」，《釋詁》文也。**若槇木之有甹櫱，❷天其永我命于茲新邑，紹復先王之大業，厎綏四方。**槇，多年反，隸通

---

❶「寍」，原漫漶不清，今據近市居本及疏文補。

❷「甹」，原作「由」，今據近市居本改。下「甹」字同。

作「顛」。甹，亦周反；櫱，牛葛反。正義本作「由蘖」，兹从《説文》所引。紹，時召反。【注】槙木，仆木也。甹，木生條也。櫱，伐木餘也。永，長；紹，繼；綏，安也。言往栖于殷，如仆木斬伐之餘更生枝條，是天引長我命于此新邑，庶幾繼復先王之大業，❶以安四方乎！【疏】云「槙木，仆木也」者，《説文·木部》文；云「甹，木生條也」者，《𢎘部》文也；云「櫱，伐木餘也」者，亦《木部》文。「永，長」、「紹，繼」、「綏，安」，並《釋詁》文。**般庚斆于民，繇乃在位。**斆，夷孝反。【注】斆，覺悟也。般庚覺悟于民，繇乃在位之臣以致之，故下文敕其「毋敢伏小人之箴」。箴，之壬反。【疏】云「斆，覺悟也」者，《説文·教部》文。云「繇乃在位之臣以致之」者，覺悟于民不能家諭而户説之，必使群臣致衆民而曉告之，《周禮》有小司寇「致萬民而恂」之事。**以常舊服，正灋度。**灋，方乏反，今省作「法」。【注】以，用也。舊服，故事，謂恂衆庶之事也。用有常之故事，正其灋度。恂，相匀反。【疏】「以，用」，《説文·巳部》文。「舊」之言故，「服」之言事，故云「舊服，故事」。云「謂恂衆庶之事也」者，《周禮·鄉大夫》職云「國大恂于衆庶，則各帥其鄉之衆寡而致于朝」，又《小司寇》職云「掌外朝之政，以致萬民而恂焉。一曰恂國危，二曰恂國遷，三曰恂立君」，是遷國必恂衆庶，周制也。箕子説《鴻範》「卟疑」言「謀及庶民」，則商家之制每有大事必恂衆庶，與《周禮》同，此下言「王命衆悉至于廷」，即是恂國遷之事矣。般庚之前已有四遷，必皆有恂衆庶之事，此言「以常舊服」，是用先世遷國恂衆庶之故事也。**曰：「毋或敢伏小人之攸箴。」王命衆悉至于廷。**廷，正義本作「庭」，兹从隸古定本。【注】馬融曰：「箴，諫也。」

❶「先」，原作「生」，今據近市居本及經文改。

鄭康成曰：「奢侈之俗，小民咸苦之，欲言于王。今將屬民而恂焉，故敕以毋伏之。」❶聲謂：王命，陽甲之命。悉，盡也。廷，外朝也。般庚傳王命，宣衆悉至外朝，將恂之也。侈，尺弛反。屬，之蜀反。朝，直佋反。【疏】馬注見《釋文》。「箴」是箴規，猶治病之箴砭，故訓「諫」也。鄭注見正義。云「奢侈之俗」者，鄭于此篇《敘》注云「祖乙居耿，後奢侈踰禮」，謂祖乙之後、般庚之前，于時殷道中衰，奢侈成俗也。云「今將屬民而恂焉」者，屬，聚也；恂，謀也。經言「王命衆悉至于廷」，是以王命命群臣屬民也。「聲謂王命，陽甲之命」者，鄭君以此上篇爲般庚爲臣時事，又鄭注此篇《敘》云「至陽甲立，般庚爲之臣」，般庚爲陽甲之臣，則所偁「王命」是陽甲之命矣。「悉，盡」，《釋詁》文。云「廷，外朝也」者，《說文·廴部》云「廷，朝中也」，蓋朝中无屋，故謂之「廷」。茲必以爲「外朝」者，據周制，天子三朝：路門内爲燕朝，是内朝也；路門外、應門内爲治朝，是正朝也；應門外、皋門内是爲外朝。商之朝門其名未聞，其制當如周，蓋亦三門三朝矣。《周禮·小司寇》「致萬民而恂」是外朝之政，蓋治朝以内非庶民所得入也，茲「命衆悉至于廷」，則「廷」是外朝矣。云「般庚傳王命」者，于是才傳命爾，衆則未至，其恂衆庶之事乃在中篇，此下偁「王若曰」以訖篇末，仍是告在位之臣之言也。**王若曰：「假女衆，予告女訓：**【注】假，來也。此以下，般庚述王言也。【疏】「假，來」，《釋言》文。云「此以下，般庚述王言也」者，謂自此以下盡此上篇，皆是般庚述王言也。欲見是時般庚尚爲臣，此所謂「王」非般庚也，若《多士》、《多方》周公述成王命，偁「王若曰」也。**女繇黜乃心，毋奡从康。**「繇」字、「奡」字正義本皆改从俗，茲从隸古定本。

❶「敕」，原作「剌」，今據近市居本改。

【注】奡，嫚；康，安也。女其黜去女之衺心，毋奡嫚而懷安也。去，羌莒反。衺，夕牙反。【疏】「奡，嫚」，《說文·夰部》文。「康，安」，《釋詁》文。**古我先王，亦惟圖任舊人共政。王譒告之，修，不匿厥恉，王用丕欽。网有逸言，民用丕變。** 譒，百貨反，正義本作「播」，《說文》引作「譒」，隸古定本同，玆从之。匿，奴力反。恉，中雉反，俗輒作「指」，別矣。【注】圖，謀。譒，敷。匿，隱。恉，意。丕，大。欽，敬。逸，過也。先王謀任舊人，共治其政。王敷告之，以所當爲舊人修明之，不隱匿其恉意，王用是大敬之，言君臣一德一心也。是故令行于下，无有過言，民用是大變从化。【疏】「圖，謀」，《釋詁》文。「譒，敷」，《說文·言部》文。《說文·乚部》云「乚，匿也，象迟曲隱蔽形，讀若隱」，則「乚」即「隱」字，「隱」、「匿」同誼，故云「匿，隱」。「恉，意」，《說文·心部》文。「丕，大」、「欽，敬」，並《釋詁》文。「逸，過」，《釋言》文也。僞孔傳云「王布告人以所修之政」，則以「修」字上屬爲句，今云「舊人修明之」，則讀「修」字別爲一句。不从僞孔讀者，據《說文·言部》引此文「王譒告之」不聯引「修」字，則可知漢經師讀「告之」絕句，玆从之。**今女㤕㤕，起信險膚，予弗知乃所訟。** 㤕，古活反，正義本作「聒」，《說文》引作「㤕」，玆从之。隸古定本作「𦕍」，𦕍，古文「㤕」字。信，依注式人反。膚，方毋反。【注】馬融曰：「㤕㤕，拒善自用之意。」聲謂：起，造言也。信，讀當爲「引而信之」之「信」；信，申說也。造爲險詖膚浮之語而申說之无已，所謂胥動以浮言也。訟，争辯也。詖，彼寄反。辯，皮演反。【疏】馬注見《釋文》。案：《釋文》云「𦕍𦕍，馬及《說文》皆云『拒善自用之意』」，所偁《說文》，《心部》文也。正義引鄭注云「𦕍，讀如聒耳之『聒』。㤕㤕，難告之貌」，「難告」亦猶「拒善自用」，意恉略同。以馬注同符《說文》，誼尤精當，故舍鄭取馬焉。下文云「女曷弗告朕，而胥動以浮言，恐沈于衆」，然則此篇是戒群臣

之淫言惑衆，則此「起信險膚」非謂其聽信人言也，乃責其生造浮言、支離牽引爾，故解「起」爲「造言」、「信」爲「申説」。「信」字不依其本字讀，直讀爲「引而信之」之「信」。「引而信之」，《易・上繫》文。「信」者，古「申」字也，《易・下繫》云「往者詘也，來者信也，詘信相感而利生焉」，《孟子・告子》篇云「今有无名之指，詘而不信」，是皆以「信」爲「伸」，古書輒有然者，此文「信」字實爲「伸」字誼也。《説文》云「訟，争也」，「辡，从二辛。辡，辠人相與訟也」，故云「訟，争辡也」。**非予自荒兹德，惟女含德，不惕予一人。**惕，天秝反。【注】荒，廢也。兹德，兹君臣一德也。惕，敬愳也。言先王與舊人一德，今予與女不能然，非予自廢此德也，惟女秉含惡德，不敬愳我一人爾。❶ 愳，古文懼。【疏】《悉盤》詩云「好樂无荒」，鄭箋云「荒，廢亂也」，故云「荒，廢也」。承上「先王」、「舊人」而言，故知「兹德」謂君臣一德，若先王與舊人然也。《説文・心部》云「惕，敬也」，鄭君注《周易・乾》九三云「惕，愳也」，故云「惕，敬愳也」。**予若觀火，予亦炪謀，作乃逸。**觀，古玩反。炪，之説反，唐本改作「拙」，兹从《説文》作「炪」，隸古定本亦作「炪」。【注】觀，讀如「司爟」之「爟」；鄰俗，名湯熱爲「觀」。觀火，猶言熱火也。炪，火不光也；炪謀，言无赫赫之威也。作，使也。言我譬若熱火，我亦炪其光，无明威以威女，使女縱逸不从令也。爟，古玩反。鄰，乙焉反。炪，之律反。【疏】《周禮・夏官》有「司爟」，鄭注云：「爟，讀如『予若觀火』之『觀』。今鄰俗名湯熱爲『觀』，則『爟火』謂熱火與？」然則鄭君以此經「觀火」與「司爟」之「爟」同，皆訓爲「熱」，兹讀「觀」爲「爟」訓爲「熱」，用鄭誼也。云「炪，火不光也」者，《説

❶ 「愳」，原作「懼」，今據近市居本及上下文改。

文・火部》文。但今本《説文》誤挩「不」字作「火光也」，反其誼矣。賴《類篇》引《説文》作「火不光也」，茲得據以爲正。案：《説文》「炪」从火出聲，讀若「巧拙」之「拙」，謂音如「拙」爾，非謂字同「拙」也。唐衛包遂改「炪」爲「拙」，非矣。云「炪謀，言无赫赫之威也」者，「炪」是火不光，火不光則无明威，故解「炪謀」爲「无明威」也。《周禮・司士》職云「作六軍之士執披」，鄭注云「作，謂使之也」，故云「作，使也」。**若网在綱，有條而不紊。**紊，亡運反。【注】綱，网紘，所以張网者。紊，亂也。言臣下之从違惟在乎上。上振其威，則下从令而不奡嫚，若网在乎綱，綱舉則有條理而不亂。紘，户甍反。【疏】《棫樸》詩云「綱紀四方」，鄭箋云「以网罟諭爲政，張之爲綱，理之爲紀」，彼正義引《説文》云「綱，网紘也」，故云「綱，网紘，所以張网者」。案：今本《説文・糸部》云「綱，維紘繩也」，與《詩》正義所引不同，《詩》正義所引乃是古本，當从之也。「紊，亂」，《説文・糸部》文。上言「予亦炪謀，作乃逸」，謂上无威，致使臣下驕逸不从上令；此承上而設諭，則「若网在綱」諭臣下之从違惟在乎上也，故云「上振其威，則下从令而不奡嫚，若网在乎綱，綱舉則有條理而不亂」。言「奡嫚」者，本上文「毋奡从康」之言也。**若農𠬝田力嗇，乃亦有秋。**𠬝，房牧反，今通作「服」。嗇，正義本作「穡」，茲从《漢書》成帝詔所引。【注】𠬝，治也。言栖則永安，若農夫治田，厲其吕力乃有秋收。【疏】「𠬝，治」，《説文・又部》文。《漢書・成帝紀》陽朔四年詔引曰「《書》不云乎？『𠬝田力嗇，乃亦有秋』」，應劭注云「農夫𠬝田，厲其膂力乃有秋收也」，茲采以爲注。「吕」、「膂」，古今字也。**女克黜乃心，施實德于民，至于𤕌友，丕乃敢大言女有積德？**【注】𤕌，古文「婚」。丕，讀曰「不」。言女能黜去女奡嫚从康之心，施實德于民，以至于婚姻僚友，俾得栖于樂土，不乃敢大言女有積德乎？樂，扐各反。【疏】云「𤕌，古文『婚』」者，《説文・女部》

文。云「丕，讀曰『不』」者，古字「不」、「丕」通，《召誥》「丕能諴于小民」，《説文・言部》引作「不能諴于小民」，是「丕」、「不」字通也，故《金縢》「丕子之責」，鄭注讀「丕」爲「不」。此經「丕」字若依本誼訓「大」，則「大乃敢大言」不詞甚矣，轉讀爲「不」庶爲允愜。云「女能黜去女奡嫚从康之心」者，前文云「女䌛黜乃心，毋奡从康」，則「乃心」是「奡嫚从康」之心，此言「黜乃心」即前文所云「黜乃心」也，故以爲「奡嫚从康之心」也。云「俾得[扌西]于樂土」者，群臣方以浮言恐衆，豈能有德施于民？經言「施實德于民」止謂其毋以浮言相煽，使民[扌西]而得所，即爲「實德」矣，故注云然。**乃不畏戎毒，❶于遠爾。惰農自安，不敯作勞，不𠬝田畝，粤其罔有黍稷。**爾，隸古定本作「[辶𡈼]」，非也，辯説詳下。敯，米引反。【注】戎，大。毒，害。爾，近也。女不畏大害，徒計校于遠近而憚[扌西]徙之勞，如怠惰之農苟自安逸，不勉作勞苦，不治田畝，于後卒无有所獲。鄭康成曰：「敯，勉也。」【疏】「戎，大」，《釋詁》文。《説文・中部》云「毒，𠦪也，害人之艸，往往而生，从中毐聲」，故云「毒，害」。《釋詁》云「邇，近也」，《義禮・燕禮》云「公降立于阼階之東南，南鄉，爾卿」，鄭注云「爾，近也」，則「爾」、「邇」音、誼同，故云「爾，近也」。云「女不畏大害，徒計校于遠近」者，讀「毒」字絶之，以「于遠爾」三字別作一句也。傳言「不畏大害于遠近」，不可爲訓，故變其讀。鄭注見正義。《釋詁》云「敯，彊也」，彊者謂奮勉自彊，故鄭君云「敯，勉也」。**女不和吉言于百姓，惟女自生毒，乃敗[歹咼]姦宄，❷以自災于厥身。**[歹咼]，與「禍」同，正義本作「禍」，

❶「乃」，原作「予」，今據近市居本改。
❷「[歹咼]」，原作「禍」，今據近市居本改。

兹从隸古定本。【注】吉，善也。百姓，謂民也。災，害也。女不以善言和諭百姓，惟女自生毒害，女爲此敗禍姦宄，以自害于其身。【疏】「吉，善」，《説文·口部》文。《堯典》「采章百姓」、「百姓如喪考妣，三年」及此下篇「告爾百姓于朕志」，皆謂群臣爲「百姓」。兹云「百姓，謂民」者，蓋此因群臣以浮言恐獨下民，而責其不和吉言于百姓，則此「百姓」是謂民矣，《毛詩·節南山》云「卒勞百姓」，亦謂民爲「百姓」也。《禮記·太學》云「菑害並至」，《秦刻石繹山文》云「⿰火菑害滅除」，「菑」、「⿰火菑」皆同「災」，故云「災，害也」。又《説文·巛部》云「巛，害也」，「災」以「巛」爲聲，亦兼取「害」誼。**乃无先惡于民，乃奉其恫，女悔身何及？**先，悉茜反。恫，土紅反。【注】奉，承；恫，痛也。女无以惡先導于民，女承受其痛，雖悔何及也？今文「身」爲「命」。

【疏】「奉，承」，《説文·収部》文。「恫，痛」，《釋言》文。云「今文『身』爲『命』」者，漢蔡邕所書石經《尚書》作「女悔命何及」也。石經謂之「今文」者，《後漢書·蔡邕列傳》云「熹平四年，邕與五官中郎將堂谿典、光禄大夫楊賜、諫議大夫馬日磾、議郎張馴、韓説、太史單颺等奏求正定六經文字。靈帝許之，邕乃自書丹于碑，使工鐫刻，立于太學門外」，案：邕所書即當時博士以課弟子之經，故是今文也。其碑石久已毀壞，宋洪适《隸釋》録其殘碑之文。《尚書》有《般庚》百七十二字，《高宗融日》十五字，《坶誓》二十四字，《鴻範》百八字，《多士》四十四字，《无逸》百二字，《君奭》十一字，《多方》五字，《立政》五十六字，《顧命》十七字，凡五百五十四字。此所偁「今文」即據《隸釋》所載也，後凡言「今文某爲某」者皆同此。**相時⿱冊心民，猶胥顧于箴言，其發有逸口，矧予制乃短長之命？女曷弗告朕，而胥動以浮言，恐沈于衆！**相，息恙反。⿱冊心，息廉反，正義本作「憸」，《説文》引作「⿱冊心」，隸古定本同，兹从之。沈，直冘反。【注】馬融曰：「相，視也。」聲謂：時，是也。⿱冊心，疾利口也。逸口，過言也。曷，何也。恐，讀如「何恐朱儒」之「恐」，謂恐猲也。視是利口之人，尚相顧畏于箴誨之言，慮其發有過言，況我能生殺女、制女短長之命，女曾无顧畏乎？女誠不利于拪，何不以情告我，而相動以浮言，恐猲、沈休于衆民乎！今文「⿱冊心」爲「㪚」。猲，火葛反。曾，祖夌反。休，乃歷反，俗輒作「溺」，音、誼皆非。【疏】馬注見《釋文》。「相，視」、「時，是」，並《釋詁》文。云「⿱冊心，疾利口也」者，《說文·心部》文。《孝經·卿大夫章》云「言滿天下，无口過」，「口過」謂過言，《釋言》云「逸，過也」，則「逸口」即「口過」，故云「逸口，過言也」。「曷，何」，《說文·曰部》文。云「恐，讀如『何恐朱儒』之『恐』」者，《漢書·東方朔傳》云「朔紿騶朱儒曰：『上以若曹无益于縣官，耕田力作固不及人，臨衆處官不能治民，從軍擊虜不任兵事，无益于國用，徒索衣食，今欲盡殺若曹。』朱儒大恐，啼泣。朔教曰：『上即過，扣頭請辠。』居有頃，聞上過，朱儒皆號頓首。上問：『何爲？』對曰：『東方朔言上欲盡誅臣等。』上知朔多端，召問朔：『何恐朱儒爲？』」是其文也。此謂相恐猲，與此經「恐」字誼同，故引以證其讀，且申其誼云「謂恐猲也」。「恐猲」者，《漢書·王子侯表》葛魁侯戚「坐縛家吏，恐猲受賕，棄市」，師古注云「猲，謂以威力脅人也」，又《公羊》僖十四年傳云「蓋徐、莒脅之」，何劭公注云「是見恐曷而亡」，「恐曷」即「恐猲」也。云「今文『⿱冊心』爲『㪚』」者，蔡邕石經也。**惡之易也，如火之燎于原，不可鄉爾，其猶可撲滅？**《左傳》隱六年及莊十四年兩引《商書》皆如此，无一字異者，自是《般庚》原文如此。僞孔氏删去「惡之易也」四字，又改「如」爲「若」，妄也，當从《左傳》所引。易，亦鼓反。燎，力召反。鄉，昕恙反。上文「于遠爾」及此文「爾」字及下文「无有遠爾」，隸古定本皆作「逵」。案：《說文·辵部》「邇，近也，从辵爾聲。迩，❶

❶「迩」，原作「⿺走尒」，今據近市居本改。

古文邇」，「𨘢，近也，从辶臸聲」，然則「𨘢」與「邇」誼雖同而聲則異，自是兩字，不可以「𨘢」爲「邇」。乃隸古定《書》作「𨘢」而茲作「爾」者，據《左傳》引此文「不可鄉邇」，以例前後兩文皆爲「遠邇」，僞孔《書》作「𨘢」，非也。「爾」字則古或假借以爲「邇」字，「爾雅」之誼爲「近雅」，是以「爾」爲「邇」之明證也。撲，普木反。【注】易，易長也。燎，放火也。火燎于原，不可鄉近，猶可撲滅乎？言不可撲滅，以諭長惡不悛，爲禍滋大，不可遏止也。長，中賞反。悛，七泉反。【疏】《左傳》引此文，杜解以爲「言惡易長」，故云「易，易長也」，用杜誼也。云「燎，放火也」者，《説文·火部》文。云「言不可撲滅」者，亦用杜解《左傳》誼也。杜豫未見僞孔《書》，此解正與僞孔誼違反，必是漢經師舊説，故依用之。云「以諭長惡不悛，爲禍滋大，不可遏止也」，隱六年《左傳》云「長惡不悛，從自及也。雖欲救之，其將能乎」，其下即引《商書》此文云云，故知此文取諭之意如此。**則惟女衆自作弗靖，非予有咎。**【注】靖，和也。言禍不可遏，則惟爾衆自爲不和所致，非我有過咎也。【疏】「靖，和」，晉叔嚮説《昊天有成命》之詩有是訓也，説具《國語·周語》。「自爲不和」正合上文所云「不和吉言于百姓」，僞孔氏訓「靖」爲「謀」，非也。**遲任有言曰：『人維舊，器非求舊，維新。』**任，如今反。僞孔本「人維」下有「求」字，茲據蔡邕石經删之。【注】鄭康成曰：「遲任，古之賢史。」聲謂：引此言者，明用人當用舊臣，故我不絶爾善；用器則不然，舊則當更新者，以諭國邑圮毁，當徙新邑也。今文「求」爲「救」，假借字也。更，革行反。假，今下反。【疏】鄭注見正義。云「遲任，古之賢史」者，鄭君當自有據，今則无考，不能證之。案：《論語·季氏》篇孔子偁「周任有言曰」，馬融注云：「周任，古之良史。」此云「古之賢史」，則「遲任」其即「周任」與？疑不能決，不敢質也。下文云「世選爾勞，予不絶爾善」，則此言「人維舊」是起下文之意，故云「明用人當用舊臣，故我不絶爾善」。云「以諭國邑圮毀，當徙新邑」者，般庚告誡群臣，欲其從徙，則言「器非求舊，維新」，明是取以諭當徙新邑也。云「今文『求』爲『救』」者，蔡邕石經作「救」也。云「假借字」者，古人書字輒有假借用者，或无其字而假借，若「六書」之假借「令」、「長」是也；亦或有其字而假借它字者，如《周書》「君牙」，《禮記》引作「君雅」，及此文以「救」爲「求」是也。蓋「救」以「求」爲聲，故借爲「求」。《周禮·大司徒》職「以土圭之法，測土深，正日景，以求地中」，鄭注云「故書『求』爲『救』」，是亦以「救」爲「求」，又《堯典》「旁逑」亦爲「旁救」，是又以「救」爲「逑」，亦以「逑」、「救」同是「求」聲，故可假借也。**古我先王，臮乃祖乃父，胥乃逸勤，予不敢動用非罰。**僞孔本无「不」字，兹據《五經異誼》引增。【注】臮，及，皆與也。勤，勞也。我先王與女祖女父，相與同其勞逸，我不敢輒用非罰罰女。【疏】《釋詁》云「及、暨，與也」，《公羊》隱元年傳云「會、及、暨，皆與也」，蓋世俗相承以「暨」爲「臮」，因而改經典之「臮」皆爲「暨」，遂不復有「臮」字，即如此經，隸古定《書》作「臮」，唐衛包乃于正義本改「臮」爲「暨」。案：《説文》「暨，从旦既聲，日頗見也」，「臮，从㐺自聲，衆詞，與也」，然則「臮」、「暨」誼訓各異，作「暨」者非，故云「臮、及，皆與也」。「勤，勞」，《釋詁》文。云「我不敢輒用非罰罰女」者，❶「非罰」謂罰之不當也。**世選爾勞，予不絶爾善，兹予大享于先王，爾祖其從與享之。**選，息沇反。絶，隸古定本作「賨」，是不可識之字也，唐本改作「掩」，未知是否，許叔重《五經異誼》引作「予不絶爾善」，兹从之。享，喜養反。與，爰茹反。【注】事功曰勞。言女祖、女父有勞于王室，我先王以來，世世選録女祖、父之勞，故我不絶棄爾善。今我大享于先王，爾祖從而與享焉。《周禮》曰「凡有功者，名書于王之大常，祭

---

❶「用」，原脱，今據近市居本及注文補。

于大烝，司勳詔之」，是周因于殷之禮也。傳曰：「大享，烝、嘗也。古者，天子録功臣配食于廟。」【疏】「事功曰勞」，《周禮・司勳》職文；引《周禮》者，亦《司勳》文也。鄭注彼文云「生則書于王旌，以識其人與其功也；死則于烝先王祭之，詔，謂告其神以詞也。《般庚》告其卿大夫曰『茲予大享于先王，爾祖其從與享之』是也」，然則《司勳》所云正與此經同，故云「是周因于殷之禮」。「周因于殷禮」，《論語・爲政》篇文也。偁「傳曰」者，僞孔氏傳也。聲聞之惠先生曰「王者吉禘之禮，行于春、夏，謂之大禘；行于秋，謂之大嘗；行于冬，謂之大烝。《左傳》所謂『烝、嘗、禘于廟』是也。祭統之大嘗、禘，司勳之大烝，皆喪畢之吉禘，一也」，又曰「烝、嘗、禘本四時之祭，吉禘因之，而有大禘、大嘗、大烝之名」，又曰「祭莫大于喪畢之吉禘。❶ 一王終，嗣天子即位，奉新陟之王升，合食于明堂。上自郊宗石室，傍及毁廟，下逮功臣，无不與食。合數十世之主，行配天之禮，故謂之大禘」，然則僞孔傳言「大享，烝、嘗也。古者，天子録功臣配食于廟」，其説良是，故采用之。**作福作烖，予亦不敢動用非德。**【注】作烖，猶言「作威」也。威福之加，必當功辠，我不敢輒以非罰罰女，亦不敢輒以非德賞女。勉其效法祖、父之勤勞也。當，多宕反。【疏】《鴻範》云「維辟作福，維辟作威」，威、福對言，此文「作福」、「作烖」亦對言，且云「予不敢動用」，則「烖」非謂天降之烖，乃是君作之也，故云「作烖，猶言作威也」。上言「世選爾勞」，此言「不敢用非德」，于以見有勞乃有德賞，故云「勉其效法祖、父之勤勞也」。**予告女于難，若射之有志。**【注】鄭康成曰：「我告女于我心至難矣。夫射者，張弓屬矢，志在所射必中，然後發

❶「于」，原作「子」，今據近市居本改。

之。爲政之道亦如是也，以己心度之，可施于彼，然後出之。」聲謂：志，志矢也，骨族不翦羽謂之志。凡矢皆前重後輕，惟志矢軒輊中，《既夕記》曰：「志矢一乘，軒輖中。」軒輖中則其行平，行政務得其平，如射之有志矢也。夫，房專反。屬，之裕反。所射，時亦反。必中，竹仲反。度，代洛反。族，子木反，又七木反。翦，即淺反。輊，之利反。乘，食孕反。輖，之柔反。【疏】鄭注見正義。云「張弓屬矢」者，古字「屬」與「注」通，昭二十一年《左傳》杜解云「注傅矢」是也。「聲謂」以下，本諸惠先生説也。云「志，志矢也」者，《周禮·司弓矢》職有「八矢」：枉矢、絜矢、殺矢、鍭矢、矰矢、茀矢、恒矢、痺矢，鄭注云「恒矢之屬，軒輖中，所謂志也」是也。云「骨族不翦羽謂之志」者，《釋器》文。「族」，《爾雅》本作「鏃」，案：《説文》云「鏃，利也」，「族，矢鏠也」，則當作「族」也。云「凡矢皆前重後輕，惟志矢軒輊中」者，「軒」謂前，「輊」謂後，「中」謂前後輕重均。凡矢皆金族羽括，金重于羽，故前重。志矢骨族，骨輕于金，故前後輕重得中。鄭注《司弓矢》職云「枉矢、絜矢，前于重，後微輕；殺矢、鍭矢，前尤重；矰矢、茀矢，前于重，又微輕；恒矢、痺矢前後訂」，「訂」謂平其輕重也。《既夕記》者，《義禮·士喪禮》之下篇《既夕》篇之記也。云「志矢一乘，軒輖中」者，記送葬之明器也。鄭注彼文云「輖，輊也」，則「軒輖」即「軒輊」，故引之以證。云「軒輖中則其行平」者，《司弓矢》職注云「恒矢、痺矢前後訂，其行平也」。云「行政務得其平」者，《周禮·太宰》職云「四曰政典，以平邦國」，《孟子·離婁》篇云「君子平其政」，是行政務平也。此解「志」字雖與鄭君注異，誼亦精當，可備一説。**女毋老侮成人，毋弱孤有幼，各長于厥凥。**老侮，僞孔本作「侮老」，蔡邕石經作「翕侮」。成人，唐石經作「老侮」，據鄭注以「老」爲輕忽之意，則作「老侮」爲是。【注】鄭康成曰：「老、弱，皆輕忽之意。」聲謂：敕群臣敬老育幼，各長安于其凥。凥，謂新邑也。今文「老」爲「翁」，「弱」爲「流」。【疏】鄭注見正義。以爲老而侮之，以爲弱而孤之，故云「老、弱，皆輕忽之意」。云「尻，謂新邑也」者，欲插都而言「長于厥尻」，必不謂長于故尻，故知謂新邑也。云「今文『老』爲『翁』，『弱』爲『流』」者，蔡邕石經作「女毋翕侮成人，毋流」，其下則闕焉。**勉出乃力，聽予一人之作猶。**【注】作，爲。猶，謀也。勉出女力，聽我一人之謀爲。毋違令也。【疏】「作，爲」，《釋言》文也。「猶，謀」，《釋詁》文。**无有遠邇，用辠伐厥死，用德章厥善。**【注】言遠近一體，伐死章善，无偏頗。【疏】「伐厥死」謂誅伐之至死，僞孔言「伐去其死」，殊不可解。**國之臧，則維女衆；國之不臧，則維予一人，是有逸罰。**僞孔本「國」皆作「邦」，无兩「則」字及「是」字，兹悉从《國語》所引。【注】臧，善也。國俗之善，則維女衆。歸功于下。逸，過也。罰，猶「辠」也。國俗之不善，則維予一人，是有過辠。引過歸己也。【疏】《國語·周語》引此經。此注「臧，善也」至「罰，猶『辠』也」，用《國語》韋昭注也，其下則稍改潤之。「臧，善」，《釋詁》文。「逸，過」，《釋言》文。「罰，猶『辠』也」，姑从韋説。**凡爾衆，其惟致告：**【注】爾衆其致我告于下，使咸知之。**自今至于後日，各龔爾事，齊乃位，度爾口。**「爾口」，僞孔本作「攸口」，兹从蔡邕石經。龔，居容反。【注】龔，給也。度，當爲「敷」；敷，閉也。閉爾口者，戒勿浮言也。敷，唐古反。【疏】「龔，給」，《説文·共部》文。云「度，當爲『敷』」者，古人作字輒有从其聲而省其文者，如「邇」作「爾」、「諸」作「者」、「説」作「兑」之類皆是，此經「度」字當亦「敷」字省去「攴」傍爾。僞孔氏言「以法度居女口」，語實不詞，以「度」爲「敷」，「敷」之言「閉」，云「閉爾口」，誼乃允當也。「敷，閉」，《説文·攴部》文。**罰及爾身，弗可悔。」**【注】示以梗令則有罰，儆愳之。【疏】「梗令」，言不率教令，謂不从插也。

般庚中弟五十二

商書三十二

般庚作，【注】鄭康成曰：「作渡河之具。」【疏】注見正義。云「作渡河之具」者，謂造作舟楫也。**惟𣻮河以民拪，乃話民之弗逹，誕告，用亶其有衆。**𣻮，今省作「涉」。話，户快反。誕，突旱反。亶，多但反。【注】話，會合也。誕，大。亶，誠也。會合民之不逹教者而大告之，用誠以乎其有衆。亶，或爲「單」。單，多但反。【疏】云「話，會合也」者，《說文·言部》云「話，合會善言也，从言舌聲。譮，籀文話，从言會」，是「話」有「會合」之誼。「誕，大」、「亶，誠」，並《釋詁》文。云「亶，或爲『單』」者，據《釋文》云馬本作「單」。**咸造勿，褻在王廷。**褻，依注所律反。廷，字从隸古定本，唐衛包改作「庭」，非。【注】馬融曰：「造，爲也。」聲謂：造，猶「建」也。雜帛爲勿，州里所建，以趣民者。褻，當爲「逹」，聲之誤也。將大告衆民，州里之長皆建勿以致民，逹之以來在王廷也。趣，七走反，又七足反。逹，所律反。長，中賞反。【疏】馬注見《釋文》。「造，爲」，《釋言》文，馬誼未爲非矣。聲必易之而云「造，猶『建』」者，以旗勿之屬多言「建」不言「爲」，且「㧿造」亦言「㧿建」，則「建」、「造」同誼，云「造，猶『建』」似勝馬誼也。云「雜帛爲勿，州里所建，以趣民者」者，《說文·勿部》云「勿，州里所建旗，象其柄，有三游。雜帛，幅半異，所以趣民，故遽偁勿勿」，是其誼也。「雜帛爲勿」，《周禮·司常》職文也。案：《司常》云「州里建旟」，《大司馬》職云「鄉遂載勿」，今以勿爲州里所建者，蓋《周禮》所云是謂師田之時，不必與大恂致民同，且《司常》又云「大夫、士建勿」，州長是大夫，里宰是士，俱得建勿，此時屬民而恂，必有所建以號召民，故解「造勿」爲「建勿」，謂是州里建之也。又案：《周禮》鄉遂之官皆有致民之事，亦皆建勿，不獨州里，此惟言「州里所建」者，據《説文》成文爾，且此是《商書》，以商制无考，姑叚周禮言之，不得泥周禮以爲難也。云「褻，當爲『逹』，聲之誤也」者，依古音讀之，「褻」與「逹」聲相近，「褻」字于此經不可解，若作「逹」字則謂「建勿逹民來在王廷」，誼乃允帖，故云「當爲『逹』」。䌛「逹」聲近「褻」而誤作「褻」爾。**般庚乃登進厥民，**【注】登進，延之使前。【疏】王廷无堂，則經言「登進」不得解爲「登堂」，但招來之使前進爾，故云「登進，延之使前」。**曰：「明聽朕言，毋荒失朕命。**【注】失，讀曰「佚」。【疏】古「佚」字輒省作「失」：《君奭》云「遏佚前人光」，《漢書・王莽傳》引作「遏失前人光」；秦《詛楚文》云「淫失湛亂」，董攸訓「失」爲「佚」；《公羊》成二年傳云「佚獲也」，《釋文》云「佚，一本作失」；《史記・太史公自敘》云「网羅天下放失舊聞」，是皆以「失」爲「佚」。此經「失」字亦然也，故讀「失」爲「佚」，「佚」之言「忽」也。**於戲！古我前后，网不惟民之承保，后胥高鮮，以不浮于天時。**於，古文「烏」，昷吴反，亦作「[illegible]」。戲，昬吴反，後「於戲」字皆同此，不復出音。鮮，息淺反。【注】讀當至「保」字絶句。保，安也，言前后无不承安其民也。胥，相也，《詩》云「聿來胥宇」。高，或爲「感」，今文爲「高」，當从「高」。小山別大山曰鮮，《詩》云「度其鮮原」。「鮮」字屬上讀，言前后相度高山之處而徙居之，下篇所謂「適于山」也。浮，過也。既相地之宜，又審天之時當栖，則栖不過于天時也。相，息匠反。別，兵徹反。度，代洛反。屬，之蜀反。【疏】僞孔傳云「先世賢君无不承安民而恤之，民亦安君之政」，一「保」字而上下兩屬，殊无分曉，且不詞，故正之云「讀當至『保』字絶句」，《洛誥》曰「承保乃文祖受命民」，則此「承保」二字當聯讀也。「保，安」，《詩・天保》箋及《南山有臺》傳皆有是訓也。「胥，相」，《釋詁》文。引《詩》者，《大雅・緜》文也。「胥」之爲「相」，有「相與」之誼，如《桑柔》詩「載胥及休」及此上篇「胥及逸勤」，皆「相與」之誼，非「相視」也。此經「胥」字則爲「相視」，誼實不同，故引《緜》詩以證也。《緜》詩傳云「胥，相」，箋云「自來相可居者」，則「胥宇」之「胥」亦爲「相視」，正與此經「胥」字同誼也。云「高，或爲『慼』，今文爲『高』」者，僞孔本作「慼」，蔡邕石經作「高」也。僞孔本出于東晉，輒欲妄改經文，其書不足信，且其解「慼」字之誼亦不詞，故云「當从『高』」。蓋蔡邕石經乃是漢經師之本，是可信者，當从之也。云「小山別大山曰鮮」者，《釋山》云「小山別大山，鮮」是也。引《詩》者，《大雅・皇矣》文，《詩》毛傳亦云「小山別大山曰鮮」，正與此「鮮」字誼同，故引之以證。云「『鮮』字屬上讀」者，「鮮」既是山之名目，自當與「高」字聯文矣。但「鮮」是別于大山之小山，則恐不甚高，經何以云「高鮮」乎？蓋山雖卑小，比于平地則高矣，緜平地而栖于山，故言「高鮮」也，故云「言前后相度高山之處而徙居之，下篇所謂『適于山』也」。下篇云「古我先王，將多于前功，適于山」，是緜平地而栖于山者，即此「后胥高鮮」之謂，故引以況焉。《禮記・表記》云「恥名之浮于行也」，鄭君注云「聲譽踰行是所恥」，則「浮」有踰、過之誼，故云「浮，過也」。**殷降大虐，先王不懷，厥攸作視民利，用栖。女曷不念我古后之聞？**【注】將栖于殷，先正其號名，故偁殷也。懷，安也。視，古「示」字。我殷家遭天降大虐，先王不安其居，其所爲示民以利，用栖之事足爲後世法。爾民何不念所聞于我先王之事乎？【疏】鄭注《盤庚・敘》云「商家自此徙而改號曰殷」，然則上篇正義所云「將栖于殷，先正其號名」似本鄭注，故采用之。案：上篇云「般庚栖于殷」止謂殷地，此言「殷降大虐」則直謂國爲殷矣。前此國名惟偁「商」，未有偁「殷」者，如《詩・商頌》云「降而生商」、「濬哲維商」、「帝立子生商」、「實左右商王」，是皆偁「商」。惟《殷武》詩偁「殷」，是在般庚後矣，則偁「殷」自此始，故云「將栖于殷，先正其號名，故偁殷也」。《釋詁》云「懷、安，止也」，同訓爲「止」，則「懷」得爲「安」

也，鄭箋《詩・王風・揚之水》亦云「懷，安也」。云「視，古『示』字」者，鄭箋《鹿鳴》詩云「視，古示字也」，又《儀禮・士昏記》云「視諸衿鞶」，鄭注云「示之以衿鞶者，皆託戒使識之也。『視』乃正字，今文作『示』，俗誤行之」，然則古今字有異用，今人以「視」爲「瞻視」，古直以「視」作「垂示」之誼。此經偁先王所作「女曷不念」，是謂先王所作足垂範後世，則「視民」之「視」當爲古「示」字也。**承女俾女，惟喜康共，非女有咎比于罰。**【注】俾，使。喜，樂。康，安。咎，過也。言我法先王之承安女、使女拪者，❶惟樂康安與女共之，非女有過咎比于放流之罰也。罰辠有放流之條，故云。樂，扐各反。【疏】「俾，使」、「喜，樂」、「康，安」，並《釋詁》文。「咎，過」，《毛詩・伐木》傳誼也。拪徙有似放流，故云「比于放流之罰」。云「罰辠有放流之條」者，《堯典》云「流共工于幽州，放驩吺于崇山」，又云「五流有宅，五宅三尻」，皆謂罰辠也。**予若籲懷茲新邑，亦惟女故以，丕从乓志。**【注】懷，來也。我順呼女來此新邑，亦惟女故之以。「以」字讀當絶之，言爲安集女故也。丕，讀曰「不」，言不从女苟安之志。爲，于睡反。【疏】「懷，來」，《釋言》文。云「『以』字讀當絶之」者，「亦惟女故以」猶《左傳》昭十三年莒人愬于晉曰「我之不共，魯故之以」，又昭十八年傳云「侈故之以」，蓋古人輒有如此句法，若讀「以」字屬下則不詞矣。「丕，讀曰『不』」，說具上篇疏。**今予將試以爾拪，安定乓國。今女不慐朕心之攸困，乃咸大不宣乃心欽念以忱動予一人，爾惟自鞠自苦，若乘舟，女弗濟，臭厥載。**僞孔本「以爾」作「以女」、「乓國」作「乓邦」、「今女不慐」无「今」字，茲並从蔡邕石經。忱，十深反。鞠，居六反。臭，尺狩

❶ 「拪」，原作「𢬵」，今據近市居本改。

反。載，坐代反。【注】朕心之攸困，謂故都不可居也。宣，顯白也。忱，誠。籥，窮。濟，渡也。臭，❶猶「朽」也。今我將以爾徙于新邑，安定其國。今女不以我心之所困爲悳，乃皆大不顯白其心敬念以誠感動我，爾惟自取窮苦，譬若乘舟，不渡則朽敗其所載。咎其不與己同心，自取陷休也。載，如字。休，奴的反，俗輒作「溺」，音、誼皆別。【疏】云「朕心之攸困，謂故都不可居也」者，栖都勞事，般庚豈樂于勞民哉？特苦于國邑圮毀，不得已而栖爾，故所困謂故都不可居也。《詩·淇奧》釋文云「咺，《韓詩》作宣。宣，顯也」；《易·説卦》「顛爲宣髮」，虞幡注云「顛爲白，故宣髮」，鄭注《考工·車人》云「頭髮顥落曰宣」，則「宣」又有「白」誼，故云「宣，顯白也」。「忱，誠」，《説文·心部》文。「籥，窮」，《釋言》文，《毛詩·谷風》傳亦有是訓。《説文·幸部》云「籥，窮理辠人也，从幸、人、言，竹聲」，然則誼爲「窮」者字當作「籥」。今《毛詩》、《爾雅》「籥」字省去「竹」而又易「幸」从「革」，流俗所改，非也。「濟，渡」，亦《釋言》文。云「臭，猶『朽』也」者，五行皆有臭，《明堂月令》「立冬盛德在水，其臭朽」，則水之臭爲朽；朽，謂腐敗也。此經以乘舟弗濟諭不栖之害，則「臭厥載」謂朽敗其所載，故以「朽」解「臭」也。**爾忱不屬，惟胥以忱，不其或迪，自怨曷瘳？**屬，之蜀反。正義本「迪」作「稽」、「怨」作「怒」，兹並从蔡邕石經。瘳，敕收反。【注】屬，連。或，有。迪，道。怨，恚。瘳，瘉也。爾衷誠不連屬于我同謀共濟，既臭厥載，惟相與沈休，不其有生道矣。雖自怨恚，何瘉乎？恚，衣避反。瘉，爰主反，俗作「愈」下箸「心」，非也。【疏】「屬，連」，《説文·尾部》文。《微子》云「殷其弗或亂正四方」，《史

❶「臭」，原作「臯」，今據近市居本改。

記・宋世家》録其文作「殷不有治政，不治四方」，是「或」之言「有」，故云「或，有」。「迪，道」，《釋詁》文。「怨，恚」，《説文・心部》文。《説文・疒部》云「瘉，病瘳也」，「瘳，疾病瘉也」，故云「瘳，瘉也」。**女不謀長，以思乃災，女誕勸㥑，今其有今网後，女何生在上？**【注】女不謀慮長久，以思乃沈休之災，是女大勸㥑也。勸㥑，猶言「兆㥑」，兆㥑則㥑必及之。有今网後，言死亡无日矣。女何得生在地上乎？今文「誕」爲「永」。【疏】昭元年《左傳》云「三大夫兆㥑，㥑能无至乎」，杜豫注云「開㥑兆也」。「勸㥑」之誼難解，故以「兆㥑」相況而明之，故云「勸㥑，猶言『兆㥑』，兆㥑則㥑必及之」。云「有今网後，言死亡无日矣」者，「有今」謂止有今日，「网後」謂无有後日，是謂速即于死亡不復有生日矣，故遂言「女何生在上」。蓋人生則在地上，死則復于地下，則「在上」謂在地上，故云「女何得生在地上乎」。云「今文『誕』爲『永』」者，蔡邕石經作「永勸㥑」也。**今予命女一，毋起薉以自臭，恐人倚乃身，迂乃心。**薉，耑廢反，从艸歲聲，俗作「禾」傍箸「歲」，非。臭，依注肸救反。倚，因綺反。迂，羽吁反。【注】薉，惡臭也。以，用。自，鼻也。臭，讀爲「齅」；齅，以鼻就臭也。耳之接于聲，鼻之接于臭，通謂之聞。人或不察于理而信詭説爲正言，无有不辨于气而以惡臭爲良美者，故以齅薉諭聽言也。倚，猶「掎」也。迂，回也。今我命女曹一其心，毋聽人之浮言。浮言薉惡，毋起薉惡而用鼻齅之，恐浮言之人掎止女身，迂回女心也。臭，尺獸反。鼻，平畀反。齅，肸柚反。詭，古壘反。良，讀若「香」。掎，今綺反。【疏】云「薉，惡臭也」者，「臭」是總名，兼美、惡言，《易・繫詞》云「其臭如蘭」，是言臭之美；《國語・晉語》云「惠公出共世子而改葬之，臭達于外」，《吕氏春秋・遇合》篇云「人有大臭者，其親戚兄弟妻妾知識无能與凥者」，是皆臭之惡者。「薉」是污薉，故以爲「惡臭」也。「以，用」，《説文・

巳部》文；「自，鼻」，《自部》文也。「自」象鼻形，「六書」之象形字也。云「臭，讀爲『齅』」者，古者或以「臭」爲「齅」，《郇子・榮辱篇》云「臭之而无嗛于鼻，嘗之而甘于口」，「臭」與「嘗」對舉，則是借「臭」爲「齅」也。此言「以自臭」則亦借「臭」爲「齅」，故讀爲「齅」。云「齅，以鼻就臭也」者，《説文・鼻部》文。齅从鼻、臭，是爲以鼻就臭，此視而可識、察而見意者，于「六書」爲指事也。云「耳之接于聲，鼻之接于臭，通謂之聞」者，《説文・耳部》云「聞，知聲也」，《穀梁》桓十四年傳云「聽遠音者，聞其疾而不聞其舒」，是耳之接于聲爲聞也，《史記・滑稽列傳》云「羅襦襟解，㪚聞皀澤」，是鼻之接于臭亦爲聞也。云「人或不察于理而信詭説爲正言」者，《孟子・萬章》篇「昔者，有饋生魚于鄭子産，子産使校人畜之池。校人烹之，反命曰：『始舍之圉圉焉，少則洋洋焉，悠然而逝。』子産曰『得其所哉』」，此雖非不察于理，猶或信詭説爲正言，況其不察于理者，故《采苓》詩云「人之爲言，苟亦无信」，《青蠅》詩云「豈弟君子，无信讒言」，此皆爲其易信而戒其无信也。云「无有不辨于氣而以惡臭爲良美者」者，《禮記・大學》説惡惡之誠者曰「如惡惡臭」，《孟子・離婁》篇云「西子蒙不絜，則人皆掩鼻而過之」，是鼻之于臭无有不審者也。云「故以齅薉諭聽言也」者，今人以人言不中理者輒比之于尻下出气，知此云「薉」是諭浮言，「以自齅」諭聽言也。云「倚，猶『掎』也」者，《小弁》詩云「伐木掎矣」，毛傳云「伐木者掎其顛」，《詩》正義云「掎者，倚也，謂以物倚其顛夆也」，然則「倚」與「掎」誼相近，此解「倚」爲「掎」誼乃允帖也。《説文・辵部》云「迂，避也」，又云「避，回也」，故云「迂，回也」。賈侍中注襄十四年《左傳》云「從後牽曰掎」，《説文・手部》云「掎，偏引也」，「掎」是牽引，故云「掎止女身」。掎止其身則摩之使不得自由，故云「迂回女心也」。**予御續乃命于天，予豈女威？用奉畜女衆。**【注】御，讀爲「訝」；訝，迎也。畜，養也。我之以爾栖，將迎續女命于天也，我豈脅女以威乎？用奉養女衆民而已。訝，五鏬反。脅，昕業反。【疏】云「御，讀爲『訝』；訝，迎也」者，《穀梁》成元年傳云「使禿者御禿者，使眇者御眇者，使跛者御跛者，使僂者御僂者」，據《公羊》成二年傳云「使跛者訝跛者，使眇者訝眇者」，然則《穀梁》以「御」爲「訝」也；又《儀禮・士昏禮》「㑀御沃盥交」，鄭注云「御，當爲訝。訝，迎也」，是則古字輒以「御」爲「訝」，此經「御」字實亦是「訝」字也。「訝，迎」，《釋詁》文。「畜，養」，劉熙《釋名・釋言語》誼也。虞翻注《易・大畜》象云「有臣養象，故以畜其德」，是「畜」有「養」誼，鄭注《小畜》卦亦云「畜，養也」。**予念我先神后之勞爾先，予不克羞爾用褱爾。然，失于政，陳于兹。高后丕乃崇降辠疾，曰：『曷虐朕民！』**不，僞孔本作「丕」，兹从蔡邕石經。「予不克羞爾用褱爾」八字作一句，❶「然」字别爲一句。【注】羞，進。褱，安。陳，久也。丕乃，讀當爲「不乃」；不乃，猶言「毋乃」。崇，重也。我思我先神后之勞爾先人，栖都遠害，我不能進女于樂土以安女。夫然，是我失于政而陳久于此也。我高后毋乃重降辠疾于我，訶問我曰：「何爲虐我民而不使安其所乎！」今文「崇」爲「知」。遠，于愿反。樂，扐各反。夫，房専反。訶，火何反。【疏】「羞，進」，《釋詁》文。「褱」，經典相承作「懷」。「懷，安」，誼具上疏。《釋詁》云「塵，久也」，孫叔然注云「陳尻之久，久則生塵矣」，古者塵、陳同，故云「陳，久也」。云「丕乃，讀當爲『不乃』」者，「丕」之言大，「大乃」之云不詞，故破「丕」爲「不」，古字「丕」、「不」通，説具上篇疏矣，後凡言「丕乃」皆仿此。云「不乃，猶言『毋乃』」者，「不」與「毋」誼相近，「毋乃」之詞書傳多有之，如《論語・憲問》篇「毋乃爲佞乎」，隱四年《左傳》「毋乃不

❶「爾」，原作「女」，今據近市居本及經文改。

可乎」之屬，「不乃」語氣與之相似，故云「猶言」也。「崇，重」，《釋詁》文。上文既言「奉養女衆」，此若言「大能進爾安爾」則語煩意複，僞孔改「不克」爲「丕克」，非也，當从漢石經作「不克」爲是。「不克羞爾用懷爾」即是失政，故云「我不能進女于樂土以安女」。夫然，是我失于政而陳久于此也」。「夫然」絶句正解經之「然」字爲一字句，「然」之言「如是」也。云「訶問」者，《説文・言部》云「訶，大言而怒也」，則「訶問」謂怒責之。云「今文『崇』爲『知』」者，據蔡邕石經也。「知」謂高后毋乃知之，將降辠疾于我，誼亦通。**女萬民乃不生生，臮予一人繇同心，先后丕降与女辠疾，曰：『曷不臮朕幼孫有比！』**繇，正義本作「猶」字，玆从隸古定本。与，于許反，此「付与」之「与」，俗輒作「與」，乃「黨與」字，音同誼別。比，平利反。【注】繇，從也。幼孫，般庚道先王謂己也。比，下順从也。女萬民不求生生之道與我一人相從同心共事，先后亦將大降辠疾與女，訶責女之不順从乎我。【疏】《説文・系部》云「繇，隨從也」，故云「繇，從也」。述先王之言而云「朕」，「幼孫」則是據先王偁己，故云「幼孫，般庚道先王謂己也」。云「比，下順从也」者，《易・彖傳》文。**故有爽德，自上其罰女，女罔耐迪。**【注】故，今。爽，貳也。今女不與我同心，是有貳德矣，先后其自上下罰于女，女无能有解免之道。先后靈爽在天，故言自上。下，牙家反。【疏】「故，今」，《釋詁》文。《氓》詩云「女也不爽，士貳其行」，「爽」、「貳」對言則同誼矣，故云「爽，貳也」。《國語・周語》云「實有爽德」，賈侍中注亦云「爽，貳也」。云「先后靈爽在天者」，《召誥》云「玆殷多先哲王在天」，言先王必以「在天」言之，尊之也。**古我先后既勞乃祖乃父，女共作我畜民。**【注】畜，謂順于教令。古我先后既勞女之祖若父與共拪都，女當效法女祖若父，共爲我順从教令之民，從我拪殷矣。【疏】云「畜，謂順于教令」者，《禮記・祭統》云「順于道，不屰于倫，是之謂畜」，鄭注云：「畜，謂順于德教。」**女有戕，則在乃心。**【注】戕，殘。在，察也。女之梗命是何心哉？女若有所殘害，則先后洞察女心，恐有誅罰也。今文「戕」爲「近」。梗，革杏反。❶【疏】《春秋》宣十八年邾婁人「戕鄫子于鄫」，《公羊傳》云「殘賊而殺之也」，故訓「戕」爲「殘」。《梓材》「戕敗人宥」，鄭君注亦云「戕，殘也」。「在，察」，《釋詁》文。云「今文『戕』爲『近』」者，蔡邕石經作「女有近」。**我先后綏乃祖乃父，乃祖乃父乃斷棄女不救，乃死。**綏，依注湯果反。斷，多緩反。【注】綏，古文「妥」字；妥，止也。斷，絶也。我先后降罰于女，且止女之祖若父，令勿救女。女祖女父于是絶棄女不救，女死矣。妥，湯果反。令，力呈反。【疏】《義禮·士相見禮》云「妥而後傳言」，鄭注云「古文妥爲綏」，故云「綏，古文『妥』字」。「妥，止」，《釋詁》文。「綏」之誼爲「安」，不正訓「安」而必轉爲「妥」訓爲「止」者，蓋人情未有安則不顧念子孫者，謂先后安女祖父，女祖父遂不救女，殊不近情；以「綏」爲古文「妥」，「妥」有「止」誼，謂先后止女祖父勿救，女祖父遂不救女，于誼似允帖也。《説文·糸部》云「絶，斷絲也」，故云「斷，絶也」。**兹予有亂政，同位具乃貝玉。**【注】具，共置也，字从収从貝省。貝，海介蟲也，居陸名猋，在水名蜬。古者以貝爲貨，玉爲幣。今兹我有亂政之臣，與同位者共置貝玉。言其貪貨賄。省，色耿反。猋，甫浮反。蜬，何坎反。賄，呼皐反。【疏】云「具，共置也，从収从貝省」者，《説文·収部》文。云「貝，海介蟲也，居陸名猋，在水名蜬」者，《説文·貝部》文也。貝外骨，故曰介蟲。介，甲也。《釋魚》云「貝，居陸猋，在水者蜬」，《説文》所云本諸《爾雅》也。云「古

---

❶「革」，原作「華」，今據近市居本改。

者以貝爲貨」者，亦《奴部》文，《貝部》亦云「古者貨貝而寶龜」。云「玉爲幣」者，《周禮・小行人》職云「合六幣：圭以馬，璋以皮，璧以帛，琮以錦，琥以繡，璜以黼」，《管子・國畜》篇云「玉起于禺氏，金起于汝漢，珠起于赤野，歫周七千八百里。先王爲其涂之遠，至之難，故託用于其重，以珠玉爲上幣，以黄金爲中幣，以刀布爲下幣」，又《地數》、《揆度》二篇亦皆云然。此雖皆據周言之，而《孟子・梁惠王下》篇偁「太王居邠，狄人侵之，事之以皮幣、犬馬、珠玉，不得免焉」，又《逸周書・王會解》偁湯命伊尹爲四方獻令，伊尹爲四方令，其正北諸國之獻令有白玉，是商時固以玉爲幣矣。**乃祖乃父丕乃告我高后曰『作丕刑于朕子孫』？迪高后，丕乃崇降弗祥？** 今本云「作丕刑于朕孫」，无「子」字，唐石經本有之。案：僞孔傳云「作大刑于我子孫」，則舊本實有「子」字，據增。【注】丕乃，讀當皆爲「不乃」。刑，罰辠也。弗祥，殃禍也。言爾祖若父惡子孫之貪，不乃告我高后曰「爲大罰于我子孫」乎？既啓迪我高后，不乃重降之殃禍乎？今文「崇」爲「興」，「弗祥」爲「丕永」。惡，烏路反。【疏】云「丕乃，讀當皆爲『不乃』」者，説具上疏。云「刑，罰辠也」者，《説文・井部》文。云「弗祥，殃禍也」者，《説文・示部》云「祥，福也」，「祥」爲福，則「弗祥」爲殃禍矣。云「今文『崇』爲『興』，『弗祥』爲『丕永』」者，蔡邕石經作「興降丕永」。**烏戲！今予告女，不易。**【注】鄭康成曰：「我所以告女者，不變易。言必行之。」【疏】注見正義。**永敬大恤，無胥絶遠。女比猶念以相從，各翕中于乃心。** 僞孔本「比」作「分」，「猶」作「繇」，「翕」作「設」，茲並从蔡邕石經。比，平希反。翕，喜急反。【注】恤，𢝊。翕，合也。長敬大𢝊，毋相絶遠。言當同患相恤也。女比附其謀猶念慮，以相從于栖所，各合中正于女心。諭令同心无貳也。比，或爲「分」。翕，或作「設」。令，力成反。【疏】「恤，𢝊」、「翕，合」，並《釋詁》文。云「比，或爲『分』。翕，或作『設』」者，謂僞孔氏本也。**其有顛越不龔，則劓殄無遺育，無俾易種于茲邑。**哀十一年《左傳》吴伍員引《般庚之誥》如此，僞孔本作「乃有不吉不迪，顛越不龔，暫遇姦宄，我乃劓殄滅之，亡遺育，亡俾易種于茲新邑」。案：僞孔氏于經文輒妄改、妄刪、妄曾，❶此文亦必僞孔氏妄有曾益，故詞語緐冗不如《左傳》所引簡絜。《左傳》所引乃是《尚書》原文，吾从之可也。顛，氏田反。劓，牛器反。殄，徒典反。種，之勇反。【注】顛越不龔，縱橫不承命者也。劓，割。殄，絶。育，長。俾，使也。易種，轉生種類。言屰亂之人當割絶之，毋遺長其類，毋使轉生種類于此邑。茲，此也，此新邑也。縱，足容反。長，中賞反。【疏】「顛越不龔」至「轉生種類」，采杜豫《左傳》哀十一年注也，《左傳》引此文，故用彼注。《多方》云「日欽劓割夏邑」，則「劓」、「割」同誼，故云「劓，割」。「殄，絶」、「育，長」、「俾，使」、「茲，此」，並《釋詁》文。**往哉！生生！今予將試以女栖，永建乃家。」**【注】往哉！其生生于新邑哉！今我將用以爾栖，則長久建立女家矣。

般庚下弟五十三

商書三十三

般庚既栖，奠厥攸凥，乃正厥位。【注】鄭康成曰：「徙主于民，故先定其里宅所處，次乃正宗廟、朝廷之位。」朝，直佋反。【疏】注見正義。云「徙主于民」者，栖都之意，爲民蕩析離凥謀所以安之也。云「正宗廟、朝廷之位」者，鄭注《周禮》「辨方正位」引《召誥》「太保乃以庶殷，攻位于洛汭。粤五日甲寅，位成」，以爲「正位」

❶「曾」，原作「增」，今據近市居本改。

謂此定宮廟，與此解「正厥位」意略同。**綏爰有衆，**【注】綏，安也。鄭康成曰：「爰，于也。安隱于其衆也。」【疏】「綏，安」，《釋詁》文。鄭注見《三國・魏志・僭號武帝紀》注。「爰，于」，亦《釋詁》文。云「安隱于其衆」者，「隱」亦「安」也。**曰：「女罔台民，朂建大命。**僞孔本作「曰亡戲怠懋建大命」，兹从蔡邕石經。朂，許浴反。【注】台，讀當爲「紿」；紿，欺也。群臣初以浮言恐衆，是欺紿愚民，故戒毋紿民也。朂，勉也。鄭康成曰：「勉立我大命，使心識教令，常行之。」紿，徒亥反。【疏】云「台，讀當爲『紿』；紿，欺也」者，《穀梁》僖元年傳云「惡公子之紿」，范甯注云「紿，欺紿也」；《漢書・東方朔傳》朔紿騶朱儒：「上欲盡殺若曹。」朱儒大恐。有頃，聞上過，朱儒皆號泣頓首。上問：「何爲？」對曰：「東方朔言上欲盡誅臣等。」上召問朔：「何恐朱儒爲？」是則恐猲即是欺紿。上篇言「女曷弗告朕，而胥動以浮言，恐沈于衆」，恐衆是「紿民」矣。「紿」从糸台聲，此文「台民」誼不可解，「台」必是「紿」之誤，故讀當爲「紿」。群臣初時以浮言恐衆，則此自是戒其毋紿民矣。據鄭注言「使心識教令」，亦是毋欺紿之意也。「朂，勉」，《釋詁》文。鄭注見正義。**今我其敷優臤揚歷，告爾百姓于朕志。**我，僞孔本作「予」，兹从蔡邕石經。「優臤揚」三字，僞孔本作「心腹腎腸」四字，《堯典》正義云：鄭注《尚書》篇與夏侯等同，而經字多異。夏侯等《書》「心腹腎腸」曰「憂腎陽」，是鄭本不同也。據此，則僞孔本「心腹」二字，鄭本止一「憂」字爾。劉淵林注左思《魏都賦》引《尚書・般庚》曰「優賢揚歷」，若據僞孔本則《般庚》不有此文，乃知鄭本作「憂腎陽」者乃「優賢揚」之譌，後人傳寫誤爾。鄭本實作「優賢揚」，與下「歷」字聯讀也。臤，古文以爲「賢」字，《說文》云。【注】敷，讀爲「溥」。臤，古文「賢」。歷，試也。今我其溥求賢者而優禮之，揚其所歷試。百姓，百官族姓也。【疏】《禹貢》曰「禹敷土」，《郇子・成相篇》云「禹溥土」，楊倞注云

「溥，讀爲敷」，《禮記・祭誼》云「溥之而横乎四海」，《釋文》云「溥，本亦作敷」，則古字「溥」、「敷」通，此文當从「溥」誼，故云「敷，讀爲『溥』」。云「臤，古文『賢』」者，《説文・臤部》云「臤，古文以爲『賢』字」，又《公羊春秋》經成四年「鄭伯臤卒」，《穀梁春秋》作「鄭伯賢卒」，是古者或以「臤」爲「賢」也。劉淵林注《魏都賦》引此經而解之曰「歷，試也」，《三國・魏志・管寧傳》注引此經而解之曰「謂揚其所歷試」，其必皆用舊説，蓋漢人之注也，故皆采用之。上篇「女不和吉言于百姓」，注云「百姓謂民」，此以「百姓」爲「百官族姓」不同彼注者，蓋彼文「不和吉言于百姓」是謂群臣之脅恐下民，故言「百姓謂民」，此告群臣而言「告爾百姓」，則「百姓」即謂群臣之支屬，故以爲「百官族姓」，望文爲誼也。《天保》詩云「群黎百姓」，毛傳亦云「百姓，百官族姓也」。**网辠爾衆，爾無共怒，叶比讒言予一人。**比，平希反。讒，士咸反。【注】叶，古文「協」；協，合也。棄除前過，與爾更始，无加辠于爾衆，爾毋共相忿怒，合比爲讒言謗我。更，果行反。忿，芳粉反。【疏】云「叶，古文『協』」者，《説文・劦部》文，又鄭注《周禮・大行人》職云「故書『協辭命』作『叶詞命』」，則「叶」、「協」古今字也。《正月》詩云「洽比其鄰」，毛傳云「洽，合」，僖二十二年《左傳》引作「協比其鄰」，則「協」與「洽」同，故云「協，合也」。云「棄除前過，與爾更始」者，「前過」謂浮言恐衆之過，今不加之辠使之革故自新，是棄除前過；「與之更始」，若《漢書・武帝紀》元朔元年詔曰「其赦天下，與民更始」，又元狩元年詔曰「已赦天下，滌除與之更始」是。**古我先王將多于前功，適于山，用降我凶德，綏績于朕邦。**綏，僞孔本作「嘉」，玆从蔡邕石經。【注】將，大。適，往。降，下也。我，我民也。凶，謂地埶陷之處也。德，升。績，業也。我先王恢大增多于前人之功緒，往徙于山，用能下抍我民于埶陷之中，而升之爽塏之所，使安業于我國。綏，或爲「嘉」。埶，氏念反。恢，苦回反。抍，「蒸」之上聲。塏，「開」之上聲。【疏】「將，大」、「適，往」，並《釋詁》文。「降，下」，《說文·阜部》文。云「我，我民也」者，《說文》云「我，施身自謂也」，竊考《詩》、《書》之文，輒有偁「我」而非自謂者，如《卷耳》詩云「我馬虺隤」，鄭箋云「我，我使臣也」，又云「我姑酌彼金罍」，箋云「我，我君也」，又如《周書·大誥》云「洪惟我幼沖人」則是周公「我」成王也，此經對下文「今我民用蕩析離凥」而言，先王之安集斯民，則「降我」謂下抍我民，故以「我」爲「我民也」。《說文》云「凶，惡也，象地穿交陷其中」，故云「凶，謂地埶陷之處也」，對山之高而言則「凶」爲下陷之處矣。「德，升」，《說文·彳部》文。案：「德」與「悳」自是兩字，「悳」之誼爲得，不與「德」同。經傳相承以「德」爲「悳」，學者罕見「悳」字，遂謂「德」之言得，不復知有「德，升」之訓。此文與「降」爲對，則誼當爲「升」，字乃當作「德」也。「績，業」，亦《釋詁》文。云「升之爽塏之所」者，爽，明；塏，燥也，高則明且燥也，昭三年《左傳》云「請更諸爽塏者」。云「綏，或爲『嘉』」者，僞孔氏本也。**今我民用蕩析離凥，网有定極。今爾惠朕，曷震動萬民以栖？**今爾惠，僞孔本删「今」字，改「惠」爲「謂」，兹據蔡邕石經曾改復正。【注】惠，順也。今我民播蕩分析離其室凥，无有定止之極。今爾順我教令以導民，使知栖則能安，則必皆从順，何至震動萬民以栖乎？今文「震」爲「祇」。【疏】「惠，順」，《釋言》文。群臣前以浮言恐衆，是不順上之教令，故民不欲徙而至于震動萬民以栖也，則此經自當作「今爾惠朕」，解爲順我教令以導民，「何至震動萬民以栖」，斯爲允當。僞孔氏改「惠」作「謂」，非也。云「今文『震』爲『祇』」者，❶蔡邕石經作「祇」也。雖古字「祇」與「震」通，在此經則「震」字

❶「文」，原作「云」，今據近市居本及注文改。

尤安帖，故不从石經。**肆上帝將復我高祖之德，亂粤我家。朕及䈞敬，龔承民命，用永墜于新邑。**復，逢福反。䈞，多毒反，俗作「篤」，音同誼別。墜，籀文「地」，从阜土，彖聲。【注】肆，今。亂，治。粤，于也。及，猶「汲汲」也。今天將興復我高祖之德治于我家，我汲汲于䈞敬，恪龔奉承民命以順天心，用久長其墜于此新邑。恪，去壑反。【疏】「肆，今」、「亂，治」，並《釋詁》文。「粤，于」，《說文・于部》文。「及，猶『汲汲』也」者，《公羊》隱元年傳文。**肆予沖人，非廢厥謀，𨑩繇靈。各非敢違卜，用宏茲賁。**𨑩，多力反，經典相承用「弔」。案：《說文》云「𨑩，至也」，茲訓爲「至」，字當作「𨑩」。賁，巫分反。【注】沖，幼也。言「沖人」者，謙也。群臣皆不欲徙，般庚不聽，故曰「廢厥謀」。𨑩，至也。宏、賁，皆大也。今我沖人非廢爾衆之謀也，以至極之則必繇龜靈，若爾衆各非敢于違卜，則我用以大此大業。【疏】《後漢書・殤帝紀》皇太后詔曰「皇帝幼沖」，又《沖帝紀》注引《謚法》曰「幼少在位曰沖」，故云「沖，幼也」。般庚實非幼少，而言沖人，故云「謙也」。「𨑩，至」，《說文・辵部》文。《釋詁》云「弔，至也」，乃相承通省之字，實亦當作「𨑩」也。《釋詁》云「宏、墳，大也」，樊光注引《詩》「有賁其首」以證，則「墳」字亦作「賁」，故云「宏、賁，皆大也」。云「以至極之則必繇龜靈」者，《禮記・禮運》云「麐鳳龜龍，謂之四靈」，《周易・頤》初九云「舍爾靈龜」，是龜爲靈物，此文「𨑩繇靈」之下即云「各非敢違卜」，卜必用龜，故解「靈」爲「龜靈」也。**烏戲！邦伯、師、長、百執事之人，尚皆乘哉。**長，中賞反。乘，食仍反，僞孔本作「㥯」，正義本作「隱」，茲从蔡邕石經。【注】邦伯，州伯也。「師」之言「帥」，謂連帥也。長，屬長也。百執事之人，在朝之臣也。乘，治也。尚皆治其職哉。帥，色類反。朝，直侶反。【疏】云「邦伯，州伯也」者，《禮記・王制》云「千里之外，設方伯。五國以爲屬，屬有長。十國以爲連，連有帥。三十國以爲卒，卒有正。二百一十國以爲州，州有伯」，鄭注以爲殷制，此云「邦伯」則是邦國之伯，故以爲「州伯也」。云「『師』之言『帥』」者，鄭注《周禮・地官》敘官有是言也。云「謂連帥也。長，屬長也」者，「師」、「長」與「邦伯」聯言，自是邦伯之屬，故以「師」爲連帥、「長」爲屬長也。案：《王制》文尚有「卒正」，此不及之者，蓋卒正之上爲州伯、連帥，其下爲屬長，舉其上下則卒正該在其中矣。云「百執事之人，在朝之臣也」者，《金縢》云「二公及王乃問諸史與百執事」，蓋惟在內之臣乃得問及也，則「百執事」在朝矣。蓋拪都之時，畿外諸侯各率其屬以衛從王，故邦伯、師、長與百執事之人並呼告也。「乘，治」，鄭君箋《七月》詩誼也。**予其懋簡相爾，念敬我衆。**懋，僞孔本作「楙」，兹从蔡邕石經。相，息亮反。【注】簡，閲。相，視也。我其勉閲視女，其念思敬我衆民哉。【疏】《易・繫詞》曰「坤以簡能」，虞翻注云「簡，閲也。坤閲臧物，故以簡能」，故云「簡，閲」。「相，視」，《説文・目部》文。❶ **朕不肩玫貨敢龔生生，**❷肩，今焉反，俗作「肩」。玫，火寡反，隸通作「好」。龔，正義本作「恭」，兹从隸古定本。【注】肩，任也。敢，進取也。龔，給也。生生，猶生息，謂貸泉于人以取息也。玫貨之人取給于生息貨財以自利，我不任用之。任，如音反。貸，湯代反。【疏】肩，所以儋任物者，故云「肩，任也」。《釋詁》云「肩，勝也」，「勝」亦堪任之誼，鄭君箋《敬之》詩亦云「仔肩，任也」。云「敢，進取也」者，《説文・叉部》文；「龔，給」，《共部》文也。云「生生，猶生息」者，「息」亦滋生之誼也。云「謂貸泉于人以

❶ 「目」，原作「曰」，今據近市居本及《説文解字》改。

❷ 「肩」，原作「肩」，今據近市居本及下疏文改。下同者逕改，不一一出校。

取息也」者，《周禮·泉府》職云「凡民之貣者，與其有司，采而授之，以國服爲之息」，鄭仲師注云「貣者，謂從官借本賈也。必有息，使民弗利」，康成注云「以國服爲之息，以其于國服事之税爲息也。于國事受園廛之田而貣萬泉者，則朞出息五百」，是偁貣者，必于本賈之外加息以償貸者，貸者得取息以爲利。如是者數爲之，則財貨生生不窮矣，此之謂「生生」也。必知「生生」之誼如此者，此承「好貨」而言「生生」，下文承「總于貨寶」而言「生生」，則「生生」自是謂生財矣。若然，中篇云「女萬民乃不生生」，又云「往哉生生」，「生生」之誼當同此也。乃中篇儆其不生生而勸其「生生」，此則以「生生」爲戒，與中篇韋反者，《漢書·董仲舒傳》仲舒對册有云「皇皇求財利，常恐乏匱者，庶人之意也；皇皇求仁誼，常恐不能化民者，大夫之意也」，然則庶人唯以治生爲急，大夫則有治民之責，不當與小民争利。中篇告庶民，故欲其生生，此篇告群臣，故戒其生生。夫言豈一耑而已？夫各有所當也。

鞠人謀人之保居，敘欽。鞠，尻六反。【注】鄭康成曰：「鞠，養也。言能謀養人安其尻者，我則次敘而敬之。」【疏】注見正義。「鞠，養」，《毛詩·蓼莪》傳誼。**今我旡羞告爾于朕志，若否，网有弗欽。**【注】若，順也。今我既進告爾于我志矣，于爾心順否，毋不敬思之也。【疏】「若，順」，《釋言》文。**毋總于貨寶生生自亯。**【注】總，聚也。亯，用也，讀若「庸」。毋總聚貨寶生殖以自足用也。【疏】《説文·糸部》云「總，聚束也」，故云「總，聚也」。云「亯，用也，讀若『庸』」者，《説文·亯部》文。**式敷民德，永肩一心。」**【注】式，用。敷，𢻫也。用𢻫于民以德，長任一心以爲政。【疏】「式，用」，《釋言》文。「敷，𢻫」，《説文·攴部》文。

若德明哉湯任父言卑應言【疏】伏生《大傳》引《般庚》文如此，則是逸文矣。誼不可曉，止録其文，不敢强爲之説。

説命上弟五十四説，爰焫反。【注】篇亡，孔氏《書》亦未有。

商書三十四

説命中弟五十五【注】篇亡，孔氏《書》亦未有。

商書三十五

説命下弟五十六【注】篇亡，孔氏《書》亦未有。

商書三十六

若金，用女作厲；【注】韋昭曰：「使摩厲己也。」**若津水，用女作舟；若天旱，用女作霖雨，**【注】韋昭曰：「雨三日以上爲霖。」上，時賞反。**啓乃心，沃朕心；**【注】韋昭曰：「啓，開也。以賢者之心比霖雨也。」**若藥不眄眩，厥疾不瘳；**眄，糸甸反，《國語》、《孟子》皆引作「瞑」，兹从《説文・宀部》所引。眩，于絢反。瘳，敕留反。【注】韋昭曰：「以藥諭忠言也。眄眩，頓瞀，攻已急也。瘳，瘉也。」瞀，莫仆反。瘉，爰主反。**若跣不視墬，厥足用傷。**跣，息典反。【注】韋昭曰：「以失道比徒跣而不視墬，必傷也。」

【疏】《國語・楚語》云：白公子張曰「昔殷武丁能聳其德，至于神明，以入于河，自河徂亳，于是乎三年，默以思道。卿士患之，曰：『王言以出令也。若不言，是无所稟令也。』武丁于是作書，曰：『以余正四方，余恐德之不類，兹故不言。』如是而又使以象㝱求四方之賢聖，得傅説以來，升以爲公，而使朝夕規諫，曰『若金，用女作厲』」云云。賈逵、唐固皆以武丁所作書爲《説命》，韋昭曰：「非也，其時未得傅説。」聲案：「以余正四方」云云不類《尚書》之文，蓋是子張説武丁求傳説之意，未可遽采入此。「若金」以下，則皆命説之詞，又《孟子・滕文公》篇引「若藥不瞑眩」明偁「《書》曰」，自是《説命》之文矣，故斷章取此。注偁「韋昭曰」者，皆《國語》注也。昭字弘嗣，吴郡雲陽人，《三國志》爲晉諱改爲「韋曜」。爲吴中書僕射，封高陵亭侯。後牾吴主皓指，下獄死。所箸有《國語解》、《漢書注》、《辯劉熙釋名》，又補《釋名・官職》一篇，事具《三國・吴志》本傳。云「雨三日以上爲霖」者，隱九年《左傳》云「凡雨，自三日以往爲霖」。云「以賢者之心比霖雨也」者，霖雨所以沃灌萬物，經言「沃朕心」，故云「比霖雨」。云「眄眩，頓瞀，攻已急也」者，❶「頓」是困頓，「瞀」是憒亂，藥力峻猛攻疾太急所致也，故云「攻已急」，「已」猶「太」也。

念終始，典于學。【注】鄭康成曰：「典，常也。念事之終始，常于學。學，禮誼之府。」又曰：「典，經也。言學之不舍業也。」舍，式者反。【疏】此經引見《禮記・文王世子》及《學記》篇，皆偁《兑命》」，「兑」即「説」字，古文省爾，故鄭君注彼兩文皆云：「兑，當爲説。」注偁「鄭康成曰」者，《文王世子》注也。「又曰」以下，《學記》注也。「典，常」，《釋詁》文。「典，經」，《釋言》文。案：《文王世子》言「古之君子，舉大事必慎其終始」，而下引此經，故鄭云：「念事之終始，常于學。學，禮誼之府。」府，聚也。言禮誼之所聚，學則明于禮誼，而後可舉事也。《學記》言「人不學，不知道。古之王者，建國君民，教學爲先」，而下引此經，故鄭云：「言學之不舍業。」望文爲誼，故兩注不同也。兹采以補入《尚書》，則在《尚書》之中此文之上下文不可得聞，不達其意指，鄭君兩注未知孰者得《尚書》之本指，不敢專从，姑並録之。

學學半。 學學，上亦孝反，注「學人」同；下于珏反，注

❶「攻已」，原作「已以」，今據近市居本及注文改。

「學半」同。【注】鄭康成曰：「言學人乃益己之學半。」【疏】此經引見《學記》，亦偁「《兑命》」，鄭注即《學記》注也。云「學人」者，「學」與「斅」同，斅，教也，謂「教人乃益己學之半」。

敬孫務時敏，厥修乃來。 孫，先困反。【注】鄭康成曰：「敬孫，敬道孫業也。敏，疾。厥，其也。學者務及時而疾，其所修之業乃來。」【疏】此經亦引見《學記》，亦偁「《兑命》」，鄭注亦即《學記》注也。云「敬孫，敬道孫業也」者，《學記》云「皮弁祭菜，示敬道也」，「入學鼓篋，孫其業也」，「《兑命》」所云「敬孫」，此之謂也。「敏，疾」，《毛詩·甫田》、《江漢》傳皆有是訓也，《論語·學而》云「敏于事而慎于言」，孔安國注亦云「敏，疾也」。「厥，其」，《釋言》文。

惟口起羞，惟甲䩜起兵，惟衣常在笥，惟干戈省厥躬。 䩜，直狩反，《説文·月部》「冑」字重文作「䩜」，云：「《司馬法》冑从革。」笥，息寺反。【注】鄭康成曰：「羞，猶『辱』也。衣常，朝祭之服也。惟口起辱，當慎言語也。惟甲䩜起兵，當慎軍旅之事也。惟衣常在笥，當服以爲禮也。惟干戈省厥躬，當恕己不尚害人也。」朝，直佋反。【疏】此經引見《禮記·緇衣》篇，亦偁「《兑命》」，鄭注亦云「兑，當爲説」，此引鄭注即《緇衣》注也。《説文·辰部》云「辱，恥也」，《孟子·公孫丑上》云「羞惡之心，誼之耑也」，則「羞」之誼亦爲「恥」，故云「羞，猶『辱』也」。云「衣常，朝祭之服也」者，以言「在笥」則非平時常服者，故以爲「朝祭之服」；朝祭之服，故云「當服以爲禮」。

爵無及惡德，民立而正。事純而祭祀，是爲不敬。事煩則亂，事神則難。【注】鄭康成曰：「純，猶『皆』也。言君祭祀賜諸臣爵，毋與惡德之人也。民將立以爲正，言放效之疾。事皆如是而以祭祀，是不敬鬼神也。惡德之人使事煩，事煩則亂，使事鬼神又難以得福也。純，或爲『煩』。」放，分网反。【疏】此經亦引見《緇衣》篇，亦偁「《兑命》」，鄭注亦即《緇衣》注也。鄭君此注上尚有「惡德，无恒之德」句，茲節去之者，蓋《緇衣》上文先引南人有言曰「人而無恒，不可以爲卜筮」，乃後引《詩》及此篇，後又引《易》「不恒其德」云云，故鄭君解此「惡德」爲「无恒之德」，其在《尚書》則篇既亡逸，其上下文不可考知，則「无恒」之誼未見，不必指實「惡德」爲「无恒」，故節鄭注也。云「言君祭祀賜諸臣爵，毋與惡德之人也」者，《緇衣》正義申其誼云：「經直言『爵无及惡德』，必知因『祭祀賜諸臣爵』者，以下云『事純而祭祀，是爲不敬』，故知因祭祀也。」聲案：《祭統》曰「古者，明君爵有德而禄有功，必賜爵禄于太廟，示不敢專也。故祭之日一獻，君降立于阼階之南，南鄉，所命北面，史繇君右執册命之」，又曰「古者，于禘也發爵賜服」，是賜諸臣爵必因祭祀也。

高宗融日弟五十七

商書三十七　尚書七

【疏】伏生《尚書》，《般庚》合爲一篇，故此云「《尚書》七」。

高宗融日，粤有雊雉。融，于戎反，僞孔本作「肉」傍箸「彡」，俗字也，《説文》所無，不可書。鄭君箋《絲衣》詩云「周曰繹，商謂之融」，然則字當作「融」。雊，工豆反。【注】高宗，武丁也，般庚之弟子。融者，融融不絶也。祭之明日又祭，謂之融，周謂之繹，夏曰復胙。粤，于也。有者，不宜有也。雊，雄雉鳴也。胙，才故反，或作「昨」，才各反。【疏】《禮記·喪服四制》云「高宗者，武丁。武丁者，殷之賢王也。繼世即位，而慈良于喪。當此之時，殷衰而復興，禮廢而復起，故善之。善之，故載之書中而高之，故謂之高宗」，故云「高宗，武丁也」。《殷本紀》云「般庚崩，弟小辛立。小辛崩，弟小乙立。小乙崩，子武丁立」，則小乙爲般庚之弟，而武丁則小乙之子，故云「般庚之弟子」。何休注《公羊》宣八年傳云「殷曰融，周曰繹。繹者，據今日道昨日，不敢㡿尊言之文意也。融者，融融不絶，據昨日道今日，㡿尊言之質意也」，故云「融者，融融不絶也」。《釋天》云「繹，又祭也。周曰繹，商曰融，夏曰復胙」，故云「祭之明日又祭，謂之融，周謂之繹，夏曰復胙」。是三者三代異其名爾，實則同是「又祭」也。《詩敘》云「《絲衣》繹賓尸也」，《春秋》宣八年經云「壬午，猶繹」，此周曰「繹」之明文。商曰「融」則此經是也，夏曰「復胙」則无文以言之。或説「胙」者祭肉，復設祭肉以賓尸也；一本作「復昨」，言復昨日事也。二説未知孰是。「粵，于」，《釋詁》文。云「有者，不宜有也」者，《説文・有部》云「有，不宜有也。《春秋傳》曰『日有食之』」。案：宜有而有之，不以爲異則不書，故《春秋》哀十四年「西狩獲麐」，《穀梁傳》云「其不言有，不使麐不恒有于中國也」。若不宜有者，則有之爲異，《春秋》莊十八年經云「秋有蜮」，文十四年云「有星孛入于北斗」，昭十七年云「有星孛于大辰」，又昭二十五年云「有鸜鵒來巢」，諸凡言「有」者，皆以不宜有而異之也，則此言「粵有雊雉」是不宜有矣。云「雊，雄雉鳴也」者，《説文・隹部》文。《詩・小弁》云「雉之朝雊，尚求其雌」，言「求雌」則是雄者矣，故劉向《五行傳》云「雉雊鳴者，雄也」。案：《夏小正》云「雉震雊」，傳云「震也者，鳴也。雊也者，鼓其翼也」。此錯誤也。「震」者振動，實爲鼓翼；「雊」則鳴也，鄭君注此篇敘云「雉升鼎耳而鳴」，亦解「雊」爲鳴也。**祖己曰：「惟先假王，正厥事。」**假，正義本作「格」，《漢書・五行志》及《孔光傳》、《後漢書・律曆志》皆引作「假」，據改。【注】鄭康成曰：「此謂其黨也。」聲謂：假，讀爲「假君心之非」之「假」；假，正也。言異變之來，起事有不正也，惟先正王，以正其事。【疏】鄭注見正義。云「此謂其黨也」者，「黨」謂同僚之人，下文別言「乃訓于王」，則此言非言于王，自是謂其同僚矣。云「假，讀爲『假君心之非』之『假』」者，《孟子・離婁》篇云「惟大人爲能假君心之非」是其文也。彼《離婁》下文云「君正莫不正，一正君而國定矣」，然則「假君心」謂正君心也，故云「假，正也」。云「異變之來，起事有不正」者，《漢書・孔光傳》光既上丞相博山侯印綬，罷歸閒里。會元壽元年正月朔，日有食之，徵光詣公車，問日食事。光對有云：「《書》曰『惟先假王，正厥事』，言異變之來，起事有不正也。」案：孔光，安國從曾孫也，則此説乃孔氏古文家説，其誼不可易也。**乃訓于王曰：「惟天監下民，典厥誼，降年有永有不永。**【注】監，臨視也。典，常也、經也。言天臨視下民，以誼爲常經，降年于人有修有短，誼則永，不誼則否。年，命，人尤愒焉，故引以訓王也。愒，可蓋反。【疏】《説文·卧部》云「監，臨也」，《釋詁》云「監，視也」，此文「監」字兼是二誼乃足，故云「監，臨視也」。「典，常」，《釋詁》文；「典，經」，《釋言》文，兹亦當兼此二誼。正義引鄭注云：「年，命者，惷愚之人尤愒焉，故引以諫王也。」聲以爲于此經言「惷愚」似未安，故稍節而録之，故不偁「鄭康成曰」。《鴻範》「五福」壽爲首，「六極」凶、短、折爲先，鄭彼注云「福，是人之所欲，以尤欲者爲先。極，是人之所惡，以尤所不欲者爲先」，故云「年，命，人尤愒焉」，「愒」之爲言「貪」也。**非天夭民，民中絶命。民有不若悳、不聽辠。**【注】「民」不當有重文，重者衍字也。中，猶「閒」也。若，善也。言年之不永者，非天夭折此民，閒絶其命也，以民有不善之悳、不聽之罪故爾。不聽之辠，謂惡深隱无人知，聽讞所不及者。一説，不聽辠，若《王制》所謂「四誅者，不以聽」是也。重，直容反。閒，今莧反。讞，牛列反。【疏】蔡邕石經「民」字上闕，其文不可知；《史記》載此文則云「非天夭民，中絶其命」，「民」止一字，不重出；僞孔本于「中絶命」上别出「民」字，殊无謂，故云「『民』不當有重文，重者衍字也」。云「中，猶『閒』也」者，《義禮·鄉射禮》云「上射，先升三等。下射，從之中等」，又《士虞記》云「中月而禫」，又《禮記·喪服小記》云「妾祔于妾祖姑，亡則中一以上而祔」，又《學記》云「中年考校」，鄭注此諸文皆云「中，猶閒也」。云「不聽之辠，謂惡深隱无人知，聽讞所不及者」，蓋辠惡人所知者，人能聲之于官，官聽之而治其辠；若人所不及知，則官无繇聽之，而幸逃于荆辟，是之謂不聽辠。此則明神无不知之，尟不爲天所譴，此其夭折之咎也。云「一説，不聽辠，若《王制》所謂『四誅者，不以聽』是也」者，《王制》者，《禮記》篇名，所云「不以聽」謂辠大惡極，當即誅之不待聽讞者，是亦爲「不聽辠」，故引以葡一説。**天无付命正厥悳，乃曰：『其如台？』**付，僞孔本作「孚」，《史記》作「附」，《漢書・孔光傳》所引及蔡邕石經皆作「付」，當从「付」。台，弋之反。【注】降年視誼所在，是天所以正人之悳也。天既付之命以正其悳，人乃曰：「其如台哉？」「如台」之言「奈何」也。言如台者，思正悳以順天也。付，或爲「附」。【疏】降年于人以誼爲修短，是天以誼繩人也。天以誼繩人，則人不容不正其悳，故云「降年視誼所在，是天所以正人之悳也」。云「『如台』之言『奈何』也」者，《史記》録此文作「乃曰『其奈何』」，《湯誓》及《西伯戡黎》皆有「其如台」之文，《史記》亦皆作「其奈何」，則「如台」之云猶言「奈何」也。「如台」猶「奈何」，則是思謀處事之詞，其文承「正厥悳」之下，❶故云「言如台者，思正悳以順天也」。《漢書・孔光傳》光《日食對》云「《書》曰『天既付命正厥德』，言正德以順天也」，此用其説也。云「付，或爲『附』」者，《史記・殷本紀》作「天既附命正厥德」，❷古字「附」、「付」通也。**烏戲！王司敬民，网非天胤，典祀無豐于昵。**」司，祥事反。昵，奴禮反。【注】司，讀曰「嗣」，古字省文爾。言王嗣位敬民，无非天之裔嗣。尊者尊統遠，常祀毋特豐于昵廟。馬融曰：「昵，考也，謂昵廟也。」肅曰：「高宗豐于昵，故

❶「厥悳」，原作「悳德」，今據近市居本改。
❷「附」，原作「付」，今據近市居本改。

有雒雉升遠祖成湯廟鼎之異。」【疏】「王司敬民」，《史記》作「王嗣敬民」。案：《晉姜鼎銘》云「晉姜曰『余隹司朕先姑君晉邦』」，《宣和博古圖》、呂大臨《考古圖》、王俅《嘯堂集古録》、薛尚功《鐘鼎款識》皆載此鼎銘，皆釋「司」爲「嗣」，是古文省「嗣」爲「司」。此經「司」字據《史記》作「嗣」，則此亦是省也，故云「司，讀曰『嗣』，古字省文爾」。《義禮・喪服傳》云「諸侯及其太祖，天子及其始祖之所自出，尊者尊統上，卑者尊統下」，鄭注云「上，猶遠也。下，猶近也」，故云「尊者尊統遠」。馬注見《釋文》。云「昵，考也，謂昵廟也」者，「昵」之言「近」也，自始祖等而下之，至于考爲最近，故考廟曰昵。俗書「昵」字輒作「示」傍箸「爾」，譌也。肅注見正義。

高宗之訓弟五十八【注】篇亡，孔氏《書》亦未有。

商書三十八

三年其惟不言，言乃讙。【注】鄭康成曰：「三年不言，有父小乙喪之時也。讙，當爲『歡』，聲之誤也。其无言，天下皆歡喜，樂其政教也。」樂，侖各反。【疏】此經引見《禮記・坊記》篇。案：《周書・无佚》亦有此文，惟「讙」作「雝」爲異。知《坊記》所引非《无佚》文者，蓋此文非高宗之言而《坊記》偁「高宗云」，則「高宗」是《書》篇名，自是此《高宗之訓》矣。故鄭注《坊記》云「名，篇在《尚書》」，亦指謂此篇也。又案：《檀弓》篇云「子張問曰：《書》云『高宗三年不言，言乃讙』」，雖與此小異，當即此文。又《論語・憲問》篇云子張曰「《書》云『高宗諒陰，三年不言』，何謂也」，雖其文又小異，然亦是子張引之以問，則與《檀弓》所偁同，則亦非異文矣，茲不復重出。注偁「鄭康成曰」者，即《坊記》注也。云「三年不言，有父小乙喪之時也」者，《殷本紀》云「帝小乙崩，子帝武丁立」，是武丁之父小乙也。《无佚》偁高宗云「乃或諒陰，三年不言」，「諒陰」

謂喪中尻凶廬也，是「不言」當尻喪時也。云「讙，當爲『歡』，聲之誤也」者，「讙」是讙譁，此經之誼當爲歡喜，以「讙」、「歡」俱取「雚」聲，聲同而誤，故曰「聲之誤」。案：《檀弓》亦引此文，鄭注直訓「讙」爲「喜説」，不破字，蓋「讙」、「歡」亦可通也。

西伯戡黎弟五十九

商書三十九　尚書八

西伯旡戡黎，戡，可含反。黎，力氏反。【注】鄭康成曰：「西伯，周文王也。時國于郊，爲雝州伯，南兼梁、荆。國在西，故曰西伯。戡黎，入紂畿内。」聲謂：戡，殺也。黎，殷諸侯國，在上黨東北。今文「黎」爲「耆」。郊，芹乙反，或作「岐」，同。雝，肖用反。【疏】鄭注見正義及《詩》「二南」表正義。《孟子·離婁》、《盡心》二篇皆言伯夷、太公「聞文王作興，曰『盍歸乎來！吾聞西伯善養老者』」，故云「西伯，周文王也」。《説文·邑部》云「郊，周文王所封，在右扶風美陽中水鄉」，❶是文王國于郊也。《漢書·地理志》云：「右扶風，高帝元年屬雝國。」案：漢之雝國，即三代之雝州也，故云「時國于郊，爲雝州伯」。《禮記·王制》云「二百一十國以爲州，州有伯。八州八伯」，鄭彼注云「殷之州長曰伯」，此言「爲雝州伯」則是「八州八伯」之一矣。案：《王制》又云「分天下以爲左右，曰二伯」，鄭必知「西伯」是州牧之伯非東西二伯者，《周禮·大宗伯》職云「八命作牧」，鄭仲師注云「一州之牧」；又云「九命作伯」，康成注云「上公有功德者，加命，爲二伯」；《楚詞·天問》云「伯昌號衰，秉

---

❶「右」，原作「又」，今據近市居本改。下一「右」字同。

鞭作牧」，言「作牧」則是八命爲一州之伯，非東西二伯矣。故王逸注《天問》亦謂文王爲「雝州牧」，與鄭説合，良是也。乃王肅欲爲異説以争勝于鄭，謂「西伯」爲「二伯」之伯。亦明知己説之无稽，不足以攻鄭而取勝，乃又僞作《孔叢子》書，託諸子思述子夏之言，謂「王季以九命作伯于西，文王因之得專征伐」，陰與己説相援，期申己而詘鄭。是説易以惑人，不可不辯。云「南兼梁、荆」者，《逸周書·大匡解》云「惟周王宅程三年，遭天之大荒，作《大匡》以詔牧其方，三州之侯咸率」，是文王雖爲雝州伯，實兼牧三州也。知三州是兼梁、荆者，《詩敘》云「文王之道被乎南國，美化行乎江漢之域」，是荆州之地也，則文王兼牧荆州矣；梁在荆西雝南，兼之可知也。云「國在西，故曰西伯」者，嫌「西伯」之偁似東西二伯之號，故辯之言以國在西而有是偁也。云「𢦟𨞚，入紂畿内」者，紂城朝歌之地于周爲衛國，《詩·式微·敘》云「𨞚侯寓于衛」，則其國近衛可知；鄭箋《旄丘》詩云「𨞚國在衛」，西周之𨞚侯或是此𨞚之子孫，或因其故地遂仍其國名者，總之其地同矣，則𨞚在朝歌之西，是在紂畿内矣。「𢦟，殺」，《説文·戈部》文也。文王𢦟𨞚特誅其无道之君，非欲有其國也，故訓「𢦟」爲「殺」也。云「𨞚，殷諸侯國，在上黨東北」者，《説文·邑部》文。案：《漢書·地理志》上黨郡壺關縣，應劭注云「𨞚侯國也」，所偁「𨞚侯」蓋謂周之𨞚侯，實亦殷之𨞚國也，則𨞚國在上黨矣。依《説文》「𨞚」字从邑，今《詩》、《書》皆作「黎」，音同而誼别矣。云「今文『𨞚』爲『耆』」者，伏生《大傳》作「西伯𢦟耆」，今文《尚書》傳自伏生，則必作「耆」矣。**祖伊恐，奔告于王，曰：「天子，天既訖我殷命，假尒元龜，网敢知吉。」**凡《尚書》「假」字，正義本悉改作「格」，隸書「尒」字下摩滅，遂譌爲「人」，故僞孔傳訓爲「至人」，正義本直作「格人」，謬甚矣。王符《潛夫論·卜列》篇引作「假爾元龜」，古「爾」

字止作「尒」，此所以譌爲「人」也。是足以正正義本之謬，兹从之。❶《史記》必亦作「假尔元龜」，今《史記》作「假人」，乃後人惑于僞孔《書》而誤改之者。假，依注吉下反。【注】訖，止也。止我殷命，謂天命終也。假，讀曰「叚」。叚尔元龜，命龜詞也，《曲禮》曰「假尔泰龜有常」。當時災異緐多，七十卜而皆凶，故曰「网敢知吉」。馬融曰：「元龜，大龜也，長尺二寸。」叚，吉下反。長，直尚反。【疏】「訖，止」，《釋詁》文。訖止則終竟，故云「止我殷命，謂天命終也」。云「假，讀曰『叚』」者，「假」之言至，「叚」之言借，誼訓不同，「假」雖以「叚」爲聲而轉作入聲音格，「叚」則上聲音賈，音亦差異，而自漢以來經典相承皆以「假」爲「叚」矣；此言「假尔元龜」謂藉尔龜以卟吉凶，則「假」當爲叚借之誼，故讀曰「叚」，以爲「命龜詞也」。《曲禮》者，《禮記》篇名，其文曰「爲日，假尔泰龜有常，假尔泰筮有常」，鄭注以爲命龜筮詞，此經惟言龜不言筮，故節引其文，以證此「假尔元龜」爲命龜詞也。云「當時災異緐多，七十卜而皆凶，故曰网敢知吉」者，王充《論衡·卜筮篇》文也。知當時「七十卜皆凶」者，充自有本而言，但書缺有閒，今无以爲之證矣。馬注見《殷本紀》注。云「元龜，大龜也，長尺二寸」者，《禮三正記》曰「天子龜長一尺二寸，諸侯一尺，大夫八寸，士六寸」，是龜長尺二寸者爲大矣。《禹貢》曰「九江納錫大龜」，亦謂長尺二寸之龜也，此據天子之守龜，故云「長尺二寸」。**非先王不相我後人，惟王淫戲用自絶，故天棄我，不有康食。不虞知天性，不迪率典。**相，息恙反。正義本无「知」字，《史記》有之，據僞孔傳云「王不度知天性命所在」，則僞孔本必亦有「知」字，正義本誤挩尔，兹故从《史記》增入。【注】戲，當爲「虘」，

---

❶「从」，原作「久」，今據近市居本改。

字之誤也，《書》亦或爲「虐」。虞，度也。鄭康成曰：「王暴虐于民，使不得安食，逆亂陰陽，不度天性，敖很明德，不修教法。」聲謂：非先王不輔相我後人也，惟王淫虐用自絶于天，故天棄我殷，將使滅亡，不得有安食。王猶不度知天性，不遵循典法。言其昏亂。度，代洛反。敖，兀到反。很，河本反。【疏】云「戲，當爲『虐』，字之誤也」者，《史記》云「惟王淫虐用自絶」，據文誼「戲」字不如「虐」字安帖，故云「當爲『虐』」。「虐」字从虍、E、人，「戲」字偏傍之「䖒」亦从虍，是以致誤，故云「字之誤也」。云「《書》亦或爲『虐』」者，即據《史記》文也。「虞，度」，《釋言》文。鄭注見《殷本紀》注。經言「不有康食」承「故天棄我」之下，是謂殷爲天所棄，不得有安食，鄭君言「王暴虐于民，使不得安食」，似不合經意，故聲易其説云「王淫虐用自絶于天，故天棄我殷，將使滅亡，不得有安食」。云「言其昏亂」者，不度知天性是昏，不遵循典法是亂也。**今我民网不欲喪，曰：『天曷不降威？大命胡不𡡉？』**」「网不」，从《論衡》所引，正義本作「网弗」。喪，息葬反，後同。「胡」字从《史記》增，唐石經「胡」字傍增，蓋初刻誤挩，後考得其實而增者，則古本實有「胡」字。𡡉，中利反，正義本改作「摯」，《説文》引作「𡡉」，隸古定本亦作「𡡉」，兹从之。【注】胡，何。𡡉，至也。今我民无不欲王亡者，其言曰：「天何不降威于殷乎？有大命宜王者何不至乎？」大命，天命也。宜王，于況反。【疏】「胡，何」，《毛詩·日月》傳誼也。「𡡉，至」，《説文·女部》文。《論衡·埶增》篇云：「《尚書》祖伊諫紂曰『今我民网不欲喪』，网，无也，我天下民无不欲王亡者。夫言欲王之亡可也，言『无不』，增之也。紂雖惡，民臣冡恩者非一，而祖伊增語欲以懼紂也。」案：紂之恩惟惡臣得冡之，良臣則否，況民安得冡恩乎？良臣雖不冡恩，亦无欲紂亡者，即如祖伊之奔告亦惟恐王之亡故也。若民則不堪虐政，實无不欲王亡，祖伊固言我民网不欲喪，不言臣也，安得以爲增語？《論衡》之説非也。**今王其如台？」**台，弋之反。【注】天命、人心皆去，今王其奈何哉？欲王儆懼省改也。【疏】上言「天既訖我殷命」，謂天命去矣，「民罔不欲喪」，則人亦離心，故云「天命、人心皆去」。「如台」，《史記》作「奈何」，故云「今王其奈何哉」。**王曰：「烏戲！我生不有命在天？」**【注】言有命在天，民无能爲也。【疏】「不有命在天」是反言，以決其有命，故注云「言有命在天，民无能爲也」。《史記》録此文云：「我生不有命在天乎？」語意尤明白。**祖伊返曰：「烏戲！乃辠多參在上，乃耐責命于天？**參，七南反。【注】返，還也。祖伊以紂不可諫，乃還退而言曰：「於虖！女辠衆多，參列于上，天將罰女，女猶能責命于天乎？」虖，荒吴反。【疏】「返，還」，《説文・辵部》文。《説文》且引《商書》曰「祖甲返」，以證「返，還」之訓。今《商書》无「祖甲返」之文，《説文》豈引此文而「伊」誤爲「甲」與？抑所引在孔氏逸《書》中與？不可知矣。《史記》云：「祖伊反，曰：『紂不可諫矣。』」故云「祖伊以紂不可諫，乃還退而言曰」云云。《釋文》引馬注云「參字，厽在上」，宋陳鄂改「厽」字作「糸」上加「田」，乃流俗譌字，不可書。且所引馬注不詳，其誼不可曉，姑置不用。**殷之即喪，指乃功，不无戮于尔邦。」**【注】功，事也。殷之即于喪亡，指㡿女所爲之事，不能无戮于尔國。言後王將數其辠而戮之。㡿，昌石反。數，色主反。【疏】言殷之即喪，而紂不免于戮，是爲代殷者所戮也，故云「言後王將數其辠而戮之」。厥後武王誅紂，懸首大赤，是其驗矣。

微子弟六十

商書四十　尚書九

微子若曰：【注】微，采地名，在畿内，子爵也。異畿内謂之子。鄭康成曰：「微子，启，殷紂同母庶兄。紂之母本帝乙之妾，生启及衍，後立爲后，生受德。」采，七在反。启，俗通作「啓」。案：《説文》「啓，教也」，「启，開也」，二字誼異，《史記》避景帝諱偁「微子開」，則微子之名當作「启」。【疏】《鄭志》張逸問：「殷爵三等，公、侯、伯也，《尚書》有『微子』、『箕子』何？」鄭答云：「『微子』、『箕子』實是畿内采地之爵，非畿外治民之君，故云『子』。」故云「微，采地名，在畿内，子爵也」。云「異畿内謂之子」者，鄭注《禮記・王制》云「殷爵三等，公、侯、伯也。異畿内謂之子」，言標異畿内，特謂之子，異于畿外之公、侯、伯也。鄭注見《詩・大明》正義。《吕氏春秋・當務》篇曰「紂之同母三人，長曰微子启，次曰中衍，次曰受德。受德即紂也，甚少矣。紂母之生微子启與中衍也，尚爲妾，既而爲妻而生紂」，此鄭君注説所本也。**父師、少師，殷其弗或亂正四方。**少，式邵反。【注】或，有。亂，治也。言殷不有治政以正四方矣。【疏】傳以「父師」爲箕子、「少師」爲比干，正義引《家語》以證。僞孔傳不可信，《家語》乃王肅厶造，亦不足信。鄭注則无聞，據下文「父師若曰」鄭注言「少師不答，志在必死」，似亦以「少師」爲比干，則亦以「父師」爲箕子與？案：《史記・宋世家》録此篇文作「太師」、「少師」，不言「父師」，其後文先言殺王子比干，刳視其心，乃後云于是太師、少師乃勸微子去，遂行；又《殷本紀》云「紂愈淫亂，微子數諫不聽，乃與太師、少師謀，遂去。比干曰：『爲人臣者，不得不以死争。』乃彊諫紂，紂怒曰：『吾聞聖人心有七竅。』剖比干，觀其心。箕子懼，乃詳狂爲奴，紂又囚之。殷之太師、少師乃持其祭、樂器奔周」，又《周本紀》云「殺王子比干，囚箕子，太師疵、少師彊抱其樂器而奔周」，據此諸文，則「父師」、「少師」非箕子、比干矣。然下經言「我网爲臣僕」、「我不顧行遯」，又實似箕子語氣，疑不能决，故注闕焉。鄭君箋《天保》詩云「或之言有也」，故云「或，有」，《廣雅・釋詁》亦云「或，有也」。「亂，治」，《釋詁》文。《史記》云「殷不有治政，不治四方」，亦以「或」

爲「有」、「亂」爲「治」也。據《史記》「正」字作「政」，「政」亦「正」也，故云「殷不有治政以正四方矣」。**我祖厎遂陳于上，**陳，直仁反，俗通作陳。【注】馬融曰：「我祖，湯也。」聲謂：陳，列也。傳曰：「言湯致遂其功，陳列于上世。」【疏】馬注見《史記・宋世家》注。「陳，列」，《説文・攴部》文。僞孔傳以「我祖」爲湯，與馬注合；又下文馬注云「下，下世也」，此傳以「上」爲「上世」，亦與馬意合，故采用之。**我用沈䣱于酒，用亂敗厥悳于下。**沈，直壬反。䣱，兄寓反，从酉句聲，俗作「酉」傍「凶」，非矣。【注】我，我紂也。䣱，醉醟也。馬融曰：「下，下世也。」傳曰：「沈湎䣱醟，敗亂湯悳于後世。」醟，爰敬反，又休正反。湎，名沇反。【疏】「沈䣱于酒」實言紂也，故《史記》録此文言「紂沈湎于酒」，此則言「我用沈湎于酒」，故云「我，我紂也」。蓋微子不忍斥言君惡而隱忍言「我」，若欲言「我君」而有所茹匿然也。云「䣱，醉醟也」者，《説文・酉部》文。馬注見《宋世家》注。《史記》云「亂敗湯悳于下」，傳言「敗亂湯悳于後世」，與《史記》合，故録用之。**殷网不小大，玫艸竊姦宄。**玫，火昦反。【注】小，謂庶民；大，謂群臣也。艸竊者，以莠況盜也，莠害苗爲艸竊。言殷之臣民无不玫盜竊爲姦宄。莠，羊九反。【疏】《无逸》云「至于小大」，鄭注云「小大，謂萬民，上及群臣也」，此經「小大」誼亦當然，故云「小，謂庶民；大，謂群臣也」。云「艸竊者，以莠況盜也，莠害苗爲艸竊」者，《吕氏春秋・辨土》篇曰凡耕之道「无與三盜任地：夫大𤰝小畝，爲青魚胠，苗若直獵，地竊之也；既種而無行，耕而不長，則苗相竊也；弗除則蕪，除之則虚，則艸竊之也。故去此三盜者，而後粟可多也」，《孟子・盡心》篇引孔子之言曰「惡莠，恐其亂苗也」，然則害苗者莠，「艸竊」是莠害苗也；民爲盜竊以病善良，亦如莠之害苗，則此言「艸竊」是以莠比況盜也。**卿士師師非度，**【注】馬融曰：「非但小人學爲姦宄，卿士以下，轉相師效爲非法度。」【疏】注見《宋世家》注。

凡有辜辠，乃罔恒獲。【注】鄭康成曰：「凡，猶皆也。獲，得也。」聲謂：作爲不法乃有辜辠，是辜辠有常得也。刑罰不中，則有辠非必其所當得，故曰「罔恒獲」。【疏】正義引鄭注云「凡，猶皆也」，《説文·二部》云「凡，最括也」，「最括」則无不統括，故「凡」之誼猶「皆」，《史記》云「皆有辜辠」，鄭云「凡，猶皆」與《史記》合矣。《宋世家》注引鄭注云：「獲，得也。群臣皆有是辠，其爵禄又无常得之者，言妻相攻奪。」案：經言「罔恒獲」衹謂辜辠无常得尔，鄭言「爵禄无常得」非經意也，且若有辠則爵禄在所當奪，豈以「无常得」爲言？鄭誼似非，故止取其「獲，得」之訓而舍其餘言也。《公羊》昭二十三年傳云「生得曰獲」，故云「獲，得也」。云「刑罰不中，則有辠非必其所當得」者，蓋任意刑殺，凡所惡輒辠之，非必其人果應得辠，言罰无辜也。**小民方興，相爲敵讎。**【注】方，並。興，起也。刑罰无常，故小民並起爲讎敵。【疏】《説文·方部》云「方，併船也，象兩舟，省總頭形」，故鄭注《義禮·鄉射禮》云「方，猶併也」，鄭注《鄉射禮》又云「並，併也」，又注《娉禮》云「今文『並』皆爲『併』」，則「並」與「併」通。「方」之誼爲「併」，則亦可訓「並」，故云「方，並」。據《史記》云「小民乃並興」，則此經之「方」誼實爲「並」也。「興，起」，《釋言》文。云「刑灋无常」者，承上辜辠「罔恒獲」爲言也，刑罰无常則小民无所措手足，故「小民並起爲讎敵」也。**今殷其典喪，若涉大水，其無津厓。**❶典，僞孔本作「淪」，若然，既云「殷其淪喪」，下又云「殷遂喪」，于文不重厽乎？《史記》作「典喪」，「典喪」則國无所倚恃，與「涉水无津厓」之諭正相當，故知作「典」爲是。且《史記》録《尚書》輒以訓詁代經文，易其字而不變其誼，所以開示後學也，「典」之與「淪」

❶「厓」，原作「厓」，今據近市居本改。

誼訓絶異，若《尚書》作「淪」，《史記》必不以「典」字易之，據《史記》則知《尚書》作「典」无疑矣。喪，色葬反，以下皆同。厓，五佳反，从厂圭聲，俗加「水」傍，非。【注】典，灋也。殷制天官六太，典司六典。典所以爲國也，典亡則國將從之。涉，徒行砅水也。津，濟渡處。厓，水邊地也。若涉水无津厓，言必殁休，以諭國无灋守必亡也。砅，力世反，今通用「厲」。休，奴的反，俗輒作「溺」，別矣。【疏】云「典，灋也，殷制天官六太，典司六典」者，《禮記・曲禮下》云「天子建天官，先六太，曰太宰、太宗、太史、太祝、太士、太卜，典司六典」，鄭注云「典，灋也。此蓋殷時制也」，是則正此經所云「典」矣，故據以爲説也。云「典所以爲國也」者，《周禮・太宰》職云「掌建邦之六典，以左王治邦國」，「爲」猶「治」也。云「典亡則國將從之」者，言國將從之而亡也。云「涉，徒行砅水也」者，《説文・沝部》文，《釋水》云「繇厀以上爲涉」，故云「徒行砅水」。《説文・水部》云「津，水渡也」，故云「津，濟渡處」，鄭君注《論語・微子》篇亦云然也。《釋水》云「汻，水厓」，李巡注云「汻，水邊地，名厓」，故云「厓，水邊地也」。**殷遂喪，粤至于今。」**【注】粤，于也。今，是時也。殷亡之期于焉至矣，于是時矣。【疏】「粤，于」，《釋詁》文。「今，是時也」者，《説文・今部》文。《宋世家》注引馬融注曰：「粤，于也。于是至矣，于今到矣。」案：「于今到」即「于是至」也，詞重意復，茲節取而潤改之。**曰：「父師、少師，**【注】馬融曰：「重呼告之。」重，直容反。【疏】注見《宋世家》注。**我其發出往，**往，僞孔本作「忹」，「忹」乃古文「狂」字。《史記》作「往」，據鄭注則可知《尚書》實作「往」，與《史記》同，故定从「往」。【注】鄭康成曰：「發，起也。紂禍敗如此，我其起迮出往也。」迮，子昨反，今通用「作」。【疏】注見《宋世家》注。《詩・意僖》云「駿發尔厶」，謂發起其土也，是「發」有「起」誼，故云「發，起也」。**吾家旄愻于荒。**旄，莫号反，隸古定本作「薹」，《釋文》云「字又作旄」，蓋據鄭本也，故从「旄」。愻，色寸反，隸古定本如此，姑从之。【注】馬融曰：「卿大夫偁家。」鄭康成曰：「旄，昏亂也。」聲謂：愻，讀爲「公孫于齊」之「孫」。我卿大夫或昏亂或孫遁，言无可與謀也。一本曰「吾家保于喪」。保，安也。我卿大夫安于喪亡之事，恬不知畏。亦言无可與謀。孫，色寸反。遁，徒頓反。恬，狄拈反。【疏】馬注見《宋世家》注。云「卿大夫偁家」者，卿大夫受采邑，賜氏族，立宗廟，世不絶祀，故偁家。《周禮》有「家宗人」、「家司馬」，皆謂卿大夫之臣也。鄭注見正義。《禮記·射誼》曰「旄期偁道不亂」，以不亂爲尤異，則「旄期」昏亂者爲常也。昭元年《左傳》云「諺所謂『老將知，而旄及之』」，是謂昏亂爲「旄」，故云「旄，昏亂也」。鄭又注《禮記·曲禮》云「旄，惛志也」，與此注意同也。云「愻，讀爲『公孫于齊』之『孫』」者，《左傳》昭二十五年昭公伐季氏不克，而出奔齊，《春秋》之例「内諱奔」，故書曰「公孫于齊」，言孫避而去也。此經字雖作「愻」，誼實當爲「孫避」，故讀从「公孫于齊」之「孫」。蓋「愻」得「孫」聲，故字通借用也。云「一本曰『吾家保于喪』」者，《史記·宋世家》録此文云然也。班固偁司馬子長從安國問故，其書載《尚書》多古文説，則所云「吾家保于喪」者其古文與？漢時《尚書》當不下百本，今无一存，惟東晉枚嘖之本孤行于世以至于今，❶豈可深信？此似當从《史記》，但據鄭注「旄」字有訓，則鄭本亦作「旄愻于荒」，故不敢據《史記》以改經文，而存其文于注而爲之解説焉。云「安于喪亡之事，恬不知畏」者，其所爲之事皆足以亡國，彼猶安之自若，不知畏懼悛改云。**今尒無恉告？**恉，中雉反，从心旨聲，僞孔本作「指」，音同而誼則非矣。【注】恉，意也。今尒无意告

---

❶「枚」，原作「枝」，今據近市居本改。

我乎？此微子求訓誨也。【疏】「恉，意」，《説文・心部》文。**予𧽍躋若之何其！**」𧽍，氐年反，《説文》「𧽍」讀若「顛」，經典遂相承作「顛」矣。躋，子齊反，从足齊聲，正義本改从「阜」傍，非矣，兹从《説文》所引。其，今臣反。【注】𧽍，走頓也。馬融曰：「躋，猶隊也。恐𧽍隊于非誼，當如之何也？」鄭康成曰：「其，語助也，齊、𣃘之閒聲如『姬』，《記》曰『何居』。」隊，直類反。𣃘，古文以爲魯衛之「魯」。居，今臣反。【疏】「𧽍，走頓也」者，《説文・辵部》文，言行走而頓跌也。馬、鄭注並見《宋世家》注。昭十三年《左傳》云「小人老而无子，知擠于溝壑矣」，此「擠」訓爲「隊」，馬云「躋，猶隊也」者，馬讀「躋」爲「擠」也。蓋「躋」、「擠」皆㝵「齊」聲，聲同可通借也。云「恐𧽍隊于非誼」者，言若不當去而去則𧽍隊于非誼，是所恐也，欲父師、少師告以當如之何也。鄭云「其，語助也，齊、𣃘之閒聲如『姬』」者，《説文》云「丌，下基也，薦物之丌。象形，讀若箕同」，又云「其，籀文箕」，則「其」、「箕」同字，又「其」字古或作「丌」，則「其」有「下基」之誼，故以爲語助。《詩・泉水》首章「淇」與「姬」叶，又僖十五年《左傳》晉嫁伯姬筮詞「姬」與「旗」叶，「淇」、「旗」皆「其」聲，則「其」聲如「姬」矣。必言「齊、魯之閒」者，鄭以伏生傳今文，孔君傳古文，伏生齊人，孔君魯人也。鄭君北海高密人，青齊之域，故備悉齊、魯之語也。引「《記》曰『何居』」者，《禮記・檀弓》云「公儀仲子之喪，檀弓免焉。仲子舍其孫而立其子，檀弓曰『何居我未之前聞也』」是其文也。檀弓，故魯人也，其言「何居」正與此文「何其」音、誼皆同，故引之以證。鄭君注《禮記》亦云「居，讀爲姬姓之姬，齊、魯之閒語助也」。**父師若曰：「王子，天毒降裁巟殷邦，方興沈酗于酒，乃罔畏畏，咈其耇長、舊有位人。**巟，昏黃反，正義本作「荒」，兹从隸古定本。咈，扶弗反。耇，工口反。長，中賞反。【注】王子，俌微子也，帝乙之子，故曰王子。毒，旱。降，下。巟，亡也。「方興沈酗于酒」六字，衍也。畏畏，讀當爲「畏威」，古「威」、「畏」字同也。咈，韋也。耇長，老人也。耇，凍梨也。老人面似凍梨，故曰耇。舊有位人，致仕者。天㫗下烖亡殷國，乃不畏天威，咈韋老成、舊人，不用其言。言紂距諫。【疏】正義及《宋世家》注皆引鄭君注云「少師不答，志在必死」，則似少師爲比干，與《史記》不合，辯見前疏。且忠臣憂國之心雖死不渝，豈以志在死而漠然置之不答乎？于誼亦未安，故不用也。《殷本紀》云「帝乙長子曰微子启」，故云「帝乙之子」。「毒，㫗」，❶《説文・屮部》文。《史記》「毒」作「篤」，「篤」乃「管」之假借字，「管」亦訓「㫗」也。「降，下」，《釋詁》文。「巟殷邦」，《史記》作「亡殷國」，故云「巟，亡也」。《史記》无「方興沈酗于酒」六字，據文言「天㫗下烖亡殷國，乃不畏天威」，于文詞爲順，實不容安此六字，故云六字「衍也」。蓋因前文有「小民方興」及「我用沈酗于酒」之言，而誤衍其字于此尔。云「畏畏，讀當爲『畏威』，古『威』、『畏』字同也」者，《禮記・表記》引《甫刑》曰「悳威惟威」，鄭注云「悳所威則人皆畏之」，是以「威」爲「畏」，又《考工記・弓人》云「夫角之中，恒當弓之畏」，注云「故書『畏』作『威』」，是古者「威」、「畏」同字也。此經重言「畏畏」，若兩字皆解爲「敬畏」則不詞，故讀下「畏」字爲「威」也。「咈，韋」，《説文・口部》文。云「耇，凍梨也。老人面似凍梨，故曰耇」者，《説文・老部》云「耇，老人面凍梨若垢」，鄭注《義禮・士冠記》云「耇，凍梨也」，賈疏云「凍梨，面如凍梨之色」是也。云「舊有位人，致仕者」者，言「舊有位」，則于時退位可知，故以爲致仕者。**今殷民乃攘竊神祇之羲牷牲，用以容，將食無烖。**攘，如羊反。羲，本皆作「犧」，《説文・牛部》「犧」字下偁賈侍中説「此非古字」。案：秦《詛楚文》云

❶「㫗」，原作「厚」，今據近市居本及注文改。下同者逕改，不一一出校。

「圭玉羲牲」，然則古止作「羲」，吾从古可也。牷，夕荃反。【注】有因而盗曰攘。馬融曰：「往盗曰竊。天曰神，地曰祇。」鄭康成曰：「羲，純毛。牷，體完具。」聲謂：民盗祭祀之牲牷，紂用以勹容之，于是民无畏忌，謂將食之无有烖禍。《春秋傳》曰：「紂爲天下逋逃主，萃𡿺藪。」勹，百茅反，今通用「包」，遂廢棄「勹」字。逋，百胡反。𡿺，或「淵」字。藪，色口反。【疏】云「有因而盗曰攘」者，用鄭君注《吕刑》之誼也。馬注見《釋文》及《宋世家》注。《周禮·大宗伯》職云「掌建邦之天神、人鬼、地示之禮」，又《大司樂》職輒言「天神地示」，「示」當作「祇」，故云「天曰神，地曰祇」。鄭注見《周禮·犬人》疏。《周禮·牧人》職云「凡時祀之牲，必用牷物。凡外祭毀事，用尨可也」，以「牷」與「尨」對言，「尨」爲雜，則「牷」是純矣，故鄭仲師注《周禮·牧人》及《犬人》職皆云「牷，純也」。此云「羲，純毛。牷，體完具」者，蓋「牷」有「純」誼，單言「牷」可兼純毛、體完二誼，此「羲」、「牷」並言當分兩解，「牷」字从全，故以爲體完具，故康成注《周禮·牧人》不从仲師「牷，純」之訓，亦以爲「體完具」，其「純毛」之訓則施之于「羲」。《曲禮》云「天子以羲牛」，鄭君注亦云「羲，純毛也」。引《春秋傳》者，《左傳》昭七年文。「逋逃」即《坶誓》所謂「多辠逋逃」也，紂容受而爲之主，正此經明證，故引以說。**降監殷民用乂，稠斂，召敵讎不怠。**稠，直油反，正義本作「讎」，《釋文》云馬本作「稠」，兹从馬。斂，力驗反。【注】監，臨；稠，多也。馬融曰：「斂，賦斂也。」聲謂：怠，解弛也。其下臨殷民用以爲治者，率多斂以召讎怨，致使小民並爲敵讎，猶急征不解弛。率，吕戌反，又力遂反。解，吉隘反。弛，式侈反。【疏】《說文·臥部》云「監，臨下也」，故云「監，臨」。馬訓「稠」爲「數」。案：「數斂」之誼不若「多斂」之誼安，故不用馬訓而訓「多」也。「稠，多」，《說文·禾部》文。馬注見《釋文》。怠者解怠，解怠則廢弛，故云「怠，解弛也」。**辠合于一，多瘠**

罔詔。 膌，才益反，又子益反。宋徐鉉于《説文》曾益十九字，「詔」其一也，則「詔」非許君原書之字矣。鄭注《禮記・禮器》云「詔，或爲紹」，然則古通用「紹」竺，故《説文》不出「詔」字。兹仍作「詔」者，據秦原刻繹山石殘文有云「臣請具刻詔書」，又《倉頡篇》有「幼子奉詔」之文見于《説文解字・敘》，然則「詔」字秦時已有之，是可用矣。**【注】**君臣同惡相濟，故曰「辠合于一」。膌，瘦。詔，告也。浚民之膏，故民多膌，上下並爲威虐，故民无告。瘦，色柚反。浚，私俊反。**【疏】**「膌，瘦」，《説文・肉部》文。「詔，告」，鄭注《周禮・太宰》職有是訓也。云「浚民之膏，故民多膌」者，「浚」謂漉乾之也，浚乾民之脂膏則民膌矣，《國語・晉語》曰「浚民之膏澤以實之」。

商今其有烖，我興受其退。商其淪喪，我罔爲臣僕。 退，蒲話反，正義本作「敗」，兹从《説文》所引。淪，力純反。**【注】**興，起。退，數。淪，率也。商今其有禍烖，我起受其退數之咎，商其淪胥以亡，我无所爲臣僕。言不臣服于它人也。數，户怪反。**【疏】**「興，起」，《釋言》文。「退，數」，《説文・辵部》文。「淪，率」，亦《釋言》文也。云「我起受其敗數之咎」者，言任受其亡國之咎過，則歸己之誼也。

詔王子出迪，我舊云孩子。王子不出，我乃顛隮。 僞孔本「孩」作「刻」、「不」作「弗」，兹从《論衡》所引。**【注】**迪，道也；道，猶「行」也。舊云，舊時之言。蓋帝乙置紂爲嗣時，父師曾有言也，于是紂尚孩提，故曰孩子。告王子其出行，于我舊言此孩子必亡其國。王子不出行，則淪胥以亡，我商家宗祀乃顛隊矣。曾，才夌反。隊，直類反。**【疏】**「迪，道」，《釋詁》文。鄭君箋《黍離》詩云「行，道也。道行，猶行道也」，是「道」、「行」同尒。「迪」既訓「道」，故轉釋之云「道，猶行也」。《釋文》引馬注云「云，言也」，故云「舊云，舊時之言」。《呂氏春秋・當務》篇云：「紂之同母三人，其長曰微子启，其次曰中衍，其次曰受德。受德即紂也，甚少矣。紂母之生微子启與中衍也，尚爲妾。既而爲妻，而生紂。紂之父、紂之母欲置微子启以爲太子，太史據法而争之曰：『有妻之子，不可置妾之子。』紂故爲後。」案：是時父師必在，必與太史争言孩子不可置，此言「舊云孩子」自是追述其時之言，故云「蓋帝乙置紂爲嗣時，父師曾有言也」。云「于是紂尚孩提，故曰孩子」者，蓋初時不立微子爲太子者，以母未貴也，當帝乙欲置微子之時，微子之母貴必未久，紂則生于其母既貴之後，則于時猶是孩提可知矣。「孩」者，《説文》以爲古文「咳」；「咳」，小兒芺也；「提」者，小兒需人提攜也，《孟子・盡心上》云「孩提之僮」，趙岐注以爲「知孩芺，可提襃者」是也。王充《論衡・本性篇》引云「我舊云孩子，王子不出」，且説之云：「紂爲孩子之時，微子睹其不善之性，性惡不出衆庶，長大爲亂不變，故云也。」案：此是父師之言，而云「微子睹其不善之性」，誤矣。且解「不出」爲「性惡不出衆庶」，則是以「王子」爲紂，尤大謬矣。故止从其所引經文而不用其説。**自靖！人自獻于先王，我不顧行遯。**」《釋文》云：「顧，徐音『鼓』。」【注】靖，謀也。王子其自謀哉！人惟返己无慚，可自獻白于先王而已，我則不顧慮而行遯也。靖，或爲「清」。馬融曰：「清，絜也。」絜，紀宜反，俗書加「水」傍，非。【疏】「靖，謀」，《釋詁》文。云「靖，或爲『清』」，《釋文》云馬本作「清」。馬注見《釋文》。訓「清」爲「絜」，蓋謂勸微子自絜其身而去與？姑存以備一證。

《帝告》至《微子》標題凡四百四十三名，注二百八十字，音二十七字，疏百三十四字。

《帝告》逸文七名，疏十字。

《湯征》逸文七十一名，重文三，凡七十四言，注四十五字，音十六言，疏六百三十八字。

《湯誓》經文百四十四名，注三百四十六字，釋音辯字八十四言，疏九百五十四字。

《湯誓》逸文五十五名，重文三，凡五十八言，注百四十八字，釋音辯字五十三言，疏千八十一字。

《仲蘬之誥》逸文五十三名，注百二十二字，音二十三言，疏七百六十六字。

《湯誥》逸篇經文百二十五名，重文一，凡百二十六言，注四十字，音十二言，疏二百六十四字。

《咸有壹悳》逸文二十六名，注八十字，音八言，疏六百三十六字。

《伊訓》逸文四十三名，注二百五十五字，音三十二言，疏千七百六十四字。

《太甲》逸文五十四名，注百八十二字，釋音辯字六十三言，疏七百六十八字。

《般庚》上篇經文五百八十二名，重文一，凡五百八十三言，注千六百三十字，釋音辯字八百九十六言，疏五千一百七十一字。　中篇經文四百六十八名，重文七，凡四百七十五言，注千三百三字，釋音辯字五百九十九言，疏三千八百一十六字。　下篇經文二百二十一名，重文二，凡二百二十三言，注五百八十二字，釋音辯字四百一言，疏二千六十九字。

《般庚》逸文十一名，疏二十九字。

《説命》逸文百八名，重文一，凡百九言，注二百七十七字，釋音辯字百三言，疏千一百一十六字。

《高宗融日》經文八十一名，衍文重一，凡八十二言，注三百三十八字，釋音辯字百三十九言，疏千五百八十八字。

《高宗之訓》逸文八名，重文一，凡九言，注三十七字，音四言，疏三百八字。

《西伯戡黎》經文百二十六名，注三百五十五字，釋音辯字三百六言，疏千六百五十八字。

《微子》經文二百三十五名，重文二，凡二百三十七言，注八百八十八字，釋音辯字七百五十言，疏三千五百一十一字。

尚書集注音疏卷五

吴江徵君聲著

太誓上弟六十一【注】《太誓》上、中、下三篇，孔氏古文亦有之。不在二十四篇逸《書》之數者，以當時列于學官、博士所課，不目之爲逸《書》也，今亡。【疏】知孔氏古文有此三篇者，《漢書·藝文志》云「《尚書》古文經四十六卷，爲五十七篇」，劉向《别録》則云「五十八篇」。案：伏生《書》二十八篇，《般庚》出二篇爲三十，加逸《書》二十四篇爲五十四，加《太誓》三篇則五十七，《别録》依古文《顧命》分出《康王之誥》，故五十八。若無《太誓》三篇則不符其數，故知古文亦有之也。今文本有此三篇，而古文亦有，故云「亦」也。劉向《别録》云「武帝末，民有得《太誓》書于壁内者，獻之。與博士使讀説之，數月皆起，傳以教人」，劉歆《七略》亦云然，是當時《太誓》「列于學官、博士所課」者也。自東晉别有僞作，而是篇遂爲所奪，以至于亡。今采集其遺文各不聯屬，❶不可排次，約略録之，十不存一，故曰「今亡」。

❶「集」，原作「亼」，即「集」字，今改。

周書一

尚書集注音疏卷五　江聲學

維四月，❶太子發上祭于畢，下至于孟津之上。【注】鄭康成曰「四月，周四月也。發，周武王也，卒父業，故稱太子」，「孟津，地名」。聲謂：畢，星名，西方宿也。畢爲天网，主网羅無道之君，故武王將伐紂，上祭于畢，求天助也。宿，息柚反。【疏】經文見《尚書大傳》及《詩·思文》正義。鄭注「四月」至「太子」，《大傳》注也，惟「孟津，地名」句乃此經之注，見《詩·思文》正義。云「四月，周四月也」者，《太誓·敘》云「一月戊午，師渡孟津」，《史記·周本紀》則云「十二月戊午，師畢渡盟津」，是建子之月在商爲十二月，在周爲一月也，然則《太誓》所紀皆是周月，故以此「四月」爲「周四月」，謂建卯之月也。云「發，周武王也，卒父業，故稱太子」者，《坶誓》云「今予發惟恭行天之罰」，是武王名發也；《周本紀》云「武王自稱太子發，言奉文王以伐，不敢自專」，是「太子」之稱爲卒父業故也。《詩·文王有聲·敘》云「武王能廣文王之聲，卒其伐功也」，是武王卒父業之明文也。《周本紀》注引馬融注曰「畢，文王墓地名」，案：經言「上祭」則所祭者在上，非祭文王墓矣，故不用馬注，而以「畢」爲星名，西方白虎宿有畢星是也。《後漢書·蘇竟傳》延岑護軍鄧仲況擁兵據南陽陰縣爲寇，劉龔爲其謀主，竟以書曉龔，其書有云「畢爲天网，主网羅無道之君，故武王將伐紂，上祭于畢，求天助也」，是正説此經之事，故用其誼以説。《毛詩·大東》傳云「畢，所以掩兔也」，《釋天》云「濁謂之畢」，孫炎注云「掩兔之畢或呼爲濁，因

---

❶「四」，原作「三」，今據近市居本及注文改。

名星」，然則星之所以名「畢」正取誼于兔网，故云「畢爲天网」。又《史記・天官書》云「畢曰罕車」，《説文・网部》云「罕，网也」。❶

周公曰：「都，忞哉！予聞古先哲王之格言。」【注】格，當爲「假」；假言，至言也。【疏】此經及下條並引見《周禮・太祝》疏。蓋是篇唐初猶在，賈公彦、孔穎達、顔師古、司馬貞諸人皆及見之，其所偁引皆可信者，故從采之。案：《太祝》疏云「《太誓》云：『周公曰：「都，忞哉！予聞古先哲王之格言。」』以下，『太子發拜首稽首』」，據有「以下」二字，則所引之文上下不聯屬，中必別有文詞矣。今不可考見，姑分其文爲二條，空一格而録之可也。今以此二條次在此者，據下條偁「太子」，❷是未偁王之時，自當在「白魚入舟」之前，而此條又在其上，詳翫經文，自「乃告司徒」云云以下至「白魚入舟」，文似一貫，不可羼入它文，故以此二條列于「乃告司徒」之上、「孟津之上」之下。而未知其于上下文直相承接否，姑皆空一格以別之，以後雜采諸文若不聯屬，輒仿此空一格焉。注云「格，當爲『假』」者，凡《尚書》「假」字唐人輒改作「格」，此據賈公彦引作「格」，推其原文當爲「假」矣。今原文不可考，疑事毋質，故不直改作「假」，但見其誼于注而已。❸《説文・人部》云「假，至也」，故云「格言，至言也」。

太子發拜手稽首。【疏】上疏已具詳，兹無庸疏。

乃告司徒、司

---

❶「网」，原作「冈」，今據近市居本及《説文解字》改。

❷「偁」，原作「稱」，今據近市居本改。下逕改，不一一出校。

❸「已」，原作「以」，今據近市居本改。

馬、司空諸節：❶**「齊栗，信哉！」**齊，夨皆反。❷【注】司徒、司馬、司空，三公官也。馬融曰：「諸節，諸受符節有司也。」【疏】此經見《周本紀》及《尚書大傳》。《大傳》無「齊栗」字，「信哉」作「亢才」，古「才」、「哉」字通，「亢哉」之誼未聞，故從《周本紀》文。注云「司徒、司馬、司空，三公官也」者，《大傳》引此經并偁「傳曰：天子三公：司徒公、司馬公、司空公」，是伏生述舊説如此，❸則是古經師之誼也，故从之以爲説。馬注見《周本紀》注。

予無知，以先祖之有德臣，左右小子予受先公功，畢力賞罰以定厥功于先祖之遺。」豙興師。豙，徐醉反，俗通作「遂」。【注】左右，助也。言我無所知，惟以先祖之臣，勗我小子以定所受于先公之功也。畢，或爲「必」。力，或作「立」。先祖之遺，先祖所留，即先公功也。【疏】此經亦見《尚書大傳》及《周本紀》。二文略有異同：《大傳》「以先祖」下有「先父」字，「先公」下無「功」字，又無「豙興師」三字，兹則从《本紀》文；《本紀》無「左右」字，「小子」在「予」字下，又無「于先祖之遺」五字，兹則从《大傳》文。注云「左右，助也」者，誼具《咎繇謨》疏。云「畢，或爲『必』。力，或作『立』」者，《周本紀》作「畢立」，《大傳》作「必力」，兹擇長而从，而存其異字于注。**師尚父左杖黄戉，右把白旄，以號曰：「蒼兕蒼兕，**❹**總尒衆庶，與尒舟楫，後至者斬！」**父，方武反。杖，直尚反。戉，于伐反，俗作「鉞」，音、誼皆别。兕，徐死反。楫，子聶反。【注】鄭康成

---

❶「節」，原作「凡」，今據近市居本改。下逕改，不一一出校。

❷「夨」，原作「矢」，今據近市居本改。

❸「述」，原作「録」，今據近市居本改。

❹「蒼兕蒼兕」，原作「蒼蒼兕兕」，今據注文改。

曰：「師尚父，文王于磻谿所得聖人吕尚，立以爲大師，號曰尚父，尊之。號，令之軍法重者。」聲謂：師之、尚之、父之，故曰師尚父。杖，持。戉，斧。把，握也。馬融曰：「白旄，犛牛尾。蒼兕，主舟楫官名。」或説：蒼兕者，水中之獸也，時出浮揚，一身九頭，善覆人船。尚父緣河有此異物，因以威衆，欲令急渡，不急渡蒼兕害女。磻，百禾反。令之，力信反。犛，莫交反。覆，方目反。欲令，力仁反。【疏】此經見《史記・齊世家》，《索隱》以爲今文《太誓》。「以號曰」，《齊世家》實作「以誓曰」，據《周本紀》「號曰」而裴駰引鄭注有「號」字之誼，則《太誓》實作「號」可知，故从「號」。鄭注見《詩・大明》正義及《周本紀》注。《尚書中候・雒師謀》云：文王作酆，酆人一朝扶老至者八十萬户。至磻谿之水，吕尚釣崖，王下趍拜曰：「望公七年矣。」《齊世家》云：太公望吕尚者，東海上人。西伯出獵，遇太公于渭之陽，與語，大説，曰：「自吾先君太公曰：『當有聖人適周，周以興。』子真是耶？吾太公望子久矣。」故號之曰「太公望」，載與俱歸，立爲太師。故云「師尚父，文王于磻谿所得聖人吕尚，立以爲太師」也。云「號曰尚父，尊之」者，《毛詩・大明》傳云「尚父，可尚可父」，是「尚父」爲尊之之號也。《説文・人部》云「令，發號也」，是「號」、「令」相類，故云「號，令之軍法重者」，蓋「號」嚴于「令」也。云「師之、尚之、父之，故曰師尚父」者，劉向《別録》文也，見《齊世家》注。云「杖，持」、「戉，斧」、「把，握也」者，《説文・木部》、《戉部》、《手部》文也。馬注見《坶誓》釋文及《齊世家》索隱。云「蒼兕，主舟楫官名」者，以云「總尒衆庶，與尒舟楫」，故以爲主舟楫之官也。「或説」云云，出王充《論衡・是應篇》。其説與馬異，蓋今文家説也，雖近于怪異，姑存之以廣異聞可也。**太子發升舟，中流白魚入于王舟。王跪取，出涘以尞。群公咸曰：「休哉！」**跪，去詭反。涘，鉏史反。尞，力召反，或作「燎」，則別矣。【注】馬融曰：「魚者，介鱗之物，兵象也。白者，殷家之正色。言殷之兵衆與周之象也。」鄭康成曰：「白魚入舟，天之瑞也。魚無手足，象紂無助。白者，殷正色。天意若曰：以殷與武王，當待無助，今尚仁人在位，未可伐也。得白魚之瑞，即變偁『王』，應天命定號也。涘，厓也。王出于岸上，燔魚以祭，變禮也。」聲謂：跪，拜也。尞，柴祭天也。【疏】此經見《詩·思文》正義及《後漢書·杜篤傳》注。馬注見《周本紀》注。《禮記·檀弓》云「殷人尚白」，故云「白者，殷家之正色」。鄭注見《詩·思文》正義。云「今尚仁人在位，未可伐也」者，謂微子、箕子、比干三仁尚在也。鄭知此時三仁尚在者，據《周本紀》先記「白魚入舟」、「火流爲烏」之瑞，乃後説諸侯皆曰「紂可伐矣」，武王曰「未可」，乃還師歸。居二年，聞紂昏亂暴虐滋甚，殺王子比干，囚箕子，太師疵、少師彊抱其樂器奔周，于是武王徧告諸侯，乃東伐紂。是觀兵之時，三仁猶在也。云「得白魚之瑞，即變偁『王』，應天命定號也」者，鄭以《中候·我應》説文王戒武王曰「我終之後，但偁太子。河洛復告，遵朕偁王」，而此經「升舟」偁「太子」，「白魚入舟」之下即云「王跪取」，故以爲得魚即偁王也。緯書之言雖未可深信，顧與此經適相符合，是可據以爲説矣。《釋地》云「涘爲厓」，故云「涘，厓也」。云「燔魚以祭，變禮也」者，祭天之禮本用特牛，茲因受瑞而報祭，即以所得之魚爲牲，是權時之禮，故云「變禮」。云「跪，拜也」、「尞，柴祭天也」者，《説文·足部》、《火部》文。**至于五日，有火自上復于下，至于王屋，流之爲雕，其色赤，其聲魄，五至，以穀俱來。**【注】馬融曰：「王屋，王所居屋。流，行也。雕，鷙鳥也。明武王能伐紂，魄然，安定意也。」鄭康成曰：「五日，尞後日數。王屋，所在之舍上。流，猶變也。雕，當爲雅；雅，烏也。尞後五日而有火爲烏，天報武王以此瑞。《書説》曰：『烏有孝名，武王卒父大業，故烏瑞臻。赤，周之正色。穀，紀后稷之惪。』《禮説》曰：『武王赤烏穀芒，應周尚赤用兵。王命曰爲牟。天意若曰：須假紂五年乃可誅之。』武王即位，此時已三年矣。穀，蓋麰麥也，《詩》曰『詒我來麰』。❶ 鷙，旨利反。數，色主反。雅，衣家反。烏，昷都反。假，移嫁反。牟，莫浮反。【疏】此經及鄭注見《詩·思文》正義。馬注見《周本紀》注及索隱。云「雕，鷙鳥也」者，謂猛鷙疾擊之鳥，象王者誅伐不誼，故云「明武王能伐紂」。云「魄然，安定意也」者，解「魄」之誼爲安定，若言誅紂則天下安定也。鄭云「五日，尞後日數」者，謂燔魚以祭之明日爲一日，數至祭之第六日爲五日也。鄭必知然者，鄭以「五日」是天須夏紂五年之意，一日當一年。文王受命七年而崩，武王踰年即位爲八年，至十三年伐紂是帀五年，至第六年乃爲須夏紂五年，故知此是除尞日數爲五日也。云「王屋，所在之舍上」者，時在師中，未必有屋，故以「舍上」解之，謂軍行舍止之處或設車宮轅門，或爲壇壝宮棘門，若《周禮·掌舍》職所云「會同之舍」，是其上必張帷幕以爲屋，「王屋」指謂此爾，故鄭云「所在之舍上」。馬云「王所居屋」蓋亦謂是，但未見「舍止」之意，不如鄭誼明確也。云「雕，當爲雅；雅，烏也」者，《書大傳》引此經云「有火流于王屋，化爲赤烏，❷三足」，《漢書·董仲舒傳》仲舒對策亦引云「有火復于王屋，流爲烏」；《毛詩·小弁》傳云「鸒，卑居；卑居，雅烏也」，《説文·隹部》云「雅，楚烏也。一名鸒，一名卑居，秦謂之雅」，案：秦，故周地，雅、烏同物異名，當時火流爲烏，周人謂之「雅」爾；「雅」與「雕」偏傍同，容或譌誤，故云「雕，當爲雅；雅，烏也」。引《書説》、《禮説》者，證「天報武王之瑞」實是「烏」非「雕」也。鄭有明據，故不從馬説，其説優于馬矣。《書説》者，據

❶「詒」，原作「貽」，今據近市居本改。

❷「化」，原作「色」，今據近市居本改。

《詩·思文》正義謂是《尚書緯旋機鈐》及《合符后》之文；《禮説》者，《禮緯》也，未聞其書名。緯書皆謂之「説」者，《鄭志》：張逸問：「《禮》注曰『《書説》』，《書説》者，何書也？」鄭答曰：「《尚書緯》也。當爲注時，在文网中，嫌引秘書，故諸所牽圖讖皆謂之『説』。」云「烏有孝名」者，《説文》云：「烏，孝鳥也，象形。□，古文烏，象形。□，象古文烏省。」云「穀，紀后稷之悳」者，《詩》正義引《書説》注云「稷始農稼，今烏銜穀，故云紀之也」。云「天意若曰：須假紂五年，乃可誅之」者，「假」、「暇」、「夏」皆同字，《多方》云「天惟五年，須夏之子孫」，鄭注彼文云「夏之言暇」。天覬紂能改，故待暇其終至五年，欲使復傳子孫。五年者，文王受命八年至十三年也」，是「須假五年」之説也。云「武王即位，此時已三年矣」者，文王受命七年而崩，武王踰年即位爲八年，至此十一年是以時市三年矣。云「穀，蓋麰麥也」者，據《禮説》言「穀芒」，又言「王命曰牟」，「牟」即「麰」之省文，「麰」是穀之多芒者；又《思文》詩云「詒我來麰」，故以「穀」爲麰麥，且引《思文》詩以證。

武王喜，諸大夫皆喜。周公曰：「茂哉茂哉！天之見此以勸之也，恐恃之。」見，弋宴反。❶【注】茂，勉也。天見此瑞以勸，《詩》所謂「上帝臨女」也。恐恃之，言天命不可恃，當敬承之，非所當喜。茂，或爲「復」。【疏】此經見《尚書大傳》注。「茂，勉」，《釋詁》文。云「《詩》所謂『上帝臨女』也」者，所謂《大明》篇文也。鄭箋彼詩云「臨，視也。女，女武王也。天護視女，伐紂必克」，則《詩》意是言天助武王，與此勸武王同意，故引以爲況。云「茂，或爲『復』」者，《漢書·董仲舒傳》仲舒對策引云「周公曰『復哉復哉』」是也。

正卟古，立功立事，可以永年，傳于無窮，丕天之大律。【注】

❶「弋」，原作「父」，今據近市居本改。

叶，考也。鄭康成曰：「丕，大也。律，法也。」【疏】《漢書·郊祀志下》匡衡等奉議引《太誓》曰「正叶古，❶立功立事，可以永年，丕天之大律」，又《平當傳》當上書引《書》云「正叶古，建功立事，可以永年，傳于亡窮」，二文所引上三句同而末句則異，蓋皆《太誓》之文，實一文而引者節之有互異尒。此經當備有其異文，故并合而録之。注云「叶，考也」者，《說文·卜部》云「叶，讀與稽同」，則「叶」、「稽」古今字。《易·履》上九云「視履考詳」，❷虞翻注云「考，稽也」，此經兩見引于《漢書》者實皆作「稽」，兹特从古作「叶」爾，故云「叶，考也」。鄭注見《後漢書·班彪子固附傳》注。「丕，大」、「律，法」，並《釋詁》文。

使上附以周公書，報誥于王，王動色變。【疏】此經見《周禮·太祝》疏，所偁「周公書」今無從考知其爲何語，據《周禮》疏偁「《太誓》得火烏之瑞，使上附以周公書」云云，然則「周公書」其即《大傳》所引「周公曰『茂哉茂哉』」云云與？抑或不止是「茂哉」云云也？據《漢書》所引，「正叶古」云云頗近似「周公書」之言，雖未敢謂必是，亦未可謂必非，姑與「正叶古」云云次「茂哉」云云之下，而以此文又承其下，而各空一格以別之，庶不蹈于勉强牽合之咎也。

八百諸侯，不召自來，不期同時，不謀同詞，皆曰：「受可伐矣。」王曰：「尒未知天命，未可伐。」維丙午，王還師，前師乃鼓拊譟，師乃搯，前歌後舞，極于上天丅地。咸曰：「孜孜無怠。」天將有立父母，民之有政有居。」拊，方庚反。譟，色到反。搯，土匋反。丅，古文「下」。【注】天命武王須夏紂五年，時猶未也，故曰「未可伐」。鼓，擊也。《大

❶「古」，原作「吉」，今據近市居本及經文改。下同此者逕改，不一一出校。

❷「詳」，原作「許」，今據近市居本改。

傳》「拊」爲「䵾」，依字當爲「拊」；拊，形如小鼓，以韋爲之，箸之以糠，《咎繇謨》曰「搏拊」是也。❶譟，讙也。搯者，伏兵刃以習擊刺也，《詩》曰「左旋右搯」。搯，或爲「慆」，鄭康成曰：「慆，喜也。衆大喜，前歌後舞也。」聲謂：極，至也。至于上天下地，讙呼之聲徹上下也。衆皆勸勉武王：毋解怠，天將有立聖悳者爲民父母，民賴有善政得有安凥。䵾，方庚反。箸，之若反。慆，土匋反。解，居隘反。【疏】馬融《書敘》偁：「《太誓》云：『八百諸侯，不召自來，不期同時，不謀同詞。』」《詩·閟宫》正義云：「《太誓》説十一年觀兵孟津之時，八百諸侯皆曰『受可伐』，王曰：『尒未知天意，未可伐。』」《尚書大傳》云：「維丙午，王還師，前師乃鼓䵾譟，師乃慆，前歌後舞。」《詩·大明》正義引《太誓》曰：「師乃鼓譟，前歌後舞，假于上天下地。咸曰：『孜孜無怠。』」《詩譜·敘》正義云：「《太誓》説武王伐紂，衆咸曰：『孜孜無怠，天將有立父母，民之有政有居。』」此經集合諸文而録之。《大傳》「維丙午」云云雖不偁「《書》曰」，據鄭注《周禮》引《書》曰「前師乃鼓䵾譟」，《説文·手部》引《周書》曰「師乃搯」，則《大傳》所云是《太誓》文矣。《史記》曰「諸侯皆曰：『紂可伐矣。』武王曰：『女未知天命，未可也。』乃還師歸」，據此則「未可伐」下當接「維丙午，還師」云云也。注云「天命武王須夏紂五年，時猶未也」者，説具前疏。《説文·攴部》云「鼓，擊鼓也」，故云「鼓，擊也」。云「《大傳》『拊』爲『䵾』，依字當爲『拊』」者，「䵾」、「拊」皆以「付」爲聲，《大傳》云「前師乃鼓䵾譟」者，蓋晚近俗學以「拊」是鼓類，因變文从「鼓」而爲「䵾」爾，《説文》無「䵾」字，則作「拊」爲是，故云「當爲『拊』」。云「拊，形如小鼓，以韋爲之，箸之以糠」者，鄭注

---

❶「搏」，原作「博」，今據近市居本改。

《周禮·太師》職及《禮記·明堂位》皆云然，其説本諸伏生《書大傳》，其由來舊矣。引《咎繇謨》者，據鄭注《咎繇謨》亦云「搏拊，以韋爲之，裝之以糠，形如小鼓」，則彼云「搏拊」正與此「鼓拊」同，故引以證此「𡔷」字當爲「拊」也。《周禮·大司馬》職云「車徒皆譟」，鄭注云「譟，讙也」，且引此經以證，玆云「譟，讙也」，用鄭君《周禮》注誼也。云「謟者，伏兵刃以習擊刺也，《詩》曰『左旋右謟』」者，《説文·手部》文。「《詩》曰」者，《鄭風·清人》詩也，今《毛詩》作「左旋右抽」，葢三家《詩》有作「左旋右謟」者，《説文》所偁引也。云「謟，或爲『慆』」者，《説文》引此作「謟」，《大傳》則云「師乃慆」，葢《大傳》是今文本，《説文》所引則古文，故有異也。鄭注云云，《大傳》注也。《説文·心部》云「慆，説也」，鄭云「慆，喜也」，「喜」、「説」誼同也。「慆」與「謟」雖異字異訓，伏、孔二家其誼均是，故並取之。「極，至」，《釋詁》文。云「天將有立聖悳者爲民父母，民賴有善政得有安凥」者，鄭箋《鴻雁》詩序引此「天將有立父母，民之有政有凥」，彼正義申之云：「言天將有立聖悳者爲天下父母，民之得有善政有安凥。」案：《詩》正義悉宗鄭誼，此條必得鄭恉，❶故取其説而改潤用之。○據正義謂此《太誓》上篇是觀兵時事，中、下二篇是伐紂時事，此以上諸條，❷尋繹其文，則皆觀兵時事也，玆録爲上篇。

周書二

太誓中弟六十二【疏】《太誓》遺文有三條是伐紂時書，玆録爲中篇，并雜采傳記諸子所引《太誓》，而《太誓》亡逸者傳于其後，亦皆不聯屬，約略詮次，區爲中、下二篇云。

---

❶「恉」，原作「指」，今據近市居本改。

❷「以」，原作「與」，今據近市居本改。

司馬在前。【注】肅曰：「司馬，太公也。」【疏】此經及王肅注並見《詩・大明》正義。《逸周書・克殷解》云「武王使尚父與伯夫致師」，然則爲司馬而尸前者當是太公，故用肅注。　**今殷王紂乃用其婦人之言，自絕于天，毁壞其三正，**❶毁，況⿰⺶委反。壞，古外反。【注】馬融曰：「動逆天、地、人也。」　**離逷其王父母弟，**逷，古文「逖」。【注】逷，遠也。鄭康成曰：「王父母弟，祖父母之族。必言母弟，舉親者言之也。」**乃斷棄其先祖之樂，乃爲淫聲，用變亂正聲，台説婦人。故今予發維恭行天罰。**❷**勗哉夫子！**　斷，多管反。台，弋之反。説，余薛反。【注】勗，勉也。鄭康成曰：「夫子，丈夫之偁。」　**不可再，不可三。**【注】再，更舉也。更舉則通前觀兵爲三矣，故曰「不可再，不可三」，言今必誅紂。　觀，古玩反。【疏】自「今殷王紂」以下至此皆《周本紀》文。今采入此經者，彼《本紀》上文明言「武王乃作《太誓》，告于衆庶」，下即接此文，知此是《太誓》文矣。且裴駰采集馬、鄭注以爲注，馬、鄭注則故是《太誓》之注也，則其文爲《太誓》無疑矣。又《漢書・谷永傳》永引《書》曰「乃用其婦人之言，自絕于天」，顔師古注以爲今文《太誓》，舉一以反三，則餘文從同益可知矣。馬融注凡三條，並見《周本紀》注。「三正」者，天、地、人之正道，故馬云「動逆天、地、人也」。「逷，遠」，《釋詁》文。「王父母弟」即從父晜弟與己同祖者，故鄭云「祖父母之族」。云「必言母弟，舉親者言之也」者，謂不曰「從父晜弟」而曰「王父母弟」，是欲以「母弟」見其親也。「勗，勉」，亦《釋詁》文。《周本紀》實作「勉哉

---

❶「正」，原作「世」，今據近市居本及疏文改。

❷「予」，原作「台」，今據近市居本改。

夫子」，茲易爲「勗」者，蓋《史記》録《尚書》輒用訓詁代經文字，故作「勉」爾。據《坶誓》篇有四「勗」字，《史記》録之皆作「勉」，則此文《史記》作「勉」，其在《太誓》原文必實作「勗」可知矣。《説文・夫部》云「夫，丈夫也」，馬融注《論語・學而》云「子者，男子之通偁」，故鄭云「夫子，丈夫之偁」。云「再，更舉也」者，謂此後更舉也，蓋此時已是再舉，故此後更舉通前觀兵爲三矣。爲此解者，欲見經言「不可三」即是「不可再」之意，兩句意實一貫也。**附下而罔上者死，附上而罔下者刑，與聞國政而無益于民者退，在上位而不耐進臤者逐。**與，爰御反。臤，古文以爲「賢」字。【疏】此經見劉向《説苑》第二卷。○自上篇「維四月」以下及此「司馬在前」以下，皆《太誓》遺文，今文、古文皆有之，漢儒皆誦習之，馬、鄭皆爲之注。自東晉僞古文出，别有《太誓》三篇，世無具巨眼人，遂翕然信奉以爲孔壁古文，因目此爲今文，且反疑其僞，以故浸微而至于亡。今采摭其遺文，止此而已，未知得有什之一二否。于是以意定之，約分爲上、中二篇，將更以傳記諸子所引者補于其後焉。觀其遺文，記火流穀至之事，且無諸傳記所引之語，故馬融雖爲之注，不能無疑，今姑備録馬説而辯之于左。馬融《書・敘》曰：「《太誓》後得，案其文似若淺露。又云『八百諸侯，不召自來，不期同時，不謀同詞』，及『火復于上，至于王屋，流爲雕，五至，以穀俱來』，舉火神怪，得毋在『子所不語』中乎？又《春秋》引《太誓》曰『民之所欲，天必從之』，《國語》引《太誓》曰『朕夢協朕卜，襲于休祥，戎商必克』，《孟子》引《太誓》曰『我武惟揚，侵于之畺，則取于殘，殺伐用張，于湯有光』，孫卿引《太誓》曰『獨夫紂』，《禮記》引《太誓》曰『予克紂，非予武，惟朕文考無罪；紂克予，非朕文考有罪，惟予小子無良』，今之《太誓》皆無此語。吾見《書》傳多矣，所引《太誓》而不在《太誓》者甚多，弗復悉記，略舉五事以明之，亦可知矣。」馬此説具正義。聲辯之曰：案融之意，以《太誓》非伏生所傳，故疑之爾，融獨不見伏生之《尚書大傳》乎？《太誓》「維四月，太子發上祭于畢」云云，《大傳》既引其文矣。其所以不傳者，葢生年老，容有遺忘，❶自所得二十八篇之外不能記憶其全故爾。《大傳》引《九共》曰「予辨下土，使民平平，使民無敖」，引《帝告》曰「施章乃服，明上下」，能述其片語而不傳其全文，是其不能記憶之明驗也。然則《太誓》雖不出于伏生，不得謂非秦火以前伏生所臧才桑反。之舊文矣。且《漢書·藝文志》云：「《尚書》古文經四十六卷，爲五十七篇。」計伏生《書》二十八篇，三分《般庚》，則爲三十，加孔氏多出之二十四篇，才五十四，加《太誓》三篇，適五十七，無《太誓》則不符其數。又李顒集注《尚書》于此《太誓》輒引「孔安國曰」，則孔氏古文亦有此篇，安國且作傳矣。而兩漢諸儒備見今文、古文者，未嘗疑《太誓》有今古文之異，然則今文《太誓》同乎古文又可知矣。融獨以其後得而疑之，則五十四篇惡在其可信耶？若其所偁「八百諸侯，不期而會」，則婁敬説高帝嘗言之矣，司馬子長亦録其文于《本紀》矣，不既信而有徵乎？又若「火流爲雕」、「以穀俱來」，斯乃符命之應，猶龜書、馬圖之屬也。孔子繫《易》曰「河出《圖》，洛出《書》，聖人則之」，《論語》記孔子之言曰：「鳳鳥不至，河不出《圖》，吾已矣夫。」然則符瑞之徵，聖人且覬幸遇之，而乃以火流、穀至爲神怪，謂爲「子所不語」，豈通論乎？且《思文》之詩不云乎：「詒我來牟，帝命率育。」即此「以穀俱來」之謂，融亦將㡿《詩》爲誕妄乎？不然，《詩》則信之，《書》則疑之，進退皆無據矣。融又以《書》傳所引《太誓》甚多，而疑此《太誓》皆無有。聲又案：《湯誓》篇傳自伏生，既又出諸孔壁，今文、古文若合符節。而「予小子履敢用玄牡」云云載于《墨子·兼愛》篇，而《湯誓》未有其文，故孔安國注《論語·堯曰》篇不敢質言《湯誓》之文，而云：「《墨子》引《湯誓》，其詞若此。」又《墨子·尚賢》篇引《湯誓》曰「聿求元聖，與之勠力同

❶ 「忘」，原作「亡」，今據近市居本改。

心，以治天下」，而《湯誓》中亦無之，然而謂《湯誓》有逸文可也，謂《湯誓》爲僞書則不可。以此相況，《太誓》亦猶是爾，夫復奚疑哉？ 不獨此也，《大傳》引《般庚》曰「若悳明哉！ 湯任父言，卑應言」，引《毋逸》曰「厥别天子爵」，❶今《般庚》、《毋逸》具在而皆無是言。 經與傳俱出于伏生，不應傳述其文，經反遺其語。 然則伏生既傳之後，歐陽、夏侯遞有師承，猶不能無闕逸，況《太誓》經焚書之餘，百年而出，反怪其有遺逸耶？ 且夫傳記諸書，夫人而見之矣，苟欲僞造必不敢張空拳以自吐其胸臆，并不敢出神奇以駭人之觀聽，直將摭拾典籍以龏補綴，依據誼理以爲干城，以求讎直柚反。 其欺于後世，如彼僞孔氏之所爲矣，安肯故留此間隙以滋後人之議哉？ 蓋惟當時實有其事，史官據事直書而無所顧忌，故有火流、穀至之文。 逮其後遺文殘闕，傳之者謹守殘編而不敢補緝，故無諸傳記所引之語，斯何足怪乎？ 季長之説，吾不謂然，故爲此辯。

紂夷居，不肯事上帝鬼神，棄厥先神祇不祀。 乃曰：「吾有命，毋僇其務。」天亦縱之，棄而弗葆。 居，君御反。 肯，可等反。 僇，力竹反。 縱，子用反。【注】夷居，倨嫚也。 僇，讀爲「勠力」之「勠」，言己有命，不畏鬼神，毋爲勠力于鬼神之務。 《墨子》曰：「此言紂之執有命也，武王以《太誓》非之。」【疏】自此以下雜采傳記及諸子所引，皆漢學官之《太誓》所無者，今以意次其先後而附録焉。 亦各不聯屬，皆空格以别之。 此條則三見引于《墨子》，而字多互異爾。 《墨子·非命上》篇云「于《太誓》曰：『紂夷居，不肯事上帝鬼神，禍厥先神禔不祀，乃曰：「吾民有命，無廖排扁。」天亦縱之，棄而弗葆』」，又《非命中》篇云「先王之書《泰誓》之言然，曰：『紂夷之居，而不肯事上帝，棄厥

---

❶ 「毋」，原作「無」，今據近市居本改。 下《無逸》徑改，不一一出校。

其先神而不祀也，曰：「我民有命，毋僇其務。」天不亦棄縱而不葆』」，又《天志中》篇云「大明之道曰：『紂越厥夷居，不肯事上帝，棄厥先神祇不祀，乃曰：「吾有命，無廖僔務天下。」天亦縱棄紂而不葆察』」。蓋墨子之道爲孟子所譏，其書遂浸微，故至今而字多譌舛，故同一文而每引輒異。今合是三引，各擇其誼理明順者而从録之。注云「夷居，倨嫚也」者，《説文·人部》云「倨，不遜也」，又《尸部》云「居，蹲也」，又《几部》云「凥，處也」，然則三字各異，而此文「夷居」當解爲「蹲居」，而乃云「倨嫚」者，蓋「蹲居」即「倨嫚」之狀，誼實相近，其字亦通。《史記·酈生列傳》云「不宜倨見長者」，《漢書》作「踞見」，❶又《張耳列傳》云「高祖箕倨詈」，《漢書》作「箕踞罵詈」，「踞」即「居」字也，是「居」與「倨」字通矣。此文若解爲「蹲居」則是以形狀言，形狀則時而然時而不然，暫事爾；「倨嫚」則言其心性，心性則有常者也，據言「不肯事上帝鬼神」，則「倨嫚」之解爲允當矣。云「僇，讀爲『勠力』之『勠』」者，《説文·人部》云「僇，癡行僇僇也」，《力部》云「勠，并力也」，又《戈部》云「戮，殺也」，三字誼各異而古者輒假借通用之；成十三年《左傳》云「勠力同心」，孔氏正義本作「戮力」，陸氏《釋文》所據本則作「勠力」，又《史記·項羽本紀》云「將戮力而攻秦」，《漢書·項籍傳》作「勠力」，是「勠」、「戮」字通；而《禮記·太學》云「辟則爲天下僇矣」，《史記》録《甘誓》、《湯誓》之文「奴戮」作「帑僇」，是皆以「僇」爲「戮」，然則亦可以「僇」爲「勠」矣；此文「僇」字必解爲「勠力」，乃與「其務」文相從矣。❷云「毋爲勠力于鬼神之務」者，解「其務」爲鬼神之務也；必爲是解者，《墨子·明鬼》篇云「古者，聖王必與鬼神爲其務」，又云「今執無鬼者曰『鬼神者，固無有』，則此反聖王之務」，此《非

---

❶「踞」，原作「倨」，今據近市居本改。

❷「從」，原作「近」，今據近市居本改。

命》、《天志》引《書》之意與《明鬼》篇大恉略同，且承「不肯事上帝鬼神，不祀先神祇」之文下而云「毋僇其務」，自是謂「毋勠力于鬼神之務」也。❶ 引《墨子》者，《非命中》篇文，是《墨子》説《太誓》之意。 **小人見姦巧，乃聞不言也，發辠鈞。**【注】《墨子》曰：「此言見淫辟不以告者，其辠亦猶淫辟者也。」辟，由益反。【疏】《墨子·尚同下》篇引《太誓》之言然，且説其誼云云，兹引以爲注。案：「發」謂「發覺」也；鈞，同也。言知姦巧之情而匿不以告，比事發覺，則其辠與彼姦巧者同，故云「其辠亦猶淫辟者也」。 **紂有億兆夷人，亦有離悳；余有亂十人，同心同悳。** 億，衣力反。【注】十萬曰億，十億曰兆。一説，萬萬曰億，萬億曰兆。夷人，平民也。 余，我。 亂，治也。 十人，謂文母、周公、太公、召公、畢公、榮公、太顛、閎夭、散宜生、南宫括。 召，上照反。 夭，衣小反，又一䍃反。 散，色但反。【疏】昭二十四年《左傳》引《太誓》文如此。 注云「十萬曰億，十億曰兆」者，「十萬曰億」，《説文·心部》文；《國語·楚語》云「百姓、千品、萬官、億醜、兆民」，以「百」、「千」、「萬」推之，則「億」、「兆」亦皆以十相等，是十萬爲億，十億爲兆也。 云「一説，萬萬曰億，萬億曰兆」者，《毛詩·豐年》傳云「數萬至萬曰億」，鄭注《禮記·内則》云「萬億曰兆」。 億、兆之數有異説者，韋昭注《楚語》云「十萬曰億，古數也，今人乃以萬萬爲億」，是舊有此二種之數，故先儒説有不同，于此經當兼是二説，誼乃完備。《釋詁》云「夷，平也」，億、兆是民數，故云「夷人，平民也」。 杜預注《左傳》乃以「夷」爲「四夷」，案：商紂暴虐，中夏且叛之，安得有四夷？ 杜解非也。「余，我」、「亂，治」，並《釋詁》文。 云「十人，謂文母、周公、太公、召公、畢公、榮

❶「勠」，原作「僇」，今據近市居本改。

公、太顛、閎夭、散宜生、南宮括」者，《論語・泰伯》篇引武王曰「予有亂十人」，即此文也。彼文既引此，而又記孔子之言曰「有婦人焉，九人而已」，故馬、鄭注彼文皆以文母備十人之數，玆即用彼注以爲注。案：《毛詩・敘》云「《卷耳》，后妃之志也。又當輔左君子，求賢審官，知臣下之勤勞」，則文母之内治，所以左文王治理周家者至矣，故十人數及之。《論語》釋文云「予有亂十人，本或作『亂臣十人』，非」，然則古《論語》本無「臣」字。子惠子曰：「古文《論語》、《左傳》皆無『臣』字，故馬、鄭皆以文母與十人之數。晉人無識，輒增『臣』字，宋人遂疑『婦人』爲邑姜，失之甚矣。」　**天眂自我民眂，天聽自我民聽。**　眂，古文「視」。【注】趙岐曰：「自，从也。言天之眂聽从人所欲也。」【疏】《孟子・萬章》篇引《太誓》文如此，注「趙岐曰」者，即用《孟子》注也。　**民之所欲，天必从之。**【疏】《左傳》襄三十一年及昭元年再引《太誓》文如此，《國語・周語》及《鄭語》亦再引《太誓》，文同。韋昭注《國語》云：「今《周書・太誓》無此言，其散亡乎？」杜預注《左傳》亦云：「今《尚書》無此文。」案：此文與《孟子》所引「天眂自我民眂」云云語意一貫，文當相屬，然終不敢必，今以此二文相次比，而姑空一格以區之。

朕㝱協朕卜，襲于休祥，戎商必克。　㝱，莫朋反，俗作「夢」，乃别爲一字。【注】韋昭曰「朕，武王自謂也。協，合也。襲，亦合也。休，美也。祥，福之先見者也。戎，兵也。言武王㝱與卜合，又合美善之祥，以兵伐殷當必克之。」見，夷宴反。【疏】《國語・周語》單襄公引《太誓》文如此，注「韋昭曰」者即用《國語》注也。「協」之訓「和」，「襲」誼爲「重」，故皆爲「合」也。「休，美」，《釋詁》文。《禮記・中庸》云「國家將興，必有禎祥」，故云「祥，福之先見者也」。「戎商」猶《中庸》言「戎衣」，鄭注《中庸》云：「戎，兵也。衣，讀如殷，齊人言殷聲如衣。壹戎殷者，壹用兵伐殷也。」韋于此注云「戎，兵也」，「以兵伐殷」，與鄭注《中庸》義同。　**文王若日若**

月，乍照光于四方，于西土。【注】《墨子》曰：「即此言文王之兼愛天下之博大也，譬之日月，兼照天下之無有厶也。」厶，息咨反，俗作「私」，則別矣。【疏】《墨子·兼愛下》篇引《太誓》文而説其誼云云。❶ 茲從采經文，即用其説以爲注。

予克紂，非予武，惟朕文考無辠；紂克予，非朕文考有辠，惟予小子無良。【注】鄭康成曰：「克，勝也。非予武，非我功也。文考，文王也。無辠，則言有悳也。無良，無功善也。」【疏】《禮記·坊記》篇引《太誓》文如此，鄭注以爲此武王誓衆以伐紂之詞，今《太誓》無此章，則其篇散亡。注「鄭康成曰」者，即《坊記》注也。「克，勝」，《釋詁》文。

太誓下弟六十三【疏】凡四條皆似在誅紂之後，故緝以爲下篇。

周書三

惡乎君子，而有顯悳，其行甚章，爲鑑不遠，在彼殷王。謂人有命，謂敬不可行，謂祭無益，謂暴無傷。上帝不常，九有以亡，上帝不順，祝降其喪。惟我有周，受之大帝。惡，威都反。其行，下孟反。喪，色宕反。【注】《墨子》曰：「昔者，紂執有命而行，武王爲《太誓》，去發以非之。」❷【疏】《墨子·非命下》篇云「《太誓》之言也，于去發曰『惡乎君子』云云」，且説其誼曰：「昔有紂執有命而行，武王爲《太誓》，去發以非之。」所云「去發」不可考，以其偁《太誓》之言，故録之，且引其説以爲注。「昔有」，字疑誤，以意改爲「昔者」。

❶「云云」，原不重，今據近市居本補。

❷「去」，原脱，今據近市居本及《墨子》補。

獨夫紂。【注】紂殘虐，衆叛親離，故曰「獨夫」。《孟子》曰：「殘賊之人謂之一夫。」獨夫，猶一夫也。【疏】《荀子・議兵篇》引《太誓》文止此一句，姑亦録之。注引「《孟子》曰」者，《梁惠王下》篇文也。彼文齊宣王問：「湯放桀，武王伐紂，臣弒其君可乎？」孟子對曰：「殘賊之人謂之一夫。聞誅一夫紂，未聞弒君。」則《孟子》所云「一夫」正指謂紂，故引以證。**紂有臣億萬人，亦有億萬之心，武王有臣三千而一心。**【疏】《管子・法禁》篇引《太誓》文如此，與《左傳》所引相似。然據《論語》稱「武王曰『予有亂十人』」，則《左傳》所引是武王誓師之言，此言「武王有臣三千而一心」，則是史臣贊美武王，蓋在既誅紂後。且「有臣三千」與「有亂十人」不同，自是兩文，故以分列于中、下二篇焉。案：《孟子・盡心》篇稱武王伐殷，「虎賁三千人」，則此「有臣三千」謂「虎賁」也。**我武惟揚，侵于之畺，則取于殘，殺伐用張，于湯有光。**「畺」與「疆」同。【注】趙岐曰：「我武王用武之時，惟鷹揚也。侵紂之畺畔，則取于殘賊者，以張殺伐之功也。民有簞食壺漿之歡，比于湯伐桀爲有光。寵美武王悳優前代也。」鷹，衣夌反。簞，多安反。食，祥吏反。【疏】《孟子・滕文公下》篇引《太誓》文如此，似當在《太誓》篇終，今以列于下篇之末。注「趙岐曰」者，即《孟子》注也。云「我武王用武之時，惟鷹揚也」者，《毛詩・大明》傳云：❶「鷹揚，如鷹之飛揚也。」云「民有簞食壺漿之歡」者，彼《孟子》上文言「其君子實玄黃于匪，以迎其君子。其小人簞食壺漿，以迎其小人」，其下乃引此經以證，故趙是云嗞。❷

---

❶ 「傳」，原作「篇」，今據近市居本改。

❷ 「嗞」，原作「然」，今據近市居本改。

坶誓弟六十四

周書四　尚書十

時甲子昧爽，【注】昧爽，旦明也。鄭康成説以《詩》曰：「肆伐大商，會朝清明。」【疏】「昧爽，旦明也」者，《説文・日部》文。昧，闇也；爽，明也；由闇而明之時，故曰「旦明」也。鄭注引《詩》者，《大明》篇文。案：鄭箋《大明》詩云「肆，故今也。會，合也。以天期已至，兵甲之彊，師帥之武，故今伐殷，合兵以清明。《書・坶誓》曰『時甲子昧爽』云云」，葢鄭以《詩》言「清明」即此經「昧爽」，故箋《詩》引此經，而于此亦引《詩》交相爲證。又案：鄭注此經必先解「昧爽」之義，乃後引《詩》以證，但《大明》正義止偁鄭注《坶誓》引《詩》，不具引鄭注，今不得詳聞其注，故不云「鄭康成曰」而變文言「鄭康成説以《詩》曰」云云，若鄭注《考工記・繢人》稱「鄭司農説以《論語》曰『繪事後素』」。**王朝至于商郊坶壄，乃誓。**坶，蒙六反，正義本作「牧」，字別矣，依《説文》作「坶」，僞古文亦作「坶」。【注】坶，朝歌南七十里地。鄭康成曰：「郊外曰壄。將戰于郊，故至坶壄而誓。」【疏】云「坶，朝歌南七十里地」者，《説文・土部》文。朝歌，紂所都地名也。鄭注見正義。「郊外曰壄」，壄，古「野」字也。案：《釋地》云「郊外謂之牧，牧外謂之野」，玆云「郊外曰壄」者，《毛詩・坰》傳云「坰，遠野也」，又云「郊外曰野，野外曰林，林外曰坰」，是郊外可通偁「野」矣。杜子春注《周禮・載師》職云「五十里爲近郊，百里爲遠郊」，鄭注《君陳・敘》亦云「天子之國，五十里爲近郊」，坶在朝歌南七十里，是在遠郊之内、近郊之外，經言「至于商郊坶壄」，故鄭云「郊外曰壄」。**王左杖黄戉，右秉白旄以攠，**攠，許爲反，从手靡聲，俗書「麻」下箸「毛」，非。【注】秉，執也。攠，指攠也。【疏】「秉，執」，《釋詁》文。《説文・手部》云「攠，旌旗所以指攠也」，故云「攠，指攠也」。曰：「逷矣，西土之人！」【注】逷，遠也。【疏】《釋詁》文。王曰：「嗟！我友邦冢君，【注】天子有友諸侯之誼，故偁「友邦」。馬融曰：「冢，大也。」【疏】《周禮·大宗伯》職云「以賓射之禮親故舊朋友」，鄭注云「天子亦有友諸侯之誼」，且引此經以證。兹云「天子有友諸侯之誼，故曰『友邦』」，用《周禮》鄭注誼也。馬注見《周本紀》注。「冢，大」，《釋詁》文。御事：司徒、司馬、司空，亞旅、師氏、千夫長、百夫長，長，中賞反。【注】御，治也。治事之臣，總目司徒以下。亞，次。旅，衆也。謂次于公之衆卿。師氏，中大夫也，《周禮》屬地官。凡軍旅，王舉則從，葢周先時本有是官，周公因之者也。鄭康成曰：「千夫長，師帥也。百夫長，旅帥也。」下，行嫁反。從，才用反。帥，色類反，或省作「率」，亦作「帥」。【疏】鄭箋《思齊》詩云「御，治也」，且引《書》「越乃御事」以證，故云「御，治也」，以「御事」爲「治事」之臣也。案：伏生《書傳》以《太誓》「司徒」、「司馬」、「司空」爲天子三公，則此司徒、司馬、司空當與之同，亦三公矣。三公無職，而云「御事之臣，總目司徒以下」者，葢三公平時坐而論道無所職司，今在軍中，不無所治，且司馬掌兵，軍旅乃其所專司也，故以「御事」爲「總目司徒以下」也。「亞，次」，❶《釋言》文。「旅，衆」，《釋詁》文。司徒、司馬、司空既是三公，則亞旅是次于公者，自是卿矣，故云「謂次于公之衆卿」。云「師氏，中大夫也，《周禮》屬地官」者，《周禮》「教官之屬」有「師氏」職，「中大夫一人」，「教官」是地官也。云「凡軍旅，王舉則從」者，《師氏》職云「凡祭祀、賓客、會同、喪紀、軍旅，王舉則從」，鄭注云「舉，猶行也」，兹但云「軍旅」者，以「祭祀」之等與此經無當，故節引其文以證王親自

❶「次」，原作「旅」，今據近市居本及注文改。

行軍則師氏從也。云「蓋周先時本有是官，周公因之者也」者，《周禮》是後此周公攝政時所作，而此經已有師氏從武王伐紂，是周初本有師氏官，君行則從者；其後周公作《周禮》有「師氏」官，有「王舉則從」之職，是亦襲先時之制也。鄭注見正義。《周禮・夏官》敘官云「二千有五百人爲師，師帥皆中大夫。五百人爲旅，旅帥皆下大夫」，故鄭以「千夫長」爲師帥、「百夫長」爲旅帥。千夫、百夫皆不必限定一千、一百之整數。《周禮》又有「百人爲卒」之文，王肅據之而以「百夫長」爲卒長，其「千夫長」則以爲師長，何不限定一千人之長乎？肅誼非也。**及庸、蜀、羌、髳、微、纑、彭、濮人，**羌，去羊反。髳，莫包反。纑，洛乎反。正義本改作盧，❶兹从《史記》。濮，百木反。【注】八國皆戎蠻之國。馬融曰：「武王所逹，將來伐紂也。」戎，如融反，隸省作「戎」。逹，所律反，俗省作「率」，又通作「帥」。將，即匠反。【疏】云「八國皆戎蠻之國」者，謂西戎、南蠻也。文十六年《左傳》云「庸人帥群蠻以伐楚」，則庸是南蠻。❷《漢書・司馬相如傳》相如使，蜀長老多言通西南夷之不爲國用，則蜀在西南。《説文・羊部》云「羌，西戎牧羊人也」。《後漢書・西羌傳》稱「武王伐商，羌、髳率師會于坶野」，言「羌、髳」，則髳亦西戎矣。❸微、纑見《立政》篇，彭則無聞，此三國皆未詳其所在。案：周國于西而化行于南國，則彼從于周者，其爲西戎、南蠻可知。《逸周書・王會解》「正南之國有百濮」，又《國語・鄭語》史伯曰「赤逃難于濮而蠻」，則濮亦南蠻國，故知八國皆戎、蠻也。馬注見《周本紀》注。**爯尒戈，比尒干，立尒矛，予其誓。」**爯，尺夌反，

❶「義」，原作「誼」，今據近市居本改。
❷「庸」，原作「戎」，今據近市居本及注文改。
❸「髳」，原作「羌」，今據近市居本改。

俗通作「稱」、「偁」，皆別也。比，平費反。【注】爯，舉也。戈，勾孑戟也。比，相次比也。干，盾也。矛，酋矛。勾，果侯反。戟，几逆反。盾，食㞋反。酋，夕修反。【疏】《説文・冓部》云「爯，并舉也」，故云「爯，舉也」。俗通用「偁」爲「爯」，故《釋言》云「偁，舉也」，是从俗而別也。云「戈，勾孑戟也」者，鄭注《考工・冶氏》云：「戈，今勾孑戟也。或謂之雞頭，或謂之擁頸。」云「比，相次比也」者，《説文・比部》文。《釋言》云「干，捍也」，孫炎注云「干，盾，所以自蔽扞」，故云「干，盾也」。《公羊》昭二十五年傳云「朱干玉戚，以舞大夏」，何休注云：「干，盾也，以朱飾盾。」《周禮・考工記》有「酋矛」、「夷矛」，此云「矛，酋矛」，不及「夷矛」者，《考工記》言車有六等之數，「酋矛常有四尺，崇于戟四尺，謂之六等」，斯最崇矣，「夷矛三尋」，太長，不與「六等」之數，是兵車不建夷矛，則此止是酋矛矣。**王曰：「古人有言曰：『牝雞無晨。牝雞之晨，維家之索。』**牝，步匕反。晨，食珍反，从臼、辰，俗作「晨」，音同而誼別矣。【注】雞，知時畜也，當晨而鳴，牝雞則否。喻婦人無男事也。索，猶「散」也。畜，吸柚反。【疏】云「雞，知時畜也」者，《説文・隹部》文。❶云「當晨而鳴」者，《易・説卦》云「巽爲雞」，《九家注》云「應八風也。風應節而變，變不失時。雞，時至而鳴，與風相應也。二九十八，主風精爲雞，故雞十八日剖而成雛。二九順陽厤，故雞知時而鳴也」，又《春秋説題詞》云「雞爲積陽，南方之象，火陽精物炎上，故陽出雞鳴，以類感也」。云「牝雞則否」者，《漢書・五行志》云「元帝初元中，丞相府史家雌雞伏子，漸化爲雄，冠距鳴將」，是化爲雄乃鳴，牝雞不晨鳴也。云「喻婦人無男事也」者，《漢書・外戚傳》班倢伃賦云「悲晨婦之作戒

❶ 「隹」，原作「雞」，今據近市居本改。

兮」，張晏注云「《書》云『牝雞之晨，維家之索』，喻婦人無男事也」，兹用其誼。云「索，猶『散』也」者，鄭注《禮記・檀弓》誼也。**今商王紂惟婦言是用**，紂，僞孔本作「受」，《史記》作「紂」。案：《太誓》引見《左傳》曰「紂有億兆夷人」，引見《禮記》曰「予克紂」，又曰「紂克予」，引見《荀子》曰「獨夫紂」，引見《管子》曰「紂有臣億萬人」，僞孔氏取以入其所爲之《太誓》，悉改作「受」，然則此文亦僞孔氏改作「受」爾，《史記》作「紂」，必是《尚書》本字，兹故从「紂」。【注】婦，謂妲己也。《史記》曰「妲己之言是从」。妲，多達反。己，吉里反。【疏】云「婦，謂妲己也」者，妲，字；己，姓也。《國語・晉語》云：「史蘇曰：『殷辛伐有蘇，有蘇氏以妲己女焉。妲己有寵，于是乎與膠鬲比，而亡殷。』」引《史記》者，《殷本紀》文，以證「婦」之謂妲己也。**昏棄厥肆祀不答，昏棄厥遺王父母弟不迪**。不答，僞孔氏作「弗答」，兹从《史記》。答，多合反。【注】鄭康成曰「肆祀，祭名」，「答，問也」，「誓首言此者，神怒民怨，紂所以亡也」。聲謂：迪，進也。言不登進之。今文「王」爲「任」。【疏】鄭注云「肆祀，祭名」者，見《詩・雝》正義。案：《雝》詩云「相予肆祀」，鄭箋云「助我陳祭祀之饌」，是解「肆」爲「陳」，與此不同者，彼《詩》正義引此注而通解之云：「祭必肆之，故言肆祀。《尚書》指言紂之所棄，故知祭名。此言所助，是其爲肆，故不以爲祭名。」理亦相通也。「答，問也」句見《周本紀》注，「不答」是謂置之不問，故解「答」爲「問」。「誓首」以下見正義。「迪，進」，《釋詁》文。云「言不登進之」者，《史記》云「遺其王父母弟不用」，「不登進」即「不用」也。云「今文『王』爲『任』」者，蔡邕石經作「任父母弟不迪」，「任」蓋字之誤，姑存其字于注而不用其誼。**乃惟四方之多辠逋逃，是崇是長，是信是使，是以爲大夫、卿士，俾暴虐于百姓，以姦宄于商邑**。逋，百乎反。長，中賞反。【注】逋，亡。崇，尊也。崇，或爲「宗」；宗，亦「尊」也。尊長逃亡之辠人，而信使之，以爲大夫、卿士，使暴虐百姓，爲姦宄于商國。邑，國也。《春秋傳》曰「紂爲天下逋逃主」。【疏】「逋，亡」，《説文・辵部》文。宣十二年《左傳》云「師叔，楚之崇也」，謂楚之尊貴者，故云「崇，尊也」。《漢書・谷永傳》永對尚書問引此經作「是宗是長」，故云「崇，或爲『宗』」。《禮記・檀弓》云「天下其孰能宗予」，鄭注云「宗，尊也」，兹承「崇，尊」之訓，故云「宗，亦『尊』也」。「邑，國」，《説文・邑部》文。「商邑」，《史記》作「商國」，故解「邑」爲「國」。引《春秋傳》者，昭七年《左傳》文也。藏匿逋逃之辠人，若爲其主人然，傳所云「爲天下逋逃主」正此經崇長逋逃多辠之事，故引以證焉。**今予發惟恭行天之罰。今日之事，不愆于六步、七步，乃止齊焉。**愆，起虔反。【注】愆，過也。鄭康成曰：「玫整玫暇，用兵之術。」玫，火導反。【疏】「愆，過」，《釋言》文。籀文「愆」作「諐」，《釋言》作「諐」，从籀文也。鄭注見《詩・大明》正義。成十六年《左傳》欒鍼曰：「日臣之使于楚也，子重問晉國之勇，臣對曰：『玫以衆整。』曰：『又何如？』臣對曰：『玫以暇。』」是用兵貴整齊閒暇，故云「玫整玫暇，用兵之術」。「玫暇」解經「止」字，「玫整」解「齊」字也。**夫子勗哉！**【注】勗，勉。【疏】《釋詁》文也。**不愆于四伐、五伐、六伐、七伐，乃止齊焉。**【注】「六伐七伐」，衍字也。鄭康成曰：「伐，謂擊刺也。始前就敵，六步、七步當止齊，正行列。及兵相接，少者四伐，多者五伐，又當止齊，正行列也。」行，何岡反。【疏】云「『六伐七伐』，衍字也」者，鄭注《禮記・樂記》引此文云「不過四伐、五伐」，又《曲禮》正義及《樂記》正義引此經皆無「六伐七伐」字，且鄭注此云「多者五伐」，則不合有「六伐七伐」，可見鄭本古文《尚書》實無「六伐七伐」字。但《史記》及蔡邕石經皆有此四字，故不敢削去，姑存之而曰爲「衍字」可也。鄭注見《禮記・曲禮》正義。云「伐，謂擊刺也」者，擊用戈、刺用矛也，鄭注《樂記》云「一擊一刺爲一伐」。案：《周禮・大司馬》職云「徒三刺」，此言「四伐五伐」，不同者，彼是大閱，此謂臨陳，故有異也。**勗哉夫子！尚狟狟，**狟，胡官反，正義本作「桓」，兹从《説文》所引。【注】鄭康成曰：「狟狟，威武貌。」【疏】注見《周本紀》注。云「狟狟，威武貌」者，《釋訓》云「狟狟、烈烈，威也」，❶《詩・敘》云「桓，❷武志也」，「狟」、「桓」字通也。**如虎如貔，如熊如羆。**貔，貧夷反。【注】鄭康成曰：「其威當如獸之將攫搏也。貔，一名曰豹，虎類也。」聲謂：今文曰「如虎如貔，如豺如离」，歐陽喬説：「离，猛獸也。」攫，居縛反。离，丑宜反。【疏】鄭注見《曲禮》正義。云「貔，一名曰豹，虎類也」者，《説文・豸部》云「貔，豹屬，出貉國」，《字林》云「豹，似虎，貝文」，然則貔是豹之種類，豹又爲虎類，則貔亦虎類矣。云「今文曰『如虎如羆，如豺如离』」者，《史記》曰「如虎如羆，如豺如離」，徐廣《音義》曰「離與螭同」，《文選・西都賦》注引歐陽《尚書》説曰「螭，猛獸也」。檢《尚書》二十八篇未有「螭」字，歐陽何由有是説？據《史記》「如離」之文則必歐陽《尚書》作「螭」而爲是説，歐陽《書》故是今文也。若然今文作「螭」，兹引今文作「离」者，《説文》「螭」與「离」自是兩字，後學輒混用「螭」以爲「离」字，故《史記音義》及《文選》注皆作「螭」，《説文・内部》引歐陽喬説「离，猛獸也」，即《文選》注所引「歐陽《尚書》説」是也，字當以《説文》爲正。據《説文・虫部》，「螭，若龍而黃，或曰，無角曰螭」，則非此經所云也，兹故從「离」。案：《漢書・儒林傳》歐陽氏無名「喬」者，歐陽和伯之曾孫名高，爲博士，繇是《尚書》有歐陽氏學，「歐陽喬」當即歐陽高，喬、高字相似，音、義

---

❶ 「訓」，原作「詁」，今據近市居本改。

❷ 「桓」上，原衍「狟」字，今據近市居本删。

又俱相近，兩字可通也。**于商郊，弗禦克奔，以役西土。**禦，僞孔本作「御」，解爲「迎」，衛包承詔改《尚書》字，遂于正義本改「御」爲「迓」，大謬矣。《釋文》云「馬作『禦』」。案：《史記》亦作「禦」，據鄭注則鄭本亦作「禦」，兹故从「禦」。【注】于，往也，坶在紂都近郊之外，故言「往商郊」。❶鄭康成曰：「禦，彊禦，謂彊暴也。克，殺也。不得暴殺紂師之奔走者，當以爲周之役也。」【疏】「于，往」，鄭箋《棫樸》詩誼也。云「坶在紂都近郊之外，故言『往商郊』」者，天子之國五十里爲近郊，坶去紂都七十里，是在近郊之外矣。言此者，以上文言「至于商郊坶野」似坶即在郊，而此又言「于商郊」，故特明此是指近郊，上文「商郊坶野」乃是遠郊，近郊之間，通可云「郊」也。案：《敘》云「與受戰于坶野」，則戰時未至近郊。此訓「于」爲「往」，言「往商郊」者，蓋紂師既至坶野逆戰，故即戰于坶野，此誓師之時紂師未至，武王本欲前進至近郊，故言「往商郊」，與《敘》文不相妨也，鄭于上文注云「將戰于郊，故至坶野」，而誓亦謂武王欲至近郊而戰也。鄭注見《周本紀》注。云「禦，彊禦，謂彊暴也」者，《毛詩·蕩》傳云「彊禦，彊梁禦善也」，「彊梁禦善」是彊暴矣。《釋詁》云「殺，克也」，《公羊》隱元年傳云「克之者何？殺之也」，故云「克，殺也」。**勗哉夫子！尒所弗勗，其于尒躬有戮。」**【注】鄭康成曰：「所，言且也。」【疏】注見《周本紀》注。云「所，言且也」者，「所」、「且」皆語詞，故解「所」之爲「言且也」。

武成弟六十五【注】孔氏逸《書》二十二，❷今亡。鄭康成曰：「《武成》，逸《書》，建武之際亡。」【疏】鄭

❶「郊」，原作「都」，今據近市居本及疏文改。
❷「氏」，原作「是」，近市居本亦誤作「是」，今據前文詞例改。

注見正義。「建武」者，東漢光武皇帝年號也。「建武之際亡」，然則鄭君不及見乎？

周書五

維一月壬辰，旁死霸，若翼日癸巳，武王乃朝步自周，于征伐紂。旁，鋪光反。霸，鋪百反，俗作「魄」，非其誼矣。【注】一月，斗柄初昏，建子之月，殷之十二月，在周爲正月也。不言「正月」者，時未改正朔，故但以數紀，言「一月」也。壬辰，初二日也。旁死霸，月偏體皆暗也。月三日爲哉生霸，故二日爲旁死霸也。翼日，明日也。周，鎬京也。鎬，禾槀反。【疏】云「一月，斗柄初昏，建子之月」者，謂北斗之柄于初昏時正指北方子位，是爲建子之月，周正建子，則以是月爲歲首，知經言「一月」謂是月矣。云「殷之十二月」者，商正建丑，則建子之月是其十二月矣。云「不言『正月』者，時未改正朔，故但以數紀，言『一月』也」者，既是建子，則是月爲正月矣，茲不言「正月」而言「一月」，故決之云以「未改正朔」故也。蓋改朔必待既定天下之後，此時猶未以建子之正朔頒于天下也。云「壬辰，初二日也」者，以下云「二月既死霸，粤五日甲子」，則二月庚申朔也，逆而推之，是月月小，則辛卯朔，故「壬辰」爲初二日也。云「旁死霸，月偏體皆暗也」者，《逸周書·世俘解》曰「旁生霸」，孔鼂注云「旁，廣大。月大時也」，「旁生霸」既是月大盛滿之時，則「旁死霸」自是偏體皆暗不可見之時矣。云「月三日爲哉生霸」者，《禮記·鄉飲酒誼》云「月者，三日則成霸」，又《康誥》「哉生霸」馬融注云「謂月三日始生兆朏，名曰霸」是也。月三日爲生之始，則二日爲死之極，故云「故二日爲旁死霸也」。劉歆解「旁」爲「傍」，謂「死霸」爲朔二日旁之，韋反古誼，其説非也。《釋言》云「翼，明也」，故云「翼日，明日也」。《文王有聲》詩云「宅是鎬京，維龜正之，武王成之」，則武王是時必自鎬京往，故云「周，鎬京也」。**粤若來，二月既死霸，粤五**

日甲子，咸鐂商王紂。【注】若，猶「而」也。「粵若來」者，于是而來也。月晦爲死霸，既死霸，❶朔也，是月庚申朔。鐂，殺也。【疏】鄭注《周禮・旅師》云「而，讀爲若，聲之誤也」，則「若」與「而」聲相近也；又《儀禮・鄉飲酒禮》云「公如大夫入」，鄭注「讀如爲若」；隱七年《左傳》云「歃如忘」，《釋文》引服虔注云「如，而也」；然則「若」與「如」、「如」與「而」、「而」與「若」皆同誼，故云「若，猶『而』也」。月明生爲生霸，則明盡爲死霸，晦則明盡，故云「月晦爲死霸」。「既死霸」則是晦之次日，故云「朔」也。云「是月庚申朔」者，據言「粵五日甲子」，以逆推此「既死霸」是庚申朔矣。「鐂，殺」，《説文・金部》文。**維四月既旁生霸，粵六日庚戌，武王尞于周廇。翼日辛亥，祀于天位。粵五日乙卯，乃以庶國祀馘于周廇。**廇，古文「廟」。馘，古麥反，與「聝」同。【注】旁生霸，月盛滿時，謂朢也。既旁生霸，猶既朢也，是日乙巳，于甲乙當爲十七日，蓋是月十六日朢也。庚戌，二十二日也。庚戌，尞于周廟，獻紂及紂妻之馘也。馘，所俘獲者之首也。乙卯，祀馘，獻庶馘也。俘，方枹反。【疏】云「旁生霸，月盛滿時，謂朢也」者，誼具上疏。「朢」者，月滿與日相朢，以朝君也，故从月从臣从壬，俗輒作「望」，非也。云「既旁生霸，猶既朢也」者，猶《召誥》言「二月既朢」也。云「是日乙巳」者，據言「粵六日庚戌」，知此日是乙巳矣。云「于甲乙當爲十七日」者，劉歆《三統曆》謂「是歲二月後有閏月。二月庚申朔，閏月庚寅朔，三月己未朔，四月己丑朔」，知然者，以上文月日推之，若無閏月則四月不得有庚戌，故知信有閏月，四月是己丑朔當不誤也。準此己丑朔以推，則乙巳是十七日矣。云「蓋是月十六日朢也」者，

❶「既」，原脱，今據近市居本及疏文補。

蓋日月之行皆有遲速，故日月相望或在十五日，或在十六日，此「既旁生霸」本應十六日，今以甲乙推此乙巳乃是十七日，容或望在十六日，故十七日爲既旁生霸也。準此以推，則庚戌是二十二日矣。云「庚戌，尞于周廟，獻紂及紂妻之馘也」、「乙卯，祀馘，獻庶馘也」者，《逸周書·世俘解》云「時四月既旁生霸，粤六日庚戌，武王朝至，尞于周：『維予沖子綏文。』武王降自車，乃俾史佚繇書于天號，武王乃廢于紂矢惡臣人百人，伐右厥甲小子鼎，大師伐厥四十夫家君鼎，帥司徒、司馬初厥于郊號。武王乃夾于南門用俘，皆施佩衣衣，先馘入。武王在祀，太師負商王紂懸首白旂、妻二首赤旂，乃以先馘入，尞于周廟。若翼日，辛亥，祀于位，用龠于天位。粤五日乙卯，武王乃以庶祀馘于國周廟」，是其事也，故據以爲説。《毛詩·皇矣》傳云「不服者殺，而獻其左耳，曰馘」，《禮記·王制》云「以訊馘告」，鄭注亦以「馘」爲「耳」，此云「馘，所俘獲者之首也」者，蓋或首或耳皆爲馘，故「馘」字亦作「聝」，或从耳或从首，此經據《世俘解》則「馘」是「首」，故言首也。以上經文並據劉歆《三統曆》所引，見《漢書·律麻志》。**血流浮杵。**杵，昌吕反。【疏】此經引見王充《論衡·語增篇》。

鴻範弟六十六

周書六　尚書十一

維十有三祀，王訪于箕子。【注】汎謀曰訪。箕子，紂諸父，名胥餘。箕，采地名，在畿内。子，爵也，異畿内謂之子。《大傳》曰：「武王勝殷，繼公子禄父，釋箕子之囚。箕子不忍爲周之釋，走之朝鮮。武王聞之，因以朝鮮封之。箕子既受周之封，不得無臣禮，故于十三祀來朝。武王因其朝而問鴻範。」采，七在反。父，方武反。朝鮮，上止佋反，下相然反。來朝、其朝，並直佋反。【疏】「汎謀曰訪」，

《說文・言部》文。《史記・周本紀》言武王問箕子殷所以亡，箕子不忍言殷惡，以存亡國宜告。武王亦醜，故問以天道。是「汎謀」也。云「箕子，紂諸父」者，馬、鄭皆云然也。云「名胥餘」者，《莊子・大宗師》云「箕子胥餘」，司馬彪注以「胥餘」爲箕子名也。云「箕，采地名，在畿内。子，爵也」者，《鄭志》答張逸云：「微子、箕子實是畿内采地之爵，非畿外治民之君，故云『子』也。」云「異畿内謂之子」者，鄭注《禮記・王制》云「殷爵三等，公、侯、伯也。異畿内謂之子」，言標異畿内，故謂之子，異于畿内之公、侯、伯也。《大傳》言「繼公子禄父」者，謂封武庚也。禄父，武庚字也。云「釋箕子之囚」者，箕子彊諫紂，紂怒，囚之，今武王釋之也。云「箕子不忍爲周之釋，走之朝鮮」者，箕子以殷之至戚，今乃爲周釋，故不忍而走之朝鮮。朝鮮在中國之外東北海隅，遠竄海隅，明己不臣于周也。云「武王聞之，因以朝鮮封之。箕子已受周之封，不得無臣禮，故于十三祀來朝」者，蓋武王封箕子于朝鮮，遠在海外，所以異于中國之諸侯，以示不敢臣之意，以全箕子不詘之志，如此則在箕子亦可受之矣。既受周之封，不可全不爲臣，故于十三祀來朝也。「十三祀」者，順經而說也。案：武王伐紂乃十三年事，此言「十三祀」則不出一年内也。計武王誅紂以二月五日，其釋箕子之囚應即在此時，箕子得釋而走當亦不甚後，武王于是遣使即朝鮮而封之，不過兩三月爾。箕子既受封，乃後來朝，容可及秋、冬之間，猶是十三年也。顧商曰祀，周曰年，兹云「十三祀」，以周之紀年從商之偁號者，蓋尊異箕子不以爲臣，故不敢更「祀」爲「年」也。**王乃言曰：「烏戲，箕子！維天侌隲下民，相叶厥凥，我不知其彝侖攸敘。」**❶侌，衣今反。隲，之日反。相，息匠反。【注】馬

---

❶「侖」，原作「倫」，今據近市居本改。下二「侖」字同。

融曰：「侌，覆也。隲，升也。升猶舉也，舉猶生也。」聲謂：侌之者，所以發之也。相，助也。叶，和也、合也。彝，常。侖，理也。言天覆生下民，王者助天舉發，明之以仁誼，以和合民所凥之理。我不知其凥天常理所次敘也。覆，方救反。【疏】馬注見《釋文》。云「侌，覆也」者，《説文・雲部》云「霒，雲覆日也。侌，古文霒」，是「侌」有「覆」誼也。「隲，升」，《釋詁》文。云「升猶舉也，舉猶生也」者，展轉訓釋，欲解「隲」之誼爲「生」也。云「侌之者，所以發之也」者，《呂氏春秋・君守》篇引此經而申説之云然，茲用其誼。《釋詁》「相」、「助」同訓「勴也」，故云「相，助也」。云「叶，和也、合也」者，《説文・劦部》云「協，衆之和同也。重文作叶，又作叶，皆古文協也」，則「叶」有「和」誼；《正月》詩云「洽比其鄰」，毛傳云「洽，合」，僖廿三年《左傳》引作「協比其鄰」，則「叶」又爲「合」也。「彝，常」，《釋詁》文。「侖，理」，《説文・龠部》文。云「言天覆生下民，王者助天舉發，明之以仁誼」者，采用高誘《呂氏春秋》之注也。《呂氏春秋》引此經而説之云「侌之者，所以發之也」，高氏爲此注，則所云「助天舉發，明之以仁誼」可爲此經「相叶厥凥」之正訓。蓋仁誼爲民所居之常理，即所謂「厥凥」，所謂「彝侖」也。云「以和合民所居之理」者，足成高誘誼也。云「我不知其凥天常理所次敘也」者，《漢書・五行志》引此經而應劭注云云，茲節用其注。**箕子乃言曰：「我聞在昔，鯀垔鴻水，❶汩陳其五行，**垔，衣辰反。汩，王厥反，从水曰聲，僞孔本作「汨」，蓋晉、宋以來俗字盛行，「日」與「曰」幾于無別，故「汩」譌爲「汨」也。必知此經當爲「汩」而非「汨」者，詳經意當爲「亂」誼，「汨」則是汨羅淵，乃水名，非其誼也；《方言》曰「汩，疾也」，疾流則淈

❶「鴻」，原作「洪」，今據近市居本改。

亂，《上林賦》曰「汩兮混流」，是「汩」爲「亂」也；又古人訓詁多反誼，如「亂」之爲「治」、「徂」之爲「存」是也，《説文》云「汩，治水也」，反其誼則爲「亂」，故知此當作「汩」。蔡邕石經作「曰」，葢「汩」字省水爾。陳，直人反。【注】堙，塞。汩，亂也。水性流行，而鯀障塞之，失其本性，其餘所陳列皆亂，故曰「亂陳五行」。今文「堙」爲「伊」、「汩」爲「曰」。塞，所則反。【疏】「堙，塞」至「五行」，《漢書·五行志》應劭注也。葢《五行志》引此經，故采用其注。「堙，塞」，《説文·土部》文，且引此經以證，則其誼確矣。司馬相如《上林賦》云「汩兮混流」，張衡《南都賦》云「漻戾淢汩」，則「汩」誼爲「亂」，故云「汩，亂也」。云「其餘所陳列皆亂」者，水是五行之一，塞洪水而五行皆亂，故曰「其餘」。云「今文『堙』爲『伊』、『汩』爲『曰』」者，據蔡邕石經本。**帝乃震怒，弗畀鴻範九疇，彝倫攸殬。**弗，正義本作「不」，兹從《漢書·五行志》所引。畀，必二反。疇，直猶反。殬，當路反，正義本作「斁」，兹從《説文》所引。【注】鄭康成曰：「帝，天也。天以鯀如是，乃震動其威怒，不与天道大法九類。❶言王所問所由敗也。」聲謂：畀，与。鴻，大。範，法。疇，類。殬，敗也。与，余吕反，賜予也，俗混作「與」，乃別是一字。【疏】鄭注見《史記·宋世家》注。符、瑞皆天所命，下言「天乃錫禹鴻範九疇」，此言「帝乃震怒，弗畀鴻範九疇」，故云「帝，天也」。《説文·丌部》云「畀，相付与之，約在閣上也」，故云「畀，与」。「鴻」、「洪」古今字。「鴻，大」、「範，法」，並《釋詁》文。《易·否》九四云「壽離祉」，九家注云「壽者，類也」，「疇」與「壽」通，故云「疇，類」。「殬，敗」，《説文·歺部》文。**鯀則殛死，禹乃嗣興。**【注】殛死，先殛後死也。嗣，

❶「与」，原作「與」，今據近市居本改。

繼。興，起也。鄭康成説以《春秋傳》曰：「舜之誅也，殛鯀；其舉也，興禹。」【疏】云「殛死，先殛後死也」者，「殛」止是誅罰，非殺也，始時殛之于羽山，其後鯀終其年命而死于其所爾，以經言「殛死」嫌似殺之，故辯之。必知「殛」非「殺」者，四凶同惡，共工、驩兜或流或放，鯀是禹之父，方將用禹，豈反殺鯀耶？故高誘注《呂覽·行論》篇引此經亦以爲先殛後死也。又《鄭志》答趙商云「鯀非誅死，鯀放尻東裔，至死不得反于朝，禹乃其子也，以有聖功，故舜興之。若以爲殺人父用其子，而舜、禹何以忍乎？而《尚書》云『鯀則殛死，禹乃嗣興』者，箕子見武王誅紂，今與己言，懼其意有慚德，爲説父不肖則罪，❶子賢則舉之，以滿武王意也」，是鄭君亦謂殛鯀實非殺也。「嗣，繼」，《釋詁》文。「興，起」，《釋言》文。鄭注見《宋世家》注。引《春秋傳》者，僖三十三年《左傳》文也。**天乃錫禹鴻範九疇，彝倫攸敘。**【注】錫，賜也。天賜禹大法九類，謂《洛書》也，即下文所陳是。【疏】「錫，賜」，《釋詁》文。云「天賜禹大法九類，謂《洛書》也，即下文所陳是」者，班固《漢書·五行志》引此下文「初一曰」至「畏用六極」五十六字，謂「《洛書》本文，所謂『天攸錫禹大法九章，常事所次』者也」，是漢經師舊説以「九疇」即《洛書》，即下文所陳是也。**初一曰五行，**【注】言「行」者，欲言爲天行气之誼也。爲，于僞反。【疏】此班固《白虎通·五行》篇誼也。播五行于四時，迭相休王，是爲天行气之誼。**次二曰羞用五事，**羞，僞孔本作「敬」，《漢書·五行志》及《孔光傳》引此皆作「羞」，茲从之。【注】羞，當爲「苟」，古文「苟」字作「茍」，與「羞」相似，故誤也。苟，自急敕也。苟，己力反，「茍」同。【疏】云「羞，當爲『苟』」者，《説文·苟

❶「罪」，原作「辜」，今據近市居本改。

部》云「茍，自急勅也，从羊省，从包省，❶从口，口猶慎言也；从羊，羊與義、善、美同意。」案：「五事」乃切身之事，人當自整勅者，于「茍」義爲允當，于「羞」誼無取也。云「古文『茍』字作『蒟』，與『羞』相似，故誤也」者，《説文》「茍」字重文作「蒟」，云「古文茍，不省」，是古文「茍」作「蒟」也；《漢書》多古字，竊意原書必實作「蒟」，由「蒟」與「羞」字畫相似，又經典「羞」字多而「蒟」字絶少，學者蔽于罕見，故誤「蒟」爲「羞」也。乃《藝文志》亦引作「羞」，且云「言進用五事，以順五行也」，則班氏已誤作「羞」矣。**次三曰農用八政，**【注】鄭康成曰：「農，讀爲醲。」聲謂：醲，旱也。一説農者食之本，食爲八政首，故以農爲名。醲，奴冬反。【疏】鄭注見正義。案：《説文》云「醲，旱酒也」，鄭讀「農」爲「醲」，蓋欲訓爲「旱」也，但正義不具引鄭注，其誼未明，故聲增成其誼云「醲，旱也」。「一説」者，《漢書·五行志》張晏之注也，《釋文》引馬融注與此略同，蓋舊有是説，姑采以備一誼。不偁「馬融曰」者，以馬注不若此詳也。**次四曰叶用五紀。**【注】叶，合也。合成五位，爲之條紀。【疏】《漢書·五行志》引此經，應劭注云：「叶，合也。合成五行，爲之條紀也。」案：「五紀」非紀五行，劭言「五行」非也，兹故改爲「五位」。「五位」者，《國語·周語》云「王欲合是五位三所而用之」，韋昭注云：「五位，歲、月、日、星、晨也。」據此，則星、晨當「五位」之二，「五紀」則合星、晨爲一，并曆數而五，是不同矣。兹以「五位」解「五紀」者，蓋曆數即所以紀歲、月、日、星、晨，固不外乎「五位」也，言「合成五位，爲之條紀」，則「曆數」亦該在其中矣。**次五曰建用皇極，**【注】建，立。皇，君也。皇，或爲「王」；王，亦君也。極，中也。【疏】「建，立」，鄭注《周禮·天官》

❶「包」，原作「句」，今據近市居本及《説文解字》改。

誼也。「皇，君」，《釋詁》文。云「皇，或爲『王』」者，《尚書大傳》作「王極」也。《釋詁》「王」亦訓「君」，故云「王，亦君也」。《大傳》云「王之不極，是謂不建」，鄭注云：「王，君也。極，中也。建，立也。」兹悉从其誼。**次六曰艾用三德，**艾，牛廢反，僞孔本作「乂」，《漢書·五行志》及蔡邕石經皆作「艾」。案：實是「𡰪」字，「艾」則古通借字，「乂」則俗所用也，寧从「艾」。【注】艾，當爲「𡰪」；𡰪，治也。【疏】云「艾，當爲『𡰪』」者，《漢書·五行志》引曰「艾用三德」，應劭注云：「艾，治也。」案：《説文·艸部》云「艾，冰臺也，从艸乂聲」，《辟部》云「𡰪，治也，从辟乂聲」，然則「艾」是艸名，與「𡰪」之訓「治」異，以同是「乂」聲，故古通借「艾」爲「𡰪」，依應氏訓誼則字當作「𡰪」。**次七曰明用卟疑，**卟，今兮反，正義本作「稽」，兹从《説文》所引。【注】卟，卜以問疑也。疑事，明考之以蓍龜。蓍，式脂反。【疏】云「卟，卜以問疑也」者，《説文·卜部》文也。《漢書·五行志》引此文，應劭注云「疑事，明考之于蓍龜」，兹采其注以説。**次八曰念用庶徵，**念，奴坫反。【注】庶，衆。徵，驗也。謂衆行得失之驗。行，下孟反。【疏】《禮記·禮器》正義引此注而不言誰氏注，以意度之，必是鄭注，弟不敢意必，故不偁鄭君也。「庶，衆」，《釋詁》文。孟康注《漢書·五行志》以「休徵」爲善行之驗，是「徵」爲「驗」也。下經言肅、乂、哲、謀、聖，則休徵應之；狂、僭、荼、急、霁，則咎徵應之；❶是「衆行得失之驗」。**次九曰鄉用五福，畏用六極。**鄉，所恙反。畏，正義本作「威」，乃衛包承詔所改，據《書古文訓》則僞孔本實作「[illegible]」。[illegible]，古文「畏」也。案：《史記·宋世家》、《漢書·五行志》及《谷永傳》皆引作「畏」，故从「畏」。【注】天所以鄉樂人，用五福；所以畏懼人，用六極。以上《洛書》文也，「初一曰」等，禹所弟敍龜背，凡三十八字。一説，「茍用」等字

❶「咎」，原作「急」，今據近市居本改。

亦禹所加，《洛書》止二十字。未知孰是。樂，勒臛反。【疏】《漢書・五行志》引此文，應劭注云「言天所以鄉樂人，用五福；所以畏懼人，用六極」，茲采用之。《宋世家》注引馬融注，不具引，止云「言天所以畏懼人，用六極」，未聞其詳，姑置不用也。云「以上《洛書》文也」者，謂「五行」以下至「六極」也。《五行志》引劉歆説，以爲虙羲氏繼天而王，受《河圖》，則而畫之，八卦是也；禹治洪水，賜《洛書》，法而陳之，《鴻範》是也。則以九疇爲《洛書》，先儒有是説也。但《五行志》備引此文，而云「凡此六十五字皆《洛書》本文」，則統「初一曰」等字皆爲龜文矣。今云「『初一曰』等，禹所弟敘龜背，凡三十八字」者，葢天道窈冥，未必盡宣秘蘊，當止示以九疇，不復一一爲之次弟。且以禹之聖悳，豈不能定九疇之先後而必需天爲之弟乎？劉向説以爲「䓫用」、「農用」等一十八字，龜背有之，總三十八字。此説似勝《五行志》，故依以爲説。言「龜背」者，鄭注《易・繫詞》引《春秋緯》云「洛龜書成」，是則《洛書》龜負而出者也。「一説」者，劉向之子歆之説也，雖與其父説不同，亦頗近似，今不能定其孰是，故並録之。《釋文》引馬融注云「從『五行』以下至『六極』，《洛書》文也」，未詳馬意兼包「䓫用」等字言之與？抑否與？未有分曉，故置不録。

五行：一曰水，二曰火，三曰木，四曰金，五曰土。僞孔本此「五行」及下「五事」、「八政」、「五紀」、「皇極」、「三悳」、「叶疑」、「庶徵」、「五福」等字上各有「一」、「二」以至「八」、「九」等字，《史記・宋世家》全載此篇，並無此等數目字，《漢書・谷永傳》永對策引此篇「皇極，皇建其有極」無「五」字，《説文・卜部》引此篇「叶疑」亦不言「七」，然猶可曰引《書》者不必盡如本文也。若蔡邕石經則是寫《尚書》矣，宋适《隸釋》録石經殘碑，❶此篇有「爲天下王三德。一曰正直，二」之文，「三德」上無「六」字，則可知《尚書》本無此等

❶「适」，原作「造」，今據近市居本改。

數目字也；且古文簡質，上既有「初一」、「次二」等弟，此以下必不重出「一」、「二」等字，明是僞孔氏謬增以亂經、以欺世也，今悉去之，以還其朔。【注】水位在北方，北方者，陽气在黄泉之下，任養萬物。水之爲言「準」也，言養物平均，有準則也。火在南方，南方者，陽在上，萬物垂枝。火之爲言「委隨」也，言萬物布施。火之爲言「七」也，陽气用事，萬物變七也。木在東方，東方者，陽气始動，萬物始生。木之爲言「觸」也，陽气動躍，觸地而出也。金在西方，西方者，陰始起。❶金之爲言「禁」也，言秋時萬物，陰气所禁止也。土在中央。土之爲言「吐」也，主吐含萬物。鄭康成曰：「此數本諸陰陽所生之次也。」任，如深反。七，呼午反，俗作「化」，則誼别矣。躍，以虐反。【疏】「水位在北方」至「吐含萬物」，並《白虎通·五行》篇文也，今本《白虎通》多脱誤，兹則據《禮記·月令》正義所引以正之。云「水位在北方」者，《易·説卦》曰「坎者，水也，正北方之卦也」，是水位于北也。云「陽气在黄泉之下，任養萬物」者，北方子位，于二十四气爲冬至，于卦爲《復》，一陽動于下而未升，故云「在黄泉之下」；《明堂月令》仲冬之月「陰陽争，諸生蕩」，鄭注云「争者，陰方盛、陽欲起也。蕩，謂物動，將萌芽也」，是陽气在黄泉任養萬物也。云「水之爲言『準』也」者，《周禮·考工記》云「匠人建國，水地以縣」，葢水無不平，「準」言「平」也，準地必資于水，故水之言「準」也，《説文》亦云「水，準也」；又《考工·㮚氏》云「權之，然後準之」，鄭注云「準，故書或作水」，則「水」、「準」同物也。云「火在南方」者，《明堂月令》云「某日立夏，盛悳在火」，又云「迎夏于南郊」，是火在南也。云「陽在上，萬物垂枝」者，

❶「陰」，原作「侌」，今據近市居本改。下一「陰」字同。

夏時陽气在上，長養萬物，物皆盛長，艸木皆垂枝也。❶云「火之爲言『委隨』也」者，《春秋元命包》文，火必委附于物而後然，亦隨物俱滅，是「委隨」之誼也。❷云「火之爲言匕也」者，火能匕物，故爲「匕」也。云「陽气用事，萬物變匕也」者，夏時火王，故云「陽气用事」；《堯典》云「采豒南譌」，「譌」之言「匕」，是夏時「萬物變匕」也。云「木在東方」者，《月令》云「某日立春，盛悳在木」，又云「迎春于東郊」，是木位在東也，故于文「東」从木。云「東方者，陽气始動，萬物始生」者，《説文》云「東，動也」，《書大傳》云「東方者何也？動方也，物之動也」，《易·説卦傳》云「萬物出乎震。震，東方也」，又云「震，動也」，是東方陽始動，物始生也。云「木之爲言『觸』也，陽气動躍」者，亦《元命包》文。《説文》云「木，冒也，冒地而生」，「冒」亦「觸」之誼，故云「觸地而出也」。云「金在西方」者，《月令》云「某日立秋，盛悳在金」，又云「迎秋于西郊」，是金在西也。云「西方者，陰始起」者，《白虎通》云「少陰見于申，壯于酉」，申、酉是西方也。云「金之爲言『禁』也」者，金主秋，《周禮·秋官》掌邦禁，是金爲「禁」也。云「土在中央」者，《月令》云「中央土」是也。云「土之爲言『吐』也，主吐含萬物」者，《説文》云「土，地之吐生萬物者也。二象地之中、地之下；丨，物出形也」，鄭注《禹貢》亦云「地當陰陽之中，能吐生萬物者曰土」是也。鄭注見《宋世家》注。云「此數本諸陰陽所生之次也」者，《漢書·五行志》云「天以一生水，地以二生火，天以三生木，地以四生金，天以五生土。五位皆以五而合，而陰陽易位」，是陰陽所生之次也。若夫播五行于四時，而木、火、土、金、水更相休王，則是相生迭王之次，與此次不同，故鄭君以此爲「陰陽所生之次」。**水曰潤下，火曰炎上，木曰曲直，金**

❶「木」，原作「草」，今據近市居本改。
❷「誼」，原作「義」，今據近市居本改。

曰從革，土爰稼穡。下，行嫁反，注同。上，時掌反，注同。曲，區玉反。【注】水，陰也，卑，故下。火，陽也，尊，故上。木者少陽，金者少陰，有中和之性，故可曲可直，从革。从革者，从火而革也。土吐生萬物，故可稼穡。肅曰：「種之曰稼，斂之曰穡。」少，式邵反。種，之用反。斂，力驗反。【疏】「水，陰也」至「从革」，亦《白虎通・五行》篇文也。云「水，陰也，卑，故下」者，《漢書・李尋傳》尋奏對曰「水曰潤下，陰動而卑，不失其道」是也。云「火，陽也，尊，故上」者，火光外舒，故爲陽；《表記》云「火尊而不親」，是火尊之明文也。木王于春，春爲陽中；金王于秋，秋爲陰中；故云「木者少陽，金者少陰，有中和之性」。《宋世家》注引馬融注云「金之性，从火而更可銷鑠」，茲云「从革者，从火而革也」，雖未用馬注而意實與馬同也。云「土，吐生萬物」者，誼具上疏。肅注見《宋世家》注。鄭注《周禮・司稼》敘官云「種穀曰稼，如嫁女以有所生」，《説文・禾部》云「穀可收曰穡」，肅言「種之曰稼，斂之曰穡」，誼可用也。❶ **潤下作鹹，炎上作苦，曲直作酸，从革作辛，稼穡作甘。**鹹，夷喦反。【注】水王于冬，冬主固臧，故味鹹；鹹所以堅之也，猶五味得鹹乃堅也。火王于夏，夏主長養，故味苦；苦者所以養也，猶五味需苦可以養也。木王于春，春主發生，故味酸；酸所以達生也，猶五味得酸乃達也。金王于秋，秋主殺傷成物，故味辛；辛所以殺傷之也，猶五味得辛乃委殺也。土王于四季，含載四行，有中和之性，故味甘，猶五味以甘爲主也。王，于況反。臧，才郎反。長，之賞反。【疏】此注亦用《白虎通・五行》篇誼而改潤之者。《明堂月令》云「某日立冬，盛悳在水」，是水

---

❶「用」，原作「通」，今據近市居本改。

王于冬也。《禮記·鄉飲酒誼》云「冬之爲言中也。中者，臧也」，《書大傳》亦云「冬者，中也。中也者，萬物方臧于中也」，是冬主固臧也。固臧欲堅，故水味鹹，故云「鹹所以堅之也」。云「猶五味得鹹乃堅也」者，凡物胜者易朽腐，以鹽鹽之則乾蕘耐久，是「得鹹乃堅」也。此借驗于食味，故云「猶」，以下輒言「猶五味」云云，皆同此。《月令》云「立夏，盛悳在火」，是火王于夏矣。《書大傳》云「夏者，假也，吁荼萬物而養之外也」，《鄉飲酒誼》云「夏之爲言假也，養之長之，假之仁也」，是夏主長養也。云「苦者所以養也，猶五味需苦可以養也」者，鄭注《周禮·疾醫》云「五味，醯、酒、飴蜜、薑、鹽之屬」，是鄭君以酒當苦味，又注《酒正》云「取醴恬，與酒味異」，然則酒味以苦爲正也；《禮記·射誼》云「酒者，所以養老也，所以養病也」，是需苦可以養也。《月令》云「立春，盛悳在木」，是木王于春也。《國語·周語》曰「農祥晨正，日月厎于天廟，土乃脈發」，韋昭以爲「孟春之月」，《月令》季春云「生气方盛，陽气發洩，勾者畢出，萌者盡達」，是春主發生也。云「酸所以達生也」者，高誘注《吕氏春秋·孟春紀》云「酸者，鑽也。萬物應陽鑽地而出」，是酸所以達生也。云「猶五味得酸乃達也」者，鄭注《周禮·疾醫》「五味」以醯當酸味，又注《醯人》云「齏、菹、醬屬醯人者，皆須醯成味」，《醯人》職云「王舉，則共齏、菹醯物六十甕」，是則醯所以宣達食物之性，故云「五味得酸乃達也」。《月令》云「立秋，盛悳在金」，是金王于秋也。秋時物皆成熟，《月令》孟秋言「天地始肅」，仲秋言「殺气浸盛」，是秋主殺傷成物也。云「猶五味得辛乃委殺也」者，辛者若薑、桂之屬，所以制食物之性使無過羸，是五味得辛乃委殺也。云「土王于四季」者，一歲三百六十五日餘，四時各九十一日有奇，以五行分配之，則土于四時之季，每季王十八日有奇，總七十三日，其木、火、金、水各王一時，亦皆得七十三日。故十二辰配十二月，辰、戌、丑、未四辰當四季之月，皆屬土也。《白虎通》云「土所以王四季何？木非土不生，火非土不榮，金非土不成，水无土不高。❶土扶微助衰，歷成其道，故五行更王亦須土也」，是土王四季、含載四行也。云「有中和之性，故味甘」者，土位中央，中故和，和故味甘，故《月令》于中央土言「其味甘」也。云「猶五味以甘爲主」者，《周禮・食醫》云「凡味，春多酸，夏多苦，秋多辛，冬多鹹，調以滑甘」，鄭注云「各尚其時味，而甘以成之，猶水、火、金、木之載于土」，是「五味以甘爲主」之證。**五事：一曰皃，二曰言，三曰眂，四曰聽，五曰思。**皃，籀文作「貌」。【注】鄭康成曰：「此數本諸陰陽昭明，人相見之次也。」【疏】注見正義。云「人相見之次」者，人相見則先見其貌，既見則必有言，因其言則可以知其所眂、所聽，且可以知其所思，故先皃，次言，次眂，次聽，次思，是人相見之次也。**皃曰恭，❷言曰从，眂曰明，聽曰聰，思曰叡。**叡，日芮反，❸古文作「睿」，籀文作「叡」。【注】馬融曰：「發言當使可从。叡，通也。」鄭康成曰：「叡，通于政事。此恭、明、聰、叡行之于我身，其从則是使人从我。似與上下韋者，我是而彼从，亦我所爲不乖剌也。」聲謂：从，順也。叡，深明也。乖，古褢反。剌，勒夅反，❹从束、刀，與「刺」字从「朿」異。【疏】馬注見《宋世家》注。「叡，通」，《説文・𣦼部》文。「叡」訓「通」，故鄭君以爲「通于政事」。鄭注見《詩・愷風》正義及正義。馬、鄭皆解「从」爲「聽从」，則「从」是就人説，與「恭」、「明」、「聰」、「叡」就己身説者不同，鄭欲明其不異，故反覆以決之

❶「无」，原作「非」，今據近市居本改。
❷「恭」，原作「龔」，近市居本作「龏」，同「恭」，今改作「恭」。下同。
❸「日」，原作「百」，今據近市居本改。
❹「夅」，原作「幸」，今據近市居本改。

云「此恭、明、聰、叡行之于我身，其从則是彼人从我。似與上下韋者」，此特設難詞也，乃後解之云「我是而彼从，亦我所爲不乖剌也」，是固然矣。聲竊以爲費解，故别解爲「从，順」，則「从」謂其言之順，亦是就己身説，與「恭」、「明」、「聰」、「叡」不韋，誼似差勝也。《禮記·孔子閒居》云「气志既从」，鄭彼注云「从，順也」，此亦當爲是解也。文十四年《左傳》晉人内捷菑于邾，邾人曰「齊出貜且長」，宣子曰「其辭順」；《禮記·冠誼》云「順詞令」；是言詞取其順，此訓「从」爲「順」實爲允愜也。《説文·𣦼部》云「叡，深明也，通也」，「叡」字有此二誼，馬注止云「通也」，其誼未備，故聲足成之云「叡，深明也」。**恭作肅，从作𡰪，明作哲，聰作謀，叡作聖。**𡰪，僞孔本作「乂」，非也。《詩·小旻》云「或肅或乂」，「乂」乃假借字，依「治」訓則字當作「𡰪」。哲，之舌反。【注】肅，敬。𡰪，治。哲，瞭也。心明曰聖。鄭康成曰：「皆謂政所致也。君貌恭，則臣禮肅；君言从，則臣職治；君眡明，則臣昭哲；君聽聰，則臣進謀；君思叡，則臣賢智。」瞭，力小反。智，陟技反。【疏】《禮記·樂記》云「肅肅，敬也」，故云「肅，敬」。「𡰪，治」，《説文·辟部》文。鄭注《書大傳·五行傳》云「悊爲瞭也」，彼文「悊」即此經「哲」也，故云「哲，瞭也」。鄭注《周禮·春官》敘官云「瞭，目明貌」，《説文·日部》云「哲，昭哲明也」，此經「哲」屬「眡」，誼爲「明」，故爲「瞭」也。云「心明曰聖」者，鄭注《五行傳》誼也。鄭注見正義，又見《詩·小旻》正義。云「皆謂政所致也」者，謂君致其臣也。蓋君能恭、从、明、聰、叡，則其政必修，臣下奉行之必能肅、𡰪、哲、謀、聖，而致休徵矣。案：鄭注《大傳·五行傳》云「君貌不恭，則是不能敬其事；君言不从，則是不能治其事；君眡不明，則是不能瞭其事；君聽不聰，則是不能謀其事；君思心不通，則是不能心明其事」，是肅、𡰪、哲、謀、聖皆就君言，此注以肅、𡰪、哲、謀、聖屬臣言者，鄭注《五行傳》又云「君臣不敬，則倨慢如狂矣；君臣不治，則僭差矣；君臣不瞭，則荼緩矣；君臣不謀，則急矣；君臣心有不明，則相雺冒矣」，是則君、臣皆當肅、乂、哲、謀、聖，固不專屬之君也。君既恭、从、明、聰、叡矣，則自然肅、乂、哲、謀、聖，事理相因，不言可知，故鄭君以肅、乂、哲、謀、聖屬臣言也。蓋正以率下，下自則效之，理所固然，孔穎達乃妄駁之，過矣。**八政：一曰食，二曰貨，三曰祀，四曰司空，五曰司徒，六曰司寇，七曰賓，八曰師。**【注】鄭康成曰：「此數本諸其職先後之宜也。食，謂掌民食之官，若后稷者也。貨，掌金帛之官，若《周禮》司貨賄是也。祀，掌祭祀之官，若宗伯者也。司空，掌尻民之官。司徒，掌教民之官也。司寇，掌詰盜賊之官。賓，掌諸侯朝覲之官，若《周禮》大行人是也。師，掌軍旅之官，若司馬也。」賄，呼罪反。詰，豈吉反。朝，直佋反。【疏】注見正義。云「此數本諸其職先後之宜也」者，食者民之天，故爲最先；貨所以通有無，利民用，故貨即次之；食、貨既足，民生厚矣，聖主成民而后致力于神，故祀又次之。《王制》云「食節事時，民咸安其尻，樂事勸功，尊君親上，然後興學」，故司空在司徒之先；先教而後誅，故司寇在司徒之後；悳立刑行，遠方賓服，故次之以賓；其有暴虐無道不率化者，則出六師以征之，故又次以師；是其職先後之宜也。云「食，謂掌民食之官，若后稷者也」者，《國語·周語》云「昔我先王世后稷」，又云「夏之衰也，棄稷弗務，我先王不窋用失其官」，則「后稷」是官名也；《堯典》云「女后稷播時百穀」，是掌民食之官也。云「貨，掌金帛之官，若《周禮》司貨賄是也」者，案：《周禮·秋官》有「掌貨賄」之官，職闕無考，其次在掌客、掌訝、掌交、掌察之後，當是專掌朝聘之貨賄，鄭所云「司貨賄」疑不謂是；《天官》有太府、玉府、内府、外府及職内、職歲、職幣之屬，皆是掌貨賄之官，鄭蓋謂是與？云「祀，掌祭祀之官，若宗伯者也」者，《周禮·大宗伯》之職「掌建邦之天神、人鬼、地祇之禮」是也。云「司空，掌尻民之官」者，《周禮》司空官亡，

《王制》云「司空執度，度地居民」，是掌尻民之官也。云「司徒，掌教民之官也」者，《周禮》云「乃立地官司徒，使帥其屬而掌邦教」是也。云「司寇，掌詰盜賊之官」者，案：《周禮》司寇爲刑官，《小宰》職云「五曰刑，職以詰邦國，以糾萬民，以除盜賊」，是司寇掌詰盜賊也。云「賓，掌諸侯朝覲之官，若《周禮》大行人是也」者，《周禮・大行人》「掌大賓之禮及大客之義，以親諸侯。春朝諸侯而圖天下之事，秋覲以比邦國之功」，以下備數夏宗、冬遇、時會、殷同等事，又云「以九義辨諸侯之命，等諸臣之爵，以同邦國之禮，而待其賓客」，是大行人掌諸侯朝覲也。云「師，掌軍旅之官，若司馬也」者，《周禮》「大司馬，卿一人。小司馬，中大夫二人。軍司馬，下大夫四人。輿司馬，上士八人。行司馬，中士十有六人」，「凡制軍，萬有二千五百人爲軍。王六軍」，「軍將皆命卿。二千有五百人爲師，師帥皆中大夫。五百人爲旅，旅帥皆下大夫。百人爲卒，卒長皆上士。二十五人爲兩，兩司馬皆中士」，是司馬掌軍旅也。案：食、貨之等，鄭必皆以官言之者，以言「八政」，政事必各有官司之經，或舉事，或舉官，互相備也。鄭于三官各舉其事，于食、❶貨等各舉掌之之官，與經互相發明，誼甚精當，孔穎達駮之，非也。**五紀：一曰歲，二曰月，三曰日，四曰星曆，五曰曆數。**【注】分、至、启、閉以紀歲。朔、朢、朏、晦以紀月。永、短、昏、昕以紀日。列星見伏昏旦中，日月躔逡以紀星曆。贏縮經緯，終始相差以紀曆數。朏，分尾反。昕，吸斤反。見，亦宴反。躔，直然反。逡，七郇反。【疏】此注用戴氏震説也。震字東原，徽州休寧人，善天文，精于曆數，所箸有《原象》、《迎日推策記》等書，兹采用其《原象》誼也。云「分、至、启、閉以紀歲」者，「分」

❶ 「于」，原作「與」，今據近市居本改。

謂春分、秋分，「至」謂冬至、夏至，「启」謂立春、立夏，「閉」謂立秋、立冬，是爲八節；冬至日在牽牛，南之極，立春在營室，春分在婁，當南北之中，交于赤道而北，立夏在畢，夏至在東井，北之極，立秋在翼，秋分在角，亦當南北之中，交于赤道而南，立冬在尾，冬至仍復于牽牛，日循黄道一匊而成歲矣；是「分、至、启、閉以紀歲」也。云「朔、望、朏、晦以紀月」者，「朔」謂日月合會，以是日爲月之初一，「朔」之言「始」也；「望」字从月、从臣、从王，王，朝廷也，月滿與日相望，以朝君也，謂月之十五日也；「朏」字从月、出，謂月三日之昏始生兆霸，見于西方也；「晦」謂月之二十九日或三十日，月行將及日，其外畔向天者受日光而普明，由地上望之則冥闇無見，故曰「晦」也；是紀月之盈虧消息也。云「永、短、昏、昕以紀日」者，「永」謂仲夏，晝長；「短」謂仲冬，晝短；「昏」字从日从氏省，日氏下而冥也，鄭注《士昏禮》云「日入三商爲昏」；「昕」者，旦明，日將出也；晝長則宵短，晝短則宵長，以昏、昕爲度，是所以紀日也。云「列星見伏昏旦中，日月躔逡以紀星曆」者，「見」謂見于東方，《詩》云「三星在天」，毛傳云「三星，參也。在天，謂始見東方也」，是昏見也，《夏小正》云「四月昴則見，五月參則見」，《國語》云「辰角見而雨畢，天根見而水涸，木見而草木節解，駟見而隕霜，火見而清風戒寒」，昭四年《左傳》云「西陸朝覿」，是皆謂旦見東方也；「伏」者，日躔其宿，則其星隨日西没而不見，若《夏小正》云「三月參則伏」，傳曰「伏也者，非亡之詞也，星无時而不見，我有不見之時，故曰伏云」是也。「昏旦中」者，「中」謂中于南方，若《明堂月令》孟春「昏參中，旦尾中」，仲春「昏弧中，旦建星中」之屬是也。「日月躔逡」者，「躔」謂行歷其次，「逡」謂行過而去，若《月令》孟春「日在營室」，鄭注云「日月會于娵訾」，仲春「日在奎」，注云「日月會于降婁」之屬是。然則「列星見伏昏旦中」所以紀星，「日月躔逡」以紀曆，今合言星、❶曆者，蓋曆即列星之分爲十二次者，故經合星、曆爲一，注亦合言

❶ 「言」，原作「見」，今據近市居本改。

之也。云「贏縮經緯，終始相差以紀曆數」者，「贏」謂行疾而前侵，「縮」謂行遲而不及，「經」謂恒星，「緯」謂土、木、火、金、水五星也。天左旋一匝，而日右行一度，月右行十三度十九分度之七，故日歲一匝天，月則二十七日九百四十分日之三百二彊而一匝天。日月交會之後，積二十九日九百四十分日之四百九十九，月一匝天之外又行及日而一會，是其常也。惟是日、月之行皆有遲疾，故有二十九日不及九百四十分日之四百九十九而一會者，亦有過乎九百四十分日之四百九十九而一會者，必審乎此而後可定月之大小矣。故今憲書或兩月頻小，且或三月相仍皆大，是日、月有贏縮也。日、月在天必假恒星以識其躔舍，而恒星則六十九年二百九日半而又逡一度，故日循黄道一匝，起乎此仍復乎此，而星則稍逡。故歲功終古不忒，而星之見、伏昏旦中，歷久必變，曆家必隨時修改，以示民不可執古以律今也，❶故云「贏縮經緯，終始相差以紀曆數」。但五緯止以占變，❷于曆數無關，茲併言「經緯」者，便文順言之爾，非有取于五星也。戴氏震又云：「紀歲者察之日行發斂，紀月者察之日月之會、交道表裏，紀日者察之晝夜刻漏、出入里差，紀星畱者察之十有二次衆星與黄、赤道相直，紀曆數者察之圭槷。隨時測驗，積微成著，修正而不失。」**皇極：皇建其有極。**【注】君以性情覆成五事，立中和之政。覆，孚救反。

【疏】伏生《大傳·五行傳》以「王極」配「五事」爲六，鄭注《五行傳》云：「五事象五行，則王極象天也。天變化爲陰爲陽，覆成五行。王象天，以性情覆成五事，爲中和之政也。」案：鄭言「以性情覆成五事，爲中和之政」，是正說建極之誼，故節取以注此。言「性情」者，性，中也，情者，性之發也，發而中節則和，故「以性情覆成五事，立中和之

❶「示」，原作「云」，今據近市居本改。

❷「以」，原作「于」，今據近市居本改。

政」。**斂時五福，用尃錫厥庶民。**【注】斂，聚。尃，布。錫，与也。馬融曰：「當斂是五福之道，用布与衆民。」与，爰巨反，今輒作「與」，音同誼别。【疏】「斂，聚」，《釋詁》文。「尃，布」，《説文・寸部》文也。《釋詁》云「錫、予，賜也」，《説文・勺部》云「与，❶賜予也」，故云「錫，与也」。馬注見《宋世家》注。**維時厥庶民于女極，**【注】馬融曰：「以其能斂是五福，故衆民于女取中正以歸心也。」【疏】注亦見《宋世家》注。**錫女保極。**【注】鄭康成曰：「又賜女以守中之道。」【疏】注亦見《宋世家》注。云「又」者，言衆民不但于女取中，又賜女以守中之道，承上而言，故云「又」也。云「守中」者，鄭解「保」爲「守」也。《周禮・小祝》云「有寇戎之事則保郊」，哀元年《左傳》云「越子以甲楯五千保于會稽」，是「保」有「守」誼也。**凡厥庶民無有淫朋，人無有比悳，維皇作極。**朋，步恒反，《説文》云：「朋，古文鳳，象形。朋飛，群鳥從以萬數，故以爲朋黨。」比，貧利反。【注】人，謂臣也。凡其衆民無有淫佚爲朋攩者，臣無有比周爲悳者，維君爲中道以示之則故也。【疏】云「人，謂臣也」者，以經既言「庶民」又别言「人」，則「人」非謂「民」，自是謂「臣」矣。《假樂》詩云「宜民宜人」，毛傳云「宜安民，宜官人」，是亦以「人」爲「臣」也。**凡厥庶民有猶有爲有守，女則念之。**【注】猶，謀也。馬融曰：「凡其衆民有謀有爲有所執守，當思念其行有所趣舍也。」行，下孟反。趣，七寓反。舍，式者反。【疏】「猶，謀」，《釋詁》文。馬注見《宋世家》注。云「行有所趣舍」者，「有謀有爲」是有所「趣」，「有守」則不爲不誼，是有所「舍」也。**不叶于極，不離于咎，皇則受之。**【注】離，麗。皇，大。則，法也。言民之行雖不

❶「勺」，原作「与」，今據《説文解字》改。

合于中，而亦不麗于咎惡，是其人可教之使合于中者，當寬大其法以受之。行，下孟反。【疏】「離，麗」，《易·彖傳》文。「皇，大」，《毛詩·皇矣》傳誼也。「則，法」，《釋詁》文。不合于中，不麗于惡，則是猶可爲善之人，故云「可教之使合于中者」。云「寬大其法」者，雖未合于中且受而教之，是寬大其取人之法也。**而康而色，曰：「予攸玫惪。」女則錫之福，時人斯其維皇之極。**玫，火報反，今通作「好」。【注】而，女。康，安也。女其安和女之顔色，以宣示人曰：「我所好者惪。」使明知上之所好而從之，庶能叶于極也。夫嗞後女則予之以爵禄，❶則是人斯期勉于君之極矣。夫，房専反。❷【疏】《禮記·中庸》云「抑而强與」，鄭注云「而之言女也」，故云「而，女」。「康，安」，《釋詁》文。經文「曰」字承「而康而色」之下，則「予攸好惪」之言自是君上宣示其意于人也，故云「以宣示人曰：『我所好者惪』」。《孝經》曰「示之以好惡，而民知禁」，《禮記·緇衣》曰「上好是物，下必有甚者矣」，《大學》曰「其所令反其所好，而民不从」，是民輒从上之所好也，故云「使明知上之所好而从之」。經言「錫之福」，注言「与之以爵禄」者，君所加人之福則是爵禄，下文「雖錫之福」，鄭注亦解爲「爵禄」也。云「期勉于君之極」者，解經「其」字爲「期勉」也。《召誥》云：「其曰：『我受天命，丕若有夏歷年，式勿替有殷歷年。』」是「其」有「期勉」之誼也。**毋侮鰥寡而畏高明。**毋侮鰥寡，从《史記》本也，僞孔本作「亡虐煢獨」，《釋文》云：「馬本作『亡侮』。」據此則馬本當與《史記》同，必作「亡侮鰥寡」，茲故从《史記》。【注】

---

❶「嗞」，原作「然」，今據近市居本改。

❷「専」，原作「敷」，今據近市居本改。

無妻曰鰥，無夫曰寡，是皆窮民，毋侵侮之。馬融曰：「高明，顯寵者。不枉法畏之。」聲謂：一讀「畏」爲「威」，言威以御之也。【疏】《禮記·王制》云「老而無妻者謂之鰥，老而無夫者謂之寡」，茲云「無妻曰鰥，無夫曰寡」不言「老」者，蓋男子三十、女子二十爲嫁娶之限，過是而無妻、無夫即爲鰥、寡，非必老者也。云「是皆窮民」者，《王制》偁鰥、寡、孤、獨四者「天民之窮而無告者」，《孟子·梁惠王》篇亦以此四者爲「天下之窮民」也。馬注見《宋世家》注。《釋文》云：「畏，如字。徐云鄭音『威』。」「聲謂一讀『畏』爲『威』」者，用鄭誼也。案：鄭誼與馬注雖各不同，要皆允當，宜並存之。**人之有耐有爲，使羞其行，而邦其昌。**行，下孟反。【注】羞，進也。邦，或爲「國」。肅曰：「使進其行，任之以政，則國爲之昌。」【疏】「羞，進」，《釋詁》文。云「邦，或爲『國』」者，《史記》作「國」，許沖進《説文解字》，其上書引此經亦作「國」。肅注見《宋世家》注。**凡厥正人，旡富方穀。女不能使有好于而家，時人斯其辜。**【注】旡，盡也。方，猶「常」也。穀，禄也。凡其正人，盡富之以常禄，則可使人勸于善而有好于女家矣。乃若女不能使之有好于女家者，是人斯爲辠惡之人矣。一曰：旡，已也。【疏】《公羊》桓三年傳云「既者何？盡也」，旡，古文「既」字，故云「旡，盡也」。云「方，猶『常』也」者，《禮記·檀弓》云「左右就養無方」，鄭注云「方，猶常也」。「穀，禄」，《釋言》文。《周禮·太宰》職云「以八柄詔王馭群臣」，「二曰禄以馭其富」，鄭君注云：「班禄所以富臣下，《書》曰『旡富方穀』。」據鄭注所引，則此經之意謂「旡富之以方穀」，故解云「盡富之以常禄」乃合經意也。云「一曰：旡，已也」者，《毛詩·汝墳》傳有「旡，已」之訓，于此言「已富之以常禄」誼亦通，但經言「凡厥正人」，「凡」是最括之詞，自當以「旡，盡」之訓爲正解，「旡，已」之誼附存可也。**于其無好女，雖錫之福，其作女用咎。**僞孔本于「好」下增「悳」字，而于「女」字屬下讀，《史記》無「悳」字，據鄭注則鄭本亦無「悳」字，而以「女」字屬上讀，正合《史記》，茲从之。【注】**鄭康成曰：「無好于女家之人，雖賜之以爵禄，其動作爲女用惡。謂爲天子結怨于民。」**爲，于僞反。惡，烏路反。【疏】注見《宋世家》注。經承上文「女不能使有好于而家」而言「無好女」，則「無好女」謂無好于而家也，故鄭云「無好于女家之人」。云「謂爲天子結怨于民」者，《明堂月令》云「毋或敢侵削衆庶兆民，以爲天子取怨于下」，「結怨于民」即「取怨于下」也。**毋偏毋頗，遵王之誼。**頗，滂禾反。誼，取「宜」聲，「宜」則「多」省聲，則「頗」與「誼」音本相叶。唐開元詔令改「頗」爲「陂」、改「誼」爲「義」，殊屬無謂，茲改正復古。【注】**遵，循。誼，法也。**【疏】「遵，循」，《釋詁》文。《吕氏春秋・貴公》篇引此經，高誘注云「誼，法也」，茲采用之。**毋有作玫，遵王之道。**玫，正義本作「好」，茲从《説文》所引。【注】**玫，厶玫也。儥公平于曲惠也。**厶，息夷反，俗作「私」，音同誼别。儥，余六反。【疏】此注亦用高誘《吕氏春秋》注也。云「玫，私玫也」者，玫惡本于性情，不必皆厶，以言「作玫」則是有意作之，故以爲「私玫」，下言「作惡」亦同此矣。云「儥公平于曲惠也」者，「儥」之言「賣」，謂市厶恩曲意以行惠也，若昭三年《左傳》言齊陳氏以家量貸而以公量收之是也。《宋世家》注引馬融注亦云「玫，厶玫也」，以不若此詳，故舍彼引此。**毋有作惡，遵王之路。**惡，烏路反。【注】**作惡，擅作威也。**【疏】此注亦用高誘《吕氏春秋》注也。云「擅作威」者，「擅」之言「專」，謂專爲威虐。**無偏無黨，王道蕩蕩。**案：《説文》云「攩，朋群也，从手黨聲」，然則此文「黨」當爲「攩」，但經典「黨」字相承用之久矣，蓋通省假借字也，姑仍作「黨」。【注】**鄭康成曰：「黨，朋黨。」聲謂：蕩蕩，平易也，《詩》云「𣥠道有蕩」。**易，羊豉反。𣥠，古文「魯」。【疏】鄭注見《宋世家》注，「聲謂」以下亦用高誘《吕氏春秋》注也。引《詩》者，《齊風・南山》篇文，彼毛傳亦云「蕩，平易也」，❶誼與此同，故引以爲證。**毋黨毋偏，王道釆釆。**釆，皮莧反，輕讀則皮延反，僞孔本作「[illegible]」，與「平」字古文作「[illegible]」者相似，唐開元中遂于正義本改「[illegible]」爲「平」，已于《堯典》辯之矣。此文據《史記・張釋之馮唐列傳》贊引作「王道便便」，則與《五帝本紀》録《堯典》文「釆章」作「便章」、「釆豑」作「便程」、「釆在」作「便在」正同，以相比況，則此實是「釆釆」，非「平平」矣。【注】釆釆，辨治也。治，直吏反。【疏】云「釆釆，辨治也」者，《毛詩・采尗》傳誼也。案：今《毛詩》云「平平左右」，《釋文》以爲《韓詩》作「便便」，則與《史記》引此作「王道便便」正同，然則今《詩》作「平平」與《尚書》「釆」誤爲「平」亦正同，其毛公元文必是「釆釆」，故此用《詩》傳誼爲説。襄十一年《左傳》引《詩》作「便蕃左右」，服虔注云「辨治不絶之貌」，誼與《毛詩》傳合；又案：僞孔氏好改古訓，而于此傳亦云「辨治」，蓋由「辨治」之誼無能易之故。**毋反毋側，王道正直。**【注】馬融曰：「反，反道也。側，頃側也。」頃，起盈反，今通作「傾」。【疏】注見《宋世家》注。**會其有極，**【注】鄭康成曰：「謂君也，當會聚有中之人以爲臣也。」【疏】注亦見《宋世家》注。**歸其有極。**【注】鄭康成曰：「謂臣也，當就有中之君而事之。」【疏】注亦見《宋世家》注。**曰王極之尃言，**篇中「皇極」字《大傳》作「王極」，《史記》則皆作「皇極」而惟此一處作「王極」，則此「王極」不與上「皇極」同。且據馬注，「王」不屬「極」爲誼，則固敚有異，此當从《史記》作「王」，僞孔本概作「皇極」，非也。【注】馬融曰：「王者當盡極行之，使臣下布陳其言。」【疏】注亦見《宋世家》注。云「王者當盡極行之」不以「王」、「極」字聯屬爲誼者，據下文云「凡厥庶民，極之尃言」，參觀

---

❶ 「易」，原作「是」，今據近市居本改。

兩文，則此「王」謂王者，言王者盡其極，所謂「極」即是「皇極」之「極」，「王」則不作「皇」字解也。**是彝是訓，于帝其順。** 順，僞孔本作「訓」，《史記》作「順」，據馬注則馬本亦作「順」。案：《史記》及馬本皆本孔氏古文，今从之。【注】彝，常也。馬融曰：「是大中而常行之，用是教訓天下，于天爲順也。」【疏】「彝，常」，《釋詁》文。馬注亦見《宋世家》注。案：當云「是大中而常行之道，用是教訓天下」，疑引者脱一「道」字。**凡厥庶民，極之尃言，**【注】馬融曰：「亦盡極尃陳其言于上。」【疏】注亦見《宋世家》注。**是順是行，** 此「順」字僞孔本亦作「訓」，兹亦从《史記》。【注】肅曰：「民内言于上而得中者，則順而行之。」内，奴合反。【疏】注亦見《宋世家》注。案：肅誼是謂天子順行民言，奈鄭注不可得聞，無可折衷，據云「民内言于上」，與上條馬注合，則「順行民言」誼蓋不謬，姑仍其説。**以近天子之光。** 近，其靳反。【注】近，附也。天子順行民言，庶民得以附天子之光矣。【疏】「近，附」，《説文·辵部》文。《宋世家》注引王肅注云：「近，猶益也。順行民言，所以益天子之光。」案：「近」之爲「益」，古無是訓，肅誼非是，故不用。**曰天子作民父母，以爲天下王。**【注】庶民歸附天子，乃曰天子爲民父母，爲天下所歸往矣。《大傳》曰：「母能生之，能食之；父能教之，能誨之；聖王曲備之者也。能生之，能食之，能教之，能誨之也，故曰『作民父母，以爲天下王』。」食，夕吏反。【疏】經言「爲天下王」，注云「爲天下所歸往」者，《白虎通·號》篇云「王者，往也，天下所歸往」，《風俗通·皇霸》篇亦云「王者，往也，爲天下所歸往也」，蔡邕《獨斷》亦云「天下之所歸往，故稱天王」，❶是「王」之誼爲「歸往」也。

---

❶「王」，原作「下」，今據近市居本改。

引《大傳》者，《周書・鴻範》傳文，是正説此經之誼，故取以爲注。案：彼傳又有云「爲之城郭以屋之，爲之宮室以處之，爲之庠序學校以教誨之，爲之列地制畝以飲食之」，是乃申説「生之」、「食之」、「教之」、「誨之」之誼也。**三德：一曰正直，二曰剛克，三曰柔克。**【注】鄭康成曰：「正直，中平之人。克，能也。剛能、柔能，謂寬猛相濟以成治立功。剛則彊，柔則弱，此陷于滅亡之道，非能也。」治，直吏反。【疏】注見《詩・鄭・羔裘》正義。彼正義既引此注且申説之曰：「然則『正直』者，謂不剛不柔，每事得中也。剛克者，雖剛而能以柔濟之；柔克者，雖柔而能以剛濟之。故三者各爲一德是也。」「克，能」，《釋言》文。云「謂寬猛相濟以成治立功」者，昭二十年《左傳》云「寬以濟猛，猛以濟寬，政是以和」，惟能和政，故可以成治立功也。云「剛則彊，柔則弱」者，謂一于剛一于柔者，若《左傳》晉陽處父以剛見殺，温大夫趙羅無勇而被獲，故云「陷于滅亡之道，非能也」。**平康正直。彊不友，剛克。燮友，柔克。**不，正義本作「弗」，兹从《史記》。燮，心叶反。【注】鄭康成曰：「人臣各有一德，天子擇使之。安平之國，使中平守一之人治之，使不失舊職而已。國有不順孝敬之行者，則使剛能之人誅治之。其有中和之行者，則使柔能之人治之、差正之。」聲謂：燮，和也。燮，或爲「内」。行，下孟反。差，初宜反。【疏】鄭注見正義。上經言「艾用三惪」，是謂君之治民當用三惪之人以治之，然則「三惪」當屬臣言，故鄭云「人臣各有一惪，天子擇使之」。云「使不失舊職而已」者，安平之國無事紛更，故使中平守一之人治之，但使守其舊職而可矣。云「不順孝敬之行」者，《爾雅》云「善父母爲孝，善兄弟爲友」，言「不友」則「不孝」可知，故云「不順孝敬」。云「使剛能之人誅治之」者，若《周禮・大司寇》職所云「刑亂國用重典」也。云「使柔能之人治之、差正之」者，中和之行當寬以御之，故使柔能之人静以鎮撫之而已。「燮，和」，

《釋詁》文。云「燮，或爲『内』」者，《史記》云「内友柔克」。**沈漸剛克**，沈，直冘反。漸，即炎反。僞孔本作「沈潛」，文五年《左傳》引作「沈漸」，《史記》亦作「沈漸」，兹从之。【注】沈，陰也。漸，積也。陰謀漸積，謂賊臣亂子非一朝一夕之故，君親無將，將而誅焉。【疏】《宋世家》注引馬融注云：「沈，陰也。潛，伏也。陰伏之謀，謂賊臣亂子非一朝一夕之漸，君親無將，將而誅。」案：馬本蓋作「沈潛」，故云「潛伏」，今考覈其實，从古作「沈漸」，與馬本不同，故稍改其意而用之。蓋「沈陰」足該「潛伏」，故别爲「漸，積」之訓，似俞于馬注也。❶《明堂月令》曰「季春行秋令，則天多沈陰」，是「沈」、「陰」同誼，故云「沈，陰也」。王逸注《楚詞》云「稍積曰漸」，故云「漸，積也」。云「陰謀漸積，謂賊臣亂子非一朝一夕之故」者，《易·文言傳》曰「積善之家，必有餘慶；積不善之家，必有餘殃。臣弑其君，子弑其父，非一朝一夕之故，其所由來者漸矣」，是賊臣亂子由積漸使然也。云「君親無將，將而誅焉」者，《公羊》莊三十二年傳文，以言亂賊之人亦當使剛能之人誅治之也。**高明柔克**。【注】馬融曰：「高明，君子。亦以悳褱也。」褱，今通作「懷」。【疏】注見《宋世家》注。云「亦以悳褱也」者，亦上「燮友，柔克」也。**維辟作福，維辟作威，維辟玉食**。辟，邠益反。【注】馬融曰：「辟，君也。不言王者，關諸侯也。」鄭康成曰：「此凡君归臣之言也。作福，專爵賞也。作威，專刑罰也。玉食，備珍美也。」归，衣即反，从反印，俗作「手」傍箸「卬」，非。【疏】馬注見《宋世家》注。「辟，君」，《釋詁》文。云「不言王者，關諸侯也」者，《禮記·坊記》及《喪服四制》皆云「土無二王」，《坊記》又云「《春秋》不書楚越之王喪，恐民之惑也」，是諸侯不

❶「俞」，原作「愈」，今據近市居本改。

得偁王，若言「王」則專謂天子；今不言「王」而言「辟」，「辟」之言「君」，諸侯于其國内全乎爲君，故云「關諸侯也」。《禮記・王制》云「次國三卿，二卿命于天子，一卿命于其君。小國二卿，皆命于其君」，是諸侯得爵命大夫也。《康誥》是周公誥康叔之書，而云「敬明乃罰」，《禮記・文王世子》云「獄成，有司讞于公」，是諸侯得專刑罰也，《禮記・玉藻》云諸侯「朝服以食，特牲三俎，祭肺，夕深衣，祭牢肉。朔月少牢，五俎四簋」，是諸侯亦得備珍美，故知言「辟」是「關諸侯」也。鄭注見《公羊》成元年疏及《宋世家》注。云「凡君归臣之言」，「凡」是最括之詞，然則鄭意亦以「維辟」該天子、諸侯，與馬誼同。**臣無有作福、作威、玉食，臣之有作福、作威、玉食，其害于而家，凶于而國。人用側頗辟，民用僭忒。**辟，由益反。忒，土得反。【注】鄭康成曰：「害于女家，福去室。凶于女國，亂下民。」肅曰：「大夫稱家。言秉權之臣必滅家，復害其國也。」聲謂：辟，衺。僭，差。忒，疑也。權歸于臣，則下僚諂附，用是頃側不正，民將生心，用是僭差疑貳矣。今文「凶」上有「而」字。復，伏救反。頃，起盈反。【疏】鄭注見《公羊》成元年疏，肅注見正義。云「大夫偁家」者，《周禮・載師》「以家邑之田任鄁地」，謂大夫之采地也；昭二十五年《左傳》叔孫氏之司馬鬷戾曰「我，家臣也」，是「大夫偁家」也。《詩・板》篇云「民之多辟」，鄭箋云「民之行多爲衺辟者」，是「辟」爲「衺」也。「僭，差」，《毛詩・抑》篇傳誼也。❶《釋文》引馬融注云「忒，惡也」，今不用之者，《漢書・王嘉傳》嘉上封事諫封董賢，引此經而說之云「言

❶「抑」，原脱，今據近市居本補。

如此則逆尊卑之序，亂陰陽之統，而害及王者。其國極危，國人頃仄不正，❶民用僭差不壹」，噉則「忒」之爲誼「不壹」也，《詩・鳲鳩・敘》云「諫不壹也」，其詩云「其義不忒」，毛傳云：「忒，疑也。」「疑」是疑貳，即「不壹」之謂，訓「忒」爲「疑」似優于馬誼也。云「權歸于臣，則下僚諂附」者，歷代皆然，悉數乃留，更僕未可終也。經典之中凡「人」與「民」對舉者，皆以「民」爲庶民，「人」爲官僚，故此以「人」爲「下僚」也。云「民將生心」者，若隱元年《左傳》云「若弗與則請除之，無生民心」，謂太叔侵國而君弗除之，恐民疑君欲授之國而生貳心也，然則臣侵君權，民將有生疑貳之心者，故云也。云「今文『凶』上有『而』字」者，蔡邕石經作「而凶于而國」。**卟疑：擇建立卜、筭人。**筭，人世反，从竹、𢍰，「𢍰」，古文「巫」字；俗省从竹、巫。【注】鄭康成曰：「將考疑事，選擇可立者立爲卜人、筮人。」聲謂：問龜曰卜，問蓍曰筮。蓍，式脂反。【疏】鄭注見正義。「建」即「立」也，經言「建」復言「立」，故鄭云「選擇可立者立爲卜人、筮人」，亦兩言「立」也。鄭注《周禮・春官》敘官云「問龜曰卜，問蓍曰筮」，茲用其誼。《說文・卜部》云「卜，剝龜也，象灸龜之形。一曰象龜兆之縱横也」，又《竹部》云「筮，易卦用蓍也」，是龜爲卜、蓍爲筮也。云「問」者，謂命蓍、龜以詞也。《易・繫辭上》云「問焉而以言，其受命也如嚮」，虞翻注云：「謂問于蓍、龜。」**乃命卜筭，曰雨，曰濟，曰圛，曰雺，曰克，曰貞，曰𠧪，凡七。卜五占之用，二衍貣。**濟，子詣反，正義本改作「霽」，《史記》及鄭注《周禮》所引皆作「濟」，僞孔本同；圛，羊昔反，正義本改作「驛」，《說文》及《周禮注》皆引作「圛」，僞孔本亦同；茲皆從其舊。雺，莫浮反，僞孔本作「蒙」，且以「曰蒙」置「曰

---

❶「頃」，原作「傾」，今據近市居本改。

圛」上，兹據《史記》及《周禮注》更正其弟。𠙴，荒佩反，正義本作「悔」，兹從《説文》所引。貣，土得反，僞孔本作「忒」，兹從《史記》。【注】鄭康成曰：「卜五占之用，謂雨、濟、圛、雺、克也。二衍貣，謂貞、悔也。將立卜筮人，乃先命名兆卦而分别之。兆卦之名凡七，龜用五，易用二，審此道者乃立之也。雨者，兆之體气如雨然也。濟者，如雨止之雲气在上也。圛者，色澤而光明也。雺者，气不釋鬱冥冥也。克者，如祲气之色相犯也。内卦曰貞；貞，正也。外卦曰𠙴；𠙴之言晦；晦，猶終也。卦象多變，故言衍貣。」聲聞舊説云：圛者，如升雲半有半無。衍，演也，廣也。貣，態也。古文「圛」爲「悌」、「雺」爲「蝥」。别，彼列反。鬱，紆勿反。祲，子沁反，又七衽反。悌，代易反，又夷昔反。蝥，芒浮反。【疏】鄭注見《宋世家》注。云「卜五占之用，謂雨、濟、圛、雺、克也」者，言卜之兆象有此五者，爲占者之用也。據此，則鄭本作「卜五占之用」，與《史記》同，僞孔本脱去「之」字，非也。《釋文》引馬注云「占，筮也」，是以「占」屬貞、悔，則馬以「占之用二」爲句矣。鄭不从之者，《説文·卜部》云「占，視兆問也，从卜、口」，然則「占」本爲占卜兆，故《周禮·占人》「掌占龜」，又云「君占體，大夫占色，史占墨，卜人占坼」。但兆、卦皆有籀詞，皆須推究，故卜、筮皆得言「占」，故《占人》云「以八筮占八頌，以八卦占筮之八故」，又《義禮·士冠》篇云「筮人還東面，旅占」，是筮卦亦云「占」也。此文「占」與「衍貣」對舉，則「占」爲占兆，「衍」爲推衍卦意，不得以「占」屬筮，故鄭以「卜五占之用」爲句，馬誼非也。云「雨者，兆之體气如雨然也」者，鄭注《周禮·占人》云「體，兆象也。色，兆气也」，然則謂兆之气色濃惑，形象如欲雨然也。云「濟者，如雨止之雲气在上也」者，《釋天》云「濟謂之霽」，《説文·雨部》云「霽，雨止也」，故知兆象如雨止之狀，得名爲「濟」也。云「圛者，色澤而光明也」者，案：鄭箋《載驅》詩云「圛，明也」，又注

《周禮・占人》云「凡卜，象吉、色善、墨大、坼明，則逢吉」，此言「色澤而光明」則是吉兆矣。云「雺者，气不釋鬱冥冥也」者，《説文・雨部》云「霧，地气發，天不應也。雺，籀文霧省」，然則「雺」是气不揚越，兆气如之，故云「气不釋鬱冥冥也」。云「克者，如祲气之色相犯也」者，《周禮・眡祲》「掌十煇之法，一曰祲」，鄭仲師注云「祲，陰陽气相侵也」；兆名爲「克」，如彼陰陽之气相侵犯也。云「内卦曰貞；貞，正也。外卦曰𠧩」者，《易》卦乾下坤上爲泰，坤下乾上爲否，《泰・象》曰「内陽而外陰，内健而外順」，《否・象》曰「内陰而外陽，内柔而外剛」，是卦以下爲内、上爲外也；蠱卦巽下艮上，巽爲風，艮爲山，僖十五年《左傳》云「蠱之貞，風也。其悔，山也」，是内卦曰貞，外卦曰𠧩。《説文・卜部》亦云：「𠧩，《易》卦之上體也。」「貞，正」，《子夏易傳》誼也。云「𠧩之言晦，晦猶終也」者，「晦」是月之終，卦終于上猶月終于晦，故上卦曰悔，取終之誼也。云「卦象多變，故言衍貣」者，《易・繫辭上》云「爻者，言乎變者也」，《説卦》云「觀變于陰陽而立卦」，是卦象多變也；「衍貣」者，謂推演之以廣其誼，以盡其情狀，《易・繫上》云「通其變，遂成天地之文。極其數，遂定天下之象」，又云「變而通之，以盡利。鼓之舞之，以盡神」，是之謂「衍貣」與？「聲聞舊説」者，《説文・口部》引此經「曰圛」而説之云「圛，升雲半有半無」，是其説也。許叔重受學于賈侍中逵，所纂《説文解字》頗用師説，此經「圛」字古文作「悌」，賈君从今文定爲「圛」，則此説必賈君《尚書》説也，在鄭君之前，故曰「舊説」。鄭君不用是説者，蓋嫌其與「雨止之雲气在上」相似故爾。聲以爲「升雲半有半無」比「雨止之雲气在上」尤闓明矣，與鄭所言「色澤而光明」誼合，而與「濟」之兆象亦不嫌相同，故采以廣鄭誼。云「衍，演也，廣也」者，《易・繫上》云「大衍之數五十」，鄭注云「衍，演也」，王廙、蜀才皆云「衍，廣也」。案：「衍」謂演而廣之，當兼此二誼乃足也。「貣，態」，劉熙《釋名・釋天》之文也。「貣」字或作「忒」，俗又僞作「匿」下「心」，今《釋名》从俗文矣。《説文》云「態，意也」，「貣」之言「態」，則「衍貣」謂推衍其意也。云「古文『圛』

爲『悌』、『霁』爲『蟊』」者，鄭箋《載驅》詩云「古文《尚書》以悌爲圛」，彼正義云：「《鴻範》『卟疑』論卜兆有五，『曰圛』注云『色澤光明』。」蓋古文作「悌」，今文作「圛」，賈逵以今文校之，定以爲「圛」，故鄭依賈氏所奏，从定爲「圛」，于古文則爲「悌」。案：今《史記》作「曰涕」，蓋篆書偏旁「心」字作「[illegible]」，與「[illegible]」相似，容或譌焉。司馬子長从安國問故，其書多古文説，其必从古文作「悌」，後人寫其書誤作「涕」爾。鄭注《周禮·大卜》引此文作「曰圛」、「曰蟊」，是古文「霁」爲「蟊」也。**立時人作卜、筮，**【注】鄭康成曰：「立是能分别兆卦之名者，以爲卜人、筮人。」【疏】注見《宋世家》注。**三人占，則从二人之言。**【注】鄭康成曰：「卜、筮各三人，大卜掌三兆三易。從其多者，蓍龜之道幽微難明，眘之深。」【疏】注見賈公彦《儀禮·士喪禮》疏及《宋世家》注。云「卜、筮各三人」者，《士喪禮》筮宅，「卒筮執卦，以示命筮者。命筮者受視，反之東面，旅占」，鄭彼注云「旅，衆也。反與其屬共占之。謂掌《連山》、《歸藏》、《周易》者」，又卜葬日，「占者三人」，鄭彼注云「占者三人，掌玉兆、瓦兆、邍兆者也」。案：卜日則占兆者三人，則筮宅占易者亦三人可知矣。云「大卜掌三兆三易」者，以三兆、三易證卜、筮皆必三人也。案：《周禮》云「大卜掌三兆之法。一曰玉兆，二曰瓦兆，三曰邍兆」。鄭彼注云：「兆者，灼龜發于火，其形可占者。其象似玉、瓦、邍之舋罅，是用名之焉。杜子春云：『玉兆，帝顓頊之兆。瓦兆，帝堯之兆。邍兆，❶有周之兆。』」又云「掌三易之法。一曰《連山》，二曰《歸藏》，三曰《周易》」，鄭彼注云：「《連山》，似山出内气也。《歸藏》，萬物莫不歸而藏于其中。杜子春云：『《連山》虙羲，《歸藏》黄帝。』」是鄭説「三兆」、「三易」既用子春

❶「邍」，原作「原」，今據近市居本改。

説矣。鄭君《易贊》乃云「夏曰《連山》，殷曰《歸藏》」，與《周禮》注韋者，案：《鄭志》趙商據子春「三兆」、「三易」之注而問云：「子春何由知之？」鄭答之曰：「此數者，非無明文，改之無據，故箸子春説而已。近師皆以爲夏、殷、周。」然則「三兆」、「三易」其説難定，鄭君且不敢專从，姑兩存可也。云「從其多者」者，一人爲少，二人爲多，成六年《左傳》欒武子曰「善鈞从衆。《商書》曰『三人占，从二人。』衆故也」，是其誼也。案：三人之占罕能盡同，故曰「从二人」，苟三人悉同，則从固不待言矣。**女則有大疑，**【注】女，女武王也。【疏】《白虎通·蓍龜》篇偁「《尚書》曰『女則有疑』，謂武王也」，兹从其説。**謀及乃心，謀及卿士，謀及庶民，謀及卜簭。**民，古文「民」，僞孔本作「人」，蔡邕石經作「民」。【注】鄭康成曰：「卿士，六卿掌事者。」聲謂：謀及卿士、庶民，先盡人事。念而不能得，思而不能知，然後問于蓍龜。聖人獨見先睹，必問蓍龜者，示不自專也。或曰：精微無耑緒，非聖人所及，聖人亦疑之。耑，多安反。【疏】鄭注見正義。「士」之言「事」，故云「卿士，六卿掌事者」。案：《周禮》六官惟冬官掌邦事，此言「六卿掌事」者，盖冬官雖專事官之目，其實治、教、禮、政、刑各有事，五官各掌一職，不得謂非掌事，故《甘誓》偁六卿爲「六事之人」也。且「卿」字从卯，卯者，事之制也，則卿必有事矣。「謀及卿士」以下，並《白虎通·蓍龜》篇文。**女則从，龜从，簭从，卿士从，庶民从，是之謂大同，而身其康彊，而子孫其逢吉。**僞孔本脱兩「而」字，兹从《史記》增。【注】而，女也。馬融曰：「逢，大也。」【疏】馬注見《釋文》。《禮記·儒行》云「衣逢掖之衣」，鄭注云「大掖之衣，大袂襌衣也」，是「逢」爲「大」。**女則从，龜从，簭从，卿士屰，庶民屰，吉。卿士从，龜从，簭从，女則屰，庶民屰，吉。庶民从，龜从，簭从，女則屰，卿士屰，吉。**屰，俗混作「逆」，音同而誼別矣。【注】鄭康成曰：「此三者皆从多，故爲吉。」

【疏】注見《宋世家》注。**女則从，龜从，筮𢍁，卿士𢍁，庶民𢍁，作内吉，作外凶。**【注】鄭康成曰：「此𢍁者多，以故舉事，于竟内則吉，竟外則凶。」竟，吉梗反，俗加「土」傍，非。【疏】注亦見《宋世家》注。案：龜从筮𢍁，内吉外凶，若龜𢍁筮从，則作内亦凶。知者，僖四年《左傳》云：晉獻公欲以驪姬爲夫人。卜之，不吉；筮之，吉。公曰「从筮」，卜人曰「筮短龜長，不如从長」云云，公弗聽，卒立之，後卒爲亂。是龜𢍁筮从，雖作于内亦凶也。❶ **龜、筮共韋，于人用静吉，用作凶。**【注】鄭康成曰：「龜、筮皆與人謀相韋，人雖三从，❷猶不可以舉事。」【疏】注亦見《宋世家》注。**庶徵：曰雨，曰暘，曰奥，曰寒，曰風。**奥，惕六反，从《史記》作。【注】鄭康成曰：「雨，木气也。春始施生，故木气爲雨。暘，金气也。秋物成而堅，故金气爲暘。奥，火气也。寒，水气也。風，土气也。凡气，非風不行，猶金、木、水、火非土不處，故土气爲風。」【疏】注見正義，又見《詩・漸漸之石》正義。「五事」貌屬木，言屬金，視屬火，聽屬水，思心屬土，《五行傳》曰「貌之不恭，❸是謂不肅，厥罰恒雨；言之不从，是謂不𡰪，厥罰恒暘；視之不明，是謂不哲，厥罰恒奥；聽之不聰，是謂不謀，厥罰恒寒；思之不容，是謂不聖，厥罰恒風」，故鄭君以雨爲木气，暘爲金气，奥爲火气，寒爲水气，風爲土气也。**曰時五者來備，各以其敘，庶艸緐橆。**緐，武袁反，正義本作「蕃」，兹从《史記》及《說文》所引。橆，文

❶「作」，原脱，今據近市居本補。
❷「从」，原作「人」，今據近市居本改。
❸「恭」，原作「龔」，今據近市居本改。下逕改，不一一出校。

甫反。【注】時，是也。言是五者備至，各順其敘，則庶艸緐殖茲豐矣。森，豐也。【疏】「時，是」，《釋詁》文。子惠子曰：「《後漢書・李雲傳》云『得其人則五氏來備』，注引此文爲説，而云『氏與是，古字通』；又《荀爽附傳》云『五韙咸備，各以其敘矣』，注云『韙，是也』，亦引此經爲説。嘫則『五是來備』猶言『是五者來備』，即此經『曰時五者來備』之文。僞孔氏讀『曰時』絶句，屬上爲誼，與漢儒異讀矣。」聲案：若如僞孔言「五者各以時」，則「曰時」即是各以其敘矣，何又言「各以其敘」乎？僞孔誼非是。茲讀「曰時」屬下，故云「言是五者備至，各順其敘也」。「森，豐」，《説文・林部》文。案《説文》解「森」字云：「森，豐也，从林、𡘲。或説規模字，从大、卌，數之積也。林者，木之多也。卌與庶同意，《商書》曰『庶艸緐森』。」此「森」之誼所以爲「豐」也。**一極備，凶。一極亡，凶。**古或以「亡」爲「无」，故《史記》作「亡」，僞孔本同，唐本則改从時俗字矣。【注】「極備」即所謂「恒」也。亡，讀曰「无」。五者之中，一者極備或一者極亡，皆凶。【疏】「備」是具足之誼，言「極」則過多矣，下文「恒雨」、「恒暘」之等皆謂常久，如是常久則亦過多，故云「『極備』即所謂『恒』也」。云「亡，讀曰『无』」者，古字輒或以「亡」爲「无」，如《周禮・司市》云「亡者使有」，鄭仲師注云「无此物則開利其道，使之有」，又《詩・谷風》云「何有何亡」，是皆以「亡」爲「无」，此經「亡」字誼亦嘫也。**曰休徵：**【注】善行之驗也。行，下孟反。【疏】《漢書・五行志》引此經，孟康注云「善行之驗也」，茲采用之。案：「休徵」即下文「時雨」、「時暘」之屬，是由肅、㕙、哲、謀、聖所致，故云「善行之驗」。**曰肅，時雨若；**【注】皃曰木，肅則皃事得，皃事得則木气應，故時雨順之。【疏】「皃曰木」，鄭誼也，《漢書・五行志》云「凡皃傷者，病木气」，故皃曰木也。皃曰恭，恭作肅，故云「肅則皃事得」。鄭注上文以雨爲木气，故云「木气應，故時雨順之」。**曰㕙，時暘若；**【注】言曰金，㕙則言事得，言事得則金气應，故時暘順之。【疏】「言曰金」亦鄭誼也，《漢書・五行志》云「凡言傷者，病金气」，故言曰金也。言曰从，从作旻，故云「旻則言事得」。鄭注上文云「暘，金气也」，故云「金气應，故時暘順之」。**曰哲，時奥若；**【注】哲則視事得，視曰火，火气應，故時奥順之。【疏】視曰明，明作哲，故云「哲則視事得」。「視曰火」亦鄭誼也，《漢書・五行志》云「凡視傷者，病火气」，故視曰火。鄭君注上文云「奥，火气也」，故云「火气應，故時奥順之」。**曰謀，時寒若；**【注】謀則聽事得，聽曰水，水气應，故時寒順之。【疏】聽曰聰，聰作謀，故云「謀則聽事得」。「聽曰水」亦鄭君誼也，《漢書・五行志》云「凡聽傷者，病水气」，故聽曰水。鄭君于上文注云「寒，水气也」，故云「水气應，則時寒順之」。**曰聖，時風若。**【注】孔子曰：「聖者，通也，兼四而明。」嘫則聖者勹皃、言、視、聽而載之以思心者，猶土之含載四行，故思心通聖則土气應之。土气應，則時風順之。勹，百茅反，今通作「包」。【疏】鄭注《大傳・五行傳》云：「孔子說『休徵』曰：『聖者，通也，兼四而明。』然則所謂聖者，包皃、言、視、聽，而載之以思心者。」所引孔子之言蓋或《尚書緯》文，今不可考矣。據云「說『休徵』曰」，則是正說此經也，故節取以注。此云「聖者包皃、言、視、聽而載之以思心者」乃鄭君之言，今取其言以承「兼四而明」之下，故云「嘫則」也。云「兼四而明」者，謂聖兼肅、旻、哲、謀四者而明，此其所以爲「通」也。聖兼四而明，土亦包含金、木、水、火，故云「猶土之含載四行」。鄭注《五行傳》云「思心曰土，故思心通聖則土气應之」，鄭注上文以風爲土气，故云「土气應，則時風順之」也。**曰咎徵：**【注】惡行之驗也。行，下孟反。【疏】「咎」與「休」對，孟康注《漢書》以「休徵」爲善行之驗，則「咎徵」是惡行之驗矣。**曰狂，恒雨若；**【注】鄭康成曰：「君臣不敬，則倨慢如狂矣。皃曰木，木主春，春气生。生气失則踰其節，故恒雨。倨，君御反。

【疏】此鄭注《大傳・五行傳》注也。《漢書・五行志》云「人君行己，體皃不恭，怠慢驕蹇，則不能敬萬事。失在狂易，故其咎狂」，故鄭君云：「君臣不敬，則倨慢如狂矣。」云「皃曰木」者，説具前疏。《明堂月令》云「某日立春，盛悳在木」，故云「木主春」。《月令》季春云「生气方盛，陽气發洩，勾者畢出，萌者盡達」，故云「春气生」。云「生气失則踰其節，故恒雨」者，鄭注上經云「春始施生，故木气爲雨」，是鄭意以雨爲物所賴以生，故以雨當生气，生气得則時雨若，生气失則無節而恒也。案：《五行志》云「上嫚下暴則陰气勝，故其罰常雨」，又云「春與秋，日夜分，寒暑平。是以金、木之气易以相變，故皃傷則致秋陰恒雨，言傷則致春陽常旱也。至于冬夏，日夜相反，寒暑殊絶，水、火之气不得相并，故視傷常奥，聽傷常寒者，其氣然也」，如其説則似雨爲金气、暘爲木气，以皃傷、言傷之故，金、木相沴而相變也。若皃、言不傷，則金、木不相沴，何以肅則時雨若、乂則時暘若乎？是知雨爲木气、暘爲金气，《志》説似非，故鄭君不用其説。**曰僭，恒暘若；**【注】鄭康成曰：「君臣不治，則僭差矣。言曰金，金主秋，秋气殺。殺气失，故恒暘。」【疏】此注亦《五行傳》注也。《漢書・五行志》云「言上號令不順民心，虛譁憒亂，則不能治海內。失在過差，故其咎僭。僭，差也」，故鄭云：「君臣不治，則僭差矣。」云「言曰金」者，説具前疏。《明堂月令》云「某日立秋，盛悳在金」，故云「金主秋」。《月令》孟秋云「天地始肅」，仲秋云「殺气浸盛」，故云「秋气殺」。云「殺气失，故恒暘」者，《月令》孟秋云「行春令則其國乃旱」，仲秋云「行春令則秋雨不降，行夏令則其國乃旱」，是殺气失而恒暘也。**曰荼，恒奥若；**荼，式魚反，僞孔本作「悆」，正義本作「豫」，皆非。《史記》、《漢書》皆作「舒」，《大傳》作「荼」，古以「荼」爲「舒」字也，故从「荼」。奥，悁六反，《大傳》作「燠」，《史記》、

《漢書》皆作「奥」，茲从「奥」。【注】荼，讀爲「舒遲」之「舒」。鄭康成曰：「君視不瞭，❶則舒緩矣。視曰火，火主夏，夏气長。長气失，故恒奥。」瞭，力盄反。長，知賞反。【疏】《禮記·玉藻》説斑制云「諸侯荼」，鄭注云「荼，讀爲舒遲之舒」，是古字或以「荼」爲「舒」也。此經據《大傳》作「荼」，《史記》及《漢書》則皆作「舒」，何休注《公羊》成元年傳引此亦作「舒」，然則《大傳》作「荼」乃是假借以爲「舒」字，故从鄭君《禮記》注讀也。此鄭注亦《五行傳》注也。《漢書·五行志》云「上不明，暗昧蔽惑，則不能知善惡，親近習，長同類，無功者受賞，有罪者不殺，百官廢亂。失在舒緩，故其咎舒」，故鄭云：「君視不瞭，則舒緩矣。」云「視曰火」者，説具前疏。《明堂月令》云「某日立夏，盛悳在火」，故云「火主夏」。《禮記·鄉飲酒誼》云「夏之爲言假也，養之長之，假之仁也」，故云「夏气長」。云「長气失，故恒奥」者，《五行志》云「盛夏日長，暑以養物，政舒緩，故其罰常奥也」。**曰急，恒寒若；**

【注】鄭康成曰「急，急促自用也」，「君臣不謀，則急矣。聽曰水，水主冬，冬气臧。臧气失，故恒寒」。臧，才郎反。【疏】云「急，急促自用也」者，「急」與「謀」反，不謀則自用矣。惟此一語是此經之注，見正義。「君臣不謀」以下則亦《五行傳》注也。《漢書·五行志》云「上偏聽不聰，下情隔塞，則不能謀慮利害。失在嚴急，故其咎急」，故鄭云：「君臣不謀，則急矣。」云「聽曰水」者，説具前疏。《明堂月令》云「某日立冬，盛悳在水」，故水主冬。《鄉飲酒誼》云「冬之爲言中也。中者，臧也」，故云「冬气臧」。云「臧气失，故恒寒」者，《五行志》云「盛冬

❶「視」，原作「眡」，今據近市居本改。

日短，寒以殺物，政促迫，故其罰恒寒」也。**曰雺，恒風若。**雺，从雨矛聲，當音毛浮反，或音莫紅反，聲之轉也，僞孔本遂作「蒙」矣；《大傳》作「雺」，《史記》作「霿」，「霿」、「雺」同字；《漢書》作「霧」，以「矝」爲聲，「矛」、「敄」、「矝」皆同聲也；兹從「雺」。【注】鄭康成曰「雺聲近冡」，「冡，冒也。君臣心有不明，則相冡冒矣。思心曰土，土主四時。四時主消息生、殺、長、臧之气，風亦出内雨、暘、寒、奥之徵，皆所以殖萬物之性命者也。殖气失，故恒風」。冡，毛紅反。長，中賞反。臧，才郎反。内，奴遝反。【疏】「雺」與「冡」皆脣音，是爲雙聲，音轉最近，故云「雺聲近冡」。惟此四字是此經之注，見《爾雅·釋天》邢氏疏。「冡，冒」以下則皆《五行傳》注也。《説文·冃部》云「冒，冡而前也」，❶故云「冡，冒也」。《漢書·五行志》云：「皃、言、視、聽，以心爲主。四者皆失，則區霿無識，故其咎霿。」案：皃、言、視、聽以心爲主，則四者皆失，區霿無識，由心不明之故也，故云「君臣心有不明，則相冡冒矣」。《五行志》云「凡思心傷者，病土气」，故云「思心曰土」。《白虎通·五行篇》云「土王四季，各十八日」，故云「土主四時」。案：一歲三百六十五日四分日之一，五行迭相休王，均分之，應各王七十三日九百四十分日之四十七。析其土王之日于四季，則每季王十八日九百四十分日之二百八十二。❷但夏气舒長，冬气短促，四時日數不能齊一，則土之寄王應亦修短不齊，故略其奇分，正言十八日也。四時春生、夏長、秋殺、冬臧，四气迭爲消長，故云「四時主消息生、殺、長、臧之气」。風能致雨亦能止雨，南風則奥，北風則

❶ 「冒冡」，原倒乙，今據近市居本及《説文解字》改。

❷ 「每」，原作「春」，今據近市居本改。

寒。《谷風》詩云「習習谷風，以陰以雨」，是風而雨也；《釋天》云「日出而風爲暴」，是風而暘也；《七月》詩云「一之日觱𤼽」，是風而寒也；《月令》季夏云「温風始至」，又季秋云「行春令，則煖風來至」，是風而奥也；故云「風亦出内雨、暘、寒、奥之徵」。《釋名》云：「風者，汎也，爲能汎博萬物。」案：《淮南・天文訓》云「何謂八風？距冬至四十五日，條風至」，又「四十五日，明庶風至」，又「四十五日，清明風至」，又「四十五日，景風至」，又「四十五日，涼風至」，又「四十五日，閶闔風至」，又「四十五日，不周風至」，又「四十五日，廣莫風至」。《史記・律書》云「不周風凥西北，主殺生」，「廣莫風凥北方。廣莫者，言陽气在下，陰莫陽廣大也」，「條風凥東北，主出萬物。條之言條治萬物而出之」，「明庶風凥東方。明庶者，明衆物盡出也」，「清明風凥東南維，主風吹萬物」，「景風凥南方。景者，言陽气道竟，故曰景風」，「涼風凥西南維，主地。地者，沈奪萬物气也」，「閶闔風凥西方。閶者，倡也；闔者，臧也。言陽气道萬物，闔黄泉也。」《白虎通・八風》篇云「風之爲言萌也，養物成功」，是八風歷四時而生殖萬物，故云「皆所以殖萬物之性命者也」。云「殖气失，故恒風」者，殖气失則生、殺、長、藏之气皆亂矣，故恒風，《五行志》云：「雨、旱、寒、奥亦以風爲本。四气皆亂，故其罰恒風也。」**曰王眚維歲，卿士維月，師尹維日。歲、月、日、時毋易，百穀用成，乂用明，畯民用章，家用平康。日、月、歲、時既易，百穀用不成，乂用昏不明，畯民用微，家用不寧。**僞孔本「眚」作「省」、「毋」作「亡」，正義本「畯」作「俊」，兹並从《史記》。【注】馬融曰：「言王者所眚職，如歲兼四時也。」聲謂：眚，讀爲「夕省其典刑」之「省」。卿士分職治事，如月統于歲。師，衆。尹，正也。衆正之官統于卿，❶如日統于月。畯民，材千人者。章，顯。微，隱

❶ 「正」，原作「職」，今據近市居本改。

也。鄭康成曰：「所以承休徵、咎徵言之者，休、咎五事得失之應，其所致尚微，故大陳君臣之象成皇極之事，其道得則其美應如此，其道失則敗德如彼，非獨風雨寒奧而已。」【疏】馬注見《宋世家》注。王者總攝群臣，故云「王者所眚職，如歲兼四時也」。云「眚，讀爲『夕省其典刑』之『省』」者，「夕省其典刑」，《國語・魯語》文。古字「眚」、「省」通，《公羊春秋》莊二十二年「肆大省」，《左氏》、《穀梁春秋》皆作「肆大眚」，《康誥》云「人有小辠非眚」，又云「乃惟眚災」，《潛夫論》引之兩「眚」字皆作「省」，是「眚」、「省」同字也。此經據馬注言「所眚職」，則「眚」實爲「省察」，正如《國語》所云「省其典刑」之誼，故讀从彼文之「省」。云「卿士分職治事，如月統于歲」者，❶馬解「王眚維歲」謂「王者所眚職，如歲兼四時」，卿士則分職治事皆統于王者，則「卿士維月」當謂卿士之統于王，如月之統于歲，是仿馬誼爲説也。「師，衆」，《釋詁》文。「尹，正」，《釋言》文。云「衆正之官統于卿，如日統于月」者，「衆正之官」謂正官大夫，若《周禮》太府、司會、載師、師氏、太卜、太祝之等，皆與其屬爲長者，或屬天官，或屬地官，或屬春官，是皆統于卿者，其餘不能悉數也；卿士統于王，如月統于歲，則師尹之統于卿，如日統于月矣。云「畯民，材千人者」者，《説文・人部》云「俊，才過千人」，馬融注《咎繇謨》云「材德過千人爲俊」，「畯」與「俊」古字通也。「章」謂表明之，故云「章，顯」，《釋詁》云「隱，微也」，《説文・彳部》云「微，隱行也」，故云「微，隱也」。鄭注見正義。云「大陳君臣之象成皇極之事」者，「王眚維歲」云云言君之統臣如歲之統月、日，是陳君臣之象也；「歲、月、日、時毋易」承「王眚」云云而言，則是諭君臣位正成皇極之事也；「日、月、歲、時既

❶「月」，原作「日」，今據近市居本改。

易」，則所謂王之不極，是謂「不建」也；王極配五事爲六，故承庶徵而言之也。云「其道得」者，謂「歲、月、日、時毋易」；「其道失」者，謂「日、月、歲、時既易」也。**庶民維星，星有好風，星有好雨。**【注】星，恒星也。恒星甚衆，庶民之象，且有好尚亦似民。此以下叚諭以言王極出政之事也。馬融曰：「箕星好風，畢星好雨。」鄭康成曰：「中央土气爲風，東方木气爲雨。箕，東方木宿。木克土，土爲妃，尚妻之所好，故好風也。畢，西方金宿。金克木，木爲妃，尚妻之所好，故好雨也。推此，則南宮好暘，北宮好奧，中宮四季好寒也。是由己所克而得其妃，從其妃之所好故也。」宿，息救反。【疏】云「星，恒星也」者，《春秋》莊七年，「夏四月，辛卯夜，恒星不見」，《公羊傳》云「恒星者何？列星也」，何休注云：「恒，常也。常以時列見。」然則匊天除五緯之外皆恒星也，故云「恒星甚衆，庶民之象」。案：《史記·天官書》云「中宮天極星，其一明者，太一常凥也。傍三星三公」，又云「匡衛十二星，藩臣」，又云「紫宮、房心、權衡、咸池、虛危列宿部星，此天之五官坐位也」，然則列星是王公貴臣之象。今以爲「庶民」之象者，蓋匊天之星除列宿三垣之外，尚多不可勝紀，且有衆無名之星不啻萬數，其別布于天如民之散處于地，故經以「星」諭民，言「庶民維星」，注順經文而云「庶民之象」也。云「且有好尚亦似民」者，民各有情欲，故有嗜好，星宜無嗜好矣，乃亦有好風有好雨之與民之有情欲相似也。云「此以下叚諭以言王極出政之事也」者，上文鄭注云「大陳君臣之象成王極之事」，則自「歲、月、日、時毋易」以至下文「則以風雨」皆言王極之事，特叚星以諭民，叚日月之行以諭出政爾。馬注見《宋世家》注。《詩》云「月離于畢，俾滂沱矣」，《春秋緯》曰「月離于箕，則風颺沙」，鄭仲師注《周禮·大宗伯》云「風師，箕也；雨師，畢也」，故云「箕星好風，畢星好雨」。鄭注見正義及《詩·漸漸之石》正義。云「中央土气爲風，東方本气爲雨」者，說具前疏。東方蒼龍七宿，角、亢、氐、房、心、尾、箕；西方白虎七宿，奎、婁、胃、昴、畢、觜、參；故云「箕，東方木宿」，「畢，西方金宿」。云「木克土，土爲妃」、「金克木，木爲妃」者，陰陽家有「五行妃合」之說。甲乙，木也；丙丁，火也；戊己，土也；庚辛，金也；壬癸，水也。木克土，土畏木，以己爲甲妃；金克木，木畏金，以乙爲庚妃；火克金，金畏火，以辛爲丙妃；水克火，火畏水，以丁爲壬妃；土克水，水畏土，以癸爲戊妃。故昭九年《左傳》云「火，水妃也」，又十七年傳云「水，火之牡也」，劉歆說云：「水以天一爲火二牡，木以天三爲土十牡，土以天五爲水六牡，火以天七爲金四牡，金以天九爲木八牡。陽奇爲牡，陰偶爲妃，故曰『水，火之牡也』，又曰『火，水妃也』。」是五行以受克者爲妃也。云「推此，則南宮好暘，北宮好奥，中宮四季好寒也」者，由从妻所好推之，則「南宮」，火也，火克金，暘，金气，爲火妃，故南宮好暘；「北宮」，水也，水克火，奥，火气，爲水妃，故北宮好奥；「中宮四季」，土也，土克水，寒，水气，爲土妃，故中宮四季好寒。此鄭君推廣言之，皆是由己所克而得其妃，从其妃之所好也。**日月之行，則有冬有夏。**【注】日有中道，月有九行。中道者，黄道，一曰光道。日，冬則南，夏則北，冬至于牽牛，夏至于東井，日之所行爲中道。冬至日南極，晷長，南不極則温爲害；夏至日北極，晷短，北不極則寒爲害。月有九行者，黄道一，黑道二，出黄道北，絑道二，出黄道南，白道二，出黄道西，青道二，出黄道東。立春、春分，月東從青道；立秋、秋分，西從白道；立冬、冬至，北從黑道；立夏、夏至，南從絑道。然用之一決房中道，故曰「日月之行，則有冬有夏」。鄭康成曰：「四時之間合于黄道。」聲謂：論王者政令四時各有宜也。晷，居咎反。【疏】「日有中道」以下至「有冬有夏」，並《漢書·天文志》文。彼文「黑道二」上脱「黄道一」三字，兹从《河圖帝覽嬉》增之。彼文「絑道」作「赤道」，予以天體中央去南北極適均處有「赤道」之名，嫌其名同易混，故易名「絑道」。「絑」者，純赤也。《明堂月令》云「仲夏之月，日在東井。仲冬之月，日在斗」，此云「夏至于東井」與《月令》合，云「冬至于牽牛」與《月令》異者，《月令》據月初，夏至、冬至則月中也。仲夏日在鶉首，鶉首之初至中皆東井度也，仲夏月初至中，日總在東井，故《志》與《月令》無殊；仲冬日在星紀，《釋天》云「星紀，斗，牽牛也」，劉歆《三統曆》云「大雪，日在斗十二度。冬至，日在牛初度」，是月初、月中不同宿，《志》與《月令》所舉異時，故不同也。「冬至日南極」云云至「則寒爲害」者，僖五年《左傳》云「春，王正月，辛亥朔，日南至」，是冬至日南極也。冬至日南極，則夏至日北極矣。蓋二十八宿環列于天，當日所行之黄道，而斜絡乎赤道之南北。其東角、西婁當黄、赤道之交，南北適中也。自亢、氐而漸南，至牽牛爲南之極，自胃、昴而漸北，至東井而北之極。故春分日在婁，秋分日在角，當南北之中；冬至在牽牛，則南之極，夏至在東井，則北之極也。此據古曆也，與今不同。今冬至日猶在尾，尾最在南矣。《易緯通卦驗》云「冬至日，置八神，樹八尺之表。日中，視其景，如度者歲美人和，晷不如度者歲惡人僞」，注云：「神，讀如引。言八引者，尌杙于地，四維四中，引繩以正之，故因名之曰引。立表者，先正方面，于視日審矣。」案：「晷」者，表之景也。「如度」者，冬至晷景丈三尺，❶是長之極也，若夏至之景則尺有五寸，爲短之極。知者，《周禮・大司徒》云「日至之景，尺有五寸，謂之地中」，鄭注引司農注云「土圭之長尺有五寸，以夏至之日立八尺之表，其景適與土圭等謂之地中」，是夏至晷景尺五寸也。鄭注《周禮・馮相氏》云「冬至，日在牽牛，景丈三尺；夏至，日在東井，景尺五寸；此長短之極。極則气至，冬无愆陽，夏无伏陰」。案：景長、短之極由于日南、北之極，嘫則南不極則有愆

---

❶「丈」，原作「攴」，今據近市居本改。下逕改，不一一出校。

陽,故「温爲害」,北不極則有伏陰,故「寒爲害」也。「黄道一」以下至「南從絑道」,鄭注《考靈曜》引《河圖帝覽嬉》文略與之同,則其説繇來舊矣。戴氏震曰:「月道出入黄道内外二十七日有奇,而交道一終。交終不復于原處,其差一度又幾半度。每年之差自東而西十九度奇,古曆家有『九道八行』之説,所以考其差也。借青、絑、白、黑以别之,借八節之名以命之。春分青道爲正東,立春青道爲東南,冬至黑道爲正北,立冬黑道爲東北,秋分白道爲正西,立秋白道爲西北,夏至絑道爲正南,立夏絑道爲西南。如交在冬至南緯二十三度半而入陰曆,半交必在春分黄道内五度半,春分无南北緯,則月北緯五度半,是爲春分青道。凡三十交,退在立冬南緯十六度奇而入陰曆,半交必在立春黄道内五度半,立春南緯十六度奇,則月南緯幾十一度,是爲立春青道。又三十交,退在秋分无南北緯而入陰曆,❶半交必在冬至黄道裏五度半,冬至南緯二十三度半,則月南緯十八度,是爲冬至黑道。又三十交,退在立秋北緯十六度奇而入陰曆,半交必在立冬黄道裏五度半,立冬南緯十六度奇,則月南緯幾十一度,是爲立冬黑道。又三十交退在夏至北緯二十三度半而入陰曆,半交必在秋分黄道裏五度半,秋分无南北緯,則月北緯五度半,是爲秋分白道。又三十交,退在立夏北緯十六度奇而入陰曆,半交必在立秋黄道裏五度半,立秋北緯十六度奇,則月北緯幾二十二度,是爲立秋白道。又三十交,退在春分无南北緯而入陰曆,半交必在夏至黄道裏五度半,夏至北緯二十三度半,則月北緯二十九度,是爲夏至絑道。又三十交,退在立春南緯十六度奇而入陰曆,半交必在立夏黄道裏五度半,立夏北緯十六度奇,則月北緯幾二十二度,是爲立夏絑道。又三十交,退

❶「退」,原作「復」,今據近市居本改。下逕改,不一一出校。

在冬至，月復循青道。以四年過半循二青道，❶四年過半循二黑道，四年過半循二白道，四年過半循二絑道。十八年過半，八行一匌。古曆以自南而北交于黄道爲中交，常以中交爲主，今曆謂之正交；古曆自北而南爲正交，今曆謂之中交。日食，朔當交也，月食，望當交也。『九道』自宋人疑之，至元而遂廢。考諸古曆，未有明晳其必分之故者。繇今思之，可以知交道出入焉；可以考當交、半交距赤道遠近焉；可以明交終所差，每月交于某宫某度焉；可以辨交之中、終與朔、望不齊，每朔望去交遠近及當交而有食焉。古法之廢而宜舉者，若此類是也。」案：戴氏所言南、北緯者，在赤道南爲南緯，在赤道北爲北緯。蓋戴氏善天文，又長于曆算，故能言之精審如此也。鄭注見《禮記・月令》正義。云「四時之間合于黄道」者，謂四季土王之日也，「合于黄道」，則與日同道矣。《漢志》紀月之行，止言其四時從青、絑、白、黑之道而不及黄道，故用鄭注以補其未備。案：鄭君此注必更有言，當不止此八字，而《禮記》正義所引止此而已，不得聞其詳矣。云「以論王者政令四時各有宜」者，王者出政必順天時，若《明堂月令》所紀「十二月之令」是也。若「孟春行夏令」之等謂之「反令」，反令則必有災，《月令》具言之矣。《漢書・魏相傳》相奏表云「東方之神太皞，乘震執規，司春。南方之神炎帝，乘離執衡，司夏。西方之神少皞，乘兑執矩，司秋。北方之神顓頊，乘坎執權，司冬。中央之神黄帝，乘坤、艮執繩，司下土。兹五帝所司，各有時也。東方之卦不可以治西方，南方之卦不可以治北方。春興兑治則饑，秋興震治則華，冬興離治則泄，夏興坎治則雹」，是四時政令各有所宜也。此經是説「王極」之事，則此言日月之冬夏異行，乃是論王者政令四時異宜也。**月之從星，則以風雨。**【注】言失中道而東西也。月去中道，迻而東北入箕，若東南入軫則多

❶「年」，原作「季」，今據近市居本改。下四「年」字同。

風，遂而西入畢則多雨，《詩》曰「月離于畢，俾滂沱矣」，言多雨也，《春秋説》曰「月離于箕，則風颺沙」。不言日者，日之從星不可見故也。以諭王之不極，政教失中，雖从民欲，不能無亂。滂，魄黄反。沱，度河反。【疏】「言失中道」云云至「言多雨也」，亦《漢書·天文志》文。案：《志》云「箕星爲風，東北之星也」，「巽在東南爲風，其星軫也。月去中道，遂而東北入箕。若東南入軫則多風」，是則噭矣。《志》又云「西方爲雨，雨，少陰之位也。月失中道，遂而西入畢則多雨」，此則非鄭君誼也。依鄭君之誼：雨爲木氣，畢，西方金宿，金克木，木爲妃，畢好其妃，故多雨也。《志》又云「月失節度而妄行，出陽道則旱風，出陰道則陰雨」，是亦一説也。東北、東南皆陽道，西則陰道也。引《詩》者，《小雅·漸漸之石》篇文，彼毛傳云「月離陰星則雨」，與《志》言「出陰道」相似也。云「言多雨也」者，釋「滂沱」之誼爲「多雨」，以證「月入畢則多雨」也。《史記·仲尼弟子列傳》云「孔子既歿，弟子思慕。有若狀似孔子，弟子相與共立爲師，師之如夫子時也，它日，弟子進問曰：『昔夫子當行，使弟子持雨具，已而果雨。弟子問曰：「夫子何以知之？」夫子曰：「《詩》不云乎？『月離于畢，俾滂沱矣。』昨莫月不宿畢乎？」它日，月宿畢，竟不雨。』有若无以應」，是「滂沱」爲「多雨」之誼也。引《春秋説》者，《春秋》緯文，以證「月入箕則多風」也。《春秋説》本鄭注所引，云「不言日者，日之從星不可見故也」者，亦鄭注也，並見正義。不偁鄭者，欲以《春秋説》與所引《詩》詞聯比，以同證「月之從星，則以風雨」，不便識别故也。日在下而光盛，星在上而光微，故日見時星不可見，上言「日月之行」，此止言「月」，故解所以不言日之故，以日從星不可見也。云「以諭王之不極，政教失中，雖从民欲，不能無亂」者，上以「日月之行」諭王者政教，則此言月失道而從星是諭政教失中也；「庶民維星」，則「從星」是諭從民欲，月從星而風雨，則風雨非時風、時雨，故知以風雨諭亂也。

五福：一曰壽，二曰富，三曰康寧，四曰攸好惪，五曰考終命。六極：一曰凶、短、𣃚，二曰疾，三曰𢝊，四曰貧，五曰惡，六曰弱。𣃚，籀文「折」，從屮在冰中，冰寒故折。【注】鄭康成曰：「此數本諸其尤者。❶福是人之所欲，以尤欲者爲先；極是人之所惡，以尤所不欲者爲先。以下緣人意輕重爲次爾。康寧，人平安也。攸好惪，民皆好有惪也。考終命，考，成也，終性命，謂皆生佼好以至老也。此五者皆是善事，自天受之，故謂之福。福者，備也。凶、短、折皆是夭枉之名。未齔曰凶，未冠曰短，未昏曰折。愚懦不毅曰弱。案《大傳》：凶、短、折，思不睿之罰；疾，視不明之罰；𢝊，言不从之罰；貧，聽不聰之罰；惡，皃不恭之罰；弱，王不極之罰。反此而云：王者思睿則致壽，聽聰則致富，視明則致康寧，言从則致攸好惪，皃恭則致考終命。所以嘫者，不但行運气性相感。以誼言之：思睿則无擁，神安而保命，故壽；若雺則不通，傷神夭性，所以短、折也。聽聰則謀當所求而會，故致富；韋而失計，故貧也。視明昭瞭，性得而安寧；不明，以擾神而疾也。言从由于惪，故好者惪也；不从而无惪，所以𢝊爾。皃恭則頌儼形美而成性以終其命；皃毀故致惡也。不能爲大中，所以弱也。」所惡，昷路反。佼，吉窈反。夭，衣少反。齔，初晋反。冠，古亂反。當，多浪反。擾，如少反，俗作「手」傍「憂」，非。頌，余封反，俗輒作「容」，音同而誼異矣。【疏】注見正義及《詩·既醉》正義。云「此數本諸其尤者」者，謂福先壽、極先凶短折皆其欲、惡之尤者，壽是人所尤欲，凶短折是尤所不欲也。云「以下緣人意輕

❶「尤」，原作「君」，今據近市居本改。下逕改，不一一出校。

重爲次」者，謂「富」以下四者亦皆人所欲，「疾」以下五者亦皆人所惡，其欲、惡皆有甚與不甚，各隨其甚不甚爲先後也。《釋詁》云「寧、康，安也」，故云「康寧，人平安也」。「考，成」，《釋詁》文。云「終性命，謂皆生佼好以至老也」者，「考終命」與六極之「惡」相對，「惡」是皃醜，故解「考終命」兼「佼好」言之。「佼好」非必姿媚，但容皃端莊爾。云「福者，備也」者，《禮記・祭統》文。「備」者，百順之名，無所不順之謂也，《說文・示部》亦云「福，備也」。云「未齔曰凶」者，《說文・齒部》云「齔，毀齒也。男八月生齒，八歲而齔。女七月生齒，七歲而齔。从齒，七聲」，鄭注《周禮・司厲》亦云「齔，毀齒也。男八歲女七歲而毀齒」，則「未齔」謂七歲以下，《儀禮・喪服傳》所謂「無服之殤」也。男子二十而冠，三十而娶，然則「未冠曰短」謂不及二十，「未昏曰折」謂不及三十也。案：男女三十是昏娶之限，非必三十而始昏，容有既昏而夭猶未滿三十者，亦爲折也。《漢書・五行志》云：「傷人曰凶，禽獸曰短，艸木曰折。一曰：凶，夭也；兄喪弟曰短；父喪子曰折。」案：福、極皆止就人言，若兼禽獸草木則何有貧、富？何有好𢝊？不可通矣。又兄喪弟、父喪子自是屬𢝊，不得以爲短、折，其說謬甚，吾从鄭誼可也。引《大傳》者，伏生《書傳》之《五行傳》也。案：彼傳云：「皃之不恭是謂不肅，厥罰常雨，厥極惡。言之不从是謂不𡰯，厥罰常暘，厥極𢝊。視之不明是謂不悊，厥罰恒奧，厥極疾。聽之不聰是謂不謀，厥罰恒寒，厥極貧。思之不容是謂不聖，厥罰恒風，厥極凶、短、折。王之不極是謂不建，厥罰恒陰，厥極弱。」是傳以「咎徵」爲罰，不以「六極」爲罰。鄭君引之而以「六極」爲罰者，以「六極」是天所以畏懼人，即是天所以降之罰矣，鄭用《大傳》之誼不泥其文也。其所以某極由于某事失者，其誼具于《大傳》之注。案：鄭注《大傳》「以思心屬土，土殖萬物，殖气失則于人爲凶、短、折；視屬火，主夏，夏气長，長气失故于人爲疾；言屬金，主秋，秋气殺，殺气失故于人爲𢝊；聽屬水，主冬，冬气臧，臧气失故于人爲貧；皃屬木，主春，春气生，生气失故于人爲惡；王極象天，天爲剛悳，剛气失故于人爲弱」，是其誼也。云「反此而云」以下者，以《五行傳》止有致極之文無致福之事，故鄭君反覆推言之，以見福亦由于五事也。壽者，凶、短、折之反，思不睿則凶、短、折，故睿則致壽；富者，貧之反，聽不聰則貧，故聽則致富。康寧者，疾之反，視不明則疾，故明則康寧；攸好悳者，悳之反，言不从則悳，故从則致攸好悳；考終命者，惡之反，皃不恭則惡，故恭則致考終命。言「考終」者，則壽可知，《大戴禮·武王踐阼》武王帶名有云「恭則壽」，誼與此合。云「所以然者，不但行運气性相感」者，人之福澤關乎命運，稟乎初生，故云「行運气性」；言所以致富、致極之故，不但行運气性相感召，實有至理存焉也。云「以誼言之」以下，反覆推明五事得則致福，失則致極，自然之理也。

分器弟六十七【注】篇亡，孔氏《書》亦未有。

周書七

旅獒弟六十八【注】孔氏逸《書》二十三，今亡。

周書八

旅巢命弟六十九❶【注】篇亡，孔氏《書》亦未有。

周書九

《太誓》至《旅巢命》標題凡九十二名，注九十二字，疏三百二十九字。

❶ 「旅」，原作「魯」，今據近市居本改。

《太誓上》逸文三百五名，重文六，凡三百一十一言，注七百一十八字，釋音辯字百四十三言，疏三千六百三十三字。　《中》逸文二百四十七名，注三百三十字，音百九言，疏三千三百六字。　《下》逸文百五名，注百六字，音二十九言，疏四百四字。

《坶誓》經文二百四十四名，重文一，凡二百四十五言，注四百九十一字，釋音辯字三百九十言，疏二千八百五十五字。

《武成》逸文八十六名，注百八十五字，釋音辯字四十三言，疏千一百一十四字。

《鴻範》經文千三十二名，重文三，凡千三十五言，注三千七百五十四字，釋音辯字千九百五十四言，疏萬九千三十四字。

北京大學《儒藏》編纂與研究中心 編

《儒藏》精華編選刊

尚書集注音疏（下）

〔清〕江聲 撰

曲文 徐陽 校點

北京大學出版社
PEKING UNIVERSITY PRESS

尚書集注音疏卷六

吴江徵君聲著

金縢弟七十

周書十　尚書十二

尚書集注音疏卷六　江聲學

既克商二年，王有疾，不悆。悆，爰茹反，僞孔本作「弗悆」，正義本作「弗豫」，《説文》引作「不悆」，兹从《説文》。【注】克商之年歲在鶉火，是年歲在壽星，故曰「二年」。悆，喜也。【疏】《詩·豳風譜》正義引鄭注以爲「武王于文王崩後六年伐紂，後二年有疾」，正義引王肅注以爲「克殷明年」。案：如肅説則當云「維克商二年」矣，經言「既克商二年」，是不數克商之年而云「二年」，鄭誼誠是，肅説非也。云「克商之年歲在鶉火，是年歲在壽星，故曰『二年』」者，《國語·周語》泠州鳩曰「昔武王伐殷，歲在鶉火」，「歲」謂歲星也。歲星爲陽，左行于天，太歲爲陰，右行于地，皆歲歷一辰。歲星在鶉火，則太歲在協洽；鶉火，午也；協洽，未也。明年歲星在鶉尾，則太歲在涒灘；鶉尾，巳也；涒灘，申也。又明年歲星在壽星，則太歲在作咢；❶壽星，辰也；作咢，酉也。是年

---

❶「咢」，原作「噩」，今據近市居本改。下一「咢」字同。

歲在壽星，則克商之後二年矣。此雖未用鄭注，實依鄭誼以説也。❶「悆，喜」，《説文・心部》文。**二公曰：「我其爲王穆卜。」**爲，云僞反。【注】二公，太公、召公。穆，敬也。鄭康成曰：「二公欲就文王廟卜。」召，上照反。【疏】《史記・魯世家》録此篇文偁「武王克殷二年，天下未集，武王有疾，不悆。群臣懼，太公、召公乃繆卜」，故此云「二公，太公、召公」。《釋訓》云「穆穆，敬也」，單言「穆」當亦同誼，又《尚書大傳・虞傳》説「於穆清廟」之誼云「穆者，敬之也」，故云「穆，敬也」。鄭注見《魯世家》注。據下文周公言「未可以戚我先王」，故知二公欲就文王廟卜。**周公曰：「未可以戚我先王。」**【注】鄭康成曰：「戚，憂也。周公既内知武王有九軨之命，又有文王曰『吾與爾三』之期，今必瘳，不以此終。故止二公之卜，云『未可以憂怖我先王』也。」《樊毅修華嶽碑》云「垂燿萬軨」，又《緐陽令楊君碑》云「俾延壽軨」，則古者「年軨」字從「車」傍，與車間之「軨」同字，俗變从「齒」傍，非也，故《説文・齒部》无有。瘳，敕留反。怖，滂故反。【疏】注見正義。《小明》詩云「自詒伊戚」，毛傳訓「戚」爲「憂」，故鄭云「戚，憂也」。云「周公既内知武王有九軨之命，又有文王曰『吾與爾三』之期，今必瘳，不以此終」者，《禮記・文王世子》云「文王謂武王曰：『女何夢矣？』武王對曰：『夢帝與我九軨。』文王曰：『女以爲何也？』武王曰：『西方有九國焉，君王其終撫諸？』文王曰：『非也。古者謂年軨，齒亦軨也，我百爾九十，吾與爾三焉。』文王九十七乃終，武王九十三而終」，是其事也。周公爲文王之子、武王之弟，不容不聞是言。既聞是言，則武王于時年未九十三，周公必知其疾必瘳矣。然謂周公以此之故而止二公之卜，則似周

---

❶「實」，原作「寔」，今據近市居本改。下逕改，不一一出校。

公將欲以功自居，不欲二公有其功也，周公豈其然乎？　鄭云然者，以周公既知武王必瘳，則無庸卜矣，何爲止二公之卜而潛自卜乎？❶　且經言「公乃自以爲功」，又言「乃得周公所自以爲功，代武王之説」，亦謂公欲以武王疾瘳爲己功也，鄭蓋據此爲説也。　**公乃自以爲功，爲三壇同墠。**　壇，徒丹反。　墠，常嘽反。【注】馬融曰：「壇，土堂。」鄭康成曰：「時爲壇墠于豐，壇墠之處猶存焉。」聲謂：封土曰壇，餘地曰墠。　三壇者，太王、王季、文王各一壇也。　功，或爲「質」。　處，昌慮反。【疏】馬注見《釋文》。　云「壇，土堂」者，築土爲壇必四面起堳，❷將如堂基然，故曰「土堂」。　鄭注見正義。　云「時爲壇墠于豐，❸壇墠之處猶存焉」者，案：《漢書·地理志》「酆水出左扶風鄠縣東南」，《後漢書》言鄭君西入關事扶風馬融，然則鄭君蓋曾至酆，目睹其壇墠遺地而云然也。　云「封土曰壇，餘地曰墠」者，鄭注《禮記·祭法》云然。　餘地者，謂去草萊，辟餘空地爲廣平之場，墠即場也，即于其中聚土而築之爲壇，故云「封土曰壇」，猶鄭注《周禮·封人》敘官所云「聚土曰封」也。　云「三壇者，太王、王季、文王各一壇也」者，時將告太王、王季、文王，又別爲一壇于南方，周公所立，故知此三壇是三王各一壇也。　云「功，或爲『質』」者，《史記》云「周公于是乃自以爲質」，案：「質」讀當如「周鄭交質」之「質」，謂公以己爲質，質于三王以代武王。　此誼當是。　顧後文云「乃得周公所自以爲功，代武王之説」，《史記》亦作「自以爲功」，據文當前後相應，故于經仍作「功」而存「質」字于注。　**爲壇于南方，北面。**【注】別爲一壇于三壇之南，周公

---

❶「潛」，原作「憯」，今據近市居本改。
❷「堳」，原作「堵」，今據近市居本改。
❸「時」，原作「特」，今據近市居本及注文改。

所立也。言「北面」，則三壇南鄉可知。鄉，所恙反。【疏】于三壇之南北面，則鄉三壇矣，然則三壇亦鄉是壇，故云「三壇南鄉可知」，斯亦君南面、臣北面之誼也。**周公立焉，植璧秉珪，乃告太王、王季、文王。**【注】鄭康成曰：「植，古置字。」聲謂：秉，執也。珪，古文「圭」。【疏】鄭注見正義。《論語・微子》篇云「植其杖而耘」，蔡邕石經作「置其杖而耘」，是「置」爲今文，「植」乃古字，故云「植，古置字」。又《説文・木部》「植」字重文作「櫃」，从置，是古字「植」與「置」同也。「秉，執」，《釋詁》文。云「珪，❶古文『圭』」者，《説文・土部》文。**史乃册祝曰：**祝，之狩反，注同。【注】鄭康成曰：「册，謂簡書也，周公所作。祝者讀此簡書以告三王。」【疏】注見《魯世家》注。册者，編竹簡爲之。其製字也，象其札一長一短、中有二編之形，❷故云「册，謂簡書也」。案：《義禮・娉禮》記云「百名以上，書于册；不及百名，書于方」，蓋方用一板，局于易盡，故字少者用之，册編竹簡，輒可聯續，故字多者用之。此祝詞凡百二十有八字，故書于册。云「周公所作」者，以祝詞紓誠之至，非它人所能代爲，自是周公自作。云「祝者讀此簡書以告三王」者，謂史官讀此周公所作之祝詞，以告于三王也。僞孔氏乃謂史爲册書祝詞，非是。**「維爾元孫某，遘厲虐疾。**遘，工豆反。【注】鄭康成曰：「諱之者，由成王讀之也。」聲謂：遘，遇。厲，惡也。【疏】鄭注見正義。以父前子名之誼，則告太王、王季、文王當名武王偁「元孫發」。今此諱「發」而云「某」，必由後來成王開金縢之書，得此册文讀之，不敢斥名而云「某」，後録書者

❶「云」，原脱，今據近市居本補。
❷「編」，原作「篇」，今據近市居本改。

從成王之讀，因遂作「某」，其實周公册書本作「發」字，故云「諱之者，由成王讀之也」。下云「以旦代某之身」同此可知矣。「遘，遇」，《易・彖傳》文。「厲，惡」，《毛詩・瞻卬》傳誼也。**若爾三王，是有丕子之責于天，**子，將吏反，❶注「曰子」同。【注】鄭康成曰：「丕，讀曰不。愛子孫曰子。元孫遇疾，若女不救，是將有不愛子孫之禍，爲天所責。欲使爲之請命也。」爲，並于僞反。【疏】注見正義。云「丕，讀曰不」者，古「丕」、「不」二字通，説具《般庚》上篇疏。《皋陶謨》云「啓呱呱而泣，予弗子」，謂不暇子愛其子，故云「愛子孫曰子」。《禮記・中庸》云「子庶民」，鄭彼注云「子，猶愛也」，誼與此同也。《史記》云「是有負子之責于天」，是言三王不救元孫，將負上天之責，故云「將有不愛子孫之禍，爲天所責」也。**以旦代某之身。**【注】旦，周公名也。君父疾病方困，臣子不忍默爾視其歔欷，爲之請命于鬼神，求以身代。非不知命不可請、死不可代也，出于忠孝之誠，不能已爾。周公優爲之。注兩「爲」字，先者于僞反，後者如字。【疏】《逸周書・柔武》、《小開武》、《寶典》、《寤敬》諸篇輒言「召周公旦」，《大開武》言「訪于周公旦」，是「旦」爲周公之名。此文言「以旦代某」，是周公自名于三王之前也，故云「旦，周公名也」。正義引《鄭志》：「弟子趙商問曰：『若武王未終，疾固當瘳；信命之終，雖請不得。自古以來，何患不爲？』鄭答曰：『君父疾病方困，忠臣孝子不忍默爾視其歔欷，歸其命于天，中心惻然，欲爲之請命。周公達于此禮，著在《尚書》。若君父之病不爲請命，豈忠孝之志也？』」此注「君父疾病方困」以下云云，祖鄭意以爲説也。**予仁若丂耐，多材多執，耐事鬼神，乃元孫不若旦多材多執，不耐事**

❶「吏」，原作「史」，今據近市居本改。

鬼神。 丂，字从《書古文訓》本，正義本作「考」。執，牛祭反。【注】仁若，衍字也。丂，古文「巧」，俗讀「丂」爲「考」，或且改作「考」字，非也。「耐」字屬「丂」讀，巧耐故多材執也。周公自譽而謂元孫不若者，謂三王欲取元孫，毋寧予旦。屬，之欲反。譽，云諸反。【疏】《史記・魯世家》云「旦巧能，多材多執」，无「仁若」字，故云「仁若，衍字也」。案：《漢書・儒林傳》偁司馬遷從安國問故，遷書載《堯典》、《禹貢》、《鴻範》、《微子》、《金縢》諸篇多古文説，然則《史記》所録實爲孔氏古文，是當據之以戡正僞孔氏《書》也。云「丂，古文『巧』」者，《説文・丂部》云「丂，氣欲舒出，乃上礙于一也。丂，古文以爲亏字，❶又以爲巧字」，則以「丂」爲「巧」乃古文叚唶也。云「俗讀『丂』爲『考』，或且改作『考』字，非也」者，《崇文總目》云「開寶中，詔以陸德明所釋《尚書》乃古文，與唐明皇所定今文駁異，令陳鄂删定其文，改从穎達《書》」，然則今之《尚書正義》乃開元時所改之本，非僞孔氏原書矣。薛季宣《書古文訓敘》云：「隸古定《書》最古，唐明皇帝更以正隸改定，而俗儒承詔，文多舛駁，古文是訓，不勞乎是正之也。」據此，則《書古文訓》即所謂隸古定乃僞孔氏之本矣。其《書》中凡「考」字无不作「丂」，而于《皋陶謨》「巧言令色」則仍作「巧」，是不以「丂」爲「巧」而以爲「考」也。于此文則「考耐」二字不可聯屬，因而增「仁若」字與「丂」字爲句，解云「仁能順父」，是其有意亂經，故誤讀「巧」爲「考」。唐人據其讀而改爲今文，遂作「考」字，則亦誤矣，故云「非也」，言僞孔之解及唐之改字皆非也。案：薛尚功《鐘鼎欵識》載《召仲考父壺銘》，其文有云「」，則古者「考」字亦有省作「丂」者，而此經「丂耐」聯文，據《説文》則古或以「丂」爲

---

❶「亏」，原作「于」，今據近市居本改。

「巧」，據《史記》則實作「巧能」，且「多材多埶」所以爲「巧能」，意實一貫，故云「『耐』字屬『巧』讀，巧耐故多材埶也」。僞孔氏以「丂」爲「考」，則與「耐」字不屬，不得不以「耐」字屬下讀。案：「多材多埶」上不當著「耐」字，僞孔氏誤讀也。**乃命于帝庭，尃右四方，用耐定爾子孫于下地。**【注】尃，布。右，助也。武王受命于天帝之庭，布其道以右助四方，用是能定爾子孫于下地。對「帝庭」言，故曰「下地」。【疏】「尃，布」，《說文・寸部》文。「右，助」，《說文・口部》文。《說文・又部》又重出「右」字，訓「手、口相助」，則誼校詳也。云「武王受命于天帝之庭，布其道以右助四方」者，馬融注也，見《魯世家》注。不偁「馬融曰」者，欲使注文融洽，不便識別也。《禮記・文王世子》云文王謂武王曰：「女何夢矣？」武王對曰：「夢帝與我九齡。」是武王受命帝庭之事也。云「對『帝庭』言，故曰『下地』」者，「帝」者天帝，對上天言則「地」爲下矣。言此者，欲見「下地」即指謂人世，不謂地之下也。**四方之民，罔不祇畏。**【注】祇，敬。【疏】「祇，敬」，《釋詁》文，《說文・示部》同。**烏戲！无隊天之降葆命，我先王亦永有所肙歸。**《史記》无「烏戲」字，僞孔本有之，姑从僞孔。隊，直類反。正義本「葆」作「寶」，无「所」字，兹並从《史記》。肙，因稀反，與「依」同。【注】鄭康成曰：「降，下也。葆，猶主也。有所肙歸，爲宗廟之主也。」聲謂：主命，使元孫爲祭祀主之命也。肙，亦「歸」也。无隊失天之所下主命，使元孫長爲宗廟之主，則我先王亦長有所肙歸矣。葆，或爲「寶」。【疏】鄭注見《魯世家》注。「降，下」，《說文・𠂤部》文。❶ 云「葆，猶主也」者，《史記・留侯世家》云「果見穀城山下黄石，取而葆祠之」，謂立

---

❶ 「𠂤」，原作「自」，今據近市居本及《說文解字》改。

是石爲主而祀之也，是「葆」之誼猶「主」也。鬼神凴月宗廟，宗廟有主則有所月歸，❶故云「有所月歸，爲宗廟之主也」。據此注則鄭本亦作「有所月歸」，與《史記》同，僞孔本削去「所」字，非也。「聲謂主命，使元孫爲祭祀主之命」者，申明鄭君「葆，猶主」之誼也。云「祭祀主」者，凡天地、社稷、山川之祀皆主之，不獨宗廟，宗廟其一爾。既命之有天下，則凡所當祀者皆命主之矣，此即上文「命于帝庭」之命也。《説文·月部》云「月，歸也」，此經「月歸」聯文，故云「月亦歸也」。云「葆，或爲『寶』」者，正義本作「寶」也。**今我其即命于元龜，**僞孔本无「其」字，玆从《史記》增。【注】傳曰：「就受三王之命于大龜。」【疏】「即」之言「就」，故云「就受三王之命」。**爾之許我，我其以璧與珪歸，竢爾命。**《史記》「其以」作「以其」，「竢」上有「以」字，未知是否，姑仍僞孔本，「歸」字屬上讀。【注】許，聽。竢，待也。馬融曰：「待爾命，武王當瘉，我當死也。」瘉，爰主反，俗作「俞」下「心」，非。【疏】「許，聽」、「竢，待」，《説文·言部》、《立部》文。馬注見《魯世家》注。**爾不許我，我乃屏璧與珪。」**屏，必郢反。【注】傳曰：「屏，臧也。言不得事神。」臧，才郎反。【疏】《説文·尸部》云「屏，屏蔽也」，鄭注《曲禮》曰「屏，猶退也、隱也」，是「屏」有隱蔽之意，故得爲「臧」也。《禮記·曾子問》篇孔子曰：「天子、諸侯將出，必以幣帛皮圭告于祖禰，遂奉以出」，「反必告，設奠。卒，斂幣玉，臧諸兩階之間」，然則以玉禮神，事畢必臧其玉，傳訓「屏」爲「臧」當不謬，姑用其説。**乃卜三龜，一習吉。**【注】就三王而卜，故卜三龜。習，重也。重，直容反。【疏】《史記》云「于是乃即三王而卜，卜人皆曰吉」，故云「就三王而卜，故卜三龜」。「三王」即謂太

---

❶「月」，原作「依」，今據近市居本、經注及下文疏改。

王、王季、文王也。僞孔傳乃云「以三王之龜卜」，其意似謂用三代之兆，兆各一龜，故卜三龜。案：《周禮·太卜》「掌三兆之法」，是一龜而用三兆占之，非三兆必占三龜也。《士喪禮》「卜筮日，占者三人」，鄭注謂「三人」掌玉兆、瓦兆、邍兆者，是三兆占一龜之明證。則此「三龜」不爲三兆而别異，傳説非是。云「習，重也」者，《易·象傳》云「習坎，重險也」，是「習」誼爲「重」也。**開籥見書，乃并是吉。**【注】鄭康成曰：「籥，開臧之管也。開兆書臧之室以管，乃見三龜占書，亦合于是吉。」聲謂：籥，關下牡也，開臧兆書室之關牡也。并，或爲「逢」。注「開」，吾从鄭所引。籥，以灼反，俗作「鑰」，乃别一字。開，僞孔本作「啓」，鄭注《周禮·卜師》引此作三「臧」字，前兩字才盎反，後才郎反。【疏】鄭注見正義。鄭注《周禮·司門》引先鄭注云「管，謂籥也」，故于此注以「籥」爲「開臧之管也」。云「開兆書臧之室以管」者，臧兆書之所，謂之「兆書臧」，謂以管開臧兆書之室也。云「乃見三龜占書，亦合于是吉」者，《周禮·大卜》「掌三兆之法」，「其經兆之體皆百有二十，其頌皆千有二百」，鄭彼注云「頌，謂籀也。每體十籀」。然則龜兆之體總三，兆凡三百六十，籀詞凡三千六百，皆有成書臧于太卜，既卜得兆，據兆體以檢其籀，以占其吉凶，「占書」即「籀」也。周公既卜三龜，開籥見三龜占書，皆吉也。云「合于是吉」者，解「并」之誼爲「合」，言以占書合于是兆，果吉也。云「籥，關下牡也」者，《説文·門部》文。先鄭注《周禮·司門》云「鍵，謂牡」，此云「關下牡」，則「籥」即「鍵」矣。案：鄭以「籥」爲管，則是鞜鍵以開門者，乃是牝器，今以爲「牡」，則與鄭韋異。又案：《月令》孟冬云「修鍵閉，慎管籥」，「籥」與「管」聯文，與「鍵」異文，則「籥」是管非鍵，鄭説是矣。兹必用《説文》易鄭誼者，以經言「開籥」當謂以管開此籥，故不以「籥」爲管，而以爲「關下牡」，故云「開臧兆書室之關牡也」。云「并，或爲『逢』」者，王充《論衡·卜筮篇》引此作「逢」也。**公曰：「體，王其無**

害。予小子新命于三王，維永終是圖。兹攸竢，耐念予一人。」無，僞孔本作「网」，《史記》所録及鄭注《周禮》所引皆作「無」，吾从「無」。【注】體，兆象也。圖，謀也。鄭康成曰：「兹，此也。」馬融曰：「一人，天子也。」聲謂：公既得吉兆，入告武王曰：「王其无害，我小子絜新以請命于三王，維長終周道是謀。兹所待三王之命皆示以吉兆，是能念我天子保安之矣。」絜，今咼反，俗加「水」傍，非。【疏】云「體，兆象也」者，《周禮·占人》云「凡卜筮，君占體」，鄭注解「體」爲「兆象」，且引此經以證，故此用彼注誼也。「圖，謀」，《釋詁》文。鄭注、馬注並見《魯世家》注。「兹，此」，亦《釋詁》文。案：經、傳言「予一人」皆是天子自偁，此周公言「予一人」而馬云「一人，天子也」者，《白虎通·號》篇云：「王者自謂『一人』者，謙也，欲言己材能當一人爾。故《論語》曰『百姓有過，在予一人』。臣謂之『一人』何？所以尊王者也。以天下之大，四海之内，所共尊者一人爾。故《商書》曰『不愸予一人』。」是臣下亦得偁天子爲「一人」，馬誼是也。經止言「公曰」，注云「入告武王曰」者，《史記》言「周公入賀武王曰『王其无害』」云云，則是告武王之言矣。《史記》云「旦新受命三王」，此云「絜新以請命于三王」，不从《史記》誼者，蓋《史記》下句云「維長終是圖兹道」，无「攸竢」之文，故以「新命」爲「新受命」可也；《尚書》則有「兹攸竢」之語，若以「新命」爲「新受命」，則「攸竢」更何所竢哉？故云「絜新以請命于三王」，望文爲誼也。云「絜新」者，絜清自新，將告三王必先齋宿，故言「絜新」也。云「維長終周道是謀」者，《史記》云「維長終是圖兹道」，僞孔傳云「武王惟長終是謀周之道」。案：僞孔傳時或采取漢儒之誼，其説間有是者。此言「謀周之道」似與《史記》誼合，當不謬，故略仿其意言「長終周道是謀」也。又案：《漢書》偁《史記》所載《尚書》多古文説，然則《史記》云「維長終是圖兹道，耐念予一人」實是孔氏古文原本，謂「所受三王之命，維長終是謀此周道，則必能念我天子保安之，以是知王之无害也」，如此解説，亦甚允當。此文「茲攸俟」當从《史記》作「茲道」爲正，惜不别有明文以相參證，不敢直改从《史記》，聊識之于此。**公歸，乃内册于金縢之匱中。**内，奴突反。❶【注】縢，緘也。公臧其册于金縢之匱中，誡守者勿敢言。鄭康成曰：「凡臧祕書，臧之于匱，必以金緘其表。」緘，今咸反。臧，才桑反。祕，必至反。【疏】「縢，緘」，《説文・糸部》文。云「誡守者勿敢言」者，《史記・魯世家》文也。下經「王得周公之册，以問諸史與百執事，對曰『公命我勿敢言』」，是公臧册時有此誡也。鄭注見正義。云「必以金緘其表」者，謂以銅爲瑣以固合之，若《明堂月令》所云「鍵閉」是也。**王翼日乃瘳。**瘳，敕留反。【注】翼，明也。瘳，疾瘉也。【疏】「翼，明」，《釋言》文。云「瘳，疾瘉也」者，《説文・疒部》文。**武王既喪，管尗及其群弟乃流言于國，曰：「公將不利于孺𡥈。」**𡥈，籀文「子」。【注】鄭康成曰：「管，國名；尗，字；周公兄，武王弟，封于管。群弟，蔡尗、霍尗。武王崩，周公免喪服，意欲攝政。小人不知天命而非之，故流公將不利于孺子之言于京師。孺子，謂成王也。」聲謂：武王以十二月崩，踰年，周公攝政。管尗生當武王、周公之間，習聞商王舊法，兄弟相及，謂武王崩，嗣王幼，次當及己。今己爲監于殷而公居攝，疑公蓄異志而踊遺己，故有是流言爾。孺子，幼少之稱，時成王年十三，故曰孺子。霍，火各反。少，式照反。【疏】鄭注見《詩・邶鄘衛譜》正義，又見《七月》正義。《史記・周本紀》云「封弟尗鮮于管」，故知「管」是國名，「尗」其字也。又《管蔡世家》云「長子曰伯邑考，次曰武王發，次曰管

---

❶「奴」，原作「如」，今據近市居本改。「突」，疑當作「罙」。

尗鮮，次周公旦」，是管尗爲周公之兄、武王之弟也。《管蔡世家》又云「管尗、蔡尗疑周公之爲不利于成王」，《衛世家》亦云「管尗、蔡尗疑周公」，皆不言「霍尗」，鄭云「群弟，蔡尗、霍尗」者，以言「群弟」則管尗之外不止蔡尗一人。《逸周書・作洛解》云「武王克殷，立王子禄父，俾守商祀。建管尗于東，建蔡尗、霍尗于殷，俾監殷臣」，是霍尗與管、蔡爲「殷三監」，則「群弟」是蔡尗、霍尗明矣。《洛誥》云「孺子來相宅」，《立政》云「孺子王矣」，故云「孺子，謂成王也」。是皆然矣。惟是言周公免武王之喪，意欲攝政而致流言，則是以爲武王崩後三年事，恐未然也。《論語・憲問》篇曰「君薨，百官總己以聽于冢宰三年」，《禮記・檀弓》云「古者，天子崩，王世子聽于冢宰三年」，定四年《左傳》云「周公爲太宰」，然則周公攝政當在武王崩時，不應待免喪後。若謂免喪而始攝政，則三年之内誰攝政乎？豈曠年無攝政乎？必不然矣，故聲不从而別爲之説。《作洛解》云「武王既歸，乃歲十二月崩鎬，殣于岐周。周公立，相天子。三尗及殷東徐、奄及熊盈以畔」，下又云「元年夏六月，葬武王于畢」，然則周公攝政、三尗流言皆在未葬武王之前，故以爲武王初崩，「踰年」之事。云「管叔生當武王、周公之間」者，據《管蔡世家》，文已具于上。云「習聞商王舊法，兄弟相及」者，據《史記・殷本紀》，自湯至紂凡二十九王，計其世數不過十七，是兄死弟及者多也；周承殷後，若依殷法，則武王崩，成王幼，以次當及管尗，由是不无覬覦。今乃監殷于外，不能握朝權，周公乃其弟也，反在朝攝政，自不能无疑于公之欲篡，忌己而使出監殷，故云「疑公蓄異志而踊遣己」。知管尗監殷是周公使之者，據《孟子・公孫丑》篇文。云「踊遣己」者，何休注《公羊》僖十年傳云「踊，豫也，齊人語」，管叔監殷在武王未崩之前，故云「踊」也。《説文・子部》云「孺，輸也。輸尚小也」，故云「孺子，幼少之偁」。云「時成王年十三」者，伏生《大傳》云「周公攝政，四年建侯衛」，《康誥》云「侯、甸、男、邦、采、衛」，則《康誥》作于攝政四年；《大傳》又云「天子太子年十八曰孟侯」，《康誥》偁成王爲「孟侯」，然則周公居攝之四年成王年十八；

逆而推之，成王迎周公返即居攝之元年，則成王年十五，其前爲周公居東之二年，是時周公將辟流言而出，即是始居東之年，則是時成王年十三也。**周公乃告二公曰：「我之不𨐨，我无以告我先王。」**不𨐨，正義本作「弗辟」，兹從《説文》所引。𨐨，夂益反。【注】𨐨，治也。我之所以不治流言之事者，以疑謗未明，无以告我先王也。【疏】「𨐨，治」，《説文・辟部》文。諸本「𨐨」或作「辟」，諸家輒讀爲「避」。《史記》云「周公乃告太公望、召公奭曰『我之所以弗辟而攝行政者，恐天下叛周，无以告我先王』」，《詩・七月》正義引鄭注云「我今不避孺子而去，我先王以謙讓爲德，我反有欲位之謗，无告于我先王，言媿无詞也」。案：《史記》以公實不避而説所以不避之意，鄭注以公實避而言不得不避之故，誼雖相反，其讀則均爲「避」也。今皆不从而从《説文》作「𨐨」訓爲「治」者，許叔重《説文叙》自言其偁引《書》皆孔氏古文，又賈侍中逵傳孔氏古文，尗重从逵受古學，是實淵原于孔氏者，當从之也。云「我之所以不治流言之事」，不言「不治三尗」者，蓋流言雖出于三尗，而公與三尗同母睪弟，不虞三尗之叛己，雖聞流言，不料其出于三尗，且下云「罪人斯得」，則尻東之時方始審知流言之所自來，初時固未知也。然則公言「我之不𨐨」，但謂不窮治流言之事，非謂不治三尗之罪也。**周公尻東二年，則罪人斯得。**

【注】鄭康成曰：「尻東者，出處東國，待罪以𩒺君之察己。」聲謂：罪人，謂流言者。初聞流言，未知所自出，尻東二年探得其實，知其出于三尗，故曰「罪人斯得」。𩒺，相俞反，俗通作「須」。探，土南反。

【疏】鄭注見《詩・七月》正義。《逸周書・作洛解》云「武王既歸，乃歲十二月崩鎬，殔于岐周。周公立，相天子。三尗及殷東徐、𨛫及熊盈以叛，周公、召公内弭父兄，外撫諸侯。元年夏六月，葬武王于畢。二年，又作師旅，臨衛攻殷，殷大震潰」，據此則似流言之明年即東征者，故妄人王肅輩據之而以「尻東」爲東征。鄭云「尻東者，出處東國，待罪以須君之察己」者，《墨子・耕柱》篇云「古者，周公旦非關尗，辤三公，東處于商蓋」。案：「關尗」即「管尗」，音之轉爾。「商蓋」即「商奄」，「奄」、「蓋」誼同也。是周公遭流言，實有避居東國之事，「居東」實是避尻，非東征也，故鄭云然。若《作洛解》所紀年次，則或夌越而過，非比年接敘者，即如武王之崩在克殷之後五年，《作洛解》于「克殷」云云之下即云「武王既歸，乃歲十二月崩鎬」，則有似一年内事。故孔鼂注辯之云「謂乃後之歲」，是夌越不聯比者也。然則「元年葬武王」者，謂武王崩後踰年改元之年，「二年又作師旅」者，謂周公攝政之二年，其間實曠隔周公居東之年。以尻東之避于作洛事无涉，故《作洛解》不敘及之，不得以其「元年」、「二年」文相承次，遂謂是此年之事而没其避居東國之年也。云「罪人，謂流言者」者，造作異言，流播京師，摇動王室，是罪人矣。云「初聞流言，未知所自出」者，造播流言之人必匿其名，不使人知其所造，公雖聖哲，而于三尗則同母昪弟，推己心以度三尗，謂三尗與己必无二心，始聞流言，必不料其出于三尗，故未知所自也。經言「管尗及其群弟乃流言于國」者，史从後書之爾，非初時即知之者。經于「尻東二年」之下言「則罪人斯得」，明初時未知罪人爲誰，尻東徐探而始知之，故云「尻東二年探得其實，知其出于三尗」。《詩・豳譜》正義引鄭注云「罪人，周公之屬與知尻攝者。周公出，皆奔，二年盡爲成王所得」，又《鴟鴞》正義引鄭注云「謂之罪人，史書成王意也」。聲雖重于韋鄭，顧此説殊荒誕，不敢曲从。**于後，公乃爲詩以詒王，名之曰《䧑鴞》。**䧑，尺脂反，籀文作「鴟」。鴞，于喬反。【注】鄭康成曰：「于後，于二年後。」聲謂：詒，遺也。公既得流言情實，乃爲詩遺王，言己勤勞王室，管、蔡侮之，王室將毀。託䧑鴞以諭，因以䧑鴞名篇，詩在《豳風》。遺，唯季反。【疏】鄭注見《詩・豳譜》正義。云「于二年後」者，謂尻東二年之後也。正義引鄭注云「公作《䧑鴞》之詩，敘其屬臣，請勿奪其官位、土地」,《詩・雎鴞》正義引鄭注云「詒,説也。周公惕其屬黨无罪將死,恐其刑濫,又破其家而不敢正言,故作《雎鴞》之詩以詒王,今《豳風・雎鴞》也」,又鄭箋《雎鴞》詩亦爲是説。案:毛公《雎鴞》傳解「既取我子,无毀我室」云「寧亡二子,不可以毀我周室」,解「鬻子」爲成王,則詩意實不如鄭君所説,故上文「罪人斯得」及此「爲詩詒王」皆不用鄭注而聲自爲解説。「詒,遺」,《釋言》文。云「言己勤勞王室,管、蔡侮之,王室將毀,託雎鴞以諭」者,其詩首言「雎鴞雎鴞」,以下皆託雎鴞以爲言也;其言「綢繆牖户」以爲巢,諭己之勤勞王室也;言「今女下民,或敢侮予」,「或」之言「有」,下民有侮予者,諭管、蔡也;言「予室翹翹,風雨所漂摇」,諭王室將毀也。云「詩在《豳風》」者,《豳風》詩七篇,《雎鴞》其第二篇也。案:鄭君《豳譜》言周公「一德不回,純似于公劉、太王之所爲。太師大述其志,主意于豳公之事,故別其詩以爲豳國,變風焉」,是説《雎鴞》以下諸詩所以傅于《豳風》之意也。**王亦未敢誚公。** 誚,才肖反。【注】誚,讓也。成王疑周公之意未解,得公之詩,怒其歸功于己、委罪于人,故欲讓之,推其恩親,故未敢。【疏】《詩・雎鴞》正義引鄭注云:「成王非周公意未解,今又爲罪人言,欲讓之,推其恩親,故未敢。」案:鄭以公作詩詒王爲救其屬臣,故云然。兹于上經既不从其誼,故此亦不用其注也。揚雄《方言》云「譙,讓也」,《説文・言部》云「誚,古文譙」,故云「誚,讓也」。云「怒其歸功于己、委罪于人,故欲讓之」者,公詩云「恩斯勤斯,鬻子之閔斯」,言己爲王除病也,又云「綢繆牖户」,言己勤勞王室也,成王疑公爲不利,方謂公有罪,見公此言,必怒其歸功于己矣;詩又云「今女下民,或敢侮予」,又云「曰予未有室家」,皆諭管、蔡之侮王室,成王必以此言謂公委罪于人而欲讓公矣。云「推其恩親,故未敢」者,公于成王爲赤父,故云「恩親」,此語則用鄭注。 **秋,大熟,未穫。天大雷電以風,禾盡偃,大木斯拔,邦人大恐。** 穫,户郭反。拔,步八反。

【注】鄭康成曰：「秋，謂周公出二年之明年秋也。」聲謂：穫，刈穀也。偃，仆也。❶古文家説：管蔡流言，王意狐疑周公。周公奔楚，故天雷雨以悟成王。刈，牛廢反。仆，方遇反。【疏】《詩・豳譜》正義引鄭注云：「秋，謂周公出二年之後明年秋也。」案：鄭以周公出尻東二年，至明年秋即反而尻攝，則自出至反不出三年，此「秋」即是作《睢鴞》詩之年之秋也。若云出二年之後明年秋，則似作詩之明年，于尻東爲弟四年矣。故删節「後」字而録之，以見此「秋」是尻東之弟三年，與上「于後」爲一年内也。云「穫，刈穀也」者，《説文・禾部》文。《説文・人部》云「偃，❷僵也」，《字林》云「仆，僵也」，則「偃」、「仆」同誼，故云「偃，仆也」。《論語》「草上之風必偃」，孔氏注亦云「偃，仆也」。「古文家説」云云，見王充《論衡・感類篇》。案：《魯世家》云：初，成王少時，病。周公乃自翦其髮，沈之河以祝于神，曰：「王少，未有識，奸神命者乃旦也。」亦臧其册于府。成王病有瘳。及成王用事，人或譖周公，周公奔楚。成王發府，見周公禱書，乃泣，反周公。是言周公奔楚不爲流言，與古文説異，未知其所本，其説似不經。《魯世家》又云「周公卒後，秋未穫，暴風雷雨，禾盡偃，大木盡拔，周國大恐。成王與大夫朝服以開金縢書」云云，又《後漢書・周舉傳》詔問曰「言事者多云：昔周公攝天子事，及薨，成王欲以公禮葬之，天爲動變。及更葬以天子之禮，即有反風之應」，注引《鴻範五行傳》曰「周公死，成王不圖大禮，故天大雷雨，禾偃，大木拔。及成王寤金縢之册，改周公之葬，尊以王禮，❸申命魯郊，而天立復風雨，禾稼盡起」，皆以雷風示

---

❶「也」，原脱，今據近市居本及疏文補。

❷「云」上，原衍「文」字，今據近市居本删。

❸「尊」，原作「奠」，今據近市居本改。

變，成王開金縢書爲周公卒後事，亦與古文説異，蓋今文家説也。《論衡·感類篇》引此經而偁：「儒者説之，以爲成王狐疑于周公：欲以天子禮葬公，公人臣也；欲以人臣禮葬公，公有王功。狐疑于葬周公之間，天大雷雨，動怒示變，以章聖功。古文家以武王崩，周公居攝，管、蔡流言，王意狐疑周公，周公奔楚，故天雷雨以悟成王。」是當時今文家、古文家立説各異，故有此兩説也。兹从古文説而不用今文説者，蓋雷風之變若是周公卒後事，則經于「秋，大熟」之上當明言周公既歿，以别起其文，以見與「爲詩詒王」異時，如上「武王既喪」之文，此異于周公請命時矣。兹于「王亦未敢誚公」之下既云「秋，大熟，未穫。天大雷電以風」，明雷風之變爲王惑于流言，不爲王疑于葬公，故知古文説是。且鄭注以「秋」爲尻東二年之明年秋，與古文説合，故用古文説。案：周公尻東，據《墨子》則云「東處商蓋」，古文説則云「奔楚」，處所雖異，其于鎬京則商蓋也、楚也皆東也，二説皆未可非。疑不能定，並存弗論。**王與大夫盡弁，開金縢之書**，弁，皮面反。開，僞孔本作「以启」，正義本作「以啓」，鄭注《周禮·占人》引此作「開」，无「以」字。【注】鄭康成曰：「弁，爵弁。天子、諸侯十二而冠，成王此時年十五，于禮已冠。必爵弁者，承天變降服，亦如國家失道焉。開金縢之書者，省察變異所由故事也。」冠，古玩反。【疏】注見《穀梁》文十二年傳疏及正義。案：《周禮·司服》及《弁師》皆不見「爵弁」之文，而天子爵弁見于經者，惟《禮記·檀弓》「天子哭諸侯，爵弁，紂衣」一條，它无所見。鄭必知此經之「弁」是「爵弁」者，《周禮·司服》云「眡朝則皮弁服」，《禮記·玉藻》云「皮弁以日視朝」，然則皮弁是天子平時眡朝之常服，此時承天變宜有異，必非皮弁也；《司服》又云「凡兵事，韋弁服。凡甸，冠弁服。凡凶事，服弁服。凡弔事，弁絰服」，此數者又皆不宜于此時，故推以爲「爵弁」爾。云「天子、諸侯十二而冠」者，此無正文，約《左傳》之文也。襄九年《左傳》

云：「公送晉侯，晉侯以公宴于河上，問公年。季武子對曰：『會于沙隨之歲，寡君以生。』晉侯曰：『十二年矣，是謂一終，一星終也。國君十五而生子，冠而生子，禮也。君可以冠矣。』」鄭據此而言也。云「成王此時年十五」者，鄭以周公凥攝四年作《康誥》，《康誥》有「孟侯」之文，謂是天子太子年十八之偁，而推成王于時年十八，又以此年从周公反，即爲凥攝之元年，故推此時成王年十五也。云「于禮已冠」者，《大戴禮・公冠》篇云：「成王冠，周公使祝雝祝王曰：『達而勿多也。』祝雝曰：『使王近于民，遠于年，嗇于時，惠于財，親賢使能。』」此記成王之冠而不詳其冠時之年，故鄭引「十二而冠」之禮以推成王是時已冠矣。鄭必推求成王之冠者，以經言「弁」，弁則已冠者之服也。案：成王年十二，乃武王崩之年也。武王未崩，必不急于爲成王冠，武王既崩，則成王將有傳重之任，宜早冠之，然則成王因喪服而冠矣。但武王以十二月崩，或歲内不及事而踰年，則成王十三而冠亦未可知。鄭言「十二而冠」者，特明可冠之期節，非必謂成王十二而冠，實亦不妨十三而冠也。云「必爵弁者，承天變降服」者，案：《義禮・士冠禮》「始加緇布冠，再加皮弁，三加爵弁」，則爵弁尊于皮弁，鄭注《士冠禮》亦云「爵弁尊」；兹以「爵弁」爲「降服」者，蓋以「爵弁」非天子之服而王服之，故爲「降服」也。云「亦如國家失道焉」者，《玉藻》云「國家未道，則不充其服焉」，「失道」猶「未道」，言承天變降服，亦如國家未道之不充盛其服也。云「開金縢之書者，省察變異所由故事也」者，蓋金縢之匱中有先王故事，必有可以考驗災異所由起者，即可以知消伏之術，故云「省察變異所由故事」。**乃得周公所自以爲功代武王之説。**【注】得周公所藏請命册書及命龜書。臧，才桑反。【疏】言「周公所自以爲功代武王之説」，即上文所云「公乃自以爲功，告于太王、王季、文王」者，是周公之請命册書，故云「得周公所臧請命册書」。云「及命龜書」者，《周禮・占人》職云「凡卜筮，既事，則繫幣以比其命」，鄭注云「既卜筮，史必書其命龜之事及兆于册，繫其禮神之幣而合臧焉」，然則周公當日卜三龜，必有命龜之事書之於册，與請命册書並内于金縢之匱中。王得周公請命册書，必并其命龜書俱得之矣，故鄭注《占人》職引此經亦謂是「命龜書」。**二公及王乃問諸史與百執事，**【注】鄭康成曰：「問者，問審然否。」【疏】注見《魯世家》注。**對曰：「信意！公命我勿敢言。」**意，因其反，正義本作「噫」，音、誼皆别，《釋文》云馬本作「懿」，亦非。【注】意，歎詞。命，猶「誡」也。言信有是事，公誡我勿敢言爾。【疏】《毛詩·意僖》傳云「意，歎也」，故云「意，歎詞」。《史記·魯世家》言「周公藏其册于金縢匱中，誡守者勿敢言」，此言「公命我勿敢言」，故云「命，猶『誡』」，「公誡我勿敢言」。**王執書以泣，**【注】鄭康成曰：「泣者，惕周公忠孝如是，而无知之者。」【疏】注見《魯世家》注。**曰：「其勿穆卜。昔公勤勞王家，惟予沖人弗及知。今天動威以章周公之悳，惟朕小子其親迎，我國家禮亦宜之。」**親，息仁反。正義本作「新逆」，《釋文》云馬本作「親迎」，兹从焉。【注】親，讀爲「新」。鄭康成曰：「新迎，改先時之心，更自新以迎周公。」聲謂：襃德報功，尊尊親親，禮所宜也。襃，百袍反。【疏】云「親，讀爲『新』」者，古字「親」、「新」輒或同用，《禮記·大學》云「在親民」，是以「親」爲「新」，此經「親」字據鄭注誼實是「新」字，故讀爲「新」。鄭注見《詩·東山》正義。案：鄭箋《詩·東山敘》云「成王既得金縢之書，親迎周公」，此解「親迎」爲「自新以迎」者，蓋但言「親迎」則自新之意未見，言「自新以迎」自然親自迎之，故「新迎」可該「親迎」之意。《東山》箋言「親迎」者，依《尚書》作「親迎」字爾，安知鄭箋詩意非以「親」爲「新」乎？即此可見鄭本《尚書》亦作「親迎」，與馬融本同矣。據經言「昔公勤勞王家，惟予沖人弗及知」，是成王有深自悔過之意，❶則云「朕小子其親迎」者，實謂我小子其改過自新以迎之也。若但言「親自迎

❶「過」，原作「禍」，今據近市居本改。

之」，未合成王語意，故鄭云「改先時之心，更自新以迎周公」。❶云「褒德報功，尊尊親親，禮所宜也」者，周公有聖德有王功，且又成王之尗父也，尊親兼至，于禮在所宜崇也。**王出郊，天乃雨，反風，禾則盡起。**【注】王出郊，迎周公也。馬融曰：「反風，風還反也。」鄭康成曰：「《易》傳曰：『陽感天，不旋日。』陽，謂天子也。天子行善以感天，不回旋經日。」還，夕沿反。傳，直僞反。【疏】云「王出郊，迎周公也」者，上言「惟朕小子其親迎」，故知此「出郊」是郊迎周公也。馬注見《魯世家》注。云「風還反」者，謂風還轉復其常也。鄭注見正義。引《易》傳者，《易緯卟覽圖》「中孚」傳文也。《後漢書・周舉傳》舉對策引《易》傳曰「陽感天，不旋日」，唐章懷太子賢注以爲《易卟覽圖》文，又《郎顗傳》顗條便宜七事，亦引此文以爲《易》「中孚」傳，章懷注引《易》「中孚」傳曰「陽感天，不旋日，諸侯不旋時，大夫不過稘」，并引鄭注云「陽者，天子爲善一日，天立應以善，爲惡一日，天立應以惡。諸侯爲善一時，天立應以善，爲惡一時，天立應以惡」，「一説：不旋日，立應之。不旋時，三辰間。不過稘，從今旦至明日旦也。陽即指天子也。」此云「陽，謂天子也」與彼注誼同；云「不回旋經日」者，謂不竢終日，與彼「立應之」之説同；王出郊，天即反風，是「立應之」之驗，故引《易》傳以説。**二公命邦人，凡大木所偃，盡起而筑之，歲則大熟。**筑，中六反，正義本作「築」，《釋文》云本亦作「筑」。案：馬注訓「拾」，則字當作「筑」。【注】馬融曰：「筑，拾也。禾爲大木所偃者，❷起其木，拾其下禾，无所亡失。」爲，于僞反。

---

❶ 「更」上，原衍「以」字，今據近市居本删。「迎」，原作「從」，今據近市居本及注文改。

❷ 「木」，原作「本」，今據近市居本改。下「起其木」與此同。

【疏】注見《釋文》及《魯世家》注。「筑，拾」，《釋言》文也。正義引此，以爲馬、鄭及肅三家注同。

大誥第七十一

周書十一　尚書十三

王若曰：【注】鄭康成曰：「王，周公也。周公尻攝，命大事則權稱王。」【疏】注見正義。云「王，周公也」者，《禮記·明堂位》云「昔者，周公朝諸侯于明堂之位，天子負斧依，南鄉而立」，既言「周公朝諸侯」，又言「天子負斧依」，明「天子」即指謂周公，故鄭注彼文云「天子，周公也」；《明堂位》又云「周公踐天子之位以治天下」，周公既踐天子之位，則稱「王」自然有之，此篇是周公之誥，則所云「王若曰」自是謂周公爲王矣。若謂是周公述王命以誥，則當如《多方》言「周公曰『王若曰』」，或如《多士》先言「周公告」，乃後言「王若曰」，今此文不然，則「王」是謂周公矣。云「命大事則權稱王」者，見周公不欲終于爲王，故平時不常稱王，特以大事之命必由王出，故當大事則權稱王以命之。云「權稱」，明不正稱矣。「權」者，《公羊》桓十一年傳云「反于經，然後有善者也」。**「大誥繇爾多邦，粵爾御事。**偽孔本「繇」字在「大誥」上，正義云鄭、王本「繇」在「誥」下，《釋文》云馬本作「大誥繇爾多邦」，兹从之。【注】繇，道。粵，于。御，治也。大誥道女衆國，于女治事之臣。【疏】「繇，道」、「粵，于」，並《釋詁》文。《思齊》詩云「以御于家邦」，鄭箋訓「御」爲「治」，且引此經以證，兹故云「御，治也」。漢賊王莽因翟義起兵而懼，乃依此作《大誥》一篇以自比于周公，其文具于《漢書·翟方進傳》。莽雖矯詐，然其時《尚書》今文、古文具在，其所依仿者乃《大誥》之舊文，是可援以究《大誥》之文誼矣，兹輒據之以爲注。莽《誥》曰「大誥道諸侯王、三公、列侯，于女卿大夫、元士、御事」，故此注云「大誥道女衆國，于女治事之臣」。**弗弔，天降害于我家，**

不少延。害，僞孔本作「割」，「延」字僞孔屬下讀；《釋文》云馬本作「害」，馬讀「弗少延」爲句。正義云鄭、王皆以「延」上屬爲句。兹从之。【注】弔，讀爲「𨑩」，「𨑩」之言「至」，至，猶「善」也。延，長也。言不善乎，天降凶害于我家，謂武王崩也。不少且延長之，謂三監及淮夷叛也。𨑩，氏力反。【疏】云「弔，讀爲『𨑩』，『𨑩』之言『至』」者，《説文·人部》云「弔，問終也。从人持弓」，《辵部》云「𨑩，至也。从辵弔聲」，二字不同。今經典多通用「弔」爲「𨑩」，如《詩》「神之弔矣」、「不弔昊天」及《爾雅》「赴、來、弔、艐」，誼爲「至」者字皆作「弔」，不復有「𨑩」字矣。文字當從《説文》爲正，凡「弔」字訓「至」者，文當加「辵」。此經「弗弔」與《節南山》詩「不弔昊天」之誼同，彼《毛詩》傳云「弔，至」，則此「弔」亦當訓「至」，字當作「𨑩」，故讀爲「𨑩」。云「至，猶『善』也」者，《毛詩》「不弔昊天」傳云「弔，至」，鄭箋云「至，猶善也」，兹用其誼。「延，長」，《釋詁》文。云「天降凶害于我家，謂武王崩也」者，周家克商而後、武王未崩以前，未有殃咎，故知「降害」謂武王崩也。云「不少且延長之」者，正義以爲鄭、王皆言「害不少，乃延長之」，兹从其誼。云「謂三監及淮夷叛也」者，武王崩之明年，周公出凥東都，凥東者二年，又明年秋，成王迎周公反，是爲凥攝之元年，于武王崩後爲四年，此篇是凥攝二年時事，于武王崩後五年矣，而猶有叛國，則凶害之延長是謂諸國叛也。且此篇之敘必推本武王崩、三監及淮夷叛言之，益可見「降害」及「不少延」指謂是二者矣。**洪惟我幼沖人，嗣無畺大秝𠬝，弗造哲，迪民康，弜曰其有耐格知天命。**❶ 弜，❷

---

❶「耐」，原作「能」，今據近市居本改。

❷「弜」，原作「矧」，今據近市居本及經文改。

式允反。【注】洪惟，詞也。我幼沖人，周公我成王也。嗣，繼。亶，竟。秝，數。㝵，事也。「造」之言「遭」也。迪，道。康，安。弜，況也。有，讀曰「又」。格，量度也。言我幼沖人，承繼前人无竟之大數大事，弗遭逢明哲之人，以道民于安，況曰其又能量度以知天命乎？言不能也。量，力羊反。度，代洛反。【疏】云「洪惟，詞也」者，謂止是發語之詞，不爲誼也。《多方》云「洪惟圖天之命」，語與此同，足相參證矣。云「我幼沖人，周公我成王也」者，「我」是自謂，然古人之言「我」輒有非自謂者，如《卷耳》詩云「我馬虺隤」，鄭君箋云「我，我使臣也」，又云「我姑酌彼金罍」，箋云「我，我君也」，又《禮記・禮器》云「孔子曰『我戰則克』」，鄭注云「我，我知禮者也」。諸文言「我」皆非自謂，此文周公言「我幼沖人」，「幼沖人」實是成王，故云「周公我成王也」。「嗣，繼」、「秝，數」、「㝵，事」、「迪，道」、「康，安」，並《釋詁》文。「亶，竟」，《毛詩・七月》傳誼也。云「『造』之言『遭』也」者，《呂刑》「兩造具備」，《史記》作「兩遭具備」，《史記》以詁訓代經文也，此經據王莽擬誥云「予未遭其明哲」，則「造」之誼爲「遭」也。「弜，況」，《釋言》文。云「有，讀曰『又』」者，《終風》詩云「不日有曀」，鄭箋云「有，又也」，《春秋》隱公「十有一年」，正義引干寶云「十盈則更始以奇，從盈數，故言有也」，是古字輒有以「有」爲「又」者，此經「有」字誼亦然，故讀當爲「又」也。云「格，量度也」者，《蒼頡篇》文，見《文選・蕪城賦》注。

已！予惟小子若涉淵水，予惟往求朕攸濟尃賁，尃前人受命，兹不忘大功。予不敢閉于天降威，用寧王遺我大寶龜，紹天明，即命。【注】已，歎詞。尃，讀當皆爲「傅」。賁，讀當爲「奔」。周公述己所以尻攝之意，言我念小子若涉淵深之水，我惟往求我所與濟度者，疏傅奔奏之臣，與之共濟，以傅近前人之所受命，如此則不忘大功矣。我不敢閉距天之降威，不顧畏之也，用寧王遺我之大寶龜，以紹述天之明意，于是即命尸攝。鄭康成曰：「受命曰寧王。」聲謂：然則文王、武王皆是也。傅，叚啨以爲「附」字，亡寓反。奏，叚啨以爲「走」字，則候反。【疏】云「尃，讀當皆爲『傅』。賁，讀當爲『奔』」者，「傅」得「尃」聲，「賁」省而爲「奔」字之聲，其聲同則其字通也。故《漢書・地理志》引《禹貢》「禹傅土」，隸古定本作「禹尃土」，是「尃」與「傅」通；應劭《風俗通》云「虎賁，言猛怒如虎之奔赴」，是「賁」與「奔」通也。王莽仿此作誥云「熙我念孺子若涉淵水，予惟往求朕所濟度奔走，以傅近高皇帝所受命」，據此則經「賁」字讀當爲「奔」，「尃前人」之「尃」讀當爲「傅」也。經凡二「尃」字，以此推彼，音讀當同，故云「讀當皆爲『傅』」。「傅奔」聯文，「奔」爲奔走，則「傅」當爲疏傅，疏傅奔走，「走」亦作「奏」，古字通也。《詩・緜》之卒章云「予曰有疏傅，予曰有先後，予曰有奔奏，予曰有禦侮」，是謂文王之四臣，茲舉其二爾，毛傳云「率下親上曰疏傅，諭德宣譽曰奔奏」，鄭箋云「疏傅，使疏者親也。奔奏，使人歸趨也」。《尚書大傳》云「孔子曰『文王得四臣，某亦得四友焉。自吾得回也，門人加親，是非疏傅歟？自吾得賜也，遠方之士日至，是非奔走歟』」云云，然則「疏傅」、「奔奏」非必實指何人，凡能率下親上、諭德宣譽者即是也。周公言「我往求我所濟尃賁」，是謂求所與共濟之人，則「尃賁」自是謂疏傅奔走之臣，周公所欲與共濟者也。云「不敢閉歫天之降威」者，《説文・門部》云「閉，闔門也，從門、才，所以歫門」，是「閉」有「歫」誼。云「用寧王遺我之大寶龜，❶以紹述天之明意」者，用龜以卜知天意，是爲「紹述天明」也。云「于是即命居攝」者，王莽擬《誥》云「太皇太后以丹石之符攸紹天明意，紹予即命尸攝踐阼，如周公故事」，據此，則「即命」謂「尸攝」也。鄭注見《詩・何彼襛矣》正義。《詩・文王敘》云「文王受命作周也」，《大明敘》云「文王有明德，故天

❶ 「之大寶」，原作「大寶之」，今據近市居本及注文改。

復命武王也」，《下武敘》云「武王有聖德，復受天命」，是文王、武王皆受天命，如鄭所云「受命曰寧王」，則文王、武王皆爲「寧王」，故云「然則文王、武王皆是也」。**曰：『有大囏于西土。』西土人亦不靖，粵茲𢧵。**囏，籀文「艱」，吉虤反。𢧵，古文「蠢」，尺尹反。【注】曰者，述流言也。囏，難。靖，安。𢧵，動也。三尗流言，謂公將不利于孺子，有大難于京師。京師之人惑于流言，亦不安靖，于是𢧵動。難，乃旦反。【疏】云「曰者，述流言也」者，周京在西，流言播自東來，則曰「有大難于西土」即流言所云「公將爲不利」也。王莽擬《誥》云「故東郡太守翟義擅興師動衆，曰『有大難于西土』」，王莽以翟義比管、蔡，以彼誥推此經，益信「有大囏」之云是流言矣。「囏，難」，《釋詁》文。「靖，安」者，《說文·立部》云「竫，亭安也」，「靖，立竫也」，則「靖」可訓「安」也。《說文·䖵部》云「蠢，蟲動也。𢧵，古文蠢」，故云「𢧵，動也」。**殷小腆，誕敢紀其敘。天降威，知我國有疵，民不康，曰『予復』，反啚我周邦。**腆，土典反。誕，徒旱反。疵，才貲反。❶啚，必圯反，今輒作「鄙」，音同誼異。【注】鄭康成曰：「腆，謂小國也。」聲謂：誕，大。紀，理。敘，緒。疵，病。康，安也。言殷小小之國，大敢紀理其已隊之緒。以天降凶威，知我國有疵病，民心不安，乃言曰「我將復殷之王業」，反啚傷我周國矣。鄣君蒲姑謂禄甫曰：「武王既死矣，今王尚幼矣，周公見疑矣，此百世之時也，請舉事。」然後禄甫及三監叛也。「知我有疵」、「啚我周邦」，此之謂。隊，直類反。傷，弋豉反。鄣，因广反。【疏】鄭注見正義。「誕，大」，《釋詁》文。鄭箋《棫樸》詩云「理之爲紀」，故云「紀，理」。「敘，緒」、「疵，病」、「康，

---

❶「才」，原作「比」，今據近市居本改。

安」，亦並《釋詁》文。經言「天降威」即云「我國有疵」，則「降威」即上文所謂「天降害于我家」也，故云「天降凶威」。上言「予不敢閉于天降威」，亦言「凶威」也。云「反啚傷我周國」者，「啚傷」謂輕侮之，《説文·人部》云「傷，輕也」。「鄁君蒲姑」以下至「三監叛也」，《尚書大傳》文。禄甫者，武庚子也。乘周之釁而舉事，是知周有疵病而侮傷之，故云「『知我有疵』、『啚我周邦』，此之謂」。王莽誥云「嚴鄉侯信，誕敢犯祖亂宗之敘，天降威遺我寶龜，固知我國有呰灾，使民不安，是天反復右我漢國也」，與此經絶異。案：莽擬此經作誥而此條異者，蓋莽心懷姦詐，假託周公，實與周公相反。翟義、劉信爲漢起義兵，與管、蔡、武庚之叛屰亦異。若謂劉信「敢紀其敘」，則是興復漢室名正言順，不可誅矣，故變言「犯祖亂宗之敘」。又翟義、劉信實扶漢室，不得謂其「啚我漢國」，故變文言「是天反復右我漢國也」。此莽窮于詞誥，故支吾其説，正竊此經之字而意實乖異，此則不可據以推求經誼者也。**今載，今翼日，民義有十夫，予翼以于敉寧武圖功。** 義，牛奇反，僞孔本作「獻」，《尚書大傳》引作「儀」，「義」則古「儀」字也。敉，民豊反。【注】今翼日者，謂聞武庚叛之日及明日也。民義，民之表義，謂賢者。翼，敬也。以，謂左右之也。于，往。敉，撫。武，繼。圖，謀也。今民雖載動，而于初聞殷叛之時，賢人之足爲民表義者欥有十人，我敬以之往以撫定民心，以寧國難，以繼所謀之功。欥，余术反。難，乃旦反。【疏】王莽誥云「粵其聞日」，謂翟義起承事聞之日，以況此經，則「今翼日」謂「聞武庚叛之日」也。云「及明日」者，「翼」之言「明」，言「今翼日」，則是今日、明日二日之間也。云「民義，民之表義，謂賢者」者，莽擬誥云「民獻義九萬夫」，孟康注云「民之表義，謂賢者」，此云「民義」即所謂「民之表義」也。僖二十六年《左傳》云「凡師，能左右之曰以」，言能以之左、以之右也，故云「以，謂左右之也」。「于，往」，鄭箋《棫樸》詩誼也。「敉，撫」，《釋言》文。「翼，敬」、「武，繼」、「圖，謀」，並《釋詁》文。云「欥有十人」者，「欥」與「聿」通，語詞也。云「我敬以之往，以撫定民心」者，十夫足爲民表義，以此十夫往征，則可以撫定民心矣。云「以繼所謀之功」者，莽擬誥云「予敬以終于此謀繼嗣圖功」。**我有大事，休，朕卜并吉。**【注】大事，戎事。休，美也。鄭康成曰：「卜并吉者，以三龜皆从也。時既卜，乃後出誥，故云然。」肅曰：「何以言美？以三龜一習吉。」【疏】成十三年《左傳》云「國之大事，在祀與戎」，此爲征伐而出誥，則所云「大事」謂戎事矣。《周禮·太宰》云「作大事，則戒于百官」，亦謂戎事爲「大事」。「休，美」，《釋詁》文。鄭注見正義。云「卜并吉者，以三龜皆從也」者，古人卜用三龜，而以玉兆、瓦兆、邍兆三兆各占一龜，說見《鴻範》疏。「時既卜」云云，正義引以入「紹天明，即命」之下，蓋孔穎達惑于僞孔傳，以「紹天明」即是出誥時之卜，與此「卜并吉」合爲一事，故于上經正義引此鄭注。今詳觀上下文誼，「紹天明」者，謂武王初崩時，周公將欲凥攝而卜，此「卜并吉」乃是將出誥時之卜，自是兩事。鄭君必不于「紹天明，即命」之下爲此言也，故録其注于此。肅注亦見正義。**肆予告我友邦君，越尹氏、庶士、御事，曰：『予得吉卜，予惟以爾庶邦，于伐殷逋播臣。』**肆，即「肆」字，息利反。【注】肆，故。于，往。逋，亡。播，㪔也。殷逋播臣，❶謂禄甫。【疏】「肆，故」，《釋詁》文。「于，往」，誼具上疏。「逋，亡」，《說文·辵部》文。「播，㪔」，李登《聲類》文。敘言「將黜殷」，此言「于伐殷逋播臣」，故云「殷逋播臣，謂禄

---

❶「逋」，原脱，今據近市居本及疏文補。

甫」。殷雖于周爲客，然既受周之封，不得全无臣禮，既臣于周而猶叛，則是叛亡之臣矣，故目之爲殷逋播之臣。❶ **爾庶邦君，越庶士、御事，罔不反曰：『囏大，民不静，亦惟在王宫、邦君室，粤予小子考，翼不可征，王害不韋卜？』**「考」字屬上讀。害，河葛反。【注】鄭康成曰：「女國君及下群臣不與我同志者，无不反我之意，云：『三監叛，其爲難大。』聲謂：反，復也。考，猶「父」也。害，讀爲「曷」；曷，何也。女國君及衆臣无不復于我曰：「諸叛國之爲難大，民不安静，亦惟三監在王宫、邦君之室，于我小子爲父行，所當敬禮，不可征討，王何不韋卜乎？」難，乃旦反。❷ 行，河岡反。【疏】鄭注見正義。《周禮・宰夫》云「諸臣之復」，鄭彼注云「復之言報也、反也」，是臣下反報于上爲「復」也。鄭于此注云「无不反我之意」，是解「反」爲「韋反」，不如「反復」之誼長，故易鄭誼訓「反」爲「復」也。《禮記・曲禮下》云「生曰父，死曰考」，故云「考，猶父也」。云「害，讀爲『曷』；曷，何也」者，説具《湯誓》疏。三監，武王之弟，于成王爲叔父，故云「亦惟三監在王宫、邦君之室，于我小子爲父行」也，「翼不可征」，「翼」之言「敬」，故云「所當敬禮，不可征討」。王莽擬誥云：「爾國君或者无不反曰：『難大，民不静，亦惟在帝宫、諸侯室、宗室，于小子族父，敬不可征，帝不韋卜？』」**肆予沖人永思艱，**❸ **曰：『於戲！允蠢矜寡，哀哉。』予造天役，遺大投艱于朕身，粤予沖人**

---

❶ 下「之」字，近市居本無。

❷ 「乃」，原作「及」，今據近市居本改。

❸ 「肆」，原作「肄」，今據近市居本改。

不卬自卹。矜，古頑反。卬，吾岡反。卹，心即反，與「恤」同。【注】永，長。允，誠。造，遭。役，使。卬，身。卹，憂也。故我沖人長思其難，而言曰『於呼！❶今起師旅誠蠢動矜寡，實可哀哉。』第我遭天之役使，以重大艱難之任遺投于我身，于我沖人惟憂不克任，不身自憂卹也。克任，如淫反。【疏】「永，長」、「允，誠」，並《釋詁》文。「造」之爲「遭」，説具前文「弗造哲」疏。「役，使」，《廣雅》文。《釋詁》「卬」、「身」同訓「我」，故云「卬，身」。「卹，憂」，《説文・血部》文也。莽擬誥云：「故予爲沖人長思厥難，曰：『烏虖！❷義信所犯，誠動鰥寡，哀哉。』」予遭天使遺大艱難于予身，以爲孺子不身自卹。」**義爾邦君，粵爾多士、尹是、御事，綏予曰：『无毖于卹，不可不成乃寧考圖功。』**是，古文爲「氏」字。毖，必至反。卹，正義本作「恤」，茲从《説文》所引，隸古定本同。【注】義，讀爲「儀」；儀，度也。古者書「儀」但爲「義」。毖，慎也。寧考，武王也。度爾國君及衆士群臣，當安我曰：「无徒慎于憂慮，不可不黽勉，以成乃寧考所謀之功也。」責其不然。度，大洛反。【疏】「儀，度」，《説文・人部》文。云「古者書『儀』但爲『義』」者，鄭注《周禮・肆師》云：「故書儀爲義。鄭司農云：『義，讀爲儀。古者書儀但爲義。』」茲據以爲説，欲言「義」讀當爲「儀」也。「毖，慎」，《釋詁》文。上文邦君及庶士、御事皆言不可征，則反阻撓東伐之事，不以終成寧考圖功相勸勉，故云「責其不然」。**以予惟小子，不敢替上帝命。**替，帖詣反。【注】替，廢也。卜并吉，則天命我東征可知。

❶「呼」，原作「虖」，今據近市居本改。
❷「烏」，原作「於」，今據近市居本改。

韋卜則廢上帝之命，所不敢也。【疏】「替，廢」，《釋言》文。上文云「我有大事，休，朕卜并吉」，是爲東征而卜也。卜所以紹天明意，「卜并吉」則天意許可矣，故云「卜并吉，則天命我東征可知」。**天休于寧王，興我小邦周，寧王惟卜用，克綏受茲命。今天其相民，矤亦惟卜用。**❶ 相，息羕反。【注】周發迹于百里，故曰「小邦周」。相，助也。天休美寧王，興我周國，寧王惟卜是用，故能安受此天命。今天其相助我民，況我亦惟卜是用，則敬承天意必獲吉矣。明卜不可韋。【疏】《孟子·公孫丑》篇云「文王由方百里起」，又云「王不待大，湯以七十里，文王以百里」，故云「周發迹于百里」。「相，助」，《毛詩·清廟》傳、《雝》傳皆有是訓。**烏戲！天明畏，弼我丕丕基。」**【注】畏，讀曰「威」。弼，輔。丕，大也。天之明威，輔我以大此大基也。【疏】云「畏，讀曰『威』」者，古字「威」、「畏」通，此據王莽擬誥云「烏虖！天明威，輔漢始而大大矣」，則「畏」讀爲「威」也。「弼，輔」，《説文·弜部》文。「丕，大」，《釋詁》文。**王曰：「爾惟舊人，爾丕克遠省，爾知寧王若勤哉？**省，息井反。【注】丕，讀曰「不」。舊人當遠識故事，爾國君及衆臣亦惟舊人，爾乃不能省識于遠，爾豈知寧王若此勤勞哉？責其不知。【疏】云「丕，讀曰『不』」者，古字「不」、「丕」通，此據莽擬誥云「爾不克遠省，爾豈知太皇太后若此勤哉」，則「丕」讀當爲「不」。舊人逮事先王，及見先王之所行事，故云「舊人當遠識故事」。言「舊人」，又言「不克遠省」，則云「爾知寧王若勤」乃是責其不知也。**天閟毖我成功所，予不敢不極卒寧王圖事。**閟，必至反。【注】閟，勞也。極，讀曰「亟」。卒，終也。天勞慎我周家

❶「矤」，原作「矧」，今據近市居本改。下逕改，不一一出校。

成功之所在，我不敢不亟終竟寧王所謀之事。【疏】《説文・示部》云「祕，神也」，鄭箋《閟宮》詩云「閟，神也」，是「閟」與「祕」通。《廣雅》云「祕，勞也」，故云「閟，勞也」。王莽誥云「天毖勞我成功所」，有「毖」无「閟」，則彼「勞」字儗此經「閟」字，非儗「毖」字也，故訓「閟」爲「勞」也。僞孔氏欲以「毖」爲「勞」，因訓「閟」爲「慎」，非也。云「極，讀曰『亟』」者，《荀子・賦篇》云「出入甚極」，楊倞注云「極，讀爲亟」，又《易・説卦傳》「坎爲亟心」，荀爽本作「極心」，則古字「極」與「亟」通，此經「極」字讀當爲「亟」也。「卒，終」，《釋詁》文。孟康注《漢書》云「天慎勞我國家成功之所在」，彼順莽誥「毖勞」之文，故云「慎勞」，茲則順經「閟毖」之文，故云「天勞慎我周家成功之所在」，「勞慎」猶「慎勞」，文雖到而誼則同。**肆予大化誘我友邦君，天棐諶辭，其考我民，予害其不于前寧人圖功攸終？**棐，方尾反。諶，十深反。害，河葛反，篇内皆同。【注】肆，今。誘，道。棐，輔。諶，誠。考，纍也。今我大化道我友邦諸侯，天輔有誠道者，天其纍我以民，我曷其不于前王安人之功，謀其所終乎？【疏】「肆，今」，《釋詁》文。《説文・厶部》「羑」字重文作「誘」，古文作「羑」，則「誘」、「羑」同字。馬融注《顧命》云「羑，道也」，故云「誘，道」；又《毛詩・板》傳云「牖，道也」，正義云「牖與誘，古字通用」，故以爲「道」也。「棐，輔」，《説文・木部》文。「諶，誠」，亦《釋詁》文。《淮南・氾論訓》曰「夫夏后氏之璜不能无考」，又《説林訓》曰「白璧有考，不得爲寶」，是則「考」有「疵纍」之誼，茲據莽誥云「天輔誠辭，天其纍我以民」，則「考」當訓「纍」，故云「考，纍也」。《漢書・孔光傳》光日食對云「《書》曰『天棐諶辭』，言有誠道，天輔之也」，故云「天輔有誠道者」，用孔光誼。**天亦惟用勤毖我民，若有疾，予曷敢不于前寧人攸受休畢？」**【注】畢，終也。天亦惟用能勞慎我民，視民若有疾者，文王視民如傷，故爲天所用而受美命，我曷不敢于前王安人所受之美命終畢之乎？【疏】《禮記·檀弓》下云「生事畢而鬼事始」，以謂生人之事終而鬼神之事始，「畢」對「始」言，則誼爲「終」，故云「畢，終也」。「文王視民如傷」，《孟子·離婁》文。王曰：「若昔，朕其逝，朕言艱日思。若考作室，既厎法，厥子乃弗肯堂，矧肯構？厥考翼，其肯曰『予有後，弗棄基』？厎，中雉反。構，更候反，一音居鼎反。此經「厥考翼」以下十二字僞孔本删節之，止一見于「矧肯獲」下，正義云鄭、王本于「矧肯構」下亦有此一經，吾从鄭。【注】若，順。逝，往。構，蓋也。言順昔前王之事，則我其當往征。征討之事，我亦言難而日思之。我思子孫不終祖父之業，祖父其曷賴？譬若作室，若考既厎定其法矣，其子弗肯爲堂基，況肯爲蓋屋乎？或以「構」爲「桷」字，椽方曰桷。況肯架其榱桷乎？言不肯也。鄭康成曰：「其父敬職之人，其肯曰『我有後子孫不廢棄我基業乎？』」椽，直然反。架，吉化反。榱，所追反。【疏】「若，順」，《釋言》文。「逝，往」，《釋詁》文。「構，蓋」，《説文·木部》文。云「或以『構』爲『桷』字」者，《説文·木部》云「構，蓋也，从木，冓聲」。杜林以爲椽桷字」。云「椽方曰桷」者，亦《説文·木部》文。云「況肯架其榱桷乎」者，《木部》又云「榱，秦名爲屋椽，周謂之榱，齊魯謂之桷」，《字林》亦云「周人名椽曰榱，齊魯名榱曰桷」，然則椽、榱、桷三者異名而同物也。云「言不肯也」者，經承「弗肯」之下而云「矧肯」，則「矧肯」是反詞以設言其不肯也。鄭注見《詩·文王有聲》正義。經云「厥考翼」，「翼」之言「敬」也，故鄭云「其父敬職之人」。厥父菑，厥子乃弗肯播，矧肯穫？厥考翼，其肯曰『予有後，弗棄基』？菑，仄其反。穫，户郭反。【注】菑，反草也。一曰：田一歲曰菑。播，布穀也。穫，斂禾也。【疏】云「菑，反草也」者，董遇注《易·无妄》六二誼也。「田一歲曰菑」，《釋地》文，孫炎注云「菑，始災殺其草木也」，郭璞注云「今江東呼初耕地反草爲菑」，然則「一歲曰菑」即以初反草而得名，二誼本相仿也。《説文·手部》云「播，種也，一曰布也」，《七月》詩云「其始播百穀」，故云「播，布穀也」。《大田》詩云「彼有不穫稺，此有不斂穧」，是則「穫」、「斂」同誼，故云「穫，斂禾也」。

肆予害敢不粤卬敉寧王大命？【注】今我曷敢不于我身撫定寧王所受之大命乎？【疏】「敉」之言「撫」，故云「撫定寧王所受之大命」。莽誥云：「予害敢不于身撫祖宗之所受大命？」**若兄考乃有友伐厥子，民養其勸弗救？」**【注】管尗于周公，兄也，于成王則父行也。友，譬武庚也。管、蔡啓商，惎閒王室，是兄考有友伐厥子也。養，長也。民長，邦君、御事皆是也。叚若父兄有友與共伐其子，長民者其相勸止不救乎？明邦君、御事當相救助也，故下文以「肆哉」勉之。行，河岡反。惎，求記反。閒，吉莧反。長，知賞反。叚，吉下反。【疏】云「管尗于周公，兄也，于成王則父行也」者，欲見經言「兄考」是比況管尗也。云「友，譬武庚也」者，同志爲友，管尗與武庚同謀，則譬若同志之友也。云「管、蔡啓商，惎閒王室」者，定四年《左傳》文。《夏小正》曰「執養宫事」，傳曰「養，長也」，兹據王莽擬誥云「民長其勸弗救」，則「養」之誼當爲「長」，故云「養，長也」。云「民長，邦君、御事皆是也」者，邦君有土有民，御事亦有治民之事，是皆爲「民長」也。上文邦君越庶士、御事言「翼不可征」是其相勸弗救，則此是責其當相救助，下文故以「肆哉」勉之。王曰：**「烏戲，肆哉！爾庶邦君越爾御事，爽邦繇哲，亦惟十人迪知上帝命，粤天棐諶。爾時罔敢易定，矤今天降戾于周邦？**繇，正義本作「由」，兹从隸古定本。【注】肆，力也，勉邦君、御事勠力也。「爽」之言「貳」；貳，猶「輔」也。十人，民義十夫也。迪，道也。粤，从宷从亏，其誼宷也，于也。故書「定」作

「佱」；「佱」乃古「灋」字，❶變古者遂改作「法」矣，此誤也，當爲「定」。「戾」亦「定」也。輔國必由賢哲，亦惟十人賢哲道之以知上帝命，宷于天意輔誠。爾當知天命有定，无敢易定命矣，況今天降定命于周國乎？ 「宷」即「審」字，今皆用「審」。【疏】「肆，力」，《釋言》文。「爽」有「差也」、「忒也」、「喪也」、「明也」四誼，皆不可施于此經。《氓》詩云「女也不爽，士貳其行」，則「爽」有「貳」誼，故賈逵注《國語》云「爽，貳也」。「貳」則「副貳」，有輔佐之誼，故轉一解云「『爽』之言『貳』；貳，猶『輔』也」。云「十人，民義十夫也」者，王莽誥儗前經「民義有十夫」云「宗室之儁有四百人，民獻義九萬夫」，儗此經云「亦惟宗室之俊、民之表義迪知上帝命」，則此「十人」即前文所云「民義有十夫」也。「迪，道」，《釋詁》文。《説文・亏部》云「粤，于也，宷慎之詞也。从于从宷」，故云「粤，从宷从亏，其誼宷也，于也」。「宷」篆文作「審」，古今字也。云「故書『定』作『佱』」者，隸古定本作「佱」也。云「『佱』乃古『灋』字」者，《説文・廌部》「灋」字重文作「法」，又作「佱」，云：「法，今文省。佱，古文。」云「變古者遂改作『法』矣」者，唐開元時衛包奉敕改隸古爲時俗字，遂改「佱」爲「法」矣。云「此誤也，當爲『定』」者，謂隸古定之「佱」及後改之「法」皆誤也。據王莽誥云「粤天輔誠，爾不得易定」，則此當爲「定」也。必據莽誥而不从隸古定者，蓋隸古定《書》起于東晉，其書輒有改竄增損，多不可信，王莽雖篡漢之賊，其所儗者乃西漢時之《尚書》，伏、孔二家之舊文也，故寧从之焉。《桑柔》詩云「民之未戾」，毛傳云「戾，定也」，彼正義曰「《釋詁》云：『戾、❷定，止也。』俱訓爲止，是『戾』得爲『定』」，此經據王莽誥云「況今天降定于漢國」，則「戾」當訓「定」。因經

❶「灋」，原作「法」，今據近市居本改。下逕改，不一一出校。

❷「戾」，原作「類」，今據近市居本改。

文先有「定」字，故云「戾，亦『定』也」。**惟大囏人誕鄰，胥伐于厥室。爾亦不知天命不易。**【注】惟大爲難之人，謂三監也。鄰，近也。三監于王室大近矣，乃相伐于其同室，逆天叛親，不容不討。今爾不欲征之，爾亦不知天之定命不改易乎？難，乃旦反。【疏】三監與武庚及淮夷俱叛，今云「惟大爲難之人，謂三監也」者，三監于周公爲同母昆弟，經云「誕鄰」，言「大近」也，則是專謂三監矣。「鄰，近」，《毛詩·正月》傳誼也。云「三監于王室大近矣」者，讀「誕鄰」二字上屬爲句也。正義引王肅注云「惟大爲難之人，謂管、蔡也。大近相伐于其室家」，是讀「誕鄰」屬下，則不詞矣。**予永念曰：『天惟喪殷若嗇夫，予害敢不終朕畝？』**喪，色宕反。【注】田夫謂之「嗇夫」。我長念曰：「天之喪殷如田夫之務去草焉，我曷敢不順天意以終竟我田畝之事乎？」去，曲吕反。【疏】云「田夫謂之『嗇夫』」者，《説文·嗇部》云「嗇，愛濇也，从來亩。來者亩而臧之，故田夫謂之嗇夫」，是其誼也。云「如田夫之務去草焉」者，隱六年《左傳》云「爲國家者，見惡如農夫之務去草焉。芟夷蘊崇之，絶其本根，勿使能殖」，❶「田夫」即「農夫」也。**天亦惟休于前寧人，予害其極卜？害敢不卜从？**害敢不卜从，莽擬誥云然也，僞孔本作「敢弗于从」。【注】天休美于前王安人之功，吉可知矣，予曷爲究極之于卜哉？以爾衆心不安故。今既卜矣，曷敢不惟卜是从乎？【疏】云「以爾衆心不安故」者，前文言「爾庶邦君越庶士、御事，罔不反曰『艱大』」，是衆心皆惶怖不安也。**率寧人有旨疆土，矤今卜并吉？肆朕誕以爾東征。天命不僭，卜陳惟若兹。」**旨，僞孔本作「指」，兹據王莽誥所擬。

❶「殖」，原作「植」，今據近市居本改。

【注】率，循。旨，美也。率循前王安人之功以安天下，固有美利于天下之畺土，況今卜三龜皆吉乎？故我大以爾衆東征也。天命不僭，言必信也，卜龜所陳之兆若此，則天命可知矣。【疏】「率，循」，《釋詁》文。「旨，美」，《説文·旨部》文。云「天命不僭，言必信也」者，鄭箋《詩·巧言》及《瞻卬》二篇皆云「僭，不信也」，不信爲僭，則「不僭」言必信矣。云「卜龜所陳之兆若此，則天命可知矣」者，卜所以紹天明意，卜之所陳如此其吉，則天命右周可知，明東征之必吉，所以厲庶邦君及庶士、御事也。

微子之命弟七十二【注】篇亡，孔氏《書》亦未有。

周書十二

歸禾弟七十三【注】篇亡，孔氏《書》亦未有。

周書十三

嘉禾弟七十四【注】篇亡，孔氏《書》亦未有。

周書十四

周公奉鬯，立于阼階，延登，贊曰：「假王𨽻政，勤和天下。」鬯，丑尚反。阼，才故反。𨽻，力肄反。【注】時陳天子之命，當在廟中，方東征之時，所尻无廟，當爲壇壝宮以象廟，而于其中陳之也。鬯者，釀鬱爲酒，芬芳條鬯，故曰「鬯」。鬯所以禮神。❶阼階，東階也。延，進之也。從後詔侑曰「延」。周

❶「鬯」，原脱，今據近市居本及疏文補。

公奉鬯立于東階，贊者延之登堂，乃贊曰：「假王隶政，勤和天下。」此成王命書發耑之語也。假，升。隶，臨也。蓋王以嘉禾之瑞歸美于公，言公升王位，臨政事，勤勞燮和天下，其下當言致治升平、天報休祥之意，今其書亡，餘文不可得聞矣。《明堂位》曰「周公踐天子之位以治天下」，是「假王隶政」之事也。釀，女恙反。秬，帬吕反。耑，多完反。燮，心叶反。致治，直吏反。【疏】《漢書·王莽傳》群臣上奏引逸《書·嘉禾》文如此，且文飾其誼以媚莽意。其説雖衺辟，然其所引故是《尚書》逸文，不得以其引自諂臣而遂廢之也，故録其文而解之。但孔氏古文无此篇，不審莽臣何自引之，蓋或見于先秦諸子之書而得引之與？今不可考矣。注云「時陳天子之命」者，此篇敘云「周公既得命禾，旅天子之命作《嘉禾》」，旅者，陳也。云「當在廟中」者，《義禮·娉禮》云「主人曰『不腆先君之濯，既拱以竢矣』」，《禮記·娉誼》云「君親拜迎于大門而廟受」，是諸侯受聘君之命猶且在廟中，況陳天子之命乎？自當在廟中矣。云「方東征之時」者，《大誥》云「肆朕誕以爾東征」，《歸禾敘》云「王命唐叔歸周公于東」，是周公于時東征未返也。東征暫處于外，但以齋車奉遷廟主而已，不須立廟，故云「所凥无廟」。云「當爲壇壝宫以象廟，而于其中陳之也」者，《周禮·掌舍》職有爲壇壝宫之事，謂築壇而又委壝土、起堳埒以爲宫也。于時无廟，自當爲此以象廟，而于其中陳天子之命焉。云「鬯者，釀秬爲酒，芬芳條鬯，故曰『鬯』」者，鄭注《周禮·鬯人》敘官云：「鬯，釀秬爲酒，芬芳條鬯于上下也。秬如黑黍，一稃二米。」云「鬯所以禮神」者，《禮記·曲禮》云「凡摯，天子鬯」，鄭注云「天子无客禮，以鬯爲摯者，所以唯用告神爲至也」，是鬯所以禮神。云「阼階，東階也」者，鄭注《義禮·士冠禮》云「阼，猶酢也。東階，所以荅酢賓客」，是東階爲「阼階」也。云「延，進之也。從後詔侑曰『延』」者，《義禮·特牲饋食禮》曰「尸至于階，祝延尸，尸升入」，鄭注云「延，進。從後詔侑曰『延』」。案：彼文尸至西階，此則公立阼階，階雖不同，其由階登堂則同，則「延之」之義亦同，亦是從後詔侑者矣。《敘》言「旅天子之命」，則「延登，贊曰」是陳成王之命，故以「假王逮政，勤和天下」爲成王命書發耑之語。「假，升」，《釋詁》文。「逮，臨」，《説文·立部》文。《歸禾敘》言「王命唐叔歸周公于東」，是成王以嘉禾之瑞爲周公之德所致，故云「蓋王以嘉禾之瑞歸美于公」也。其曰「假王逮政，勤和天下」，❶是但言其致瑞之由而語意未了，故知「其下當言致治升平、天報休祥之意」。但此篇已亡，不得聞其詞矣。《明堂位》者，古書篇名，在《禮記》，引之者，以證「假王逮政」之事。

康誥弟七十五

周書十五　尚書十四

維三月哉生霸，霸，普百反，❷正義本作「魄」，玆从《説文》所引，隸古定本同。【注】哉，始也。霸，月始生霸然也，承大月二日，小月三日。馬融曰：「霸，朏也，謂月三日始生兆朏，名曰霸。」朏，方尾反。【疏】「哉，始」，《釋詁》文。云「霸，月始生霸然也，承大月二日，小月三日」，《説文·月部》云然，且引此經以證，然則唐本改「霸」爲「魄」，非也。「承大月二日」者，謂前月有三十日，則是月合朔早至二日初昏，月去日差遠，已有微明見于西方矣。「小月三日」者，謂前月二十九日小盡，則是月合朔晚至二日之昏，月去日未遠，未可得見，必三日

❶ 「天」，原作「上」，今據近市居本及注文改。
❷ 「普」，原作「昔」，今據近市居本改。

之昏乃始見西方也。馬注見《釋文》。《説文·月部》云「朏，月未盛之明也，从月，出聲」，《漢書·律曆志》引古文《月采》曰「三日曰朏」，《禮記·鄉飲酒誼》云「月者，三日則成霸」，故云「謂月三日始生兆朏，名曰霸」。案：《説文》兼「二日」、「三日」言之，馬專言「三日」者，以二日則月有時未見，三日則必見故也，説雖似異，要皆以生霸爲月始生，是則同也。劉歆特創異説以「生霸」爲「望」，誕妄甚矣。**周公初基，作新大邑于東國洛，四方民大和會。**【注】鄭康成曰：「基，謀也。岐鎬之域處五嶽之外，周公爲其于政不均，故東行于洛邑，合諸侯謀作天子之凥。四方民聞之，同心來會，樂即功作，効其力焉。是時周公凥攝四年也。」爲，于僞反。樂，扐各反。【疏】注見正義及《周禮·天官》敘官、《地官·大司徒》、《春官·大司樂》等疏。「基，謀」，《釋詁》文。云「岐鎬之域處五嶽之外」者，五嶽，東嶽岱在沇州，南嶽衡山在荆州，中嶽崇山、西嶽嶪山皆在豫州，北嶽恒山在并州，岐鎬則雝州之地，是「處五嶽之外」也。《史記·封禪書》云「至秦稱帝，都咸陽，則五嶽四瀆皆并在東方」，秦，故周之地也。云「周公爲其于政不均」者，岐鎬偏在西垂，頒政令于天下四方，遠近不平均也。《多士》云「今朕作大邑于兹洛，予惟四方罔攸賓」，《召誥》曰「王來紹上帝，自艮于土中」，是洛邑爲土中，于四方遠近適均也。《周禮·大司徒》云「以土圭之法測土深，正日景，以求地中。日南則景短，多暑；日北則景長，多寒；日東則景夕，多風；日西則景朝，多陰。日至之景，尺有五寸，謂之地中，天地之所合也，四時之所交也，風雨之所會也，陰陽之所和也」。然則百物阜安，乃建王國焉，是周公爲岐鎬之域于政不均，故東行于洛邑，謀作天子之凥也。云「是時周公凥攝四年也」者，伏生《大傳》言周公攝政「四年建侯、衛」，即此下所云「侯、甸、男邦、采、衛」是，故鄭云「凥攝四年也」。案：《大傳》言周公攝政「五年營成周」，此時凥攝四年，則「周公初基」不得謂是經營之始，故鄭君不以「基」爲「始」而解爲「謀」也。**侯、甸、男邦、采、衛，百工播。**【注】侯、甸、男、采、衛，九服之五也。《大傳》曰：周公攝政，「四年建侯、衛」，謂是也。《周禮·職方氏》「辨九服之邦國。方千里曰王畿，其外方五百里曰侯服，又其外方五百里曰甸服，又其外方五百里曰男服，又其外方五百里曰采服，又其外方五百里曰衛服，又其外方五百里曰蠻服，又其外方五百里曰夷服，又其外方五百里曰鎮服，又其外方五百里曰藩服」。蠻服以内爲中國，「蠻服」亦謂之「要服」。時蓋建此九服，止言五服者，蠻服以外遠于役事而恒闕焉也。工，官。播，布也。百官布政職于五服也。《周禮·大司馬》「攸邦國之政職」，其布之者則百官也。【疏】云「《大傳》曰：周公攝政，『四年建侯、衛』，謂是也」者，《國語·周語》云「侯衛賓服」，韋昭注云「此總言之也。侯，侯圻；衛，衛圻。言自侯圻至衛圻，其間凡五圻」，「五圻者，侯圻之外曰甸圻，甸圻之外曰男圻，男圻之外曰采圻，采圻之外曰衛圻。《周書·康誥》曰『侯甸男采衛』是也」，然則「侯衛」是總言侯圻至衛圻，故知《大傳》所言「建侯、衛」即謂此經「侯、甸、男、邦、采、衛」也。引《周禮·職方氏》者，見服之有九也。案：《職方氏》之「九服」于《大司馬》職爲「九畿」，故書又爲「九近」，韋昭注《國語》則皆作「圻」，古「畿」、「圻」、「近」三字皆通，「九畿」即「九服」也。云「蠻服以内爲中國，『蠻服』亦謂之『要服』」者，《周禮·大行人》職「衛服外方五百里謂之要服」，鄭注云「要服，蠻服也」，于「要服」下云「九州之外謂之蕃國」，鄭云「九州之外，夷服、鎮服、蕃服也」，是則蠻服以内爲九州，九州則中國也。據《大傳》之言「建侯、衛」，今云「時蓋建此九服」者，周公既分天下置九服，自然九服同時俱建，《大傳》依此經之文，故止言「建侯、衛」爾。唯是九服既同時俱建，而經止云「侯、甸、男邦、采、衛」，故又推其止言五服之故。云「蠻服以外遠于役事而恒闕焉也」，正義引鄭注云「不見要服者，遠于役事而恒闕焉」，兹用其誼也。「工，官」，《毛詩・臣工》傳誼也。「播，布」，《説文・手部》文。《周禮・大司馬》職云「乃以九畿之籍，施邦國之政職」，「施」者謂按其籍而頒其令爾，其布于九畿則大司馬不能親自布之，必遣百官分頭頒布，故以「百工播」爲「百官布政職于五服」，且引《大司馬》文以證而又推其當有百官布政職之事。**民和，見士于周，**見，亦燕反，注同。【注】士，事也。民皆和説，效見職事于周。説，爰雪反。【疏】「士，事」，《説文・士部》文，又《毛詩・東山》傳誼。**周公咸勤，**【注】勤，勞也。民見士于周者，周公皆勞之。勞，郎到反。【疏】「勤，勞」，《釋詁》文。**乃鴻大誥治。**治，直吏反。注同。【注】鄭康成曰：「鴻，代也。周公代成王大誥康叔以治道。」聲聞之師曰：「周公代成王誥，故下偁『王若曰』。然仍是周公之命，故又云『朕其弟』。篇首申明代王誥，則下不嫌仍述周公之言也。《春秋傳》甯武子曰『不可以間成王、周公之命祀』，明《康誥》之作，成王、周公命之也。」間，吉莧反。【疏】「鴻，代」，《釋詁》文。正義云鄭注以「鴻」爲「代」，言周公代成王誥，兹用鄭注而稍增潤之。「聲聞之師」者，聞之惠先生也。引《春秋傳》者，僖三十一年《左傳》云「衛成公夢康叔曰：『相奪予享。』公命祀相，甯武子不可，曰『鬼神非其族類，不歆其祀。杞、鄫何事，相之不享于此久矣，非衛之罪也，不可以間成王、周公之命祀，請改祀命』」，是其文也。此衛之臣子偁其先君受封之命，豈或不審？是可據以證此篇之誥出于成王、周公，于以申鄭君「周公代成王誥」之説，故云「明《康誥》之作，成王、周公命之也」。**王若曰：「孟侯，**【注】《大傳》曰：「天子太子年十八曰孟侯。孟侯者，于四方諸侯來朝迎于郊者，問其所不知也。」鄭康成曰：「孟，迎也。孟侯，呼成王也，時成王年十八。」聲謂：呼成王與俱誥康叔，使誥詞若自成王出。朝，直佋反。【疏】引《大傳》者，《略説》文。鄭注「孟，迎也」者，《大傳》之注也。正義謂鄭依《略説》以太子十八爲「孟侯」而呼成王，《詩·豳譜》正義引鄭注《金縢》云「作《康誥》時，成王年十八」，故儗鄭注云「孟侯，呼成王也，時成王年十八」。案：伏生者，傳《尚書》者之鼻祖。其《大傳》所説是未經秦火之時所受于先師之遺誼，蓋自七十子以來遞有師承者，不可駁也。故鄭君从其誼，以「孟侯」爲呼成王也。《禮記·文王世子》云「仲尼曰『昔者，周公攝政，踐阼而治，抗世子灋于伯禽，所以善成王也』」，又云「成王幼，不能𥪕阼以爲世子，❶則无爲也。是故抗世子灋于伯禽，使之與成王居，欲令成王之知父子、君臣、長幼之誼也」，是周公居攝時以世子禮教成王，則呼成王爲「孟侯」不足異也。**朕其弟，小子封，**【注】康尗，周公母弟也。封，康尗名。【疏】《史記·管蔡世家》云「武王同母兄弟十人，母曰大姒，文王正妃也。其長子曰伯邑考，次曰武王發，次曰管尗鮮，次曰周公旦，次曰蔡尗度，次曰曹尗振鐸，次曰成尗武，次曰霍尗處，次曰康尗封，次曰冉季載」，是康尗爲周公之同母弟，「封」則康尗之名也。**惟乃丕顯考文王，克明悳慎罰，**【注】丕，大。顯，明。克，能也。《春秋傳》申公巫臣曰：「明德慎罰，文王所以造周也。」【疏】「丕，大」，《釋詁》文。《釋詁》云「顯，光也」，「光」、「明」同誼，故云「顯，明」。「克，能」，《釋言》文。引《春秋傳》者，成二年《左傳》文。「申公巫臣」者，楚之大夫也。時莊王既討陳夏氏，欲内夏姬，巫臣欲止之，偁此經以説，且云：「明德，務崇之之謂也；慎罰，務去之之謂也。」案：此巫臣斷章取誼，非此經正解，故節去之。**不敢侮矜寡，庸庸祗祗威威，顯民。用肁造我區夏，粤我一二邦以修我西土，惟時怙。**矜，古頑反。肁，治小

❶「𥪕」，原作「蒞」，今據近市居本改。

反，俗作「肇」、「肈」，皆別矣。【注】庸，用。祗，敬也。威，讀當爲「畏」。庳，始。怙，賴也。言文王不敢侮慢鰥寡之人，用可用，敬可敬，畏可畏，惪顯著于民。用是始造我區域于中夏，于我一二友邦皆以修治我西土，岐周惟是怙賴。治，直吏反。【疏】「庸，用」，《説文·用部》文。「祗，敬」，《釋詁》文。下經「惟文王敬忌」，鄭注云「祗祗威威是也」，則「威威」爲「畏忌」，故云「威，讀當爲『畏』」。徐幹《中論·法象》篇云「文王祗畏而造彼區夏」，亦讀「威」爲「畏」也。「庳，始」，《釋詁》文。「怙，賴」，《韓詩·蓼莪》傳誼也，見《詩·蓼莪》釋文。云「用可用，敬可敬，畏可畏」者，宣十五《左傳》云「《周書》所謂『庸庸祗祗』者」，杜解以爲「用可用，敬可敬」。案：杜未見僞孔傳，其解必依漢誼爲説，故依用之。「庸庸祗祗」既爲「用可用，敬可敬」，則「威威」爲「畏可畏」矣。**冒聞于上帝，帝休，天乃大命文王壹戎殷，誕受厥命。**冒，矛報反。【注】冒，猶上進也。壹，古文「殪」，从古文「死」，「壹」省聲。戎、誕，皆大也。文王之惪上聞于天，天用休美，乃大命文王殪彼大商，大受其命。大命者，非諄諄然有聲音也，聖人動作與天合同，若天命之矣。上，時賞反。殪，乙計反。省，色景反。諄，之純反。【疏】云「冒，猶上進也」者，《説文·丣部》云「丣，冒也。二月萬物冒地而出」，又氾勝之《農書》云「土上冒橛」，❶是「冒」爲「上進」之誼也。云「壹，古文『殪』」者，《説文·歺部》文。《説文·死部》云「𣦸，古文死」，「𣧠」从「𣦸」，故云「从古文『死』」。云「『壹』省聲」者，取「壹」字之聲而省其文，以配「𣦸」成字，此于「六書」爲「諧聲」也。《釋詁》「戎」、「誕」同訓「大」，故云「戎、誕，皆大也」。「大命者」以下，用

❶「土」，原作「上」，今據近市居本改。

伏生《大傳》及王充《論衡》之誼也。《大傳》云「天之命文王，非諄諄然有聲音也。文王在位而天下大服，施政而物皆聽，令則行，禁則止，動摇而不屰天之道，故曰天乃大命文王」；《論衡·初稟篇》云「所謂大命者，非天乃命文王也。聖人動作天命之意也，與天合同，若天使之矣」，是其誼也。**粤厥邦厥民，惟時敘。**【注】于其國其民，惟是順敘。**乃寡兄勗，肆女小子封在兹東土。」**【注】寡兄，寡有之兄，言賢也。肆，故今也。女寡有之兄武王勉行文王之道，故今女小子封得在此東土爲諸侯。【疏】《思齊》詩云「刑于寡妻」，鄭箋云「寡妻，寡有之妻，言賢也」，且引此「寡兄」以證，則此「寡兄」與《詩》「寡妻」同誼，故云「寡兄，寡有之兄，言賢也」，仿鄭君《詩箋》誼以爲解也。《釋詁》云「肆，故也」，又云「肆、故，今也」，是訓「肆」爲「故」，又訓「肆」、「故」皆爲「今」，非以「故今」訓「肆」也。兹訓「肆」爲「故今」者，《詩·思齊》毛傳及《大明》鄭箋皆如是以訓云。**王曰：「烏戲！封，女念哉！今民將在祗遹乃文考，紹聞衣惪言。**遹，余律反。【注】在，視也。上所爲，民所視也，《詩》云「小人所視」。馬融曰：「遹，述也。」聲謂：衣，讀當爲「殷」，齊人言「殷」聲如「衣」，故爲「衣」也。今民將視女之敬述乃文考，紹文考所聞殷之惪言，女當以民爲念。【疏】云「在，視也」者，《義禮·聘禮·記》云「賄在，聘于賄」，鄭注云「賄，財也。于讀曰爲。言主國禮賓，當視賓之聘禮而爲之財也」，是解「在」爲「視」也；《禮記·文王世子》云「食上，必在視寒暖之節」，是「在」有「視」誼也。引《詩》者，《大東》篇文，其詩云「周道如厎，其直如矢。君子所履，小人所視」，「如厎」謂貢賦平均，「如矢」謂賞罰不偏，言天子之政令，君子皆灋效而履之，小人皆視之以共職。兹節引之，止取證「上之所爲輒爲民所視」也。馬注見《釋文》。「遹，述」，《釋言》文。云「衣，讀當爲『殷』，齊人言『殷』聲如『衣』，故爲『衣』也」者，《禮記·中庸》云「壹戎衣而有天下」，鄭注云：「衣，讀爲殷，聲之誤也，齊人言『殷』聲如『衣』。虞、夏、商、周氏者多矣，今姓有『衣』者，殷之冑與？」高誘注《吕氏春秋・慎大》篇亦云：「沇州人謂殷氏皆曰衣。」《尚書》先有棘下生之傳，後則濟南伏生，皆齊人也，古人書字，聲同則輒叚唶，齊語「殷」、「衣」同聲，故或以「衣」爲「殷」，如《中庸》「壹戎衣」是明證矣。此下文言「尃求殷先哲王」，又言「丕遠惟商耇成人」，則此必讀「衣」爲「殷」，乃與下文意相貫也。云「紹文考所聞殷之惪言」者，《逸周書・世俘解》云「古朕聞文考修商人典」，是文考嘗聞商先王之德言而奉行之者，玆承「祇遹乃文考」之下而言「昭聞衣惪言」，則是紹述文考所聞于殷者矣。云「女當以民爲念」者，謂當念民之在視女也。**往尃求于殷先哲王，用保乂民。**【注】女往之國，其偏求商先哲王之道，以安治斯民。【疏】「尃」之言「布」，「布」則均偏，故解「尃求」爲「偏求」。**女丕遠惟商耇成人，宅心知訓。**【注】惟，思。耇，老也。商老成人，商之遺賢，若所謂「殷獻民」也。宅，讀當爲「度」。訓，道也。欲求商先王之道，必由商之老成人，女大遠思商老成人之道，度之于心，則可以知商先王之道。度，代洛反。【疏】「惟，思」，《釋詁》文。《說文・老部》云「耇，老人面凍梨若垢。从老省，句聲」，故云「耇，老也」。云「若所謂『殷獻民』也」者，若《洛誥》所云「其大惇典殷獻民」是也。云「宅，讀當爲『度』」者，古者「宅」、「度」同字，《文王有聲》詩云「宅是鎬京」，《禮記・坊記》引作「度是鎬京」，《堯典》「宅堣夷」、「宅南交」、「宅西」、「宅朔方」，今文「宅」皆作「度」，是「宅」、「度」同字，此經「宅」字解作「度」義，乃爲允協，故讀从「度」。「訓，道」，《釋詁》文。「商老成人」是守商家舊法者，故云「欲求商先王之道，❶必由商之老成人」，謂商老成人可藉以考知商先王之道也，故因解「知訓」爲「知商先王之

❶「王」，原作「生」，今據近市居本改。

道」。**別求聞繇古先哲王，用康保民。**【注】繇，道也。又進而上之，別求聞道于虞、夏先王，以安保斯民。鄭康成曰：「古先哲王，虞、夏也。」上，時賞反。【疏】「繇，道」，《釋詁》文。鄭注見正義。上言「殷先哲王」，此又別言「古先哲王」，則是從殷而追溯其前，故鄭君云「虞、夏也」。**弘覆乎天，若悳裕乃身，不廢在王命。**」僞孔本无「覆」字，「乎」作「于」，茲从《荀子·富國篇》所引。覆，方貿反。【注】若，如。在，存也。求古先哲王之道，以保民有弘覆乎天之悳，悳足以裕民，如悳裕乎女身，斯則不廢弛而存在王命矣。弛，式氏反。【疏】下經「若保赤子」，《禮記·太學》引作「如保赤子」，《義禮·鄉飲酒禮》云「公如大夫入」鄭注云「如，讀若今之若」，則「如」、「若」同誼，故云「若，如」。「在，存」，《釋詁》文。云「求古先哲王之道，以保民有弘覆乎天之悳」者，蒙上「別求聞繇古先哲王，用康保民」之文以爲説也。《荀子·富國篇》云「足國之道，節用裕民而善臧其餘」，又云「故知節用裕民，則必有仁誼聖良之名，而且有富厚丘山之積矣」，其下反覆推言之，乃後引《康誥》曰「『弘覆乎天，若悳裕乃身』，此之謂也」，然則「弘覆乎天」以「裕民」言，「若悳裕乃身」言「裕民」即所以裕女身也，故云「悳足以裕民，如悳裕乎女身」。**王曰：「烏戲！小子封，恫瘝乃身。**恫，土紅反。瘝，古頑反，从魚眔聲，俗書從疒、眔，非。【注】恫，痛。瘝，病也。鄭康成曰：「刑罰及己爲痛病。」聲謂：言當視民如傷，若痛病之在女身。【疏】「恫，痛」，《釋言》文也。「瘝，病」，《釋詁》文。鄭注見正義，其詳不可得聞。聲竊下己意申説之，云「言當視民如傷，若痛病之在女身」，未知當鄭君意否。**敬哉！天威棐諶，民情大可見。小人難保，往盡乃心，毋康好逸豫，乃其乂民。**僞孔本「威」作「畏」、「諶」作「忱」，朱倀表引作「天威棐諶」，見《風俗通誼》五卷，郭樸注《爾雅》引作「天威棐忱」，茲從漢人所引。【注】棐，輔。諶，誠也。其敬之哉！

天之明威，惟誠是輔，于民情大可見矣。顧小民不易保也，女往臨民，其盡女心，毋苟安而好佚豫，乃其治民之道。易，亦敊反。【疏】「棐，輔」，《説文・木部》文。「諶，誠」，《釋詁》文。《咎陶謩》云「天聰明自我民聰明，天明威自我民明威」，《孟子・萬章》篇引《太誓》曰「天視自我民視，天聽自我民聽」，皆謂天意惟民是从，所謂善言天者，必有驗于人也。則此言「天威棐諶，民情大可見」者，謂于民情可見天之輔誠也，故云「天之明威，惟誠是輔，于民情大可見矣」。**我聞曰：『怨不在大，亦不在小。惠不惠，懋不懋。』**【注】偁「我聞」者，蓋古有是言，引之以證小人之難保也。言民之怨不在于大，亦不在小，恒起于不意，此其所以難保也。惠，順。懋，勉也。當順犪其不順者，勸勉其不勉者。犪，人周反。【疏】云「偁『我聞』者，蓋古有是言」者，以言「我聞」則是聞之古訓也。云「恒起于不意，此其所以難保也」者，怨不在大亦不在小，則不可意度，是難保之故也。「惠，順」，《釋言》文。「懋，勉」，《説文・心部》文。《釋詁》云「茂，勉也」，「茂」與「懋」通也。云「順犪其不順者」者，「犪」謂「教犪」之，言順犪之使順也。**已，女惟小子乃服，惟弘王，應保殷民。**【注】已，詞。應，和也。衛有殷民七族，言女守乃服，惟弘大王道，和安殷民。蓋殷民未盡服于周，容有不和，故以「和安」言之。【疏】「已，詞」，謂語詞也。《説文・口部》云「和，相應也」，故云「應，和也」。云「衛有殷民七族」者，定四年《左傳》云「分康叔以大路、少帛、綪茷、旃旌、大吕，殷民七族：陶氏、施氏、緐氏、錡氏、樊氏、饑氏、終葵氏」，是其文也。云「殷民未盡服于周，容有不和」者，此篇後文云「今惟民不静，未戾厥心，迪屢未同」，是有不和者也。**亦惟助王宅天命，作新民。」**【注】亦者，亦惟弘王也。宅，讀亦當爲「度」，謂助王圖度天命也。民被紂化日久，當作新斯民，與之更始。度，大洛反。更，公行反。【疏】「亦」者，承上之詞。上言

「惟弘王」，此言「亦惟」，則是承上「惟」字而言「亦惟」，故云「亦者，亦惟弘王也」。云「宅，讀亦當爲『度』」者，亦上「宅心知訓」之「宅」也。古「宅」、「度」字同，説已詳上疏。「宅」之誼爲「凥」，天命不可以「凥宅」言，則「宅天命」云者，當如《无逸》言「天命自度」，《多方》言「圖天之命」之誼，乃爲允帖，故讀「宅」爲「度」，謂「助王圖度天命也」。云「民被紂化日久」者，康叔封于殷虚，其民即紂之民也，被紂化日久則漸染惡俗，當革故更新，故云「當作新斯民，與之更始」。**王曰：「烏戲！封，敬明乃罰。**【注】康尗封于衛，又入爲周司寇，故以明罰敕戒之。【疏】云「又入爲周司寇」者，定四年《左傳》云「武王之母弟八人，周公爲太宰，康尗爲司寇，聃季爲司空，五尗無官，豈尚年哉」，是康尗爲周司寇也。**乃有小辠，非眚，乃惟終，自作不典式爾。有厥罪小，乃不可不殺。**【注】典，灋。式，用也。言人有小辠，非以過差爲之，乃欲終身行之，自爲不灋，故用如此。則其罪雖小，不可不殺也。《堯典》所謂「怙終賊刑」是也。眚，或爲「省」。省，所警反。【疏】《釋詁》「典」、「灋」同訓「常」也，故云「典，灋」。「式，用」，《釋言》文。云「言人有小辠，非以過差爲之，乃欲終身行之」者，王符《潛夫論・述赦》篇引此經而説之云「言惡人有罪雖小，然非以過差爲之也，乃欲終身行之，故雖小不可不殺也」，兹用其説。云「《堯典》所謂『怙終賊刑』是也」者，鄭注《堯典》云「怙其姦宄，終身以爲殘賊，則用刑之」，則「怙終賊刑」正是此經之誼，故引之也。云「眚，或爲『省』」者，《潛夫論》引此「非眚」及下文「乃惟眚裁」皆作「省」，蓋古字「眚」、「省」通也。**乃有大辠，非終，乃惟眚裁適爾。既道極厥辜，時乃不可殺。」**【注】言人雖有大辠，非欲以終身爲惡，乃過誤適然爾。既開道之，極盡其辠猶審其過誤，是不可殺，雖赦之可也。《堯典》所謂「眚裁肆赦」是也。【疏】《潛夫論》説此經云「言人雖有大辠，非欲以終身爲惡，乃過誤爾，是不殺也。

若此者，雖曰赦之可也」，兹用其説而稍增潤之。云「《堯典》所謂『眚烖肆赦』是也」者，鄭注《堯典》云「過失雖有害，則赦之」，則「眚烖肆赦」亦正是此經之誼也。**王曰：「烏戲！封，有敘時，乃大明服。惟民其勑懋和若有疾，惟民其畢棄咎。**勑，力代反，與「勑」字不同，正義本輒以「勑」爲「敕」，如《咎繇謩》「敕我五典」、《多士》「敕殷命」、「告敕于帝」皆作「勑」字，誤也，輒改正之，惟此經不可作「敕」正誼，當从「勑」字爲是。【注】敘，順。時，是。勑，勤也。若，亦「順」也。疾，速。畢，盡。棄，捐也。言有順是殺終赦眚之法，則罰大明而民服。惟民其勤勉于和順甚疾速矣，惟民其盡捐去咎惡矣。去，曲吕反。【疏】《釋詁》云「順，敘也」，兹云「敘，順」，轉相訓也。「時，是」、「勑，勤」，並《釋詁》文。《釋言》云「若，順也」，兹承「敘，順」之訓，故云「若，亦『順』也」。《釋詁》云「速，疾也」，兹云「疾，速」，亦轉相訓也。「畢，盡」，亦《釋詁》文。「棄，捐」，《説文・華部》文。云「言有順是殺終赦眚之法」者，讀經「時」字屬上「有敘」爲句也。知當然者，據僖二十三年《左傳》晉卜偃引此「乃大明服」，又《荀子・富國篇》引「乃大明服」云云皆不聯引「時」字，明「時」字當屬「有敘」讀也。上文言「非眚惟終」不可不殺、「眚烖」不可殺，此承上文而云「有敘時」，則是謂有順是殺終赦眚之法也。《荀子・富國篇》云「君國長民者，欲趨時遂功，則和調纍解，速乎急疾」，其下引《書》曰「『乃大明服，惟民其勑懋和若有疾』，此之謂也」，據此則經「和若」之誼爲「和順」。「有疾」之誼爲「急疾」，故云「惟民其勤勉于和順甚疾速矣」。**若保赤子，惟民其康乂。**【注】赤子无知，或觸陷于死地，惟在保之者安全之，小民亦猶是也。保民如保赤子，❶則民其

---

❶「如」，原作「亦」，今據近市居本及疏文改。

安治矣。【疏】《孟子·滕文公》篇，墨者夷之求見孟子偁：儒者之道，古之人「若保赤子」，以爲愛无差等，敀由親始。孟子解之曰：「彼有取爾也。赤子匍匐將入井，非赤子之辠也。」詳孟子之意，謂愚民无知與赤子同，其或入于刑辟，猶赤子之入井，非其辠也。保赤子者，必能扶持防護之，使不至于入井；保民者，當明其政教以教道之，使不陷于罪戾，是之謂「若保赤子」。此孟子説《書》之意，正此經之指也，故云「赤子无知，或觸陷于死地」，即所謂「匍匐將入井」，正用《孟子》誼也。王光禄鳴盛嘗曰「《康誥》『若保赤子』須用《孟子》誼乃始允合」，聲蹉其言，故依《孟子》爲説。**非女封刑人、殺人，毋或刑人、殺人。**【注】刑、殺皆由天討，非女封所得專，毋或擅刑殺人也。【疏】《咎繇謨》云「天討有辠，五刑五用哉」，故曰「刑、殺皆由天討」。**非女封又曰㓷、刵人，毋或㓷、刵人。**㓷，牛器反。刵，如置反。【注】㓷，割鼻。刵，斷耳。雖刑之輕者，非女封又曰得專之者，毋或㓷、刵人也。斷，多管反。【疏】「㓷」或作「劓」，「劓」从刀、鼻，故云「割鼻」。《易·睽》六三云「其人天且㓷」，虞翻注云「割鼻爲㓷」。云「刵，斷耳」者，《説文·刀部》文。「刵」从刀、耳，「斷耳」之誼也。云「雖刑之輕者」者，㓷、刵皆非死刑，比「刑殺」爲輕也。案：《吕刑》「㓷罰二百鍰，大辟之罰千鍰」，是㓷爲輕刑，刵與㓷等爾。**王曰：「外事，女陳時臬司師，兹殷罰有倫。」又曰：「要囚，服念五六日至于旬、時，丕蔽要囚。」**臬，牛列反。要，一䍃反。蔽，必世反。【注】外事，聽獄之事也。聽獄在外朝，故曰外事。臬者，䠶準的，以譬灋也。倫，理也。要囚，爲其辠法之要辭。蔽，斷也，《春秋傳》曰「蔽罪邢侯」。言外朝之事，❶

❶「外」，原重文，今據近市居本及疏本删。

女陳列是灋，使有司師灋，❶此殷罰之有倫理者。又戒之曰：爲辠人之要辭既具矣，當服膺思念五六日，至于浹日，至于三月，乃大斷之。𥩓旬、時者，徐求其情，覬有可以出之，亦容其自反覆。刑者，一成而不可變，故君子盡心焉。《周禮・小司寇》云「以五刑聽萬民之獄訟。附于刑，用情訊之，至于旬乃蔽之」，《鄉士》云「辯其獄訟，異其死刑之罪而要之，旬而職聽于朝」，《遂士》「二旬而職聽于朝」，《縣士》「三旬而職聽于朝，皆司寇聽之，斷其獄、蔽其訟于朝」，《方士》「三月而上獄訟于國，司寇聽其成于朝」，亦此意也。朝，直佋反。的，氏翟反。斷，多亂反。浹，子屎反。𥩓，相俞反。覬，吉利反。覆，方木反。縣，于絹反。上，時賞反。【疏】云「外事，聽獄之事也。聽獄在外朝，故曰外事」者，《周禮・朝士》「掌建邦外朝之法，左九棘，孤卿大夫位焉，群士在其後。右九棘，公侯伯子男位焉，群吏在其後。面三槐，三公位焉，州長衆庶在其後。左嘉石，平罷民焉；右肺石，達窮民焉」，是外朝爲聽獄之處，故鄭于《地官・稾人》注云「外朝，司寇斷獄蔽訟之朝也」，此經言聽獄而云「外事」，明是以其在外朝而謂之外事也。云「臬，䠶準的」者，❷《説文・木部》文。準的猶準則，故云「以譬法也」。「侖，理」，《説文・侖部》文。云「要囚，爲其辠法之要詞」者，《周禮・鄉士》云「異其死刑之辠而要之」，鄭注云「要之，爲其辠法之要辭」，兹依用其誼。云「蔽，斷也」者，《周禮・太宰》云「八曰官計，以蔽邦治」，《小宰》云「以聽官府之六計，蔽群吏之治」，鄭注皆云「蔽，斷也」。引《春秋

❶「師」，原脱，今據近市居本及疏文補。

❷「準」，原脱，今據近市居本補。

傳》者，昭十四年《左傳》云「晉邢侯與雝子争鄐田，久而无成。士景伯如楚，尗魚攝理，韓宣子命斷舊獄。罪在雝子，雝子内其女于尗魚，尗魚蔽罪邢侯」是其文也，引之以證「蔽」之誼爲「斷」也。云「至于挾日」者，鄭注《周禮·太宰》云「從甲至甲謂之挾日，凡十日」，此言「挾日」，解經「旬」字也。云「至于三月」者，三月爲一時，解經「時」字也。云「須旬、時者，徐求其情，覬有可以出之」者，據要辭以論辠，恐不詳慎而誤入人于㓝，服膺思念五六日至于旬、時，反覆詳求，或可得減死論，是「覬有可以出之」也。云「亦容其自反覆」者，恐囚有不勝挫楚而虚承其辠者，其情必不甘承任，終必反覆，遲至旬、時，須之也。是不但覬有以出之，兼亦容其自反覆也。云「㓝者，一成而不可變，故君子盡心焉」者，節用《禮記·王制》文。《漢書·路温舒傳》温舒上書曰「獄者，天下之大患也。死者不可復生，斷者不可復續」，是之謂「一成而不可變也」。引《周禮·小司寇》及《鄉士》、《遂士》、《縣士》、《方士》諸文者，彼文或言「旬」或「二旬」或「三旬」或「三月」，皆是重㓝之意，正與此「至于旬、時」同，故云「亦此意也」。**王曰：「女陳時臬，事罰蔽殷彝，誼㓝誼殺，勿庸以即，女惟曰：『未有順事。』」**《荀子·致仕篇》引《書》曰「誼㓝誼殺，勿庸以即，女惟曰『未有順事』」，又《宥坐篇》引之，❶但「女惟」作「予維」爲異爾，餘悉同，是古《尚書》原文也。僞孔本作「用其誼㓝誼殺，勿庸以次女封，乃女盡孫，曰『時敘』，惟曰『未有孫事』」，蓋僞孔氏妄增以亂經也，吾从《荀子》。【注】彝，常也、法也。「誼」之言「宜」也。女陳是法，以從事于罰，斷以殷之常法。雖宜㓝宜殺，勿庸以即㓝殺，女惟曰：「未有順導民之事。」言當先教後罰也。女惟，或爲「予維」，

---

❶「坐」，原作「過」，今據近市居本及《荀子》改。下同者逕改，不一一出校。

「予」字蓋誤也，當爲「女」。斷，多亂反。【疏】《釋詁》云「彝，常也」，鄭注《周禮·司尊彝》敘官云「彝，法也」，此經「彝」字當兼是二誼乃完足，故云「彝，常也、法也」。《禮記·中庸》云「誼者宜也」，《説文·言部》云「誼，人所宜也」，故云「『誼』之言『宜』也」。云「以從事于罰，斷以殷之常法」者，于經「臬」字讀絶，以「事罰蔽殷彝」作一句也。知當然者，上文云「女陳時臬」，兹亦當同，若以「事」字屬上，則「罰蔽殷彝」爲不詞矣，故以「事」字屬下爲誼。《荀子》兩引此經而説之，皆云「言先教也」，先教則後罰，故解「勿庸以即」爲「勿用以即刑殺」、「未有順事」謂「未有順導民之事」，且申之云「言當先教後罰也」。云「女惟，或爲『予維』」者，《荀子·致仕篇》引作「女惟曰」，《宥坐篇》引之則作「予維曰」。據文，周公誥康叔云「女」者，女，康叔也，不當作「予」，故云「『予』字蓋誤也，當爲『女』」。然而猶存「予維」于注者，以皆引自《荀子》，故兼存而辯之。**已女惟小子，未其有若女封之心朕心，朕悳惟乃知。**「朕心」屬上讀。【注】心朕心，言以我心爲心也。大姒之子惟周公、康尗爲相睦，故曰：未有如女封之心我心者，我之悳惟女知之也。周公推心致誠，欲康尗深念己訓。【疏】若以「朕心」向下爲誼，則「朕心朕悳」語似重累，必非周公語意，故以「朕心」屬上讀之。云「太姒之子惟周公、康尗爲相睦」者，定六年《左傳》文。據此可見康尗與周公一心，則此經當聯讀「心朕心」爲誼也。云「推心致誠」者，言周公推己心致誠于康尗。**凡民自得辠，寇攘姦宄、❶殺粤人于貨，暋不畏死。凡民罔不憝。**」暋，眉困反。❷憝，徒對反。

❶「宄」，原作「究」，今據近市居本及注文改。

❷「眉」，原作「省」，今據近市居本改。

「凡民罔不憝」，僞孔本作「罔弗憝」，无「凡民」字，兹从《孟子・萬章》篇及《説文・心部》所引。【注】自，由。粤，于也；于，猶「取」也。暋，冒。憝，怨也。凡民所由得辠，以寇攘姦宄、殺人取貨也。殺于人，取其貨，冒冒然不畏死刑。凡民无不怨之。此言不待教而誅者也。【疏】《釋詁》云「由，自也」，兹云「自，由」，轉相訓也。「粤，于」，《釋詁》文。《七月》詩云「一之日于貉」，毛傳云「于貉，謂取狐狸皮也」，故云「于，猶『取』也」。「暋，冒」、「憝，怨」，《説文・攴部》、《心部》文。云「殺于人」者，趙岐《孟子》注也。《孟子・萬章》篇引作「殺越人」，趙岐以爲「殺于人」，據其解「越」爲「于」，則「越」乃叚唶字，當以「粤」爲正也。云「此言不待教而誅者也」者，《孟子》説此經云「是不待教而誅者也」，兹用其誼。上文「誼刑誼殺，勿庸以即」云云，言當先教後罰，此言「殺人取貨」，則彊暴之人不可教訓者，明不在先教之列，故用《孟子》誼，謂「不待教而誅」者，下三條同此迾。

王曰：「封，元惡大憝，矤惟不孝不友？子弗祇服厥父事，大傷厥考心，于父不能字厥子，乃疾厥子。于弟弗念天顯，乃弗克恭厥兄，兄亦不念鞠子哀，大不友于弟。惟弔兹不于我政人㝵辠，天惟與我民彝大泯亂。曰：乃其速繇文王作罰，刑兹毋赦。 傷，式羊反。能，奴代反。弔，多翟反。得，多勒反。泯，米忍反，俗作「泯」，《説文》无「泯」字，古通用「泯」。【注】元，首也。善父母爲孝，善兄弟爲友。鞠，穉。弔，至。政，正。㝵，取也。泯，讀爲「泯」；泯，滅也。言首惡大可疾惡，矤惟不孝不友之人乎？子不敬服其父事，大傷其父心，爲父者不忍性以字其子，乃疾惡其子。爲弟者不念天之顯道，乃不恭其兄，兄亦不念穉子之可哀，大不友于弟。君上所以正人也，民至此不孝、不慈、不恭、不友，而不于我正人者，取而辠之，則天所與我民之彝倫大滅亂矣。女其速行文王所作之罰，刑此

毋赦。稺，直利反。泯，米夊反。❶疾惡，並温路反。【疏】「元，首」，《釋詁》文。「善父母爲孝，善兄弟爲友」，《釋訓》文。「鞠，稺」，《釋言》文也。「𨑩，至」、「政，正」、「㝵，取」，《說文·辵部》、《攴部》、《見部》文也。云「渳，讀爲『泯』」者，隸古定《書》作「泯」，據《說文》无「泯」字，則「泯」非古字；《周禮·小宗伯》云「王崩大肆，以秬鬯渳」，杜子春讀「渳」爲「泯」，二鄭皆從之，然則「渳」乃古「泯」字，故字作「渳」而讀從「泯」。「泯，滅」，《毛詩·桑柔》傳誼也。經言「于父不能字厥子」注云「爲父者不忍性以字其子」者，以「爲」解「于」、以「忍性」解「能」也。《義禮·聘禮·記》曰「賄在，聘于賄」，鄭注云「于讀曰爲，言視賓之聘禮而爲之財」，是古書有以「于」作「爲」誼者，故此解「于父」言「爲父者」，下句「于弟」亦解云「爲弟者」焉。「能」、「耐」二字古今反易，古讀「能」奴代反、「耐」奴登反，今則反是，今人所云「忍耐」，古則爲「忍能」，故解「能」爲「忍性」，下文「不能厥家人」同此音誼。**不率大戛，矤惟外庶子訓人？惟厥正人越小臣諸節，乃别播敷，造民大譽，弗念弗庸鰥厥君，時乃引惡，惟朕憝。以女乃其速繇，茲誼率殺。**戛，己力反。【注】率，循。戛，常也。庶子言「外」者，對小臣近君者而言，故爲「外」也。庶子，《周禮》謂之「諸子」，其職掌國子之卒，使之修悳學道，而考其埶以進退之者，故曰「訓人」，鄭康成以「訓人」爲「師長」是也。小臣，掌君之小命者，其傳命于外或受節以出，故曰「小臣諸節」。庸，亦「常」也。鰥，病也。言不循大常之道，矤惟外庶子訓人之官乎？訓人惟其正人者也，乃與小臣受節者比，别有敷施，以造作民之大譽而怨歸于君，是不顧念不守常以

❶「夊」，原作「忍」，今據近市居本改。

病其君，是乃引長其惡，惟我所深惡。以女其速行，此誼率殺之。近，其靳反。卒，七内反。師長，中賞反。比，貧畀反。深惡，昷路反。【疏】「率，循」、「戞，常」，並《釋詁》文。云「庶子言『外』者，對小臣近君者而言，故爲『外』也」者，「庶子」之官見于《禮記·燕誼》，未嘗言「外」，此言「外庶子」，「外」是對「内」之言，故云「對小臣近君者而爲外」。近君則在内矣，據《周禮》，小臣「正王之燕服位，王之燕出入則前驅」，則是「近君」者，諸侯之小臣當亦然也。云「庶子，《周禮》謂之『諸子』」者，《禮記·燕誼》云「古者，周天子之官有庶子官。庶子官職諸侯、卿、大夫、士之庶子之卒，掌其戒令，與其教治」云云，與《周禮·諸子》職同文，是「庶子」即《周禮》之「諸子」，故鄭君注《周禮》，于敘官《諸子》云「或曰庶子」是也。云「其職掌國子之卒，使之修悳學道，而考其埶以進退之者，故曰『訓人』」者，《周禮》云「諸子掌國子之卒」，又云「凡國之政事，國子存游卒，使之修悳學道。春合諸學，秋合諸躲，以考其埶而進退之」，《燕誼》偁庶子官職亦云然，然則「庶子」主訓教國子者，目爲「訓人」，以此故也。正義云鄭以「訓人」爲「師長」，故云：「鄭康成以『訓人』爲『師長』是也。」云「小臣，掌君之小命者」者，《周禮·小臣》職云「掌王之小命」，《周禮》紀天子之官，故言「王之小命」，此則謂諸侯之小臣，故變「王」言「君」也。云「其傳命于外或受節以出，故曰『小臣諸節』」者，節所以爲瑞信，持節以傳命乃非矯命，故小臣傳命或受節以出。言此者，欲見「諸節」非别一官，乃是小臣諸受節者也。《釋詁》「庸」、「戞」同詁「常」也，此注先有「戞，常」之訓，故云「庸，亦『常』也」。「鰥，病」，亦《釋詁》文。云「訓人惟其正人者也」者，訓導人使歸于正，則是「正人者」，解經「惟厥正人」即據「庶子訓人」而言也。云「乃與小臣受節者比，别有敷歁」者，假小臣所受之節乃得擅有作爲，故知「越小臣諸節」謂與小臣受節者比，假其節以别有敷歁也。云「以造作民之大譽而怨歸于君」者，樹私恩以説于民，以要民譽，則己任其悳君必任其怨，篡殺之事恒由此起，經所謂「鰥厥君」也。**亦惟君惟長，不能厥家人，越厥小**

臣、外正，惟威惟虐，大放王命，乃非悳用𢼸。長，中賞反。能，奴代反，注同。【注】亦者，亦「弜惟」也。君、長，謂他國諸侯，康尗爲牧伯，得征諸侯之有辠者，故及之。不能，不相能也，《春秋傳》曰：閼伯、實沈不相能也。外正，謂正長之官，亦對小臣而言「外」也。亦惟他國之君長不能其家人及其小臣、外臣，惟爲威虐于下，大放棄其王命，乃非德教可用以治也。言當征討之。閼，冤葛反。沈，直深反。【疏】云「亦者，亦『弜惟』也」者，「亦」是承上之詞，上文兩言「弜惟」，此承上「弜惟」而言「亦惟」，則是「亦」上「弜惟」也。此誥康尗之詞，上文不孝、不友之民及外庶子、小臣之官蓋皆就衛言，若君、長于衛者，即康尗也，則君長必不就衛言也，故云「君、長，謂他國諸侯」。弟諸侯各治其國，誥康叔而及他國諸侯，故申説之云「康叔爲牧伯，得征諸侯之有辠者，故及之」。《詩・旄丘》敘云「衛不能修方伯連率之職」，則衛之先世爲方伯也；方伯，一州之長，是爲州伯，《周禮・大宗伯》職所謂「八命作牧」者，故曰「牧伯」；鄭注「八命作牧」云「謂侯伯有功悳者，加命得專征伐于諸侯」，是牧伯得征諸侯也。云「不能，不相能也」者，謂不相忍能也。引《春秋傳》者，昭元年《左傳》云「昔高辛氏有二子，伯曰閼伯，季曰寔沉，居于曠林，不相能也，日尋干戈以相征討」是其文也，又文十六年《左傳》宋昭公曰「不能其大夫，至于君祖母以及國人」，正與此經語意相似，亦謂不忍能也。云「外正，❶謂正長之官」者，「正」之言「長」也。云「亦對小臣而言『外』也」者，上文「外庶子」是對小臣在内者而言「外」，此「小臣」、「外正」並言，則「外正」亦是對「小臣」而言「外」，故云「亦」也。云「言當征討之」者，經言「非悳用𢼸」，則是謂不可

---

❶ 「正」，原作「臣」，今據近市居本及注文改。

以悳化者也，不可以悳化，則必刑罰隨之，故推經意以爲「當征討」也。**女亦罔不克敬典，乃繇裕民，惟文王敬忌，一人以擇。」**僞孔本改作「惟文王之敬忌，乃裕民曰『我惟有及』，則予一人以懌」，不詞之甚，茲據《荀子》所引刊正之。【注】典，常也、法也。惟，思也。鄭康成曰：「敬忌，『祗祗威威』是也。」聲謂：一人以擇，言擇一人而用之，所謂「庸庸」也，一人若師尚父是與？言欲正人當先正己。女亦毋不能敬常法，能敬常法乃所繇以寬裕其民也，當思念文王「祗祗威威庸庸」之道而法之。威，冤胃反。父，方雨反。與，曰諸反。【疏】《釋詁》「典」、「法」並訓「常」，故云「典，常也、法也」。「惟，思」，亦《釋詁》文。鄭注見正義。云「敬忌，『祗祗威威』是也」者，「祗」之言「敬」，「威」讀曰「畏」，「忌」爲「畏」也。「聲謂一人以擇，言擇一人而用之，所謂『庸庸』也」者，《荀子・君道篇》云「明主急得其人，而闇主急得其埶。急得其人則身佚而國治，功大而名美，上可以王，下可以霸。不急得其人而急得其埶，則身勞而國亂，功廢而名辱，社稷必危。故君人者勞于擇之而休于使之。《書》曰『惟文王敬忌，一人以擇』，此之謂也」，據此則「一人以擇」謂擇人而用也。前文言文王「庸庸祗祗威威」，「庸庸」謂用所當用也，此言文王「敬忌，一人以擇」，「敬忌」既是「祗祗威威」，則「一人以擇」謂「庸庸」矣。云「一人若師尚父是與」者，用賢多多益善，豈一人之足云？茲言「一人以擇」，必推悳望最隆之一人，于衆賢中尤傑出者，《毛詩・大明》傳云「尚父，可尚可父」，劉向《別録》云「師之、尚之、父之，故曰師尚父」，又《君奭》偁「文王五臣」，鄭注云「不及吕望者，太師也，教文王以大悳，周公不敢以自比」，是則文王賢臣雖多，師尚父乃其悳望尤隆者，故推儗之，不敢質言，故云「與」以疑之。**王曰：「封，爽惟民，迪吉康。我時其惟殷先哲王德，用康𡰪民，作求。**【注】爽，貳。吉，善。作，爲。求，終也。言爽貳者惟民，道之善則安静。我

是以思惟殷先哲王之德，以安治民，庶爲終成殷先王之道。道之，徒報反。下注「道之」、「道民」皆同。【疏】《氓》詩云「女也不爽，士貳其行」，故云「爽，貳」，賈侍中注《國語》「實有爽惪」亦云「爽，貳也」。下文云「今惟民不静，未戾厥心，迪屢未同」，❶則此「爽惟民」謂民心爽貳也。「吉，善」，《説文·口部》文。「作，爲」，《釋言》文。「求，終」，《釋詁》文。《下武》詩云「世德作求」，鄭君箋《詩》亦云：「作，爲。求，終也。」**矤今民罔迪不適，不迪則罔政在厥邦。」**【注】況今民无道之者，則不適于善。政所以治民也，不有以道民，則无政以存其國矣。在，存也。【疏】「在，存」，《釋詁》文。**王曰：「封，予惟不可不監，告女惪之説于罰之行。**【注】監，視也。言我思不可不視法文王，故告女以明惪之説于慎罰之行。【疏】「監，視」，《釋詁》文。云「言我思不可不視法文王」者，篇首以文王「明惪慎罰」告康尗，以下又告以「祗遹乃文考」，又告以「惟文王敬忌，一人以擇」，則此云「不可不監」謂「不可不視法文王」也。上詳告以「明惪慎罰」，則云「惪之説」謂「明惪」之説，「罰之行」謂「慎罰」之行也。**今惟民不静，未戾厥心，迪屢未同。**屢，力具反。【注】戾，止。屢，數也。今惟民不安静，未定止其心，道之者數矣，猶未和同。數，色角反。【疏】「戾，止」，《釋詁》文。《釋言》云「屢，亟也」，郭注云「亟，亦數也」，故云「屢，數」，鄭君箋《巧言》詩「君子屢盟」亦云「屢，數也」。**爽惟天其罰殛我？我其不怨惟厥辠，无在大，亦无在多，矤曰其尚顯聞于天？」**【注】民之所欲，天必从之。民心爽貳，惟天其罰殛我乎？我其不敢怨天怨民，祗自思惟其辠，辠无在乎大也，亦无在乎多也，況曰

❶「屢」，原作「屨」，今據近市居本改。

其昭著而上顯聞于天乎？「尚」之言「上」也。著，中慮反。【疏】云「民之所欲，天必从之」者，《太誓》文也，引見《左傳》及《國語》，皆再引之。云「民心爽貳」者，經承「迪婁未同」而言「爽」，則是謂民之爽貳，與上「爽惟民」同誼也。云「我其不敢怨天怨民」者，承「爽惟天其罰殛我」而言，「我其不怨」，則是謂不怨天不怨民也。云「『尚』之言『上』也」者，鄭君康成《書贊》云：「尚者，上也。」**王曰：「烏戲！封，敬哉！毋作怨，勿用非謀非彝蔽時忱。丕則敏惪用康乃心，顧乃惪，遠乃猷，裕乃以民寧，不女瑕殄。」**【注】蔽，塞。忱，誠也。敏惪，仁誼順時者，行之本也。以，猶「與」也。戒康叔其敬之哉，毋造作私怨，勿用非道之謀、非常之法以蔽塞是誠。大則效敏惪以康定女心，顧省女惪，遠大女之謀猷，寬裕以臨民，乃與民相安。不女疵瑕，不女殄絶也。行，下孟反。【疏】「蔽，塞」，鄭君《論語》注誼也，見《文選・辯命論》注。「忱，誠」，《説文・心部》文。《周禮・師氏》職「以三惪教國子。一曰敏惪，以爲行本」，鄭注云「敏惪，仁誼順時者也」，故云「敏惪，仁誼順時者，行之本也」。「仁誼順時」謂春夏生長宜行仁，秋冬嚴肅宜行誼，此所以爲「行本」也。云「以，猶『與』也」者，《義禮・鄉䠶禮》曰「主人以賓揖」，鄭君注云「以，猶與也」，是其誼。**王曰：「烏戲！肆女小子封，惟命不于常。**【注】命，天命也。天命不于常，言不專右一家也。《大學》曰：「道善則得之，不善則失之矣。」道，徒報反。【疏】《禮記・大學》引此經而説之云「道善則得之，不善則失之矣」，鄭注云「天命不于常，言不專右一家也」，是皆正説此經之誼，故采彼書鄭注及《大學》文以爲説。**女念哉！无我殄享，明乃服命，高乃聽，用康乂民。」**【注】享，祭祀也。凡封諸侯，必命之祭其封内之山川社稷，所謂「命祀」，國亡則絶其祀，故言女其念天命之无常，毋殄絶我之命祀。服，七章之服。命，七命也。

侯國服命以七爲節。高乃聽，毋偏聽也。【疏】《説文・亨部》云「亨，獻也，从高省，曰象進熟物形」，故云「亨，祭祀也」。案：《周禮・大宗伯》掌天神、人鬼、地祇之禮，天神言「祀」，地祇言「祭」，人鬼言「享」，言各有當，所施異詞。今云「享，祭祀也」者，蓋對文則異，散文則通，《易・隨》上六云「王用亨于西山」，又《鼎》彖云「聖人亨，以享上帝」，是天神、地祇亦得言「享」，則「祀」、「享」、「祭」通也。云「凡封諸侯，必命之祭其封内之山川社稷」者，《禮記・王制》云「諸侯祭社稷」，又云「諸侯祭名山大川之在其地」者，是山川社稷諸侯之所當祭；《周禮・大祝》云「禁督屰祀命者」，鄭注云「督，正也。正王之所命，諸侯之所祀」，是王于諸侯必命之祭其所當祭也。云「所謂『命祀』」者，所謂《左傳》文。《左傳》僖三十一年「衛遷于帝丘，成公夢康叔曰『相奪予享』。公命祀相，甯武子曰『不可以間成王、周公之命祀』」是其文也。侯國之享祀而言「毋我殄」，良由其祀命于王，故誥詞言「我」，則「享」謂「命祀」審矣。《周禮・典命》云「侯伯七命，其國家、宫室、車旗、衣服、禮義皆以七爲節」，又《大行人》職言「諸侯之禮，冕服七章」，康叔爵爲侯，故云「服，七章之服。命，七命也」。「七章」者，鷩冕之服自華蟲而下，其衣三章：華蟲也，火也，宗彝也；其裳四章：藻也，黺絲也，黼也，黻也。云「高乃聽，毋偏聽也」者，偏聽謂聽一偏之言，《漢書・鄒陽傳》陽上書所謂「偏聽生姦」也，「高乃聽」則聽之聰，是戒康叔毋偏聽也。**王若曰：「往哉，封，勿替敬，典聽朕誥，女乃以殷民世享。」**「敬」字、「誥」字皆絶句。誥，正義本作「告」，兹从唐石經本。【注】往，就所封也。典，常也。戒康叔持敬勿替，常聽我誥，則女乃用是殷民世世長享其國。康叔封于殷虚，故以「殷民」爲言。虚，曲魚反。【疏】康叔是時始封于衛，既受封，自當之國，故知「往」謂「就所封」也。「典，常」，《釋詁》文。云「戒康叔持敬勿替，常聽我誥」者，讀「勿替敬」作一句、「典聽朕誥」作一句也。蓋能敬典，自然不替，不須以「勿替」發言，自當讀「敬」字絶之，言勿衰替其敬也；《酒誥》末云「女典聽朕毖」，正與此「典聽朕誥」文同，皆是言終重丁寧之語，以彼文況此，自當讀「典聽朕誥」爲句也。云「康尗封于殷虚」者，定四年《左傳》衛祝佗説成王封康尗之事，❶云「命以康尗，而封于殷虚」是其證。

父不慈，子不孝，兄不友，弟不恭，不相及也。【疏】僖三十三年《左傳》晉臼季引《康誥》文如此，《春秋正義》以臼季所引即《康誥》「子弗祇服厥父事」云云之文，但引其意，非全文也。聲案：「子弗祇服厥父事」云云，❷未有辠不相及之意，則所引自是異文而逸者，故録于此。又昭二十年《左傳》齊苑何忌引《康誥》曰「父子兄弟，罪不相及」，乃是櫽括此文，非别一條，故不别録。《周禮・族師》疏引《鄭志》趙商問：「《族師》之誼，鄰比相坐，❸《康誥》之説，門内尚寬。《書》、《禮》是錯，未達恉趣。」鄭荅云：「《族師》之職，周公新制禮，使民相共敕之法。《康誥》之時，周法未定，又新誅三監，務在尚寬以安天下。先後異時，各有云爲，乃謂是錯。」據此，則似《康誥》「父不慈」云云在漢時尚未闕逸，豈僞孔氏删之與？今无考其弟次，姑附篇末云。

酒誥弟七十六

周書十六　尚書十五

成王若曰：僞孔本无「成」字，據正義則馬、鄭、王本及三家今文並有「成」字，又據馬注，則衛、賈本亦皆有之，吾

---

❶「佗」，原作「它」，今據近市居本及《左傳》改。
❷「厥」，原脱，今據近市居本補。
❸「坐」，原作「卹」，今據近市居本改。

从衆可也。【注】馬融曰：「言『成王』者，未聞也。俗儒以爲成王骨節始成，故曰成王。或曰，以成王爲少成二聖之功，生號曰成王，殁因爲謚。衛、賈以爲戒成康尗，以昚酒成就人之道也，故曰成。此三者，吾无取焉。吾以爲後録《書》者加之，未敢專从，故曰未聞也。」聲謂：馬言後録《書》者加之是也。蓋此篇之誥成王親之，史氏從後加「成」字，以别異于《康誥》之周公代誥也。少，式昭反。别，彼列反。【疏】馬注見《釋文》。是書記王言皆止云「王若曰」，或云「王曰」，未有偁謚者，蓋生存未有謚也。此特偁「成王」，當自有説。不得其説，故云「言『成王』者，未聞也」。正義引三家説云「王年長，骨節成立」，然則馬言「俗儒以爲成王骨節始成」，目歐陽、大、小夏侯三家爲俗儒也。偁「衛、賈」者，東漢衛宏字敬仲，扶風賈徽之子逵字景伯，皆傳古文者也。《説文·酉部》云「酒，就也，所以就人性之善惡」，故云「戒成康尗，以慎酒成就人之道也」。云「此三者，吾无取焉」者，「三者」謂俗儒説、或説及衛、賈説也。三説皆迂曲，故馬君皆不取。云「吾以爲後録《書》者加之」者，馬君自述己説，以爲成王殁後，録此篇者加「成」字也。云「未敢專从，故曰未聞也」者，不敢專从己説以爲必是，故先曰「未聞」，斯亦「疑事毋質」之誼也。但馬君止言「後録《書》者加之」，未推究其所以必加之故，故聲是馬説而更推求之：《康誥》篇首言「乃鴻大誥治」，「鴻」之言「代」，是既標明周公代王誥矣；此篇與《康誥》並是誥康尗者，史官並藏其書，後世或不知，容或疑此亦是周公代誥，不容不有以别之，故偁「成王」爾，故云「史氏從後加『成』字，以别異于《康誥》之周公代誥也」。

「明大命于沬邦。沬，莫末反，僞孔本作「妹」。《桑中》詩作「沬」，鄭注引《詩》爲説，必鄭本實作「沬」。【注】大命，「嗣爾股肱」以下是也。使康尗明是命于沬邦。鄭康成曰：「沬邦者，紂之所都處，于《詩》國屬鄘，故其風有『沬之鄉』，其民尤化紂耆酒。今禄父見誅，康卡爲其連屬之監。」聲謂：《春秋傳》吴公子札請觀周樂，工爲之歌《邶》、《鄘》、《衛》，而曰「吾聞衛康卡、武公之悳如是」，然則康卡兼有邶、鄘，沬邦固其封内之地也。處，昌慮反。耆，仁至反。父，方武反。爲之，于僞反。【疏】云「大命，『嗣爾股厷』以下是也」者，謂下文「沬土嗣爾股厷」云云至「永不忘在王家」也。以其特舉「沬土」而言之，故知即是將明于沬邦之「大命」也。鄭注見《詩·桑中》正義及《邶鄘衛譜》正義。云「沬邦，紂之所都處」者，紂都朝歌，沬邦在朝歌南畔也。云「于《詩》國屬鄘，故其風有『沬之鄉』者，《桑中》詩云『爰采唐矣，沬之鄉矣』」，《桑中》詩在《鄘風》也，《詩》輒歌其土風，沬見于《鄘風》之詩，故知屬鄘也。云「其民尤化紂耆酒」者，紂沉酗于酒，庶民化之，都邑之民其被化尤深也。云「康叔爲其連屬之監」者，《禮記·王制》云「五國以爲屬，屬有長。十國以爲連，連有帥」，則連帥、屬長皆兼統數國者。鄭必言此者，案鄭君《詩譜》云「自紂城而北謂之邶，南謂之鄘，東謂之衛」，又云「更于此二國建諸侯，以殷餘民封康卡于衛，使爲之長，後世子孫稍并彼二國」，是鄭君以康卡未有邶、鄘，沬邦在鄘，則非康叔所治，而使之「明大命」于其所，故説其得統之由，以爲其連屬之監故也。又案：鄭必以康叔爲不有邶、鄘者，鄭君《詩譜》誤以邶、鄘、衛爲商畿方千里之地，嫌其太大不可盡以封康卡，故言「更于此二國建諸侯」。是説聲不从之者，蓋如鄭説，邶、鄘、衛凥紂城之三面，即不能盡商畿方千里之地，以周制考之，王城之外盡鄉遂之地，面有二百里，四面相距爲方四百里，邶、鄘、衛之大，當不是過也。周制封侯方四百里，康卡侯爵，安見邶、鄘不以封康卡乎？若云「後世并彼二國」，則二國實封何人，于何時爲衛所并，皆未有據。鄭誼似非，故聲不从之，而引《春秋傳》以證康叔兼有邶、鄘，以言「沬邦」固其封内之地也。《春秋傳》者，襄二十九年《左傳》文。**乃穆考文王，肁國在西土。**【注】周家世次，文王弟當穆，故偁「穆考」。庳，始開也。文王遷酆，故言始開國。弟，亭戾反。❶【疏】云「周家世次，文王弟當穆」者，鄭注《周禮・小宗伯》云「自始祖之後，父曰昭，子曰穆」，僖五年《左傳》云「太伯、虞仲，太王之昭；虢仲、虢叔，王季之穆」，蓋太王爲穆，故其子爲昭，則王季亦爲昭矣，王季爲昭，故其子爲穆，則文王亦爲穆矣。云「庳，始開也」者，《説文・户部》文。云「文王遷酆」者，《文王有聲》之詩云「作邑于酆，文王烝哉」，是其證也。**厥誥毖庶邦、庶士，越少正、御事，朝夕曰：祀兹酒，惟天降命庳我民，惟元祀。** 少，詩召反。【注】毖，昚也。文王誥昚衆國、衆士，及少正之官、治事之臣，朝夕敕之曰：祭祀則用此酒，惟天之下教命始開導我民者，惟始于祀也。文王爲雝州伯，南兼梁、荆，故得誥昚衆國。下，行嫁反。雝，殃用反。【疏】昚，古「慎」字也。「毖，慎」，《説文・比部》文。云「文王爲雝州伯，南兼梁、荆」者，鄭注《西伯戡黎》云然也，説即具《西伯戡黎》疏。**天降威，我民用大亂喪惪，亦罔非酒惟行，粤小大邦用喪，亦罔非酒惟辜。** 喪，色盎反。行，下孟反。【注】天降嚴威監臨于下，我民所以大亂喪其德性者，亦无非以酒爲亂行也，于小大之國所用喪亡者，亦无非以酒取辠也。**文王誥教：小子有正有事，毋彝酒。**【注】正，長也。小子有長上之人，有服勞之事，常酒則必慢上而廢事，故戒令毋然。《韓非子》曰：「彝酒，常酒也。」常酒者，天子失天下，匹夫失其身。」長，中賞反。令，力因反。【疏】「正，長」，《釋詁》文。「小子」是卑幼者，故云「有長上之人，有服勞之事」，《論語・爲政》篇云「有事，弟子服其勞」。引《韓非子》者，《説林》篇文。**粤庶國飲**

❶「亭」，原作「鬲」，今據近市居本改。

惟祀，惪將無醉。【注】于是衆國用文王教，飲酒惟于祭祀，必以惪將之，无有醉者。**惟曰我民迪，小子惟土物忌，厥心臧。**【注】臧，善也。惟是我民亦能用文王教道，❶其小子惟土物是忌，其心甚善。《王制》曰「志淫好辟」。道，徒報反。忌，恩概反，俗輒作「愛」，音同誼別。辟，粤亦反。【疏】「臧，善」，《釋詁》文。《王制》者，《禮記》篇名也。鄭注《王制》云「民之志淫衺，則其所好者不正」，引之以證「土物是忌」則所好不辟，斯其心善矣。**聰聽祖考之彝訓，粤小大惪，小子惟一。**【注】其小子聰聽祖父之常訓，于是其所造就有小惪有大惪，小子惟皆純一矣。造，七報反。**沬土嗣爾股厷，純其埶黍、稷，奔走事厥考厥長。**長，中賞反。【注】純，專也。敕康叔告沬土之民：嗣續爾股厷之力，專其穜埶之事，服勞奔走以事其父兄。五穀惟言「黍、稷」者，沬土所宜也。【疏】「純，專」，賈逵《國語》注誼也，見《文選·七發》注。云「服勞奔走」者，「奔走」是勤勞之事，故云「服勞」。云「五穀惟言『黍、稷』者，沬土所宜也」者，「五穀」者，黍、稷、菽、麥、稻，皆當穜埶，此惟言「黍、稷」，故決之。鄭君《詩譜》云「邶、鄘、衛在冀州，太行之東」，《周禮·職方氏》云「河内曰冀州，其穀宜黍、稷」，則沬土宜黍、稷也。**肇牽車牛，遠服賈用，孝養厥父母。**肇，治小反。賈，國户反。養，弋向反。【注】肇，謀。服，事也。「賈」之言「固」；固有其用物以待民來，以求其利，故曰「賈用」。其爲𧶠者，謀牽車牛，遠從事于賈用，以其貿易之利孝養其父母。𧶠，式陽反，从貝，商省聲，行賈也，俗輒作「商」，非其誼矣。貿，莫漱反。【疏】「肇，謀」、「服，事」，並《釋詁》文。云「『賈』之言『固』，固有其用物

❶「道」，原作「導」，今據近市居本改。

以待民來，以求其利」者，《白虎通・商賈》篇文也。彼文且引《尚書》曰「肇牽車牛，遠服賈用」，則此「用」字當上屬「賈」讀，故云「遠從事于賈用」。**厥父母慶，自洒腆致用酒。**洒，心典反，此古音也，今俗音先禮反，且或作「洗」字，非也。【注】慶，善。洒，滌也。腆，亦「善」也。其父母善子之行，自是乃可洒爵善致酒于父母。言孝養父母乃得用酒。滌，廷戚反。行，下孟反。【疏】「慶，善」，《毛詩・皇矣》傳詁也。「洒，滌」，《説文・水部》文。鄭注《義禮・士昏・記》云「腆，善也」，兹承「慶，善」之訓，故云「腆，亦『善』也」。云「其父母善子之行」者，農執黍稷、商服賈用皆勤力以事其父母，則爲父母所善矣。**庶士、有正越庶伯、君子，其爾典聽朕教，爾大克羞耇惟君，爾乃飲食醉饌。**饌，古文「飽」。❶【注】典，常。羞，進也。耇，謂老成有惪者，若「三老五更」是也。告衆士及衆臣，爾其常聽我教命，爾大能進耇老于君，助君養老，爾乃得飲食醉饌焉。更，公行反。【疏】「典，常」、「羞，進」，並《釋詁》文。云「耇，謂老成有悳者，若『三老五更』是也」者，《禮記・樂記》云「食三老五更于太學」，鄭注云「三老五更，互言之爾，皆老人更知三德五事者也」，則「三老五更」是老成有德者，「耇」者老人之偁，故知「耇」謂「老」也。云「告衆士及衆臣」者，上文言「執黍、稷」、「服賈用」是告沬土之民，此言「庶士、有正越庶伯、君子」則是告沬土之士大夫，亦命康尗往告之者也。云「助君養老」者，古者天子、諸侯皆有養老之禮，百官與執事焉，此言「羞耇唯君，爾乃飲食醉飽」，則「助君養老」可知矣。**丕惟曰：爾克**

❶「文飽」，原作「飽字」，今據近市居本改。

永觀省，作稽中悳。爾尚克羞饋祀，❶**爾乃自介用逸。**【注】稽，合也。尚，庶幾也。饋祀，助祭于君。逸，旅醻也，《詩》曰「舉醻逸逸」。爾能羞耇惟君，則君必謂爾能長觀省法，則所爲合乎中悳。則爾庶幾與乎助祭之選，能進而助祭于君，爾乃自介與于助祭之人，以次相酬，斯亦得飲酒矣。戒慎酒而示以飲酒之則，則人易从而亦不至于酗酒矣。幾，今衣反。醻，上流反。與，爰茹反。易，羊豉反。【疏】鄭仲師注《周禮·小宰》云「稽，猶計也、合也」，兹无取「計」訓，故云「稽，合也」。《釋言》云「庶幾，尚也」，故云「尚，庶幾也」。云「饋祀，助祭于君」者，正義偁鄭注誼然也。知「饋祀」是「助祭于君」者，君之祭祀必擇群臣之賢者，使之助祭，兹以能「觀省法，則所爲合中悳」之故而「克羞饋祀」，則是爲君所擇取而得與于君之祭祀，故以爲「助祭于君」也。云「逸，旅醻也，《詩》曰『舉醻逸逸』」者，所引《詩》是《賓之初筵》文。彼毛傳云「逸逸，往來次敘也」。案：《義禮·鄉飲酒禮》云「司正升，相旅，曰某子受醻」，鄭注云「旅，敘也。于是介醻衆賓，衆賓又以次敘相醻」。則「逸」與「旅」皆有「次敘」之誼。故云「逸，旅醻也」。但《詩》之言「舉醻」謂射時，今引以證此「用逸」爲「旅醻」者，《禮記·中庸》説宗廟之禮而云「旅醻下爲上」，是祭時亦有「旅醻」之禮也。云「戒慎酒而示以飲酒之則，則人易从而亦不至于酗酒矣」者，耆酒是人之性，不能禁絶，示之以則，則不絶其欲，故人易从，且使知有節度，則當自知劑節，❷則不縱酒矣。**兹乃允惟王正事之臣，兹亦惟天若元德，永不忘在王家。」**【注】

❶「饋」，原作「遺」，今據近市居本及疏文改。注中「饋祀」同此，不另出校。

❷「劑」，原作「⿰奠刂」，今據近市居本改。

允，信也。正，讀當爲「政」。若、元，皆「善」也。言所爲合乎中德，此乃信惟王者任政事之臣，此亦惟天善其善惪，將存在王家長不忘矣。自「沬土」至此，使康尗明于沬邦之大命也，下文乃正告康尗。【疏】「允，信」，《釋詁》文。鄭注《周禮・小宰》云「凡其字或作政，或作正，或作征」，又注《凌人》云「故書『正』爲『政』」，則古字「正」、「政」通，此言「正事」乃以「正」爲「政」爾，故云「正，讀當爲『政』」。《釋詁》云「若，善也」，《易・文言》云「元者，善之長也」，故云「若、元，皆『善』也」。云「下文乃正告康尗」者，以上未名呼康尗，下文乃輒呼康尗名而言，是正告康尗也。**王曰：「封！我西土棐，徂邦君、御事、小子，尚克用文王教，不腆于酒，故我至于今克受殷之命。」**【注】棐，輔。徂，往。腆，多也。我西土之輔佐，❶若往日之邦君、御事、小子，庶幾能用文王教，不務多于酒，故我今能受殷之命也。勸勉康尗戒慎沬邦，則長亨福胙，永保其國矣。左，則坐反。胙，才故反。【疏】「棐，輔」，《説文・木部》文。「徂，往」，《釋詁》文。「腆，多」，《説文・肉部》文。云「若往日之邦君、御事、小子」者，經之「徂」字與「至于今」相應，故以「徂」之言「往」爲「往日」也。云「勸勉康叔戒慎沬邦」者，王言我周受命，繇西土能用文王教之故，以歆動康尗能使沬邦之人聽从其教，則亦當膺受多福，是勸勉之也。**王曰：「封！我聞惟曰：在昔殷先哲王迪，畏天顯、小民，經惪秉悊。自成湯咸至于帝乙，成王畏相。**「迪」字屬上讀。悊，知列反，本或作「嚞」，或作「哲」。案：《説文・口部》云「哲，知也，从口，折聲。古文作『嚞』，从三吉。或作『悊』，从心」，又《心部》云「悊，敬也，从心折聲」，然則「哲」、「嚞」、

❶「佐」，原作「左」，今據近市居本改。

「悊」雖三文同字，而誼爲「敬」者毋寧作「悊」。相，心匠反。【注】經，常。悊，敬也。我聞在昔殷先哲王之道，上畏天之明命，下畏小民，經常其德，秉持其敬。咸，徧也，自成湯徧至于帝乙也。帝乙，紂父也。抑或「咸」字當在「帝乙」下，屬下讀；咸，皆也，言自湯至于帝乙，皆成就王悳、敬畏輔相也。《國語》曰「成王不敢康，敬百姓也」，誼同此也。抑，因即反。屬，之欲反。【疏】「經，常」者，《易·屯》彖曰「君子以經論」，荀爽注云「經者，常也」。「悊，敬」，《説文·心部》文。云「我聞在昔殷先哲王之道」者，❶讀「迪」字屬上爲句也。《國語·魯語》云「小賜不咸。不咸，民弗歸也」，莊十年《左傳》云「小惠未徧，民弗從也」，二文實一事而或作「咸」或作「徧」，故云「咸，徧也」。《史記·殷本紀》云「帝乙崩，子辛立，是爲帝辛，天下謂之紂」，故云「帝乙，紂父也」。案：《易》卦《泰》與《歸妹》之六五皆云「帝乙歸妹」，《乾鑿度》云：「孔子曰：『《泰》者，正月之卦也。陽气始通，陰道執順，故因此以見湯之嫁妹能順天地之道，立教戒之誼也。至于《歸妹》，八月卦也。陽气歸下，陰气方盛，故復以見湯妹之嫁以天子貴妹而能自卑，順從變節而欲承陽者，以執湯之戒。是以因時變一，用見帝乙之道，所以彰湯之美，明陰陽之誼也。』」據此，則「帝乙」即「湯」也，而茲不謂然者，此言「成湯咸至于帝乙」，則「帝乙」與「湯」非一人矣。故《乾鑿度》又云：「孔子曰：『自成湯至于帝乙。帝乙，湯之元孫之孫也。此帝乙即湯也，殷録質，以生日爲名，順天性也，元孫之孫，外絶恩矣。同以乙日生，疏可同名。湯以乙生，嫁妹本天地正夫婦，夫婦正則王教興矣。故曰：《易》之「帝乙」爲成湯，《書》之「帝乙」六世王。同名不害以明功。』」案：

---

❶ 「哲」，原作「悊」，今據近市居本及注文改。

《殷本紀》商家世數不數兄弟相及者，從湯至帝乙十有六世，而云「元孫之孫」，又云「六世王」者，蓋言「元孫」以見恩所殺止，更言「之孫」則无恩見矣。「孫」者，通遠近言之，雖百世亦孫也。「六世王」者，謂六世後之王，以恩絶于六世，故以「六世」言之，非謂湯至帝乙爲六世，學者勿執泥可也。云「抑或『咸』字當在『帝乙』下，屬下讀」者，謂當讀「咸成王畏相」爲句也。「咸，皆」，《釋詁》文，此正訓也。「自成湯皆至于帝乙」則似不詞，當迻「咸」字在「帝乙」下，向下爲誼，文似明順。但與經文韋異，不敢以爲正解，故先訓「咸」爲「徧」，順經文言「自成湯徧至于帝乙」，乃後言「抑或」當然，疑事不敢質言也。引《國語》者，《周語》文，晉叔向説《昊天有成命》之詩之誼也。「成王不敢康」者，《詩》詞也，言文王、武王皆自勤以成其王功，與此言「成王」誼同；「敬百姓也」者，叔向説《詩》之誼也，韋昭注云「百姓，百官」，然則「敬百姓」亦猶此經「畏相」之誼。雖《詩》所云謂文、武，此則謂殷先王，言各異指而誼不異，故云「誼同此也」。**惟御事厥棐有恭，不敢自暇自逸，矧曰其敢崇飲？**【注】崇，充也。惟是治事之臣其輔治有恭慤，不敢自寬暇、自逸豫，況曰敢充其飲酒之欲乎？治，直吏反。慤，苦角反。【疏】「崇，充」，《釋詁》文。**越在外服，侯、甸、男、衛、邦伯，越在内服，百僚、庶尹、惟亞、惟服、宗工，越百姓里居，罔敢湎于酒。**湎，米沇反。【注】外而衆服之諸侯、牧伯，内而衆臣以及百官、族姓之致仕、家凥者，皆无敢湎于酒。鄭康成曰：「飲酒齊色曰湎。」【疏】鄭注見《詩・蕩》正義。云「飲酒齊色曰湎」者，謂飲酒醉則面盡紅赤，顏色齊一也。《蕩》詩云「天不湎女以酒」，鄭君箋云「天不同女顏色以酒」，亦解「湎」爲顏色齊同也。**不惟不敢，亦不暇，惟助成王惪顯，粤尹人祗辟。**辟，房益反。【注】尹，正。辟，灋也。非徒不敢，且亦不暇，惟助其君成就王惪，使之顯箸，于以正人，于以法敬。箸，中庶反，從竹，俗書从「艸」，❶非。【疏】「尹，正」，《釋言》文。「辟，灋」，《釋詁》文。**我聞亦惟曰：在今後嗣王酣身。**酣，侯甘反。【注】後嗣王，紂也。飲酒合樂曰酣。【疏】《説文·酉部》云「酣，酒樂也」，是謂飲酒而作樂也，《吕氏春秋·分職》篇云「今召客者，酒酣歌舞，鼓瑟籥竽」，高誘注云「飲酒合樂曰酣」。**厥命罔顯于民，祗保粤怨不易。**祗，之是反，又中匙反。【注】祗，詞也。其命令无所顯示于民，祗安于作怨之事而不改易。【疏】「祗，詞」者，謂語詞，明此「祗」不作「敬」解也。《易·復》初九云「无祗悔」，《易釋文》引馬融注「祗，詞也」。**誕惟厥縱淫泆于非彝，用燕喪威義。**縱，子用反。喪，息宕反。義，牛奇反。【注】紂爲酒沱肉林，使男女裸而相逐其間，故言大放縱淫泆于非灋，以燕飲喪其威義。《詩》云「既愆爾止」。沱，直离反，俗作「水」傍「也」，非。女，乃吕反。裸，郎可反。【疏】云「紂爲酒沱肉林，使男女裸而相逐其間」者，《史記·殷本紀》言紂「大冣樂戲于沙丘，以酒爲沱，縣肉爲林，使男女裸相逐其間，爲長夜之飲」，是其事也，劉向《列女傳》亦云然。引《詩》者，《大雅·蕩》篇文，其詩諫厲王无道而託于文王之咨殷商，則所謂「既愆爾止」正謂紂湎于酒，愆其頌止則即此「用燕喪威義」之謂，故引以爲證。**民罔不衋傷心，惟荒腆于酒，不惟自息，乃泆。**衋，喜力反。傷，式羊反。【注】衋，痛也。民无不痛傷其心，而紂惟荒多于酒，不思自止息，仍然淫泆。「乃」之言「仍」也。【疏】「衋，痛」，《説文·血部》文。云「『乃』之言『仍』也」者，鄭注《周禮·司几筵》云「故書『仍』爲『乃』」，則「乃」、「仍」同字，《釋詁》云「仍，乃也」，轉相訓則「乃」爲「仍」也。**厥心疾很，不克畏死，辜在商邑，粤殷國滅**

❶「从」，原作「作」，今據近市居本改。

无離。很，侯懇反。【注】很，盭。離，悳也。紂秉心疾很，恃有命在天不知畏死，惟爲虐以積罪于商邑，于殷國之滅亡曾无所悳。盭，力系反。曾，徂登反。【疏】「很，盭」，《說文·彳部》文。「離，悳」，《釋詁》文。「恃有命在天」者，《西伯戡黎》云「王曰『於戲！我生不有命在天』」，是紂恃有命在天也。恃有天命，故不畏死。**弗惟悳馨香祀，登聞于天，誕惟民怨，庶群自酒，腥聞在上。故天降喪于殷，罔愛于殷惟泆。**馨，胕形反。腥，息形反。喪，色葬反。【注】馨，香之遠聞者。紂不惟以明悳之馨香薦祀，升聞于天，誕惟民之怨气、衆群臣之酒臭腥聞于上，故天降喪亡于殷，无愛于殷，惟以紂淫泆故。遠聞，亡運反。【疏】云「馨，香之遠聞者」者，《說文·香部》文。**天非虐，惟民自速辜。」**【注】「民」之言「冥」也。速，召也。言天降喪亡，天非虐也，惟冥冥昏亂自召辜爾。【疏】《孝經援神契》云「民者，冥也」，鄭箋《靈臺》詩亦云然，故云「『民』之言『冥』也」。❶《釋言》云「速，徵也」、「徵，召也」，則「速」亦「召」也。**王曰：「封！予不惟若兹多誥。**【注】言不徒如此多誥，欲康叔有所灋戒。**古人有言曰：『人毋于水監，當于民監。』**監，工陷反，下同。【注】監，視也。湯曰：「人視水見形，視民知治不。」治，直吏反。【疏】「監，視」，《釋詁》文。「湯曰」云云，《商書·湯征》文也，「治不」猶「治亂」也。此申說「毋監水而監民」之意，則「毋于水監」之言猶在其前矣，故引湯言以見經之所以偁「古人」也。**今惟殷隊厥命，我其可不大監撫于時？**隊，直類反。【注】今惟殷已隕隊其命矣，我其可不大監于是、撫于是乎？監，監紂也。撫，循也，謂循商先王之道也。

❶ 「冥」，原作「冥」，今據近市居本及注文改。

時，是也，指謂殷。隕，爰閔反。【疏】「撫，循」，《説文・手部》文。上備言「殷先哲王」及「後嗣王」，此言「監撫于是」，故知「監」謂「監紂」，「撫」之言「循」，謂「循商先王之道也」。「時，是」，《釋詁》文。**予惟曰：劼毖殷獻臣，侯、甸、男、衛，矧太史友、内史友，越獻臣、百宗工？矧惟爾事服休、服采？矧惟若𠷎圻父、薄違農父、若保宏父定辟？矧女剛制于酒？** 僞孔本「劼毖」上有「女」字，據徐鍇本許氏《説文》所引无有，❶兹从之。劼，起頡反。𠷎，依注直畱反。❷圻，求沂反。父，方武反。辟，必益反。【注】劼，固。毖，慎。獻，賢也。鄭康成曰：「太史、内史，掌記言、記行。服休，燕、息之近臣。服采，朝、祭之近臣。若，順也。𠷎，讀曰壽。圻父，謂司馬，主封圻之事。」馬融曰：「違，行也。」聲謂：太史、内史在君之右，故曰「友」。友，从二又，誼猶「又」也。越，踰。薄，迫也。農父，司徒也。保，安也。宏父，司空也。辟，君也。我思念曰：固慎殷之賢臣，在侯、甸、男、衛之服者，況太史、内史常在君右，踰賢臣、百尊官而密近者乎？況惟女之執事，服職于燕息及朝祭之臣乎？況惟順壽萬民之圻父、迫行萬民之農父、順安萬民之宏父，三卿所以匡定其君者乎？況爾自爲教令，剛制于酒者乎？言皆當固慎也。行，下孟反。朝，直侶反。【疏】「劼，固」、「毖，慎」，並《釋詁》文。鄭注《論語・八佾》云「獻，猶賢也」，故云「獻，賢也」。鄭注「太史、内史，掌記言、記行」，見《禮記・玉藻》正義。《周禮》云「内史掌書王命」，宣二年《左傳》云「太

❶「許氏」，原作「無是」，今據近市居本改。

❷「畱」，原作「售」，今據近市居本改。

史書曰：趙盾弑其君」，❶然則内史記言、太史記行也。云「服休，燕、息之近臣。服采，朝、祭之近臣」，見正義。《説文・木部》云「休，息止也」，故云「服休，燕、息之近臣」，「采」之言「事」，朝、祭皆大事，故云「服采，朝、祭之近臣」。「若，順」，《釋言》文也。《詩・祈父》正義引鄭注云「順壽萬民之圻父。圻父謂司馬，主封圻之事」，則鄭君訓「若」爲「順」，讀「𠷎」爲「壽」。聲爲補其誼而用其注焉。案：《毛詩・祈父》傳云「祈父，司馬也，職掌封圻之兵甲」，此鄭君所本也。馬注見《釋文》。《釋詁》云「違，遠也」，《毛詩・殷其靁》傳云「違，去」，「違」有「遠去」之誼，故爲「行」也。「聲謂太史、内史在君之右，故曰『友』」者，閔二年《左傳》云「成季之將生也，桓公使卜。楚丘之父卜之曰：『男也，其名曰友，在公之右。』及生，有文在其手曰友」，是其宜在公右而以手文著其誼，則「友」爲「在右」之誼，故又申之云「友，从二又，誼猶『又』也」。「友，从二又」，《説文・又部》文也。「越，踰」，《説文・辵部》文。「薄，迫」者，《國語・晉語》云「設微薄而觀之」，韋昭注云「薄，迫也」。《周禮・大司徒》「辨十有二壤之物而知其種，以教稼穡樹埶」，則農事屬司徒，故云「農父，司徒也」。「保，安」，常訓也，《詩》毛傳、鄭箋皆輒有是訓也。諸侯三卿：司徒、司馬、司空。圻父、農父既是司馬、司徒，則「宏父」自是司空可知，故云「宏父，司空也」。「辟，君」，《釋詁》文。鄭君以「若𠷎」爲「順壽萬民」，故亦以「薄違」爲「迫行萬民」、「若保」爲「順安萬民」也。司徒主教，故曰「迫行萬民」，司空度地凥民，故曰「順安萬民」也。此承「劼毖」之文歷告以所當劼毖者，故云「言皆當固慎也」。

厥或誥曰：群飲，女勿佚，盡執抲獻，以歸于周，予其殺。 僞孔本「抲」作「拘」，无「獻」字，兹从徐鍇本《説

❶「弑」，原作「殺」，今據近市居本改。

文》所引。抲，火河反。【注】佚，縱。抲，撝也。獻，當爲「瓛」，壞字也。瓛，議辠也，从水獻聲，水取其平也。其有告女以群聚飲酒者，女勿縱佚，盡執抲而平議其辠，以歸于周，其當殺者，我其殺之。戒康尗毋專殺。撝，虚爲反。瓛，牛列反。【疏】《説文·手部》云「失，縱也」，「失」者，古「佚」字也，故云「佚，縱」。「抲，撝」亦《説文·手部》文。南唐徐鉉及其弟鍇皆肄習《説文》，凡有所不解者，鉉輒以意增損改竄，鍇則雖有未達，仍守舊文，不敢改易。鍇本《説文·手部》「抲」字下引《周書》曰「盡執抲獻」，鉉本所引无「獻」字，蓋《説文》引此經于「抲」字下，故鉉不得據僞孔書而改「抲」爲「拘」，「獻」字則據之以削去，吾从鍇本可也。惟是「獻」者進于上也，即是「歸于周」也，不應重累其文，故云「獻，當爲『瓛』，壞字也」。蓋《書》字容有破壞而損其偏旁者，「瓛」字「水」傍摩滅則爲「獻」矣，故曰「壞字」，若鄭注《禮記·檀弓》云「衣，當爲齎，壞字也」。云「瓛，議辠也，从水，獻聲」者，《説文·水部》文。云「水取其平也」者，案《説文》申説「瓛」字从水之意云「與灋同意」，其《廌部》解「灋」字云「平之如水，从水」，是「瓛」與「灋」之从水皆有取乎「平」誼也。云「其當殺者，我其殺之」者，周家寬厚，成王又是賢王，經言「予其殺」，雖冢「盡執」之文，必不謂盡殺之，正謂擇其當殺者殺之爾。**又惟殷之迪諸臣惟工，乃湎于酒，勿庸殺之，姑惟教之，有斯明享。**【注】「惟工」之「惟」，衍字也。有，讀當爲「又」。鄭康成曰：「斯，析也。」聲謂：享，獻也。又惟殷之爲紂所道之諸臣工乃沉湎于酒，是其久染惡俗，故非不可化道者，勿用殺之，姑且教之，又分析其明用我教者獻之。古者，諸侯有獻士于天子之制。道，徒報反。【疏】云「『惟工』之『惟』，衍字也」者，「諸臣惟工」之云不辭，不若云「諸臣工」爲明順，故以「惟」爲衍字。僞孔傳説雖有「惟」字，僞孔傳固不可信，且甚支離，不足據也，但相沿既久，不敢削去，姑存之而目爲衍字可也。云「有，讀當爲『又』」者，古文或以「有」爲「又」，《大誥》「弜曰其有能格知天命」，《召誥》「弜曰其有能稽謀自天」，以及《詩·終風》云「不日有曀」皆是也，此文「有」字亦作「又」讀乃合經意。《墓門》詩云「斧以斯之」，毛傳云「斯，析也」，《詩》釋文引鄭注《尚書》云「斯，析也」以證毛誼，所引鄭注未明言何篇之注，尋繹二十九篇之中，《鴻範》、《金縢》皆有兩「斯」字，皆不可訓爲「析」，惟此經「斯」字必作「析」解乃合，故以鄭注屬于此焉。「享，獻」，《釋詁》文。云「又分析其明用我教者獻之」者，上言有辠皆以歸于周，則賢者亦當獻之于上，下言「不用教」者，我弗恤之，則「用教」者自當録用，參之上下文，以「享」爲「獻」，其誼確矣。《禮記·射誼》云「古者，天子之制，諸侯歲獻貢士于天子」，故云「古者，諸侯有獻士于天子之制」，言此者，以證成「享」爲「獻士」之誼。 **乃不用我教辭，惟我一人弗恤，弗蠲乃事，時同于殺。」**蠲，古音古嶲反，時俗音古淵反。【注】恤，收。蠲，絜也。言教之而乃不用我教詞，惟我不憂恤之，此其人將不絜于女之政事。言其傷化也。是當同于誅殺之辠。 絜，今臬反。【疏】「恤，收」，《說文·心部》文。「蠲，絜」，《毛詩·天保》傳誼也。云「言其傷化也」者，「不絜」謂濁亂也，「濁亂乃事」則是傷害教化也。 **王曰：「封！女典聽朕毖，勿辯乃司，民湎于酒。」**【注】勿，猶「弗」也。辯，古「偏」字。❶ 上既歷告以所當劼毖者，此承上而言女常聽我之告毖，若弗偏毖女之有司，則民終湎于酒，不可化矣。【疏】「勿」是「禁止」之詞，❷于此則不可作「禁止」之誼。《詩·

❶ 「偏」，原作「偏」，今據近市居本及疏文改。
❷ 「止」，原作「之」，今據近市居本改。

王風》云「君子于役，如之何勿思」，言「如何弗思」也，是古文有以「勿」爲「弗」者，故云「勿，猶『弗』也」。鄭注《義禮・鄉飲酒禮》及《燕禮》皆云「今文辯皆作徧」，故云「辯，古『徧』字」。云「上既歷告以所當劼毖者」者，謂上文「劼毖殷獻臣」云云也，此言「女典聽朕毖」是承上「劼毖」而言也。

王曰：「封！唯曰若圭璧。」【疏】此《酒誥》逸文，引見《尚書大傳》。案：《漢書・埶文志》云「劉向以中古文校歐陽、大、小夏侯三家經文，《酒誥》脱簡一」，豈此文在脱簡中與？❶

梓材弟七十七

周書十七　尚書十六

王曰：「封！以厥庶民臮厥臣達大家，❷以厥臣達王惟邦君。【注】達，通也。大家，卿大夫有采地者之家。鄭康成曰：「于邑言達大家，于國言達王與邦君。王，謂二王之後。」聲謂：如鄭君說，則經「惟」字蓋誤也，當爲「暨」；暨，與也。以臣民達大家，則聯上下之情；以臣達王與邦君，則聯邦交之誼。采，倉代反。【疏】《説文・辵部》云「通，達也」，玆云「達，通」，轉相爲訓也。鄭注《周禮・載師》云「家邑，大夫之采地。小都，卿之采地」，則「家邑」不兼卿，此云「大家，卿大夫有采地者之家」者，《禮記・王制》云「諸侯之上大夫，卿」，鄭注云「上大夫曰卿」，是卿亦大夫也。《孟子・萬章》篇云「孟獻子，百乘之家也」，是卿亦偁

---

❶「與」，原作「閒」，今據近市居本改。

❷「臮」，原作「暨」，今據近市居本改。

「家」，故總言「卿大夫有采地者之家」。鄭注《周禮・家司馬》敘官云「家，卿大夫采地」，亦總言「卿大夫」也。鄭注見正義。云「于邑言達大家」者，大家皆有采邑，故云「于邑」，謂國中之都邑也。云「于國言達王與邦君」者，王與邦君各君其國，故云「于國」，是通言國也。云「王，謂二王之後」者，以「王」與「邦君」並言，則「王」非謂天子，故以爲「二王後」。「聲謂如鄭君説，則經『惟』字蓋誤也，當爲『暨』；暨，與也」者，「惟」字无訓「與」者，若經是「惟」字，鄭君必不云「達王與邦君」，據鄭言「達王與邦君」，則鄭本《尚書》必作「以厥臣達王暨邦君」，「暨」之言乃爲「與」也。僞孔氏强改經字以就其謬説，故作「惟」爾。今僞孔《書》單行，无他本以校正其誤，故不敢于經文改「惟」爲「暨」，但于注中辨之，故云「蓋誤也，當爲『暨』」。云「蓋」者，謙不敢質言也。「暨，與」，《釋詁》文。《孟子・離婁》云「爲政不難，不得罪于巨室。巨室之所慕，一國慕之」，「大家」即「巨室」也，以臣民達大家，則一國之情皆通，故云「聯上下之情」。「以臣達王與邦君」，謂使其臣往來娉問，故云「聯邦交之誼」。**女若恒，粤曰我有師師。**【注】恒，常也。聯上下之情，聯邦交之誼，是常典也。女順此常典，聯邦交之誼，則與諸侯朝娉、會同，考禮、正刑、一惪，以尊天子。于是曰我有以相師法矣。朝，直佋反。娉，匹正反，經典相承作「聘」。案：《説文》「聘，訪也」，「娉，問也」，則當作「娉」。【疏】「恒，常」，《釋詁》文。《周禮・大行人》云「凡諸侯之邦交，歲相問也，殷相娉也，世相朝也」，鄭注云「此皆所以習禮、考義、正刑、一惪，以尊天子也」，故云「聯邦交之誼，則與諸侯朝娉、會同，考禮、正刑、一惪，以尊天子」。「考禮、政刑、一惪，以尊天子」者，《禮記・王制》文。考禮、正刑、一惪是與諸侯相講習以考正得失，故云「有以相師法矣」。**司徒、司馬、司空、尹、旅曰：『予罔厲殺人。』亦厥君先敬勞。**勞，力報反，注及下同。【注】司徒、司馬、司空，諸侯之三卿。尹，正也，正大夫也。旅，衆也，謂衆士也。厲，虐也。亦，古「掖」字。女順常典，聯上下之情，則臣下皆自敕戒曰：『予慎毋虐殺人。』于是掖助其君，以敬勞民爲先務。【疏】云「司徒、司馬、司空，諸侯之三卿」者，鄭注《禮記・內則》云「諸侯并六卿爲三，或兼職焉」。案：「兼職」者，《禮・王制》正義引崔靈恩疏云：「三卿者，依周制而言，謂立司徒兼冢宰之事，立司馬兼宗伯之事，立司空兼司寇之事。故《春秋左傳》云『季孫爲司徒，叔孫爲司馬，孟孫爲司空』，此是三卿也。」以此推之，故知諸侯不立冢宰、宗伯、司寇之官也。「尹，正」，《釋言》文。「旅，衆」，《釋詁》文。承三卿之下而言「尹，旅」，故以「尹」爲大夫、「旅」爲士也。《逸周書・謚法解》云「殺戮无辜曰厲」，故云「厲，虐也」。云「亦，古『掖』字」者，說具《咎繇謨》疏。云「以敬勞民爲先務」者，「務」，趣也，「先務」謂以爲先而趣務之，若《孟子・盡心》云「堯、舜之知而不偏物，急先務也」是。**𢑚徂厥敬勞，𢑚往姦宄殺人，秝人宥。**𢑚，息利反。「殺人」屬上爲句。【注】𢑚，遂。徂，往也。遂往敬勞民，遂往詳察姦宄殺人之人。詰姦所以安民也，于是閱秝辠人，有所寬宥。【疏】《說文・㣇部》文引《堯典》「𢑚類于上帝」，《史記・五帝本紀》作「遂類于上帝」，故云「𢑚，遂」。杜子春注《周禮・鐘師》職引呂叔玉注《國語》「肆夏」云「肆，遂也」，「𢑚」、「肆」古今字也。「徂，往」，《釋詁》文。云「詰姦所以安民也」者，欲見詳察姦宄殺人之人，即是「敬勞民」之事也。**𢑚亦見厥君事，戕敗人宥。**見，亦燕反，注同。【注】遂掖持而見于君以事，謂以閱秝辠人之事讞于君也。戕，殺也。敗，衍字。戕人宥者，辠人有殺有宥也。既讞于君，獄乃成。戕人宥，今文作「彊人有」。讞，牛列反。【疏】云「遂掖持而見于君以事，謂以閱秝辠人之事讞于君也」者，承上「秝人宥」而言「𢑚亦見厥君事」，是持所閱秝之事以白于君也。《禮記・文王世子》云「獄成，有司讞于公」，鄭注云「讞之言白也」，是斷獄必白于君，故解此經云然也。《釋文》引馬注云「戕，殘也」，案：「殘」是加虐殺之，仁君之言當止言「殺」，必不謂加虐殺之，鄭注《周禮・大司馬》職訓「戕」爲「殺」，故云「戕，殺也」，不用馬注也。云「敗，衍字」者，據今文作「彊人有」，「戕」「彊」、「宥」「有」皆聲相近，「宥」「有」且字相似，由是而誤，以相比況，則不應有「敗」字。但不更有他證，故不敢削去，姑存之而目爲「衍字」可也。云「戕人宥者，罪人有殺有宥也」者，以「人」厠于「戕」、「宥」之間言之，是以「戕」與「宥」共此「人」字，欲見「人有戕有宥」之意，若《義禮・士冠禮》云「若殺，則特豚⿱埶云合升」，鄭注云「煮于鑊曰亨，在鼎曰升，在俎曰⿱埶云。⿱埶云合升者，明亨與⿱埶云皆合左右胖」，是以中之「合」字通貫上下爲誼，又如《周禮・漿人》職云「清醴、醫、酏糟」，鄭注云「三物有清有糟」，是亦以「醴、醫、酏」通貫上下爲誼。是古書文詞輒有然者，故此亦以「人」字通貫「戕」、「宥」爲解也。云「既瀐于君，獄乃成」者，上雖言「秝人宥」，未遽宥之，猶待決于君，❶此「戕人宥」，則既瀐于君，而後應殺應宥乃定也。云「戕人宥，今文作『彊人有』」者，見王充《論衡》，詳下疏。

王启監，厥亂爲民。監，吉嚴反，下並同。爲，于僞反，注同。【注】監，謂諸侯監一國。亂，治也。言王者開置諸侯使監其國，其治爲民也。今文作「王開賢，厥率化民」，聯上「彊人有」讀，說云「言賢人亦壯彊于禮誼，故能開賢，其率化民」，是承譌字而誤解，不詞之甚。治，直吏反。【疏】《周禮・太宰》云「立其監」，鄭注云「監，謂公、侯、伯、子、男各監一國，《書》曰『王启監，厥亂爲民』」，故云「監，謂諸侯監一國」，用鄭君《周禮》注誼也。「亂，治」，《釋詁》文。引今文及其說者，王充《論衡・效力篇》云：「《梓材》云『彊人有

❶「決」，原作「瀐」，今據近市居本改。

王開賢，厥率化民』，此言賢人亦壯彊于禮誼，故能開賢，其率化民。」案：「戕」聲近「彊」，「宥」聲同「有」而字亦相似，「启」則以孝景諱而改爲「開」，「監」則以左傍「臣」而誤爲「賢」，「氒」與「厥」古今字，古「亂」字或作「𤔔」，故誤作「率」，「爲」、「化」亦聲相近，此皆致誤之由，因此譌字而妄爲謬解，支離庸劣，誼不可曉，故云「是承譌字而誤解，不詞之甚」。《春秋》襄五年書「吴人、鄫人」，《公羊傳》云「吴何以偁人？『吴、鄫人』云則不詞」，「不詞」之云出于此也。知此是「今文説」者，鄭君習古文，鄭注《周禮》引作「王启監，氒亂爲民」是古文矣，則云「彊人有王開賢，厥率化民」自是今文矣。《堯典》篇首正義引鄭君《書贊》云「歐陽氏失其本誼，今疾此蔽冒，猶復疑惑未悛」，據此經之説，則今文説大概可知，宜其爲鄭君所譏也。**曰：毋胥戕，毋胥虐，至于矜、寡，至于𡣍婦，合繇以容。**矜，古昏反，僞孔本作「敬」，不詞。案：《吕刑》云「哀矜折獄」，僞孔本作「哀敬」，以彼況此，則此「敬」字乃僞孔氏所改，當作「矜」。𡣍，子藎反，正義本作「屬」，兹从《説文》所引。【注】胥，相也。矜，讀曰「鰥」。𡣍婦，孕婦也。王者启監之命曰：毋相殘殺，毋相暴虐，至于鰥、寡、孕婦，皆繇以包容之。使不失職。孕，于朕反。【疏】「胥，相」，《釋詁》文。云「𡣍婦，孕婦也」者，孕是裹妊，《説文·女部》云「𡣍，婦人妊身也」，則是孕婦也。**王其效邦君越御事，厥命害？以引養引恬。**害，河葛反，正義本作「曷」，兹从隸古定本。恬，狄拈反。【注】引，長。恬，安也。王者責效國君及其治事者，其命何以哉？惟欲其長養民、長安民而已。【疏】「引，長」，《釋詁》文。「恬，安」，《説文·心部》文。云「其命何以哉」者，「害」之言「何」也。**自古王若兹監，罔攸辟。**辟，皮益反，注同。【注】自古王者如此启監，无所任乎刑辟。**惟曰：若稽田，既勤尃菑，惟其陳修爲氒畺𡿨。**【注】稽，猶「計」也，計其廣袤，爲之經制也。菑，發土也。畺，畍也。く，古「畎」字。言爲國如稽田，既勤力以布發其土，當思陳列修治爲其畺畎，以諭爲國當先立綱紀。廣，古況反。袤，門漱反。【疏】鄭注《周禮・宮正》職云「稽，猶考也、計也」，故云「稽，猶『計』也」。云「計其廣袤，爲之經制也」者，東西曰廣，南北曰袤，謂計度其地，使縱横分數若一而規畫之，若方里而井，井間爲之溝，方十里爲成，成間爲之洫，方百里爲同，同間爲之巜是也。❶云「菑，發土也」者，鄭箋《大田》詩云「民以利枱熾菑發所受之地」，是「菑」爲發土也。「畺，畍」，《説文・畕部》文。「畺」从畕，三其畍畫，故爲「畍」也。《説文・く部》云「畎，篆文く」，則「く」爲古「畎」字矣。云「以諭爲國當先立綱紀」者，此以下凡三設諭，當有次弟，此言「稽田」而云「爲厥畺く」，止是正其經畍，但大段規模初定，譬猶爲國之先立綱紀也。**若作室家，既勤垣墉，惟其敷塈、茨。** 垣，于元反。墉，余封反。此及下兩「敷」字，正義本皆作「塗」，兹从隸古定本。敷，讀若「杜」，兹唶以爲「涂」，則音同都反。塈，昕既反。茨，夕私反。【注】馬融曰：「牆卑曰垣，高曰墉。塈，堊色。」聲謂：敷，猶「涂」也；敷塈以堊，涂牆也。茨，以茅葦蓋屋也。此諭政事修舉乃爲有成。堊，阿各反。【疏】馬注見《釋文》。《説文・土部》云「垣，牆也」，《釋宮》云「牆，謂之墉」，《書大傳》云「天子賁墉」，賁，大也，言「大」則「高」可知，《國語・吴語》云「君有短垣，而自踰之」，則「垣」是卑者矣，故云「牆卑曰垣，高曰墉」。云「塈，堊色」者，《釋宮》云「牆謂之堊」，《説文・土部》云「堊，白涂也」，然則堊色白色也，謂以蜃灰飾牆使白，若《周禮・掌蜃》職所謂「白盛之蜃」也。聲謂「敷，猶『涂』也；敷塈以堊，涂牆也」者，「敷」之言「閉」，兹「敷塈」聯文，不可訓「敷」

❶「巜」，原作「川」，今據近市居本改。

爲「閉」；《説文·土部》云「塈，仰涂也」，「斁」、「涂」聲相近，蓋叚唶字也，故云「斁，猶『涂』」；下文「斁丹雘」謂以丹雘涂器物，則「斁」之爲「涂」誼審矣。云「茨，以茅葦蓋屋」者，《説文·艸部》文。云「此諭政事修舉乃爲有成」者，爲國者必庶政具舉，乃能有成功，猶作室者必斁塈、茨，然後成室。**若作梓材，既勤樸斲，惟其斁丹雘。」**

梓，即里反。樸，匹角反。斲，中角反。「斁」字从《説文·丹部》所引，隸古定本同。雘，乙郭反。【注】梓材，木材之美者。樸，木素也。斲，斫也。馬融曰：「雘，善丹也。」鄭康成説以《山海經》曰：「青邱之山多有青雘。」聲謂：然則雘有丹有青也。言治梓材以爲器，既斫治其素質，當加以采色，以諭國既治理，更須修明制度典章，使粲然可觀也。「梓」字或作「杍」，聲聞之師曰：「杍者，子道也。樸斲、丹雘，諭父子繼業，故篇名取誼焉。」❶斫，之若反。治理，直吏反。杍，即里反。【疏】《國語·楚語》云「如杞梓、皮革焉，楚實遺之」，韋昭注云「杞梓，良材也」，❷故云「梓材，木材之美者」。云「樸，木素也」者，《説文·木部》文。「木素」謂木之素質未斫治者，《釋文》引馬注云「未成器也」，意略同也。「斲，斫」，《説文·斤部》文。馬注見《釋文》。云「雘，善丹也」者，《説文·丹部》亦云然也。鄭注見正義。引《山海經》者，案：《南山經》云「青邱之山，其陽多玉，其陰多青雘」是其文也。據馬注及鄭君所引，則雘有丹、青二色，❸故云「然則雘有丹有青也」。

❶「取」，原脱，今據近市居本補。
❷「良」，原作「美」，今據近市居本改。
❸「雘有」，原作「丹雘」，今據近市居本改。

云「以論國既治理，更須修明制度典章，使粲然可觀也」者，國既平治，須有制度典章以潤色其治，以爲國華，猶治器既成，須加采色乃華美，此最後之諭，故及于文飾之事也。云「『梓』字或作『杍』」者，伏生《大傳》作「杍材」，故《釋文》云「梓，本亦作杍」。云「聲聞之師曰」者，聞之惠先生也。云「杍者，子道也」者，《大傳·杍材》傳文也。樸斲、丹雘事有相須，猶父之業待子而成，故云「諭父子繼業」。云「故篇名取誼焉」者，「杍材」是叚諭之言而以名篇，是必有取乎父子相繼之意也。

今王惟曰：先王既勤用明悳，褱爲夾，庶邦享，作兄弟方來，亦既用明悳。夾，今陜反。【注】自此以下，不似成王之言。意康尗荅戒成王，故聯合于此與？參觀上下文亦可知矣。褱，來。享，獻也。兄弟，謂同姓，若婚姻甥舅有親者。方，並也。言今王當思念曰：先王以勤用明悳，褱來諸侯以爲夾輔，于是衆國來獻，作動其兄弟之國並來朝獻，亦皆以視灋先王，用明其悳。與，爰茹反。朝，直佋反。【疏】此言「今王」及下言「肆王」、「惟王」皆不應出于成王，當是臣下所偁。翫其詞意，亦似臣戒君之語，且上文取諭梓材，是此篇之所由名，當即成王誥詞之所終止，故云「自此以下，不似成王之言」。夫既非成王之言，自當別爲一篇，乃聯合于此，故推求其故而云「意康尗荅戒成王，故聯合于此與」，以是推測之詞，故云「與」以疑之。蓋史官因是荅戒成王之言，遂與王之誥詞同録而未皇識別，若《康王之誥》與《顧命》異篇，因是康王報誥之詞，今文家遂以合于《顧命》，同爲一篇矣。云「參觀上下文亦可知矣」者，上言「達王惟邦君」是誥康尗聯邦交之誼，此下勉王和人庶邦；上誥康尗養民、安民，此下勉王「和斁先後迷民」；上終之以杍材，意取父子相繼，世守其國，此下終之以「惟王子子孫孫永保民」；以此上下兩文合比觀之，若重規疊榘无不合者，亦可知是荅戒之詞矣。「褱，來」，《釋言》文。「享，獻」，《釋詁》文。云「兄弟，謂同姓，若婚姻甥舅有親者」者，鄭君注《義禮・娉禮》記云然也。案：成二年《左傳》云「晉與魯、衛，兄弟也」，是同姓爲兄弟；《釋親》云「母與妻之黨爲兄弟」，又云「婦之黨爲婚兄弟」，「壻之黨爲姻兄弟」，又《韓非子・説難》鄭武公以女妻胡君而曰「胡，兄弟之國也」，是婚姻甥舅爲兄弟也。鄭注《義禮・鄉射禮》云「方，猶併也」，又云「並，併也」，故云「方，並也」。**后式典亼，庶邦丕享。**亼，齊十反，經典相承作「集」。【注】后，繼體君也。「后」之言「後」，對先王言，故曰「后」。式，用也。亼，讀若「集」。后能用先王之常典，以和亼諸侯，則衆國大來朝享矣。朝，直佋反。【疏】云「后，繼體君也」者，《説文・后部》文。云「『后』之言『後』」者，鄭君注《禮記・曲禮》誼也。后亦王也，上偁「先王」，兹不言「王」而曰「后」，蓋取「後」誼，故云「對先王言，故曰『后』」。「式，用」，《釋言》文。「亼，讀若『集』」，《説文・亼部》文。**皇天既附中國民越厥畺土于先王，肆王惟悳用，龢斁先後迷民，用斁先王受命。**附，僞孔本作「付」，《釋文》云「付，馬本作附」，吾寧从馬。斁，正義本作「懌」，《釋文》云「字又作斁」，當从「斁」。先後，上悉茜反，下河豆反。【注】肆，今也。龢斁，龢説也，謂安集之。先後，謂教道之。迷，惑也。迷民，未服从之民也。斁，終也。皇天既附中國之民與其畺土于先王矣，今王惟悳之用，以龢説先後此迷惑之民，用終先王受命之功也。説，于旻反。道，徒報反。【疏】「肆，今」，《釋詁》文。《釋詁》「斁」、「説」同訓「樂」，故云「龢斁，龢説也」。《毛詩・緜》傳云「相道前後曰先後」，故云「先後，謂教道之」。「迷，惑」，《釋言》文。云「迷民，未服从之民也」者，《康誥》云「今惟民不静，❶未戾厥心，迪婁未同」，是民猶有未

---

❶「静」，原作「靖」，今據近市居本改。

服从于周者，繇其迷惑不知向化，故未服从，則「迷民」是謂未服从之民矣。「斁，終」，《説文・攴部》文。**以若兹監，惟曰欲至于萬年，惟王子子孫孫永保民。」**【注】以，詞。監，臨也。言如此臨民，惟欲至于萬年无疆，惟王子子孫孫長保有斯民矣。【疏】「以，詞」，謂語詞也。《説文・卧部》云「監，臨下也」，故云「監，臨也」。

《金縢》至《梓材》標題凡百名，注二十四字。

《金縢》經文四百七十四名，重文三，凡四百七十七言，注千三百二十一字，釋音辯字五百六十九言，疏八千四百四十八字。

《大誥》經文六百五十九名，重文三，凡六百六十二言，注千六百九十五字，釋音辯字四百六十七言，疏四千九百六十八字。

《嘉禾》逸文二十名，注百八十字，釋音辯字三十三言，疏六百九十二字。

《康誥》經文八百九十四名，重文六，凡九百言，注二千八百一十六字，釋音辯字六百八十言，疏八千三百八十四字。

《康誥》逸文十六名，疏二百四十字。

《酒誥》經文六百七十三名，注千八百八十三字，釋音辯字五百五十九言，疏四千六百六十七字。

《酒誥》逸文八名，疏四十八字。

《梓材》經文二百五十一名，重文三，凡二百五十四言，注九百二十三字，釋音辯字三百四十三言，疏三千三十七字。

尚書集注音疏卷七

吴江徵君聲著

召誥弟七十八

周書十八　尚書十七

尚書集注音疏卷七　江聲學

維二月既朢，粤六日乙未。 朢，勿放反，俗通作「望」，别字。【注】鄭康成曰：「是時周公凥攝五年，二月、三月當爲一月、二月。不言『正月』者，蓋待治定制禮，乃正言正月也。」聲謂：朢者，月滿與日相朢，以朝君也，故其字從「月」從「臣」從「壬」。壬，朝廷也。既朢，十六日也。乙未，二十一日。然則是月乙亥朔、己丑朢也。朝，直摇反。壬，天鼎反。【疏】鄭注見《周禮·大司徒》疏及《詩·文王》正義。云「是時周公凥攝五年」者，據伏生《大傳》言周公攝政五年「營成周」，此下文所言即是營成周之事，❶故知是時「凥攝五年」也。云「二月、三月當爲一月、二月」者，謂此經當爲「一月既朢」，下文當爲「二月丙午朏」也。鄭知然

❶「即」，原作「既」，今據近市居本改。

者，以《洛誥》「戊辰烝」是尻攝七年十二月日，❶此是尻攝五年事，計五年三月至七年十二月，凡三十四月，其間餘分積至二萬八千九百七十六有奇，以九百四十分之日法除之，則三十日有餘矣，則五年若六年之終必置一閏，則五年三月朔至七年十一月晦，以帀三十四月；若三月丙午朏，則甲辰朔也，推之五月當癸卯朔，七月當壬寅朔，率兩月而退一日，則七年十二月應丁亥朔，不得有戊辰；若此「二月」爲「一月」，下文「丙午朏」是「二月」，則七年十二月丁巳朔，戊辰乃其十二日，鄭説誠是也。但「當爲一月」之語出于鄭注，經則无「一月」之文，乃云「不言『正月』」云云者，鄭自解己注「當爲一月」不言「當爲正月」之意也。蓋武王初有天下，以建子月爲年首而稱「一月」不云「正月」，《武成》篇「一月壬辰」是也。于時未皇制禮，故改月而不稱「正」，周公攝政非正爲王，安敢遽言「正月」乎？至六年而周禮成，而《洛誥》當七年時，猶詔王再殷禮，明必待七年反政之明年爲成王元年，乃稱「正月」，此事之必然者，故云「蓋待治定制禮，乃正言正月也」。「治定制禮」，《樂記》文也。云「朢者，月滿與日相朢，以朝君也，故其字從『月』從『臣』從『壬』。壬，朝廷也」者，《説文・壬部》誼也。云「既朢，十六日也」者，「朢」是十五日，則「既朢」是十六日。《易・小畜》、《中孚》皆云「月既朢」，皆取顨象十六日退辛也。云「乙未，二十一日」者，經言「粵六日」，粵，于也，于既朢之六日，則二十一日也。準此二十一日乙未屰推之，❷則知是月乙亥朔、己丑朢也。

王朝步自周，則至于酆，【注】馬融曰：「周，鎬京也。酆，文王廟所在。朝者，舉事上朝。將即土中，易都大事，故告文王、武王廟。」鄭康成曰：「從鎬京行至于酆，就告文王廟。告文王，則告武王

❶「戊辰」，原脱，今據近市居本補。
❷「屰」，原作「朔」，今據近市居本改。

可知。步，行也。堂下謂之步。酆、鎬異邑而言『步』者，告武王廟即行，❶出廟入廟不以遠，爲文恭也。」【疏】馬注見《史記·魯世家》注。云「周，鎬京也」者，武王尻鎬，故知「周」是鎬京也。云「酆，文王廟所在」者，《史記索隱》云「酆，文王所作邑。後武王都鎬，于酆立文王廟」是也。云「朝者，舉事上朝」者，行事以上爲敬，故告廟必以清朝，以朝爲上也。鄭注見《詩·王風譜》正義及《禮記·曲禮上》正義與《魯世家》注。云「告文王，則告武王可知」者，考親于祖，祖廟猶告，自然告考廟可知矣。「步」從止、少，止，足也，少者反止，亦一足也，止、少接踵而前，故爲「行」也。《說文》亦云「步，行也」。云「堂下謂之步」者，《釋宮》文。云「酆、鎬異邑而言『步』者，告武王廟即行，出廟入廟不以遠，爲文恭也」者，鄭箋《文王有聲》詩云「酆邑在酆水之西，鎬京在酆水之東」，是酆、鎬異邑也。經言「步自周，則至于酆」，若出廟入廟甚近，便不見異邑相遠之文者，以成王恭于父、祖，奔告速疾，告武王廟即行，不俟車駕，故録書者不以異邑相遠爲文，以見成王之恭也。《魯世家》注引此注「爲文」誤作「爲父」，兹據《曲禮》正義改正之。**維太保先周公相宅。**先，悉薦反。相，悉匠反。【注】太保，召公也。召公先周公往，視可定尻處。鄭康成曰：「相，視也。」召，上照反，下「召公」並同。處，昌慮反。【疏】敘言「使召公先相宅」，此言「太保先周公相宅」，故云「太保，召公也」。鄭注見《魯世家》注。「相，視」，《釋詁》文。**粵若來三月，維丙午朏。**朏，方尾反。【注】朏，月未成光，月三日也。【疏】云「朏，月未成光」，據李善所引《說文》與徐本《說文》異也。朏從月、出，是初生兆霸，故曰「未成光」。云「月三日也」者，《漢書·律曆志》引古

---

❶「即」，原作「既」，今據近市居本及疏文改。

文《月采》曰「三日曰朏」。案：《書》正義引《周書・月令》曰「三日粵朏」，「粵」即「曰」也，則似《漢書》所引《月采》乃《月令》之譌。然今《逸周書・月令》敘目存而篇則亡矣，其敘云「周公制十二月賦政之法，作《月令》」，説者謂即《明堂月令》，亦无「三日粵朏」之文，不審穎達何自引也。注不解「粵若來」之誼者，以具解于《武成》篇矣。**粵三日戊申，太保朝至于洛，卜宅。**戊，麥候反。【注】戊申，月五日也。太保以五日之朝至洛，相卜所居。相，息匠反。【疏】云「戊申，月五日也」者，承上「丙午朏」而言「粵三日戊申」，則是月五日也。**厥既得卜，則經營。**【注】得卜，得吉卜也。經營，度也。南北爲經，東西爲營。度，代洛反。【疏】《毛詩・靈臺》傳云「經，度之也」，❶鄭注《義禮・士喪禮》云「營，猶度也」，是「經」、「營」皆有「度」誼，故云「經營，度也」。云「南北爲經，東西爲營」者，王逸注《楚詞・九歎》云然也，然則「經」、「營」雖同爲「度」誼而有縱、橫之異，故有二名。**粵三日庚戌，太保乃以庶殷攻位于洛汭。**【注】庚戌，月七日也。能左、右之曰「以」。庶殷，衆殷民也。攻，猶「治」也。位，城𩫏、宫廟、朝市之位。《逸書・作洛解》曰「乃作大邑成周于土中，城方千七百二十丈，❷郛方七十里。南繫于洛水，地因于郟山，以爲天下之大灤」，又曰「乃位五宫、太廟、宗宫、考宫、路寢、明堂」。鄭康成曰：「汭，隈曲中也。」𩫏，古鑊反，或作「郭」，别字。朝，直佋反。丈，直兩反。郛，方巫反。郟，今洽反。灤，七候反，俗譌作「湊」。【疏】上「庚申」爲月五日，則此「庚戌」爲月七日矣。云

❶「云」，原脱，今據近市居本補。

❷「丈」，原作「支」，今據近市居本及《逸周書》改。下同者逕改，不一一出校。

「能左、右之曰『以』」者，僖二十六年《左傳》文，謂以之左、以之右，唯吾所使，是爲能左、右之也。云「攻，猶『治』也」者，《周禮・考工》有「攻金」、「攻木」、「攻皮」之工，鄭注云「攻，猶治也」。❶云「位，城𩫏、宮廟、朝市之位」者，《考工記》云「匠人營國，方九里，傍三門。國中九經九緯，經涂九軌，左祖右社，面朝後市」，是建國必立城𩫏、宮廟、朝市，故知此「攻位」謂治此等之位也。引《逸書・作洛解》者，《逸周書》也。彼文所言即此經營洛之事，故引以爲説。云「城方千七百二十丈」者，古者六尺四寸爲步，三百步爲里，則一里之長百九十二丈，依《考工記》「匠人營國，方九里」，則當云「方千七百二十八丈」適符其數，云「方千七百二十丈」者，略其奇數爾。云「郛方七十里」，《作洛解》原文本作「郛方七百里」，按：「郛」謂「𩫏」也，方九里之城，方七百里之𩫏，非度也，且彼下文云制郊甸方六百里，謂王畿之郛方七百里，則出王畿之外四面各五十里，必不然矣，當云「七十里」庶幾近之，故以意改之也。云「南繫于洛水」，則在洛水之北，即此經所謂「洛汭」也。云「以爲天下之大湊」者，孔鼂注云「湊，會也」，爲天下之所湊會，謂四方道里均也。云「乃位五宮、太廟、宗宮、考宮、路寢、明堂」者，孔鼂注云「五宮，宮府寺也。太廟，后稷。二宮，祖、考廟也。路寢，王所凥者皆是也」，鼂又云「明堂，在國南者」，則本淳于登之謬説，非也。《孝經・聖治章》云「周公郊祀后稷以配天，宗祀文王于明堂以配上帝」，則明堂不在南郊明矣，且明堂爲天子布政之宮，凡諸大典禮无不行于其中，不得在國南也。鄭注見正義。云「汭，隈曲中也」者，孫炎注《爾雅》云「隈，水曲中也」，「汭」从水从内，則是隈曲中也。**粤五日甲寅，位成。**【注】甲寅，月十一日。成，謂規畫有就

❶「者」至「也」二十一字原脱，今據近市居本補。

緒，若國中九經九緯，左祖右社，面朝後市之位定矣。朝，直搖反。【疏】作邑大事，豈能五日而成？且下言「庶殷丕作」，則此言「成」非謂功作畢也，故云「成，謂規畫有就緒」，「成」之言「就」也。云「國中九經九緯，左祖右社，面朝後市」者，《周禮·考工記·匠人》文也。**若翼日乙卯，周公朝至于洛，則達觀于新邑營。**【注】翼日，明日也。周公以十二日之朝至洛，通觀新邑之營域。【疏】云「營域」者，鄭注《周禮·小宗伯》職云「兆爲壇之營域」，是所規畫之處爲「營域」也。**粵三日丁巳，用牲于郊，牛二。**【注】爲營垗于南郊，因用牲以祀天也。《作洛解》曰「乃設丘垗于南郊，以祀上帝，配以后稷」。牛二者，帝牛一、稷牛一也。郊用特牲，貴誠也。垗，治卜反，俗通用「兆」。【疏】《易乾鑿度》云「三王之郊，一用夏正」，據上言「三月」正夏正建寅之月，安知此「用牲于郊」非是正祭？而云「爲營垗于南郊，因用牲以祀天也」者，若是正祭，則王當以上旬行其禮于鎬京矣，茲于新邑行郊祀之禮者，以天子之郊必立郊祀之垗，于是始立郊垗，不容不祭，故知是因始爲營垗而特祀也。引《作洛解》者，以證是時特立營垗以祀也。「以祀上帝，配以后稷」，今本《逸周書》脱「祀」字，又「配」下闕一字，茲引其文，不可云「以上帝配后稷」，因據《孝經》「周公郊祀后稷以配天」之文以增成其誼。云「牛二者，帝牛一、稷牛一也」者，《公羊》宣三年傳云「養牲養二卜，帝牲不吉，則扳稷牲而卜之。帝牲在于滌三月，于稷者，唯具是視」，《禮·郊特牲》亦云「帝牛不吉，以爲稷牛。帝牛必在滌三月，稷牛唯具，所以別事天神與人鬼也」，是帝、稷各一牛也。云「郊用特牲，貴誠也」者，郊特牲而社稷太牢，以少爲貴，貴誠之誼。《郊特牲》云「于郊，故謂之郊。牲用騂，尚赤也。用犢，貴誠也」，「特牲」即「犢」也，又《禮器》云「禮之以少爲貴者，以其內心者也。德産之致也精微，觀天下之物，無可以稱其德者，如此則得不以少爲貴乎？是故君子慎其獨也」，「內心」、「慎獨」皆「貴誠」之誼。**粵翼日戊午，乃社于新邑，牛一、羊一、豕一。**【注】立社以祭后土，以句龍配。《作洛解》曰「乃建太社于國中，其壝東青土，南赤土，西白土，北驪土，中央疊以黄土」是也。牛、羊、豕各一爲牢。社用太牢，降于天也。句，果侯反。【疏】云「立社以祭后土，以句龍配」者，《孝經援神契》云「社者，五土之總神」，《禮記·郊特牲》云「社，祭土而主陰气」，是社祭后土也。昭二十九年《左傳》云「共工氏有子曰句龍，爲后土」，「后土」爲社，謂句龍生爲后土之官，死則配祭于社，故鄭注《周禮·大宗伯》云「共工氏之子曰句龍，❶食于社」是也。引《作洛解》者，證是時特立社于新邑也。鄭注《周禮·宰夫》云「三牲，牛、羊、豕，具爲一牢」，故云「牛、羊、豕各一爲牢」。韋昭注《國語·楚語》云「太牢，牛、羊、豕也」，則此牛、羊、豕各一是太牢也。《郊特牲》云「郊特牲而社稷太牢，貴誠之誼」，則太牢雖加多于特牲，于禮爲降，故云「社用太牢，降于天也」。**粵七日甲子，周公乃朝用書命庶殷侯、甸、男邦伯。**【注】周公量事期，計徒庸，慮材用，書之于册以命役于衆殷侯、甸、男服之邦伯。【疏】昭三十二年《左傳》云「士彌牟營成周，計丈數，揣高卑，度厚薄，仞溝洫，物土方，議遠邇，量事期，計徒庸，慮材用，書餱糧，以命役于諸侯」，此言「量事期，計徒庸，慮材用」者，文出彼傳。**厥既命殷庶，庶殷丕作。**【注】衆殷承周公命，大起趣功。【疏】「作」訓「起」，又訓「爲」，云「大起趣功」，兼此二誼也。**太保乃以庶邦冢君出取幣，乃復入，錫周公。**復，勿又反。【注】以，猶「與」也。鄭康成曰：「召公見衆殷之民大作，周公德隆功成，有反政之期而欲顯之，因大教天

---

❶「共」，原作「其」，今據近市居本改。

下，故與諸侯出取幣，使教成王立于位，以其命賜周公。所賜之幣，蓋璋以皮，及寶玉、大弓。」【疏】鄭注見正義。云「所賜之幣，蓋璋以皮，及寶玉、大弓」者，《春秋》定八年經云「盜竊寶玉、大弓」，《公羊傳》云「寶者何？璋判白，弓繡質，龜青純」，是魯有此璋及寶玉、大弓也。定四年《左傳》云「分魯公以大路、大旂、夏后氏之璜、封父之繁弱」，則璋與寶玉、大弓非封魯公之分器，當是此時所賜于周公者，以无正文，故云「蓋」以疑之。云「以皮」者，《周禮·小行人》「合六幣，璋以皮」，是璋必配以皮也。案：《公羊傳》「璋」即「寶玉」，鄭以「璋」與「寶玉、大弓」殊言之者，何休注《公羊》云「半圭曰璋，白藏天子，青藏諸侯。魯得郊天，故錫以白。不言璋言玉者，起圭、璧、琮、璜、璋五玉盡亡之也。《傳》獨言璋者，所以郊事天尤重」，然則《春秋》所言「玉」不止于璋，以璋是禮天之玉特尤異，故鄭別言之。**曰：「拜手稽首，旅王若公。誥告庶殷越自乃御事：**【注】旅，陳也。言「旅王若公」，則王在矣。王蓋以既得周公所獻之卜而來也。經不見王至之文者，王于相宅无事也。于時庶殷諸侯及治事之臣咸在，召公欲大顯周公之功于天下，故言敢拜手稽首，以陳于王若公，并以誥溥告庶殷于自乃御事。葡呼衆殷及乃御事，使皆明聽也。見，夷甸反。相，息匠反。【疏】「旅，陳」，《釋詁》文。言「旅王若公」，則是王與公俱在，而召公並陳詞于其前，非託公轉達之王者，故云「則王在矣」。云「王蓋以既得周公所獻之卜而來也」者，據《洛誥》王言「公既定宅，伻來來，視予卜休，恒吉」，則相宅時王留西都未來，當于使來告卜之後而來洛也。王以何月至洛雖不可考，大約總在新邑初成之時，知者，詳召公誥詞，則似作邑功成矣，當在是年秋冬之時，王于是始至洛，召公即陳此誥也。僞孔言王與周公俱至，案：《洛誥》言「予惟乙卯朝至于洛師」，又言「伻來」以圖及獻卜，若王與周公同以乙卯日至洛，何用伻來獻卜乎？僞孔説非也。云「經不見王至之文者，王于相宅无事也」者，正義引鄭注云「史不書王往者，王于相宅无事也」，兹用其誼。上文鄭注云「召公見衆殷之民大作，周公德隆功成，有反政之期而欲顯之，因大戒天下」，則此言「誥告庶殷越自乃御事」者，是召公欲大顯周公之功于天下，故葡呼衆人使明聽也。**於戲！皇天上帝，改厥元子。兹大國殷之命，惟王受命。无疆惟休，亦无疆惟恤。於戲！曷其奈何弗敬！**【注】元，首也。鄭康成曰：「言首子者，凡人皆天之子，天子爲之首爾。」聲謂：言天改其首子。大國殷之命，惟王其受之矣。是无竟之美，亦无竟之惪也，其奈何不敬哉！疆，竟。恤，惪也。【疏】「元，首」，《釋詁》文。鄭注見正義。「畺，竟」者，《國語·周語》云「候不在畺」，鄭注《周禮·候人》引作「候不在竟」，是「畺」爲「竟」。「恤，惪」，亦《釋詁》文。**天既瑕終大邦殷之命，兹殷多先哲王在天，粤厥後王後民兹服厥命。厥終，𥏼臧鰥在，夫知保褒攜持厥婦子，以哀籲天徂。厥亡出執。**瑕，俗作「遐」，《説文》无「遐」字，《毛詩·泉水》傳訓「瑕」爲「遠」，則「遐」字古作「瑕」。𥏼，今省作「智」。臧，才郎反，注同，俗作「藏」，非。鰥，俗作「瘝」，非。褒，蒲保反，俗作「抱」，別字也。【注】瑕，遠。鰥，病。知，匹也。保，讀爲「緥」；緥，小兒衣也。褒，裹。徂，往也。亡，讀爲「无」。今天已遠終殷命矣，此殷先王之精爽在天，于其後繼世之王撫有其民，服膺兹命。天非不眷殷也，其終也，賢𥏼退臧，病民者在位。夫夫有匹偶者，緥褒其子，攜持其妻，以哀號呼天欲往逋逃。其无所出，若拘執然。言天之終殷命，職是故。緥，百浩反。夫夫，上房孚反，下方无反。號，何刀反。【疏】「瑕，遠」、「鰥，病」、「知，匹」，並《釋詁》文。云「保，讀爲『緥』」者，「保」與「褒」聯文，「褒」是裹負，若依「保」之訓爲「安」爲「養」，二誼皆不與「褒」聯屬，《論語》云「襁負其子」，「襁」與「緥」、「褒」與「負」皆同誼，故讀「保」爲「緥」,「緥褒」猶「襁負」也。云「緥,小兒衣也」者,《説文・糸部》文。「褒,褱」,《衣部》文也。「徂,往」,亦《釋詁》文。云「亡,讀爲『无』」者,古「无」字通作「亡」,説見《鴻範》疏。**於戲!天亦哀于四方民,其眷命用懋,王其疾敬悳。**【注】天亦哀矜四方之民,其眷命用勉于敬德者以爲民主,王其敏疾于敬德哉。**相古先民,有夏天迪,从子保。面卟天若,今時既隊厥命。**相,息匠反。下同。隊,直類反,下皆同。【注】昔曰先民,視古昔夏王,天開道之使有天下,又從其子而保右之,使繼世爲君。面,猶回向也。禹回向稽天心而順之,今時則已隊其命矣。言天命无常,不可恃也。道,徒到反,下注同。度,代洛反,下注同。【疏】云「昔曰先民」者,《國語・魯語》文也。云「又從其子而保右之,使繼世爲君」者,《孟子》萬章問曰:「人有言至于禹而德衰,不傳于賢而傳于子。」孟子曰:「否,不然。天與賢則與賢,天與子則與子。」則謂夏之繼世爲天所使可也。云「面,猶回向也」者,鄭注也,見正義。云「言天命无常,不可恃也」者,禹雖回向稽度天心而順之,今時則已隊其命,由後王昏亂不能常保天命,是天命不可恃也。**今相有殷,天迪格保,面卟天若,今時既隊厥命。**【注】格,量度也。天開道殷,使有天下,又量度所以保右殷者,亦如夏。【疏】云「格,量度也」者,《蒼頡篇》文,見《文選・蕪城賦》注。商家亦傳子孫,與夏同,上言「從子保」,此言「格保」,文雖變而意當同,故云「又量度所以保右殷者,亦如夏」。**今沖子嗣,則无遺耇老,曰其卟我古人之悳,矧曰其有耐卟謀自天。**耇老,僞孔本作「壽耇」,兹从《漢書・孔光傳》元后詔所引。【注】沖子,謂成王。言今沖子嗣位,則无遺棄耇老之人,❶當曰是能卟考我于古人之德。言能匡正君德也。有,又。自,从

❶「耇」,原作「壽」,今據近市居本改。下一「耇」字同。

也。況曰其又能卟考其謀，以从天道乎？卟謀自天，猶「面卟天若」也。耇老，或爲「壽耇」。有，夷救反。❶【疏】「有，又」，鄭箋《終風》詩誼也。《釋詁》云「從，自也」，「从」與「從」雖兩字，然經典輒以「從」爲「从」，則「自」亦可訓「從」也。「卟謀自天」謂考謀以从天道，是即向考天心而順之，故云「猶『面卟天若』也」。云「耇老，或爲『壽考』」者，謂僞孔本也。**於戲！有王雖小，元子哉。其丕耐諴于小民，今休。王不敢後用顧，畏于民碞。**諴，夷碞反。碞，牛咸反。【注】諴，和。碞，險也。小民難保，故曰民碞。言王雖幼小，乃天之首子哉。其大能和于小民，則于今休美。王其不敢後用顧念小民，當畏于民之碞險。丕，或爲「不」。【疏】「諴，和」，《說文・言部》文也。《書敘》云「高宗夢得說，使百工敻求，❷得諸傅巖」，《史記・殷本紀》云「得說于傅險中」，又《公羊傳》僖三十三年傳云「必于殽之嵚巖」，何休注云「其處險阻隘埶」，是「巖」爲「險」。《說文・石部》云「碞，磛嵒也，讀與巖同」，則「碞」亦爲「險」也。云「小民難保，故曰民碞」者，難保所以爲險也。《康誥》云「小人難保」，「小人」即小民也。經言「元子哉」，安知非謂成王爲武王之元子，而注云「乃天之首子哉」者，據上文「皇天上帝，改厥元子，茲大國殷之命，惟王受命」，是謂王受天命爲天之首子也。云「王其不敢後用顧念小民」者，讀「顧」字屬上爲句也。《說文・石部》引此「畏于民碞」不聯引「顧」字，則漢儒以「顧」字屬上讀，僞孔讀「顧」字屬下，非是。云「丕，或爲『不』」者，《說文・言部》引云「不能諴于小民」，蓋古「丕」、「不」字通

---

❶「救」，原作「敕」，今據近市居本改。

❷「工」，原作「官」，今據近市居本改。

也。兹不从《説文》作「不」者，此經誼當从「丕」也。**王來紹上帝，自𠬝于土中。**【注】紹，繼。自，用。𠬝，治也。土中，謂王城于天下土爲中也。《周禮・大司徒》曰：「以土圭之法，測土深，正日景，以求地中。日南則景短，多暑。日北則景長，多寒。日東則景夕，多風。日西則景朝，多霒。日至之景尺有五寸，謂之地中，天地之所合也，四時之所交也，風雨之所會也，陰陽之所和也。然則百物阜安，乃建王國焉。」深，式禁反。霒，雲覆日也，衣今反，俗通作「陰」。【疏】「紹，繼」，《釋詁》文。「自，用」者，正義謂鄭、王皆以「自」爲「用」，兹从其誼。「𠬝，治」，《説文・又部》文。云「土中，謂王城以天下土爲中也」者，《周禮・大司徒》「求地中建王國」，彼馬融傳云「王國，東都王城，今河南縣是」，是王城爲地中，故即引《大司徒》職文以證王城于天下土爲中也。《周禮》者，周公致太平之書，《大司徒》職所云正其作洛之事，是此經之實證，故引之也。「土圭」者，鄭注云「所以致四時日月之景」是也。「測土深」者，是求南、北之中；「正日景」者，求東、西之中也，鄭注云「晝漏半而置土圭，表陰陽，審其南北」，賈公彦疏云「表陰陽者，東方、西方是陰陽」是也。「日南」以下至「地中」者，鄭注云「景短于土圭謂之日南，是地于日爲近南也。景長于土圭謂之日北，是地于日爲近北也。東于土圭謂之日東，是地于日爲近東也。西于土圭謂之日西，是地于日爲近西也。如是則寒暑陰風偏而不和，是未得其所求。凡日景于地，千里而差一寸。景尺有五寸者，南戴日下萬五千里，❶地與星辰四遊升降于三萬里

❶「千」，原脱，今據近市居本補。

之中，❶是以半之得地之中也。鄭司農云『土圭之長尺有五寸，以夏至之日立八尺之表，其景適與土圭等，謂之地中』」是也。**旦曰：『其作大邑，其自時配皇天，毖祀于上下，其自時中⿸尸⿱辛又，王厥有成命治民，今休。』**【注】肅曰：「旦，周公名也。《禮》『君前臣名』，故偁周公之言爲『旦曰』。」聲謂：偁周公言爲大邑于土中，自是可以配皇天而慎祀于上下神祇，自是可以宅中圖治，王其有天之成命以治民，于今獲太平之美矣。圖治，直吏反。【疏】肅注見正義。引《禮》「君前臣名」者，《禮記·曲禮上》有是言也，彼鄭注云「對至尊，无大小皆相名」。**王先𠬝殷御事，比介于我有周御事，卩性惟日其邁，王敬作所，不可不敬悳。**比，貪至反。卩，今通作「節」。【注】邁，行也。召公既述周公之言，因即陳治民之道：王者有分土無分民，王治民之先務，當治殷之御事，使比附介與于我周之御事，卩制其性使不失中，則日行進于善矣，王其敬爲之所哉。言當處置之得所也。不可不敬悳者，丁寧致戒，以起下文。與，爰茹反。【疏】「邁，行」，《釋言》文。上文「其作大邑」至「今休」，文誼相連，知皆是稱周公之言，此言「𠬝殷御事，比介于我有周御事」是別起誼，自是召公自陳己意，故云「召公既述周公之言，❷因即陳治民之道」。云「王者有分土无分民」者，《後漢書·竇融傳》光武帝賜融璽書有是言也。「有分土」者，王者分封諸侯是也；「无分民」者，天下爲家，率土皆臣，來則受之，无所見外是也。光武之言此，欲融歸順之，兹用其語惟取「无分民」之意治殷御事，使比附介

---

❶ 「⿱镸會」，原作「辰會」二字，今據近市居本改。

❷ 「既」，原作「已」，今據近市居本改。

與于我周御事，一體治之，无所分異，是「无分民」也。《多士》篇云「予惟四方罔攸賓」亦此意也。云「不可不敬惪者，丁寧致戒，以起下文」者，下言當監夏、殷之「不敬厥惪」、「早隊厥命」，是申説此「不可不敬惪」之意，則此言是「丁寧致戒，以起下文」也。**我不可不監于有夏，亦不可不監于有殷。我不敢知曰有夏服天命，惟有秝年；我不敢知曰不其延；惟不敬厥惪，乃早隊厥命。我不敢知曰有殷受天命，惟有秝年；我不敢知曰不其延；惟不敬厥惪，乃早隊厥命。**【注】秝年，多秝年所也。「延」之言「長」，「不其延」言「短」也。言不可不監視夏、殷以爲戒。夏、殷秝年修短，我皆不敢知，惟知其皆以不敬惪，故早隊其命，此則所當戒也。【疏】「秝年」對「不其延」爲言，則「秝年」謂長久，故云「多秝年所也」。「多秝年所」，《君奭》篇文也。《釋詁》云「延，長也」，故云「『延』之言『長』」。**今王嗣受厥命，我亦惟茲二國命，嗣若功。**【注】今王繼受其命，我亦思此二國命之所以隊以爲監，而繼順夏、殷先王定國之功也。《周禮》曰：「國功曰功。」【疏】云「我亦思此二國命之所以隊以爲監」者，承上夏、殷之「早隊厥命」而言，「惟茲二國命」，則是思夏、殷之所以隊命而監戒之也。引《周禮》者，《夏官·司勳》職文，以證「功」爲「定國之功也」。**今王初服厥命。於戲！若生子，罔不在厥初生自詒哲命。**「今王初服厥命」，从王充《論衡》所引，僞孔本作「王乃初服」。【注】生子，謂十五。子初生意于善，終以善；初生意于惡，終以惡。今王初服命，若生子然，无不在于初生自詒哲命。勉王早自厲于善也。哲命，謂賢智也。【疏】云「生子，謂十五。子初生意于善，終以善；初生意于惡，終以惡」者，《論衡·率性篇》引此經而説之如此，蓋今文家説也。經言「初生」，則「生子」安知非謂人生嬰孩之始？而必云「謂十五」者，以言「自詒哲命」，是謂能自敕厲，若嬰孩之時未有知識，安能自厲？十五則成僮，《書大傳》略説曰：十五始入小學，就學之始，自立之基，善惡之所從起。故以「生子」爲「十五」也。云「勉王早自厲于善也」者，言「在初生」是「早」，言「自詒」則見由己之意，是「自厲」也。云「哲命，謂賢智也」者，「哲」之言「智」，《孟子·盡心》篇云：智之于賢者也，命也。則「賢智」是賦于「命」者，故解「哲命」爲「賢智」也。**今天其命哲、命吉凶、命秝年，知今我初服。**【注】知，匹也。我，我王也。今天制此三命，匹配我王之初服而命之。言命雖自天，實自詒之也。吉、凶兼言之，則哲兼愚，秝年兼短折，省文互見矣。省，所景反。見，夷甸反。【疏】「知，匹」，《釋詁》文。云「我，我王也」者，上言「今王初服厥命」，此言「今我初服」，故知「我」是「我王」也。「匹配我王之初服而命之」者，謂王敬悳，則命以哲與吉且秝年，不敬悳則反是。召公言此，欲見命雖由天授，實王自操其券，以申「自詒哲命」之意，故云「言命雖自天，實自詒之」，推明召公之意也。云「省文互見」者，「吉」、「凶」相對，而「哲」與「秝年」亦有「愚」與「短折」爲對，茲「吉凶」並言而言「哲」不言「愚」、言「秝年」不言「短折」，是「省文」也；于兼言「吉凶」則即可見「哲」與「秝年」兼有「愚」與「短折」，是爲「互見」也。**庀新邑，肆惟王其疾敬悳。王其悳之用，祈天永命。**【注】祈，求也。今王凥新邑，其疾敬德哉。王惟德用，所以求天長命也。長命，即所謂「秝年」也。【疏】《説文·示部》云「祈，求福也」，故云「祈，求也」。云「長命，即所謂『秝年』也」者，長命謂秝年長久，是即上文所謂「秝年」也。言此者，欲見此言德用可以求天長命，亦即上文「自詒」之意也。**其惟王勿以小民淫用非彝，亦敢殄戮用擘民，若有功。**【注】亦，亦勿也。敢，讀如「非禮也敢」之「敢」，言勿敢。王勿以小民過用非常，戒毋擾民。亦勿敢用殄戮以治民，戒毋虐民也。惟順以導之，乃有功效。【疏】云「亦，亦勿也」者，「亦」是承上之詞，上句言

「勿」下句云「亦」，則是冢上「勿」字而言「亦」也。云「敢，讀如『非禮也敢』之『敢』，言勿敢」者，《義禮・娉禮》記云「辭曰：非禮也敢。對曰：非禮也敢」，鄭注云「二者皆並曰敢，言不敢」，是「敢」有「不敢」之意，此文亦上「勿」字而言「敢」，則「敢」是謂「勿敢」，故讀同彼文「敢」誼。云「戒毋擾民」者，《禮記・王制》云「用民之力，歲不過三日」，《周禮・均人》云「凡均力政，以歲上下。豐年，則公旬用三日焉。中年，則公旬用二日焉。无年，則公旬用一日焉。凶札，則无力政」，是國家用民有常制，過用非常謂擾民也，言「勿以」是戒毋擾民也。**其惟王位在悳元，小民乃惟型用于天下，粵王顯。**【注】悳元，天悳乾元也。王者體元尻正，位乎天悳，故曰王位在悳元。《易》曰：「飛龍在天，乃位乎天悳。」型，法也。位在悳元，小民法之以用于天下，于王光顯矣。【疏】《易・文言》傳云「君子行此四悳者，故曰乾元亨利貞」，則「元」是乾之悳，乾爲天，則「乾元」即天悳，故云「悳元，天悳乾元也」。《春秋説》云「王不上奉天文以立號，則道術无原。天不深正其元，則不能成其化」，何休《公羊》隱元年注云「王者當繼天奉元」，故云「王者體元尻正」。「體元尻正」者，以乾元之悳而尻九五之位，是位乎天悳也，此之謂「王位在悳元」也。引《易》者，《文言》傳文。「飛龍在天」，《乾》九五爻詞也，虞幡注云「文王書經，繫庖羲于乾五」，則《乾》五是以聖人之悳而尻天子之位者，故傳以「位乎天悳」釋之。「位乎天悳」、「位在悳元」同誼也，故引以證。「型，法」，《釋詁》文，俗本「型」作「荆」，非也，依字當作「型」。**上下勤恤，其曰：我受天命，丕若有夏秝年，式勿替有殷秝年。欲王以小民受天永命。」**替，天計反。【注】言君臣相與勤勞悳恤，共期于夏、殷秝年之久，欲王以小民受天長命。蓋民安樂則天説喜而增秝數，故以小民受天永命也。樂，來各反。説，云拙反。【疏】王符《潛夫論・正列》篇云「民安樂者，天説喜而增秝數，故《書》『王以小民受天永命』」，茲用其誼。《太誓》云「民之所欲，天必从之」，故民安樂則天説喜也。**拜手䭬首曰：「予小臣敢以王之讎民百君子，粤友民保受王威命明德。王末有成命，王亦顯。**【注】拜手䭬首曰者，召公既拜興曰也。予小臣，召公自偁，謙詞也。以，猶「與」也。讎，猶「應」也。百君子，王之諸侯與群吏，皆爲王牧民者，故曰「讎民百君子」。友，猶「助」也。末，猶「終」也。言我小臣敢與王之應民之臣，于以協助民之安受王威命明德，則王終有天之成命，王亦光顯矣。讎，或爲「醻」。【疏】正義引鄭注云「拜手䭬首者，召公既拜興曰。『我小臣』以下，召公拜訖而復言也」，茲節取以爲注。云「予小臣，召公自偁，謙詞也」者，節用王肅注也。肅注亦見正義。云「以，猶『與』也」者，《義禮·鄉飲酒禮》云「主人與賓三揖」，《鄉射禮》則云「主人以賓三揖」，是「以」猶「與」也。云「讎，猶『應』也」者，《説文·言部》文。云「百君子，王之諸侯與群吏」者，亦鄭注也，亦見正義。諸侯、群吏皆有治民之任，是皆爲王牧民者，牧民則必與民相讎應，且「讎」字或作「醻」，「醻」亦「應荅」之誼，故知「讎」當訓「應」，「讎民」當屬「百君子」言之，如此且與下文「友民」之誼適合也。「友」从二又，「又」者右手也，二又則有協助之意，故云「友，猶『助』也」。《易·繫詞下》云「其初難知，其上易知，本末也。初詞擬之，卒成之終」，言「末」言「終」皆謂卦之上爻，是「末」有「終」誼，故云「末，猶『終』也」。言「助民受王威命明德，則王終有天之成命」，正與上文「欲王以小民受天永命」語意一貫，故知經誼然也。云「讎，或爲『醻』」者，據《釋文》云然也。**我非敢勤，惟龔奉幣，用龔王耐祈天永命。」**龔，居容反，❶給也，俗作「供」。

❶「居」，原作「俱」，今據近市居本改。

【注】勤，讀如「《杕杜》勤歸」之「勤」；勤，勞也。幣，即太保取以入錫周公者也。言我非敢勞公，惟襲奉此幣也，將用以襲待王能永天長命。杕，大計反。勞，力報反。【疏】云「勤，讀如『《杕杜》勤歸』之『勤』；勤，勞也」者，《詩敘》云「歌《采薇》以遣之，《出車》以勞還，《杕杜》以勤歸」是其文也。《詩敘》又云「《杕杜》，勞還役也」，則「勤歸」爲「慰勞」之誼，此篇上文言「太保乃以庶邦冢君出取幣，乃復入錫周公」，此言「我非敢勤，惟襲奉幣」，則「勤」是謂勞周公，「幣」即所賜于周公之幣，故讀「勤」如《詩敘》之誼訓爲「勞」，而謂「幣，即太保取以入錫周公者」也。

洛誥弟七十九❶

周書十九　尚書十八

周公拜手稽首，曰：「朕復子明辟。辟，賓亦反，注及下同。【注】復，返。辟，君也。周公常偁王命，專行不報，至是反政成王，故言「我復子明君」也。《大傳》曰：周公攝政，七年致政。【疏】「復，返」，《釋言》文。「辟，君」，《釋詁》文。云「周公常偁王命，專行不報」者，《漢書·王莽傳》文。雖出于諂事莽者之言，然其説實本于今文家博士所傳，固是不謬，君子不以人廢言也。引《大傳》者，《洛誥》傳文，以證此「復子明辟」實爲「致政」也。鄭注《周禮·天官》亦云「七年致政成王」，用《大傳》説。**王如弗敢及天基命、定命，予乃胤保，**

❶ 「七」，原作「一」，今據近市居本改。

大相東土，其基作民明辟。相，息匠反，下同。【注】基，始也。始命，命文王者；定命，命武王者。王若弗敢逮及文王、武王所受天命，我乃嗣事以保安國家。追説初時尻攝之意也。王實年幼，不能逮阼，重于斥王不能，故言「弗敢」，使若謙沖退託者然。東土，洛邑也。基，謀也。大相度洛邑，其爲王謀作民明君之治。度，代洛反。爲，于僞反。【疏】「基，始」，《釋詁》文。《大明》詩云「有命自天，命此文王」，其《敘》云「文王有明德，故天復命武王也」，又《下武敘》云「武王有聖悳，復受天命」，是文王、武王皆受天命，此「基命」、「定命」並言，「基」之言「始」，故以「基命」爲命文王，「定」者不易之謂，武王定天下成王功，故以「定命」爲命武王者。《禮記·文王世子》云「成王幼，不能逮阼，周公相，踐阼而治」，是王實以年幼不能逮阼，故周公尻攝。然在周公不可謂王不能而我代之，故云「重于斥王不能，❶故言『弗敢』，使若謙沖退託者然」也。「基，謀」，亦《釋詁》文。**予惟乙卯朝至于洛師，我卜河朔、黎水。我乃卜澗水東、瀍水西，惟洛食。我又卜瀍水東，亦惟洛食。」**【注】或説：河朔、黎水近于紂都，爲殷民懷土，重栖，故先卜近以説之。鄭康成曰：「我以乙卯日于洛邑之衆，觀召公所卜處，皆可長久尻民，使𠬸田相食。瀍水東既成，名曰成周，今洛陽縣是也。召公所卜處名曰王城，今河南縣是也。」聲謂：《春秋傳》曰：「事不再令，卜不襲吉。」澗東、瀍西召公既得卜，周公无煩更卜，「我乃卜」者，謂占視召公之卜兆，非重卜也。河朔、黎水及瀍水東，乃周公所卜爾。近，其靳反。爲，于僞反。説之，余拙反。縣，曰絢反。重卜，直容反。【疏】

---

❶「斥」，原作「㡿」，今據近市居本改。

「或説」者，顧彪説也，見正義。顧彪者，隋人，爲僞孔書作義疏者也，則其言似无足取。據正義謂此説是用鄭康成之説，則其誼當是，故取之。鄭注見《詩・王風譜》正義。云「觀召公所卜處」者，鄭以召公先至洛，既得卜經營，乃後周公至洛通觀新邑之營域，未嘗改卜，則經雖云「我乃卜」，實非周公更卜，故以爲「觀召公所卜處」也。云「皆可長久凥民，使𠬋田相食」者，解經「惟洛食」之誼爲「𠬋田相食」也。經兩言「惟洛食」，故云「皆」以該之，其實召公所卜惟澗東、瀍西爾。云「瀍水東既成，名曰成周，今洛陽縣是也。召公所卜處名曰王城，今河南縣是也」者，鄭據漢地名以況也。後漢時，洛陽、河南皆屬河南尹，《郡國志》云「洛陽，周時號成周」，「河南，周公時所城洛邑也，春秋時謂之王城」是也。又馬融注《周禮・大司徒》亦云「王國，東都王城，今河南縣是也」，與鄭此注説同。「聲謂」以下，增成鄭誼也。引《春秋傳》者，哀十年《左傳》文。彼傳哀九年晉趙鞅卜救鄭，遇水適火，史龜曰「是謂沈陽，可以興兵。利以伐姜，不利于商。伐齊則可，敵宋不吉」，及十年夏，趙鞅帥師伐齊，大夫請卜之，趙孟曰「吾卜于此起兵，事不再令，卜不襲吉」，是謂前卜已兆伐齊之吉，于此不當更卜。引以況此召公既得吉卜，周公不煩更卜，以證經言「我乃卜」者，謂「占視召公之卜兆」，非周公重卜也。云「河朔、黎水及瀍水東，乃周公所卜爾」者，《敘》云「召公既相宅，周公往營成周」，❶是成周非召公所營，則《召誥》所云「厥既得卜」止卜王城未卜成周；又鄭注以瀍水東與召公所卜處分言之，則亦以瀍水東爲召公所未卜，故知瀍水東是周公所卜也；河朔、黎水與瀍水東皆爲栖殷民而卜，以河朔、黎水不吉，故更卜瀍水東，是河朔、黎水與瀍水東乃同時卜，則皆是周公所卜矣。**抨來以圖及獻卜。**抨，普耕反。【注】抨，使也。使人來于王所，以其新邑之地圖及獻所卜之兆

❶「敘」，原脱，今據近市居本補。

象。必以圖者，爲口説不了，指圖乃了也。爲，于僞反。【疏】「抨，使」，《釋詁》文。云「必以圖者，爲口説不了，指圖乃了」者，《漢書・劉向傳》引此「抨來以圖」，孟康注云「抨，使也。使人以圖來示成王，明口説不了，指圖乃了」，兹用其誼。了，明也。圖有形象可指視，故指圖乃了。**王拜手䭫首，曰：「公不敢不敬天之休，來相宅，其作周匹休。**【注】言公不敢不敬天之美命，來相度殷邑之居，其作立周邦，匹配天之美命。度，代洛反。**公既定宅，抨來來視予卜休，恒吉，我二人共貞。**【注】鄭康成曰：「抨來來者，使二人也。」聲謂：視，古「示」字。恒，常也。常吉，兩卜皆吉也。二人，己與周公也。言公已定宅，兩使人來示我以所卜之美，兩卜皆吉，我與公二人共當其美。馬融曰：貞，當也。」【疏】鄭注見正義。云「抨來來者，❶使二人也」者，謂先後兩遣使，非一時使二人也。知者，召公先至洛相宅，既得卜經營，當即繪其地圖發使聞王，未及發而周公至，于時成周未營，竢卜吉成周，規畫其圖，必有兼旬之事，周公自然先以召公所卜及其地圖使人獻于王所，及後卜吉成周，乃更遣使，此時王述周公之兩使人來，故史録王言重言「來來」，以見兩遣使之意。不然，「抨來視予」豈不明順而必重言「來來」乎？是知鄭誼不可易矣。云「視，古『示』字」者，《義禮・士昏・記》云「視諸衿鞶」，鄭注云「示之以衿鞶者，皆託戒使識之也。視乃正字，今文作示，俗誤行之」，又《禮記・曲禮》云「幼子常視毋誑」，鄭注云「視，今之示字」，是今人所用「示」字之誼，在古人則作「視」字，故鄭箋《鹿鳴》詩以「視民不恌」之「視」爲古「示」字，而以「示我周行」之「示」爲「寘」也。「恒，常」，《釋詁》文。云「二人，己與

---

❶ 「云」，原脱，今據近市居本補。

周公」者，言「我二人」是王數己與周公爲二也。馬注見《釋文》。**公其以予萬意年敬天之休，拜手䭫首誨言。」**【注】意，十萬也。一説，數萬至萬曰意。誨，曉教也。言公以我萬意年敬天之美，敢拜手䭫首，受公教誨之言也。上拜手䭫首是史官所記，此則成王自道己拜，非有二拜也。數，色主反。道，徒到反。【疏】《説文·心部》云「十萬曰意」，故云「意，十萬也」。云「一説，數萬至萬曰意」者，《毛詩·豐年》傳誼也。意數不同者，韋昭注《楚語》云「十萬曰意，古數也。今人乃以萬萬爲意」，是久有此二説，姑並存之。云「誨，曉教也」者，《説文·言部》文。云「上拜手䭫首是史官所記」者，謂上文「王拜手䭫首曰」是史官記成王于是頫身下拜而言也。云「此則成王自道己拜」者，此「拜手䭫首誨言」是成王之語，既拜起而爲是言，是即道此一拜。經雖兩見「拜手䭫首」之文，其實只一拜，故云「非有二拜也」。俗儒皆以此爲成王言訖又拜，故特辯之。**周公曰：「王肁爯殷禮，祀于新邑，咸豑无文。**爯，尺陵反，俗通作「稱」。豑，治質反，今通作「秩」。【注】爯，舉也。鄭康成曰：「王者未制禮樂，恒用先王之禮樂。周公制禮樂既成，不使成王即用周禮，仍令用殷禮者，欲待明年即政告神受職，然後頒行周禮。頒訖始得用周禮，故告神且用殷禮也。」聲謂：咸，徧也。王舉殷禮，祀于新邑，徧以尊卑次豑之无有文也。殷尚質，用殷禮，故无文。今文云「肁修爯殷禮，祀新邑」。令，力呈反。【疏】「爯，舉」，《釋言》文，但今《爾雅》「爯」作「偁」，通俗字也。鄭注見正義。云「王者未制禮樂，恒用先王之禮樂」者，《白虎通·禮樂》篇云「王者始起，何用正民？以爲且用先王之禮樂，天下太平乃更制作焉。《書》曰『肁修爯殷禮，❶祀新邑』，此言太平去殷禮」，是亦據此經以爲用先王禮樂，蓋漢時經

❶「肁」，原作「肇」，今據近市居本改。下一「肁」字同。

師誼然也。云「周公制禮樂既成」者，伏生《大傳》云周公攝政「六年制禮作樂，七年致政」，此上文言「復子明辟」則是將致政之時，故知制禮樂既成矣。若然，則此時既致政矣，而鄭又云「欲待明年即位」者，此篇末云「戊辰，王在新邑烝」，《漢書・律曆志》引其文以爲「十二月戊辰晦，周公已反政」，是周公反政在是年年終，則成王即政在明年歲首矣。云「咸，偏也」者，莊十年《左傳》云「小惠未偏，民弗從也」，《國語》則云「小賜不咸。不咸，民弗歸也」，是「咸」爲「偏」也。《風俗通・山澤》篇引傳曰「五嶽視三公，四瀆視諸侯，其餘或伯或子男，大小爲差」，繼引此經「咸𢧵无文」而説之云「王者報功，以次𢧵之无有文也」，則「咸𢧵」謂「次𢧵」其尊卑，「无文」謂禮義簡質无繁文也，故云「偏以尊卑次𢧵之无有文也」。《禮記・禮器》云「一獻質，三獻文」，是祭固有質有文也，僞孔以「无文」爲不在禮文者，非也。云「殷尚質」者，何休注《公羊》桓十一年傳、鄭注《禮記・王制》皆云「春秋變周之文，从殷之質」，是殷尚質、周尚文也。周既尚文而此云「无文」，明爲用殷禮故从其質，故云「用殷禮，故无文」。云「今文云『肁修爯殷禮，祀新邑』」者，即《白虎通》所引，已見上，蓋當時博士之本，故以爲今文。**予齊百工，抨從王于周，予惟曰：『庶有事。』今王即命日，記功宗作元祀，惟命曰：『汝受命竺弼。』**日，僞孔本作「曰」。案：《釋文》云「曰，音越，一音人實反」，然則古本有作「日」者，僞孔改爲「曰」，非是，當从「日」。竺，東毒反，與「管」同，俗作「篤」，非。【注】有事，祭也。《春秋傳》曰「天子有事于文武」，又曰「有事于武宮」。記者，書于竹帛以銘識之也。宗，尊也。祭有功臣配食之典，故以功作元祀。《周禮》曰「凡有功者，銘書于王之大常，祭于大烝，司勳詔之」。惟命者，詔所祀者以詞也。蓋殁者則祀而命之，其存者亦豫命以殁後之典也。竺，厚。弼，輔也。言我整齊百官，使從王于洛邑。我惟勉之曰：「庶得與于祭事。」今王即命于周之日，記諸有功而尊異之，以其功惟元祀，惟命之曰：「今立女之祀者，以女受命于先王，厚輔王室故。」識，中吏反。與，爰茹反。【疏】周公詔王「祀于新邑」，而使百工「從王于周」，是使從王往助祭，則謂百工「庶有事」，是謂庶得與于祭事，故云「有事，祭也」。引《春秋傳》者，《左傳》僖九年、昭十五年文，以證「有事」之爲祭也。《禮記·王制》云「太史典禮，執簡記」，鄭注云「簡記，册書也」，則「記」謂書以識之，《説文·敘》云「箸于竹帛謂之書」，故云「記者，書于竹帛以銘識之也」。「宗，尊」，《白虎通·宗族》篇誼也。云「祭有功臣配食之典」者，《商書·般庚》告其臣曰「茲予大享于先王，爾祖其從與享之」，是功臣配食之明證也。引《周禮》者，《司勳》職文，言「銘書于王之大常」，是「記功」也，「祭于大烝」即「以功作元祀」也，故引以證。此承「以功作元祀」而言「惟命曰」，則是即命所立祀之人，故云「惟命者，詔所祀者以詞也」。據《君奭》篇偁「文王五臣」，其下言「武王惟茲四人」，鄭君以爲至武王時有死者，故四人。以聲考之，死者虢叔，説詳《君奭》疏。僖五年《左傳》偁「虢叔勳在王室，藏于盟府」，則虢叔在所必祀也，如閎夭、❶散宜生、太顛、南宮括及榮公輩，其存殁不可知，若太公、召公、畢公則是時皆在，既以功作元祀，則皆不容不豫立其祀，則此時所命當存、殁皆命，故云「蓋殁者則祀而命之，其存者亦豫命以殁後之典也」。「竺，厚」，《釋詁》文。「弼，輔」，《説文·弜部》文。時在鎬京而言「從王于周」，則「周」謂洛邑，故云「使從王于洛邑」。夫記功宗是人君之事，因王如周，遂詔王至周之日行此事，非謂王出是命也，故云「今王即命于周之日，記諸有功而尊異之」，僞孔改爲「即命曰」，則教王誰命乎？僞孔

❶「夭」，原作「天」，今據近市居本改。

誼非是。**丕視功載，乃女其悉自學功。**學功，僞孔本作「教功」，非是，兹从伏生《大傳》所引。學，戈孝反。❶【注】視，古「示」字。功載，記功之載書也。悉，盡。學，效也。既記功立祀，以功之載書大示于臣工。天下諸侯來助祭者，莫不自悉以奉其上，莫不自悉以奉其祭祀，是乃女盡天下諸侯之志，而效天下諸侯之功也。【疏】云「視，古『示』字」者，説詳上疏。云「功載，記功之載書也」者，襄九年《左傳》云「士莊伯爲載書」，《史記·伯夷列傳》云「載籍極博」，張衡《西京賦》云「多識前代之載」，皆謂「書」爲「載」，上言「記功宗」，此言「功載」，則是即謂所記功之載書也。「悉，盡」、「學，效」，伏生《大傳》誼也。「莫不自悉以奉其上」云云，用《大傳》所引舊傳文也。《大傳》云「《書》曰『乃女其悉自學功』，悉，盡也。學，效也。傳曰：『當其效功也。于卜洛邑，營成周，改正朔，立宗廟，敘祭祀，易犧牲，制禮作樂，一統天下，合和四海，而致諸侯。皆莫不依紳端冕以奉祭祀者，其下莫不自悉以奉其上者，莫不自悉以奉其祭祀者，此之謂也。』盡其天下諸侯之志，而效天下諸侯之功也」，是其誼也。**孺孚其朋，孺孚其朋。**孚，古文「子」。朋，芃恒反。【注】鄭康成曰：「孺子，幼少之稱，謂成王也。」聲謂：其朋其朋，言慎所與也。少，式照反。【疏】鄭注見正義。云「其朋其朋，言慎所與也」者，《後漢書·爰延列傳》延上封事云「周公戒成王曰『其朋其朋』，言慎所與也」，兹用其誼。**其往毋若火始燄燄，厥攸灼，敘弗其絶。**燄，以冄反。「灼」字絶句，《釋文》云馬讀「敘」字屬下，兹从之。【注】燄燄，火行尚微也。灼，爇也。戒王自今以往常防微杜漸，毋使若火然。火始然雖微，其所延爇，次敘烹及不

❶「戈」，原作「七」，今據近市居本改。

可遏絶矣。燄燄，或爲「庸庸」。爇，始劣反。【疏】《説文・炎部》云「燄，火行微燄燄然也」，故云「燄燄，火行尚微也」。云「灼，爇也」者，鄭注《周禮・大卜》云「作龜，謂以火灼之」，是「灼」爲「爇」也。云「燄燄，或爲『庸庸』」者，《漢書・梅福傳》福上書戒帝引此作「毋若火始庸庸」，蓋今文本也，彼師古注云「庸庸，微小皃」，則與「燄燄」同誼也。**厥若彝及撫事如予，惟以在周工。**【注】以，用也。其順常法及撫循政事皆如我所爲，惟用在周之官。欲成王无改其政與其臣也。❶【疏】「以，用」，《説文・巳部》文。云「厥若彝及撫事如予」是欲成王无所紛更，云「惟以在周工」是欲成王即用其見在之臣，故云「欲成王无改其政與其臣也」。《論語・子張》篇曾子述孔子偁孟莊子之孝「其他可能，其不改父之臣與父之政，是難能也」，然則爲治者无改前人之政與其臣，是所難也，故公以是詔王也。**往新邑，抨鄉即有僚，明作有功，惇大成裕，女永有詞。**」鄉，喜煬反，俗書「鄉」下箸「向」，非也。惇，都昆反。【注】言今往新邑，使臣工各向就其官僚，明爲其事乃有功效，斯則厚大以成寬裕，女其長有聞譽之詞矣。《詩》曰：「庶幾夙夜，以永終譽。」聞，巫奮反。幾，吉衣反。【疏】「《詩》曰」者，《周頌・振鷺》篇文，引之者，欲見名譽亦古人之所相期勉者，以證此「女永有詞」是勉王長有聞譽之詞也。**公曰：「以女惟沖学惟終，**【注】女惟沖子，惟終成王業是任。言其[illegible]大，以警成王也。❷【疏】「終成王業」是任大，沖子當其任是爲難也，故云「言其[illegible]大，以警成王也」。**女其敬識百辟享，亦識其有不**

❶「无」，原作「旡」，今據近市居本及疏文改。

❷「警」，原作「戒」，今據近市居本改。

享。識，中吏反。辟，比益反。【注】識，記也。百辟，諸侯也。享，獻也。言當識乂諸侯之享與不享。乂，邠列反，俗作「别」，非。【疏】云「識，記」者，鄭注《周禮·保章氏》云：「志，古文識。識，記也。」《釋詁》云「辟，君也」，諸侯各君其國，故云「百辟，諸侯也」。「享，獻」，亦《釋詁》文。**享多義，義不及物，惟曰不享。**義，古「儀」字也，先鄭司農注《周禮》云：「古者書『儀』但爲『義』。」【注】享多義，言享見之禮多義灋也。鄭康成曰：「朝娉之禮至大，其禮之義不及物，謂所貢匪多而威義簡也。威義既簡，亦是不享也。」聲謂：惟，衍字也。見，夷甸反。朝，直佋反。【疏】《孟子·告子》篇引此經，彼趙岐注云：「享多義，言享見之禮多義法也。物，事也。義不及事，謂有闕也，故曰不成享。」訓「物」爲「事」，不若鄭注誼長，且「不成享」是《孟子》之文，不可用之于此，故止取其一語而删節其餘也。鄭注見正義。「聲謂惟，衍字也」者，據《孟子》所引无「惟」字，按此文亦不當有「惟」字，故以爲衍字。**惟不役志于享，凡民惟曰不享，惟事其爽侮。**【注】惟不役其志于享，故謂之不享，凡民亦惟謂是不享也。惟然，則事其爽差傷害矣。侮，傷也。【疏】「凡民惟曰不享」，《多方》篇有其文，于此頗似可省，意實《多方》之文誤衍之于此，然无明據，不敢目爲衍文，姑解其誼。云「凡民亦惟謂是不享也」者，言凡民亦以是「義不及物」者爲不享也，僞孔傳乃云「凡人化之，惟曰不奉上矣」。案：此是朝娉之享，乃諸侯之職，于凡民何有？安得云「凡人化之」？其誼非也。「侮，傷」，《説文·人部》文。**乃惟孺子攽，朕不暇聽。**攽，必民反，正義本作「頒」，非古也，兹从《説文》所引。【注】攽，分也。言政事繁多，孺子分其任，我有所不暇聽。鄭康成曰：「成王之才，周公倍之猶未，而言分者，誘掖之言也。」【疏】「攽，分」，《説文·攴部》文也。《説文》且引云「《書》曰『乃惟孺子攽』」，則當讀至「攽」字爲句，故云「孺子分其任」，以

「攽」字上屬从《説文》讀也。鄭注見正義。云「而言分」者，則鄭亦解「攽」爲「分」，❶與《説文》誼合。云「誘掖之言也」者，《詩・衡門・敘》云「作是詩以誘掖其君也」，鄭彼箋云：「誘，進也。掖，扶持也。」**朕教女于棐民彝，女乃是不孟，乃時惟不永哉。** 孟，僞孔本作「蘉」，《釋文》云「蘉，徐武剛反，馬云『勉』也」，正義謂鄭、王皆訓「勉」，然則「蘉」字雖謬于六書，而其音如「芒」，誼爲「勉」則舊矣。錢少詹事大昕據《釋詁》有「孟，勉」之誼，謂：《爾雅》所以訓釋六經，必六經有是誼而後《爾雅》有是詁。尋六經之中，「孟」之爲「勉」也未有見，意「孟」之古音近「芒」，《洛誥》「蘉」字本是「孟」字，故漢人皆訓「勉」。聲按：《淮南・氾論訓》曰「孟卯妻其嫂」，高誘注云「孟卯，齊人也，《戰國策》作『芒卯』」，信乎「孟」音如「芒」，此經作「孟」，音誼皆合。【注】棐，輔。孟，勉也。言我教女輔民之常，女不勉于是，乃不能久安長治哉。【疏】「棐，輔」，《説文・木部》文。「孟，勉」，《釋詁》文。**竺敘乃正父。**【注】竺敘，猶言「惇敘」也。正，長也。正父，蓋父行所尊長者，若曹尗、成尗、康尗、聃季，以及召、芮、畢、毛之屬皆是，《咎繇謨》曰「惇敘九族」。惇敘長父而親之，躬行孝弟以化民，即所以輔民常也。長，中兩反。行，何郎反。聃，奴含反。召，土照反。【疏】《釋詁》「惇」、「竺」同訓「厚」，故云「竺敘，猶言『惇敘』也」。「猶言」者，猶《咎繇謨》所言也。「正，長」，《釋詁》文。「正」訓「長」，則「正父」猶言「長父」，故以爲「父行所尊長者」。云「若曹尗、成尗、康尗、聃季，以及召、芮、畢、毛之屬皆是」者，曹、成、康、聃皆武王母弟，成王之尗父也；召、芮者，召公、芮伯，《論衡・气壽篇》云「召公，周公之兄也」，《史記・鄴世家》云「召公

❶「攽」，原作「頒」，今據近市居本及注文改。

與周公同姓」，譙周云「周之支族」，然則是武王族屬弟矣，鄭注《魯巢命敘》以芮伯爲周同姓，當亦是武王族屬弟，則于成王皆父行也；畢公、毛公皆文王之子，則亦成王尗父也。按：僖二十四年《左傳》偁文王之昭凡一十六國，玆不及備數，故云「之屬」以該之。「之屬」云者，非直文王之子，并太王、王季之支庶，若虞、虢之等，于成王爲從祖父族父者，亦該之矣。知「正父」兼該及于疏遠之族父者，以言「竺敘」則是次敘其親疏而加厚焉，是統族言之矣。引《咎繇謨》者，以「惇敘」況「竺敘」，則可見此「正父」猶彼文所言「九族」，故以爲證也。「竺敘正父」即是孝弟之道，故云「躬行孝弟以化民」。《康誥》言「不孝不友，天惟與我民彝大泯亂」，則孝弟是民之常道，故躬行孝弟以化民即所以「輔民常」也。上言「朕教女于棐民彝」，則此言「竺敘正父」，即是教成王輔民常之道，故注云然也。

罔不若予，不敢廢乃命。【注】女无不順我之教，則臣下不敢廢棄女之命矣。**女往敬哉，玆予其明農哉，彼裕我民，无遠用戾。」**【注】女往新邑其敬之哉，我其退老以明農哉。蓋周先公世修農業，公以己功成當退，託言欲修明先世之業也。彼，往有所加也。戾，來也。往施政于新邑，寬裕我民，則民无遠去而皆來矣。【疏】《國語·周語》云「昔我先王世后稷」，又云「先王不窋用失其官，而自竄于戎翟之閒，不敢怠業」，又《詩·七月》篇皆言農事，而其《敘》云「陳后稷先公風化之所由」，是周之先公世修農業也。云「公以己功成當退」者，伏生《大傳·歸禾傳》云「成王之時，有三苗同爲一采，民得而上諸成王。王召周公而問，公曰：『三苗爲一采，和气所生，意天下其和爲一乎？』果有越裳氏重譯而來」，又云周公尻攝「六年，制禮作樂，天下和平。越裳以三象重九譯而獻白雉」，是周公功致太平之明驗也。又《禮記·樂記》云「王者，功成作樂，治定制禮」，是時尻攝七年，周公制禮樂既成，是功成矣。《史記·蔡澤列傳》澤謂應侯曰「夫四時之序，成功者去」，又引《書》曰「成功之下，不可久處」，是功成當退也。云「託言欲修明先世之業」，知此是公「託言」者，以《君奭》篇公謂召公曰「小子同未在位，誕无我責收」，是既致政之後，公猶謂己未可退，則此言「明農」，豈誠欲退老哉？特假託言之以覘成王意爾，故下文成王留公有「其康事，公勿替」之言也。云「彼，往有所加也」者，《説文·彳部》文，「彼」从「彳」，是有「往」誼也。《釋詁》「來」、「戾」同訓「至」，是「戾」、「來」同誼，又《公羊》隱五年傳云「登來之也」，鄭注《禮記·大學》引作「登戾之」，故云「戾，來也」。**王若曰：「公明保予沖子，公偁丕顯悳，以予小子揚文武之悳烈。奉對天命，和恒萬邦，四方民凥師。**僞孔本「對」作「荅」，无「之德」及「萬邦」字，茲據伏生《大傳》所引補正之。**【注】**偁，亦「揚」也。成王欲留周公，述周公輔相之功，言公明保右我沖子，偁揚大顯之悳，以我小子揚文武之悳烈。謂追祖文王而宗武王也。烈，光也。對，荅也。上以奉荅天命，下以和恒萬邦，四方之民安處其衆。恒，久也。和則可久，故曰「和恒」。師，衆也。相，息匠反。**【疏】**《説文·人部》云「偁，揚也」，茲以經別有「揚」字，故云「偁，亦『揚』也」。云「述周公輔相之功」者，以此經所云爲偁述周公往日凥攝之功，非謂自今以後公當如此。知者，以下文「惟公德明光于上下」云云，贊美公悳如此，其盛是謂已然之效，則知此經是謂周公凥攝時輔相之功也。《禮記·文王世子》云：「仲尼曰：『昔者，周公攝政，踐阼而治，抗世子法于伯禽，所以善成王也。聞之曰：爲人臣者，殺其身有益于君，則爲之。況于其身以善其君乎？周公優爲之。』」是周公明保成王之明證，實凥攝時事也。云「謂追祖文王而宗武王也」者，「祖文王而宗武王」，《禮記·祭法》及《國語·魯語》皆有其文，鄭注《祭法》、韋注《魯語》皆云「祭五帝于明堂曰祖宗」。案：《孝經》云「宗祀文王于明堂，以配上帝」，此云「祖文王而宗武王」不同者，韋注《魯語》云「周公初時，祖后稷而宗文王。至武王雖承文王之業，有伐紂定天下之功，其廟不可以毀。故先推后稷以配天，而後更祖文王而宗武王」是也。今于此經爲是説者，伏生《大傳》云：「太廟之中，繽乎其猶模繡也。❶天下諸侯之悉來，進受命周公而退見文武之户者，千七百七十三。諸侯皆莫不磬折玉音，金聲玉色。然後周公與升歌而弦文武。諸侯在廟中者，伋然淵其志，和其情，擎然若復見文武之身，然後曰：『嗟子乎，此蓋吾先君文武之風也。』夫及執俎、抗鼎、❷執刀、執匕者，負牆而歌，憤于其情發于中，而樂節文。故周人追祖文王而宗武王也。是故《周書》自《太誓》就《召誥》，而盛于《洛誥》，故其書曰『揚文武之悳烈，奉對天命，和恒萬邦四方民』，是以見之也。」據此，則「揚文武之悳烈」謂追祖文王而宗武王也。「烈，光」，《釋詁》文。「對，荅」，鄭箋《詩·皇矣》及《江漢》誼也。「恒，久」，《易·彖傳》文。云「和則可久」者，和則相親，《易·繫詞》云「有親則可久」。「師，衆」，《釋詁》文。**惇宗將禮，偁秩元祀，咸秩无文。**【注】將，大也。言公惇厚功宗之大禮，舉秩其元功以爲元祀，而其餘皆次秩舉之。【疏】「將，大」，《釋詁》文。云「公惇厚功宗之大禮，舉秩其元功以爲元祀」者，此經所偁即上文周公教王「記功宗，以功作元祀」之云也。**惟公悳明光于上下，勤施于四方，旁作穆穆，御衡不迷，文武勤教。予沖子夙夜毖祀。**」旁，鋪光反。「御」字音誼有同「訝」者，僞孔氏解此爲「迎」，唐開元時遂于正義本改「御」爲俗「訝」字。《釋文》云馬、鄭、王皆音魚據反，則馬、鄭、王本皆作「御」矣。案：漢獻帝禪位詔引作「御衡不迷」，則作

---

❶「繽」，原漫漶不清，今據近市居本及《尚書大傳》補。

❷「抗」，原作「于」，今據近市居本及《尚書大傳》改。

「御」爲是，「御衡不迷」四字作一句讀。【注】旁，溥也。穆穆，美也。稱上曰衡，衡，所以取平也，法度之器，以諭政柄云。言公之德光于天地，施于四方，溥爲穆穆之美化，操御平天下之衡不有迷錯，又有文有武以勤教于下。我沖子安受其成，无待有爲，惟早夜慎其祭祀而已。稱，出倂反。【疏】「旁，溥」，《説文・丄部》文。「穆穆，美也」，《釋詁》文也。「稱上曰衡」者，《文選・六代論》注引鄭注《尚書》云然，已于《堯典》采之，于此又采，故不復偁鄭也。《漢書・律曆志》云「衡，平也，所以任權而均物，平輕重也」，故云「衡，所以取平也」。云「法度之器」者，《律曆志》云「權與物鈞而生衡，衡運生規，規圜生榘，榘方生繩，繩直生準」，是則此六者皆法度之器也。伏生《大傳》云「孔子曰『吾于《洛誥》也，見周公之悳光明于上下，勤施四方，旁作穆穆至于海表』」云云，則此「旁作穆穆」當絶句，「御衡不迷」則爲一句，故云「溥爲穆穆之美化，操御平天下之衡不有迷錯」，「迷錯」者，陰陽乖繆，氛气充塞之謂，「不迷」則風雨節、寒暑時矣。云「又有文有武以勤教于下」者，此經言「文武」語不莊重，不當謂文王、武王，《六月》詩云「文武吉甫」，《松高》詩云「文武是憲」，毛傳皆解爲「有文有武」，此經「文武」亦當如是解。**王曰：「公功棐迪竺，罔不若時。」**【注】言公之功輔道我者厚，我无不順是。荅公「罔不若予」之言也。道，代到反。【疏】上文公謂王「罔不若予」，❶今王言「罔不若時」，兩文相應，故云「荅公『罔不若予』之言」。**王曰：「公，予小子其退即辟于周，命公後。」**辟，賓亦反。【注】辟，君也。王許周公之請，將往出治于洛，故言我小子其退就君位于新邑，我將命公後矣。《春秋傳》曰「成王定

❶「若」，原作「答」，今據近市居本改。下同此者逕改，不一一出校。

鼎於郟鄏」，蓋在此行也。命公後，謂封伯禽也。王意以爲立公後則可長留公爲王朝相矣。郟，几洽反。鄏，如浴反。朝，直侶反。相，息匠反。【疏】「辟，君」，《釋詁》文。上文周公謂王曰「予齊百工，伻從王于周」，又曰「往新邑，伻鄉即有僚」，是周公請王治洛。此文王言「予小子其退即辟于周」，則是从公之請，故云「王許周公之請，將往出治于洛」。引《春秋傳》者，宣三年《左傳》文。案：《漢書・地理志》河南郡河南縣，「故郟鄏地，周武王遷九鼎，周公致太平，營以爲都，是爲王城」，則郟鄏即此經所謂「周」也，故引《左傳》以說。彼《志》言「武王遷九鼎」者，據桓二年《左傳》「武王克商，遷九鼎于洛邑」之文，茲據「成王定鼎」之文且以爲「在此行」者，蓋武王有營洛之志而遷鼎于其地，其位置此鼎之所必王城，既建而後定，則是成王定之也。蓋于時王城初建，周公欲尊異其城于天下，故請成王正王位于其邑以重顯之，則九鼎神物足爲國家重鎮者，必于是時定之，但無明據，故云「蓋」以疑之。尋經上下文意，无涉于定鼎事，而必引爲說者，欲見此「即辟于周」是爲有事而特行，定鼎及即政頒禮樂皆其時之大事，事訖即退西都也。知者，據《史記・周本紀》贊云「成王使召公卜凥，凥九鼎焉，而周復都豐、鎬」是也。云「命公後，謂封伯禽也」者，下文「惟告周公其後」即是「命公後」之事，鄭于彼注云「告神以周公，其宜爲後，謂封伯禽也」，則此「命公後」是謂封伯禽也。云「王意以爲立公後則可長留公爲王朝相矣」者，王意欲留公而又以公功大不可不封，封則不能留公矣，故知「命公後」是王留公之意也。《公羊》文十三年傳云：「封魯公以爲周公也。周公拜乎前，魯公拜乎後，曰：『生以養周公，死以爲周公主。』然則周公之魯乎？曰：不之魯也。封魯公以爲周公主，然則周公曷爲不之魯？欲天下之一乎周也。」是「命公後」爲留公之明證也。**四方迪亂，未定于宗禮，亦未克敉公功。**【注】迪，進。亂，治也。宗禮者，言禮爲天下所宗也。周公所制禮，于時未頒，故曰未定。敉，撫也。四方雖進于治，猶未定于宗禮，亦未能撫循公功。以言公不可去也。治，直吏反。【疏】「迪，進」、「亂，治」，皆《釋詁》文。云「宗禮者，言禮爲天下所宗也」者，宗，尊也，新王制禮，爲天下所尊，毋敢違倍，故《禮記·中庸》云「非天子不議禮」，又云「雖有其悳，苟无其位，亦不敢作禮樂焉」是也。云「周公所制禮，于時未頒」者，鄭于上文「王肁偁殷禮」注云「周公制禮樂既成，不使成王即用周禮，仍令用殷禮者，欲待明年即政告神受職，然後頒行周禮。頒訖始得用周禮，故告神且用殷禮」，是此時禮尚未頒也。「敉，撫」，《說文·攴部》文。「未能撫循公功」，意若謂公猶當留輔，不得遽委其責，故云「以言公不可去也」。**迪𢪏其後監我士師工，誕保文武受民，亂爲四輔。」**𢪏，即梁反，《汗簡》以爲古「將」字。監，吉銜反。【注】𢪏，助。士，事也。公當進助其後，監督我執事之衆官，大保安文武所受之民，治爲我之四輔。四輔者，道、充、弼、承，常在王前、後、左、右者。道立于前，周公爲之。【疏】《說文·手部》云「𢪏，扶也」，「扶」有「助」誼，故云「𢪏，助」。「士，事」，《說文·士部》文。鄭注《鴻範》云「卿士，六卿掌事者」，是「士」爲「事」也。云「四輔者，道、充、弼、承，常在王前、後、左、右者。道立于前，周公爲之」者，出《大戴禮·保傅》篇。其文云：「明堂之位曰：竺仁而好學，多聞而道慎。天子疑則問，應而不窮者謂之道。道者，導天子以道者也，常立于前，是周公也。誠立而敢斷，輔善而相誼者謂之充。充者，充天子之志也，常立于左，是太公也。絜廉而切直，匡過而諫衺者謂之弼。弼者，拂天子之過者也，常立于右，是召公也。博聞强記，接給而善對者謂之承。承者，承天子之遺忘者也，常立于後，是史佚也。故成王中立而聽朝，則四聖維之，是以慮无失計而舉无過事。」**王曰：「公定，予往以公功肅將祗歡，公毋困我。」**「予往」至「祗歡」九字作一句讀。我，開元本作「哉」，非也。《漢書・元后傳》及《杜欽傳》皆引作「我」，兹从之。【注】定，止。肅，敬也。將，猶「奉」也。祇，亦「敬」也。**公其留止，我往日以公功敬奉之，且敬説之。**言常倚公爲重。公毋去以困我。説，爰焫反。【疏】「定，止」，《釋詁》文。《説文・聿部》云「肅，持事振敬也」，故云「肅，敬也」。云「將，猶『奉』也」者，鄭箋《我將》詩誼也。《釋詁》云「祇，敬也」，此承「肅，敬」之訓，故云「祇，亦『敬』也」。「以」字訓爲「用」，又訓爲「止」，又爲語助，誼不一而字則一。後人以訓「用」者从秦文作「以」，其訓「止」及語助者則别作「已」，分爲兩字，非也。僞孔氏讀「以」作語助而于「以」字絶句，謂「往至洛邑以矣」，俗本遂皆作「已」字。案：上文既言「即辟于周」，❶則此无煩更言「往洛邑」，且若以「予往以」爲句，則「公功肅將祇歡」六字爲句，豈成文理乎？僞孔氏彊爲之説，云「公功以進大，天下咸敬樂公功」，不詞甚矣，故不可以「往」爲「往洛」，「以」字不當絶句也。《論語・八溢》篇云「既往不咎」，又《微子》篇云「往者不可諫」，皆謂前昔爲「往」，故此以「往」爲「往日」也。往日以公功敬奉、敬説，則有賴公以安存之意，故云「言常倚公爲重」，倚公爲重則公去必困，故解「公毋困我」謂「公毋去以困我」。**我惟无斁，其康事公勿替，型四方，其世享。**」斁、替、方三字皆絶句。替，天計反。【注】斁，解也。我惟无有解券，其安事公勿替，以公義型于四方，其世世享公之悳。解，今賣反。券，渠眷反。【疏】《説文・攴部》云「斁，解也」，且引《詩》「服之无斁」而申説之曰「斁，猒也」，然則訓「斁」爲「解」者非謂「解釋」，乃「解券」也，故云「我惟无有解券」。券，古「倦」字也。云「其安事公勿替」者，「替」謂「衰滅」，言常奉事公勿衰減也。云「以公義型于四方」者，

❶「上」，原重文，今據近市居本删。

以公爲四方之義表型法也。**周公拜手䭫首曰：「王命予來，承保乃文祖受命民粵乃光烈考武王，弘朕龏。**【注】鄭康成曰：「文祖者，周曰明堂，以偁文王。烈，威也。」聲謂：弘，大也。言王命我來承安文王受命之民于武王之道，大我龏承奉之責。述王留己之意，則已許王留矣。【疏】鄭注見《詩・維天之命》及《雝》正義。云「文祖者，周曰明堂」者，《尚書帝命驗》云「帝者奉天，立五府以尊天，重象也。五府者，五帝之廟。蒼曰靈府，赤曰文祖，黃曰神升，白曰顯紀，黑曰玄榘」，注云「赤帝熛怒之府名曰文祖，火精光明，文章之祖，故謂之文祖，周曰明堂」，鄭注《堯典》亦云「文祖者，五府之大名，猶周之明堂是也」。云「以偁文王」者，下文「乃單文祖德」直謂明堂爲文祖，此言「乃文祖」則是偁文王，以文王于成王爲祖也。《釋訓》云「烈烈，威也」，故云「烈，威也」。案：《雝》詩云「既右烈考」亦謂武王，與此經同，鄭彼箋用《釋詁》誼訓「烈」爲「光」，此訓爲「威」者，以此經「光烈」聯文，不得以烈爲「光」，故訓有異，誼亦得兩通也。「弘，大」，《釋詁》文。**孺子來相宅，其大惇典殷獻民，亂爲四方新辟，作周龏先。**相，息匠反。辟，必亦反。【注】典，殷之舊典也。孺子來相宅于新邑，其大厚取典于殷之賢民，以治爲四方之新君，作立周邦，以龏敬爲先務。【疏】云「典，殷之舊典也」者，殷獻民必習知殷之舊典，言「惇典殷獻民」，則「典」是殷之舊典矣。「作周」與《詩・文王・敘》言「受命作周」相似，故云「作立周邦」。案：周之王業基于文王，故言文王作周，成王守文之君而得云「作周」者，擇土中建王國，治爲四方新君，是亦「作立周邦」也。**曰其自時中乂，萬邦咸休，惟王有成績。**【注】能以龏敬爲先，乃曰其自是宅中出治，萬邦皆被休美，惟王其有成功矣。績，功也。【疏】「績，功」，《釋詁》文。**予旦以多子越御事，竺前人成烈，荅其師，作周孚先。**【注】多子，衆卿大夫也。烈，業。師，衆。孚，信也。言我以衆卿大夫與治事之臣厚先王之成業，以荅衆庶之望治，作立周邦以孚信爲先務。望治，直吏反。【疏】「多」之言「衆」，子者，男子之美偁，故云「多子，衆卿大夫也」。「烈，業」、「師，衆」、「孚，信」，並《釋詁》文。**考朕昭子型，乃單文祖悳。**單，多安反。【注】考，成。昭，明。單，盡也。鄭康成曰：「成我所用明子之法度者，乃盡明堂之悳。明堂者，祀五帝太皥之屬，謂用其法度也。周公制禮六典，就其法度而損益用之。」【疏】「考，成」，《釋詁》文。「昭，明」，鄭箋《鹿鳴》詩誼。「單，盡」，鄭箋《天保》詩誼也。鄭注見《詩·維天之命》正義。云「乃盡明堂之悳」者，鄭于上文注云「文祖者，周曰明堂」，則此文「祖」亦爲明堂也。云「明堂者，祀五帝太皥之屬」者，❶《明堂月令》春帝太皥，夏帝炎帝，中央土帝黄帝，秋帝少皥，冬帝顓頊，是五帝也。《孝經》云「宗祀文王于明堂，以配上帝」，《禮記·祭法》云「祖文王而宗武王」，鄭彼注云「祭五帝于明堂，曰祖宗」，是明堂爲祀五帝之所也。云「謂用其法度也」者，自古帝王皆有明堂，凡大典禮皆舉行于其中，是明堂有法度，經言「乃單文祖悳」，謂周明堂之法度也。云「周公制禮六典」者，謂《周禮》也。《周禮·太宰》職「掌建邦之六典：一曰治典，二曰教典，三曰禮典，四曰政典，五曰刑典，六曰事典」，故云「制禮六典」。云「就其法度而損益用之」者，《周禮》享祀、朝覲、建官、縣象、正歲年、頒告朔、辨雲物、掌成均之等，皆明堂之法度也，其間節文不必盡依前代，容有所損所益，故云「損益之」，若馬融《論語》注云「所損益，謂文質三統」是也。**抨來毖殷，乃命寧。**【注】鄭康成以「寧」爲「寧王」，云：「周公謂文王爲寧王，成王亦謂武王爲寧王。」聲謂：此

---

❶「者」，原脱，今據近市居本及注文補。

「寧王」當謂武王。蓋營洛邑、栖殷民皆武王之意，故言使我來治洛者，教殷民者，乃受命于武王也。【疏】鄭注見《詩·何彼襛矣》正義。云「周公謂文王爲寧王」者，《君奭》有其文。《大誥》所偁「寧王」雖兼言文、武，然亦是周公之誥，則云「成王亦謂武王爲寧王」者，于《尚書》无文。而鄭言此者，鄭以下文「禋于文王、武王」，欲言武王亦得偁「寧王」以説此經之「寧」兼偁文、武也。聲不从之而以「寧」爲專謂武王者，蓋文王未克殷，不得以營洛邑、栖殷民爲文王之意，安得以「毖殷」爲受命于文王乎？故知「命寧」當謂受命于武王也。知營洛邑、栖殷民皆武王之意者，《逸周書·度邑解》偁武王曰「我南望過于三涂，北望過于有嶽，丕觀瞻過于河，宛瞻于伊、洛，毋遠天室」，《史記·周本紀》偁「武王營周，尻于洛邑而後去」，是營洛邑實武王之意也；桓二年《左傳》云「武王克商，栖九鼎于洛邑，誼士猶或非之」，俗説以「誼士」爲伯夷、叔齊，案：夷、齊扣馬而諫在武王觀兵之日，能忍而至栖九鼎時乎？其非夷、齊明矣；「誼士」即頑民也，周以其梗化謂之頑民，其不忘故君固其誼也，且周公亦偁之爲「多士」，目之爲「獻民」，則謂爲「誼士」實爲允協，然則武王之時固已有頑民梗化之事，周公之栖殷民自是武王之意，則此慎教殷民，乃是受命于武王者也。**予以𩰪鬯二卣，曰明禋，拜手䭫首休享。予不敢宿，則禋于文王、武王。**𩰪，帬吕反。與「秬」同。鬯，敕尚反。卣，夷久反。【注】𩰪，黑黍也，一稃二米。鬯，釀𩰪爲酒，❶芬芳條鬯，故曰鬯。❷卣，中尊也。絜祀爲禋，故云「明禋」。享，進獻也。宿，經宿也。

❶「𩰪」，原作「秬」，今據近市居本及疏文改。

❷「故曰鬯」，原脱，今據近市居本及疏文補。

敏于祀不敢經宿，敬也。鄭康成曰：「曰明禋者，六典成，祭于明堂，告五帝太皞之屬也。既告明堂，則復禋于文、武之廟，告成洛邑。」稃，方巫反。釀，奴尚反。岎，孚文反，或作「芬」，同。絜，巾屑反。復，服救反。【疏】云「𩰫，黑黍也，一稃二米」者，《説文·鬯部》文。鄭注《周禮·鬯人》敘官云「秬如黑黍，一稃二米」，「秬」即「𩰫」同字也。案：《爾雅·釋草》及《毛詩·生民》傳皆云「秬，黑黍。秠，一稃二米」。説有異者，《鄭志》張逸問云：「《鬯人》注云『秬如黑黍，一稃二米』。案《爾雅》『秠，一稃二米』，未知二者同異。」鄭君答云：「秠即其皮，稃亦皮。《爾雅》重言以曉人，更无異稱也。」據鄭此説，則「秬」、「秠」實是一物，即謂秬「一稃二米」可也。云「鬯，釀𩰫爲酒，芬芳條鬯，故曰鬯」者，鄭注《鬯人》云「鬯，釀𩰫爲酒，芬芳條鬯于上下也」。云「卣，中尊也」者，《釋器》文。鄭注《鬯人》職亦云「卣，中尊」，且云「尊者，彝爲上，罍爲下」，申説卣爲中尊之意也。《説文·示部》云「禋，絜祀也」，故云「絜祀爲禋，故云『明禋』」，言以「絜」故偁「明」也。《説文·亯部》云「亯，獻也，从高省，曰象進熟物形」，故云「享，進獻也」。鄭注見正義。鄭知「明禋」是「祭于明堂，告五帝太皞之屬」者，《周禮·大宗伯》「以禋祀祀昊天上帝」，則禋是祀天帝之名，明堂五色之帝是天帝，與昊天上帝爲六天，故知「明禋」是祭五帝。《堯典》「禋于六宗」，「六宗」亦即「六天」也。若然，「則禋于文王、武王」，文、武亦言「禋」何？蓋承「明禋」之文而順言之爾，且精意以享之謂「禋」，容「禋」或亦可通言也。**惠篤敘，无有遘自疾，萬年猒于乃悳，殷乃引考。**遘，工豆反。猒，一炎反，又一豔反，俗作「厭」，乃别字。【注】❶惠，順

---

❶「注」，原脱，今據近市居本補。

也。遘，讀爲「冓」。❶自，用。疾，惡。猒，飫。引，長。考，成也。順其「竺敘正父」之道，推以厚敘其臣民，使无有冓隙用相疾惡者，則臣民萬年飽飫爾德，殷民當亦觀感而化，乃長成其治矣。冓，工豆反。惡，温路反。飫，冕據反。治，直吏反。【疏】「惠，順」，《釋言》文。云「遘，讀爲『冓』」者，《説文·冓部》説「冓」象對交之形，則「冓」爲交冓；王粲《七哀》詩云「豺虎方遘患」，是以「遘」爲交冓，則古字「遘」與「冓」通；此經「遘」字誼當爲交冓，故讀爲「冓」。《毛詩·執競》傳云「自彼成康，用彼成安之道也」，是「自」爲「用」也。《公羊》僖十七年傳云「君子之惡惡也，疾始」，是「疾」爲「惡」也。「猒，飫」，馬融注也，見《釋文》。「引，長」、「考，成」，並《釋詁》文。前文周公言「竺敘乃正父」，又言「彼裕我民」，其下皆成王之言，至「王命予來」以下乃復是公言，既乃言「毖殷」，言「竺敘」。夫「毖殷」必先自毖其臣民，則此「竺敘」是緜承前文「竺敘正父」而言，推及疏遠以厚敘其臣民，乃所謂「裕我民」也，故云「順其『竺敘正父』之道，推以厚敘其臣民」云云也。上言「毖殷」下言「抨殷乃承敘」，則此「殷乃引考」是謂殷民从化而成治，故云「殷民當亦觀感而化，乃長成其治矣」。**王抨殷乃承敘，萬年其永觀朕子懷德。**「「敘」字絶句。【注】王使殷民承順其敘，將自是萬年其長觀法我周家子孫而懷其德矣。**戊辰，王在新邑烝。**《釋文》云：「『王在新邑』，馬、孔絶句，鄭讀『王在新邑烝』」，兹从鄭。【注】戊辰，十二月日也，或以爲晦日，則非也。冬祭曰烝。記之者，記始祀于新邑也。【疏】劉歆《三統曆》云「十二月戊辰晦，周公已反政。故《洛誥》篇曰『戊辰，王在新邑』」云云。案：以戊辰爲十二月日是也，何者？

❶「爲」，原脱，今據近市居本及疏文補。

《晏子春秋》云「天子以下至士，皆祭以首時」，「首時」謂孟月也，十二月于周爲季冬，于夏正爲孟冬，是「首時」矣。以戊辰烝，則戊辰爲十二月日矣。案：《春秋》隱六年經書「秋七月」，《公羊傳》云「此无事何以書？《春秋》雖无事，首時過則書」，是首時謂周之孟月。必知《晏子春秋》所云「首時」是夏之孟月，非周之孟月者，《禮記・雜記》云「七月而禘，獻子爲之也」，鄭注云「記魯先禮所始也，魯之宗廟猶以夏時之孟月爾。《明堂位》曰『季夏六月，以禘禮祀周公于太廟』」，又《春秋》桓八年春正月「己卯烝」，《公羊傳》云「譏亟也」，何休注云「亟，數也。屬十二月已烝，今復烝也」，又桓五年《左傳》云「始殺而嘗，閉蟄而烝」，是夏正之七月、十月，于周爲九月、十二月也。然則四時之祭皆以夏正之孟月，此十二月正當烝月，故知戊辰是十二月日也。然則何見其非晦日乎？據伏生《大傳》云周公攝政「五年營成周，❶七年致政」，然則《召誥》是攝政五年事，《洛誥》乃七年時事，劉歆以《召誥》與此篇爲一年内事，而據其「三月丙午朏」以推此「戊辰」爲十二月晦，不亦謬乎？故曰「非也」。以聲推之，戊辰蓋十二月之十二日，説詳《召誥》疏。《周禮・大宗伯》云「以烝冬享先王」，故云「冬祭曰烝」。「冬祭曰烝」，《釋天》文也，孫炎注云「烝，進也，進品物也」。云「記之者，記始祀于新邑也」者，烝是常祭不必特記，此則以洛邑新成，始于是行烝禮，故記之也。**祭歲，文王觲牛一，武王觲牛一。王命作册佚祝册，惟告周公其後。** 觲，息營反，俗作「馬」旁「辛」，非。祝，之右反。【注】祭歲者，歲朝朝享也。于是成王即政，以正月朔旦行朝享之禮，偏祭祖廟，告嗣位焉。《詩敘》曰「成王即政，諸侯助祭」，是其事也。既，乃以二特牛祭文王、

❶「成周」，原倒乙，今據近市居本改。

武王，告立周公後。先言「祭」而後言「歲」者，殊異「祭」文，使别于特牛之祭，且使「歲」文就下，以見告封公後亦歲朝事也。鄭康成曰：「歲，成王元年正月朔日也。用二特牛，祫祭文王、武王于文王廟，使史佚讀所册祝之書，告神以周公其宜爲後，謂封伯禽也。」聲謂：騂，赤色。周尚赤，故用騂牛。爵命諸侯必特假于廟，示不敢專也。歲朝，之佋反。朝享，直佋反。祫，夷夾反。【疏】正義謂鄭以「烝祭」上屬，《釋文》則云鄭讀「王在新邑烝」，皆偁鄭誼而説不同，《釋文》是也。蓋「烝」下不必言「祭」，《春秋》桓八年春「正月己卯烝」、「夏五月丁丑烝」，又桓五年《左傳》云「閉蟄而烝」，《禮記·月令》云「大飲烝」，皆「烝」下不言「祭」，則此當如《釋文》所偁鄭讀「烝」字絶句，則「祭」字自當下屬「歲」爲句也。據伏生《大傳》言周公尻攝「七年致政」，《詩敘》則有「成王即政，諸侯助祭」之文，而「即政」則必以朝享之禮于歲首行之，此經于「烝」下言「祭歲」，自是歲首朝享之祭，故云「祭歲者，歲朝朝享也」。于是成王即政，以正月朔旦行朝享之禮，徧祭祖廟，告嗣位焉」，且即引《詩敘》以證之也。「《詩敘》」者，《周頌·烈文·敘》也，鄭箋彼敘亦以爲「新王即政，必以朝享之禮祭于祖考，告嗣位也」。「朝享」者，鄭注《周禮·司尊彝》云「朝享，謂朝受政于廟」是也。云「既，乃以二特牛祭文王、武王，告立周公後」者，言朝享既訖，乃復舉此特牛之祭，明其别是一祭，其先爲即政後則爲封公後也。知然者，據正義謂鄭意朝享之後，特以二牛告文、武，封周公之後也。云「先言『祭』而後言『歲』者，殊異『祭』文，使别于特牛之祭，且使『歲』文就下，以見告封公後亦歲朝事也」者，既是歲首之祭，應先言「歲」而後言「祭」，但是日有兩祭，若「祭」文在「歲」下，則嫌此「祭」即謂文、武騂牛各一之祭，故使「歲」在「祭」下，别異「祭」文與騂牛各一之祭爲二事也；且以「歲」與騂牛之祭聯文，則祭文武、告封公後得蒙「歲」文，以見亦歲朝之事；故先言「祭」而後言

「歲」也。鄭注見《詩・烈文》正義。云「歲，成王元年正月朔日也」者，上文「烝」是冬祭于烝，下言「祭歲」明是冬後改歲有事而祭，此時周公既反政，則成王即政及封公後二事皆不容緩，必于歲首即行，故知是「元年正月朔日」也。云「祫祭文王、武王于文王廟」者，此「祫祭」非謂「三年一祫」之祫，知者，《公羊》文二年傳説「祫祭」之禮云「毀廟之主，陳于太祖；未毀廟之主，皆升，合食于太祖」，此則惟合祭文、武，異于彼《傳》所謂「祫」也，止取誼于「祫」之言「合」爾。文、武異廟而合祭，自然以卑就尊，故云「于文王廟也」。云「使史佚讀所册祝之書」者，史官名佚者，與周公、太公、召公俱爲成王四輔者也。云「告神以周公其宜爲後」者，以言「祝册」，故知是「告神」，即謂告文王、武王之神也。云「謂封伯禽也」者，伯禽，周公子，魯公也，《公羊》文十三年傳云「封魯公以爲周公也。周公拜乎前，魯公拜乎後，曰『生以養周公，死以爲周公主』」，是「周公其後」謂封伯禽也。云「騂，赤色」者，《周禮・牧人》云「凡陽祀，用騂牲毛之」，鄭彼注云「騂牲赤色」。云「周尚赤，故用騂牛」者，《禮記・檀弓》云「周人尚赤，大事斂用日出，戎事乘騵，牲用騂」。云「爵命諸侯必特假于廟」者，《周禮・大宗伯》云「王命諸侯則儐」，鄭注云「王將出命，假祖廟，立扆前，南鄉。儐者進，當命者延之，命使登。內史繇王右以册命之。降，再拜稽首，登，受册以出。此其略也。諸侯爵禄其臣則于祭焉」，是天子命諸侯不因正祭之便，必特格于廟也。但此封公後與即政同日，即政故假廟矣，而云「特格于廟」者，蓋即政止用朝享之禮，兹用二持牛祭文、武，是專爲封公後而特設此祭，則亦是「特格廟」也。云「示不敢專也」者，「不敢專」謂不敢專惠使恩賞若自祖考出者。《禮記・祭統》云：「古者，明君爵有悳而禄有功，必賜爵禄于太廟，示不敢專也。」彼文「明君」雖謂諸侯，而天子册命諸侯于廟，亦此意也。

王賓殺禋，咸假王入太室祼。 祼，古玩反。【注】王賓，諸侯助祭者，《易》曰「利用賓于王」，《詩敘》曰「成王即政，諸侯助祭」。「禋」之言「煙」。周人尚臭，殺牲則取膟膋，合蕭與黍稷燔之，煙臭旁達，故曰「殺禋」。王賓子殺禋之時，皆至于廟矣。肅曰：「太室，清廟中央之室。」聲謂：裸，用圭瓚酌鬱鬯，以獻尸。脺，吕戌反，與「膟」同。膋，洛蕭反。旁，鋪光反。瓚，才旱反。鬱，紆勿反，俗混作「欝」，非。

【疏】《禮記·郊特牲》云「諸侯爲賓，灌用鬱鬯」，謂諸侯來朝，王以賓禮禮之，獻以鬱鬯之酒，是諸侯有爲賓于天子之誼，又《詩·臣工》篇，遣助祭諸侯之詩也，鄭君箋其詩云「諸侯來朝天子，有不純臣之誼」，是天子于助祭諸侯以賓禮待之者，故云「王賓，諸侯助祭者」。引《易》者，《觀》四爻詞也。案：《觀》彖詞云「觀，盥而不薦」，謂觀王者禘于明堂之禮也；六四近五，爻位五爲天子，四爲諸侯，其詞曰「觀國之光，利用賓于王」，是助祭諸侯之象，故引以證此「王賓」爲「助祭諸侯」也。又引《詩敘》者，以封周公後與成王即政同日事，故又引《烈文》詩敘，以見此時有助祭諸侯，即經所謂「王賓」也。云「『禋』之言『煙』」者，《周禮·大宗伯》云「以禋祀祀昊天上帝」，鄭注云「禋之言煙。周人尚臭，煙，气之臭聞者」，兹用其誼也。「周人尚臭」者，《禮·郊特牲》文。案：《郊特牲》云「蕭合黍稷，臭陽達于牆屋」，鄭注云「蕭，香蒿也，染以脂，合黍稷燒之」；《郊特牲》又云「取膟膋燔煮」，鄭注云「膟膋，腸間脂也，與蕭合燒之，亦有黍稷也」，故云「殺牲則取脺膋，合蕭與黍稷燔之，煙臭旁達，故曰『殺禋』」。「脺」與「膟」同字也。難者曰：《郊特牲》云「既灌，然後迎牲，致陰气也。蕭合黍稷，臭陽達于牆屋。故既奠，然後爇蕭合羶香」，是爇在灌後。《毛詩·文王》傳云「裸，灌鬯也」，則「灌」即「裸」也。經先言「禋」而後言「裸」，若以「禋」爲「煙」，則爇在裸前，與《禮》文不合。答曰：裸有二節。《郊特牲》所言是灌地降神之裸，即所謂「灌用鬯臭，鬱合鬯，臭陰達于淵泉」，所謂「先求諸陰」也。馬融注《易·觀》卦所云「進爵灌地以降神」是也。此經之「裸」非是之謂，乃「裸尸」爾。《禮記·祭統》所云「君執圭瓚裸尸」是也。若以此「裸」爲「灌地降神」，則時未迎牲，何殺之有？經何以先言「殺」乎？蓋此祭之始當自有「灌地降神」之裸，文不具爾。兹于「殺」後言「裸」，自是「裸尸」

矣。夫祼既在殺後，何不可在燔後乎？且燔必取膟膋，則殺與燔相因之事，經既「殺禋」聯文，則解「禋」爲「煙」奚爲不可？難者又曰：子言「祼有二節」，有説乎？答曰：有之。尸者，生人爲之，祝延之入廟而君不出迎，豈有灌地以求尸者？而《祭統》明有「祼尸」之文，則灌地與祼尸固非一矣；且祼尸者，以飲尸也，主人獻之，尸受以祭諸地，乃後啐之奠之。若主人灌地之祼，安得以飲尸乎？故曰「祼有二節」。又《祭統》云「祭之日一獻，君降，立于阼階之南，南鄉，所命北面。史繇君右執册命之」，鄭注云「一獻，一酌尸也」。此經「祼」下即言「王命周公後作册佚誥」，與《祭統》所言「一獻」之後册命其臣節次正同，益足證此「祼」之爲祼尸矣。肅注見正義。案：「太室」者，明堂之太廟太室，在四正堂之中央者，天子宗祀之所也。肅言「清廟中央之室」者，蔡邕《明堂月令論》云：「取其宗祀之貌則曰清廟，取其堂則曰明堂。異名而同事，其實一也。」然則清廟即明堂，太廟太室即其中央之正室，肅誼不謬，姑采用之。《釋文》引馬融注以爲「廟中之夾室」，夾室則非正室矣，恐非是，故不用也。云「祼，用圭瓚酌鬱鬯，以獻尸」者，《祭統》云「君執圭瓚祼尸」，鄭注《周禮・司尊彝》職云「祼，謂以圭瓚酌鬱鬯，始獻尸也」。王

命周公後，作册佚誥。【注】王命封伯禽爲周公後，作爲册書。王依前南鄉，周公北面，伯禽後之，亦北面，史佚繇王右執册誥之。皆降，拜，登受册。《春秋傳》曰：「封魯公以爲周公也。周公拜乎前，魯公拜乎後，曰：『生以養周公，死以爲周公主。』」《魯頌》云「王曰叔父，建爾元子。俾侯于魯，大啓爾宇，爲周室輔」，蓋皆其誥詞也。依，因豈反。鄉，喜羕反。養，弋向反。【疏】云「王依前南鄉」者，《周禮・司几筵》職云「凡封國命諸侯，王位設黼依，依前南鄉」，故知此封伯禽時，王依前南鄉也。案：《禮記・祭統》説爵賞之施云「君降，立于阼階之南，南鄉」不同者，蓋彼是諸侯命其臣之禮，與此異也。云「史佚繇王右執册

誥之」者，《禮記·少儀》云「詔詞自右」，云凡爲君出命，必繇君右也，故《祭统》「諸侯命其臣，史繇君右執册命之」，《覲禮》「天子使諸公賜侯氏車服，太史述命」亦自諸公右也。云「皆降，拜，登受册」者，凡臣于君賜无不降階而拜，登堂而受，周公雖以未父之尊，且嘗踐阼，而此時則退就臣位，自然亦降。縱或以成王之辭降而即升拜有不可知，而方其聽命始訖，自必趨降，故云「皆降，拜」，即傳言「周公拜乎前」，亦不必堂上爲前也。《春秋傳》者，《公羊》文十三年傳文，言「封魯公以爲周公也」，又言「死以爲周公主」，則封伯禽即此經所謂「命周公後」，故引以證。何休注彼傳云「加『曰』者，成王始授其茅土之詞」，然則「生以養周公」二語是成王誥伯禽之言也。引《魯頌》者，《閟宫》篇文，偁「王曰」，則是追述魯始受封時成王之命詞，故云「蓋皆其誥詞也」。**在十有二月，惟周公誕保文、武受命，惟七年。**【注】言「在十二月」，則周公尻攝前七年也。文、武受命，所謂基命、定命。周公前言「予乃胤保」，謂攝政以保是命也，史書公意，故曰「誕保文、武受命」。鄭康成曰：「文王受赤雀，武王頫取白魚，皆七年而崩。周公以文、武受命皆七年，不敢過其數。」頫，芳武反，俗作「人」旁「府」，非。【疏】篇首周公言「朕復子明辟」，謂反政也，又言「王如弗敢及天基命、定命，予乃胤保」，追説初時尻攝之意也。此上文言「祭歲」，則是成王歲朝即政而祭也，故此于篇終記公尻攝之年數。必言「十有二月」者，明終是歲乃市七年，故云「言『在十二月』，則周公尻攝前七年也」。經偁周公尻攝必言「誕保文、武受命」，故注詳申其意，云「文、武受命，所謂基命、定命」者，以「基命」爲文王所受命，「定命」爲武王所受命，説具詳前文注、疏。以周公言「予乃允保」爲攝政以保天命，亦解于前文之注，然則此言「誕保」即周公所言「胤保」，史官本周公之意而書之，❶故云

❶ 「官」，原作「書」，今據近市居本改。「公」，原脱，今據近市居本補。

「史書公意，故曰『誕保文、武受命』」。鄭注見《詩・文王》正義及《禮・中庸》正義及《周禮・天官》疏。云「文王受赤雀」者，《中候・我應》云「季秋之月，甲子，赤雀銜丹書入酆，止于昌戶。再拜䭫首受此」，鄭所據也。云「武王頫取白魚」者，事出《太誓》篇。云「皆七年而崩」者，伏生《大傳》云「文王受命，七年而崩」，謂受赤雀銜書之命也。說者以受赤雀之明年爲文王元年，則文王受命七年不數受赤雀之年也。武王取白魚是觀兵時事，後二年伐紂，後二年有疾，疾瘳後二年而崩，是通數取白魚之年及崩年爲七年也。然則文王受赤雀之後午歷八年，實爲帀七年，武王得白魚時四月也，崩在十二月，則亦幾帀七年矣，故云「皆七年」。周公致政在尻攝七年之終，是不過文、武受命以後之年數，故云「不敢過其數」。

多士弟八十

周書二十　尚書十九

維三月，周公初于新邑洛，用告商王士。【注】鄭康成曰：「成王元年三月，周公自王城初往成周之邑，❶用成王命告殷之衆士，以撫安之。」【疏】注見正義。云「成王元年三月」者，此篇列于《洛誥》之後，則事在致政後可知，初時營成周即有安集殷民之意，至是閱三年矣，王既即政，公得閒暇，則慰諭殷民，必不再緩，故知經言「三月」是成王元年三月也。云「周公自王城初往成周之邑」者，先是致政在王城，故知此自王城往也。王

❶「初」，原作「新」，今據近市居本及疏本改。

若曰：「爾殷遺多士弗弔，旻天大降喪于殷。旻，迷巾反。喪，色浪反。【注】弔，讀爲「迅」；迅，至也；至，猶「善」也。言不善乎，旻天大降喪亡于殷。馬融曰：「秋曰旻天，秋气殺也。方言降喪，故偁旻天。」【疏】云「弔，讀爲『迅』；迅，至也；至，猶『善』也」者，誼具《大誥》疏。馬注見《釋文》。云「秋曰旻天」者，从今文家歐陽説也。案：《釋天》云「秋爲旻天」，李巡注云「秋，萬物成熟皆有文章，故曰旻天」，郭璞注云「旻，猶愍也。愍，萬物凋落」，二説皆非馬誼。馬云「秋气殺也」者，《明堂月令》孟秋云「天地始肅」，仲秋云「殺氣寖盛」，是秋气殺也。云「方言降喪，故偁旻天」者，馬意以上文言「三月」是年春建寅之月，而舉秋時之天號，故決之言以言降喪，故有取殺誼而偁旻天也。案：《詩》大小雅凡三言「旻天疾威」，是偁「旻天」者恒有取威罰之誼，于《雨无正》則云「降喪饑饉」，《召旻》則云「天篤降喪」，二詩偁「旻天」亦皆言「降喪」，故馬云然，明偁天號各有指趣也。故鄭君駁《五經異誼》云：「六藝之中，諸偁『天』者以情所求言之，非必于其時偁之。『浩浩昊天』，求天之博施；『蒼天蒼天』，求天之高明；『旻天不弔』，求天之生殺當得其宜；『上天同雲』，求天之所爲當順其時也。此之求天猶人之説事，各从其主爾。」此説正與馬融合。**我有周右命，將天明威致王罰，敕殷命，終于帝。**【注】將，猶「奉」也。我周右助天命，奉天之明威，致王者之罰，以敕正殷命，以終于上帝之事。【疏】云「將，猶『奉』也」者，《義禮・娉禮》「使次介叚道，束帛將命于朝」，鄭注云「將，猶奉也」。**肆爾多士，非我小國敢翼殷命，**翼，僞孔本作「弋」，《釋文》云馬本作「翼」，正義云鄭、王本「弋」作「翼」，兹故从「翼」。【注】肆，今也。鄭康成曰：「翼，猶驅也。非我周敢驅取女殷之王命。」聲謂：周起于百里，故言「小國」。【疏】「肆，今」，《釋詁》文。鄭注見正義。云「翼，猶驅也」者，《毛詩・騶虞》云「壹發五豝」，傳云「虞人翼五豝以待公之發」，又

《吉日》詩云「悉率左右，以燕天子」，傳云「驅禽之左右以安待天子」，是「翼」、「驅」同誼也。云「周起于百里」者，《孟子·公孫丑》篇云「然而文王由方百里起」是也。案：殷制，大國方百里，而云「周起于百里，故言『小國』」者，以百里之國滅殷，對殷而言則爲小國也。**惟天不畀允罔怙亂，弼我，我其敢求位？** 畀，必至反。怙，乎古反，《書古文訓》本作「怘」，「怘」、「怙」異文同字，然字當以《説文》爲正，兹故从《説文》作「怙」。【注】畀，與也。罔誣罔怙，或作「怘」，俗讀爲「固」，或且改作「固」字，非也。《春秋傳》曰「毋怙亂」。惟天不與信誣罔而怙亂者，故輔左我，我其敢求天子位乎？ 怘，乎古反。【疏】《説文·丌部》云「畀，相付與之約在閣上也」，故云「畀，與也」。《釋詁》云「畀，予也」。「予」、「與」音誼同也。《論語·雝也》篇云「罔之生也，幸而免」，何晏注以爲「誣罔」，故云「罔，誣罔」。云「怙，或作『怘』」者，薛季宣《書古文訓》作「怘」也。案：孔穎達正義本乃開元時所改今文本，非僞孔原本，《書古文訓》乃僞孔本也，説具《金縢》疏。據《書古文訓》則可知僞孔本亦作「怘」也，而其傳乃云「信无固治」，是讀「怘」爲「固」矣。後人无知，遂誤仞「怘」爲古「固」字，❶唐明皇帝欲變古从今，直改作「固」字，穎達本遂作「固」，故云「俗讀爲『固』，或且改作『固』字，非也」。蓋「信无固治」之云，既誤以「怘」爲「固」而語又甚不詞，故曰「非也」。郭忠恕《汗簡·心部》有「志」字，釋爲「固」，云「見《尚書》」，蓋忠恕惑于僞孔傳「信无固治」之云，故誤釋「志」爲「固」。據此亦可證僞孔本此文作「怘」矣。「怘」从「古」下「心」，「怙」从「心」旁「古」，同是从心古聲，實一字也，依《説文》當作「怙」。引《春秋傳》者，《左氏》僖十五年及宣十二年傳皆有其文，

❶「仞」，原作「作」，今據近市居本改。

以證「怙，亂」之誼，以申其是也。**惟帝不畀，惟我下民秉爲，惟天明畏。**【注】帝，亦「天」也。秉，執也。畏，讀曰「威」。惟天之不與殷，于何驗之？驗之于民而已。惟我下民所秉執所作爲，即天之明威也。天道幽微，恐不能論多士，故指民言之。所謂「善言天者，必有徵于人也」。❶【疏】上言「惟天不畀允罔怙亂」，此言「惟帝不畀」，故云「帝，亦『天』也」。「秉，執」，《釋詁》文。云「畏，讀曰『威』」者，古「畏」、「威」字同，説詳《商書・微子》疏。云「所謂『善言天者，必有徵于人也』」者，所謂漢武帝册賢良制文也，見《漢書・董仲舒傳》。**我聞曰『上帝引佚』，有夏不適佚則。**【注】上帝，天也。引佚，謂引進遺佚之賢。言天欲人君任賢也。此周公述所聞之語也。有夏，謂桀也。不適，言不進賢也。《大傳》：「一不適謂之過，再不適謂之敖，三不適謂之誣。」佚則，引佚之則也。則，讀如「五命賜則」之「則」，謂規額也。敖，吾到反。【疏】王充《論衡・語增篇》及《自然篇》皆引此「上帝引佚」一語而説之云：「上帝，謂舜、禹也。舜、禹承安繼治，任賢使能，恭己无爲而天下治。」案：經典凡言「上帝」皆謂天帝，未有偁古昔帝王爲「上帝」者，如《般庚》「肆上帝，將復我高祖之惪」，《君奭》「假于上帝」、「在昔上帝」，《甫刑》「上帝監民」、「上帝不蠲」，《詩》「皇矣上帝」、「上帝不寧」、「上帝是祇」，《周禮》「昊天上帝」，《易》象傳「聖人亨以享上帝」，《孝經》「以配上帝」，《禮・大傳》「柴于上帝」，皆指謂天帝，其他不及覼縷，總无非偁「天」者，故此不用王充説而云「上帝，天也」。云「引佚，謂引進遺佚之賢。言天欲人君任賢也」者，下云「命成湯革夏，俊民甸四方」，是言湯能任賢爲天所命，則此「引佚」

❶「徵」，原作「微」，今據近市居本改，疏文同改。

是謂欲人君引進遺佚，任用賢人也。云「此周公述所聞之語也」者，欲見周公所偁「我聞」之言止此「上帝引佚」一語也。引《大傳》者，伏生《尚書大傳》云「古者，諸侯之于天子也，三年一貢士。大國舉三人，次國舉二人，小國舉一人。一適謂之攸好德，再適謂之賢賢，三適謂之有功。有功者，天子一賜以車服、弓矢，再賜以秬鬯，三賜以虎賁百人，號曰命。諸侯有不貢士謂之不率正者，天子絀之。一不適謂之過，❶再不適謂之敖，三不適謂之誣。誣者則絀之，一絀少絀以爵，再絀少以地，三絀而爵、地畢也」是其文也，以證此「不適」爲不進賢也。云「則，讀如『五命賜則』之『則』，謂規頟也」者，「五命賜則」，《周禮・大宗伯》文，彼鄭注云「則，地未成國之名，賜之以方百里、二百里之地者。方三百里以上爲成國。王莽時，以二十五成爲則，方五十里」，此解「則」字雖有多寡不同，要皆爲畫定之頟數，又《說文・刀部》云「則，等畫物也，謂等量而畫其物爲數分」，是亦以「則」爲畫定之規頟也。若《大傳》所云「三年一貢士，大國三人，次國二人，小國一人」，是「引佚」之規頟與？ **惟帝降假鄉于時**，鄉，昕兩反。【注】假，升也。鄉，讀爲「肸蠁」之「蠁」。帝升降蠁于是，言下災異以譴告桀也。肸，昕乙反。蠁，昕兩反。下，暇稼反。【疏】「假，升」，《釋詁》文。云「蠁，讀爲『肸蠁』之『蠁』」者，晉大夫羊舌肸字叔蠁，今《左傳》、《國語》皆作「尗向」，而經典「向」字又通作「鄉」，則「鄉」、「向」、「蠁」三字皆通也。司馬相如《上林賦》云「肸蠁布寫」，《說文・十部》云「肸蠁，布也」，左思《蜀都賦》云「天帝運期而會昌，衆福肸蠁而興作」，劉淵林云「言天帝于此會慶建福也」，然則「肸蠁」是天神來至，降布威福之意，惪則天帝降之以福，不惪則示之以威，故讀「鄉」爲

❶「謂」，原重文，今據近市居本刪。

「肦蠻」，言「下災異以譴告桀」也。**夏弗克庸帝，大淫屑有辭。**屑，私列反，正義本作「泆」，《釋文》云馬本作「屑」。【注】屑，動作切切也。有辭，有辠狀可指說也。言桀不能用天戒，❶大肆其淫，動作切切，辠狀有辭說也。【疏】云「屑，動作切切也」者，《說文・尸部》文。「切切」者，煩瑣之意也。《說文・辛部》云「辭，辭訟也，从𤔔辛。𤔔，猶理辜也」，鄭注《周禮・鄉士》云「要之爲其辠法之要辭，如今劾矣」，然則「辭」爲辠狀之詞也。《左傳》襄二十三年臧孫紇出奔邾，其人曰：「其盟我乎？」臧孫曰：「无辭。」謂己辠无可指斥之狀以爲盟也，則此「有辭」是謂有辠狀可指說也。**惟時天罔念聞，厥惟廢元命，降致罰。**【注】元，始也。惟是天无所念聞，廢其始時之命，下致滅亡之罰。【疏】「元，始」，《釋詁》文。**乃命爾先祖成湯革夏，俊民甸四方。**【注】革，更也。俊民，才悳過人者。甸，治也。天既廢夏命，乃命湯更代之，用賢才以治四方。更，果行反。【疏】《說文・革部》云「革，獸皮治去其毛，革更之」，是「革」爲「更」也。馬、鄭、王注《咎繇謨》皆云「才德過千人爲俊」，故云「俊民，才德過人者」。「甸，治」，《毛詩・信南山》及《韓奕》傳誼也。**㠯成湯至于帝乙，罔不明德恤祀。**㠯，即「自」字。【注】自湯至帝乙，无不明德以撫恤祭祀。言殷先王皆賢。**亦惟天丕建保𡰪有殷，殷王亦罔敢失帝，罔不配天其澤。**【注】亦惟天大建立有殷而安治之，殷先王亦无敢失天意。言皆畏天命也，故无不配天享其福澤。《詩》曰：「殷之未喪師，克配上帝。」喪，色浪反。【疏】云「享其福澤」者，以言「配天」是謂保有天位，則「其澤」當謂延胙長久，享其福澤，與下文「降若茲大喪」反

❶「戒」，原作「兵」，今據近市居本改。

對；僞孔氏謂「布其悳澤」，非也。引《詩》者，《文王》篇文，彼毛傳云「帝乙以上也」，鄭箋云「殷自紂父之前，未喪天下之時，皆能配天而行，故不忘也」，是與此經誼合，故引以證。**在今後嗣王，誕罔顯于天，矧曰其有聽念于先王勤家？**【注】後嗣王紂，大无明于天道，況曰其又能聽念于先王之勤勞國家乎？**誕淫厥佚，罔顧于天顯民祇。**佚，正義本作「泆」，兹从《史記》。【注】馬融曰：「紂大淫樂其佚，无所能顧念于天施顯道于民而敬之也。」樂，勒各反。【疏】注見《史記·魯世家》注。**惟時上帝不保，降若兹大喪**喪，色浪反，下同。【注】惟是天不保右紂，降如此大喪亡之罰。**惟天不畀不明厥悳，凡四方大小邦喪，罔非有辭于罰。」**【注】大喪之所以降，惟天不与不明其悳者故也。匪獨殷也，凡四方小大國之喪亡，无非有辭于罰者。言皆有可數之辠、致罰之由，明天不枉罰无辜。數，色主反。【疏】言「惟天不畀不明厥悳」，是申説上文「降若兹大喪」之由，故云「大喪之所以降，惟天不与不明其悳者故也」。云「匪獨殷也」者，以言「凡四方小大邦喪」，是推廣言滅亡之國皆然，不獨殷矣。《逸周書·世俘解》云「武王遂征四方，凡憝國九十有九國」，是當時滅亡者正多也。「有辭于罰」與上「大淫屑有辭」之誼同，亦謂有辠狀可指斥，故云「言皆有可數之辠、致罰之由」。**王若曰：「爾殷多士，今惟我周王丕靈，承帝事，有命曰割殷，告敕于帝。**【注】靈，善。割，剥也。言武王大善，承奉天事，天有命曰剥喪殷國，則往伐之，敕正殷命，告事于帝。謂坶野祡于上帝。【疏】「靈，善」，《詩·定之方中》鄭箋誼也。「割，剥」，《説文·刀部》文。「告敕于帝」即篇首「敕殷命，終于帝」之謂，❶故云「敕正殷命，告事于帝」，「告事」即告「敕正殷命」之事也。云「謂坶野祡于上帝」者，《禮記·大傳》云「坶之野，武王之大事也。既事而退，祡于上帝」，是武王既克殷而告祭于天之事，則此經言「告敕于帝」正謂其事矣。**惟我事不貳適，惟爾王家我適。**適，亭歷反。【注】適，讀當皆爲「敵」也。惟我事順天下不有貳心。而爲敵者，惟爾王家作難與我爲敵。謂武庚叛也。難，奴旦反。【疏】《禮記·雜記》云「大夫赴于同國適者，曰：某不祿。赴于他國適者，曰：吾子之外私，寡大夫某不祿」，鄭注云「適，讀爲匹敵之敵，謂爵同者也」，又《論語·里仁》篇「无適也」，《釋文》云「適，鄭本作敵」，是古者「適」、「敵」同字通用，故輒以「適」爲「敵」。《郇子·君子篇》云「四海之内无客禮，告无適也」，楊倞注云「適，讀爲敵」，又《淮南·齊俗訓》云「夫一者至貴，无適于天下」，又《文子》云「一也者，无適之道也」，是皆以「適」爲「敵」也。此經兩「適」字，俗解作「之適」之誼，于語意殊覺不詞，若作「敵」解則「不貳適」謂无貳无敵，「爾王家我適」正指武庚之叛。參觀上下文，此解爲允協，故云「適，讀當皆爲『敵』也」。**予其曰：「惟爾洪無度，我不爾動，自乃邑。**【注】洪，大也。我其曰：惟爾武庚大无法度，我本不女動也，難發自女邑，自取滅亡爾。難，奴旦反。【疏】「洪，大」，《釋詁》文。**予亦念天即于殷大戾，肆不正。」**【注】肆，故也。正，殺之也，《周禮》曰「賊殺其親則正之」。我亦念武庚之叛是天就于殷而大拂戾之，非爾多士之由，故不正爾多士。釋所以不誅而遷之之意。【疏】「肆，故」，《釋詁》文。云「正，殺之也」者，《王霸記》文，其書亡矣，此文引見鄭君《周禮·大司馬》

❶「篇首」，原倒乙，今據近市居本改。

注，故得采之。引《周禮》者，即《大司馬》文，彼鄭注云「正之者，執而治其罪」，是與此經「正」字同誼，故引以證。

王曰：「猶告爾多士，予惟時其拪居西爾，非我一人奉德不康寧，時惟天命。【注】西，止息也。奉，猶「秉」也。康，静。寧，安也。我惟是之故遷所凥，以西息女。非我一人所秉之悳性不静安也，是惟天命使然爾。【疏】云「西，止息也」者，《説文》云「西，鳥在巢上也，象形。日在西而鳥棲，❶故因以爲東西之西。俗作棲，从木妻」，然則「西」本爲止息之誼，假借以爲東西字爾。必知此經「西」字不作東西誼者，殷民本在紂城朝歌之地，今遷之于成周，是从東北遷于西南，非正向西，以「西」爲西方，不若以爲「西息」，于誼尤允協也。云「奉，猶『秉』也」者，「秉」訓執持，「奉」之誼奉持也，二字誼相近，《多方》云「非我有周秉悳不康寧」，與此「非我一人奉悳不康寧」語亦相似，而「秉悳」之言易曉，故以「秉」況「奉」也。「康，静」、「寧，安」，並《釋詁》文。據《釋詁》「康」又訓「安」，此不用「安」訓者，以「康寧」聯文，若皆訓爲「安」則誼重累，故「康」从「静」訓。

无違，朕不敢有後，毋我怨。【注】違，去也。女毋違去此遷所，我不敢有後命誅責于女，女毋以遷故而怨我。言此者，欲與之更始，使相安也。故《書》「後」下一字摩滅，疑當爲「命」，不可考矣。今文「无」爲「元」，脱「違」字。更，宫行反。【疏】「違，去」，《毛詩·殷其靁》傳誼也。云「故《書》『後』下一字摩滅，疑當爲『命』，不可考矣」者，唐石經初刻「後」字下有一字，汙漫不可識仞，據文誼當爲「命」。何以言之？篇末云「時予乃或言」謂今時乃有言也，則後不復有言矣，此文「朕不敢有後」語似未足，當云「朕不敢有後命」，乃與篇末之文

❶「在」，原漫漶不清，今據近市居本及《説文解字》補。

相應，故知「後」字下當爲「命」也。但僞孔古文及開元本皆无此字，漢石經又缺「後」字以下，故不可考矣。不可考，故不敢質言而云「疑」也。云「今文『无』爲『元』，脱『違』字」者，據蔡邕石經殘碑有此「維天命元朕不敢有」八字。**惟爾知，惟殷先人，有册有典，殷革夏命。今爾又曰：夏迪簡在王庭，有服在百僚。**【注】迪，進。簡，擇也。惟女所素知者，惟殷先人有典册，記識殷革夏命之事。今女又據之而言曰：殷先王之世，夏王之後進簡擇在王庭，其衆士有服治職事在百僚者。以此責讓我周。蓋殷民以周滅武庚而又遷己，不无怨言，故公述之。識，中吏反。讓，巫放反。【疏】「迪，進」，《釋詁》文。「簡，擇」，鄭箋《簡兮》詩誼也。云「今女又據之而言曰」者，承「有册有典，殷革夏命」之下而云。「今爾又曰」，是述殷民之據是典册而爲言也。云「夏王之後進簡擇在王庭，其衆士有服治職事在百僚者」者，蓋周滅武庚、遷殷民二事皆殷民所不順，其偁夏殷故事，必比對以相形，則「迪簡在王庭」謂封夏王之後，對滅武庚言，「有服在百僚」謂録用夏臣，對見遷言也。《史記·夏本紀》云「湯封夏之後」，是「簡在王庭」爲封夏後之明證也。云「以此責讓我周」者，「讓」者，怨責也，《史記·張耳陳餘列傳》陳餘曰「不意君之讓臣深也」，殷民偁夏殷故事，是怨責周之不如殷也。**予一人惟聽用悳，肆予敢求爾于天邑商。**【注】我惟法殷先王聽用有悳，故我敢求爾王之後于天邑商而封之。謂封微子爲殷後也。鄭康成曰：「言天邑商者，亦本天之所建。」【疏】云「謂封微子爲殷後也」者，《微子之命·敘》云「成王既黜殷命，殺武庚，命微子啓代殷後」，是既滅武庚而後封微子也。上言「夏迪簡在王庭」，是殷民以周滅武庚而出怨言，此言「予肆求爾于天邑商」，是公自解説于殷民，言不絶商後，自是謂封微子矣。鄭注見正義。云「言天邑商者，亦本天之所建」者，言凡受命而王皆天之所建，商亦然，故云「亦本天之所建」。《詩》云「天命玄鳥，降而生商」，又云「帝立子生商」，此篇上文亦云「亦惟天丕建保乂有殷」，是商亦本天之所建。**予惟率肆矜爾，非予罪，時維天命。」**【注】我之更立殷後，惟率循故事矜憐爾商家故，則武庚之滅非我之罪，是維天命矣。今文「肆」爲「夷」、「矜」爲「憐」。【疏】云「則武庚之滅非我之罪，是維天命矣」者，言「率肆矜爾」，豈是欲絶殷後者？是欲説武庚之滅非己本意，故知經言「非予罪，時維天命」是就誅武庚言也。云「今文『肆』爲『夷』、『矜』爲『憐』」者，王充《論衡·雷虚篇》引云「予惟率夷憐爾」。案：「夷」之言常，「憐」與「矜」同誼，「率夷憐爾」謂率循常典，矜憐爾商，于誼亦通，但此承「夏迪簡在王庭」而言「率肆矜爾」，「肆」之言「故」，謂率循殷承夏故事矜恤爾商，此誼尤長，故不从今文。**王曰：「告爾多士，昔朕來自郁，予大降爾四國民命，我乃明致天罰。**僞孔本无「告爾」二字，茲从蔡邕石經本。郁，衣檢反，僞孔本作「奄」，《説文·邑部》云「郁，周公所誅郁國」，然則此當作「郁」。【注】來自郁，謂踐郁歸也，事在周公攝政三年。四國，管、蔡、商、郁。昔我來自郁之時，我大下教命于女四國民，我乃明致天罰于四國之君。下，瑕嫁反。【疏】此篇是成王元年時事，言「昔朕來自郁」，則來自郁時在前矣。《成王政·敘》云「成王東伐淮夷，遂踐郁」，《多方·敘》云「成王歸自郁」，鄭注《成王政·敘》云「此伐淮夷與踐郁，是攝政三年伐管、蔡時事」，故云「來自郁，謂踐郁歸也，事在周公攝政三年」。云「四國，管、蔡、商、郁」者，《詩·破斧》云「周公東征，四國是皇」，言周公東征，則「四國」即此經所云「四國」矣，彼毛傳云「四國，管、蔡、商、郁也」，故此亦以「四國」爲管、蔡、商、郁。云「我大下教命于女四國民」者，《多方》篇「王來自郁，至于宗周。周公以王命告四國多方曰：『我惟大降爾命』」，又云「我惟大降爾四國民命」，此言「昔朕來自郁」，則所云「大降爾四國民命」即《多方》所云是也。《多方》又云「乃有不用我降爾命，❶我乃其大罰殛之」，則所云「大降爾四國民命」非謂赦民生命，乃是下曉告民之教命也。**逖爾瑕遏，比事臣我宗，多愻。**」逖，弋支反，開元皇帝改作「移」，非其誼矣。瑕，从「王」不从「辵」，「瑕遠」與「瑕疵」誼雖異而字則同，《毛詩·泉水》傳訓「瑕」爲「遠」，是其證也。比，貧至反，注同。愻，色困反，僞孔本作「孫」，其傳訓爲「順」。案：依「順」誼則字當作「愻」，「孫」則通省字也，開元本改作「遜」，則字別矣。【注】逖，遷徙也。瑕遏，遠也。多，適。愻，順也。徙女于洛邑，遠女故土之惡俗，比近臣事我崇周，庶幾適于愻順。《緇衣》曰：「恭己逮之，則民有愻。」近，其靳反。逮，力至反。【疏】「逖，遷徙也」，《說文·辵部》文。「瑕遏，遠也」，《釋詁》文。「多，適」者，襄二十九年《左傳》云「多見疏也」，彼孔穎達正義謂服虔本「多」作「衹」，解云「適也」，然則「多」與「衹」通，「多」亦可訓「適」也。「愻，順」，《說文·心部》文，《說文》且引《唐書》曰『五品不愻』」，以證「愻」之誼爲「順」也。然則凡經傳中「孫」字誼爲「順」者，皆當作「愻」，如《禮記·內則》云「孫友視志」，《學記》云「不凌節而施之謂孫」，《論語·述而》云「奢則不孫」，僖十五年《左傳》「卜右，慶鄭吉，公曰『不孫』」，此諸文「孫」字皆當作「愻」，今經、傳中皆不作「愻」，學者不復知有「愻」字，故因此經而枚舉數條以示後學，餘不能悉數也。《緇衣》者，書篇名，在《禮記》，彼鄭注亦云「愻，順也」，彼文言民之有愻由于龏己逮之，故引以證此「比近我周，庶可適于愻順」。今本《禮記》誤作「則民有孫心」，良由不識「愻」字而傳寫誤也，賴宋本作「則民有愻」可據以爲正。**王曰：「告爾殷多士，今予惟不爾殺，予惟時命有申。**【注】申，重也。今我惟不忍女殺，恐女

❶「四國民命」至「不用我降爾」二十二字，原脱，今據近市居本補。

陷于罪戾，惟是故有重申之命。前歸自鄗大降民命，故此爲重命也。重，直容反。【疏】「申，重」，《釋詁》文。**今朕作大邑于兹洛，予惟四方罔攸賓，亦惟爾多士攸服奔走臣我多遜。爾乃尚有爾土，爾乃尚寧榦止。**賓，必刄反。榦，果案反，从木倝聲。【注】馬融曰：「賓，卻也。」聲謂：如馬誼則「賓」讀爲「擯」也。今我作大邑于此土中洛汭之地，以待四方。我于四方无所擯卻，豈獨擯外爾多士乎？亦惟爾多士所服從奔走臣事我者，適于遜順，則我將安定之，爾乃庶幾有爾土，爾乃庶幾安女之榦事止居矣。卻，豈約反。幾，吉依反。【疏】馬注見《釋文》。《戰國策》蘇秦説趙王曰「六國從親以擯秦，秦必不敢出兵于函谷關以害山東矣」，則「擯」謂拒卻之也；《史記·蘇秦傳》則云「六國從親以賓秦」，則古字「賓」與「擯」通也；馬訓「賓」爲「卻」，則是擯卻之誼矣，故云「如馬誼，則『賓』讀爲『擯』也」。云「今我作大邑于此土中洛汭之地，以待四方」者，鄭注《康誥》云「岐鎬之域處五嶽之外，周公爲其于政不均，故東行于洛邑，合諸侯謀作天子之居」，又《鄭志》答趙商問云「東都貢賦所均，是則作邑于洛，取其土中，于四方來者道里均故」。故云「以待四方」也。**爾克敬，天惟畀矜爾；爾不克敬，爾不啻不有爾土，予亦致天之罰于爾躬。**啻，式豉反，《釋文》云徐本作「翅」。案：「啻」字爲正，「翅」則通用字也。【注】啻，但也。女能敬，則天與女憐女；女不能敬，則不但不能安有爾土，我亦將致天罰于女身。儆懼之。【疏】「啻，但也」者，下《无佚》篇云「不啻不敢含怒」，鄭注云「不但不敢含怒」，是「啻」爲「但」也。**今爾惟時宅爾邑，繼爾居，爾厥有榦有年于兹洛，爾小子乃興，從爾栖。」**【注】興，盛也。今女惟是宅尻于女邑，繼爾所尻之業，女其有安事有長久年于此洛邑，則可以長子孫于此，女小子乃興盛矣，是從爾遷基之也。言此者，又鼓厲之。長子孫，中丈反。

鼓，从「攴」，與「鼓」異。【疏】「興，盛」，鄭箋《天保》詩誼也。云「繼爾所凥之業」者，謂所執以謀生之常業，若班固《西都賦》所云「家承百年之業，士食舊德之名氏，農服先民之畎畝，商循族世之所償，工用高曾之規矩」也。「宅爾邑」既謂安其凥處，則「繼爾凥」不得復謂凥處，故以爲「所凥之業」，《易・文言》傳云「修詞立其誠，❶所以凥業也」，是業可言「凥」也，《蟋蟀》詩云「職思其凥」，亦謂所爲之事爲「凥」也。云「女其有安事有長久年于此洛邑」者，王肅注也，見正義。不偁「肅曰」者，欲使注文上下融貫，不便復識别也。云「則可以長子孫于此」者，謂安其凥、樂其業，久則將蕃育子孫于此洛邑，猶《史記・平準書》所云「爲吏者長子孫」也。**王曰，又曰：「時予乃或言，爾攸居。」**【注】「王曰」下蓋有脱文。「或」之言「有」也。今時我乃有言告女，女其安所居哉。申前文「无違，朕不敢有後」之意，語終丁寧之也。【疏】云「『王曰』下蓋有脱文」者，以「王曰又曰」之文不相聯屬，又此篇文體與《多方》篇相似，據《多方》篇末云「王曰『我不惟多誥，我惟祗告爾命』」，乃更云「又曰」，此篇「王曰」下當亦别有一二語，而後偁「又曰」，今此則否，故以爲有脱文。但疑事无質，故云「蓋」也。「『或』之言『有』也」者，鄭君《論語》注誼也。前文言「无違，朕不敢有後」，此云「時予乃或言」，是説不復有後言，云「爾攸居」則是欲其无違去，此前後語意相應合，故以爲申前文之意，「語終丁寧之也」。

《召誥》至《多士》標題凡四十一名。

《召誥》經文七百三十一名，重文一，凡七百三十二言，注千九百七十三字，釋音辯字三百三十九

❶「傳」，原作「彖」，今據近市居本改。

言，疏五千八百八十九字。

《洛誥》經文七百六十四名，重文四，凡七百六十八言，注二千八百一十八字，釋音辯字八百六十四言，疏萬一千四百一十三字。

《多士》經文五百六十九名，重文三，凡五百七十二言，注千四百六十七字，釋音辯字三百七十三言，疏四千五百六十七字。

尚書集注音疏卷八

吴江徵君聲著

无佚弟八十一

周書二十一　尚書二十

尚書集注音疏卷八　江聲學

周公曰：「於戲！君子所其无佚。【注】鄭康成曰：「於戲者，將戒成王，欲以深感動之。君子，止謂在官長者。所，猶処也。君子処位爲政，其无自佚豫也。」聲謂：今文「无」爲「毋」，「佚」爲「逸」。長，中兩反。【疏】鄭注見正義。云「君子，止謂在官長者」者，鄭以此雖是戒成王，此「君子」則是泛説，不謂人君。知者，《易乾鑿度》云「孔子曰：『《易》有君人五號：帝者，天偁也；王者，美行也；天子者，爵號也；大君者，與上行異也；大人者，聖明德備也』」，《五經異誼》載《易》孟京説亦云然。案：《易》卦《觀》五爲「君子」，而「君人五號」无「君子」之目，以是知「君子」非「人君」之偁，故云「止謂在官長者」。云「所，猶処也」者，《詩·九罭》云「公歸无所，于女信処」，鄭箋彼云「公西歸而无所尻，則可就女誠処是東都也」，是「所」有「尻処」之誼也。云「今文『无』爲『毋』，『佚』爲『逸』」者，《大傳》作「毋逸」，王充《論衡·儒增篇》亦引作「毋逸」，「无」、「毋」，「佚」、「逸」，古今字也。蔡邕石經「佚」字左去「人」右加「巾」，俗字也，玆不取。**先知稼嗇之囏難，乃佚，則知小人之依。**囏，籀文「

艱」。【注】稼嗇，民之勞事也。先知其囏難，乃後逸豫，則知稼嗇爲小民之所依賴。《雜記》曰：「張而不弛，文武弗能；弛而不張，文武弗爲；一張一弛，文武之道。」先知稼嗇之囏難，乃佚，一張一弛之道也。嗇，或爲「穡」。【疏】引《雜記》者，《禮記》書篇也，彼文云「子贛觀于蜡，孔子曰：『賜也樂乎？』對曰：『一國之人皆若狂，賜未知其樂也。』子曰：『百日之蜡，一日之澤，非爾所知也。張而不弛，文武弗能也；弛而不張，文武弗爲也；一張一弛，文武之道也。』」鄭注云：「蜡之祭主，先嗇也，大飲，烝。勞農以休息之。言民皆勤稼嗇，有百日之勞，論久也。今一日使之飲酒燕樂，是君之恩澤，非女所知。言其誼大張弛，以弓弩諭人也。」是則「張」謂勤勞，「弛」謂逸豫，故云「先知稼嗇之囏難，乃佚，一張一弛之道也」。《論衡·儒增篇》引此經而解之云「人之筋骨非木非石，不能不解。故張而不弛，文武弗爲；弛而不張，文武不行；一弛一張，文武以爲常」，亦説此經爲「一張一弛」之誼。云「嗇，或爲『穡』」者，兹从蔡邕石經作「嗇」，僞孔本則作「穡」也。**相小人，厥父母勤勞稼嗇，厥子乃不知稼嗇之囏難，乃佚乃憲，既誕不則，侮厥父母曰：昔之人无聞知。」**相，息匠反。憲，喜建反。僞孔本「憲」作「諺」、「不」作「否」，兹从蔡邕石經本。【注】相，視也。憲，猶「欣」也，喜樂之意。則，法也。視彼小人，其父母勤勞稼嗇以創其業，其子安享其成，不知其囏難，乃佚豫乃喜樂，既乃誕妄不法，侮慢其父母曰：昔人无所聞知，不知佚樂。憲，或爲「諺」。誕，或爲「延」。樂，勒各反。創，初恙反。【疏】「相，視」，《釋詁》文。云「憲，猶『欣』也，喜樂之意」者，《毛詩·板》傳云「憲憲，猶欣欣也」，《説文·欠部》云「欣，笑喜也」；常人安佚則湛樂是圖，此「憲」承「乃逸」之下，則當爲「欣樂」之誼矣。「則，法」，亦《釋詁》文。云「憲，或爲『諺』」者，僞孔本也。云「誕，或爲『延』」者，蔡邕石經本也。**周公曰：「於戲！我聞曰：**

昔在殷王中宗，【注】鄭康成曰：「中宗，謂太戊也。」【疏】注見《詩・商頌譜》正義。云「中宗，謂太戊也」者，據《史記・殷本紀》文而知也。**儼龔寅畏，天命自度，**儼，僞孔本作「嚴」，《釋文》云馬作「儼」，兹从馬。儼，宜檢反。度，代洛反。【注】儼，矜莊貌。寅，當爲「夤」；夤，敬也。儼龔在貌，夤畏在心，表裏純一也。度，圖度也。圖度天命，敬畏之實也。儼，或爲「嚴」。度，或爲「諒」。【疏】云「儼，矜莊貌」者，《毛詩・澤陂》傳誼也。云「寅，當爲『夤』；夤，敬也」者，《説文・夕部》云「夤，敬惕也，从夕寅聲。《易》曰『夕惕若夤』」，是「夤」爲「敬」也；此文「夤畏」據《史記・魯世家》作「敬畏」，則「夤」宜爲「敬」，故字當爲「夤」也。正義引鄭注云「恭在貌，敬在心」，兹用鄭誼而增成之，故云「儼龔在貌，夤畏在心」。外貌中心皆敬，故云「表裏純一也」。《釋詁》「圖」、「度」同訓，故解「度」爲「圖度」。圖度天命，則是敬畏天命惟恐失隊之意，故云「敬畏之實也」。云「儼，或讀爲『嚴』」者，《史記・魯世家》及徐幹《中論・天壽篇》所引皆作「嚴」，僞孔本亦作「嚴」也。云「度，或爲『諒』」者，蔡邕石經也。**治民祗愳，不敢荒寧，**愳，古文「懼」。【注】祗愳，猶「夤畏」。治，或爲「以」。祗，或爲「震」。馬融曰：「寧，安也。知民之勞苦，不敢荒廢自安。」【疏】「祗」之言「敬」，與「夤」同誼，「愳」與「畏」亦同誼，故云「祗愳，猶『夤畏』」，因上文言「夤畏」，故以況云爾。云「治，或爲『以』」者，蔡邕石經也，❶「以」訓「用」，言「用民常敬愳」亦得備一誼。云「祗，或爲『震』」者，《史記・魯世家》文也。馬注見《魯世家》注。「寧，安」，《釋詁》文。**肆中宗之享國，七十有五年。**【注】肆，故也。今文「享」皆爲「饗」。【疏】「肆，故」，《釋

❶ 「邕」，原作「融」，今據近市居本改。

詁》文。云「今文『享』皆爲『饗』」者，蔡邕石經也。言「皆」者，下文「高宗享國」、「祖甲享國」皆作「饗國」。**其在高宗，時舊勞于外，爰曁小人。**【注】鄭康成曰：「高宗，謂武丁也。舊，猶久也。爰，于。曁，與也。武丁爲太子時，殷道衰，爲其父小乙將師役于外，與小人之故。言知其憂勞也。」聲謂：時，是也。「時」或爲「寔」；「寔」亦「是」也。爲其，于僞反。將，即匠反。與，爰茹反。【疏】鄭注見《詩・商頌譜》正義。云「高宗，謂武丁也」者，《禮記・喪服四制》云「高宗者，武丁。武丁者，殷之賢王也」是也。云「舊，猶久也」者，《説文》云「龜，舊也」，《白虎通・蓍龜》篇云「龜之爲言久也」，是「舊」與「久」誼相近，此文據《魯世家》作「久勞于外」，故訓「舊」爲「久」也。「爰，于」，「曁，與」，並《釋詁》文。但「曁」字俗通作「暨」，今《爾雅》从俗作「暨」，依字當作「曁」也。云「武丁爲太子時，殷道衰，爲其父小乙將師役于外」者，下云「作其即位」，則此「舊勞于外」是未即位爲太子時也。《魯世家》注引馬融注云「武丁爲太子時，其父小乙使行役，有所勞役于外，與小人從事，知小人艱難勞苦也」，是馬亦謂武丁爲太子時勞役于外，但未言「將師役」，玆鄭云「將師役」則是征伐之事也。案：《易・既濟》九三「高宗伐鬼方，三年克之」，虞翻注云「高宗，殷王武丁」，干寶注云「鬼方，北方國也」，《詩・商頌》云「虘彼殷武，奮伐荊楚，罙人其阻」，毛傳云「殷武，殷王武丁也」，鄭箋云「殷道衰而楚人叛，高宗虘然奮揚威武，出兵伐之，冒入其險阻」，是皆高宗將師役之明文。但《易》、《詩》所言未見是爲太子時事，然即位之後豈宜久曠天位南征北伐？或亦有爲太子時奉父命出兵之事，故鄭君爲是説與？「時，是」，《釋詁》文。聲必爲是訓者，欲見「時」字不作「時日」誼也。知者，據《中論・夭壽篇》引此作「寔舊勞于外」，釋詁「寔」亦訓「是」；又《公羊》桓六年傳云「寔來者何？猶曰是人來也」，又《秦誓》云「是能容之」，《禮記・太學》引作「寔能容之」，則「寔」與「是」且同字；

據《中論》作「寔」，則此作「時」者當訓爲「是」而屬下讀，故云「『時』或爲『寔』，『寔』亦『是』也」，以證明「時，是」之誼。**作其即位，乃或諒闇，三年不言。**諒，力芊反。闇，烏含反。【注】鄭康成曰：「作，起也。諒闇，轉作梁闇。楣謂之梁。闇，廬也。小乙崩，武丁立，憂喪，三年之禮，凥倚廬柱楣，不言政事。」楣，民悲反。廬，力凥反。柱，知庾反，又知遇反。【疏】注見《詩·商頌譜》正義。「作，起」，《説文·人部》文。《禮記·喪服四制》引《書》曰「高宗諒闇，三年不言」，鄭彼注云「諒，古作梁」，故于此云「諒闇，轉作梁闇」也。云「楣謂之梁」者，《釋宮》文也。云「闇，廬也」者，伏生《大傳》引傳説曰「高宗凥凶廬，三年不言，此之謂梁闇」，是「闇」謂「廬」也。云「小乙崩，武丁立」者，《史記·殷本紀》云「帝小乙崩，子帝武丁立」，《喪服四制》偁「武丁繼世即位，而慈良于喪」是也。云「凥倚廬柱楣」者，《義禮·喪服》傳云「凥倚廬，寢苫枕凷」，又云「既虞，前屏柱楣」，然則「凥倚廬」是始遭喪時，「柱楣」是既葬之後也。「凥倚廬」者，鄭注《既夕》記云「倚木爲廬，在中門外東匚，北户」。「柱楣」者，鄭注《喪服》傳云「楣謂之梁。柱楣，所謂梁闇」，賈公彦疏云「既虞之後，乃改舊廬，西向開户，前去户傍兩相屏之餘草。柱楣者，前梁謂之楣，楣下兩頭豎柱施梁，乃夾户傍之屏也」，然則「柱楣」即于「倚廬」之処所，故鄭併言「凥倚廬柱楣」也。**其惟不言，言乃雝。**【注】雝，和也。鄭康成曰：「其不言之時，時有所言，則群臣皆龢龤。」【疏】「雝，和」，《毛詩·何彼禯矣》傳誼也。鄭注見正義。**不敢荒寧，嘉靖殷邦，**【注】嘉，善也。靖，和也、安也。時殷道既衰，武丁修政行惪，天下咸驩，殷道復興，是善和安殷國。復，巫又反。【疏】「嘉，善」，《釋詁》文。《昊天有成命》之詩云「肆其靖之」，毛傳依《國語》尗嚮之解訓「靖」爲「和」，鄭箋則云「故于其功終能和安之」，是「靖」爲「和」兼有「安」誼，故云「靖，和也、安也」。云「時殷道既衰，武丁修政行惪，天下咸驩，殷道復興」者，皆據《史記·殷本紀》文。**至于小大，无時或怨。**【注】鄭康成曰：「小大，謂萬民上及群臣也。言人臣小大皆无怨王。」上，時掌反。【疏】注見正義。**肆高宗之享國，五十有九年。**【注】五十有九年，或爲「五十五年」，今文爲「百年」。【疏】云「或爲『五十五年』」者，《魯世家》文也。「今文爲『百年』」者，蔡邕石經也。**其在祖甲，不誼惟王，舊爲小人。**【注】馬融曰：「祖甲，武丁子帝甲也。祖甲有兄祖庚，而祖甲賢，武丁欲立之。祖甲以王廢長立少爲不誼，逃亡民閒，故曰『不誼惟王，久爲小人』」。長，中兩反。少，式照反。【疏】注見《魯世家》注，正義引鄭注與此注略同。案：《史記·殷本紀》云「帝武丁崩，子帝祖庚立。帝祖庚崩，弟祖甲立，是爲帝甲」，故馬云「祖甲，武丁子帝甲也。祖甲有兄祖庚」。又案：《殷本紀》云「帝甲淫亂，殷復衰」，《國語·周語》亦云「帝甲亂之，七世而隕」，然則祖甲非令主，不似此周公所偁也。由是王肅特創異説，以「祖甲」爲湯孫太甲，云「先中宗後祖甲，先盛悳後有過也」，又造爲僞孔傳云「此以悳優劣、立年多少爲先後，故祖甲在下」。《魯世家》索隱據《紀年》「太甲唯得十二年」與此云祖甲「享國三十三年」不合，以駁王肅之謬。顧《紀年》僞書，未足據也。聲案：文二年《左傳》云「子雖齊聖，不先父食久矣」，且引《詩》「皇皇后帝，皇祖后稷」及「問我諸姑，遂及伯姊」，皆偁「君子曰禮」，以其先帝後稷、先姑後姊言之有敘，故曰禮也。若退太甲在高宗之下，則周公之言爲无倫次，必不然也。且下文云「自殷王中宗，及高宗，及祖甲」，言「自」言「及」，則是由前迄後順推之詞，足明祖甲在高宗後矣。考殷之世次，高宗之後名「甲」者惟一帝甲，則祖甲自是帝甲，馬、鄭之言信不誣矣。雖《國語》、《史記》之文有不合者，闕疑可也，若據之以駁馬、鄭，則是駁《尚書》、駁周公矣，可乎哉？**作其即位，**【注】武丁崩，祖庚立。祖庚崩，祖甲立。【疏】此注據《殷本紀》文也。《魯世家》注引馬融注云「武丁死，祖庚立。祖庚死，祖甲立」。案：天子而言「死」，非名也，故不用其注而依《殷本紀》爲注。❶ **爰知小人之依，耐保惠庶民，不侮矜寡。**《中論・夭壽篇》所引如此，僞孔本「惠」下有「于」字，「不」下有「敢」字，據《魯世家》作「能保施小民，不侮鰥寡」，則古文本无「于」字、「敢」字，僞孔氏所妄增也，當从《中論》所引爲正。矜，古頑反。【注】爰，于。惠，恖也。于外知小人之依，故能保恖衆民，不侮鰥寡。恖，安代反，俗輒作「愛」，音同誼異。【疏】「爰，于」，「惠，恖」，並《釋詁》文。云「于外知小人之依」者，用《魯世家》文也。「于外」謂其未即位逃亡民閒時，❷猶高宗之「舊勞于外」也。**肆祖甲之享國，卅有三年。** 卅，生合反，合三、十兩字爲一也；正義本作「三十」，唐石經作「卌」。案：「卌」是變文，依正文當作「卅」。【注】卅，三、十并也，古文省。省，所景反。【疏】云「卅，三、十并也，古文省」者，《說文・卅部》文，謂并合兩字爲一字，是古文省字之法也。**自時厥後立王，生則佚，生則佚，不知稼穡之艱難，不聞小人之勞，惟湛樂是從。** 湛，多含反，正義本作「耽」，衞包所改也，《論衡・語增篇》引作「湛」，《書古文訓》亦作「湛」，故从「湛」。僞孔本「是」作「之」，《漢書・鄭崇傳》及《論衡》、《中論》皆引作「是」，當从「是」。【注】重言「生則佚」者，欲見非一王與？抑衍文與？湛者，樂之久也。重，直容反。見，夷甸反。與，云虛反。樂，扐各反。【疏】云「重言『生則佚』者，欲見非一王與？抑衍文與」者，經言「自時厥後立王」，是歷舉三宗以後之王，則重言「生則佚」或是包括衆

❶「殷」，原作「鄭」，今據近市居本改。
❷「逃」，原作「從」，今據近市居本改。

王，言皆如此，故云「欲見非一王」。但徐幹《中論・夭壽篇》引此不重言「生則佚」，僞孔本雖重其文而其傳亦不見重言之誼，且翫此文，則一言「生則佚」而誼已足，似不必有重文，故疑重言者衍，惜《魯世家》載此篇而不及此文，蔡邕石經又闕此，无可與《中論》爲證者，故不敢直言其衍，姑先解其重言之意，乃復轉一解以爲衍文，而皆云「與」以疑之也。云「湛者，樂之久」者，《毛詩・鹿鳴》傳誼也。**自時厥後亦罔或克壽，或十年，或七八年，或五六年，或四三年。」**《漢書・鄭崇傳》及《論衡・語增篇》所引皆作「時亦罔有克壽」，疑此是僞孔氏有所增也，然《中論・夭壽篇》所引與此同，姑仍之。【注】言佚欲之生害也。「四三」或爲「三四」。【疏】云「言佚欲之生害也」者，《漢書・杜欽傳》欽説大將軍王鳳引此「或四三年」句，而説之云「言失欲之生害也」，師古曰「失，讀曰佚」，兹用其誼。云「『四三』或爲『三四』」者，《中論》引作「或三四年」也，依「七八年」、「五六年」之文，則云「三四年」當是，然不敢據以證經文，姑識之于注爾。**周公曰：「於戲！厥亦惟我周太王、王季，克自抑畏。**【注】既偁商王以爲法戒，更述祖德以示之範。二王能自謙抑敬畏，則无佚可知。【疏】云「既偁商王以爲法戒」者，上偁三宗是舉以爲成王法，言「厥後立王」則以爲成王戒也。**文王卑服即康，功田功。**「即康」上屬爲句。【注】服，事。康，安也。文王即安于卑下之事，就功于田功。《孟子》曰「文王治岐，耕者九一」，又曰「西伯養老，制其田里」是也。【疏】「服，事」，「康，安」，並《釋詁》文。云「文王即安于卑下之事，就功于田功」者，「田功」是卑下之事也。兩引《孟子》者，《梁惠王》及《盡心》二篇文，以證文王之勤于田功也。《釋文》云「卑，馬本作俾，使也」。案：「使服」之誼不可解，且馬説不得詳聞，未達其指，姑置不用。**徽柔懿龔，褱保小人，惠于矜寡。**僞孔本「人」作「民」、「于」作「鰥」，《漢書・谷永傳》永引作「懷保小人，惠于鰥寡」，蔡邕石經亦然，當从之。矜，古頑反。【注】徽，和。懿，美也。文王有和柔美龔之德，以襃安小人，加惠于鰥寡。鰥寡，天民之窮而无告者，文王施仁所先，故又特言之。【疏】《堯典》云「慎徽五典」，❶《史記》作「慎和五典」，故云「徽，和」。《文選・文賦》注引鄦叔重《淮南》注曰「鼓琴循弦謂之徽」，是「徽」有「和」誼也。「懿，美」，《釋詁》文。云「鰥寡，天民之窮而无告者」者，《禮記・王制》云：「少而无父者謂之孤，老而无子者謂之獨，老而无妻者謂之鰥，老而无夫者謂之寡。此四者，天民之窮而无告者也。」云「文王施仁所先」者，《孟子・梁惠王》篇言：「鰥寡孤獨，四者天下之窮民而无告者。文王發政施仁，必先斯四者。」云「故又特言之」者，以言「小人」則「鰥寡」亦該之矣，經又特言「矜寡」，故決之言以文王施仁所先故。**自朝至于日中、昃，不皇暇食用，咸龢萬民。**昃，阻力反。【注】昃，日在西方時，側也。《易》曰「日中則昃」。「皇」即「暇」也。咸，徧也。【疏】云「昃，日在西方時，側也」者，《説文・日部》文。引《易》者，《豐・彖傳》文，以言日既中而後昃也。荀爽注《周易・離》九三云「初爲日出，二爲日中，三爲日昃」，是日過中爲昃也。《釋言》云「皇，暇也」，此經「皇暇」聯文，故云「『皇』即『暇』也」。《國語・魯語》云「小賜不咸」，《左傳》則云「小惠未徧」，故云「咸，徧」也。**文王不敢般于游田，以庶邦維政之龔。**般，步干反。【注】般，樂也。「以庶邦」三字衍也。文王不敢般樂于佚游田狩，維敬龔于政事。樂，扐各反。【疏】「般，樂」，《釋詁》文。云「『以庶邦』三字衍也」者，《國語・楚語》左史倚相引《周書》曰「文王至于日中、昃，不皇暇食，惠于小民，唯政之恭」，即此文也。據此，則謂文王敬恭于政事，不

---

❶「典」，原作「與」，今據近市居本改。

得有「以庶邦」三字，僞孔氏乃增改之，云「以庶邦惟正之共」，且解「共」爲「共待」，衛包因又改「共」爲「供」矣。今據《國語》定作「維正之龔」，「龔」即古「恭」字也。「以庶邦」三字本應削去，柰流傳既久，削之則太駭俗，姑存之而目爲衍字可也。**文王受命維中身，厥享國五十年。**【注】鄭康成曰：「受命，受殷王嗣位之命。中身，謂中年。」聲謂：文王享國五十一年，言「五十」舉成數。【疏】鄭注見《詩·文王》正義。云「受命，受殷王嗣位之命」者，《周禮·典命》云「凡諸侯之適子，誓于天子」，鄭彼注云「誓猶命也。言誓者，明天子既命以爲之嗣，樹子不易也」，又《國語·周語》「魯武公以括與戲見王，王立戲」，韋昭注云「以爲大子」，又《春秋》文元年「天王使毛伯來錫公命」，《穀梁傳》云「禮有受命，无來錫命，錫命非正也」，是諸侯世子嗣位爲君，必受命于天子，殷制當亦然也。案：《詩·文王·敘》云「文王受命作周也」，鄭箋云「受天命而王天下」，又《文王有聲》詩云「文王受命，有此武功」，箋云「武功，謂伐四國及崇之功」，則又是受殷王錫弓矢、專征伐之命。鄭于此言「受殷王嗣位之命」，必知此「受命」非如彼二文所言者，文王九十七而終，伏生《大傳》云「文王受命，七年而崩」，則受天命時年已九十，而弓矢之錫又在其後，此言「中身」是謂「中年」，其後享國尚有五十年，明非彼二文之「受命」矣。云「文王享國五十一年」者，《呂氏春秋·制樂》篇云「文王即位八年而地動，已動之後四十三年，凡文王立國五十一年而終」。**周公曰：「於戲！繼自今嗣王，其毋淫于酒，毋佚于游田，維正之共。**《漢書·谷永傳》永《日食地震對》引經如此，《隸釋》所載蔡邕石經殘碑此篇有「酒毋劮于游田維」七字，❶下闕二字，下又有「共毋兄曰今

❶「邕」，原作「融」，今據近市居本改。

日」六字，合之谷永所引適同，然則《書》文本是如此，僞孔本乃作「則其亡淫，于觀于逸，于游于田，以萬民維正之共」，是妄改、妄增以亂經也，吾从谷永、蔡邕而已。共，居容反。【注】鄭康成曰：「淫，放恣也。」聲謂：正，當爲「政」；共，讀當爲「龔」。亦謂敬龔于政事。【疏】鄭注見正義。云「淫，放恣也」者，成二年《左傳》云「淫從其欲」，從欲故爲放恣也。云「正，當爲『政』；共，讀當爲『龔』」者，鄭注《周禮・小宰》云「凡其字或作政或作正」，又注《淩人》云「故書正作政」，是古字「正」與「政」通也；古「龔」字多作「共」，《左氏》昭七年傳云「三命茲益共」，又昭十六年傳云「无有不共恪」，其誼皆爲「敬」，則實皆「龔」字也，又周有《㒼敦》，其欵識「共伯」作「㒼白」，「㒼」即「龔」之省也，是「共」、「龔」字通也。上文「維正之龔」謂敬龔于政事，此文誼如上文，故據上文以覈定其「正」字「龔」字，且云「亦謂敬龔于政事」。**毋皇曰：今日湛樂。乃非民攸訓，非天攸若。時人丕則有愆，毋若殷王受之迷亂酗于酒悳哉。**」湛，多含反。樂，扐各反。酗，皿遇反。【注】訓，教。若，善。迷，惑也。酗，醉醟也。毋自寬暇曰：今日暫爲湛樂。夫湛樂非民所以爲教，非天之所善。是人大則效之，斯有愆尤矣。商王紂之惑亂酗于酒德，可爲監戒者，毋效之哉。今文「皇」爲「兄」；兄，古「況」字也。醟，于命反。夫，文孚反。善，時戰反。兄，虛旺反。【疏】《説文・言部》云「訓，説教也」，故云「訓，教」。「若，善」，《釋詁》文。「迷，惑」，《釋言》文。「酗，醉醟也」者，《説文・酉部》文。云「非民所以爲教」者，謂非所以教民也，欲順經文爲解，故云「非民所以爲教」。云「今文『皇』爲『兄』」者，據蔡邕石經也。云「兄，古『況』字也」者，《詩・桑柔》「倉兄填兮」及《召閔》「職況斯引」，《釋文》皆云「兄，音況」，又《常棣》篇「況也永歎」，《釋文》云「況，或作兄」，又《樊毅脩華嶽碑》云「兄乃盛德」，《隸釋》云「以兄爲況」，是「兄」爲古之「況」字也。**周公曰：「於**

戲！我聞曰：古之人猶胥訓告，胥保惠，胥教誨，无或譸張爲幻。僞孔本「无」上有「民」字，「或」下有「胥」字，《說文》兩引此文皆无此二字，郭璞注《爾雅》引曰「无或侜張爲幻」，亦无「民」字、「胥」字，然則「民」字、「胥」字僞孔氏所妄增也，故削去之。譸，中流反，又時流反。幻，胡辨反。【注】訓，道。保，安。惠，順也。誨，曉教也。譸張，誑也。幻，相詐惑也。古之君臣猶相告以正道，有道則相安順，道失則相曉以爲教，无有欺誑相詐惑者。譸，或爲「侜」。誑，居況反。侜，中流反。【疏】「訓，道」，《釋詁》文。「保，安」、「惠，順」之誼經中數見之矣，于此復釋之者，以上有「保惠庶民」之文，嫌此「保惠」與上文同，故特釋之以明其誼異也。「誨，曉教也」、「譸張，誑也」者，並《說文·言部》文。「幻，相詐惑也」者，《予部》文也。《孝經·事君》章云「將順其美，匡救其惡」，此云「有道則相安順」，將順其美也；「道失則相曉以爲教」，匡救其惡也。云「譸，或爲『侜』」者，《釋訓》云「譸張，誑也」，郭注引此作「侜」。**此厥不聖人，乃訓變亂正荆，至于小大民，否則厥心違怨，否則厥口詛祝。**」僞孔本「聖」作「聽」，「訓」下有「之乃」二字，「亂」下有「先王之」三字，兹據蔡邕石經正之。詛，則助反。祝，之又反，注同。【注】聖，通。荆，法也。小大，亦謂臣民也。民，疑衍字也。言古君臣相道以正，此其君若不通聖人，乃道之以變亂正法，必至于小大之臣民皆不服从，不則韋戾怨恨其上，不則詛祝其上，求其凶咎。《詩》曰「侯作侯祝，靡屆靡究」。聖，或爲「聽」。道，徒到反。作，則助反。屆，今拜反。【疏】「聖，通」，《說文·耳部》文。「荆，法」，《釋詁》文。鄭注上文「至于小大」云「小大，謂萬民上及群臣」，此亦云「至于小大」，與上文同，故云「小大，亦謂臣民也」。「亦」者，亦上文也。云「民，疑衍字也」者，「小大」既該臣民，則不應復言「民」，故以「民」爲衍字，不敢質言，故云「疑」也。云「言古君臣相道以正」者，冢上文「古之人猶胥訓告」云云而言也。引《詩》者，《大雅·蕩》篇文，彼毛傳云「作、祝，詛也。届，極。究，窮也」，鄭箋云「侯，維也。王與群臣乖争而相疑，且祝詛求其凶咎无極也」，是亦謂臣下詛祝其上，誼同此經，故引以説。云「聖，或爲『聽』」者，僞孔氏本也。**周公曰：「於戲！自殷王中宗，及高宗，及祖甲，及我周文王，兹四人迪哲。**【注】迪，作也。作哲，明也。【疏】「迪，作」，《釋詁》文。《鴻範》曰「明作晢」，❶「晢」字本或作「哲」，故云「作哲，明也」。**厥或告之曰小人怨女詈女，則兄自敬德厥愆，曰：朕之愆允若時。**詈，力誼反。兄，虚旺反。【注】詈，罵也。古文「兄」爲「皇」。鄭康成曰：「皇，暇也。言寬暇自敬。」聲謂：皇，當从今文作「兄」；兄，古「況」字；況，滋也。今文「自」爲「曰」，蓋「自」或省作「𦣹」，故誤爲「曰」，當从古文作「自」。言此四王其有告之以小人怨女詈女，則滋益自敬悳，引過歸己，曰：我之過信如是怨詈之言也。自，疾二反。【疏】「詈，罵」，《説文·网部》文。❷云「古文『兄』爲『皇』」者，據鄭注則鄭本作「皇」，鄭本是古文也。鄭注見正義。聲不从鄭君「皇，暇」之誼而謂「當从今文作『兄』」者，以「皇，暇」之誼與「自敬」似不相侔；據蔡邕石經作「兄」，「兄」即古「況」字，「況」訓「滋」，滋益自敬悳，斯誼爲長也。云「兄，古『況』字」者，説詳上疏。「況」之爲「滋」，《毛詩·桑柔》及《召旻》傳皆有是訓也。云「今文『自』爲『曰』」者，蔡邕石經作「曰」也。云「蓋『自』或省作『𦣹』，故誤爲『曰』」者，《説文·自部》之後即次《𦣹部》，于《𦣹部》云「此亦自字也，省。自者，詞

❶「晢」，原作「哲」，今據近市居本改。

❷「网」，原作「罒」，今據近市居本及《説文解字》改。

言之氣從鼻出，與口相助也」，是「𦣹」或省作「𦣹」也；「曰」字從口乙聲，亦象口氣出也，「𦣹」省作「𦣹」，與「曰」相似，易于譌誤，推其致誤或此之由，故云「蓋」也。云「當从古文作『自』」者，「自」字于此文誼校長也。**不啻不敢含怒。**【注】鄭康成曰：「不但不敢含怒，且欲婁聞之，以知己政得失之原也。」婁，力寓反。【疏】注見正義。《國語·周語》曰「口之宣言也，善敗于是乎興，故聞小人怨詈，可以知己政得失」，襄三十一年《左傳》云：「鄭人游于鄉校，以論執政。然明謂子產曰：『毁鄉校如何？』子產曰：『何爲？夫人朝夕得而游焉，以議執政之善否。其所善者，吾則行之；其所惡者，吾則改之。是吾師也，若之何毁之？』」是亦欲聞小人之言，以考己政得失也。**此厥不聽人，乃或譸張爲幻曰小人怨女詈女，則信之，**【注】聽，當爲「聖」，古文「聖」作「⿰耳口」，俗儒不識，仞爲「聽」字，故誤也。此其君不通聖人，乃有誑惑之者，言小人怨女詈女，則聽信之。仞，如震反。【疏】云「聽，當爲『聖』」者，上文「此厥不聖」僞孔本作「此厥不聽」，與此文同，據蔡邕石經上文寔作「此厥不聖」，既从之改正矣，此文當亦同之，而无如石經闕此文，故不敢直改作「聖」，姑仍僞孔本「聽」字而以爲「當爲『聖』」也。云「古文『聖』作『⿰耳口』，俗儒不識，仞爲『聽』字，故誤也」者，❶《汗簡·耳部》有「⿰耳口」字，郭忠恕釋其下云「聽，亦作聖」，蓋忠恕見僞孔《書》作「聽」，蔡石經作「聖」，故以兩字兼釋之。案：「⿰耳口」从耳呈省聲，乃「聖」字之省文，其釋爲「聽」者是其誤。**則若時不永念厥辟，不寬綽厥心，亂罰无辠，殺无辜。**辟，貧亦反。綽，時約反。【注】辟，辠也。綽，亦「寬」也。則如是信讒，不長念己之辠戾。言不能引咎自責

❶「故」，原脱，今據近市居本及注文補。

也。不寬綽其心，反妄行殺罰。言不能容受而齎怒，正與四王相反。齎，夕詣反。【疏】「辟，皐」，《釋詁》文。《釋言》云「寬，綽也」，《毛詩·角弓》傳云「綽綽，寬也」，此經「寬綽」聯文，故云「綽，亦『寬』也」。「齎，怒」者，《離騷》云「反信讒而齎怒」，王逸注云「齎，疾也」。云「正與四王相反」者，四王謂殷三王及周文王也，四王引愆爲己之愆，此「不念厥辟」是不能引過，四王「不啻不敢含怒」，此不寬容而妄殺罰，是疾怒于人，是正相反也。**怨有同，是叢于厥身。」**【注】叢，聚也。信讒齎怒，怨有同歸，是叢聚于其身也。【疏】「叢，聚」，《説文·丵部》文。

周公曰：「於戲！嗣王其監于兹。」

厥兆天子爵。【疏】《白虎通·爵》篇引《无佚》文如此，伏生《大傳》亦引之，今《无佚》見在而无此文。蓋僞孔氏于此篇輒妄增妄改，寧不亦妄删乎？此文在其所删中，不得聞其上下文云何，无由知其意指，不敢强爲之説，姑闕。

君奭弟八十二

周書二十二　尚書二十一

周公若曰：「君奭，奭，始亦反。【注】君，尊稱也。奭，召公名。召，時照反，下凡言「召公」皆同。【疏】「君」是天子諸侯之稱，故云「尊稱」。《逸周書·克殷解》云「召公奭贊采」，知「奭」是召公名也。《説文·皕部》云：「奭，从大从皕，皕亦聲。此鄰召公名。」**弗弔天降喪于殷，殷既隊厥命，我有周既受。我不敢知曰厥基永孚于休，若天棐諶，我亦不敢知曰其崇出于不詳。**弔，如字，又氏秝反。喪，色盎反。隊，直類反，下及注並同。崇，僞孔本作「終」，《釋文》云馬本作「崇」，兹从馬。詳，僞孔本作「祥」，兹从蔡邕石經。【注】基，始。乎，信也。馬融曰：「崇，充也。」聲謂：崇，終也，《書》亦或爲「終」。詳，善也。言殷不善乎天，天降喪亡于殷，殷既隊失其命，而我周既受之矣。我不敢知殷家之始長信于休美者，以順天輔誠也，亦不敢知其終出于不善也。不敢知殷之善敗者，若言「惟知輔成周道而已」。今文「崇」爲「道」。

【疏】「基，始」，「乎，信」，並《釋詁》文。馬注見《釋文》。「崇，充」，亦《釋詁》文。聲不从馬「崇，充」之訓而訓「崇」爲「終」者，以經「其崇」與「厥基」爲對，「基」爲「始」，則「崇」爲「終」，《毛詩·蝃蝀》傳云「崇，終也」，「崇」固有「終」誼也。云「《書》亦或爲『終』」者，僞孔本作「終」也。《釋詁》云「祥，善也」，《易·履》上九「眂履考祥」，《釋文》云「祥，本亦作詳」，則古字「祥」、「詳」通，故云「詳，善也」。「我不敢知殷家之始」云云者，據正義言鄭君亦謂此「我不敢知」云云是指殷之興亡言也。云「若言『惟知輔成周道而已』」者，此篇《敘》云「召公不説，周公作《君奭》」，馬注謂召公以周公功大，不宜復列在臣位，以周公不退爲貪寵，故不説，然則此篇是周公表白以當留輔不可去之意，此言不敢知殷之善敗，則所知惟在輔成周道，此意在于言表，故云「若言」以擬之，所以足成周公言外之意也。云「今文『崇』爲『道』」者，蔡邕石經本也。**於戲！君已曰時我。我亦不敢寧于上帝命，弗永遠念天威。**

【注】君已謂輔成周道是我之責。此追召公舊時之言也。我亦不敢安于上帝之命，謂必右周，而不長遠念天之明威也。此説己不敢去之意也。【疏】云「君已謂輔成周道是我之責。此追述召公舊時之言也」者，召公與周公俱相成王，召公雖亦同姓而周公尤爲至親，則「輔成周道」自是周公之責，召公當亦謂然，兹言「君已曰時我」，明是召公舊曾有此責成于周公之言，而公追述之也。云「我亦不敢安于上帝之命，謂必右周」者，

經言「不敢寧于上帝命」，謂不敢安恃天命以爲必右周也。惟不敢安恃天命，故不敢捨之而去，故云「此説已不敢去之意也」。**越我民罔尤韋，惟人在。**僞孔以「惟人在」屬下讀，《漢書·王莽傳》引此下文「我嗣事子孫」云云，不聯引此「惟人在」，則漢人於「在」字讀絶也。【注】越，當爲「曰」，聲之誤也。公謂己意竊計曰：我民无有愆尤韋倍者，惟人在故也。亦言己不可去之意。【疏】「越」與「曰」同音，「越」之言「踰」，于此上下文皆不屬，若作「曰」字，以爲周公意計之言，則與上文「君已曰」、下文「又曰」皆相應，故知當爲「曰」。由「越」、「曰」同音而誤爲「越」，故云「聲之誤也」。言「我民罔尤韋，惟人在」，則是謂治民須人當其任者，不可捨去，故云「亦言己不可去之意」。**我嗣事子孫，大不克龔上下，遏失前人光，在家不知。命不易，天應棐諶，乃亡隊命，弗克經歷。嗣前人龔明德在今。予小子旦非克有正，迪惟前人光，施于我沖子。**僞孔本「嗣事」改作「後嗣」，「命不易」上增「天」字，「應棐」二字改作一「難」字，「亡」字改作「其」，兹並从《漢書·王莽傳》所引。失，夷質反。「在今」屬上讀。【注】失，讀爲「佚」；佚，忽也，《書》亦或爲「佚」。應，當也。設使我繼事子孫大不能龔承天地，遏止佚忽前人之光美，我退老在家則不與知矣。命之吉凶不變易也，天意當輔至誠，乃若不爲天所輔而亡隊其命，則不能經歷久遠。繼嗣前人，龔承其明德正在于今也。我小子旦非能有所改正也，惟道揚前人光美，以施于我沖子而已。與，爰茹反。【疏】云「失，讀爲『佚』」者，古「佚」字通作「失」，説已詳《般庚》疏。「佚，忽」，《説文·人部》文。云「《書》亦或爲『佚』」者，僞孔本作「佚」也。「應，當」，《釋詁》文，《説文·心部》亦云然。云「命之吉凶，不變易也」者，《詩·敬止》云「命不易哉」，鄭箋云「其命吉凶不變易也」，此云「命不易」意與詩同，故仿詩箋爲解。**又曰：天不可信。我迪惟寧王悳延，天不**

庸釋于文王受命。」迪，正義本作「道」，《釋文》謂馬本作「迪」，寧从馬。【注】寧王，文王也。釋，捨也。周公言我又念曰：天命靡常，不可信也。我惟道文王之德使延長之，則天不用捨于文王所受之命矣。捨，式治反。道，徒到反。【疏】鄭注《洛誥》云「周公謂文王爲寧王」，此是周公之言，故云「寧王，文王也」。下文「割申勸寧王」云云引見《禮記》，鄭注《禮記》亦以「寧王」爲文王。《説文·手部》云「捨，釋也」，誼同可轉相訓，故云「釋，捨也」。正義謂鄭以此「又曰」爲周公偁人之言，聲案：此「又曰」固是周公口中所偁道，若以爲偁人之言，則未見審然。蓋「又」之爲言必前有所因，上文「越我民罔尤韋」，❶「越」字誤爾，實當爲「曰」，是周公道己意中之言，説具上疏，此當承前文而來，亦是周公道己意念，故云「周公言我又念曰」云云，如此則上下文意一貫，乃爲允協。**公曰：「君奭，我聞在昔，成湯既受命時，則有若伊尹假于皇天。在太甲時，則有若保衡。**【注】鄭康成曰：「伊尹，名摯，湯以爲阿衡。以尹天下，故曰伊尹。至太甲改曰保衡，保，安；衡，平也。言天下所取安、所取平也。此皆三公之官，當時爲之號也。」聲謂：皇天，北極大帝也。假，至也。道至于皇天，謂功致太平，因名山升中于天也。阿，安河反。【疏】鄭注見《詩·蕩》正義及正義，并《周禮·大宗伯》疏。云「伊尹，名摯」者，出《孫子兵書》。云「湯以爲阿衡」者，《長發》詩云「實惟阿衡，實左右商王」，毛傳云「阿衡，伊尹也」，鄭箋云「阿，倚。衡，平也。伊尹，湯所依倚而取平，故以爲官名。商王，湯也」，是湯以伊尹爲「阿衡」之官也。云「以尹天下，故曰伊尹」者，尹，正也、治也，言正治天下也。案：《吕氏春秋·本

❶「韋」，原作「違」，今據近市居本改。

味》篇云：❶「有侁氏女子采桑，得嬰兒于空桑之中，獻之其君。其君命烰人養之，察其所以然，曰：其母尻伊水之上，孕夢有神告之曰：『臼出水而東走，❷毋顧。❸』明日，視臼出水，告其鄰，東走十里而顧其邑，盡爲水，身因化爲空桑，故命之曰伊尹。」然則「伊」是水名，本其所生処以爲姓也。鄭言「尹天下，故曰伊尹」者，《説文·人部》解「伊」字云「殷聖人阿衡，尹治天下者，從人從尹」，是則「伊」亦有「尹治」之誼也。云「至太甲改曰保衡」者，「阿衡」、「保衡」名號相類，皆取「平御天下」之誼，而伊尹相太甲又有師保之任，《商書·敘》云「渼丁既葬伊尹于亳，咎單遂訓伊尹事」，是伊尹殚于渼丁之時而咎單代之，則終太甲之世操御權衡者惟伊尹，經言「在太甲時，則有若保衡」，故知即是伊尹，始偁阿衡，後改曰保衡也。云「此皆三公之官，當時爲之號也」者，《禮記·文王世子》云「記曰：虞、夏、商、周有師保，有疑丞，設四輔及三公。不必備惟其人，語使能也」，此「阿衡」、「保衡」當時特爲此官號，非常有之官，則是所謂「不必備惟其人」者，故云「皆三公之官」也。知「當時特爲此號」非常官者，「阿衡」之名厪見于《詩·頌》，「保衡」厪見于此，它无所見，虞夏无此官名，商之後世亦未有見，《周官》三百六十亦无此號，是當時特爲此號也。云「皇大，北極大帝也」者，《周禮·大宗伯》云「以蒼璧禮天」，鄭彼注云「此禮天以冬至，謂天皇大帝在北極者」，鄭又注《禮記·月令》云「皇天，北辰耀魄寶，冬至所祭于圜丘也」，則此言「北極大帝」是「北辰耀魄寶」也。「假，至」，《説文·人部》文。云「道至于皇天，謂功致太平，因名山升中于天也」者，「因名山升中

---

❶「味」，原作「末」，今據近市居本改。

❷「臼」，原作「白」，今據近市居本改。

❸「毋」，原作「母」，今據近市居本改。

于天」，《禮記·禮器》文，彼文鄭注云「升，上也。中，猶成也。謂巡狩至于匸嶽，樊柴祭天，告以諸侯之成功也。《孝經説》曰：『封乎太山，考績燓燎。禪乎梁甫，刻石紀號。』」然則「升中于天」謂封禪也。《白虎通·封禪》篇云「王者易姓而起，必升封太山何？教告之誼也。始受命之時，改制應天，天下太平，功成封禪，以告太平也」，《史記·封禪書》偁管仲之言謂「湯封太山禪」云云，是湯既受命，升中于天之事。伊尹爲湯左命之臣，湯之功實成于伊尹，則此言「伊尹假于皇天」自是謂「因名山升中于天」之事。**在太戊時，則有若伊陟、臣扈假于上帝，巫咸嬖王家。**【注】鄭康成曰：❶「伊陟，伊尹之子。上帝，太微中其所統也。」馬融曰：「道至于上帝，謂奉天時也。巫，男巫也，名咸，殷之巫也。」聲謂：《敘》有《臣扈》篇，在《湯誓》前，則爲湯臣矣。太戊，湯孫太甲之孫也。臣扈猶逮事之與？抑别是一人而同名者與？不可知矣。嬖，治也。《敘》有《咸嬖》四篇，蓋説巫咸治王家之績也。與，爰諸反。【疏】鄭注見《詩·蕩》正義及《史記·鄴世家》注。云「伊陟，伊尹之子」者，蓋據《世本》而知，今《世本》亡，无以證矣。云「上帝，太微中其所統也」者，何休注《公羊》宣三年傳云「上帝、❷五帝在太微之中，迭生子孫，更王天下」，鄭注《禮記·月令》云「上帝，太微五帝」，此云「太微中其所統」，則是統夫五帝矣，故《周禮·司服》職言「祀昊天上帝」，又别言「祀五帝」，蓋上帝與五帝分言之則爲六天，合言之一天而已。今文家説《堯典》「六宗」所謂「實一而名六」者，故上帝統太微也。案：《淮南·天

❶「成」，原作「臣」，今據近市居本改。
❷「羊」，原作「芉」，今據近市居本改。

文訓》云「太微者，太一之庭也」，然則此經「上帝」即馬注《堯典》所云「上帝，太一神在紫微宮者」是也。馬注見《鄭世家》注及《咸乂・敘》釋文。云「道至于上帝，謂奉天時也」者，太微五帝迭相休王以成四時，春生、夏養、秋收、冬臧，順其生、養、收、臧之節以出政令，若《明堂月令》所紀，是爲「奉天時也」。云「巫，男巫也，名咸，殷之巫也」者，《國語・楚語》云「在男曰覡，在女曰巫」，咸以「巫」偁則是女號，故辯之云「男巫也」。《周禮・春官》有「男巫」、「女巫」，則「巫」又爲男女之通名。此言「巫咸乂王家」則是爲男巫之官，❶其名曰咸者也。云「《敘》有《臣扈》篇，在《湯誓》前」者，《商書》有《夏社》、《疑至》、《臣扈》三篇同敘，僞孔氏以列于《湯誓》後，正義謂鄭以《湯誓》爲在《臣扈》後，則《臣扈》在《湯誓》前矣。云「則爲湯臣矣」者，以「臣扈」名篇而在《湯誓》前，則是左湯伐桀之臣矣。云「太戊，湯孫太甲之孫也」者，據《史記・殷本紀》，太甲，成湯適長孫也，太甲次子太庚，太庚少子太戊，是太戊爲湯孫之孫也。爲世則五，其閒兄弟相及有外丙、仲壬、沃丁、小甲、雝己諸君，則湯至太戊，除太丁未爲君，凡九君矣。《史記》于《三代世表》其世已不得其年故，則其年不可考矣。晉世有《竹書紀年》一書，紀三代以上之年頗詳，計湯爲太子至太戊元年凡八十四年。顧《竹書》出于束晳託言汲郡人不準發魏安釐王家所得，自是虛妄，其書又荒誕不經，不可爲據，但約計之湯至太戊必不下百年。臣扈在湯時已登于史册，必非幼少矣，至太戊時當百有數十歲，故曰：「臣扈猶逮事之與？」且臣扈既爲湯臣，則亦在太甲之朝與伊尹同事矣，何以偁成湯、偁太甲皆不言「有若臣扈」，及在太戊乃與伊陟並偁之，故曰「抑別是一人而同名者與？不可知矣」。蓋古人之年百五六十者，時或有之，終不得謂此「臣扈」必非湯時之臣扈，故持兩説而皆言「與」以疑之。「㢟，治」，《説文・辟

❶ 「言」，原作「名」，今據近市居本改。

部》文。云「《敘》有《咸乂》四篇，蓋説巫咸治王家之績也」者，《咸乂》之篇亡，未知其文云何，其《敘》言「有桑穀之祥，伊陟贊于巫咸，作《咸乂》四篇」，未言及巫咸治王家，兹云「説巫咸治王家之績」者，以篇名「咸乂」當是説巫之所治，且《史記・殷本紀》云「巫咸治王家有成，作《咸乂》」，故知其篇指意如此。以書亡无考，不敢質言，故云「蓋」也。**在祖乙時，則有若巫賢。**【注】傳以賢爲咸子，巫其氏，然則以官爲氏者也。【疏】咸、賢皆以「巫」偁，或相繼爲巫官亦未可知，然无明據，姑用僞孔傳説。案：咸實爲巫官，馬、鄭皆有明説，賢爲咸子，冢巫爲氏，則如隱九年《左傳》所謂「官有世功，則有官族」是也，故云「然則以官爲氏者也」。**在武丁時，則有若甘般。**般，步干反。【注】武丁賢臣有傅説，不偁傅説而偁甘般，豈「般」之言「説」與？説，余劣反。與，云諸反。【疏】《説命・敘》云「高宗夢得説」，是武丁賢臣有傅説也。傳記言傅説者多矣，如《國語・楚語》言「武丁使以象夢求四方之賢聖，得傅説以來，升以爲公」，《離騷》云「説操築于傅巖兮，武丁用而不疑」，《史記・殷本紀》言「武丁夜夢得聖人，名曰説，于是使百工求之。得説于傅險中，舉以爲相，殷國大治」，諸文皆止偁傅説，未嘗與甘般並偁。此經周公歷舉殷之賢臣，不應舍傅説，乃止偁甘般而不及傅説，意甘般即傅説，本是一人，故不兩名並見。僞孔《書》云「來，女説台小子舊學于甘般」，《竹書紀年》武丁元年「命卿士甘般」，三年「夢求傅説，得之」，此二文皆僞書，不足準據。惟《漢書・古今人表》傅説與甘般並列，❶似是兩人。蓋班固撰《古今人表》意在盡收无遺，傅説之名著矣，見于史傳多矣，《君奭》獨見甘般之名，无由考定傅説、甘般是一是二，但期于无遺，不暇計其

---

❶「書」，原脱，今據近市居本補。

重累，故並列之，不得據此遂謂甘般非傳説也。據《釋詁》「説」、「般」同訓「樂」，因誼相近，疑「般」即是「説」而不敢質言，故云：「豈『般』之言『説』與？」**率維兹有陳，保乂有殷，故殷禮陟配天，多歷年所。**【注】維兹殷臣有陳列之功，安治有殷，故殷之祀禮升配乎天，歷年長久。禮陟配天，謂禘嚳、郊冥、祖偰、宗湯也。商載祀六百，故曰「多歷年所」。禘，大祭反。嚳，苦沃反。【疏】以「殷禮」爲「殷之祀禮」者，《説文・示部》云「禮，履也，所以事神致福也，从示从豊，豊亦聲」，是「禮」字本以祭祀爲誼也，且經言「配天」是謂祀天而以先王配，則「禮」明謂「祀禮」矣。故又云「禮陟配天，謂禘嚳、郊冥、祖偰、宗湯也」。《禮記・祭法》云「殷人禘嚳而郊冥，祖偰而宗湯」，鄭注云「禘、郊、祖、宗，謂祭祀以配食也。禘，謂禘昊天于圜丘也。祭上帝于南郊曰郊，祭五帝、五神于明堂曰祖、宗。祖、宗，通言爾」，然則此是以祖配天之明文，故引以説此經焉。云「商載祀六百」者，宣三年《左傳》文。「祀」即「年」也，《釋天》云「商曰祀，周曰年」。**天惟純右命，則商實。百姓、王人网不秉德明恤，小臣屏侯甸，矧咸奔走。**【注】純，大也。則，等畫物也。實，富也。百姓，異姓之臣。王人，王之族人，同姓之臣也。小臣，臣之微者。矧，詞也。天惟大右助商命，等畫于商者富實。商之異姓、同姓之臣无不秉持其悳，明恤政事。下而小臣，外而爲屏藩于侯甸之服者，矧皆奔走服從于王。言天惟厚于商，故商大得人也。【疏】「純，大」，《釋詁》文。云「則，等畫物也」者，《説文・刀部》文。案：「則」從貝，貝爲物貨，刀以畫之，是等畫物之誼也。「實，富」，《説文・宀部》文。《堯典》云「采章百姓」，鄭注云「百姓，群臣之父子兄弟」，《毛詩・天保》傳云「百姓，百官族姓也」，則「百姓」非王之同族，故云「百姓，異姓之臣」。「王人」對「百姓」言，明非異姓，故以爲「王之族人，同姓之臣也」。《説文・矢部》云「矧，況也，詞也」，今止云「弜，詞也」者，此文「弜」字不可解作「況」誼，以爲語詞可也。**惟茲惟悳稱，用乂厥辟，故一人有事于四方，若卜筮罔不是，孚」。**稱，尺蒸反。乂，吾蓋反。辟，欠亦反。【注】乂，讀當爲「艾」；艾，相也。辟，君也。一人，天子也。惟此群臣各稱其悳，以輔相其君，故天子有事于四方，四方奉行之，如卜筮无不是之、无不信之。《曲禮》曰：「疑而筮之，則弗非也。日而行事，則必踐之。」言商得人之效，明己當留輔之意。艾，吾蓋反。相，息匠反。【疏】《詩·臣工》云「奄觀銍艾」，是以「艾」爲「乂」也。《漢書·郊祀志》云「天下艾安」，師古注曰「艾，讀曰乂；乂，治也。《漢書》皆以艾爲乂」，然則古者「艾」與「乂」字通也，于《尚書》中如「烝烝艾」、「萬邦作艾」，僞孔本皆作「乂」，解爲「治」。此經「用乂厥辟」不可解作「治其君」，僞孔因而增其誼言「治其君事」，解甚迂回，非也。據僞孔本「乂」字，則經必本是「艾」字，「艾」之言「相」，「輔相其君」于誼爲安，故云「乂，讀爲『艾』；艾，相也」。「艾，相」，「辟，君」，並《釋詁》文。《穀梁》莊三年傳云「天子志崩不志葬，必其時也。何必焉？舉天下而葬一人，其誼不疑也」，《白虎通·號》篇云「臣謂之一人何？所以尊王者也。以天下之大、四海之内，所共尊者一人爾」，是天子有「一人」之號，故云「一人，天子也」。引《曲禮》者，欲明經之「是」、「孚」爲二誼，「弗非」則「无不是」，「必踐」則「无不信」也。**公曰：「君奭，天壽平假，保嬖有殷，有殷嗣天滅威。今女永念，則有固命厥亂，明我新造邦。」**【注】平假，謂太平功至于天，即所謂「假于皇天」、「假于上帝」是也。言天壽平假之臣，以安治有殷，乃有殷嗣王紂，天滅之以示威，是天命无常也。今女長念此，則有以堅固其命，其治功足以光明我新造之國矣。【疏】僞孔傳以「平假」爲「平至之君」，正義云：「鄭注以爲專言臣事，『假』謂『至于天』也。王肅以爲兼言君臣。」案：此篇指意總謂國家須賢臣之助，則

「平假」當專言臣，鄭君誼是，肅及僞孔皆非也。鄭以「假」爲「至于天」，故云「平假，謂太平功至于天」。言「至于天」則如上文所偁「伊尹假于皇天」、「伊陟、臣扈假于上帝」皆是，故云「即所謂『假于皇天』、『假于上帝』是也」。云「天壽平假之臣」者，从鄭誼以「平假」爲專言臣也。**公曰：「君奭，在昔上帝，割申勸寧王之悳，其亼大命于阜躬。**「割」字屬下讀。亼，古「集」字。【注】「割」之言「蓋」也。亼，讀若「集」。躳，身也。言文王有大悳，天蓋申勸之，亼大命于其身。謂命之使王天下也。割申勸，今文爲「厥亂勸」。使王，于況反。【疏】云「『割』之言『蓋』也」者，鄭于《禮記·緇衣》注爲此解也。《釋言》云「蓋，割裂也」，「蓋」、「割」同訓，故云「割」之言「蓋」。云「亼，讀若『集』」者，《説文·亼部》文。亼，三合也；集則「雧」之省文；雧，群鳥在木上也。「亼」、「集」音同而誼異，世俗輒以「集」代「亼」，廢棄「亼」字不用，蓋在漢時已然，故許叔重以世俗習用之「集」發明「亼」之音讀。今書、傳中絶無「亼」字，時俗因不復知有「亼」字矣。此經誼實當作「亼」，恐人不識，故依《説文》以「集」表「亼」也。「躳，身」，《釋詁》文。鄭注《緇衣》云「言文王有誠信之悳，天蓋申勸之，亼大命于其身。謂命之使王天下也」，兹用其注而改「誠信之悳」爲「大悳」者，彼《緇衣》上文言「君子寡言而行，以成其信」，乃後引《詩》大、小《雅》及此經以贊成其誼，故鄭注彼言「誠信之悳」，此經汎言「寧王之悳」，不當專指「誠信」之一節，故易之言「大悳」也。云「割申勸，今文爲『厥亂勸』」者，《緇衣》引此經作「周田觀文王之德」，鄭注云：「古文『周田觀文王之悳』爲『割申勸寧王之悳』，今博士讀爲『厥亂勸寧王之悳』。三者皆異，古文以近之。」案：《續漢書·百官志》太常之屬《尚書》博士三人，歐陽、大小夏侯氏，鄭言「今博士」則是謂歐陽、大小夏侯三家博士也，是皆今文，故云「今文爲『厥亂勸』」。**惟文王尚克修龢我有夏，亦惟有若虢尗，有若閎夭，有若散宜生，有若泰顛，**

有若南宫括。虢，古伯反。閎，户萌反。夭，乙枵反。散，色但反。顛，氏田反。括，古活反。【注】虢尗，文王之弟，《春秋傳》曰：「虢仲、虢尗，王季之穆也。爲文王卿士，勳在王室。」閎也、散宜也、泰也、南宫也，皆氏；夭、生、顛、括，皆名也。惟文王庶幾能修治安和我中夏之國，亦惟有此五臣爲之輔也。鄭康成曰：「《詩》傳説『有疏附、奔奏、先後、禦侮之人』而云『文王有四臣以受命』，此之謂也。不及吕望者，太師也，教文王以大德，周公謙不敢以自比焉。」奏，子侯反。先，悉茜反。後，何豆反。

【疏】引《春秋傳》者，僖五年《左傳》文，以證虢尗爲文王之弟且有功者也。凡言人之名氏，皆上氏下名，故云「閎也、散宜也、泰也、南宫也，皆氏；夭、生、顛、括，皆名也」。僞孔傳以「散」爲氏，「宜生」爲名。案：《大戴禮·帝系》云「堯取于散宜氏之子」，則「散宜」爲氏自古有之，僞孔非是，故不从之。鄭注見《詩·緜》正義。案：《緜》之卒章云「予曰有疏附，予曰有先後，予曰有奔奏，予曰有禦侮」，毛公傳云「率下親上曰疏附，相道前後曰先後，諭德宣譽曰奔奏，武臣折衝曰禦侮」，无所謂「文王有四臣以受命」。而鄭偁之者，蓋鄭君先受韓詩于張恭祖，後又通魯詩，最後乃得毛詩，所偁「《詩》傳説」既非毛説，其或韓詩或魯詩之説與？云「不及吕望者，太師也，教文王以大悳」者，《大明》詩云「維師尚父」，毛傳云「師，太師也。尚父，可尚可父」，鄭箋云「尚父，吕望也，尊偁焉」，是吕望爲太師。鄭又據緯書偁文王受丹書之命，有云「雒授金鈐，師名吕」，故云「教文王以大悳」。

又曰无耐往來。兹迪彝教，文王蔑悳降于國人。蔑，民結反。【注】蔑悳，微悳也。逸《書》曰「追學于文武之蔑」。此五臣又自謂无能往來。言其自視若不足也。由此爲文王道其常教，故文王精微之悳下及于國人。爲，于僞反。道，徒到反。【疏】引逸《書》者，《逸周書·祭公解》文，穆王之言也，孔鼂注云「言己追學文武之微悳」，故引以證此「蔑悳」爲「微悳」。正義此鄭注云「蔑，小也」。案：文王之悳不可云「小悳」，故不用鄭注。周公偁文王有五臣，是方欲偁其賢，必无不足于五臣之意，則「又曰无能往來」明非周公謂五臣无能，亦必非偁文王之言謂五臣无能，自是述五臣自謙之詞云爾，故云「此五臣又自謂无能往來。言其自視若不足也」。**亦惟純右秉悳，廸知天威，乃惟時昭。文王廸見，冒聞于上帝，惟時受有殷命哉。**「昭」字絶句。見，夷甸反。【注】廸，進也。廸，作也。冒者，自下達上之言。亦惟天大助文王以秉悳之臣，此五臣皆進知天威，乃惟是能昭明。言其自昭明德也。文王之悳于是作見，上聞于天，惟是之故能受有殷天命哉。上聞，時掌反。【疏】「廸，進」，「廸，作」，並《釋詁》文。經有兩「廸」字，誼實不同，故用兩訓訓之。《農書》曰「土上冒橜」；《説文・卯部》云「二月，萬物冒地而出」，故云「冒者，自下達上之言」。云「亦惟天大助文王以秉悳之臣」者，「亦」者，冡上之詞，上文言「天惟純右命，則商實，百姓、王人罔不秉悳明恤」，是商臣无不秉悳乃天之所以大助商也，此文言「純右」言「秉悳」與上文同，則「亦惟純右秉悳」是冡「天惟純右命」之文，言天與秉悳之臣大助文王也。云「乃惟是能昭明」者，讀「乃惟時昭」爲句也。必如是讀者，據《説文・目部》引此下文「武王惟冒」不聯引「昭」字，則下文當以「惟茲四人昭」爲句，不得以「昭武王」爲誼，推之此文，亦當于「昭」字絶句，不得以「昭文王」爲誼。蓋文王之德豈待五臣而昭乎？經之言「昭」止謂五臣自昭明德而已，僞孔傳言「乃惟是五人明文王之德」，非也。云「文王之德于是作見」者，謂作動而著見也，《鴻範五行傳》曰「六沴作見」。**武王惟茲四人，尚廸有禄，**【注】爰及武王，惟此四人庶幾輔道，以保有天禄。鄭康成曰：「至武王時，虢叔等有死者，餘四人也。」聲謂：死者蓋虢叔也。道，徒到反。【疏】鄭注見正義。上文偁文王之臣有虢叔、閎夭、散宜生、泰顛、南宮括等凡五人，而此言「武王惟茲四人」，故鄭注云「虢叔等有死者」，謂此五人之中有一人死，故餘四人。鄭未明言死者爲誰，聲以死者爲虢叔者，據《史記·周本紀》偁武王克紂祭社時，散宜生、泰顛、閎夭皆執劍以衛，又言「命南宮括散鹿臺之財，發鉅橋之粟」，又言「命南宮括、史佚，展九鼎保王」，則武王時惟虢叔未有見，餘四人皆在。但《周本紀》之文本于《逸周書》，自當以《逸周書》爲正。案：《逸周書·克殷解》言「泰顛、閎夭皆執輕吕以奏王」，❶不言散宜生，又振財、發粟者乃南宮忽，栖九鼎者則南宮伯達與史佚，皆非南宮括也。則據《逸周書》則散宜生、南宮括皆亦未有見，安知死者必虢叔乎？又案：《論語》引武王曰「予有亂臣十人」，馬融注數十人，閎夭、散宜生、泰顛、南宮括皆列其中，惟不及虢叔，鄭注《論語》亦云然，足知文王之五臣至武王時有死者是虢叔矣。猶云「蓋」者，以鄭未明言，故不敢質也。**後㬧武王誕將天威，咸鎦厥敵。**【注】鎦，克也。其後四人與武王大奉天威，偏克其敵。謂誅紂及憝國九十有九也。憝，徒對反。【疏】《釋詁》云「劉，克也」，「鎦」與「劉」古今字，故云「鎦，克也」。云「憝國九十有九」者，《逸周書·世俘解》云「武王遂征四方，凡憝國九十有九國」，經言「咸鎦厥敵」，「咸」之言「偏」，則敵不專謂紂，故云「謂誅紂及憝國九十有九也」。**惟茲四人昭，武王惟䁉，丕單稱悳。**「昭」字屬上讀。䁉，馬報反，僞孔本作「冒」，茲从《說文》所引。單，多安反。稱，尺孕反。【注】氏目視爲䁉。武王君臨于上，下視諸臣，故曰「武王惟䁉」。單，盡也。惟此四人昭明，武王臨視之，大盡稱其德焉。備言文王、武王得賢臣之助，以況今王不可无輔，故下文身任其責，并責召公

❶「奏」，原作「奉」，今據近市居本改。

當同任也。氏，的兮反，俗加「人」傍，非。下視，行嫁反。【疏】云「氏目視爲眊。武王君臨于上，下視諸臣，故曰『武王惟眊』」者，《説文·目部》云「眊，氏目視也，從目冒聲。《周書》曰『武王惟眊』」，據《説文》所引，則此經「眊」字以氏目下視爲誼也。「單，盡」，鄭箋《天保》詩誼也。云「備言文王、武王得賢臣之助」者，謂「惟文王尚克修和我有夏」以下至此也。云「下文身任其責」者，如云「今在予小子旦」，又云「誕毋我責收」，❶又云「我咸成文王功于不怠」皆是。云「并責召公當同任」者，如云「若游大川，予往曁女奭其濟」，又云「乃悉命女作女民極」，又云「襄我二人」皆是。**今在予小子旦，若游大川，予往曁女奭其濟。小子同未在位，誕毋我責收，罔勗不及。**「收」字屬上讀。【注】收，斂也。今日之事在我小子旦矣，如泳游大川，我往與女其共濟渡。今小子雖即政，其年猶少，同于未在位時，我豈容斂復乎？女大毋責我收斂也，我將自勉以企及前人，无有勗勉而不及者。蓋公欲追配四人之功也。少，式照反。企，頃寄反。【疏】《説文·攴部》云「斂，收也」，❷則「收」亦可謂「斂」也。承上偁四人之功，而言「今在予小子旦」，是周公身任其責，以四人之功自期也，則「罔勗不及」是謂前人无不可勉而企及者，故云「蓋公欲追配四人之功也」。以是縣度公意，非有明文，故云「蓋」以疑其詞。**耇造悳不降我，則鳴鳥不聞，矧曰其有耐假？」**【注】鄭康成曰：「耇，老也。造，成也，《詩》云『小子有造』。老成悳之人不降志與我並在位，則鳴鳥之聲不得聞，況乃曰有能悳假于天者

❶「收」，原作「次」，今據近市居本改。

❷「攴」，原作「支」，今據近市居本及《説文解字》改。

乎？言必无也。嗚鳥，謂鳳也。」【疏】注見《三國・魏志・管寧傳》注。《説文・老部》云「耇，老人面凍梨若垢，从老省，句聲」，故云「耇，老也」。云「造，成也」，《詩》云『小子有造』」者，所引詩是《大雅・思齊》文也。鄭箋《思齊》詩云「子弟皆有所造成」，故引以證此「造」爲「成」也。云「有能悳假于天者乎」者，謂如上文所偁「伊尹假于皇天」者也。云「嗚鳥，謂鳳也」者，《禮記・禮器》云「升中于天，而鳳皇降，龜龍假」，則鳳是靈異瑞物，功成太平乃能致之，此以「嗚鳥不聞」爲慮，必不謂尋常易致之鳥焉，故知謂鳳也。《釋文》引馬融注亦云「嗚鳥，謂鳳皇」也。**公曰：「於戲！君肆其監于茲，我受命无疆惟休，亦大惟艱。告君，乃猷裕，我不以後人迷。」**

【注】猷，謀。裕，寬也。君今其監視于此，我周受命固无竟之休美，然亦大惟艱難矣。茲告君者，乃欲君謀寬裕，我不以子孫之故而迷于禄位也。鄭康成曰：「召公不説似隘急，故令謀于寬裕。」説，爰劣反。令，力呈反。【疏】「猶，謀」，《釋詁》文。《詩・角弓》云「綽綽有裕」，是「裕」爲「寬」也，《易》釋文引馬融注《蠱》六四云「裕，寬也」。云「我不以子孫之故而迷于禄位也」者，此篇《敘》云「召公不説」，馬融謂召公以周公不復爲苟貪寵，故不説，則告召公「猷裕，我不以後人迷」，是明己非爲子孫而昏迷貪寵，君謀當寬裕，勿以此疑我也。蓋古今來，固握重權久攣不舍者，无不爲子孫計世世弗失也。周公必不如此，召公疑周公亦必不至疑之若此，其在周公表白己意自必言及于此，故知周公本當如此。鄭注見正義。**公曰：「前人專乃心，乃悉命女作女民極，曰：『女明勗偶王，在亶。』」**【注】前人，謂武王也。專，布。作，使。極，中。亶，誠也。周公、召公蓋並受武王顧命命輔成王者，故言前人布乃心，乃詳悉命女，使女立民之中，謂曰：「女其明勉偶俱侍王，惟在亶誠也。」【疏】云「前人，謂武王也」者，當成王之世而偁「前人」遺命，自是謂武王矣。

「專，布」，《說文・寸部》文。《周禮・司士》職云「作六軍之士執披」，鄭注云「作，謂使之也」，故云「作，使」。《義禮・鄉飲禮》「作相爲司正」，鄭注亦云「作，使也」。「極，中」，《毛詩・思文》傳誼也，鄭注《周禮・天官》亦有是訓。「亶，誠」，《釋詁》文。云「周公、召公蓋並受武王顧命命輔成王者」者，《敘》云「召公爲保，周公爲師，相成王爲左右」，據此經言「前人悉命女」，且曰「女明勗偶王」，則二公之相成王乃受命于武王者也。云「偶俱侍王」者，經言「偶王」，「偶」是「敵偶」，不可解爲「敵偶于王」，止謂與同官偶俱侍王爾。周公蓋并己責之矣。**乘茲大命，惟文王悳丕承，无疆之恤。**」「惟文王悳丕承」六字作一句讀。【注】乘此武王大命，惟文王之悳是丕承之，任大責重，无竟之憂也。【疏】云「惟文王之悳是丕承之」者，《孟子》弟三篇下引《書》曰「丕顯哉文王謨，丕承哉武王烈」，言武王承文王之悳也，今乘武王大命，則當繼武王之承文王，故讀「惟文王德丕承」爲句，舊讀「丕承」屬下，非也。**公曰：「君，告女朕允。**【注】允，誠也。告女以我之誠悃。悃，苦本反。【疏】「允，誠」，《釋詁》文。云「告女以我之誠悃」者，悃，愊也，悃愊亦誠實之意也。**保奭，其女克敬，以予監于殷喪大否，肆念我天威。**「敬」字絕句。喪，色湛反。否，步鄙反。【注】保，召公官也。偁其官而名之，欲其思所任也。以，猶「與」也。否，讀爲《易》否卦之「否」；否，阨也。肆，長也。女其能敬哉，與我監于殷之喪亡大阨，長念我念之天威也。阨，安革反。【疏】《敘》云「召公爲保」，故云「保，召公官也」。上文皆偁「君奭」，此變言「保奭」，故云「偁其官而名之，欲其思所任也」。《禮記・文王世子》云「保也者，慎其身以輔翼之，而歸諸道者也」，此保之任也。云「以，猶『與』也」者，《義禮・鄉射禮》云「主人以賓揖」，鄭注云「以，猶與也」。云「否，讀爲《易》否卦之『否』；否，阨也」者，《易》卦天地交爲「泰」，反「泰」爲「否」，天地不交而萬物不通，故「否」爲陁塞。「否」字别有「不」誼，音方久反，此經「否」字音、誼皆異彼，故以《易》卦正其讀也。「肆」字從「長」，是有「長」誼，故云「肆，長也」。《崇高》詩云「其風肆好」，毛傳云「肆，長也」。經言「肆念我天威」，天威不可屬之于「我」，故解云「長念我念之天威」。篇首言「我亦不敢寧于上帝命，弗永遠念天威」，是周公監于殷周之易命而長念天威也，召公若「監于殷喪大否」，則亦長念周公之所念矣。**予不允惟若兹誥？予惟曰襄我二人。女有合哉，言曰在時二人。**【注】二人，己與召公也。我不誠而惟若此相誥乎？言以誠誥也。我惟曰勤襄王業，我二人之責也。女其有合我意哉，則言曰信在是二人。【疏】云「二人，己與召公也」者，與召公言而云「我二人」，則一人是我一人是所與言者，故云「己與召公」。上言「告女朕允」，而此言「予不允惟若兹誥」，則「不允」自是反決之詞，故云「我不誠而惟若此相誥乎？言以誠誥也」。云「勤襄王業」者，《説文·衣部》云「漢令解衣耕謂之襄」，然則「襄」乃勤勞趨事之言，故云「勤襄」。**天休滋至，惟時二人弗戡，其女克敬悳，明我俊民在，攘後人于丕時。**戡，口含反。「在」字屬上讀。【注】滋，益也。于時致治升平，故曰天休益至。戡，任也。言天降休祥滋益疊至，惟是我二人不足以任之，其女能敬德，明揚我俊民登之在位，庶幾與共任天休，乃可推攘後人于此大盛之時。以言今則不可復也。治，直吏反。疊，徒叶反。幾，吉衣反。推，土回反。【疏】「滋，益」，《説文·水部》文。云「于時致治升平，故曰天休益至」者，伏生《大傳》云「成王之時，有三苗貫桑葉而生，同爲一根，大幾盈車，長幾充箱，民得而上諸成王。王召周公而問，公曰：『三苗爲一根，和氣所生，意天下其和爲一乎？』拔而貢之文王之廟，果有越裳氏重譯而來」，又云「交止之南有越裳國，周公凥攝六年，制禮作樂，天下和平，越裳以三象重九譯而獻白雉，曰：『道路悠遠，山川阻深，恐使之不通，故重九譯而朝。』成王以歸周公，公曰：『悳澤不加焉，則君子不饗其質。政令不施焉，則君不臣其人。吾何獲此賜也？』其使請曰：『吾受命吾國之黄耇，曰：「久矣！天之无別風淮雨，意者，中國有聖人乎？有則盍往朝之。」』周公乃歸之于王，偁先王之神以薦于宗廟」，是于時已致治升平也。《詩·卷阿·敘》云「召康公戒成王也」，其詩曰「鳳凰于飛」，鄭箋云「因時鳳凰至，因以諭焉」，是成王時有鳳凰至，又有三苗同爲一根之瑞，皆天降之休祥，太平之應也。《釋詁》云「戡，勝也」，《説文·力部》云「勝，任也」，故云「戡，任也」。云「天降休祥滋溢疊至，惟是我二人不足以任之」者，天休之至惟大悳足以任之，經言「弗戡」者，蓋聖賢虚衷自視，常若不足，既獲天休，尤加敬畏，惟恐悳薄不足以任之也。❶云「以言今則不可退也」者，言明俊民在位乃攘後人，以見此時无可攘，則責无可委，是言今不可退之意。**於戲！竺棐時二人，我式克至于今日休。我咸成文王功于不怠，丕冒。海隅出日，罔不率俾。」**【注】式，用。率，循。俾，使也。厚輔王室是我二人，我用能至于今日休美。我不但已也，我欲徧成文王之功于不解怠，大覆冒天下。四海之隅，日出所照，无不循度而可使也。解，吉隘反。覆，方救反。【疏】「式，用」，《釋言》文。「率，循」，「俾，使」，並《釋詁》文。云「大覆冒天下」者，《考工記·玉人》云「天子執冒四寸以朝諸侯」，鄭注云「名玉曰冒者，言悳能覆蓋天下也」，是「冒」有「覆」誼也。前文云「文王迪見，冒聞于上帝」，注云「冒者，自下達上之言」，此云「覆冒」，同一「冒」字而解異者，蓋「冒」有二誼，自下冒上爲「冒進」，自上冒下爲「覆冒」，言各有當，望文爲解爾。「四海之隅」以下，鄭注也，見《三國·魏

❶「任」，原作「在」，今據近市居本改。

志・僭號太祖紀》注。**公曰：「君，予不惠，若茲多誥，予惟用閔于天粤民。」**【注】惠，讀爲「智慧」之「慧」。不慧，謙詞也。粤，亦「于」也。言我不慧，故煩于言，如此多誥。我惟用悲閔于天于民故也。智，陟諠反。【疏】「惠」有順也、仁也、愛也諸訓，皆不可施之于此。古者「慧」字輒通作「惠」，《漢書・昌邑王傳》云「清狂不惠」，蘇林注云「或曰：色理清徐而心不慧曰清狂」，又《後漢書・孔融傳》云「觀君所言，將不早惠乎」，是皆以「惠」爲「智慧」字，故此讀「惠」爲「智慧」之「慧」也。智慧謂明達而穎悟也，周公嘗自謂「巧能多材多埶」，而此言「不慧」，故以爲謙詞。《釋詁》云「粤，于也」，此言「用閔于天粤民」，欲見「于天粤民」並冢「閔」誼，故云「粤，亦『于』也」。云「言我不慧，故煩于言，如此多誥」者，《穀梁》僖二年傳云「達心則其言略」，「達心」即「智慧」，故「不慧」則言煩而多誥，益見「惠」之讀當爲「慧」矣。云「悲閔于天于民」者，鄭箋《詩・閔予小子》云「閔，悼傷之言也」，故以「閔」爲悲閔。悲閔于天于民，言悲閔天命民心之不易保，若篇首所云「不敢寧于上帝命，弗永遠天威，越我民罔尤韋，惟人在」之意。**公曰：「於戲！君惟乃知民悳，亦罔不耐厥初，惟其終。」**【注】惟女所知者，民悳靡不有初，鮮克有終，惟其終之爲貴。鄭康成曰：「召公是時意説周公，恐其復不説，故依違託言民悳以剴切之。」説，余劣反。復，房救反。剴，兀來反，又公哀反。【疏】云「靡不有初，鮮克有終」者，《詩・大雅・蕩》篇文。鄭注見正義。**祗若茲，往敬用治。」**祗，中移反。【注】祗，詞也。我所告祗如此而已，君其往敬以爲治哉。」【疏】「祗」有「敬」誼，此別有「敬」文，則「祗」不當作「敬」解，但爲語詞而已，故云「祗，詞也」。《易・復》初九「无祗悔」，馬融注云：「祗，詞也。」

成王政弟八十三【注】篇亡，孔氏《書》亦未有。

周書二十三

將蒲姑弟八十四【注】篇亡，孔氏《書》亦未有。

周書二十四

多方弟八十五

周書二十五　尚書二十二

維五月丁亥，王來自鄣，至于宗周。【注】鄭康成曰：「鄣國在淮夷之傍，周公居攝時亦叛。王與周公征之，三年滅之，自此而來歸。」聲謂：《多士》云「昔朕來自鄣」，即謂此時，然則《多方》在《多士》前，且不比也。宗周，鎬京。比，貧至反。【疏】鄭注見《詩·豳風表》正義。❶云「鄣國在淮夷之傍」者，《説文·邑部》云「周公所誅鄣國，在魯」，《粊誓》云「淮夷、徐戎並興」，是淮夷附近于魯，則鄣與淮夷亦相附近，故云「在淮夷之傍」。鄭于《成王政·敘》注云「鄣國在淮夷之北」，則此言「傍」是其北傍矣。云「周公居攝時亦叛」者，案：《大誥·敘》云「三監及淮夷叛」，不言鄣叛，鄭注彼《敘》具言其事亦不及鄣，此言「鄣亦叛」者，伏生《大傳》言管叔、蔡叔流言于國，鄣君謂禄甫曰「武王既死矣，今王尚幼矣，周公見疑矣，此百世之時也，請舉事」，又《詩·破斧》云「周公東征，四國是皇」，毛傳云「四國，管、蔡、商、鄣也」，是鄣與管、蔡、武庚俱叛者也。云「王與周公征之，三年滅之，自此而來歸」者，《詩·東山·敘》云「周公東征，三年而歸」，伏生《大傳》云周公攝政「三年踐鄣」，故云

❶「表」，按所引鄭注出自《詩·豳風譜》正義。

「三年滅之」。《成王政》及《將蒲姑》之敘皆言「踐郼」，《多方》次二篇之後而敘云「成王歸自郼」，經言「王來自郼」，故知自此滅郼而來歸也。聲謂：《多士》云「昔朕來自郼」，即謂此時者，《多士》篇云「昔朕來自郼，予大降爾四國民命」，即此下文所云「誥爾四國多方，我惟大降爾命」是也，故引彼文之「來自郼」以當此經之「來自郼」，于以見《多方》之誥先于《多士》，因遂云「然則《多方》在《多士》前，且不比也」。云「不比」者，謂《多方》後閱數篇而及《多士》，不相比接也。案：《成王政》、《將蒲姑》、《多方》、《周官》四篇之敘事相承次，當在一年之内。鄭于《成王政・敘》注云「此伐淮夷與踐郼，是攝政三年伐管、蔡時事，編篇于此，未聞」，又《鄭志》趙商問《成王》、《周官》是周公攝政三年事，此鄭誼也，然則鄭注《成王政・敘》所云是最括《成王政》、《將蒲姑》、《多方》、《周官》四篇言之也。又鄭注《康誥》云「是時周公凥攝四年也」，然則《成王政》、《將蒲姑》、《多方》、《周官》四篇當皆在《康誥》前，是不與《多士》聯比也。云「宗周，鎬京」者，《毛詩・正月》傳云「宗周，鎬京也」，鄭箋《詩・雨无正》云「周宗，鎬京也」。案：《禮記・祭統》引衛孔悝之鼎銘有云「即宮于宗周」，鄭注云「周既去鎬京，猶名王城爲宗周也」，是東都王城亦爲宗周。此篇《敘》云「成王歸自郼，在宗周誥庶邦」，是爲誥庶邦故在宗周，則似暫時留止非定止之処。安知「宗周」非謂東都王城而必以爲鎬京者，蓋周既東遷，乃謂東都王城爲宗周，時在西都，不得以東都爲宗周也。且東都王城建于周公凥攝之五年，此時凥攝三年尚未作洛，何東都之有？蓋成王是時定凥于酆，《周官・敘》云「還歸在酆」是也，鎬去酆二十五里，此時歸自郼至鎬京，暫留止誥庶邦，不久即欲歸酆，故《敘》言「在宗周」，經言「至于宗周」，則「宗周」自是鎬京矣。**周公曰：「王若曰：繇誥爾四國多方，惟爾殷侯尹民，我惟大降爾命，爾罔不知。**【注】四國，管、蔡、商、郼。多方，庶邦也。「殷」之言「衆」，衆侯，猶「諸侯」

也。尹，治也。周公倂王命以誥曰：誥道爾四國民庶、邦君，惟爾諸侯治民者，我大下于爾教命，爾无不知之。下，行嫁反。【疏】云「四國，管、蔡、商、𨛫」者，說具《多士》疏。云「多方，庶邦也」者，《敘》言「誥庶邦，作《多方》」，經又言「誥多方」，是「多方」謂「庶邦」矣。《毛詩・溱洧》傳云「殷，衆也」，《周禮・太宰》云「陳其殷」，鄭注云「殷，衆也」，故云「『殷』之言『衆』」。「諸」亦「衆」也，故云「衆侯，猶『諸侯』也」。俗解以「殷侯」爲「殷諸侯」，似是而實非也。曷言之？下文云「誥爾有方多士、衆殷多士」，別言「殷多士」則「有方多士」非殷士矣，然則多方之君非殷之諸侯矣；此文誥多方而云「爾殷侯」，是倂多方之君爲「殷侯」，即庶邦君也，豈殷商之諸侯乎？且踐𨛫滅淮夷，《敘》有明文，則云「殷諸侯」指謂誰乎？俗解非是，故不从之。「尹，治」，《說文・又部》文也。經文「繇」在「誥」上，「繇」之言「道」，注云「誥道爾四國民庶，邦君」，「道」在「誥」下，到其文者，《大誥》篇首據《釋文》云馬本作「大誥繇爾多邦」，據正義云鄭、王本「繇」在「誥」下。案：《漢書・翟方進傳》王莽依《尚書》擬作《大誥》，曰「大誥道諸侯王」云云，據莽所擬與馬、鄭、王本《尚書》合，是古文、今文本皆如此。僞孔氏乃以「繇」字易置「大誥」之上，是其有心亂經也。以《大誥》有此篇，則此文「繇誥」及下文「繇誥爾有方多士」蓋亦爲僞孔氏更置，皆當「繇」在「誥」下。但此篇无證左，❶不敢更正經文，聊于注見其誼爾。云「四國民庶、邦君」者，四國已滅，此誥其民爾；「庶邦」則「多方」也，下文明呼「有方多士」之下，乃溥誥四國多方之民尹爾，「多方」以上則誥庶邦君也，如云「天惟求爾多方」云云，自是誥邦君之言也。**洪惟圖天之命，弗永寅念于祀。**【注】洪惟，詞

❶「无」，原作「尤」，今據近市居本改。

也。寅，當爲「夤」字之誤；夤，敬也。言王者圖度天命，而不長敬念于祭祀乎？此泛言之也。度，代洛反。泛，孚欠反。【疏】云「洪惟，詞也」者，猶《大誥》言「洪惟我幼沖人」，皆發語之詞爾。云「寅，當爲『夤』字之誤」者，《堯典》「夤賓出日」、「夤淺内日」今本皆作「寅」，據《説文·夕部》云「夤，敬惕也」，則如《堯典》「夙夜維夤直哉」、《无佚》「嚴龔夤畏」凡誼爲「敬」者，字皆當作「夤」，今本亦皆作「寅」，皆誤也。此文「寅」字誼亦爲「敬」，則當爲「夤」誤作「寅」爾。「夤，敬」，《釋詁》文，今《爾雅》作「寅」，亦誤矣。圖度天命不可不敬念祭祀，經言「弗永寅念于祀」，是反決之詞，故注云：「王者圖度天命，而不長敬念于祭祀乎？」順經文語意而爲反喝之語也。云「此泛言之也」者，將備言夏、殷之不善圖天命以至滅亡，而先言此以發其端，則此言當无所專指，故云「泛言之」。僞孔傳乃云「謂夏桀」，案：下文「厥圖帝之命」乃謂夏桀，此「圖天之命」若謂夏桀則毋乃與下文重纍乎？其説非也。**惟帝降假于夏，有夏誕厥佚，不肯戚言于民，乃大淫昏，不克終日勸于帝之迪，乃爾攸聞。**

【注】夏桀之事舊矣，必庴言之者，欲以商之伐夏況周之伐商，明武王與湯同道，于以犕多方焉。《多士》之庴夏亦此意也。戚，慼也。惟帝升降于夏以監其惪，有夏大肆佚樂，不肯有慼戚之言加于民。言不卹民也。乃大淫荒昏亂，不能一日勸勉于天之道，乃女所聞知也。迪，或爲「攸」，馬融曰：「攸，所也。」監，吉銜反。樂，扐各反。【疏】自周溯夏，中歷商祀六百，故云「夏桀之事舊矣」，「舊」之爲言「久」也。周公誥多方欲明周之伐商爲天命所歸，非以天下爲利，則止言商之多辠可矣，乃必庴言久遠之夏者，正以多方之叛實不念乎商，而又不能无疑于武王，必援引商先王故事以相比況，庶可譬曉而犕其心，是以庴言有夏，故云「必庴言之者，欲以商之伐夏況周之伐商，明武王與湯同道，于以犕多方焉」。《多士》云「有夏不適佚

則」，又云「夏弗克庸帝」，是亦席言夏，與此篇偁夏同意，故云「《多士》之席夏亦此意也」。若然《多士》篇在前，則此誼當于《多士》發之，今乃于此篇發之者，以此篇之文詳于《多士》，而誥多方又前于告多士，故于此發之，而《多士》之誼即于此互見焉。凡例之發或在前或在後，本无一定也。「戚，悳」，《毛詩·小明》傳誼也。云「言不卹民也」者，「卹」之訓「悳」，與「戚」同誼也。云「迪，或爲『攸』」者，《釋文》云：「迪，馬本作『攸』，云『所也』。」**厥圖帝之命，不克𨳈于民之麗，乃大降罰，崇亂有夏。**𨳈，古「闢」字，从門从𠬞，《書古文訓》作「闢」，「闢」是「𨳈」之譌爾。《書古文訓》乃僞孔本也，然則僞孔本作「𨳈」矣，且其傳言「不能開」，則其經文必非「開」字。正義本作「開」者，乃衛包奉敕改也。又《粊誓·敘》「東郊不𨳈」，馬融本及唐石經初刻皆作「闢」，《匡謬正俗》及《書古文訓》皆作「門」中箸「𠬞」，正義本亦改作「開」，小顔以爲傳，釋云：「東郊不開，不得徑讀『𨳈』爲『開』。」據彼以證此，則二文皆當作「𨳈」，其作「開」者非。【注】厥，其也；其，夏桀也。𨳈，開。麗，附。崇，充也。天命之去就，因乎民心，民所附則附之，所去亦去之。桀圖天之命，不能開𨳈于民之所以附麗，乃大下威罰，以充實其亂于有夏。下，行嫁反。【疏】「厥，其」，《釋言》文。「𨳈，開」，《説文·門部》誼也。《易·彖傳》云「離，麗也」，郇爽注云「陰麗于陽，❶相附麗也」，故云「麗，附」。「崇，充」，《釋詁》文。云「不能開𨳈于民之所以附麗」者，廣施仁恩，民所以親附也，言桀不能廣開其使民親附之道。**因甲于内亂，不克靈承于旅。**甲，夷閘反。【注】甲，讀爲「狎」；狎，習也。鄭康成曰：「習爲鳥獸之行，于内爲婬亂。」聲謂：靈，善。旅，

❶「郇」，原作「荀」，今據近市居本改。

衆也。不能善承于衆。行，下孟反。【疏】正義云鄭、王皆以「甲」爲「狎」。案：《詩・芄蘭》云「能不我甲」，毛傳云「甲，狎也」，《詩釋文》云「甲，《韓詩》作狎」，則古者「甲」、「狎」同誼通用，故从鄭君讀「甲」爲「狎」。《釋言》云「甲，狎也」，郭注云「謂習狎」，《説文・犬部》云「狎，犬可習也」，故云「狎，習也」。鄭注見正義。云「習爲鳥獸之行，于内爲婬亂」者，《周禮・大司馬》云「外内亂鳥獸行則滅之」，鄭彼注引《王霸記》曰「悖人倫外内，无以異于禽獸」，又《詩・南山・敘》云「鳥獸之行，婬乎其妹」，是内亂爲鳥獸行也。「靈，善」，《詩・定之方中》鄭箋誼也。「旅，衆」，《釋詁》文。**罔丕惟進之龔，洪荼于民。**正義本改「龔」作「恭」，改「荼」爲「舒」，兹从《書古文訓》本。

【注】丕、洪，皆「大」也。荼，苦也。《詩》云「寧爲荼毒」。誣罔大者，惟進之任使龔職，大爲患苦于民。或讀「荼」爲「舒」，甚且改作「舒」字，非也。【疏】《釋詁》「丕」、「洪」同訓「大」，故云「丕、洪，皆『大』也」。《説文・艸部》云「荼，苦荼也」，《詩・唐風》云「采苦采苦」是直目「荼」爲「苦」，故云「荼，苦也」。引《詩》者，《大雅・桑柔》文，鄭君箋云「安爲苦毒之行」，亦解「荼」爲「苦」，故引以證也。云「或讀『荼』爲『舒』，甚且改作『舒』字」者，僞孔《書》經文作「荼」，而其傳云「大舒惰于治民」，是其誤讀「荼」爲「舒」也。案：古書輒有以「荼」爲「舒」者，如《考工・弓人》云「寬緩以荼」，康成注云「荼，古文舒，假借字。鄭司農云：荼，❶讀爲舒」，又《禮記・玉藻》云「諸侯荼」，鄭君注云「荼，讀爲舒遲之舒」，于《尚書》中則《鴻範》「咎徵曰荼，恒燠答」是古「舒」字。故《大傳・五行傳》云「厥咎荼」，鄭君解爲「荼緩」。若此文之「荼」則爲「荼毒」之誼，非「舒」字也。僞孔故欲亂經，因古

❶「荼」，原作「荼」，今據近市居本改。

書有以「荼」爲「舒」者，遂于此文解「荼」爲「舒」，而于《鴻範》偏又改「荼」爲「悆」，解爲「逸豫」。蓋僞孔氏匿其名而託其書于安國，故不畏後人之非議而誕妄如此。至唐開元時，欲改隸古从時字而又全無省録，惟據僞孔傳誼爲正，故于《鴻範》改「荼」爲「豫」，于此改「荼」爲「舒」，故云「甚且改作『舒』字，非也」，據正義本而言也。於虖！《尚書》譌舛一至于此，則卟古之力惡能已哉！

亦惟有夏氏之民饕飻，日欽劓割夏邑。僞孔本无「氏」字，兹从《説文》所引，增「饕飻」二字亦从《説文》，僞孔古文同，正義本改从俗，非也。【注】饕，貪也。飻，忿戾也。欽者，思望之意。邑，國也。亦惟夏氏之民貪饕忿戾，日欽欽然思劓割夏國。言民之貪亂，欲夏亡也。《湯誓》曰「有衆率怠弗協，曰『時日害喪？予及女偕亡』」，此之謂也。害，何葛反。喪，色宕反。【疏】「饕，貪」，《説文·食部》文。云「飻，忿戾也」者，《説文·至部》引此經而訓其誼如此，且發其音云「讀若摯」。《詩·鷐風》云「悥心欽欽」，毛傳云「思望之心中欽欽然」，故云「欽者，思望之意」。「邑，國」，《説文·邑部》文。《孟子·梁惠王》篇引《湯誓》曰「時日害喪？予及女偕亡」，且説之云「民欲與之偕亡」，則《湯誓》所言與此「日欽劓割夏邑」同意，皆謂民欲夏亡也，故引《湯誓》以證此經之所謂。

天惟時求民丶，乃大降顯休命于成湯，刑殄有夏。丶，知庾反，今通作「主」。【注】天惟是之故，求可爲民主者，乃大下光顯之美命于成湯，使之誅絶有夏。【疏】云「天惟是之故」者，「惟時」是承上之詞，言惟是夏民「日欽劓割夏邑」之故。

惟天不畀純，乃惟以爾多方之義民，不克永于多享。義，牛奇反，注同，「威義」字也。【注】純，大也。義民，猶「民義」，謂賢者。惟天之不予夏人矣，所以然者，乃惟夏王以爾多方之賢義型于民者黜退之，使不能久長多享禄位。言桀不任賢。【疏】「純，大」，《釋詁》文。云「義民，猶『民義』，謂賢者」者，《大誥》云「民義有十夫」，「民義」言民之表義，謂賢者，此言「義民」謂「義型于民者」；是猶彼文言「民義」也。下文「成湯克以爾多方簡，代夏作民主」是言湯以能用賢爲天所予，此反對下文爲言，則是言天之不予桀以桀不任用賢故，故解「不克永于多享」謂黜退義民，使不能久長多享禄位也。**惟夏之龔多士，大不克明保享于民，乃胥惟虐于民，至于百爲大不克閞。**❶ 閞，正義本亦作「開」，茲亦从《書古文訓》本。【注】胥，皆也。惟夏龔職之多士，大不能明安享于民之道，乃皆惟虐于民，其所爲虐政，至于百計大不能開于民之麗。言桀任用小人。【疏】「胥，皆」，《釋詁》文。云「惟夏龔職之多士」者，此「龔多士」即上文所謂「惟進之龔」者，故解爲「龔職」。云「大不能開于民之麗」者，上文言「不克閞于民之麗」，❷則此言「大不克閞」即所謂「不克閞于民之麗」也。**乃惟成湯，克以爾多方簡，代夏作民主。**【注】簡，擇也。乃惟成湯能以爾多方之賢者簡擇而任之，用是代夏爲民主。【疏】「簡，擇」，鄭箋《詩·簡兮》篇誼。**慎厥麗，乃勸厥民，𠛬用勸。**❸【注】𠛬，瀍也。慎其民之麗，乃勸勉于民，其民瀍之，用勸于善。【疏】「𠛬，瀍」，《釋詁》文。「云慎其民之麗」者，上文云「不克閞于民之麗」，則此言「慎厥麗」是謂「慎其民之麗」也。**以至于帝乙，罔不明悳慎罰，亦克用勸。要囚殄戮多辠，亦克用勸；開釋无辜，亦克用勸。**【注】帝乙以上无不明悳慎罰，亦能勸勉于民。其要覈囚人

---

❶「閞」，原作「関」，今據近市居本改。下「閞」字同。

❷「閞」，原作「開」，今據近市居本改。下三「閞」字同。

❸「𠛬」，原作「荆」，今據近市居本改。下「𠛬」字同。

之辠灋，刑殺宥赦皆當其情。❶ **民咸服之，亦能用勸于善。**上，時掌反。覈，下革反。當，多宕反。【疏】云「刑殺宥赦皆當其情」者，「殄戮多辠」，刑殺之當也；「開釋无辜」，宥赦之當也。**今至于爾辟，弗克以爾多方享天之命。於戲！**辟，賓亦反。【注】辟，君也。爾君，謂紂也。爾君承先王之悳澤，而不能以爾多方享天之命。可嘅也夫。夫，房孚反。【疏】「辟，君」，《釋詁》文。云「可嘅也夫」者，嘅，嘆也，解「於戲」之意也。

王若曰：誥告爾多方，非天庸釋有夏，非天庸釋有殷，乃惟爾辟以爾多方大淫圖天之命，屑有辭。【注】王命誥告爾多方，夏、殷之亡非天用捨去之也，乃惟爾君紂恃以爾多方之衆，大過圖度天命，謂不去己。動作切切，辠然有辭，以故滅亡爾。《商書》曰「王曰『我生不有命在天』」，是其過圖天命也。不言桀者，上以詳言桀惡，于此省爾。捨，式野反。去之，羌呂反。省，所耿反。【疏】云「以爾多方」，「以」字有挾持之意，則「大淫圖天之命」謂紂挾有爾多方之衆而過度天命，謂長右己也，故云「持以爾多方之衆，大過圖度天命，謂不去己」。引《商書》者，《西伯戡黎》文。言「我生不有命在天」，是反詞以決有命在天也，是「大淫圖天之命」之明證也，故引之也。云「不言桀者，上以詳言桀惡，于此省爾」者，既並言「非天庸釋有夏」、「非天庸釋有殷」，其下乃止言「爾辟」不言桀，故決之云「以上以詳言桀惡，故省也」。「詳言桀惡」者，上文「有夏誕厥佚」云云至「洪荼于民」是也。**乃惟有夏，圖厥政不雧于享，天降時喪，有邦閒之。**雧，今省作「集」。喪，色浪反，下同。閒，古莧反，注同。【注】集，就。閒，代也。桀謀其政不就于享國之謀，天降是喪亡

❶「刑」，原作「荆」，今據近市居本改。

于夏，使有國諸侯伐之。謂商代之也。【疏】「集，就」，《毛詩·小旻》傳及《大明》傳皆有是訓。「閒，代」，《釋詁》文。乃惟爾商後王佚，厥佚圖厥政，不蠲烝，天惟降時喪。【注】蠲，絜。烝，升也。爾商後王縱佚，其佚其所謀之政，胜薉不絜，升聞于上，天惟降是喪亡。絜，今辪反。縱，子用反。胜，桑巠反。【疏】「蠲，絜」，《毛詩·天保》傳誼也。「烝，升」，馬誼也，見《釋文》。《説文·火部》云「烝，火氣上行也」，是「烝」之誼爲「升」也。云「胜薉不絜，升聞于上」者，若《酒誥》云「誕惟民怨，庶群自酒，胜聞在上」，又如《吕刑》云「刑發聞惟胜」是也。惟聖罔念作狂，惟狂克念作聖。天惟五年，頦夏之子孫。頦，相俞反，俗通作「須」。【注】聖罔念則狂矣，狂克念則聖矣。善惡无常，皆可變改，天惟是故待暇紂也。須，待也。鄭康成曰：「夏之言暇。天覬紂能改，故待暇其終至五年，欲使復傳子孫。五年者，文王受命八年至十三年也。」覬，吉利反。復，文救反。【疏】「須，待」，《釋詁》文，《説文·立部》誼同。鄭注見《詩·皇矣》正義。《成陽靈臺碑》云「日稷不夏」，言日夜不暇也，是古字或以「夏」爲「暇」，故鄭云「夏之言暇」。案：《禮記·鄉飲酒》誼云「夏之爲言假也」，伏生《大傳》云「夏者，假也」，《釋名》云「夏，假也，寬假萬物，使生長也」，鄭云「夏之言暇」者，鄭君蓋以「暇」爲「假」，亦謂「夏之言假」爾。據鄭君箋《皇矣》詩云「天須假此二國」，是用此經「須夏」之誼，故知鄭君此注以「暇」爲「假」，謂須待之寬假其年至五年也。云「五年者，文王受命八年至十三年也」者，伏生《大傳》云「文王受命，七年而崩」，則受命八年是武王即位之年，至十三年一月乃伐紂，是周帀五年矣。《大誓》説十一年武王觀兵孟津之事云：「八百諸侯，不召自來，不期同時，不謀同詞，皆曰：『受可伐矣。』王曰：『爾未知天命，未可伐。』」然則武王須夏紂，故至十三年乃伐之，其實天意須夏紂五年，武王奉順之爾。誕作民主，罔可念聽。

【注】天須夏紂，而紂爲民主，肆行无道，无可爲天念聽者。言紂自絶于天。**天惟求爾多方，大動以威，閞厥顧天。**❶ **惟爾多方罔堪顧之，惟我周王善承于旅，克堪用悳，惟敷神天。**閞，正義本作「開」，據《書古文訓》當作「閞」。敷，多殄反，今通作「典」。【注】顧，猶「視念」也。敷，主也。天以紂无可念聽，惟是求之于爾多方，下災異之威，大動天下之心，開其能爲天以視念者。衆國无堪爲之，惟我周王善承于衆，能堪用悳，以主神天之祀。下災，行嫁反。【疏】《詩譜·敘》正義引此經鄭注云「顧，猶視念也。其意言天下災異之威，動天下之心，開其能爲天以視念者。衆國无堪爲之，惟我周能堪之」數語，誼似未足，蓋引者有删節也。兹用其注，頗有增益，故不偁「鄭君」也。「敷，主」，《説文·攴部》文。**天惟式教我用休，簡畀殷命，尹爾多方。**【注】尹，正也、治也。天惟是用教我周以休祥，簡閲付畀我以殷命，使正治爾多方。【疏】《釋言》云「尹，正也」，《説文·又部》云「尹，治也」，此經「尹」字當兼此二誼，故云「尹，正也、治也」。**今我曷敢多誥？我惟大降爾四國民命，爾曷不忱裕之于爾多方？**【注】今我何敢多誥？我惟大下于爾四國民教命而已，爾何不信我教命而裕其信于爾多方乎？下，行嫁反。【疏】云「我惟大下于爾四國民教命而已」者，下文云「乃有不用我降爾命」，即此所降「四國民之命」也，言「有不用」則「命」是「教命」矣，篇首言「我惟大降爾命」同此「教命」也。云「爾何不信我教命」者，「忱」之言「信」也。云「裕其信于爾多方」者，謂信我教命而裕足其信于爾多方之衆，合皆信我教命也。**爾曷不夾介乂我周王，享天之命。**【注】夾，持。介，善

❶ 「閞」，原作「闓」，今據近市居本改。下同。

也。爾何不夾持善道，以聽治于我周王，以享天之命乎？【疏】「夾，持」，《説文・大部》文。「介，善」，《釋詁》文。夾持善道以聽治于周，則將與之更始，使得安其居、守其業、樂其生，是能享天之命，故云：「爾何不夾持善道，以聽治于我周王，以享天之命乎？」**今爾尚宅爾宅，畋爾田，爾曷不惠王，熙天之命？** 畋，笛年反。【注】「尚」之言「猶」也。畋，平田也。惠，順。熙，廣也。今爾猶居爾居，平治爾田，得安其生業，爾何不順王政教以廣天之命乎？【疏】《左傳》僖三十七年云「蔿賈尚幼」，又僖三十三年云「王孫滿尚幼」，皆謂年猶小，是「尚」之言「猶」。云「畋，平田也」者，《説文・攴部》文。「惠，順」，《釋言》文。「熙，廣也」者，《國語・周語》晉叔譽説《昊天有成命》之詩，解「熙」爲「廣」也。**爾乃迪婁不静，爾心未愛。** 婁，力寓反，注同。【注】婁，數。愛，慕也。我道爾者數矣，爾乃數道猶不安静，是爾心未愛慕也。《康誥》「今惟民不静，未戾厥心，迪婁未同」，此之謂。數，所角反。道，大到反。【疏】「婁，數」，鄭箋《巧言》詩誼也。《詩・隰桑・敘》云「思見君子，盡心以事之」，其詩云「心乎愛矣，瑕不謂矣，中心藏之，何日忘之」，是「愛」爲「慕」，故云「愛，慕也」。引《康誥》者，康叔所封國即殷之故墟，則所云「民不静，迪婁未同」者，即此經所謂，故引以證。**爾乃不大宅天命？爾乃屑播天命？爾乃自作不典，圖忱于正？**【注】宅，讀當爲「度」。典，法。正，長也。爾不大寸度天命乎？爾乃動作切切播棄天命乎？爾乃自作不法，謀取信于長上乎？此歷數責之也。度，代洛反。長，中丈反。❶寸，七本反，俗加「心」傍，非。數，色主反。【疏】「宅」之言「尻」，

❶「丈」，原作「支」，今據近市居本改。

天命不可云「尻」，故云「宅，讀當爲『度』」，蓋古者「宅」、「度」同字，説已詳《堯典》及《康誥》疏。《釋詁》「典」、「法」同訓爲「常」，故云「典，法」，鄭注《周禮·太宰》「六典」之「典」兼備三訓，有「法」訓焉。「正，長」，《釋詁》文。云「爾乃不大寸度天命乎」者，蓋寸度天命當知天命有定，不復生異謀矣，四國之叛由其不度天命故也。**我惟時其教告之，我惟時其戰要囚之。**【注】戰，懼也。要囚，要決所俘囚者之辠也。《逸書》曰「俘維九邑」。我惟是之故其教告之，我惟是之故其戰要囚之重刑殺，故戰懼。俘，方矛反。【疏】「戰，懼」，《釋詁》文。引《逸書》者，《逸周書·作洛解》云「二年，又作師旅，臨衛攻殷。殷大震潰，降辟三尗。王子禄父北奔，管尗經而卒，乃囚蔡尗于郭淩。凡所征熊盈簇十有七國，俘維九邑」，是其文也。引之者，欲見此時踐鄣而歸，頗有俘囚，以證此「要囚」謂「要決所俘囚者之辠也」。**至于再，至于三，乃有不用我降爾命，我乃其大罰殛之。**❶【注】我教告爾以至再至三矣，乃有不用我所下于爾之教命者，我乃大誅罰之。下，行嫁反。**非我有周秉悳不康寧，乃惟爾自速辜。**【注】速，召也。非我周秉執之悳不静安而欲誅罰女，乃惟女不用命，自召辠戾。【疏】《釋言》云「速，❷徵也」、「徵，召也」，故云「速，召也」。《義禮·鄉飲酒》「主人速賓」，鄭注亦云「速，召也」。**王曰：於戲！繇告爾有方多士衆殷多士，今女奔走臣我監五祀，越維有胥賦小大多政，爾罔不克臬。**篇首及此文「繇」字，正義本皆改作反「猶」字，兹从《書古文訓》本。僞孔本「賦」作「柏」、「政」

❶「大」，原脱，今據近市居本補。

❷「云」，原脱，今據近市居本補。

作「正」，茲从伏生《大傳》本。【注】監，謂三朩監于殷者。祀，年也；商曰祀，周曰年，告殷民故曰祀。武王命三朩監殷，殷民皆臣服于茲十年矣。言「五祀」者，本其未叛時言也。胥，謂繇役；繇役亦賦也，故曰「胥賦」。克，任。臬，準也。告道爾庶邦多士與殷多士，今爾曾奔走臣服于我監五年矣，于維有繇賦小大多政頒令于爾，爾无不任繇賦之準頟也。《大傳》曰：「古者，十税一。多于十税一謂之大桀、小桀，少于十税一謂之大貉、小貉。王者十一而税而頌聲作矣。」故曰「越維有胥賦小大多政」。繇，弋招反。曾，在夌反。頟，吾格反。貉，莫白反。【疏】云「監，謂三朩監于殷者」者，告殷民而言「臣我監」，則「監」是謂周之監于殷者，故以爲管、蔡、霍三朩也。僞孔氏乃云「監」謂「成周之三監」，且云「臣服我監五年无過，則還本土」，蓋僞孔以《多方》在《多士》之後，因傅會其說謂殷民拪于成周而又叛，叛而又征之，復立監監之，諭令臣服，此妄說也。案：《多士》云「昔朕來自鄁」，則作《多方》實在作《多士》之前。此云「臣我監」者，偁其往日之善以誘道之，非有復立三監之事，且經文亦无許還本土之言，僞孔氏恣意亂經，妄造異說，非也。正義引王肅注云「其无成雖五年，亦不得反」，正與僞孔合，足徵僞孔傳之出于肅矣。云「商曰祀，周曰年」者，《釋天》文。云「武王命三朩監殷，殷民皆臣服于茲十年矣」者，武王克殷而封武庚，命三朩監之，粤五年而武王崩，其明年周公尻東，尻東二年而反尻攝，時當克殷以來之八年也。此時尻攝三年，計封武庚、立三監至此歷十年矣，云「言五祀者，本其未叛時言也」者，三監之叛在周公居攝之初，距初監時有八年矣，是時殷民雖臣服三監而于王室則爲叛逆，惟初立三監至流言之始此五年之閒，殷民未萌畔志乃爲臣服爾，經言「五祀」是本其未叛時言也。云「胥，謂繇役」者，《周禮・天官》敘官云「胥十有二人，徒百有二十人」，鄭注云「此民給繇役者」，鄭又注《地官》

敘官云「胥及肆，長市中給繇役者」，是給繇役者有「胥」名也。又《小司徒》云「以起軍旅，以作田役，以比追胥，以合貢賦」，又云「凡起徒役，毋過家一人，以其餘爲羨。唯田與追胥竭作」，是「胥」實爲繇役之名也。云「繇役亦賦也」者，《周禮・大司馬》云「凡令賦，以地與民制之。上地食者三之二，其民可用者家三人；中地食者半，其民可用者二家五人；下地食者參之一，其民可用者家二人」，是繇役亦賦也，故《漢書・景帝紀》後二年詔曰「省繇賦」，《後漢書・弟五倫傳》云「倫後爲鄉嗇夫，平繇賦」，皆「繇賦」聯言，此言「胥賦」猶彼言「繇賦」也。《毛詩・敬止》傳云「仔肩，克也」，鄭箋云「仔肩，任也」，則「克」、「任」同誼，故云「克，任」。《説文・木部》云「臬，射準的也」，故云「臬，準也」。引《大傳》者，伏生《書傳・多方》傳文，以證此經本是「胥賦小大多政」。僞孔改「賦」作「柏」、「政」作「正」，非也。案：《公羊》宣十五年傳云「古者什一而精。古者曷爲什一而精？什一者，天下之中正也。多乎什一，大桀、小桀；寡乎什一，大貉、小貉。什一者，天下之中正也，什一行而頌聲作矣」，《大傳》説與《公羊》同，則其説由來舊矣。**自作不和，爾惟和哉。爾室不睦，爾惟和哉。爾邑克明，爾惟克勤乃事，上不諅于凶悳。**僞孔本改作「爾尚〻〻諅于凶悳」，❶衛包又改作「爾尚不忌于凶悳」，皆非也，兹从《説文》所引。諅，求記反。

【注】爾向者自爲不和，爾今惟和哉。睦，亦「和」也。爾室有不和者，爾惟和之哉。爾邑中能明于和順，是爾能勤乃事，則上之人不忌㑵于爾之凶悳矣。諅，忌也。凶德，指謂從前之叛也。㑵，桑七反。【疏】經兩言「爾惟和哉」，一承「自作不和」之下，是欲其改前之不和，故解云「爾今惟和哉」，一承「爾室不睦」

❶「諅」，原作「言」，今據近市居本改。

之下，是欲其和睦乃室，故解云「爾惟和之哉」。經意固是不同，故解有異也。《説文·目部》云「睦，敬和也」，是「睦」有「和」誼，故云「睦，亦『和』也」。「諅，忌」，《説文·言部》文。云「凶悳，指謂其從前之叛也」者，蓋殷多士縱能從順，然曾從武庚而叛，則爲其長上者自不能无猜忌，兹言「上不諅于凶悳」，自是謂信其從順，不忌㑵其從前之叛也。「上」謂在上之人，若「君」若官長皆是。**亦則以穆穆在乃位，克閲于乃邑謀介。爾乃自時洛邑，尚永力畋爾田。天惟畀矜爾，我有周惟其大介賚爾，廸簡在王庭，尚爾事有服在大僚。**【注】亦，古「掖」字。則，灋也。穆穆，敬也。介，善。自，用也。時將栖殷民于洛，故曰「自時洛邑」。《逸書》曰「俘殷獻民，栖于九畢」在此時也。九畢，洛邑之地也。畀，予。介，助也。賚，亦「予」也。掖持法則以敬居爾位，能簡閲于爾邑以謀善道。爾乃用是洛邑，庶幾各安其農業，永長用力于畋爾田矣。如是則天惟予爾憐爾，我周惟其大助予爾，進簡爾在王庭，尊尚爾事有服治職事在大官者，言將顯用，以勸勉之也。【疏】云「亦，古『掖』字」者，説見《咎繇謩》疏及《梓材》疏。「則，灋」，《釋詁》文。「穆穆，敬也」，《釋訓》文。「介，善」，亦《釋詁》文。「自，用」，《毛詩·緜》傳誼也。伏生《大傳》云周公攝政「五年營成周」，《多士·敘》云「成周既成，栖殷頑民」，此篇乃攝政三年時事而云「時將栖殷民于洛，故曰『自時洛邑』」者，蓋營成周本爲安集所栖之殷民，而誥殷民作《多士》，則在成周既成之後，故《多士》之敘必言「成周既成」，又必推本于「遷殷頑民」言之，不可執泥以爲成周既成乃始栖殷民也。《召誥》云「太保乃以庶邦攻位于洛汭」，又云「厥既命殷庶，庶殷丕作」，則未營成周之先，殷民固已在洛矣。此經言「爾乃自時洛邑」，自是將栖殷民于洛，且有《逸書》明文可據，故引以證焉。《逸書》者，《逸周書·作洛解》文也，其文云「二年，又作師旅，臨衛攻殷。殷大震潰，降辟三尗，王子禄甫北奔，管尗經而死，乃囚蔡尗于郭淩。凡所征熊盈簇十有七國，俘維九邑，俘殷獻民，拪于九畢，俾康尗宅于殷」，然則拪殷獻民在克殷之後，封康尗之前。伏生《大傳》云周公攝政「二年克殷，三年踐奄」，鄭注《康誥》云「是時周公尻攝四年」，然則拪殷獻民于九畢，適當三年踐奄之時，故云「在此時也」。云「九畢，洛邑之地也」者，孔鼂注《作洛解》云「九畢，成周之地」，成周固是洛邑也。「畀，予」，《釋詁》文。《釋詁》云「介，右也」，《說文・口部》云「右，助也」，故云「介，助也」，鄭箋《詩・七月》、《行葦》、《既醉》諸篇皆有「介，助」之訓焉。《釋詁》「賚」、「畀」俱訓「予」也，茲已云「畀，予」，故云「賚，亦『予』也」。**王曰：於戲！多士，爾不克勸忱我命，爾亦則惟不克享，凡民惟曰不享。爾乃惟佚惟頗，大遠王命，則惟爾多方探天之威。我則致天之罰，離遏爾土。**遏，古文「逖」。【注】致功曰享，謂致其所爲之功事于上也。探，取也。爾多士不能裕其忱于爾多方，勸其忱信我教命，爾亦則惟不致功事以享矣。凡多方之民，亦惟曰不享矣。爾乃放佚頗衺，大遠背王命，則惟爾多方自取天之威。我則致天之罰于女，分離奪女土也。衺，夕奢反。背，蒲妹反。【疏】《禮記・曲禮下》云「五官致貢曰享」，鄭注云「貢，功也。享，獻也。致其歲終之功于王謂之獻」，故云「致功曰享，❶謂致其所爲之功事于上也」。上文云「越惟有胥賦，小大多政，爾罔不克臬」，「克」之言「任」，任胥賦之臬即是致其功事于上也。「探，取」，《釋詁》文。上文云「爾曷不忱裕之于爾多方」，謂爾何不信我教命而饒裕其忱信于爾多方，使多方皆信我教命也。此言「勸忱我命」是謂勸多方之衆信我教命，與上文語意正

❶「功」，原作「貢」，今據近市居本及注文改。

同，故云「爾多士不能裕其忱于爾多方，勸其忱信我教命」，回顧上文以爲解也。云「凡多方之民亦惟曰不享矣」，以「凡民」爲多方之民者，「凡」是最括之詞，所包者廣，當不止謂殷民，且言「勸忱我命」即所謂「忱裕之于爾多方」也，且又言「爾多方探天之威」，則此「凡民」自是謂多方之民矣。云「分離奪女土也」者，鄭君注也，見正義。**王曰：我不惟多誥，我惟祇告爾命。又曰：時惟爾初不克敬于和，則毋我怨。」**【注】不惟多誥，言不多誥也。祇，詞也。周公述王命既終，又申言王意以丁寧之，偁王之言曰：我不煩偁誥，我祇告爾以此教命而已。王又言曰：是惟爾初時不能敬于和道故也，非我不康寧爾，則女毋我怨矣。【疏】云「不惟多誥，言不多誥也」者，欲見「惟」字止是語聲，不爲誼也。蓋若執「不惟」爲「不但」之誼，則與前文「今我曷敢多誥」及此下句「我惟祇告爾命」語意皆韋反矣，故止作「不多誥」解，不及「惟」字也。云「祇，祠也」者，言此「祇」字不作「敬」解，止是語詞爾。云「周公述王命既終，又申王意以丁寧之」者，篇首言「周公曰：王若曰」，是周公偁王命，則凡篇中「王若曰」、「王曰」之等皆周公所述也；自「離逷爾土」以上，❶告戒之語已詳盡，故云「既終」；此更偁「王曰」、「又曰」而語无多，止云「祇告爾命」及「則毋我怨」，是申王意以丁寧之也。

周官弟八十六【注】篇亡，孔氏《書》亦未有。

周書弟二十六

立太師、太傅、太保，茲惟三公。【注】《禮·保傅》曰「保，保其身體。傅，傅其悳誼。師，道之教

❶「逷」，原作「逖」，今據近市居本及上文經文改。

順」，此三公之職也。順，古以爲「訓」字，假借也。【疏】《周禮·保氏》敘官疏引《鄭志》：趙商問：「案《成王周官》『立太師、太傅、太保，兹惟三公』，即三公之號自有師、保之名，《成王周官》是周公攝政三年事，此《周禮》是周公攝政六年時，則三公自名師、保起之在前，何也？」鄭答曰：「周公左，召公右，又兼師、保，初時然矣。」詳鄭君之意，蓋謂成王以師、保是周公、召公所兼之官，故尊之列于三公，逮後周公制《周禮》，則以師氏爲中大夫，保氏下大夫，官制不妨隨時變更，不當以《尚書·周官》難《周禮》也。案：孔氏逸《書》无《周官》篇，趙商何由見此文而偁之？蓋或因見于周、秦諸子之書，而商得據以問與？而作僞者遂取之以入其所爲之《周官》矣。注引《禮·保傅》者，《大戴禮·保傅》篇文也。逸《書》先太師，次太傅，次太保，注到其敘者，順《保傅》篇成文，不得依逸《書》之次也。云「師導之教順」者，「教順」言「教訓」也。古或以「順」爲「訓」，《孝經·聖治章》云「以順則屰，民无則焉」，是亦以「順」爲「訓」，蓋「順」、「訓」皆川聲，故古者或假借「順」字爲「訓」也。

立政弟八十七

周書二十七　尚書二十三

周公若曰：「拜手䭫首，告嗣天子王矣。用咸戒于王，曰王左右常敀、常任、準人、綴衣、虎賁。」周公曰：「於獻休兹！知恤鮮哉。」敀，博貉反，僞孔本作「柏」，兹从《説文》所引。準，中盾反。綴，之鋭反。賁，百門反。鮮，相然反。【注】肅曰：「于時周公會群臣共戒成王，其言曰『拜手䭫首』者，是周公贊群臣之詞。」聲謂：常敀、常任、準人，即夏、商之三宅，文、武之三事也。綴衣、虎賁，文、武有其官，夏、商則未聞焉。虎賁守王宮，見《周禮》。綴衣則未有見，蓋侍帷握之臣也。恤，收。鮮，善也。

周公逯群臣以見于王，曰群臣拜手稽首，有告于嗣天子王矣。群臣用皆戒于王，曰王左右之臣，若常畋、常任、準人、綴衣、虎賁諸官者。周公即贊之曰：「美哉，此諸臣之戒。知收受其言，斯善哉。」所戒之詞，下文所云皆是也。戒王者，周公之意使群臣發其耑，不欲專所戒也。「於戲休茲」者，永歎淫液以動成王之聽。今文「畋」爲「伯」、「準」爲「辟」。見，亦燕反，注內皆同。逯，所律反。耑，多官反。液，夷益反。【疏】肅注見正義。《文選·劉越石答盧諶詩》注引揚雄《侍中箴》曰「炎炎常伯」，又《藉田賦》注引應劭《漢官義》曰「侍中，周成王常伯任侍中，殿下稱制」，「畋」與「伯」古今字，然則「常伯」即漢之「侍中」也。但漢之官制今人罕知，非所以曉學者，故不用爲說。云「常伯、常任、準人，即夏、商之三宅，文、武之三事也」者，下文偁夏臣告其君曰「宅乃事，宅乃牧，宅乃準，茲惟后矣」，又偁「湯用三有宅克即宅」，是夏、商官制皆有「三宅」；又偁「文、武立政以任人、準夫、牧，作三事」，相爲比況，則「準夫」即「宅乃準」，「牧」即「宅乃牧」，而「任人」爲「宅乃事」亦可知。蓋所任者事，故或言事或言任，一也。此文「準人」即文、武時之「準夫」、夏之「宅乃準」也，「常任」則文、武之「任人」，其在夏則爲「宅乃事」矣。以此推之，則「常畋」即所謂「牧」矣。鄭注《禮記·王制》云「殷之州長曰伯，虞夏及周皆曰牧」，然則牧、伯同職也，而「畋」、「伯」則同字，故以「常畋」當「牧」也。云「綴衣、虎賁，文、武有其官，夏、商則未聞焉」者，文、武之綴衣、虎賁，下經可據也；夏、商官制，書缺有閒，故无聞焉。據《禮記·明堂位》，夏官之數三分周官之一，殷則三分周之二，宜其官之不備，此二官有无不可知也，故曰「未聞」。若然止取況于文、武時可矣，夏、商既未聞而必偁之者，以常畋、常任、準人取況于夏、商之「三宅」故也。云「虎賁守王宮，見《周禮》」者，《周禮·夏官》之屬「虎賁氏，下大夫二人」，其職云「舍則守王閑，王在國則守王宮」是也。云

「綴衣則未有見，蓋侍帷握之臣也」者，《周禮》之官无名「綴衣」者，故云「未有見」；《顧命》云「狄設黼扆綴衣」，則「綴衣」是帷握之屬，此以「綴衣」名官，故以爲「侍帷握之臣」，以无正文，故云「蓋」以疑之。「恤，收」，《説文・心部》文。「鮮，善」，《釋詁》文。于時群臣進戒成王，才舉諸官名而所戒之詞猶未發一語，周公即贊之曰「休茲，知恤鮮哉」，則周公焉知群臣將欲云何而美之？注乃云「美哉，此諸臣之戒。知收受其言，斯善哉」，以「休茲」爲美諸臣之戒，「恤」爲收受所戒之言者，蓋此篇戒成王實周公之意恉，欲成王深念其言，故託諸群臣，以見其爲衆人之公言，不可不思也；故令群臣進戒而公即歎美之，使若群臣先白于公，公已知其言，將代爲述之而先歎美之者；則解「休茲」爲美諸臣之戒，解「恤」爲收受其言，斯爲允當。僞孔氏解「恤」爲「憂」，謂「憂得其人」，是增益之誼，非經意也。云「所戒之詞，下文所云皆是也」者，謂「古之人」以下至于「艾我受民」也。云「戒王者，周公之意使群臣發其耑不欲專所戒也」者，此篇皆周公之言，使群臣先戒于王而已從而述之，既又云「予旦已受人之徽言，咸告孺子王矣」，是不欲專所戒，而以其言爲人之言也。云「今文『敀』作『伯』，『準』爲『辟』」者，謂蔡邕石經也，正義本「敀」亦作「伯」，从今文也。**古之人廸惟有夏，乃有室大競，籲俊尊上帝。**競，其敬反。【注】有夏，謂禹也。有室，卿大夫之家。競，彊也。多賢人故曰「大競」，《詩》云「无競維人」。言古之人有道者，惟有夏之爲天子矣。其巨室多賢，其君招呼其賢俊以諒天功，以尊事上帝。【疏】趙岐注《孟子・離婁》篇云「巨室，大家也。謂賢卿大夫之家，人所則效者」，此「有室」猶《孟子》所云「巨室」，故云「有室，卿大夫之家」。《釋宮》云「宮謂之室，室謂之宮，牖户之閒謂之扆，其内謂之家」，則「室」、「家」通名也。「競，彊」，《釋言》文。引《詩》者，《大雅・抑》及《周頌・烈文》皆有是言，毛公《烈文》傳云「競，彊」，鄭君箋《大雅》云「競，彊也。人君爲政，无彊于得賢人」，箋《周頌》云「无彊乎維得賢人也，得賢人則國家彊矣」，茲引之以證「大競」爲多賢人。

廸知忱恂于九惪之行，乃敢告教厥后曰：『拜手䭬首，后矣。』曰：『宅乃事，宅乃牧，宅乃準，茲惟后矣。』亂謀，面用丕訓惪則乃宅人，茲乃三宅无義民。恂，息旬反。行，下孟反，注同。僞孔本脫「亂」字，茲从蔡邕石經補之。義，牛奇反，注同。【注】廸，道。忱，誠。恂，信也。《太學》曰「知至而后意誠」，❶惟道其知，故誠信于德行。《咎繇謩》曰「亦行有九德」，故曰「九德之行」。面，猶「向」也。丕，讀曰「不」。訓，順也。義，讀如「儀」。言賢俊之臣能道其知，誠信于九德之行，乃敢告教其君曰：敢拜手䭬首，有告于吾君矣。能凥此事、牧、準三宅之官，此惟君道矣。若惑亂其謀，向用不順之惪居其人于位，如此則三宅之官无以義型于民矣。告教其君之言止此。太，土奈反，或作「大」，音亦同。【疏】「迪，道」，《釋詁》文。不于上文「迪惟有夏」訓釋而訓于此者，上注疏漏，于此補之也。「忱，誠」，《説文·心部》文。「恂，信」，亦《釋詁》文。《太學》者，書篇名也，在《禮記》。云「知至而后意誠」者，蓋知既至則明于善惡，好善如好好色，惡惡如惡惡臭，此謂毋自欺乃爲誠其意矣。故彼文上文先言「欲誠其意者，先致其知」，乃後言「知至而后意誠」，❷蓋知至必有所以致其知者也。此文「迪知」猶「致知」也，「忱恂」即「意誠」也，「迪知忱恂于九惪之行」，所謂「知至而后意誠」也，故引《太學》以説也。引《咎繇謨》「亦行有九惪」者，亦，古「掖」字，

---

❶「后」，原作「後」，今據近市居本改。

❷「后」，原作「後」，今據近市居本改。

言人掖扶其行有九德也。「九德」所以掖行，故曰「九悳之行」。「九悳」具見《咎繇謨》，茲不數。云「面，猶『向』也」者，鄭君注《召誥》云「面，猶回向也」，鄭又注《周禮・撢人》云「面，猶鄉也」，「鄉」與「向」同字也。云「丕，讀曰『不』」者，古者「丕」與「不」通，説已具《般庚》疏。此篇下文云「用愳人不訓悳」，此言「亂謀面用丕訓悳」，「丕」之誼爲「大」，既言「亂謀」則不得言「向用大順之悳」，自當如下文所云「不訓悳」乃始恩當，故讀「丕」爲「不」也。「訓，順」，《廣雅》文。《烈文》詩云「四方其訓之」，鄭箋云「天下諸侯順其所爲」，是「訓」爲「順」也。云「義，讀如『儀』」者，「義」爲「表義」，「儀」者，❶「儀度」，二字誼異而音則同，今人皆以「儀」爲「義」，而以「義」爲「仁誼」字，非矣，故正其讀，明「義」、「儀」音相如而誼則異，且以見「義」非「仁誼」字也。云「告教其君之言止此」者，恐學者不知止以「茲惟后矣」以上爲告教其君，以下爲周公自言，故特明之。**桀悳惟乃弗作往任，是惟暴悳，罔後。**【注】桀所爲悳惟乃不爲往昔先王之任賢，惟暴悳之人是用，故絶世无後。**亦粵成湯陟，丕釐上帝之耿命，乃用三有宅，克即宅。曰三有俊，克即俊。**耿，工幸反。【注】亦者，亦夏先王也。釐，理。耿，光。即，就也。亦于成湯升天子之位，大理上天之光命，乃用事、牧、凖三宅之官，能就其所居之位。言偁職。舉剛克、柔克、正直三悳之俊，能就其俊悳。言舉不失實。偁，尺倂反。【疏】云「亦者，亦夏先王也」者，上言夏先王招呼賢俊，此承上而言湯之能用賢，「亦」乃承上之詞，故云「亦夏先王也」。「釐，理」，鄭箋《臣工》詩誼也。「耿，光」，杜林誼也，《説文・耳部》引杜林説「耿，光也，從光聖省」。案：杜林傳西州桼書古文，此葢

❶「義爲表義儀者」，原脱，今據近市居本補。

古文説也。「即，就」，《毛詩・東門之墠》傳誼也。云「舉剛克、柔克、正直三悳之俊」者，《鴻範》云「三悳：一曰正直，二曰剛克，三曰柔克」，《詩・羔裘》云「三英粲兮」，毛傳云「三英，三悳也」，鄭箋云「三悳，剛克、柔克、正直也」。案：「英」、「俊」同是才悳兼人之名，鄭以《鴻範》「三悳」説《詩》之「三英」，則此「三俊」亦是《鴻範》之「三悳」矣。**嚴惟丕式，克用三宅三俊。其在商邑，用叶于厥邑，其在四方，用丕式見悳。**叶，古文「協」字。見，亦宴反，注同。【注】式，灋也。湯之嚴威惟能爲大灋于天下者，以其能用三宅、三俊。故其在商邑用是宅、俊以叶和于其邑，其在四方用是宅、俊以大法于四方，而箸見湯之聖悳。【疏】「式，法」，《説文・工部》文。**於戲！其在受悳忞，惟羞刑暴悳之人，用于厥邦；乃惟庶習佚悳之人，同于厥政。**忞，迷巾反，正義本作「暋」，衞包所改也，《説文》引作「忞」，《書古文訓》同。【注】馬融曰：「受德，受所爲悳也。」聲謂：忞，彊也。紂悳性彊梁，惟進任刑殺暴悳之人，與同于其國；乃爲衆狎習爲淫佚之人，與同于其政。同者，同惡相濟也。「厥邦」、「厥政」互文。【疏】馬注見《釋文》。《逸周書・克殷解》云「殷末孫受悳」，孔鼂注云「紂字受悳」，又《吕氏春秋・當務》篇云「受悳，即紂也」，馬君不以「受悳」爲紂字而云「受所爲悳也」者，以上文言「桀悳」是謂桀所爲悳，以況此文，則「受悳」言「受所爲悳」矣。《西伯戡𨛫・敘》云「奔告于受」，是紂亦或單偁「受」，不必以「受悳」兩字目紂，故馬云「受所爲悳」，明此文非以「受悳」目紂也。「忞，彊」，《説文・心部》文。云「紂悳性彊梁」者，以「彊」是剛彊，不必是「惡悳」，止訓「忞」爲「彊」則紂之惡猶未甚明，故增成其誼以爲「彊梁」。《詩・蕩》篇云「曾是彊禦」亦謂紂也，毛傳以「彊」爲「彊梁」，是紂悳性彊梁也。彼詩正義云「彊梁者，任威使氣之貌是也」。云「同者，同惡相濟也」者，濟，成也，言君臣並爲威虐，上下惡相成也。云

「『厥邦』、『厥政』互文」者，「同于厥邦」即是與同謀國政，「同于厥政」亦是同爲虐政于其國，是互文也。**帝欽罰之，乃抨我有夏，式商受命，奄甸萬姓。** 奄，衣琰反。【注】欽，猶「重」也。式，用。奄，大。甸，治也。天重于罰紂，既乃終罰之，使我周撫有中夏，用商所受之命，以大治萬姓。肅曰：「欽罰者，謂須夏五年。」【疏】「欽」之言「敬」，「敬」則必不輕傷，故云「欽，猶『重』也」。「式，用」，《釋言》文。《説文・大部》云「奄，大有餘也」，故云「奄，大」。「甸，治」，《毛詩・信南山》傳誼也。肅注見正義。云「欽罰者，謂須夏五年」者，《多方》云「天惟五年，須夏之子孫」，謂武王既即位，五年而後伐紂，是天意須夏紂，故使武王遲至五年；天之須夏紂自是不輕降罰之意，肅引以説此經「欽罰」，其誼固不謬，故取之。**亦粤文王、武王克知三有宅心，焯見三有俊心，** 焯，之芈反，正義本作「灼」，兹从《説文》所引。【注】焯，明也。今文「俊」爲「會」。【疏】「焯，明」，《説文・火部》文。云「今文『俊』爲『會』」者，蔡邕石經本也。上文曰「三有俊」，石經闕，无考，故于此言「今文『俊』爲『會』」。案：《説文・火部》引此作「俊」，則「會」字似非，故經不从之而聊存于注。**以敬事上帝，立民長伯。** 長，中賞反，注同。【注】文、武惟克知焯見宅、俊之心，與之敬事上天，立以爲民長伯。「伯」亦「長」也。【疏】云「文、武惟克知焯見宅、俊之心，與之敬事上天」者，猶前文偁夏王「籲俊尊上帝」也。「以」之言猶「與」，故解經「以」字爲「與」也。《釋詁》云「伯，長也」，經「長伯」聯文，故云「『伯』亦『長』也」。**立政，任人、準夫、牧作三事。**【注】三事，猶「三宅」也。上言「宅乃事」、「宅乃牧」、「宅乃準」，下言立事、準人、牧夫，此變事言任人，一也。言文、武立政以任人、準夫、牧爲三事也。【疏】此言「準夫」、「牧」，即上文所言「宅乃牧」、「宅乃準」，下文所謂「準人」、「牧夫」也，以此推之，則此「任人」即上文「宅乃事」，下文所云「立事」

矣，故云「此變事言任人，一也」。**虎賁、綴衣、趣馬、小尹、左右攜僕、百司、庶府、大都、小伯、埶人、表臣百司、太史、尹伯、庶常吉士、司徒、司馬、司空、亞旅，**趣，倉口反。埶，牛祭反。【注】此皆文、武時之官，多與《周禮》異者，周公制《周禮》有因有革也。【疏】云「此皆文、武時之官，多與《周禮》異者」者，虎賁、趣馬于《周禮》屬《夏官》，左右攜僕蓋若《周禮》太僕、射人也，鄭注《周禮·射人》云「射人與僕人俱掌王之朝位也」，且引《檀弓》曰「扶君，卜人師扶右，射人師扶左」，鄭又于《檀弓》注云「卜當爲僕，聲之誤也」。僕人、射人皆平生時贊正君服位者」，然則此文「左右攜僕」正當彼二官之職也。百司、庶府若《禮記·曲禮》云「天子之六府：曰司土、司水、司木、司艸、司器、司貨」是也，《周禮》則官名言「司」者尤多，「府」則有太府、玉府、內府、外府、泉府、天府之屬，言「百」言「庶」皆凡括諸官之詞也。「百司」兩見者，蓋內外之別與？「表臣百司」，「表」之言「外」，蓋「外百司」也。太史則《周禮·春官》之屬，司徒、司馬、司空則《周禮》「六卿」之三也。案：《曲禮》云「天子之五官，曰司徒、司馬、司空、司士、司寇」，鄭注以爲殷制，然則殷時天子五官，文、武時爲諸侯降于天子，故三官與？其餘官名則《周禮》皆未有見，故云「多與《周禮》異者」，是初時官制如此。《坶誓》云「司徒、司馬、司空、亞旅」，則武王伐紂時官制猶然也，逮天下既定，周公制一代之禮，有仍其舊官名者，亦有仍其職而改其官名者，并且有所增有所省，故多不同，故云「有因有革也」。**夷微纑烝三亳阪尹。**纑，正義本作「盧」，《書古文訓》本《坶誓》篇及此文皆作「纑」。案：《史記》録《坶誓》文作「纑」，則「纑」爲是，故从之。亳，益各反。阪，府遠反。【注】烝，君也，蠻夷微、纑二國之君臣服于周者也。鄭康成曰：「三亳者，湯舊都之民服文王者，分爲三邑，其長居險，故曰阪尹。蓋東成皋、南轘轅、西降谷也。」長，中賞反。轘，户關反。降，下江反。【疏】「烝，君」，

《釋詁》文。云「蠻夷微、纑二國之君臣服于周者也」者，微、纑二國見于《坶誓》，則是二國之君率衆從武王伐紂者，則其臣服于周久矣。鄭注見正義，又見《詩・商頌》正義。云「三亳者，湯舊都之民服文王者，分爲三邑」者，亳是湯所都之地，故以「三亳」爲湯舊都之民以其時商紂暴虐而服于文王者；以言「三亳」，故知分爲三邑也。云「其長尻險，故曰阪尹」者，「阪」是山坡之名，陵險之処，「尹」是官長之偁，既分亳爲三邑，自必各爲立長，其長偁「阪尹」，自是以尻陵險処故也。云「蓋東成皋、南轘轅、西降谷也」者，案：鄭注《帝告釐渼・敘》云「亳，今河南偃師縣」，又案：《續漢書・郡國志》成皋爲縣名，屬河南尹；緱氏有轘轅關，緱氏亦屬河南尹；則成皋、轘轅皆近亳也。惟降谷則未有見。又案：《郡國志》穀城有函谷關，穀城亦屬河南尹，則函谷亦近亳，「降」蓋「函」聲之轉，「降谷」即「函谷」也。《志》又偁：「弘農郡，弘農，故秦函谷關。」函谷關有二者，《漢書・武帝紀》元鼎三年「徙函谷關于新安，以故關爲弘農縣」，應劭注云：「時樓船將軍楊僕數有大功，恥爲關外民，上書乞徙東關，❶以家財給其用度。武帝意亦好廣濶，于是徙關于新安，去弘農三百里。」案：此言「新安」而《郡國志》于河南穀城言「有函谷關」者，蓋兩縣竟地相接，關適當兩縣分畍之処故也。然則新安函谷之于亳比弘農故關爲近，鄭君歫徙關時以後三百年矣，則所云「西降谷」蓋指新安之函谷也。又案：《漢書・地理志》云「成皋，故虎牢，或曰制」，據隱元年《左傳》云「制，巖邑也」，則成皋險矣；《戰國策》張儀曰「塞轘轅緱氏之口」，則轘轅亦險要処也；《水經・穀水》注云「草澗水出新安縣東南，流經毋邱興盛墓東，又南徑函谷關西。關高險，陜路出廛郭。漢元鼎三年，樓船將軍楊僕數有大功，恥居關外，請以家童七百人築塞，徙關于新安，即此処也」，然則新安之函谷亦險矣，鄭君所云「降

❶「乞」，原作「气」，今據近市居本及《漢書》注改。

谷」必是此也。蓋鄭君以亳邑北臨大河，故于其東、西、南三面推求，而以成臯、轘轅、降谷當三亳阪險之処。誼實不疑而云「蓋」者，以无明文左證故也。皇甫謐説「三亳」創爲北亳、西亳之説，謐好欺人，凡其所言无一語可信，吾不取也。**文王維厥度心，乃克立兹常事司牧人，以克俊有德。文王罔攸兼于庶言。**度，待洛反，注同。僞孔本作「文王惟克厥宅心」，兹从蔡邕石經本。【注】心能制誼曰度，《詩》云「帝度其心」。常事司牧人，撮括上文之官也。以，用也。罔攸兼，无所兼采也。庶言，衆人毁譽之言也。文王維心能制誼，乃能立此常事司牧人，皆用能俊有悳者。文王无所兼任毁譽之言也。【疏】「心能制誼曰度」，昭二十八年《左傳》文也。引《詩》者，《皇矣》篇文。《左傳》引《皇矣》詩而説「度」字之誼云「心能制誼曰度」，毛公傳《詩》即依《左傳》誼爲説，故此用《左傳》誼解「度」字，因即引《詩》以證也。云「常事司牧人，撮括上文之官也」者，承上諸官名之下而云「立兹常事司牧人」，「兹」之言「此」，有所指實，是撮括上文諸官而言，謂總括「任人」以下至「亞旅」也。「以，用」，《説文・巳部》文。云「庶言，衆人毁譽之言也」者，既是「庶言」而又文王无所兼者，則爲衆人之言可知；必以爲「毁譽之言」者，《史記・季布列傳》云「季布爲河東守，孝文時，人有言其賢者，孝文召欲以爲御史大夫。復有言其勈使酒難近，至留邸一月見罷。季布因進曰：『臣无功竊寵，待辠河東。陛下无故召臣，此人必有以臣欺陛下者。今臣至，无所受事罷去，此人必有以毁臣者。夫陛下以一人之譽而召臣，一人之毁而去臣，臣恐天下有識聞之，有以闚陛下也。』」是人君用人往往有以毁譽爲進退者；此言文王度心乃能用賢，則文王明于知人，无藉言爲用舍，故解「罔攸兼于庶言」謂「无所兼任毁譽之言也」。**庶獄、庶慎，惟有司之牧夫是訓，用韋。庶獄、庶慎，文王罔敢知于兹。**【注】庶獄，衆刑獄。庶慎，諸所當慎之事。庶獄、庶慎惟于所司之牧夫訓敕，其用命无韋命而已。庶獄、庶慎，文王无敢與知于此。與，爰茹反。**亦粤武王率惟敉功，不敢替厥誼悳，率惟謀，從容悳，以並受兹丕丕基。**茲，僞孔本作「此」，吾从蔡邕石經。【注】「敉」之言撫也、安也。武王率循文王撫安民庶之功，不敢廢其誼悳，率循文王之謀，从其寬容之悳，用能併受此大大之基也。今文「基」爲「其」；其，「基」之省也。爲其其，今臣反。【疏】《説文・攴部》云「敉，撫也」，鄭注《周禮・小祝》云「敉，安也」，故云「『敉』之言撫也、安也」。云「今文『基』爲『其』」者，蔡邕石經作「其」也。云「其，『基』之省也」者，言「基」省土而爲「其」，乃通省字，非別爲一字，欲見石經雖作「其」，誼實同「基」也。**於戲！孺子王矣，繼自今我其立政，立事、準人、牧夫，我其克焯知厥若，丕乃俾亂相我受民，和我庶獄、庶慎。**焯，正義本作「灼」，兹从《書古文訓》本。相，心匠反。【注】若，善也。丕，語聲也。亂，治。相，助也。孺子今爲王矣，繼自今我其立政當效法文、武，于立事、準人、牧夫之三宅，我其能明知其善，乃使之治政，以助我受民，以和平我庶獄、庶慎之事。【疏】「若，善」，《釋詁》文。云「丕，語聲也」者，「丕」本訓「大」，若「丕乃」聯文，則只是語詞，「丕」特其發語聲，全无意誼也。如《般庚》云「丕乃敢大言」、「丕乃崇降辠疾」、「丕乃告我高后」、「丕乃崇降弗祥」、「丕乃」字凡四見，❶皆止可作一「乃」字解，「丕」字則无誼可説，皆只是發語聲而已，此文「丕乃」亦猶是也。「亂，治」，《釋詁》文。「相，助」，《毛詩・清廟》傳誼也。**時則勿有閒之，自一話一言，我則末維成悳之，彥以乂我受民。**物，僞孔本作「勿」，兹从王充《論衡》所引。

❶「凡」，原作「几」，今據近市居本改。

閒，吉晏反，注同。乂，吾蓋反。【注】閒，隙也。美士爲彥。乂，讀當爲「艾」；艾，相也。非常之物不賑不至，時則物有乘閒而至者，乃无妄之气，非政治所致也。自一話一言，政事无非毋敢變易，我則終維成德之，美士以相我受民而已。相，心匠反。妄，巫放反。治，直吏反。【疏】「閒，隙」，《説文・門部》文。「美士爲彥」，《釋訓》文。云「乂，讀當爲『艾』」者，古字「乂」與「艾」通，説已具《君奭》疏。「艾，相」，《釋詁》文。此經上言「相我受民」，此言「乂我受民」，必讀「乂」爲「艾」，訓「艾」爲「相」乃與「相我受民」合誼矣。「非常之物」以下，用王充《論衡・明雩篇》誼也。《明雩篇》云「德豐政得，災猶至者，无妄也。德衰政失，變應來者，政治也。政治則外雩而內改，以復其虧；无妄則內守舊政，外脩雩禮，以慰民心。故夫无妄之气歷世時至，當固自一，不宜改政。何以驗之？周公爲成王陳立政之言曰：『時則物有閒之，自一話一言，我則末維成德之彥，以乂我受民。』周公立政可謂得矣，知非常之物不賑不至，故敕成王自一話一言，政事无非毋敢變易。然則非常之變、无妄之气，閒而至也」，是其誼也。**於戲！予旦已受人之徽言，咸告孺子王矣。繼自今文子文孫，其勿謀于庶獄、庶慎，惟正是𨐨之。**【注】徽，善也。人之善言，以上所云是也。周公以所戒託爲群臣之言，故曰「予旦既受人之善言，皆告孺子王矣」。繼自今爲前王守文之子孫，承重大之任，其毋誤于庶獄、庶慎，惟正人是治之也。今文「受」爲「前」、「徽」爲「微」。上，時掌反。【疏】「徽，善」，《釋詁》文。云「人之善言，以上所云是也」者，謂上文「古之人迪維有夏」至「以乂我受民」皆是也。云「周公以所戒託爲群臣之言」者，其説已具詳于篇首疏矣。云「爲前王守文之子孫」者，《史記・外戚世家》云「繼體守文之君」，索隱曰「守文者，謂非受命創制之君，但守先帝法度爲之主爾」。云「惟正人是治之」者，此篇皆言用人，上言「庶獄、庶慎，惟有司之牧夫是訓用韋」，下言「其勿誤于庶獄，惟有司之牧夫」，皆謂責任所司之人，則此言「其勿誤于庶獄、庶慎，惟正是乂之」自是謂用正人是治之，故解經「正」字爲「正人」，謂中正之人也。云「今文『受』爲『前』、『徽』爲『微』」者，謂蔡邕石經。**自古商人亦粵我周文王立政，立事、牧夫、準人，則克宅之，克由繹之，茲乃俾乂。**【注】繹，陳也。自古商湯亦于我周文王其立政也，于立事、牧夫、準人之官則能尻得其人，能用陳其謀，斯乃使之治事。【疏】「繹，陳」，《釋詁》文。經言「則克宅之」，謂能尻其人于此三宅，故云「于立事、牧夫、準人之官則能尻得其人」。言「克由繹之，茲乃俾乂」，是正説「克宅」之實，則是謂此人能由繹，我乃使之治也，故云「能用陳其謀，斯乃使之治事」。正義引王肅注云「則能尻之在位，能用陳其才力，如此故能使天下治也」，夫文王未當一統，何得云「使天下治」？肅説非也。**國則罔有立政，用譣人不訓惪，是罔顯在厥世。**譣，七廉反，正義本作「憸」，《書古文訓》本作「思」，《説文・言部》引《周書》曰「勿以譣人」，是即此經下文也，字當从《説文》爲正。此文當與下文畫一，故定从「譣」。僞孔本「訓」下有「于」字，茲从蔡邕石經。【注】馬融曰：「譣人，憸利佞人也。」聲謂：國若无有立政，用譣人不順之惪，是无有光顯在其世矣。今文「在」爲「哉」。憸，七廉反。又息廉反。【疏】馬注見《釋文》。云「譣人，憸利佞人也」者，《説文・心部》云「憸，憸詖也。憸利于上，佞人也」，然則此經似當作「憸」，乃《説文・言部》引此下文「勿以譣人」字作「譣」者，蓋假借字也。許君《説文・敘》自言「《書》偁孔氏」，必孔氏古文作「譣人」，而尗重從之也。至于「譣」之本誼，則《説文》云「問也」，是非此經誼，故以爲假借字也。云「今文『在』爲『哉』」者，蔡邕石經作「哉」也。**繼自今立政，勿以譣人，其爲吉士，用勱相我邦家。**僞孔本「勿」上有「其」字、「邦家」作「國家」，茲並據《説文》所引正之。勱，巫販反，舊音莫話反。相，心匠反。【注】勱，勉力也，讀若「萬」。自今立政，毋用譣人，其惟善士，用以勉助我國家焉。【疏】云「勱，勉力也，讀若『萬』」者，《説文·力部》文。**今文子文孫孺子王矣，其勿誤于庶獄，惟有司之牧夫。**【注】于今守文之子孫乃惟孺子王矣，其毋誤于庶獄，惟有司之牧夫者，擇其人而專任之。【疏】云「專任之」者，此言「惟有司之牧夫」與上文語同，上言「庶獄、庶慎，文王罔敢知于兹」，是言文王專任有司之牧夫，此文誼亦然矣。**其克詰爾戎兵，以陟禹之迹，方行天下，至于海表，罔有不犕。以覲文王之耿光，以揚武王之大烈。**詰，豈一反。方，依注作「旁」，鋪光反。犕，古「服」字。【注】詰，謹也。謹爾戎兵，戢武脩文以褱遠也。陟，登也。禹㞢成五服，至于面各五千里，四面相距爲方萬里。要服以内爲中國，分爲九州，爲方七千里。夏末既衰，土地四削，幅隕減殺。殷商承之，更制中國，方三千里之畍，亦分爲九州，州各方千里焉。周公輔成王致太平，復禹之舊域，分其五服爲九，亦爲方萬里，亦以要服之内方七千里爲九州，故曰「登禹之迹」。方，當爲「旁」，壞字也；旁，溥也。覲，見也。耿，亦「光」也。烈，業也。其能謹爾戎兵，以柔懷遠人，以登復禹之舊迹，聲教溥行乎天下，至于海外，无有不服。于以見文王之耿光焉，于以揚武王之大業焉。今文「耿」爲「鮮」。幅，方服反。隕，于分反。殺，色介反。旁，鋪光反。見，亦宴反。鮮，相然反。【疏】「詰，謹」，鄭注《周禮·大司寇》職誼也。云「謹爾戎兵，戢武脩文以褱遠也」者，《國語·周語》云「夫兵戢而時動，動則威」，是戢武所以謹戎兵也，戢武則脩文，《論語·季氏》篇云「遠人不服，則修文德以來之」，是「戢武修文所以褱遠也」。「陟，登」，❶《説文·自部》文。云「禹

❶「登」，原作「降」，今據近市居本改。

卬成五服，至于面各五千里，四面相距爲方萬里。要服以内爲中國，分爲九州，爲方七千里」者，鄭注《咎繇謨》「卬成五服，至于五千」之誼也。已于《咎繇謨》具録其注矣。云「夏末既衰，土地四削，幅隕減殺。殷商承之，更制中國方三千里之畍，亦分爲九州，州各方千里焉」者，《禮記·王制》云「凡四海之内，九州州方千里」，鄭注「云此大畍方三千里，三三而九，方千者九也。其一爲縣内，餘八各立一州，此殷制也」，《王制》又云「凡九州千七百七十三國」，鄭注云：「《春秋傳》曰：『禹會諸侯于嵞山，執玉帛者萬國。』言『執玉帛』，則是惟謂中國爾。中國而言萬國，則是諸侯之地有方百里、有方七十里、有方五十里者。禹承堯、舜而然矣。要服之内，地方七千里乃能容之。夏末既衰，夷狄内侵，諸侯相併，土地減，國數少。殷湯承之，更制中國，方三千里之畍，亦分爲九州，而建此千七百七十三國焉。」案：鄭公必以《王制》所言爲殷制者，以中國方三千里之畍，上叶之唐虞及夏初之幅隕皆不合，下考之《周禮》亦不符，故推以爲殷承夏末而然。是固信而有徵者，故此依用其説。云「周公輔成王致太平，復禹之舊域，分其五服爲九，亦爲方萬里，亦以要服之内方七千里爲九州，故曰『登禹之迹』也」者，《周禮·職方氏》云：❶方千里曰王畿，其外方五百里曰侯服，又其外方五百里曰甸服，又其外方五百里曰男服，又其外方五百里曰采服，又其外方五百里曰衛服，又其外方五百里曰蠻服，又其外方五百里曰夷服，又其外方五百里曰鎮服，又其外方五百里曰藩服。是周之九服爲方萬里矣。又《大行人》職云「邦畿方千里，其外方五百里謂之侯服，歲一見。又其外方五百里謂之甸服，二歲一見。又其外方五百里謂之男服，三歲一見。又其外方五百里謂之采服，四歲一見。又其外方五百里謂之衛服，五歲一見。又其外方五百里謂之要服，六歲一見。九州之外謂之蕃

❶「方七千里」至「職方氏云」二十一字，原脱，今據近市居本補。

國，世一見」，「要服」即「蠻服」也，于「要服」下言「九州之外」，則「要服」以內爲九州矣。鄭注《咎繇謨》云「禹敷土既畢，廣輔五服而成之，至于面各五千里。去王城五百里曰甸服，于周爲王畿，其弼當侯服；其外五百里爲侯服，當甸服，其弼當男服；又其外五百里爲綏服，當采服，其弼當衛服；又其外五百里爲要服，與周要服相當，去王城三千五百里，四面相距爲方七千里，是九州之內也，要服之弼當其夷服；又其外五百里曰荒服，當鎮服，其弼當藩服，去王城五千里，四面相距爲方萬里」，是周之九服比禹弼成之五服廣袤正等，經言「陟禹之迹」，此之謂矣。云「方，當爲『旁』，壞字也」者，《說文》引《書》曰「旁逑孱功」，《白虎通》引《書》「旁施象刑維明」，《論衡》引《甫刑》「庶僇旁告无辜于天帝」，諸「旁」字僞古文皆作「匚」，正義皆改作「方」，予于諸文既皆有據以更正之矣，此經「方」字必作「旁」誼乃可解說，但未引見它書，无所依據，故不敢于經文直改作「旁」，止注云「當爲旁」而已。云「壞字」者，「旁」中有「方」文，「旁」字容或缺壞而徒存「方」文，若鄭注《檀弓》云「衣當爲脊，壞字也」。「旁，溥」，《說文·丄部》文。「覲，見」，《釋詁》文。「耿，光」，杜林誼也，已見前疏。《釋詁》云「頲，光也」。「頲」、「耿」音、誼同，經「耿光」聯文，故云「耿，亦『光』也」。「烈，業」，亦《釋詁》文。云「今文『耿』爲『鮮』」者，據蔡邕石經。**於戲！繼自今後王立政，其惟克用常人。」**【注】常人，有常悳者。【疏】《周禮·大司樂》「以樂德教國子中、和、祗、庸、孝、友」，鄭注云「庸，有常也」，則「有常」是人之一悳；《咎繇謨》云「章厥有常，吉哉」，謂明其悳有常乃爲善人，故云「常人，有常悳者」。**周公若曰：「太史，司寇蘇公式，敬爾由獄，以長我王國。**長，知賞反。【注】蘇公，名忿生，當武王時爲司寇者。式，法。由，用也。太史掌六典、八法、八則，凡國之典籍皆臧焉。蘇公蓋有成法臧于太史，故因上言「庶獄」而呼太史以丁寧焉。言司寇蘇公之法敬爾用獄，以培長我王國。俌蘇公之法善。臧，才桑反。【疏】云「蘇公，名忿生，當武王時爲司寇者」者，成十一年《左傳》云「昔周克商，使諸侯撫封，蘇忿生以温爲司寇」是也。「式，灋」，《説文·工部》文。「由，用」，《小弁》詩鄭箋誼也。云「太史掌六典、八灋、八則」者，《周禮》云「太史掌建邦之六典，以逆邦國之治。掌灋以逆官府之治，掌則以逆都鄙之治」，鄭注云：「典、則，亦灋也。逆，迎也。六典、八灋、八則，冢宰所建以治百官。太史又建焉，以爲王迎受其治也。」案：「六典」、「八灋」、「八則」並見《太宰》職。六典者，一曰治典，二曰教典，三曰禮典，四曰政典，五曰刑典，六曰事典是也；八灋者，一曰官屬，二曰官職，三曰官聯，四曰官常，五曰官成，六曰官灋，七曰官刑，八曰官計是也；八則者，一曰祭祀，二曰灋則，三曰廢置，四曰禄位，五曰賦貢，六曰禮俗，七曰刑賞，八曰田役是也。云「凡國之典籍皆臧焉」者，太史既掌六典、八灋、八則，則凡典籍大制該于此矣，且其職云「凡辯灋者考焉」，則凡灋皆臧焉可知也，又昭二年《左傳》「晉侯使韓宣子來娉，觀書于太史氏，見《易象》與《魯春秋》」，是凡典籍皆臧于太史也。云「蘇公蓋有成灋臧于太史」者，以俌「司寇蘇公式」，則蘇公治獄有成灋，其必有成書可知，太史既掌典籍之臧，則蘇公有成書自然臧于太史，故周公對太史俌之也。但此是推度經意以爲説，未有他據，故不敢質言而云「蓋」也。案：蘇公于武王時爲司寇，去此時未久，容可此時尚在，安知周公非並呼太史乃蘇公兩人，而必知是對太史俌「蘇公式」者，以《周禮》太史是下大夫，司寇是卿，兹不應先呼卑者而後尊者，且「司寇蘇公」兼俌官與人，「太史」唯舉其官不俌其人，故知非並呼也。又況經文「式」字不可屬下讀，蓋「式」之爲誼有「用」與「灋」兩訓，若以屬下則「用敬爾用獄」與「灋敬爾用獄」皆不詞，自當讀「司寇蘇公式」爲句，謂是俌蘇公之灋也，若然，則此是專告太史，則「敬爾由獄」之「爾」似指謂太史。乃云「俌蘇公之灋善」者，蓋治獄實非太史之職，不得謂「美太史敬用獄」也；詳經文意是謂如司寇蘇公之灋，則能敬爾用獄，以培長我王國，是俌蘇公之灋之善，不必執泥「爾」字，以爲指所告語之人也。**兹式有慎，以列用中罰。**」列，力刹反，又吕嶭反，注同。【注】兹式，指謂蘇公之法也。于此法有加慎焉，以其輕重條列，酌用其中罰可也。《周禮》曰「刑平國，用中典」。【疏】承上言「司寇蘇公式」而云「兹式有慎」，故知「兹式」是指謂蘇公之法也。❶引《周禮》者，《大司寇》職文，彼鄭注云「平國，承平守成之國也。用中典者，常行之法」，此成王之世正承平守成之時，則此「用中罰」正合《周禮》「用中典」之意，故引以爲證。

賄息慎之命弟八十八【注】篇亡，孔氏《書》亦未有。

周書二十八

亳姑弟八十九【注】篇亡，孔氏《書》亦未有。

周書二十九

君陳弟九十【注】篇亡，孔氏《書》亦未有。

周書三十

爾有嘉謀嘉猶，入告爾君于内，女乃順之于外。曰：「此謀此猶，惟我君之德。於戲！是惟良顯哉。」【注】鄭康成曰：「嘉，善也。猶，道也。於戲，是惟良顯哉，美君之惪。」【疏】《禮記·坊記》篇引《君陳》文如此，兹并《坊記》之鄭注録之。「嘉，善」，《釋詁》文。「猶」與「繇」通，「繇，道」，亦《釋詁》文也。云「於

---

❶ 「式」，原脱，今據近市居本及注文補。

戲，是惟良顯哉，美君之悳」者，承上「惟我君之悳」而歎美其良顯，自是美君之悳也。乃僞孔氏取此文而增益之云「臣人咸若時，惟良顯哉」。案：《坊記》上文言「善則偁君，過則偁己」，其下即引此文以證，若《尚書》原文果有「臣人咸若時」句，則《坊記》引此文至「惟我君之德」而止可也，必不削去「臣人」字而引「良顯」句矣。且若以「良顯」爲偁臣，則與「善則偁君」之意相韋戾，《坊記》奚取于此文而引之乎？明明是僞孔故與鄭君抵牾而妄增益，非《尚書》本如此也。又案：此文自是臣下之言相勸勉以「善則偁君」之誼，故《坊記》引之若出于人君之口，則是攘善且道諛矣，僞孔氏乃以此爲成王之言，曾謂成王之賢而攘善道諛乎？誣甚矣。**未見聖，若己弗克見。既見聖，亦不克由聖。**【注】鄭康成曰：「克，能也。由，用也。」【疏】《禮記·緇衣》篇引《君陳》文如此，玆并《緇衣》之鄭注録之。「克，能」，《釋言》文。「由，用」，《毛詩·君子陽陽》傳誼也。**出入自爾師虞，庶言同。**【注】鄭康成曰：「自，由也。師、庶，皆衆也。虞，度也。言出内政教當由女衆之所謀度，衆言同乃行之政教，當由一也。」度，大洛反。内，奴罘反。【疏】此文亦引見《緇衣》篇，偁「《君陳》曰」，玆亦并其鄭注録之。《釋詁》云「由，自也」，此云「自，由」，轉相訓也。《釋詁》「庶」、「師」同訓「衆」，故云「師、庶，皆衆也」。「虞，度」，《釋言》文。

《无佚》至《君陳》標題凡百三十二名，注四十八字。

《无佚》經文五百六十九名，重文五，凡五百七十四言，注千二百八十九字，釋音辯字七百一十言，疏四千八百八字。

《无佚》逸文五名，疏七十六字。

《君奭》經文七百四十四名，重文四，凡七百四十八言，注二千二十五字，釋音辯字四百六十五言，疏七千三百九字。

《多方》經文七百九十名，重文一，凡七百九十一言，注千九百二十六字，釋音辯字五百四十言，疏五千九百六十六字。

《周官》逸文十一名，注二十五字，釋字九言，疏三百一十二字。

《立政》經文六百六十六名，重文一，凡六百六十七言，注千七百三十字，釋音辯字四百九十九言，疏六千五百八十八字。

《君陳》逸文六十名，注七十一字，釋音八言，疏三百六十一字。

尚書集注音疏卷九

吴江徵君聲著

顧命弟九十一

周書三十一　尚書二十四

尚書集注音疏卷九　江聲學

維四月哉生霸，王不釋。霸，浦伯反。「釋」字僞孔本从「心」傍，俗字也，《釋文》云馬本作「釋」，兹从馬。釋，羊昔反。【注】鄭康成曰：「此成王二十八年。」馬融曰：「不釋，疾不解也。」聲謂：釋，讀爲「庶幾説繹」之「繹」。不繹，不説也，言有疾。依馬誼「釋」音始尺反，兹音羊昔反。解，亦買反。幾，今衣反。説，于旻反。繹，陽昔反。【疏】鄭注見正義。云「此成王二十八年」者，謂周公復辟成王即政，至此二十八年也。案：成王在位年數，《史記》无文，據劉歆《三統曆》云「成王元年正月，己巳朔，此命伯禽俾侯于魯之歲也。後三十年四月，庚戌朔，十五日甲子哉生霸，故《顧命》曰『維四月哉生霸』」云云，是則謂成王即位三十年而崩也。鄭君不从之者，蓋《三統曆》牽引《尚書》年月皆率意妄説，全不可信，且以「哉生霸」爲月之十五日尤大謬也，鄭君焉肯據之哉？又案：《竹書紀年》「成王三十七年陟」，是以武王崩之明年爲成王元年，統周公凥東二年、攝政七年，凡九年，故三十七年，若除此九年則適二十八年，正合鄭説。但《紀年》出于晉束晳託諸汲冢，固是僞書，且非鄭君所及見，不得以爲鄭説證也。意當時别有傳記可考周初年分者，鄭君得據而知之，今則無以説矣。馬注見《釋文》。「釋」之言「解」，「不釋」止是「不解」之誼，未見疾意，故馬云「疾不解也」。增出「疾」字以爲解，恐未合經旨，故聲易其誼，讀「釋」爲「庶幾説繹」之「繹」。「庶幾説繹」，《詩・頍弁》文也。❶「不繹」猶「不悆」，何休《公羊》桓十六年傳注云「天子有疾曰不悆」，則言「不繹」而疾意自見矣。鄭箋《詩》「庶幾説繹」云「庶幾其變改，意解繹也」，然則「繹」亦有「解釋」之誼，是「繹」、「釋」同矣，故讀「釋」爲「繹」。**甲子，王乃洮沬水，相被冕服，凭玉几。**洮，徒刀反。沬，忽内反。相，息恙反。凭，皮仁反。【注】馬融曰：「洮，洮髮也。沬，沬面也。」鄭康成曰：「相者，正王服位之臣，謂太僕。冕，玄冕。」聲謂：被冕服者，以冕服加王身也。凭，依几也，讀若「凴」。凴，皮仁反。【疏】馬注見《釋文》。云「洮，洮髮也」者，謂沐髮也。《説文・水部》云「沬，洒面也」，馬云「沬面」即「洒面」也。鄭注見正義。云「相者，正王服位之臣，謂太僕」者，《周禮・太僕》職云「掌正王之服位」，則被王以冕服是其職也，又《禮記・檀弓》云「扶君，卜人師扶右」，「卜」當爲「僕」，「僕人師」即太僕也，則太僕又是扶君疾者，此所謂「相」是其官矣。云「冕，玄冕」者，案：《周禮・司服》職「冕服有六」，玄冕爲下皆祭服也，眡朝則「皮弁服」，弁卑于冕，眡朝輕于祭祀，故皮弁也，而《義禮・覲禮》云「天子衮冕」者，以受諸侯朝覲于廟中，故服冕服之尊者。此時傳顧命蓋在路寢，不得比廟中，特以傳重大事比尋常眡朝當加一等，則此「冕服」自是玄冕矣。

---

❶「頍」，原作「頫」，今據近市居本改。

「聲謂被冕服者，以冕服加王身也」者，「被」之言「覆」也，蓋疾甚不宜更衣，相者以冕服加覆王身而已。云「凭，依几也，讀若『馮』」者，《説文・几部》文。「凭」从任、几，是依几之誼，此于「六書」屬「會意」也。「馮」與「凭」音同，故讀如之。**乃同召太保奭、芮伯、彤伯、畢公、衛侯、毛公、師氏、虎臣、百尹御事。**召，直照反，注「同召」同。芮，如鋭反。彤，徒冬反。【注】同召群臣受顧命也。「太保」以下六人蓋六卿也。「太保」獨名者，召公，周公之兄也，至是時出入百餘歲矣，嫌「太保」别是一人，故特著名焉。芮、彤、畢、毛，皆畿内諸侯。芮伯，周同姓。肅曰：「彤，似姓之國。畢、毛，文王庶子。衛，康叔所封，武王母弟也。」聲謂：彤，采地名，非國也。師氏，中大夫官，掌以美詔王者。虎臣，虎賁氏，下大夫也，掌守王宫者。尹，正也。百尹御事，衆正之官與其治事者。召公，上照反，下注「召公」同。著，中恕反。賁，百門反，下同。【疏】云「『太保』以下六人蓋六卿也」者，定四年《左傳》云「康叔爲司寇」，此「衛侯」即康叔也，在第五，適當司寇之次，故推此「太保」至「毛公」六人蓋六卿也。《詩・桑柔》正義引此經注云「芮伯入爲宗伯，畢公入爲司馬」，説與僞孔異，當是鄭注。據此，則此六人信爲六卿矣。云「『太保』獨名者，召公，周公之兄也，至是時出入百餘歲矣，嫌『太保』别是一人，故特著名焉」者，以「芮伯」以下皆不偁名，惟「太保」名之，故推其故云然也。王充《論衡・气壽篇》云：「武王九十三而崩。周公，武王之弟也，兄弟相差不過十年。武王崩，周公凥攝七年，復政退老，出入百歲矣。召公，周公之兄也，至康王之時尚爲太保，出入百有餘歲矣。」案：太似之子，長曰伯邑考，次武王，次管尗，次周公，充言「召公，周公之兄」，豈其庶兄與？又案：僖二十四年《左傳》富辰備數文王之昭凡十有六，不及召公。又案：《史記・鄭世家》惟言「召公與周同姓」，不云是文王庶子，充以爲「周公之兄」，未知何據，豈其據《世本》之文與？今無可考，姑从其説可也。云「芮、彤、畢、毛，皆畿内諸侯」者，鄭君箋《詩・桑柔・敘》云「芮伯，畿内諸侯，王卿士也」，當即是此「芮伯」之子孫世食采于畿内者，則芮伯是畿内諸侯矣。鄭注《周禮・太宰》職云「都鄙，公卿大夫之采邑，王子弟所食邑，周、召、毛、聃、畢、原之屬在畿内者」，是畢、毛亦皆畿内諸侯也。惟「彤伯」未有見，但既與召、芮、畢、毛同爲王朝卿士而畿外又不聞有「彤國」，則亦畿内諸侯可知。云「芮伯，周同姓」者，《旅巢命・敘》正義引《世本》云「芮伯，姬姓」，是與周同姓也。肅注見正義。云「彤，似姓之國」者，《史記・夏本紀》言「禹爲似姓，其後有彤城氏」，肅蓋據此而以「彤伯」爲彤城氏之後，故云「似姓」，容或然也。云「畢、毛，文王庶子」者，僖二十四年《左傳》云「管、蔡、郕、霍、魯、衛、毛、聃、郜、雍、曹、滕、畢、原、酆、郇，文之昭也」，是畢、毛皆文王子也。云「衛，康叔所封，武王母弟也」，則經傳有明文，先儒无異説也。「聲謂彤，采地名，非國也」者，「彤」之爲國，經傳未有見焉，蓋如周、召、畢、毛之屬，均是畿内采地之名，皆非國也。《禮記・王制》云「天子之縣，内諸侯禄也」，是謂畿内諸侯但食其采邑所入，而不以其采邑爲國，與畿外諸侯異，故云「彤」非國，言此以破肅説也。云「師氏，中大夫官，掌以美詔王者」者，《周禮・地官・敘》云「師氏，中大夫一人」，其職云「師氏掌以美詔王」是也。云「虎臣，虎賁氏，下大夫也，掌守王宫者」者，《周禮》无「虎臣」之官，《夏官》有「虎賁氏，下大夫二人」，其職云「舍則守王閑，王在國則守王宫」，當即是此所謂「虎臣」也。「君，正」，《釋言》文。云「百尹御事，衆正之官與其治事者」者，言「百尹」既是凡揞諸長官，則「御事」必非别爲官屬，自是謂百尹之屬官治事者，蓋正長之官皆有官屬執事者也。**王曰：於戲！疾大漸惟幾，病日臻。既彌留，恐不獲誓言嗣，兹予宷訓命女。**幾，今依反。宷，式羊反，字亦作「審」。【注】漸，進也；大進，言深入也。幾，殆也。疾甚曰病。

臻，至。彌，終。獲，得。誓，謹。宷，詳也。言病日至，以當命終。而淹留之際恐不得謹言後嗣之事，今我詳審訓教以命女。【疏】「漸，進」，《周易·序卦傳》誼也。「幾，殆」，《説文·𢆶部》文。《説文·疒部》云「病，疾加也」，故云「疾甚曰病」，鄭注《論語·述而》篇云「病，謂疾益困」，亦「疾甚」之誼也。「臻，至」，《釋詁》文。「彌，終」，《釋言》文。《詩·桑柔》云「時亦隿獲」，鄭君箋云「時亦爲隿躲者所得」，故云「獲，得」。「誓，謹」，亦《釋言》文。《説文·言部》云「詳，審議也」，鄭注《吕刑》云「詳，審察之也」，故云「審，詳也」。**昔君文王、武王宣重光奠麗，陳教則肄肄不韋，用克通殷，集大命。**重，直容反，注並同。肄，羊剌反，从聿希聲，篆文作「肄」。通，僞孔本作「達」，兹从蔡邕石經。【注】馬融曰：「重光，日、月、星也。太極上元十一月朔旦冬至，日月如疊璧，五星如聯珠，故曰重光。」聲謂：《孝經説》曰「悳及于天，斗極明，日月光」，是之謂「宣重光」也。奠，定也。麗，讀爲「宿離」之「離」。《國語》曰「王欲合是五位、三所而用之」，是之謂「奠麗」也。文、武皆受天命，故能宣三辰之光而定其位也。肄，習也。重言之者，病甚气喘而語吃也。敷陳政教，則民服習之而不韋，用能通政教于殷，而集我周之大命。《國語》曰「以大蔟之下宫，布令于商」是也。今文「集」爲「就」。疊，徒叶反，从晶从宜，王莽以爲「疊」从三「日」太盛，改之爲三「田」，今俗用之，非也。宿，息畱反。離，力誼反。喘，昌沇反。吃，居迄反。蔟，七嗽反。【疏】馬注見《釋文》。《漢書·兒寬傳》寬从封泰山還，登明堂，寬奉觴上壽，其詞有云「癸亥宗祀，日宣重光」，李奇注云「太平之世，日襃重光，謂日有重日也」。案：《文選·連珠》注引《尚書五行傳》曰「明王踐位則日儷，其精重光，以見吉祥」，然則「重光」專就日言是《尚書》經師之説，兒寬治歐陽《尚書》，故其説同也。馬云「重光，日、月、星也」者，蓋月、星與日晝夜代明，「重光」不必專言日。伏生《大傳》載帝舜《卿雲之歌》曰「卿雲爛兮，糺縵縵兮，日月光華，旦復旦兮。八伯咸進，稽首而和曰：明明上天，爛然星陳，日月光華，宏予一人」，是則「重光」當兼日、月、星言之也。云「大極上元十一月朔旦冬至，日、月如疊璧，五星如聯珠，故曰重光」者，《漢書·律曆志》云「淳于陵渠復覆《大初曆》，晦、朔、弦、望皆最密，日、月如合璧，五星如聯珠」，孟康注云「謂太初上元甲子夜半朔旦冬至，時七耀皆會聚斗、牽牛分度，夜盡如合璧聯珠也」，是説與此馬注相似。案：「日、月如疊璧」必在朔日，假如朔旦冬至，日月會于牽牛如疊璧矣。而五星未必盡會于其所，計日、月、五星之畢聚乃千百年僅有之事，亦曆數之適然，未見其爲文、武之悳所致，則馬注誼猶未足，故聲引《孝經説》以足成之焉。《孝經説》者，《孝經緯援神契》文，見《禮記·禮運》正義。依《孝經説》誼，則斗極之明、日月之光繇王者之德使然，是足以歸美文、武，誼似勝馬注也。《周禮·大司徒》云「奠地守」，鄭注云「定地守」，故云「奠，定也」。云「麗，讀爲『宿離』之『離』」者，《易·彖傳》云「離，麗也」，則「麗」、「離」字通。《明堂月令》曰「宿離不貸」，列宿爲日、月、五星之所附麗，故曰「宿離」，讀「麗」爲「宿離」，謂奠日、月、星之所附麗，則「宣重光奠麗」乃一貫之事矣。引《國語》者，《周語》泠州鳩對景王之言也，其文云「昔武王伐殷，歲在鶉火，月在天駟，日在析木之津，晨在斗柄，星在天黿。星與日、晨之位皆在北，維顓頊之所建也，帝嚳受之。我姬氏出自天黿及析木者，有建星及牽牛焉，則我皇妣太姜之姪，伯陵之後，逢公之所馮神也。歲之所在，則我有周之分野也。月之所在，辰馬農祥也，我太祖后稷之所經緯也。王欲合是五位、三所而用之」，韋昭注云「王，武王也。五位，歲、月、日、星、晨也。三所，逢公所馮神，周分野所在，后稷所經緯」。《詩·大明》正義引此《國語》文及韋注而辯之，云：「其文言『星與日、晨之位皆在北』，維『歲之所在』、『月之所在』，當以此五物在二處爲『三所』，不得以『所』字充之。若以『所』字充之，則周之分野不言『所』。又王合五位則五物皆助周，若『三所』惟數逢公，則日與蠹不助周矣。」案：此說駁韋注「三所」之說甚當，「三所」當從此「五物在三處」之說爲是。《周禮・馮相氏》掌十有二歲、十有二月、十有二蠹、十日、二十有八星之位，「辨其敘事以會天位」，鄭注說「會天位」以《國語》，曰「王合位于三五」，是則「合位三五」即「會天位」之事，則即「奠麗」之事矣。又鄭箋《大明》詩「燮伐大商」之誼云「叶和伐殷之事，謂合位三五也」，是則「五位」、「三所」，天之所以助周。其能爲天所助者，實由武王聖悳所感，則「五位」、「三所」若武王奠之者然，故引《國語》文而云「是之謂『奠麗』也」。但所引《國語》文唯言武王之事，此經則兼言文王、武王，故云「文、武皆受天命，故能宣三辰之光而定其位也」。以武王之業基于文王，欲言武王之事即文王之事，解經所以兼偁文、武之意也。《詩・文王・敘》云「文王受命作周也」，《大明・敘》云「文王有明悳，故天復命武王也」，《下武・敘》云「武王有聖悳，復受天命」，是文、武皆受天命也。「三長」者，服虔注桓二年《左傳》云「三長，日、月、星也」。「肄，習」，《說文・聿部》文。云「重言之者，病甚气喘而語吃也」者，「陳教則肄不韋」一言「肄」而語已足，不煩重言，茲重言「肄」，故推其故云然也。蓋病革則气欲絶而息急，喘者，息之急也，喘則出語囏澀如口吃然。吃者，言蹇難也，若《史記・周昌列傳》昌爲人吃，廷爭太子之事輒重言「期期」也。下言「翼日乙丑，王崩」，則知是時成王病革矣。又引《國語》者，亦《周語》泠州鳩之言，說武王伐殷時事也。「以太蔟之下宮，布令于商」者，王者行師，則太師執同律以聽軍聲，「太蔟」者，正月之律，所以贊陽出滯，故吹之以布令焉。經承「陳教」之下而言「通殷」，是謂通政教于殷，正所謂「布令于商」者，故引以證焉。云「今文『集』爲『就』」者，蔡邕石經作「就」也。不改从「就」者，《君奭》「集大命于厥躬」引見《禮記》無異文，則此「集大命」當是。

在夏后之詷，敬御天威，嗣守文、武大訓，無敢昏逾。 僞孔本作「在後之侗」，《釋文》云「侗，馬本作『詷』，云『共也』」。案：《說文・言部》云「詷，共也。《周書》曰『在夏后之詷』」，據馬本作「詷」，訓爲「共」，則《說文》所引正此經文，茲據以刊正。詷，徒紅反。御，五卸反。【注】夏，中夏也。后，謂諸侯。馬融曰：「詷，共也。」聲謂：御，迎。逾，越也。言承文、武之業，在中夏爲諸侯之共主，敬迎天之明威，嗣守文、武之大訓，毋敢昏亂逾之。大訓，蓋下文西序所陳是也。【疏】《堯典》云「蠻夷猾夏」，「夏」對「蠻夷」言之，則「夏」爲中國矣，故云「夏，中夏也」。《釋詁》云「后，君也」，諸侯各君其國，故云「后，謂諸侯」。《湯誥》云「告諸侯群后」，亦謂「諸侯」爲「后」也。馬注見《釋文》。「詷，共」，《説文·言部》文。《禮記·祭統》云「設同几」，鄭注云「同之言詷」，訓「同」爲「詷」，亦取「共」誼也。《釋詁》云「訝，迎也」，鄭注《義禮·士昏禮》云「御當爲訝。訝，迎也」，則「御」、「訝」古今字，故云「御，迎」。鄭君箋《鵲巢》詩亦云「御，迎也」。《説文·辵部》云「逾，越進也」，故云「逾，越也」。云「在中夏爲諸侯之共主」者，❶《禮記·曲禮》云「諸侯見天子，曰臣某侯某」，是則天子乃諸侯所共尊爲君者，此之謂「共主」也。云「大訓，蓋下文西序所陳是也」者，下經「陳宲」有「大訓」在西序，鄭注以爲「先王德教」，然則即此所云「文、武大訓」矣，不敢質言，故云「蓋」也。**今天降疾殆，弗興弗悟。**【注】殆，危也。今天降之疾甚危矣。興，起也。不起不悟，言必死。【疏】「殆，危」，《釋詁》文。「興，起」，《釋言》文。❷云「不起不悟，言必死」者，「不起」謂卧病不復起，是謂死也；《漢費鳳碑》云「不悟奄忽終」，則「不悟」亦謂死。**爾尚明時朕言，用敬保元子釗，弘濟于艱難。**釗，止侣反。【注】釗，康王名。女庶幾明是我言，以敬保輔元子，

---

❶「中」，原作「巾」，今據近市居本改。
❷「言」，原作「詁」，今據近市居本改。

大濟于艱難。幾，今衣反。【疏】康王者，成王之子，此言「元子釗」，《康王之誥》云「惟予一人釗」，故云「釗，康王名」。柔遠能爾，安勸小大庶邦。能，奴代反。【注】安遠方之國，悉順其近者，以安集勸勉小大衆國。勸，勉也。【疏】云「安遠方之國，悉順其近者」者，解具《堯典》疏。「勸，勉」，《説文・力部》文。思夫人自亂于威義，爾無以釗勖贛于非幾。」夫，房專反，注同。「勖贛」，僞孔本作「冒貢」，《釋文》云馬、鄭、王作「勖贛」，吾寧从衆。贛，果琀反。幾，今衣反，注同。【注】夫人，泛言人也。亂，治也。以，左右之也。「勖」以「冒」爲聲，讀當爲「冒」；冒，觸也。馬融曰：「贛，陷也。」聲謂：非幾，不善也。思夫人皆欲自治于威義，女毋以釗觸陷于不善。泛，孚劍反。陷，亦欠反。【疏】「夫人」是泛指大概之人，故云「泛言人」。「亂，治」，《釋詁》文。云「以，左右之也」者，僖二十六年《左傳》云「凡師，能左右之曰以」，謂以之左、以之右，唯吾提挈也。云「『勖』以『冒』爲聲，讀當爲『冒』」者，《説文・力部》云「勖，勉也，从力冒聲」，是「勖」以「勉」爲誼，以「冒」爲聲；而「勉」誼不可以施于此文，而古字或假借，「六書」「假借」之説所謂「依聲託事」也，故《禮記・緇衣》引《君牙》文作「君雅」，鄭注云「雅，《書敘》作牙，叚唶字也」，是以「雅」得「牙」聲而遂借爲「牙」，❶此經「勖」字亦以「冒」聲而唶爲「冒」也，故讀當爲「冒」。僞孔氏輕改舊文，直作「冒」字，馬、鄭則不敢也。《説文・木部》云「木，冒也」，《白虎通・五行》篇云「木之爲言觸也」，《國語・周語》曰「宜觸冒人」，故云「冒，觸也」。《易・繫詞》云「冒天下之道」，虞翻注亦云「冒，觸也」。馬注見《釋文》。《説文・血部》「衉」从血臽聲，或作「𧗿」，贛聲，則「贛」、「臽」

❶「是」，原作「足」，今據近市居本改。

同聲，故云「贛，陷也」，古人訓詁通于音也。云「非幾，不善也」者，《易・繫詞》云「幾者動之微，吉之先見者也」，《説文・口部》云「吉，善也」，然則「幾」爲善矣，「幾」爲善則「非幾」不善矣。**玆旡受命還**，還，夕沿反，注同。

【注】群臣既受顧命而還退也。今文「旡」爲「即」，字之誤。【疏】云「群臣既受顧命而還退也」者，言「受命還」則是謂群臣還退也。于是王亦還反其所焉，經不言者，可知也。云「今文『旡』爲『即』，字之誤」者，隸書「旡」作「既」，偏傍同「即」，故蔡邕石經作「即」，但此文若云「即受命」，誼實不安，故云「字之誤」。**出綴衣于庭。**

【注】綴衣，帷、握之屬，帷、握必以綬聯綴，故謂之綴衣。將發顧命，即王寢而張焉，事訖勶去，出之于庭中也。握，烏角反，俗作「巾」傍箸「屋」，《説文・巾部》無之，不可書也。《周禮・巾車》職「王后之翟車，貝面組總有握」，然則古者唶「握持」字爲「帷握」字，不必从巾、屋也。勶，經典通用「徹」。【疏】《周禮・幕人》疏引鄭君此經注云「聯綴小斂、大斂之衣于庭中」。案：《禮記・檀弓》云「喪具，君子恥具」，鄭君注云「辟不懷也。喪具，棺、衣之屬」，又云「一日二日而可爲也者，君子弗爲也」，注云「謂絞紟衾冒」。又《王制》云「絞紟衾冒，死而後制」，鄭注云「絞紟衾冒，一日二日而可爲者」。乃于此言「聯綴小斂、大斂之衣」，于時王猶未崩也，毋乃豫凶事乎？以鄭君《禮記》注參觀，鄭君于此當不云然，豈《周禮》疏所引誤與？姑置不用可也。云「綴衣，帷、握之屬」者，下文云「狄設黼扆、綴衣」，「黼扆」者，《周禮・司几筵》職云「王位設黼依」是也，「綴衣」與「黼扆」同設，則是設于王位，王平時所居之帳矣。此「綴衣」當與下文同，則是「帷、握」矣；但《周禮》有帷、幕、握、亦，此「綴衣」或兼此四物，故云「之屬」以該之。云「帷、握必以綬聯綴，故謂之綴衣」者，《周禮・幕人》「掌帷、幕、握、亦，綬之事」，鄭注云「在傍曰帷，在上曰幕，帷、幕皆以布爲之。四合象宮室曰握，王所尻之帳也。亦，主在幕若握中坐，上承塵。

握，亦皆以繒爲之。凡四物者，以綬聯繫焉」，是則謂帷、握爲「綴衣」，繇其必聯綴之故也。云「將發顧命，即王寢而張焉，事訖徹去，出之于庭中也」者，此時王病甚，必不能出路門，❶當即于卧疾之所而發命焉，所謂「路寢」也，平時或不常設帷、握，因王坐而特張之，王退則徹去，出之于中庭中也。**粤翼日乙丑，王崩。**【注】《書》或曰「成王崩」，馬融曰：「安民立政曰成。」聲謂：天子死曰崩。【疏】云「《書》或曰『成王崩』」者，《釋文》云馬本作「成王崩」，又鄭仲師注《周禮》于《司几筵》職及《天府》職皆引此經，一引有「成」字，一引无有，然則漢時實有此二本，偁「《書》或曰」，葡二本也。馬注見《釋文》。云「安民立政曰成」者，《逸周書·謚法解》文。云「天子死曰崩」者，《禮記·曲禮》文。**太保命仲桓、南宮髦俾爰齊侯吕伋，以二干戈、虎賁百人逆子釗于南門之外，**髦，墨豪反，僞孔本作「毛」，茲从《漢書·古今人表》。伋，几及反。【注】《周禮》「虎賁氏，下大夫二人」，仲桓、南宮髦蓋爲是官也。爰，引也。齊侯吕伋，太公子玎公也；吕，氏；伋，名。逆，迎也。桓、髦官卑，不可徑迎太子，故使引導齊侯往迎也。虎賁百人，虎士也。桓、髦各執干戈，逵虎士百人爲齊侯前引，且爲嗣王衛也。王既崩而世子猶在外，世子蓋以王未疾時奉使而出，比反而王崩，憂危之際，故以兵迎之于南門外云。玎，的形反。爲，于睡反。比，貧制反。【疏】云「《周禮》『虎賁氏，下大夫二人』」者，《夏官》敘官文也。云「仲桓、南宮髦蓋爲是官也」者，以「虎賁百人」引導齊侯，則是虎賁之長官，又正合「下大夫二人」之數，故知其爲「虎賁氏」，以无正文，姑云「蓋」以疑之。「爰，引」，《説文·爰部》文。云「齊侯吕

❶「出」，原脱，今據近市居本補。

伋，太公子玎公也」者，《説文・玉部》云「齊太公子伋謚曰玎公」，《史記・齊世家》言「太公卒，子丁公吕伋立」者，後人省改作「丁」爾，當从「玎」爲正也。云「吕，氏；伋，名」者，《齊世家》言「太公之先爲四嶽」，《國語・周語》曰「胙四嶽國，命爲侯伯，賜姓曰姜，氏曰有吕」，故云「吕氏」，古人皆以名配氏，「吕」爲氏則「伋」是名矣。「逆，迎」，《釋言》文。云「桓、髦官卑，不可徑迎太子」者，桓、髦爲虎賁氏，則是下大夫，故云「官卑」；《周禮・掌訝》職云「凡賓客諸侯，有卿訝」，是諸侯爲朝聘之賓，天子且使卿迎之，今太子將正王位，若使下大夫迎，毋乃以卑乎？故云「不可」。云「虎賁百人，虎士也」者，《周禮・夏官》敘官云「虎賁氏，下大夫二人，中士十有二人，府二人，史八人，胥八十人，虎士八百人」，鄭注云「不言徒曰虎士，則虎士徒之選有勇力者」，此言「虎賁百人」自是八百人中之百人矣。且當成王既崩，世子在外，方戒嚴之際，當使有勇力者往迎乃可以爲世子衛，故知百人爲虎士，且云「桓、髦各執干戈，率虎士百人爲齊侯前引，且爲嗣王衛也」。云「世子蓋以王未疾時奉使而出」者，《禮記・文王世子》云「若内豎言疾，則世子親齋元而養」，然則成王有疾，康王自當在内養疾，何王既崩而猶待逆于南門外乎？自必以成王未疾之先奉使而出，不及知王疾也。計王疾始于「哉生霸」，月之三日也，「乙丑」未詳何日，據下文則月内有「癸酉」，然則「乙丑」當在望前後，王之寢疾不過旬日間爾。始疾時不虞遂篤，故不召太子，至甲子王病甚，知不及待太子之歸，故且召群臣傳命，時太子實不在側。叚若太子在國中，則亦召之矣，故云「奉使而出」。《无逸》云「其在高宗，時舊勞于外」，鄭君注云「武丁爲太子時，殷道衰，爲其父小乙將師役于外」，是則太子亦有時奉君命而出者，惟是康王之奉使，經未有明文，姑云「蓋」以疑之。僞孔傳以爲臣子皆侍左右，將正太子之尊，故出于路寢門外，更新逆門外，所以殊之。案：王崩而太子遂尻翼室，爲喪主，未嘗不尊，何必出之復逆之乃成其尊乎？且路寢門外，正朝所在，群臣當有在焉，虎賁守王宮，大喪則守王門，蓋在其外，逆者自内而出迎，豈容自外操戈而入内乎？經所謂「南門」非路寢門也，經言「逆于南門之外」，其逆之遠近无文，蓋世子出使而反自遠而漸近，逆者自南門出趨之，既接見，遂衛之而入自南門，南門蓋外朝之外門，所謂「皋門」也，安得以爲路寢門乎？且據上文「王命群臣」，時世子實不在左右，僞孔曲説，非也。**延入翼室，恤宅宗。**【注】翼室，路寢傍室。恤，憂也。宗，猶「主」也。延子釗入路寢之傍室，憂居爲喪主。【疏】云「翼室，路寢傍室」者，「翼」猶鳥翅翼，是左右兩傍之名，故以爲「傍室」。是時成王之屍蓋在路寢，則延入世子自是路寢之傍室矣。然則「翼室」有兩，此蓋東翼室也。知者，以既殯之後，居倚廬在中門外東匚，此時未殯，暫尻翼室，當亦在東可知矣。「恤，憂」，《釋詁》文也。云「宗，猶『主』也」者，《白虎通·宗族》篇云「宗，尊也，爲先祖主也」，是則「宗」有「主」誼。**丁卯，命作册、度。**【注】命作册者，以書成王命詞也。度者，册長短之數。【疏】下文言「太史秉書，繇賓階躋御王册命」，「册命」即此所作之册，以書成王命者，故云「命作册者，以書成王命詞也」。云「度者，册長短之數」者，《漢書·律曆志》云「度者，分、寸、尺、丈、引也，所以度長短也」，鄭君作《論語敘》云「《易》、《詩》、《書》、《禮》、《樂》、《春秋》，册皆尺二寸。《孝經》謙，半之。《論語》八寸册者，三分尻一，又謙焉」，是册有長有短也，言「命作册、度」者，命之作册，并命其册尺寸之度也。**粵七日癸丣，伯相命士須材。**癸，居水反，籀文作「𥎨」。丣，古文「酉」。「丣」爲春門，開門之象。「丣」爲秋門，「丣」从一、丱，閉門象也。相，息恙反。【注】鄭康成曰：「癸酉，蓋大歛之明日也。」肅曰：「召公爲二伯，相王室，故曰伯相。」聲謂：須，當爲「頒」字之誤也；頒，布也。材，椁材也。《檀弓》曰：❶「既殯，旬而布材。」歛，力驗反。【疏】鄭注及肅注並見正義。

❶「曰」，原脱，今據近市居本補。

《禮記・王制》云「天子七日而殯」，計王以乙丑崩，辛未爲七日，壬申爲八日，鄭云「癸酉，蓋大斂之明日」，然則成王以壬申大斂矣。鄭意蓋以大斂與殯同日，天子殯、斂以死之明日數也。知鄭意然者，《禮記・曲禮》云「生與來日，死與往日」，鄭注云「與，猶數也。生數來日，謂成服杖以死明日數也。死數往日，謂殯斂以死日數也。此士禮貶于大夫者，大夫以上皆以來日數」，是鄭君以天子殯、斂數來日也，故不數乙丑而以壬申爲七日，因以癸酉爲大斂之明日。云「蓋」者，以無正文不敢質言也。肅云「召公爲二伯」者，《公羊》隱五年傳云「自陝而東者，周公主之；自陝而西者，召公主之」，下文言「太保率西方諸侯，畢公率東方諸侯」，蓋初時召公與周公爲二伯，是時周公既歿，畢公代之，召公與畢公爲二伯矣。「聲謂須，當爲『頒』字之誤也；頒，布也」者，《禮記・玉藻》説笏之制「大夫以魚須文竹」，《禮記釋文》云：「崔云：『用文竹及魚班也。』隱義云：『以魚須飾文竹之邊，須音班。』」蓋「班」與「頒」音、誼同，「須」與「頒」字相似，故或以「須」爲「班」，以「須」爲「班」實繇「班」之爲「頒」而誤爲「須」也，此文「須」字實亦「頒」字之誤也。《周禮・太史職》云「頒告朔於邦國」，鄭仲師注云「頒，讀爲班。班，布也。以十二月朔布告天下諸侯」，是「頒」之爲言「布」也。「頒」有「布」誼，斂後有「布材」之事，則以「須材」爲「頒材」，誼實允愜矣。云「材，椁材也」者，《禮記・檀弓》云「天子崩，虞人致百祀之木可以爲棺椁者，斬之」，此時既殯之後「命士頒材」，自是椁材矣。引《檀弓》者，以證此「須材」爲「布材」也，鄭注彼文云「材，椁材也」，則《檀弓》所云正此經「須材」之事也。但《檀弓》云「既殯，旬而布材」，此則殯之明日即命士須材者，天子七日而殯，與諸侯以下不同，彼「旬而布材」者，欲其材之乾腊，天子尊則材尤宜乾腊，容益當早布；且《檀弓》云「君即位而爲椑」，是天子、諸侯棺皆早豫爲之，則椁材何嫌于早布？又況此云「命士須材」，是日命之或不于是日即布，非必與《檀弓》不合也。**狄設黼扆，綴衣。**扆，因豈反。【注】亦伯相命之也。狄，樂吏之賤者。斧謂之黼，其繡白黑采，以絳帛爲質。扆之制如屏風然。設黼扆于明堂太室之南户外，聯綴帷、握，張于其所。屏，皮經反。【疏】云「亦伯相命之也」者，狄是賤吏，不得專擅陳設之事，自有命之設者，文承「伯相命士須材」之下，則是亦爲伯相所命，與「士須材」俱冢伯相命之文也。且鄭仲師注《周禮・司几筵》及《天府》職皆引此篇，以設几席及陳寶是癸酉日事，則「狄設黼扆」與「士須材」同日受命于伯相矣。近世有顧氏炎武謂自此以下是康王踰年即位之事。案：天子七月而葬，葬則有謚。成王以四月崩，踰年則既葬而再閱月矣，何下文猶稱「新陟王」乎？且先王之顧命不宜遲之踰年而後傳于嗣王，「丁卯，命作册、度」必不踰年而始傳顧命矣。推顧氏之意，以陳設華美非初喪所宜，故有是説，曾不思《周禮・天府》職有「大喪，陳寶器」之文、《典路》職有「大喪，出路」之文乎？則周公之制固然也。顧氏豈不信《周禮》爲周公作乎？不然何疑乎此篇耶？云「狄，樂吏之賤者」者，《禮記・祭統》云「翟者，樂吏之賤者也」，《周禮・内司服》職有「榆狄」、「闕狄」，鄭君注云「狄，當爲翟。翟，雉名」，然則「狄」與「翟」字通，故鄭注《禮記・喪大記》「狄人設階」亦云「狄人，樂吏之賤者」。云「斧謂之黼」至「如屏風然」者，采鄭君《周禮・司几筵》注以爲説也。❶「斧謂之黼」，《釋器》文。云「其繡白黑采」者，黼爲斧文，斧刃白，近銎處黑，故以白黑采綫繡之，《周禮・考工・繢人》職曰「白與黑謂之黼」是也。「以絳帛爲質」者，周尚赤，黼扆當天子之位，自當用所尚之正色，故知以絳帛爲質。絳，正赤色也。云「扆之制如屏風然」者，屏風之名起于漢世，蓋扆當天子所立處之後，若爲天子屏緊其風，因取名焉。故鄭君注《義禮・覲禮》云「依，如今綈素屏風矣」，又注《禮記・明堂位》云「斧依，爲斧文屏風于户牖之間」，鄭輒舉「屏風」以況「斧依」，「黼扆」即「斧依」也。云「設黼扆于明堂太室之南户外」者，

❶「司」，原作「可」，今據近市居本改。

《大戴禮・盛德》曰「明堂者，古有之也。凡九室，一室而有四户八牖，三十六户，七十二牖。以茅蓋屋，上圜下方」，《考工記・匠人》云「周人明堂度九尺之筵。東西九筵，南北七筵，堂崇一筵。五室，凡室二筵」，此二書説明堂之制或言「九室」或言「五室」，不同者何也？案：明堂之制始于神農，蓋初時九室，後王以九密比，徹其四面之正室爲堂，故五室爾。《考工記》説夏后氏「世室」以云「五室」，世室、明堂異名同實，然則自夏以來明堂皆五室矣。今説《周書》當从周制，依《考工記》説可也。明堂中央爲太室，太室之四面爲堂，四隅爲夾室，是爲五室。其東堂東向，曰青陽太廟；南堂南向，曰明堂太廟；西堂西向，曰總章太廟；北堂北向，曰玄堂太廟。夾室之前爲左右个。「太室之南户外」即明堂太廟，天子覲諸侯時所立之位也，于是設黼扆焉，《周禮・司几筵》職所謂「王位設黼依」是也。云「聯綴帷握，張于其所」者，謂張于黼扆之處也，解「綴衣」爲「聯綴帷、握」者，説具上疏。**牖間南鄉，布重莧席黼純，華玉，仍几。**鄉，所羕反，下並同。僞孔本「布」作「尃」、「莧」作「蔑」，玆从《説文》所引。重，直容反，下並同。莧，民瞥反。純，中盾反，下並同。【注】牖間，兩窗之間也。明堂之室皆四面有户，户傍兩夾窗，牖即窗也。布席于牖間，當扆前也。鄭康成曰：「莧，析竹之次青者，不用生時席，新鬼神之事故也。華玉，五色玉也。」聲謂：莧席，織蒻席也。「莧」讀與「蔑」同。白與黑謂之黼。純，緣也。以白黑采繒緣席邊也。仍，因也。因生時几也，不用生時席，嫌几亦變之，故曰「仍几」。蒻，人約反。緣，曰絹反，下注同。【疏】《大戴禮・盛德》説明堂之制云「一室而有四户八牖」，《考工・匠人》云「四傍兩夾窗」，鄭注云「窗助户爲明。每室八窗」，故云「明堂之室皆四面有户，户傍兩夾窗」。《盛德》言「八牖」，鄭注《考工》言「八窗」，故云「牖即窗也」。《説文・片部》云「牖，穿壁以木爲交窗也」。云「布席于牖間，當扆前也」者，扆設于户外，當兩牖之間，席布于牖間而南向，則是負扆之位矣，故云「當扆前也」。鄭注見正義及《禮記・禮器》正義。云「莧，析竹之次青者」者，謂稍刮其外皮之青而粗者，取其近裏之青而細者也。案：鄭君説此經皆以竹爲言，恐未盡然，姑盡録之，不盡从也。云「不用生時席，新鬼神之事故也」者，《周禮・司几筵》職云「王位設黼依，依前南鄉，設莞筵紛純，加藻席畫純，加次席黼純」，是王生存時牖間之位設三重席，席各異位異純，不用莧席，今則重席唯用「莧席黼純」，上下不異，是不用生時席也。舉一反三，則下文三席皆非生時席可知矣。云「華玉，五色玉也」者，「華」是華采，故以爲五色玉也。「聲謂莧席，織蒻席也。『莧』讀與『蔑』同」者，《説文・苜部》云「莧，从苜、火，苜亦聲。《周書》曰『布重莧席』，織蒻席也，讀與蔑同」，是正解此經「莧席」而并發其音讀，故采之以易鄭誼也。「織蒻席」者，史游《急就篇》十四章云「蒲蒻藺席帳帷幢」，《説文・艸部》云「蒻，蒲本，可以爲平席」，鄭注《考工・輪人》云「今人謂蒲本在水中者爲蒻」是也。云「白與黑謂之黼」者，《考工記・繢人》職文。《釋器》云「緣謂之純」，故云「純，緣也」。「仍，因」，《釋詁》文。《周禮・司几筵》云「凡吉事，變几；凶事，仍几」，鄭仲師注云「變几，變更其質，謂有飾。仍，因也，因其質，謂无飾也」。《書・顧命》曰」云云，康成注云「吉事，王祭宗廟，裸于室，饋食于堂，繹于祊，每事易几，神事文，示新之也。凶事，謂凡奠几，朝夕相因，喪禮略」，兹二説皆不用而云「因生時几也」者，蓋華玉、文貝、琱玉皆是有飾，桼則變更其質，不得以因其質解之；又此几、席非設于殯前，則不有饋、奠之事，亦不得云「奠几，朝夕相因」，二鄭之説皆不可以施于此。據鄭言「不用生時席」，則言「仍几」者，對席不因生時爲言，明几則因生時者也，故云「不用生時席，嫌几亦變之，故曰『仍几』」。**西序東鄉，**❶**布**

❶「序」，原作「席」，今據近市居本及注文改。

重厎席綴純，彣貝，仍几。僞孔本「布」皆作「尃」，《説文》引此上文「布重莧席」，以三隅反之，則此及下文皆當作「布」也。厎，中雉反。彣，維分反。【注】東西牆謂之序。馬融曰：「厎，青蒲也。」鄭康成曰：「厎，致也。莧纖致席也。」聲謂：《周禮》「蒲筵繢純」，以此上下文與《周禮》參之，則「綴純」當其「繢純」，然則「厎席」青蒲席與？ 言「厎」者，見其功致也。繢者，畫文以對方爲次。變「繢」言「綴」者，謂綴其繒于席，以功言也。凡純皆綴，獨此言「綴」者，互相葡也。彣貝，貝之有彣者。致，直吏反。參，七南反。席與，曰如反。見，亦晏反。畫，户卦反，下同。【疏】「東西牆謂之序」，《釋宫》文也。馬注見《釋文》，鄭注見正義。「厎，致」，《釋言》文。聲引《周禮》者，《司几筵》職文。云「以此上下文與《周禮》參之，則『綴純』當其『繢純』」者，《周禮·司几筵》有莞、藻、次、蒲、熊五席，又有葦席、萑席，凡七席，而純則唯紛、畫、黼、繢四者，无所謂「綴純」，此經上下文有「黼純」、「畫純」、「紛純」，與此「綴純」而四，「繢純」則未有見，以兩文相參，則此「綴純」當《司几筵》之「繢純」矣。據《司几筵》職云「設莞筵紛純，加藻席畫純，加次席黼純」，則黼尊于畫，畫尊于紛，而繢則畫之以對方爲次者，則尊于畫而亞于黼。此經西序之坐尊于東序而卑于牖間，而綴純之席布于西序，則在黼純之下、畫純之上，正當繢純之次焉。至若《義禮·公食大夫》記所云「蒲筵常緇布純，加萑席尋玄帛純」，則是侯國筵大夫之席，于《司几筵》職无文，必非此時所用，則「綴純」之爲「繢純」无疑矣。云「然則『厎席』青蒲席與」者，《周禮》「蒲筵繢純」，此則「厎席綴純」，「綴純」既是「繢純」，則「厎席」當是「蒲席」矣，此从馬注以「厎」爲「青蒲」也。以是推擬當然，未有明文正據，故云「與」以疑之。云「言『厎』者，見其功致也」者，厎席既是蒲席，經不言「蒲」而言「厎」，以「厎」之言「致」，欲見其治蒲纖席之功致也。功致，猶鄭君言「纖致」，蓋鄭君唯以「莧」爲「析竹次青」似未然爾，其言「萈纖致席，萈實蒲類」固是不誤。云「繢者，畫文以對方爲次」者，既以「綴純」爲「繢純」，則經雖不言「繢」，自當具解「繢」誼也，《周禮・考工記》云「畫繢之事，雜五色，東方謂之青，南方謂之赤，西方謂之白，北方謂之黑，天謂之玄，地謂之黄。青與白相次也，赤與黑相次也，玄與黄相次也」，是謂「以對方爲次」。顧《考工》畫、繢並言，則畫、繢等爾。此下文別有「畫純」，而必于此言「繢純」，謂是「畫之以對方爲次」者，蓋散文則畫、繢通言，對文則㪔有異，《司几筵》職有「畫純」，又有「繢純」，鄭注云「畫，謂雲气也。繢，畫文也」，是則㪔有異矣。故《司几筵》疏云「畫純者，畫雲气。繢即非畫雲。《繢人》職對方爲繢，是對方爲次畫于繒帛之上，與席爲緣也」是也。云「變『繢』言『綴』者，謂綴其繒于席，以功言也」者，綴謂縫箸之于席，是人功爲之也。云「凡純皆綴，獨此言『綴』者，❶互相葡也」者，此言「綴」則上下文黼純、畫純、紛純皆縫綴可知，上下既葡言黼純、畫純、紛純，則此不言「繢」而「綴純」之爲「繢純」亦可知，互見其誼，故云「互相葡也」。云「苳貝，貝之有苳者」者，《爾疋・釋魚》説貝之種類有十，有云「餘蚳，黄白苳。餘泉，白黄苳」，李巡注云「餘蚳，貝甲黄爲質，白爲苳采。餘泉，貝甲白爲質，黄爲苳采」，又陸璣疏「有紫貝，白質如玉，紫點爲苳」，皆是貝之有苳者也。**東序西鄉，布重豐席畫純，彫玉，仍几。**彫，多條反。【注】鄭康成曰：「豐席，刮凍竹席。畫純，似雲气，畫之爲緣。」聲謂：彫，琢文也。《爾疋》曰「玉謂之彫」，又曰「彫謂之琢」。刮，古活反。琢，中角反。疋，因叚反，俗作「雅」，乃是鳥名「卑居」也，音衣家反，非其字矣。【疏】鄭注見正義。云「豐席，刮凍竹席」者，鄭君必考得其實，今則未

---

❶「綴」，原脱，今據近市居本及注文補。

詳，無以證明其說。僞孔及王肅皆以「豐」爲「莞」，蓋僞孔傳似肅所爲，故與鄭異，未有明據，吾寧从鄭可也。云「畫純，似雲气，畫之爲緣」者，案：鄭君注三禮凡言「畫」者輒以「雲气」爲説，如《周禮・幎人》職「以畫布巾口六彝」、《司常》職「皆畫其象焉」、《司几筵》職「畫純」以及《義禮・鄉射》記「凡畫者，丹質」與《禮記・喪大記》「畫荒」，鄭注皆以爲「畫雲气」。蓋古人之畫有所取象者，皆畫成物，若旌旗、服章、射侯之等，皆畫成物者也，其欲用文采而无所取象者，則唯畫雲氣而已，故鄭君于此經「畫純」亦以爲畫雲气也。云「彫，琢文也」者，《説文・彡部》文。引《爾疋》者，皆《釋器》文，以證「彫」爲治玉之名，又見「彫」、「琢」同誼也。**西夾南鄉，布重筍席，玄紛純，桼仍几。**筍，爰民反，注同。桼，于吉反，俗輒作「漆」，非矣。「漆」是水名，與「桼」字異。【注】西夾，明堂太廟之西偏夾室也，在太室之西南隅。鄭康成曰：「筍，析竹青皮也。《禮器》曰『如竹箭之有筍』。玄紛純，以玄組爲之緣。」聲謂：桼，木汁也，以髹几。汁，之十反。髹，昕求反。【疏】云「西夾，明堂太廟之西偏夾室也」者，明堂有五室四堂，中央太室，正室也，四隅之室，夾室也。四堂之正中皆曰太廟，夾室皆在其兩傍，明堂太廟其南向正堂也，西夾則是其西偏室也。云「在太室之西南隅」者，太室在四堂之中央，西夾則在南堂之西偏，是當太室之西南隅矣。鄭注見《禮記・禮器》正義及正義。云「筍，析竹青皮也」者，謂離析竹幹，取其外之青皮以爲席也。今《禮器》正義引作「折竹青皮」，「折」字蓋誤也。引《禮器》者，證「筍」爲竹外青皮也。《禮器》「如竹箭之有筍」，今本《禮記》「筍」字作「竹」下「均」，俗字也，在《説文》新附字中，非朩重原文，不可書也。鄭君引以注此經「筍席」，則鄭本《禮記》作「筍」字可知。蓋「筍」字有兩音，竹胎也，則音息引反，《周禮》「筍菹」是也；竹青皮也，則音于民反，《禮器》「竹箭有筍」及此經「筍席」是也。不識字者讀此「筍」字爲息引反，誤矣。云

「玄紛純，以玄組爲之緣」者，《説文·糸部》云「組，綬屬」，鄭注《周禮·司几筵》云「紛，如綬，有文而陜」者，此云「玄組」則與《周禮》注誼同也。《説文·桼部》云「桼，木汁，可以髤物。象形，桼如水滴而下」，故云「桼，木汁也，以髤几」。「髤」者，以桼箸物而涂之。經言「桼仍几」，是以桼髤几也。**粤玉五重。**重，直勇反。【注】玉，蓋王所服用者。《考工記》曰「天子用全，上公用駹，侯用瓚，伯用埒」，禮家説曰「全，純玉也。駹，四玉一石。瓚，三玉二石。埒，玉石半相埒也」，然則純玉五玉也。玉重石輕，五玉故曰「五重」。于是設玉五重，其所置之處則未聞焉。駹，莫江反。瓚，才旱反。埒，龍𡰱反。【疏】《釋文》引馬融注云「粤玉，粤地所獻之玉也」。案：粤地者，南蠻百粤之國也。《逸周書·王會解》蔔記四夷之貢獻，其南方諸國无獻玉者，其篇末又述《商書》湯令伊尹爲四方獻令，欲因其地執所有獻之。伊尹于是爲四匚令，❶正南甌鄧、桂國、損子、産里、百濮、九菌請令以珠璣、毒瑁、象齒、文犀、翠羽、菌鶴、短狗爲獻，不言獻玉。其北方之獻令則有白玉，然則粤地不産玉，安所得玉而獻之？若夫《漢書·南粤傳》，孝文時南粤王尉陀所獻有白璧一雙，蓋尉陀故真定人，其所獻之璧安知非其適粤時所持往者？未見是南粤所産。然則馬言「粤地所獻玉」恐未然，故不用也。云「玉，蓋王所用者」者，《考工記》有「天子用全」之文，全者五玉，與此「玉五重」適符合，故以爲王所服用者，因遂引《考工記》以説焉。《考工記》者，《周禮·冬官》也，此所引者《玉人》職文。所云用全、用駹之等，未詳其何所用，據《記》文辨天子、公、侯、伯之等衰，則當是朝會時所用。此經所陳設固爲將受朝也，則「玉五重」自是記文所云「天子用

❶「匚」，原脱，今據近市居本補。

全」之誼矣。僞孔傳乃以下文弘璧、琬琰爲二，大玉、夷玉、天球爲三，當此五重。案：《考工記》琬圭、琰圭形制不同，所用亦異，安得合爲一？僞孔説非也。鄭本《考工記》云「天子用全，上公用龍，侯用瓚，伯用將」，注云：「全，純玉也。龍、瓚、將皆雜名也。卑者下尊以輕重爲差。玉多則重，石多則輕。公、侯四玉一石，伯、子、男三玉二石。」今此所引「龍」作「駹」、「將」作「埒」，與鄭本《記》文稍異，所偁「禮家説」亦與鄭注不同者，皆據《説文·玉部》所引也。必从《説文》誼而不用鄭注者，以《記》文上公與侯所用異名，而注并言「公、侯四玉一石」，又《記》唯言「伯」而注合言伯、子、男，皆韋失本經之誼，不如《説文》誼允當也。云「全，純玉也」者，此則與鄭誼同也。鄭注《義禮·鄉射禮》云「純，猶全也」，是「全」、「純」同誼，又《説文·入部》「仝」字重文作「全」，解云「篆文仝，从玉，純玉曰全」，則「全」固取「純玉」誼爲字。駹、瓚、埒對全爲純玉言之，則皆玉、石雜之名矣。其衰次自當以玉、石之多寡爲隆殺，故云「駹，四玉一石。瓚，三玉二石」，是則然矣。準是以衰，則伯用埒當二玉三石，二玉三石爲數不均而云「玉石半相埒」，何哉？豈玉重石輕而以多寡齊其輕重乎？案：《考工·玉人》疏引「盈不足術」曰「玉方寸重七兩，石方寸重六兩」，然則玉方寸者二，重十四兩，石方寸者三，重斤二兩，終不能輕重均也。蓋必石差小于玉乃能使二玉、三石輕重平均，是之謂「相埒」與？然則「純玉，五玉也」者，以「四玉一石」、「三玉二石」其數皆五推之，純玉自是五玉矣。云「玉重石輕，五玉故曰『五重』」者，據盈不足之術，石之比于玉，七而差一，是玉重于石矣，故鄭君注《考工記》云「玉多則重，石多則輕」。此經言「五重」明是對石之輕爲言而謂玉爲重也，則此是《考工記》所云「天子用全」益信矣。云「其所置之處則未聞焉」者，上文設四坐及下文敶宲皆言處所，此承四坐之下，又不與宲同敶，其位置此玉之處經无明文，先儒之説又不可得聞，故云「未聞焉」。**敶宲**：敶，直仁反，俗通省作「陳」。宲，邦界反，正義本作「寶」，茲从《説文》所引。【注】鄭康成曰：「敶宲者，方有大事以華國也。」聲謂：　宊，臧也。《周禮・天府》職曰：「凡國之玉鎮、大寶器臧焉，若有大祭、大喪則出而陳之。」臧也，才盎反。臧焉，才黄反。【疏】鄭注見正義。云「方有大事以華國也」者，謂將有朝諸侯之事，陳寶以爲國華美。「宊，臧」，《説文・宀部》文。《周禮》者，周公尻攝時所制禮也，《天府》職屬禮官。引之者，以俗儒聱説，謂此喪中陳設爲非禮，皆議召公之聖不如周公，周公若在必不如此。故引《周禮》以見周公所制之禮固然，庶足以息俗儒之喙矣。**赤刀、大訓、弘璧、琬、琰在西序**，琬，邕阮反。琰，以广反。【注】鄭康成曰：「赤刀者，武王誅紂時刀，赤爲飾，周正色也。大訓，謂禮法先王悳教。弘，大也。大璧、琬、琰皆度尺二寸者。【疏】注見正義及《周禮・天府》疏。云「赤刀者，武王誅紂時刀，赤爲飾，周正色也」者，以是寶臧，必非尋常之刀，若武王誅紂時刀則周家武功所由成，須世守之，故鄭云然也。案：《逸周書・克殷解》「商辛既自燔于火，武王適王所，射之三發，而後下車擊之，以輕吕斬之，以黄戉折，縣諸太白」，《史記・周本紀》言「以輕劍擊之」，然則「輕吕」乃劍名，武王以誅紂者非刀也。鄭君「誅紂時刀」蓋謂武王誅紂時別有所佩之刀，非必謂用以誅紂之兵也。《禮記・檀弓》云「周人尚赤」，是赤爲周正色也。云「大訓，謂禮法先王悳教」者，禮法是先王之悳教所以垂訓後世者，故鄭君以當此「大訓」，是當不專謂周先王之訓，往古帝王之典法皆是也。「弘，大」，《釋詁》文。云「大璧、琬、琰皆度尺二寸者」者，案：璧與琮相配，據《考工・玉人》職「大琮十有二寸，宗后守之」，則王所世守之大璧自必亦尺二寸。若琬圭、琰圭，據《玉人》職則皆九寸，鄭于此言「皆尺二寸」者，鄭以彼文九寸者是王使之瑞節，此是宗器，自然大于使節，故知皆尺二寸。**大玉、夷玉、天球、《河圖》在東序。**【注】鄭康成曰：「大玉，華山之球也。夷玉，東北之珣玕琪也。天球，雝州所貢之玉色如天者。三者皆樸，未見琢治，故不以器名之。《河圖》，圖出于河水，帝王聖者所受。」聲謂：《河圖》，文王所受者，《墨子》曰「天命周文王伐殷有國。泰顛來賓，河出緑圖」是也。周家天命所自，故寶之。今文曰「顓頊《河圖》、《洛書》在東序」，非也。珣，須匀反，《説文》云「讀若宣」。玗，云吁反。琪，求疑反。雝，處用反。頊，許浴反。【疏】鄭注見正義及《周禮·天府》疏。《爾雅·釋地》云「西南之美者，有華山之金石焉」，不言華山有球玉，《山海經》大華之山亦不言有玉，其西小華之山「其陽多㻬孚之玉」，亦不名球，鄭云「大玉，華山之球也」未知所出，鄭君蓋别有據，聲則無以説也。云「夷玉，東北之珣玗琪也」者，《釋地》云「東方之美者，有醫无閭之珣玗琪焉」，鄭言「東北」者，《周禮·職方氏》云「東北曰幽州，其山鎮曰醫无閭」，是醫无閭實在東北也；《説文·玉部》云「醫无閭之珣玗琪，《周書》所謂『夷玉』也」，則鄭説固有自來矣。云「天球，雝州所貢之玉色如天者」者，《禹貢》雝州貢球、琳、琅、玕者，美玉蓋不一色，固有色玄如天者，此言「天球」自是以色名之也。云「三者皆樸，未見琢治，故不以器名之」者，决上文曰璧、曰琬、曰琰皆是既琢治成器之名，此大玉、夷玉、天球皆就其質名之，是未見琢治也。蓋東爲陽中，物之所生，西爲陰中，物之所成，故在西序之玉皆以成器者，在東序之玉皆未琢治也。云「《河圖》，圖出于河水」者，鄭注《周易·繫詞》引《春秋説》曰「河以通乾出天苞，洛以流坤吐地符。河龍《圖》發，洛龜《書》成」，是《河圖》出于河也。《漢書·五行志》引劉歆説曰「虙羲氏繼天而王，受《河圖》，則而畫之，八卦是也」，鄭云「帝王聖者所受」，不指實《河圖》爲八卦者，蓋八卦是虙羲所受之《河圖》，而古帝王皆受《河圖》，不獨虙羲也。《禮運》正義引《中候握河紀》云「堯時受《河圖》，龍銜赤文緑色」，《廣博物志》十四卷引《尸子》曰「禹理鴻水，觀于河，見白面長人，魚身，出曰『吾河精也』，授禹《河圖》而還于淵中」，是不獨虙羲受《河圖》也，則此經《河圖》未見其必是八卦，故鄭汎言「帝王聖者所受」也。然則鄭君之誼是矣，聲猶不从之者，據《墨子》言文王嘗受《河圖》，則周家寶往古之《河圖》必不如其實先祖之《河圖》，故以此《河圖》爲文王所受者，且引《墨子》以證焉。《墨子》者，《非攻》篇文也。此《河圖》是天所以命文王者，故云「周家天命所自，故寶之」。云「今文曰『顓頊《河圖》、《洛書》在東序』」者，李善注《文選・典引》録蔡邕注引《尚書》曰「顓頊《河圖》、《洛書》在東序」。案：蔡邕石經《尚書》乃今文本，則其所引自是今文，故與古文異也。若果如所引，則鄭君解《河圖》必不汎言「帝王聖者所受」矣，《尚書》原文當不如此，故曰「非也」。**允之舞衣、大貝、鼖鼓在西房，兑之戈、和之弓、垂之竹矢在東房。**鼖，符云反。

【注】鄭康成曰：「允也、兑也、和也、垂也，皆古人造此物者之名。大貝者，《書傳》曰『散宜生之江淮之浦，取大貝如車渠』是也。鼖鼓，大鼓也。」聲謂：房，夾室也。在西房者，在西夾之前，所謂明堂右个。在東房者，在東夾之前，明堂之左个矣。統于夾室言之，故曰在房也。車，君魚反，俗音出奢反，非也。个，公賀反。【疏】鄭注見《周禮・天府》疏，无「兑也」二字，據經文並舉四人名，鄭君必兼釋之，引者誤脱爾，故以意曾之。引《書傳》者，伏生《尚書大傳・殷傳》云「西伯既戡耆，紂囚之牖里。散宜生遂之犬戎氏取美馬駮身、朱鬣、雞目者，取九六焉。之西海之濵取白狐青翰。之於陵氏取怪獸，大不辟虎狼間，尾倍其身，名曰虞。之有參氏取美女。之江惟之浦取大貝，大如車之渠。陳于紂之庭，紂出見之，還而觀之，曰：『此何人也？』散宜生遂趨而進曰：『吾西藩之臣昌之使者。』紂曰：『非子辠也，崇侯也。』遂遣西伯伐崇」是其文也。鄭仲師注《考工記・車人》云「渠，謂車輮」，然則云「大貝如車渠」謂大如車輪也。案：如《大傳》所云，則大貝既入于紂，猶得爲周宗臧者，蓋武王克紂而仍得之，以是文王所賴以免患，故寶之，且使子孫守之，以毋忘憂患云。《釋樂》云

「大鼓謂之鼖」，故云「鼖鼓，大鼓也」。《説文·户部》云「房，室在傍也」，夾室皆在四堂之兩傍，故云「房，夾室也」。高誘注《淮南·本經訓》云「明堂，王者布政之堂，上圜下匚。堂四出各有左右房，謂之个」，又以明堂左个爲「東頭室」，右个爲「西頭室」，是房也、室也、个也可以通偁，故云「在西房者，在西夾之前，所謂明堂右个。在東房者，在東夾之前，明堂之左个矣」。經言在房，注不謂「夾室中」而云在兩夾之前左右个者，蓋陳宋以爲國華，是欲見美，必陳于夾室之外左右个之地，則入應門即見，故知不在室内也。但「房」之偁于室内尤宜，陳宋于个而經言「房」，故釋其意云「統于夾室言之，故曰在房也」。**大路在賓階面**，路，正義本作「輅」，隸古定本則作「路」。案：鄭仲師注《周禮·典路》引此四語皆作「路」，《周禮》「車」、「路」字皆不作「輅」，蓋「輅」者車軨前横木，别一字也，當从「路」，下皆仿此。【注】鄭康成曰：「大路，玉路。」聲謂：賓階，西階。面，猶「前」也。【疏】鄭注見《周禮·典路》疏。云「大路，玉路」者，《大戴禮·朝事義》曰「乘大路，建大常十有二流，樊纓十有再就」，《周禮·巾車》職曰「王之五路，一曰玉路，鍚樊纓十有再就，建大常十有二流」，合此二文叶之，則「大路」即「玉路」也。「聲謂賓階，西階」者，《曲禮》云「主人就東階，客就西階」，又《檀弓》云「周人殯于西階之上，則猶賓之也」，是西爲賓位，故西階謂之賓階也。《義禮·士冠禮》云「側酌醴，加柶，覆之，面葉」，鄭注云「面，前也」，兹云「面，猶『前』也」者，謂賓階、阼階言「面」，猶下文言「左孰之前」、「右孰之前」也。**贅路在阼階面**，贅，中芮反，與「綴」同，本或作「綴」，兹从鄭仲師《周禮》注所引。阼，才故反。【注】鄭康成曰：「贅，次。次在玉路後，謂玉路之貳也。」聲謂：阼階，東階。【疏】鄭注亦見《典路》疏。「贅」者「附贅」也，故訓爲「次」，以爲「次在玉路後，謂玉路之貳也」。案：《周禮》「五路」之貳車无文，據《大戴禮·朝事義》「天子乘大路，貳車十有二乘」，是玉路有貳也。《禮·檀弓》曰「夏后氏殯于東階之上，則猶在阼也」，故云「阼階，東階」。**先路在左塾之前**，俗書「塾」輒加「土」，《説文·土部》所无，當止作「孰」。【注】鄭康成曰：「先路，象路。門側之堂謂之塾。謂在路門内之西北面，與玉路相對。」【疏】注亦見《典路》疏。《周禮·巾車》職王之五路无「先路」之名，「先路」之名唯見于此及《禮記·郊特牲》，鄭于《郊特牲》无解，于此云「先路，象路」者，據《巾車》職「象路以朝」，此經將有受朝之事，此時出路不容不陳象路。兹凡四路，「大路」既是「玉路」，「贅」、「次」又皆是副貳之名，故推「先路」以爲「象路」。但《巾車》職言「象路朱樊纓七就」，而《郊特牲》言「先路三就」，就數不同而云「先路，象路」，何也？蓋《郊特牲》言「大路緐纓一就」亦與《巾車》職玉路「十有再就」不同，彼文所言自是殷制，殷尚質，以少爲貴也，故鄭注《禮器》以「大路緐纓一就」爲殷祭天之車，然則《郊特牲》雖有「先路三就」之文，无妨于此經「先路」是樊纓七就之「象路」也。云「門側之堂謂之塾」者，《釋宫》文也。云「謂在路門内之西北面，與玉路相對」者，蓋門之内、外皆有東、西堂，皆謂之塾，門外之塾南向，門内之塾北向；兹陳路于路寢之庭，則左、右塾乃是路門内之東、西堂北向者矣；北向則西爲左，東爲右，經言「左塾」則是西堂，其直北當西階，玉路在西階前南面，此先路在門内西堂之前北面，則與玉路相對矣。**次路在右塾之前**，【注】鄭康成曰：「次路，象路之貳，與玉路之貳相對，在門内之東北面。不㬤金路、革路、木路者，主于朝祀而已。」聲謂：㬤此四路以西爲上者，殯在西堂，統于殯也。朝，直佋反。【疏】鄭注亦見《典路》疏。「次」者，不前也，對先而言則爲副貳之名。先路是象路，故云「次路，象路之貳」，言其以亞次爲名也。云「與玉路之貳相對，在門内之東北面」者，右塾是門内東堂，正當阼階之南，玉路之貳爲贅路，在阼階前南面，此次路在右塾之前北面，則與玉路之貳相對矣。云「不㬤金路、革路、木路者，主于朝祀而已」者，《周禮・巾車》職王之五路，玉路以祀，金路以賓，象路以朝，革路以即戎，木路以田，茲「大路」是玉路，「贅路」爲其貳，「先路」是象路，「次路」爲其貳，則此四路止是五路之二，未有金路、革路、木路，蓋此時將祭奠于殯而傳顧命，故陳玉路，又將受諸侯朝，故陳象路，是以鄭君云「主于朝祀而已」。案：《周禮・大宗伯》職朝于「五禮」屬賓禮，時將受朝，則金路以賓者宜亦陳之，茲不陳者，蓋平時諸侯來朝則有乘金路迎賓之事，此時喪中權宜，受朝不迎賓，无所用于金路也。「聲謂陳此四路以西爲上者，殯在西堂，統于殯也」者，蓋陳設之事宜統于堂，而南順階前爲上，孰前爲下，今象路在左孰前，而阼階之前乃玉路之貳，則在西者皆正路，在東者皆貳車，是以西爲上矣，故説其意云繇殯在西堂，故統于殯而西上也。《檀弓》云「周人殯于西階之上」，是殯在西堂也。**二人爵弁、執惠，立于畢門之内，**【注】鄭康成曰：「赤黑曰爵，言如爵頭色也。爵弁制如冕，黑色，但无藻爾。惠狀蓋斜刃，宜芟刈。」聲謂：畢門，路門也。斜，夕牙反。芟，色銜反。刈，牛吠反。

【疏】鄭注見正義。云「赤黑曰爵，言如爵頭色也」者，案：鄭注《義禮・士冠禮》云「爵弁者，冕之次，其色赤而敳黑，如爵頭然」，説與此同也。云「爵弁制如冕，黑色，但无藻爾」者，案：《周禮・弁師》職王之五冕皆「玄冕，絑裏，延紐五采。藻十有二就，皆五采。玉十有二，玉笄絑紘」，鄭彼注云「延，冕之覆，在上，是以名焉。紐，小鼻，在武上，笄所貫也」，又云「諸侯之藻瑬九就」，鄭注云「侯，當爲公字之誤也」，又云「諸侯及孤卿大夫之冕各以其等爲之」，鄭注云「侯伯，藻七就。子男，藻五就。孤，藻四就。三命之卿，藻三就。再命之大夫，藻再就」，是冕皆有藻也。爵弁之制，延紐、笄紘皆與冕同，唯无藻爲異爾，然則冕而无藻即與爵弁不異。而鄭注《弁師》職又云「一命之大夫，冕而无瑬。士變冕爲爵弁」，則似无藻之冕似與爵弁不同者，賈公彦《士冠禮》疏云「冕者，俛也。氏前一寸二分，故得冕偁。爵弁則前後平，故不得冕名」，此説蓋是也。然則爵弁與无瑬之冕但有氏卬之分，似不害爲同制也。云「惠狀蓋斜刃，宜芟刈」，鄭君必考得其實而言，乃猶云「蓋」，豈亦疑不能質與？聲无以爲疏說矣。鄭仲師注《周禮·閽人》及《朝士》皆云「路門，一曰畢門」，故「聲謂畢門，路門也」。**四人騏弁、執戈上刃，夾兩階、戺。**騏，及詒反，正義本作「綦」，據《釋文》云馬本作「騏」，據鄭注引《詩》，則鄭本亦作「騏」，當从「騏」。戺，詳史反。【注】鄭康成曰：「青黑曰騏，《詩》云『我馬維騏』。戈，即今之句孑戟。」聲謂：戺，切也，謂堂廉直下厓也。蓋夾兩階者二人，❶一在西階之西，一在阼階之東，當前廉厓下相鄉而立。夾戺者二人，一立于東南堂隅之東，一立于西南堂隅之西，當前廉厓下之兩耑，蓋皆南鄉也。合言「四人」者，以其兵、服同故也。句，果侯反。切，千普反，俗書加「石」傍，非也。鄉，昕恙反。耑，多官反。【疏】鄭注見正義及《詩·國風·鳲鳩》、《魯頌·駉》正義。《說文·馬部》云「騏，馬青驪，文如簙棋也」，驪是黑色，故鄭云「青黑曰騏」，且引《詩》以證，謂騏弁之文采如馬之騏文也。所引《詩》乃《皇皇者華》文也。案：《詩·鳲鳩》云「其弁伊騏」，毛傳云「騏，騏文」，正與此鄭注「青黑曰騏」誼同。而鄭君箋《鳲鳩》詩乃云「騏當作璂，以玉爲之」，于此又不破「騏」爲「璂」者，鄭注《周禮·弁師》云「韋弁、皮弁，侯伯璂飾七，子男璂飾五，孤則璂飾四，三命之卿璂飾三，再命之大夫璂飾二」，又云「士變冕爲爵弁，其韋弁、皮弁之會无結飾」，然則鄭君之意以大夫以上之弁皆有璂飾，士之弁則无有，彼詩所偁「淑人君子」是謂諸侯，故以其弁伊騏爲璂飾，此四人是士，其弁不得有璂飾，故以「騏」爲青黑色也。知此「四人」是士者，蓋士无位于堂，下文「五人」皆冕而立于堂廉之上，自是大夫，此「四人」立

❶ 「兩」，原脫，今據近市居本及疏文補。

于堂下，又弁而不冕，與上文「二人爵弁」立于畢門内者皆士也。❶云「戈，即今之句孑戟」者，蓋漢時名戈爲句孑戟，鄭舉當時之名以況，便于曉人也，故鄭注《周禮・敘官・司戈盾》亦云「今時句孑戟」。案：《考工記・冶氏》職云「戈，廣二寸，内倍之，胡三之，援四之」，鄭仲師注云「援，直刃也。胡，其孑」，然則「句孑戟」者以其胡名之也。康成注《冶氏》云「戈，今句孑戟也，❷或謂之鷄鳴，或謂之擁頸」，然則漢人目戈有此數名，《冶氏》職詳説戈制，故鄭君葡舉數名，于此則不必葡舉也。云「戺，切也，謂堂廉直下厓也」者，《廣雅・釋室》云「戺，撛切也」，張衡《西京賦》云「刊層平堂，設切厓隒」，薛綜注云「刊，削也」，吕向注云「層，絫。堂，高也。厓，隒邊也。謂削絫其階令平高，設切以爲厓隒」，是則「切」謂堂廉直下厓矣。經合言「四人」「夾兩階戺」，注云「夾兩階者二人」、「夾戺者二人」，分言之者，兩階附著堂廉下厓，而不盡堂廉之廣，戺即厓也，其東西各出于兩階之外畔，則亦出乎夾階者之兩傍，則夾戺非即夾兩階者矣，故知夾兩階、夾戺各二人也。夾階則在兩階之外畔，故云「一在西階之西，一在阼階之東，當前廉厓下相向而立」。夾戺則在戺之兩耑夾堂厓而立，故云「一立于東南堂隅之東，一立于西南堂隅之西，當前廉厓下之兩耑，❸蓋皆南向也」。據其立處，推其面位，執當南向，不敢質言，故云「蓋」也。云「合言『四人』者，以其兵、服同故也」者，據上文畢門之内，及下文東堂、西堂、東垂、西垂、側階立異處者，皆別言之，此夾階、夾戺各二人亦應分異，經乃總言「四人」，故決之云「以其兵、服同故」。四人皆騏弁，是服同；皆執戈，是兵

❶「爵」，原作「雀」，今據近市居本及前經文改。

❷「句」，原脱，今據近市居本補。

❸「當」，原作「堂」，今據近市居本及注文改。

同也。**一人冕、執劉，立于東堂；一人冕、執戉，立于西堂。**「劉」字雖《説文》所無，案漢天子姓劉氏，《説文》不應無「劉」字，蓋脱逸也，且《説文》解「鎦」字、「瀏」字皆云「劉聲」，則固當有「劉」字，故用之。【注】鄭康成曰：「劉，蓋今鑱斧。戉，大斧。序内半以前曰堂。」鑱，士巖反。【疏】注見正義。云「劉，蓋今鑱斧」者，鄭以東堂、西堂各一人相對而立，所執兵宜同類，今一人執劉、一人執戉，器雖異名，其形制當相似，戉既是大斧，故以劉爲鑱斧。鄭君舉當時兵器以況，非有正據，故云「蓋」也。但漢時鑱斧今其形制不可知，竊爲擬之：鑱者，鋭也，蓋其斧上有直援銛鋭，不但可以斬，兼可以刺，故名「鑱斧」焉。云「戉，大斧」者，《説文·戉部》云「戉，大斧也，从戈乚聲」，《司馬灋》曰「夏執玄戉，殷執白戚，周左杖黄戉，右秉白髦」，《詩·公劉》疏引《太公六韜》云「太阿斧重八斤，一名天戉」，是則戉大于斧矣。云「序内半以前曰堂」者，《釋宫》云「堂東、西牆謂之序」，然則序内皆爲堂，云「半以前」者，對半以後爲房、室也。**一人冕、執戣，立于東垂；一人冕、執瞿，立于西垂。**戣，渠佳反。垂，是爲反。瞿，帬虞反，又帬據反。【注】鄭康成曰：「戣、瞿，蓋今三鋒矛。」聲謂：垂，邊也，謂東、西序外之堂廉也。鋒，孚容反。【疏】鄭注見正義。云「戣、瞿，蓋今三鋒矛」者，蓋亦舉當時兵器以相況，无正據，故亦云「蓋」也。東垂、西垂之人所執兵亦宜同類，故戣、瞿雖異名，鄭君俱以「三鋒矛」解之。蓋三鋒矛有二，故有戣、瞿二名。案：兵器有首如「」字形者，《詩》所謂「厹矛」，毛傳以爲「三隅矛」是也；亦有如「」字形者，❶今世所謂剛叉是也。此二器皆三鋒，但未知孰者爲戣，孰者爲瞿，不能指實矣。《説文·士部》云「垂，遠邊

❶「字」，原作「序」，今據近市居本改。

也」，故云「垂，邊也」。云「謂東、西序外之堂廉也」者，堂基必絫土爲之，築令平高，四面皆設石切以爲庢隒，其東、西序不盡東西廉之廣，序外皆有餘地，以容人往來。《義禮·鄉射禮》云「賓與大夫之弓倚于西序，矢在弓下，北括；衆弓倚于堂西，矢在其上」，鄭注云「上堂西廉」，言「堂西廉」則是西序外之廉矣，其下文又云「主人之弓矢在東序東」，則其上文賓與大夫之弓倚于西序者，在西序西之廉上矣。衆弓倚于堂西者，倚于廉下之庢，故矢在廉上也，是東、西序外之廉上皆有餘地也。此文「東垂」、「西垂」，「垂」之誼爲「邊」，故以爲東、西序外之堂廉也。

一人冕，執鈗，立于側階。《説文》云「《周書》曰『一人冕，執鈗』，讀若允」，隸古定本亦作「鈗」，唐衛包奉詔改作「鋭」，宋陳鄂奉敕又改，《釋文》云「鋭，已税反」，是一誤而再誤矣，吁可恨哉！【注】鄭康成曰：「鈗，矛屬。凡此七兵，或施矜，或箸柄。《周禮》『戈長六尺六寸』，其餘未聞長短之數。側階，東下階也。」聲謂：側階，北下階也，在北堂之下。「側」之言「特」，北堂唯一階，故曰側階。矜，其巾反。箸，汁若反。戈長，直恙反。【疏】鄭注見正義。《説文·金部》云「鈗，侍臣所執兵也，从金允聲。《周書》曰『一人冕，執鈗』，讀若允」，未解鈗爲何等兵器。鄭云「鈗，矛屬」者，案《説文》編字以類相從，其《金部》「鋋」下「鈗」，「鈗」下「鉈」，「鉈」下「鏦」，「鏦」下「錟」。鋋，小矛也；鉈，短矛也；鏦，矛也；錟，長矛也。諸字皆矛别名，而「鈗」厠其間，則是「矛屬」矣。云「凡此七兵」者，最括惠、戈、劉、戉、鈗、戣、瞿諸兵也。云「或施矜，或箸柄」者，《毛詩·伐柯》傳云「柯，斧柄也」，劉、戉皆斧，則「箸柄」者也；《説文·矛部》云「矜，矛柄也」，戣、瞿、鈗皆矛類，則皆「施矜」者也；惠則未有見，無以言之；戈則見《考工記》，案：《考工記·籚人》職云「戈柲六尺有六寸」，鄭注云「柲，猶柄也」，其下文鄭注又云「爲戈、戟之矜，所圍如殳」，則戈柲亦名「矜」。又《説文》云「矜，矛柄」，然則矜、柄同兩，鄭云「或施矜，或箸柄」，似矜、柄不同者，蓋散文則通，對文則異也。《廬人》職云「句兵椑，刺兵摶」，鄭注云「齊人謂柯斧柄爲椑，則椑隋圜也，摶圜也」，《廬人》又云「凡爲殳，五分其長，以其一爲之被而圍之。凡爲酋矛，三分其長，二在前，一在後而圍之」，鄭注云「被，把中也。圍之，圜之也。凡矜八觚」，然則隋圜者柄也，其手握處圜，而握不及處爲八觚者，矜也，矜與柄固有異矣。云「《周禮》『戈長六尺六寸』」者，據《考工記》文。云「其餘未聞長短之數」者，「其餘」謂惠、劉、戉、戣、瞿、鋭六兵也，此六者《考工記》皆無文，故不得聞其長短之數。云「側階，東下階也」者，鄭解「側」爲「傍側」，故以爲東下階，東階在傍也，故鄭注《禮記・雜記》以「側階」爲「傍階」，誼與此同也。聲不从鄭誼而云「側階，北下階也，在北堂之下」者，以「東垂」即東面階，上已有執戣者立焉，與執瞿立西垂者爲對，不應東垂多此一人，故知「側階」非東下階矣；《義禮・士昏禮》記云「婦洒在北堂，直室東隅」，鄭注云「北堂，房中半以北」，是東房之北爲北堂也，《大射》義云「工人、士與梓人，升自北階」，是路寢有北階矣，鄭注《燕禮》及《大射》義皆云「羞膳者從而東，繇堂東升自北階，立于房中，西面，南上」，則北階在東房之堂下可知矣；《雜記》云「三年之喪，則君夫人歸。夫人至，入自闈門，升自側階」，《爾雅》曰「宮中之門謂之闈」，則是内寢之門，當在路寢之後，繇闈門而升側階，則側階自是北階矣。云「『側』之言『特』」者，《義禮・士冠禮》云「側尊一甒醴」，鄭注云「側，猶特也，无偶曰側」。云「北堂唯一階，故曰側階」者，北堂唯東房有之，蓋東房無北壁故有北堂，西房之北有壁則不得有堂，無堂則無階矣，故北堂唯一階，取「特一」之誼而云「側」，異于前堂之有兩階也。若夫《考工記・匠人》職説「夏后氏世室有九階」，鄭注以爲南面三、三面各二者，乃是明堂之制。蓋夏之世室、殷之重屋、周之明堂，異其名爾，實一也，皆非路寢也。鄭注《考工》以「重屋」爲王寢，非也，路寢北堂實一階也。**王麻冕、黼常，由賓階隮。**《説文・巾部》云「常，下帬也，从巾尚聲」；裳，俗「常」从衣；吾寧从「巾」。**【注】**麻冕，三十升麻之布以爲冕也。鄭康成曰：「黼常者，冕服有彣者也。」聲謂：躋，升也。自西階升，未敢當主，且即殯前便也。

【疏】孔安國注《論語・子罕》篇云「麻冕，緇布冠也，古者績麻三十升布以爲冕也」。布言「升」者，所以辨其精麤也。鄭注《義禮・喪服傳》云「布八十縷爲升」，則三十升凡二千四百縷，布之至細者矣。凡冠、衣之布，冠之升數輒倍于衣，朝服十五升，故冕三十升也。鄭注見正義。云「黼常者，冕服有彣者也」者，❶周之冕服九章，黼當其弟八，其等衰則自九章以至一章凡五等，天子莆有焉。據鄭注《周禮・司服》云「毳畫虎蜼，謂宗彝也。其衣三章，常二章，凡五也」，則此「黼常」當是毳冕之常刺黼黻二章者，是有彣者也。此言「有彣」對下蛾常、彤常皆以色言，無有彣矣。「躋，升」，《釋詁》文。云「自西階升，未敢當主」者，《禮記・曲禮》云「踐阼臨祭祀，内事曰孝王某，外事曰嗣王某」，又《文王世子》云「成王幼，不能涖阼，周公相，踐阼而治」，鄭注云「代成王履阼階，攝王位治天下」，是嗣位爲王乃得踐阼階，今「升自西階」不由阼階，以未受顧命，未敢遽當主位也。云「且即殯前便也」者，《禮記・檀弓》云「周人殯于西階之上」，則西階上是殯前也，時將就殯前受顧命，則升自西階爲便矣。

卿士、邦君麻冕、蛾常，入即位。 蛾，牛倚反，正義本作「虫」傍「義」，俗字也，蓋衛包所改，隸古定本作「蛾」，兹从之。【注】蛾，蚍蜉也。服章無蛾，蛾常，常色如蛾者。入者，入畢門也。鄭康成曰：「蛾，謂色玄也。即位者，卿西面，諸侯北面。」蚍，貧夷反。蜉，房矛反。【疏】云「蛾，蚍蜉也」者，《禮記・檀弓》云「蛾結于四隅」，《學記》云「蛾子時術之」，鄭注皆云「蛾，蚍蜉也」。案：《檀弓》「蛾結」，鄭注以爲

---

❶「彣」，原作「文」，今據近市居本改。

畫文如蛾行，往來相交錯，此「蛾常」安知不謂繡文如蛾行，❶而云「服章無蛾，蛾常，常色如蛾者」者，衣常之章自有恒制，不得改易，據鄭君注《周禮・司服》職云「《虞書》曰『予欲觀古人之象，日、月、星辰、山、龍、華蟲，作繪，宗彝、藻、火、黺䋛、黼、黻，黹繡』，此古天子冕服十二章。王者相變，至周而以日、月、星辰畫于旌旗，所謂三辰旂旗，昭其明也。而冕服九章，登龍于山，登火于宗彝。一曰龍，二曰山，三曰華蟲，四曰火，五曰宗彝，六曰藻，七曰黺䋛，八曰黼，九曰黻」，是服章無蛾也；服章無蛾，則「蛾常」非以蛾爲章矣，故推其誼以爲「常色如蛾者」。且據上文「黼常」鄭注特言「冕服有彣者」，明此「蛾常」與下「彤常」皆無彣，「蛾常」非以繡彣如蛾行相交錯而爲名，自是以常色如蛾色而名之，若「爵弁」以如爵頭色而名也。云「入者，入畢門也」者，時將傳顧命，卿士、邦君皆入陪位于殯所，殯宮在畢門内也。鄭注見《太平御覽》六百八十六卷《服章部》及正義。鄭云「蛾，謂色玄」，則正如聲所謂「常色如蛾」者矣。云「卿西面」者，謂在中庭之東，「諸侯」謂「邦君」也，「北面」者，在中庭之南少東也。知者，經之言「入即位」不云「升階」，知皆位于庭也。**太保、太史、太宗皆麻冕、彤常。**【注】彤常，纁常。纁，許云反。【疏】云「彤常，纁常」者，鄭箋《静女》詩云「彤管，筆赤管也」，則彤是赤色。鄭注《易・困》九二云「絑深于赤」，又注《義禮・士冠禮》云：「凡染絳，一入謂之縓，再入謂之赬，三入謂之纁，絑則四入與？」是則纁淺于絑，即是赤色矣，然則彤與纁同色也。鄭君注《周禮・司服》職云「凡冕服皆玄衣纁常」，❷則此「彤常」是「纁常」矣。**太保承介圭，上宗奉同、瑁，由阼階隮。**瑁，麥報反。【注】承，亦「奉」也。介，讀爲「玠」；玠圭，鎮圭

❶ 上「蛾」字，原作「蟻」，今據近市居本改。

❷ 「常」，原作「裳」，今據近市居本改。

也。《爾雅》曰「圭，大尺二寸謂之玠」，《考工記》曰「鎮圭，尺有二寸，天子守之」。鄭康成曰：「上宗，猶太宗。變其文者，春官之長大宗伯一人，與小宗伯二人，凡三人，使其上二人也。一人奉同，一人奉瑁。同，酒栝也。」聲謂：同，圭瓚也，以挹鬯裸祭者，《周禮》謂之「裸圭」。瑁亦玉也，所以冒諸侯圭，言德能覆冒天下也，《考工記》曰「天子執冒四寸，以朝諸侯」。太保、上宗皆奉天子之重器，故皆升自阼階。玠，吉拜反。長，中賞反。瓚，才但反。挹，衣十反。朝，直佋反。【疏】《説文・手部》云「承，奉也」，此文「承」、「奉」對言，故云「承，亦『奉』也」。《崇高》詩云「錫爾介圭」，郭注《爾雅》引作「玠圭」，則「介」乃「玠」之通省文也，當爲「玠」，故云「介，讀爲『玠』」。云「玠圭，鎮圭也」者，據《爾雅》「圭大尺二寸謂之玠」，《考工記》則云「鎮圭，尺有二寸」，則「玠圭」即「鎮圭」，故即引彼二文以證。所引《爾雅》，《釋器》文也。引《考工記》則《玉人》職文。鄭注見正義及《三國・吴志・虞翻傳》注。上言「太宗」，此則變文言「上宗」，故鄭云：「上宗，猶太宗。變其文者，《春官》之長大宗伯一人，與小宗伯二人，凡三人，使其上二人也。」「春官之長」，正義所引實作「宗伯之長」，聲以宗伯既是長官而言「宗伯之長」，語似未安，故改之。《周禮》敘官云「乃立春官宗伯，使帥其屬而掌邦禮」，又云「禮官之屬，大宗伯，卿一人。小宗伯，中大夫二人」，是宗伯爲春官之長也，此則使小宗伯之上一人與大宗伯同事，是使其三人之上二人也。小宗伯二人爵位同而得差其上下者，蓋同等之中自有長次也。必知「上宗」是二人者，「奉」是兩手共承之，以兩手奉一物則同、瑁二物必二人奉之矣。且下文「王三詑，上宗曰饗」，太保「授宗人同」，明是贊王者大宗伯，贊太保者小宗伯也，則此時升階有小宗伯與焉矣，故鄭又云「一人奉同，一人奉瑁」以申明「上宗」之有二人也。《三國志・虞翻傳》注載翻《别傳》云：翻奏鄭解《尚書》違失事因，《顧命》康王執瑁，古「月」字似「同」，从誤作「同」。既不覺定，復訓爲「栖」，謂之「酒栖」，甚韋，不知蓋闕之誼。案：經「同瑁」聯文，若以「同」爲「月」，謂爲古「瑁」字，則此言「奉月瑁」、下言「受月瑁」，重言「月瑁」，成何語乎？且古「瑁」字作「珇」，見《説文・玉部》，「月」則別是一字，《説文》別有《月部》，以「月」爲古「瑁」字，非也。據下文王「受同」以祭、太保以「異同」醋，則「同」非酒器而何？若以爲古「瑁」字，瑁安可以盛酒乎？幡之説大謬不然矣。幡所駮鄭誼，更有數條，皆誣罔失實不足辯者，蓋幡小人，倿賢害能，忌鄭君之名而詆之爾，吾从鄭誼可也。然則又以「同」爲「圭瓚」何也？毋乃與鄭説異乎？曰否。圭瓚固以盛鬯酒者，蓋鄭君酒栖或更有説以申其誼，幡欲援爲口實，不敢詳偁其注，今不得詳聞矣，故言「圭瓚」以增成鄭誼，非韋異也。下文太保以異同秉璋以醋，則彼「同」是璋瓚矣。半圭曰璋，璋瓚亞于圭瓚，《禮記・祭統》云「君執圭瓚，祼尸。大宗執璋瓚，亞祼」，是其差也。此下太保以醋之同既是璋瓚，則此同王將受以祭者，自是圭瓚矣。且奉同者與承圭、奉瑁者俱升自阼階，明同非尋常之酒器，圭瓚則宗廟之中酌鬱鬯以祼先王，是祭器之重者，固當與鎮圭並重，《易・震》卦云「不喪匕鬯」，《彖傳》釋之曰「出可以守宗廟社稷，以爲祭主」，則嗣王傳重之時，祭器之重者固當奉以俱傳，則此時所奉之同其爲圭瓚無疑矣。云「以挹鬯祼祭者」者，鄭仲師注《周禮・典瑞》職云「于圭頭爲器，可以挹鬯祼祭謂之瓚」是也。云「《周禮》謂之『祼圭』」者，《典瑞》職云「祼圭有瓚，以肆先王」，又《考工記・玉人》職云「祼圭，尺有二寸，有瓚，以祀廟」是也。云「瑁亦玉也」者，介圭、祼圭皆玉，瑁亦是玉，故云「亦」也。云「所以冒諸侯圭」者，《説文・玉部》云「瑁，諸侯執圭朝天子，天子執玉以冒之，似犂冠」，伏生《大傳》云「古者，圭必有冒，言下之必有冒，不敢專達也。天子執冒以朝諸侯，見則覆之，故冒圭者，天子所與諸侯爲瑞也」，是瑁所以冒諸侯圭也。云「言悳能覆冒天下也，《考工記》曰『天子執瑁四寸，以朝諸侯』」者，此引《考工記》亦《玉人》職文，鄭注彼文云「名玉曰瑁者，言悳能覆冒天下也」，是其誼也。云「太保、上宗皆奉天子之重器，故皆升自阼階」者，阼階是主階，唯君升降得由之，臣下則不敢，今太保與上宗皆由阼階升，以所承奉之介圭及同、瑁皆天子世守之重器，不可褻故也。**太史秉書，由賓階隮御王册命**御，五嫁反。【注】秉，執也。書，所寫顧命之册也。鄭康成曰：「御，猶鄉也。王此時正立賓階上少東。太史東面于殯西南隅，讀册書，以命王嗣位之事。」鄉，昕恙反。【疏】「秉，執」，《釋詁》文。云「書，所寫顧命之册也」者，時將傳顧命，則太史所秉之書自是寫顧命之册矣。鄭注見正義。「御」者，古「訝」字也，「訝」之言「迎」，迎則必向，故云「御，猶向也」。王固自賓階升矣，必知此時立賓階上少東者，以太史隨而升階，將由其西讀册，自然王少東避之也。案：《禮記·曾子問》篇：君薨而世子生。三日，負子以見于殯。少師奉子以衰，祝先，子從。子升自西階，殯前北面。祝立于殯東南隅。祝聲三，曰「某之子某，從執事，敢見」。此云「太史東面于殯西南隅」者，《禮記·少儀》云「詔祠自右」，《曾子問》所云是北面而告于殯，當在世子之右，故立于殯東南隅，此則以成王之命詔嗣王，當立于殯之右，故「東面于殯西南隅」也。**曰：「皇后凭玉几道揚末命。命女嗣訓，君臨周邦，率循大弁，燮龢天下，用答揚文武之光訓。」**君臨，僞孔本作「臨君」，李善注《文選·責躬詩》引作「君臨」，案文作「君臨」者是，茲从之。【注】肅曰：「弁，法也。」聲謂：燮，亦「龢」也。太史言大君道揚臨終之命，命女嗣守茲訓，以君臨周國，率循大法以協龢天下，以對揚文武之耿光大訓。【疏】僞孔傳以「大弁」爲「大法」，正義謂王肅亦同，故引肅曰「弁，法也」。周弁、殷冔、夏收，三代之法服也，訓「弁」爲「法」當可也，故用肅注。《釋詁》云「燮，龢也」，此經「燮龢」聯文，故云「燮，亦『龢』也」。云「太史言大君道揚臨終之命」者，「皇」訓「大」，「后」訓「君」，經言「皇后」，故注言「大君」也；《易》說君人五號：帝也，王也，天子也，大君也，大人也；則「大君」亦天子之偁也。云「命女嗣守茲訓」者，持此册書以詔王，則「嗣訓」是謂嗣守此册書之命訓，即册書，故云「茲訓」。**王再拜，興，答曰：「眇眇予末小子，其耐而亂四方以敬忌天威？」**眇，米小反。【注】興，起也。眇眇，散也。亂，治也。言我散末小子，其何能而治四方以敬畏天威乎？謙也。【疏】「興，起」，《釋言》文。云「眇眇，散也」者，班固《幽通賦》「咨孤蒙之眇眇兮」，曹大家注云「眇，散也」。「亂，治」，《釋詁》文。**乃受同、瑁。**【注】鄭康成曰：「王既對神，則一手受同，一手受瑁。」

【疏】注見正義。**王三宿，三祭，三詫。**詫，當故反，正義本作「咤」，衛包所改也，《説文》引作「詫」，隸古定本同，據《釋文》馬本亦作「詫」。❶【注】宿，當作「茜」；「茜」字或作「縮」，故誤省爲「宿」。禮，祭，束茅加于裸圭而灌鬯酒，是爲茜，《春秋傳》齊桓公責楚「不貢苞茅，王祭不共，無以茜酒」。詫，奠爵酒也。王茜酒以祭，奠爵于席，如是者三。奠爵者，以初喪不嚌酒也。茜，所六反。省，所耿反。共，君容反。嚌，才詣反。【疏】正義引鄭注云「徐行前曰肅，卻行曰詫。王徐行前三祭，又三卻，復本位」，蓋鄭君以「宿」、「肅」字通，故以「宿」爲「肅」，「肅」有「進」誼，故解爲「徐行前」，然聲竊以此説未的，故不用也。云「宿，當爲『茜』；『茜』字或作『縮』，故誤省爲『宿』」者，《説文·酉部》引《春秋傳》「無以茜酒」，今《左傳》作「縮酒」，是「茜」字或作「縮」也。此經作「茜」字則爲「茜酒」，若作「宿」則無謂，故知當爲「茜」，由「茜」通作「縮」而誤省爲「宿」爾。云「禮，祭，束茅加于裸圭而灌鬯酒，是爲茜」者，《説文·酉部》文。鄭大夫注《周禮·甸師》職云「蕭字或爲茜，茜讀爲縮。

❶「釋」，原作「説」，今據近市居本改。

束茅立之祭前，茷酒其上，酒滲下去，若神歆之，故謂之縮。縮，浚也」，此説蓋《説文》所本，則是先儒舊説也。引《春秋傳》者，僖四年《左傳》文，以證「茜」爲「茜酒」之誼，《周禮》注及《説文》亦皆引其文焉。云「託，奠爵酒也」者，《説文・冂部》文。云「奠爵者，以初喪不嚌酒也」者，鄭注《周禮・小宰》職云「凡鬱鬯受祭之，啐之，奠之」，《禮記・雜記下》云「小祥之祭，主人之酢也嚌之，衆賓兄弟則皆啐之」，是則吉祭既祭酒，必啐之而後奠，喪祭則雖祺而小祥，猶止嚌而不啐，今成王崩未踰旬，嗣王以初喪之故不唯不啐，亦不嚌也。**上宗曰：「饗！」**【注】饗，勸彊之也。王不嚌酒，勸彊之使嚌，故曰饗。彊，其兩反。【疏】云「饗，勸彊之也」者，《義禮・士虞》記云「哀薦祫事，適爾皇祖某甫，饗」，鄭注云「勸彊之也」，鄭又注《特牲饋食禮》亦云「饗，勸彊之也」，玆用其誼。**太保受同，降，盥，以異同秉璋以醋。**醋，才各反，本皆作「酢」，蓋「醋」、「酢」二字相承互易，錯用久矣。【注】王以上宗勸而嚌酒，既嚌，則以同授太保。太保受之以降，置于篚。盥，澡手也，字从臼、水，臨皿，指事也。「以異同秉璋」者，半圭曰璋，此同以璋爲柄，所謂「璋瓚」矣。臣不敢襲君器，故以異同也。太保盥而取異同，升酌，執其柄以獻。言醋者，既獻則自醋也。《周禮》時祭、閒祀皆有罍，諸臣之所醋。澡，則潦反。臼，君玉反。皿，米丙反。【疏】云「王以上宗勸而嚌酒，既嚌，則以同授太保。太保受之以降，置于篚」者，上文「上宗曰饗」是勸王嚌酒，此言「太保受同降」自是王从上宗之勸而嚌酒，既，乃以同授太保，而太保受之以降也。據《義禮》，凡行事必設洗于東榮南，若四阿之屋，則當東霤南必有篚在洗西，水在洗東。凡以爵降者，必置爵于篚而盥，此時太保「受同，降，盥」，自然置同于篚而盥也。云「盥，澡手也，字从臼、水，臨皿」者，《説文・皿部》解「盥」字所取意，以配合成文之誼也。云「指事也」者，《説文解字・敘》説「六書：一曰指事。指事者，視而可識，察而見意，上下是也」，「盥」字从臼，臼者，兩手也，兩手匊水臨于皿上，象人澡手之形，所謂「視可識」而「察見意」者，于「六書」爲「指事」矣。云「半圭曰璋」者，《公羊》定八年傳云「璋判白」，何劭公注云「判，半也。半圭曰璋」，《毛詩・斯干》傳及鄭君《周禮・大宗伯》注亦皆云「半圭曰璋」。蓋圭首上鋭，兩傍各剡寸半，其鋭者正。璋首則唯剡一偏，其一偏則衺鋭，上出形如半圭然，故曰「半圭」也。云「此同以璋爲柄」者，既言「以異同」，又言「秉璋」，明所秉之璋即是此同之柄，蓋器之有柄者，執之必執其柄也。云「所謂『璋瓚』矣」者，所謂《禮記・祭統》云「太宗執璋瓚，亞祼」是也。《考工記・玉人》職曰「大璋、中璋九寸，邊璋七寸。躲四寸，厚寸。黄金勺，青金外，朱中，鼻寸，衡四寸，有藻」，是璋瓚之形制矣。云「臣不敢襲君器，故以異同也」者，《祭統》曰「君執圭瓚，祼尸。太宗執璋瓚，亞祼」，是臣不得襲用君器也。云「言醋者，既獻，則自醋也。《周禮》時祭、閒祀皆有罍，諸臣之所醋」者，「時祭」謂礿、祠、烝、嘗，「閒祀」謂追享、朝享也；《周禮・司尊彝》職云「春祠、夏礿，祼用鷄彝，皆有舟。其朝踐用兩犧尊，其再獻用兩象尊，皆有罍，諸臣之所昨也。秋嘗、冬烝，祼用斝彝、黄彝，皆有舟。其朝獻用兩箸尊，其饋獻用兩壺尊，皆有罍，諸臣之所昨也。凡四時之閒祀，追享、朝享，祼用虎彝、蜼彝，皆有舟。其朝踐用兩大尊，其再獻用兩山尊，皆有罍，諸臣之所昨也」，鄭注云「昨，讀爲酢，字之誤也。諸臣獻者，酌罍以自酢」。茲引其文作「諸臣之所醋」，不从鄭注作「酢」者，蓋「醋」、「酢」二字世俗互易，錯用久矣，據《説文・酉部》云「醋，客酌主人也」，又云「酢，醶也」，則此當作「醋」也。鄭注《司尊彝》云「朝獻，謂尸卒食，王酳之。再獻者，王酳尸之後，后酌亞獻，諸臣爲賓，又次后酌盎齊，葡卒食三獻也」，鄭又注《司几筵》職云「尸卒食，王酳之，卒爵，祝受之。又酌授尸，尸醋王」，是王獻尸，則尸醋王也。《禮記・祭統》云「尸醋夫人執柄，夫人受尸執足」，言「夫人」者，據諸侯禮也，推之王后當同。則后獻尸，尸亦醋后。而鄭注《司尊彝》云「諸臣獻者，酌罍以自醋」，則臣獻尸，尸不醋臣，臣自醋也。兹祭于成王殯宫，雖不立尸，與吉祭異，然經言「醋」必亦獻而自醋，下言「太保受同，祭嚌宅」固是太保自醋也，故引《周禮》爲説也。或曰：《禮記・王制》云「喪三年不祭，唯祭天地社稷，爲越紼而行事」，又《曾子問》篇曾子問曰：「天子嘗禘郊社五祀之祭，簠簋既陳，天子崩，后之喪如之何？」孔子曰：「廢。」合當喪而祭，毋乃非禮與？曰：否，不然。先王之顧命不可不傳，亦不可遲之踰年而傳。其傳之也，比于爵命諸侯事爲尤大矣。今使天子爵命諸侯，雖不當正祭，猶必待假于廟而告祭，曾謂傳顧命于嗣王而不可告祭新陟王乎？且此時祭于殯宫，特比于朝夕饋奠，禮有加焉而已，固非入廟而行吉祭也，何言乎「非禮」邪？此篇自「狄設黼扆」以下，俗儒輒訾議之，皆非通論也。**授宗人同，拜，王答拜。**【注】爲將拜，故授宗人同。宗人，小宗伯也。王答拜者，雖君于臣，禮無不答。爲，于睡反。【疏】云「宗人，小宗伯也」者，上云「上宗奉同、瑁」，鄭注以爲「春官之長大宗伯一人，小宗伯二人，凡三人。使其上二人，一人奉同，一人奉瑁」，然則此時堂上有小宗伯一人與大宗伯同在焉，自當大宗伯贊王，小宗伯贊太保。且上言「上宗」，此變文言「宗人」，則自是小宗伯矣。云「王答拜者，雖君于臣，禮無不答」者，《禮記・燕誼》云「君舉旅于賓，及君所賜爵，皆降，再拜稽首，升成拜，明臣禮也。君答拜之，禮無不答，明君上之禮也」，是其誼。**太保受同，祭，嚌宅。**宅，殆故反。【注】受同，受于宗人。嚌，嘗酒至齒也。宅，讀當爲「數度」之「度」。嚌酒有卩度，不啐，以初喪故也。卩，津屑反，今通作「節」。【疏】云「受同，受于宗人」者，上言「授宗人同」，則此「受同」是還從宗人受之矣。云「嚌，嘗酒至齒也」者，《禮記・雜記下》云「小祥之祭，主人之醋也，嚌之，衆賓兄弟則皆啐之。大祥，主人啐之，衆賓兄弟皆飲之可也」，鄭注云「嚌、啐，皆嘗也。嚌至齒，啐入口」，是則嚌、啐有淺深之分也。云「宅，讀當爲『數度』之『度』」者，古字「宅」與「度」通，而「度」字有兩音，「測度」之「度」音待洛反，「數度」之「度」音殆故反，若《堯典》「宅堣夷」、「宅南交」之「宅」則是「測度」之「度」，音殆洛反者也，此經「宅」字據《釋文》引徐邈音殆故反，則是以「宅」爲「數度」之「度」矣。蓋必先儒有是誼而徐邈爲是音也，故讀从之。「數度」者，若《易·節》象傳云「君子以制數度」，謂有節制分量不得過者也。云「嚌酒有卩度，不啐，以初喪故也」者，據《義禮》凡「醋爵」輒言「啐酒」，是皆嘉禮、吉禮，《雜記》言「衆賓兄弟皆啐之」者，乃是小祥之祭，遭喪已市一年。此時成王崩未踰旬，經不言「啐」而云「嚌宅」，自是以初喪之故嚌酒有卩度，不忍啐酒也。**授宗人同，拜，王答拜，太保降，收。**【注】太保降而出應門，不言「出」者，于下言「入」見之，省文也。收者，蓋太史收册書、宗人收同與？見，亦宴反。省，色耿反。與，爰虚反。【疏】云「太保降而出應門，不言『出』者，于下言『入』見之，省文也」者，下言「太保逵西方諸侯，入應門左」，是太保已出應門外，則此當言「太保降出」，乃止言「降」不言「出」，蓋于下文言「入」則于此時「出」自見，❶于此可省「出」文也。云「收者，蓋太史收册書、宗人收同與」者，上文設几、席及𠹧宎、出路之等，蓋爲受朝而陳設，時未受朝，當不遽收；若太史所秉之書、宗人所奉之同，則既傳顧命，皆當收臧；書是太史所掌，同則典瑞所臧，典瑞則宗伯之屬也，自然太史收册書，宗人收同也。以經未明言所收者何，姑云「蓋」云「與」以疑之。**諸侯出廟門，竢。** 竢，牀史反。【注】諸侯，卿士、邦君也。諸侯實出畢門，言「廟門」者，以殯所在神之故謂之廟。竢，待也，待王出眡朝也。朝，直佋反，下並同。【疏】云「諸侯，卿士、邦君也」

❶「出自」，原倒乙，今據近市居本改。

者，欲見此「諸侯」非下文所云「西方諸侯」、「東方諸侯」也。蓋彼西方、東方之諸侯是侯、甸、男、衛四服之諸侯，須二伯達之乃入，始時並未先入，何得云「出廟門」？故知此「諸侯」非下文所言「諸侯」，乃是上文所云「卿士、邦君入即位」者。邦君，謂畿内諸侯，兼有畿外之齊侯焉；卿士中有衛侯，是外土諸侯，餘皆食采畿内，皆畿内諸侯矣。《禮記·王制》云「天子之縣内諸侯，禄也」，是食采畿内者亦諸侯也。云「諸侯實出畢門」者，據上文卿士、邦君麻冕蛾常入即位，是即位于殯宮之庭，在畢門之内也，此時事訖而出，是出畢門。經言「出廟門」，是以殯宮爲廟，蓋尊先王之靈若神明也，故云「以殯所在神之故謂之廟」。或問曰：僖八年《左傳》「凡夫人不殯于廟則弗致」，似正禮當殯于廟，又僖三十二年傳晉文公卒，殯于曲沃，曲沃，晉宗廟所在，是亦殯于廟者。若殯于廟，則出自殯宫即出自廟門，乃不以「廟門」爲宗廟之門而云「實出畢門」，何也？答之曰：《禮記·檀弓》云「殷朝而殯于祖，周朝而遂葬」，則周之不殯于廟，禮有明文矣。此經上文明言「畢門之内」，畢門即路門也，則殯在路寢明矣，所云「廟門」安得謂宗廟之門乎？《禮記·雜記》云「至于廟門，不毁牆，遂入，適所殯」，鄭注云「廟，所殯宫」，是亦謂殯宫爲廟，與此經云「廟門」同誼。若《左傳》所云「不殯于廟則弗致」者，鄭君以爲春秋變周之文，从殷之質，故不同也。其晉文公殯于曲沃，則是衰世大國不遵周制者，不可據以爲正。案：《鄭志》趙商問：「周朝而遂葬，則是殯于宫，葬乃朝廟。《春秋》晉文公卒，殯于曲沃，是爲去絳就祖殯，與《禮記》異，未通其説。」鄭君答曰：「葬乃朝廟，周之正禮也，其末世，諸侯國何能同也？傳合不合，當解傳爾，不得難經。」然則此言「廟門」自是「畢門」，安得據春秋時事以相難乎？「竢，待」，《説文·立部》文。僞孔氏于此分篇，以此上爲《顧命》，下别爲《康王之誥》。案：此言「諸侯出廟門，竢」，「竢」者，竢王出視朝也；下云「王出，❶在應門之内」，上下一貫，何可强分？馬、鄭

❶「云」，原作「文」，今據近市居本改。

本自「王若曰」始，以下乃爲《康王之誥》，蓋本諸孔氏古文，斯得之矣。**王出，在應門之內。**【注】王出，出畢門也。**在應門之內，位于明堂之庭也。應門，明堂正門。**【疏】王亦自殯宫出，故云「出畢門也」。畢門即路門，其内爲内朝，亦曰燕朝。路門之外、應門之内爲治朝，是正朝也，亦謂之宁，故《爾雅》云「正門，謂之應門」，郭注以爲「朝門」。《禮記·曲禮》云「天子當依而立，諸侯北面而見天子，曰覲。天子當宁而立，諸公東面，諸侯西面，曰朝」，鄭注云「春見曰朝，受摯于朝，受享于廟。秋見曰覲，一受之于廟。夏宗依春，冬遇依秋」，時當四月，于周爲孟夏，于正歲爲仲春，當用春朝之禮，經言「在應門之内」似正所謂「當宁而立」者。而乃云「位于明堂之庭。應門，明堂正門」者，《禮記·曾子問》諸侯旅見天子，「雨霑服失頌，則廢」，是則朝宁無屋矣；上文布席、設几，陳宋之處曰「牖間」，曰「序」，曰「西夾」，曰「房」，則是有屋，有屋則非朝宁，蓋在明堂矣；夫陳設者以華國也，則朝諸侯當與所陳設同處，即在明堂之庭可知，《爾雅》「正門，謂之應門」，雖指謂朝門，而明堂之正南門亦曰「應門」，《禮記·明堂位》所謂「九采之國，應門之外，北面東上」是也，故説應門内爲明堂之庭也；明堂在路寢之東，明堂有四門，出畢門而東行，由明堂之西方門而入，立于應門内；云平時春、夏之朝，受摯于朝，受享于廟，此權時之禮在明堂之庭，明堂太廟所在朝者奉圭兼幣，鄭君以爲朝兼享禮，與常禮不同，則可見此「應門之内」非「當宁而立」矣。**太保逹西方諸侯入應門左，畢公逹東方諸侯入應門右，**逹，所律反，俗通省作「率」，音同誼别。

【注】入門則西爲左、東爲右，各隨其方爲位。肅曰：「畢公代周公爲東伯，故逹東方諸侯。」【疏】入門則北向，北向故西爲左、東爲右也。西方諸侯入門左，東方諸侯入門右，故云「各隨其方爲位」。肅注見正義。云「畢公代周公爲東伯，故逹東方諸侯」者，《公羊》隱五年傳云「自陝而東者，周公主之；自陝而西者，召公主之」，

是初時周公爲東伯，召公爲西伯也；今「太保逹西方諸侯」，則仍西伯如故，而東方諸侯則畢公逹之，是蓋周公既歿而畢公代之爲東伯也。**皆布乘黄朱，賓再奉介圭兼幣，曰「一二臣衛，敢執壤奠」，皆再拜䭬首。**乘，食孕反，注同。僞孔本脱「介」字，兹从《説文·玉部》所引增之。壤，如賞反。**【注】**布，猶「陳」也。四馬曰乘。黄朱，黄馬朱鬣。賓，諸侯也。介圭，命圭，朝見所執以爲信者，《詩》云「以其介圭，入覲于王」。幣，所以享也。壤，壤地所生之物，謂庭實也，《朝事義》曰「奉國地所出重物而獻之，明臣職也」。奠，亭也。鄭康成曰：「此幣、圭以馬，蓋舉王者之後以言爾，諸侯當璧以帛。亦有庭實。釋詞者一人，其餘奠幣者再拜稽首而已。此朝兼享禮也，與常禮不同。」鬣，良涉反。見，亦晏反。義，牛奇反，「威義」之「義」。**【疏】**「布」之言「鋪」，鋪謂陳設，故云「布，猶『陳』也」。云「四馬曰乘」者，《周禮·夏官》敘官云「圉師乘一人」，「圉人良馬匹一人」，《校人》職云「凡頒良馬而養乘之，乘馬一師四圉」，是四馬爲乘也。蓋車一乘駕四馬，故四馬爲乘，《詩》云「兩服上襄，兩驂鴈行」，又云「駕彼四牡」是也。云「黄朱，黄馬朱鬣」者，鄭君説也。《詩·干旄》正義引鄭《駁五經異誼》云：「《尚書·顧命》『諸侯皆布乘黄朱』，言獻四黄馬朱鬣也。」云「賓，諸侯也」者，《周禮·大宗伯》職云「以賓禮親邦國」，謂朝、覲、宗、遇、會、同，天子以賓禮賓諸侯也，故《大行人》職云「掌大賓之禮」，鄭注云「大賓，要服以内諸侯」。云「介圭，命圭，朝見所執以爲信者」者，《考工記·玉人》職云「命圭九寸，謂之桓圭，公守之。命圭七寸，謂之信圭，侯守之。命圭七寸，謂之躬圭，伯守之」，鄭注云「命圭者，王所命之圭也，朝覲執焉，居則守之」，又《秋官·小行人》「成六瑞」亦謂桓圭、信圭之等，鄭注云「瑞，信也，皆朝見所執以爲信」。俗儒于此經削去「介」字，蓋以前文太保承介圭，謂介圭是天子之鎮圭長尺二寸者，非諸侯所執，此諸侯所奉不當言介圭，故削「介」字也。今據《説文·玉部》所引增此「介」字，若无它據將必滋學者疑，故必引《詩》以爲證也。所引《詩》，《韓奕》篇文也。《詩》偁韓侯入覲宣王，而言以其介圭入覲，則諸侯所執之命圭亦得偁介圭，則此言「賓再奉介圭」未可以爲非也。云「幣，所以享也」者，《周禮·大行人》職云「廟中將幣，三享」，是既朝則有享禮，此時喪中宜遽朝、享並行，故「賓再奉介圭兼幣」，介圭以朝，幣以享也。云「壤，壤地所生之物，謂庭實也」者，《禮記·禮器》云「天不生，地不養，君子不以爲禮」，《義禮·覲禮》云「庭實唯國所有」，則此諸侯所執以奠者，自是其國地所生之物，陳之以爲庭實也。《朝事義》者，古《禮記》篇名，今在《大戴禮記》中，《小戴記》則无此篇矣。引之者，證此「壤奠」是其國地所出重物也。「奠，亭也」者，謂亭置于地也。《考工記·匠人》云「凡行奠水」，鄭仲師注云「奠，讀爲亭」，是古字或以「奠」爲「亭」，則「奠」之誼爲「亭」矣。今俗書「亭」字加「人」傍，非也。鄭注見正義。案：《周禮·小行人》職云「合六幣圭以馬，璋以皮，璧以帛，琮以錦，琥以繡，璜以黼」，鄭注云：「六幣，所以享也。五等諸侯享天子用璧，享后用琮，其大各如其瑞。皆有庭實，以馬若皮。皮，虎豹皮也。用圭、璋者，二王之後也。二王後尊，故享用圭、璋而特之。」此經言「布乘黄朱」，又言「再奉介圭」，故鄭云：「此幣，圭以馬，蓋舉王者之後以言爾，諸侯當璧以帛。亦有庭實。」蓋「二王之後」唯杞、宋二國爾，是時四服俱朝，諸侯頗多，《覲禮》云「四享皆束帛、加璧，庭實唯國所有」，則是時諸侯自有璧以帛者，亦有庭實，但經文不具爾。言「皆布乘黄朱」，則黄朱不獨配圭爲幣，固有陳之以爲庭實者矣。案：鄭此注以介圭爲享幣，聲既引《韓奕》詩以證介圭爲命圭矣，又用此鄭注者，鄭箋《韓奕》詩云「覲于宣王而奉享禮，貢國所出之寶」，則似鄭君以韓侯之介圭亦爲享幣，然則享幣之圭亦得云「介圭」與？聲以爲韓侯之介圭實是命圭，其入覲于王固當別有享幣，故鄭箋《詩》云然，未爲非也。據《周禮·小行人》職則享幣之中圭、璧俱有，此經「再奉介圭兼幣」，介圭固是命圭，不妨幣中別有享圭，鄭據「黄朱」之文知有配馬爲幣之圭，故言此「幣圭以馬」，无妨于介圭之爲命圭，故兼用鄭誼也。云「釋詞者一人」者，此時諸侯雖衆，但其長一人釋詞可也，不必人人皆釋，經于「敢執壤奠」之下言「皆再拜䭫首」，「拜」言「皆」，則釋詞不皆可知，止一人而已。云「此朝兼享禮也，與常禮不同」者，案：《覲禮》侯氏既朝而出，乃後云「四享皆束帛加璧」，又鄭注《曲禮》云「諸侯春見曰朝，受摯于朝，受享于廟」，是常禮皆朝而後享，不同時並行二事；今則入門而朝，奉圭兼幣，庭實俱設，是朝兼享禮，與常禮不同也。**王誼嗣悳，答拜。**【注】言「誼嗣悳」者，明王當喪，未嗣位。特以繼先王之體，誼當嗣先王之悳，以受諸侯之朝，故答拜。此之謂禮以誼起也。【疏】承「諸侯皆再拜䭫首」之文，則直云「王答拜」可矣，經必云「王誼嗣悳，答拜」，故注釋其意然也。《春秋》文八年秋，八月庚戌，天王崩，九年春，毛伯來求金，《公羊傳》曰「何以不偁使？當喪，未君也。踰年矣，何以謂之未君？即位矣，而未偁王也。未偁王何以知其即位？以諸侯之踰年即位，亦知天子之踰年即位也」，是則天子嗣位必待踰年，是時成王崩未踰旬，康王實未嗣位，若直言「王答拜」，无以異于正即位者，言「以誼嗣先王之悳」，則未嗣位之意自明，故云「言『誼嗣悳』者，明王當喪，未嗣位」。云「此之謂禮以誼起也」者，《禮記·禮運》云「禮也者，誼之實也。協諸誼而協，則禮雖先王未之有，可以誼起也」是其誼也。言此者，欲見康王受朝雖在喪中，宜也。蓋嗣王傳統，國家悳危之際也，管、蔡流言，前車可監，召公身當其難矣，今成王崩，嗣王之位未定焉，保無姦人闚司。及諸侯皆在而詔王受朝，則大位斯定，其諸懲于流言之事乎？釋暫時之喪服，奠永久之基業，召公之慮至深遠矣，故云「此之謂禮以誼起」。何後世猶有拘儒，輒妄議爲「非禮」乎？**太保暨芮伯咸進相揖，**【注】以手通指曰揖。引手相招，與俱前也。【疏】《公羊》僖二年傳「獻公揖荀息而進之」，何劭公注云

「以手通指曰揖」。「以手通指」者，謂共手向所趣之方，指使前進也。此「咸進相揖」亦是共手指引之使俱進，故用《公羊》注誼云「以手通指曰揖」，且申之云「引手相招，與俱前也」。**皆再拜䭬首，曰：「敢敬告天子，皇天改大邦殷之命，惟周文、武誕受羑若，克恤西土。** 羑，羊久反。【注】羑，進。若，順也。言天改殷之命，惟文、武大受而進順之，能撫恤西土，以開王業。【疏】《説文·羊部》云「羑，進善也」，又《厶部》「羑」字重文作「誘」，古文作「羑」，則「誘」、「羑」同字。鄭箋《詩·衡門敘》云「誘，進也」，故云「羑，進」。《釋文》引馬注云「羑，道也」，案：承「天改殷命」之下而言「文、武誕受羑若」，則是謂文、武大受天命而進順之，故「羑」當訓「進」，馬以「羑」爲「道」似未安，❶故不用之。「若，順」，《釋言》文。**惟新陟王畢協賞罰，戡定厥功，用敷遺後人，休。**【注】陟，登假也，謂崩也。成王初崩，未有謚，故偁「新陟王」，猶後世偁「大行」也。賞，謂封諸侯；罰，謂討諸叛國。戡，克。敷，施也。成王盡和協賞罰，克定文武之功，以施遺于後人，光業休美。假，行家反。【疏】《禮記·曲禮》云「告喪曰：天王登假」，是赴告之詞偁天子崩爲「登假」也，「陟」之言「登」，故云「陟，登假也，謂崩也」。云「成王初崩，未有謚，故偁『新陟王』」者，上偁「文、武」下言「今王」，則此云「新陟王」自是謂成王矣。《周禮·太史》職云「遣之日讀誄」，鄭注云「遣，謂祖廟之庭大奠將行時也。人之道終于此，絫其行而讀之，太師又帥瞽廞之而作謚」，《禮記·檀弓》云「公叔文子卒，其子戍請謚于君曰『日月有時，將葬矣，請所以易其名者』」，是將葬乃制謚。周制，天子七月而葬，時成王崩才九日，則未有謚也，未有謚則无偁，故云

❶「羑」，原作「誘」，今據近市居本及上文改。

「新陟王」也。云「猶後世偁『大行』也」者，「後世」者，據周而言漢也；《漢書·霍光傳》云「行璽大行前」，孟康注云「大行前，昭帝柩前」，《史記·孝景紀》注引服虔曰「天子死未有謚，偁大行」，蓋《漢書》注也，今《漢書》无此注，爲師古所削矣。據服虔説，則《漢書》「大行」與此偁「新陟王」同意，故舉以況焉。云「賞，謂封諸侯」者，武王初定天下，諸侯未及盡封，太宰成王所封者爲多，據定四年《左傳》，魯、衛及曹皆成王所封也。云「罰，謂討諸叛國」者，若管、蔡、商、鄘之屬是也。「戡，克」，《釋詁》文。「敷，施」，《説文·攴部》文。案：《説文》引此「用敷遺後人」不聯引「休」字，則此當讀「人」字絶之，「休」字別爲一句，故注云「以施遺于後人，光業休美」，作兩句解也。**今王敬之哉！張皇六師，無斁我高祖寡命。」**❶斁，古壞反，或通作「壞」。【注】皇，大也。六師，六軍也，《詩》云「整我六師」，《周禮》曰「萬有二千五百人爲軍，王六軍」。今王其敬之哉！張大六軍以紹述前人之功，无毁壞我高祖寡有之命。高祖，謂文王也。肅曰：「美文王少有及之，故曰寡命。」【疏】「皇，大」，《毛詩·皇矣》傳誼也。《周禮·小司徒》職云「五師爲軍」，則「師」與「軍」人數衆寡不同，而云「六師，六軍也」者，蓋對文則異，散文則通。《詩·棫樸》正義引《鄭志》答趙商問云「師者，❷衆之通名，故人多云焉。欲箸其大數，乃言軍爾」，又引《鄭志》臨碩引《詩》「以作六師」、「六師及之」、「整我六師」三處之文以難《周禮》，鄭釋之云：「《春秋》之兵雖累萬之衆，皆偁師。《詩》之『六師』謂六軍之師」，據此，則「軍」、「師」可通言也，故即兼引《詩》

❶「斁」，原作「壞」，今據近市居本及下文改。
❷「師」，原作「帥」，今據近市居本改。

及《周禮》之文以證「六師」之爲「六軍」也。引《詩》者，《大雅・常武》文，彼詩偁宣王命將而云「整我六師」，則是天子之六軍偁「六師」，與《周禮》所云「王六軍」足相參證矣。引《周禮》者，《夏官》敘官文也。云「高祖，謂文王也」者，此「高祖」非謂高曾之高，直言功德高爾，據上文偁「文、武」，故知此「高祖」謂文王也，彼王肅注云「美文王少有及之」，則肅亦以「高祖」爲文王也。肅注見正義。

康王之誥弟九十二【疏】《釋文》云「『庶邦侯甸男衛』，馬本從此以下爲《康王之誥》，又云與《顧命》差異敘，歐陽、大小夏侯同爲《顧命》」。正義云馬、鄭、王本此篇自「高祖寡命」以上内于《顧命》，「王若曰」以下始爲《康王之誥》。聲案：馬、鄭二公皆非輕改舊章者，蓋必孔氏古文實是二篇而馬、鄭从之也。今案《敘》云「成王崩，康王既尸天子，遂誥諸侯，作《康王之誥》」，不云「即位」而云「既尸天子，遂誥諸侯」，明非踰年即位而誥諸侯也，且必推本「成王崩」言之，明是成王崩未久時事。然則「尸天子」謂主天子之位，即在應門之内之位也，言「遂誥」即在應門内而誥也，是則《康王之誥》即此「王若曰」以下云云，非别有逸篇也。今文家无百篇之《敘》，不知有《康王之誥》，因此二篇文相承接，遂合爲一，當从馬、鄭本爲正。

周書三十二　　尚書二十五

王若曰：「庶邦侯、甸、男、衛，【注】鄭康成曰：「獨舉侯、甸、男、衛四服者，周公尻攝，六年制禮、頒度量，至此積三十年，再巡守餘六年，侯、甸、男、要服正朝。要服國遠，既事遣之。衛服前冬來，以王有疾留之。」聲謂：時當周之四月，于正歲爲仲春。要服國遠，蓋未至也。衛服諸侯應以往年來朝，容有往年國中多故，不得以時至而于是來與？量，力恙反。守，式嘼反。要，一嵤反。朝，直佋反。

遺，豈演反。與，云如反。【疏】鄭注見《詩·周頌譜》正義。云「周公尻攝，六年制禮、班度量」者，《禮記·明堂位》云「周公踐天子之位以治天下，六年朝諸侯于明堂，制禮作樂，頒度量，而天下大服」，是鄭君所據也。云「至此積三十年，再巡守餘六年」者，鄭于《顧命》篇首注云「此成王二十八年」，計六年制禮，七年之終而致政，加成王二十八年，則自制禮以來，至此積三十年矣；《周禮·大行人》職云「十有二歲，王巡守殷國」，然則二十四年王再巡守，三十年則再巡守而餘六年矣。云「侯、甸、男、要服正朝」者，據《大行人》職侯服歲一見，甸服二歲一見，男服三歲一見，采服四歲一見，衛服五歲一見，要服六歲一見；然則侯服年年朝，甸服二歲見者，至此六年當三朝，男服三歲見者，六年則再朝，要服六歲見者，適尻其正朝之期也。然則此時朝者當是侯、甸、男、要四服之諸侯，經乃言「侯、甸、男、衛」，不見要服，故鄭君推求其故，以爲「要服國遠，既事遣之」。衛服前冬來，以王有疾留之」。然此説聲竊疑之，何者？要服既事遣之，則衛服前冬來者，何反不可行事而猶留邪？若衛服來時，王以有疾不得行禮，則要服後來安得既事而遣邪？以情事推之，必不然矣，故聲别參一解焉。云「時當周之四月，于正歲爲仲春」者，「四月」，據《顧命》之文也；周正建子，則四月建卯也，「正歲」者，謂夏正建寅得四時之正也，建卯之月于寅正爲二月，故云「仲春」也。云「要服國遠，蓋未至也」者，要服去王城三千五百里，吉行日五十里，其來朝者以建丑、建寅之月自其國啓行，于建卯之月將至而猶未至也。云「衛服諸侯應以往年來朝」者，「往年」者，據六年而指謂五年也，《周禮》衛服諸侯五歲一見，則巡守後第五年是其正朝之期也。兹當巡守後之六年，非其朝歲，乃有在者，故推言其故，以爲「容有往年國中多故，不得以時至而于是來與」，「多故」謂若死喪及禍難也，此二事國家時有之，有之則不可離其國，必待既平乃可出爾，衛服之後期而來殆是故也；但无正據，故言「容有」，又言「與」以疑之也。或疑是時周都酆鎬，四方道里不均，東方諸侯侯、甸亦遠，西方諸侯衛、要反近，其朝貢之歲不得如《周禮》所説，遂謂《周禮》非周公之制。予以爲不然。《國語》祭公謀父曰：「先王之制，封内甸服，封外侯服。侯、衛賓服，蠻、夷要服，戎、翟荒服。甸服者祭，侯服者祀，賓服者享，要服者貢，荒服者王。日祭、月祀、時享、歲貢、終王。」此與《周禮》文雖不同而制實合，安得謂《周禮》非周公所作乎？但侯、甸、男、衛，《酒誥》亦云焉，是泛舉諸服大判言之，恐此所偁亦如之。非必據時在者言與？因鄭據《周禮》爲説，故亦據《周禮》以辯正之爾。**惟予一人釗報誥。**【注】報，猶「復」也。【疏】鄭注《周禮·宰夫》云「復之言報也」，是則「報」猶「復」也，但《周禮》所謂「復」謂下復于上，此言「『報』猶『復』也」，則自上復于下也。**昔君文、武丕平富，不務咎，**【注】務，趣。咎，災也。文、武大平富天下之民，使不趣于咎災。言爲民除害也。《祭法》曰：「武王以武功去民之菑。」趣，七注反。爲，于陲反。去，羌筥反。菑，則才反。【疏】「務，趣」、「咎，災」，《説文·力部》及《人部》文也。正義引王肅注云「文、武道大，天下以平，萬民以富」，案：如肅注則讀「丕」字絕之，「平」、「富」各一字爲句，不詞之甚，故不用也。今云「文、武大平富天下之民，使不趣于咎災。言爲民除害也」，此解似俞于肅注矣。《祭法》者，《禮記》篇名，言「武王以武功去民之菑」，「菑」，古「災」字也，鄭注《祭法》以「菑」爲「紂」，然則「去民之菑」謂誅紂以除民害，正此經所謂「不務咎」也，故引以證。**厎至齊，信用昭明于天下。**【注】齊，中也。致行至中，其誠信用能昭明于天下。《中庸》曰「武王纘太王、王季、文王之緒，壹戎殷而有天下，身不失天下之顯名」，此之謂信用昭明于天下。【疏】「齊，中」，《釋言》文。僞孔傳云「致行至中信之道」，則是讀「信」字上屬爲句，❶《釋文》

❶「爲」，原作「僞」，今據近市居本改。

云馬讀「厎至齊」絕句，茲云「致行至中，其誠信用能昭明于天下」者，以「信」字屬下爲句，從馬讀也。《中庸》者，子思所作書篇名，今在《禮記》。其文云「壹戎衣而有天下」，今引作「壹戎殷」者，鄭注《中庸》云「戎，兵也。衣，讀如殷，聲之誤也。齊人言殷聲如衣。虞、夏、商、周氏者多矣，今姓有衣者，殷之冑與？壹戎殷者，壹用兵伐殷也」，然則《中庸》雖作「衣」字，誼實爲「殷」，故引作「殷」也。云「此之謂信用昭明于天下」者，伐殷而有天下，猶不失天下之顯名，實由天下皆知武王非利天下故也，是武王之信昭明于天下矣，則《中庸》所言正此經所謂，故引以説。**則亦有熊羆之士、不二心之臣保乂王家，用端命于上帝。**【注】熊羆之士，言猛也，《坶誓》曰「如熊如羆」。端，直也。文、武有勇猛之士、忠一之臣安治王室，用能端直其命于上帝。言正命以待天也。【疏】引《坶誓》者，證「文、武有勇猛之士」也。「端，直」，《説文·立部》文。**皇天用訓厥道，付畀四方，乃命建侯樹屏，在我後之人。**屏，必郢反。【注】屏，蔽。在，存也。天用是順文、武之道，付與之以四方，乃命之封建諸侯，樹爲屏蔽，以存在我後人。言天命之傳子孫也。【疏】「屏，蔽」，《説文·尸部》文。「在，存」，《釋詁》文也。承皇天「付畀四方」而言「乃命」，則是謂「天命之」，言「在我後之人」，則是謂命諸侯存在其子孫，故云「言天命之傳子孫也」。**今予一二伯父，尚胥暨顧綏爾先公之臣服于先王，**【注】天子偁同姓諸侯曰伯父。尚，庶幾也。胥，相。暨，與。綏，安也。今我一二伯父，庶幾相與顧念安循女先公之臣服于先王。偁其先世以厲之。【疏】云「天子偁同姓諸侯曰伯父」者，《義禮·覲禮》「天子偁侯氏，輒曰伯父」，其下文云「同姓大國，則曰伯父；其異姓，則曰伯舅。同姓小邦，則曰叔父；其異姓小邦，則曰叔舅」，《禮記·曲禮下》亦云然。《釋言》云「庶幾，尚也」，故云「尚，庶幾也」。「胥，相」，「暨，與」，「綏，安」，並《釋詁》文。**雖爾身在外，乃心無不在王室，用奉恤厥若，無遺鞠子羞。**」《漢書・谷永傳》永災異對引經曰「雖爾身在外，乃心無不在王室」，僞孔氏改「無不」爲「罔不」，非也。【注】恤，收。若，善也。雖爾身守國于外，女心毋不存在王室，用奉收其善以藩輔我，毋遺我鞠子以羞也。鞠子，穉子，康王自謂。【疏】「恤，收」，《説文・心部》文。「若，善」，《釋詁》文。《釋言》云「鞠，穉也」，故云「鞠子，穉子」，「鞠子」猶言「冲人小子」，故知康王自謂。❶ **群公既皆聽命，相揖，趨出。王釋冕，反喪服。**【注】鄭康成曰：「群公，主謂諸侯與王之三公，諸臣亦在焉。王釋冕，反喪服，朝臣、諸侯亦反喪服。《禮・喪服》篇『臣爲君、諸侯爲天子皆斬縗。』」聲謂：麻冕以接諸侯，明己繼體爲君也。釋冕，反喪服，明未偁王以統事也。朝，直佋反。「臣爲君、諸侯爲天子」二「爲」字皆云睡反。縗，初回反。【疏】鄭注見正義。三公固偁「公」，諸侯亦得通偁「公」，故鄭云「群公，主謂諸侯與王之三公」。但是時王朝之臣皆在，亦皆趨出，則經言「群公」實亦該諸臣，故又云「諸臣亦在焉」。云「《禮・喪服》篇臣爲君、諸侯爲天子皆斬縗」者，《義禮・喪服》篇「斬縗常，苴經杖，絞帶，冠繩纓，管屨」者，其目首列父，其次諸侯爲天子，其次君，是則臣爲君之服與子爲父同。王反喪服，則群臣當亦反，經止言「王釋冕，反喪服」，不言群公亦反喪服，故鄭君補經所未備，云「朝臣、諸侯亦反喪服」，遂即引《禮》文以證焉。「聲謂麻冕以接諸侯，明己繼體爲君也。釋冕，反喪服，明未偁王以統事也」者，用《白虎通・爵》篇誼也。《公羊》文九年傳云「以天子三年然後偁王，亦知諸侯于其封内三年偁子也。踰年偁公矣，則曷爲于其封内

❶「王」，原作「主」，今據近市居本改。

三年偁子？ 緣民、臣之心，不可一日无君；緣終始之誼，一年不二君，不可曠年无君；緣孝子之心，則三年不忍當也」，此接見諸侯，明己以繼體爲君，所以繫民、臣之心也。「反喪服」者，實未忍遽當王位也，然則篇中輒云「王」者，史官之詞，亦猶民、臣之心爾，在康王則固未敢當王偁也，是則何嘗韋禮？ 乃後人輒紛紛呰議，何哉？

明堂南堂布席設几陳宲之圖

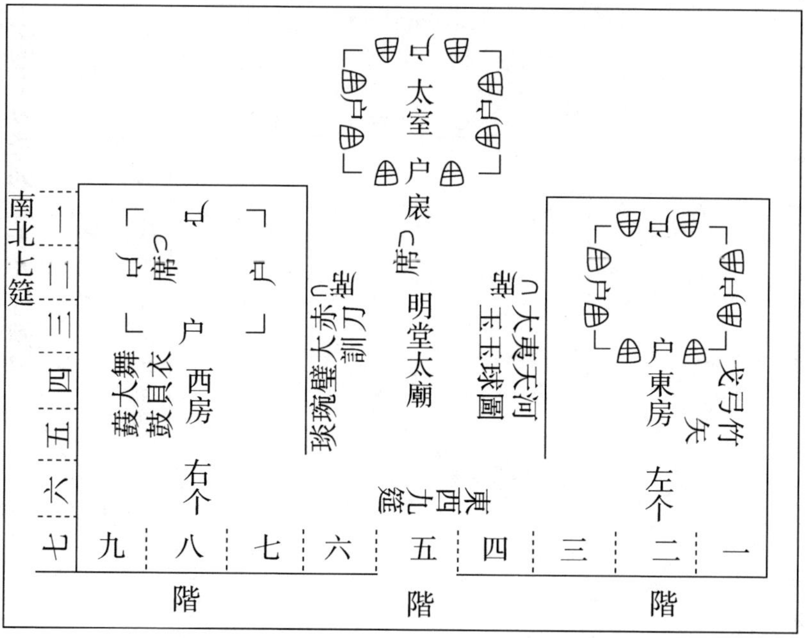

《顧命》布席、設几、陳宲皆于明堂，蓋在南堂也，其措置處所必繪圖乃了，故爲此圖焉。唯是明堂有四面，兹惟繪南面者，欲具列所陳設則不容四面也，姑先爲南堂圖，而別具全圖于後云。

以後諸圖皆《顧命》篇中事，皆應列《顧命》後。以《顧命》與《康王之誥》二篇文相承接，康王受顧命與誥諸侯在一日内事，不欲以圖閒之，故列諸圖于《康王之誥》之後。

明堂上圜下方傍列二十八柱圖❶

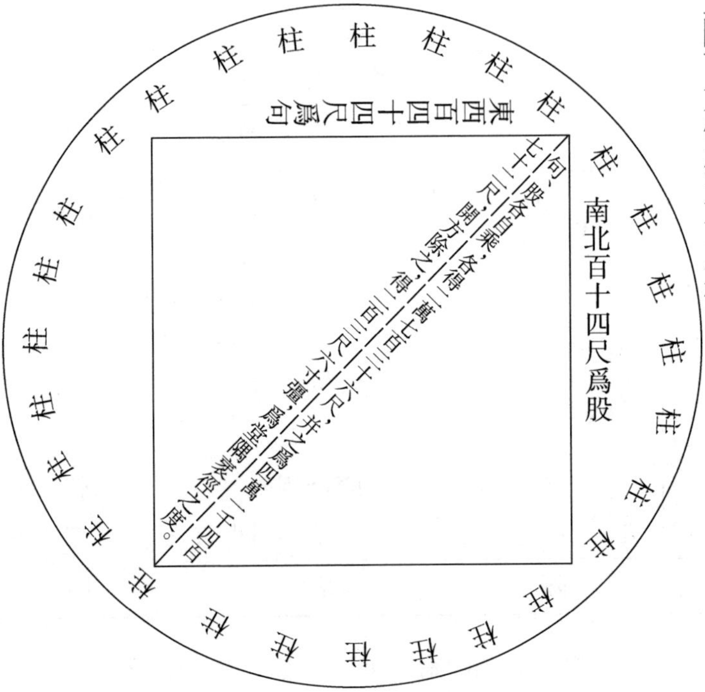

《明堂月令論》曰：「堂方百四十四尺，坤之策也。屋圜徑二百一十六尺，乾之策也。二十八柱列于四傍，亦七宿之象也。」堂方百四十四尺，以句股法算之，得堂隅衺徑二百三尺六寸彊，屋圜徑二百一十六尺，則出乎堂之四隅各六尺二寸弱。二十八柱承棼之下，應入乎檐内二尺所，猶不箸堂隅焉。

❶「圖」上，原有「之」字，今據近市居本及卷末列字數删。

明堂九室圖

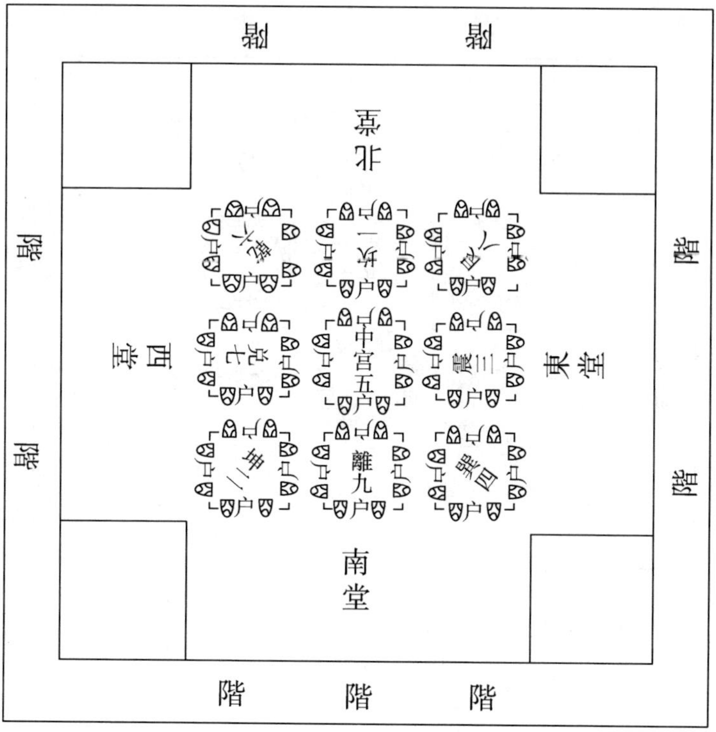

《大戴禮·盛德》曰「明堂者，古有之也。凡九室，一室而有四户八牖」，兹據之而爲《明堂九室》之圖。限于小幅，室中不能容八「牖」字。《説文》云「囧，窗牖麗廔闓明也，象形」，然則「囧」者「牖」之象，「囧」字畫少易書，故用以代「牖」字。

明堂五室圖

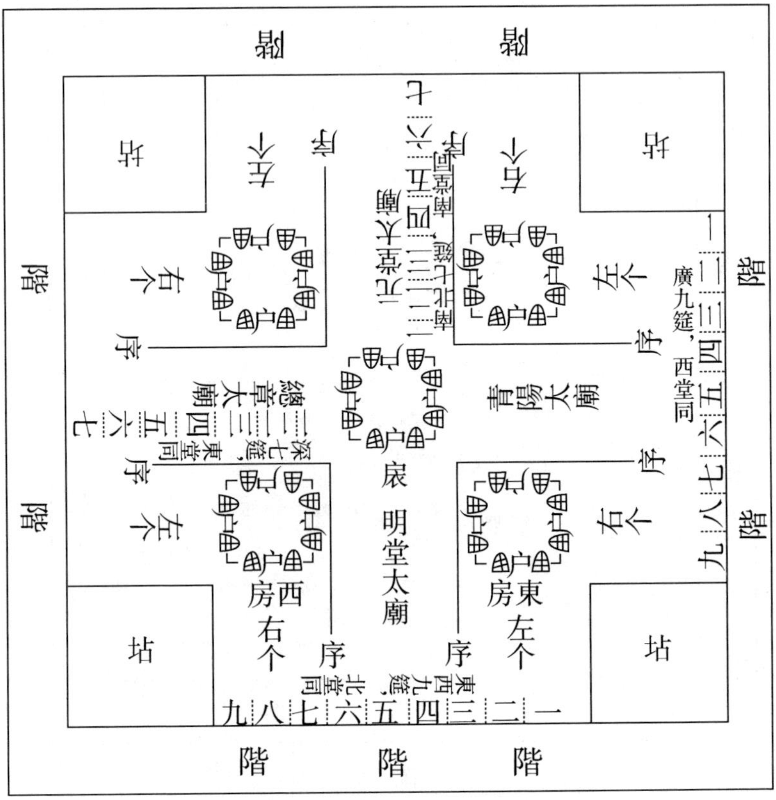

《考工記》曰：「周人明堂，度九尺之筵。東西九筵，南北七筵。五室，凡室二筵。」案「南北七筵」者，自堂廉至太室前之深也，統前、後堂及太室，適百四十四尺矣。「東西九筵」者，太廟及左、右个之廣也，其兩傍各餘三筵有半之地，不盡堂基。或以「九筵」、「七筵」該堂之四周，則非矣。

《大戴禮・盛悳》曰：惠先生曰：「俗本别列《明堂》篇，非。」「明堂者，古有之也。凡九室，一室而有四户八牖，三十六户七十二牖。以茅蓋屋，上圜下方。明堂者，所以明諸侯尊卑。其外水曰辟邕。南蠻、東夷、北狄、西戎。明堂月令。盧辯注云：「于明堂之中施十二月之令。」赤綴户也，白綴牖也。盧云：「綴，飾也。」二九四，惠先生曰：「九宫之法，坤二，離九，巽四。」七五三，惠先生曰：「兑七，中央五，震三。」六一八。惠先生曰：「乾六，坎一，艮八。坎、離、震、兑爲四正，乾、坤、艮、巽爲四維。一九、六四、二八、七三合五，皆十五。」堂高三尺，東西九筵，南北七筵，上圜下方。九室十二堂，室四户，户二牖。其宫方三百步，堂方百四十尺，當云「百四十四尺」。坤之策也。屋圜徑二百一十六尺，乾之策也。太廟明堂方三十六丈，通天屋徑九丈，陰陽九六之變。圜蓋方載，六九之道。八闥以象八卦，九室以象九州，十二堂以應十二辰。三十六户七十二牖，以四户八牖乘九室之數也。户皆外設而不閉，示天下不藏也。通天屋高八十一尺，黄鍾九九之實也。二十八柱列于四方，亦七宿之象也。堂高三尺，以應三統。四鄉五色，各象其行。外博二十四丈，以應節氣也。」「堂方百四十」以下，今本闕，惠先生從《通典》所引采入。❶

《黄圖》曰：「堂方百四十四尺，灋坤之策也，方象地；屋圜檐徑二百一十六尺，灋乾之策也，圜象天。室九宫，灋九州。太室方六丈，灋陰之變也。十二堂，灋十二月。三十六户，灋極陰之變數，

❶「生」，原脱，今據近市居本補。

七十二牖，灋五行所行日數。八達象八風，灋八卦。通天臺徑九尺，灋乾以九覆六，高八十一尺，灋黃鍾九九之數。二十八柱，象二十八宿。堂高三尺，土階三等，灋三統。堂四向五色，灋四時五行。水四周于外，象四海圜灋陽也。水濶二十四丈，象二十四气。水内徑三丈，應《覲禮》經。」《隋書·宇文愷傳》愷引「《黃圖》曰」云云，兹從采録。案：《黃圖》所説與《大戴禮·盛惪》指意略同而不无韋異。《盛惪》云「大廟明堂方三十六丈」，《黃圖》云「太室方六丈」，二説皆不可曉。《盛惪》云「通天屋徑九丈」，《黃圖》云「通天臺徑九尺」，未知孰是。《盛惪》云「外博二十四丈」，蓋即《黃圖》所云「水濶二十四丈」也。兹兼録二文，以葡參考。

《淮南子·主術訓》及《本經訓》皆云：「神農之治天下也，歲終獻功，以時嘗穀，祀乎明堂。」桓子《新論》曰「神農氏祀明堂，有蓋而无四方。黃帝合宮，堯謂之五府」，又曰「明堂，堯謂之五府。府，聚也，言五帝之神聚于此」。

《尸子》曰：「黃帝曰合宮，有虞曰總章，殷人曰陽館，周人曰明堂，皆所以名休其善。」張平子《東京賦》曰「黃帝合宮，有虞總期」，案：「總期」即「總章」，李善《文選》注云「章、期一也」。又案：《考工記》曰「殷人重屋」，此言「陽館者，蓋陽館是其正名，重屋則以屋之複笮爲偁，或舉其名，或舉其制，實一也。

《尚書帝命驗》曰：「帝者承天立五府，以尊天重象也。五府，五帝之廟：赤曰文祖，黃曰神斗，白曰顯紀，黑曰玄枼，蒼曰靈府。」宋均注云：「象五精之神也。天有五帝，集凥太微，降精以生聖人，故帝者承天立五帝之府，是爲天府。唐虞之天府，夏之世室，殷之重屋，周之明堂，皆同矣。」

《考工記·匠人》曰：「夏后氏世室，堂脩二七，廣四脩一。鄭氏注云：「夏度以步，令堂脩十四步，其廣益以四分脩之一，則堂廣十七步半。」五室三四步，四三尺。鄭注云：「三四步，室方也。四三尺，以益廣也。木室于東北，火室于東南，金室于西南，水室于西北，其方皆三步，其廣益之以三尺。土室于中央，方四步，其廣益之以四尺。凡此五室居堂，南北六丈，東西七丈。」九階。鄭注云：「南面三，三面各二。」四旁兩夾窗。鄭注云：「窗，助户爲明。每室四户八窗。」白盛。鄭注云：「蜃灰也。盛之言成也。以蜃灰堊牆，所以飾成宮室。」門堂三之二，鄭注云：「門堂，門側之堂。取數于正堂，令堂如上制，則門堂南北九步二尺，東西十一步四尺。《爾雅》曰：『門側之堂謂之塾。』」室三之一。鄭注云：「兩室與門各尻一分。」殷人重屋，堂脩七尋，堂崇三尺，四阿，重屋。鄭注云：「重屋者，王宮正堂，若太寢也。其脩七尋五丈六尺。放夏、周，則其廣九尋七丈二尺也。五室各二尋。四阿，若今四注屋。重屋，複笮也。」惠先生曰：「複笮，《周書》作『複格』。」聲案：明堂堂基方百四十四尺，應坤策之數，唯周制南北七筵爲合其度，夏、殷則皆不合。夏度以步，堂修二七，則十四步也，步六尺，十四步則八十四尺，此謂前堂也，後堂亦如之，合百六十八尺，中容太室四步，則又二十四尺，然則爲方百九十三尺，不已大乎？殷堂脩七尋，尋八尺，七八五十六尺，後堂亦如之，合百一十二尺，其太室无文，以周制推之，蓋亦七分堂修之二，方二尋也，統計之則爲方百二十八尺，又太小矣。

周人明堂，度九尺之筵。東西九筵，南北七筵，堂崇一筵。五室，凡室二筵。」鄭注云「周度以筵，亦王者相改。周堂高九尺，殷三尺，則夏一尺矣。此三者，或舉宗廟，或舉王寢，或舉明堂，互言之以明其同制。」聲謂：夏堂不言「崇」，殷堂不言「廣」，蓋殷堂亦廣四修一，其廣七丈，夏堂亦崇三尺，省文互見也。堯時土階三尺，不應夏反爲一尺之堂，注説似非。聲又聞惠先生説：「世室、重屋、明堂，異名而同實，皆明堂也，非枚舉互言。」《北史·李謐傳》謐箸論駁《考工記》明堂之制，謂：『東西九筵，南北七筵。五室，凡室二筵』，置五室于斯堂，便居六筵之地，室壁之外才有四尺五寸之堂，其不然也。」《隨書·牛弘傳》弘亦議駁《考工》，❶恉略同謐。二説皆詳，玆不具録。聲謂：此皆誤以「東西九筵，南北七筵」謂該堂基之四周，故滋駁議，皆謬説也。夫「東西九筵，南北七筵」，《大戴禮·盛惪》篇亦云焉，而《盛惪》又云「堂方百四十尺，坤之策也」，言「方」則廣、修如一，不當有九七之差，則所謂「九筵」、「七筵」者，據一面而言，非堂周矣。《易》曰「坤之策，百四十有四」，《盛惪》言「百四十尺」者，脱小數之四爾。蔡邕《明堂月令論》曰「堂方百四十四尺，坤之策也」，斯得之矣。計南、北七筵，筵九尺，七九六十三尺，自太室南户外至南堂廉之度也。則太室北户外至北堂廉亦如之，合百二十六尺，中容大室二筵，則又十八尺，適百四十四尺，如坤策之數。故知「南北七筵」據一面言之也。夫然則堂基廣、從皆百四十四尺，則方十六筵之地，而云「東西九筵」，何也？《爾雅》曰「垝謂之坫」，郭景純云「在堂隅」，《周書·作洛解》曰「乃位五宫：太廟、宗宫、考宫、路寢、明堂。咸有四阿反坫」，孔鼂云「反坫，外向室」，然則堂隅有坫，在左、右个之兩傍。其正中之堂與左、右个各處三筵之地，凡九筵，其兩傍各餘三筵有半之地，是爲坫矣。故曰「東西九筵」不必盡堂基之廣

❶「隨書」，即「隋書」。

也。《盛惪》又云「屋圜徑二百一十六尺，乾之策也」，「二十八柱列于四方，亦七宿之象也」。計堂方百四十四尺，以百四十四尺爲句，百四十四尺爲股，各自乘之各得二萬七百三十六尺，并之爲四萬一千四百七十二尺，開方除之，得弦實二百三尺六寸彊，爲堂四隅之衺徑。屋圜徑二百一十六尺，則出乎堂之四隅各六尺有奇，二十八柱承棼之下，應入乎檐内二尺，所猶不箸乎堂隅，象二十八宿之環乎地外也。惟是《盛惪》云「凡九室，一室而有四户八牖，三十六户七十二牖」，而《考工記》云「五室」，其不同何也？蓋明堂創始于神農，厥惟九室，後聖以九室大密，徹其四面正室爲堂，故五室爾。弟五室之所自始則未聞焉，據《考工記》則夏后氏已五室矣。《堯典》曰「受終于文祖」，鄭康成曰「文祖者，五府之大名，猶周之明堂」，則似堯、舜已五室者。而《帝命驗》云「五府，五帝之廟」，然則以四正堂與太室爲五府也。正堂之有室與无則无聞，如其有之，則與四隅之室而九矣。然則堯之五府五室與？九室與？不可考矣。兹葡列二圖，一从《盛德》九室，一从《考工》五室，而制取經、緯、諸子之文以左證焉。案：明堂之制，每一夾室而兩面共之，南堂之東夾即東堂之南夾，方在春時，則全屬于東堂，爲青陽之右夾，不謂與南堂共者。及其交夏，則是室又全屬于南堂，爲明堂之左夾，亦不謂與東堂共之也。其西南、西北、東北三隅之夾室亦皆易時而改屬，如是則四堂各全其九筵、七筵之度矣。無論九室、五室，其四隅之室皆然，古今一制也。

殯宮出路陳兵衛受顧命圖 經于「陳宲」之下即具述四路所在，乃後言「畢門之内」，安知四路不在明堂之庭？乃今知出路于殯宮者，蓋明堂非主、賓酬酢之處，其階不應有賓階、阼階之目，經言「賓階」、「阼階」自是路寢之階矣，路寢是殯所也。

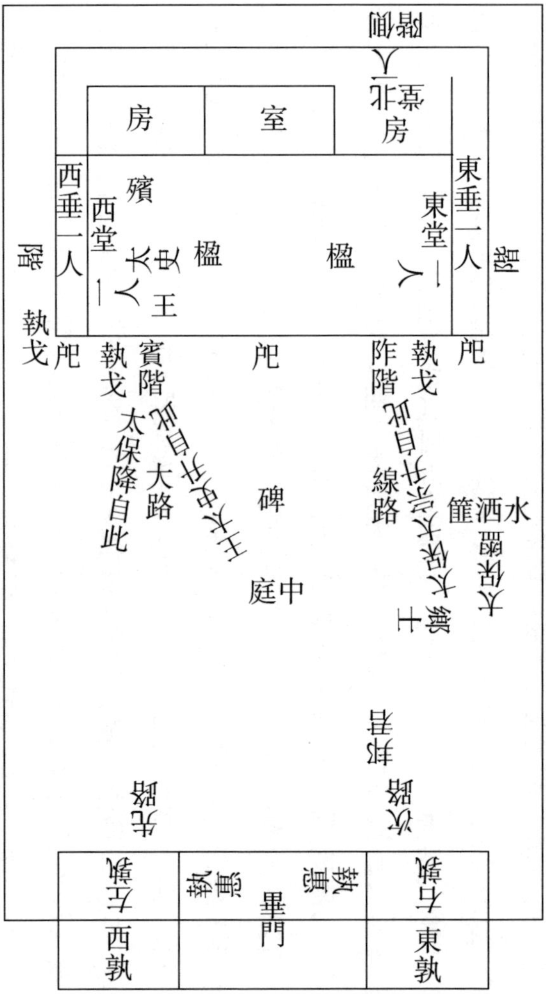

明堂庭受朝圖 明堂方百四十四尺，應門二徹參箇，然則應門六分堂基之廣而尻其一。

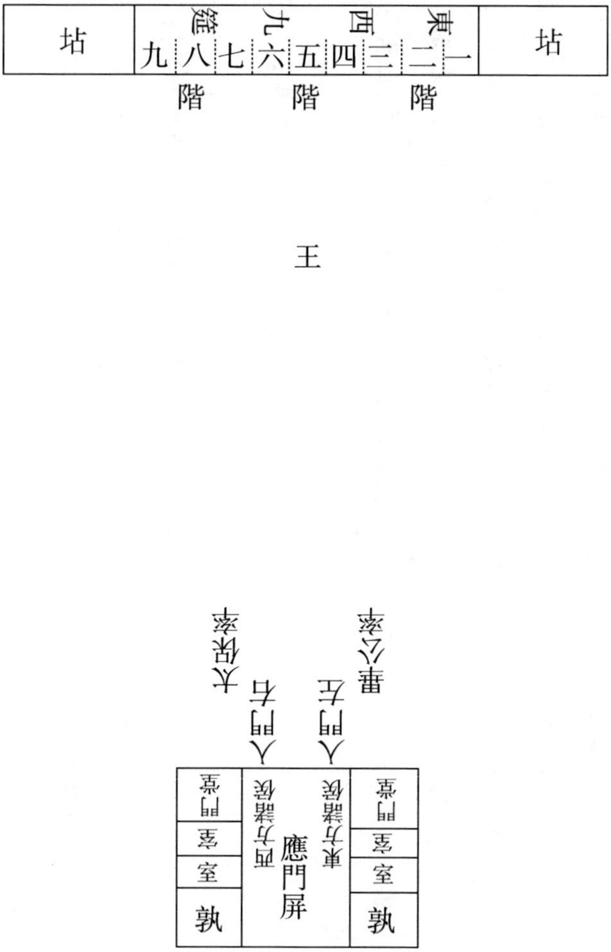

畢命弟九十三【注】篇亡，孔氏《書》亦未有。【疏】班氏《漢書》采劉歆《三統曆》以爲《律曆志》，有云「康王十二年六月，戊辰朔，三日庚午，故《畢命》、《豐刑》曰『惟十有二年六月，庚午朏，王命作策《豐刑》。』」孔穎達正義具引此文，「策」下有「書」字，云「作策書《豐刑》」。案：偁《畢命》似即此篇矣，但未審《豐刑》者何謂。孟康注《漢書》以爲「逸《書》篇名」，然則《畢命》、《豐刑》其一篇與？抑二篇同時作者與？鄭君注此篇《敘》云「今其逸篇有册命霍侯之事，不與此敘相應，非也」，則鄭君及見其文實爲册命霍侯，非此《敘》所云矣。然則《三統曆》所引《畢命》、《豐刑》未可遂以當此畢命也，故不采爲逸文，而識疑于此。

周書三十三

君牙弟九十四【注】篇亡，孔氏《書》亦未有。

周書三十四

夏日暑雨，小民惟曰怨。資冬祁寒，小民亦惟曰怨。資，依注讀作「至」，屬下爲句。祁，上支反。【注】鄭康成曰：「資，當爲至，齊魯之語，聲之誤也。祁之言是也，齊西偏之語也。夏日暑雨，小民怨天。至冬是寒，小民又怨天。言民恒多怨，爲其君難。」【疏】《禮記·緇衣》篇引《君雅》曰「夏日暑雨」云云，鄭注云：「雅，《書敘》作牙，叚借字也。君雅，周穆王司徒，作《尚書》篇名也。」案：「雅」字以「牙」爲聲，故叚借「牙」字以爲「雅」，鄭君言「君雅」爲穆王司徒，以其人作《尚書》篇名，然則所引「《君雅》曰」云云正此篇之文矣。注偁「鄭康成曰」者，《緇衣》之注也。云「資，當爲至，齊魯之語，聲之誤也」者，據誼當爲「至」，由齊魯之人言「至」聲如「資」，故誤爲「資」也。云「祁之言是也，齊西偏之語也」者，《左傳》有「提彌明」，「提」以「是」爲聲，音上支反，《公羊傳》作「祁彌明」，則以「祁」爲「提」，讀「祁」从「是」聲矣。蓋《公羊傳》由齊人胡毋子都始箸于竹帛，故以「祁」爲「提」，此可驗齊西偏之語言「祁」如「是」矣。鄭君北海高密人，故青齊之地，是以荀悉齊魯之方言，其説不我欺也。云「言民恒多怨，爲其君難」者，案：《緇衣》上文言「民以君爲心，君以民爲體」，又言「君以民存，亦以民亡」，其下即引逸《詩》及此經以證，是則此經之恉正言「民之多怨，爲其君者難」也。

羿命弟九十五羿，居永反。【注】孔氏逸《書》二十四，今亡。

周書三十五

蔡仲之命弟九十六【注】篇亡，孔氏《書》亦未有。

周書三十六

王曰：「胡！無若爾考之違王命也。」【注】胡，蔡仲名。【疏】定四年《左傳》衛祝佗曰「管、蔡啓商，惎間王室。王于是乎殺管叔而蔡蔡叔，以車七乘，徒七十人。其子蔡仲，改行率悳，周公舉之，以爲己卿士，見諸王而命之以蔡，其命書云：王曰：『胡！無若爾考之違王命也。』」據偁命蔡仲之命書，則是此篇之文矣，故采録之于此。注云「胡，蔡仲名」者，命蔡仲而呼「胡」，則「胡」自是仲名矣，杜豫注《左傳》亦云然也。

《顧命》至《蔡仲之命》標題凡八十名，注三十三字，音四言，疏四百四十四字。

《顧命》經文七百五十八名，重文三，凡七百六十一言，注三千二百一十四字，釋音辯字千三百九十一言，疏二萬三千六百七十三字。

《康王之誥》經文百三十七名，注四百七十一字，釋音辯字百二言，疏千八百三十七字。

附明堂四圖。《南堂瞰設圖》署十二字，圖百一十字，説百三十二字。《上圜下方圖》署十三字，圖九十三字，説百一十三字。《九室圖》署五字，圖百四十四字，説七十九字。《五室圖》署五字，圖百七十七字，説百字。采輯䎽言七條，凡六百九十二文，注説凡九百二十一字。附《明堂説》一篇，九百三十八字。又附二圖。《受顧命圖》署十一字，説七十九字，圖九十五字。《受朝圖》署六字，説二十八字，圖五十二字。

《君牙》逸文十九名，音讀十四言，注五十三字，疏三百七字。

《蔡仲之命》逸文十二名，注四字，疏百二十七字。

尚書集注音疏卷十

吴江徵君聲著

粊誓弟九十七粊，正義本作「費」，隸古定本作「粊」。《説文》偁《周書》有《棐誓》，字从米，北聲。案：「粊」音必媚反，「北聲」不類，蓋寫《説文》者譌也，應是「比聲」。鄭注《周禮·雝氏》職引此篇文偁「《粊誓》」，當從之。

周書三十七　尚書二十六

尚書集注音疏卷十　江聲學

公曰：「嗟！人毋譁，聽命。譁，呼瓜反。【注】鄭康成曰：「人，謂軍之士衆及粊地之民。」聲謂：譁，讙也。【疏】鄭注見正義。「譁，讙」，《説文·言部》文。**徂兹淮夷、徐戎竝興，**【注】淮夷，淮浦之夷。徐戎，徐州之戎。興，起也。言往征此淮夷、徐戎竝起爲寇者。【疏】「興，起」，《釋言》文。**善穀乃甲䩜，敿乃干，无敢不𨑩，**穀，力彫反。「䩜」與「胄」同，直救反，《説文·同部》云：「䩜，《司馬法》胄，從革。」敿，基夭反。𨑩，氐翟反。【注】鄭康成曰：「穀，謂穿徹之。敿，猶繫也。𨑩，至也，至，猶善。」聲謂：至，謂密致也，密致則堅。甲䩜也、干也，皆所以敔衛者，故戒毋敢不堅致。致，直吏反。敔，侯旰反。【疏】鄭注見正義。云「穀，謂穿徹之」者，甲、䩜皆以革爲之，《考工記·函人》職云「犀甲七屬，兕甲六屬，合甲五屬」，鄭注云「屬，謂上旅、下旅札續之數」，是甲必聯合數革以爲之也。又《鞄人》職云「察其線，欲其臧也」，杜子春云「線，謂縫革之縷」，是甲皐之革皆必以線縷縫綴之，鄭云「穿徹」即謂「縫綴之」也。《説文・攴部》云「敿，繫連也」，故鄭云「敿，猶繫也」。「𨑩，至」，《説文・辵部》文。《釋詁》云「弔，至也」，「弔」者字省「辵」尔，當从《説文》作「𨑩」也。鄭既訓「𨑩」爲「至」，又云「至，猶善」者，欲見此言「无敢不𨑩」，猶下文「无敢不善」也。「聲謂至，謂密致也，密致則堅」者，「致」字以「至」爲聲，《禮記・中庸》云「其次致曲」，鄭注云「致，至也」，又《大學》曰「致知在格物」，鄭注云「此致或爲至」，則「致」與「至」音既同而誼又相近，甲皐與干皆所以衛身，則皆欲其周密堅致，故以「𨑩」之言「至」爲「密致」也。此解差勝于「至，猶善」之訓，故易鄭誼也。《考工・函人》云「凡甲，鍛不摯則不堅」，鄭解「摯」之言「致」，是不密致則不堅，故云「密致則堅」。**葡乃弓矢，鍛乃戈矛，厲乃鏠刃，无敢不善。**鍛，多亂反。鏠，方容反。【注】葡，具也。鍛，椎鍊之也。厲，摩也。鏠，兵耑也。刃，刀堅也。椎，直追反。鍊，力見反。耑，多完反。【疏】「葡，具」，《説文・用部》文。云「鍛，椎鍊之也」者，凡治兵器必投之火中，燒令大赤，乃取出之，以銕錘椎之，已又燒之，復椎之，是之謂鍛，愈鍛則愈堅利也。昭十二年《左傳》云「摩厲以頴」，是「厲」爲「摩」，故云「厲，摩也」。云「鏠，兵耑也。刃，刀堅也」者，《説文・金部》、《刃部》文，「刀堅」謂刀之銛利處也。**今惟牿牛、馬，𢾊乃擭，敜乃阱，無敢傷牿。牿之傷，女則有常荆。**僞孔本「今惟」下有「淫舍」二字。案：「淫舍」之言「大放」也，既大放牿牛、馬，則无有牿者矣，何又云「毋敢傷牿」乎？上下文不相應，非也。《説文・牛部》引云「今惟牿牛馬」，此孔氏古文本也，兹从之。牿，工毒反。𢾊，同古反，正義本作「杜」，隸古定本作「𢾊」，鄭注《周禮・雝氏》引此亦作「𢾊」，故从「𢾊」。擭，胡罵反。敜，奴叶反。阱，疾性反。【注】牿者，施木于牛馬之脚，使不得走佚。軍中牛馬或葡更迭駕舍，不盡犕乘，恐有走佚，故須牿也。斁，閉也。擭，柞咢也。敜，塞也。山林之田，春始穿壍爲阱，或設柞咢於其中以遮獸，秋則閉塞之。時恐有未閉塞，致傷所牿牛馬，故誓戒之。脚，紀略反。更，宫行反。舍，式者反。犕，房牧反。柞，才伯反，又才洛反。咢，吾格反，又吾各反。塞，所則反。【疏】正義俌鄭注以「牿」爲「桎梏」之「梏」，施牿于牛馬之脚，使不得走佚，又引鄭注云「山林之田，春始穿壍爲阱，或設擭其中以遮獸。擭，柞咢也」。兹隱括鄭注而以鄙説雜厠其間，故不偁鄭君也。云「軍中牛馬或葡更迭駕舍，不盡犕乘，恐有走佚，故須牿也」者，行軍之時，牛則駕輜重，馬則駕兵車，不得走佚，似无煩牿。今乃牿之，必其有更迭駕舍者，舍之則容有走佚，故須牿也。牿之則能行而不能奔馳，故不得走佚矣。必更迭駕舍者，牛、馬雖多力，若常駕不舍則亦不勝其任，故必更迭休舍以節其力也。若然，則牿者是休舍之牛、馬，經言「无敢傷牿」，豈止慮及休舍者而不計犕乘之牛、馬乎？蓋犕乘之牛、馬，兵車則皆有御有右，大車亦皆有牽傍者，雖遇阱擭，人爲之備，不至有傷。若休舍之牛、馬，十百爲群而敺率之者，必不能如罝犝之數通率十餘頭而一人領之而已，容有不及備而致傷，故戒「无傷牿」也。且休舍之牛、馬，即頃之犕乘者也，牿亦可統犕乘者言之也。「斁，閉」、「敜，塞」，皆《説文·支部》文。云「山林之田，春始穿地爲阱，或設柞咢于其中以遮獸，秋則閉塞之」者，《周禮·雝氏》職云「春令爲阱、擭、溝、瀆之利于民者，秋令塞阱、杜擭」，鄭注云「阱，穿壍爲壍，所以禦禽獸，其或超踰則陷焉，世謂之陷阱。擭，柞咢也。堅壍阱淺，則設柞咢于其中，秋而杜塞阱擭，收刈之時爲其陷害人也。《書·柴誓》曰『斁乃擭，敜乃阱』，時秋也」，彼賈疏云：「柞咢者，或以爲豎柞于中，向上咢咢然，所以載禽獸使足不至地，不得躍而出，謂之柞咢也。」**馬、牛其風，臣、妾逋逃，勿敢越逐。【注】**

鄭康成曰：「風，走逸。臣、妾，斯、役之屬。」聲謂：逋，亡。越，踰。逐，追也。禁勿敢踰越部伍而追逐，恐其亂行列。行，合岡反。【疏】鄭注見《史記·魯世家》注。云「風，走逸」者，僖二十八年《左傳》云「晉中軍風于澤」，謂中軍之牛、馬風而走逸也；賈侍中注僖四年《左傳》云「風，放也。牝牡相誘謂之風」，相誘則必相追逐，故走逸也。云「臣、妾，斯、役之屬」者，斯、役皆卑賤之偁，《公羊》宣十二年傳云「斯、役、扈、養，死者數百人」，何劭公注云「刈艸爲防者曰斯，汲水漿者曰役，養馬者曰扈，炊亯者曰養」，是則軍中執役者非徒斯、役而已，故鄭言「斯、役」，且云「之屬」以該之也。「逋，亡」、「越，踰」、「追，逐」，皆《說文·辵部》文。**祗復之，我商賚女；**商，汁羊反。【注】商，讀爲「章」；章，明也。其有得獲此風逸之牛馬、亡逃之臣妾而復還其故主，我其明賞賚女。【疏】云「商，讀爲『章』」者，《釋文》云「商，徐音章」。案：《說文·㕯部》「商」从㕯、章省聲，是「商」以「章」爲聲也。徐邈東晉時人，去漢未遠，猶及聞漢經師之音讀，其音「商」爲「章」必本于漢儒，故讀从之。云「章，明也」者，《義禮·士冠·記》云「章甫，殷道也」，鄭注云：「章，明也。」**乃越逐不復，女則有常刑。**【注】傳曰：「越逐爲失伍，不復爲攘盜，女則有此常刑。」攘，如羊反，下同。【疏】僞孔氏此傳无害于經，姑録之。**無敢寇攘，踰垣牆，竊馬、牛，羞臣、妾，女則有常刑。**羞，于朽反，與「誘」同。【注】鄭康成曰：「寇，劫取也。因其佚亡曰攘。」聲謂：羞，相訹評也，或作「誘」。訹，思律反。評，巟吴反。【疏】鄭注見《魯世家》注。云「寇，劫取也」者，「寇」從攴、完，攴，擊也，因其完聚而擊之，是「劫取」之誼也。云「因其佚亡曰攘」者，其或馬、牛奔佚，臣、妾逃亡而來，因而攘匿之也，《論語·子路》篇「其父攘羊」，周氏注云「有因而盜曰攘」，「因其佚亡」即是「有因」也。據《魯世家》注引作「因其失亡」，兹作「佚亡」者，古「失」、「佚」字通，《易·比》九五「失前禽」、《商書・般庚》「无荒失朕命」，是皆以「失」爲「佚」，今人輒誤讀尸質反，兹直作「佚」字，讀者庶不誤矣。云「羞，相訹誘也」者，《説文・厶部》文。云「或作『誘』」者，《説文》「羞」字重文作「誘」，則「羞」、「誘」異文同字也，今本《尚書》皆作「誘」。**甲戌，我惟征徐戎，峙乃糇糧，無敢不逮，女則有大刑。**峙，直里反。糇，禾溝反，正義本作「糗」，《説文》引作「餱」，隸古定本同，當从「餱」。【注】峙，具也。餱，乾食也。逮，及也。馬融曰：「大刑，死刑。」乾，戈韓反。【疏】「峙，具」，《釋詁》文。「餱，乾食也」者，《説文・食部》文。《釋詁》「逮」、「及」同詁「與」也，《説文・辵部》云「逮，唐逮，及也」，故云「逮，及也」。馬注見《魯世家》注。《禮記・文王世子》云「其死辠則曰某之辠在大辟」，❶故云「大刑，死刑」。**𣃼人三郊三遂，峙乃楨、榦。甲戌，我惟築，無敢不龔，女則有无餘刑非殺。**𣃼，古文以爲「魯衛」之「魯」，見《説文・㫃部》。榦，工案反。龔，居容反。【注】肅曰：「邑外曰郊，郊外曰遂。東郊留守，故言三。」馬融曰：「楨、榦皆築具，楨在前，榦在兩傍。」聲謂：龔，給也。鄭康成曰：「无餘刑非殺者，謂盡奴其妻子，不遺其種類，在軍使給斯、役，反則入于辠隸、舂稾，不殺之。❷」種，章勇反。舂，商容反。稾，可傲反。【疏】肅注見《魯世家》注。《釋地》云「邑外謂之郊」，故肅云「邑外曰郊」。《釋地》又云「郊外謂之牧」，肅乃云「郊外曰遂」者，蓋牧對郊爲言，遂則對郊内之鄉爲言也。鄭君注《周禮・遂人》敘官云「六遂之地自遠郊以達于畿」，然則諸侯之國亦自郊外以至于竟皆爲遂也。

❶「王」，原作「云」，今據近市居本改。
❷「不殺之」，原脱，今據近市居本補。

諸侯鄉遂之制雖未有聞，而此言「三遂」必非半天子之「六遂」而爲三也，知者，國外四面爲郊，故天子、諸侯皆有四郊，兹言「三郊」不得謂魯止有三郊也，郊外四面皆爲遂，言「三郊」則亦言「三遂」，是皆就其三方而言，亦非謂魯止有三遂。故肅又云「東郊留守，故言三」，蓋留守之人不可去守而從征，軍中當无東郊之人，故言「魯人三郊三遂」。《敘》云「東郊不開」，故知東郊留守也。馬注亦見《魯世家》注。云「楨、榦皆築具。楨在前，榦在兩傍」者，凡築牆及城者，以繩束板置于兩傍，更豎木于其耑首，乃取土實于其中而築之，楨是其耑首之木，故云「在前」，榦則其兩傍之板也。「龔，給」，《説文・共部》文。鄭注見正義。云「謂盡奴其妻子，不遺其種類」者，以言「无餘刑」，故以爲盡奴无遺也。云「在軍使給斯、役，反則入于辠隸、舂稾」者，「斯、役」釋見前疏；《周禮・司厲》職云「其奴，男子入于辠隸，女子入于舂稾」，鄭仲師注云「謂坐爲盜賊而爲奴者，輸于辠隸、舂人、稾人之官也」，康成注云「奴從坐而没入縣官者」，則是謂奴彼辠人之妻子，與仲師注異。按《禮記・檀弓》云「齊莊公襲莒，于敓杞梁死焉，其妻迎其柩于路而哭之哀。莊公使人弔之，對曰『君之臣不免于辠，則將肆諸市朝而妻妾執』」，然則周之刑法，軍人有辠固有并没入其妻孥者，故鄭君注《周禮》言「從坐而没入」，于此亦用《周禮》以説也。辠隸屬司隸，司隸，刑官之屬；舂人有女舂抗，稾人有女稾，舂人、稾人皆教官之屬。**魯人三郊三遂，峙乃芻茭，无敢不多，女則有大刑。**」芻，倉俞反。茭，吉肴反。【注】鄭康成曰：「茭，乾芻。」乾，戈韓反。【疏】注見正義。云「茭，乾芻」者，《説文・艸部》亦云然，許、鄭誼相符合。

呂刑弟九十八 諸傳記引此篇文多偁「《甫刑》」，而《墨子》所引有《呂刑》之目，則「《呂刑》」之名亦舊矣，非由僞孔氏改也，故从作《呂刑》。

周書三十八　尚書二十七

惟呂命，【注】呂，甫侯氏也。鄭康成曰：「呂侯受王命，入爲三公。《書説》云『周穆王以甫侯爲相』。」相，息恙反。【疏】云「呂，甫侯氏也」者，《毛詩·崇高》傳云「堯之時，姜氏爲四伯，掌四嶽之祀，述諸侯之職于周，則有甫、有申、有齊、有許也」，則甫侯四嶽之後也。《國語·周語》云「胙四嶽國，命爲侯伯，賜姓曰姜，氏曰有呂」，甫侯四嶽之後，則「呂」是其氏矣。鄭注見正義。云「呂侯受王命，入爲三公」者，解經「呂命」爲呂侯受命也。偁「《書説》」者，正義以爲《尚書緯刑悳放》之文。據《書説》言「以甫侯爲相」，則是爲三公矣，故引之以證。

王享國百年，眊荒，度作詳刑，以詰四方。眊，莫到反，依字當作「耄」，隸古定本作「旄」，《漢書·刑法志》云「穆王眊荒，命甫侯度時作刑」。案：《説文·目部》「眊」字説云「《虞書》『耄』字从此」，然則「眊」乃古「耄」字，故从「眊」。度，代洛反。僞孔本无「詳」字，鄭注《周禮·太宰》職及《大司寇》職皆引云「度作詳刑」，則鄭本有「詳」字，茲从之。詰，起一反。【注】言「百年」者，于時穆王年百歲也。眊，讀與「耄」同，眊荒，老也。王既老，而審度時宜作詳慎之刑，使四方謹行之。詰，謹也。今文曰：「鮮度作刑，以詰四方。」耄，莫暴反。【疏】經言「享國百年」似謂即位以來至此百年，注不云「在位百年」而云「于時穆王年百歲」者，《史記·周本紀》云「穆王即位，春秋已五十矣」，又云「穆王立，五十五年崩」，是則穆王年壽百有餘歲，在位无百年也。云「眊，讀與『耄』同」者，《説文·目部》云「眊，目少精也。《虞書》『耄』字从此」，案：孔氏古文《虞書》唯亡《稾飫》一篇，則漢儒所見《虞書》多矣，《説文》所偁蓋古文也，然則古或叚唶「眊」字以爲「耄」，故「眊」讀與「耄」同。《説文·老部》云「年九十曰耄」，「眊」讀與「耄」同，故云「眊荒，老也」。云「王既老，而審度時宜作詳慎之刑」者，《漢書・刑法志》云「周道既衰，穆王眊荒，命甫侯度時作荆，以詰四方」，故解「度」爲「審度時宜」。《釋文》引馬注云「度，法度也」，竊以爲未然，故不用。云「使四方謹行之。詰，謹也」者，《周禮・大司寇》職「左王荆邦國，詰四方」，鄭注云「詰，謹也」，且引此經以證，又《布憲》職云「以詰四方邦國」，鄭注云「詰，謹也。使四方謹行之」，據此則鄭君解此經當亦云然，兹依鄭誼爲説。云「今文曰『鮮度作荆，以詰四方』」者，據伏生《書大傳》引《書》如此。

王曰：「若古有訓，蚩尤惟始作亂，蚩，赤時反。尤，亦牛反。【注】鄭康成曰：「蚩尤，霸天下，黄帝所伐者。」霸，百罵反。【疏】注見正義。《史記・五帝本紀》云「神農氏世衰，諸侯相侵伐，暴虐百姓，而神農氏弗能征。于是軒轅乃習用干戈，以征不享，諸侯咸來賓從，而蚩尤最爲暴，莫能伐」，又云「蚩尤作亂，不用帝命。于是黄帝乃徵師諸侯，與蚩尤戰于涿鹿之野，遂禽殺蚩尤」，故鄭君云「蚩尤，霸天下，黄帝所伐者」。《釋文》引馬注云「蚩尤，少皞之末，九黎君名」，韋異《史記》，其説非是，故不用。**延及于平民，罔不寇賊，雎義姦宄，敓攘撟虔。**雎，尺尸反。義，牛奇反。敓，徒活反，正義本作「奪」，《説文》引作「敓」，隸古定本同，兹从之。攘，如羊反。撟，吉夭反。虔，其焉反。【注】延，長行也。蚩尤之化長行及于齊民，无不凶惡爲寇賊。鴟義，盜賊狀如鴟梟，鈔櫟良善，劫奪人物。敓，彊取也。有因而盜曰攘。撟虔，謂撓擾。《春秋傳》曰「虔劉我邊垂」，謂劫奪人物以相撓擾也。一説：僞詐爲撟，强取爲虔。梟，吉垚反。鈔，初交反。櫟，力勺反，从木樂聲，俗作「掠」，非也。撓，奴巧反。擾，如舀反。【疏】「延，長行也」者，《説文・延部》文。「鴟義」至「劫奪人物」，鄭注也，見正義。《釋鳥》云「梟，鴟」，則「鴟」、「梟」一物也。《瞻卬》之詩云「爲梟爲鴟」以論褒姒，則是惡鳥矣。此言「鴟義」謂鴟梟之義狀，故云「盜賊狀如鴟梟」，「義」即今之「議」字也。「敓，彊取也」者，《説文・攴部》

文。「有因而盜」至「相撓擾也」，亦鄭注也，見《周禮・司刑》疏。不前鄭者，以開厠《說文》之誼，不便識別也。案：鄭注《粊誓》云「因其亡佚曰攘」，此云「有因而盜曰攘」，不言「因其亡佚」者，蓋《粊誓》之文就馬、牛、臣、妾言，故云「亡佚」，此則泛言竊物，但是嗜耑竊取即是有因，不必能走來之物，故不言「亡佚」，雖同取「有因」之誼而立言固各有所當也。引《春秋傳》者，成十三年《左傳》文。偁「一說」者，《漢書・武帝紀》韋昭注誼也。《周禮・士師》職云「五曰撟邦令」，鄭注云「偁詐以有爲者」，故云「偁詐爲撟」。云「彊取爲虔」者，《說文・虍部》云「虔，虎行貌也」，則「虔」是彊梁之狀，《釋詁》云「虔，固也」，固持而取是彊取也。此解撟、虔爲二，與鄭注異誼，聊取以葡一解。

苗民弗用靈，制以刑。【注】靈，善也。鄭康成曰：「苗民，謂九黎之君也。九黎之君于少昊氏衰而棄善道，上效蚩尤重刑。必變九黎言苗民者，有苗，九黎之後。顓頊代少昊誅九黎，分流其子孫，凥于西裔者爲三苗，至高辛氏衰，又復九黎之君惡。堯興，又誅之，堯末，又在朝。舜臣堯，又竄之。後禹攝位，又在洞庭逆命，禹又誅之。穆王深惡此族三生凶惡，故箸其氏而謂之民。民者冥也，言未見仁道。」少，式邵反。朝，直佋反。竄，初最反。深惡，烏路反。箸，中庶反。【疏】「靈，善」，鄭箋《詩・定之方中》篇誼也。鄭注見《禮記・緇衣》正義及正義。《國語・楚語》云「其後三苗，復九黎之悳」，則三苗非即九黎，故《禮記・緇衣》引此經，鄭注言「高辛氏之末，諸侯有三苗者作亂」，不以「苗民」爲九黎。此云「苗民，謂九黎之君也」者，下文云「遏絶苗民」，亦顓頊事矣，而「三苗」不當顓頊之時，當顓頊之時則是三苗之先世「九黎之君」也，故以「苗民」爲「九黎」也。《緇衣》引此誼惟取制作虐刑不在苗民，則「苗民」不必致詳，故鄭以「三苗」爲說。此經據下文「遏絶苗民」，則「苗民」實謂「九黎」，故鄭君云然，不得引《緇衣》注相難也。云「九黎之君于少昊氏衰而棄善道」者，《楚語》云「少昊之衰也，九黎亂悳」是也。云「有苗，九黎之後」者，《楚語》云「其後三苗，復九黎之悳」，言「復」則是子孫仍襲其先祖之言，故韋昭注《楚語》亦云「三苗，九黎之後也」。云「顓頊代少昊誅九黎，分流其子孫」者，《楚語》「少昊之衰也」云云，下云「顓頊受之」，是顓頊代少昊也，下經云「遏絶苗民，无世在下」，三苗在顓頊之後，則「遏絶苗民」非誅三苗，乃是誅九黎也，「无世在下」則是分流其子孫也。云「至高辛氏衰，又復九黎之君惡。堯興，又誅之」者，《楚語》云「其後三苗，復九黎之悳」，韋注云：「其後，高辛氏之季年也。高辛氏衰，三苗爲亂，行其凶悳如九黎之爲也，堯興而誅之。」云「堯末，又在朝。舜臣堯，又𥨊之」者，《堯典》云「𥨊三苗于三危」是也。據正義及《禮記》正義引此鄭注「𥨊」皆引作「竄」，蓋唐開元時改經字，于《堯典》文且改「𥨊」爲「竄」，何況鄭注豈其憚改？「竄三苗」之文實始于唐，晉之隸古定《書》猶不作「竄」，何況于漢？鄭君此注必从《堯典》古文作「𥨊」也。案：「𥨊」者，塞也。「𥨊之于三危」者，蓋三苗本在三危，而塞之使不得通中國，未必是在朝而放逐之者，鄭云「在朝」恐未然也。云「後禹攝位，又在洞庭屰命，禹又誅之」者，《禮記·檀弓》云「舜葬于蒼梧之野」，鄭注云「舜征有苗而死，因留葬焉」。案：蒼梧與洞庭相近，三苗在洞庭，故征有苗而至蒼梧也。舜既崩，禹又征之，《墨子·兼㤅》篇引《禹誓》曰「蠢兹有苗，用天之罰，若予既率尔群對諸群，以征有苗」，此禹誅有苗之明證也。云「民者冥也」者，《孝經援神契》文。「冥」謂昏冥無知，故云「言未見仁道」，蓋三苗當聖世而不知向化，是未見仁道也。《墨子·尚同》篇引曰「苗民否用練折則荆」，蓋「否」即「不」字，「折」與「制」通，「練」字、「則」字則皆誤，兹不从。**惟作五虐之荆曰法，殺戮无辜。**【注】惟作五虐蚩尤之荆，以是爲法，以殺戮无辜之人。【疏】《禮記·緇衣》疏引此經鄭注云「乃作五虐蚩尤之荆，以是爲法」，兹依以爲説。「五虐」，《墨子·尚同》篇引作「五殺」，兹亦不从。**爰始淫爲刵劓斀黥**，正義本作「劓刵椓黥」，《説文》引作「刖劓斀黥」，參考鄭注則《説文》「刖」字必「刵」字之譌，定當作「刵劓斀黥」。斀，之角反。黥，其京反。【注】淫，大也。鄭康成曰：「刵，斷耳。劓，截鼻。斀，謂椓破陰。黥，羈黥人面。苗民大爲此四刑。言其特深刻，異于咎繇之爲。」斷，多卵反。椓，之角反。【疏】「淫，大」，《釋詁》文。鄭注見正義。云「刵，斷耳。劓，截鼻」者，説具《康誥》疏。云「斀，謂椓破陰」者，「陰」謂人身隱蔽之處，男子之埶、女子之也皆是。《説文·攴部》云「斀，去陰之刑也」，似謂割男子之埶，此云「椓破陰」似謂裂女子之也，一誼兼之乃足也。「黥」即墨刑，《説文·黑部》云「黥，墨刑，在面也」，故鄭君云「黥，羈黥人面」。云「言其特深刻，異于咎繇之爲」者，咎繇制象刑雖有五刑，不虧人體，苗民爲肉刑，侵刻肌膚，是異于咎繇之爲也。**粤兹麗刑，并制罔差有𤔲。**麗，力知反。并，必正反。差，初宜反，又楚佳反。𤔲，籀文「辭」。【注】鄭康成曰：「粤，于。麗，施也。于此施刑，并制其无辠者。」聲謂：有𤔲，有解説之𤔲，謂无辠者也。无所差别其有𤔲者，言皆刑之。别，彼列反。【疏】鄭注見《詩·正月》正義。「粤，于」，《釋詁》文。《周禮·小司寇》云「以八辟麗邦法」，又《鄉士》云「各麗其法，以議獄訟」，鄭注皆云「麗，附也」。此言「麗刑」亦猶「麗法」，鄭云「麗，施」，不訓「附」，蓋附辠人于刑即是施刑于辠人，均爲「麗」也，故「麗」可訓「附」，亦可訓「施」也。云「有𤔲，有解説之𤔲，謂无辠者也」者，有可解説則是本非其辠，適誤入爾，故云「謂无辠者」。**民興胥漸，湎湎紛紛，罔中于信，以覆詛盟。**漸，子銛反。湎，民踐反。紛，弗文反。僞孔本作「泯泯棼棼」，「泯」乃《説文》新附字，不可用。錢少詹大昕曰：「《漢書敘傳》云『風流民化，湎湎紛紛』，雖不偁『《書》曰』，其實引用此文。」予从之改。覆，方目反。【注】漸，讀當爲「瀸」。湎湎，昏也。紛紛，亂也。三苗之民起相瀸染于惡化，昏冥誖亂，无中于信，以故反覆其詛盟。《春秋傳》曰：「信不由中，質无益也。」瀸，即銛反。盟，古文「䀄」。質，中砦反。【疏】云「漸，讀當爲『瀸』」者，「漸」是水名，又爲「漸次」之誼，皆无當于此經，古者輒唶「漸」爲「瀸濱」之「瀸」，如《衛風·氓》詩云「漸車帷裳」，《郇子·大略篇》云「蘭茝槀本，漸于蜜醴」，《漢書·董仲舒傳》仲舒對策云「漸民以仁」，是皆唶「漸」字爲「瀸」字，此經之「漸」誼當爲「瀸染」，是亦唶爲「瀸」，故讀當爲「瀸」也。《説文》云「湎，冘于酒也」，冘于酒必昏，故云「湎湎，昏也」。司馬相如《封禪文》云「紛綸威蕤」，胡廣曰「紛，亂也」，故云「紛紛，亂也」。引《春秋傳》者，隱三年《左傳》文。傳言周、鄭交質子，既又交惡，君子論其事謂「信不由中」之故，以證此「覆詛盟」由无中于信故也。**虐威，庶戮旁告無辜于上上帝。監民，罔有馨香德，刑發聞惟胜。**旁，栢黄反，正義本作「方」，兹从《論衡》所引。胜，息形反，僞孔本作「腥」，别矣。【注】旁，溥也。「上帝」當兩讀，「帝」字重文摩滅爾。今文曰「庶僇旁告无辜于天帝」。德，升也。苗民肆虐作威，衆被戮者受寃號呼，溥告无辜于上帝，上帝監視苗民，无有馨香升聞，惟刑之發聞胜薉爾。寃，郁袁反。號，侯高反。呼，荒故反。僇，與戮通。【疏】「旁，溥」，《説文·丄部》文。云「『上帝』當兩讀」者，謂當重言「上帝」，分屬上下讀也。今「上」字重而「帝」字不重，故云「『帝』字重文摩滅爾」。云「今文曰『庶僇旁告无辜于天帝』」者，據王充《論衡·變動篇》所引也。知所引是今文者，以其文不與此同，且充書引《尚書》率用今文家説也。據彼文言「旁告无辠于天帝」，則此必言于「上帝」可知，故引以證。「德，升」，《説文·彳部》文。**皇帝哀矜庶戮之不辜，報虐以威，遏絶苗民，無世在下。**【注】皇帝，顓頊也。報，當辠人也。顓頊哀憐衆被戮者之不以其辠，報彼虐民者以威，遏絶苗民，使无有繼世在于下土。謂誅其身，流其子孫也。【疏】正義述鄭意以「皇帝哀矜」至「罔有降假」説顓頊之事，據《國語》則此下文所云「命重黎絶地天通」洵顓頊事，故从鄭説，故云「皇帝，顓頊也」。云「報，當辠人也」者，《説文·幸部》文。「當」謂偁其辠而斷刑，辠重則重刑，輕則輕刑，適與相當也。《史記·張釋之傳》云「廷尉奏當一人犯蹕，當罰金」，《索隱》曰：「崔浩云：『當，謂處其辠也。』」**乃命重、黎絶地天通，罔有降假。**重，直容反。【注】假，升也。絶地民與天神相通之道，无有升降也。《國語》觀䠶父曰：「少皞之衰也，九黎亂悳，民神雜糅，不可方物。夫人作享，家爲巫史，无有要質。民匱于祀而不知其福，烝享无度，民神同位。民瀆齊盟，无有嚴威，神狎民則，不蠲其爲。嘉生不降，无物以享；禍災荐臻，莫盡其气。顓頊受之，乃命南正重司天，以屬神；命火正黎司地，以屬民，使復舊常，无相侵瀆。是謂絶地天通。」觀，古奂反。䠶，夷昔反。父，方武反。糅，女九反。夫，房敷反。荐，夕茜反。【疏】「假，升」，《釋詁》文。引《國語》者，《楚語》昭王問于觀䠶父曰：「《周書》所謂『重、黎實使天地不通』者何也？若无然，民將能登天乎？」觀䠶父對詞有此云云也。然則《國語》此文正説此經之誼，故取以爲注焉。「少皞」者，韋昭注云：❶「黄帝之子，金天氏也。」「九黎」者，韋注云：「黎氏九人也。」「夫人作享，家爲巫史」者，韋云：「夫人，人人也。享，祀也。巫主接神，史次位序。言人人自爲之。」「顓頊受之」者，韋云：「少皞氏没，顓頊氏作。受，承也。」「乃命南正重司天，以屬神」者，韋云：「南，陽位。正，長也。司，主也。屬，會也。所以會群神各有分序，不相干亂也。」「命火正黎司地，以屬民」者，韋注偁唐尚書云

❶「云」，原脱，今據近市居本補。

「火」當爲「北」，北，陰位也。聲案：昭二十九年《左傳》云「顓頊氏有子曰黎，爲祝融」，然則黎實爲火正，不必泥于「南正重」，而改「火正」爲「北正」以配之也。「是謂絶地天通」者，韋云：「絶地民與天神相通之道。」**皇帝清問下民，有辭有苗，曰『群后之肆在下』。**自此以下至「維假于民」，據《墨子·尚賢》篇所引如是也。「曰群后」云云，在「有辭有苗」之下，正義言鄭以「皇帝哀矜」至「罔有降假」説顓頊之事，「皇帝清問」以下乃説堯事，然則鄭君之本「降假」下即接「皇帝清問」云云，與《墨子》所引適合，自是古文如此。僞孔氏削去「曰」字，而以「群后」至「無蓋」十四字遂置「皇帝清問」之上，❶又改「肆」爲「逮」，又于「有辭」之上增「鰥寡」字，又改「有苗」爲「于苗」，任意亂經，肆无忌憚，賴有《墨子》，得據以刊正之。【注】此「皇帝」謂堯也。肆，敶也。言堯當除蚩尤、有苗之刑，先審問于下民，皆有辭説，訟有苗之辠，且曰「群后之所敶在下」，明其嗣之有徵也。【疏】云「此『皇帝』謂堯也」者，鄭君以此上文説顓頊之事，自此以下乃説堯事，今从鄭誼，故云「此皇帝謂堯」，別異于上文所偁「皇帝」也。案：《禮記·表記》引《甫刑》曰「『悳威惟威，悳明惟明』，非虞帝其孰能如此乎」，據《表記》所引，則此「皇帝」謂舜。乃今以爲堯者，蓋堯、舜合道同悳，偁堯者亦可以偁舜，《表記》盛偁虞帝之悳，乃後引《甫刑》文以歎美之，引《書》斷章，固不必如本書之恉也。且此下文所稱「三后」皆爲堯臣，雖亦爲舜臣，而禹平水土、稷降播種則皆是堯時事，則此「皇帝」自是謂堯矣。《説文·長部》云「肆，極敶也」，故云「肆，敶也」。《三國·魏志·鍾繇傳》繇上肉刑疏引此經而説之曰「此言堯當除蚩尤、有苗之刑，先審問于下民之有辭者也」，茲云「言堯當除

---

❶「皇」，原作「黄」，今據近市居本及經文改。

蚩尤、有苗之刑，先審問于下民，皆有辭説訟有苗之辠」，用鍾繇説而增潤之也。云「且曰『群后之所覈在下』，明其辭之有徵也」者，「曰」字承「有辭有苗」之下，則「曰」是下民之言矣；民既有辭而言「群后之肆」，是援群后所覈以徵其辭，明不虚也。**明明棐常，矜寡無蓋。**矜，古豩反。【注】明明，察也。棐，讀爲「匪」。帝明察匪常，匑悉民乚，矜寡之人无有掩蓋不上達者。古文「棐」、「無」皆作「不」。匑，中流反，俗作「周」，叚嗜字也。乚，讀若「隱」，今相承作「隱」。【疏】「明明，察也」者，《釋訓》文也。云「棐，讀爲『匪』」者，《漢書·地理志》録《禹貢》之文，凡「貢匪」之「匪」皆作「棐」，則「棐」、「匪」字通，「棐」可讀爲「匪」也。云「古文『棐』、『無』皆作『不』」者，《墨子·尚賢》篇引作「明明不當，矜寡不蓋」。**悳威惟威，悳明惟明。**兩「威」字，隸古定本皆作古文「畏」，正義本上作「威」下作「畏」，兹从《禮記》所引，皆作「威」。【注】悳所威，則人皆畏之。言服辠也。悳所明，則人皆尊寵之。言得人也。【疏】此鄭君《禮記》注也。《禮記·表記》引此文，故即用《表記》注以注此。不偁「鄭康成曰」者，以采自它書，不可同于本書之注也。云「悳所威，則人皆畏之」者，古字「威」、「畏」通，鄭君讀下「威」字爲「畏」也。云「悳所明，則人皆尊寵之」者，《禮記·禮運》曰「君者，所明也」，鄭注云「明，猶尊」，兹言「尊寵」，則此文之「明」亦作「尊」詁解之也。云「言得人也」者，據《表記》「其君子尊仁畏誼」云云，是説舜之用人皆賢，其下即引此文以證，故鄭注《表記》以爲「言得人」，此經下文云「乃命三后恤功于民」，則此「悳明惟明」正謂用得其人，故依鄭君《表記》注誼以爲説。**乃名三后恤功于民。伯夷降典，悊民維刑；禹平水土，丶名山川；稷降播種，農殖嘉穀。三后成功，維假于民。**乃名，糸敬反。僞孔本「悊」作「折」，「維」皆作「惟」，「假」作「殷」。《釋文》云：「折，馬、鄭皆音悊，馬云『智也』。」案：《漢書·刑法志》引云「悊民維刑」，然則字直當作

「悊」，其餘皆从《墨子》所引。丶，竹庾反，今通作「主」。穜，之用反。【注】乃名，讀當爲「乃命」，《書》亦或爲「乃命」。三后，伯夷、禹、稷也。恤功于民，盡撫恤之功于民也。悊，智也。伯夷下典禮以教民，智其民，然後示之以刑。言制禮以止刑也。主名山川者，立山川之主，命山川之名也。殖，亦「種」也。假，至也。三后有成功，其功至于民也。《墨子》曰「此言三聖人者，謹其言，慎其行，精其思慮，索天下之隱事遺利以上事天。則天鄉其惪，下施之萬民。萬民被其利，終身无已。」索，山栅反。鄉，息恙反。【疏】云「乃名，讀當爲『乃命』」者，《説文·口部》云「名，自命也」，是「名」之誼本爲「命」也，《史記·天官書》云「免七命，曰：小正、辰星、天鑱、安周星、細爽、能星、鉤星」，《索隱》云「謂免星凡有七名。命者，名也」，又《張耳列傳》云「嘗亡命，游外黄」，《索隱》引晉灼《漢書注》云「命者，名也。謂脱名籍而逃」，是皆以「命」爲「名」，古字「命」與「名」通也。此「乃名三后」與上「乃命重黎」之文正同，實亦當作「乃命」。而《墨子》引作「乃名」者，古文通用也。兹从《墨子》作「乃名」而讀爲「乃命」，所以存古文也。云「《書》亦或爲『乃命』」者，僞孔《書》作「乃命」也。「悊，智」，馬融注也，見《釋文》。案：《釋言》云「哲，智也」，《説文·口部》「哲」字重文作「悊」，則「悊」、「哲」同字，故云「悊，智也」。云「智其民」者，謂教導民使知禮誼，所以曾益其智慧也。云「言制禮以正刑也」者，《漢書·刑法志》云「《書》云『伯夷降典，悊民維刑』，言制禮以正刑」，兹依以爲説。蓋民習知禮節則不陷入于刑辟，故制禮所以正刑也。云「主名山川者，立山川之主，命山川之名也」者，《禹貢》曰「奠高山大川」，馬注以爲「定其差鰷，祀禮所視」，是謂立山川之神之主而修祀禮也，《爾雅·釋水》之卒章云「從《釋地》以下至九河，皆禹所名也。此凡括地名、丘名、山名、水名而言之也」，是禹命山川之名之明文也。《文選·耤田賦》注引《倉頡篇》曰

「殖，種也」，此經「農殖」之文在「播種」之下，故云「殖，亦『種』也」。「假，至」，《説文·人部》文。引《墨子》者，《尚賢》篇文也，其文具引此經而説其誼如此，則是此經之本指，故采用之。**爰制百姓于荆之衷，以教祗悳。**《後漢書·梁統傳》統對狀引此作「爰制百姓于荆之衷」，又《楊震傳》震孫賜有言曰「三后成功，維殷于民，咎繇不與焉」，然則此經无「咎繇」，僞孔氏改作「士制百姓于荆之中」，以爲咎繇作士，非也。【注】爰，于也。「衷」之言「中」，《書》亦或爲「中」。于是制百官于荆法之中，以教之敬悳。【疏】「爰，于」，《釋詁》文。《國語·周語》云「其君齊明衷正」，又《楚語》云「而又能齊肅衷正」，韋昭注皆云「衷，中也」，故云「『衷』之言『中』」。《後漢書》梁統説此經誼云「『衷』之爲言，不輕、不重之謂」，則是輕重適中之誼，亦以「衷」爲「中」也。云「《書》亦或爲『中』」者，僞孔本作「中」也。「中」與「衷」音、誼同，作「中」亦未爲不是，故不没其文，聊存之于注。然則「爰」字僞孔本作「士」，注不言者，「士」字則大謬，僞孔氏妄改，故没其文也。**穆穆在上，明明在下，灼于四方，罔不惟悳之勤。故乃明于荆之中，率𡰪于民棐彝。**【注】穆穆，美也。堯有穆穆之美悳，君臨于上，三后奉行君悳，明明于下，昭灼于四方，无不惟悳之勤。故乃能明于荆法之中，循之以治于民，輔其常性。率，循。𡰪，治。棐，輔。彝，常也。【疏】「穆穆，美也」者，《釋詁》文。云「堯有穆穆之美悳，君臨于上」者，經言「在上」則是指君上言，故以「穆穆」爲偁堯之悳。若然，則「明明在下」當就臣下言，謂三后有明明之悳矣。乃云「三后奉行君悳，明明在下」者，蓋臣所以匡輔君悳者，上言「乃命三后，恤功于民」，則三后所成之功皆是布行君悳，使明于下也。且又云「灼于四方」，固是謂君悳之炤晳，則「明明在下」自當謂三后奉行君悳，明之于下也。「率，循」，《釋詁》文。「𡰪，治」、「棐，輔」，《説文·辟部》及《木部》文也。「彝，常」，亦《釋詁》文。**典獄非訖于**

威，惟訖于富。【注】訖，止也。其典司刑獄者，非訖止于威，惟訖止于富。言未嘗不用威，惟遏絶貨賂，使不得行爾。【疏】「訖，止」，《釋詁》文。云「言未嘗不用威」者，「訖止」是廢而不用之意，「非訖止于威」則是未嘗不用威也。云「惟遏絶貨賂，使不得行」者，「富」是有財賄能生貨賂者，「訖止于富」則是遏絶其行貨賂也。**敬忌而罔有擇言在躬。**僞孔本无「而」字，「躬」作「身」，兹从《表記》所引。【注】「忌」之言「戒」也。外敬而心戒慎，則无有可擇之言在于身也。《孝經》曰「口无擇言」。【疏】《禮記·表記》引此經，鄭注云：「忌之言戒也。言己外敬而心戒慎，則无有可擇之言加于身也。」案：《表記》上文偁孔子之言曰「君子不失足于人，不失色于人，不失口于人。是故君子皃足畏也，色足憚也，言足信也」，下即引此經以證，則「罔有擇言在躬」謂言之出于己者无可擇去，若云「无有可擇之言加于身」，則似言之繇外來者，與禮文不合。據《表記》正義申鄭意云「言己外皃共敬，心能戒忌，而无有可擇去之言在于躬身」，則似鄭注原作「在于身」，唐初猶未誤，後世傳寫誤作「加于身」尒，兹采以爲此經注，定从作「在」可也。引《孝經》者，《卿大夫章》文也。其文云「口无擇言，身无擇行，言滿天下无口過，行滿天下无怨惡」，是言、行皆无擇，兹惟引「无擇言」者，經未有「擇行」之文，故節引之也。**惟克天悳，自作元命，配享在下。**【注】克，肩任也。元，大也。鄭康成曰：「大命，謂延期長久也。」聲謂：肩任天悳，建極斂福，則延期長久，永配天命，而享天禄于下矣。肩，吉鄰反，俗省作「肩」。【疏】《説文·克部》云「克，肩也」。《毛詩·敬之》傳云「仔肩，❶克也」，鄭箋云「仔肩，任也」，故云「克，肩任也」。

❶「之」，原作「止」，今據近市居本改。

《易・彖傳》曰「大哉乾元」，又《隨》卦經云「元亨利貞，无咎」，《彖》曰「大亨貞，无咎」，是「元」爲「大」，故云「元，大也」。鄭注見正義。云「大命，謂延期長久也」者，「命」謂壽命，「大命」則是多壽，故云「延期長久」。「聲謂肩任天悳，建極斂福，則延期長久」者，《鴻範》云「皇建其有極，斂時五福」，《鴻範五行傳》以「皇極」配「五事」而爲六，鄭注云「五事象五行，則皇極象天也」，然則「皇極」即「天悳」也，「建極」則能肩任天悳矣。五福，一曰壽，五曰考終命，能建極則能斂是五福，故延期長久也。**王曰：「嗟！四方司政典獄，非爾惟作天牧？**【**注**】司政典獄，謂諸侯也。非爾作天牧乎？言爲天牧民也。《春秋傳》曰：「天生民而立之，君使司牧之。」爲，爰睡反。【**疏**】云「司政典獄，謂諸侯也」者，諸侯爲天牧民，言「作天牧」則是謂諸侯矣。引《春秋傳》者，襄十四年《左傳》文，以證諸侯爲天牧民也。**今爾何監？非時伯夷播刑之廸？**【**注**】播，猶「施」也。廸，道也。今女何所監法乎？非是伯夷施刑之道乎？【**疏**】《禮記・緇衣》引此經云「播刑之不廸」，鄭注云「播，猶施也。不，衍字尒。廸，道也。言施刑之道」，玆从其訓誼以解。**其今爾何懲？惟時苗民匪察于獄之麗，罔擇吉人觀于五刑之中，惟時庶威敓賕，斷制五刑，以亂無辜。**敓，徒活反。賕，古「貨」字，正義本作「奪貨」，玆从隸古定本。斷，多亂反。【**注**】麗，附也。今女何所懲戒乎？惟是苗民不審察于獄之所附，不選擇善人使觀于五刑之中正，惟是衆恃威奪貨之人任之，使斷制五刑，以亂罰無辠。【**疏**】「麗，附」，鄭注《周禮・小司寇》職誼也。**上帝不蠲，降咎于苗。**蠲，古攜反。【**注**】蠲，絜也。鄭康成曰：「天以苗民所行胜臊不絜，❶下禍誅之。」絜，今挈反。下，行嫁反。【**疏**】「蠲，絜」，《毛詩・天保》傳訓也。鄭注見正

❶「絜」，原作「潔」，今據近市居本改。

義。苗民无辭于罰，乃絶厥世。」【注】苗民辠重，无辭以解于天罰，乃遂絶其世。此則所當懲也。【疏】云「无辭以解于天罰」者，无有辭説可解説己之辠，遂无以解免于天之罰矣。自此以上云云，承「其今尔何懲」之文而舉苗民爲戒，故云「此則所當懲也」。**王曰：「於戲！念之哉！伯父、伯兄、仲尗、季弟、幼𡥈、僮孫，皆聽朕言，庶有假命。**𡥈，籀文「子」字。僮，徒紅反，僞孔本作「童」。案：《説文·辛部》云「男有辠曰奴，奴曰童」，《人部》云「僮，未冠也」，然則「童」是卑賤之名，「僮」則幼小之偁，二字世俗互易，錯用久矣，兹革正之，此當作「僮」。【注】鄭康成曰：「假，登也。登命，謂壽考。」【疏】注見正義。《釋詁》云「假、登，升也」，「假」與「登」同是「升」誼，故云「假，登也」。**今爾罔不繇慰曰勤，爾罔或戒不勤。**慰，邕諱反。【注】繇，從。慰，安。或，有也。今女无不從安猶曰勤勞，女无有以不勤爲戒者。俗儒讀「曰」爲「日」，繇隸變而誤也。【疏】《説文·系部》云「繇，隨從也」，故云「繇，從」。「慰，安」，《説文·心部》文也。鄭君箋《天保》詩云「或之言有也」，故云「或，有也」。云「俗儒讀『曰』爲『日』」者，《釋文》云「日，人實反，一音曰」，蓋陸氏《釋文》依僞孔傳誼以釋經字，而僞孔傳云「今女无不用安自居日當勤之」，語无分曉，近似讀作「日」者，故《釋文》先音人實反，乃後别出一音曰。據此，則可知先儒有讀「繇慰曰勤」者矣。詳翫經文，誼作「曰」字爲安，故解作「曰」而以讀日者爲「俗儒」也。云「繇隸變而誤也」者，篆文「⊖」之與「𠙵」方圜異形，詰詘異勢，不得有誤；隸書則「𠙵」變爲「曰」、「⊖」變爲「日」，「曰」字上口合則與「日」不異，此其致誤之繇也。**天齊乎人，假我一日，非終、惟終在人。**正義本作「天齊乎民，俾我一日」，兹从《後漢書》楊賜封事所引。假，依注今下反。【注】馬融曰：「齊，中也。」聲謂：假，讀爲「天叚之年」之「叚」。終，謂考終命也。天中乎人而叚我一日之命，其非考終與？惟考終與？實在乎人。言敬悳則能徼天之眷而永年也。「假」或爲「矜」。徼，今吊反。【疏】馬注見《釋文》。「齊，中」，《釋言》文。「聲謂假，讀爲『天叚之年』之『叚』」者，「天叚之年」，僖二十八年《左傳》文也。「假」之言「至」，聲如「格」，「叚」之言「嘏」，聲如「賈」，音、誼皆不同，而自漢以來相承以「假」爲「叚」，經典皆然矣。如《義禮·娉禮》「使次介叚道」，《禮記·曲禮》「叚尒太龜有常」，今本皆作「假」，以及它書、傳凡「叚嘏」之誼字无不作「假」者，即《左傳》「天叚之年」，今本亦作「假」，其誼實爲「叚嘏」，字當作「叚」矣。此言「天齊乎人假我一日」，是即「叚年」之誼，故讀从《左傳》誼也。云「終謂考終命也」者，❶謂享壽考終其年命也。上言「庶有假命」，鄭注云「假，登也。登命，謂壽考」，然則穆王此訓以年壽勉伯父、伯兄之等也，故解「終」爲「考終命」也。云「其非考終與？惟考終與？實在乎人。言敬悳則能徼天之眷而永年也」者，《後漢書·楊震傳》震子賜上封事曰：「臣聞：和氣致祥，乖氣致灾。休徵則五福應，咎徵則六極至。夫善不妄來，灾不空發。王者心有所爲，意有所想，雖未形顔色而五星以之推逡，陰陽爲其變度。以此而觀，天之與人豈不符哉？《尚書》曰『天齊乎人，假我一日』，是其明徵也。」據此引《書》之意，則此「非終」謂不徼天眷而短折不終，❷「惟終」謂徼天眷而考終也，天叚人以命有修有短，惟在乎人之能敬悳與否尒，下即承之以「尒尚敬逆天命」，則可知此經誼然矣。云「『假』或爲『矜』」者，據《釋文》云：「馬本作『矜』。矜，哀也。」案「矜，哀」之誼于此不安，不可从也，聊存之于注尒。**爾尚敬逆天命，以奉我一人。**【注】逆，迎。奉，承也。女庶幾敬迎天命，以承我一人之戒。

❶「謂」，原作「爲」，今據近市居本及注文改。

❷「徼」，原作「邀」，今據近市居本改。下「徼」字同。

【疏】「逆，迎」，《釋言》文。「奉，承」，《説文・廾部》文。**雖畏勿畏，雖休勿休。祗事不怠，惟敬五刑，以成三悳。**僞孔本无「祗事不怠」四字，兹據《漢書》宣帝詔所引增之。❶【注】事雖可畏，勿畏懼；雖可休息，勿休息。敬事而不解怠，以成正直剛柔之三悳。「惟敬五刑」，衍文也。解，今隘反。【疏】云「以成正直、剛、柔之三悳」者，《鴻範》「九疇」次六曰「艾用三悳」，「三悳：一曰正直，二曰剛克，三曰柔克」是也。云「『惟敬五刑』，衍文也」者，《漢書・宣帝紀》五鳳三年詔曰「《書》不云乎？『雖休勿休，祗事不怠』」，止引此二語，不及引其下文。今不聞其下云，何其即接「以成三悳」之文乎？抑仍有「惟敬五刑」之言乎？不可知矣。僞孔本則云「雖休勿休，惟敬五刑，以成三德」，无「祗事不怠」四字。案：宣帝詔書所引是今文家經師所授之本，出自伏生，不可改也。據「祗事不怠」之下即云「以成三德」，于文爲順。且汎言「敬事」，所該者廣，即不言「敬刑」，而「敬刑」亦該于其中矣。僞孔氏直改「祗事不怠」爲「惟敬五刑」，與「以成三德」屬對，自是魏晉時人習气，兹既言「祗事不怠」，實不必復言「惟敬五刑」，本應删去，但僞孔《書》相沿既久，不敢擅删，姑存其文而目爲衍文可也。**一人有慶，兆民賴之，其寧惟永。」**【注】一人，天子也。慶，善也。萬意曰兆，天子曰兆民。天子有善，則兆民賴其利，其安寧之福乃久長矣。「兆」或爲「萬」。意，因力反。【疏】云「一人，天子也」者，《禮記・玉藻》云「凡自偁，天子曰予一人」，《白虎通・號》篇云：「王者自謂『一人』者，謙也，欲言己材能當一人尒。臣下謂之『一人』何？亦所以尊王者也，以天下之大，四海之内，所其尊者一人爾。」故襄十三年《左傳》引此經，杜預亦以爲

❶「詔」，原作「紹」，今據近市居本改。

「一人，天子也」。「慶，善」，《毛詩・皇矣》傳誼也。《國語・楚語》曰：「百姓、千品、萬官、薏醜、兆民」，又曰：「民之徹官百。王公之子弟之質能言能聽徹其官者，而物賜之姓，以監其官，是爲百姓。姓有徹品，十于王謂之千品。五物之官陪屬萬，爲萬官。官有十醜，爲薏醜。天子之田九畡，以食兆民。」是繇百而千而萬而薏，皆以十爲等，則繇薏至兆亦當以十加乘。今乃云「萬薏曰兆」者，韋昭注《國語》云「十萬曰薏，古數也。今人乃以萬萬爲薏」，是則薏數舊有大小二法，則自薏以上亦皆然矣，故鄭君注《禮記・內則》亦云「萬薏曰兆」，《禮正義》申之云：「依算法，數有大小二法。其小數以十爲等，十萬爲薏，十薏爲兆也。其大數以萬爲等，故《詩・頌》毛傳云『數萬至萬曰薏，數薏至薏曰秭』。兆在薏、秭之間，是大數之法。」據此，則數薏至萬曰兆也。云「天子曰兆民」者，閔元年《左傳》云「天子曰兆民，諸侯曰萬民」，蓋諸侯撫有一國，故曰萬民，天子奄有天下，宜以多言之，故曰兆民也。云「『兆』或爲『萬』」者，《大戴禮・保傳》篇引作「萬民賴之」，今姑存其異文于注。**王曰：「於，來！有國有土，告女詳刑。**僞孔本「於」作「吁」、「國」作「邦」、「女」作「尒」，兹並从《墨子》所引。詳，僞孔本作「祥」，據鄭注當作「詳」，《墨子》引作「訟」，字之誤也。於，威呼反，注並同。【注】於，歎詞，《書》或爲「于」；于，亦「於」也。有國，畿外諸侯。有土，畿內有采地之臣也。鄭康成曰：「詳，審察之也。」采，七代反。【疏】伏生《尚書大傳・虞傳》曰「其歌之呼也，曰『於穆清廟』。於者，歎之也」，故云「於，歎詞」，《毛詩・文王》及《清廟》傳亦皆云「於，歎詞也」。云「《書》或爲『于』；于，亦『於』也」者，《釋文》云「馬本作『于』，于，於也」，「于，於」，《釋詁》文也。經言「有國」又別言「有土」，明「有土」非即「有國」，故云「有國，畿外諸侯。有土，畿內有采地之臣也」。《周禮・載師》職有「家邑之田」、「小都之田」、「大都之田」，鄭注云「家邑，大夫之采地」，「小都，卿之采地」，「大都，公之采地，王子弟所食邑也」，是皆在王畿之内有其地而不立國者，故别于「有國」别言「有土」也。《周禮・刑官》之屬有「都士」、「家士」，鄭注云「都、家之士，主治都、家吏民之獄訟以告方士」者，是則公、卿、大夫之采邑亦皆有主刑之官，故亦必告以詳刑也。鄭注見《後漢書・劉般子愷附傳》注。《説文・言部》云「詳，審議也」，故鄭君云「詳，審察之也」。**在今而安百姓，何擇非人？何敬非刑？何度不及？** 僞孔本「而」作「尒」、「不及」作「非及」，兹並从《墨子》所引。度，代洛反，注同。【注】而，女也。肅曰：「訓以安百姓之道，當何所選擇乎？非當選擇賢人乎？」聲謂：當何所敬乎？所當敬者非刑乎？度，謀也。能擇人而敬爲刑，何謀度之不及乎？堯、舜、禹、湯、文、武之道可及也。【疏】《義禮・娉禮》云「而不善乎」，鄭注云「而，猶女也」，《禮記・中庸》曰「抑而强與」，鄭注云「而之言女也」，故云「而，女也」。肅注見《史記・周本紀》注。「度，謀」，《釋詁》文。《釋文》引馬注云「度，造謀也」，誼亦同也。《墨子・尚賢》篇引此經而説其誼云「能擇人而敬爲刑，堯、舜、禹、湯、文、武之道可及也」，兹用其説而曾益之云「何謀度之不及乎」，順經文以足成其誼云尒。**兩造具葡，師聽五辭。** 造，七報反。【注】造，至。具，俱也。師，士師也。聽，平治也。訟者兩至，俱葡其情實，士師平治其訟辭。言「五辭」者，入于五刑各有辭也。【疏】「造，至」，僞孔傳誼也。《周禮・大司寇》職云「以兩造禁民訟」，鄭注云「造，至也。使訟者兩至」，則此訓「造」爲「至」良是也。「具，俱」，《毛詩・節南山》傳誼也。云「師，士師也」者，《周禮》刑官之屬「士師，下大夫四人」，鄭注云「士，察也。主察獄訟之事者」，此言「師聽五辭」，則「師」是「士師」矣。云「聽，平治也」者，《周禮・小宰》職云「以聽官府之六計」，鄭注云「聽，平治也」。云「訟者兩至，俱葡其情實，士師平治其訟辭」者，訟者各有不平，是以致訟，既兩至則必皆葡訴其情實，士師據其辭以平治之也。云「言『五辭』者，入于五刑各有辭也」者，辭无多寡之數，豈能以五爲限？經言「五辭」，良繇刑以辭定而刑有五，因以附入五刑之辭爲「五辭」尒。**五辭簡孚，正于五刑。【注】簡，誠。孚，信也。**五辭誠實，信有辠矣，乃正之于五刑，定其獄。【疏】《禮記·王制》云「有旨無簡，不聽」，鄭注云「簡，誠也」，此下文云「无簡不聽」，與《王制》文同，當亦訓「簡」爲「誠」。此經凡四「簡」字，訓誼不應有異，故云「簡，誠」。據《史記·周本紀》云「五辭簡信」，故云「孚，信也」。「孚，信」，《釋詁》文也。**五刑不簡，正于五罰。【注】不簡，謂所犯非其誠，无惡意而所爲惡也。**正于五罰，使出金贖辠。【疏】云「不簡，謂所犯非其誠，无惡意而所爲惡也」者，謂犯此刑者非其本意誠欲爲此，但其所爲之事不善而有所傷害，遂陷于刑辟，其意實无它也。若遽加之刑，實不誠允，是之謂「五刑不簡」。云「正于五罰，使出金贖辠」者，《堯典》云「金作贖刑」，馬注云「意善功惡，使出金贖辠」，此言「五罰」即所謂「贖刑」也。**五罰不服，正于五過。【注】罰之而其情有不服，或于五過之中有所挾持而恃之，**故必考正之于五過。其无五過，乃赦之。【疏】云「或于五過之中有所挾持而恃之」者，「五過」即下文所云「惟官、惟反、惟内、惟貨、惟求」也，此五者皆足以梗法，出入人辠；今將罰之而不服，或其人于此五者之中有其一二，因恃之而不任受罰，故必考正其情有是五者與否。如无此五者，則是不應罰者也，故云「其无五過，乃赦之」。僞孔傳乃云「正于五過，從赦免」。案：下云「其辠惟鈞」，則「五過」不赦矣，僞孔說非也。**五過之疵：惟官、惟反、惟内、惟貨、惟求，其辠惟鈞。**求，僞孔本作「來」，《釋文》云馬本作「求」，兹从馬。**【注】疵，病也。**五過病害于法，故曰「疵」。官，挾官威埶也。反，報恩怨也。内，女謁也。貨，行賄賂也。馬融曰：「求，有求，請賕也。」以此五過之出入人辠與犯法者等。」聲謂：求，干請也。埶，彝逝反。賕，其猶反。【疏】「疵，病」，《釋詁》文。云「官，挾官威執也」者，謂因或有親戚爲大官，有威執能制獄官使出其辠。云「反，報恩也」者，「反」之言「報」也，謂若獄官嘗受恩于此囚，欲報之而出其辠。此直謂報恩尒，兼言怨者，順而摭及之也。云「内，女謁也」者，「謁」之言「請」也，謂若獄官有内寵，聽其請以出入辠，抑或君之正内有人能救援者，夤緣之以解免。云「貨，行賄賂也」者，謂受賄賂而枉法也。馬注見《釋文》及《周本紀》注。案：《説文・貝部》云「賕，以財物枉法相謝也」，馬云「求，有求，請賕也」，則解「求」與「貨」无別異，故聲別爲一解云「求，干請也」。蓋有賕以相謝爲「貨」，无賄物而徒用情貇請爲「求」也。惠先生曰：「《漢盜律》有『受賕』之條，即此經所謂『惟貨』也。又有『聽請』之條，即此經所謂『惟求』也。僞孔氏改『求』爲『來』，以爲舊相往來，誼反紆回矣。」**其宷克之，五刑之疑有赦，五罰之疑有赦。**宷，今皆作「審」。案：《説文・釆部》「宷」从宀、釆，「審」，篆文「宷」，然則「宷」乃是古文，當作「宷」。【注】克，任也。聽獄之事，其詳審任之，五刑、五罰之疑者，皆當有赦也。鄭康成曰：「不言『五過之疑有赦』者，過不赦也。《王制》曰：『凡執禁以齊衆，不赦過。』」【疏】《毛詩・敬之》傳云「仔肩，克也」，鄭箋云「仔肩，任也」，則「克」、「任」同誼，故云「克，任也」。鄭注見正義。云「不言『五過之疑有赦』者，過不赦也」者，五過之疵韋法亂政，安得赦之？上言「其辠惟鈞」，固是不赦者也，故遂引《禮記・王制》文以證。**其宷克之，簡孚有衆。**【注】其詳審任之，庶幾誠信于有衆。**惟緢有稽無簡，不聽。**緢，眉枵反，正義本作「貌」，衛包所改也，《説文》所引及隸古定本皆作「緢」。【注】緢者，旄絲，言散細也。稽，猶考也、合也。但散有考合而无其誠，則不論以爲辠。「緢」或爲「訊」。訊，息印反。【疏】《説文・糸部》云「緢，旄絲也，从糸，苗聲。《周書》曰『維緢有稽』」，故云「緢者，旄絲」，用《説文》誼也。

《説文》編字皆以誼類相從，其「緢」字次「細」字之下，「細」字次「纖」字之下，而「纖」訓「細」，「細」訓「散」，則「緢」訓「旄絲」亦散細之誼，故云「言散細也」。僞孔《書》經文作「緢」，其傳乃云「惟察其貌有所考合」，唐開元時遂改「緢」爲「貌」，郭忠恕《汗簡》采集古文字，釋「緢」爲「貌」，皆非也。「緢」與「貌」音、誼皆不同，安得以「緢」爲古「貌」字乎？　鄭注《周禮·宫正》職云「稽，猶考也、計也」，又注《質人》職云「稽，猶考也、治也」，鄭仲師注《周禮·小宰》職云「稽，猶計也、合也」，「稽」有此數誼，故云「稽，猶考也、合也」。《禮記·王制》云「有旨无簡，不聽」，鄭注云「有其意无其誠者，不論以爲辠」，此云「惟緢有稽无簡，不聽」，與《王制》文誼正同，當依鄭注《王制》誼以説，故云「但散有考合而无其誠，則不論以爲辠」。　云「『緢』或爲『訊』」者，《史記·周本紀》作「惟訊有稽」。　**具嚴天威。**【注】嚴，敬也。　當共敬天威，毋輕用㓝。【疏】「嚴」之爲言莊也、肅也，故云「嚴，敬也」。　云「當共敬天威」者，此文「具」字，《周本紀》作「共」也。　云「毋輕用㓝」者，承「无簡不聽」而以「具嚴天威」爲戒，則知是重㓝之意矣。　**墨辟疑赦，其罰百鍰，閲實其罪。**　辟，皮益反，下並同。　鍰，户關反。【注】墨，黥也，先刻其面，以墨窒之。《大傳》曰：「非事而事之，出入不以道誼而誦不詳之詞者，其㓝墨。」辟，辠也。　今文「鍰」爲「率」，説云：「六兩爲率。」古文作「鍰」，説云：「鍰者，率也。　一率十一銖二十五分銖之十三，百鍰爲三斤。」聲謂：率，叚唶字也，字本作「鋝」。　鋝者，六兩三分兩之二，百鋝爲四十一斤十兩三分兩之二，太重，似非也。　鍰則十一銖二十五分銖之十三，百鍰三斤，爲近之。　閲實，簡閲當其實也。其罰蓋用銅。　窒，之日反。　鋝，所列反，又力离反。　近，春靳反。　當，多宕反。【疏】云「墨，黥也，先刻其面，以墨窒之」者，鄭注《周禮·司刑》職云然也。　引《大傳》者，伏生《書傳·甫刑傳》文，後注輒引《大傳》皆同此。「辟，皋」,《釋詁》文。「今文説」者,夏侯、歐陽説也。今文、古文説皆出《五經異誼》,見《周禮·職金》疏。二説多寡之數縣殊,竊以古文説爲是。但古文説合鍰、率爲一,猶未然也,故聲蔔列二説而具辯之。古文説「百鍰爲三斤」者,鍰者十一銖二十五分銖之十三,先以百乘十一銖爲千一百銖,又以百乘二十五分銖之十三,爲千三百分還以二十五約之,則千分爲四,十銖三百分爲十二銖,共五十二銖;以二十四銖爲兩約之,取九百六十銖爲四十兩,餘百九十二銖又得八兩,凡四十八兩;十六兩爲斤,則四十八兩爲三斤矣;是「百鍰爲三斤」也。「聲謂率,叚唶字也,字本作『鋝』」者,《釋文》偁馬融云「賈逵説俗儒以鋝重六兩」,案:賈侍中从古文説,其所云「俗儒」謂今文家也,而今文説云六兩爲率,《説文·金部》云「鍰,鋝也」,「鋝,十一銖二十五分銖之十三也」,古文説云「鍰者,率也,一率十一銖二十五分銖之十三」,是皆叚唶「率」爲「鋝」也。蓋「鋝」是差等金輕重之數名,故从金,寽聲,此正字也,「率」與「鋝」同音,或通用爲「鋝」字,是叚唶也。云「鋝者,六兩三分兩之二」者,《周禮·考工記》冶氏爲戈「重三鋝」,鄭注云「三鋝,爲一斤四兩」,計一斤爲十六兩,加四兩總二十兩,取十八兩三分之,每分得六兩,餘二兩又三分之,又每分得三分兩之二,是一鋝爲六兩三分兩之二也。云「百鋝爲四十一斤十兩三分兩之二」者,一鋝爲六兩三分兩之二,以百乘六兩爲六百兩,其三分兩之二實爲十六銖,以百乘之則千六百銖,以二十四銖爲兩約之,取千四百四十銖爲六十兩,餘百六十銖又取百四十四銖爲六兩,猶餘十六銖,則百鋝凡六百六十六兩三分兩之二也,以十六兩爲斤計之,則六百四十兩爲四十斤,餘二十六兩三分兩之二又爲一斤十兩三分兩之二,總四十一斤十兩三分兩之二爲百鋝之實也。云「太重,似非也」者,不从今文家「百率」之説也。但古文説「鍰者,率也」,《説文》亦云「鍰,鋝也」,今「率」、「鋝」之誼皆不用而云:「鍰則十一銖二十五分銖之十三,百鍰三斤,爲近之。」必知鍰輕于率、鋝者,《考工記》云「殺矢,刃長寸,囗寸,鋌十之,重三垸」,「戈,廣二寸,内倍之,胡三之,援四之,重三鋝」，以此二者之長短大小差之，則垸輕于鋝遠甚可知矣。「鍰」、「垸」音相近，「垸」即「鍰」之叚唶字也。此經今文作「率」，古文作「鍰」，字既不同而所説輕重之數亦縣殊，兹从古文「鍰」字，因即从古文所説之數尒。且以「三鍰」計之則三十四銖二十五分銖之十四，殺矢之鋌口細于刃口，刃長寸，口寸，鋌十之，計其分量大約三十四、五銖之閒尒，則「三垸」當即「三鍰」，故言「垸」即「鍰」之叚唶字，鍰則十一銖二十五分銖之十三也。然則古文家説以「率」當「鍰」雖未是，其説鍰之數則是，準其數則百鍰爲三斤，故云「近之」，「近之」猶言「是也」。云「其罰蓋用銅」者，《考工記》金有六齊，有鐘鼎之齊、斧斤之齊、戈戟之齊、大刃之齊、削殺矢之齊、鑑鐩之齊，據鐘鼎、鑑鐩，則所謂「金」者銅也，然則斧斤、戈戟之屬皆以銅爲之矣。而《秋官・職金》云「掌受士之金罰、貨罰入于司兵」，據「入于司兵」，則罰辠之金乃以作兵器，其爲銅可知矣。**剕辟疑赦，其罰惟倍，閱實其辠。**【注】《大傳》曰：「觸易君命，革輿、服制度，姦宄盜攘傷人者，其刑剕。」惟倍者，倍百鍰爲二百鍰。**䠊辟疑赦，其罰倍差，閱實其辠。** 䠊，方尾反，从足，非聲，俗書左去「足」而右箸「刀」，❶非古也。差，此宜反。【注】今文「䠊」爲「髕」；髕者，剔去厀耑之骨也。《大傳》曰：「決關梁，踰城𩫏而略盜者，其刑髕。」古文作「䠊」，鄭康成説《咎繇》改「髕」爲「䠊」，然則此當从「䠊」；䠊，跀也，《周禮》謂之「刖」。馬融曰：「倍者，倍二百爲四百。差，又加四百之三分一。凡五百三十三鍰三分鍰一也。」聲謂：倍差者，于倍百鍰爲二百之外，又差出二百之三分二，凡三百三十三鍰三分鍰之一。髕，皮筤反。去，曲與反。

---

❶「右」，原作「又」，今據近市居本改。

厀，心七反。耑，多戀反。𦤎，古獲反。跀，魚厥反。【疏】云「今文『剕』爲『臏』」者，據伏生《大傳》言「其刑臏」，則伏生《尚書》必作「臏」矣，伏生《書》是今文也；《史記·周本紀》亦作「臏」，《漢書·刑法志》引此下文「剕罰之屬」作「臏罰之屬」，是皆據當時博士誦習之書，故是今文也。《説文·骨部》云「臏，厀耑也」，故云「臏者，剔去厀耑之骨也」。云「古文作『剕』，鄭康成説《咎繇》改『臏』爲『剕』」者，《公羊》襄二十九年疏引鄭《駁異誼》云「《咎繇》改臏爲剕，《吕刑》有剕」。案：鄭氏《尚書》是古文，據云「《吕刑》有剕」，則古文作「剕」矣。云「然則此當从『剕』」者，夏承咎繇之後，當有剕无臏，據《敘》云「訓夏贖刑」，則此所用者夏刑也，故此當从「剕」也。「剕，跀」，《説文·足部》文。云「《周禮》謂之『跀』」者，《司刑》職云「跀辠五百」是也，今《周禮》作「刖」，世俗通唶字也。馬注見《周本紀》注。案：經言「倍差」承上「惟倍」之文，是謂如劓罰之倍墨罰而又差出若干不及兩倍，馬言「倍二百爲四百」，是再倍矣，且云「又加四百之三分一」是于再倍之外又加再倍之少半，毋乃太重乎？故聲别爲之計，止就倍百鍰爲二百而差出二百之三分二，比于劓辟之罰多出百三十三鍰三分鍰之一也。**宫辟疑赦，其罰六百鍰，閱實其辠**。【注】宫辟者，男子割勢，女子閉于宫中。《大傳》曰：「男女不以誼交者，其刑宫。」「六百」或爲「五百」。勢，式晢反。【疏】鄭注《周禮·司刑》職云「宫者，丈夫則割其勢，女子閉于宫中」，茲云「宫辟者，男子割勢，女子閉于宫中」，仿鄭君誼以説也。案：男子割勢則爲閹豎之屬，若《周禮·掌戮》職云「宫者，使守内」是也；女子閉于宫中，蓋若《周禮·司厲》職所云「女子入于舂、槀與？　云『六百』或爲『五百』」者，《周本紀》云「其罰五百率」。**大辟疑赦，其罰千鍰，閱實其辠**。【注】大辟，死辠也。《大傳》曰：「降畔寇賊，劫略敓攘撟虔者，其刑死。」降，下江反。【疏】《禮記·文王世子》云「其死辠，則曰某之辠在大辟」，故云「大辟，死辠」也。

墨罰之屬千，劓罰之屬千，𨇤罰之屬五百，宫罰之屬三百，大辟之罰其屬二百。五刑之屬三千。【注】《周禮》五刑屬各五百，合二千五百，此「三千」者，辠之條目歷時輒曾也。然墨、劓倍于其初，宫與大辟皆減焉，以是差之，玆爲輕矣，此穆王詳刑之意也。差，初宜反。【疏】云「《周禮》五刑屬各五百，合二千五百」者，《司刑》職云「掌五刑之法，以麗萬民之辠。墨辠五百，劓辠五百，宫辠五百，刖辠五百，殺辠五百」，五五二十五，合爲二千五百也。云「此『三千』者，辠之條目歷時輒曾也」者，蓋同一辠而犯者之情形事執各異，則一條輒分數條，故秝久而條目滋益多，此時去周公時已百有餘年，宜其曾多于《周禮》也。《孝經・五刑章》云孔子曰「五刑之屬三千」，正與此同也。云「墨、劓倍于其初，宫與大辟皆減焉」不言「𨇤」者，𨇤即刖也，此「𨇤罰之屬五百」與《周禮》「刖辠五百」正同，未有曾減也。云「以是差之，玆爲輕矣」者，墨、劓輕而宫與大辟重，今輕者加多而重者減少，以是差比，則輕于《周禮》之五刑各五百矣。**上下比辠，無僭亂辭。**比，必履反。【注】僭，差也。刑三千條，上比下比，期當其辠，毋差亂其辭，使輕重失實。差，尺沙反。當，多宕反。【疏】「僭，差」，《毛詩・抑》篇傳有是訓也。云「毋差亂其辭，使輕重失實」者，《漢書・路温舒傳》温舒上書有云「囚人不勝痛，則飾詞以視之。吏治者利其然，則指道以明之。上奏畏卻，則鍛鍊而周内之」，是差亂辠人之辭以文致其辠也。又《刑法志》云「姦吏因緣爲市，所欲活則傅生議，所欲陷則予死比」，是又差亂其決獄之辭，以出入人辠，皆輕重失實者也。**勿用不行，**【注】不行，謂已革之法，若仍復用之，則刑罰不信，民无所措手足。故敕使勿用云。復，房富反。【疏】云「不行，謂已革之法」者，既更定五刑之科條，則舊時之科條必有因有革，革者是所不行者也。云「若仍復用之，則刑罰不信，民无所措手足」者，既不行矣，而復用之，則刑法无常，故「刑罰不信」；刑罰不信則民莫知所趨避，故无所措手足，《論語・子路》篇孔子有言曰「刑罰不中，則民无所措手足」。**惟察惟法，其宷克之。**【注】惟能明察惟用今之法，其詳審任之。【疏】云「惟用今之法」者，上言「勿用不行」謂勿用今時已革不行之法，則此言「惟法」謂惟用于今見行之法矣。**上刑適輕，下𠬝；下刑適重，上𠬝；輕重諸罰有權。**【注】𠬝，治也。下𠬝，減等也。上𠬝，加等也。本在上刑之科而情適輕，則減一等治之。本在下刑之科而情適重，則加一等治之。宜輕宜重有權焉，不可執一也。權者，所以審輕重而酌其平，《春秋傳》所謂「反經而有善」者也。❶「適」或爲「挾」。【疏】「𠬝，治」，《說文・又部》文。下𠬝是就輕，上𠬝是從重，故云「下𠬝，減等也。上𠬝，加等也」。云「權者，所以審輕重而酌其平」者，《孟子・梁惠王》篇云「權，然後知輕重」，《周禮・考工記・輪人》職云「權之以眡其輕重之侔也」，是權所以審輕重也。權本是稱錘之名，其稱上謂之衡，權與衡恒相爲用，權可以進退而平其衡，故云「酌其平」也。云「《春秋傳》所謂『反經而有善』者也」者，《公羊》桓十一年傳云「權者反于經，然後有善者也」是其文也。云「『適』或爲『挾』」者，《後漢書・劉般子愷附傳》愷引《尚書》曰「上刑挾輕，下刑挾重」，即此經文也。**刑罰世輕世重，**【注】《郇子》曰：「治則刑重，亂則刑輕。犯治之辠固重，犯亂之辠固輕。《書》曰『刑罰世輕世重』，此之謂也。」郇，相旬反，世俗相承作「荀」，繇來已久，《說文》无「荀」字。《詩・下泉》云「郇伯勞之」，毛傳云「郇伯，郇侯也」，鄭箋云「郇侯，文王之子爲州伯」，《說文》云「郇，周王子所封國，在晉地」，據此，則晉大夫荀氏乃郇侯之後，

❶「傳」，原脱，今據近市居本及疏文補。

以國爲氏者也，字當作「郇」。治，直吏反。【疏】引《郇子》者，《正論篇》文也。云「治則刑重，亂則刑輕」者，楊倞注云：「治世刑必行，則不敢犯，故重。亂世刑不行，則人易犯，故輕。」云「犯治之辠固重，犯亂之辠固輕」者，楊注云：「治世家給人足，犯法者少，有犯則衆惡之，辠固當重。亂世人迫于飢寒，犯法者多，不可盡用重典，當輕也。」**惟齊非齊，有侖有要。**侖，相承作「倫」，繇來久矣。要，古文「𦥑」，一燿反。【注】上刑適輕，下刑適重，非齊也。輕重有權，隨世制宜，齊非齊也。齊其非齊，有倫理，有要會。【疏】此文是結上語，❶故即用上文爲解。云「上刑適輕，下刑適重，非齊也」者，上刑本重而適于輕，下刑本輕而適于重，是參差不齊也。云「輕重有權，隨世制宜，齊非齊也」者，審權酌宜，因時通變，所以調劑其不齊，使之齊一也。**罰懲非死，人極于病。非佞折獄，惟良折獄，罔非在中。**【注】懲，㣻也。刑罰以懲人，即非死刑，人已極于病苦，是故折獄不可不慎也。佞，口才也。口才辯給之人能使囚窮于辭，則容有辭詘无以自解而枉入刑者，故非佞人可以折獄，惟良善之人折獄，公正不偏，无不在中也。㣻，牛吠反。【疏】「懲，㣻」，《說文·心部》文。經言「罰懲」，注乃云「刑罰以懲人」，兼「刑」言之者，《說文·井部》云「刑，罰辠也」，是「刑」亦爲「罰」，則「罰」可該「刑」矣。若上文「五刑」、「五罰」及下文「其刑其罰」對文並舉，則「刑」、「罰」有異，若散文則雖單言「罰」而實該「刑」，上文「墨罰」云云及「輕重諸罰有權」，皆該「刑」言者也，此文亦然也。云「即非死刑，人已極于病苦」者，如墨、劓、剕、宮雖皆非死刑，要其刻肌膚、斷胑體皆人所甚病苦者也。云「佞，口才也」者，《論語·雍

❶ 「上」，原在「此」字下，今據近市居本改。

也》篇云「不有祝鮀之佞」，孔安國注云「佞，口才也」。云「口才辯給之人能使囚窮于辭，則容有辭詘无以自解而枉入刑者」者，口才辯給，則與之辯者辭輒詘，質問之時，囚或无辭以自解説，聽者遂因而論之，則有无辠而枉入刑者矣。**察辭于差，非从惟从。** 差，此宜反。【注】囚證之辭或有參差，聽獄者于其參差察之，以求其情。既得其情，非从其辭，惟从其情。《大傳》曰：「君子之于人也，有其語也，无不聽者，皇于聽獄乎？必盡其辭矣。聽獄者或从其情，或从其辭。」參，倉岑反。【疏】云「囚證之辭或有參差」者，「參差」謂不能齊一，囚證各異辭不符同也，不符同則有誠有僞，于此審察乃可以得其情，故云「聽獄者于其參差察之，以求其情」。云「既得其情，非从其辭，惟从其情」者，據《大傳》言「聽獄者或从其情，或从其辭」，則此經兩「从」字有从辭、从情兩誼，而斷獄則必以情，故以「非从」帖「辭」言，「惟从」帖「情」言，且即引《大傳》以説也。云「皇于聽獄乎」者，鄭注云「皇，猶況也」。案：《大傳》此文又見于《孔叢子》，且以爲孔子説此經之言，其「或从其辭」之下尚有「辭不可从，必斷以情」二語，今不引用之者，蓋《孔叢子》與僞孔《書》出于一人之手，乃是後人僞造而託名于孔鮒者，不可信用，吾用《大傳》可也。**哀矜折獄，** 矜，吉因反，僞孔本作「敬」，兹从《大傳》所引。【注】《大傳》曰：「子曰：聽訟雖得其指，必哀矜之。死者不可復生，𢇍者不可復續也。《書》曰『哀矜哲獄』。」哲，叚喆字也，當爲「折」。復，房富反。𢇍，古「絶」字。【疏】此《大傳》述孔子之言，正説此經之指，精確不易者也。云「哲，叚喆字也，當爲『折』」者，古人作字輒或叚喆，鄭君康成曰：「其始書之也，倉卒无其字，或以音類比方，叚喆爲之，趣于近之而已。」此經「折獄」當爲「折斷」之「折」，以「哲」音同「折」，故叚哲爲之尒。**明啓刑書胥占，咸庶中正其刑其罰，其審克之。**【注】折獄之事明開刑書，相與占度，皆庶幾中正其刑其罰，其詳審任之，毋失中正之則。度，代雒反。**獄成而孚，輸而孚。其刑上葡，有并兩刑。**」上，時賞反。【注】獄成而信矣，乃輸女信于上。謂讞獄于王也。其刑當葡上，有一辠而疑輕疑重，介于兩刑之間者，則并兩刑而上之，以待決于朝。于上，人恙反。葡上、上之，並時賞反。讞，半桀反。朝，直佋反。【疏】云「乃輸女信于上」者，經言「輸而孚」，「而」之言「女」也。云「謂讞獄于王也」者，《説文·水部》云「讞，議辠也」，《禮記·文王世子》云「獄成，有司讞于公」，鄭注云「讞之言白也」，然則「讞獄」謂以其獄辭奏白于王也。云「有一辠而疑輕疑重，介于兩刑之間者，則并兩刑而上之，以待決于朝」者，謂若所犯之辠雖重而其情有可原，論其辠當置重典，原其情應从末減，是則可疑者也，以是而上於朝，則葡列輕重兩刑而上之，以待決于王也。**王曰：「於戲！敬之哉！官伯、族姓，**【注】官伯，謂司政、典獄也。族姓，伯父、伯兄、仲叔、季弟、幼子、僮孫也。偏呼而戒之。【疏】自此以下皆丁寧申戒之詞，則此所呼者即上文所告語之人也。上文呼「司政、典獄」，又呼「伯父、伯兄、仲叔、季弟、幼子、僮孫」，此文「官伯」、「族姓」對稱，「族姓」謂同族，則「官伯」爲異姓矣，故云「官伯，謂司政、典獄也。族姓，伯父、伯兄、仲叔、季弟、幼子、僮孫也」。**朕言多懼，朕敬于刑。有德惟刑？**【注】言刑罰可畏，我言之且多畏懼，我甚敬于刑也。有德于民，其惟刑乎？蓋「德」猶「惠」也，慎刑則民受其惠，故云然。【疏】云「有德于民，其惟刑乎」者，據下文「今天相民」云云，則其指意在于寬刑以惠民，故解「有德」爲「有德于民」也。云「蓋『德』猶『惠』也」者，《論語·憲問》篇云「以德報怨」，是恩惠亦爲德也。云「慎刑則民受其惠」者，慎刑則民之生全者多，故云「受其惠」。**今天相民，作配在下，明清于單辭，民之亂罔不中聽獄之兩辭。**相，息匠反。【注】相，助也。今天相助斯民，作之君以配在下，則承天以治民聽獄，可不中乎？單辭，一偏之言也。明清則不偏聽，猶《論語》所謂「片言可以折獄」也。亂，治也。兩𤔲，兩造之辭也。明清于單辭，則聽兩辭无不中矣，民之所以治，以无不中聽獄之兩辭也。治民，直之反。治也、所以治，皆直吏反。造，七報反。[1]【疏】「相，助」，《毛詩·清廟》及《雝》傳皆有是訓也。云「今天相助斯民，作之君以配在下」者，《孟子·梁惠王》篇引《書》曰「天降下民，作之君」，然則民之有君，天爲作之，此言「今天相民，作配在下」則是謂天爲民作君，以配乎天下也。經言「單辭」，又言「兩辭」，「單」與「兩」對言，故云「單辭，一偏之言也」，「兩辭，兩造之辭也」。引《論語》者，《顔淵》篇文也。其文云：「子曰：『片言可以折獄者，其由也與？』」孔安國注云「片，猶偏也。聽訟必須兩辭以定是非，偏信一言以折獄者，唯子路可」，然則片言可以折獄，繇其明清于單辭故也，正與此經同意，故引以況也。「亂，治」，《釋詁》文。云「明清于單辭，則聽兩辭无不中矣」者，單辭尟不偏聽且能明清，況合兩辭兼聽安有不審？必无不中者矣。**無或厶家于獄之兩𤔲，獄貨非寶，惟府辜功，報以庶訧。**厶，息咨反，正義本作「私」，音同誼別矣，隸古定本作「厶」，據誼當作「厶」。訧，夷牛反，僞孔本作「尤」，玆从《説文》所引。【注】私家于獄之兩辭，謂取貨于獄，以成私家之富，所謂「鬻獄」也。府，聚。功，事。訧，辠也。毋或成私家之富于獄之兩辭，以獄取貨非可寶也，惟聚辜辠之事，將報之以衆辠。言將爲天所罰也。鬻，余六反。【疏】云「所謂『鬻獄』也」者，所謂昭十四年《左傳》云「鮒也鬻獄」是其文也。《周禮》有太府、內府、外府之屬，皆以藏聚財貨爲名，則「府」有「聚」誼，故云「府，聚」。

[1] 「七」，原作「于」，今據近市居本改。

《國語・魯語》云「社而賦事，烝而獻功」，則「功」即謂所爲之事，故云「功，事」。「訧，辠」，《説文・言部》文也。云「將報之以衆辠。言將爲天所罰也」者，「報」者當辠人也，報當辠人則是罰之也；必云「爲天所罰」者，下言「永畏惟罰，非天不中」，是謂天罰之也，則此「報以庶訧」乃謂天報之矣。**永畏惟罰，非天不中，惟人在命。**【注】所長畏者惟天罰也，夫天之罰人非天道不中也，惟人自取之，在其教命不中尒。夫，房尃反。【疏】云「所長畏者惟天罰也」者，據下承之以「非天不中」，則「罰」謂天罰之矣。云「惟人自取之，在其教命不中尒」者，經言「惟人在命」，若解云「惟人之存乎命」語意似明順，但如此解則以「命」爲「命數」，命數非人所爲，非所以爲戒也，故從「教命不中」爲言；「教命」謂君上之政令也，下云「天罰不極」，「極」之言「中」，故云「教命不中」。**天罰不極，庶民罔有令政在于天下。」**【注】極，中。令，善也。王者承天建中，庶民于焉取中，不中則天罰之，庶民无有善政取法于下矣。《鴻範》曰：王建其有極，庶民于女極。《五行傳》曰：「王之不極，是謂不建，厥罰恒侌，厥極弱。」侌，古文「雺」；雺，雲冡日也，衣今反。【疏】「令，善」，《釋詁》文。云「王者承天建中」者，《鴻範》曰「王建其有極」，《五行傳》以「王極」配「五事」，鄭注《五行傳》云「五事象五行，則王極象天也。極，中也。王象天以性情覆成五事爲中和之政也」，是王者承天建中之誼也。云「庶民于焉取中」者，《鴻範》云「維時厥庶民于女極」，馬注云「衆民于女取中正以歸心也」。云「不中則天罰之，庶民无有善政取法于下矣」者，庶民于王政取中，王政不中則爲天所罰，无有善政在天下矣，庶民安所取法乎？《鴻範》曰「王極：王建其有極，斂時五福，用尃錫厥庶民。惟時厥庶民于女極，錫女保極」，兹引其文不具引者，兹惟取以證「王者建中」、「庶民取中」之誼，故節引其二語焉。又引《五行傳》者，即《鴻範》之傳也，具見伏生《大傳》。其文云「王之不極，是謂不建」，鄭注云「王政不中，則是不能立其事也」，是即此經所謂「不極，庶民罔有令政在于天下」也；又云「厥罰恒舍」，即此所謂「天罰不極」也；又云「厥極弱」者，此六極之極也，鄭注云「天惟剛悳，剛氣失，故于人爲弱。《易》説『忼龍之行』曰『貴而无位，高而无民，賢人在下位而无輔』，此之謂弱」，是「弱」亦謂不能行政教于天下也；然則此經之文正與《五行傳》誼合，故詳引以説。**王曰：「於戲！嗣孫，今往何監？非悳于民之中？尚明聽之哉！**【注】言「嗣孫」者，未聞也，蓋詔諸侯永戒其後嗣與？自今以往，何所監視乎？非當監視此悳于民之中乎？民受天地之中以生，皆有是悳，非其性本惡而爲姦者，監視于此，庶幾明于聽獄哉。與，曰虚反。幾，今衣反。【疏】上文所告語者，皆見在居官有牧民之責者，「嗣孫」則在後世，非見有牧民之責，亦必非上文所呼「僮孫」而亦呼及之，其誼不可曉，漢經師之説又不可得聞，故云「言『嗣孫』者，未聞也」。云「蓋詔諸侯永戒其後嗣與」者，上文所告語者皆畿内、畿外諸侯，畿外諸侯世其國，畿内諸侯世其官，皆子孫傳世，此言「嗣孫」自是詔諸侯使戒其嗣世子孫也，此以不得其解而推求其誼，不敢自信其必然，故言「蓋」言「與」以疑之也。云「非當監視此德于民之中乎」者，承「今往何監」而言「非德于民之中」，自是謂監視此德于民之中，言「非」者，乃反語詞也。云「民受天地之中以生」者，成十三年《左傳》文。「民之中」即民之悳也，受之于天地，稟之于性，生則凡民皆有，其犯辠也，乃有所迫而然，非其性本惡可知矣，故云「皆有是悳，非其性本惡而爲姦者」。云「監視于此，庶幾明于聽獄哉」者，蓋知民有是悳，則于辠人必哀矜之，聽獄必詳慎審察，故能明也。**哲人惟刑無畺之辭，屬于五極咸中有慶。**屬，中欲反，又如欲反。【注】畺，竟也。五極，五常之中，即所謂「民之中」也。慶，善也。哲人惟于刑周詳反覆，有无竟之辭，繇其監視民悳屬于五常之中，皆中有善者也。一説：五極，五刑得中也。哲人惟詳刑，無竟之辭必屬于五刑之中，故皆中而有善。覆，方目反。【疏】「畺，竟」，《毛詩・七月》傳及鄭注《義禮・士冠》篇皆有是訓也。云「五極，五常之中，即所謂『民之中』也」者，上文言「非惪于民之中」，「民之中」即民之性，民性則有仁、誼、禮、知、信五常之惪，此言「五極」，「極」之言「中」，「中」以「五」言，則是謂五常之性，故云「五常之中」。「慶，善」，《毛詩・皇矣》傳誼也。云「哲人惟于刑周詳反覆，有无竟之辭」者，承「尚明聽之」之言而偁「哲人」以程式，則「无畺之辭」自是謂哲人詳審讞獄之辭矣，故下文云「監于兹詳刑」，即謂「監于此哲人之詳刑」也。僞孔氏以「辭」爲名譽之辭，非也。云「繇其監視民惪屬于五常之中，皆中有善者也」者，上言監惪于民之中，庶幾明于聽獄，兹承之以「哲人」云云，明是謂哲人之詳于聽獄，繇其監惪于民，屬于五常之中皆中有善故也。云「一説：五極，五刑得中也」者，猶前文所謂「惟良折獄，罔非在中」也。此説以「屬于五極，咸中有慶」就哲人之用刑言，與下文「監于兹詳刑」相應；前説以「屬于五極，咸中有慶」就民惪言，與上文「非惪于民之中」文意一貫；二説皆可通，經誼難明，先儒之説又无聞，姑葡兩説以推求經誼，以竢來哲采擇焉。**受王嘉師，監于兹詳刑。」**【注】嘉，善。師，衆也。受王之善衆而治之，當監于此哲人之詳刑也。【疏】「嘉，善」、「師，衆」，並《釋詁》文。

文侯之命弟九十九

周書三十九　尚書二十八

王若曰：「父義和，【注】義，讀曰「儀」，文侯名仇，故字曰儀；儀、仇，皆「匹」也；古者書「儀」止作「義」。偁父而字之，尊寵之也。和，語餘聲也。【疏】正義云「鄭讀『義』爲『儀』，儀、仇皆訓『匹』也」，故名

『仇』字『儀』」，茲用鄭誼以爲説。《史記・晉世家》注引馬融曰：「王順曰：『父能以義和諸侯。』」案：經文三言「父義和」，若如馬解，何必亟言之乎？且誤解「義」爲「誼」，馬説大謬，足以詒誤後學，不可不辯。桓二年《左傳》云「晉穆侯之夫人姜氏，以條之役生太子，命之曰仇」，《晉世家》云「穆侯太子仇，率其徒襲殤叔而立，是爲文侯」，是文侯名「仇」也。古人之字輒依名取誼，《説文・㫃部》云「㫃，旌旗之游㫃蹇之皃。古人名㫃字子游」，又云「施，旗皃。齊欒施字子旗，知施者旗也」，又《石部》云「碫，厲石也。《春秋傳》曰『鄭公孫碫，字子石』」，又《黑部》云「黶，雖皙而黑也。古人名黶字子皙」，是古人名、字輒相配也。據《爾雅・釋詁》「仇」、「儀」同詁「匹」也，故云「義，讀曰『儀』，文侯名『仇』，故字曰『儀』；儀、仇，皆『匹』也」。云「古者書『儀』止作『義』」者，鄭君注《周禮・肆師》職云「故書儀爲義。鄭司農云：『義，讀爲儀。』古者書儀但爲義，今時所謂義爲誼」，是則「義」乃古之「儀」字，足證此經當讀「義」爲「儀」矣。云「偁父而字之，尊寵之也」者，天子于同姓諸侯偁伯父、叔父，異姓則曰伯舅、叔舅，罕偁「某」者，若偁「某」則呼名，如《左傳》襄十四年「王使劉定公賜齊侯命，曰『今余命女環』」是也。《春秋》之誼，名不若字，偁字爲褒之，今命文侯不曰「仇」而曰「義」，是平王以其迎立己，嘉美其功而尊寵之，故字之也。云「和，語餘聲也」者，《詩・柏舟》篇「儀」與「河」、「它」叶，《菁菁者莪》篇「儀」與「莪」、「阿」叶，凡詩用「儀」字不可徧舉，无不與「歌」、「戈」、「麻」韵之字叶者，則「儀」之古音爲「俄」矣；而「義」則古之「儀」字，故言「義」則餘聲爲「和」矣；鄭君止以一「義」字爲文侯之字，則「和」字不爲誼，故以爲「義」之語餘聲也。**丕顯文武，克慎明悳，昭升于上，尃聞在下。**【注】大明哉文武，能慎明其悳，昭升于上天，布聞于下土。馬融曰：「昭，明也。上謂天，下謂地。」【疏】馬注見《史記・晉世家》注。**惟時上帝集厥命于文王，**【注】惟是上天集其命于文王。不言武王，省文也。省，所景反。【疏】云「不言武王，省文也」者，上兼言「文武」，此言「集命于文王」，不兼言武王，據《詩・大明・敘》云「文王有明悳，故天復命武王也」，則武王亦受天命，兹乃言「集命」而不及武王，是省文尒。

亦惟先正克左右昭事厥辟，粤小大謀猶罔不率從，肆先祖襄在位。辟，比益反，下同。

【注】鄭康成曰：「先正，先臣，謂公卿大夫也。」聲謂：左右，助也。猶，道。肆，故。襄，安也。亦惟是先世之臣能輔助明事其君，于小大謀猶无不率循从順，故我歷世先祖皆安在位。【疏】鄭注見《三國・魏志・僭號武帝紀》注。《說文・左部》云「左，手相左助也」，《口部》云「右，助也」，《又部》云「右，手口相助也」，故云「左右，助也」。《禮記・緇衣》引《君雅》曰「尒有嘉謀嘉猶」，鄭君注云「猶，道也」，此「謀猶」並言如《君雅》逸文，則誼訓當同之，故云「猶，道」。《釋詁》云「繇，道也」，古「猶」、「繇」字通也。「肆，故」，《釋詁》文。「襄」，經典相承作「懷」，《釋詁》「懷」、「安」同訓「止」也，鄭君箋《揚之水》詩云「懷，安也」，故云「襄，安也」。云「故我歷世先祖皆安在位」者，上偁「文、武」，下言「閔予小子」則平王自謂，則此言「先祖」自是該成、康以下諸王言之，故云「歷世」。

於戲！閔予小子嗣造天丕愆，殄資澤于下民，侵戎我國家純。

【注】閔，悼傷之言也。造，遭。戎，兵。純，大也。肅曰：「遭天之大愆，謂幽王爲犬戎所殺。殄絶其先祖之澤于下民，侵犯兵寇傷我國家甚大。謂犬戎也。」【疏】云「閔，悼傷之言也」者，鄭君箋《詩・頌・閔予小子》云然也，此言「閔予小子」與《詩》文同，故用《詩箋》訓也。《大誥》云「弗造哲」，王莽作誥儗之曰「予未遭其明悊」，《史記・周本紀》云「兩造具葡」，徐廣《音誼》云「造，一作遭」，是「造」有「遭」誼，故云「造，遭」。據肅注，亦以「造」爲「遭」也。「戎，兵」，《說文・戈部》文。「純，大」，《釋詁》文。肅注見正義。云「幽王爲犬戎所殺」者，案：《周本紀》幽王廢申

后及太子，以褒姒爲后，伯服爲太子。申侯怒，與繒、西夷、犬戎攻幽王，殺幽王驪山下，是其事也。**即我御事，罔或耆壽，咎在厥躬。**《漢書·成帝紀》鴻嘉元年詔引《書》如此，文穎注云「此《文侯之命》篇中詞也」。【注】即我治事之臣，无有耆老宿悳之人以弭禍難，今凶咎在其身矣。厥躬，平王自謂當身也。隸古定《書》曰「𦉪或耆、壽、畯在厥𠬝」，其傳曰：「无有耆宿、壽考、俊悳在其服位。」難，奴旦反。𦉪，古文「罔」。𠬝，古文「服」。【疏】云「厥躬，平王自謂當身也」者，平王初時當國亡君死之禍，則言「咎在厥躬」是謂及身當其凶咎也。「厥躬」猶下文言「朕躬」也。隸古定《書》及其傳者，僞孔氏之《書》也。既从漢成帝詔所引作「咎在厥躬」矣，復併僞孔本「畯在厥𠬝」者，漢時傳《尚書》者，今文三家與古文或異，凡其異者，兹輒擇善而从，其或兩可則亦兩存以博異聞，此言「畯在厥𠬝」謂「賢俊在其位服職」，誼亦通也，故姑存之。傳言「在其服位」似有語病，既用其誼，不爲之改矣。**予則罔克曰惟祖惟父，其伊恤朕躬？**【注】克，能也、勝也。伊，維也。言遭凶咎，我則无能勝此，竊冀念曰惟我祖行、父行之諸侯，其維收恤我身乎？「恤」之言「收」也。勝，尸仍反。行，和岡反。【疏】《釋言》云「克，能也」，《釋詁》云「克，勝也」，此經「克」字兼此二誼以訓乃合也。「伊，維」，《釋詁》文。云「其維收恤我身」者，《説文·心部》云「恤，悳也、收也」，「恤」有此兩誼，平王當西止于申之時，无所倚賴，惟冀諸侯迎己，則云「恤朕躬」自謂收恤，故作「收」誼解，且云「『恤』之言『收』」也。**於戲！有績予一人，永綏在位。**【注】績，功也。有功于我一人，我一人其長安在位矣。【疏】「績，功」，《釋詁》文。**父義和，女克昭乃顯祖，女肇刑文、武，用會紹乃辟，追孝于前文人，女多修。𢼄我于囏，若女予嘉。」**𢼄，侯軓反，正義本作「扞」，兹从《説文》所引。【注】昭，光也。顯祖，蓋謂唐尗虞也。肇，敏。刑，法。紹，繼也。乃辟，平王自謂。文人，文惪之人也。戰功曰多，《司馬法》曰「上多前虜」。修，長。敔，止。嘉，美也。女能光昭女顯祖之業，女敏于刑法文武之戔亂，用會諸侯以安王室，以繼女君之王業，是能追于前文惪之人，女功甚長矣。敔止我于艱難，如此者，我所美也。【疏】「昭，光」，《釋詁》文。云「顯祖，蓋謂唐尗虞也」者，文侯之先，歷世多矣，不聞有令辟，唐尗虞是文侯之始祖，于晉爲賢君，此言「顯祖」，以意度之，當是唐尗，僞孔氏亦以爲唐尗。然終不能質，故云「蓋」以疑其詞也。「肇，敏」、「刑，法」、「紹，繼」，亦皆《釋詁》文。云「乃辟，平王自謂」者，平王爲天子，于文侯君也，「辟」之言「君」，故云「平王自謂」。《江漢》詩云「告于文人」，「文人」謂召穆公之先祖，毛傳云「文人，文惪之人也」，兹言「前文人」是謂文侯之先世，蓋即所謂「顯祖」，與《詩》偁「文人」誼同，故亦云「文人，文惪之人也」。云「戰功曰多」者，《周禮・司勳》職文。《司馬法》者，古之兵書也，司馬主兵，故名《司馬法》。齊景公時，司馬田穰苴修明之，今其書多亡逸，未見有「上多前虜」之文。鄭君注《周禮・司勳》引之以爲「戰功曰多」之證，兹即從《周禮注》引取以證此。「修，長」，《毛詩・六月》傳誼也。「敔，止」，《說文・攴部》文。「嘉，美」，亦《釋詁》文。云「女敏于刑法文武之戔亂」者，經之言「刑文武」，未言所刑于文武者何事，必知是「刑文武之戔亂」者，文侯平犬戎之難，是其戔亂之功，文王侵邘、克莒、戔黎、伐崇，武王誅紂，滅國五十，皆戔亂之事，平王方甚重文侯平犬戎之功，則「刑文武」之言自是謂其「刑法文武之戔亂」也。王曰：**「父義和，其歸眡尒師，寧尒邦，用賚尒秬鬯一卣，彤弓一，彤矢百，旅弓一，旅矢百，馬四匹。**旅，雒乎反。【注】遺令歸國安衆寧邦，賜以秬鬯、弓矢、乘馬，報其功也。彤，赤色。旅，讀爲「黸」；黸，黑色也。馬四匹，一乘也。《禮說》：九錫，八曰弓矢，九曰秬鬯。內懷仁德，執誼不頃，賜以弓矢，使得專征。慈孝父母，賜以秬鬯，以歸祭祀。令，力因反。乘，食孕反。黸，雒乎反。頃，起盈反。

【疏】注不解「秬鬯一卣」者，于《洛誥》篇既有解矣。《説文・丹部》云「彤，丹飾也，从丹、彡」，「丹者，巴越之赤石」，故云「彤，赤色」。《毛詩・彤弓》傳云「彤弓，朱弓也」，「朱」則赤色之深者也。云「旅，讀爲『黸』；黸，黑色也」者，《周禮・司義》職云「旅儐」，鄭康成云「旅，讀爲鴻臚之臚」。此臚列之誼，字从肉盧聲，則「旅」固有「盧」音矣；僖二十八年《左傳》云「旅弓矢千」，杜豫注云「旅，黑弓」，「旅」黑誼，則「旅」讀當爲「黸」矣；《説文・黑部》云「齊謂黑爲黸，从黑，盧聲」，是「黸」爲黑色也。《左傳》「旅弓矢」之「旅」，後世或譌其偏傍，陸氏《釋文》反以爲正，且云「本或作旅，非也」，異哉斯言！陸德明直不識字矣。云「馬四匹，一乘也」者，《周禮・夏官》敘官云「圉師乘一人」，「圉人良馬匹一人」，康成注云「四馬爲乘」，《校人》職云「乘馬一師四圉」，仲師注云「四匹爲乘」。引《禮説》者，《禮緯含文嘉》文及宋均注也。《禮記・曲禮》正義引《含文嘉》云「九錫：一曰車馬，二曰衣服，三曰樂則，四曰朱户，五曰納陛，六曰虎賁，七曰斧戉，八曰弓矢，九曰秬鬯」，宋均注云「進退有節，行步有度，賜以車馬，以代其勞。言成文章，行成法則，賜以衣服，以表其悳。動作有禮，賜以納陛，以安其體。長于教誨，内懷至仁，賜以樂則，以化其民。居處修理，房内不泄，賜以朱户，以明其別。勇猛勁疾，執誼堅彊，賜之虎賁，以葡非常。抗揚威武，志在宿衛，賜以斧戉，使得專殺。内懷仁悳，執誼不頃，賜以弓矢，使得專征。慈孝父母，賜以秬鬯，以歸祭祀」，是其文也。案：「九賜」有車馬，經言「馬四匹」，而注不引「一曰車馬」者，蓋「九賜」之車馬若《左傳》僖二十八年襄王賜晉文公「大路之服」、「戎路之服」乃是也，兹但有「馬四匹」而無車，自是常賜，非「九賜」之車馬也。**父往哉！柔遠能爾，惠康小民，無荒寧。簡恤尒都，用成尒顯悳。」**能，奴代反。【注】父往歸哉，其柔安遠人而順適其近者，寬惠以安小民，毋荒怠苟安。當簡閱撫恤尒都，以成尔之明悳。鄭康成曰：「都，國都也。鄙，邊邑也。言都不言鄙，䌛近以及遠也。」【疏】鄭注見正義。案：先言「都」而後言「鄙」，乃爲䌛近以及遠，玆言「都」不言「鄙」，當云「舉近以該遠」。

𥡆誓弟百𥡆，籀文「秦」。

周書四十　尚書二十九

公曰：「嗟！我士，聽毋譁！【注】鄭康成曰：「誓其群臣，下及萬民，獨云『士』者，舉中言之。」【疏】注見正義。**予誓告女群言之首。**【注】首，本也。傳曰：「衆言之本要。」要，乙燿反。【疏】《禮記·曾子問》篇云「今之祭者，不首其誼」，鄭君注云「首，本也」，玆用其誼。僞孔傳云「衆言之本要」正合此誼，故采用之。**古人有言曰：民訖自若是多般，責人斯无難，惟受責俾如流，是惟囏哉。**般，步干反。【注】訖，止。若，順。般，樂也。民止自順是多樂者，責人則无難，惟受責于人，使如流水之从順，是則難哉。樂，郎各反。【疏】「訖，止」，《釋詁》文。「若，順」，《釋言》文。「般，樂」，亦《釋詁》文。**我心之㥑，日月逾邁，若弗員來。**員，于權反，正義本作「云」，衛包所改也，隸古定本作「員」，玆从之。【注】邁，往。員，旋也。我心之所㥑者，前日之事既往，今追悔而无及，若日月之過往弗復旋來也。❶復，勿救反。【疏】《釋言》云「邁，行也」，行則必有所往，故云「邁，往」。《詩·商頌》曰「景員維河」，鄭箋云「員，古文作云」，然則「員」、

❶「復」，原脱，今據近市居本補。

「云」同字，《正月》詩云「昏姻孔云」，毛傳曰「云，旋也」，《詩》釋文云「孔云，本又作員」，茲故云「員，旋也」。**惟古之謀人，則曰來就惎惎。惟今之謀人，姑將以爲親。**惎，求記反。來就惎惎，正義本作「未就予忌」，隸古定本作「未就予忢」。案：隸古定《書》凡「其」字皆作「亓」，則「忢」即「惎」也，《説文・心部》引《周書》曰「來就惎惎」，詳翫文誼，于此正合，然未敢決。質之段氏玉裁，段曰：「固是此篇文也，何疑焉？」遂定从之。【注】古，从十、口，識前言者也。惎惎，毒也。識古事以爲謀者，則謂來就惎毒敗我事也，惟就今日之近利以爲謀者，且將以爲親我而聽之。悔前日韋蹇尗而从杞子。識，中試反。【疏】云「古，从十、口，識前言者也」者，《説文・古部》文。《説文・心部》云「惎，毒也，从心其聲。《周書》曰『來就惎惎』」，故云「惎惎，毒也」。云「悔前日韋蹇叔而从杞子」者，《左傳》僖公三十年，晉侯、秦伯圍鄭，秦伯私與鄭盟，使杞子、逢孫、楊孫戍之而還。三十二年，杞子自鄭使告于秦曰：「鄭人使我掌其北門之管，若潛師以來，國可得也。」穆公訪諸蹇尗，蹇尗以爲勞師襲遠，不可。公辭焉，召孟明、西乞、白乙，使出師。蹇尗哭之曰：「孟子，吾見師之出而不見其入也。」公使謂之曰：「尒何知！中壽，尒墓之木拱矣。」蹇尗之子與師，哭而送之曰：「晉人禦師必于殽。殽有二陵焉：其南陵，夏后皋之墓也；其北陵，文王之所避風雨也。必死是間，余收尒骨焉。」秦師遂東。三十三年，晉人要之殽而擊之，俘其三帥以歸。晉襄公之母文嬴，秦穆公之女也，請于襄公而釋三帥。三帥歸，秦伯素服郊迎，哭曰：「孤韋蹇叔以辱二三子，孤之皋也。」是其事也。但《左傳》无「作《秦誓》」之文，《史記・秦本紀》則謂穆公既封殽尸，申思不用蹇尗、百里奚之言而作此誓。蓋《史記》據《公羊傳》百里子與蹇尗同諫穆公，故兼言百里奚，茲據《左傳》不言百里奚，故止言「韋蹇尗」。蓋蹇尗偁「殽之二陵」是識古事以爲謀，則「古之謀人」謂蹇尗；杞子言「潛師以來，鄭國可得」是就今日之近利以爲謀，則「今之謀人」謂杞子。**雖則云然，尚繇詢兹黃髮，則罔所愆。** 繇，正義本作「猶」，兹从隸古定本。詢，須旬反。【注】繇，道。詢，謀也。黃髮，老人髮白復黃也。愆，過也。言雖則謂然，庶幾以道謀于此老成人，則无所過。復，房富反。【疏】「繇，道」、「詢，謀」，並《釋詁》文。云「黃髮，老人髮白復黃也」者，《釋詁》舍人注云然也。「愆，過」，《釋言》文。**番番良士，旅力既愆，我尚有之。** 番，白和反。【注】番番，讀當爲「皤皤」，老人頭白皃也。旅，讀爲「呂」，脊骨也，字或作「膂」，故省而爲「旅」。脊彊則力壯，故曰「膂力」。皤皤然之善士，膂力既過矣，言衰老也。我庶幾有此人而用之，貴其智識周也。皤，白禾反。脊，晶益反。省，色景反。智，中啻反。【疏】《史記·秦本紀》節録此篇，隱括其文，云「古之人謀黃髮番番，❶則无所過」，以「番番」屬于「黃髮」，則「番番」爲老人狀皃；《說文·白部》云「皤，老人皃也，从白番聲」；故云「番番，讀當爲『皤皤』，老人頭白皃也」。僞孔氏據《崇高》詩「申伯番番」，毛傳以「番番」爲「勇武皃」，遂云「勇武番番之良士」。案：云「旅力既愆，我尚有之」，則不以勇武爲尚矣，豈猶偁美其勇武乎？此之「番番」與《詩》之「番番」同字而異讀，夫各有所當也，僞孔誼非也。《漢書·律曆志》云「大呂：呂，旅也，言陰大旅助黃鐘宣气而牙物也」，❷是「呂」、「旅」音誼同，則字通矣，故讀「旅」爲「呂」。云「呂，脊骨也」者，《說文·呂部》文。云「『呂』字或作『膂』」者，《說文》「呂」字重文作「膂」，云「篆文从肉旅聲」。云「脊彊則力壯，故

❶「番番」，原作「皤皤」，今據近市居本及《史記·秦本紀》改。

❷「助」，原作「則」，今據近市居本及《漢書·律曆志》改。

曰『膂力』」者，脊骨爲人身之榦，所以統會諸骨，故脊彊則身健，身健則力壯，是故謂力爲膂力也。**仡仡勇夫，䠶御不違，我尚不欲。**仡，欣訖反，又牛汽反。【注】仡仡，勇壯皃。違，失也。䠶御不失法度。言多技也。我庶幾不欲用之，惡其輕脱寡謀以取敗也。惡，昷路反。輕，豈正反。【疏】《説文·人部》云「仡，勇壯也，从人气聲。《周書》曰『仡仡勇夫』」，故云「仡仡，勇壯皃」。《釋文》云「仡仡，馬本作『訖訖』」，无所省録之皃」。案：《説文》所引《尚書》皆孔氏古文説，吾从之可也，馬本異字異解皆不足取。《左傳》昭五年，公如晉，自郊勞至于贈賄无失禮。齊侯善之曰：「自郊勞至于贈賄，禮无違者。」是「違」爲「失」，故云「違，失也」。云「惡其輕脱寡謀以取敗也」者，《左傳》僖公三十三年，「春，秦師過周北門，左右免胄而下，超乘者三百乘。王孫滿尚幼，觀之，言于王曰：『秦師輕而无禮，必敗。輕則寡謀，无禮則脱，入險而脱，又不能謀，能无敗乎？』」此誓是追悔伐鄭之事，則此言「勇夫」當即謂彼「超乘」者，故云「輕脱寡謀以取敗也」。**惟㦰㦰善諞言，俾君子易怠，我皇多有之？**㦰，才竊反。諞，皮宀反。易，羊鼓反。《公羊傳》節録此文作「俾君子易怠」，自是此誓元文，故从之。僞孔本改「怠」爲「詞」，非也。【注】馬融曰：「㦰㦰，詞語㦰削省要也。」聲謂：諞言，便巧言也，《論語》曰「友諞佞」。易怠，猶「輕惰」也。皇，況也。便巧之言使君子輕易怠惰，忽于禍敗，我況乎多有其人乎？㦰㦰善諞言，或爲「諓諓善竫言」，或云「戔戔巧言」。省，色杏反。要，一燿反。便，皮宀反。諓，夕淺反，又子淺反，又子泉反。竫，在井反。戔，子泉反。【疏】馬注見《釋文》。《釋文》又云「諞，馬本作『偏』」，云『少也，詞約指明，大辯佞之人』」，然則馬云「詞語㦰削省要」即所謂「詞約指明」也。云「諞言，便巧言也，《論語》曰『友諞佞』」者，《説文·言部》云「諞，便巧言也」，引此文及《論語》「友諞佞」以證，兹用其誼，因亦引《論語》以證也。所引《論語》、《季氏》篇文也。云「易怠，猶『輕惰』也」者，《公羊》文十二年傳偁此誓之詞云「惟諓諓善竫言，俾君子易怠，而況乎我多有之」，何劭公注云「易怠，猶輕惰也」，玆用其誼。「皇」之爲「況」，鄭君注《書大傳・甫刑傳》有是訓也，此經據《公羊傳》「而況乎我多有之」，則「皇」當訓「況」也。云「或爲『諓諓善竫言』」者，據《公羊傳》文。云「或云『戔戔巧言』」者，《說文・戈部》所引也。《說文・言部》、《戈部》兩引此文不同者，蓋古文、今文之異也。**昧昧我思之，**【注】昧昧，深思之意。【疏】僞孔氏以此文屬上爲說，云：「我前多有之，以我昧昧思之不明故也。」詳翫經文語意，實不然也。《公羊傳》「而況乎我多有之」之下即云「惟一介斷斷焉，无它技」，「惟」之言「思」，「惟一介」謂「思一介臣」也。且《秦本紀》云「以申思不用蹇尗、百里奚之謀，故作此誓」，則「昧昧我思」云者是穆公自道思此一介臣，非謂前日之昧昧于思也。則此文當爲下文緣起，故不从僞孔誼而以「昧昧」爲深思之意也。蓋穆公追思而无及，則中心鬱結，若昏昧不明然，故言「昧昧」也。**如有一介臣，𠭘𠭘猗无它技，其心休休焉，其如有容焉。人之有技，若己有之；人之彥聖，其心敀之，不啻若自其口出。寔耐容之，以耐保我子孫，黎民尚亦有利哉。**𠭘，多亂反。《說文》云「𠭘，古文斷，从皀。皀，古文叀字。《周書》曰『𠭘𠭘猗无它技』」，隸古定本亦作「𠭘」，正義本作「斷」，衛包所改也。猗，因宜反。它，土河反。技，求綺反。敀，火靠反。啻，式豉反。「有容焉」之「焉」、「以耐保」之「耐」，僞孔本皆无之，據《禮記・太學》篇引曾。尚亦，僞孔本作「亦職」，據《大學》篇引改。【注】𠭘，古文「斷」。馬融曰：「一介，耿介一心端慤者。」鄭康成曰：「𠭘𠭘，誠一之皃。它技，異耑之技也。休休，寬容皃。有技，才埶之技也。『若己有之』、『不啻若自其口出』，皆樂人有，善之甚也。美士爲彥。」聲謂：聖，通。寔，是也。「寔」亦或作「是」。黎，衆也。言是能容衆善，以故能保安我子孫也，衆民庶幾亦有利益哉。斷，多亂反。愨，去角反。耑，多官反。執，垠祭反。樂，婁駡反。【疏】云「㡭，古文『斷』」者，《説文・斤部》文。馬注見《釋文》。《禮記・大學》篇具引此經以迄下文「亦曰殆哉」，此條鄭注惟「休休，寬容皃」一句是此經之注，見《禮記釋文》，其餘皆《大學》之注。以均是鄭注，故取彼入此合爲一尒。云「㡭㡭，誠一之皃」者，何劭公注《公羊》文十二年傳云「斷斷，猶專一也」，誼亦略同，然「專一」之訓終不若「誠一」之精切也。云「它技，異耑之技也」者，「技」是技能，言「它」則非本務所當爲之事，故以爲「異耑之技」，劭公注《公羊》亦云「它技，奇巧異耑也」。云「休休，寬容皃」者，經言「其如有容焉」承「休休焉」之下，則「如有容」正是形頌其休休，故以「休休」爲「寬容皃」。劭公注《公羊》云「休休，美大皃」，蓋惟美大所以能容，誼亦不異，然終不加「寬容」之誼尤安帖也。云「有技，才執之技也」者，謂才能技執非「它技」之比也。「美士爲彦」，《釋訓》文。「聲謂聖，通」者，《毛詩・小旻》傳云「人有通聖」者，鄭注《周禮・大司徒》云「聖通而先識」，是「聖」爲「通」也。「寔，是」，《釋詁》文。云「『寔』亦或作『是』」者，僞孔氏本作「是」也。「黎，衆」，亦《釋詁》文。**人之有技，媢㑵以惡之；人之彦聖而韋之，俾不通。寔不耐容，以不能保我子孫，黎民亦曰殆哉。**僞孔本「媢㑵」作「冒疾」、「通」作「達」，兹並據《禮記・大學》引改正。媢，莫報反。㑵，秦七反，从人疾聲，亦作「嫉」，从女，同也。惡，昷路反。【注】媢㑵，妒也。鄭康成曰：「韋，猶戾也。俾，使也。佛戾賢人所爲，使功不通于君也。殆，危也。」聲謂：「寔」亦或作「是」。言是嫉賢害能之人不能容善，以故不能保我子孫，則衆民亦危矣哉。妒，多路反。佛，符弗反。【疏】《説文・女部》云「媢，夫妬婦也」，《人部》云「㑵，妎也」，又《女部》云「妎，妒也」，然則「㑵」亦「妒」也，故云「媢㑵，妒也」。鄭君止云「媢，妒也」，未解「㑵」

字，誼不荀，故先解「媢嫉」而後録鄭注，且節省其「媢妒」一句而録之也。此鄭注亦《禮記·大學》注也。《説文·韋部》云「韋，相背也，从舛，囗聲。獸皮之韋可以束枉，戾相韋背，故喈以爲皮韋」，然則「韋背」猶「弼戾」，故云「韋，猶『戾』也」。「俾，使」、「殆，危」，並《釋詁》文。云「『寔』亦或作『是』」者，此經「寔」字僞孔本亦作「是」字，與上文同也。**邦之阢隉，曰繇一人；邦之榮褱，亦尚一人之慶。**阢，吾骨反。隉，垠結反。【注】阢隉，不安也。褱，安。慶，善也。國之不安，繇于一人；國之光榮而安，亦庶幾一人之善。則用人可不詳慎哉？此穆公懲前戒後之深意也。【疏】云「阢隉，不安也」者，《説文·𨸏部》云「班固説：隉，不安也。《周書》曰『邦之阢隉』」，是則「不安」之言正説此文「阢隉」之誼也。「褱，安」，《詩·王風·揚之水》鄭箋誼也。「慶，善」，《毛詩·皇矣》傳誼也。

《粊誓》至《秦誓》標題凡六十三名，辯字百八言。

《粊誓》經文百七十九名，重文一，凡百八十言，注四百一十四字，釋音辯字三百一十七言，疏二千二十三字。

《吕刑》經文九百五十一名，重文六，凡九百五十七言，注三千三百六十四字，釋音辯字千五百三十一言，疏萬二千六百一十五字。

《文侯之命》經文二百一十二名，注五百七十四字，釋音辯字九十六言，疏二千一百五十七字。

《秦誓》經文二百四十三名，重文七，凡二百五十言，注六百四字，釋音辯字四百四十二言，疏二千三十二字。

尚書集注音疏卷十一

吴江徵君聲著

尚書敘【注】敘，抒也、緒也、次也，抒渫作者之意，見其耑緒，且次其篇弟，故曰「敘」。馬融、鄭康成皆以爲孔子所作。抒，神與反。渫，私妄反。見，夷宴反。耑，多欒反。【疏】《釋名·言語》篇云「敘，抒也，抒渫其實，宣見之也」，《釋詁》云「敘，緒也」，《説文·攴部》云「敘，次弟也」，此「敘」當兼此三誼，故云「敘，抒也、緒也、次也」。書不空作，皆有所由，敘則述其作書之由，使其意恉宣著，❶故云「抒渫作者之意，見其耑緒」，此申「抒」與「緒」之誼也。合比諸篇而敘其先後之次弟，故云「次其篇弟」，此申「次」誼也。馬、鄭説見正義。❷正義且兼偁王肅同爲此言，兹不及肅者，以肅之言无足重輕，據馬、鄭二公足矣。知此敘是孔子所作者，正義以爲依緯文而知之，今緯書亡，无從取證，然《史記》之文可考也。《史記·孔子世家》云「敘《書》傳，上記唐虞之際，下至秦穆，編次其事」，是明證矣。且孔子編《書》欲以垂世立教，不申厥恉，後學安所取衷？則孔子自不容不作敘，

❶「恉」，原作「指」，今據近市居本改。
❷「鄭」，原作「融」，今據近市居本改，下同者逕改，不一一出校。

馬、鄭之言信而有徵者也。案：《書》凡百篇，其閒或二篇或三篇共敘，且有十一篇共敘，如《汩作》、《九共》、《槀飫》者，計其敘止六十有七。僞孔氏以此敘散入經中，各冠諸篇之首，其亡篇之敘各以其次厠見存者之閒。據《釋文》云「《汩作》等篇其文皆亡，而敘與百篇之敘同編，故存」，又云「馬、鄭之徒百篇之敘總爲一卷」，又正義云「作敘者不敢厠于正經，故謙而聚于下」，然則古《尚書》百篇之敘本別爲一卷，總列于後，故此亦總録于經後，从古也。

尚書集注音疏卷十一　江聲學❶

昔在帝堯，【注】鄭康成曰：「《書》以堯爲始，獨云『昔在』，使若无先之典然也。」【疏】注見正義。孔穎達申其誼云：「《詩》云『自古在昔』，言『在昔』者，自下本上之詞。言『昔在』者，自上目下爲偁故。云『使若无先之』者，據代有先之而《書》无所先，故云『昔』也。」聲案：此説猶未得鄭意。鄭君蓋謂孔子編《書》以堯爲始，特言「昔在」，以著明録《書》之所自始，故云「使若无先之典然也」。**聰明彣思，光宅天下，將孫于位，攘于虞舜，**彣，无分反，今通作「文」。孫，色寸反。攘，如恙反。【注】鄭康成曰：「堯尊如故，❷舜攝其事。」【疏】注見正義。敘言「將孫于位」，嫌堯得舜即避位不爲天子，故釋之云「堯尊如故，舜攝其事」。《孟子·萬章》篇云「堯老而舜攝也」，又云「堯崩，三年之喪畢，舜避堯之子于南河之南」，是則堯在時，舜未嘗爲天子，則堯爲天子如故也，故

❶ 此行文字原脱，今據近市居本補。

❷ 「尊」，原作「猶」，今據近市居本改，下同者逕改，不一一出校。

云「堯尊如故」。**作《堯典》。**

虞舜仄散，散，正義本作「微」，《玉篇》引作「微」，非也。《説文・人部》止有「散」字，从人、攴，豈省聲，不當更加「人」傍，隸古定本作「散」，兹从之。【注】散，猶「賤」也。【疏】云「散，猶『賤』也」者，《公羊》定八年傳云「季氏之宰則散者也」，又哀十四年傳云「薪采者，則散者也」，是「散」之誼猶「賤」也。**堯聞之聰明，將使嗣位，歷試諸難，**【注】歷試以難事，《書》缺有閒，不能指實其事矣。【疏】《堯典》「慎徽五典」云云，乃堯試舜之事，兹不采用以説此「諸難」者，以是《堯典》之文，兹則《舜典》之敘，或《舜典》別有試舜之事，不止如《堯典》所云也。今《舜典》亡不可考矣，故云「《書》缺有閒，不能指實其事矣」。《堯典》正義引鄭注云「入麓伐木」，蓋鄭君及見孔氏逸《書》之《舜典》，此必據之爲説。據鄭注，則可見堯試舜之事不僅如「慎徽五典」云云也，惜正義引鄭注太略，不得其言之本，姑置不録。**作《舜典》。**

帝釐下土方，《釋文》云：「『下土』絶句，一讀至『方』字絶句。」聲謂當于「方」字絶句，《詩・商頌》曰「禹敷下土方」正同此句法。【注】「帝」謂舜也，舜理下土四方。馬融曰：「釐，理也。」【疏】云「『帝』謂舜也」者，以篇在《舜典》後，故知「帝」謂舜也。《釋文》云「釐，力之反。馬云『賜也、理也』」。案：「釐」雖有「賜」誼，于此文不合，故節取其一訓，止云「釐，理也」。**設尻方、𠔁生分類**，𠔁，彼匹反，俗通作「别」。【注】尻方，尻民于其方所也。𠔁生，𠔁其方之所生。分類，分其種類。設此尻方、𠔁生分類之法，若《周禮・職方氏》辨九州之國，各志其利、其民、其畜、其穀之屬也。《易》曰：「君子以慎辨物尻方。」種，止甬反。畜，昕柚反。【疏】馬注《商書・明尻・敘》云「明尻民之法」，《禮記・王制》云「司空執度度地，尻民山川沮澤，時四時，量地遠近，興事任力」，又云「凡凥民材，必因天地寒煗燥濕，廣谷大川異制，民生其閒者異俗。剛柔、輕重、遲速異齊，五味異盉，器械異制，衣服異宜。修其教不易其俗，齊其政不易其宜。中國、戎夷，五方之民皆有性也，不可推遂」，又云「凡居民，量地以制邑，度地以凥民。地邑民凥，必參相得也。无曠土，无游民，食節事時，民咸安其凥，樂事勸功，尊君親上，然後興學」，然則王者出治，凥民最爲要務，而凥民之法則必使民各安其故土，不易其方。此文承「釐下土方」而言「設凥方」云云，則「設凥方」云云即是「釐下土方」之事，故解「凥方」爲「凥民于其方所也」。云「𠔁生，𠔁其方之所生」者，《周禮·考工記》云「鄭之角，荆之幹，妢胡之笴，吳粤之金錫，此材之美者也」，又《史記·貨殖列傳》云「山西饒材、竹、木、穀、纑、旄、玉石。山東多魚、鹽、桼、絲、聲色。江南出枏、梓、薑、桂、金、錫、連、丹沙、犀、毒瑁、珠璣、齒革。龍門、碣石北多馬、牛、羊、旃裘、筋角。銅、鐵則千里，往往山出棊置。此其大校也」，是四方各有所生之物，此言「𠔁生」是𠔁四方之所生也。《周禮·土訓》「辨地物而原其生」，鄭注云「辨其物者，𠔁其所有所无。原其生，生有時也」，是亦辨四方所生也。薛季宣《書古文訓》云：「伏生偁《九共》以諸侯來朝，各述其土地所生美惡、人民玫惡，爲之貢賦政教，略能記其語曰『予辨下土，使民釆釆，使民无敖』。」據此，則可見「凥方」謂凥民于其方所，「𠔁生分類」謂分𠔁其所生之種類，故云「設此凥方、𠔁生分類之法」，而引《周禮·職方氏》以況也。《職方氏》者，政官之屬；職，主也，主四方之職貢者，故其文云「乃辨九州之國，使同貫利」，下遂歷言九州之山澤川浸，與夫「其利」、「其民」、「其畜」、「其穀」云云。彼言「其民」男女之數，則是閱其户口而安宅之，即此所謂「凥方」也；彼言「其利」金錫竹箭之等，是𠔁其方之所生；彼言「其畜」、「其穀」之所宜，即是分其種類；皆與此敘所言同，故云「若《周禮·職方氏》辨九州之國，各志其利、其民、其畜、其穀之屬也」。云「之屬」者，以彼文備言九州，故以「之屬」該之也。引《易》者，《未濟》大象文。案：《易》卦《既濟》六爻皆正，爲大同之世，天地位，萬物育，至治之極也。《未濟》則六爻皆不正，未能「既濟」也，聖人爲之贊化育，以期于既濟定。「慎辨物𡰥方」，贊化育之事也，故孔子演《易》于《未濟》，象發此誼焉。當鴻水初平，萬民猶㪽食，天地則位矣，萬物猶未盡育也，猶是未濟之世也，此言「𡰥方」與《易》文同，言「𠦂生分類」正所謂「慎辨物」也，兩文誼正相合，故引以爲證。

作《汩作》、《九共》九篇、《槀飫》。汩，爰筆反，僞孔本作「汨」，乃汨羅淵之「汨」，从水、冥省聲，音、誼皆非矣。共，居容反。槀，可秏反，僞孔本作「稾」，其訓「勞」也，依「勞」訓則是「槀師」之「槀」，其字當同，「枯槀」从「木」不从「禾」。飫，乙庶反。**【注】**汩，治也。共，讀當爲「龔」；龔，給也。《槀飫》之誼未聞。**【疏】**《説文·水部》云「汩，治水也」，故云「汩，治也」。據言「釐下土方」、「設𡰥方」云云，則篇名《汩作》取「汩治作爲」之誼也，❶僞孔《書》字作「汨」而訓爲「治」，誼則是而字非矣。云「共，讀當爲『龔』；龔，給也」者，《書古文訓》云「伏生稱《九共》以諸侯來朝，各述其土地所生美惡、人民玫惡，爲之貢賦政教」，然則《九共》所言大率九州職貢之事，貢乃下所以龔給上者，則《九共》名篇以「龔給」爲誼，故「共」讀當爲「龔」，「龔」字古今通省作「共」，《周禮》、《左傳》靡不然矣。「龔，給」，《説文·共部》文。馬、王皆云「共，法也」，恐未然，故不用。《槀飫》篇亡，孔氏逸《書》亦未有其名篇之誼，漢儒亦不得聞，僞孔傳云「稾，勞也。飫，賜也」，何所據而云然耶？吾不敢信，闕疑可也，故云「《槀飫》之誼未聞」。

咎繇矢厥謨，禹成厥功，帝舜申之，【注】矢，陳也。申，重也。重，直容反。**【疏】**「矢，陳」、「申，重」，並

---

❶「誼」，原作「證」，今據近市居本改。

《釋詁》文。**作《大禹》、《咎繇謨》、《棄稷》。**據正義謂馬、鄭、王所據《書敘》此篇名爲《棄稷》，然則《尚書》本无《益稷》篇目，僞孔氏分《咎繇謨》下半篇，妄立名爲《益稷》，亂經之罪大矣。【注】棄爲稷官，故曰《棄稷》。【疏】《堯典》曰「帝曰『棄，黎民阻飢，女后稷播時百穀』」，是棄爲稷官也。

禹別九州，隨山濬川，任土作貢。濬，息俊反。【注】鄭康成曰：「任土，謂定其肥磽之所生。」聲謂：不言「作《禹貢》」，蓋闕也。磽，口交反。【疏】鄭注見正義。云「任土，謂定其肥磽之所生」者，謂土肥則所生豐，土磽則所生儉，視其所生以定賦，準其賦以制貢，即鄭注此篇經文所云「觀地肥瘠，定貢賦上下」是也。又鄭注《周禮·載師》云「任土者，任其力埶所能生育，且以制貢賦」，亦謂定其肥磽之所生也。「聲謂不言『作《禹貢》』，蓋闕也」者，通前後每篇之敘必言「作某篇」，此言「任土作貢」，謂任其土之所出以作貢物，非謂作《禹貢》書篇也，下當別有「作《禹貢》」之文，兹未有云焉，自是闕逸矣。

启與有扈戰于甘之野，作《甘誓》。【注】馬融曰：「軍旅曰誓，會同曰誥。」【疏】注見正義。云「軍旅曰誓」者，如此篇及《商書·湯誓》、《周書·太誓》、《坶誓》、《粊誓》之屬，皆是軍旅之事也。云「會同曰誥」者，經中如《湯誥》言「告諸侯群后」，《大誥》言「大誥繇爾多邦」，皆是會同之事，它如《康誥》、《酒誥》、《召誥》、《洛誥》則皆非會同；馬云然者，據《周禮·士師》之職「以五戒先後刑罰。一曰誓，用之于軍旅。二曰誥，用之于會同」，遂援以說此篇偁「誓」之誼，因聯言「會同曰誥」云。

太康失邦，罤弟五人頦于雒汭，作《五子之歌》。罤，古魂反，今通作「昆」。頦，心俞反，今通作「須」。【注】太康，启之子也。太康、仲康更立，兄弟五人皆有昏德，不堪帝事，降頦雒汭，是謂「五觀」。《逸周書》曰：「其在夏之五子，忘伯禹之命，假國无正，用胥興作亂，遂凶厥國。」《離騷》曰：「夏康娛以自縱，不顧難以圖後兮，五子用失乎家巷。」馬融曰：「頚，止也。」鄭康成曰：「避亂于雒汭。」更，革衡反。觀，古奐反。假，吉下反。縱，子用反。難，乃旦反。巷，胡絳反。【疏】《史記·夏本紀》云「夏后帝启崩，子帝太康立」，故云「太康，启之子也」。云「太康、仲康更立」至「是謂『五觀』」，王符《潛夫論·五德志》篇文也。「五觀」者，《國語·楚語》士娓曰「启有五觀」，韋昭注云「五觀，启子太康羣弟也」。引《逸周書》者，《嘗麥解》文，云「其在夏之五子，忘伯禹之命」，今《逸周書》作「殷之五子」。案：言「忘伯禹之命」則自是「夏之五子」，「殷」乃誤字，茲以意改正之。據云「夏之五子，忘伯禹之命」，則僞古文言「五子述大禹之教以作歌」謬矣，❶斯足以證僞孔《書》之誣也。云「遂凶厥國」，即此敘所云「失邦」也，但經文亡逸，「失邦」之事无聞，諸傳記亦未有見，唯僞孔《書》言「后羿距之于河」。案：《左傳》言羿「因夏民以代夏政」，未見其爲太康時事，僞孔《書》不可信，姑闕疑焉。《離騷》者，楚大夫屈原所作也。「夏康」云云者，王逸注云：「夏康，启子太康也。言夏太康不遵禹、启之樂而更作淫聲，放縱情欲以自娛樂，不顧患難，不謀後業，卒以失國。兄弟五人家居閭巷，失尊位也。」馬注見《釋文》。《釋詁》「頚」、「止」俱訓「待」，故云「頚，止也」。鄭注見正義。

戲、和湎淫，廢時亂日，胤往征之，湎，民沇反。【注】戲氏、和氏世爲日官，當仲康之世，沈湎淫泆，廢其舊職，胤于是往討之。鄭康成曰：「胤，臣名。」【疏】云「戲氏、和氏世爲日官」者，桓十七年《左傳》云「天

❶「子」，原作「字」，今據近市居本改。

子有日官，諸侯有日御」，服虔注云「日官、日御，典曆數者也」。《堯典》云「乃命戲、和，欽若昊天，曆象日月星辰」，此敘言「戲、和廢時亂日」，是戲、和歷唐、虞、夏世爲日官者也。云「當仲康之世」者，《史記·夏本紀》録此敘以爲帝仲康時。❶ 案：孔氏古文有此篇，司馬子長嘗從安國問古文，則《史記》所云蓋據經文爲説，則以爲仲康時是可信矣。鄭注見《夏本紀》注。云「胤，臣名」者，案：《周書·顧命》「胤之舞衣」與「兑之戈」、「和之弓」、「垂之竹矢」皆以造此器者之人名目其器，故鄭注彼文云「胤也、兑也、和也、垂也，皆古人造此物者之名也」。兑、和雖不可考，垂則舜時共工之名，則胤亦是人名，即此敘所偁是矣，故鄭君以爲臣名。僞孔氏故與鄭韋異，以「胤」爲國名，且造僞經偁「胤侯」，又以《堯典》「胤子」、《顧命》「胤之舞衣」亦皆爲國，謬甚矣。**作《胤征》。**

自偰至于成湯八栖，【注】鄭康成曰：「偰本封商，國在太華之陽。」聲謂：自偰至湯凡十四世。八栖者，偰始凥商，一栖也；昭明凥砥石，再栖也；相土凥商丘，三栖也；與湯栖亳而四；其餘四栖則未聞焉。華，户訝反。相，息恙反。【疏】鄭注見正義。云「偰本封商」者，《詩·商頌》云「天命玄鳥，降而生商」，毛傳云「玄鳥，乙也」，鄭君箋云「天使乙下而生商者，謂乙遺卵，娀氏之女簡狄吞之而生偰，爲堯司徒，有功，封商」，《詩》正義申箋誼引《中候偰握》云「玄鳥翔水遺卵，流，娀簡吞之，生偰，封商」，《史記·殷本紀》云「帝舜命偰曰：『女爲司徒，敬尃五教在寬。』封于商」，是偰封商也。云「國在太華之陽」者，山南曰陽，謂在華山之南也，于「九州」則在豫州之西畍矣。「聲謂至偰至湯凡十四世」，「凡」者凡捪偰與湯，總十四世也。案：《殷本紀》「偰卒，

❶「録」，原作「緑」，今據近市居本改。

子昭明立」，偰爲一世，昭明二世也；「昭明卒，子相土立」，三世也；「相土卒，子昌若立」，四世也；「昌若卒，子曹圉立」，五世也；「曹圉卒，子冥立」，六世也；「冥卒，子振立」，七世也；「振卒，子微立」，八世也；「微卒，子報丁立」，九世也；「報丁卒，子報乙立」，十世也；「報乙卒，子報丙立」，十一世也；「報丙卒，子主壬立」，十二世也；「主壬卒，子主癸立」，十三世也；「主癸卒，子天乙立，是爲成湯」，十四世也。故《國語·周語》曰「玄王勤商，十有四世而興」，韋昭注云「玄王，偰也。自偰至湯，十四世而有天下也」。「八栖」以下云云者，據正義云「《商頌》曰『帝立子生商』，是偰尻商也。《世本》云『昭明尻砥石』，《左傳》偁『相土尻商丘』，及今『湯尻亳』，事見經傳者有此四栖，其餘四栖未詳聞也」，兹依用其説而潤改之焉。《世本》者，紀古諸侯、卿大夫之世系之書也，今亡，不可考矣。所偁《左傳》，則襄九年傳云「陶唐氏之火正閼伯，居商丘，祀大火而火紀時焉。相土因之」，是其文也。**湯始尻亳，從先王尻，**【注】鄭康成曰：「亳，今河南匽師，縣有湯亭。」聲謂：亳近商地，商故偰所封也，故曰「從先王尻」。「先王」謂偰也。匽，衣蹇反。近，其靳反。【疏】鄭注見正義。云「亳，今河南匽師，縣有湯亭」者，《漢書·地理志》云「河南郡匽師尸鄉，殷湯所都」，劉昭注《續漢書·郡國志》于河南郡匽師下引《皇覽》曰「有湯亭」，據此兩書則匽師信是湯所都之亳矣。「聲謂亳近商地」者，鄭以商在太華之陽，亳則河南匽師也。案：華山在豫州，而《禹貢》云「華陽、黑水維梁州」，則華陽地接梁州，實豫州之西垂矣。河南亦豫州地，鄭注《立政》「三亳」云「湯舊都之民分爲三邑，蓋東成臯、南轘轅、西降谷也」，然則匽師在成臯之西、降谷之東，是爲湯所都之亳。而降谷即函谷，在雝州之界，亳在降谷之東，則亦爲豫州西垂，當華陽之北矣，故曰「亳近商地」，且據「湯始尻亳」之言，則湯之先未有尻亳者，則「從先王尻」不得謂就先王之故尻，止是近之而已。詳敘文意，似謂偰後子孫數拪皆遠于偰之故凥，湯始凥亳乃爲近之，故云「亳近商地，商故偰所封也，故曰『從先王凥』。『先王』謂偰也」。偰實未爲王而云「『先王』謂偰也」者，《長發》詩云「玄王桓撥」，毛傳云「玄王，偰也」，蓋子孫有天下，頌其先祖偁之爲王，猶《國語·周語》祭公謀父曰「昔我先王世后稷」，又曰「我先王不窋」，❶是亦偁其先公爲「先王」也。僞孔傳乃云「偰父帝嚳都亳，湯自商丘拪焉，故曰從先王凥」。案：帝嚳都亳，經傳无文，其以帝嚳爲偰父蓋據《大戴禮·帝系篇》「帝嚳次妃簡狄産偰」之文，予則謂簡狄雖爲帝嚳之妃，而其生偰實繇吞乙卵而孕，孕而生也，乃天帝所感，非繇帝嚳而生，《詩·頌》可證，辯詳下疏。**作《帝告》、《釐荴》。**【注】帝，黑帝也，偰之所自出也。從先王凥，故告先王并告先王所自出之帝，故篇名《帝告》。「告」或爲「誥」，古今字也。釐，理也。荴，肥美也。治理亳之土地，使之肥美，故以《釐荴》名篇。【疏】《詩·商頌》云「天命玄鳥，降而生商」，鄭君箋云「天使乙下而生商者，謂乙遺卵，娀氏之女簡狄吞之而生偰，爲堯司徒，有功，封商」，《長發》詩云「有娀方將，帝立子生商」，箋云「帝，黑帝也」，然則簡狄之生偰乃黑帝之所感生，故云「帝，黑帝也，偰之所自出也」。黑帝者，北方水帝叶光紀也。從先王凥當告先王，而篇名《帝告》，偰則未有帝偁，故以爲「告先王并告先王所自出之帝」。僞孔傳以上文「先王」爲帝嚳，于此雖不解「帝」字，推其意蓋亦以爲帝嚳矣。案：簡狄吞乙卵而生偰，猶姜嫄履大人迹而生后稷，稷、偰皆非帝嚳所生也。《詩·生民》正義引張融之言曰：「《詩》之《雅》、《頌》，姜嫄履迹而生稷，爲周始祖；有娀以玄鳥生商，而偰爲元王。即如毛傳、《史記》之説，嚳爲稷、偰之父，帝嚳聖夫，姜

❶「窋」，原作「窟」，今據近市居本改。

嫄正妃，配合生子，人之常道，則《詩》何故但歎其母不美其父而云『赫赫姜嫄，其德不回。上帝是依，是生后稷』？周、魯何特立姜嫄之廟乎？」予以融之言善矣，雖然，猶未盡也。若稷、偰果爲帝嚳之子，則稷之始生何爲棄之隘巷、棄之平林、棄之寒冰乎？正以履帝武而孕，未有人道而生子，事出非常故也。不然，《周禮·大司樂》何以有「亯先妣之樂」？《商頌》何云「有娀方將」？豈商、周之子孫皆知有母而不知有父乎？且《閟宮》之詩美姜嫄之德，直云「上帝是依，无菑无害。彌月不遲，是生后稷」明明言上帝依之而褢妊，終人道十月而生稷，則「依」謂依姜嫄之身，不得如毛傳「依其子孫」之説矣。《生民》、《閟宮》之詩皆子孫道其先祖之事，豈不知之審而言之信乎？推之「玄鳥生商」，事類正同，則偰非帝嚳所生明矣，故此篇名《帝告》不得以「帝」爲帝嚳也。難者曰：稷、偰既非帝嚳所生，曷爲商、周皆禘嚳乎？應之曰：以姜嫄、簡狄皆帝嚳之妃，故商、周皆推嚳爲遠祖，因之以配天，于圜丘之禘祭。譬猶漢之劉媪感赤龍而生高帝，及高帝有天下，尊太公爲太上皇，死則立廟而祭之，情事適同禘嚳之禮，不足以爲難也。云「『告』或爲『誥』，古今字也」者，據《史記·殷本紀》云「作《帝誥》」，鄭注《禮記·緇衣》云「告，古文誥」，然則「告」爲古字，「誥」乃今字，故云「古今字也」。《汨作·敘》云「帝釐下土方」，馬注云「釐，理也」，《國語·魯語》曰「茷土之民不材」，韋昭注云「茷，肥美也」，茲始凥亳當有治理田土之事，則篇名《釐茷》，其文蓋言治理亳土之事，故訓「釐」爲「理」、「茷」爲「肥美」也。《史記》无《釐茷》篇目。

湯征諸侯，葛伯不祀，湯始征之，作《湯征》。【注】《孟子》曰：「湯凥亳，與葛爲鄰。葛伯放而不祀，湯使人問曰：『何爲不祀？』曰：『無以共犧牲。』湯使遺之牛羊，葛伯食之，猶不祀。湯又使人問之，曰：『无以共粢盛。』湯使亳衆往爲之耕，老弱饋食。葛伯率其民，要其有酒食黍稻者奪之，不授者殺之。有僮子以黍肉餉，殺而奪之。爲其殺是僮子而征之。」是其事也。雖然，聲竊疑焉：豈葛之君民前此皆不粒食乎？且越竟而耕，朝往莫反，餉者日再，孰有不能，毋乃不察之説乎？《孟子》質言无疑，姑存其説云爾。共，居容反。遺，唯季反。齍，子夷反。盛，氏征反。爲之、爲其，並于睡反。饋食、酒食，並夕吏反。餉，式尚反。【疏】引《孟子》者，《滕文公下》篇文也。晉時有皇甫謐者，據此文以駁鄭君亳即偃師之説，以《地理志》梁國寧陵之葛鄉爲葛伯之國，去偃師八百里，不宜使衆往耕，因以梁國之穀孰爲湯所都之亳。檢《漢書・地理志》，梁國无寧陵，亦无穀孰，謐蓋據晉世之《志》乎？姑不置辯。即如其説，亳必近葛乃可往耕，然終是兩國，湯地方七十里，葛之爵，伯也，其國當不亞于湯，耕者朝往莫反，且又日必再餉，唯于兩國接壤之處二三里之閒乃可爾。不然，孰必發民尻于其國，毋乃彼此騷擾乎？韋乎人情，遠乎事宜，湯豈其然？《孟子》之言未可深信，謐安得據之以駁鄭君乎？兹猶引其文者，以是備説所由伐葛之故，姑備録之，而附志所疑以論焉。

伊尹去亳適夏，既醜有夏，復歸于亳，【注】醜，惡也。湯貢伊尹于桀，既而伊尹惡夏无道，復歸于湯。惡，烏路反。【疏】《説文・鬼部》云「醜，可惡也」，故云「醜，惡也」。昭二十八年《左傳》云「惡直醜正，實蕃有徒」，是「醜」、「惡」同誼也。云「湯貢伊尹于桀」者，《孟子・告子》篇云「五就湯、五就桀者，伊尹也」，趙岐注云「伊尹爲湯見貢于桀，不用而歸湯」，故知伊尹之適夏是湯貢之于桀也。案：《禮記・䠶誼》古者諸侯有貢士于天子之制，湯爲夏之諸侯，故貢伊尹于桀。**入自北門，乃遇女鳩、女房，**房，正義本作「方」，兹从《史記》。【注】乃，衍字也。不期而會曰遇。女鳩、女房，湯二臣名。【疏】云「乃，衍字也」者，《史記》録此无「乃」字，據文亦無庸有此「乃」字，且覺無有尤安帖，不敢擅删，姑存之而曰爲衍字可也。云「不期而會曰遇」者，《穀梁》隱八年傳文。云「女鳩、女房，湯二臣名」者，伊尹既入亳之北門而遇之，則自是湯之臣矣。**作《女鳩》、《女房》。**

湯既勝夏，欲遷其社，不可，遷，七然反，隸古定本如此。【注】鄭康成曰：「犧牲既成，齍盛既絜，祭以其時，而旱暵水溢，則變置社稷。當湯伐桀之時，大旱，既致其禮祀，明德以薦，而猶旱至七年，故湯遷柱而以周棄代之，欲遷句龍，以无可繼之者，于是故止。」絜，❶今臬反。暵，黑案反。句，果侯反。

【疏】注見《周禮·大宗伯》疏，又略見正義，兹合而緝之。「犧牲既成」云云至「變置社稷」，《孟子·盡心》篇文也。云「當湯伐桀之時，大旱」者，《吕氏春秋·順民》篇云「昔者，湯克夏而正天下，天大旱五年不改。湯乃以身禱于桑林」，據言「五年不改」，而鄭君云「旱至七年」者，伏生《大傳》云「湯大旱七年，禱于桑林之社，而雨大旦」，《漢書·鼂錯傳》亦云「湯有七年之旱」，然則言「五年」者，誤也。云「故湯遷柱而以周棄代之，欲遷句龍，以无可繼之者，于是故止」者，昭二十九年《左傳》云「共工氏有子曰句龍，爲后土，后土爲社。稷，田正也。有烈山氏之子曰柱，爲稷。自夏以上祀之。周棄亦爲稷，自商以來祀之」，《禮記·祭法》云「厲山氏之有天下也，其子曰農，能殖百穀。夏之衰也，周棄繼之，故祀以爲稷。共工氏之霸九州也，其子曰后土，能平九州，故祀以爲社」，考之《國語》，則「厲山氏之子曰農」者，即「有烈山氏之子柱」是也。湯時大旱七年，據《左傳》言「自商以來」，《祭法》言「夏之衰」，正當湯時，明以久旱故遷柱也。此言「欲遷其社，不可」，《左傳》、《祭法》皆不言變社，明柱則遷之，社則以

❶「絜」，原作「契」，今據近市居本改。

无可代句龍者，故不可遷，于是止也。**作《夏社》、《疑至》、《臣扈》。**【注】《夏社》者，蓋讓責社神之詞。《疑至》未聞焉。臣扈，人名也。馬融説「聖人不可自專，復用二臣自明」，然則疑至亦人名與？三篇皆亡，不可考矣。先後之次：《湯誓》宜先，《典寶》次之，此三篇又次之，乃後次以《仲虺之誥》及《湯誥》。今如此弟，未聞其説。復，房柚反。與，云如反。【疏】云「《夏社》者，蓋讓責社神之詞」者，《周禮·太祝》「掌六祈以同鬼神示」，「五曰攻，六曰説」，鄭注云：「祈，嘄也，謂爲有災變，號呼告于神以求福。攻、説則以詞責之，攻如其鳴鼓然。」案：言「鳴鼓」則如昭十九年《左傳》云「日有食之，天子伐鼓于社」是也，然則有災變則有讓責社神之事。茲以大旱，故欲遷社神，以无可代者而止，自必有詞説以責之。《書》以《夏社》名篇，自是讓責社神之詞矣。弟《書》亡无考，疑事毋質，故云「蓋」也。《疑至》名篇之誼則不可曉，故云「未聞焉」。「臣扈」則是湯之臣名「扈」者，故云「人名也」。《君奭》篇言太戊時有臣扈，未審即是其人否。馬融説見正義。云「復用二臣自明」，則似以「疑至」、「臣扈」爲二人矣，故云「然則疑至亦人名與」？云「與」者，不能深信馬説而爲疑詞也。僞孔本此敘在《湯誓》之後，正義言鄭君等注此敘在《湯誓》之上，今从鄭本，故先列此敘。然其次弟實爲未安，故辯之云「先後之次：《湯誓》宜先，《典寶》次之，此三篇又次之，乃後次以《仲虺之誥》及《湯誥》」。知當然者，《湯誓敘》言「伐桀」，「遂與桀戰」，《典寶敘》言「夏師敗績」，則是既戰而敗，故《湯誓》宜先，《典寶》次之。此敘言「既勝夏」，則是既敗夏師之後，故此三篇宜次《典寶》。《仲虺之誥·敘》云「湯歸自夏」，是既勝夏而歸也，《湯誥·敘》云「復歸于亳」，則歸而至國矣，故此三篇之後當次以《仲虺之誥》及《湯誥》也。故《殷本紀》録此諸篇之敘先《湯誓》，次《典寶》，又次《夏社》而无《疑至》、《臣扈》篇目，次則《仲虺之誥》，次則《湯誥》，是順敘文而爲之次也。今以此敘列《湯誓》之前，《典寶》次《咸有一德》之後，失先後之宜，不審何以如此，故云「今如此弟，未聞其説」。或曰：然則何不更其弟而必从鄭本乎？曰：鄭本篇次是古文之次也。知者，以鄭注《成王政·敘》云「此伐淮夷與踐奄，是攝政三年伐管、蔡時事，編篇于此，未聞」，是可知鄭君悉遵古文篇弟，雖疑其先後失次不敢更也，予何敢擅更之乎？

伊尹相湯伐桀，升自栭，遂與桀戰于鳴條之野，相，息恙反。栭，人之反，僞孔本作「阝」傍「而」，《說文》所無，不可書也。案：「六書」假借之説曰「本无其字，依聲託事」，康成有言曰「倉卒无字，或以音類比方，叚喈爲之，趣于近之而已」，然則同聲之字即可叚喈，「栭」亦「而」聲也，且《說文》云「栭，屋枅上標也」，《爾雅》曰「栭謂之格」，則「栭」又高峻之處，與「升」誼合，姑叚喈「栭」字。【注】**栭，蓋氏阪之名，未聞所在，蓋自昆吾之夏所經之路也。鄭康成曰：「鳴條，南夷地名。」**阪，甫遠反。【疏】言「升自栭」，則「栭」是高峻處所，故以爲氏阪之名。以无它證，不敢質言，故曰「蓋」也。僞孔傳云「栭在河曲之南」，兹云「未聞所在」者，蓋僞孔氏欲言湯升道從栭，出其不意，故指實以爲在河曲之南，見非伐桀所經之正路。夫王者之師豈掩人不備哉？僞孔邪說不可信也。則云「栭在河曲之南」又惡足據？且「栭」之爲地名，傳記无文，故云「未聞所在」。云「蓋自昆吾之夏所經之路也」者，《長發》詩云「韋顧既伐，昆吾夏桀」，鄭君箋云「三國黨于桀，惡，湯先伐韋、顧，克之，昆吾、夏桀則同時伐也」，《殷本紀》云「伊尹從湯，湯自把戉以伐昆吾，遂伐桀」，僞孔氏解此「升自栭」造爲「出其不意」之邪説，或者「栭」非自亳適夏之路，故推以爲「自昆吾而來所經之路也」。以无正據，故云「蓋」以疑之。鄭注見正義。《孟子·離婁下》云「舜生于諸馮，栖于負夏，卒于鳴條，東夷之人也」，則鳴條似東夷之地。鄭云「鳴條，南夷地名」

者，蓋《孟子》下文言「文王生于岐周，卒于畢郢，西夷之人也」，然則以舜爲東夷之人，乃對西夷而言東夷，非謂東方九夷也，安得據此而遂以鳴條爲東夷地乎？且《孟子》下文又言「地之相去也，千有餘里」，據岐周畢郢而東千餘里，其去東夷正不止千餘里，則鳴條安得在東夷乎？《史記》言「舜三十九年南巡守，崩于蒼梧之野」，《禮記·檀弓》篇亦言「舜葬于蒼梧之野」，蒼梧固南夷地也，孟子言「舜卒于鳴條」，則鳴條當在蒼梧，是南夷地矣。**作《湯誓》。**【疏】《堯典》正義言鄭以《湯誓》在《臣扈》後，于百篇弟二十九，玆从鄭本篇次，故列于此。

湯歸自夏，至于大冂，仲虺作誥。冂，居熒反，正義本作「坰」，同。【注】大冂，或爲「泰卷」。仲虺，湯左相也。「虺」字或作「蘬」。卷，居轉反，又渠弲反。相，悉恙反。【疏】云「大冂，或爲『泰卷』」者，據《殷本紀》云「湯歸至于泰卷陶中𤳳作誥」，徐廣《音義》云「一无此『陶』字」，然則此敘「大冂」即彼文「泰卷」，「大」讀當爲「泰」，「冂」聲轉爲「卷」也。「𤳳」字《説文》所无，其或「𤴐」字之譌與？抑「壘」字之譌與？不知其字，不敢據以改「虺」字也。定元年《左傳》云「仲虺居薛，以爲湯左相」，故云「仲虺，湯左相也」。云「『虺』字或作『蘬』」者，《郇子·堯問篇》云「其在仲蘬之言也」云云，楊倞注云：「仲蘬，即仲虺，湯左相也。」

湯既黜夏命，黜，丑律反。【注】黜，貶下也。「黜」或作「絀」。貶，必斂反。下，行嫁反。絀，丑律反。【疏】云「黜，貶下也」者，《説文·黑部》文也。云「『黜』或作『絀』」者，《殷本紀》云「既絀夏命」，「絀」、「黜」古字通也。

復歸于亳，作《湯誥》。

伊尹作《咸有壹德》。【疏】《堯典》正義云：「鄭以《咸有一德》爲在《湯誥》後，于百篇爲弟三十二。」案：《殷本紀》于《湯誥》之下即云「伊尹作《咸有一德》」，蓋鄭傳賈、馬之學乃孔氏古文也，而司馬遷嘗從孔安國問故，亦以此篇次《湯誥》後，則是孔氏古文之次如此。且據《禮記·緇衣》兩引此篇之文，三復其文，即可知是成湯時書矣，其次固應在《湯誥》後。僞孔氏別造一篇作伊尹告太甲語而以次《太甲》後，妄甚。

夏師敗績，湯遂伐三朡，僞孔本「遂伐」上有「遂從之」三字，茲據《史記》刪之。朡，子公反。【注】大崩曰敗績。傳說「三朡，國名。今定陶也」，蓋是也。鄭康成說以《伊訓》曰「征是三朡」。【疏】云「大崩曰敗績」者，莊十一年《左傳》文，言功績大崩壞也。云「傳說『三朡，國名，今定陶也』，蓋是也」者，以言「伐三朡」，則「三朡」自是國矣；《續漢書·郡國志》泲陰郡定陶縣有三鬷亭，「三鬷」即「三朡」也，則以定陶當三朡所在不爲無據，故云「蓋是也」。以是僞孔氏之說，姑云「蓋」以疑之。偁「鄭君說」者，《堯典》正義謂鄭注《典寶》引《伊訓》云「載孚在亳」，又曰「征是三朡」。案：孔氏古文有《伊訓》篇，鄭君猶及見之，故得引其文，今則亡矣。「征」即「伐」也，鄭君必于此引「征是三朡」以證「伐三朡」，而于下注乃引「載孚在亳」以證「俘厥寶玉」也。

俘厥寶玉，【注】鄭康成說以《伊訓》曰「載孚在亳」。聲謂：「孚」、「俘」同字，古文省爾。俘，取也。省，色景反。【疏】鄭注所出已詳上疏。「聲謂『孚』、『俘』同字，古文省爾」者，鄭君引《伊訓》「載孚在亳」以注此文，可知「載孚」之「孚」即此「俘厥寶玉」之「俘」，古文省去「俘」之「人」傍而爲「孚」爾，故云「『孚』、『俘』同字」。「俘，取」，《釋詁》文。

義伯、仲伯作《典寶》。義，牛奇反，僞孔本作「誼」，《釋文》云「本或作義」，茲據《史記》定从「義」。【注】義，讀如「威義」之「義」。義伯、仲伯，湯之二臣。【疏】《說文·我部》云「義，己之威義也，从我从羊」，然則「義」本是「威義」字。而必云「義，讀如『威義』之『義』」者，蓋今人書「威義」字皆作「儀」而以「義」爲「仁誼」之「誼」，不復識「義」爲「威義」字矣，此敍「義」字僞孔本作「誼」，恐人據僞孔本而讀「義」爲「誼」，故必正其讀也。《堯典》正義偁鄭注《書敘》中逸書二十四篇之目：《咸有一德》十七，《典寶》十八，《伊訓》十九。故知篇弟當在此。

咎單作《明凥》。咎，果凥反。單，上展反，後「咎單」同。【注】馬融曰：「咎單，湯司空也。明凥，民之法也。」【疏】注見《史記·殷本紀》注。云「咎單，湯司空也」者，案：《禮記·王制》鄭君以爲殷制，其文云「司空執度度地，凥民山川沮澤，時四時」，則「凥民」是司空之事，此以《明凥》名篇，是明凥民之法咎單作之，則咎單爲司空官矣。《王制》又云「凡凥民，量地以制邑，度地以凥民，地邑民凥必參相得也。无曠土，无游民，食節事時，民咸安其凥」，此凥民之法，「明凥」謂明是灋也。

成湯既殁，太甲元年，伊尹作《伊訓》、《肆命》、《徂后》。【注】成湯之殁久矣，于此言「成湯既殁」者，蓋三篇皆偁成湯，故推本之爾。鄭康成曰：「《肆命》者，敶政教所當爲也。《徂后》者，言湯之法度也。」【疏】云「成湯之殁久矣」者，《孟子·萬章》篇云「湯崩，太丁未立，外丙二年，仲壬四年，太甲顛覆湯之典荆」，則成湯之殁距太甲元年中隔兩君，歷有年所，此言「成湯既殁，太甲元年」者，特推本成湯之殁爲言，非謂湯殁之後即爲太甲元年也。僞孔氏乃云「湯殁而太甲立，偁元年」，誣前王而紿後學，誕妄甚矣。兹故云「成湯之殁久矣」，所以祛僞孔氏之妄也。若然，則止言「太甲元年」可矣，乃必言「成湯既殁」，故又申言其意云「蓋三篇皆偁述成湯，故推本之爾」。知「三篇皆偁述成湯」者，《伊訓》是訓戒嗣王，必偁成湯之訓，《肆命》是敶政教所當爲，自是湯之政教，《徂后》則是既往之君，固是謂湯也；三篇必皆偁述成湯也。以經亡无考，不敢質言，故云「蓋」也。鄭注見《殷本紀》注。云「《肆命》者，敶政教所當爲也」者，「肆」之言「敶」，❶「命」即「政教」也。云「《徂后》者，言

❶ 「肆之言敶」至「言湯之法度也者」二十字原脱，今據近市居本及注文補。

湯之法度也」者，徂，往也，后，君也，已往之君，則是湯也，以是名篇，故知言湯之法度。

太甲既立，不明，伊尹放諸桐。【注】鄭康成曰：「桐，地名也，有王離宮焉。」【疏】注見《殷本紀》注。云「有王離宮焉」者，《殷本紀》言「伊尹放之于桐宮」，又言「帝太甲居桐宮三年」，是桐有離宮也。**三年復歸于亳，**【注】《孟子》曰「太甲悔過，自怨自𢘓，于桐處仁栖誼，三年，以聽伊尹之訓己也，復歸于亳。𢘓，牛吠反，《孟子》作「艾」，叚借字也。《説文》云「艾，冰臺也」，「𢘓，懲也」，據是則當作「𢘓」。【疏】引《孟子》者，《萬章》篇文。**思庸，**【注】傳曰「念常道」。【疏】《釋詁》云「念，思也」、「庸，常也」，經言「思庸」，僞孔傳解云「念常道」，姑用其誼。**伊尹作《太甲》三篇。**

沃丁既葬伊尹于亳，【注】沃丁，太甲子。【疏】《殷本紀》云「褒帝太甲偁太宗。太宗崩，子沃丁立」，故云「沃丁，太甲子」，《漢書・古今人表》亦以沃丁爲太甲子。**咎單遂訓伊尹事，**【注】「訓」之言「順」也，謂順承伊尹之事。【疏】《廣雅》云「訓，順也」，故云「『訓』之言『順』也」。《烈文》詩云「四方其訓之」，鄭君箋云「天下諸侯順其所爲」，是亦解「訓」爲「順」也。**作《沃丁》。**

伊陟相太戊，相，息恙反。【注】馬融曰：「太戊，太甲子。」【疏】案：《殷本紀》云「沃丁崩，弟太庚立。帝太庚崩，子帝小甲立。帝小甲崩，弟雝己立。帝雝己崩，弟太戊立」，然則太戊是沃丁弟太庚之子，故《漢書・古今人表》云「太庚，沃丁弟。小甲，太庚子。雝己，小甲弟。太戊，雝己弟」。馬云「太戊，太甲子」，與《史記》、《漢書》異者，蓋《史記》敘商家世系，《本紀》與《世表》微有不同，《三代世表》云「帝太庚，沃丁弟。帝小甲，太庚弟。帝雝己，小甲弟。帝大戊，雝己弟」，是則沃丁至太戊皆太甲之子也。《世表》、《本紀》同出一人之手而互相韋異，今末由考定其孰是，馬則據《世表》爲説也。**亳有祥，桑、穀共生于朝，**朝，直佋反。【注】祥，凶祥也。桑、穀，二木名。傳曰：「俱生于朝，七日而大共，伊陟教以修德而木枯。」共，君甬反，俗輒作「拱」。【疏】云「祥，凶祥也」者，祥有吉有凶，《禮記·中庸》曰「國家將興，必有禎祥」，是吉祥也，《周易·豐》上六《象》曰「天降祥也」，孟喜注云「天降下惡祥也」，是凶祥也；此「桑、穀共生」，劉向以爲「艸祆」，故以爲凶祥也。《説文·叒部》云「桑，蠶所食葉木，从叒、木」，《木部》云「穀，楮也，从木，𣪊聲」，故云「桑、穀，二木名」。「傳曰」云云，出《漢書·五行志》。《五行志》先引此敘，繼引此傳，則此傳其或孔安國之《尚書》傳與？抑或《五行傳》與？不可知矣。云「七日而大共」者，兩手搤之曰「共」，生七日而大盈兩手也。《殷本紀》言「一莫大共」與此不同，未知孰是。云「伊陟教以修德而木枯」者，《殷本紀》云「太戊問伊陟，伊陟曰：『臣聞祆不勝德，帝之政其有闕與？帝其修德。』太戊从之，而祥桑枯死」，是其事也。案：伏生《大傳·高宗之訓傳》云「湯之後，武丁之前，王道不振，桑、穀俱生于朝，七日而大共。武丁召其相而問焉，其相曰：『吾雖知之，吾不能言也。』問諸祖己，曰：『桑、穀，理艸也。野艸生于朝，亡乎？』武丁側身修行，思先王之政，興滅國，繼絶世，舉逸民，明養老之禮。諸侯重譯來朝者六國」，又劉向《五行傳》以爲高宗怠于政事，故桑、穀之異見，皆以「桑、穀共生」爲高宗時事，與此敘不合，豈高宗時又有此異與？抑誤與？**伊陟贊于巫咸，**【注】贊，説也。《國語》曰：「古者，民之精爽不懾貳者，而又能齊肅中正，其知能上下比誼，其聖能光遠宣朗，其明能光照之，其聰能聽徹之，如是則神明降之。在男曰覡，在女曰巫，是使制神之處位次主，而爲之牲器時服。」然則古之巫靈矣。咸爲巫官，故伊陟爲説桑、穀之祥，使禳除之。齊，夕犀反，或讀側皆反。知，中豉反。覡，夷益反。爲説，爰睡反。【疏】《漢書·

郊祀志》引此敘文，孟康注云：「贊，説也，謂伊陟説其意也。」案：敘意是伊陟爲巫咸説，康言謂伊陟説其意，似與此敘韋反，故但節取其訓誼而已。引《國語》者，《楚語》文也。云「其明能光照之，其聰能聽徹之」者，言其能見鬼神之形，聞鬼神之聲也。成十年《左傳》云「晉侯夢大厲，被髮及地，搏膺而踊，曰：『殺余孫不誼，余得請于帝矣。』壞大門及寢門而入，公懼，入于室，又壞户。公覺，召桑田巫，巫言如夢」，是足證巫能見鬼神且聞其言也。云「在男曰覡，在女曰巫」者，蓋對文則異其名，散文則男女皆可偁「巫」也。《周禮·春官》有「司巫」，掌群巫之政令，其屬有「男巫」、「女巫」，是「巫」爲男女之通偁，其官名必偁「巫」不言「覡」，是故咸偁「巫咸」也。如《國語》之言，則古之巫、覡儼若神𩆜，故云「然則古之巫𩆜矣」。《説文·玉部》云「𩆜，𩆜巫以玉事神，从玉，霝聲」。或作靈，❶从巫」，是巫必𩆜也。屈大夫《離騷》云「巫咸將夕降兮，褱茮糈而要之」，則咸之爲巫𩆜可知矣。**作《咸𨐨》四篇。**𨐨，僞孔本作「乂」，《史記》作「艾」，皆通唶字也，依本字則當作「𨐨」。【注】𨐨，治也。《史記》曰「巫咸治王家有成，作《咸艾》，作《太戊》」，然則此當有《太戊》篇目也。蓋古文重字不再書，止于字下加二畫而已，下云「太戊贊于伊陟」承此敘之下，「太戊」字下蓋皆有二畫作重文以兩屬，俗儒疏忽，誤作單文以專屬下敘，則此遂闕《太戊》篇目矣。重，直容反。【疏】「𨐨，治」，《説文·辟部》文。引《史記》者，《殷本紀》文也。云「巫咸治王家有成，作《咸艾》」者，釋篇名《咸艾》之意也。《周書·君奭》云「巫咸𨐨王家」，是《史記》所本也。云「作《太戊》」，則《太戊》亦《書》篇名，故云「然則此當有《太戊》篇目也」。今此敘无《太戊》，故又推

❶「靈」，原作「𩆜」，今據近市居本改。

詳其所繇闕《太戊》之故焉。云「蓋古文重字不再書，止于字下加二畫而已」者，王俅《嘯堂集古録》載《齊侯鐘》銘，其文有再言「都俞」而不重出「都俞」字，止于「都」字、「俞」字下各加二畫，是其證也。云「下云『太戊贊于伊陟』承此敘之下，『太戊』字下蓋皆有二畫作重文以兩屬」者，古書敘、目皆合于一，其分異之處聯文承接，不提行別起，今《逸周書·敘》猶然，是可證也，則此書之敘亦如是矣；據《史記》之文，則此敘當云「作《咸乂》四篇、《太戊》」，如《虞夏書·敘》「作《汨作》、《九共》九篇、《槀飫》」之迾，而下又有「太戊」之文，依古文篆籀之迾，則必不重出「太戊」字，止于「太」字、「戊」字下各加二畫而已。如是，則容有不察而切作單文之誤，故云「俗儒疏忽，誤作單文以專屬下敘，則此遂闕《太戊》篇目矣」。

太戊贊于伊陟，作《伊陟》、《原命》。【注】《史記》曰「帝太戊贊伊陟于廟，言弗臣。伊陟攘，作《原命》」，然則不應有《伊陟》篇目也，蓋俗儒誤闕《太戊》一篇，因而曾《伊陟》之目以足百篇之數爾。「贊伊陟」者，命伊陟也。伊陟謙攘不敢受命，因再命之，故曰《原命》。「原」之言「再」也。馬融以爲「原，臣名也。命原以禹、湯之道，我所修也」，豈其然乎！【疏】引《史記》者，亦《殷本紀》文。云「然則不應有《伊陟》篇目也」者，據《史記》言「伊陟攘，作《原命》」，則「伊陟」非《書》篇名，此特《原命》一篇之敘爾。案：孔氏古文有《原命》篇，據《漢書》，司馬子長嘗從安國問故，《史記》所載《尚書》多古文説，然則子長必親見《原命》篇文矣。此云「太戊贊伊陟于廟，言弗臣。伊陟攘，作《原命》」必依此篇經文爲説，據是則可知无《伊陟》篇目矣。云「蓋俗儒誤闕《太戊》一篇，因而曾《伊陟》之目以足百篇之數」者，僞孔氏又僞作《連叢子》，託爲孔臧與安國書，有云：「世儒皆謂《尚書》二十八篇，應二十八宿，安知乃有百篇邪？」是僞孔氏亦謂《尚書》有百篇也；于上敘誤闕《太戊》一篇，則不滿百篇之數，因于此曾《伊陟》以足其數爾。云「『贊伊陟』者，命伊陟也」者，凡君册命其臣必于廟中，《史記》言「太戊贊伊陟于廟，言弗臣」，則是命伊陟也。云「『原』之言『再』也」者，《釋言》云「原，再也」。命伊陟而伊陟攘，乃作《原命》，以是知「原命」爲「再命」也。馬注見《殷本紀》注。案：孔氏逸《書》有《原命》篇，而馬融《書敘》云「逸十六篇絶無師説」，蓋逸《書》至東漢時頗有散佚，馬君或未之見。其以「原」爲臣名，謂「命原以禹、湯之道，我所修也」者，蓋以《原命》名目與《説命》、《畢命》、《臩命》等相似，《説命》命傅説，《畢命》命畢公，《臩命》命伯臩，因仿之而爲言。此以意説《書》，與《史記》大相韋異，必非名篇之意，故直斥其非，曰「豈其然乎」。

仲丁拪于囂，作《仲丁》。 囂，兀蒿反。【注】仲丁，太戊子。囂，地名也，讀若《詩》云「搏狩于敖」之「敖」。【疏】云「仲丁，太戊子」者，《殷本紀》言「太戊偁中宗。中宗崩，子帝仲丁立」，是仲丁爲太戊之子也。云「囂，地名也，讀若《詩》云『搏狩于敖』之『敖』」者，「搏狩于敖」，《小雅・車攻》文也，毛公傳云「敖，地名」，鄭君箋云「狩田獵搏獸也。敖，鄭地，今近滎陽」。《水經》七卷酈元注云「沸水又東，徑敖山北，《詩》所謂『薄狩于敖』者也。其山上有城，即殷帝仲丁之所遷也」，然則此敘之「囂」即《車攻》詩之「敖」，故引《詩》以正其讀，于以著明共處所也。案：《水經注》所引及張平子《東京賦》皆作「薄狩于敖」，今《詩》則作「搏獸于敖」，此引云「搏狩于敖」者，从徐堅《初學記》二十卷所引也。惠先生曰：「『狩』本古『獸』字。何休《公羊》桓四年注云『狩，猶獸也』，《淮南・覽冥訓》曰『狡蟲死』，高誘注云『蟲，狩也』。蓋《毛詩》作『狩』，故鄭氏箋云『田獵搏獸』也，若《詩》作『搏獸』，則鄭君之箋不以贅乎？」聲案：《張遷碑》云「張釋之建忠弼之暮，帝游上林，問禽狩所有」，據《史記・張釋之列傳》帝實問「禽獸」，《漢書》亦然，是碑亦以「狩」爲「獸」也，然則今《詩》作「搏獸」者，俗儒所改，古本實作「搏狩」，❶吾从

❶「本」，原重文，今據近市居本删。

古可也。

河亶甲尻相，作《河亶甲》。【注】河亶甲，仲丁弟。相，地名。【疏】云「河亶甲，仲丁弟」者，《史記·三代世表》云「帝外壬，仲丁弟。帝河亶甲，外壬弟」，又《殷本紀》云「帝仲丁崩，弟外壬立。帝外壬崩，弟河亶甲立」，據外壬爲仲丁弟，而河亶甲爲外壬弟，則亦仲丁之弟矣。注不云「外壬弟」而直云「仲丁弟」者，以外壬于此无文，仲丁則上篇即是，承上篇而爲言也。云「相，地名」者，《漢書·地理志》沛郡有相縣，蓋其地也。

祖乙圮于耿，作《祖乙》。【注】祖乙，河亶甲子。馬融曰：「圮，毀也。」鄭康成曰：「祖乙又去相尻耿，而國爲水所毀，于是修德以禦之，不復徙也。録此篇者，善其國圮毀，改政而不徙。」復，房富反。善，十戰反。【疏】《殷本紀》云「河亶甲崩，子帝祖乙立」，故云「祖乙，河亶甲子」。馬注見《釋文》。「圮，毀」，《釋詁》文。鄭注見正義。云「祖乙又去相尻耿，而國爲水所毀」者，文承「尻相」之下而言「圮于耿」，明是去相尻耿而國圮也。云「于是修德以禦之，不復徙也」者，上栖囂、尻相敘歷言之，此「圮于耿」之下无栖文，故知不復徙也。僞孔傳言「圮于相，栖于耿」，明背敘文，馮肊妄説，非也。

般庚五栖，將治亳殷。【注】五栖者，湯栖亳，仲丁栖囂，河亶甲栖相，祖乙栖耿，及般庚栖殷而五也。鄭康成曰：「祖乙尻耿，後奢侈踰禮，土地迫近山水，嘗圮焉。至陽甲立，般庚爲之臣，乃謀徙尻湯舊都，治于亳之殷地。商家自此徙而改號曰殷。」【疏】云「湯栖亳，仲丁栖囂，河亶甲栖相，祖乙栖耿」者，據以上諸篇之敘也。鄭注見正義及《殷本紀》注。云「祖乙居耿，後奢侈踰禮」者，謂後世奢侈，非謂祖乙奢侈也。知者，《殷本紀》云「帝祖乙立，殷復興」，然則祖乙賢君，奢侈必不謂祖乙也。云「至陽甲立，般庚爲之臣，乃謀徙尻湯舊都，治于亳之殷地」者，《殷本紀》云「帝陽甲崩，弟般庚立」，則陽甲乃般庚之兄，當陽甲之時，般庚爲之臣也；經言「王命衆悉至于廷」，是般庚傳王命，故鄭君以此上篇爲般庚爲臣時事，則此「治亳殷」是陽甲之世般庚爲臣時事也。云「商家自此徙而改號曰殷」者，湯有天下之號曰商，而此中篇經云「殷降大虐」，《西伯戡黎》云「天既訖我殷命」，又《詩・商頌》云「殷受命咸宜」，皆謂商爲殷，明是繇徙于殷而改偁殷也。正義引束晳之言云「將治亳殷，孔子壁中《尚書》云『將始宅殷』」，案：鄭氏《尚書》乃孔氏古文本，鄭言「治于亳之殷地」，則孔子壁古文必不作「將始宅殷」。束晳妄人，好爲詭説以亂經，不可不辯。**民咨胥怨，**【注】鄭康成曰：「民尻耿久，奢淫成俗，故不樂徙。」樂，勒各反。【疏】注見正義。**作《般庚》三篇。**【注】馬融曰：「不言《般庚誥》何？非但録其誥也，取其徙而立功，故以《般庚》名篇。」【疏】注見《釋文》。此三篇或告臣，或告民，皆誥體也，故哀十一年《左傳》伍員引此中篇文稱「《般庚》之誥」，兹不以誥名篇，故馬君説其不稱誥之意。云「取其徙而立功」者，《殷本紀》言「般庚告諭諸侯、大臣，乃遂涉河南治亳，行湯之政。然後百姓由寧，殷道復興，諸侯來朝」，是其徙而立功也。

高宗㝱得説，使百工敻求，得之傅巖，僞孔本「敻」作「營」、「之」作「諸」，「求」下有「諸野」二字，兹从《説文》所引。説，于舌反，注及下皆同。敻，虚正反。【注】敻，營求也。説爲胥靡，築于傅巖。《孟子》曰「傅説舉于版築之閒」，《尸子》曰「傅巖在北海之州」。鄭康成曰：「得之傅巖，高宗因以傅命説爲氏。」【疏】云「敻，營求也」者，《説文・旻部》文。云「説爲胥靡，築于傅巖」者，《殷本紀》云「得説于傅險中。是時説爲胥靡，築于傅險」，「傅險」即「傅巖」也，「胥靡」者，晉灼《漢書》注云：「胥，相也。靡，隨也。古者相隨坐輕刑之名也。」引《孟子》者，《告子下》篇文，以證説之發迹于築也。《尸子》者，著書之人以其人名其書，故號《尸子》，《穀梁》桓九年傳所稱「尸子曰」即其人也。《漢書・埶文志》有「《尸子》二十篇」，本注云「名佼，魯人。秦相商君師之，鞅死，佼逃入蜀」，《後漢書・宦者傳》注云：「尸子，晉人也，名佼。秦相衛鞅客也，鞅謀計未嘗不與佼規也。商君被刑，恐并誅，乃亡逃入蜀。作書二十篇，十九篇陳道德仁誼之紀，一篇言九州險要，水泉所起也。」據班固言「魯人」而李賢以爲「晉人」，未知孰是，姑闕疑焉。其書今亡矣，兹引其文者，據正義所引也。云「傅巖在北海之州」者，蓋其「九州險要」之文也。《墨子・尚賢》篇云「昔者，傅説凥北海之州、圜土之上，衣褐帶索，庸築于傅巖之城。武丁得而舉之，立爲三公」，是傅説在北海之州也。鄭注見正義。云「高宗因以傅命説爲氏」者，《殷本紀》云「武丁遂以傅險姓之，號曰傅説」，鄭君蓋據此爲説。**作《説命》三篇。**

高宗祭成湯，有飛雉升鼎耳而雊。【注】鄭康成曰：「鼎，三公象也，又用耳行。雉升鼎耳而鳴，象視不明。天意若曰：當任三公之謀以爲政。」【疏】注見正義。云「鼎，三公象也」者，九家注《易・鼎》九四云「鼎者，三足一體，猶三公承天子也。三公調陰陽，鼎調五味」，鄭君注《易》亦云「鼎三足，三公象」。云「又用耳行」者，《易・鼎》六五云「鼎，黄耳金鉉」，虞幡注云「鉉謂三冊鼎兩耳」，鄭注《義禮・士昏禮》云「扃，所以扛鼎。今文扃作鉉」，然則「扃」、「鉉」同物，所以貫鼎耳舉行者，是鼎用耳行也。故《易・鼎》九三云「鼎耳革其行塞」，虞幡注云「坎爲耳，震爲行。鼎以耳行，伏坎、震，折而入乾，故其行塞」。云「雉升鼎耳而鳴，象視不明」者，《鴻範五行傳》曰「視之不明」，「時則有赤眚、赤祥，維水沴火」，《漢書・五行志》曰：「劉向以爲：雉雊鳴者，雄也，以赤色爲主。于《易》，《離》爲雉，雉，南方，近赤祥也。劉歆以爲羽蟲之孽。」案：劉歆視傳云「有羽蟲之孽」，然則二劉之説雖不同，皆以此雉雊爲視之不明所致，故鄭云「象視不明」。**祖己訓諸王，作《高宗融日》、《高宗之訓》。**

【疏】《大傳》云：「武丁祭成湯，有雉飛升鼎耳而雊。武丁問諸祖己，祖己曰：『雉者，野鳥也，不當升鼎。今升鼎者，欲爲用也，无則遠方將有來朝者乎？』故武丁内反諸己，以思先王之道。三年，編髮重譯來朝者六國。孔子曰：『吾于《高宗融日》見德之有報之疾也。』」案：敘言「訓諸王」謂經中「乃訓于王曰」以下之言，非如《大傳》此文所云也。然《大傳》引孔子贊美此《書》之言則自有據，蓋當時實有是言，史未録于篇爾，伏生采以爲傳，以補其遺，今姑附録于此。

殷始咎周，【注】鄭康成曰：「咎，惡也。紂聞文王斷虞、芮之訟，又三伐皆勝，而始畏惡之，拘于羑里。」惡，烏路反。斷，多亂反。【疏】注見《詩·文王》正義，又見《左傳》襄三十一年正義。「咎」是畏忌，「惡」亦「忌」也，《韓非子·難二》云「昔者，文王侵盂、克莒、舉酆，三事舉而紂惡之」，即此敘「咎周」之謂，故鄭云「咎，惡也」。云「紂聞文王斷虞、芮之訟」者，《大雅·緜》詩云「虞、芮質厥成」也，傳云：「質，成也。成，平也。虞、芮之君相與争田，久而不平，乃相謂曰：『西伯，仁人也，盍往質焉？』乃相與朝周，入其竟，則耕者讓畔，行者讓路。入其邑，男女異路，頒白者不提挈。入其朝，士讓爲大夫，大夫讓爲卿。二國之君感而相謂曰：『我等小人，不可以履君子之廷。』乃相讓以其争田爲閒田而𢓴。天下聞之而歸者四十餘國。」是其事也。云「又三伐皆勝，而始畏惡之」者，據《韓非子》則「三伐」謂侵盂、克莒、舉酆也；又伏生《大傳》云「文王受命，一年斷虞、芮之訟，二年伐邘，三年伐密須，四年伐犬夷，五年伐耆」，案：《大傳》以「戡黎」爲「戡耆」，則「伐耆」即「戡黎」也，戡黎之前有伐邘、伐密須、伐犬夷三事，與《韓子》所言侵盂、克莒、舉酆文雖異而事則同。何以言之？「盂」之與「邘」音同字通，則伐邘即侵盂也；《皇矣》之詩説文王伐密之事云「爰整其旅，以按徂旅」，《孟子·梁惠王》篇引作「爰整其旅，以遏徂莒」，則伐密須即克莒也；然則畢鄗蓋因伐犬夷而舉其地，亦爲一事可知矣。故知《大傳》所云伐邘、伐密須、伐犬夷，即《韓子》所云三事也。是皆在戡黎之前，故鄭于此云「三伐皆勝」。云「拘于羑里」者，案：《戰國策》魯仲連言「紂醢鬼侯，脯鄂侯。文王聞之歎，紂乃拘之于羑里」，《史記·殷本紀》亦云然，然則紂囚文王不爲咎周之故。而鄭以爲「畏惡之，拘于羑里」者，《史記·周本紀》云「崇侯虎譖西伯于殷紂，曰：『西伯積善累德，諸侯皆向之，將不利于帝。』帝紂乃囚西伯于羑里」，據此則紂囚文王不無「畏惡之」之意。蓋《史記》二文不同者，互相備爾，非異也。據《殷本紀》言知文王之歎而告紂者，崇侯虎也，《周本紀》言譖西伯者亦崇侯虎，則「告」與「譖」是一時之言矣，安知醢鬼侯、脯鄂侯不適當文王三伐皆勝之後乎？則鄭君説與《戰國策》不翡悟也。❶又《韓非》云「文王侵盂、克莒、舉鄗，三事舉而紂惡之。文王乃懼，入洛西之地請解炮烙之刑，天下皆説」，又云「紂以其大得人心而惡之，己又輕地以收人心，是重見疑也，固其所以桎梏囚于羑里也」，是則文王之被囚實在三伐皆勝之後，鄭君説是也。**周人乘黎，**【注】鄭康成曰：「乘，勝也。紂得散宜生等所獻寶而釋文王，文王釋而伐黎，明年伐崇。」【疏】注亦見《詩·文王》正義及《左傳》襄三十一年正義。《周易·夬·象傳》云「揚于王庭，柔乘五剛也」，謂上六乘五陽也，則「乘」者加陵于其上之言，是有「勝」意，故云「乘，勝也」。云「紂得散宜生等所獻寶而釋文王」者，伏生《大傳》云「西伯既戡者，紂囚之牖里。散宜生、閎夭、南宮括三子者相與學訟于太公，太公見三子，

---

❶「翡悟」，原作「相符」，今據近市居本改。

知三子之爲賢人，遂酌酒切脯，除爲師學之禮，約爲朋友。望曰：『西伯，賢君也。』遂與三子見文王于牖里。❶散宜生遂之犬戎氏，取美馬，駮身，朱鬣，雞目者，取九六焉；之西海之瀕，取白狐，青翰；之於陵氏，取怪獸，大不辟虎狼間，尾倍其身，名曰虞；之有參氏，取美女；之江淮之浦，取大貝，大如大車之渠。陳于紂之庭，紂出見之，還而觀之，曰：『此何人也？』散宜生遂趨而進曰：『吾西藩之臣昌之使者。』紂曰：『非子辠也，崇侯也。』遂遣西伯伐崇」，是其事也。案：《大傳》言西伯既𢦟黎、耆而紂囚之，鄭于此云「文王釋而伐䣽」，相韋異者，蓋今之《大傳》乃後人所集録者，非完書，容或有誤。《詩・文王》正義引《殷傳》云「西伯得四友獻寶，免于虎口而克耆」，《殷傳》即《大傳》也，又引《大傳》云「得三子獻寶，紂釋文王，而出伐䣽」，均是《大傳》，而此兩文皆以文王伐䣽在既出羑里之後，當得其實，鄭君所據也。云「明年伐崇」者，《大傳》言文王受命「五年伐耆」，「六年伐崇」，據是而知伐崇在伐䣽之明年也。**祖伊恐，奔告于受，作《西伯𢦟䣽》。**【注】馬融曰：「受讀曰紂。」鄭康成曰：「紂，帝乙之少子，名辛。帝乙愛而欲立焉，號曰受悳，時人傳聲轉作紂爾。史掌書，知其本，故曰受。」少，式邵反。【疏】馬注見《釋文》，鄭注見正義。云「紂，帝乙之少子，名辛。帝乙愛而欲立焉，號曰受悳」者，《殷本紀》云「帝乙崩，子辛立，是爲帝辛，天下謂之紂」，是紂名辛也；《逸周書・克殷解》云「殷末孫受悳」，《呂氏春秋・當務》篇「紂之同母三人，其長曰微子启，其次曰中衍，其次曰受悳。受悳即紂也，甚少矣。紂母之生微子启與中衍也，❷尚爲妾，既而爲妻而生紂。紂之父、紂之母欲置微子启以爲太子，太史據法而爭之曰『有妻之子不可置

❶「牖」，原作「羑」，今據近市居本改。
❷「中」，原作「仲」，今據近市居本改。

妾之子』，紂故爲後」，是紂號曰受悳也。惟言「帝乙愛而欲立焉」則與《吕氏》説不合，鄭蓋别有所據，抑或以紂終得立而遂謂帝乙欲立爾。云「時人傳聲轉作紂爾」者，「受」、「紂」聲相近，偁「受悳」者或單言「受」，因而聲轉爲「紂」，《殷本紀》故曰「天下謂之紂也」。云「史掌書，知其本，故曰受」者，凡世子生既命名，必書其生年月日與名而藏之，其或爲之美號，亦在所必書，史掌文書，焉有不知？則「受悳」之號史必知之矣。弟如鄭君此言，則以此敘爲舊史之文，而鄭又謂百篇之敘孔子所作，毋乃自相矛盾乎？曰：否。蓋史官録《書》或略敘其作《書》之繇，容當有敘但未必篇篇皆有，孔子編《書》必有仍舊敘者，亦必有特作者，即可概云「孔子所作」。猶《春秋》本魯之舊史，孔子修之，遂爲孔子作《春秋》矣。

殷既錯天命，錯，七索反。【注】馬融曰：「錯，廢也。」聲謂：天實廢殷命爾。欲見紂之淫虐自絶于天，故以廢天命爲文。見，弋宴反。【疏】馬注見《釋文》。《論語·爲政》篇云「舉直錯諸枉」，「錯」對「舉」言，是有「廢」誼，故云「錯，廢也」。《西伯戡黎》云「天既訖我殷命」，是天廢殷命也，又云「惟王淫虐用自絶」，則天之廢殷命繇紂之淫虐自絶于天故爾，敘欲見此意，故言「錯天命」也。**微子作誥父師、少師。**少，式邵反。

維十有一年，武王伐殷，【注】鄭康成曰：「十有一年，本文王受命而數之，是年入戊午部四十歲矣。」聲謂：然則是年太歲在屠維大荒落也。數，色注反。【疏】鄭注見《詩·文王》正義。云「十有一年，本文王受命而數之」者，「受命」謂受天命，《康誥》云「天乃大命文王」，《詩·文王·敘》云「文王受命作周」，鄭箋云「受天命是也」，《多方》云「天惟五年，須夏之子孫」，鄭注云「五年者，文王受命八年至十三年也」，然則武王自即位至伐紂時才帀五年爾，則此言「十有一年」自是本文王受命之年數也。云「是年入戊午部四十歲矣」者，《易緯乾鑿度》云「今入天元二百七十五萬九千二百八十歲，昌以西伯受命，入戊午部二十九年」，又云「亡殷者，紂黑期火戊，倉精授命女正昌」，鄭注云「火戊，戊午部也，午爲火。必言火戊者，木精將王，火爲之將相，戊，土也，又當爲火子。又火使其子爲己塞水，是明倉精絶殷之象」，此説文王受命在戊午部之意也。案：二十九年受命，至四十歲則十二年矣，敘言「十一年」而鄭云「入戊午部四十歲」者，蓋據《中侯我應》「文王受命在季秋之月」，踰年爲元年，故十一年當戊午部四十歲也。鄭必知其然者，以武王伐紂在十三年，《國語》泠州鳩曰「昔武王伐殷，歲在鶉火」，鶉火，午次也，當周初之時，歲星在午，則太歲在未，然則十三年太歲在未也，卻而推之，此十一年太歲在巳矣；《詩·文王》正義引《三統曆》云「七十六歲爲一部，二十部爲一紀，積一千五百二十歲。凡紀首者皆歲甲寅，日甲子，即以甲子之日爲初部名，甲子，部一也；滿七十六歲，其後年初日次癸卯，即以癸卯爲部首二也；從此以後，壬午爲部三也；辛酉，部四也；庚子，部五也；己卯，部六也；戊午，部七也；丁酉，部八也；丙子，部九也；乙卯，部十也；甲午，部十一也；癸酉，部十二也；壬子，部十三也；辛卯，部十四也；庚午，部十五也；己酉，部十六也；戊子，部十七也；丁卯，部十八也；丙午，部十九也；乙酉，部二十也；是一紀之數，終而復始，❶後紀還然」，準此以推，則戊午部之前凡六部，爲歲四百五十六，❷以六十歲除之，凡七終而餘三十六，初歲甲寅，則三十六歲己丑，然則戊午部之初年庚寅歲也，其二十九年歲在戊午；文王受命以三十年己未歲爲一年，則十三年武

---

❶「終」，原作「周」，今據近市居本改。本段疏文同。

❷「五」，原作「三」，今據近市居本改。

王伐殷歲在辛未，❶乃與《國語》所言歲星在鶉火者合，則此「十一年」歲在己巳，當戊午部之四十歲也。云「然則是年太歲在屠維大荒落也」者，《釋天》云「太歲在己曰屠維，在巳曰大荒落，依鄭君説此「十一年」爲戊午部之四十歲，則己巳歲，故云然也。案：《三統曆》云「凡紀首者，皆歲甲寅，日甲子」，聲竊爲計之：一部七十六歲，爲日二萬七千七百五十九，以六十除之，凡帀四百六十二甲子，爲二萬七千七百二十日。更從甲子數至壬寅，又得三十九日，乃滿二萬七千七百五十九日，適符一部七十六歲之日數，故後年初日得癸卯，爲癸卯部。準此法以數之，以後壬午、辛酉等各部之初日皆如《三統曆》之所推，至其末乙酉部之終，日正直癸亥，❷故後紀之初日仍得甲子，是紀首日必甲子，信不爽矣。惟言「皆歲甲寅」則未然，試推之：一紀之歲千五百二十，以六甲除之，凡二十五帀而餘二十歲。更從甲寅數至癸酉乃終一紀，則初紀之首歲甲寅，次當首甲戌，又次紀首甲午，又次紀乃首甲寅，凡歷三紀乃復甲寅也。惟是文王受命之戊午部，若以甲戌紀、甲午紀推之，則十三年武王伐紂皆不與《國語》「歲在鶉火」之言相應，則此敘「十有一年」固是甲寅紀之戊午部四十歲也。**一月戊午，師渡孟津，作《太誓》三篇。**【注】經言「四月」，敘言「一月」，未聞其説。諸家以爲十三年之一月，蓋是與？與，云虚反。

【疏】云「經言『四月』」者，經云「維四月，太子發上祭于畢，下至于孟津之上」是其文也。既四月至孟津，安得一月戊午渡邪？敘言「一月戊午，師渡孟津」必非一年内事，鄭君于此當自有説，今不得聞，故云「未聞其説」。云「諸家以爲十三年之一月，蓋是與」者，《國語·周語》曰「昔武王伐殷，歲在鶉火，月在天駟，日在析木之津，曆在斗

❶「十三」，原倒乙，今據近市居本改。

❷「日」，原脱，今據近市居本補。

柄，星在天黿」，此謂十三年誅紂時也，劉歆《三統曆》云「戊午，度于孟津。明日己未冬至，辰星與婺女伏，曆建星及牽牛至于婺女天黿之首，故傳曰『星在天黿』。《周書・武成》篇『惟一月壬辰，旁死霸。若翼日癸巳，武王乃朝步自周，于征伐紂』，敘曰『一月戊午，師度于孟津』」，是以此敘與《國語》、《武成》所言皆一時事，則是十三年事矣；韋昭注《國語》云「星，辰星也。天黿，次名，一曰玄枵。從須女八度至危十五度爲天黿。謂周正月辛卯朔；二日壬辰，辰星始見；三日癸巳，武王發行；二十八日戊午，度孟津；二十九日己未晦，冬至，辰星在須女，伏天黿之首」，是説本諸劉歆，亦以此爲十三年事；僞孔氏依此爲説，亦以「戊午」爲十三年正月二十八日；惟《史記・周本紀》言「十一年十二月戊午，師畢渡孟津」，蓋《周本紀》以武王初次至孟津爲九年事，故以「一月戊午」爲十一年，且从商正以一月爲十二月，實則初時是十一年之四月，此「一月戊午」則十三年矣。經文三篇，上篇是十一年事，中、下二篇則十三年事，敘兼總兩時于十一年不月者，以經言「四月」文自明矣，不言「十三年」者，以「一月戊午」既別異于「四月」，明非一年内事可知，故省也。且經文殘缺，安知中篇不具有年月而敘因此略其年乎？則「一月戊午」信是十三年矣，弟以敘無明文，姑毋質言，故云「蓋」且云「與」也。

武王戎車三百兩，虎賁三百人，賁，百門反。【注】虎賁，言猛怒如虎之奔赴也。三百人，當爲三千人，《孟子》曰「武王之伐殷也，革車三百兩，虎賁三千人」。《司馬法》曰「革車一乘，士十人，徒二十人」，《樂記》曰「虎賁之士説劍」，然則虎賁，士也，一乘十人，三百兩則三千人矣。乘，食證反。説，土捋反。【疏】云「虎賁，言猛怒如虎之奔赴也」者，應劭《風俗通》誼也，「賁」、「奔」音同字通也。云「三百人，當爲三千人」且引《孟子》文者，《孟子・盡心》篇偁「武王之伐殷」云云，實據此敘之文，據云「虎賁三千人」，足證此言「三百人」之誤，當爲「三千人」矣，故引其文也。又《吕氏春秋·簡選》及《貴因》二篇皆偁「武王簡車三百，虎賁三千，以要甲子之事，而紂爲禽」，正與《孟子》文合，是又一證矣。引《司馬法》及《樂記》者，欲見車一乘有士十人，虎賁是士，當十倍于車之數，故云「然則虎賁，士也，一乘十人，三百兩則三千人矣」。案：《周禮》「虎賁氏」下大夫官，《樂記》言「虎賁之士」者，蓋周公制禮用二人爲虎賁之官，爵爲下大夫，屬之司馬，其次中士十有二人，當文武時則是守衛之士，非必大夫也，《樂記》所言是武王伐紂時事，虎賁故是士也。又案：《周禮·虎賁氏》之屬有「虎士」八百人，此「虎賁」得有三千人者，蓋《周禮》所設據平時給役使者，八百人足矣。若出軍必更徵發士卒，此「虎賁」即士卒也，三千人不爲多也，且此時未有《周禮》，不得據以爲説。**與受戰于坶野，作《坶誓》。**

武王伐殷，往伐歸嘼，嘼，肸柚反，正義本作「獸」，隸古定本作「嘼」。案：「嘼」即六畜之畜，當从「嘼」。【注】嘼，犍也，謂馬、牛之屬。《樂記》曰「馬散之華山之陽，而弗復乘；牛散之桃林之野，而弗復犕」，此之謂「歸嘼」。犍，所簡反。復，房富反。犕，房六反，今通作「服」。【疏】「嘼，犍也」者，《説文·嘼部》文。案：《説文·牛部》云「犍，畜牲也」，然則「嘼」即六畜之畜，謂人家所常畜，若馬、牛、羊、豕、犬、雞皆是。云「謂馬、牛之屬」者，據《樂記》文也。案：《樂記》云「賓牟賈侍坐于孔子，孔子與之言及樂」，因説武王伐紂時事，遂言「濟河而西，馬散于華山之陽，而弗復乘；牛散于桃林之野，而弗復犕」，正此敘所云「歸嘼」之事，故引其文以説。**識其政事**，識，中試反，注同。【注】記識商之善政。【疏】《吕氏春秋·慎大》篇云「武王克殷，進殷之遺老，問衆之所説民之所欲。遺老對曰：『欲復般庚之政。』武王于是復般庚之政」，故云「記識商之善政」。「善政」即謂「般庚之政」也。**作《武成》。**【注】鄭康成曰：「箸武道至此而成。」箸，中庶反。【疏】注見正義。

武王勝殷，殺受，立武庚，【注】武庚，字禄甫，紂子也，立以爲殷後。【疏】云「武庚，字禄甫，紂子也」者，鄭注伏生《大傳》云然也。云「立以爲殷後」者，《微子之命·敘》云「殺武庚，命微子启代殷後」，是則初時爲殷後者本是武庚，既殺而命微子代之，則此言「立武庚」是立以爲殷後矣。**以箕子歸，作《鴻範》。**【注】箕子走之朝鮮，已而聞武王立殷後，遂來歸，承武王問而敶《鴻範》。朝，止佋反。鮮，相然反。【疏】伏生《大傳》云「武王勝殷，繼公子禄甫，釋箕子之囚。箕子不忍爲周之釋，走之朝鮮。武王聞之，因以朝鮮封之。箕子既受周之封，不得无臣禮，故于十三祀來朝。武王因其朝而問鴻範」，然則此敘言「以箕子歸」不得謂武王以之歸，當解爲已而箕子來歸也，故云「箕子走之朝鮮，已而聞武王立殷後，遂來歸」。蓋敘言「箕子歸」者，敘《鴻範》所由作也，言「立武庚」者，推原箕子所由歸也，則箕子之歸不但爲受周之封，實感武王爲其君立後故也。或曰：武王以十三年克殷，《鴻範》言「維十有三祀，王訪于箕子」，是一年内也，何言乎「已而箕子來歸」乎？應之曰：武王誅紂在二月初旬，于時箕子走之朝鮮，可即于是年秋、冬來朝，故《鴻範》言「十有三祀」，此不足以難也。

武王既勝殷，邦諸侯，邦，方容反，注並同。【注】邦，古「封」字也，《詩》言「邦畿千里」，《論語》曰「且在邦或之中」。或，云弋反，即「域」字。【疏】云「邦，古『封』字也」者，據《周本紀》言「封諸侯，班賜宗彝」，則此云「邦諸侯」，「邦」實古之「封」字。《漢書·嚴助傳》淮南王安上書偁「古者，封内甸服，封外侯服」，是即《周語》所謂「先王之制，邦内甸服，邦外侯服」也，則《國語》以「邦」爲「封」也，故《康誥敘》云「邦康尗」，彼正義云「古字邦、封同」，故漢有上邦、下邦縣，「邦」字如「封」字是也。引《詩》者，《商頌》文。引《論語》者，《季氏》篇文也。天子言「封畿」，諸侯言「封域」，皆謂封畺爾，《詩》及《論語》皆作「邦」字，是足證「邦」之爲古「封」字，故引之也。今人讀

《詩》及《論語》皆讀「邦」爲百龙反，是繇不識古字故也。**班宗彝，作分器**，分，房奮反。【注】鄭康成曰：「宗彝，宗廟尊也。作分器，箸王之命及所受物。」箸，中庶反。【疏】注見《史記·周本紀》注。案：《周禮·司尊彝》「掌六尊六彝之位」，然則尊、彝異名，此云「宗彝，宗廟尊也」者，蓋對文則異，散文則通，「尊」乃其統名也。《釋器》云「彝、卣，罍器也」，又云「卣，中尊也」，鄭注《周禮·鬯人》云「卣，中尊。尊者，彝爲上，罍爲下」，是則彝、卣、罍統名爲「尊」，故鄭注《周禮》敘官云「彝亦尊也，鬱鬯曰彝。彝，法也，言爲尊之法也」。

西𣃨獻獒，【注】𣃨，遠人之偁。鄭康成曰：「獒，讀曰豪。西戎無君名，彊大有政者爲酋豪。國人遣其酋豪來獻見于周。」見，戈宴反。【疏】云「𣃨，遠人之偁」者，𣃨，古文「旅」字，「旅」之言「羈旅」也，《戰國策》范雎謂秦王曰「今臣，羈旅之臣也」，言異國之臣，則是遠人也，雖不必絕遠，即絕遠亦爲「旅」，故此《旅獒》及下《旅巢命》皆以「旅」名篇，皆以「遠」爲誼也。鄭注見正義。云「獒，讀曰豪」者，《釋文》云「獒，馬云作『豪，酋豪也』」，誼與鄭合，蓋此篇孔氏古文有之，馬、鄭二公當皆及見，必其經文雖作「獒」字而其義實爲「酋豪」，「獒」、「豪」音同，古叚唶字也，故馬、鄭皆讀「獒」爲「豪」。僞孔氏執泥「獒」字，以爲「犬高四尺爲獒」，非也。云「西戎无君名，彊大有政者爲酋豪」者，《吕氏春秋·恃君覽》云「氐、羌、呼唐、離水之西，僰人、野人、篇笮之川，舟人、送龍、突人之鄉，多无君」，高誘注云「西方之戎无君者」，《後漢書·西羌傳》云「不立君臣，无相長一，彊則分穜爲酋豪」，是「西戎无君名，其長爲酋豪」之明證。**太保作《旅獒》**。【疏】此云「太保作《旅獒》」，下敘云「芮伯作《旅巢命》」，二文誼、迵正同，以「巢」况「獒」，則「獒」之爲酋豪益信，鄭誼寉不可易。

巢伯來朝，朝，直佋反。【注】鄭康成曰：「巢伯，南方之國，世一見者，以武王即位來朝。」見，夷宴反。

【疏】注見正義及《周禮・大行人》疏，又見《詩・蓼蕭》正義。鄭知「巢伯，南方之國」者，鄭注《周禮・敘官・象胥》云「通夷狄之言者曰象。此類之本名：東方曰寄，南方曰象，西方曰狄鞮，北方曰譯。今總名曰象者，周之德先致南方也」，然則鄭君以巢伯當武王初定天下最先來朝，故以爲南方之國與？抑或鄭君更別有所據也。云「世一見者」者，《周禮・大行人》職云「九州之外謂之蕃國，世一見」，鄭注云：❶「《曲禮》曰『其在東夷、北狄、西戎、南蠻，雖大曰子』，《春秋傳》曰『杞伯也，用夷禮，故曰子』，然則九州之外，其君皆子、男也，无朝貢之歲，父死子立及嗣王即位乃一來爾。」茲以巢伯爲「世一見者」，則是以爲九州之外之國矣。九州之外得有「伯」者，殷之諸侯與周異也。鄭注《禮記・王制》云「殷爵三等，公、侯、伯也。異畿内謂之子」，是殷制異于周也。云「以武王即位來朝」者，世一見之諸侯于中國繼世之王即位猶必來朝，況武王易代新王乎？則巢伯之來止是率其舊職見新天子，故鄭君云然。**芮伯作《旅巢命》。**

武王有疾，周公作《金縢》。

武王崩，三監及淮夷叛，【注】鄭康成曰：「三監，管尗、蔡尗、霍尗三人，爲武庚監于殷國者也。前流言于國，公將不利于成王，周公還攝政，懼誅，因遂其惡開導淮夷，與之俱叛。此以尻攝二年之時，繫之武王崩者，其惡之初自崩始也。」三監，吉陷反。監于，吉巖反。【疏】注見《詩・東山》正義。云「三監，管尗、蔡尗、霍尗三人，爲武庚監于殷國者也」者，《逸周書・作雒解》云「武王克殷，乃立王子禄父俾守商祀，

❶「注」，原脱，今據近市居本補。

建管尗于東，建蔡尗、霍尗于殷，俾監殷臣」，故知「三監」是管、蔡、霍三人也。云「此以凥攝二年之時」者，《詩・邶鄘衛・譜》正義引此鄭注云「凥攝一年之時」，案：成王迎周公歸已在秋時，是年即爲凥攝之一年，三監懼誅而叛總在是年之冬或次年之春。同是《詩》正義所引鄭注，而或言「一年」或言「二年」，未知孰是。伏生《大傳》云「周公攝政，一年救亂，二年克殷」，「克殷」即謂誅三監及武庚也，是三監之叛在凥攝一、二年時也，其前有周公凥東二年，則距武王崩時帀四年矣。敘必追溯武王崩言之，故又釋其意云「繫之武王崩者，其惡之初自崩始也」。《金縢》云「武王既喪，管尗及其群弟乃流言于國」，是其叛心之萌，自武王初崩時始。**周公相成王**，相，息恙反。【注】鄭康成曰：「誅之者，周公意也。而言相成王者，自迎周公而來，蔽以解矣。」解，夷買反。【疏】注亦見《詩・東山》正義。云「蔽以解」者，于以見成王感悟之後，與周公心意合一，周公所欲爲，成王必从之，故敘言「相成王」，使若本成王之意。**將黜殷**，【注】鄭康成曰：「黜，貶退也。」【疏】注見正義。《説文・黑部》云「黜，貶下也」，兹云「貶退」，誼同也。**作《大誥》**。

成王既黜殷命，殺武庚，命微子启代殷後，【注】鄭康成曰：「黜殷命，謂殺武庚也。微子启，武王投之于宋，因命之，封爲宋公，代殷後承湯祀。」【疏】注見《詩・有客》正義。據《詩》正義所引，「微子启」之上有「微，采地名」句，下有「紂同母庶兄也」句，以皆采入《商書・微子》篇注，故于此删節之也。云「微子启，武王投之于宋」者，《禮記・樂記》説武王「投殷之後于宋」，鄭君注彼文云「投，舉徙之詞也」。時武王封紂子武庚于殷虚，所徙者，微子也」，是其明文也。云「因命之，封爲宋公」者，初時武王投微子于宋，特比尋常之諸侯，今命之爲王者後，因其在宋，即封之于宋，爵之爲宋公焉。云「代殷後承湯祀」者，武王本立武庚爲殷後以奉湯祀，今武庚以叛見殺，成王命微子代之爲殷後，即代之承湯祀矣。**作《微子之命》。**

唐尗得禾，異畝同穎，穎，余頃反。【注】唐尗名虞，成王母弟也，封于唐。穎，采也。鄭康成曰：「二苗同爲一采。」采，徐崇反，同「穗」。【疏】云「唐尗名虞，成王母弟也，封于唐」者，昭元年《左傳》云「當武王邑姜方震太尗，夢帝謂己：『余命而子曰虞，將與之唐，屬諸參，而蕃育其子孫。』❶及生，有文在其手曰『虞』，遂以命之，及成王滅唐而封太尗焉」，又昭十五年傳云「尗父唐尗，成王之母弟也」。案：「唐尗」之偁以封于唐故也，其得此禾瑞時則猶未封，敘據後爲偁爾。《說文・禾部》云「穎，禾末也」，《毛詩・生民》傳云「穎，垂穎也，禾末結實而下垂者」，則是采矣，故云「穎，采也」。鄭注見《周本紀》注。伏生《大傳・歸禾傳》云「成王之時，有三苗貫桑葉而生，同爲一采，大幾盈車，長幾充箱」，鄭云「二苗同爲一采」，「二苗」、「三苗」未知孰是。**獻諸天子。王命唐尗歸周公于東，**【注】歸，遺也。《孝經說》曰「德及于地則嘉禾生」，成王欲以禾瑞歸美于周公，故命唐尗以禾遺公于東征之所。遺，唯季反。【疏】《論語・陽貨》篇云「歸孔子豚」，孔安國注云「欲使往謝，故遺孔子豚」，則「歸」有「遺」誼，故云「歸，遺也」。引《孝經說》者，《援神契》文，見《禮記・禮運》正義。云「以禾遺公于東征之所」者，《周本紀》云「唐尗得嘉穀，獻之成王，成王以歸周公于兵所」，敘言「于東」而《史記》言「于兵所」，則是用兵于東時，故以爲「東征之所」。**作《歸禾》。**

周公既得命、禾，【注】鄭康成曰：「受王歸己禾之命與其禾。」【疏】注見正義。**旅天子之命，作《嘉**

❶「其」，原漫漶不清，今據近市居本補。

禾》。【注】𣄼，敶也。【疏】𣄼，古文「旅」字，「旅，敶」，《釋詁》文。

成王既伐管尗、蔡尗，以殷餘民邦康尗，作《康誥》、《酒誥》、《梓材》。【注】鄭康成曰：「言伐管、蔡者，爲因其國也。不言霍尗者，蓋赦之也。康，謚也。」聲謂：邦，古「封」字也。封康尗爲衛侯。爲因，爰睡反。【疏】鄭注見《詩·邶鄘衛·譜》及正義。云「言伐管、蔡者，爲因其國也」者，「以殷餘民封康尗」，則康尗所封即三監之地，必既滅三監乃可以封康尗，故敘欲言封康尗，必先言伐管、蔡，爲封康尗因管、蔡之國也。云「不言霍尗者，蓋赦之也」者，《大誥·敘》言「三監及淮夷叛」，則霍尗亦叛，亦當誅伐，兹言「伐管尗、蔡尗」而不及霍尗，故鄭君疑其赦之。蓋三監之中，霍尗最幼，既與兩兄同事，或迫于兩兄不得不从，其罪可原，容當赦之。以无正文，故云「蓋」以疑之也。云「康，謚也」者，《逸周書·謚法解》云「温柔好樂曰康，安樂撫民曰康，令民安樂曰康」，「康」之爲謚有此三誼，皆與康尗之行相似，故鄭君以「康」爲謚。僞孔氏乃以「康」爲圻内國名，正義謂馬、王亦云然。案：《史記·管蔡世家》言武王封尗鮮于管，封尗度于蔡，封尗旦于魯而相周爲周公，封尗振鐸于曹，封尗武于成，封尗處于霍，康尗封、冄季載皆少，未得封。是則當武王時，康尗實未有國，及武王崩，即有流言之事，周公出尻東都，既反而尻攝，又有東征之事，其時皆未皇封康尗也。逮三監既誅，而以其地封康尗，則康尗始封即爲衛國，何嘗有康國乎？「康」自是謚號，鄭説誠是，馬、王、僞孔皆非也。云「邦，古『封』字也」者，説詳《分器·敘》疏。封康尗爲衛侯，事甚昭箸，注必言之者，以經及敘皆不見衛國名故也。

成王在豐，【注】豐，文王所都。【疏】《文王有聲》之詩言文王「作邑于豐」，是文王都于豐也。**欲宅雒邑，**【注】成王之言曰：「惟余一人，營尻于成周。惟余一人，有善，易得而見也，有不善，易得而誅也。」

此成王欲宅雒邑之意也。易，弋豉反。【疏】「成王之言曰」云云者，《呂氏春秋·長利》篇云南宮括對魯繆公曰：「君獨不聞成王之定成周之説乎？其詞曰：『惟余一人，營尻于成周。惟余一人，有善，易得而見也，有不善，易得而誅也。』」是其文也。但其文言「定成周」，今引以説「欲宅雒邑之意」者，❶成周與王城相去五十里，皆在雒邑，宅雒實兼王城成周言之也。《逸周書·作雒解》云「乃作大邑成周于土中」，是則「宅雒邑」即爲「定成周」也。**使召公先相宅，**召，上照反，下《召誥》及後凡言「召公」皆同。相，息恙反，下敘同。【注】鄭康成曰：「欲擇土中建王國，使召公在前視所尻者，王與周公將自後往也。【疏】注見《詩·王風譜》正義。**作《召誥》。**

召公既相宅，周公往營成周，【注】鄭康成曰：「尻攝七年，天下太平，而此邑成，乃名曰成周。」【疏】注見《公羊傳》宣十六年疏。**使來告卜，作《雒誥》。**使，色吏反。

成周既成，拪殷頑民，【注】鄭康成曰：「此皆士也，周謂之頑民，民无知之偁。」【疏】注見《詩·王風譜》正義。云「此皆士也」者，篇名《多士》，篇中又輒呼「多士」，故知皆是士。云「周謂之頑民」者，僖二十四年《左傳》云「心不則德誼之經爲頑」，以其不服于周，言其不則德誼，故謂之「頑」；且目之爲「民」也。雖然，其不服于周由不忘故主之故，然則由周而言謂之「頑民」，由商言之固不失爲「誼士」，桓二年《左傳》云「武王克商，拪九鼎于雒邑，誼士猶或非之」，「誼士」即謂此「頑民」也。云「民无知之偁」者，《孝經援神契》云「民者，冥也」，是民之爲言冥冥

❶「宅」，原作「定」，今據近市居本及注文改。

无知之謂也。**周公以王命誥，作《多士》。**

周公作《无佚》。

召公爲保，周公爲師，【注】馬融曰：「師氏、保氏皆大夫官。」鄭康成曰：「師氏、保氏，大夫之職，聖賢兼此官。」聲謂：《文王世子》曰：「師也者，教之以事而諭諸德者也。保也者，慎其身，以輔翼之而歸諸道者也。」【疏】馬注見《釋文》，鄭注見正義。案：《周禮・地官》敘官云「師氏，中大夫一人」，「保氏，下大夫一人」，故馬、鄭皆説師、保爲大夫。但周公、召公並相成王，實凥三公之位，非中、下大夫之爵，故鄭又云「聖賢兼此官」，言實爲相而兼師、保之職爾。云「聖賢」者，蓋以周公爲聖，召公爲賢也。竊意周公之德未必優于召公，但周公多材多埶，以通明而號偁聖爾。《文王世子》者，《禮記》篇名也。引其文者，以其正説師、保之職任，故取以爲解。**相成王，爲左右。**相，息恙反。【注】馬融曰：「分陜爲二伯，東爲左，西爲右。」陜，式冄反。【疏】注見《釋文》。云「分陜爲二伯」者，❶《公羊》隱五年傳云「天子三公者何？天子之相也。天子之相則何以三？自陜而東者，周公主之；自陜而西者，召公主之；一相處乎内」，是周公、召公分陜爲二伯而相成王也。但傳言「一相處内」，則似分陜者治乎外矣，馬以「分陜」解「相成王，爲左右」者，蓋處乎内者專治王朝，不主外土諸侯，故對「分陜」者而言「處乎内」，其分陜者雖主外土諸侯，但繇統之而已，其治固亦在内，得在王左右也。《禮

❶「分」，原脱，今據近市居本及注文補。

記·王制》云「分天下以爲左右，曰二伯」，鄭注彼文亦引《公羊傳》周、召分陝之文以説，❶則分陝爲二伯即是「爲左右」也。故馬又申言之云「東爲左，西爲右」，然則周公左而召公右矣。**召公不説，**説，于威反。【注】馬融曰：「召公以周公既攝政致太平，功配文武，不宜復列在臣位，故不説，以爲周公苟貪寵也。」復，房富反。【疏】注見《史記·鄰世家》注。云「功配文武」者，周之王業，文王基之，武王定之，周公攝政致太平乃始成之，是周公之功堪配文、武也。云「以爲周公苟貪寵也」者，以周公既攝王政，不宜復在臣位，乃甘自卑詘不復避，謂爲苟貪事權也。經云「我不以後人迷」，是周公表明己意不以子孫之故迷戀不捨，則可知召公不説之意實疑周公貪寵。**周公作《君奭》。**

成王東伐淮夷，遂踐奄，【注】鄭康成曰：「凡此伐諸叛國，皆周公謀之，成王臨事乃往，事畢則歸，後至時復行。踐，讀曰『前』；前，滅也。奄國在淮夷之北。」聲謂：踐，或爲「殘」；「殘」亦「滅」也，《王霸記》曰「殘滅其爲惡」。復，房富反。前，子淺反。【疏】鄭注見《詩·破斧》正義及正義，又略見《周本紀》注。云「凡此伐諸叛國」者，總括以前諸敘殺武庚、伐管蔡及此伐淮夷、踐奄。云「皆周公謀之」者，《破斧》詩云「周公東征，四國是皇」，毛傳云「四國，管、蔡、商、奄也」，是伐此諸叛國皆周公謀之者也。但臣功皆統歸于君，凡周公所伐，縱使成王不親行，史文自必偁成王伐之，鄭必知此諸敘偁「成王伐」是「成王臨事乃往」者，以《多方·敘》云「成王歸自奄，在宗周誥庶邦」，《周官·敘》云「成王既黜殷命，滅淮夷，還歸在豐」，是皆説成王親征而

❶「文」，原作「分」，今據近市居本改。

返也，則殺武庚、伐管蔡，王亦親行可知矣。伏生《大傳》云「遂踐鄣。踐之者，籍之也，籍之謂殺其身，執其家，豬其宮」，鄭君不用其説而讀「踐」爲「前」訓爲「滅」者，下敘云「成王既踐鄣，將拪其君于蒲姑」，是鄣雖滅而其君未嘗見殺，《大傳》言「殺其身」與敘韋異，故鄭君不从也。成二年《左傳》云「前滅此而朝食」，是「前」之誼爲「滅」，「踐」、「前」音相近，古叚喈字也，成王實滅鄣，而「踐」之爲「滅」誼不顯，故轉爲「前」也。云「鄣國在淮夷之北」者，服虔注昭九年《左傳》云：「蒲姑、商鄣，瀕東海者也。❶蒲姑，齊也。商鄣，魯也。」案：齊在魯北，鄣與蒲姑接壤，則近齊而當魯之東北。《粊誓》經云「淮夷、徐戎並興」，其敘云「東郊不開」，則淮夷直魯東，是則鄣在淮夷之北矣。「聲謂踐，或爲『殘』」者，《周本紀》作「東伐淮夷，殘鄣」，是所據也。引《王霸記》者，證「殘」之誼亦爲「滅」也。《王霸記》者，古書之名，于今亡矣，兹得引之者，據鄭注《周禮·大司馬》職所引也。❷**作《成王政》。**【注】鄭康成曰：「此伐淮夷與踐鄣，是攝政三年伐管、蔡時事，編篇于此，未聞。」【疏】注見正義。云「此伐淮夷與踐鄣，是攝政三年伐管、蔡時事」者，伏生《大傳》云周公攝政「二年克殷，三年踐鄣」，此鄭君所據也。據此，則此篇當在《康誥》之前，且《多士》篇云「昔朕來自鄣」謂此踐鄣歸也，則此篇當在前益審矣。今列于此次，故鄭云「編篇于此，未聞」，謂未聞孔子編次之意也。案：下三敘與此敘文相承次，則鄭君于下三篇當皆同此説。

成王既踐鄣，將拪其君于蒲姑，【注】「蒲」或爲「薄」。馬融曰：「薄姑，齊地。」鄭康成曰：「鄣既滅

❶「瀕」，原作「頻」，今據近市居本改。

❷「馬」，原脱，今據近市居本補。

矣，其君佞人，不可復。故欲徙之于齊地，使服于大國。」【疏】云「『蒲』或爲『薄』」者，據《周本紀》云「拪其君薄姑」，又《釋文》云「蒲，馬本作『薄』」。馬注見《周本紀》注。云「薄姑，齊地」者，薄姑即蒲姑，昭二十年《左傳》晏子對景公曰「昔爽鳩氏始𡱂此地，季萴因之，有逢伯陵因之，蒲姑氏因之，而後太公因之」，蒲姑氏之地蓋以蒲姑氏𡱂之而得名，則是齊地矣，故服虔注昭九年《左傳》亦謂「蒲姑，齊也」。鄭注見《詩·破斧》正義。云「欲徙之于齊地」者，从馬說以蒲姑爲齊地也。雖然，聲竊疑焉。昭九年《左傳》云「蒲姑、商奄，吾東土也」，則奄與蒲姑接壤，拪奄君于蒲姑則如无拪，伏生《大傳》云「奄君蒲姑謂禄父曰」，《周本紀》云「拪其君薄姑」，然則「蒲姑」，奄君之名，此敘當言「將拪其君蒲姑」，「于」乃衍字也。成王拪奄君，其地遂爲齊有，故《左傳》云「蒲姑氏因之」而後「太公因之」，蒲姑氏，即奄君也，若夫拪奄君之處所，則文不具，无以云焉。畐見如此，不敢與先儒争衡，故不具說于注，聊識之于疏。

周公告召公，作《將蒲姑》。

成王歸自奄，在宗周誥庶邦，作《多方》。

成王既黜殷命，滅淮夷，還歸在豐，作《周官》。【疏】僞孔氏僞造此篇，以列《立政》後。《堯典》正義云鄭以爲「《周官》在《立政》前，弟八十六」。案：此敘與上三敘文相承次，則事相聯接，皆在周公攝政三年時也。《立政》經云「孺子王矣」，則是周公致政成王之後，其先後之次自當先《周官》而後《立政》，宜从鄭本。❶

周公作《立政》。

---

❶「鄭本」，原脱，今據近市居本補。

成王既伐東夷，息慎來賀，息，正義本作「肅」，《史記》作「息」，據《釋文》則馬本亦作「息」，據鄭注則鄭本亦作「息」，故从「息」。【注】東夷，蓋謂淮夷、鄅也。馬融曰：「息慎，北夷也。」鄭康成曰：「息慎，或謂之肅慎，東北夷。」【疏】以上諸敘承「伐淮夷」、「踐鄅」而歷言既滅後之餘事，此言「既伐」又承上爲文，則所伐即上敘所云也，故云「東夷，蓋謂淮夷、鄅也」。淮夷及鄅皆瀕東海，皆東夷也。不敢質言，故云「蓋」也。僞孔氏以「東夷」爲海東諸夷，駒麗、扶餘、馯貊之屬，妄説無據，吾无取焉。馬注見《釋文》。云「息慎，北夷也」者，昭九年《左傳》云「肅慎酀亳，吾北土也」，「息慎」即「肅慎」，故以爲北夷。鄭注見《史記・五帝本紀》注。云「息慎，或謂之肅慎」者，如《左傳》「肅慎酀亳」及《國語・魯語》「肅慎氏貢楛矢」之文是也。云「東北夷」者，蓋在北而偏于東者也。

王畀榮伯，僞孔氏、隸古定本凡「俾」字與「畀」字无異，而其傳或解爲「予」，或解爲「使」。唐天寶中，詔以時字改其文，凡其傳之解爲「使」者悉于正義本改爲「俾」矣。此敘傳云「王使之爲命書」，故此「畀」字，正義本亦改作「俾」，此則誤改也。《史記》録此敘作「王賜榮伯」，據「賜」誼則字當改爲「畀」。【注】畀，賜也，《書》或爲「辨」；辨，古「班」字，「班」亦「賜」也。王以息慎所貢分賜榮伯也。馬融曰：「榮伯，周同姓，畿內諸侯，爲卿大夫也。」【疏】「畀，賜」，《釋詁》文。云「《書》或爲『辨』」者，《釋文》原本云「畀，馬本作『辨』」。云「辨，古『班』字」者，鄭注《儀禮・士虞》記云「古文班或爲辨」，則古字或以「辨」爲「班」也。云「『班』亦『賜』也」者，《周禮・太宰》職云「匪頒之式」，鄭仲師注云「頒，讀爲班布之班，謂班賜也」，是「班」有「賜」誼，兹承「畀，賜」之訓，故云「亦賜」。云「王以息慎所貢分賜榮伯也」者，《國語・魯語》云「古者，分同姓以珍玉，展親也，分異姓以遠方之職貢，使无忘服也。故分陳以肅慎氏之貢」，案：《國語》所言乃武王時事，與此異時，此以「賄息慎」名篇，賄，所以報其禮也，則息慎所貢物富矣，言「畀榮伯」，是以息慎所貢賜榮伯也；云「分賜」者，明必非盡以所貢賜之，亦或所賜不獨榮伯，文不具爾。馬注見《周本紀》注。云「榮伯，周同姓」者，《國語・晉語》云「重之以周、召、畢、榮」。「榮」謂榮公也，與周、召、畢並言之，則同姓可知矣，榮伯蓋榮公之子，故以爲周同姓。云「畿内諸侯，爲卿大夫也」者，《禮記・王制》云「天子之縣内諸侯，禄也」，是謂有采地如諸侯禄而不立國者，則畿内諸侯即王朝卿大夫也。**作《賄息慎之命》。**【注】賄，財也。主國贈賓之禮也，《記》曰「賄，在聘于賄」。聘，依《説文》當作「娉」，从女不从耳，經典皆作「聘」，蓋聲同則字可通，姑從「耳」作。于，讀作「爲」。【疏】「賄，財」，《釋言》文。引《記》曰」者，《義禮・聘禮・記》之文也。鄭注彼文云「賄，財也。于讀曰爲。言主國禮賓，當視賓之聘禮而爲之財也」，是則「賄」爲主國贈賓之禮，故引以證。

周公在豐，將殁，欲葬成周。【注】《大傳》曰：「三年之後，周公老于豐，心不敢遠成王而欲事文、武之廟。然後周公疾，曰：『吾死，必葬于成周。』示天下臣于成王。」【疏】此伏生説周公欲葬成周之意，故取以説此。云「三年之後」者，蓋謂致政成王之三年後也。云「示天下臣于成王」者，葬于成周，若爲成王終守成周，是以見臣于成王之意。**公薨，成王葬于畢。**薨，呼恒反。【注】公侯𣨛曰薨。《大傳》曰：「成王曰：『周公生欲事宗廟，死欲聚骨于畢。』畢者，文王之墓地，故周公死，成王不葬于周而葬之于畢。示天下不敢臣也，所以明有功尊有德。」𣨛，子律反，經典通作「卒」。【疏】《禮記・曲禮》云「天子死曰崩，諸侯曰薨」，《説文・死部》云「薨，公侯卒也，从死，瞢省聲」，故云「公侯𣨛曰薨」。《大傳》云云，伏生説成王所以葬周公于畢之意也，故取以説此。云「畢者，文王之墓地」者，《孟子・離婁下》篇言「文王卒于畢郢」，故畢有文王墓，趙岐注《孟子》亦云「畢，文王墓，近于酆鎬之地」。云「不葬于周」者，謂不葬之于成周也。云「示天下不敢臣也，所以明有功尊有悳」者，文王墓在畢，葬周公于畢，言若從文王，以見非己所得而臣之者，所以明周公之功而尊周公之德。**告周公，作《亳姑》。**

周公既殁，命君陳分正東郊成周，作《君陳》。【注】鄭康成曰：「君陳，蓋周公之子伯禽弟也。成周在近郊五十里。天子之國，五十里爲近郊。今河南雒陽相去則然。」【疏】云「君陳，蓋周公之子伯禽弟也」者，《禮記·坊記》篇之注也。「成周」以下乃此敘之注，「成周」句見《周禮·肆師》疏，「天子之國」云云見《周禮·載師》疏。敘言「命君陳」先言「周公既殁」，猶《蔡仲之命·敘》言「命蔡仲」先言「蔡尗既殁」，兩文相似，當同是父殁而命其子，故推「君陳」爲周公之子，以无正文，故云「蓋」以疑之也。伯禽者，周公之元子，君陳亦周公之子，則是伯禽弟矣。鄭君注《禮記》云然，其注此敘必亦云然，此注既闕，姑取《禮》注以補之，同是鄭君之注，以并合于此可也。云「成周在近郊五十里」者，謂成周在王城之近郊也。鄭君注《雒誥》，以澗水東、廛水西爲王城，以廛水東爲成周，則成周在王城之東矣。敘言「東郊成周」，是據王城而目成周爲東郊也。云「天子之國，五十里爲近郊」者，以王城爲天子之國也，杜子春注《周禮·載師》職云「五十里爲近郊，百里爲遠郊」。云「今河南雒陽相去則然」者，鄭注《雒誥》言「成周，今雒陽縣是」，「王城，今河南縣是」，鄭君北海人，曾往關中，必親歷其地，知兩縣相去遠近之數，并知其地名之沿革，故據以驗成周去王城五十里，爲王城之近郊矣。

成王將崩，命召公、畢公逵諸侯相康王，作《顧命》。相，息恙反。【注】鄭康成曰：「回首曰顧。臨終出命，故謂之顧，顧，將去之意也。」【疏】注見正義及《周本紀》注。云「回首曰顧」者，《説文·頁部》云「顧，還視也」，還視必回首也。鄭注《禮記・緇衣》云「臨死遺書曰顧命」，此云「臨終出命，故謂之顧」，兩注意正同。

成王崩，康王既尸天子，遂誥諸侯，作《康王之誥》。僞孔本无「成王崩」句，《釋文》謂馬本有此三字，寧从馬本。【注】尸，主也，主天子之位，即經所謂「王出在應門之内」之位也。【疏】「尸，主」，《釋詁》文。云「即經所謂『王出在應門之内』之位也」者，所謂《顧命》經文也。敘不言「即位」而言「既尸天子」，且必推本「成王崩」言之，明非踰年即位而誥諸侯，實即受顧訖，權主天子位以朝諸侯而報誥之，故引《顧命》文以説。

康王命作册畢，【注】當云「作册畢公」，誤挩「公」字。挩，土活反。【疏】《周本紀》録此敘作「康王命作策畢公」，今此「畢」下無「公」字，似不詞，必有挩誤，故曰「當云『作册畢公』，誤挩『公』字」。**分居里成周郊，作《畢命》。**【注】鄭康成曰：「今其逸篇有册命霍侯之事，不同與此敘相應，非也。」【疏】注見正義。云「今其逸篇有册命霍侯之事」者，案：劉歆《三統曆》有引《畢命》、《豐刑》之文，蓋漢世別有《畢命》篇，鄭君亦及見之，故據以爲言也。云「不同與此敘相應」者，此必引者之誤也，當云「不與此敘相應」。正義引之誤多「同」字，抑或「不同」承「册命」言，謂册命事不同，下別言「與此敘不相應」，引少一「不」字爾。逸篇是册命霍侯，此敘言作册畢公，是不相應也。云「非也」者，既不相應，則逸篇非此篇書矣。

穆王命君牙爲周大司徒，【注】穆王，康王之孫。大司徒，地官，卿也。【疏】《周本紀》云：康王卒，子昭王瑕立。昭王南巡守，卒于江上，立昭王子滿，是爲穆王。故云「穆王，康王之孫」。《周禮》敘官云「乃立地官司徒」，又云「大司徒，卿一人」，故云「大司徒，地官，卿也」。**作《君牙》。**

穆王命伯臩爲周太僕正，臩，居永反，正義本作「冏」，《史記》及《説文》所引皆作「臩」，隸古定本亦作「臩」，唐改作「冏」，非也。【注】僕，侍御于尊者之名；太僕正，其長也。《周禮》「太僕，下大夫二人」，政官之屬也。長，中賞反。【疏】鄭注《周禮·太僕》敘官云「僕，侍御于尊者之名；太僕，其長也」，此「太僕正」即《周禮》太僕之官，「正」之言「長」，故仿《周禮》注而云「太僕正，其長也」。引《周禮》者，《夏官》敘官文。云「政官之屬也」者，《周禮·夏官》司馬掌邦政，司馬以下皆政官之屬，太僕列在内焉。**作《臩命》。**

蔡尗既殁，王命蔡仲踐諸侯位，作《蔡仲之命》。【注】王，成王也。蔡仲，蔡尗之子也。《春秋傳》曰「蔡仲改行率德，周公舉之以爲己卿士，見諸王而命之以蔡」，此其事也。然則此篇當在《亳姑》之前，編之于此，未聞。行，下孟反。見，亦宴反。【疏】上兩敘已言穆王，此承其後，嫌此王亦是穆王，故辯之云「王，成王也」。云「蔡仲，蔡尗之子也」者，定四年《左傳》言「蔡蔡尗，以車七乘，徒七十人。其子蔡仲改行率德」，是仲爲蔡尗子也。引《春秋傳》者，即定四年《左傳》文。云「周公舉之以爲己卿士」者，《史記·管蔡世家》言「舉爲魯卿士」也。云「然則此篇當在《亳姑》之前」者，據《左傳》蔡仲受封在周公生存時，《亳姑》作于周公殁後，則此篇當在前矣。《堯典》正義云：孔以《蔡仲之命》次《君奭》後，弟八十三；鄭以爲在《粊誓》前，弟九十六；又云鄭依賈氏所奏《别録》爲次。案：賈氏傳孔氏古文，則《别録》之次是古文舊次，自當从之。但此篇是成王時書，❶而厠之穆王時書之閒，不達其恉，故云「編之于此，未聞」。**旅侯伯禽宅曲阜，**旅，古文以爲「魯衛」之「魯」。阜，

---

❶「但」，原作「伹」，今據近市居本改。

房西反。【注】曲阜，在魯城中，委曲長七八里。【疏】云「曲阜，在魯城中，❶委曲長七八里」者，應劭《風俗通·山澤》篇云然。然則「曲阜」也者，以形埶委曲而名也。**徐夷並興，東都不𨳡，作《粊誓》。**𨳡，正義本作「開」，《釋文》云馬本作「闢」。案：馬氏傳古文，古文「闢」作「𨳡」，馬本必作「𨳡」，《釋文》經宋開寶中陳鄂奉敕刪改，非陸氏元本矣。【注】徐夷，徐戎、淮夷。𨳡，開也。「粊」或爲「肸」，或爲「鮮」。《禮記》曰「三年之喪卒哭，金革之事无辟也者」，「昔者，魯公伯禽有爲爲之」，禮家説以爲征徐戎、作《粊誓》，然則此篇當次《亳姑》，編于此，亦未聞。辟，皮傷反。爲爲，上于睡反，下于麐反。【疏】云「徐夷，徐戎、淮夷」者，據經文言「淮夷、徐戎」也。《説文·門部》云「闢，開也，重文作𨳡」，故云「𨳡，開也」。云「『粊』或爲『肸』，或爲『鮮』」者，《史記·魯世家》作「《肸誓》」，伏生《大傳》作「《鮮誓》」也。引《禮記》者，《曾子問》篇文，孔子荅子夏問，偁老聃之言也。云「禮家説以爲征徐戎、作《粊誓》」者，鄭注《曾子問》云「伯禽，周公子，封于魯。有徐戎作難，喪卒哭而征之，急王事也。征之作《粊誓》」，是其説也。云「然則此篇當次《亳姑》」者，《亳姑》作于葬周公時，伯禽有三年之喪，自是周公之喪，卒哭則既葬矣，故此篇當次《亳姑》，乃《禮記》正義以「征徐戎」時周公猶在，謂伯禽爲母喪。案：《義禮·喪服》：父在，爲母齊縗；其父卒，乃爲母三年。此周公之制也，伯禽敢韋之乎？然則伯禽三年之喪縱是爲母，亦在周公歿後，《禮》正義言周公猶在，非也，安見《禮記》所云非謂周公之喪乎？故此篇當次《亳姑》後。《魯世家》記此事謂與管、蔡反同時，是因此敘之淮夷而誤以合于《大誥·敘》之「淮夷叛」爲一

---

❶「在」、「中」二字原脱，今據近市居本及注文補。

事，尤非也。僞孔氏趍此篇于《文侯之命》後，據《堯典》正義謂鄭以《柴誓》在《吕刑》前，弟九十七，則是古文本在此也。但此及上篇《蔡仲之命》皆是成王時書，❶而皆厠于穆王時書之閒，未達其編次之意，故云「編于此，亦未聞」。云「亦」者，亦《蔡仲之命》也。

吕命穆王，訓夏贖刑，【注】吕侯受命于穆王，訓説夏后氏贖刑之法。【疏】敘言「吕命穆王」，注云「吕侯受命于穆王」者，蓋命由王出，自上詔下之言，故解「吕命」爲「吕侯受命」。**作《吕刑》。**

平王錫晉文侯秬鬯、圭瓚，【注】平王，幽王之子，穆王八世孫也。幽王娶申女以爲后，生太子宜臼，又得褒似，生伯服，而黜申后，廢宜臼。宜臼奔申，申侯與犬戎攻宗周，殺幽王于戲。晉文侯、鄭武公迎宜臼于申而立之，是爲平王。故《國語》曰「晉文侯于是乎定天子」，此之謂也。平王嘉文侯之功，故賜之以秬鬯、圭瓚。褒，百毛反。戲，昕宜反。【疏】云「平王，幽王之子，穆王八世孫也」者，案：《周本紀》穆王崩，子共王立，數穆王爲一世，共王二世也；共王崩，子懿王立，三世也；崩，共王弟孝王立，崩，立懿王太子，是爲夷王，四世也；夷王子厲王，五世也；厲王子宣王，六世也；宣王子幽王，七世也；幽王子平王，八世也。云「幽王娶申女以爲后」者，《詩・白華》敘文云「生太子宜臼者」，《毛詩・小弁》傳云「幽王娶申女，生太子宜臼」。云「又得褒似，生伯服，而黜申后，廢宜臼」者，事詳《周本紀》。「宜臼奔申」以下至「是爲平王」，鄭氏《詩譜・王風譜》文，《周本紀》亦有其事。引《國語》者，《鄭語》文。**作《文侯之命》。**

❶「但」，原作「伹」，今據近市居本改。

秦穆公伐鄭，晉襄公遾師敗諸殽，還歸，作《秦誓》。敗，必邁反。殽，夷虓反。【注】殽在弘農黽池，其語曰「東殽、西殽，黽池所高」。《春秋傳》：僖公三十年，秦穆公與晉文公圍鄭，鄭使燭之武夜見秦伯，秦伯與之盟而還，使杞子、逢孫、楊孫留戍鄭。三十二年，杞子自鄭使告于秦，曰：「鄭人使我掌其北門之管，潛師以來，國可得也。」穆公訪諸蹇尗，蹇尗以爲不可，公辭焉，召孟明、西乞、白乙，使出師。三十三年，晉文公喪未葬，子襄公墨縗經以從戎，要秦師于殽而擊之，俘其三帥孟明、西乞、白乙以歸。襄公之母文嬴，秦穆公之女也，請于襄公，而釋三帥。三帥還歸，穆公素服郊次，哭而迎之。是其事也。「還歸，作《秦誓》」，蓋謂三帥還歸而穆公作此誓，《史記》以爲是後三年穆公伐晉，取王官及郊，遂自茅津渡河，封殽尸，而後作誓。未知審然否。池，直离反。縗，初回反。要，一䍃反。帥，色類反。【疏】云「殽在弘農黽池，其語曰『東殽、西殽，黽池所高』」者，《風俗通·山澤》篇文也。「其語」者，蓋黽池之土俗語也，《續漢書·郡國志》弘農郡黽池縣有二殽，所謂「東殽、西殽」也，蓋二殽于黽池爲最高處，故曰「黽池所高」。引《春秋傳》者，櫽括《左傳》文。云「『還歸，作《秦誓》』，蓋謂三帥還歸而穆公作此誓」者，敘于「敗諸殽」之下即云「還歸，作《秦誓》」，似謂三帥還歸而誓于是乎作，但與《史記》文不合，《左傳》又无作誓之文，故云「蓋」以疑之。引《史記》者，《秦本紀》文也。云「取王官及郊，遂自茅津渡河，封殽尸」者，《左傳》文公三年之事也，謂于此時作誓則无文以證焉。如其說，則是穆公還歸而作誓，恐非敘之所云也，故不敢遽信而云「未知審然否」。

敘文千九十九名，注三千六百八十字，釋音辯字千三百一十七言，疏二萬一千六百九十一字。

標題三名，注三十七字，音十六言，疏四百七字。

尚書集注音疏卷十二

吴江徵君聲著

尚書逸文【疏】《尚書》百篇，亡者太半，故諸傳記所引《尚書》文，今《尚書》中无者頗多。其明言「某篇」，如所偁「《伊訓》曰」、「《太甲》曰」之等，既各如其篇弟以厠于見存者之間矣；其或止偁「《夏書》」，若「《商書》」、「《周書》」，而不偁篇名，或止偁「《書》曰」而并无「虞」、「夏」、「商」、「周」字者，皆不知所附，姑總録于此焉。其先後之次則末由考定，約略次之而已。案：《尚書緯》云：「孔子求書，得黄帝玄孫帝魁之書，訖于秦穆公，凡三千二百四十篇。斷遠取近，定可以爲世法者百二十篇，以百二篇爲《尚書》，十八篇爲《中候》。」此言雖未知寉否，然可見古《書》不止百篇矣。即如定四年《左傳》所云「命以《伯禽》」、「命以《唐誥》」，此二篇命書皆不在百篇之内，然則傳記諸子所引《書》文容有在百篇之外者亦未可知。今无從區别，姑皆録之而已。惟《墨子》引「先王之書」如所謂「湯之官刑」、「相年之道」之等，則顯然非此百篇之文，玆不録也。

尚書集注音疏卷十二　江聲學

粤若稽古，帝舜曰重華，建皇，授政，改朔。重，直容反。【注】《帝系》曰：「瞽瞍産重華，是爲帝舜。」建皇，所謂「建用皇極」也。授政，布政于天下也。改朔，改建丑朔爲建子也。【疏】《宋書·禮志》記曹魏時群臣議改朔事，高堂隆引《書》「粤若稽古，帝舜曰重華，建皇，授政，改朔」，《太平御覽》八十一《皇部》引《尚書中候考河命》曰「粤若稽古，帝舜曰重華，欽翼皇象」，《文選・永明策秀才文》注引皇甫謐《帝王世紀》曰「舜始即真，改正朔，以土承火，色尚黄，《尚書中候》所謂『建黄，授正，改朔』。《三國・魏志・明帝紀》：青龍五年，山茌縣黄龍見，于是改寅正爲丑正，以青龍五年三月建辰之月爲景初元年夏四月，服色尚黄，犧牲用白，从地正也」。❶ 案：「犧牲用白」是也，「服色尚黄」非也，蓋正色隨三正不从五行，寅正尚黑，丑正尚白，子正尚赤，无有尚黄者。魏以黄龍見而尚黄，非古制也。皇甫謐因而誣舜尚黄，妄改《中候》之「建皇，授政」爲「建黄，授正」以就其謬説，蔑古壞法之罪人也。據「粤若稽古」云云，似《舜典》篇首之文，而《御覽》及《文選》注皆引以爲《中候》，高堂隆又止偁「《書》」，未明言「《尚書》」，故不敢列于《舜典》篇目之次，而以録于逸文之首。蓋《中候》所云必出于《尚書》，如《考靈燿》曰「放勳欽明文思晏晏」是《堯典》之文，以況此「粤若稽古」云云可知矣，姑録以爲逸文可也。注引《帝系》者，記五帝世系之書也，篇在《大戴禮記》。云「建皇，所謂『建用皇極』也」者，所謂《周書・鴻範》文，《鴻範》「九疇」次五曰「建用皇極」是也。云「改朔，改建丑朔爲建子也」者，鄭注《堯典》云「堯正建丑，舜正建子」，兹依以爲説。

祗載見瞽瞍，夔夔齊栗，瞽瞍亦允若。 見，亦瞽反。齊，仄皆反。【注】趙岐曰：「《尚書》逸篇。祗，敬。載，事也。夔夔齊栗，敬慎戰懼皃。」聲謂：允，誠。若，善也。舜敬事瞽瞍，見之必敬慎戰栗，瞽瞍

❶ 「从」，原作「以」，今據近市居本改。

化之，亦誠實而善，所謂「烝烝乂，不假姦」也。乂，偶蓋反。【疏】此經引見《孟子·萬章》篇，當是《舜典》之文，以《孟子》止偁「《書》曰」未言《舜典》，疑事毋質，故不以入《舜典》篇目之下而列之于此。注偁「趙岐」者，字邠卿，京兆長陵人也，初名嘉，字臺卿，後避難，故改名、字，示不忘本土。所著有《孟子章指》、《三輔決録》，事詳《後漢書·列傳》。「祇，敬」，《釋詁》文。「載，事」，《逸周書·謚法解》文。「齊」者，齊肅，「栗」者，戰栗，「夔夔」與「齊栗」聯文，則是齊栗之頌，故云「夔夔齊栗，敬慎戰懼皃」。案：《孟子》既引此經，遂言曰「是爲父不得而子也」，趙氏讀此「允」字絶句，「若」字屬下入《孟子》語中，解之曰「瞍亦信知舜之大孝，若是爲父不得而子也」，似不合孟子語意，故聲裁節之而別爲之解。「允，誠」、「若，善」，並《釋詁》文。云「所謂『烝烝乂，不假姦』也」者，所謂《堯典》文也。

堯子丹朱不肖，舜使尻丹淵，爲諸侯。【疏】《太平御覽》七十卷《地部》三十五引《尚書》逸篇云然，「諸侯」，《御覽》引作「諸使」，徐生頲曰：「當爲『諸侯』。蓋隸書『侯』字輒从人傍作，故誤爲『使』也。《三統曆》言『唐帝攘天下于虞，使子絑処于丹淵，爲諸侯』，見《漢書·律曆志》，可檢閱也。」因據以改。但《三統曆》言「堯使絑処丹淵」，此言「舜使尻」者，案：《孟子·萬章》篇云「堯崩，三年之喪畢，舜避堯之子于南河之南。天下諸侯朝覲者不之堯之子而之舜，訟獄者不之堯之子而之舜，謳歌者不謳歌堯之子而謳歌舜。夫然後之中國，踐天子位焉」，是則堯崩之後，舜猶欲攘絑爲天子，因天下歸心，不得已而即天子位，于是使絑仍処丹淵爲諸侯，順堯之命，故言「舜使尻丹淵，爲諸侯」也。惟是孔氏古文在宋之先亡之久矣，太平興國時之群臣猶得采取者，有所因也。顧生廣圻曰：「宋陳振孫《書録解題》云：『《修文殿御覽》三百六十卷，北齊尚書左僕射祖珽等纂』，又云『《太平御覽》一千卷，翰林學士李昉、扈蒙等纂，以前代《修文御覽》諸書參詳條次修纂。或言國初古書多未亡，以《御覽》所引用書名故也。其實不然，特因前代諸家類書之舊尔』。據此，則《太平御覽》太半本之于北齊之《修文殿御覽》，在北齊時，孔氏古文蓋未亡，故得引之也。」聲案：孔氏古文有《舜典》，此條疑亦是《舜典》之文，不敢意必，故不以列于《舜典》篇目之次而録之于此。

洚水警余。 洚，下江反。【注】《孟子》曰「洚水者，洪水也」，趙岐曰：「《尚書》逸篇。水之屰行洚洞无厓，故曰洚水。」聲謂：警，戒。余，我也。【疏】此經引見《孟子·滕文公》篇，注引「《孟子》曰」者，即《滕文公》篇文也。云「洚水者，洪水也」者，《堯典》曰「湯湯洪水方割」，《孟子》釋此經「洚水」即《堯典》所謂「洪水」也。《孟子·告子》篇云「水逆行謂之洚水」，《説文·水部》云「洚，水不遵其道」，故趙氏云「水之屰行洚洞无厓，故曰洚水」。「警，戒」，《説文·言部》文。「余，我」，《釋詁》文。

洪水浩浩。【疏】《説文·水部》引此以爲「《虞書》」。案：孔氏逸《書》二十四篇，尗重猶及見之，凡《説文》所引《尚書》不在二十九篇中者，蓋皆二十四篇之文。二十四篇中有《汩作》篇，「汩」之言「治水」也，《汩作》蓋記治洪水之事，此文或是《汩作》之文與？疑事毋質，不敢意必以爲《汩作》，故不以列《九共》之前而録之于此。

怨匹曰逑。【注】逑，讀曰「仇」。【疏】《説文·辵部》引「《虞書》曰『旁逑孱功』」，又曰『怨匹曰逑』」，則「怨匹曰逑」亦是《虞書》文矣，故録之于此。案：桓二年《左傳》云「嘉耦曰妃，怨耦曰仇，古之命也」，偁「古之命」，則古有是言，安知非出于《虞書》乎？則《説文》信是引《虞書》矣，録之可也。注云「逑，讀曰『仇』」者，《詩·關雎》云「君子好逑」，毛傳云「逑，匹也」，鄭君箋云「怨耦曰仇」，《釋詁》云「仇，匹也」，則古字「逑」、「仇」通，故讀「逑」爲「仇」也。又《説文·金部》引「《虞書》曰『罰百鍰』」，「虞」字蓋「周」字之誤，當即《周書·吕刑》「其罰百鍰」之文，非逸文也，兹不録。又《日部》引「《虞書》曰『仁覆閔下則偁旻天』」，絕不類《尚書》語，正與《亣部》引《毛詩》傳「不醉而怒謂之爨」偁《詩》曰」一迾，然則「仁覆閔下」云云自是《尚書》傳文，意孔氏逸《書》有「號泣于旻天」之文，而安國傳有是言也，必非經文，故亦不録。

禹抑洪水十三年，過家不入門，陸行乘車，水行載舟，泥行蹈毳，山行即橋。抑，衣即反。毳，此芮反，又子外反。橋，其嶠反，又起嶠反。【注】抑，治也。毳形如箕，以版爲之，擿行泥上。「毳」讀如「茅蕝」之「蕝」。橋有鐵齒如錐頭，施于履下，以行山不差跌也。蕝，子外反，又子絶反。差，七河反。跌，大結反。【疏】《史記·河渠書》引此偁《夏書》」。案：此文言禹治水之事，亦似《汩作》之文，司馬子長從安國問，必見此篇，故得引之。但《史記》不偁篇名，不敢意必，姑録于此。注云「抑，治也」者，《孟子·滕文公下》篇云「昔者，禹抑洪水」，趙氏注云「抑，治也」，兹用其誼。《漢書·溝洫志》亦引此作「泥行乘毳，山行則梮」，服虔、孟康皆曰「毳形如箕，擿行泥上」，如淳曰「『毳』音『茅蕝』之『蕝』」，謂以版置泥上以通行路」，今合此兩説爲注，故云「毳形如箕，以版爲之，擿行泥上。『毳』讀如『茅蕝』之『蕝』」。「茅蕝」者，《説文·艸部》云「朝會束茅表位曰蕝，从艸，絶聲」，「《春秋》、《國語》曰『致茅蕝表坐』」是也。如淳又曰「梮，謂以鐵如錐頭，長半寸，施之履下，以上山不差跌也」。案：《漢書》之「梮」即《史記》之「橋」，而《説文》无「梮」字，「梮」蓋「橋」字之誤，當从《史記》作「橋」，姑用如淳「梮」字之誼以解「橋」字，故云「橋有鐵齒如錐頭，施于履下，以行山不差跌也」。

咎繇邁種德。咎繇，《左傳》引作「臯陶」，蓋自晉以來改「咎繇」爲「臯陶」。今《左傳》唯存晉杜豫之本，❶豫好徇

---

❶「豫」，原作「預」，今據近市居本及下文改。

俗而不好古，故作「皋陶」，古本《左傳》必不然，吾从古可也。穜，之用反。【注】杜豫曰：「逸《書》也。」偁咎繇能勉穜德。邁，勉也。」杜豫之名从「頁」傍「予」，流俗譌字也，爲改正之。【疏】莊八年《左傳》引此偁「《夏書》」。注偁「杜豫」者，字元愷，京兆杜陵人也。王隱《晉書》云「豫知謀深博，明于治亂。嘗偁：『德者，非所企及；立言、立功，豫所庶幾也。』大觀群書，謂《公羊》、《穀梁》詭辯之言，又非先儒説《左氏》未究聖明之意，横以二傳亂之，乃錯綜散言，著《春秋左氏經傳集解》；又參考衆家，爲之《釋例》；又作《盟會圖》、《春秋長曆》；備成一家之學，至老乃成。豫有大功名于晉室，位至征南大將軍，開府，封當陽侯，荆州刺史，食邑八千户，世人號爲『武庫』」。案：豫以「立功」、「立言」自詡，其所謂「功」非有它也，不過平吴尔，蓋天實亡吴，豫遂饕以爲己功乎？且古人所謂「立功」謂功施于民，澤流後世，豈滅人國之謂哉？豫所謂「言」謂《左傳集解》尔，太半竊取賈逵、服虔之注掩爲己有，苟抒己意，尟不紕繆，曾何「立言」之足云？乃猶妄自矜詡，无恥甚矣。然而猶取其注者，以賈、服之注皆亡，杜解獨存，賈、服之注无聞，姑用杜解尔。《説文·力部》云「勱，勉力也」，「勱」、「邁」皆「萬」聲，聲同字通，豫蓋讀「邁」爲「勱」，故云「邁，勉也」。

昏、墨、賊，❶**殺。**【注】《春秋傳》曰「己惡而櫟美爲昏，貪以敗官爲墨，殺人不忌爲賊，《夏書》曰『昏、墨、賊，殺』，咎繇之荆也」，杜豫曰：「逸《書》也。三者皆死荆。」櫟，力灼反，又力尚反。【疏】此經引見昭十四年《左傳》，亦偁「《夏書》」，注所偁《春秋傳》即其文也。案：傳云「晉邢侯與雝子争鄐田，久而无成。

---

❶ 「墨」，原作「黑」，今據近市居本及注文改。

士景伯如楚，尗魚攝理，韓宣子命斷舊獄，辠在雝子。雝子内其女于尗魚，尗魚蔽辠邢侯。邢侯怒，殺尗魚與雝子于朝。宣子問其辠于尗蠁，尗蠁曰：『三人同辠，施生戮死，可也。雝子自知其辠而賂以買直，鮒也儥獄，邢侯專殺，其辠一也。己惡而櫟美爲昏，貪以敗官爲墨，殺人不忌爲賊。《夏書》曰『昏、墨、賊，殺』，咎繇之荆也，請从之。』乃施邢侯，而尸雝子與尗魚于市」，是其事也。

天子之德廣運，乃神乃武乃文。【注】高誘曰：「逸《書》也。」【疏】《吕氏春秋・諭大》篇引此亦偁「《夏書》」。❶注偁「高誘」者，涿郡人也，《後漢書》无傳，其字未聞，所著有《吕氏春秋訓解》、《淮南鴻烈解》、《戰國策注》，皆傳于世。惠先生《敘戰國策》偁誘嘗定《孟子章句》，又有《孝經解》，今皆不傳，惜哉。

地平天成。【注】杜豫曰：「逸《書》也。地平其七，天成其施。」七，呼午反，今通作「化」。【疏】僖二十四年《左傳》引此亦偁「《夏書》」。

與其殺不辜，寧失不經。【注】杜豫曰：「逸《書》也。」聲謂：寧，願詞也。失，讀曰「佚」。經，常也。【疏】襄二十六年《左傳》引此亦偁「《夏書》」。注云「寧，願詞也」者，《説文・丂部》文。云「失，讀曰『佚』」者，古「佚」字輒省作「失」，説詳《般庚》中篇疏。杜解云「不經，不用常法」，兹云「經，常也」，猶是用杜解誼。

念兹在兹，釋兹在兹，名言兹在兹，允出兹在兹，惟帝念功。【注】杜豫曰：「逸《書》也。兹，此也。釋，除也。」聲謂：在，察也。念思此事，當察此事能由己致否。釋除此事，當察此事能由己除否。

❶「諭」，原作「論」，今據《吕氏春秋・諭大篇》改。

名，讀當爲「命」，謂命令也。命言此事，當察此事己可命于人否。允，誠也。誠出乎此，當察此事可由己施行否。功，事也。惟帝念思其事也。《春秋傳》説之曰「將謂由己壹也。信由己壹，而後功可念也」，又曰「順事恕施也」。【疏】襄二十一年《左傳》引此亦偁「《夏書》」。杜解云「兹，此也」者，《釋詁》文也。「釋」是解釋使去，故訓「除也」。杜解又有云「謂行此事，當念使可施于此」，則是「行兹念兹」，非「念兹在兹」矣。其解下四句亦皆不合逸《書》文誼，故刪節之而別爲之解。弟逸《書》上下文不可得聞，无從推究其恉意，惟據《左傳》引《書》之意以推求之，庶有當也。案：《左傳》襄公二十一年，邾庶其以漆、閭丘來奔，季武子以公姑姊妻之，皆有賜于其從者。于是魯多盜，季孫謂臧武仲曰：「子盍詰盜？」武仲曰：「不可詰也，紇又不能。」季孫曰：「我有四封而詰其盜，何故不可？子爲司寇，將盜是務去，若之何不能？」武仲曰：「子召外盜而大禮焉，何以止吾盜？子爲正卿而來外盜，使紇去之，將何以能？庶其竊邑于邾以來，子以姬氏妻之而与之邑，其從者皆有賜焉，若大盜禮焉。以君之姑姊與其大邑，其次皁牧輿馬，其小者衣裳劍帶，是賞盜也。賞而去之，其或難焉。❶紇也聞之：在上位者，洒濯其心，壹以待人，軌度其信可明徵也，而後可以治人。夫上之所爲，民之歸也。上所不爲而民或爲之，是以加刑罰焉而莫敢不懲；若上之所爲而民亦爲之，乃其所也，又可禁乎？《夏書》曰『念兹在兹，釋兹在兹，名言兹在兹，允出兹在兹，惟帝念功』，將謂由己壹也。信由己壹，而後功可念也。」又襄二十三年傳，孔子謂「臧武仲之知，而不容于魯國」，「作不順而施不恕也」，遂引《夏書》曰「念兹在兹」而云「順事恕

---

❶「其」，原作「而」，今據近市居本改。

施也」。據此二文以推求逸《書》之意，則謂所念、所釋、所名言、所允出者，皆當先以察之于己。故云「念思此事，當察此事能由己致否」，有諸己而後求諸人也，「釋除此事，當察此事能由己除否」，无諸己而後非諸人也，又云「命言此事，當察此事己可命于人否。誠出乎此，當察此事可由己施行否」。蓋下之事上也，不从其所令而从其所好，如其所好乃可命于人，乃能由己施行也，是所謂「信由己壹」，所謂「順事恕施」，故兼引《左傳》二文之説也。「在，察」，《釋詁》文。云「名，讀當爲『命』」者，《吕刑》「乃命三后」，《墨子·尚賢》篇引作「乃名三后」，蓋古者「名」、「命」字同也，説詳《吕刑》疏。「允，誠」，亦《釋詁》文。「功，事」，《毛詩·七月》傳誼也。

成允成功。【注】杜豫曰：「逸《書》也。允，信也。言信成，然後有成功。」【疏】襄五年《左傳》引此亦偁「《夏書》」。注云「允，信」，《釋詁》文。

戒之朋休，董之用威，勸之以《九歌》，勿使壞。【注】休，息止也。杜豫曰：「逸《書》。有休則戒之以勿休。董，督也。有辠則督之以威刑。」聲謂：勸，勉也。《楚詞》曰「启《九辯》與《九歌》兮」，又曰「启棘賓商，《九辯》、《九歌》」，然則《九歌》，启樂也。《春秋傳》曰：「九功之德皆可歌也，謂之九歌。六府、三事謂之九功。水、火、金、木、土、穀謂之六府。正德、利用、厚生謂之三事。」【疏】文七年《左傳》引此亦偁「《夏書》」。注云「休，息止也」者，《説文·木部》文。《釋詁》云「董，督正也」，則「董」、「督」同誼，故云「董，督也」。「勸，勉」，《説文·力部》文。引《楚詞》者，《離騷》文，「又曰」云云，《天問》文也，皆楚大夫屈原之所作，故皆以爲《楚詞》也。王逸注《離騷》云：「启，禹子也。《九辯》、《九歌》，禹樂也。言禹平治水土，以有天下，启能承志，續敘其業，育養品類，故九州之物皆可辯數，九功之德皆有次敘，而可歌也。」逸注《天問》云：

「棘，陳也。賓，列也。《九辯》、《九歌》，启所作樂也。言启能修明禹業，陳列宫商之音，葡其禮樂也。」兩注一言「禹樂」，一言「启所作樂」，兹云「然則《九歌》，启樂也」定以爲启樂者，據《楚詞》兩文皆言启不言禹也。惠先生曰：「《尚書大傳》言『廟中苟有歌，《大化》、《大訓》、《六府》、《九原》而夏道興』，鄭注云『四章皆歌禹之功』。獨無《九歌》，則《九歌》乃启樂矣。」聲案：《離騷》注雖以《九辯》、《九歌》爲禹樂，又言「启能承志」云云，故九州之物皆可辯數，九功之德皆有次敘而可歌，則說來竟似启樂，然則言「禹樂」者，蓋字誤也，當與《天問》注同以爲「启樂」。又案：《山海經·大荒西經》云「夏后開上三嬪于天，得《九辯》與《九歌》以下」，郭景純注云「皆天帝樂名也。開登天而竊，以下用之也」，宋洪興祖引以補注《離騷》，謂屈大夫引用此事。予以爲《離騷》、《天問》所言誠本諸《山海經》。即如《山海經》說，則人世之得有此樂自開而始，「開」即「启」也，則以《九歌》爲启樂可也。引《春秋傳》者，即《左傳》文七年文，晉郤缺告趙宣子之言也。缺既引此經，遂推究《九歌》之誼，則是此經之正解，故備引以說。

官占惟耐蔽志，昆命于元龜。【注】杜豫曰：「逸《書》也。官占，卜筮之官。蔽，斷也。昆，後也。言當先斷意，後命龜也。」斷，多亂反。【疏】哀十八年《左傳》引此亦偁「《夏書》」。注云「官占，卜筮之官」者，若《禮記·曲禮》所云「天官六太」之「太卜」也。《周禮·士師》職云「以詔司寇斷獄蔽訟」，故云「蔽，斷也」。「昆，後」，《釋言》文。

衆非元后何戴？后非衆無以守邦。【注】韋昭曰：「逸《書》也。元，善也。后，君也。戴，奉也。邦，國也。」【疏】《國語·周語》内史過引此亦偁「《夏書》」。注偁「韋昭」，已見逸《說命》篇疏。《周易·文言》曰「元者，善之長也」，故云「元，善也」。「后，君」，《釋詁》文。「戴」者言若加之于首然，尊奉之意，故云「戴，奉也」。

「邦，國」，《説文·邑部》文。

一人三失，怨豈在明？不見是圖。【注】韋昭曰：「三失，三失人也。明，箸也。不見，未形也。」聲謂：圖，謀也。著，中庶反。【疏】《國語·晉語》知伯國引此，成十六年《左傳》單襄公引此「怨豈」二句，皆偁「《夏書》」。《國語》「豈」作「起」。案：「怨起在明」與「不見是圖」語意韋反，蓋誤也，據《左傳》引改正之。注云「三失，三失人也」者，謂「三次失是人」之意也，據逸《書》言「一人三失」，則「三失」就「一人」言也。《禮記·中庸》云「箸則明」，❶故云「明，箸也」。云「不見，未形也」者，人臧其心不可測度，怨已萌伏于意中，未形于聲色，不可得見也。「圖，謀」，《釋詁》文。

關石和均，王府則有。【注】韋昭曰：「逸《書》也。關，門關之征也。石，今之斛也。言征賦調均，則王之府臧常有也。一曰：關，衡也。」臧，徂盎反。【疏】《國語·周語》單穆公引此亦偁「《夏書》」。注云「關，門關之征也」者，《周禮·司關》職云「國凶札，則无關門之征」，是則平常時門關有征矣。云「石，今之斛也」者，斛，量名也，容十斗，十斗則一石，故解「石」爲「斛也」。云「一曰：關，衡也」者，韋氏不專守一説，備存異説，故偁「一曰」。蓋「石」有兩誼，以量言則十斗爲石，據稱言之則百二十斤爲石，此「關石」聯文，若以「石」爲百二十斤，則「關」自是考覈輕重之器，故云「衡也」，若《禮記·月令》云「鈞衡石」，鄭注以爲「稱上曰衡」是也。「石」字依《説文》當作「祏」，今經典通用「石」。

❶ 「箸」，原作「著」，今據近市居本及注文改。下同者逕改，不一一出校。

遒人以木鐸徇于路，遒，才秋反，或作「遒」，同。鐸，代洛反。徇，夕浚反。【注】杜豫曰：「逸《書》。遒人，行人之官也。木鐸，木舌金鈴。徇于路，求歌䚻之言。」鈴，力形反。䚻，夷枵反。**官師相規，**【注】大夫交相規正其君。**工執埶事以諫。**埶，銀祭反，注同。【注】杜豫曰：「所謂『獻埶』。」【疏】襄十四年《左傳》引此亦偁「《夏書》」。杜解云「遒人，行人之官也」者，案：《周禮》无「遒人」之官，《秋官》之屬有大行人、小行人，其職非如此「遒人以木鐸徇于路」者，蓋夏、周官制固宜有異，不必據《周禮》爲說。既云「徇于路」，則是行于道路，姑如杜說以爲「行人之官」云尒。云「木鐸，木舌金鈴」者，鐸，大鈴也，以銅爲之，縣木于中以爲舌，振鐸則舌擊口而作聲也。金舌者爲金鐸，鄭注《周禮・小宰》職云：「古者將有新令，必奮木鐸以警衆，使明聽也。木鐸，木舌也。文事奮木鐸，武事奮金鐸。」云「徇于路，求歌䚻之言」者，《國語・晉語》云「古之王者，政德既成，又聽于民。于是乎使工誦諫于朝，在列者獻詩，使勿兜風。聽臚言于市，辨祅祥于䚻，考百事于朝，問謗譽于路。有邪而正之，盡戒之術也」，是先王必聽歌䚻以考己政之得失，杜云「求歌䚻之言」良是也。其解「官師相規」謂「大夫自相規正」則非是，蓋《左傳》上文言「自王以下，各有父兄子弟以補察其政，史爲書，瞽爲詩，工誦箴諫，大夫規誨，士傳言，庶人謗，商旅于市，百工獻埶」，乃後引此《夏書》云云，則「官師相規」即所謂「大夫規誨」也。杜解「大夫規誨」謂「規正諫誨其君」是也，于此乃云「大夫自相規正」，則與傳引《書》意不合，故聲不用而別爲解云「大夫交相規正其君」，乃與傳意合也。云「所謂『獻埶』」者，所謂《左傳》「百工獻埶」之文也。

䢅不亼于房，【注】日月合宿爲䢅，从會、辰，辰亦聲。杜豫曰：「逸《書》也。亼，安也。房，舍也。日月不安其舍則食。」聲謂：亼，讀若「集」。**瞽奏鼓，**【注】杜豫曰：「瞽，樂師。」**嗇夫馳，庶人走。**

【注】嗇夫，蓋司空之屬。杜預曰：「車馬曰馳，步曰走，爲救日食備也。」爲，于睡反。【疏】昭十七年《左傳》引此亦偁「《夏書》」。注云「日月合宿爲𣊎，从會、辰，辰亦聲」者，《説文·會部》文。亼者安集，故杜解爲「安」也。「房」謂日月所舍之処，故云「舍也」。案：二十八宿有房星，《明堂月令》季秋之月，「日在房」是也，杜不以「房」爲星者，《夏小正》云「八月辰則伏，辰謂房星也」，蓋夏初之曆，建酉之月，日次于房而房伏矣。此文據《左傳》太史説云當夏四月，是謂孟夏，則是建巳之月，日不在房宿，則「房」非謂房星，乃是日月次舍之処，故解爲「舍」也。云「亼，讀若『集』」者，《説文·亼部》文。云「瞽，樂師」者，《周禮·春官》敘官云「太師，下大夫二人。小師，上士四人。瞽矇，上瞽四十人，中瞽百人，下瞽百有六十人」，鄭注云「凡樂之歌，必使瞽矇爲焉，命其賢知者以爲太師、小師」，是樂師皆瞽者矣，《左傳》上文云「樂奏鼓」謂樂官也，下乃引此文，則「瞽奏鼓」，「瞽」謂樂師矣。云「嗇夫，蓋司空之屬」者，《義禮·覲禮》云「嗇夫承命告于天子」，鄭注云「嗇夫，蓋司空之屬也，《春秋傳》曰『嗇夫馳』」，鄭君引此以注《覲禮》，明其職同，故聲即依《覲禮》注以説此。案：《周禮》「六官」司空官屬亡，而五官之屬无「嗇夫」，故鄭君推以爲「司空之屬」，以无正文，故云「蓋」以疑之，聲亦不敢質言也。《周禮·大司馬》職云「車馳徒走」，故杜云「車馬曰馳，步曰走」，馳、走皆是疾行爲救日食，故皇遽急疾，故云「爲救日食備也」。

於戲！古者有夏，方未有禍之時，百獸貞蟲，允及飛鳥，莫不比方。矤隹人面，胡敢異也？山川鬼神，亦莫敢不寧。若耐共允，隹天下之合，下土之葆。隹，以追反。共，居容反。【注】《墨子》引此「隹」皆作「住」，「住」字非古，且不詞，由變隸而誤也，當作「隹」。「隹」讀當皆爲「惟」，古叚借字也。共，讀爲「恭」；恭，恪也。允，誠也。【疏】《墨子·明鬼下》篇引此偁「《商書》」，其兩「佳」字皆作「住」，故注云「《墨子》引此『隹』皆作『住』」。云「『住』字非古，且不詞」者，《説文》无「住」字，而《辵部》「遷」字説云「讀若住」，然則「住」字古作「遷」，「住」乃漢時之俗字，尗重但于解説中偶一用之，而不以列于九千三百五十三之數。《説文・立部》云「立，住也」，安知非元本作「遷」後人改作「住」者？故以爲非古。且「住」爲「高止」之誼，施之于此殊不可解，故以爲「不詞」。云「由變隸而誤也」者，周時之書皆古文篆籀，至秦而有隸書，漢時隸書盛行，寫書者習用時字，前代之書漸次皆變爲隸。隸書「隹」字輒譌爲「佳」，少一畫即爲「住」，此其致誤之由，實因變隸之後展轉傳寫之故，非《墨子》之誤也。云「當作『隹』，讀當皆爲『惟』，古叚唶字也」者，據文誼當爲「惟」，而古人輒叚唶「隹」字爲「惟」字，《宣和博古圖》所載商、周鐘鼎之文皆然，可按驗也。此文亦是以「隹」爲「惟」，故讀當爲「惟」也。云「共，讀爲『恭』」者，古「恭」字或通用「共」，如晉之申生《禮記・檀弓》以爲「共世子」，《左傳》偁「共太子」，又昭七年《左傳》云「三命兹益共」，又云「其共也如是」，是皆以「共」爲「恭」，此文「共」字誼亦爲「恭」也。《釋詁》「恪」、「恭」同訓「敬」也，故云「恭，恪也」。「允，誠」，亦《釋詁》文。

刑三百，辠莫重于不孝。【注】高誘曰：「商湯所制法也。」【疏】《吕氏春秋・孝行覽》引此亦偁「《商書》」。注云「商湯所制法也」者，以是《商書》之文，故以爲湯所制法。案：《墨子・非樂》篇有所謂「先王之書，湯之官刑」，蓋即湯所制法矣。

五世之廟可以觀怪，【注】高誘曰：「逸《書》。廟者，鬼神之所在。五世久遠，故于其所觀魅物之怪異也。」聲謂：若《春秋傳》曰「或訆于宋太廟，曰『誒誒出出』」，是之謂怪乎？魅，名畀反。誒，昕其反。**萬夫之長可以生謀。**長，中賞反，注同。【注】高誘曰：「長，大也。大故可以成奇謀也。」【疏】《吕氏春秋·諭大》篇引此亦偁「《商書》」。❶ 注云「五世久遠」者，五世則出親廟四之上而爲始祖之廟，父子相傳，世代遞遠，由己身而上溯始祖，總不出五、六世。《禮記·大傳》曰「六世親屬竭矣，其庶姓別于上而戚單于下」，故言「久遠」也。引《春秋傳》者，襄三十年《左傳》文。案：宋祖帝乙，太廟蓋帝乙之廟，于時久遠矣，故引以證「久遠之廟可以觀怪」。但是周時之事，引以證《商書》，故云「若《春秋傳》」，言若此之類也。又案：《商書敘》云「高宗祭成湯，有飛雉升鼎耳而雊」，斯亦怪異之事也，安知此文非指謂雉雊升鼎之事？以无寉據，不敢援以爲説。

以相陵懱。 懱，民結反。【注】懱，輕易也。易，亦敊反。【疏】《説文·心部》引此亦偁「《商書》」。注云「懱，輕易也」者，即《説文·心部》文。

天降下民，作之君，作之師，惟曰其助上帝寵之。四方有辠無罪，惟我在，天下曷敢有越厥志？【注】趙岐曰：「《尚書》逸篇也。」聲謂：寵，尊尻也。言天降生下民，爲作之君、爲作之師者，惟曰其助天牧民，故尊寵之使尻君、師之任。我，我君、師也。在，察也。四方有辠无辠惟我君、師司察焉，天下何敢有踰越其志者乎？ 司，色字反。【疏】《孟子·梁惠王》篇引此文而申之曰：「一人衡行于天下，武王恥之，此武王之勇也。」然則此是武王伐紂時之言，其或爲《太誓》之文與？《孟子》未偁《太誓》，疑事毋質，故不敘于《太誓》逸文之中而以次于此《商書》逸文之下。自此以下諸文，引者或偁「《周書》」，或止偁「《書》曰」，容或有夏、商《書》亦不可知，无從區別，約略詮次而已。注用趙氏《章指》，止節取其一句，《章指》實不止此，

❶「諭」，原作「論」，今據近市居本改。

又有云：「言天生下民，爲作君，爲作師，以助天光寵之也。四方善惡皆在己，所謂在予一人，天下何敢有越其志者也。」案：「以助天光寵之」者，謂以其能助天，故光寵之，作兩句解誼乃明，今趙氏聯言「助天光寵」，意恉不明。又「惟我在」之言非「在我」之謂，而乃引「在予一人」以況，殊不合，故聲不取而自爲解焉。云「寵，尊尻也」者，《説文·宀部》文。云「惟曰其助天牧民」者，襄十四年《左傳》云「天生民而立之君，使司牧之，勿使失性」，是作君、師爲牧民也。云「故尊寵之，使尻君、師之任」者，从趙氏讀「寵之」絶句也。「在，察」，《釋詁》文。

雖有周親，不如仁人。【注】孔安國曰：「親而不賢、不忠，則誅之，管、蔡是也。仁人，謂箕子、微子，來則用之。」**百姓有過，在予一人。**【疏】此文見《論語·堯曰》篇，不偁「《書》曰」，據《説苑·君道》篇引「《書》曰『百姓有過，在予一人』」，又據《墨子·兼恖》篇云「昔者，武王將事泰山，遂，傳曰：『泰山，有道曾孫周王有事。大事既獲，仁人尚作。以祗商夏蠻夷醜貉。雖有周親，不如仁人。萬方有罪，維予一人』」，其「雖有周親」云云四句文聯，與《論語》文大同小異，「百姓」二句引見《説苑》者既偁「《書曰》」，則四句皆《尚書》文矣，故録之。注「孔安國曰」云云，《論語》注也。僞作者采此文以入《太誓》，而以「天視自我民視，天聽自我民聽」二句厠于其間，誕妄甚矣；且爲之傳託諸孔氏，其傳云「言紂至親雖多，不如周家之少仁人」，大與此注韋異，其非孔氏傳明矣。非孔氏傳，則其所謂「古文」非孔氏壁中之古文矣，乃唐、宋諸人莫知其僞，何哉？

大國畏其力，小國懷其德。【注】言文王之德，諸侯皆畏而恖之。大國言「畏」，小國言「懷」，互文。【疏】襄三十一年《左傳》云「《周書》數文王之德曰『大國畏其力，小國懷其德』，言畏而恖之也」，故注云「言文王之德，諸侯皆畏而恖之」。云「大國言『畏』，小國言『懷』，互文」者，據《左傳》總言「畏而恖之」，是畏者亦恖，恖者亦畏，畏則必懷，則大國亦懷矣，兹大國言「畏」，小國言「懷」，各言其一，是互文見誼也。

皇天無親，惟德是輔。【疏】僖五年《左傳》引此偁「《周書》」。

香稷非馨，明德惟馨。【注】馨，香之遠聞者。聞，房運反。【疏】僖五年《左傳》既引上條《周書》，承之以「又曰」而引此條，則此條亦《周書》矣。注云「馨，香之遠聞者」者，《説文・香部》文也，《左傳》杜解亦云然，予則采自《説文》。

民不易物，惟德緊物。緊，因奚反。【注】服虔曰：「緊，發聲也。言黍稷牲玉不易，无德薦之則不見饗，有德則見饗，言物爲有德用也。」【疏】僖五年《左傳》引此承上二條之下而云「又曰」，則此條亦《周書》矣。其在《周書》此三條不必在一篇之内，今无由知其篇目，則无從定其先後，姑就引者聯比而引，則亦聯比録之而已。《後漢書・儒林列傳》云：「服虔，字子慎，初名重，又名祇，後改爲虔，河南滎陽人也。少以清苦建志，入大學受業，有美才，善箸文論，作《春秋左氏傳解》，行之至今。」案：服氏《左傳解誼》不單偁「解」，又服氏有《漢書注》，傳未言及，范蔚宗之疏失也。服氏《左傳解誼》唐初具在，自孔穎達纂正義舍服而取杜，服注遂散而漸即于亡矣。此條注見《詩・泂酌》正義。云「有德則見饗」，《詩》正義引作「有德則言饗」，「言」字蓋誤也，以意改之。杜豫注此云「黍稷牲玉无德則不見饗，有德則見饗，言物一而異用」，襲服氏誼而略改之尔。

粵三日丁亥。【注】粵，于也，審慎之詞。【疏】《説文・于部》引此偁「《周書》」。注云「粵，于也，審慎之詞」者，即《説文・于部》文也。「粵，于」，《釋詁》文。「粵」从于、从宷，「宷」即「審」字，故云「審慎之詞」。「粵三日丁亥」者，宷慎其日辰，于乙酉爲弟三日也。

宫中之宂食。宂，人勇反。【注】宂，散也。【疏】《説文·宀部》引此亦偁「《周書》」。注云「宂，散也」者，即《説文·宀部》文。

我有戴于西。戴，古文「蠢」，从𢦒，春省聲。【疏】《説文·䖵部》引此亦偁「《周書》」。

竹前如榗。榗，子賤反。【注】榗，木也。【疏】《説文·木部》引此止偁「《書》曰」，《説文》又一本引作「竹箭如榗」，❶未知孰是。注云「榗，❷木也」者，即《説文·木部》文。

聖有謨勳，明徵定保。【注】杜豫曰：「逸《書》。謨，謀也。勳，功也。言聖哲有謀功者，當明定安之。」【疏】襄二十一年《左傳》引此偁「《書》曰」。❸注「謨，謀」，「勳，功」，並《釋詁》文。

聖作則。【注】杜豫曰：「逸《書》。則，法也。」【疏】昭六年《左傳》引此偁「《書》曰」。注云「則，法」，《釋詁》文也。

欲敗度，縱敗禮。敗，必退反。【疏】昭十年《左傳》引此亦偁「《書》曰」。

孝于惟孝，友于兄弟，施于有政。孝于，今本《論語》作「孝乎」，據蔡邕石經《論語》改正，石經殘碑見洪适《隸釋》。《論語釋文》云「孝于，如字，一本作『孝乎』」，然則陸德明所釋之本猶作「孝于」也。【注】包咸曰：「孝于

❶「作」，原作「此」，今據近市居本改。
❷「云」，原脱，今據近市居本補。
❸「曰」，原脱，今據近市居本補。

惟孝，美大孝之詞。友于兄弟，善于兄弟。施，行也。所行有政道。」【疏】《論語・爲政》篇引此偁「《書》云」。注「包咸曰」者，《論語》注也，見何晏《論語集解》。詳翫「孝于惟孝」之言，有歎美之意見于言外，故云「美大孝之詞」。《釋訓》云「善兄弟爲友」，故云「友于兄弟，善于兄弟」。「施」者，由此施之于彼，故訓施爲「行」也。包氏此注下尚有「與爲政同」句，兹節去之者，蓋《論語》既引此經，其下承之以「是亦爲政，奚其爲爲政」二句，乃孔子之言，非《書》文也，包云「與爲政同」是解釋「是亦爲政」句，于《書》文無涉，故刪節之。

厥辟不辟，忝厥祖。忝，帖點反。【注】鄭康成曰：「厥，其也。辟，君也。忝，辱也。爲君不君，與臣子相褻，則辱先祖矣。君父之道宜尊嚴。」【疏】《禮記・坊記》篇引此偁「《書》云」。注云「厥，其」，《釋言》文。「辟，君」，《釋詁》文。「忝，辱」，亦《釋言》文。

丕顯哉文王謨？丕承哉武王烈？右啓我後人咸以正，無缺。【注】趙岐曰：「《尚書》逸篇也。」聲謂：丕，猶「不」也。不顯哉文王之謨乎？言顯也。不承哉武王之功烈乎？言其承文王也。啓，教也。後人，謂成王以下。右教我後人皆以正道，無虧缺。【疏】《孟子・滕文公》篇引此偁「《書》曰」。趙岐《章指》曰：「《尚書》逸篇也。」案：《章指》又云「言文王大顯明王道，武王大纘承夫光烈。右啓後人，謂成、康皆行正道，无虧缺也」，聲以爲未合《書》意，故不用而自爲注焉。云「丕，猶『不』也」者，古「丕」、「不」字通，説已具《般庚》疏。云「不顯哉文王之謨乎？言顯也。不承哉武王之功烈乎？言其承文王也」者，《清廟》詩云「不顯不承」，鄭君箋云「是不光明文王之德與？言其光明之也。是不承順文王志意與？言其承順之也」，是「不顯」言「顯」，「不承」言「承」，此經「丕顯」、「丕承」誼亦如是也。「啓，教」，《説文・支部》文。「後人」不專指一二世，故云

「謂成王以下」。云「右教我後人，皆以正道，无虧缺」者，言文王、武王右教後人，皆以正道，不从趙氏以「正道」屬「後人」説也。

必有忍也，若耐有濟也。【注】韋昭曰：「逸《書》也。若，猶『乃』也。濟，成也。言能有所忍，乃能有成功。」【疏】《國語·周語》富辰引此偁「《書》有之曰」。注云「濟，成也」，《釋言》文。

民可近也，而不可上也。近，其靳反。上，時賞反。【注】韋昭曰：「逸《書》。民可近，可以恩意近也。不可上，不可高上。上，夌也。」夌，力膺反。【疏】《國語·周語》單襄公引此偁「《書》曰」。「上」者，夌駕其上，故注云「上，夌也」。夌，今《國語》注作「陵」。案：《説文》「陵，大𨸏也，从𨸏，夌聲」，「夌，越也，从夊、兴。兴，高大也」，二字音同誼異，此當作「夌」。

厥辟去厥祇。辟，丙亦反。【疏】董仲舒《春秋緐露·玉栝》篇引此偁「《書》曰」。

太社唯松，東社唯柏，南社唯梓，西社唯栗，北社唯槐。唯，叚借以爲「維」字。【注】凡立社，必樹其土所宜木，以名其社。【疏】《白虎通·社稷》篇引此偁「《尚書》曰」。注云「凡立社，必樹其土所宜木，以名其社」者，《周禮·大司徒》職云「設其社稷之壝，而樹之田主，各以其野之所宜木，遂以名其社與其野」，鄭注云：「所宜木，謂若松、柏、栗也。若以松爲社者，則名『松社之野』以别方面。」

三年一考，少黜以地。【疏】《白虎通·考黜》篇引此亦偁「《尚書》」。

咨尔伯。【疏】《白虎通·王者不臣》篇引此亦偁「《尚書》」。

黼黻衣，黄絑紼。紼，分勿反。【注】黼黻衣，謂㡀衣也。黄絑，赤色也。紼，當爲「市」，聲之誤也。

市，韋韠以蔽厀也，字亦作「韍」。韍者，天子純硃，諸侯黄硃。黹，中里反。市，分勿反。厀，心七反。韍，分勿反。【疏】《白虎通·紼冕》篇引此偁《書》曰」。注云「黼黻衣，謂黹衣也」者，《采尗》詩云「玄衮及黼」，鄭君箋云「黼，黼黻，謂黹衣也」。案：「黹」字或通作「絺」，鄭注《周禮·司服》職云「絺，刺紛絥无畫也，其衣一章，裳二章，凡三也」，即所謂「黹衣」也。以其衣、裳皆繡，故以「黹」爲名，但其衣一章止紛絥而以，黼黻則皆在裳。兹云「黼黻衣，謂黹衣」者，「衣」是總名，言「衣」可該「裳」也。云「黄硃，赤色也」者，《説文·市部》云「天子硃市，諸侯赤市」，鄭君箋《斯干》詩云「市者，天子純硃，諸侯黄硃」，則黄硃即赤色。又鄭注《周易乾鑿度》云「硃、赤雖同而有深淺之差」，然則赤淺于硃，赤是黄硃矣。云「紼，當爲『市』，聲之誤也」者，「紼」與「市」同音，古人或叚唶用之，而其誼則異，《説文》「紼」訓亂系，「市」訓「韠」也，是誼不同也。此文承「衣」下而言「紼」，又取黄硃之色，自是身所服之「市」，由「市」聲同「紼」而誤作「紼」尔。云「市，韋韠以蔽厀也」者，《説文》云「市，韠也。上古衣蔽前而已，市以象之」，鄭君箋《采尗》詩云「市，大古蔽厀之象也。冕服謂之市，其它服謂之韠，以韋爲之」，是「市」與「韠」二名而同一物也。云「字亦作『韍』」者，《説文》「市」字重文作「韍」，云「篆文市，从韋从犮」。云「韍者，天子純硃，諸侯黄硃」者，《斯干》詩箋云然也。案：《白虎通·號》篇引《尚書》曰「不施予一人」，蓋即《般庚》上篇「不惕予一人」之文也，古文「惕」作「愻」，从心，狄聲，「狄」與「朸」近似，「心」與「也」亦相似，是故「愻」譌爲「施」，非逸文也，兹不録。

往者不可及，來者不可待，賢明其世，謂之天子。【疏】《吕氏春秋·聽言》篇引此偁「《周書》」。

民善之，則畜也；不善之，則讎也。【注】高誘曰：「畜，好。」聲謂：畜，順也。《般庚》曰「女共作我畜民」。好，火告反。【疏】《吕氏春秋・適威》篇引此亦偁「《周書》」。《孟子・梁惠王》篇曰「畜君者，好君也」，故高氏注云「畜，好」是矣。聲必云「畜，順也」者，《禮記・祭統》云「順于道，不逆于倫，是之謂畜」，是「畜」有「順」誼，此文訓「畜」爲「好」不若訓爲「順」誼尤允帖也。引《般庚》文者，以「畜民」之言正與此文所謂「畜」同，而其誼亦爲「順」也。

若臨深淵，若履薄仌。❶ 仌，必陵反，世俗相承作「冰」，别也，「冰」即「凝」字。【注】言慎事也。【疏】《吕氏春秋・慎大》篇引此亦偁「《周書》」，并説其誼云「以言慎事也」，注即用其誼。

德幾无小。【疏】《吕氏春秋・報更》篇載趙宣孟食骫桑下之餓人，後終獲其報之事，下即曰「此《書》之所謂『德幾无小』者也」，《説苑・復恩》篇亦載宣孟事，亦曰「此《書》之所謂『德无小』者也」，二書所引唯「幾」字一有一无爲異，殆非二文，兹从其多一字者録之，不兩收。

樹德莫如滋，除害莫如盡。【疏】《戰國策》五卷引此偁「《書》云」。

去衺毋疑，任賢勿貳。 去，曲與反。衺，夕牙反，俗作「邪」，音、誼皆别。【疏】《戰國策》十九卷引此亦偁「《書》云」。

先時者，殺無赦；不逮時者，殺無赦。【疏】《鄧子・君道篇》引此稱「《書》曰」。❷

---

❶ 「仌」，原作「氷」，今據近市居本及下文改。下同者逕改，不一一出校。

❷ 「君道」至「書曰」八字，原作「逸文」二字，今據近市居本改。

从命而不拂，敚諫而不券，爲上則明，爲下則遜。券，古「倦」字。【注】遜，當爲「愻」，聲之誤也；愻，順也。【疏】《鄧子・臣道篇》引此亦偁《書》曰」。注云「遜，當爲『愻』，聲之誤也」者，「遜」與「愻」同音，古今變易字，輒混并，凡《書》傳「愻」字悉改作「遜」，不復有「愻」矣。尋「遜」之誼，「遁」也，「愻」則訓「順」也，據《鄧子》引此文之下即云「事人而不順者，不疾者也。疾而不順者，不敬者也」云云，則「爲下則遜」謂「愻順」也。「愻順」字當爲「愻」，由聲同「遜」而誤爲「遜」尔。「愻，順」，《説文・心部》文。

克明明德。【疏】《鄧子・正論篇》引此亦偁《書》曰」。重言「明」字，當非《康誥》「克明德」之文，容或《尚書》逸篇別有此文，姑録之。

農不出則乏其食，工不出則乏其事，商不出則三寶絶，虞不出則財匱少。乏，房法反，从反正，《春秋傳》曰「反正爲乏」。商，式羊反，从貝，商省聲，俗輒作「商」，音同誼別。【注】三寶，金也、木也、玉石也。絶，謂不流通也。【疏】《史記・貨殖列傳》引此偁「《周書》」。注云「三寶，金也、木也、玉石也」者，天地之間萬物雖多，總不外乎五行，五行惟水、火无販，則商所販者不外金、木、土之類，石是土之剛者，玉是石之堅者，皆土類也，故名「三寶」爲金、木、玉石也。云「絶，謂不流通也」者，商賈犕有无流通貨物，三寶繇商不出而「絶」，則「絶」謂不流通矣。

臣不作福，不作威，靡有後羞。【疏】《漢書・武五子傳》武帝賜廣陵王册引此偁「《書》云」。

以左道事君者誅。【注】左道，若巫蠱及俗禁。【疏】《漢書・王商傳》張匡譖商引此偁「《周書》」。注云「左道，若巫蠱及俗禁」者，《禮記・王制》曰「執左道以亂政者殺」，鄭注云「左道，若巫蠱及俗禁」，玆用其誼。案：「巫蠱」者，若《漢書》武帝時，江充蘊桐人于太子宮，誣太子行蠱以陷太子是也；「俗禁」者，《王制》正義云「若前漢張竦行辟反支」，《後漢書・郭躬傳》有陳伯子者，「出辟往亡，入辟歸忌」是也。

恃德者昌，恃力者亡。【疏】《史記・商君列傳》趙良説商君引此偁「《書》曰」，《索隱》以爲孔子所删之餘。案：《尚書》逸篇多矣，安見此非百篇之文而云孔子所删乎？《索隱》説不足據。

天子見怪則修德，諸侯見怪則修政，卿大夫見怪則修職，士庶人見怪則修身。【疏】《後漢書・楊震列傳》震孫賜對虹蜺灾異問，引此偁「《周書》」。

以上《尚書》逸文采自傳記子史者，凡六十二條。唯是書籍之文有極似《尚書》文而不偁「《書》曰」者，亦有偁「《書》曰」、「若《周書》曰」而不似《尚書》文者，不敢濫采，又不忍棄遺，姑列附于左以識疑焉。

父母使舜完㐭，捐階，瞽瞍焚㐭。使浚井，出，從而揜之。象曰：暮蓋都君咸我績。牛羊父母，倉㐭父母，干戈朕，琴朕，弴朕，二嫂使治朕西。」象往入舜宮，舜在牀琴。象曰：「鬱陶思君尔。」恧尼。舜曰：「維兹臣庶，女其于予治。」㐭，力錦反。焚，无分反。弴，今本《孟子》作「弤」，趙岐以「弤」爲彫弓，《説文》无「弤」字。《行葦》詩云「敦弓既堅」，毛傳云「敦弓，畫弓也」，《釋文》云「敦音彫，徐又都靁反」，然則「敦」雖以「𦎫」爲聲，而有「𠂤」音。《説文》云「弴，弓也，从弓，𦎫聲」，然則「敦弓」當爲「弴弓」，「弴」音如「𠂤」轉而如「氐」，遂譌爲「弤」，非矣。兹定作「弴」，還从其朔。【疏】文出《孟子・萬章》篇，絶不類《孟子》之文，極似《尚書》。雖不偁「《書》曰」，竊疑是《尚書》之文。據《孟子》下章偁「舜流共工于幽州」云云，實是《堯典》之文亦不言「《書》曰」，以相比況可知也，故附録于此。

舜往于田，號泣于旻天，于父母。 號，河刀反。【注】古文家說：「仁覆閔下謂之旻天。」【疏】文亦出《孟子·萬章》篇，亦似《尚書》文而不偁「《書》曰」，❶姑附録于此。注偁「古文家說」者，❷《說文·日部》引《虞書》「仁覆閔下則偁旻天」絶不類《尚書》之文，據許君《說文敘》言「《書》偁孔氏古文」，又據許君《五經異誼》引古《尚書》說「仁覆閔下則偁旻天」，則《日部》所引《虞書》乃古《尚書》說也，蓋必是孔君之《書》傳，不敢意必，止偁「古文家說」尔。

堯曰：「咨！尔舜，天之曆數在尔躬。允執其中，四海困窮，天禄永終。」【疏】文出《論語·堯曰》篇。案：此堯將禪位而命舜之詞，當在《尚書·舜典》，而《論語》不偁「《書》曰」，疑事毋質，姑附録于此。

不及貢，以政接于有庳。【疏】《孟子·萬章》篇，孟子答萬章「或曰放者，何謂」之問，曰：「象不得有爲于其國，天子使吏治其國而内其貢税焉，故謂之放，豈得暴彼民哉？ 雖然，欲常常而見之，故源源而來。『不及貢，以政接于有庳』，此之謂也。」趙氏《章指》云「此『常常』以下皆《尚書》逸篇之詞。」聲案：據云「此之謂也」，則「有庳」以上自是古《書》成文，當是《尚書》文矣。其「欲常常」句承「雖然」之下，「雖然」云者，承上轉下之詞，則「欲常常」二句乃《孟子》之言，非古《書》成文矣，故斷自「不及貢」始以爲《尚書》逸文，庶幾近之。但《孟子》不偁「《書》曰」，終是疑誼，故附録于此。

---

❶「似」，原作「作」，今據近市居本改。

❷「說」上，原衍「諸」字，今據近市居本及注文刪。

惟彼陶唐，帥彼天常，有此冀方。今失其行，亂其紀綱，乃滅而亡。【疏】哀六年《左傳》引此偁「《夏書》」。杜豫注云「滅、亡，謂夏桀也」，正義云賈、服、孫、杜皆解爲夏桀之時。案：《夏書》終止于《胤征》，當仲康之世，此文既是夏桀時書，則非《尚書》百篇之文矣，不應采取。因僞作者改竄以爲《五子之歌》，故附録而辨之。

伊尹曰：「予不狎于不順。」【疏】文出《孟子·盡心》篇，自是《尚書》文，而不偁「《書》曰」，故附録于此。

王曰：「無畏！寧尔也，非敵百姓也。若崩厥角䭾首。」【疏】文亦出《孟子·盡心》篇，亦似《尚書》文而不偁「《書》曰」，故附録于此。

有攸不爲臣，東征，綏厥士女，匪厥玄黄，紹我周王見休，惟臣附于大邑周。【疏】文出《孟子·滕文公》篇，絶不類《孟子》之文而大類《尚書》，雖不偁「《書》曰」，自是《尚書》文也。據《孟子》本文承「大邑周」之下云「其君子實玄黄于匪，以迎其君子；其小人簞食壺漿，以迎其小人。救民于水火之中，取其殘而已矣」，趙氏《章指》于「而已矣」乃云「從『有攸』以下，道周武王伐紂時也，皆《尚書》逸篇之文也」，是則統「其君子」以下云云皆爲逸《書》文矣。詳繹其文，則「其君子」以下乃《孟子》申説《書》意，非《尚書》文，兹録取逸《書》斷自「大邑周」止，不敢濫采也。

將欲敗之，必姑輔之；將欲取之，必姑與之。《戰國策》二十二卷及《韓非子·説林》皆言知伯索地于魏，魏臣任章勸其君與之地，引《周書》曰「將欲敗之」云云。案：此言非仁人君子之言，雖偁「《周書》」，不敢信以爲《尚書》，姑附于此。

欲起無先。【疏】文出《史記・楚世家》。楚欲與齊、韓連和伐秦，因欲圖周。周王赧使武公往説楚相昭子，武公引此係「《周書》」，附録于此。

必參而伍之。【疏】文出《史記・蒙恬列傳》。秦二世使使者之陽周，令恬自殺，恬對使者敶説自明，引此係「《周書》」，附録于此。

成功之下，不可久處。【疏】文出《史記・蔡澤列傳》。澤入秦説秦相應侯，引此係「《書》曰」，始附録于此。

揜雉不得，更順其風。【注】高誘曰：「言揜雉雖不得，當更從其上風。順其道理也。」【疏】《淮南・覽冥訓》引此係「《周書》」。案：此文有作「《逸周書》」，而《逸周書》未有見，姑附録于此。

上言者，下用也；下言者，上用也。【注】高誘曰：「用，可否相濟也。」【疏】《淮南・氾論訓》引此亦係「《周書》」，姑附録之于此。注云「用可否相濟也」者，若昭二十年《左傳》晏子所謂「君所謂可而有否焉，臣獻其否以成其可；君所謂否而有可焉，臣獻其可以去其否」，是之謂「可否相濟」。

下言而上用者，惑也。【疏】《韓子・説林》引此亦係「《周書》」，與上條《淮南子》所引《周書》意正相反，姑連比而附録之。

紳之束之。

既彫既琢，還歸其樸。【疏】以上二條並《韓子・外儲説左上》所引，皆係「《書》曰」，姑附録于此。

記人之功，忘人之過，宜爲君者也。【疏】《漢書・陳湯傳》谷永爲湯訟寃，上書引此係「《周書》」。案：其文不甚似《尚書》，姑附于此。

戎狄荒服。【疏】《漢書·蕭望之傳》丞相霸、御史大夫定國議單于，朝義引此偁「《書》曰」。案：「書」者，經傳通偁，《國語·周語》云「戎翟荒服」，所偁「《書》曰」其即引《國語》之文與？抑《尚書》逸篇別有此文與？疑不能決，據師古注以爲逸《書》，姑附録于此。

前車覆，後車戒。【疏】《説苑·善説》篇引此偁「《周書》」，而《大戴禮·保傅》篇引此以爲「鄙語」，何同是文而所偁説異邪？豈「鄙語」之出于《周書》者乎？與其過而逸之，毋寧過而存之，故録。

以上附録逸文又二十條。至若傳記所引「《周書》」而出《逸周書》者，皆不采録；它如晉灼注《漢書·王尊傳》謂歐陽《尚書》有造獄事而不引其文，則無從采録。外此諸子百家之書，聲所未見者正多，容或引《尚書》而聲未采者諒必不少，于以見聲之匙見寡聞，使後之學者不謬謂聲爲博學矣。

逸文標題四名，疏二百八十四字。

逸文六十二條，計七百一十五名，重文三，凡七百一十八言，注千三百四十七字，釋音辯字四百二十八言，疏八千六百五十一字。附録逸文二十條，計二百九十九名，注四十一字，釋音辯字百一十一言，疏千二百一十二字。外別百七十八字。

乾隆五十四年，歲在屠維作咢涂月，二十日辛未書斁。是夕立春，時年六十有九，江聲識。

尚書補誼

余纂《尚書集注音疏》既成，刊即過半，諸同人閲之，輒或相況以誨言，足以匡余之不逮。余不能追改既刊之版，爰緝爲《補誼》若干條于卷後云。上章閹茂之歲，則涂之月，十三日己未，江聲識，時年七十。

《甘誓》　左不攻于左，女不龏命。《史記·夏本紀》録《甘誓》文「左不攻于左」下无「女不共命」句，至「右不攻于右」下乃有之。《墨子·明鬼》篇引《禹誓》亦言「大戰于甘」，亦爲伐有扈而誓衆文，比《甘誓》多三四語而具有《甘誓》之文，亦于「右不攻于右」下乃云「若不共命」，「左不攻于左」下則无文。蓋兼車左、車右而總飭戒之，故省此一句，于文未始不順。今僞孔氏《書》「左不攻于左」下別有「女不龏命」之言，豈故欲立異而增之乎？疑事毋質，不敢意必，故經中仍其本文而識疑于此。

《允征》逸文徐生頲曰：「《堯典》篇首正義云鄭注《禹貢》引《允征》曰『匪厥元黄，昭我周王』。先生葡采逸文而《允征》篇目之下不采此條，豈以《夏書》不應有「周王」而疑其誤與？」予曰：非也。「周王」乃「君王」之誤。古文「君」作「𠱛」，近似「周」字，故譌爲「周」。抑或僞作者取以入《武成》，故改「君」爲「周」與？孔穎達反據之以駁鄭。若録此條，不容不辯，辯之則「允」字、「元」字必數見，而「允」字、「元」字皆非正用，因有當避而嗜以代用者，今使代用之字充溢乎行間，恐觀者不瞭，故棄置不録。

《酒誥》　弗惟悳馨香祀。徐孝廉承慶曰：「《説文》云『悳，外得于人，内得于己也。从直从心』，『德，升也。

从彳，悳聲」，然則『悳』與『德』聲同而誼異。魏晉以來，相沿以『德』爲『悳』，而『悳』字遂不見于經傳，『德，升』之訓亦未有聞焉。大箸《般庚》『用降我凶德』及《吕刑》『罔有馨香德』皆訓『德』爲『升』，發前人所未發，誼實精寉。《酒誥》『弗惟悳馨香祀』指意似與《吕刑》同，『悳』亦當爲『德』，訓亦當爲『升』，謂『不思升馨香之祀登聞于天』斯爲允當。乃云『不思以悳之馨香薦祀』，毋乃與《吕刑》之注相刺乎？」聲應之曰：君言誠是也。予于《酒誥》不用「德，升」之訓者，以「登」亦訓「升」，「升馨香之祀升聞于天」，嫌「升」誼重絫。據《左傳》引《周書》有「明悳惟馨」之言，則解爲「悳之馨香」亦可，不欲執泥一説，故與《吕刑》異解，望文爲誼也。然君言實精當，予雖不用以改《酒誥》之注，而其誼不可没，當録存之。

《无逸》　厥兆天子爵。　顧生廣圻曰：「《白虎通・爵》篇引《書・無逸》篇曰『厥兆天子爵』，先生以爲闕文而以附録于《無逸》篇後。廣圻案：經曰『厥亦惟我周』，『亦』與『兆』相似，故誤作『亦』，實當爲『兆天子爵，惟我周太王、王季克自抑畏』，言其兆起天子之爵者，惟我周先世太王、王季能抑畏故也。近有安庸人刻《白虎通》，改《無逸》爲《亡逸》，以爲世所不傳之《書》篇。舊本《白虎通》則皆作『有無』之『無』，不作『亡』字，偏考古書，字作『亡』而讀爲『無』者頗有，從未有字作『無』而讀爲『亡』者，《白虎通》明偁『《無逸》』，安得改爲『《亡逸》』乎？且『亡』之與『逸』，漢人必區別言之，如孔氏二十四篇則目爲『逸《書》』，若《槀飫》、《帝告》、《釐沃》之等孔氏亦未有者，乃爲『亡篇』。然則亡者不言『逸』，逸者不言『亡』，若『亡逸』並言，古人之文不若是之磊竨而無分曉也。恐後學爲其所惑，故必辯之。」

《无逸》疏「三宗」字徐生頲曰：「商之三宗：太宗，太甲也；中宗，太戊也；高宗，武丁也。僞孔氏解《无逸》以祖甲爲太甲，先生既辯其非，而用馬融注以祖甲爲武丁子，非太甲矣，則不得云『三宗乃生』，則『佚』之疏及『克自抑畏』之疏皆有『三宗』字，當改。」予曰：「俞，吾將改之。」

《君奭》　甘般聲注《君奭》疑「甘般」即傳說，疏謂不得據《漢書・古今人表》傳說、甘般分異並列，遂謂甘般非傳說，顧未有以證明班氏分異一人爲二之誤也。程氏世詮曰：「據哀二年《左傳》，則郵無卹即王良；據《國語・晉語》，則郵無卹即伯樂；一人也，乃《古今人表》分列爲三人。又晉士會即范武子，齊賓媚人即國佐，而《古今人表》皆分列爲二人。則傳說、甘般安得據班氏分列爲二，遂謂非一人耶？」

《顧命》　左孰右孰正義本「孰」字下有「土」文，隸古定本亦然，此俗字也，《說文》所无。聲去其「土」，依聲託事，叚借「孰」字爲之。錢少詹大昕曰：「《後漢書・齊武王傳》云『王莽使長安中官署及天下鄉亭皆畫伯升像于孰，旦起䠶之』，『孰』字亦箸『土』文，章懷太子注云『《東觀記》、《續漢書》並作「埻」』，且引《說文》云『䠶臬也』，又引《廣疋》云『埻，❶的也，音之允反』。據此，則《顧命》『左孰右孰』皆當作『埻』，蓋門側之堂習䠶之処，故有『埻』名，凡經傳有是名則字必當作『埻』。《說文》『埻』从土，𦎫聲，讀若『準』，『孰』从丸，亦𦎫聲。聲本同而讀者異，其音遂有从土从丸之變易，且或迻『埻』之『土』文于下，而加『孰』于其上矣。」聲案：此說甚善，惜《顧命》既刊，不能加增辯說，即不得改「孰」爲「埻」，故記于此。

《湯征・敘》疏徐生頲曰：「《湯征・敘》疏云：『湯地方七十里。葛之爵，伯也，其國當不亞于湯，是謂葛國亦方

---

❶「疋」，原作「足」，今據近市居本改。

七十里矣。』頲案：《禮記・王制》『公、侯田方百里，伯七十里，子、男五十里』，鄭注云：『此地殷所因夏爵三等之制也』，又云『殷爵三等者，公、侯、伯也。』又云：『周武王初定天下，更立五等之爵，增以子、男而猶因殷之地，以九州之畍尚陜也。』詳鄭君之意，謂殷所因于夏者，因此百里、七十里、五十里三等之地以封三等之爵。《王制》所言乃周初之制，夏、殷无子男也，故《王制》疏云『殷爵三等，公、侯、伯者。公百里，侯七十里，伯五十里』，然則夏、殷之伯皆方五十里。葛伯，夏之諸侯，其國殆未能七十里。」予曰：子讀書精細乃尔，可謂善讀書矣。但「侯七十里，伯五十里」之言出于孔疏，止是揣度鄭意言之，雖似有當，存疑可也。

《説命・敘》注尸子徐生頲曰：「《漢書・埶文志》以尸子爲魯人，《後漢書・宦者傳》注以爲晉人，先生《説命・敘》疏兩持其説。頲案：《史記・孟子郇卿列傳》云『楚有尸子』，楚，滅魯者也，蓋楚滅魯而有尸子，其初則尸子故是魯人，班固之言是也。章懷太子蓋以尸子爲商鞅客，推度以爲晉人，非覈實之言也。」

附識寫尚書誤字余寫《尚書》所用《説文》乃徐鉉本，有从徐鉉而誤者，承段君若膺教而始知，不能追改，恐詒誤後學，故附識于此。

鼔鉉本《説文》作「鼔」，「豈」傍箸「攴」。段氏玉裁曰：「當作『壴』傍『屮』。《弓部》『弢』字解説云『从弓、屮。屮，垂飾，與「鼔」同意』，則『鼔』从屮可知。」聲謂：據此，則「虁」字、「鼛」字皆可類推，皆不从攴矣。又經典「鼔鐘」與「鐘鼔」之「鼔」无異文，實一字也。《説文・攴部》「鼓」字解説云「擊鼔也，从攴、壴，壴亦聲，讀若屬」，是與「鼔」字異文異音，乃別爲一字。徐鉉刪去「讀若屬」三字而加「公户切」，聲遂誤以「鼓」爲「鼔」，故《太誓》「鼔拊」字書作「鼓拊」，賴段氏以徐鍇《繫傳》見示而知其誤。

尚書續補誼

余《尚書》告成後頗有滲漏，乃纂《補誼》數條傅于卷後。既刊印矣，兹又獲聞所未正者，復爲《續補》焉。于以知學問无竟功，安知不復有遺誼邪？昭陽赤奮若之歲，室相之月，六日丁酉，江聲又識，時年七十有三。

《堯典》　女尻稷顧生廣圻曰：「近見宋本《列女傳・棄母姜嫄傳》云：『帝曰：「棄，黎民阻飢，女尻稷，播時百穀。」』此用《尚書》文也。鄭注《尚書》云『女尻稷官，種蒔五穀』正相印合，可見古文實作『女尻稷』，今《尚書》作『女后稷』者，妄人所改也。正義引王肅注云『稷是五穀之長，立官主此稷事。后訓君也。帝言：女君此稷官，布種是百穀』，然則改『尻』爲『后』實始于肅，前此當未有作『后』者，僞孔《書》本于肅，故亦作『后』。《史記》之『后稷』必是淺人依僞孔《書》以改之，非太史公原文也。據《周本紀》云『帝舜曰：「棄，黎民始飢，尒后稷播時百穀。」封棄于部，號曰后稷』，言『封于部而號后稷』，則其上文帝之命辭必云『尒尻稷』，必不偁『后稷』矣，是可推而知也。正義既引王肅注，而又歷舉此經『攘于稷偰』暨『稷播』、『稷降播種』諸文及《國語》『稷爲天官』而云：『單名爲「稷」，尊而君之偁爲「后稷」。故《詩》傳、《孝經》皆以「后稷」爲言，非官偁「后」也。』穎達曲意阿順僞孔《書》，而于此不以『后』字爲是，蓋必曾見漢儒舊本實作『女尻稷』，而知『后』字之非矣。」

《禹貢》　雲土曹作叜余本作「雲夢土作叜」，顧生廣圻曰：「裴駰注《史記》用僞孔傳，則裴本《史記》作『雲曹土』也。司馬貞《索隱》云『雲土、曹，二澤名。蓋人以二澤相近，或合偁雲曹』，且引韋昭曰『雲土，今爲縣，屬江夏』，則貞本《史記》作『雲土曹』矣，所引韋昭説乃《漢書》注也，則韋本《漢書》亦作『雲土曹』矣。若遂『土』字箸『作𡉴』上，《禹貢》無此句法，當定从『雲土』爲是。」余韙其言，从而補正經文，并補足注、疏誼。【補注】土，讀若「杜」。雲土曹，澤名，亦偁「雲曹」。【補疏】云「土，讀若『杜』」者，據韋昭云「雲土，今爲縣，屬江夏」，而《漢書・地理志》江夏郡有雲杜縣，則「土」字音讀當如「杜」也。又《毛詩・鳲鳩》云「徹彼桑土」，韓詩作「桑杜」，是古字或以「土」爲「杜」也。云「亦偁『雲曹』」者，《周禮・職方氏》云「正南曰荆州，其澤藪曰雲曹」是也。前經之注自《地理志》以下及其疏皆仍之不改易，于此不重出云。

《无逸》　祖甲洪适《隸釋》載漢石經殘碑《无逸》篇「肆高宗之饗國百年」下，即接「自時厥後」，适跋其下云：「孔氏敘商三宗以年多少爲先後，此碑獨闕祖甲，計其字，蓋在中宗之上，以傳序爲次也。」聲案：石經《无逸》闕文每行闕六十餘字。「不則侮厥」之下、「中宗」之上，若无祖甲之文止闕二十一字，有之則六十三字，祖甲信在中宗上矣。然則經文必曰「昔在殷王祖甲」云云，于「三十有三年」之下則曰「其在中宗」，後文亦必曰「自殷王祖甲及中宗」，文雖闕，可推而知也。既以祖甲列中宗上，則必以爲太甲亦可知矣，此今文也。古文則以祖甲次高宗後，故馬、鄭皆以爲「高宗子帝甲」。據《國語》、《史記》帝甲實淫亂之君，必非周公所偁美。僞孔依古文之次而欲以祖甲爲太甲，則先後不倫，乃譌云「以德優劣，立年多少爲先後」，肊説非也。聲謂當从今文，祖甲在中宗上，實爲太甲。「不誼惟王」者，言其爲王不誼，《孟子》所謂「顛覆湯之典荆」也。「舊爲小人」者，「舊」之言久，謂三年于桐也。如此解説則四達而无閡。鄉者用馬融注爲説，實未允協，附爲此説。

《呂荆》　湎湎紛紛余于經文既承錢少詹教，據《漢書・敘傳》作「湎湎紛紛」，以改正僞孔本之謬矣。顧生廣圻告余曰：「近又得一證：王充《論衡·寒温篇》云『古之用刑者，蚩尤、亡秦甚矣。蚩尤之民，湎湎紛紛』，庰言『蚩尤之民』，是實據《吕刑》之文也。以此爲證，比《漢書·敘傳》尤明隺矣。當補入之。」余遂續補于此。

《大誥·敘》　將黜殷命袁氏廷檮曰：「今《尚書》諸本皆无『命』字，《詩·豳譜》正義引此則有『命』字。案：《微子之命·敘》及《周官·敘》皆云『既黜殷命』，則此必云『將黜殷命』與彼二敘相應。且此敘正義云『黜退殷君武庚之命』，又云『獨言黜殷命者』，又云『且顧《微子之命·敘》』，故特言『黜殷命』也』，據此，則正義本實有『命』字。近見錢少詹《唐石經考異》云：『「將黜殷」下本有「命」字，後摩改。』因取舊藏之石經檢視之，『作』字之旁猶留『命』字右偏之波磔，『誥』字既迻弟二行之末矣，弟三行之首，猶有摩未盡之『誥』字具存，此摩改石經之明驗也。」聲于是特詣袁君家索石經觀之，乃歸而書以識之。

尚書集注音疏述【疏】「述」即「敘」也。不名「敘」者，正義謂鄭康成《書贊》避孔子百篇之敘名而曰「贊」，然則鄭君且不敢偁「敘」，聲安敢偁「敘」邪？故曰「述」。述者，述《尚書》興廢之由并自述集注之大意。

六埶定于孔子，埶，牛曳反，俗加草頭，非也，或又于下加「云」，益非。【疏】六埶，《易》、《詩》、《書》、《禮》、《樂》、《春秋》也。《史記·孔子世家》云「孔子之時，周室微而禮樂廢，《詩》、《書》缺。追迹三代之禮，敘《書傳》，上紀唐虞之際，下至秦繆，編次其事」，又云「《書傳》、《禮記》自孔氏」，又云「古《詩》三千餘篇，及至孔子，去其重，取可施于禮誼。上采偰、后稷，中述殷、周之盛，至幽、厲之缺」，「三百五篇，孔子皆絃歌之，以求合《韶》、《武》、《雅》、《頌》之音。《禮》、《樂》自此可得而述，以備王道，成六埶。孔子晚而喜《易》，敘《彖》、《繫》、《象》、《說卦》、《文言》，讀《易》韋編三絶」，《論語·子罕》篇「子曰『吾自衛反魯，然後樂正，《雅》、《頌》各得其所』」，《公羊》哀十四年傳云「君子曷爲？爲《春秋》。撥亂世反諸正，莫近于《春秋》」，《孟子·滕文公》篇云「孔子成《春秋》」，是六經皆孔子所定。皆阨而後興，阨，安革反。【疏】阨于秦，興于漢也。而《尚書》之阨爲尤甚。【疏】興而復亡，故曰「尤甚」。秦時燔書，伏生壁臧之。漢興，生求其《書》，獨得二十八篇，以教于齊、〓之間，張生、歐陽生傳其學。臧，才郎反，俗加「艸」頭于上，非也。〓，古文「魯」。【疏】張晏注《漢書》據《伏氏碑》云：「伏生名勝。」《史記·儒林列傳》云「伏生者，沛南人也，故爲秦博士。秦時焚書，伏生壁臧之。其後兵大起，流亡。漢定，伏生求其《書》，亡數十篇，獨得二十九篇，即以教于齊、〓之間。學者由是頗能言《尚書》，諸山東大師无不涉《尚書》以教矣。伏生教沛南張生及歐陽生」。案：伏生《尚書》實二十八篇，而《史記》言「二十九篇」者，説者謂當時以二十八篇增《太誓》一篇，共爲博士之業，史家不復識别，故統言「二十九篇」。一説史遷據古文家分《顧命》「王若曰」以下爲《康王之誥》，實二十九篇，遂言伏生得二十九篇。二説未知孰是。或又謂百篇之敍總列于後，别爲一篇，故二十九。此説非也。何見乎其非也？王充《論衡·正説篇》云「或説《尚書》二十九篇者，法曰斗七宿也。四七二十八篇，其一曰斗矣，故二十九」，叚使伏生《尚書》有敍，則百篇之名目具見，雖妄人亦不造此「法斗七宿」之説矣，是可知伏生《書》无敘也。張生名、字未聞，《漢書·儒林傳》云「歐陽生字和伯，千乘人也」。張生授夏侯都尉，遞傳至勝爲大夏侯，建爲小夏侯，由是有大、小夏侯之學。【疏】《漢書·儒林傳》云「夏侯勝，其先夏侯都尉，從沛南張生受《尚書》，以傳族子始昌。始昌傳勝，勝又事同郡蕑卿」，「勝傳從兄子建，建又事歐陽高。勝至長信少府，建太子太傅」，「由是《尚書》有大、小夏侯之學」。歐陽生授兒寬，寬又授歐陽生之子，歐陽氏世其業，至曾孫高爲博士，由是有歐陽氏學。【疏】《漢書·儒林傳》云「歐陽生事伏生，授兒寬」，又云「寬授歐陽生子，世世相傳，至曾孫高子陽，爲博士。高孫地餘長賓以太子中庶子授太子，後爲博士，論石渠。元帝即位，地餘待中，貴幸，至少府」，「地餘少子政，爲王莽講學大夫，由是《尚書》世有歐陽氏學」。夏侯《尚書》依伏生篇數，歐陽氏則分《般庚》爲三，爲三十篇，是爲今文《尚書》，【疏】其始止偁《尚書》尔，蓋以别有古文，故目此爲「今文《尚書》」也。「今文」者，即漢時之隸書也。于孔子所定才什三尔。【疏】孔子所定《尚書》百篇，今止三十，故曰「什三」。武帝時，民有得《太誓》于壁内者，獻之，以合于伏生之書，共爲博士之業。【疏】劉向《别録》云「武帝末，民有得《太誓》書于壁内者，獻之。與博士，使讀説之，數月皆起，傳以教人」，劉歆《七略》云「孝武皇帝末，有人得《太誓》書于壁中者，獻之。與博士，使讚説之，因傳以教，今《太誓》篇是也」，鄭康成《書論》亦云「民間得《太誓》」。聲案：《太誓》初出屋壁當是古文，既入于學官，博士遂用隸書寫之，以合于伏生之《書》，故亦爲今文。後東晉時又别有僞古文《太誓》，故顔師古《漢書注》、司馬貞《史記索隱》皆偁此爲「今文《太誓》」也。故夏侯《尚書》二十九篇，歐陽《尚書》三十一篇。【疏】《漢書·埶文志》云「歐陽《章句》三十一卷，大、小夏侯《章句》各二十九卷」，又云「大、小夏侯《解故》二十九篇」。案：「卷」猶「篇」也，帛謂之「卷」，竹謂之「篇」。而魯共王敷孔子宅，得《禮記》、《尚書》、《春秋》、《論語》、《孝經》，皆古字也。共，居容反，與「恭」通用。敷，古外反。【疏】《漢書·景十三王傳》云「孝景皇帝十四男，程姬生魯共王餘」，❶《埶文志》云「武帝末，魯共王壞孔子宅，欲以廣其宫，而得古文《尚書》及《禮記》、《論語》、《孝經》，凡數十篇，皆古字也。共王往入其宅，聞鼓琴瑟鐘磬之音，于是懼，乃止不壞」，《説文解字敘》云「魯恭王敷孔子宅而得其《禮記》、《尚書》、《春秋》、《論語》、《孝經》」。其《尚書》多于今文一十六篇，孔安國以今文字讀之，皆起。【疏】《漢書·儒林傳》云「孔氏有古文《尚書》，孔安國以今文字讀之，因以起其家，逸《書》得十餘篇，蓋《尚書》兹多于是矣」，《史記索隱》云「起者，謂起發以出也」，《埶文志》云「孔安國者，孔子後也，悉得其書以考二十九篇，得多十六篇」，荀説《漢紀》云「得古文《尚書》，多十六篇」。案：「十六篇」者，鄭注《書敘》逸篇之目：《舜典》一，《汩作》二，《九共》三，《大禹謨》四，《棄稷》五，《五子之歌》六，《胤征》七，《湯誥》八，《咸有一德》九，《典寶》十，《伊訓》十一，

❶「王」，原作「年」，今據近市居本改。

《肆命》十二，《原命》十三，《武成》十四，《旅獒》十五，《冏命》十六是也。內《九共》分爲九，則出八篇爲二十四篇，是爲古文《尚書》，于孔子所定爲過半矣。共，居勇反。過，于卧反。❶【疏】于百篇之數，《般庚》、《太誓》皆爲三，《顧命》不分出《康王之誥》，同于今文者，計三十三篇。《九共》分爲九，多于今文者二十四篇，凡五十七篇，故《埶文志》云「《尚書》古文經四十六卷，爲五十七篇」，百篇而有五十七，故曰「過半」。案：「四十六卷」者，《般庚》、《太誓》皆同卷，則今文所有者二十九卷；《九共》合爲一，則多于今文者十六卷；合爲四十五卷，加敘一卷則四十六。五十七篇則不數敘也。當時列于學官，博士所課者，惟今文尔。古文則雖入于祕府，未列學官，博士不欲習之。【疏】劉歆《移太常書》言逸《禮》有三十九篇，《書》十六篇，「天漢之後，孔安國獻之，遭巫蠱倉卒之難，未及施行，臧于祕府，伏而未發」，《埶文志》亦言「安國獻之，遭巫蠱事，未列于學官」。云「博士不欲習之」者，劉歆欲立古文，博士不可，故知其不欲習，歆《移書》所謂「挾恐見破之私意」是也，詳見下疏。故稱「逸《書》」，【疏】《史記》、《漢書・儒林傳》並云「逸《書》得十餘篇」，正義言：劉歆、賈逵、馬融之等並云「十六篇逸」，鄭于《汩作》、《典寶》之等皆云以「逸」，是當時皆以爲「逸《書》」也。亦稱「中古文」。【疏】《埶文志》云「劉向以中古文校歐陽、大小夏侯三家經文」。其傳之者，都尉朝、兒寬，並受學于安國，朝授膠東庸生，庸生授胡常，常授徐敖，敖授王璜、涂惲，惲授桑欽。【疏】《漢書・兒寬傳》云「兒寬，千乘人也。治《尚書》，事歐陽生，以郡國選詣博士，受業孔安國」，《儒林傳》云「安國授都尉朝，都尉朝授膠東庸生，庸生授清河胡

❶「于」，依音韻疑當作「干」。

常少子，常授虢徐敖，敖授王璜、平陵涂惲子真，子真授河南桑欽君長」。案《後漢書・儒林列傳》，庸生名譚。成、哀時，劉向、劉歆相繼校理祕書，咸得見之。【疏】《漢書・楚元王傳》云「向字子政，少子歆最知名。歆字子駿，河平中受詔與父向領校祕書」，《埶文志》云「成帝時，光禄大夫劉向校經傳諸子詩賦，步兵校尉任宏校兵書，太史令尹咸校數術，侍醫李柱國校方技。每一書已，向輒條其篇目，撮其指意，録而奏之。會向卒，哀帝復使向子侍中奉車都尉歆卒父業，❶歆于是總群書而奏其《七略》，故有《輯略》，有《六埶略》，有《諸子略》，有《詩賦略》，有《兵書略》，有《術數略》，有《方技略》」。歆欲立古文之學，博士不可。歆迻書太常切責之，卒不果立。迻，今通作「移」。【疏】《漢書・歆傳》云「歆親近，欲建立《左氏春秋》及《毛詩》、逸《禮》、古文《尚書》皆列于學官。哀帝令歆與五經博士講論其誼，博士或不肯置對，歆因移書太常博士責讓之，其言甚切，諸儒皆怨恨。是時，名儒光禄大夫龔勝以歆《移書》上疏，深自辠責，願乞骸骨罷。及儒者師丹爲大司空，亦大怒，奏歆改亂舊章，非毀先帝所立。上曰：『歆欲廣道術，亦何以爲非毀哉？』歆由是忤執政大臣，爲衆儒所訕，懼誅，求出補吏」。《移書》載《歆傳》，文多，故不録。後漢傳古文者，賈徽受學于涂惲，以傳子逵。【疏】《後漢書・賈逵列傳》云「逵，字景伯，扶風平陵人。父徽從劉歆受《左氏春秋》，兼通《國語》、《周官》，又受古文《尚書》于涂惲，學《毛詩》于謝曼卿。逵悉傳父業」，又云「逵數爲章帝言古文《尚書》，與經傳《爾雅》詁訓相應，詔令纂歐陽、大小夏侯《尚書古文》同異，逵集爲三卷，帝善之」。孔僖者，安國後也，能傳其家數世之學。【疏】《後漢書・儒林列

---

❶「侍」，原作「待」，今據近市居本改。

傳》云：「孔僖，字仲和，魯國魯人也。自安國以下，世傳古文《尚書》、《毛詩》。」尹敏、周防、周磐、楊倫、張楷、孫期亦皆習古文。【疏】《後漢書・儒林列傳》云「尹敏，字幼季，南陽堵陽人。少爲諸生，初習歐陽《尚書》，後受古文，兼善《毛詩》、《穀梁》、《左氏春秋》」，又云「周防，字偉公，汝南汝陽人。師事徐州刺史蓋豫，受古文《尚書》。經明，舉孝廉，拜郎中，纂《尚書雜記》三十二篇，四十萬言」，又《周磐列傳》云「磐字堅伯，汝南安成人。少遊京師，學古文《尚書》、《洪範五行》、《左氏傳》，好禮有行」，又《儒林列傳》云「楊倫，字仲理，陳留東昏人。少爲諸生，師事司徒丁鴻，習古文《尚書》」，又《張楷傳》云「楷字公超，通《嚴氏春秋》、古文《尚書》，門徒常百人」，又《儒林列傳》云「孫期，字仲或，沛陰成武人。少爲諸生，習《京氏易》、古文《尚書》」。杜林又得西州桼書，互相考證，以授衛宏、徐巡。【疏】《後漢書・杜林列傳》云「林字伯山，扶風茂陵人。少從外氏張竦受學，博洽多聞，時稱通儒」，又云「衛宏見林，闇然而服。沛南徐巡始師事宏，後皆更受林學。林前于西州得桼書古文《尚書》一卷，常寶愛之，雖遭艱困，握持不離身，出以示宏等，曰：『林流離兵亂，常恐斯經將絕。何意東海衛子、沛南徐生復能傳之，是道竟不隊于地也。古文雖不合時務，然願諸生毋悔所學。』宏、巡益重之，于是古文遂行」。而馬融亦傳其學。【疏】《後漢書・儒林列傳》云「扶風杜林傳古文《尚書》，林同郡賈逵爲之作訓，馬融作傳，鄭玄注解，由是古文《尚書》遂顯于世」，然則賈、馬、鄭諸君雖皆別有師承，又兼傳杜氏桼書者也。鄭君康成始先受古文于張恭祖，既又𨒪馬融之門，則固淵厵于孔氏而又𣻃逮夫杜氏桼書者也。𨒪，今作「遊」。厵，古文「原」。𣻃，即新反，俗省作「津」，失其聲矣。夫，房孚反。【疏】《後漢書・鄭玄列傳》云「玄字康成，北海高密人。從東郡張恭祖受《周官》、《禮記》、《左氏春秋》、《韓詩》、古文《尚書》。以山東无足問者，乃西入關，因涿郡盧植事扶風馬融」。其作注者，則有張楷；【疏】《張楷列傳》云「桓帝時，裴優行霧作賊，事覺被考，引楷，言從學術。楷坐繫廷尉詔獄，積二年，恒諷誦經籍，作《尚書注》。後以事无驗，見原還家」。作訓者，有衛宏、賈逵；作傳者，有馬融。【疏】《後漢書·儒林列傳》云「衛宏，字敬仲，東海人也。從九江謝曼卿受《毛詩》，後從大司空杜林更受古文《尚書》，作訓旨」。其賈逵作訓、馬融作傳並已見上疏。故康成《書贊》云：「我先師棘下生，子安國亦好此學。自世祖興，後漢衛、賈、馬二三君子之業則疋材好博，既宣之矣。」好，火報反。疋，衣賈反，俗作「雅」，乃別字。【疏】《書贊》見正義。云「棘下生」者，棘下，地名也，《水經注》二十六卷引《鄭志》曰：「張逸問：『《贊》云「我先師棘下生」，何時人？』鄭答云：『齊田氏時善學者所會處也，齊人號之棘下生，无常人也。』」云「子安國」者，尊之爲師，故「子」之也，《公羊》隱十一年傳引「子沈子曰」，何休注云「子沈子，己師明說此意者。沈子稱『子』冠氏上者，箸其爲師也」。乃馬融《書敘》云：「逸十六篇絕无師說。」豈都尉朝、庸生等所傳，但習其句讀而不解其文誼與？归豈先有其說而後亡之與？❶ 彼張楷之注，衛、賈之訓，並止解二十九篇而不解十六篇與？讀，徒候反。與，爰諸反。归，俗作「抑」。【疏】《書敘》亦見正義。都尉朝、庸生等既傳古文，則十六篇自當有解；張楷、衛宏、賈逵既皆習古文，則其作注、作訓亦不應獨舍逸篇；然則十六篇不容无說。乃馬云「絕無師說」，其故不可曉，故設此三疑以推之也。㝵後康成作注，可謂亼諸儒之大成矣。其書分《般庚》、《太誓》皆爲三篇，分《顧命》「王若曰」以下爲《康王之誥》，計三十四篇，合逸篇二十四，

❶「归」，原作「抑」，今據近市居本改。下文「归」字原作「卬」，今並改不另出校。

凡五十有八篇。氒，俗作「厥」。亼，今通作「集」。【疏】正義云「鄭于伏生二十九篇之内分出《般庚》二篇、《康王之誥》，又《太誓》三篇，爲三十四篇。更增益僞《書》二十四篇爲五十八」。案：僞《書》乃百兩篇，非二十四篇也，孔穎達誤仞僞孔《書》爲其先祖之《書》而力爲回護，故反㡿二十四篇爲僞，是其妄也，説詳下疏。《康王之誥》正義云「馬、鄭、王本此篇自『高祖寡命』以上内于《顧命》之篇，『王若曰』以下始爲《康王之誥》」。然所注者三十四篇而已，豈二十四篇之誼未有聞于師，而不敢以己意説與？抑豈殘缺𢀸次不可讀與？與，爰諸反。𢀸，俗譌作「失」。【疏】陸氏《釋文》首卷云「馬、鄭所注並伏生所誦，非古文也」。案：陸氏不知有《汩作》等二十四篇之古文，其所謂「古文」即謂梅賾之二十五篇尔。然陸氏既及見馬、鄭之注，若鄭君有二十四篇之注不應盡亡，當有流傳于後，陸氏不得爲此言矣。以此知鄭君所注唯三十四篇也。又《堯典》正義云「鄭注《尚書》篇數並與三家同」，是鄭未注二十四篇也。乃有王肅者，後鄭君而起，嫉鄭君之名而欲弇之，輒爲異説以詆毀，多見其不知量尔。鄭君庸何傷哉？【疏】王肅，魏人，當時鄭君名重海内，肅生稍後，心忌其名而欲與衡，因亦廣注群經，力求與鄭韋異，雖離經叛道所不顧也。又作《聖證論》以極詆康成，而如其學實不及康成遠甚，終不足以争勝也。于是又造《家語》、《孔叢子》二書，託諸孔子之言以與鄭抵牾，意謂鄭不合于孔子，則其非見矣。然而後世卒知二書之出于僞造，而不以此短鄭，是于鄭君无損而肅適成其爲小人也。《論語・子張》篇云：「叔孫武叔毀仲尼，子贛曰：『仲尼，日月也。人雖欲自絶，其何傷于日月乎？多見其不知量也！』」逮東晉元帝時，梅賾𡙡上古文《尚書》孔氏傳，𡙡，俗譌作「奏」。【疏】《釋文》云「江左中興，元帝時，豫章内史梅賾奏上孔傳古文《尚書》」，正義引《晉書》云「晉太保公鄭沖以古文《尚書》授扶風蘇愉，愉字休預，預授天水梁柳，字洪季。季授城陽臧曹，字彦始。始授郡守子汝南梅賾，字仲真，又爲豫章内史，遂于前晉奏上其《書》而施行焉」。案：今所傳唐太宗《晉書》无此文，則正義所引其或臧榮緒之書，抑或王隱之書也。據唐太宗《晉書·鄭沖傳》言沖在魏爲司空，高貴鄉公講《尚書》，沖執經親授；而《三國志·三少帝紀》言高貴鄉公幸太學，命講《尚書》，稱鄭注「以稽古爲同天」之誼以難博士；然則沖所授高貴鄉公者，是鄭氏《尚書》，沖當未見僞孔氏《書》也。蓋沖位尊望重，傳僞《書》者欲借之以重其書，故推本于沖尒。是當爲沖辯其誣也。析二十八篇爲三十三，增益二十五篇以傅合于劉向《别録》五十八篇之目。傅，古通「附」。【疏】劉向《别録》言《尚書》五十八篇。㪔百篇之敘引冠篇耑，其亡篇之敘列次其間。㪔，俗作「散」。耑，多安反。【疏】《釋文》云「馬、鄭之徒百篇之敘總爲一卷，孔以各冠其篇首，而亡篇之敘即隨其次弟居見存者之間」，僞孔敘云「《書敘》敘所以爲作者之意，宜相附近，故引之各冠其篇首」，是分敘始自僞孔氏，非古也。雖未由知爲之者爲誰，而其説輒與王肅合，竊以爲當作俑于肅也。【疏】欲僞託于古，必匿其名，故无由知誰之所爲也。王肅注雖不傳，而其間見于《釋文》、正義之中，同于僞孔傳者什之八九，故《釋文》云「時以王肅注頗類孔氏」，正義亦云「王肅之注《尚書》，其言多同孔傳」，又肅注《左傳》「今失其行，亂其紀綱」以爲夏太康時，亦與僞孔《書》合。蓋肅既與鄭韋異，恐後人不己从也，因私造僞《書》及傳而祕之，使遲久而後出，出則己之説无不與先儒合，可因以見鄭氏之非矣。此其狡猾之計，即造《家語》、《孔叢》之意也。且《家語》、《孔叢》悉與僞孔傳合，則皆肅之所爲可知矣。于時師資道喪，哲人云亡。學者既无卓識，且喜新異，遂翕然信奉，以爲孔氏古文于今乃出。自是而西漢之古文浸以衰散矣。【疏】「師資道喪」，語本松厓先生。「哲人」，若兩漢傳古文諸儒皆是。哲人亡，故无卓識；師資道喪，則學无家法，故喜新異，若皇甫謐是。正義引《晉書·皇甫謐傳》云「從姑子外弟梁柳邊得古文《尚書》，故作《帝王世紀》，往往載孔氏五十八篇之《書》」。案：謐欺世盜名，頃動海内，其作《帝王世紀》輒取怪僻不經之説以衒燿于世。時僞古文初出，大異先儒之説，謐喜聞所未聞，采入《帝王世紀》，流俗遂因而咸尊信之矣。閻若璩謂左思《三都》得謐之一敘猶競相贊述，❶况得孔《書》載于《世紀》，有不因之而重者乎？是使此《書》首信于世者，皇甫謐之辠。誠哉是言！然猶未絶也，南北兩朝之時，鄭所注者與後出之傳迭爲盛衰，朝，直摇反。【疏】《隋書·經籍志》云「東晉豫章内史梅賾始得安國之傳，奏之，時又闕《舜典》一篇。齊建武中，吴姚方興于大桁市得其書，奏上，比馬、鄭所注多二十八字。于是始列國學。梁、陳所講有孔、鄭二家，齊代唯傳鄭誼，至隋孔、鄭並行而鄭氏甚敚」。案：「齊唯傳鄭誼」謂北齊也，梅賾上僞古文時，晉偏安江左，故自晉迄陳，僞孔《書》止行于南朝。至隋滅陳混一區夏，乃始傳于北朝，故孔穎達《書正義·敘》云「近至隋初，始流河朔也」。至唐貞觀詔儒臣籑《五經正義》，「籑」與「饌」同，俗作「手」傍「巽」，非是。義，牛寄反，依古字當作「誼」，但名是書者既用「義」字，則亦姑从作「義」。【疏】貞觀，太宗年號也。《唐書·儒林列傳》云「穎達與顔師古、司馬才章、王恭、王琰受詔饌《五經義訓》，凡百餘篇，號《義贊》，詔改爲《正義》云」。孔穎達輩誤以梅賾所上之《書》爲壁中古文而爲之正義，反㡯鄭氏所述之二十四篇爲張霸僞造，㡯，昌石反，俗僞爲「斥」。【疏】正義云「壁内所得孔爲傳者，凡五十八篇，爲四十六卷。三十三篇與鄭注同，二十五篇增多鄭注也。其二十五篇者：《大禹謨》一，《五子之

---

❶ 「璩」，原作「據」，今據近市居本改。

歌》二，《胤征》三，《仲虺之誥》四，《湯誥》五，《伊訓》六，《太甲》三篇九，《咸有一德》十，《説命》三篇十三，《太誓》三篇十六，《武成》十七，《旅獒》十八，《微子之命》十九，《蔡仲之命》二十，《周官》二十一，《君陳》二十二，《畢命》二十三，《君牙》二十四，《冏命》二十五」，是穎達以梅氏《書》爲壁中古文也。又云「前漢諸儒知孔本有五十八篇，不見孔傳，遂有張霸之徒于鄭注之外僞造《尚書》，凡二十四篇，以足鄭注三十四篇爲五十八篇」，又云「鄭于伏生二十九篇之内分出《般庚》二篇、《康王之誥》，又《太誓》三篇，爲三十四篇。更增益僞《書》二十四篇，爲五十八。所增益二十四篇者，則鄭注《書敘》：《舜典》一，《汨作》二，《九共》九篇十一，《大禹謨》十二，《益稷》十三，《五子之歌》十四，《胤征》十五，《湯誥》十六，《咸有一德》十七，《典寶》十八，《伊訓》十九，《肆命》二十，《原命》二十一，《武成》二十二，《旅獒》二十三，《冏命》二十四」，是穎達以二十四篇爲張霸僞《書》也。案：《漢書·儒林傳》云「世所傳百兩篇者，出東萊張霸，分析合二十九篇以爲數十，又采《左氏傳》、《書敘》爲作首、尾，凡百二篇。篇或數簡，文意淺陋。成帝時，求其古文者，霸以能爲百兩徵。以中書校之，非是」，然則霸所僞造乃百二篇，非二十四篇也。二十四篇者，古今文爲五十七，並敘爲五十八，與《埶文志》、劉向《别録》皆符合；《九共》爲一則十六篇，又與《埶文志》相應；是實出于安國，自都尉朝以下遞有師承，信而有徵者也。乃正義又云「《埶文志》云『孔安國者，孔子後也。悉得其書以古文，又多十六篇』，即是僞書二十四篇也」，是直㡿其先祖之書爲僞矣。夫梅氏之《書》不知誰何妄人僞作以誣安國，爲安國子孫者，當力辯其非；乃穎達竟信奉以爲先祖之書而曲爲回護，反㡿其先祖之十六篇爲僞，是不祖其祖而祖它人，安國何不幸而有此不肖之孽孫哉！且穎達既知有張霸，豈不見《儒林傳》言霸爲百二篇？而必欲誣二十四篇爲霸所造，遂使聖經滅亡，而梅氏之僞《書》反得冒聖經以傳，是尚有人心者哉？穎達之辠不勝誅矣！

斡棄周鼎而寶康瓠。斡，古滿反。【疏】賈誼《弔屈原文》曰「斡棄周鼎寶康瓠兮」。由是孔氏之古文亡，而鄭氏三十四篇之注亦與之偕亡矣。於戲！《尚書》之阨一至此哉！聲竊愍漢學之淪亡，傷聖經之晦蝕，于是幡閱群書，搜拾漢儒之注，惟馬、鄭、王三家僅有存焉。外此，則鄦昚之《五經異誼》載有今文、❶古文家說，然其書已亡，所存厪見。它如伏生之《尚書大傳》則體殊訓注，間有解詁而已。爰取馬、鄭之注及《大傳》、《異誼》參酌而緝之，更傍采它書之有涉于《尚書》者以益之。於，古文「烏」。戲，古通「呼」。鄦，本國名，後因以爲氏，讀若「許」，俗竟作「許」，則別字矣。昚，古文「慎」。見，夷甸反。它，土加反，俗作「人」傍「也」，非是。間，吉晏反。【疏】謂諸子百家之流本非解《尚書》之書，或有引及《尚書》而略解之者，則亦采之，若「假于上下」用《説文》誼，「叶和萬邦」采《論衡》文是也。其王肅注與晚出之孔傳本欲勿用，不得已，始謹擇其不謬于經者間亦取焉。間，吉晏反。【疏】王肅注及僞孔傳多亂經之説，然亦間有是者，馬、鄭注不能葡，不得不擇用其一二。皆以己意爲之疏，以申其誼，然猶僅得什之三四也。自重光大荒落之秋，以迄元弋敦牂之冬，重，直容反。敦，都魂反，又都困反。牂，子郎反。【疏】《釋天》云：「太歲在辛曰重光，在壬曰元弋，在巳曰大荒落，在午曰敦牂。」成《堯典》、《咎繇謨》、《禹貢》、《甘誓》、《湯誓》諸篇臮百篇之敘。至《般庚》，則以漢注絶少而中𨋢者久之，既念一匱之覆，臮，求利反，俗通作「暨」。𨋢，俗譌爲「輟」。匱，俗作「簣」，《説文》所無，據《漢書・王莽傳》云「成在一匱」知當作「匱」。【疏】《論語・子罕》篇云「譬如平地，雖覆一匱」，「一匱」言功少也。終不足以發古誼、存絶學，乃復以

❶「鄦」，原作「許」，今據近市居本及下文改。

已見搜討經誼，精孾詁訓，又自柔兆閹茂之夏，迄彊圉大淵獻之夏，復，房又反。閹，衣檢反。【疏】《釋天》云：「太歲在丙曰柔兆，在丁曰彊圉，在戊曰閹茂，在亥曰大淵獻。」匑一歲而成《般庚》以後二十餘篇之注。并前所緝者，亦重加釐正，其亡篇之遺文有散見它書者，則并其原注采之，匑，知流反，今通作「周」。重，直容反。見，夷甸反。【疏】謂若《伊訓》、《太甲》、《説命》諸篇其采諸《孟子》，則并采趙岐注，采諸《禮記》則并采鄭注。若所采書本无注，則但采其遺文而已。各隨其篇弟而傅厠其間。傅，古通「附」。【疏】若《五子之歌》次《甘誓》之後，《帝告》居《商書》之首是也。其无篇名者，總列于後。【疏】若《論語·爲政》篇「孝于惟孝」云云止偁「《書》云」，《吕氏春秋·諭大》篇「五世之廟可以觀怪」云云止偁「《商書》曰」，❶皆未舉其名，不知其次，總附百篇之後而已。爲書十卷，并百篇之敘一卷，逸文一卷，凡十二卷，而疏則猶未皇也，將更頾三䤍，❷庶幾卒業矣乎。若夫幽莠亂苗、武夫類玉，必區〣而㢋之。頾，相俞反，待也，俗通作「須」。䤍，則代反，俗通作「載」。幾，今衣反。若夫，房孚反。玉，元欲反。〣，并列反，俗通作「别」。【疏】《孟子·盡心》篇云：「孔子曰：『惡似而非者。惡莠，恐其亂苗也。』」《戰國策》魏文侯曰「幽莠之幼也似禾」，又曰「武夫類玉」，張揖注《漢書》司馬相如《子虛賦》云「武夫，石之次玉者，赤地白采，葱蘢白黑不分」。蓋袪異耑，闢衺説，衺，夕牙反，俗作「邪」，音、誼皆非。【疏】「異耑」、「衺説」，謂僞託孔氏《書》者。所以尊聖經也，紹前哲，開來

---

❶「諭」，原作「論」，今據《吕氏春秋·諭大篇》改。

❷「頾」，原作「須」，今據近市居本及下文改。下同者逕改，不一一出校。

學，莫大于是。聲雖不敏，敢不力焉？是爲述。
乾隆三十有二年，歲在彊圉大淵獻，相月乙丑朏，粵五日己巳，江聲僎。既旁生霸，粵六日癸未，疏訖。

《述》千四百四十一字，
釋音辯字三百八十六言，
疏五千三百三十五字。

尚書集注音疏後述

古人之文，古人之常言也。道之于口，聞者靡不知；筆之于書，讀者靡不解；解，夷買反。无庸傳述爲也。乃音以方俗而殊，言以古今而異，或一字而解多涂，或數名而同一實。【疏】「名」即「字」也，鄭注《義禮・娉禮・記》云「名，書文也，今謂之字」，又注《周禮・小行人》云「古曰名，今曰字」。聖賢懼後學之河漢前言也，【疏】《莊子・消摇游》云「驚怖其言，猶河漢而无極」。于是《爾雅》有作而故訓興焉。兩漢諸儒或據之以解群經，繇是傳、注迭興，而經誼賴以明矣。于時風气醇古，語雖達而未詳，意雖擿而未毖。後之學者欲爲引叀其說，❶叀，尸仁反，今通作「伸」。故自南北朝以至唐初，誼疏迭出，而傳注又賴以證明矣。凡此皆後人疏前人之書，未有己注之而即己疏之，出于一人手者。有之自唐明皇帝之《道德經注疏》始，吾師惠松崖先生《周易述》融會漢儒之說以爲注，而復爲之疏，其體迥固有自來矣。聲不揆檮昧，【疏】檮昧，言頑愚昏闇，郭景純《爾雅敘》云「樸不揆檮昧」。綜覈經傳之訓故，采摭諸子百家之說與夫漢儒之解以注《尚書》。言必當理，不敢衍奇；誼必有徵，不敢欺世；務求㥷心云尔。顧自唐宋以來，漢學微甚，【疏】漢學之行于唐者，唯《詩》、《禮》、《公羊》尔，《易》用王弼，《書》用僞孔，《春

❶「叀」，原作「伸」，今據近市居本及下文改。

秋左傳》用杜豫，皆非漢學，是唐時漢學之微矣。不旁證而引曳之，匙不以爲孟浪之言，旁，鋪芒反，「溥」也。【疏】《莊子・齊物論》云：「夫子以爲孟浪之言。」孟，墨晄反。浪，力宕反。向秀云「孟浪，音漫爛，无所趣舍之謂」，司馬彪云「孟浪，鄙野之語」。奚以信今而垂後？則疏其弗可已也矣。歲在彊圉大淵獻之六月，《尚書集注》始成，擬更三載而成疏，更，官衡反。乃岠今昭陽大荒落之五月，【疏】《釋天》云「太陽在癸曰昭陽」。六周寒暑而卒業焉。唯曰庶無負昔聞之師説云尔，敢竊比先師之《周易述》，晞附箸述之林哉？聲又述纂疏之意云。

乾隆三十有八年，歲在昭陽大荒落，皋月既望，粤三日丙子，江聲纂并疏。五十七年涂月壬申重書。

《後述》三百九十九字，

釋音二十二字，

疏百六十五字。

外編

尚書經師系表

今文家

《史記·儒林列傳》云：「伏生，泲南人也。故爲秦博士。秦時焚書，伏生壁臧之，其後兵大起，流亡。漢定，伏生求其書，亡數十篇，獨得二十九篇，以教于齊魯之間。學者由是頗能言《尚書》，諸山東大師无不涉《尚書》以教矣。伏生教泲南張生及歐陽生。」

《漢書·儒林傳》云：「夏侯勝，其先夏侯都尉從泲南張生受《尚書》，以傳族子始昌，始昌傳勝，勝又事同郡蕑卿。蕑卿者，倪寬門人。勝傳從兄子建，建又事歐陽高。勝至長信少府，建太子太傳。由是《尚書》有大、小夏侯之學。」《始昌傳》云：「始昌，魯人也。」《勝傳》云：「勝字長公。初，魯共王分魯西寧鄉以封子節侯，别屬大河，大河後更名東平，故勝爲東平人。勝從始昌受《尚書》及《鴻範五行傳》，後事蕑卿，又從歐陽高問。爲學精孰，所問非一師也。勝從父子建，字長卿，自師事勝及歐陽高，左右采獲，又從五經諸儒問與《尚書》相出入者，牽引以次章句，具文飾説。勝非之曰：『建所謂章句小儒，破碎大道。』建亦非勝『爲學疏略，難以應敵』。建卒自顓門名經。」《儒林傳》云：周堪，字少卿，齊人也，與孔霸俱事大夏侯勝。堪爲光禄大夫，與蕭望之並領尚書事。尚書，官名也。尚，時羊反。堪授牟卿及長安許商長伯。牟卿爲博士。霸以帝師賜爵號褒成君，傳子光，亦事牟卿，至丞相。商善爲筭，箸《五行論曆》，四至九卿。號其門人：沛唐林子高爲德行，平陸吴章偉君爲言語，重泉王吉少音爲政事，齊炔欽幼卿爲文學。《孔光傳》云：「霸字次孺。❶霸生光，光字子夏，孔子十四世孫也。」《儒林傳》云：張山拊字長賓，平陵人也。事小夏侯建，爲博士，論石渠，至少府。授同縣李尋、鄭寬中少君、山陽張无故子儒、信都秦恭延君、陳留假倉子驕。无故善修章句，爲廣陵大傅，守小夏侯説文。恭曾師法至百萬言，爲城陽内史。倉以謁者論石渠，至膠東相。尋善説灾異，爲騎都尉。寬中有儁材，以博士授太子，成帝即位，賜爵關内侯。寬中授東郡趙玄，无故授沛唐尊，恭授魯鄒賓。賓爲博士。尊，王莽太傅。玄，哀帝御史大夫。《李尋傳》云：「尋字子長，平陵人也。治《尚書》，與張孺、鄭寬中同師。」

《儒林傳》云：歐陽生字和伯，千乘人也。事伏生，授倪寬。寬又受業孔安國，至御史大夫。歐陽、大小夏侯氏學皆出于寬。寬授歐陽生子，世世相傳，至曾孫高子陽，爲博士。高孫地餘長賓以太子中庶子授太子，後爲博士，論石渠。地餘少子政爲王莽講學大夫。由是《尚書》世有歐陽氏學。

❶「孺」，原作「儒」，今據近市居本改。

林尊字長賓，沛南人也。事歐陽高，爲博士，論石渠，後至少府、太子太傅。授平陵平當、梁陳翁生。當至丞相。翁生信都太傅，家世傳業。翁生授琅邪殷崇、楚國龔勝。崇爲博士，勝右扶風。平當授九江朱普公文、上黨鮑宣。普爲博士，宣司隸校尉。《兒寬傳》云：「寬，千乘人也。治《尚書》，事歐陽生，以郡國選詣博士，受業孔安國。」《平當傳》云「當字子思」，《龔勝傳》云「勝字君賓」，《鮑宣傳》云「宣字子都，郣海高城人也。既被刑，乃徙之上黨，遂家于長子」。《後漢書・儒林列傳》云「歐陽歙字王思，樂安千乘人也。自歐陽生傳伏生《尚書》至歙，八世皆爲博士。王莽時，爲社宰。更始立，爲原武令。世祖平河北，到原武，見歙在縣修政，遷河南都尉，後行太守事。世祖即位，始爲河南尹，封被陽侯。建武五年，坐事免官。明年，拜揚州牧，遷汝南太守。九年，更封夜侯。歙在郡視事九歲，徵爲大司徒，坐在汝南臧臯發覺，下獄。平原禮震年十七，馳之京師，上書求代歙死，曰『伏見臣師大司徒歐陽歙』云云。書奏，❶而歙已死獄中。帝乃賜棺木，贈印綬」，唐章懷太子賢注引謝承《後漢書》曰「震字仲威，光武嘉其仁誼，拜震郎中。後以公事，左遷淮陽王廐長」。又云「沛陰曹曾，字伯山，從歙受《尚書》，位至諫議大夫。子祉，河南尹，傳父業教授」。《鮑永列傳》云：「永字君長，上黨屯留人也。父宣，哀帝時任司隸校尉，爲王莽所殺。永少有志操，習歐陽《尚書》。」《桓榮列傳》云：「榮字春卿，沛郡龍亢人。少學長安，習歐陽《尚書》，事博士九江朱普。建武十九年，年六十餘，始

❶「奏」，原作「奉」，今據近市居本改。

辟大司徒府。時顯宗始立爲皇太子，選求明經，乃擢榮弟子何湯爲虎賁中郎將，以《尚書》授太子。世祖從容問湯本師爲誰，湯對曰『事沛國桓榮』，帝即召榮，令説《尚書》，甚善之。」章懷注引謝承書曰：「何湯，字仲弓，豫章南昌人也。榮門徒常四百餘人，湯爲高弟。湯以明經當授太子，推薦榮，榮拜五更，封關内侯。榮嘗曰：『此皆何仲弓之力也。』」《張禹列傳》云：「禹字伯達，趙國襄國人也。性笃厚節儉。」章懷注引《東觀漢記》曰：「禹好學，習歐陽《尚書》，事太常桓榮。」❶《丁鴻列傳》云：❷「鴻字孝公，潁川定陵人也。年十三從桓榮受歐陽《尚書》，三年而明章句。永平十年，詔徵鴻，至即召見，説《文侯之命》篇，賜御衣及綬，稟食公車，與博士同禮。」《儒林列傳》云：「陳留陳弇字尗明，受歐陽《尚書》于司徒丁鴻，仕爲蘄長。」章懷注引司馬彪《續漢書》曰：「弇以《尚書》教授，躬自耕種，常有黄雀飛來，隨弇翱翔。」《桓榮子郁附傳》云：「郁字仲恩，少以父任爲郎，傳父業，以《尚書》教授。帝以郁先師子，甚見親厚。帝自制《五家要説章句》，令郁校定于宣明殿。永平十五年，入授皇太子經。永元四年，代丁鴻爲太常。明年，病卒，恩寵甚笃，賞賜前後數百千萬。門人楊震、朱寵皆至三公。章懷注引《鄧隲傳》曰：❸「朱寵，字仲威，京兆人也。篤行好學，從桓榮受《尚書》。」檢《鄧隲傳》唯言「寵字仲威，京兆人」，不言受《書》于桓

---

❶「東觀」至「桓榮」一十八字原爲大字正文，近市居本同。今據《後漢書》本傳及上下文意改爲小字注文。

❷「云」，原脱，今據近市居本補。

❸「章懷」，原倒乙，今正。

榮，章懷誤尔。據此傳則朱寵實桓郁門人也。初，榮受朱普學章句，四十萬言，浮詞繁長。及榮入授顯宗，減爲二十萬言。郁復删湑，定成十二萬言。由是有桓君大小太常章句。郁仲子焉，能世傳其家學。焉字叔元，少以父任爲郎。永初元年，入授安帝。焉孫典，字公雅，復傳其家業，以《尚書》教授潁川，門徒數百人。」《張奂列傳》云：「奂字然明，敦煌酒泉人也。少游三輔，師事太尉朱寵，學歐陽《尚書》。初，牟氏章句浮詞緐多，有四十五萬餘言，奂減爲九萬言。」《楊震列傳》云：「震字伯起，弘農華陰人也。父寶，習歐陽《尚書》。哀、平之世，隱居教授。震少好學，受歐陽《尚書》于太常桓郁，年五十乃始仕州郡。延光二年，代劉愷爲太尉。震仲子秉，字叔節。少傳父業，兼明《京氏易》。年四十餘乃應司空辟，拜侍御史。延熹五年，代劉榘爲太尉。秉子賜，字伯獻，少傳家學。建寧初，靈帝當受學，詔太傅、三公選通《尚書桓君章句》宿有重名者，❶三公舉賜，乃侍講于華光殿中。」

凡此諸儒，皆授受有纍師承可考者。今各志其姓字里居，詳其淵源所自，或略敘其行事，亦或箸其官位，詮次之以爲《經師系表》也。如牟融、牟長之輩，所從受《書》者何人；許子威、索盧放之徒，所傳《尚書》爲誰氏；史傳无文，不能統之以系，亦各志其姓氏里居而附列于後焉。惟是伏生者，今文家之所從出也，顧佚其名、字可乎？而《史記》、《漢書》皆未有見，惟《後漢書·伏湛列傳》云「九世祖勝，字子賤，所謂泲南伏生者也」，是可據以補其闕也。若夫張生暨歐陽和伯之子，名、字卒无聞，則姑闕之云尔。

❶「通」，原作「誦」，今據近市居本改。

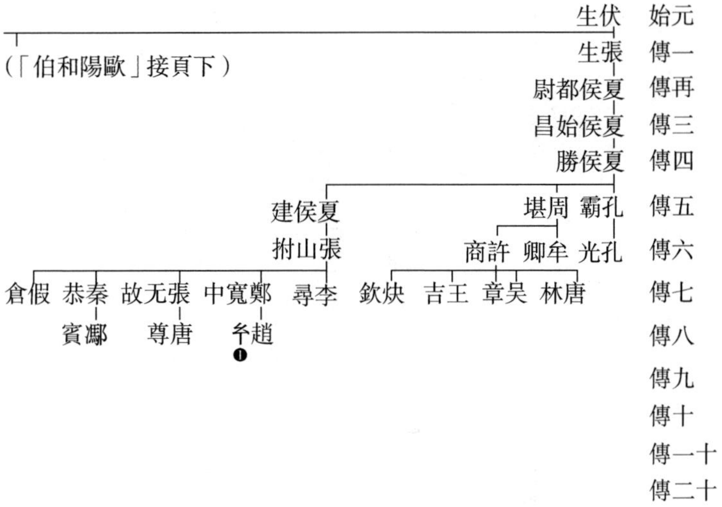

❶「乔」，原作「平」，今據近市居本改。

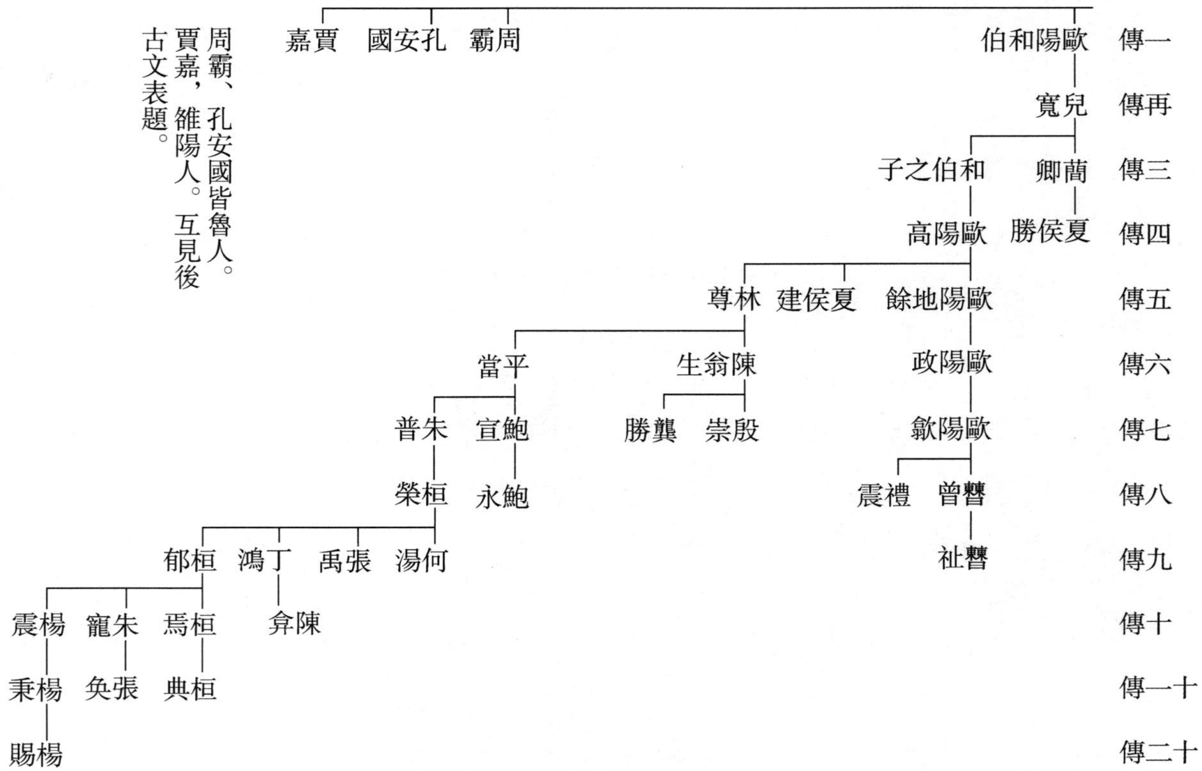

周霸、孔安國皆魯人。賈嘉，雒陽人。互見後古文表題。

宋京子宋意　《後漢書·宋均列傳》云：均，南陽安衆人也。族子意，字伯志，父京以大夏侯《尚書》教授，意少傳父業。

牟融　《後漢書·牟融列傳》云：融字子優，北海安丘人也。少博學，以大夏侯《尚書》教授，門徒數百人。

張馴　《後漢書·儒林列傳》云：張馴，字子儁，沛陰定陶人也。以大夏侯《尚書》教授。辟公府，舉高弟，拜議郎，與蔡邕共奏定六經文字。

又大夏侯氏學

王良　《後漢書·王良列傳》云：良字仲子，東海蘭陵人也。少好學，習小夏侯《尚書》。

又小夏侯氏學

牟長　《後漢書·儒林列傳》云：牟長，字君高，樂安臨沛人也。少習歐陽《尚書》，不仕王莽。建武二年，大司空宋弘特辟，拜博士，箸《尚書章句》，皆本之歐陽氏，俗號爲《牟氏章句》。

楊寶　楊震之父，已見《系表》敘。

尹敏　《後漢書·儒林列傳》云：尹敏，字幼季，南陽堵陽人也。少爲諸生，初習歐陽《尚書》，後受古文。

鄧弘　鄧禹之孫也。《後漢書·鄧隲附傳》云：弘少治歐陽《尚書》，授帝禁中。

廖扶　《後漢書·方術列傳》云：廖扶，字文起，汝南平輿人也。習《韓詩》、歐陽《尚書》，教授常數百人。

宋登　《後漢書·儒林列傳》云：宋登，字叔陽，京兆長安人也。少傳歐陽《尚書》，教授數千人。

又歐陽氏學

古文家

《漢書·埶文志》云：「武帝末，魯恭王壞孔子宅，欲以廣其宮，而得古文《尚書》及《禮記》、《論語》、《孝經》。孔安國者，孔子後也，悉得其書以考二十九篇，得多十六篇。」《儒林傳》云：孔氏有古文《尚書》，孔安國以今文字讀之，因以起其家。逸《書》得十餘篇。蓋《尚書》滋多于是矣。安國爲諫大夫，授都尉朝，而司馬遷亦從安國問。朝授膠東庸生，庸生授清河胡常少子，常授虢徐敖，敖授王璜、平陵涂惲子真，子真授河南桑欽君長。《史記·儒林列傳》云：歐陽生教千乘兒寬。兒寬既通《尚書》，以文學應郡舉，詣博士受業，受業孔安國。《後漢書·賈逵列傳》云：逵字景伯，扶風平陵人也。父徽，從劉歆受《左氏春秋》，兼通《國語》、《周官》，又受古文《尚書》于涂惲，學《毛詩》于謝曼卿。逵悉傳父業。

今據此諸文而詮次之，以爲《古文經師系表》。其他師承无考者，亦皆附列于後云。案：《史記·儒林列傳》敘伏生今文，而其末後言「自此之後，魯周霸、孔安國、雒陽賈嘉，頗能言《尚書》事」，然則孔安國先通今文者也。且漢時博士課弟子惟用今文，而《史記·孔子世家》云「安國爲今皇帝博士」，則安國通今文益可知。弟以古文出自安國，而今文二十九篇以該備其中，故列安國于古文之首而于今文亦列之。又案：兒寬之受業安國也，詣博士受之，當止受今文爾。而《史記》先言寬既通《尚書》，乃别言受業孔安國，則又似始通今文後更受古文者，姑于今文、古文兩列之焉。惟是膠東庸生《漢書》佚其名，據《後漢書》則庸生名[illegible]，足以補班史之不備，附識于此。

元始　一傳　再傳　三傳　四傳　五傳　六傳　七傳

孔安國—都尉朝—庸生—胡常—徐敖—王璜
孔安國—兒寬
徐敖—涂惲—桑欽
涂惲—賈徽—賈逵

尹敏　已見今文家。

杜林　衛宏　徐巡　《後漢書·杜林列傳》云：林字伯山，扶風茂陵人也。少從外氏張竦受學，博洽多聞，時稱通儒。衛宏見林，闇然而服，泲南徐巡始師事宏，後皆更受林學。林前于西州得桼書古文《尚書》一卷，常寶愛之，雖遭艱困，握持不離身。出以示宏等曰：「林流離兵亂，常恐斯經將絶，何意東海衛子、泲南徐生復能傳之，是道竟不隊于地也。古文雖不合時務，然願諸生毋悔所學。」宏、巡益重之，于是古文遂行。《儒林列傳》云：衛宏，字敬仲，東海人也。從九江謝曼卿受《毛詩》，後從大司空杜林更受古文《尚書》，作《訓旨》。

蓋豫　周防　《後漢書・儒林列傳》云：周防，字偉公，汝南汝陽人也。師事徐州刺史蓋豫，受古文《尚書》。經明，舉孝廉，拜郎中，纂《尚書雜記》三十二篇，四十萬言。

孔僖　《後漢書・儒林列傳》云：孔僖，字仲和，魯國魯人也。自安國以下，世傳古文《尚書》、《毛詩》。

周般　《後漢書・周般列傳》云：般字堅伯，汝南安成人也。少游京師，學古文《尚書》、《鴻範五行》、《左氏傳》，好禮有行。

丁鴻　楊倫　《後漢書・儒林列傳》云：楊倫，字仲理，陳留東昏人也。少爲諸生，師事司徒丁鴻習古文《尚書》。案：丁鴻從桓榮受歐陽《尚書》，已見《今文系表》，❶不聞其通古文。此傳言楊倫師事丁鴻習古文《尚書》，則鴻亦通古文者矣，故復列丁鴻于楊倫之上云。

張楷　《後漢書・張楷附傳》云：楷字公超，通《嚴氏春秋》、古文《尚書》。桓帝時，裴優行霧作賊，事覺被考，引楷，言從學術。楷坐繫廷尉詔獄，積二年，恒諷誦經籍，作《尚書注》，後以事无驗，見原還家。

孫期　《後漢書・儒林列傳》云：孫期，字仲或，❷泲陰成武人也。少爲諸生，習《京氏易》、古文

---

❶「文」，原脱，今據近市居本補。

❷「或」，《後漢書》作「彧」。

《尚書》。

馬融　《後漢書・馬融列傳》云：融字季長，扶風茂陵人也。《儒林列傳》云：「扶風杜林傳古文《尚書》，林同郡賈逵爲之作訓，馬融作傳，鄭某注解。由是古文《尚書》遂顯于世。」不敢庰鄭君之名，故以「某」字代之。

張恭祖　鄭氏　《後漢書・鄭某列傳》云：鄭某，字康成，北海高密人也。從東郡張恭祖受《周官》、《禮記》、《左氏春秋》、《韓詩》、古文《尚書》。以山東無足問者，乃西入關，因涿郡盧植事扶風馬融。《後漢書》无張恭祖傳，其事无考。據言鄭君從受古文《尚書》，則恭祖通古文《尚書》可知矣，故列之于鄭君之上云。

盧植　《後漢書・盧植列傳》云：植字子幹，涿郡涿人也。少與鄭康成俱事馬融，能通古、今學，作《尚書章句》。案：馬、鄭皆傳古文《尚書》，植與鄭君同事馬融，則亦傳古文者。所作《尚書章句》，傳雖未言是古文，必盡是古文説，故列之于此。

又孔氏古文學。外此更有王肅者，三國時東海蘭陵人也。亦習古文《尚書》，遂妄爲謬説以注經，其意主于攻鄭，因之滑亂經誼，迷惑後學，乃《尚書》之罪人也，故特黜之，不許濫列于斯文。

許子威　《後漢書・光武帝紀》注引《東觀記》曰「光武帝受《尚書》于中大夫廬江許子威」。

索盧放　《後漢書・獨行列傳》云：索盧放，字君陽，東郡人也。以《尚書》教授千餘人。

李生　賈復　《後漢書・賈復列傳》云：復字君文，南陽冠軍人也。少好學，習《尚書》，事舞陰李生。

張充孫張酺　《後漢書・張酺列傳》云：酺字孟侯，汝南細陽人也。少從祖父充受《尚書》，能傳其業，又事太常桓榮。❶ 章懷注引《東觀記》曰：「充與光武同門學。光武即位，求問充，充已死。」

寒朗　《後漢書・寒朗列傳》云：朗字伯奇，魯國薛人也。好經學，博通書傳，以《尚書》教授。

馬續　馬援兄子嚴之子也。《後漢書・馬援列傳》云：嚴八子，唯續、融知名。續字季則，七歲能通《論語》，十三明《尚書》，十六治《詩》。博通群籍，善《九章算術》。

王渙　《後漢書・循吏列傳》云：王渙，字稺子，廣漢郪人也。少好俠，尚气力，數通剽輕少年。晚而改節，敦儒學，習《尚書》。

以上諸儒所傳《尚書》，末由考其爲誰氏之學，故别列于今文、古文之後云。

劉陶　《後漢書・劉陶列傳》云：陶字子奇，一名偉，潁川潁陰人也。陶明《尚書》，爲之訓詁，推三家《尚書》及古文，是正文字七百餘事，名曰《中文尚書》。

劉陶兼綜今文、古文而折其衷，故又别之，使殿于末以爲後勁云。

---

❶「又」，原作「父」，今據近市居本及《後漢書》本傳改。

《儒藏》精華編選刊即出書目（二〇二三）

白虎通德論
誠齋集
春秋本義
春秋集傳大全
春秋左氏傳賈服注輯述
春秋左氏傳舊注疏證
春秋左傳讀
道南源委
桴亭先生文集
復初齋文集
廣雅疏證

龜山先生語録
郭店楚墓竹簡十二種校釋
國語正義
涇野先生文集
康齋先生文集
孔子家語　曾子注釋
禮書通故
論語全解
毛詩後箋
毛詩稽古編
孟子正義
孟子注疏
閩中理學淵源考
木鐘集
群經平議

三魚堂文集　外集
上海博物館藏楚竹書十九種校釋
尚書集注音疏
詩本義
詩經世本古義
詩毛氏傳疏
詩三家義集疏
書疑　東坡書傳　尚書表注
書傳大全
四書集編
四書蒙引
四書纂疏
宋名臣言行録
孫明復先生小集　春秋尊王發微
文定集

五峰集　胡子知言
小學集註
孝經注解　温公易説　司馬氏書儀　家範
犟經室集
伊川擊壤集
儀禮圖
儀禮章句
易漢學
游定夫先生集
御選明臣奏議
周易口義　洪範口義
周易姚氏學